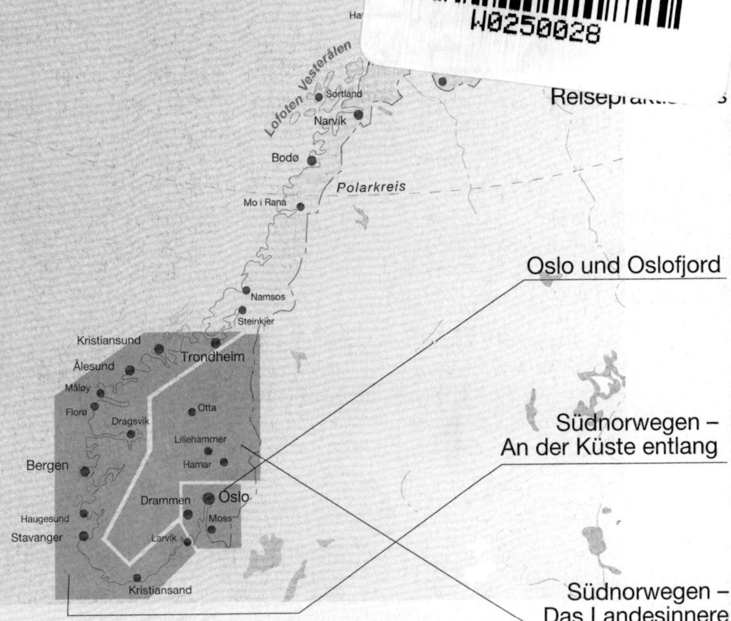
Lofoten Vesterålen
Sortland
Narvik
Bodø
Polarkreis
Mo i Rana
Namsos
Steinkjer
Kristiansund
Trondheim
Ålesund
Måløy
Florø
Dragsvik
Otta
Lillehammer
Hamar
Bergen
Drammen
Oslo
Moss
Haugesund
Stavanger
Larvik
Kristiansand
Oslo und Oslofjord
Südnorwegen –
An der Küste entlang
Südnorwegen –
Das Landesinnere

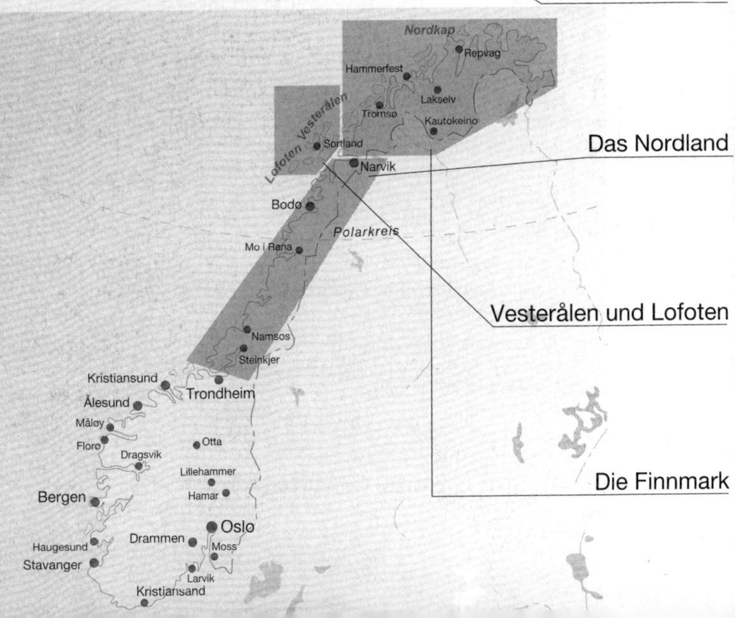
Nordkap
Repvag
Hammerfest
Lakselv
Tromsø
Kautokeino
Lofoten Vesterålen
Sortland
Narvik
Bodø
Polarkreis
Mo i Rana
Namsos
Steinkjer
Kristiansund
Trondheim
Ålesund
Måløy
Florø
Dragsvik
Otta
Lillehammer
Hamar
Bergen
Oslo
Drammen
Moss
Haugesund
Stavanger
Larvik
Kristiansand
Das Nordland
Vesterålen und Lofoten
Die Finnmark

Text und Recherche: Hans-Peter Koch
Lektorat: Peter Ritter, Marietta Chrobot
Redaktion und Layout: Sven Talaron
Fotos: siehe Fotonachweis unten
Cover: Karl Serwotka
Covermotive: oben: Gletscher Nigardsbreen im Bezirk Sogn og Jordane
unten: Nusfjord auf den Lofoten (beide Thomas Leimeister)
Karten: Susanne Handtmann, Martina Brockes, Gábor Sztrecska, Judit Ladik, Hana Gundel

Fotonachweis

Alle **s/w-Fotos** von Margrit Zepf, Georg Zepf, Jürgen Cuym, Karin Kugler und Hans-Peter Koch; außer S. 201 und S. 226 (Alexander Brey) und S. 555 (Frithjof Fure).

Farbfotos: Alexander Brey (ab), Hans-Peter Koch (hpk), Margrit Zepf (mz); *Innovation Norway*: Johan Berge (jb), Gaby Bohle (gb), Per Eriksson (pe), Frithjof Fure (ff), Kurt Hamann (kh), Niels Jørgensen (nj), Terje Rakke (tr), Kjersti Solberg Monsen (ksm).

ISBN 978-3-89953-298-2

5. aktualisierte und erweiterte Auflage 2007

NORWEGEN

Hans-Peter Koch

Inhalt

Südnorwegen – Das Landesinnere 344

Kartenverzeichnis

Wanderungen, Radtouren und Autotouren

Zeichenerklärung für die Karten und Pläne

- mehrspurige Straße
- Asphaltstraße
- Bahnlinie
- Strand
- Gewässer
- Grünanlage
- Berggipfel
- Aussicht
- Allg. Sehenswürdigkeit
- Kirche/Kapelle
- Kloster
- Turm
- Leuchtturm
- Schloss
- Felsen
- Campingplatz
- Information
- Parkplatz
- Bushaltestelle
- Flughafen/-platz
- Post
- Museum
- Telefon
- Ruine

Was haben Sie entdeckt?

Haben Sie eine besonders schöne Unterkunft auf Ihrer Reise durch Norwegen gefunden, einen aufregenden Wanderweg durch die unverfälschte Natur oder ein Lokal mit landestypischen Spezialitäten?

Wenn Sie Tipps und Informationen, aber auch Kritikpunkte haben, lassen Sie es uns wissen. Schreiben Sie an:

Hans-Peter Koch
Stichwort „Norwegen"
Michael Müller Verlag
Gerberei 19
91054 Erlangen
hpkoch@michael-mueller-verlag.de

Lofotwand im Sucher: Annäherung an den Moskenes

Routen durch Norwegen

90 % aller deutschen Touristen kommen auf eigene Faust nach Norwegen, davon 75 % mit dem Fahrzeug – gekauft oder geliehen, auf zwei oder vier Rädern. Für sie vor allem ist dieses Buch gedacht.

Die Landschaftsbeschreibungen sind deshalb als Routen abgefasst, die sich an den wenigen wichtigen Verkehrslinien des weiten Landes orientieren, z. B. die Badetour an der Südküste, die Fahrt zum Nordkap oder der Trip über die Lofoten.

Für alle aber, die gegen den Strom reisen möchten, hier Tipps für Trips der anderen Art – mal per Bahn, was in Norwegen ein gemütliches Vergnügen ist, oder mit dem Küsten-Katamaran, was aufregend werden kann. Mal mit eigenem Wagen, dann aber gegen den Urlauberstrom, ein andermal mit *Hurtigruten*, der wohl schönsten Schiffslinie der Welt.

Schnuppertour per Bahn und Katamaran

Die Rundreise von Oslo mit der Bahn nach Bergen, dem Schiff nach Stavanger und zurück per Bus oder Zug via Kristiansand nach Oslo bietet sich an als Schnuppertour für Reisende, die auf den fahrbaren Untersatz verzichten und öffentliche Verkehrsmittel nutzen möchten. Oder für solche, die im Zwei-Wochen-Kurzurlaub erste Eindrücke von Norwegen gewinnen wollen.

Von **Oslo**, das überraschend viel Metropolenflair und Kulturvergnügen bietet, geht die Zugfahrt über die zu jeder Jahreszeit aufregende **Hardangervidda**, deren Kerngebiet nur per Bahn zu erreichen ist.

In **Finse** oder **Myrdal** steigen im Sommer die Wanderer oder Radler (hier gibt es eine der schönsten Radtouren Norwegens) und im Winter die Skilangläufer aus, um in dem einmalig schönen Nationalpark umherzustreifen.

Rast am Osafjord: Nur die Möwen machen Lärm

Die Sieben-Stunden-Fahrt mit *Bergensbanen* von Oslo nach Bergen zählt zu den schönsten und gemütlichsten Eisenbahnerlebnissen Europas. Das gilt noch mehr, wenn man sie mit einem Abstecher über die *Flåmsban* kombiniert. Nicht nur die Bahn von **Flåm** nach Myrdal mit europäischem Höhenrekord ist erlebenswert, auch die anschließende Rundfahrt durch einen der schmalsten Fjorde der Welt ist ein Erlebnis fürs ganze Leben. Allerdings kostet dieser Abstecher einen zusätzlichen Reisetag.

Das beschauliche **Bergen** bietet hanseatische Geschichte zum Anfassen – bei meist miesem Wetter, denn Bergen hält den Europarekord an Regentagen. Immer Anfang Juni findet hier eines der schönsten Musikfestivals des Sommers statt – nicht nur für Grieg-Fans ein Erlebnis.

Der Katamaran-Törn von Bergen nach Stavanger vermittelt erste Eindrücke von der Majestät der Westküste. Das Luftkissenboot huscht allerdings mit solchem Schwung über die Wellen, dass man schon seetüchtig sein sollte, wenn man diese ansonsten großartige Vier-Stunden-Seefahrt via **Haugesund** genießen möchte.

Stavanger, das Städtchen mit den Bohrinseln des 21. Jh. und Fabriken aus dem 19. Jh., mit charmanter Kneipenkultur und dem größten Holzhausstadtteil des Landes, ist immer einen Stopp wert. Im „Dallas des Nordens" spürt man auf Schritt und Tritt und bei jedem noch so kleinen Einkauf den Ölreichtum des zweitreichsten und teuersten Landes Europas.

Kristiansand, in das Sie der Zug oder ein kaum minder komfortabler Überlandbus bringt, ist ein geschäftiger Fährhafen ohne die norwegentypische Kleinstadtidylle. Aber es ist das Tor zur „Riviera des Nordens" – die Sonnenküste im Westen oder die Südküste in Richtung Osten sind, zumindest in warmen Sommern, wahre Sonnenanbeter-Oasen, für Schwimmer wie für Segler.

Tagsüber im Café in Mandal ...

Die Bahnfahrt von Kristiansand zurück nach Oslo durch straßenlose Telemark-Landschaften und das romantische **Drangedal**, beides typische, skandinavische Landstriche, ist ein geruhsamer Ausklang dieser autolosen Schnuppertour.

Schnuppertour per Auto oder Motorrad

Besonders reizvoll ist die 1.000-km-Reise im Frühjahr: Ende Mai bekommen Sie die Obstblüte in Hardanger mit, Anfang Juni – rechtzeitig zu den Internationalen Musikfestspielen – erreichen Sie Bergen und durchkreuzen schließlich, wenn die Wälder erblühen und Sie der (fast) einzige Tourist sind, das malerische Telemark.

Ohne große Stopps, ohne Wanderungen, die sich jedoch vielfach anbieten, und ohne Besichtigungsprogramm, das allerdings kaum zu vermeiden ist auf dieser schönen Strecke, werden Sie einen kurzen Urlaub von knapp zwei Wochen für dieses Rundreise brauchen (plus mindestens drei Tage für einen Abstecher nach Bergen). Trotz aller Hetze aber gewinnen Sie einen unverwechselbaren Eindruck von der Schönheit Südnorwegens.

Start auch dieser Tour ist Oslo. Die ersten 40 km bis nach **Drammen** sind ziemlich ereignislos, dann aber geht es durch die Hügellandschaft Telemarks in das für norwegische Verhältnisse hohe Gebirge des Haukelifjells. Über **Kongsberg** und **Notodden** mit der wunderschönen Heddal-Stabkirche führt die E 134 zwischen Telemark und Hardangervidda durch die schönsten Landschaften Südnorwegens.

Über **Morgedal**, den Geburtsort des modernen Skisports, und **Haukeligrend** sowie das urige **Haukeliseter** gelangen Sie über die E 134 nach Norden an den **Hardangerfjord**. Überall längs der Straße warten Obststände; mit den schnee-

... und abends in der Kneipe in Stavanger

bedeckten Höhen des **Folgefonn-Gletschers**, den Obsthainen am Hang und dem tiefblauen Fjordwasser geben sie einen grandiosen Farbkontrast ab.

Am Ende des **Sørfjords** erreichen Sie **Kinsarvik**, wo sich der Fjord in drei Seitenarme aufspaltet. Wer mag, kann von hier aus einen 258-km-Abstecher nach Bergen einlegen. Dafür muss man die Fähre nach **Kvanndal** nehmen und auf der RV 7 nach Westen in die zweitgrößte Stadt des Landes fahren. Alle anderen schwenken über die RV 7 und spätere E 7 wieder nach Osten und fahren über **Eidfjord** und den riesigen Wasserfall **Vøringsfossen** am Nordrand des Hardangervidda-Nationalparks entlang, passieren dabei die Wintersportorte **Geilo** und **Gol**, die auch im Sommer manche Attraktion zu bieten haben, besuchen vielleicht die Stabkirche von **Torpo** und biegen in das enge und abwechslungsreiche **Hallingdal** nach Süden ab.

Hønefoss wartet am Ende des Tals. Viel schöner als der Ort mit dem Wasserfall im Zentrum aber ist die Weiterfahrt am **Tyrifjord** entlang, der trotz des Namens ein See ist, und über **Sundvollen** zurück nach Oslo.

Norwegen multimedial

Ideal zur Einstimmung auf den Norwegen-Urlaub ist eine neue Homepage der offiziellen Tourismus-Werbung: Unter dem Titel „Norwegen entdecken“ präsentieren sich bislang fünf Reiseziele mit Filmen und Begleittexten in interaktiver Form – die alte Hansestadt Bergen, die Inselwelt der Lofoten, das Gudbrandsdal, „Norway in a nutshell“ und die Finnmark. Überdies bieten die Seiten (in englischer Sprache) Tipps zu Stichworten wie Wandern, Angeln oder Übernachtung. www.discovernorway.no

Hoch über Hardanger: anstrengender Aufstieg vor dem Flugvergnügen

Die Straße der Stabkirchen

Nicht alle 25 Holzpagoden, die noch am ihrem Originalplatz stehen, werden mit dieser Rundreise erreicht. Aber einige besonders beeindruckende Exemplare liegen an dieser Route durch das Kernland der Wikinger.

Im Folkemuseum auf der Osloer Museumsinsel Bygdøy findet sich mit der Stabkirche aus dem Hallingdaler **Gol** schon die erste Augenweide. Die Entdeckungsreise geht weiter über die E 134 nach **Heddal**, wo die größte Stabkirche des Landes zu bewundern ist, und weiter über die E 7 durch das Numedal mit den Kirchen von **Flesberg**, **Rollag**, **Nore** und **Uvdal** und vorbei an der kleinen Stabkirche von Torpo nach Fagernes.

Dort muss man auf die E 16 abbiegen, um Norwegens fotogenste Stabkirche in **Borgund** nicht zu verpassen. Am Ende dieser Europastraße, nach der Fährfahrt über den Sognefjord und vielleicht einem Abstecher zur nicht mehr stilechten **Kaupanger-Kirche**, ist ein Besuch der ältesten Stabkirche Norwegens in **Urnes** ein „Muss“ auf einer solchen Rundreise.

Über die auch landschaftlich beeindruckende Fahrt am Lustrafjord und dem Jotunheimen-Nationalpark entlang (in **Fortun** stand übrigens jene Kirche, die nach Bergen verpflanzt wurde) stößt man in **Lom** auf eine stets von Touristenbussen umlagerte, noch heute für Gottesdienste genutzte Stabkirche.

Zurück geht es über die E 16 mit einem Halt bei der Stabkirche von **Vågå** durch das zügig zu durchfahrende Gudbrandsdal und die sehr schön gelegene Stabkirche von **Ringebu**, die ungleich sehenswerter als die von **Fåvang** ist. Gelungener Abschluss der Reise könnte ein Besuch im ohnehin sehenswerten Freilichtmuseum von **Lillehammer** mit seiner Stabkirche aus dem 12. Jh. sein.

Auf der Post-Route: Zwei Hurtigruten-Schiffe treffen sich in Hammerfest

Nach fast 1.200 km und 15 Stabkirchen – und nebenbei einer reizvollen Rundfahrt durch weite Teile Südnorwegens – gelangt man wieder an den Ausgangspunkt Oslo. Gut zwei Wochen sollte man für diese „kulturelle Gewalttour" veranschlagen, auf der es noch weit mehr zu sehen gibt – dieses Buch verrät Ihnen auch das.

Die „Hurtigrute" – die Schnellroute

Sie heißt wirklich so, die Schiffsroute an der Westküste entlang. Die vielleicht schönste Seefahrt der Welt von Bergen nach Kirkenes braucht im normalen Liniendienst sieben Tage und Nächte für die 4.600 km lange Strecke. Für Pauschaltouristen wurde sie gespickt mit Ausflügen, Besichtigungen und fast immer lohnenden Landgängen, sodass sich der Törn mit Hin- und Rückfahrt auf zwölf Tage verlängert.

Die meiste Zeit fährt der Dampfer im Schutz von Inseln und Meerengen (auf hoher, schwerer See gibt's sogar Tabletten gegen Seekrankheit gratis!). In der Regel wird alle drei bis vier Stunden einer der 34 Häfen mit manchmal nur minutenlangen Aufenthalten angelaufen (vgl. S. 619).

Wenn Sie sich nachts bis 22.30 Uhr in **Bergen** einschiffen (im Sommer starten die Schiffe um 20 Uhr; alle hier angegebenen Ankunfts- und Abfahrtzeiten liegen dann 2,5 Std. früher), lohnt um 7.30 Uhr in **Måløy** das Aufstehen: Das Fischereizentrum gibt mit seiner 1,5 km langen Holzbrücke ein malerisches Motiv ab. Beim Stopp im kleinen **Torvik** wird ein Fjord-Törn in den berühmten **Geiranger** angeboten (nur im Sommer dampft auch die Hurtigroute in den berühmtesten Fjord), man steigt dann in **Molde** wieder zu. Wer jedoch an Bord bleibt, sollte das hübsche **Ålesund** mit drei Stunden Aufenthalt für einen Landgang nutzen.

Fahrt über den größten Fjord: majestätische Ruhe am Sognefjord

Molde und **Kristiansund**, das auf der Nordfahrt nur in später Nacht zu erleben ist, sind nicht so anschauenswert wie **Trondheim**, das morgens um 8.15 Uhr erreicht wird (vier Stunden Aufenthalt). Die Weiterfahrt nach **Rørvik** über die offene See während der zweiten Tageshälfte ist bis zum nächtlichen Halt in **Brønnøysund** das Wachbleiben wert: Sagenhaftes über Uferfelsen und Seetiere weiß das Bordbuch für Passagiere zu berichten.

Sie sollten weiter wach bleiben: Nur in später Nacht, nur in der Zeit der Mitternachtssonne ist das auch von Land unvergleichlich schöne **Sandnessjøen** mit dem Gebirgsmassiv der **Sieben Schwestern** zu bewundern. Wenig später wird dann der **Polarkreis** überquert (auf Wunsch gibt es sogar eine Urkunde).

Ein wenig Schlaf sollten Sie sich noch gönnen, bevor der **Svartisen-Gletscher** landein sichtbar wird und in **Bodø** sich die Chance zum Ausflug an den **Saltstraumen** ergibt. Danach erfolgt im Vestfjord die Anfahrt auf die **Lofoten** – bei gutem Wetter ein Traum, bei schlechtem ein Alptraum (nur auf der Südroute hat man in **Stokmarknes** die Chance zu einem Besuch im Heimatmuseum der Hurtigruten-Reederei). Bis nach **Tromsø**, das um 14.30 Uhr am folgenden Mittag erreicht ist, bleibt Muße.

Am nächsten Morgen, noch zur Schlafenszeit, wird **Hammerfest** erreicht, die nördlichste Stadt der Welt, mit einer aufregend schönen Einfahrt von See her. Im Drei-Stunden-Takt werden danach kleinere Häfen angelaufen (allerdings nicht von jedem Schiff und nicht zu jeder Zeit): **Honningsvåg**, kurz vor dem Nordkap gelegen (mit einem Ausflugsangebot zum Norkap-Plateau), **Mehamm** oder **Båtsfjord**. Über Vardø und Vadsø wird das triste **Kirkenes** erreicht. Hier ist Endstation. Doch auch hier kann man noch einen Trip zur russischen Grenze unternehmen (allerdings kosten alle Ausflüge zusätzlich, was bei einem Preis zwischen 2. 985 und 4.765 € jedoch kaum mehr ins Gewicht fällt).

Pauschaltouristen kehren um und erleben alle Highlights, die sie womöglich verschlafen haben, bei Tageslicht. Andere fliegen von Kirkenes zurück. Und wieder andere haben ohnehin nur Teilstrecken mitgemacht, was angesichts der Preise durchaus empfehlenswert ist. Sie können überall zusteigen, überall aussteigen, die Postlinie bloß als Zubringer nutzen oder sich die verlockendste Teilstrecke aussuchen. So oder so: eine Reise, die man nie mehr vergisst ...

Nachtrag: Seit kurzem bietet Hurtigruten zusätzlich spezielle Themen- und Erlebnisreisen (z. B. „Nordlicht & Sterne“ oder „Auf den Spuren der Orcas“) an.

Eisiges Vergnügen: Gletscher Jostedalbreen

Norwegen erleben

Es gibt viele gute Gründe, Norwegen zu erleben. Und nur wenige Vorurteile, die dagegen sprechen: So schlecht, so kalt ist das Wetter nicht, so eintönig der Speisezettel nun auch wieder nicht, und die Preise steigen auch bei uns. Aber auch das ist wahr: Dieser Urlaub wird nicht billig, einige Dauerwürste (und natürlich nur so viel Wein, wie erlaubt ist) sollte man mitnehmen und den Anorak nie vergessen. Dann gibt es in Norwegen viel Interessantes zu erleben:

- **kleine Großstädte** mit sommerlichem Charme und winterlicher Gemütlichkeit: unverbaut, geschichtsträchtig und dennoch komfortabel;
- **die skandinavische Riviera** der Südküste mit strahlend weißen Fischerorten, versteckten Schärenstränden und tatsächlich südlichen Temperaturen;
- **28 Nationalparks**, wo Natur noch natürlich und nicht eingezäunt ist;
- **ungezählte Fjorde** voller Salzwasser, manchmal mit Kirschbäumen am Ufer;
- **unwirtliche Tundra** im Norden, noch gesunde Wälder in der Mitte und im Süden, 200.000 Seen und unzählige Berge, die viel mächtiger erscheinen, weil man sie immer und überall von Meereshöhe erlebt.

Ein Land, das wie kaum ein anderes mit Gegensätzen lebt: Fjord und Fjell, Küste und Gebirge, aber auch neuer Ölreichtum und leere Sozialkassen, Dritte-Welt-Solidarität und Einwanderungsstopp, Exportabhängigkeit und EU-Verweigerung, Vorreiter im Umweltschutz und Verfechter des Walfangs. Norwegen ist ein Reiseland für Individualisten, die wandern oder bergsteigen,

Ski laufen oder tauchen, Rad fahren oder Kanu fahren wollen; ein Reiseland, in dem die Norweger selbst die eifrigsten Touristen sind (dicht gefolgt von den Deutschen), in dem man in Blockhütten oder Wohnmobilen schläft und sich das Mittagessen selbst aus dem Fjord fischt.

In Norwegen lebt's sich am besten ...

... behauptet zumindest die UN-Studie UNDP. Danach liegt Norwegen seit nunmehr zehn Jahren weltweit und unangefochten auf Platz eins in punkto Lebensqualität. Ermittelt wird alljährlich ein Durchschnittswert aus z. B. Lebensqualität, Pro-Kopf-Einkommen, Bildungsstand und Gesundheitsvorsorge. Unter 173 untersuchten Staaten nimmt Deutschland den 17. Rang ein – hinter allen skandinavischen und den meisten westeuropäischen Staaten. Nur ein Richtwert: Die norwegische Regierung wendete in den 90er Jahren durchschnittlich 16,8 % ihres Budgets für die Erziehung auf, Deutschland gerade einmal 9,5 %.

Norwegen ist ein Schlaraffenland, in dem man tagelang keinen Menschen trifft und trotzdem immer ein Telefon findet, wo selbst der Kellner im höchsten Norden alle Kreditkarten kennt (wenn er auch nicht unbedingt alle akzeptiert) und auf der entlegensten Insel ein Bankschalter wartet: Abenteuer mit Rückversicherung.

Das Erstaunliche an diesen Klischees ist, dass sie passen. Und ich denke, es wird Ihnen gehen wie mir, meinen Freunden und den meisten Reisenden in Norwegen: Sie werden wiederkommen ...

Norwegen auf einen Blick

Fläche: 386.958 qkm, mit den Inseln, von denen Svalbard (Spitsbergen) mit 62.700 qkm die größte ist (Deutschland 357.042 qkm)

Nord-Süd-Ausdehnung: 1.750 km

Ost-West-Ausdehnung: maximal 430 km, minimal 6,3 km

Küstenlänge: 21.465 km

Höchste Erhebung: Galdhøpiggen mit 2.469 m

Längster Fjord: Sognefjord mit 205 km

Größter Gletscher: Jostedalsbreen mit 486 qkm

Durchschnittstemperaturen: Bergen 7,8° C, Oslo 5,9° C

Durchschnittsniederschlag: Bergen 2.108 mm, Oslo 740 mm (Hamburg 650 mm)

Einwohner: 4,8 Mio. mit 13,8 Einwohnern pro qkm (Deutschland 247 Einwohner pro qkm). Oslo (Hauptstadt) 512.000 Einw.; Bergen 230.000; Trondheim 155.000; Stavanger 116.000

Verwaltung: 19 Provinzen (fylker) mit einem Parlament und einem ernannten Präsidenten an der Spitze

Währung: Norwegische Krone (NOK); 1 Krone = 100 Øre

Pro-Kopf-Einkommen: 37.857 € im Jahr (2004); zum Vergleich: 26.914 € in Deutschland (2004).

Arbeitslosenquote: 3,6 % (2005)

Preissteigerungsrate: 2,4 % (2005)

Seltene Begegnung: frei lebendes Ren auf dem Dovrefjell

Fauna

Ren und Elch natürlich, doch das Land der Fjorde ist Heimat vieler mitteleuropäischer Tierarten, auch solcher, die in unseren Breiten längst ausgerottet sind: Bär, Luchs und Wolf zum Beispiel.

Im Süden des Landes leben etliche auch bei uns bekannte **Säugetierarten**: Hasen, Füchse, Rehe, Hirsche und die bei uns fast ausgerotteten Dachse. In der Hardangervidda sind außerdem vor 200 Jahren ausgesetzte, jetzt verwilderte Rentiere zu finden, und im Dovrefjell kann man erst vor 80 Jahren ausgesetzte Moschusochsen zu sehen bekommen. Die urtümlichen Paarhufer kommen sonst nur noch auf Spitsbergen und in Nordamerika vor (geschätzte Weltpopulation: 18.000 Stück).

Im Norden des Landes wird auch die Fauna arktisch: Schneehühner, Polarfüchse, Schneehasen und Vielfraße, aber auch Braunbären (Eisbären trifft man nur auf Spitsbergen, das allerdings auch zu Norwegen gehört) und vereinzelte Wölfe, über deren Abschuss heftig diskutiert wird, verlieren sich in den weiten Wäldern an den Grenzen zu Schweden und Russland.

Und eben Rentiere und Elche. Das kälteliebende **Ren** lebt in riesigen Herden, die meist von Samen (vgl. „Indianer des Nordens", S. 482) betreut werden. Im Frühjahr und Herbst begeben sich die Tiere, deren dichtes Fell im Sommer graubraun, im Winter fast weiß ist, Hunderte von Kilometern auf Futtersuche. 1986 wurde ihnen dies zum Verhängnis: Ihre bevorzugte Nahrung, die Rentierflechte, war von der Wolke aus Tschernobyl heillos verseucht worden. Tausende Tiere gingen ein. Mittlerweile hat sich der Tierbestand erholt, Jäger und Waldbesitzer sprechen gar von einer „Überbevölkerung".

Elche können mehr als 600 kg wiegen, sind ausdauernde Läufer und gute Schwimmer. Sie leben vorwiegend als Einzelgänger und ernähren sich von Blättern und Kräutern. Der „König der skandinavischen Wälder" wird über zwei Meter groß und fast drei Meter lang. Sie werden ihn allerdings kaum zu Gesicht bekommen, denn der plumpe Hirsch mit dem Pferdeschädel und dem bis zu 20 kg schweren Schaufelgeweih ist ungemein scheu. Ihm auf freier Wildbahn zu begegnen, käme einem Sechser im Zoologielotto gleich. Aber wenn Sie ihn wirklich einmal sehen, dann häufig zerfleischt im Straßengraben – die Schilder, die vor Elchwechseln warnen, sind tatsächlich ernst zu nehmen. Vor ein paar Jahren verirrten sich sogar zwei Elche in die Osloer Innenstadt und wurden dort von der Polizei niedergestreckt.

Die steilen Felswände der norwegischen Küste sind ideale Brutplätze zahlreicher **Seevögel**: Von der Silbermöwe bis zum Seeadler, vom Austernfischer bis zum Basstölpel und Papageientaucher reicht die Population. Die vorgelagerten Inseln, z. B. der Vogelfelsen Røst bei den Lofoten, sind wahre Vogelparadiese. Die Meeresnahrung lockt neben den Vögeln aber auch Robben (zum Leidwesen der Fischfarmer) und seltener Wale in Küstennähe.

Neben Dorsch, Kabeljau und Hering, dem immer noch bevorzugten Beutegut norwegischer Fischer, tummeln sich vor allem Schellfische, Makrelen und Seelachse im Nordseewasser. Doch Norwegens Fischreichtum wird fast mehr noch von Süßwasserfischen bestimmt: In Seen, Bächen und Flüssen, deren Zahl fast unendlich ist, leben Lachse, Forellen, Barsche, Hechte und Karpfen. Aber vielleicht nicht mehr lange: Wasserkraftwerke und Staustufen, notwendige Übel der Stromgewinnung durch Wasser, haben dem Ökosystem Fluss so arg zugesetzt, dass um den Süßwasser-Fischbestand in Norwegen ernstlich gefürchtet werden muss.

Flora

Fünf Vegetationszonen machen Norwegens Flora aus. Vor allem der warme Golfstrom hat Landschaftsbilder entstehen lassen, die so hoch im Norden kaum vermutet werden. Dennoch ist Norwegens Pflanzenwelt ziemlich artenarm.

Erst vor 10.000 Jahren, als das Inlandeis schmolz, hat die Vegetation zu erblühen begonnen. Die fünf Zonen von Norden nach Süden:

- **Tundra**: Das finnisch-russische Wort bedeutet „unbewaldeter Hügel". Und tatsächlich sucht man Bäume in den nördlichsten Bereichen Nordnorwegens, auf der Halbinsel **Nordkinn** und in **Varanger**, vergebens. Nur widerstandsfähige Zwergsträucher wie Erikagewächse können hier überleben. Niederschlagsarme und kurze Sommer (der späten Schneeschmelze wegen bleibt der Boden lange feucht, ab zwei Meter Tiefe aber durchgehend gefroren) und bitterkalte Winter bis minus 50° Celsius prägen die unwirtliche, aber faszinierende Landschaft.
- **Waldtundra**: Die subarktische Region umfasst den Rest Nordnorwegens. Charakteristisch sind die niedrigen Birkenwälder, nur vereinzelt trifft man auf kleine Kiefernwälder in den Tälern und noch seltener auf Fichten (dann zumeist gepflanzt).

- **Borealer Nadelwald**: Die Vegetationszone des „vom Nordwind geprägten" Waldes, in Asien auch *Taiga* genannt, bildet in Ostnorwegen, Schweden und Finnland jenes riesige Waldgebiet, das von der europäischen Holzwirtschaft gewinnbringend genutzt wird. Neben Kiefern und Fichten finden sich in dieser bislang größten zusammenhängenden Waldfläche der Erde auch Espen, Birken und Weiden. Sträucher hingegen sind selten, die nährstoffarmen Ascheböden verfügen nur über eine dünne Humusschicht. Hier wachsen Moose, Flechten, Preiselbeeren und die berühmten Moltebeeren.

Die Moltebeere wächst nur in Skandinavien

- **Fjell-Vegetation**: Die „Berg-Tundra" ist die beherrschende Landschaftsform in Norwegen, denn vier Fünftel der Landfläche liegen oberhalb der Baumgrenze. Gras- und Zwergsträucher, Flechten und Moose bestimmen das Landschaftsbild – Bäume fehlen fast völlig. Seen, Gletscher, Moore und Blockhalden sind die Besonderheiten dieser einzigartigen Landschaft, die in vielen Nationalparks geschützt wird.
- **Mischwald**: Trotz des Namens dominieren in dieser Zone die Nadelhölzer, die fast 80 % der Wälder Südnorwegens ausmachen – Fichten im Osten, Kiefern im Westen. Eschen, Birken, Buchen und Eichen verlieren sich fast, haben sich aber vereinzelt bis zur Grenze des borealen Nadelwaldes vorgeschoben. Die fruchtbaren Blautonerden in Südostnorwegen werden landwirtschaftlich genutzt, insgesamt aber sind nur 3 % der norwegischen Landfläche kultivierbar. Die nordeuropäische Laubwaldzone, die sich südlich an den Mischwald anschließt und den Süden Schwedens beherrscht, fehlt in Norwegen gänzlich.

Um Ihnen eine Orientierung zu geben, wenn Sie durch Norwegens Wälder streifen oder auch nur einen Spaziergang machen, finden Sie hier die vorherrschenden, im Sommer blühenden Pflanzen beschrieben:

Juni: Erstes Sommerzeichen ist zumeist das gelbe, zweiblütige *Veilchen* (Viola biflora). Es kommt in Feuchtgebieten des Flachlandes vor, wächst aber im gebirgigen Birkenwaldgürtel am häufigsten. Die Veilchenblüten werden kandiert gerne auch als Kuchendekoration benutzt.

Juli: Leicht ist der *Waldstorchschnabel* an seinen großen, eingeschnittenen Blättern und violetten Blüten zu erkennen. Der Storchschnabel blüht im Juli vornehmlich in Birkenwäldern überall in Norwegen.

August: Das bis zu einem Meter hohe *Weidenröschen* mit einer purpurroten Blütentraube ist die beherrschende Pflanze im Hochsommer. Wenn im September die Früchte reif sind, entwickelt die Pflanze lange Samenwollfäden, die früher zum Fadenspinnen verwendet wurden. Heute noch nutzt man die Blätter zum Tee und die jungen Triebe als Gemüse.

Haukeliseter: Schnee noch im Hochsommer

Geologie

Von den **Skanden** hat Skandinavien seinen Namen: Vor etwa 400 Millionen Jahren falteten sich die Bergformationen des Kaledonischen Gebirges auf, das sich wie ein Rückgrat von Südnorwegen bis zur Eismeerküste zieht und mit einer Länge von 1.700 km nahezu 700 km länger als die Alpen ist. Das skandinavische Gebirge bildet fast deckungsgleich mit der norwegisch-schwedischen Grenze die Wasserscheide Nordeuropas; die höchste Skande mit 2.469 m ist als **Galdhøpiggen** dann auch Norwegens höchster Berg.

Für alle anderen Landschaftsformen in Norwegen aber ist das Eis verantwortlich. Während dreier Eiszeiten war das Land zeitweise von einer bis zu 3.000 m mächtigen Eismasse bedeckt. Dieser riesige Gletscher schmolz auf der abgesenkten Westflanke der Skanden steiler, schneller und linienförmig ab. Durch Erosion entstanden trogförmige Täler und die Fjorde.

Fjorde sind ursprünglich Flusstäler, die durch das Gewicht der Eismasse weit unter dem Meeresspiegel ausgeschliffen und abgesenkt wurden, sodass das Meerwasser bis zu 200 km weit auf diesen Wasserbahnen ins Landesinnere flutete. Der Sognefjord beispielsweise ist mit 1.380 m tiefer als die tiefste Nordseestelle. Die in das Eis eingebundenen Gesteinstrümmer schufen zudem die für Skandinavien so typischen Felseninseln, die Rundhöckerlandschaft der **Schären**.

Auf der gleichförmigeren Ostseite des Gebirges entstanden Hochflächen unterschiedlichen Niveaus, die **Fjells**. Die vegetationsarmen, häufig vermoorten, manchenorts auch von Plateaugletschern (hier findet sich mit dem **Jostedalsbreen** der größte Gletscher Europas) bedeckten Ebenen liegen über der Waldgrenze, die in Südnorwegen auf ca. 1.000 m ü. NN, in Nordnorwegen dagegen fast auf Meeresniveau verläuft.

Klima

Wieso bleiben Fjorde eisfrei und die Häfen an der Westküste übers Jahr nutzbar? Im Winter ist das Meerwasser vor Hammerfest mit +5° C wärmer als das vor Helgoland. Des Rätsels Lösung: Der Norwegische Strom, Ausläufer des Golfstroms, der erwärmtes Wasser aus der Karibik über den Atlantik treibt, sorgt im Westen Norwegens nicht nur für eisfreie Häfen und Fjorde, sondern auch für kühle Sommer (Monatsmittel im Juli: 10° bis 15° C) und milde Winter (– 5° bis + 1° C) sowie für ganzjährig hohe Niederschläge (bis 2.000 mm). Bergen beispielsweise gilt als regenreichste Stadt Europas.

Das im Osten gelegene Oslo registriert mit über 17° C Skandinaviens höchste Sommertemperatur, im Gudbrandsdal müssen die Äcker sommers sogar gewässert werden, und Kristiansand im Süden gilt als sonnenreichste Stadt Norwegens. Im Winter aber schneit es im östlichen Landesteil mehr als im Fjordland bei teilweise auch empfindlich tiefen Temperaturen. Minus 20° C im Januar und Februar sind keine Seltenheit, und Wintersportler sollten sich hüten, bei Temperaturen unter minus 15° C auf die Loipe zu gehen: Bronchien und Lunge werden es Ihnen danken.

Die beste **sommerliche Reisezeit** liegt zwischen Juni und August. Der September ist nur im Süden zu empfehlen, und im Mai sollten Autofahrer sich darauf einstellen, dass längst noch nicht alle Gebirgsstraßen schneefrei sind; in den Gebirgsregionen kommt Schneefall selbst im Sommer vor. Baden kann man im Juli und August höchstens in Sørland.

Die beste **winterliche Reisezeit** ist der März und das auch nur in Süd- und höchstens Mittelnorwegen. Da liegt der Schnee noch hoch, die Temperaturen sind nicht zu niedrig, und die Tage werden schon wieder länger.

Mit Regen müssen Sie im „Paradies der Gummistiefel“ immer rechnen. Denn jeder Fjord, so ein nordisches Sprichwort, hat seinen eigenen Petrus. Auf meteorologische Überraschungen sollten Sie allzeit gefasst sein. Das gilt nicht für den Wind – der weht, wichtig für Radfahrer, überwiegend aus westlicher Richtung, d. h. vom Meer kommend, und folgt dann der Richtung der Täler und Fjorde.

Temperaturen und Niederschläge im Durchschnitt

Ort	Januar	Juli	pro Jahr
Bergen	1,4 193 mm	15,3° 152 mm	7,9° 2108 mm
Oslo	-4,7° 49 mm	17,3° 84 mm	5,9° 740 mm
Tromsø	-3,5° 96 mm	11,0° 56 mm	2,9° 994 mm
Trondheim	-3,4° 68 mm	14,4° 70 mm	4,9° 857 mm

Quelle: Statistisches Jahrbuch, Oslo, 2004

Mitternachtssonne

Warum hat Hammerfest 1891 als erste Stadt der Welt eine elektrische Straßenbeleuchtung bekommen? Ganz einfach: Zwischen November und Januar zeigt sich die Sonne nie, da braucht man künstliches Licht. Im Sommer ist es umgekehrt: Da geht die Sonne nicht unter. Mitternachtssonne (nicht zu verwechseln mit dem Polarlicht) nennt sich diese Erscheinung jenseits der Polarkreise, wenn die Sonne im Sommer selbst um Mitternacht über dem Horizont sichtbar bleibt.

Mitternachtssonne auf den Lofoten

Sankthansaften nennen die Norweger die Mittsommernacht, wenn es nachts manchmal heller ist als tagsüber. Und wie immerwährenden Frühling empfindet es auch unser Körper, der sich erstaunlich schnell auf die ununterbrochene Helligkeit einstellt und dann auch weniger Schlaf braucht. In Nordnorwegen kann man dieses Schauspiel zu folgenden Zeiten erleben:

Bodø: 3. Juni bis 8. Juli
Lofoten: 16. Mai bis 26. Juli
Narvik: 24. Mai bis 18. Juli
Tromsø: 20. Mai bis 22. Juli
Vardø: 17. Mai bis 25. Juli
Hammerfest: 16. Mai bis 26. Juli
Nordkap: 13. Mai bis 29. Juli
Achtung: Die Zeiten können sich von Jahr zu Jahr um 24 Stunden verschieben!

Folklore

Die Norweger sind sehr, sehr nationalbewusst. Bei jeder (durchaus nicht nur offiziellen) Gelegenheit wird selbst im eigenen Vorgarten die Nationalflagge gehisst, fast jeder Norweger ist Mitglied im Heimatverein, wo Trachten selbstverständlich sind und Volkstänze zur eigenen Gaudi getanzt werden.

Der norwegische Nationalstolz ist darum auch nicht nationalistisch, keineswegs gefährlich oder dummdreist wie oftmals in unseren Breiten; nordische Sportfans beweisen das in jedem Stadion aufs Neue. Die Norweger lieben ihr Land, ihre Heimat, ihre Natur auf eine sehr liebenswerte, gänzlich unagressive Weise. Und dazu gehören die Musik, die Tänze und Trachten ihres Landes.

Volksmusik: Wer die volkstümliche Eröffnungsfeier der Olympischen Winterspiele in Lillehammer (wenn auch nur am Fernsehschirm) miterlebte, hat eine lebendige Vorstellung von norwegischer Volkskunst gewonnen: Die *Munn-*

harpe (Maultrommel) tauchte ebenso auf wie die *Hardingfele*, die Hardangerfidel mit vier Spiel- und vier Resonanzsaiten, auf der erstaunlich flotte Rhythmen gespielt werden. Typisch ist auch die *Seljefløte*, eine kleine Weidenflöte ohne Grifflöcher, die viel zur Volksmusik benutzt wird.

Berühmt ist der *Hallling-Tanz* mit seinen wilden Sprüngen und geradezu schrillen, dissonanzreichen Melodien, die man den schwerblütigen Norwegern gar nicht zutraut: Ein männlicher Solotänzer hüpft derwischgleich umher und muss auf dem Höhepunkt seines Tanzes mit dem Fuß einen Hut vom Stock schlagen, den ein Mädchen in die Höhe hält. Der *Springar*, der wahrscheinlich älteste Volks- und populärste Paartanz, hingegen kommt, wie auch der geschrittene *Gangar*, eher getragen daher und wird auch im ruhigen, gleichmäßigen Rhythmus getanzt.

Die Tracht vom Sognefjord

Die Trachten Norwegens

Die Tracht (*bunad* = Kleidung) besteht aus Tuch oder Haube auf dem Kopf, Leibchen, Weste, Hemd oder Bluse, langen Röcken mit und ohne Schürzen für die Frauen und Kniebundhosen für die Männer. Dazu kommen aufwendiger Silberschmuck, gestickte Gürteltaschen und Trachtenschuhe.

Unendlich viele Trachten kennt man in Norwegen. Nicht nur jede Provinz, fast jedes Tal hat eine eigene *bunad*. Die auch bei uns bekannteste stammt aus Telemark: Frauen tragen einen schwarzen Rock mit bestickter Schürze, eine weiße, hochgeschlossene Leinenbluse, darüber ein jackenähnliches Oberteil mit Rosenstickerei und einen mehrfarbig gewebten Gürtel.

Nur verheiratete Frauen tragen eine Haube (die Redeweise „unter die Haube kommen" gilt auch im hohen Norden). Der silberne Schmuck steht seit alters her für den Reichtum der Telemarker Bauern.

Männer gehen schlichter einher: Tuchquaste, weißes Leinenhemd mit eben solcher Fliege, zweireihige Weste mit Silberknöpfen, schwarze Kniebundhose und weiße Kniestrümpfe.

Nicht nur am Nationalfeiertag, dem 17. Mai, tragen Norweger ihre Tracht. Bei Familienfeiern und Vereinstreffen sind Jung und Alt stolz auf ihre *bunad*, die für die Kinder das selbstverständliche Geschenk zur Konfirmation ist.

Umwelt und Umweltprobleme

Ein Land, so dünn besiedelt wie Norwegen (nur auf Island leben in Europa weniger Menschen pro Quadratkilometer), so groß wie Norwegen (wie Deutschland und Benelux zusammen), so abgeschottet durch Meer und Gebirge, derart umstürmt von skandinavischen Tiefausläufern, die alle, auch die verseuchten Wolken vertreiben – in diesem Land blieb Umweltschutz lange ein Fremdwort. Norweger lebten nach dem Motto: Soviel Natur kriegt man nicht kaputt.

Weit gefehlt: Spätestens seit Mitte der 1980er Jahre schwant auch den Nordländern Schlimmes. Es kam knüppeldick und Schlag auf Schlag:

- **Waldsterben**: Vor allem das Grenzland zu Russland leidet unter den Schwefeldioxydwolken der Nickelverarbeitung aus dem Nachbarland. Die Schwermetallemissionen aus dem russischen **Nikel**, wo die durchschnittliche Lebenserwartung 42 Jahre beträgt, sind hundertmal höher als inländische Normalwerte und führen nicht nur längs der 196 km langen Grenze zu massenhaftem Baumsterben.
  „Stoppt die Todeswolken" nennt sich eine Umweltschutzgruppe, zu der sich mittlerweile über die Hälfte aller Einwohner des Grenzstädtchens **Kirkenes** zählt. Zu ihren Erfolgen gehört, dass die norwegische Regierung bislang 500 Mio. NOK zur Luft-Säuberung im Grenzgebiet ausgegeben hat – längst nicht genug, wie Umweltschützer kritisieren, denn immer noch wehen 12.000 Tonnen Schwefeldioxid über die Grenze.
- **Reaktorunfall in Tschernobyl**: Wegen der radioaktiven Wolken des Reaktorunglücks aus der Ukraine, die 1986 Norwegen verheerender als jedes andere europäische Land trafen, mussten nicht nur abertausende Rentiere notgeschlachtet werden, auch die Schafzucht hat sich in weiten Teilen des Landes von dem aufgezwungenen Aderlass bis auf den heutigen Tag nicht erholt. Viele Norweger misstrauen noch heute der offiziellen Entwarnung der Osloer Regierung in Bezug auf Pilze und Beeren.

Der Lachstöter heißt „Gyro"

... und ist nur einen halben Millimeter groß. Tausendfach befällt der Saugwurm (Gyrodactylus salaris) Junglachse und tötet sie binnen weniger Tage. Der aus russischen Flüssen, die in die Ostsee münden, eingeschleppte Parasit hat bereits 42 Lachsreviere in ganz Norwegen verseucht; nur wenige konnten bislang desinfiziert werden. Angler und Fischer sind darum angehalten, nicht nur ihr Gerät, sondern auch Boote, Stiefel und Luftmatratzen regelmäßig zu desinfizieren. Vor allem aber: Keine lebenden Fische aussetzen und kein Wasser aus fremden Gewässern einleiten

- **Killeralgen**: *Chrysochromulina polylepsis* heißt das Tierchen, das Ende der 1980er Jahre in kilometerweiten Algenteppichen zwar nicht nur Norwegens Küsten heimsuchte, hier aber zum Massensterben von Zuchtfischen in Meeresgehegen führte – bei 900 Aquakulturen, die allein im Jahr 2005 mehr

als 420.000 Tonnen Fisch produzierten, auch ein riesiges, wirtschaftliches Gefahrenpotenzial.
40.000 Tonnen Stickstoff leitet allein Skandinaviens Wirtschaft alljährlich in die Nordsee – Dünger zur Eutrophierung, dem übermäßigen Wachstum von Kleinsttierchen in Gewässern, das aber den von Fischen gebrauchten Sauerstoff verbraucht und damit mittelfristig zur Fischarmut beiträgt.

- **Ozonloch**: Gerade *Gro Harlem Brundtland*, Ärztin, Umweltschützerin und Norwegens damalige Ministerpräsidentin, hatte den Vorsitz in der UN-Kommission, die das „Ozon-Desaster" an den Tag brachte: 1987 schon warnte die Osloer Regierung vor üppigem Sonnenbaden, beschloss gleichzeitig Europas konsequenteste FCKW-Reduzierung. Bis 2004 ist der FCKW-Ausstoß in Norwegen tatsächlich auf 7 % der Werte aus den 80er Jahren geschrumpft.
- **Atomlasten**: Wieder sind es die Russen, die Norwegen, das Atomwaffen und -kraftwerke auf seinem Territorium schon vor 55 Jahren verbot, langfristige Umweltgefahren bescheren: zum einen durch vier riesige Atomreaktoren unweit von **Murmansk**, von denen zwei zu den Druckwasserreaktoren des Greifswald-Typs gehören, die nach Angaben der Internationalen Atomenergiebehörde zu den gefährlichsten der Welt zählen, zum anderen durch 3.500 Atomsprengköpfe und 229 Minireaktoren an Bord und in Arsenalen der ehemaligen sowjetischen Nordmeerflotte. Erst kürzlich gaben zudem russische Behörden zu, die **Karasee** schon seit Jahrzehnten als Deponie für „schwach radioaktiven" Abfall zu benutzen.
  Das „Kursk"-Unglück, bei dem 118 russische Seeleute umkamen, ist die fast schon logische Folge solcher russischen Sorglosigkeit. Die im Oktober 2001 geglückte Bergung des Atom-U-Bootes erfolgte dann auch mit aufwändiger personeller und finanzieller Unterstützung der Norweger, die nicht umsonst durch diese Katastrophe alarmiert waren: 1.700 m unter dem Meeresspiegel bei der norwegischen **Bäreninsel** schimmelt seit 1989 das Atom-U-Boot *Komsomolet* (42 Tote beim Untergang) samt seiner Reaktoren vor sich hin: eine nukleare Zeitbombe, die 6 kg Plutonium freisetzten könnte. Die 1995 gestartete Verhüllung des Wracks mit einer Kunststoffplane kann die Gefahr kaum dauerhaft bannen, denn das „Verhüterli", von russischen Fachleuten gebaut und montiert, hält dem Unterwasserdruck nach Expertenmeinung höchstens zehn Jahre stand (und ich schreibe diese Zeilen im Jahr 2006).
- **Wasserverschmutzung**: Meldungen der 1990er Jahre: Schlamm aus einem Titanwerk verschmutzt den **Jossingfjord**, zehn Fjorde sind verseucht; eine Chlorfabrik des größten Konzerns Norwegens, *Norsk Hydro*, leitet Abfälle in die See, die erste Geldbuße wegen Umweltvergehens wird fällig.

  Die schlimmsten Verschmutzungen des Nordseewassers aber gehen auf das Konto von Bohrinseln, deren Bohrschlämme und Chemikalien das Seewasser weiträumig verseuchen – von der ungelösten Frage der Entsorgung solcher Bohrinseln ganz zu schweigen. 220 Anlagen wurden bis zur Jahrtausendwende stillgelegt; und die im Sommer 1995 zu traurigem Ruhm gelangte *Brent Spar*, die einer Greenpeace-Aktion wegen nicht in der Nordsee versenkt wurde, gammelte im Erfjord bei Stavanger vor sich hin, bis sie 1999 – zerschnitten als Kaifundament – im neuen Hafen von Mekjarvik bei Stavanger verwendet wurde.

Im Binnenland sind es Fluss- und Fjordbegradigungen zum Nutzen der Energiewirtschaft aus Wasserkraft sowie Staudämme und übermäßige Abholzung zum Nutzen der Exportwirtschaft, die Umweltschutzgruppen, aber auch Politiker auf den Plan gerufen haben.

Denn auch das ist wahr: Die Skandinavier sind wach geworden in Sachen Umweltschutz, und die Norweger haben die Nase vorn. Hier gab es das erste Umweltschutzministerium Europas, das weltweit einzig wahrhafte FCKW-Gebot und das Verbot jeglicher Atomkraft im Lande – immerhin erste amtliche Schritte, die sich sehen lassen können.

Der Umweltgruppe *Bellona*, Norwegens Gegenstück zu *Robin Wood*, reicht das noch nicht. Nach spektakulären Aktionen vor 20 Jahren müht sich die mittlerweile von den Medien hofierte Gruppe um ein Umdenken ihrer Landsleute. Und das ist bitter nötig, denn noch immer sind die Norweger mit einem Pro-Kopf-Stromverbrauch von 25.319 kWh (Deutschland 6.734 kWh), mit Wasserverschwendung und bei der Abfallerzeugung absolute Weltmeister.

Es bleibt also auch im Land der weithin unverbrauchten Natur noch vieles zu tun. Sie sollten als Tourist auf jeden Fall ihr Scherflein dazu beitragen.

Landestypische Besonderheiten

Fjorde

100, 200, 1.000 oder noch mehr? Noch niemand hat Norwegens Fjorde gezählt. Das wäre auch schwierig, denn Fjord ist nicht gleich Fjord: Der **Boknafjord** vor Stavanger zum Beispiel mündet in einem riesigen Delta und ähnelt eher einer italienischen Flusslandschaft; **Hardanger**- und **Sognefjord** verästeln sich in unzählige Seitenarme und ähneln kanadischen Flusssystemen. An-

Der sympathische Patriotismus: Norwegens Flagge weht überall

Urlaub auf Norwegisch: Luxus-Hytta bei Grong

dere Fjorde heißen nur so und sind Seen wie der **Byglandfjord** im Setesdal oder Sunde (Meerengen) wie der **Oslofjord**, der, anders als richtige Fjorde, bisweilen zufrieren kann.

Auch in Grönland, auf Feuerland und an der Küste von British Columbia gibt es Fjorde, doch nirgendwo sind die lang gestreckten Meeresbuchten derart landschaftsbestimmend wie in Norwegen.

Fjorde sind Trogtäler, die vor drei Millionen Jahren von Eiszeitgletschern unter den Meeresspiegel gedrückt und von Nordseewellen überflutet wurden. Dadurch fließt Salzwasser durch diese Meeresarme. Es ist angewärmt vom Golfstrom, der eine Vereisung der Fjorde verhindert. Aus Talwänden wurden steile Gestade, die selten Platz für Siedlungsraum lassen. Aus Zuflüssen wurden Wasserfälle, die fotogen zu Tal stürzen.

Das Fjordwasser ist meist mehrere hundert Meter tief. Am tiefsten ist der Fjord immer am Talschluss, denn dort war die Eisdecke schwerer als an der Mündung. Fast alle spektakulären Fjorde liegen im Gebirge, weil dort die Erosionskräfte stärker waren. So gilt die Faustregel: Je höher die Berge, desto länger und tiefer sind die Fjorde. Deshalb finden sich die aufregenden Fjorde im gebirgigen Westnorwegen, deshalb überwiegen sanftere Fjorde im flacheren Süd- und Nordnorwegen.

Hytter

Das ist mehr als nur ein Wort. Die „Hütte" ist der Inbegriff norwegischer Lebensart und drückt ein nationales Gefühl aus: Naturverbundenheit in Einsamkeit.

400.000 solcher Blockhäuser soll es in Fjell und Wald, am Strand und an den Seen geben. Es sind keineswegs nur Katen, sondern häufig schmucke Häuschen mit mehreren Zimmern, die mit Bad und Fußbodenheizung ausgestattet sind. Meist steht auch ein Angelboot zur Verfügung. Dass mittlerweile fast alle Hytter mit einem Anschluss für Kabelfernsehen versehen sind, ist eigentlich schon selbstverständlich. Rein rechnerisch hat jede zweite Familie in Norwegen eine Hytta irgendwo in der Einöde.

Ist man nicht selbst dort, wird die Hytta vermietet – an Freunde und Verwandte und manchmal auch an Fremde. Als Tourist schläft man allerdings oftmals in den nachgebauten Einheitshütten auf Campingplätzen oder Bauernhöfen, die zwar meist mit wunderschöner Aussicht und allem Komfort sind, aber eben ohne das „Hytter-Feeling" der Nordländer.

Jedermannsrecht

Dieses Recht aus uralten Zeiten (1957 als Gesetz formuliert) erlaubt jedem, sich in der Natur frei zu bewegen, doch dabei dürfen Menschen, Tiere und Pflanzen in ihrem Lebensraum nicht beeinträchtigt werden. Man darf Pilze, Kräuter und Beeren frei sammeln (nur für Moltebeeren bestehen Einschränkungen).

Aber beachten Sie bitte: Das Jedermannsrecht stammt aus einer Zeit, als es noch keinen Massentourismus gab. Unvernünftiges Verhalten mancher Gäste führte oft schon zu Einschränkungen in einzelnen Gemeinden. Bitte bleiben Sie mit Ihrem Fahrzeug auf den Straßen und Wegen, und benutzen Sie mit Wohnwagen und Wohnmobil die Campingplätze.

Moltebeeren

Die gelben, brombeerähnliche Beeren wachsen weltweit nur in Skandinavien. Sie geben mit Joghurt oder im Kuchen, mit Schlagsahne oder nur mit Zucker, aber auch als Marmelade ein köstliches Dessert ab. Eine wirkliche Delikatesse! Die sehr vitaminhaltigen Beeren sind reich an Benzoesäure, dem besten Konservierungsmittel der Natur.

Deshalb nahmen schon die Wikinger die *molter* mit auf die lange Reise, und deshalb bekommt man die Beeren stets übers ganze Jahr serviert. Aber unvergleichlich schmecken sie nur im Herbst, wenn sich die roten Früchte gelb färben und dann vollreif sind.

Rorbuer

Das Stelzenhaus, das mit mindestens zwei Beinen im Wasser steht, ist eine Besonderheit der **Lofoten**- und **Vesterålen-Inselgruppe**. Saisonfischer vom Festland wurden früher während der Jagd auf den Kabeljau in den Hütten mehr schlecht als recht für bloß zwei Monate untergebracht.

Heutzutage nutzen nur noch Touristen die *rorbuer*, und das längst nicht mehr nur auf den Inseln nördlich des Polarkreises. Unverfälscht finden sich Pfahlbauten nur noch im restaurierten **Nyksund** auf der Vesterålen-Insel **Langøya**. Die heute von Angelfreunden bevorzugten Hütten sind allesamt nachgebaut und mit allem Komfort ausgestattet, naturbelassen ist höchstens die Fassade.

Drachenboot als Gotteshaus: Stabkirche auf Bygdøy

Stabkirchen

An die 1.000 Stabkirchen soll es um 1250, knapp 200 Jahre nach Beginn der christlichen Missionierung, gegeben haben, nur noch 750 waren es zur Zeit der Reformation. Heute finden sich gerade noch 25 an ihrem Originalstandort, andere wurden in Freilichtmuseen verpflanzt, zumeist in Südnorwegen.

Stabkirche Heddal: Drachenköpfe und Schwerter

Stabkirchen sind regelrechte Kathedralen aus Holz. Sie finden sie nur in Norwegen. Unbedingt ansehen sollten Sie sich eine solche Kirche, z. B. in **Borgund** (sie gilt als schönste und besterhaltene), in **Urnes** (sie ist die älteste) oder im **Bygdøy-Folkemuseum** von Oslo, aber auch im Freilichtmuseum **Maihaugen** bei Lillehammer.

Die Stabkirchenkonstrukteure hatten von den Schiffsbauern der Wikinger-Drachenschiffe gelernt. Diese Pagoden hängen an einem Mast, und von diesem Stab (norweg. *stav*) hat die *stavkirke* auch ihren Namen. Später wurden aus einem *stav* bis zu 20, manchmal 8 m hohe Masten, die mittels Stützhölzern und Rahmen, Knaggen und Zargen mit Eckpfeilern verbunden sind. Die Wände wurden senkrecht verplankt, selbst die Nägel sind aus Holz.

Regen und Sturm setzen im feuchten, windigen Norwegen den hölzernen Kathedralen zu, aber die bäuerlichen Baumeister wussten sich zu helfen: Der Vielsäulenbau ruht in der Regel auf einem Rahmen aus Steinen und bleibt so vor Bodenfeuchte gefeit. Zudem zimmerte man Pagodendächer, mit Schindeln aus harzreicher Lärche gedeckt und mit Teer konserviert. Alle fünf Jahre muss auch heute noch der Teeranstrich erneuert werden. Das zunächst fast schwarze Dach hellt erst nach Jahren wieder auf. Auch gegen den Sturm wussten die Baumeister ein Mittel: Auf Fenster wurde vielerorts verzichtet, und die Einlässe gerieten besonders schmal.

Nur gegen Odin und andere Wikingergötter kannten die neuen Christen kein Allheilmittel – Drachenköpfe an der Außenwand, als Schrecksymbol von den Wikingerschiffen bekannt, oder heidnische Ornamente am Portal erscheinen uns als geradezu niedliche Symbole, um böse Geister abzuschrecken. Christliche Kreuze wurden erst viel später und meist erst auf Initiative des Pfarrers installiert.

Die ursprüngliche Stabkirchen hatten einen fast quadratischen Grundriss. Erst als Folge der Reformation verlängerte man das Kirchenschiff, weil man Platz für das Kirchengestühl brauchte. Manches Mal wurden, wie in **Heddal**, der größten Stabkirche des Landes, auch Seitenschiffe angefügt, durch Säulenreihen vom Hauptschiff abgetrennt (die Heddal-Stabkirche ist übrigens seit 2005, nach sechsjähriger Renovierung, wieder zugänglich).

Im 17. Jh. erhielten zudem viele Kirchen, wie z. B. die malerisch über Fluss und Tal sich erhebende Stabkirche von **Ringebu** im Gudbrandsdal, einen Glockenturm und wurden so erst zum wahren Mittelpunkt der Gemeinde. Die vormals unbemalten Wände behängte man mit Decken (erst seit dem 18. Jh. verschönern Malereien oder Schnitzereien die rohen Holzwände). Fröstelnde Kirchgänger konnte das kaum trösten, denn Heizungen fehlen in den meisten Kirchen bis auf den heutigen Tag. Auch derzeit sind Stabkirchen, die nicht für regelmäßige Gottesdienste genutzt werden, allein während der Sommermonate zugänglich.

Mancherorts, wie z. B. in **Hopperstad**, erinnert der *svalgang*, eine Art Wehrgang, an kriegerische Zeiten: Dort mussten Wikingerkrieger vor dem Gottesdienstbesuch ihre Waffen ablegen. Überdies schützt diese Pufferzone die empfindliche Holzkonstruktion vor Wind und feuchtem Wetter.

Die für Norwegen so charakteristischen, allesamt denkmalgeschützten Stabkirchen symbolisieren vielfältig den Übergang vom germanischen Heidentum zum Christentum. Aus Opferfesten unter freiem Himmel wurden Gottesdienste im dunklen Raum, christliche Heilige übernahmen die Funktion heidnischer Götter, ein Klerus mit weltlicher Macht und weltlichem Reichtum entstand, die bäuerliche Gemeinschaft freier Grundbesitzer geriet nach und nach in Abhängigkeit von Kirche und Krone. Die Stabkirchen des frühen Mittelalters stehen auch für das Ende der stolzen Wikingerzeit.

Urnes: die älteste Stabkirche des Landes

Holzkirchen in anderen Teilen Skandinaviens blieben nicht erhalten, aber ähnliche Konstruktionen finden sich heute noch in Russland, England und sogar im Riesengebirge.

Trolle

Wer einmal eine Gewitternacht im Jotunheimen-Massiv, in der Finnmark-Tundra oder auch nur in einer Fjordhütte an der Westküste erlebte, kennt die Trolle aus Norwegens Märchenwelt: die vielköpfigen Wichte, die teufelsschwänzige Huldra und den riesengroßen Berggeist. Am nächsten Morgen, wenn die Sonne ihr warmes, wohltuendes Licht verstrahlt, entpuppen sich die Geister als knorrige Bäume oder friedliche Bergseen.

Trolle: sagenhafte Gefährten

Die Einsamkeit der nordischen Natur, tagsüber vom Wanderer geschätzt, kann über Nacht recht gruselig werden. In solchen Nächten sind wohl die Trolle entstanden, die eher tollpatschig als verschlagen durch Norwegens Sagen geistern, aber auch in Henrik Ibsens *Peer Gynt* literarisch oder durch *Theodor Kittelsen* bildnerisch verewigt wurden.

Heutzutage kommen Trolle vornehmlich in Souvenirgeschäften vor – aus Plastik und Pappmachee, in allen Größen und Preislagen. Und natürlich gibt es auch den größten Troll der Welt – der lauert im *Hunderfossen Familienpark* nördlich von Lillehammer.

Was haben Sie entdeckt?

Haben Sie eine besonders schöne Unterkunft auf Ihrer Reise durch Norwegen gefunden, einen aufregenden Wanderweg durch die unverfälschte Natur oder ein Lokal mit landestypischen Spezialitäten?

Wenn Sie Tipps und Informationen, aber auch Kritikpunkte haben, lassen Sie es uns wissen. Schreiben Sie an:

Hans-Peter Koch
Stichwort „Norwegen"
Michael Müller Verlag
Gerberei 19
91054 Erlangen
E-Mail: hpkoch@michael-mueller-verlag.de

Einst der Schrecken Europas: Wikingerschiff bei Hammerfest

Geschichte

„Diese kleine, periphere Gesellschaft hinkt hinter der Zeit her und ist ihr zugleich voraus." Was der deutsche Dichter Hans Magnus Enzensberger nach mehrjährigem Aufenthalt auf der Skagerrak-Insel Tjøme in seinem lesenswerten Buch „Ach Europa!" über den Alltag der Norweger erfahren hat, spiegelt sich in der Landesgeschichte wider.

Weltbürger einerseits, die als erste Amerika und den Südpol erreichten, die UNO zu gründen halfen, als Vorreiter des Wohlfahrtsstaates gelten und die weltweit spendabelsten Entwicklungshilfezahler sind – Eigenbrötler andererseits, die ohne Bedauern auf die EU-Mitgliedschaft verzichten, eine überstrenge Asylpolitik betreiben und Weltmeister in Vereinsmeierei sind.

Norwegens Geschichte als Nation ist genau genommen knappe 200 Jahre alt, sie beginnt erst 1814. Vorher war Norwegen dänische Provinz, davor Handelsposten der Hanse und noch früher Wiege der Wikinger, die übrigens keineswegs nur norwegisch sind, denn als Wikinger gelten auch Ur-Dänen und Ur-Schweden. Zuallererst aber war Norwegen ein lohnendes Jagdgebiet für Germanen aus dem norddeutschen Flachland.

Die Germanen

Vor 10.000 Jahren gab es kaum Wasser im Norden: Zwischen Dänemark und England lag trockenes Land, Norwegen wurde vom südlichen Festland nur durch eine schmale Meeresrinne getrennt, die allwinterlich zufror. Als um 8000 v. Chr. die Eisdecke über Skandinavien gerade abgetaut war, zogen wohl erstmals Tierherden über das Wintereis nach Norden.

Die Jäger, die ihnen folgten, waren Germanen der Ahrensburg-Kultur, nach einem Ort nordöstlich von Hamburg benannt. Sie siedelten später entlang des Oslofjords und an der Westküste, begannen um 4.000 v. Chr. mit dem Ackerbau und organisierten sich in Sippen, die schon bald ihren Einfluss bis hin ins heutige Schweden ausdehnten. Sie wurden von ihren Zeitgenossen als *Wikinger* bezeichnet (nach den *viken*, den Buchten ihrer Heimat). Um 500 v. Chr. lernten sie von den Kelten Westeuropas den Umgang mit Eisen; aus dem Moorerz der nordischen Fjells schmolz man das Metall, das zu Pflugscharen und Schwertern geschmiedet wurde.

Zu Beginn unserer Zeitrechnung entwickelten sich so aus Germanensippen wehrhafte Wikingerstämme, die mithilfe einer Bauernmiliz ihre Häuptlingsreiche ausdehnten. Denn mittlerweile war die Überbevölkerung zum ernsten Problem geworden – der bodenverzehrende Ackerbau konnte die nachfolgenden Generationen nicht mehr ernähren. Entweder Landgewinnung im Norden oder Beutezüge im Süden waren angesagt: Man brauchte neues Ackerland oder Tauschware, um die hungrigen Mäuler zu füttern.

Die Samen

Im Norden Norwegens stießen die Wikinger auf ein Nomadenvolk, das schon Bronzewaffen und -geräte besaß, aber ansonsten eher friedfertig war, das in Familienverbänden umherzog und Rentierherden hielt: die Samen.

Schon der römische Geschichtsschreiber *Tacitus* beschreibt im Jahre 110 dieses nordische Jägervolk, dessen Herkunft bis heute nicht geklärt ist. Letzte Forschungen lassen vermuten, dass die Samen aus Sibirien einwanderten und finnisch-ugrische Sprachelemente erst in ihrem neuen Siedlungsraum annahmen.

Die Wikinger hatten kaum Mühe, das zahlenmäßig und organisatorisch unterlegene Samenvolk tributpflichtig zu machen. Wikingerhäuptling *Ottar* berichtet in einem Brief an den englischen König im 9. Jh., er habe Samen zur Abgabe von Fellen, Walknochen und Rentieren gezwungen. Andere Wikinger hätten sich in Troms niedergelassen und die dort ansässigen Küsten-Samen nach Osten vertrieben.

Bis auf den heutigen Tag erstrecken sich die Weidegründe der Samen, die den finnischen Namen *Lappen* als Schimpfwort empfinden, über die aktuellen Grenzen hinweg nach Schweden und Finnland: Neben 30.000 Samen in Norwegen leben 20.000 in Schweden und 10.000 in Finnland (vgl. „Indianer des Nordens“, S. 482).

Die Wikinger

Die im Jahre 793 bei einem Wikinger-Raubzug gemeuchelten Mönche von Lindisfarne vor der Nordostküste Englands wurden zum Symbol der Wikingerzüge (Norweger legen übrigens Wert auf die Feststellung, jene mörderischen Wikinger auf Lindisfarne seien Dänen gewesen).

Über zwei Jahrhunderte dauerten diese Beutezüge an, die sich bis nach Sizilien und an die Wolga erstreckten. Ursachen jener Raubfahrten war kaum Abenteuerlust: Stammesfehden, Überbevölkerung und Mangel an kultivierbarem Land, aber auch die Weigerung, sich der erstarkenden zentralen Königsmacht in der Heimat zu unterwerfen, trieben die Wikinger über die Meere. Durch ihre schlanken Schiffe mit quergestellten Segeln und Furcht einflößenden Drachenköpfen galten sie als unschlagbare Navigatoren und unbesiegbare Seefahrer.

Aus den Raubzügen wurden jedoch alsbald Erkundungsfahrten und Einwandertrecks. Neben der Normandie besiedelten die Nordmänner die Shetland- und Orkneyinseln ebenso wie Teile Schottlands, Englands und Irlands, dessen Hauptstadt Dublin eine Wikinger-Gründung ist. Alle diese Siedlungen waren zunächst nur Winterlager – man scheute den langen Rückweg nach Norwegen und setzte in nächsten Frühjahr die Raubzüge und Entdeckungsfahrten fort.

Später fanden die Häuptlinge *Rollo, Erik* und andere Gefallen an südlichen Gefilden; sie gründeten Siedlungen. Aus Wikingern wurden Normannen in Frankreich, zusammen mit den Scoten schufen sie Schottland, gemeinsam mit den Kelten besiedelten sie Irland.

Auf ihren Erkundungsfahrten machten die Wikinger auch zahlreiche Entdeckungen. So stießen sie auf Island und Grönland. Man vermutet, dass Wikinger auf der Rückfahrt von England nach Norwegen vom rechten Weg abgekommen waren und mehr zufällig auf die Polarinseln stießen. Auch die Entdeckung Neufundlands ist norwegischer Seemannskunst zu verdanken. Damit erreichten die Wikinger den amerikanischen Kontinent 400 Jahre vor Kolumbus. Ausgrabungen in Neufundland legen den Verdacht nahe, dass die Wikingersiedler von Indianern wieder vertrieben wurden.

Handwerker, Demokraten und Krieger

Die wichtigste Wikingersiedlung in England war *Jorvik*, das spätere York. Die nordenglische Stadt besitzt das wohl anschaulichste Wikingermuseum der Welt, das „Jorvik Viking Centre", das mit einigen Vorurteilen über die Wikinger aufräumt: Hier wird beispielsweise dokumentiert, dass die Nordmänner in erster Linie hervorragende Handwerker, aber auch kunstvolle Goldschmiede waren. In ihren Langhäusern, in denen eine Großfamilie unter einem Dach lebte, herrschte ein erstaunlich demokratisches Miteinander, das Frauen weit mehr Rechte einräumte, als das in damaliger Zeit üblich war. Ihre Gesellschaftsordnung war die freier Grundbesitzer. Die Regeln des Zusammenlebens wurden im *Thing*, der regelmäßigen Zusammenkunft aller Sippenmitglieder zur Volks- und Gerichtsversammlung, festgelegt, Verstöße im *Lagting* geahndet, Heerführer im *Øreting* gewählt.

Alles das ist pfiffig präsentiert: Ein kleines Kino im Eingangsbereich wird zur Zeitmaschine, und der Zuschauer ist im Jahrzehntetakt in die Zeit der Nordmänner zurückversetzt – mit Lehmhäusern und lebensecht wirkenden Puppen. Übrigens wird im Viking Centre auch gezeigt, dass die Wikinger niemals Hörner an ihren Helmen trugen – die sind nur eine Erfindung furchtsamer Westeuropäer, die mit dieser Ausrede ihre Angst vor den Wikingern erklären wollten.

Königreich Norwegen

Einen ersten Versuch, die konkurrierenden Stämme unter einer Sippe zu vereinen, unternahm der Schwede *Harald Schönhaar* mehr aus Zufall: Ein Feldzug gegen nordnorwegische Stämme sollte der ständigen Seeräuberei ein Ende setzen. Sein Sieg 872 bei Hafrsfjord in Rogaland bescherte ihm unversehens eine Vormachtstellung. Norwegen wurde Königreich.

Aber nach Haralds Tod im Jahre 933 gelang es weder seinem Sohn *Håkon „dem Guten"* noch seinem Enkel *Olav Tryggvasson*, das Reich zu bewahren. Immer neue Scharmützel und immer neue Zugeständnisse an einzelne Häuptlinge untergruben die zentrale Autorität. Nord- und mittelnorwegische Sippen paktierten eher mit Dänenkönigen, als sich der Schönhaar-Sippe zu unterwerfen. Erst König *Olav II.* (der Heilige) gelang es vorübergehend, die Alleinherrschaft zu gewinnen und sich von Dänemark zu lösen.

Mit *Olav I. Tryggvasson* war langsam das Christentum in Norwegen eingeführt worden, *Olav II.* versuchte schließlich, sein Reich mit Gewalt zu christianisieren. Da die zahlreichen Stammeshäuptlinge durch die neue Religion ihre Vormachtstellung innerhalb ihrer Sippen gefährdet sahen, lehnten sie sich immer wieder in Aufständen gegen die Missionierung auf. In der *Schlacht von Stiklestad* 1030 konnten sich die Häuptlinge gegen die Christianisierung und gegen die Vormachtstellung der Schönhaar-Sippe durchsetzen. König *Olav II.* fiel in der Schlacht, die Missionierung des Wikingerlandes war vorläufig gewaltsam beendet.

Doch es gab weiterhin keine stabilen politischen Verhältnisse. Nach wie vor bekriegten sich die verschiedenen Stämme, die dadurch so geschwächt waren, dass die nunmehr beginnende Expansionspolitik der Nachbarn Schweden und Dänemark leichtes Spiel hatte. Auch das Christentum breitete sich wieder weiter aus; mit der Heiligsprechung von König Olav II. wurde diesem Prozess noch Vorschub geleistet. Zahlreiche einflussreiche und mächtige Mönchsorden entstanden im einstigen Land der Wikinger.

Das Wikingertum, die Gemeinschaft freier Bauern mit einem nur für den Kriegsfall gewählten Häuptling, ging spätestens mit der Niederlage von *Harald Hardråde* 1066 in England zu Ende. Die Zeit der Eroberer, deren Beutezüge für damalige Zeiten ungeheuren Reichtum sicherten, war nach weniger als 300 Jahren abgelaufen. Der wohlorganisierte Zentralismus des Dänenkönigs, der christlichen Kurie und nicht zuletzt der hanseatischen Kaufleute trat seinen Siegeszug an. Als Symbol norwegischer Identität sind nur die Stabkirchen geblieben. Als Hort heidnischer Götterverehrung waren sie einst Mittelpunkt des bäuerlichen Lebens. Heute stehen diese „Pagoden aus Holz" nur noch als Denkmäler wohlbehütet in schöner Landschaft.

Hanseatischer Handel

Doch noch vor den mächtigen dänischen und schwedischen Nachbarn hatten die „Pfeffersäcke", wie Nordsee-Anrainer seit alters her die hanseatischen Kaufleute nennen, das Sagen. Sie kamen im Gefolge der Mönche. Der Erzbischof von Hamburg-Bremen war für die Missionierung der Wikinger zuständig; auf Hanse-Koggen erreichten seine Missionare das Land auf dem „Weg nach Norden" (= *„Nor-wegen"*), wie das Reich nun genannt wurde.

Das 1070 gegründete Bergen wird zum Handelsposten der Hanse. 1236 siedeln sich die ersten Lübecker Kaufleute in der Residenzstadt an. Bis 1250 erkaufen sie Privilegien, die sie bis Mitte des 16. Jh. den Außenhandel Norwegens kontrollieren lassen: Roggen aus Rostock, Salz aus Lüneburg, Bier aus Hamburg und Linnen aus Bremen gegen Stockfisch und Tran von den Lofoten sowie Holz aus den noch heute überreichen Wäldern.

Der hanseatische Einfluss bleibt nicht auf Bergen beschränkt: Niederländische Hansekaufleute beherrschen lange Zeit den Holzexport nicht nur an der Südküste, deutsche Kaufleute verschlägt es bis nach Nordnorwegen, und Grubenexperten aus dem Harz werden später von den Hansekaufleuten ins Land geholt, um den Bergbau der Røros-Region voranzutreiben.

Um 1285 leben 20.000 Deutsche in Bergen, mehr als die Hälfte der damaligen Bevölkerung. Bis auf den heutigen Tag erinnert *Tyske Bryggen*, die Deutsche Brücke, die seit Kriegsende 1945 nur noch *Bryggen* heißt, an die Speicherstadt der Hanse.

Doch mit den Handelsschiffen kamen auch Ratten, deren Flöhe die Pest nach Bergen und von dort ins ganze Land brachten. Nachdem im Sommer 1349 auf einem englischen Schiff die Pest eingeschleppt worden war, fiel mehr als die Hälfte der Einwohner des ohnehin am dünnsten besiedelten Landes Skandinaviens innerhalb zweier Jahre dem „schwarzen Tod" zum Opfer. Ganze Siedlungen verödeten, Bauernhöfe wurden verlassen. Die Überlebenden zogen sich in unzugängliche Fjordtäler zurück. Norwegens Zentralgewalt verlor an Einfluss, um die Königskrone wurde heftig gestritten. Einzig die Kirche als größter Grundbesitzer des Landes profitierte – sie kaufte verlassene Höfe im Dutzend auf. Der Erzbischof von Nidaros, dem heutigen Trondheim, wurde dadurch zum reichsten, zum mächtigsten Mann des Landes, während die Regierung des Landes durch ständige Erbstreitigkeiten um die Krone immer mehr an Einfluss verlor.

Dänische Domäne

Unter dem Machtgeplänkel im Mittelalter litt vor allem das norwegische Volk. Ohne Thronfolger und seiner adligen Führungsschicht beraubt, denn die Pest hatte mit tödlicher Sense gemäht, ohne Bürgertum, weil die deutschen Kaufleute kaum Konkurrenz zuließen, und ohne Geld, denn der Handel war fest in der Hand der Hanse, blieben die Norweger ohne Chance gegen die wohlorganisierten Nachbarn.

Ende des 14. Jh. war Norwegen, bedingt durch politische Querelen, die Pest und den allmählichen Niedergang der Hanse, wirtschaftlich am Ende. Unter dem erdrückenden militärischen, politischen und wirtschaftlichen Übergewicht Dänemarks kam es zusammen mit dem innenpolitisch ebenfalls zerrissenen Schweden zu einer *Union* unter der Vorherrschaft Dänemarks (1389–1523). Vertreten wurden die drei Länder von sog. *königlichen Reichsräten.*

In der *Kalmarer Union* von 1397 ließ die dänische Königin Margarete die Eckpunkte dieser Union in einem Vertrag (der jedoch nie eingehalten wurde) schriftlich festhalten: Die einzelnen Länder behielten ihre jeweiligen Rechte und Gesetze, die königlichen Reichsräte blieben weitgehend unabhängig, doch im Falle eines Krieges wollte man sich gegenseitig unterstützen.

Bis 1814 ändert sich an der Situation Norwegens nichts: Es bleibt unter der Vorherrschaft dänischer oder schwedischer Könige. Als „finstere Epoche" bezeichnet die norwegische Geschichtsschreibung deshalb noch heute die Zeit von 1319 bis 1814, als das Land erbfolgebedingt in Personalunion zunächst mit Schweden und Dänemark, später nur noch mit Dänemark und zum Schluss, bis ins vorige Jahrhundert hinein, wieder mit Schweden vereint war. Norwegen blutete wirtschaftlich, politisch und kulturell aus.

Die Errungenschaften der Aufklärung gingen an Norwegen vorüber, die Reformation wurde vom König in Kopenhagen verordnet, im *Zweiten Nordischen Krieg* (1700–1721) stellten Norweger nur die Hilfstruppen, mussten aber der Verwüstung Südnorwegens nahezu tatenlos zusehen.

Musik, Literatur, Wissenschaft – Fehlanzeige in dieser Zeit als dänische Domäne. Wer es zu etwas bringen wollte, zog nach Kopenhagen; wer etwas lernen wollte, studierte in Berlin oder Paris; wer in Norwegen etwas zu sagen hatte, sprach Dänisch.

Nationale Erneuerung

Nach den *napoleonischen Kriegen* war im Kieler Vertrag 1814 die norwegische Provinz an Schweden abgetreten worden, wo der ehemalige französische Marschall *Bernadotte* als *Carl Johan* auf dem Thron saß. Der allerdings wurde von der *Riksforsammling* überrascht: 112 norwegische Delegierte aus allen Ständen trafen sich auf einem Gutshof bei Eidsvoll nördlich Oslos, das immer noch dänisch „Christiana" hieß. In einer nur fünfwöchigen Diskussion einigte sich die Reichsversammlung auf eine fortschrittliche Verfassung: erbliche Monarchie, demokratisch gewähltes Parlament (*Storting*), freies Wahlrecht für – privilegierte – Männer über 25 Jahren, allgemeine Wehrpflicht, Meinungs- und Religionsfreiheit (nur Juden und Jesuiten wurde ein Bleiberecht verweigert, die Verbote wurden erst 1864 bzw. 1950 aufgehoben). In Grundzügen war die Verfassung von 1814 schon die von heute.

Zum Abschluss der Eidsvoller Versammlung wählten die ausgewählten Herren den dänischen Kronprinzen *Christian Frederik* zum norwegischen König und missachteten damit den Kieler Vertrag, auf dessen Einhaltung Schwedens König *Carl Johan* jedoch bestand.

In einem 20-Tage-Krieg zwang Schweden das Nachbarland noch einmal in staatliche Abhängigkeit (bis 1905), aber *Carl Johan* akzeptierte mit Abstrichen die Verfassung von Eidsvoll, die Norweger lebten fortan in einer vergleichsweise fortschrittlichen Monarchie. Mit dem neuen nationalen Selbstbewusstsein wuchs auch die wirtschaftliche Leistungsfähigkeit – Norwegen erwachte ganz allmählich.

Wie ganz Europa erlebte Norwegen zwischen 1840 und 1900 eine industrielle Revolution: 1854 wurde die erste Bahnstrecke zwischen Oslo und Eidsvoll er-

Eidsvoll: Verfassungseid auf harten Bänken

öffnet, 1855 die erste Telegrafenlinie zwischen Oslo und Drammen eingeweiht, 1863 nahm die erste Papierfabrik die Produktion auf, 1870 folgten Konservenfabriken in Stavanger. Dennoch wurde die Industrialisierung von zwei Sonderfaktoren bestimmt: Die enorme Wasserkraft der Wasserfälle wurde ab 1900 generalstabsmäßig zur Stromgewinnung genutzt (bis auf den heutigen Tag sind geringe Energiekosten ein wichtiger Standortvorteil). Zudem wuchs von 1850 bis 1880 die Handelsflotte zur drittgrößten der damaligen Welt an; kundige Seeleute, findige Reeder und eine uralte Schiffbautradition sind noch heute Garanten für eine florierende Schifffahrt.

Musiker, Literaten und Maler meldeten sich zu Wort, Intellektuelle und die Arbeiterbewegung machten von sich reden, der Entdeckermut der Wikinger wurde wieder wach: *Fridtjof Nansen* und *Roald Amundsen* fanden weltweite Beachtung; *Henrik Ibsen* und *Jonas Lie* begründeten in nur einem halben Jahrhundert Norwegens Ruf als Literaturnation; *Edvard Munch* zählte zu den führenden expressionistischen Malern; *Edvard Grieg* brachte norwegische Musik in Europas Konzertsäle; selbst die Landessprache entstand erst im 19. Jh.

Zwischen 1800 und 1850 verdoppelte sich Norwegens Bevölkerung auf 1,5 Millionen. Trotz wirtschaftlicher Expansion (Erschließung des Nordens und seiner Rohstoffvorkommen, Ansiedlung küstennaher Produktion im Zuge der industriellen Revolution, Ausbau der Küsten- und Walfischerei, Aufbau der Handelsflotte) verkraftete das Land den Bevölkerungszuwachs nicht, zumal schon um 1900 die Landflucht einsetzt: Ein Drittel der Bevölkerung zog in die Städte. Während des „Amerikafiebers", der Auswanderung ins gelobte Land zwischen 1866 und 1915, emigrierten 750.000 Norweger nach USA. Heute leben mehr als 4 Mio. Menschen norwegischer Abstammung in Amerika – ebenso viele wie in der Heimat. Dennoch wuchs die Bevölkerung in der Heimat weiter: auf 2,6 Mio. 1920, auf 4,3 Mio. 1995 und auf 4,8 Mio. 2005.

Norwegische Neutralität

Im 1. Weltkrieg blieb Norwegen neutral. Trotzdem litten die Norweger während des Krieges, als große Teile der Handelsflotte, die britische Waren transportierte, dem deutschen U-Boot-Krieg zum Opfer fielen und Lebensmittel aufgrund der britischen Handelsblockade knapp wurden.

Am 9. April 1940 überfielen deutsche Truppen die wichtigsten Häfen Norwegens und besetzten kurz darauf das übrige Land. Zwar wurde der deutsche Kreuzer *Blücher* im Oslofjord versenkt, was Regierung und Königsfamilie Zeit zur Flucht nach England verschaffte, die fünfjährige Besatzung durch die Wehrmacht aber konnte nicht verhindert werden.

Norwegen war für *Adolf Hitler* von großer militärischer und wirtschaftlicher Bedeutung: Zum einen wurden von hier aus die alliierten Hilfskonvois in die Sowjetunion gestört, gleichzeitig wurde die Küste mit starken Verteidigungsanlagen bestückt, weil die Wehrmachtsführung während des gesamten Krieges nicht zu Unrecht eine Invasion im Norden fürchtete. Zum anderen waren die Aluminium- und Magnesiumvorkommen Norwegens sowie die über Narvik verschifften Eisenerzladungen aus Schweden für die deutsche Kriegsindustrie von mindestens eben solchem Nutzen wie die Vorräte an „schwerem Wasser" (radioaktiv angereichertes Wasser) in Rjukan zur Herstellung einer deutschen Atombombe.

Quisling – Synonym für Kollaborateure

Der am 18. Juli 1887 in Fyresdal (Telemark) geborene *Vidkun Quisling* war Faschist und Abenteurer. Vormals Mitarbeiter des Polarforschers und Friedensnobelpreisträgers *Fritjof Nansen*, war Quisling in den 20er Jahren als Diplomat in Moskau tätig. Er vertrat dort bis 1929 die britischen Interessen; die norwegische Botschaft war damit beauftragt, weil Großbritannien zu dieser Zeit keine diplomatische Vertretung in der UdSSR unterhielt. Von 1931 bis 1933 war er Verteidigungsminister im Kabinett der Bauernpartei. Nach seinem Rücktritt gründete er die rechtsextreme *Nasjonal Samling*, die bei den Wahlen allerdings kein einziges Mandat gewinnen konnte.

Nach der Besetzung Norwegens durch die deutsche Wehrmacht wurde er 1940 Vorsitzender eines *Nationalen Verwaltungsrates* und am 1. Februar 1942 von „Reichskommissar" *Joseph Terboven* als Ministerpräsident eingesetzt.

Nach dem Krieg wird Quisling wegen Mordes (verantwortlich für die Judenverfolgung in Norwegen) und Hochverrats (versuchte Gleichschaltung von Kirchen, Jugendorganisationen etc.) angeklagt und am 24. Oktober 1945 hingerichtet (insgesamt wurden 53.000 Norweger wegen Landesverrats verurteilt und 25 hingerichtet; 12 Deutsche wurden als Kriegsverbrecher erschossen). Der Name Quisling gilt seither als Synonym für Kollaborateure.

Vidkun Quisling wurde 1942 norwegischer Ministerpräsident von Hitlers Gnaden. Weite Teile der norwegischen Bevölkerung jedoch widersetzten sich der Gleichschaltung. Richter und Lehrer verweigerten sich einem NS-Berufsverband, Sportler boykottierten NS-Sportbünde, *Hjemmefronten* mit ihrer Militärorganisation *Milorg*, die 47.000 Mitglieder zählte, gehörte zu den aktivsten Widerstandsbewegungen des Zweiten Weltkrieges.

Als Deutschland am 8. Mai 1945 kapitulierte, hinterließ die Wehrmacht verbranntes Land: Die nördlichste Landesprovinz, die Finnmark, in der Tausende deutscher KZ-Häftlinge und sowjetischer Kriegsgefangener beim Straßenbau verreckten, lag in Schutt und Asche. Als Hinterlassenschaft blieben außerdem 35.000 Inhaftierte und 10.000 Tote, unter ihnen 336 Hingerichtete und 1.600 in Lagern ermordete Norwegerinnen und Norweger.

Bereits im Oktober 1945 wurde der neue Storting gewählt, der *Einar Gerhardsen* von der Arbeiterpartei zum Ministerpräsidenten wählte. Er regierte bis 1965 fast ununterbrochen das Land. Schon 1945 trat Norwegen als Gründungsmitglied der UNO bei. Der damalige Außenminister Norwegens, *Trygve Lie*, wurde erster Generalsekretär der Vereinten Nationen.

Wohlstand und Wohlfahrt

2,5 Milliarden Kronen aus dem Marshall-Plan päppeln Norwegen wieder auf. Mit dem Geld aus dem Westen wächst die Bindung an den Westen: 1949 tritt Norwegen der NATO bei, lässt aber schon damals festschreiben, dass nie Atomwaffen oder fremde Truppen im Land stationiert werden. 1953 schließen sich die skandinavischen Staaten im Nordischen Rat zu einer Konsultationsrunde ohne besonderes politisches Gewicht zusammen; Beitritte zum Europarat, zur OECD und zur EFTA folgen.

Prägend für die Nachkriegspolitik bleibt das Streben nach Wohlstand und Wohlfahrt. Wahren Wohlstand erlebt das Land der Fjorde aber erst mit der Erdölausbeutung in den 1970er Jahren, Wohlfahrt dagegen hatten die Sozialdemokraten, die das Land seit 1945 regierten, seit je auf ihre Fahnen geschrieben. Die übrigen Parteien schließen sich in einer gemeinsamen Erklärung dieser Politik an: Vollbeschäftigung und das Recht auf Arbeit, das später Eingang in die Verfassung findet; soziale Wohnungsbaupolitik, die von der staatlichen *husbank* kräftig subventioniert wird; Bildungsreformen, die zur Gründung neuer Universitäten, aber auch zum „Schul-Tourismus" in entlegenen Landstrichen führt.

1969 bestätigen Probebohrungen im Ekofisk-Feld 300 km südwestlich von Stavanger die Goldgräber-Hoffnungen der Ölkonzerne: Norwegen wird unversehens zum Erdöl- und Erdgaslieferanten und ist noch heute hinter Saudi-Arabien und Russland drittgrößter Rohölexporteur der Welt.

Zwischen 1975 und 2000 betragen die Öleinnahmen rund 35 % des Bruttoinlandsprodukts. Norwegen wird, gemessen am Pro-Kopf-Einkommen, die drittreichste Nation der Welt, was sich bis auf den heutigen Tag leider auch im Preisniveau des Landes widerspiegelt.

Nicht nur Willy Brandt

Norwegens prominentester Immigrant hieß *Willy Brandt*. Aber der ehemalige Bundeskanzler und SPD-Vorsitzende ist untypisch für Ausländer, die vorübergehend oder für immer Zuflucht im Land der Fjorde fanden.
Brandt, in dritter Ehe mit Rut, einer Norwegerin aus Hamar, verheiratet, sprach zeitlebens akzentfreies Norwegisch, verlebte die Sommer im Ferienhaus am Mjøsasee und galt Norwegern als Norweger.
Was man von den Tamilen, die seit etlichen Jahren in den Fischfabriken von Hammerfest rackern, wohl kaum sagen wird. Ebenso wenig von Pakistani und Vietnamesen, den größten „Gastarbeiter"-Gruppen, denen zwar 300 Unterrichtsstunden in Norwegisch vom Staat spendiert werden, die aber dennoch von einer Integration weit entfernt sind: 44 % aller Norweger, so jüngste Meinungsumfragen, wünschen eine Verschärfung der Ausländergesetze.
Die sind seit Mitte der 1980er Jahre scharf genug und vergleichbar dem erst 1993 in Deutschland erlassenen Asylgesetz: Visumspflicht für Nichteuropäer, Drittlandregelung, Melde- und Ausweispflicht, überscharfe Regelungen für Arbeitsgenehmigungen. Und das, obwohl derzeit nur 3,9 % der Bevölkerung einen ausländischen Pass haben (Deutschland 11,2 %).
Der Einwanderungsstopp hat Tradition im Land des Friedensnobelpreises. Selbst der antifaschistische Flüchtling Brandt war in den 30er Jahren von Ausweisung bedroht. Zum Zeitpunkt des Einmarsches der Wehrmacht 1940 waren ganze 390 Exilanten registriert, fast 10.000 Flüchtlingen aber diente das Land als Transit nach Schweden. Die prominentesten dieser Exilanten waren *Rolf Nesch*, expressionistischer Maler, *Max Tau*, Leiter des Bruno-Cassirer-Verlages zu Berlin, und der Psychoanalytiker *Wilhelm Reich*.
Solche Fremdenfeindlichkeit im ansonsten liberalen Norwegen verwundert umso mehr, wenn man weiß, dass der hochverehrte Senior-Monarch, der 1991 verstorbene *Olav V.*, als Dänenprinz Alexander auf die Welt kam – ein Ausländer als Norwegens Staatsoberhaupt.

In Zeiten des Wohlstands wächst in Norwegen wieder der Hang zur Eigenbrötelei. Die Auseinandersetzungen um die Frage „EG – ja oder nein" wird zur hitzigsten Debatte der Nachkriegszeit. Gegen den Willen der großen Parteien, auch gegen den der regierenden Sozialdemokraten, sprechen sich 53,5 % der Norweger in einer Volksabstimmung 1972 gegen einen Antrag auf EG-Mitgliedschaft aus.

1991 macht die sozialdemokratische Regierung es anders: Sie stellt den Aufnahmeantrag in Brüssel, ohne vorab das Volk zu befragen. Das kommt erst nach zähen, allerdings erfolgreichen Beitrittsverhandlungen 1994 wieder zu Wort und erteilt den Regierenden in Oslo und Brüssel erneut eine Abfuhr: Mit 52,3 % der Stimmen, also mit etwa dem gleichen Votum wie 20 Jahre zuvor, wird der EU-Beitritt Norwegens abgelehnt.

Bislang scheint Norwegen mit seiner Ablehnung nicht schlecht zu fahren, denn seit dem Beitrittsverzicht geht es den Norwegern wirtschaftlich besser denn je und besser als allen anderen Europäern: Eine Arbeitslosenrate von

3,6 %, eine Inflationsrate von 2,4 %, ein Pro-Kopf-Einkommen von 37.857 Euro und ein Investitionswachstum von 5,1 % (jeweils 2005) sind Wirtschaftszahlen, von denen andere Westeuropäer nur träumen können.

Kleine Chronik

8000 v. Chr.: Vermutlich erste Besiedlung Norwegens, wahrscheinlich durch Eskimos und Samen, deren Felszeichnungen in der Finnmark gefunden wurden, sowie durch Germanen, deren Siedlungsspuren aus Südnorwegen stammen.

4000 v. Chr.: Aus Nomaden werden Bauern. Funde zeugen vom Gersteanbau sowie von Rinder- und Schafzucht.

500 v. Chr.: Erste Anzeichen von Verhüttungstechnik: Die Norweger werden Seefahrer und Fischer.

793 n. Chr.: Wikinger überfallen die englische Abtei auf Lindisfarne. 200 Jahre lang versetzen nordische Seeräuber das Abendland in Furcht und Schrecken.

872: Nach der Schlacht von Hafrsfjord unweit Stavangers vereint *Harald „Schönhaar“* die Wikingerstämme zum Königreich. Abtrünnige Fürsten verstärken daraufhin ihre Eroberungszüge an Europas Küsten.

ab 874: Norweger entdecken und besiedeln Island.

911: *Rollo der Normanne* ruft das Fürstentum „Normandie“ in Frankreich aus.

um 985: *Erik der Rote*, aus Island vertrieben, entdeckt und besiedelt Grönland.

1002: Eriks Sohn *Leif Erikson* landet – 400 Jahre vor Kolumbus – in Neufundland und betritt damit als erster Europäer Amerika; die nordischen Siedler aber werden wenige Jahre später von Indianern vertrieben.

29.7.1030: König *Olav „der Heilige“* fällt in der Schlacht von Stiklestad; die Christianisierung wird dennoch unter großen Blutopfern vollendet.

1050: Gründung Oslos, ab 1299 Hauptstadt.

1066: In der Schlacht bei Stanford Bridge in Nordengland fällt mit König *Harald Hardråde* der „letzte Wikinger“.

1070: Stadtgründung von Bergen, das ab 1250 zum Zentrum des Hanse-Handels wird.

1313: Union mit Schweden

1349–50: Die Pest rafft fast die Hälfte der 350.000 Norweger dahin, in den folgenden drei Jahrhunderten bricht die Seuche noch mehrmals aus.

1380: Zur norwegisch-schwedischen Union stößt Dänemark, das für fast 500 Jahre die führende Rolle im Staatenbund spielt, später ohne Schweden. Norwegen versinkt kulturell, wirtschaftlich und politisch für Jahrhunderte in der Bedeutungslosigkeit.

17.5.1814: Die „Riksforsamming“ beschließt die erste demokratische Verfassung Europas. Vorher war im Kieler Frieden Norwegen an Schweden gefallen; der schwedische König *Carl Johan* akzeptiert – mit einigen Abstrichen - die Verfassung von Eidsvoll, der 17. Mai ist seitdem norwegischer Nationalfeiertag.

1905: Der Staatenbund mit Schweden zerbricht. Der dänische (!) *Prinz Carl* besteigt als *Håkon VII.* den Thron; Norwegen erstmals selbstständiger Staat.

1914–18: Während des Ersten Weltkrieges bleibt das Land offiziell neutral, leidet aber empfindlich unter den Kriegsfolgen.

9.4.1940: Überfall der deutschen Wehrmacht. Es folgen fünf Jahre brutaler Besatzung. 1942 wird *V. Quisling* als Ministerpräsident von Hitlers Gnaden eingesetzt und 1945 hingerichtet.

13.5.1945: Fünf Tage nach der deutschen Kapitulation kehren Regierung und der größte Teil der Königsfamilie aus dem britischen Exil zurück. Im Oktober wählt der neue Storting den Sozialdemokraten *E. Gerhardsen* zum Präsidenten, der die Regierung nahezu ununterbrochen bis 1965 anführt.

24.6.1945: Der Norweger *Trygve Lie* wird erster Generalsekretär der UNO, Norwegen Gründungsmitglied der Weltorganisation.

1953: Beitritt zum Nordischen Rat. Weitere Mitgliedschaften in OECD, Europarat, EFTA und NATO folgen.

25.9.1972: In einer Volksabstimmung sprechen sich 53,5 % der Norweger gegen einen Antrag auf EG-Mitgliedschaft aus.

1992: 20 Jahre später stellt die sozialdemokratische Regierung unter *Gro Harlem Brundtland* dennoch ein weiteres Gesuch, das nach zähen Verhandlungen zu einem Beitrittsvertrag, aber auch zu einer neuerlichen Volksbefragung führt.

28.11.1994: Mit 52,3 % aller Stimmen lehnen die Norweger die Mitgliedschaft in der EU ab; Norwegen bleibt damit, anders als die skandinavischen Bruderländer, EU-Ausland.

1996: Frau *Brundtland*, sieben Jahre lang populäre Regierungschefin, tritt aus Enttäuschung über die EU-Ablehnung zurück; sie bleibt bis 2003 Präsidentin der Weltgesundheitsbehörde WHO. Ihr Nachfolger als Ministerpräsident wird der Sozialdemokrat *Thorbjörn Jagland.*

15.9.1997: Herbe Niederlage der Arbeiterpartei bei den Storting-Wahlen: Sie bleibt zwar stärkste Fraktion, die Regierung aber bildet ein Mitte-Rechts-Bündnis unter dem Christdemokraten *Kjell Magne Bondevik.* Dessen Regierung zerbricht zwei Jahre später, eine Minderheitsregierung unter dem Sozialdemokraten *Jens Stoltenberg* kommt ans Ruder.

15.10.2001: Nach einer weiteren Wahlschlappe der Sozialdemokraten, denen die Wähler übermäßigen Sozialabbau vorwerfen und das schlechteste Wahlergebnis seit 1924 bescheren, wird Bondevik erneut Regierungschef einer bürgerlichen Regierung.

10.6.2005: Im Jahr des 100. Geburtstages der Staatsgründung gewinnen die Sozialdemokraten nach zwei Wahlschlappen erstmals wieder eine Stortingwahl und bilden eine rot-rot-grüne Koalitionsregierung unter Jens Stoltenberg.

Brücken-Neubauten fast im Jahrestakt: die neue Lofoten-Passage

Anreise

Fast alle Wege nach Norwegen führen über das Wasser. Wer also nicht fliegen mag, muss mit der Fähre übersetzen. Und wer mit der doch häufig rauen See im Skagerrak oder Kattegat seine Schwierigkeiten hat, kann mit einem Trip über die Vogelfluglinie oder Øresundbrücke die Fährfahrt verkürzen. Nur: Ohne Seereise geht fast gar nichts.

Es sei denn, Sie wählen die Route via Warschau und Sankt Petersburg – etwas für wahre Abenteuerurlauber mit unendlich viel Zeit. Oder Sie queren vom dänischen Jütland aus auf mautpflichtigen Brücken den kleinen Belt, später den großen Belt, um über die Øresundbrücke schließlich Schweden zu erreichen – ziemlich aufwändig. Denn die Øresundbrücke zwischen Kopenhagen und Malmö erweist sich trotz immer neuer Transitrekorde für Norwegen-Urlauber kaum als optimale Anreise-Alternative. Mit 31 € pro Pkw (17,50 € pro Bike und 63 € pro Wohnwagen über 6 m Länge, Preise 2006) für die 16-Kilometer-Passage ist die Überfahrt zum einen recht teuer. Zum anderen ist diese weite Autofahrt (Sie werden in Norwegen noch lang genug fahren), nur genussvoll, wenn man allzu gerne allzu lang im Auto sitzt. Für alle anderen hier die traditionellen Routen zu Wasser, durch die Luft und per Bahn.

Einreiseformalitäten

Vor der Abfahrt sollten Sie nicht vergessen: Es reicht für die Einreise ein gültiger **Personalausweis** oder **Reisepass**, für Kinder bis 16 Jahre ein Kinderpass mit Foto.

Outdoor-tauglich: das optimale Gefährt für Norwegens Weiten

Einfuhrbestimmungen: Wichtig für Camper und Wohnmobilisten ist, dass ein striktes und scharf überwachtes **Einfuhrverbot** für Pflanzen, Eier, Milch, Kartoffeln und Fleisch gilt (ausgenommen Konserven bis zu 5 kg pro Person und Fertiggerichte, die sich aus vielerlei Gründen mitzunehmen lohnen). Das Verbot gilt natürlich auch für Rauschgifte, andere Giftstoffe, aber auch für Medikamente, die über den persönlichen Bedarf hinausgehen (d. h. angebrochene Packungen oder eine Bescheinigung des Hausarztes einstecken). Zudem sind auf Skandinavien-Fähren gefüllte Reservetanks untersagt.
Waffen und Munition dürfen nur eingeführt werden, wenn sie vorab als Jagdwaffen deklariert sind. Angelnetze und Ausrüstung für den Krebsfang sind gleichfalls von der Einfuhr ausgeschlossen.
Weniger scharf wird auf Tabakwaren und alkoholische Getränke geachtet. Viele Autofahrer bringen preiswertes deutsches Bier gleich kastenweise mit. Gleichwohl: Ins Land der Alkoholbeschränkung dürfen abgabefrei ein Liter Wein, ein Liter Spirituosen und zwei Liter Bier (ersatzweise: zwei Liter Wein und zwei Liter Bier) pro Person mitgenommen werden (Mindestalter 20 Jahre). Für Tabakwaren gilt: 200 Zigaretten, 50 Zigarren oder 250 g Tabak (Mindestalter 16 Jahre). Und beachten Sie: Obwohl kein EU-Land, ist Norwegen doch dem Schengener Abkommen beigetreten. Konkret: Es dürfte bei der Einreise kaum mehr kontrolliert werden, leider hält sich nicht jeder Zöllner daran.

Autofahrer: Die grüne Versicherungskarte ist zwar nicht zwingend vorgeschrieben, kann bei Schadensfällen aber hilfreich sein. Auch der **Auslandsschutzbrief** jedes deutschen Automobilklubs hilft weiter: Die Straßenwachtmechaniker des norwegischen Automobilklubs NAF patrouillieren zwischen dem 20.

Juni und dem 31. August auf allen Hauptverkehrs- und Gebirgsstraßen. Sie sind bei Pannen genauso kenntnisreich und hilfsbereit wie ihre deutschen Kollegen.

Mit dem eigenen Fahrzeug und der Fähre

Weit mehr als die Hälfte der 450.000 deutschen Touristen, die alljährlich – wenn auch mit sinkender Tendenz – Norwegen besuchen, kommt mit dem eigenen Auto. Trotz deutlich höherer Benzinpreise in Norwegen und trotz längerer und teurer Anfahrt rechnet sich der Trip: Das flächenmäßig fünftgrößte, von der Nord-Süd-Ausdehung mit 1760 km gar größte Land Europas ist ohne Pkw oder Wohnmobil kaum zu erkunden.

Hier die Anreisemöglichkeiten mit dem eigenen Fahrzeug und Fähralternativen auf einen Blick; Sie finden die einzelnen Strecken weiter unten ausführlich beschrieben:

- ab **Kiel** nach Oslo
- über die **Vogelfluglinie** nach Schweden und Norwegen
- via **Ostdeutschland** nach Dänemark, Schweden und Norwegen
- via **Jütland** zu verschiedenen Zielen in Norwegen

Die Fähren nach Norwegen sind meist mehrstöckige Riesen, die Platz haben für bis zu 1.000 Passagiere und 500 Pkws. An Bord gibt es Dutyfreeshops und Kinos, stets mehrere Restaurants, Kinderspielecken und Sportangebote. Die Autostellplätze werden nach der Größe des Wagens berechnet. Am billigsten ist der Kleinwagen (max. 6 m lang und 120 cm hoch), am teuersten das Gespann (höchstens 18 m lang). Als Passagier kann man zwischen der teuersten Außenkabine oben und der preiswertesten Innenkabine unten bzw. dem Tramper-Angebot (ohne Kabine) wählen.

Anreise über Deutschland

Drehscheibe Hamburg

Wer Norddeutschland oder Dänemark als Sprungbrett nach Norwegen nutzt, kommt um Hamburg nicht herum. Hamburg ist die zweitgrößte Stadt mit dem größten Hafen Deutschlands und Drehscheibe des Verkehrs nach Norden.

Als **Autofahrer**, der über die südlichen Autobahnen nach Hamburg kommt, sollten Sie den Elbtunnel benutzen und gleich an der ersten Ausfahrt (Othmarschen) die BAB verlassen, dann rechts abbiegen zur Elbe. Sie erreichen Hamburgs Prachtstraße, die Elbchaussee, und fahren dort links und stadteinwärts an der Elbe entlang zu den Landungsbrücken (mit Touristinfo und Imbiss). Da bietet sich die Hafenrundfahrt als Standardtrip an. Nehmen Sie Barkassen, die fahren dichter an die großen Pötte ran (1,5 Std. für 35 €).

Wer die Reeperbahn, die längst keine „sündige Meile" mehr ist, sondern eine „Event-Avenue" mit Spielkasino, Kinos, Musical-Theatern und guten Restaurants, nicht verpassen möchte, geht oder fährt an den Landungsbrücken bergauf, vorbei am Bismarck-Denkmal, und steht auf der berühmtesten Straße der Stadt, die – hell erleuchtet – links abzweigt.

Bahnfahrer erreichen die Stadt im Hauptbahnhof (Touristinfo, Schließfächer, Shoppingcenter) direkt in der City. Die Alster, der schöne Zentrumssee, die Einkaufspassagen und Fußgängerzonen (Jungfernstieg, Spitaler- und Mönckebergstraße) sowie zwei sehenswerte Museen (Kunsthalle und Museum für Kunst und Gewerbe) sind in Sichtweite. Der ZOB (wichtig für eine eventuelle Busweiterfahrt) ist drei Gehminuten entfernt (Schilder im Bahnhof).

• *Übernachten* Gleich oberhalb der Landungsbrücken die große **Jugendherberge Stintfang** und das etwas bessere **Hotel Hafen Hamburg** (EZ 160–250 €, DZ 350 €). Viele Unterkunftsmöglichkeiten auch in der **Kirchenallee** hinter dem Hauptbahnhof: Absteigen und gute Hotels liegen Tür an Tür (EZ 100–220 €, DZ150–300 €).

Neue Fährschiffe und neue Fährrouten seit 2007

Die norwegische Reederei Color Line will ihre Routen zwischen Norwegen und Dänemark stärken. Als neuen Schritt dazu hat das Osloer Unternehmen zwei neue Fährschiffe in Dienst gestellt, die seit 2006 auf den Routen Hirtshals-Oslo sowie Kristiansand-Hirtshals und Larvik-Frederikshavn zum Einsatz kommen. Damit hat die Reederei, die im Dezember 2004 ihr neues Flaggschiff „Color Fantasy" auf der Strecke Kiel-Oslo in Dienst stellte, ihre Flotte um fast ein Drittel erneuert. Das bisherige Flaggschiff, die M/S Prinsess Ragnhild, das bislang Kiel-Oslo befuhr, schippert seit 2005 vom norddänischen Hirtshals nach Bergen – eine neue, für Besucher des Fjordlands attraktive Route.

Ab Kiel

Die meistgenutzte, weil bequemste Route ist die Direktverbindung **Kiel–Oslo**. Vorteile: Über die Autobahn ist die Fahrt von Hamburg nach Kiel problemlos während eines Vormittags zu schaffen. Zudem verkehrt die Fähre täglich zu angenehmen Tageszeiten, sodass man die langweiligen Abschnitte verschlafen kann. Nachteil: Ziel ist Oslo, was für Besucher z. B. der Fjorde an der Westküste oder der Hardangervidda bedeutet, dass sie noch lange Fahrzeiten bis zu ihrem Ziel haben.

• *Kiel–Oslo* Abfahrt täglich 14 Uhr, Ankunft 9.30 Uhr am nächsten Tag (Rückfahrt ab Oslo 14, Ankunft in Kiel 9.30 Uhr).

Preise: In der Hauptreisezeit zwischen dem 15.6. und dem 15.8. zahlt man pro Person in der 2-Bett-Innenkabine mit Du/WC 184 €, 2-Bett-Außenkabine mit Du/WC 201 €, Luxuskabine 287 €. Für ein Motorrad sind 46 €, für ein Fahrrad 16 und für ein Auto bis 2 m Höhe 118 € fällig. Allerdings gibt es happige Aufpreise für größere Fahrzeuge: bis 2,30 m Höhe zahlt man 36 € drauf, bis 2,60 m Höhe 118 und über 2,60 m Höhe sogar 192 €. (Die Preise gelten für Mo-Fr, am Wochenende zahlt man mindestens 10 € Aufschlag.) Wenn man mit mehreren Personen anreist, ist das Supersparpaket interessant. Dieses Pauschalangebot gilt für ein Fahrzeug (bis 2 m Höhe) bei 2 Personen; für eine 2-Bett-Kabine zahlt man zwischen 328 und 522 € (Außenkabine mit Du/WC). Zudem gibt es auch auf dieser Route „Supersparpreise" (504–692 € für bis zu vier Personen plus Pkw hin und zurück), die nur für eine begrenzte Zahl von Plätzen und Abfahrten gelten.

Buchung und Information: Color Line, ✆ 04317300300, www.colorline.de.

Über die Vogelfluglinie

(Puttgarden–Rødby Havn–Göteborg–Oslo)

Auf den ersten Blick ist dies die preiswerteste Route. Vorteile: nur geringe Fährkosten bei großer Fährenfrequenz. Nachteile: Autofahrer sind 900 km ab Hamburg auf der Straße, was um Kopenhagen selten staufrei abgeht. Zudem kommt man wohl kaum ohne Übernachtungskosten aus, von zusätzlichen Verpflegungs- und Benzinkosten ganz zu schweigen.

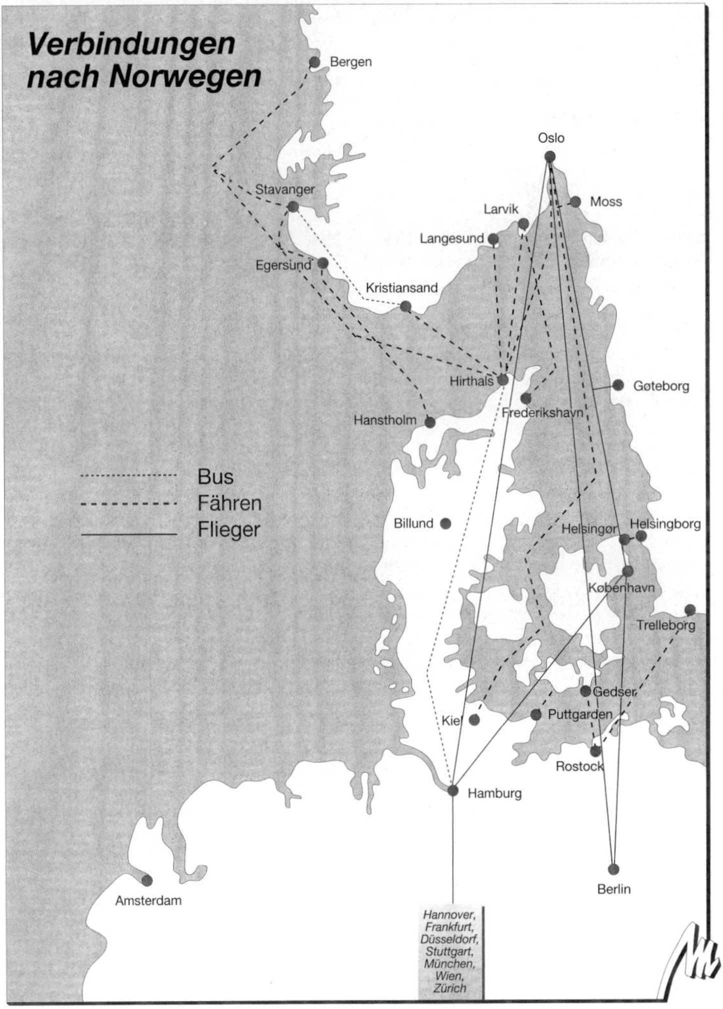

• *Puttgarden–Rødby Havn* Abfahrt halbstündlich während 24 Stunden.

Preise: 56 € pro Person (Fahrzeug inkl.). Dieses „Schwedenticket" gilt für bis zu neun Personen.

Buchung/Information: Skandinavisches Reisebüro, ✆ 0308846040 oder 0211176840 oder 0711228783, www.skandinavisches-reisebuero.de.

• *Helsingør–Helsingborg* Die Fähre fährt alle 20 Min., braucht auch nur 25 Min. für die Überfahrt und ist im obigen Preis inbegriffen.

Stopover Vogelfluglinie: Bei der Fahrt über diese Route bieten sich eine Reihe interessanter Zwischenstopps an, die man bei genügend Zeit auch durchaus einplanen sollte.

Lübeck: Immer einen Abstecher wert ist die 900 Jahre alte Hansestadt an der Trave mit ihrem imposanten Wahrzeichen, dem doppeltürmigen Holstentor, auf das man automatisch stößt, wenn man von der Autobahn abfährt. Auch die Marienkirche, das 1230 erbaute Rathaus oder die alten Kaufmannshäuser am Traveufer sollte man sich nicht entgehen lassen.

Puttgarden auf der schönen Insel **Fehmarn** bietet vor allem Küste, leidliche Bademöglichkeiten, einen riesigen Zeltplatz und den Hafen, von dem alle 30 Minuten eine Fähre abgeht. Die Autobahn von Hamburg über Lübeck endet in Oldenburg, danach führt eine Bundesstraße nach und über Fehmarn bis zum gleichnamigen Sund.

Rødby Havn: Der Fährhafen auf dänischer Seite besteht ausschließlich aus Hafenanlagen. Der Ort gleichen Namens ist hübsch, aber ein wenig langweilig. Die Autobahn über die Insel **Lolland** führt direkt auf die Landeshauptstadt Kopenhagen zu. Die Weiterfahrt ab Kopenhagen geht entweder über die Autobahn (52 km) oder über die **Øresund-Brücke**.

Abstecher nach Kopenhagen

Sehenswert sind in der Hauptstadt Dänemarks der Vergnügungspark Tivoli gleich neben dem Bahnhof (Touristinfo mit Zimmernachweis), das Königsschloss Amalienborg hinter dem Rathausplatz mit dem täglichen Wachwechsel um 12 Uhr, das 2005 eröffnete Konzerthaus gegenüber und – immer noch – das Alternativstadtviertel Christiana. Wer die fotogene Meerjungfrau ablichten möchte, muss zum Lystbådehavn im Stadtnorden fahren.

Anschauenswert ist auch die 30 Autominuten von Kopenhagen entfernte Kleinstadt *Roskilde*. Sie bietet neben dem 1.100 Jahre alten Dom, der traditionellen Begräbnisstätte der dänischen Könige, eine großartige Halle mit fünf Wikingerschiffen und damit eine rechte Einstimmung auf Norwegen.

Übernachten/Essen: In Kopenhagen findet man ein Zimmer am ehesten im Bahnhofsviertel im Westen des Hauptbahnhofs. Da gibt es auch genügend Bars, Lokale und Restaurants.
Für Jugendliche ist **Use it** in der Rådhusstraede 13 ein Anlaufpunkt.

Helsingør: Die klitzekleine Stadt an der schmalsten Stelle des Øresunds wird beherrscht von den Fähranlagen und von der „Hamlet"-Festung **Kronborg**, deren Rittersaal ebenso wie ein kleines Schifffahrtsmuseum zu besichtigen sind (Mai–September 11–17 Uhr).

Helsingborg: Das schwedische Gegenüber ist eine konturlose Großstadt, die man getrost durchfahren kann.

Göteborg: Zweitgrößte Stadt Schwedens (440.000 Einwohner) und größter Hafen Skandinaviens. In Göteborg kann man gut einkaufen und wunderbar bummeln. Übernachten sollte man preiswerter in einem der malerischen Fischerdörfer an der Küste unweit der Stadtgrenze.

Größter Anziehungspunkt der Stadt ist *Liseberg*, ein Vergnügungspark mit Jahrmarktflair. Jüngste Attraktion ist die erst kürzlich eröffnete Achterbahn. Sehenswert ist zudem der Hafen mit dem Viermaster „Viking" und dem Aussichtsturm *Utkikken* sowie *Nordstan*, Skandinaviens größtes Einkaufszentrum, in dem auch ein Touristenbüro untergebracht ist.

Ankunft im Oslofjord: Nur Schifffahrtswege führen in den Norden

Berühmt ist die Hafenstadt für ihr „Gänge-Viertel" und ihre Parks: *Slottskog*, der Schlosswald in der Stadt, besitzt Teiche und Tiergehege. Auch der Botanische Garten mit dem Palmenhaus in unkonventioneller Architektur ist nicht nur sehenswert, sondern auch für ein Picknick gut.

Über Ostdeutschland

Nicht nur für Reisende aus den östlichen Bundesländern, auch für Bayern, Berliner und Österreicher eine überlegenswerte Alternative, um über Rostock oder Sassnitz nach Skandinavien überzusetzen. Vorteil: Die Fähren fahren täglich, häufig und preiswert. Nachteil: Man ist von **Gedser** oder **Trelleborg** längst noch nicht in Norwegen. Von Gedser aus fährt man mindestens zwei Stunden nach Helsingør, von wo aus eine weitere Fähre in 20 Minuten die Meerenge nach Schweden quert (unvergesslicher Blick auf das Schloss Kronborg). Das „Schwedenticket" kombiniert beide Überfahrten zum günstigeren Preis. Via Trelleborg geht es über die, kürzlich gewaltig ausgebaute, E 6 an der Westküste Schwedens entlang nach Norwegen. Aber es bietet sich von Trelleborg auch die Weiterfahrt auf der E 4 an der Ostküste Schwedens an, um den äußersten Norden Norwegens zu erreichen.

• *Rostock–Gedser/Dänemark* Abfahrt alle zwei Stunden zwischen 6 und 19 Uhr. Ankunft jeweils 1 Std. 45 Min. später.

Preis: Mo-Fr 76 € pro Person (inkl. Fahrzeug), Sa/So 100 €.

• *Rostock–Trelleborg/Schweden* Abfahrt 8 Uhr (an 13.45 Uhr), 15.15 Uhr (an 21 Uhr), 22.45 Uhr (an 4.30 Uhr).

Preise: Mo-Fr 127 € pro Person (Fahrzeug inkl.), Fr-Sa 152 €, So 147 €.

• *Sassnitz–Trelleborg/Schweden* Abfahrt 3.15 Uhr (an 7 Uhr), 8 Uhr (an 12 Uhr), 13 Uhr (an 16.45 Uhr), 17.45 Uhr (an 21.30 Uhr), 22.30 Uhr (an 2.15 Uhr).

Preise: Mo-Fr 110 €, Sa-So 117 € pro Person (Fahrzeug inkl.).

Buchung und Information: jeweils *Skandinavisches Reisebüro*, ✆ 0308846040. o. 0211176840 o. 0711228783, www.skandinavisches-reisebuero.de.

Anreise über Jütland/Dänemark

Nach persönlicher Erfahrung die angenehmste Strecke mit dem Vorteil einer akzeptablen Mischung von Fahrtzeit (ab Hamburg jeweils fünf Stunden, die Autobahn reicht bis nach Hirtshals) und Fährzeit. Ein weiterer Vorteil ist, dass man die Wahl hat zwischen verschiedenen Zielen in Norwegen und sogar in Schweden. Nachteil: Gerade wegen des regen Fährverkehrs kommt es in den Häfen häufig zu Warteschlangen. Zumindest während der Sommermonate sollten Sie rechtzeitig, d. h. mindestens zwei Monate im voraus buchen.

Hanstholm–Egersund–Bergen Abfahrt Di/Do/So jeweils 18 Uhr (So 14 Uhr). Fahrzeit nach Egersund 7 Std., nach Bergen knapp 15 Std. **Preise**: Nach Egersund 82 €,nach Bergen 112 € (inkl. Fahrzeug).

Buchung und Information: Skandinavisches Reisebüro, 20095 Hamburg, Große Bäckerstr. 3, ✆ 0308846040. o. 0211176840 o. 0711228783, www.skandinavisches-reisebuero.de.

Stopover Hanstholm: Die Fischauktion ist die Attraktion in Dänemarks größtem Fischereihafen. Sonst hat das 2.700-Einwohner-Dorf, das erst nach dem Bau seiner Fähranlagen im Jahre 1967 zu wachsen begann, wenig zu bieten. Es gibt aber Touristen, die Ruinen einer gigantischen Bunkerstellung aus dem Zweiten Weltkrieg bestaunen. Schauen Sie sich während der Wartezeit auf die Abfahrt der Fähre lieber das kleine Fischereimuseum neben dem 30 m hohen Leuchtturm an.

Preiswerte Unterkunft im **Hotel Hanstholm**, 500 m vom Hafen entfernt (EZ 85 €, DZ 150 €, zusätzliches Kinderbett 15 €).

• *Frederikshavn–Oslo* Abfahrt täglich 10 Uhr (an 18.30 Uhr). Die Abfahrtzeit bezieht sich auf Juni–August, in der übrigen Jahreszeit eingeschränkter Fährbetrieb. **Preise**: 30 € pro Person, Pkw 180 €, Motorrad 40 € Fahrrad umsonst.

Buchung und Information: Stena Line, Kiel, ✆ 0431/9099, www.stenaline.de

• *Frederikshavn–Larvik* Abfahrt 10.30 Uhr und 13.30 Uhr (an 19.00 und 21.30). **Preise**: s. u. Kasten „Color Line – einheitliche Preise“. **Buchung/Information**: Color Line, s. o.

Einheitliche Preise ab Dänemark

Color Line, seit Übernahme der *Larvik Line* mächtigste Reederei im Ostseetransit, hat das Fährschiff-Angebot gewaltig verändert. So sind die Verbindungen Skagen-Larvik und Hirtshal-Moss gestrichen, die Route Hirtshals-Bergen seit 2005 ins Programm aufgenommen worden. Die Reederei bietet aber auf allen ihren Linien von Dänemark aus dieselbe Preisstruktur (Angaben beziehen sich auf die Hauptsaison Mitte Juni bis Mitte August, die höhere Preisangabe auf das Wochenende, Sonderpreise für die längere Tour nach Bergen): pro Person 54–60 €, Kinder von 4 bis 15 J. 27–30 €, unter 4 J. frei. Motorrad 33–42 €, Fahrrad 16 €, Pkw bis 2 m Höhe 80–89 € (jeweils inkl. einer Person), für Höhe bis 2,60 m 151–165 €, für Höhe über 2,60 m 213–246 €. Die Preise für längere Wohnmobile ergeben sich aus einem Zuschlag von 28–34 € für jeden zusätzlichen Meter über 5 m Wagenlänge. Außerdem bietet Color Line ein zeitlich eingeschränktes „Super-Sparpaket“ an, das nach Beispiel der Billig-Airlines wenige Plätze zu Sonderkonditionen nach Verfügbarkeit abgibt. Aktuelle Preisinformationen unter www.colorline.de.

Stopover Frederikshavn: Die Stadt ist Dänemarks größter Fährhafen und mit 52.000 Einwohnern auch eine der größten Industriestädte des Landes (Werft-

und Maschinenbau). Die Fußgängerzone der City bietet jede Menge Einkaufsmöglichkeiten.

Die Wartezeit lässt sich ansonsten gut im Pulverturm am Hafen zubringen: Das Überbleibsel der 300 Jahre alten Festungsanlage ist heute ein interessantes Waffenmuseum (offen 10–17 Uhr), das an *Peter Wessel* erinnert, einen Trondheimer Freibeuter, der während des Zweiten Nordischen Krieges erfolgreich schwedische Flotillen bekämpfte. Heute prangt sein Konterfei auf Millionen dänischer Streichholzschachteln.

Preiswert übernachten kann man in der **Jugendherberge** oder im **Turisthotellet** (Margarethevei). Etwas teurer ist es im Hotel **Jutlandia** (am Fähranleger, EZ110, DZ 150 €) oder im Hotel **Mariehønen** (Danmarksgade, EZ ab120, DZ 160 €). **Nordstrand** (Apholmenvei) ist ein Luxuscampingplatz mit Hüttenvermietung.

Fototermin am Fähranleger

- *Hirtshals-Stavanger-Bergen* Abfahrt 9, 10 und 11 Uhr (an 19.45, 22, 22 Uhr). Preise: Pkw plus Fahrer 296–343 €, Caravan 467–546 €, Einzelperson 80 €, Kinder 40 €
- *Hirtshals–Kristiansand* Abfahrt 1 Uhr (außer Di/Mi/Do, an 3.30 Uhr), 8 Uhr (an 12.15 Uhr), 11.30 Uhr (an 14 Uhr), 18.30 Uhr (an 21 Uhr), 19.30 Uhr (an 23.45 Uhr). Fahrtdauer mit der normalen Fähre 4 Std. 15 Min, mit der Schnellfähre 2,5 Std.
- *Hirtshals-Larvik* 8x zwischen 2.30 und 23.15 (an zwischen 7.45 und 7 Uhr).
- *Hirtshals–Oslo* Abfahrt 10 Uhr, Ankunft 18.30 Uhr. Gilt vom 1.6. bis zum 30.8.
- *Hirtshals–Larvik* Abfahrt 23 Uhr (Fr keine Abfahrt, an 7 Uhr)

Preise: s. o., Kasten „Color Line – einheitliche Preise".

Buchung/Information: jeweils Color Line, s. o.

Stopover Hirtshals: Das 7.000-Einwohner-Städtchen am Skagerrak kommt ohne architektonische oder sonstige Besonderheiten aus. Nur die monströsen Fähranlagen und ein Aquarium mit einem Robbenbassin im Nordsee-Center stechen heraus – gerade recht, um die Wartezeit zu nutzen. Am schönsten aber ist ein Spaziergang oder besser noch Badegang am 15 km langen, weißen, breiten und dünengeschützten Strand.

Zum Übernachten gibt es etliche Möglichkeiten: **Stadthotel**, Ferienkomplex **Fyrklit** (EZ 110, DZ 140 €), großer Campingplatz **Tornby** am Leuchtturm, das Hotel Strandlyst im Vorort Tørnby (EZ 45, DZ 51 €) sowie eine **Jugendherberge**, die auch Familienzimmer anbietet. Mein Favorit: das einfache „Munchs Badehotel" in den Dünen von Tørnby (DZ 70–85 €) mit einem angenehmen Lokal und einer atemberaubenden Meersicht, das Essen allerdings ist – gelinde gesagt – mäßig.

Schnäppchen mit der Brummi-Fähre

Für Wohnmobil-Urlauber mit Fahrzeugen über 6 m Länge ist die einmal täglich von Hirtshals nach Langesund übersetzende Brummi-Fähre eine rechte Alternative: Die „Kystlink"-Fähre kommt ohne Luxus und Unterhaltung, dafür aber mit sehr viel günstigeren Fährpreisen aus. In der Hauptsaison (Mitte Juni bis Mitte August) zahlt man für das Wohnmobil (inkl. 5 Personen) 241 €. Buchung unter ✆ 04211760362 oder www.kystlink.de. Auch Color Line bietet einen Transporter-Service auf der Route Hirtshals-Larvik (s. o.) an.

Anreise mit dem Bus

Linienbusverbindungen: Die Busgesellschaft *Sørlandsruta* unterhält einen Linienverkehr von **Hamburg** nach **Kristiansand/Mandal/Stavanger** und nutzt dabei die Fähre **Hirtshals–Kristiansand** zu einem günstigen Preis: einfache Fahrt (inkl. Fährfahrt, aber ohne Kabine) nach Kristiansand 110 € (hin und zurück 163 €), nach Stavanger 152 € (hin und zurück 222 €). Der Bus verlässt Hamburg jeweils Di, Do und So um 16.10 Uhr vom ZOB (direkt neben dem Hauptbahnhof) und erreicht Kristiansand am folgenden Morgen um 7.30 Uhr. Von hier fährt der Bus weiter nach **Mandal** (an 8 Uhr) oder **Stavanger** (an 11.30 Uhr). Rückfahrt ab Kristiansand 19.15 Uhr (ab Stavanger 14 Uhr); Ankunft in Hamburg am nächsten Tag um 7.15 Uhr. Der Linienbus ist eine preiswerte Alternative für Rucksacktouristen mit schmalem Reisebudget.

Information und Buchung Deutsche Touring, ✆ 040249818, www.deutsche-touring.com.

Pauschalarrangements mit dem Bus: Hier gibt es zahllose Möglichkeiten von regionalen Busunternehmen. Erkundigen Sie sich in Ihrem Reisebüro. Es werden Städtetrips nach Oslo, Bergen und Stavanger angeboten, Busrundreisen mit Fjordfahrten, Touren zum Nordkap, aber auch Pauschalarrangements für den Wintersport in Norwegens weiten Skigebieten.

Mit der Bahn

Die behäbigste, für manche die gemütlichste, doch nicht gerade die preiswerteste Möglichkeit, Norwegen zu erreichen. Immerhin ist im Januar 1994 das Olympische Feuer per Bahn nach Lillehammer transportiert worden.

Der Berlin Night Express fährt täglich vom Berliner Ostbahnhof gen Oslo: 17 Std. für165 € und mehr. Über die Fähre Sassnitz-Trelleborg geht es nach Malmø (im Sommer via Göteborg); dort wird umgestiegen (Preisermäßigung mit dem ScanRail-Pass, s. S. 69). Österreichische Touristen finden einen täglichen Zug von Wien nach Oslo (rd. 30 Std). Informationen unter www.öbb.at.

Alle anderen fahren über Hamburg: Zwar sind die Fährpreise ab Puttgarden bzw. Kiel im Fahrpreis inbegriffen, manchmal aber wird ein IC-Zuschlag fällig. Weiterer Nachteil: Reisende aus der Mitte Deutschlands müssen in Hamburg, Kiel oder Kopenhagen umsteigen. Folge: Da die Gleisentfernung bis zur dänischen Grenze zu gering ist, werden keine Fahrpreisschnäppchen angeboten (Ausnahme: BahnCard).

Das unten angegebene Preisbeispiel bezieht sich auf den Sommerfahrplan 2006 und soll lediglich einen Eindruck von Fahrtdauer und Kosten vermitteln. Sie kommen aber nicht umhin, sich rechtzeitig vor Reiseantritt nochmals zu erkundigen.

- Fahrzeiten/Preise 11.20 Uhr ab **Hamburg**, an **Oslo** 9.30 Uhr, Hin- und Rückfahrt 372 € (mit BahnCard 25).
- Auskunft Sie erkundigen sich am besten unter ✆ 11861 oder www.bahn.de.

Mit dem Flugzeug

Linienflüge

Sicherlich die eleganteste Lösung. Sie erreichen Oslo, Bergen oder Torp mit dem Jet für manchmal weniger Geld als mit der Bahn.

Und schneller geht's allemal. Die Fluganbindung deutscher Flughäfen an **Oslo-Gardermoen** ist hervorragend. Die Billig-Flieger wie Ryanair (zwei Flüge täglich ab Frankfurt a. Main) oder Norwegian Air allerdings landen in Torp bei Sandefjord an der Südküste, knapp 150 km von Oslo entfernt. Und das innernorwegische Flugnetz gehört zu den besten der Welt, sodass Weiterflüge problemlos zu organisieren sind. Voraussetzung für den günstigen Preis der großen Airlines SAS und Lufthansa ist der **Flieg-&-Spar-Tarif**: sieben Tage vorher fest buchen und wenigstens ein Wochenende in die Reisedauer einschließen. Mit diesem Sondertarif halbieren Sie Ihren Flugpreis.

Wenn Sie berücksichtigen, dass Sie die Fährpassage sowie zusätzliche Kosten für Verpflegung, Sprit und Unterkunft sparen, ist der Flug konkurrenzlos billig. Von Wien und Zürich gibt es nur Transitflüge via Düsseldorf oder Frankfurt/M. Buchung und Information jeweils: Lufthansa/SAS Call Center, ✆ 01803-234023, www.scandinavian.net, www.lufthansa.de, www.ryanair.de, www. norwegian.de.

Mittlerweile ist der Preiskampf auch im Luftverkehr nach Norwegen voll entbrannt. Bei der letzten Recherche gab es Preisspannen von 130 bis 1.240 € für den einfachen Flug Berlin–Oslo. Es werden darum weder Preisbeispiele noch Abflugzeiten mehr genannt – sie wären mit Erscheinen des Buches bereits überholt. Ihnen bleibt die aktuelle Nachfrage im Reisebüro oder der Blick ins Internet nicht erspart.

Charterflüge

Charterflüge nach Norwegen gibt es nur von kleineren skandinavischen Linien in Verbindung mit konkreten Pauschalangeboten, z. B. für Arrangements der *Hurtigrute*. Restplatzbörsen und Last-Minute-Angebote sind darum nicht ganz aussichtslos, aber selten ergiebig.

Was Pauschalarrangements anbelangt, gibt es mittlerweile häufig wechselnde Angebote: Charterflüge in Verbindung mit Städtetrips, mit Seereisen oder gar einer Hochzeitsreise ins Iglu-Hotel. Viele dieser Angebote sind aber bloß ein Jahr im Programm, sodass eine Veröffentlichung an dieser Stelle nie aktuell sein kann.

Angstvolle Ausblicke: luftig über dem Lysefjord

Unterwegs in Norwegen

Als hochmodernes Industrieland verfügt Norwegen über alle Annehmlichkeiten einer modernen Infrastruktur, die Mitteleuropäer gewohnt sind.

- Das Land ist durchzogen von einem hervorragend ausgebauten **Straßennetz**, wenn auch nicht alle Straßen zu jeder Zeit befahrbar sind, auf manchen eine Maut gezahlt werden muss und die häufigen Fährüberfahrten ebenso wie die Tunneldurchfahrten zeitraubend sein können.
- Norwegen verfügt über das dichteste **Flugnetz** der Welt, ebenso über ein **Bahnsystem** mit gutem Service und atemberaubender Streckenführung (wenn auch noch längst nicht alle Landesteile erschlossen sind).
- Es gibt einen **Überland-Busverkehr**, der allen Ansprüchen gerecht wird.
- Zudem steht ein ausgezeichnetes **Übernachtungsangebot** zur Verfügung: 800 Campingplätze, 72 Jugendherbergen, die auch Familien aufnehmen, schier unzählige Hütten, die diesen Namen häufig gar nicht verdienen, weil sie geradezu luxuriöse Ferienhäuser sind, und 450 Hotels, die allerdings häufig teurer sind als hierzulande.

Einem angenehmen Urlaub steht also nichts im Wege. Dennoch sollte eine Tour durch dieses riesige Land, das als das fünftgrößte Europas so groß wie Deutschland und die Benelux-Staaten zusammen ist, schon zu Hause vorbereitet werden.

Ausrüstung

Kleidung: Im „Paradies der Gummistiefel" darf Regenkleidung nie fehlen, Anorak, feste Schuhe, dicke Socken und Pullover sollten auch Sommerurlauber immer dabei haben. Den Regenschirm allerdings können Sie getrost vergessen – der übersteht keinen der windigen Schauer.

Am besten ist Goretex-Kleidung, deren Atmungsaktivität bei norwegischen Temperaturen erst richtig wirkt. Ein kleiner Rucksack für den Tagesausflug ist zudem ebenso zu empfehlen wie ein Baumwolltuch als Halsschutz gegen den Wind und eine Überhose aus Plastik gegen den Regen.

Ein persönlicher Tipp: Knöchelhohe Wanderstiefel haben sich hier besonders bewährt. Damit ist man auf jedes Gelände, aber auch auf jedes Wetter vorbereitet.

Bettwäsche: Falls Sie in Jugendherbergen, den *Vandrerhjemen*, übernachten möchten, sollten Sie Schlafsack oder Bettwäsche (am besten Leinenschlafsack) nicht vergessen. Zumindest Bettzeug ist aber auch vor Ort für 30 NOK zu leihen.

Mückenschutz: Zwischen Mittsommer und Anfang August sind Mücken tatsächlich unliebsame Weggefährten in der freien Natur nicht nur Nordnorwegens. Das schwedische *Djungelølja* wirkt zwar Wunder, ist aber nicht mehr überall im Handel – einige Bestandteile setzten offenkundig nicht nur Insekten zu. So muss in Deutschland zum altbekannten *Autan* oder in der Schweiz zum antiInsect (erhältlich bei Migros) gegriffen oder das in Norwegen bevorzugte *Mosquito* aufgetragen werden. Alle schützen vor Bissen und halten Mücken für fünf Stunden fern, auch die nur mottengroßen *Knotts*, die unsereins zunächst gar nicht gefährlich erscheinen.

Radfahrer sollten neben Goretex-Stiefeln und Regenumhang möglichst zwei Gepäckträger, wasserdichte Taschen (oder wenigstens Plastiksäcke zum Auslegen der Taschen) und eine Mindestausrüstung an Ersatzteilen (Schläuche, Flickzeug, Reifen) dabei haben.

Landkarten: Karten gibt es jede Menge und für jeden Zweck. Hier eine Auswahl:

- *Straßenkarten* Standardwerk nicht nur für Autofahrer ist „Veiatlas Norge" von Statens Kartverk, in Fachbuchhandlungen (s. u.) auch in Deutschland erhältlich. Ansonsten reicht die Karte im Maßstab 1:800.000 aus dem **ADAC-Verlag** (vormals Ravenstein-Verlag) (7,50 €), preiswerter und ebenso gut ist **Bilkart over Norge** (52 NOK). Wer es genauer will, muss zur **Scanmaps**-Originalkarte greifen (21 Blätter zu je 11 €) oder zu der in fünf Blättern bei **Kümmerley & Frey** erschienenen Lizenzausgabe der norwegischen **Cappelens-Autokarte**. Sie ist an jeder norwegischen Tankstelle für 75 NOK und in Fachgeschäften in Deutschland zu 9 € pro Blatt zu bekommen.
- *Wanderkarten* Für Fuß- und Skiwanderer sind die über alle bekannten Wandergebiete publizierten Blätter (1:50.000 bis 1:200.000 für 70–100 NOK) vom norwegischen Landesvermessungsamt zu empfehlen, sie heißen **Turkart** aus dem **Statens Kartverk**.

Zu bekommen ist alles dies bei Spezialbuchhandlungen, die es mittlerweile in allen Großstädten gibt. Sollten Sie dennoch in Ihrer Heimatstadt nicht fündig werden, helfen Ihnen diese Adressen weiter:

Dr. Goetze Land & Karte, 20354 Hamburg, Bleichenbrücke 9, ✆ 040/3574630, www.mapshop-hamburg.de.

B&W NORDIS Versand, 45257 Essen, Nöckersberg 39, ✆ 02018482370, www.nordis-versand.de.

Norwegisches Fremdenverkehrsamt (Innovation Norway), Postfach 113317, 20433 Hamburg, ✆ 0180/5001548 (für Infomaterial). Das **Norwegische Fremdenverkehrsamt** hat sich nach etlichen Rationalisierungen und Fusionen in den letzten Jahren aus der Touristen-Betreuung weitgehend verabschiedet: Anfragen nach Info-Material erledigt mehr schlecht als recht ein Call-Center. Man baut auf die Findigkeit der Urlauber, die sich via Internet informieren, z. B. unter www.visitnorway.com oder www.norwegen.no.

Mit dem eigenen Fahrzeug

Allen Umweltbedenken zum Trotz: Dieses riesige Land mit seinen zahlreichen, häufig aber versteckten Naturschönheiten lässt sich richtig nur mit eigenem Gefährt erkunden.

Für Städte gilt das nicht: In Oslo, Bergen oder Stavanger sucht man lange nach einem Parkplatz, zudem besteht das Zentrum fast nur aus Fußgängerzonen. Schon in den Außenbezirken wird meist eine Mautgebühr erhoben.

Verkehrsvorschriften: Die Geschwindigkeitsbegrenzung in Ortschaften liegt bei 50 km/h, auf Landstraßen bei 80 km/h und auf den meisten Schnellstraßen bei 90 km/h (Gespanne 80 km/h). Diese gewissenhaft kontrollierten Gebote haben ihren guten Sinn: Viele Gebirgsstraßen sind ungemein kurvig, und nicht nur im Norden müssen Sie tatsächlich auf kreuzende Elche oder auf der Fahrbahn ruhende Rentiere oder Schafe gefasst sein.
Zudem halten sich Skandinavier immer an solche Vorschriften und vermindern die Geschwindigkeit an jedem Gebotsschild. Sie können gar nicht anders, als sich dem Verkehrsfluss anzupassen.

Ein gehöriger **Sicherheitsabstand** gehört sich aus vielerlei Gründen, wenn auch nur, um Lackschäden durch die aufgewirbelten Schottersteinchen zu vermeiden, die von den Schneestreuungen bis weit ins Frühjahr auf den Fahrbahnen liegen bleiben.

Generelles **Anschnallen** auf Vorder- und Rücksitzen ist ebenso vorgeschrieben wie der Gebrauch von Kindersitzen (für Kinder unter vier Jahren). Das Telefonieren mit **Mobiltelefonen** im Auto ist untersagt.

Ungewohnt für Fahrer aus Mitteleuropa: Rund um die Uhr muss das **Abblendlicht** eingeschaltet sein, und dem Fahrer ist das **Rauchen verboten**. Die Strafgrenze für **Alkohol** liegt bei 0,2 Promille. Nehmen Sie solche Vorschriften nicht auf die leichte Schulter. Die norwegische Polizei ist mit hohen Strafen auch für Ausländer schnell bei der Hand: Ab einem Promille Blutalkohol drohen Gefängnisstrafen, Führerscheinentzug von bis zu einem Jahr bei schon 0,6 Promille oder beispielsweise 200 €, wenn Sie ohne Licht angetroffen werden. Überhöhte Geschwindigkeit oder falsches Parken kostet ebenso 310 € wie der Überholverstoß. Und die Zahlungsaufforderung erreicht Sie auch an Ihrer Heimatadresse.

Für **Winterurlauber**, die auf ihr Auto nicht verzichten möchten: Spikesreifen sind in Norwegen vom 1. November bis 15. April gestattet, trotzdem ist es ratsam, auch Schneeketten und Klappspaten mitzunehmen. In und um Oslo und Trondheim müssen Autofahrer für die Nutzung von Spikesreifen 25 NOK pro Tag zahlen; Abgabemarken gibt es in Parkhäusern (Trondheim) oder im Trafikanten (Oslo).

Entfernungen: Schon für **Autofahrer** gilt: Planen Sie nie mehr als höchstens 350 km für eine Tagestour ein. Schmalkurvige Gebirgsstraßen, streng überwachte und auch strikt eingehaltene Geschwindigkeitsbegrenzungen sowie häufige Unterbrechungen durch Mautstationen oder für Fährfahrten über Fjorde, Meerengen und Seen verringern die gewohnte Reisegeschwindigkeit.

Für **Zweiradfahrer** kommen widrige Winde und häufig lang gezogene Steigungen geschwindigkeitshemmend hinzu. Außerdem sind einige Tunnels für Fahrradfahrer gesperrt, müssen also auf alten Trassen umfahren oder mit dem Bus durchfahren werden. Reinhard Pantke, Fahrradtourist und Fan der Müller-Reisebücher, weist jedoch darauf hin, dass viele Tunnelumfahrten bis in den Frühsommer gesperrt sind – da hilft dann nur noch der Linienbus (das Fahrrad kostet ein Kinderticket). Ansonsten muss der Fahrrad-Transport im Zug mit 90 NOK (72 Stunden vorab anmelden), im Flugzeug mit 50-100 NOK bezahlt werden.

Innernorwegische Entfernungen in Kilometern

	Ålesund	Bergen	Hammer-fest	Kirkenes	Kristiansand	Lillehammer	Narvik	Oslo	Stavanger	Tromsø	Trondheim
Ålesund	–	401	2002	2431	801	388	1336	573	528	1587	428
Bergen	401	–	2256	2685	398	440	1590	484	149	1751	682
Hammer-fest	2002	2256	–	487	2447	1934	666	2113	2393	442	1574
Kirkenes	2431	2685	497	–	2876	2363	1093	2541	2822	841	2003
Kristian-sand	901	398	2447	2876	–	513	1781	328	256	2042	873
Lille-hammer	388	440	1934	2363	513	–	1268	185	542	1529	360
Narvik	1336	1590	666	1093	1781	1268	–	1447	1727	261	908
Oslo	573	484	2113	2541	328	185	1447	–	584	1708	573
Stavan-ger	528	149	2393	2822	256	542	1727	584	–	1988	819
Tromsø	1587	1751	442	841	2042	1529	261	1708	1988	–	1169
Trond-heim	428	682	1574	2003	873	360	908	573	819	1169	–

Quelle: Norwegen – Das offizielle Reisehandbuch

Ein Wort zu **Entfernungsangaben**: Zwar sind sie auf Straßenschildern und in unserer Tabelle in Kilometern angegeben, wenn Sie aber den freundlichen Herrn am Wegesrand nach der Entfernung zur nächsten Stadt fragen und der Ihnen antwortet, es seien noch zwei Meilen, müssen Sie wissen, dass eine norwegische Meile 10 km entspricht, Sie also noch 20 km von Ihrem Ziel entfernt sind.

Parken ist ein teures, in den Städten auch schwieriges Unterfangen. Parkplätze werden knapp gehalten, um die Innenstädte vom Individualverkehr zu befreien. Tatsächlich können auch Besucher in den meisten Städten auf das Auto verzichten. Alles Sehenswerte ist in der Regel zu Fuß zu erreichen.

Maut heißt „Bompenger" oder „Vegavgift" und ist häufig Vertrauenssache

Wenn Sie dennoch aufs Auto angewiesen sind, sollten Sie Parkhäuser oder Parktunnels wie in Tromsø oder Mandal nutzen, denn die sind bei längerer Parkdauer preiswerter als die Parkplätze am Straßenrand. Dort nämlich kostet die Parkstunde umgerechnet bis zu 4 € – zu zahlen an einem Parkautomaten.

Autofähren: Nirgendwo spielen Fährverbindungen eine so große Rolle wie in Norwegen. Die „freie Fahrt" wird 200-mal von Autofähren, die auch Motor- und Fahrräder befördern, unterbrochen. Der Pendelverkehr klappt üblicherweise reibungslos (in Geiranger allerdings muss auf die viel zu kleine Fähre regelmäßig gewartet werden), nur während der Wintermonate muss man längere Wartezeiten einplanen.

Ein vollständiges **Verzeichnis** sämtlicher Fähren inklusive der Abfahrtszeiten und der manchmal recht hohen Fährpreise findet sich im *Rutebok for Norge*, das an allen Kiosken in Norwegen erhältlich ist. Die wichtigsten Fährverbindungen können Sie jedoch den Landschaftsbeschreibungen dieses Buches entnehmen.

Benzin: Obwohl Norwegen am Ölhahn sitzt, ist Sprit nicht nur deutlich teurer als in Deutschland, mehr noch: Norwegen verlangt trotz aktueller Preissenkungen die höchsten Benzinpreise in Europa. Die hier angegebenen Preise stammen aus Oslo – in abgelegenen Gebieten, auf den Inseln oder im hohen Norden, können die Preise um bis zu 20 % höher liegen:

Kraftstoffpreise

– **verbleit** (98 Oktan) 10,81 NOK = ca. 1,33 €
– **Super bleifrei** (95 Oktan) 10,57 NOK = ca. 1,30 €
– **Diesel** 7,32 NOK = ca. 0,90 €
Stand: Winter 06/07

Wegegeld/Maut: *Bompenger* müssen Straßenbenutzer nicht nur im Zentrum aller größeren Städte (ca. 15 NOK) zahlen, sondern auch an aufwändigen Straßen, Tunnels und Brücken. Die Gebühr reicht von 10 NOK (E 18, Kristiansand) bis zu happigen 55 NOK (Tunnel Ålesund–Flughafen) oder (Höchstgebot in Norwegen) 150 NOK für den Fjærlandtunnel zwischen Fjærland und Sogndal.

Manchmal genügt es, den vorab auf Straßenschildern angekündigten Betrag abgezählt in einen Plastikkorb zu werfen (immer genügend Münzen zur Hand haben!), häufig aber ist ein Halt am Kassenhäuschen vor der Schranke unumgänglich. Selbst auf abgelegenen, meist privaten Wegen ist manches Mal eine Maut fällig: Man wirft das Geld in einen Kasten und stellt sich die Quittung selbst aus.

Die wichtigsten Maut-Routen

Straße	Route	Preis für Pkw
Ring Oslo		20 NOK
Stavanger		13 NOK
Trondheim		15 NOK
E 6	Svinesundbrücke	18 NOK
E 18	Kristiansand	10 NOK
E 18	Oslo–Drammen	20 NOK
RV 36	Skien–Porsgrunn	15 NOK
E 18	Larvik–Porsgrunn	25 NOK
	Oslofjordtunnel	55 NOK
FV 551	Folgefonntunnel	25NOK
E 6	Trondheim–Størdal	25NOK
E 134	Åkrafjorden	40 NOK
RV 64	Atlantikstraße	60 NOK
E 6	Um den Leirfjord	40 NOK
RV 658	Ålesund–Giske	55NOK
RV 1 u. 70	Festland–Kristiansund	98 NOK
RV 863	Kvalsund (nördl. Tromsø)	66 NOK
RV 1	Rennfast	75 NOK
RV 562	Askøy-Brücke	100 NOK

Straßensperrungen: Zwischen November und Juni sind einige Hochgebirgsstraßen ständig, manche nur nachts gesperrt. In strengen Wintern werden andere sporadisch, manchmal nur für Stunden, geschlossen. Über die aktuelle Lage informiert regelmäßig die *Vegmeldingssentralen* (✆ von Deutschland aus: 0047/22654040).

Wohnwagen: Die zulässige Höchstbreite für Campingwagen beträgt 2,30 m, die Gesamtlänge der Gespanne darf 18,50 m nicht überschreiten. Verschiedene Gebirgsstraßen sind für Gespanne nicht geeignet, andere nur von geübten Fahrern benutzbar. Das Straßenverkehrsamt bringt dazu jährlich eine aktuelle Karte heraus, die an Tankstellen oder via Internet (www.vegvesen.no) zu beziehen ist.

Regelmäßig gesperrte Straßen

Nr.	Straße	von	bis
5	Gaularfjellet	Ende Februar	Ende April
51	Valdresflya	Ende November	Mitte Mai
55	Sognefjellsvegen	Mitte Dezember	Mitte Mai
63	Geiranger	Dezember	Mitte Mai
63	Trollstigen	Mitte November	Mitte Mai
E 69	Skarsvåg–Nordkap	Mitte November	Ende April
27	Venabygdfjellet	Mitte Januar	Mitte Mai
252	Tyin–Eidsburgarden	Ende Oktober	Mitte Juni
258	Gamle Strynefjellsvegen	Mitte September	Mitte Juni
520	Sauda–Røldal	Mitte Dezember	Mitte Mai
888	Bakkarfjord–Gednje	Mitte Dezember	Mitte Mai
891	Bekkarfjord–Postneset	Mitte Dezember	Mitte Mai

Die wichtigsten für Gespanne nicht geeigneten Straßen:

Str. 461: Førland/Moi-Kvas/Konsmo
Str. 465: Hanesund–Liknes
Str. 501: Rekeland–Heskestad
Str. 504: Kartavoll–Bue
Str. 511: Skudeneshavn–Kopervik
Str. 513: Solheim–Skjoldastraumen
Str. 520: Sauda–Røldal
Str. 550: Jondal–Utne
Str. 63: Geirangervegen
Str. 63: Trollstigen
Str. 801: Årsandoy–Terråk
Str. 813: Vesterli bru–Tverrik.

Taxis: *Drosjer-Fahrer* sind uniformiert, teuer und schwer zu bekommen. Sogar in Großstädten müssen Droschken mit dem Leuchtschild auf dem Wagendach eine Stunde vorab bestellt werden, wenn an den seltenen Ständen im Zentrum keine Taxe verfügbar ist. An großstädtischen Taxiständen gibt es häufig Direkttelefone, die mit den Zentralen verbinden.

Mietwagen: Schrottlauben, wie sie in südlichen Urlaubsländern häufig angeboten werden, findet man in Norwegen kaum. Sie brauchen darum nicht allein auf die internationalen Vermieter auf Flughäfen und in Innenstädten zu

Sperre noch im Sommer: Umweg im Haukelifjell

vertrauen. Auch ein Blick ins örtliche Telefonbuch unter dem Stichwort *Bilutleie* hilft weiter.

Vergleichen Sie die Preise: Gerade während der Sommermonate werden Preisnachlässe bis zu 25 % gewährt. Gültiger Führerschein und 21 Jahre als Mindestalter sind Voraussetzungen zur Wagenmiete.

Nicht ganz billig sind **Wohnmobile**: Zwischen 250 und 400 € (plus 0,50 bzw. 1 € pro gefahrenem Kilometer) Tagesmiete nimmt man Ihnen für ein Vier- bzw. Sechs-Bett-Touringcar schon ab. Die sind dann allerdings auch mit allen denkbaren Extras ausgerüstet: Kühlschrank, Herd, Heißwasserdusche, leistungsstarke Heizung und Toilette.

Gasflaschentausch: Gasflaschen (Typen 904 und 907) sind nur bei wenigen ausgesuchten Händlern in größeren Orten zu bekommen. Hier die wichtigsten:

Alta: Johansens Bilservice (Bossekop)
Arendal: E. Johnsen (Thomasonsgt. 8)
Bergen: Progas (Engen 17)
Bodø: G. Moe (Storgt. 7)
Dalen: Vistad Landhandel
Dombås: Storrusten A/S
Egersund: Seglem A/S (Strandgt.)
Fagernes: R. Søreng
Frederikstad: Fossum & Ingerø
Hamar: Løvenskiold Vaekerø Mjøsa A/S
Hammerfest: T. Nissen
Harstad: S. Eines
Honningsvåg: Nordkapp Bilservice
Kaupanger: Bil & Båtservice
Lakselv: Byggekompaniet A/S
Lillehammer: L.A. Lund A/S
Lom: Esso-Tankstelle
Mo i Rana: A. Quale (Nordahl Griegs gt.11)
Moss: Jahnsen A/S
Narvik: Jernvare A/S
Oslo: Ekeberg-Camping, Progas A/S (Ryensvingen 1)
Stavanger: Progas A/S (Kons. Sigv. Bergersensveien 60)
Svolvaer: A. Jacobsen Maskinforretning
Tromsø: Tromsø Maskinforretning
Trondheim: Progas A/S (Lade allé 11)
Voss: Georg Rokne & Co.
Åndalsnes: Leif Kroken Caravanimport

Pannenhilfe: Die Straßenwacht des **Automobilklubs NAF** patrouilliert von Juni bis August auf allen wichtigen Überlandstraßen. Zudem finden sich an Gebirgsstraßen **NAF-Notruftelefone**. Wenn das alles nicht hilft, kann man sich direkt an die **NAF-Alarmzentrale** wenden (✆ 81000505, 24 Stunden besetzt, www.naf.no).

Notruf: Seit 1998 gibt es endlich einheitliche Telefonnummern für Polizei, Feuerwehr und Krankenwagen zumindest in den Städten. Auf dem Land helfen Anschläge in Telefonzellen und ein großes SOS auf der Innenseite des Telefonbuchs weiter.

Notrufnummern: *Polizei* 112 – *Feuerwehr* 110 – *Krankenwagen* 113

Mit der Bahn

Vielleicht die schönste Art der Fortbewegung in diesem landschaftlich so vielseitigen Land: nicht allzu schnell, nicht allzu teuer, allzeit faszinierend, allerdings auch nicht flächendeckend.

„Es geht immer ein Zug ...“, lautet der Werbeslogan von *Norges Statsbaner, NSB*. Das stimmt, denn die Zugfrequenz ist beachtlich, und stimmt auch wieder nicht: Der verwöhnte Bahnreisende aus Mitteleuropa kommt mit der

Bergensbanen: Ostern auf der Hardangervidda

norwegischen Staatsbahn längst nicht überall hin.

Immerhin mussten 3.000 Brücken und 775 Tunnels auf 4.241 km Gesamtlänge (wahrlich nicht viel bei einer Gesamtfläche von 387.000 qkm) angelegt werden, um eine Mindestanbindung zwischen den größeren Städten des Südens und nur wenigen des Nordens zu schaffen. Der Ingenieure Leid bleibt der Touristen Freud: Sitzend und staunend erlebt der Urlauber Norwegens abwechslungsreichste Landschaften aus dem Panoramasitz.

Wunderschön ist zum Beispiel die Fahrt von **Oslo** nach **Bergen** auf der fast schon weltberühmten *Bergensbanen*. Sie führt von den satten Tälern des Südostens auf die blühende (oder im Winter tief verschneite) Hochebene der Hardangervidda und wieder hinunter in die zerklüftete Welt der Fjorde. Sieben Stunden Natur pur.

Aufregend ist auch die für manche schönste Bahnfahrt Europas mit *Flåmsbanen*, als Abstecher der Bergensbanen immer zu empfehlen. 50 Minuten braucht der Zug für 20 km und 865 Höhenmeter voller Brücken, Tunnels und Sehenswürdigkeiten.

Doch auch andere Strecken, selbst die häufig als langweilig bezeichnete von **Stavanger** nach **Oslo**, sind nicht zu verachten: Die Züge schlängeln sich meist durch straßenarme und wenig besiedelte Gegenden – so beschaulich und bequem reist man selten.

Durchschnittliche Reisezeiten

Verbindung	Dauer
Oslo–Bergen	7 Std.
Oslo–Trondheim	6 Std. 45 Min.
Oslo–Kristiansand	4 Std. 20 Min.
Oslo–Lillehammer	2 Std. 30 Min.
Oslo–Stavanger	7 Std. 30 Min.
Oslo–Gøteborg	4 Std. 10 Min.
Trondheim–Bodø	10 Std. 45 Min.

Sonderangebote: Bahnfahren ist in Norwegen günstig. Mit vielen Sonderangeboten werden Kunden von der Straße abgeworben. Für alle Reisenden über 15 Jahre gibt es *Kundekort* (530 NOK, ein Jahr gültig, der deutschen BahnCard vergleichbar und darum besonders Vielfahrern zu empfehlen). Innerhalb eines

Jahres zahlen Sie in bestimmten Zügen und an bestimmten Tagen („grüne Fahrten", norweg. *grønne avganger*, im Fahrplan mit * bezeichnet) nur die Hälfte des Preises, an anderen Tagen ermäßigt sich der Fahrpreis um 30 %. Zudem gibt es in zahlreichen Hotels eine Preisminderung von 10 % mit dieser Karte.

Senioren über 67 Jahre müssen für alle Karten nur die Hälfte zahlen, über 60-Jährige nur zwei Drittel des normalen Preises.

Außerdem gibt es *Familienrabatt* für Erwachsene mit Kindern: Auf „grünen Fahrten" reisen zwei Kinder unter 12 Jahren im Beisein eines Erwachsenen kostenlos. Zudem werden *Inter-Rail-Karten* (für junge Leute unter 26 Jahren) in Norwegen anerkannt. Letztes Schnäppchen: *Minipris* – unterschiedliche Preisnachlässe auf allen „grünen Fahrten" über 150 km (wichtig: am Tag vor Reiseantritt buchen, keine Fahrtunterbrechungen möglich).

Interessant auch der *ScanRail-Pass*: Er gilt für Bahnstrecken überall in Skandinavien, kostet in drei Varianten 230 € (fünf Tage) bzw. 308 € für zehn Tage oder 358 € für 21 aufeinander folgende Tage (die Preise für Jugendliche unter 26: 160/215/249 €). Damit kann man in zwei Monaten jede Bahnstrecke auch in Norwegen kostenlos bereisen; zusätzlich gibt es Verbilligungen auf etlichen Buslinien und Fähren. Es ist sinnvoll, den Pass vorab und außerhalb Skandinaviens zu kaufen: Je nach Wechselkurs ist der Pass dann bis zu 20 % preiswerter. Eine Liste aller Verkaufsstellen finden Sie unter www.scanrail.de.

Euro Domino Norway

Mit Euro Domino Norway können Sie zwischen 3 und 8 frei wählbaren Tagen innerhalb eines Monats kostenlos alle Bahnstrecken innerhalb Norwegens benutzen. Erwachsene zahlen für 3 Tage 1.383 NOK, Jugendliche von 12–25 Jahren 1.041 NOK, und Kinder unter 12 Jahren zahlen die Hälfte des Erwachsenenpreises. Erhältlich sind die Tickets an allen größeren Bahnhöfen in Europa. Jeder weitere Tag kostet rd. 250 NOK mehr.

Service: Die NSB-Züge bieten allerhand nicht überall gewohnten Service: z. B. Großraumwagen mit komfortablen, verstellbaren Einzelsitzen, die fast schon übermäßige Beinfreiheit bieten. Zudem rechtzeitige und vielsprachige Durchsagen. Es gibt Eltern-und-Kind-Abteile und Schlafwagen für Allergiker. Expresszüge, die generell platzkartenpflichtig sind, führen zudem besonders ausgerüstete Wagen für Körperbehinderte mit. Fahrräder werden unabhängig von der Entfernung für 90 NOK transportiert (nur nicht von Expresszügen). Fahrkarten und Platzkarten für die Norwegische Bahn (NSB) können bei den Verkaufsstellen der DB und deren Agenten in Deutschland gekauft werden.

Alle diese Angebote gibt es in Norwegen an jedem **NSB-Schalter**, Fahrplanauskünfte und aktuelle Preise immer bei **NSB**, Oslo, ✆ 004781500888, www.nsb.no.

Mit dem Flugzeug

Kaum zu glauben, aber amtlich: Norwegen verfügt über das dichteste Flugnetz der Welt. 57 zivile Flughäfen gibt es im Land, fast jeder Flecken ist durch die Luft zu erreichen.

Die kleinen Maschinen von *SASBraathens* und *Widerøe* fliegen in den Sommermonaten, d. h. vom 15. Juli bis 15. August, auf Rabatt: Jede Airline bietet

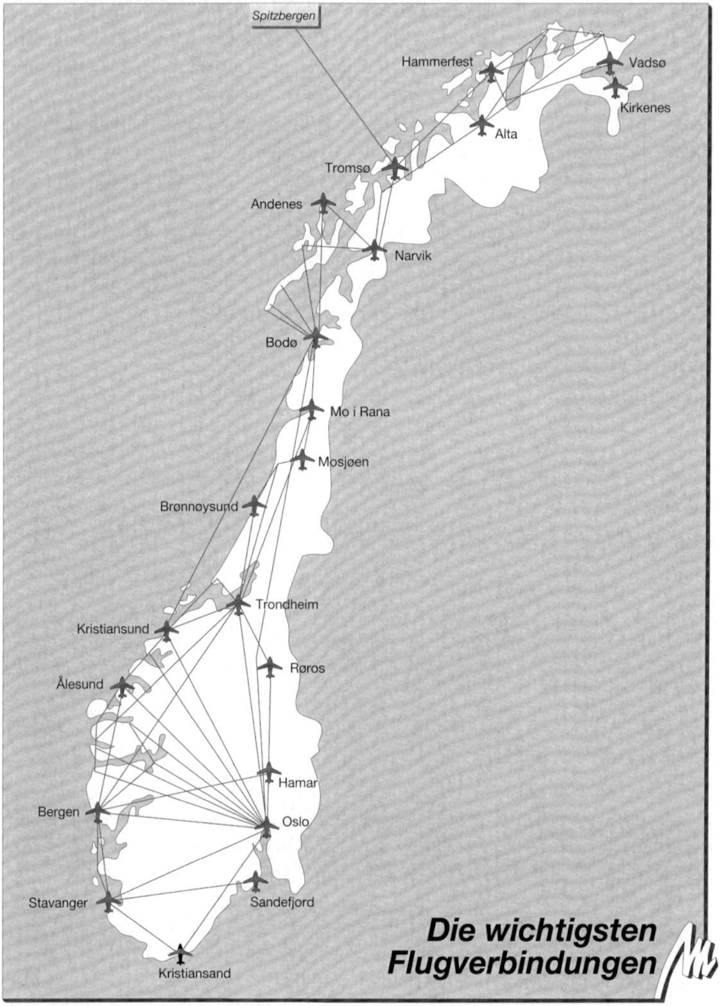

zahlreiche Sonderkonditionen, z. B. „Für 700 NOK durch Norwegen" (genauer gesagt: durch ein Viertel des Landes, denn das Flugnetz ist dann in vier Sektoren eingeteilt). Wenn Sie mit SAS aus Mitteleuropa anfliegen, können Sie einen **Zusatzcoupon** für 180 € kaufen, der zum einmaligen Weiterflug an jeden Ort Norwegens berechtigt.

Mit dem *Northern-Light-Pass* von SAS können Sie Kurzflüge für 830, längere für 1.550 NOK buchen. Außerdem gibt es dann Ermäßigungen in Hotels, die der jeweiligen Fluggesellschaft angeschlossen sind. Doch damit nicht genug: Mitreisende Partner (auch unverheiratete) fliegen im Inland für die Hälfte, ebenso Jugendliche bis 25 Jahre. Information und Preisvergleich bei den verschiedenen Airlines sind also durchaus sinnvoll.

Information **SAS**, ✆ 0047/91505400, www.sasbraathens.no; **Widerøe**, Postboks 82, Lilleaker, 0216 Oslo, ✆ 0047/81001200, www.wideroe.no.

Mit dem Bus

Der Überlandverkehr Norwegens ist bestens ausgebaut. Fast immer gibt es die Möglichkeit, einen Ort, und sei er noch so abgelegen, mit dem Bus zu erreichen.

Von Nord nach Süd, von Ost nach West fahren die **NorWay-Überlandbusse**, die äußerst bequem ausgestattet sind (Standardausrüstung: Gratis-Imbiss, WC, Video, Klimaanlage und Mobiltelefon). Sie sind kaum langsamer und sogar ein wenig günstiger als die Bahn. Nahezu alle Verkehrsadern in Norwegen werden von Buslinien befahren.

Durchschnittliche Reisedauer

Verbindung	Dauer
Oslo–Bergen	10 Std.
Oslo–Tromsø	27 Std.
Kristiansand–Stavanger	4 Std. 50 Min.

NorWay Busekspress ist ein Zusammenschluss mehrerer Busgesellschaften des Landes und fährt mit 200 Bussen auf 50 Routen alle wichtigen Orte an. Auf diesen Linien brauchen Kinder bis 4 Jahre nichts zu zahlen und Jugendliche bis 16 Jahre (auch Senioren ab 67 Jahre) nur die Hälfte.

Zudem gibt es interessante Preisermäßigungen für Vielfahrer: 2.450 NOK z. B. kostet der *BussPass* für 21 aufeinanderfolgende Tage ohne Kilometerbeschränkung und gültig für alle Busse außerhalb der Städte. Kinder bis 4 Jahre fahren auch hier kostenlos mit, Jugendliche bis 15 Jahre zahlen 75 % des regulären Preises. Diese Karten gibt es in Reisebüros, Turistkontors und NorWay-Haltestellen.

Die Hightech-Busse halten überall, auch an nicht ausgewiesenen Haltestellen, wenn man die Fahrer über dessen Mobiltelefon von unterwegs aus anruft. Die Telefonnummern sind immer im Fahrplan angegeben. Noch ein Tipp: Zumindest regionale Busse halten auch auf Handzeichen längs der Strecke.

Daneben gibt es unzählige lokale und regionale Verkehrsgemeinschaften, die entfernte Winkel des Landes zuverlässig und pünktlich bedienen. Allerdings darf man nicht erwarten, dass der Bus im Zehn-Minuten-Takt kommt. Um unliebsame Überraschungen zu vermeiden, sollten Sie sich vor Ort den *rutetabell*, den Fahrplan, besorgen. Oder im Internet nachschauen: www.nbe.no.

Mit dem Schiff

Ob Sie wollen oder nicht – in diesem wasserreichen Land kommen Sie ohne Schiff nicht aus. Und wenn es nur die Autofähre über den Fjord ist.

Hurtigruten: Am attraktivsten sind selbstverständlich die schnellen Dampfer von Hurtigruten, dem Liniendienst von Bergen in den hohen Norden (vgl. „Post für Kirkenes", S. 619). Es muss ja nicht gleich das sündhaft teure Pauschalangebot sein, das Sie in 15 Tagen über 34 Häfen und für bis zu 5.000 € (inkl. Hin- und Rückflug nach Oslo bzw. Bergen sowie Hin- und Rückflug Deutschland) zu den Schönheiten der Westküste führt. Sie können, zumindest während der Sommermonate, unterwegs zusteigen, sich nur zum nächsten Hafen schippern lassen oder kürzere Teilstrecken mitfahren und haben fast dasselbe Erlebnis für weniger Geld. Das allerdings sollten Sie sich auf der vielleicht schönsten Schifffahrtsroute der Welt schon gönnen.

Informationen/Buchungen **Norwegische Schifffahrtsagentur**, Kleine Johannisstr. 10, 20457 Hamburg, ✆ 040/376930, www.hurtigruten.no.

Passagierdienst: Erlebenswert sind auch die Törns mit den *Hurtigbatters* oder *Hydrofoilen*, wie die Tragflächenboote genannt werden, die von Bergen aus die Südküste bedienen. In wenig mehr als vier Stunden gelangen Sie beispielsweise von Bergen nach Stavanger (950 NOK, dreimal täglich). Allerdings starten die Schiffe bei hohem Wellengang nicht; es kommt deshalb – nicht erst seit dem Untergang eines Katamarans 1999 vor Bergen – immer häufiger zu Stornierungen.

Die rasanten Katamarane der *Flaggruten* bieten zudem einen sehr guten Service: Bordrestaurant, Kinderspielecke, mehrsprachige Durchsagen, Liegesitze und Aussichtsdeck stehen Ihnen zur Verfügung. Einziger Nachteil ist höchstens, dass der starre Blick durchs Panoramafenster leicht zur Seekrankheit führen kann.

Sightseeing: In jedem Küstenort gibt es natürlich unzählige Ausflugsfahrten in den nahen und schönsten Fjord, zur menschenleeren Insel in der Nähe oder zum Vogelfelsen gleich um die Ecke. Tipps für die meist teuren Trips werden Sie zwar auch in den Landschaftsbeschreibungen dieses Buches finden, doch lohnender und preiswerter sind häufig die regelmäßigen Fährfahrten, mit denen Sie wie die Einheimischen diese Ziele erreichen können. In den Touristenbüros gibt es Fahrpläne und Preislisten.

Nærøfjord: große Fahrt auf dem kleinsten Fjord

Walaker: Romantisch wohnen in Lustrafjord

Übernachten

Fischer- und Wanderhütten, Jugendherbergen, Fünf-Sterne-Hotels und Fünf-Sterne-Campingplätze – alles das gibt es in Norwegen für viel Geld. Nur eins gibt es nicht: billige Absteigen.

Camping: Die über 900 Campingplätze Norwegens hier aufzulisten, ist wenig sinnvoll. In den Landschaftsteilen dieses Buches wird jedoch eigens auf die empfehlenswerten Campingplätze vor Ort hingewiesen. Und Tipps gibt auch wieder über NAF:

Adresse **Norwegischer Automobilklub NAF**, Storgt. 2, 0105 Oslo, ✆ 0047/22341400; www.naf.no oder www.camping.no.

Die Campingplätze des Landes sind mit Sternen von eins bis fünf klassifiziert, sanitäre Anlagen und Duschen sind jedoch überall die Regel. Auf fast allen Campingplätzen gibt es zudem **Campinghütten** für Familien. Sie verfügen meist über zwei bis sechs Betten, Kochplatte und Kühlschrank, allerdings gibt es keine Schlafsäcke, Wolldecken oder Bettwäsche.

Längst nicht alle Plätze sind immer geöffnet, aber zwischen dem 15. Juni und dem 25. August werden Sie kaum vor verschlossenen Schranken stehen. Die wichtigsten und schönsten Campingplätze finden Sie in den Orts- und Landschaftsbeschreibungen aufgelistet.

Auf jedem norwegischen Campingplatz gibt es für 110 NOK die *Norwegische Campingkarte*. Diese Codekarte erleichtert nicht nur das Einchecken auf mehr als 800 Plätzen im Lande, sondern sie garantiert auch auf manchen Plätzen enorme Preisermäßigungen auf Benzin, zahlreiche Sportartikel und Freizeitartikel im Camping-Shop.

Klassifizierung

Campingplatz	Hütten
1 Stern: Toiletten, Waschräume, Duschen, Kochgelegenheit, Telefon; Preis: ca. 80 NOK pro Tag	1 Raum plus Einrichtung; Preis: ca. 300 NOK täglich
2 Sterne: zusätzlich Aufsicht, Tankstelle in der Nähe, Stellplätze für Wohnmobile; Preis: 120–200 NOK	zusätzlich: Strom, Heizung, Kochplatte; Preis: ca. 350 NOK
3 Sterne: zusätzlich Auskunft und Bewirtung; Preis: 200–300 NOK	zusätzlich: fließendes Wasser, separates Schlafzimmer; Preis: ca. 450 NOK
4 Sterne: zusätzlich Hütten, Sport- und Spielplatz; Preis: 300–400 NOK	zusätzlich: WC/Du, mind. drei Zimmer; Preis: 500 NOK
5 Sterne: zusätzlich Wintercamping, Tankstelle, Kreditkarten; Preis: 400 NOK und mehr	Hotelstandard; Preis: 700 NOK und mehr

Hinweis: Standard von Campingplatz und Hütten brauchen nicht identisch zu sein: Es kann vorkommen, dass z. B. ein 4-Sterne-Campingplatz nur über 2-Sterne-Hütten verfügt.

Fischerhütten: Vornehmlich auf der Inselgruppe der Lofoten und Vesterålen und an der nordnorwegischen Küste findet man diese vielleicht nicht ursprünglichste, sicher aber romantischste Art, in Norwegen Urlaub zu machen. Pfahlbauten am Fjordufer, die nur während der Fangsaison von Fischern bewohnt, in den Sommermonaten aber an Touristen vermietet wurden, waren die *rorbuer* einstmals.

Mittlerweile hat auch hier der Fortschritt zugeschlagen: Mit allem erdenklichen Komfort ausgestattet, wurden *rorbuer* nachgebaut und an Touristen (450–900 €/Woche für eine Vier-Personen-Hütte) vermietet. Da *rorbuer*, ob alt oder neu, immer direkt am oder sogar im Wasser stehen, bieten sie sich für einen Angelurlaub geradezu an.

• *Informationen* www.lofoten-info.no. Den größten norwegischen Vermieter **Den Norske Hytteformidling** erreichen Sie über das **Skandinavische Reisebüro**, ✆ 040/3600150 o. 030/8846040 o. 0211/176840 o. 0711/228783, www.skandinavisches-reisebuero.de.

Jugendherbergen, Wanderheime: Vergessen Sie, was Sie aus Zeiten der Klassenreisen über Jugendherbergen wissen. Jugendherbergen in Norwegen sind ganz anders und heißen darum auch anders, nämlich *vandrerhjem*, Wanderheim. Die 72 Herbergen bieten Einzel-, Doppel- und Familienzimmer an, oft mit Dusche/WC und Küchenbenutzung, mit Etagenbetten und ohne Bettwäsche, die jedoch zu leihen ist (offiziell darf der Schlafsack nicht benutzt werden). All dies gibt es zu vertretbaren Preisen zwischen 250 und 600 NOK. Kinder zwischen 4 und 15 Jahren zahlen, wenn sie im Elternzimmer übernachten, nur die Hälfte.

Als Mitglied des internationalen Jugendherbergsverbandes bekommt man einen Preisnachlass von 25 NOK (Sie können den Jahresausweis für 200 NOK auch in jeder norwegischen Jugendherberge erwerben). Den meisten Heimen

Kein „Jedermannsrecht" an den Stränden

sind auch Restaurants angeschlossen, in denen man für 50 oder 80 NOK schon eine reichliche Mahlzeit bekommt.

• *Tipp* Da die meisten Wanderheime nur zwischen Juni und August – und nur drei ganzjährig – geöffnet sind und da bei großem Andrang Wanderer und Radfahrer den Vorzug vor motorisierten Touristen erhalten, lohnt die Voranmeldung immer, und zwar direkt bei den Heimen oder über **Norske Vandrerhjem**, 0154 Oslo, Dronningensgate 26, ✆ 0047/23124510, www.vandrerhjem.no.

Wanderhütten: Verwechseln Sie diese Wanderhütten nicht mit den oben beschriebenen Wanderheimen oder gar mit den *hytter*, die komfortabel ausgestattete Ferienhäuser sind (s. u.). Hier sind die 270 vom norwegischen Touristenverein DNT, *den norske turistforening*, betriebenen Unterkünfte für Tageswanderer gemeint. Meist findet man sie in den Nationalparks, wo die meisten Wanderer unterwegs sind. Die Hütten liegen eine Tageswanderung auseinander, sodass immer für ein Dach über dem Kopf gesorgt ist.

Fünf Typen kann man unterscheiden:
- bewirtschaftete Hütten, die fast Berghotels sind,
- Touristenhütten, in denen Lebensmittel gelagert werden,
- unbewirtschaftete Hütten, die nur Unterkunft bieten,
- Bergbauernhöfe mit Unterkunftsmöglichkeit,
- *Seter*, einfache Sennerhütten.

Um diese Wanderhütten zu benutzen, müssen Sie Mitglied des **DNT** werden.

• *Information* **DNT**, Storgata 3, Postboks 7, Sentrum, 0101 Oslo, ✆ 004723214570, www.dnt.no. Zum einen bekommt man nur so den Schlüssel für die verschlossenen Hütten, zum anderen hilft der Verein unerfahrenen Wanderern mit Tourenvorschlä-

Komfort in der Einöde: Hütte bei Grong

gen, Karten und einer jährlich aktualisierten Hüttenübersichtskarte. Auch geführte Touren, Gletscherwanderungen, Bergsteigerkurse und Touren mit Hundeschlitten werden angeboten.

Ferienhäuser: Der Urlaub *på hytta* ist eine norwegische Spezialität. 400.000 solcher Hütten gibt es an Seen, in den Nationalparks und längs der Fjorde. Überwiegend sind sie in Privatbesitz. Jede zweite norwegische Familie besitzt statistisch gesehen eine Hütte – und nutzt sie zum eigenen Urlaub oder verlängerten Wochenende, vermietet sie jedoch in der Zwischenzeit für im Durchschnitt 500 € pro Woche. Darüber hinaus vermietet fast jeder Campingplatz solche Hütten und nahezu jeder zweite Bauer.

Der Name sollte Sie nicht abschrecken: Diese Hütten sind selten Katen, sondern häufig gemütliche, manchmal luxuriöse Häuschen mit mehreren Zimmern, Kamin, Bad und Küche und bisweilen auch Bootssteg, Kanu und Sauna. Die Hüttensuche auf „gut Glück" ist immer noch möglich, wenn auch während der Sommerferien eine telefonische Reservierung mindestens am Vormittag des Anreisetages ratsam ist. In den Landschaftsbeschreibungen finden Sie Telefonnummern und manchmal web-Adressen für jede Unterkunft. Für eine mehrtägige Miete oder gar die gesamte Urlaubsdauer empfiehlt sich allerdings die Buchung bereits von zu Hause aus.

• *Information/Buchung* „Ferien auf dem Bauernhof" über **Norsk Bondegårdsferie**, Postboks 99, 1482 Nitteldal, ✆ von Deutschland: 0047/63869180, 📠 0047/ 67072265, oder direkt in Deutschland über das **Polarkreis Reisebüro**, 46535 Dinslaken, Bahnstr. 18, ✆ 02064/55396, www.polarkreise-reisen.de sowie über die Zweigstellen des Skandinavischen Reisebüros in Hamburg und Düsseldorf.

Eine preiswerte Alternative ist der **Hütten-Wohnungs-Tausch**: Unter dem Namen *Norsk Boligbytte* hat sich der norwegische Zweig einer nicht kommerziellen Organisation gegründet, die den Tausch von Unterkünften in 50 Ländern verwaltet. In dem dreimal jährlich erscheinenden Katalog annoncieren Mieter und Vermieter.

Deutsche Kontaktadresse
www.haustausch.de

Hotels: Der Begriff *Hotell* ist in Norwegen gesetzlich geschützt. Die Behörden achten auf Standard und Preis, was dazu führt, dass beide konkurrenzlos hoch sind. Dafür gibt es aber auch weder Absteigen noch heruntergekommene Pensionen. Das Norwegische Fremdenverkehrsamt in Hamburg (Adresse s. S. 62) verschickt übrigens ein jährlich aktualisiertes Verzeichnis samt Preisliste fast aller 400 Hotels des Landes.

Häuser mit besonderem Standard (und Preis) heißen **Turisthotell** oder im Gebirge **Høfjellshotell**. Gerade diese noch besseren Häuser haben sich zu Ketten zusammengeschlossen, die eigene Rabattsysteme und saisonale Sonderangebote im Programm haben, z. B. den *BonusPass* der Inter Nor-Gruppe, *Best Western Hotelschecks*, *Pro Scandinavia Voucher* usw.

Sommerhotels: preiswerte Alternative

Auch in den Sommermonaten, wenn die Geschäftsreisenden ausbleiben, sind solche Angebote für Touristen sehr attraktiv. Feilschen lohnt sich meist, wenn Sie länger als fünf Tage am Platz bleiben wollen. Selbst Preisnachlässe von bis zu 50 % sind möglich. Näheres dazu finden Sie jeweils unter „Übernachten" in den Orts- und Landschaftsbeschreibungen.

Noch zwei **Tipps**, die das Reisebudget gerade jugendlicher Touristen aufbessern helfen: Alle norwegischen Hotels, ob Familienpension oder Stadthotel, sind für ihre reichhaltigen **Büfetts** bekannt, an denen man sich für knapp 15 € satt essen kann, auch ohne Hotelgast zu sein.
Während der Semesterferien werden vielerorts Studentenwohnheime zu **Sommerhotels** umgerüstet, in denen sich ohne großen Komfort etwas abseits, aber preiswert übernachten lässt (Auskunft in der Touristeninformation vor Ort, siehe aber auch Ortsbeschreibungen).

Privatunterkünfte: Neben den hier vorgestellten Übernachtungsmöglichkeiten werden Sie in Norwegen überall Hinweisschilder auf Pensionen (*pensjon*), Gasthöfe (*gjestgiveri*) oder nur eine Almhütte (*seter*) finden. Auch dort können Sie für 80 bis 400 NOK pro Nacht unbesorgt einkehren wie auch in privaten Unterkünften, die unter *rom, overnatting* oder *värelser* angeboten werden.

Wissenswertes von A bis Z

Abenteuerparks

Auch im Land der Gletscher und Fjorde gibt es Erlebnisparks, diese Mischung aus Kirmes und Abenteuer. Und die Kids freuen sich über Wasserrutschen und Skooter, über Ministädte und Minigolf in den zwölf Freizeitparks des Landes. Dafür müssen die Eltern wie überall kräftig zahlen, z. B. in **TusenFryd** zwischen Oslo und Moss 290 NOK für Erwachsene und 195 NOK Eintritt für Kinder, im Freizeitpark **Kristiansand** 260 NOK für Erwachsene, 220 NOK für Kinder, in der Spielstadt **Lilleputthammer** und dem **Hunderfossen-Familienpark** bei Lillehammer 255 NOK für Erwachsene und 230 NOK für Kinder oder auch in dem **Kongeparken Stavanger** 180 NOK für Erwachsene und 180 NOK für Kinder. Die meisten dieser Freizeitparks sind nur in den Sommermonaten geöffnet. Eine genaue Beschreibung finden Sie in den jeweiligen Ortskapiteln. Hier eine kleine Auswahl an Möglichkeiten:

- *Aalgaard/Stavanger* Der Freizeitpark **Kongeparken** liegt direkt an der E 39. Er bietet Bobbahn, Westernstadt, einen richtigen Kinderbauernhof, Vogelpark und Reitcenter. Zusätzlich wird Kunsthandwerk in Ateliers angeboten.
- *Bodø* Der **Panorama-Spielpark** bietet ein großes Angebot an Spielmöglichkeiten für Kinder, ist aber auch als Tierpark mit vielen Attraktionen angelegt.
- *Bø* Indianer- und Westernstadt, ein Märchenhaus und ein Urzeit- und Tarzanpark

sind die Attraktionen des **Telemark-Sommerlandes**. Daneben gibt es natürlich noch viele weitere Angebote.

• Hardanger/Ullensvang Der **Hardanger-Park** bietet u. a. einen Teich mit Ruderbooten, Wasserrutschbahn, Trampolin, eine Hängebahn und viele Wassersportmöglichkeiten. In Richtung Zentrum Kinsarvik gelegen.

• Hunderfossen In diesem **Spielparadies** wohnt der größte Troll der Welt. Außerdem gibt es eine Goldgräberstadt, Kletterlandschaften und einen Bauernhof. Der Park liegt etwa 15 km nördlich von Lillehammer.

• Kristiansand Dieser **Freizeitpark** bietet auf 400.000 qm alle Attraktionen eines Tierparks. Außerdem gibt es ein Goldgräber- und ein Spielland.

• Lilleputthammer Hauptattraktion der **Spielstadt** ist der Modellnachbau der Hauptstraße von Alt-Lillehammer im Maßstab 1:4, also mit einer Länge von 150 m. Zudem gibt es Modellwerkstätten, Trampolins usw. Der Park liegt etwa 20 km nördlich von Lillehammer bei Øyer Gjestegaard.

• Skarnes Spielpark **Lekeland** mit Wasserspielen, Minigolf, Trampolins usw. Der Park liegt an der RV 2, westlich von Kongsvinger und etwa 5 km vor Skarnes.

• Skien Im **Lekeland-Park** gibt es neben einer Westernstadt mit Saloon und Reitmöglichkeiten auch eine Spielstadt mit einem Raumfahrtlabyrinth.

Alkohol

Neben dem Sprachenstreit gibt kein Thema in Kneipen oder im Familienkreis mehr Diskussionsstoff ab als die Alkoholfrage. Seit der Prohibition von 1919 bis 1927 ist der Alkoholkonsum in Norwegen staatlich reglementiert, sind die Preise kontrolliert und alkoholische Getränke fast unerschwinglich: Der halbe Liter Bier in der Kneipe kostet mindestens 75 NOK = knapp 9 € (Leichtbiere allerdings sind preiswerter).

Ein Blick auf die Geschichte Norwegens erklärt dieses Phänomen. Um die Jahrhundertwende kam es unter der Bevölkerung zu einer depressiven „Weltflucht", die sich vor allem im Zulauf zu obskuren Sekten und übermäßigem Alkoholgenuss äußerte. Dies ging so weit, dass große Schäden für die Volkswirtschaft entstanden, sodass die Bekämpfung des Alkohols das Ziel wurde für eine Allianz aus Kirche, Arbeiterbewegung und Unternehmern. Per Volksabstimmung wurde so 1919 der Ausschank von Alkohol verboten, was aber 1927 wieder etwas liberalisiert wurde.

Alkoholika sind nur in größeren Orten im *vinmonopolet* zu bekommen, einer staatlich kontrollierten Kette. Supermärkte führen neuerdings auch Bier (nur in Tromsø bleibt der freie Verkauf verboten), längst nicht alle Restaurants schenken Bier und Wein aus (und wenn, dann bloß zu Speisen), Spirituosen gibt es ausschließlich in Hotelbars. Und alles kostet deutlich mehr als hierzulande. Aber am Wochenende läuft gar nichts: Da herrscht striktes „brennevin"-Verbot.

Preisbeispiele: 1 Fl. französischer Rotwein 120–600 NOK, 1 Fl. deutscher Weißwein „Deinhard" 150 NOK, 1 Fl. Sandeman-Sherry 155 NOK, 1 Fl. Martini Rosso 130 NOK, 1 Fl. Bobadilla-Brandy 350 NOK, 1 Fl. Haig-Whisky 400 NOK.

Apotheken

Arzneimittel sind in Norwegen nur in Apotheken und fast nur über ein norwegisches Rezept zu bekommen; Norwegen hat das wohl strengste Arzneimittelgesetz der Welt. Sie sind also gut beraten, wenn Sie ein regelmäßig benötigtes Medikament mitbringen.

Ärzte

Sie brauchen von Ihrer Krankenklasse eine **EHIC-Karte**, die das E-111-Formular abgelöst hat (bei zukünftigen Krankenkassenausweisen ist EHIC bereits integriert) und müssen dann den Arztbesuch (mit Ausnahme einer „Konsultationsgebühr" zwischen 78 und 140 NOK) nicht bezahlen; auch Arzneien und Krankenhausaufenthalte werden bei kleiner Selbstbeteiligung erstattet. Dennoch lohnt eine Auslandsreise-Krankenversicherung, damit Sie zu Hause alle Auslagen, auch die für die Selbstbeteiligung, zurückbekommen.

Auf Seite 2 des Telefonbuchs finden Sie die örtlichen Adressen unter *legevakt* (Arzt), *tannleger* (Zahnarzt) und *sykehus* (Krankenhaus). Sprachprobleme gibt es kaum – jeder Arzt, jede Krankenschwester spricht Englisch, fast jede und fast jeder zumindest ein wenig Deutsch.

Baden

Heißer Sand, bräunende Sonne in hohen Norden? Es gibt sie wirklich, die Badereviere – und nicht nur an den Seen und nicht nur im Süden. Viele Campingplätze werben mit Badeplätzen für Kinder. Über 20° Celsius steigen die Wassertemperaturen aber auch dort selten.

Die Hauptstädter tummeln sich gerne an den Badeseen **Bogstadvatnet** und **Sognsvann** im Norden Oslos, aber auch auf der Badeinsel **Langåra** im Oslofjord. Ansonsten aber sind die Fjorde zu kalt zum Schwimmen. **Mandal** mit dem Sjøsanden-Strand und die Insel **Hidra** bei Flekkefjord westlich von Kristiansand, aber auch die Schäreninseln **Tjøme** bei Tønsberg und **Tromøy** nahe

Auf Tjøme: Baden im Schärengewirr

Arendal sind bevorzugte Ziele an Norwegens Sonnen- und Südküste. Wenn es mal wieder einen Jahrhundertsommer gibt, kann man dort richtig braun werden. Das verheißen auch **Solastrand** bei Sola südlich von Stavanger, **Orrestranden** in Jæren und **Tallakshamn** bei Sandefjord.

Badetipps

Im Meer sollten Sie die Strömungsverhältnisse des Norwegenstroms erkunden und sorgfältig beachten. Am Waldrand müssen Sie auf Kreuzottern achten, denn deren Biss kann gefährlich werden. Und mindestens einmal in fünf Jahren gibt es eine Quallen-Plage – zumindest bei den roten Feuerquallen sollten Sie vorsichtig sein. Was die „Textilfrage" angeht: „Oben ohne" wird überall, „ganz ohne" nur abseits akzeptiert.

Information Über offizielle FKK-Strände informiert Norsk Naturistforbund (NNF), Postboks 189, 0102 Oslo, www.naturistnet.org.

Banken/Geld

Man zahlt mit der Norwegischen Krone (NOK), die in 100 Øre unterteilt ist. Es gibt 1-, 5-, 10- und 20-Kronen- sowie 50-Øre-Münzen, außerdem Scheine zu 50, 500 und 1.000 Kronen.

Wechselkurs im Frühjahr 2007

1 NOK = 0,12 Euro, 100 NOK = 12,13 €
1 € = 8,11 NOK
100 € = 811 NOK
Die aktuellen Wechselkurse erfahren Sie via internet: www.oanda.com/converter.

Banken finden sich in jedem noch so kleinen Ort. Die übliche Öffnungszeit: 8.30–15.30 Uhr, donnerstags bis 17 Uhr. Allerdings schließen die Schalter während der Sommermonate nicht nur auf dem Lande schon mal früher. Trotzdem ist das **Geldwechseln** im Nicht-EU-Land Norwegen zunehmend problematisch: Mit der deutschen EC-Karte gibt es, wie mehrere Leser berichteten, an manchen Automaten schon mal Probleme. Anstandslos werden neben Bargeld (Geldwechsel in norwegischen Banken kostet mindestens 70 NOK Gebühr) nur internationale Kreditkarten und Travellerschecks akzeptiert. Allerdings ist es ohnehin ratsam, einen Großteil der Reisekasse schon zu Hause umzuwechseln – die Wechselkurse sind günstiger als an den meisten norwegischen Schaltern. Kleiner Tipp, wenn Sie Bargeld brauchen: Zahlen Sie im Hotel oder auch im vandrerhjem den (Teil-)Betrag in Euro – Sie bekommen dann Kronen zurück, und der Wechselkurs ist sehr viel günstiger als in den Banken.

Wenn die Kreditkarte weg ist ...

... hilft von überall auf der Welt, also auch aus Norwegen, ein Anruf bei der Telefonnummer **0049-116116**, um rund um die Uhr die Karte sperren zu lassen.

Behinderte

Nordländer denken mehr an Behinderte, als man es bei uns gewohnt ist. Es gibt behindertengerechte Campingplätze und Hotels, sogar Angelplätze für Behinderte (z. B. im **Namdalen**), und man findet kaum ein Kaufhaus oder Museum, das nicht mit Rollstuhlrampen ausgestattet ist. In Oslo oder Bergen sind viele Bordsteine abgesenkt (wenngleich es hier noch Nachholbedarf gibt), und auch die Fluglinien und die Staatsbahn haben für Behinderte vorgesorgt.

Information **Norges Handikappforbund**, 0667 Oslo, Nils Hansens Vei 2, ✆ 0047/24102400, www.nhf.no

Bildungssystem

Die norwegische Volksschule gliedert sich in eine sechsjährige Grundschule und eine dreijährige Jugendschule. Zum Abitur bedarf es dann noch mal einer dreijährigen höheren Schule. Auch das norwegische Schulsystem (schon seit 1739 besteht Schulpflicht) kennt alle uns bekannten Formen von Sonderschulen, Berufsschulen und Volkshochschulen. Die späte Differenzierung hat – so Expertenmeinung – dazu beigetragen, dass auch norwegische Schüler im PISA-Test (Platz 13) weit besser als deutsche (Platz 20) abgeschnitten haben.

Universitäten gibt es in Oslo, Bergen, Trondheim, Tromsø auf Spitzbergen – die nördlichste der Welt –, weitere Hochschulen in Bergen (Wirtschaftsakademie) und in Ås (Landwirtschaftliche Hochschule). Die Unis von Oslo und Bergen bieten zudem Sommerkurse für ausländische Studenten: Während in Bergen bloß ein Sprachkursus angeboten wird, reicht die Palette in Oslo von Geschichte über Gesundheit bis Sprache oder Sport (Anmeldeschluss jeweils Ende März).

• *Information/Anmeldung* **International Summer School**, University of Oslo, Postboks 3 Blindern, 0313 Oslo, www.uio.no. **Sommerkurs for utenlandske norskstuderende**, Nordisk institutt, HF-bygget, Sydnesplass 9, 5007 Bergen.

Bücher

Natürlich sind über Norwegen ganze Bücherregale vollgeschrieben worden. Deshalb hier nur ein paar Buchtipps, die neben diesem Reisehandbuch weitere Eindrücke vermitteln (eine Darstellung der großen Dichtung Norwegens finden Sie auf S. 95):

• *Belletristik* **Ach Europa** (Suhrkamp, 1989): Allein schon empfehlenswert wegen der „Norwegischen Anachronismen" von *Hans Magnus Enzensberger*. Der deutsche Schriftsteller und Dichter, der sechs Jahre lang Wahlnorweger war, beschreibt sein Gastland mit sympathischem Humor.

Im Dunkeln sind alle Wölfe grau (Goldmann-Verlag, 1991): *Gunnar Staalesen* ist Norwegens bekanntester Krimi-Autor und Erfinder von Varg Veum, dem Philip Marlowe der Fjorde, der seine politisch motivierten Fälle in Bergen löst. In diesem Buch geht es um Nazi-Terror, Kollaboration und um Gewinnlertum der Nachkriegszeit.

• *Geographie* **Merian** hat inzwischen fünf Hefte über Norwegen veröffentlicht, von denen die ersten drei nur noch antiquarisch zu bekommen sich: sauber recherchiert und längst nicht mehr betulich.

Vier Hefte gibt es auch von **Geo:** teuere, eindrucksvolle Fotos und recht lockere Reportagen. In den letzten zwei Jahren bringt Geo immer mal wieder lesenswerte Artikel, vornehmlich zu Umweltproblemen.

Norwegen – Land im Licht (zu beziehen über NORDIS, Abt. 24, Postfach 10 03 43, 40767 Monheim, ✆ 02173/56665): Ein Bildband, der seinem Namen alle Ehre macht, denn die teils großformatigen Farbfotos sind weit eindrucksvoller als die Texte.

Wanderwege in Skandinavien (Verlag F. Bruckmann, 1988): Klaus Betz erweist sich als Autor, Fotograf und Wanderer von außerordentlicher Qualität. Das leider nicht mehr ganz aktuelle Buch bietet immer noch nachahmenswerte Tagestouren und ganze Wochenwanderungen zu Fuß und mit Skiern in Norwegen.

• *Politik/Geschichte* **Die Geschichte Norwegens** (Verlag Grøndal & Søn Forlag A/S, Oslo, 1991, 98 NOK). Das in jedem größeren Buchladen Norwegens erhältliche Standardwerk von Libaek und Stenersen beschreibt Norwegens Geschichte von der Eiszeit bis zum Erdölzeitalter – bunt bebildert und informativ illustriert, doch bisweilen etwas naiv geschrieben, gibt das Schulbuch in deutscher Übersetzung einen ausreichenden historischen Überblick und versucht sogar einen Ausblick in die nächsten Jahrhunderte.

Norwegen – ein politisches Tagebuch (VSA, Hamburg, 1988, nur noch antiquarisch zu bekommen). Der in Hamburg lebende *Ingvar Ambørnsen* hat mit 26 überwiegend norwegischen Kolleginnen und Kollegen einen Reportageband nach VSA-Vorbild vorgelegt: Zu Kultur und Politik, über Esskultur und Subkultur findet sich viel Informatives in diesem Buch, das sich ideal als Urlaubslektüre eignet.

• *Kunstgeschichte* **Stavkirker** (Normans Kunstforlag, 1989, 40 NOK). Sparen Sie aufwändige Hochglanz-Kunstführer – dieses 35-seitige DIN-A-4-Heft enthält alle wichtigen Infos zu allen Stabkirchen des Landes nebst stimmungsvollen Farbfotos und ausreichender Übersichtskarte. Der mehrsprachige Band ist an den Verkaufsständen fast jeder Stabkirche und natürlich in norwegischen Buchläden zu bekommen.

• *Sprache* **„Morn“, Langenscheidts Sprachführer** (Langenscheidt-Verlag, 1994). Die handlichen Sprachführer aus dem Renommier-Verlag bleiben zwar in ihrer Didaktik gewöhnungsbedürftig, nach kurzer Einübung aber sind die praktischen Redewendungen und das kleine Wörterbuch wertvolle Helfer für den sprachunkundigen, aber interessierten Urlauber.

CB-Funk

Ihr Funkgerät darf mit auf die Reise, wenn Sie mindestens einen Monat vor Reiseantritt einen Antrag an **Privatradiogruppen**, 9250 Bardu, Postboks 196, senden. Enthalten sein muss Sendertyp, Fabrikat, Sendeleistung und Anzahl der Kanäle, Kfz-Kennzeichen sowie geplante Reisedauer.

City-Cards

In Oslo und Bergen gibt es solche Ermäßigungstickets (freie Fahrt auf öffentlichen Verkehrsmitteln, gebührenfreies Parken und ermäßigter Eintritt in Museen u. a. m.) bei den Touristbüros, an Bahnhöfen und Narvesen-Kiosken sowie in vielen Hotels zu kaufen. Bei mehrtägigem Aufenthalt allemal lohnend (nur Studenten sollten angesichts der zahlreichen Preisermäßigungen für sie zweimal rechnen). In Oslo kostet die Card zwischen 210 NOK/Erwachsene und 90 NOK/Kinder für einen Tag und 390 NOK/Erw. bzw. 140 NOK/Kinder für drei Tage, Familienkarte (1 Tag für 395 NOK); in Bergen 170 NOK/Erwachsene und 70 NOK/Kinder pro Tag und 250 NOK bzw. 100 NOK für zwei Tage.

Diebstahl

„Südländische Verhältnisse“ herrschen auf Norwegens Straßen nicht. Sie brauchen also Ihre Handtasche nicht ängstlich zu umklammern und Ihr Geld nicht stets im Brustbeutel zu verstauen. Auf dem Lande, vor allem im Norden, werden beispielsweise die Haustüren auch heute noch nicht abgeschlossen. Allerdings sollten Sie – wie in Mitteleuropa auch – das voll gepackte Auto nicht den ganzen Tag unbeaufsichtigt am Strand oder vor der Fußgängerzone parken. Aber wenn Ihnen dennoch etwas widerfährt, dürfen Sie auf der Polizeiwache eine Kopie der Anzeige nicht vergessen: Das erleichtert die Ausreise und Verhandlungen mit der heimischen Versicherung.

Diplomatische Vertretungen

Norwegische Vertretungen

In Deutschland:

- *Botschaft*: 10787 **Berlin**, Rauchstr. 11, ✆ 030/505050, www.norwegen.org.
- *Konsulate*: 28195 **Bremen**, Faulenstr. 2, ✆ 0421/3034293;

40474 **Düsseldorf**, E-On-Platz 11, ✆ 0211/4579449;

60311 **Frankfurt**, Bethmannstr. 56, ✆ 069/1310815;

20354 **Hamburg**, ABC-Straße 19, ✆ 040/32509160;

30419 **Hannover**, Herrenhäuserstr. 83, ✆ 0511/7907212;

24103 **Kiel**, Europaplatz 5, ✆ 0431/2400111;

04347 **Leipzig**, Braunstr,7, ✆ 0341/4432060;

23560 **Lübeck**, Geniner Str. 249, ✆ 0451/5302211;

18055 **Rostock**, Werftallee 10, ✆ 0381/5103000;

80333 **München**, Promenadenplatz 7, ✆ 089/224170;

70191 **Stuttgart**, Porscheplatz 1, ✆ 0711/9116466.

In Österreich:

- *Botschaft* 1030 **Wien**, Reisnerstr. 55-57, ✆ 17156692/3, emb.vienna@mfa.no.

In der Schweiz:

- *Botschaft* 3011 **Bern**, Bubenbergplatz 10, ✆ 313105555, emb.bern @mfa.no.

Vertretungen in Norwegen

Deutsche Vertretungen:

- *Botschaft* 0258 **Oslo**, Oscarsgate 45, ✆ 0047/23275400, www.oslo.diplo.no.
- *Konsulate* 5004 **Bergen**, Vertridsalm 11, ✆ 55210800;

8000 **Bodø**, Sjøgaten 21, ✆ 75528855;

5501 **Haugesund**, Haraldsgate 140, ✆ 92497368;

9901 **Kirkenes**, Marcus Thranes vei 7, ✆ 90053170;

4663 **Kristiansand**, Vigeveien 50, ✆ 90518732

4012 **Stavanger**, Nedre Strandgate 27, ✆ 51841220;

8301 **Svolvaer**, Richard Withs gate 7, ✆ 76073400;

9001 **Tromsø**, Stakkevollveien 67, ✆ 77617800;

7002 **Trondheim**, Bratsbergveien 5, ✆ 73959309;

6025 **Ålesund**, Einarvikgaten 8, ✆ 70100970.

Österreichische Vertretungen:

- *Botschaft* 0244 **Oslo**, Thomas Heftjes gate 19-21, ✆ 0047/22552348, www.bmaa.gv.at.
- *Konsulate* 5000 **Bergen**, Edvard Griegsvei 3b, ✆ 55336141;

4033 **Stavanger**, Myglabergveien, ✆ 51585208.

Schweizerische Vertretungen:

- *Botschaft* 0268 **Oslo**, Bygdøy Allé 78, ✆ 0047/22452390, www.eda.admin.ch/oslo.
- *Konsulat* 5028 **Bergen**, Nygårdstangen, ✆ 55325115.

Drogen

Kauf, Verkauf, aber auch nur der Besitz oder Verbrauch schon kleinster oder auch „weicher" Drogen- oder Narkotika-Mengen ist strikt verboten und wird mit harten Strafen auch bei Ausländern belegt. Nähere Informationen unter www.toll.no.

Der günstigste Supermarkt: samstags bis 18 Uhr geöffnet

Einkaufen/Preise

Alles ist teurer – das weiß, wer seinen Norwegen-Urlaub plant. Sie reisen in Europas teuerstes Land: Oslo ist teuerste Stadt der Welt. Zum Vergleich: München, die teuerste Stadt Deutschlands, folgt erst auf dem 14. Platz, Berlin auf dem 20., New York gar erst auf dem 56. Rang.

Bei jedem Einkauf und für jeden Service muss in Norwegen empfindlich mehr ausgegeben werden, als man es von zu Hause gewohnt ist. Gleichwohl: Wenn Sie Hochwertiges einkaufen wollen (für Trekker und Wassersportler z. B. ist das Angebot attraktiv), sollten Sie das in der Einkaufsstadt Stavanger tun; wenn Sie preisgünstig Lebensmittel einkaufen möchten, sollten Sie immer die Supermärkte *Rimi* (vergleichbar der deutschen *Aldi*-Kette) aufsuchen. Seit Herbst 2004 gibt es auch 20 Lidl-Märkte in Norwegen (z. B. in Larvik und Kristiansand), bleibt abzuwarten, wie sich das auf das Preisniveau auswirkt – Rimi zumindest hat seine Preise schlagartig um 20 % gesenkt.

Preisbeispiele im Supermarkt

Vollkornbrot 5,50 NOK; 1 Liter Vollmilch (Hel o. Helmelk) 12,20 NOK; Margarine-Becher (400 g) 23 NOK; Trockensuppen 18–25 NOK; Konserven-Fertiggerichte 55-75 NOK; TK-Pizza 60 NOK; Spaghetti (250 g) 28 NOK; 1 Dose geschälte Tomaten 11 NOK; 1 Keksrolle 15-22 NOK; 1 Glas Marmelade 28 NOK; Schweinekoteletts (1 kg) 72 NOK; geräucherter Lachs (1 kg) 79 NOK; 1 Beutel Apfelsinensaft 19 NOK; 1 Glas Nescafé 60 NOK; 1 Flasche Sprudelwasser 17,50 NOK; 1 Flasche Lightbier 25 NOK; 1 Flasche Pils (0,7 Liter) 38 NOK; Handwaschmittel 37 NOK; 1 Packung mit 16 Tampons 34,50 NOK; Schachtel Zigaretten 80 NOK.

Stand: Herbst 2006

Dennoch gibt es für ausländische Touristen die Chance zum Schnäppchen, zum **zollfreien Einkauf** nämlich: Mehr als 2.500 Läden führen das „Tax-Free"-Schild im Schaufenster. Bei einem Kauf über 300 NOK bekommen Sie in diesen Geschäften einen Scheck ausgestellt, über den Sie bei der Ausreise die Mehrwertsteuer (16,6 %) abzüglich einer Bearbeitungsgebühr bar und in Kronen erstattet bekommen (auf Fährschiffen an der Rezeption). Sie dürfen sich aber nicht mehr als vier Wochen Zeit lassen und die Ware vorher nicht benutzen, müssen sie also in der Originalverpackung lassen. Weitere Informationen erhalten Sie bei **Norway-Tax-Free-Shopping**, 1345 Østerås, Postboks 48, ✆ 0047/67149901, www.globalrefund.no.

Elektrizität

Auch das norwegische Stromnetz funktioniert mit 220 Volt/Wechselstrom. Hier gibt es also keine Schwierigkeiten.

Essen und Trinken

Ohne unhöflich sein zu wollen: Gourmets pilgern anderswohin. Kulinarischer Highlights wegen fährt niemand nach Norwegen.

Zwar kann man in größeren Städten und vornehmlich schickeren Hotels gut und international, vor allem aber sündhaft teuer essen, die traditionelle norwegische Küche jedoch bevorzugt Frisches aus Meer und Wald, das zwar meist sehr lecker, selten aber sonderlich raffiniert zubereitet ist.

Wo isst man?

Restaurants, wie man sie aus Mitteleuropa kennt, sind in Norwegen außerhalb der Städte sehr selten. Es gibt meistens **Hotelrestaurants**. Jedes gute Fjord- oder Fjell-Hotel hat eine gute Küche und ein gepflegtes Restaurant, in das Sie auch einkehren können, ohne Hotelgast zu sein. Geradezu weltbekannt sind die reichhaltigen Abendbüfetts. Mittlerweile werden ähnliche Köstlichkeiten auch zum Frühstück aufgebaut.

Ansonsten isst der Norweger im **Kro**, einer Cafeteria, die vielerorts den Charme einer Bahnhofskneipe mit Selbstbedienung hat. Immerhin wird dort zumeist Hausmannskost zu reellen Preisen geboten. Für den Imbiss unterwegs reicht das allemal. Dafür tut's auch fast jede Bäckerei, die neben knusprigen Brötchen und leckerem Kuchen häufig „Kaffee satt" anbietet: Sie zahlen die erste Tasse Kaffee und können sich dann selber nachschenken, so viel Sie wollen. Der Kaffee allerdings ist meist dünn; italienische Kaffee-Kreationen sind eher selten.

Auf schmale Geldbeutel zielen auch die zahlreichen Pizzaketten ab, die in den letzten Jahren aus dem Boden schießen. Hier lohnen sich Sonderangebote, z. B. ein Pizzabüfett, an dem man sich für 115 NOK satt essen kann (Tipp: „Peppe's Pizza", Sonderangebote meist aber nur sonntags bis 17 Uhr). Und natürlich hat auch die Hamburger-Kultur mit ihrem international einförmigen Angebot, das auf eine ebenso internationale Fangemeinde bauen kann, Einzug gehalten in Norwegen.

Frisch und preiswert: norwegischer Lachs auf dem Bergener Fischmarkt

Wann isst man?

Hauptmahlzeit ist das warme Abendessen, das lustigerweise *middag* heißt und auch in Lokalen erst zwischen 17.30 Uhr und 21 Uhr serviert wird. Da gibt es regelmäßig drei bis vier reichhaltige Gänge, die häufig mit einem Kaffee abgeschlossen werden. Achten Sie auf *dagens rett* oder *meny*, das Tagesmenü – immer eine günstige Alternative.

Frokost heißt Frühstück und ist traditionell deftig. In Hotels und Wanderheimen hat sich das Frühstücksbüfett durchgesetzt (zwischen 7 und 10 Uhr), bei dem Sie besonders die leckeren Käsesorten, vor allem die vielfältige Ziegenkäseauswahl (s. u.), nicht verpassen sollten.

Selbst mittags zum Lunch zwischen 12 und 14 Uhr bauen Restaurants auf das Selbstbedienungsprinzip am Büfett. Allerdings ist das Angebot abwechslungsreicher als morgens: In der Regel gibt es zwei warme Gerichte, umrahmt von kalorienreichen Desserts und immer angereichert mit edlem Fisch – Lachs und Krabben fehlen selten.

Was isst man?

Es gibt wenige Ecken in der Welt, wo Sie Fisch und Meeresfrüchte frischer als in Norwegen genießen können, und das nicht nur an der Küste. Die Bedeutung, die der Fisch für Norwegen hat, macht ein Sprichwort deutlich: *Ingen fisk, ingen folk – kein Fisch, kein Volk.*

Auch wenn **Lachs** (*laks*) längst nicht immer wild gefangen wird – der aus den Fischfarmen ist ebenso frisch und lecker, gleichgültig, ob geräuchert, gekocht (dann traditionell mit Fladenbrot, Sauerrahm und Gurkensalat), als Steak oder als *graved laks* (in Dill mariniert).

Preiswerter, doch nicht minder lecker sind **Seeforelle** (*sjøørret*), **Heilbutt** (*hellefisk*) und gekochter **Dorsch**, der mit gekochten Möhren, zerlassener Petersilienbutter und Kartoffeln geradezu ein Festessen ist. Aber auch mit Leber werden Sie Dorsch häufig äußerst wohlschmeckend zubereitet finden. In Zeiten leer gefischter Fanggründe greift der gute norwegische Koch aber auch immer häufiger zu seltenen, bislang verschmähten Fischarten:

Seeteufel (*breiflabb*) und **Grönlandhai** (*håkjerring*) sollten Sie auf jeden Fall kosten. Nicht jedermanns Geschmack hingegen ist *lutefisk*, in Lauge geweichter **Stockfisch**, der in Norwegen als typisches Weihnachtsessen gilt: Der auf großen Holzgestellen unter freiem Himmel getrocknete Fisch (meist Kabeljau, seltener Dorsch) wird enthäutet in einer Lauge aus Wasser und Birkenasche tagelang eingeweicht und schließlich mit Kohlrabi oder Erbsenpüree serviert.

Lachs – wild oder gemästet

Zwei Lachsarten, den pazifischen *Onchorhychus* und den atlantischen *Salmo salar*, gibt es in Mittel- und Nordeuropa zu essen, wobei 80 % auf Salmo und da wiederum 80 % auf gemästeten Fisch aus Fischfarmen in Norwegen und Schottland entfallen. Das Fleisch des frischen Lachses, den man nur im Spätsommer bekommt, ist fettärmer, eiweißreicher und stärker rot gefärbt als das des Zuchtlachses, der nicht mehr wandert und deshalb weniger durchblutetes Muskelgewebe aufweist. Auf Fischfarmen werden der Nahrung darum Medikamente und Vitamine, aber auch Farbstoffe beigemengt, die jedoch ungefährlich und flott abbaubar sein sollen. Die häufig als Lachs angebotene Lachsforelle heißt korrekt Meerforelle und hat mit Salmo ebenso wenig zu tun wie der Seelachs – der heißt eigentlich Köhler und ist dem Dorsch verwandt.

Während *lutefisk* längst nicht überall zu haben ist, finden Sie *fiskeboller*, also **Fischfrikadellen**, auf der Speisekarte jeder noch so kleinen Cafeteria. Und natürlich *sild*, **Hering**, der als süßsaure Vorspeise selbst zum Frühstück üblich ist wie der auch bei uns bekannte Krabbencocktail. Beide Spezialitäten, in Gläsern abgepackt und in jedem Supermarkt erhältlich, eignen sich hervorragend als Mitbringsel.

In und um Bergen dürfen Sie sich die dort traditionelle **Fischsuppe** mit Garneleneinlage nicht entgehen lassen; die beste Fischsuppe allerdings gibt es bei „Tante Molla" in Stavanger.

Doch nicht nur an der See gibt es frischen Fisch in diesem seenreichen Land: **Forelle** (*ørret*), **Barsch** (*abbor*) und **Hecht** (*gjedd*) werden überall im Landesinneren angeboten. Gleichwohl bevorzugt man dort Fleischgerichte: **Elchbraten** und **Schneehuhn** (*rype*) zum Beispiel, vor allem aber den norwegischen Ausnahmebraten aus Rentierfleisch (*reinsdyr*), stets mit Preiselbeeren angerichtet – sehr lecker, sehr teuer und sehr selten.

Häufiger und preiswerter bekommen Sie *får-i-kål*, **Lamm in Kohl**. Dazu gibt es, wie bei fast allen Speisen, Kartoffeln, beherrschende „Sättigungsbeilage" in Norwegen. So auch zu **Hammelfleisch**, *pinnekjøt* – eigentlich eine gedämpfte Hammelrippe, zu der Kohlrabi gegessen wird. Und natürlich zu *kjøttkaker*, das sind **Hackbällchen** mit dunkler Soße und Rotkohl, eines der häufigsten Gerichte in der traditionellen Küche.

Einfach köstlich sind die **Süßspeisen**. Neben der Kalorienbombe *rømmegrøt* (s. Kasten) essen die Norweger sehr gerne Waffeln, die in jedem Kro backfrisch und meist preiswert angeboten werden.

Nicht vergessen darf man natürlich die einzige, die wahre norwegische Spezialität: *moltecrème*. Die rotgelben, mit der Brombeere verwandten Moltebeeren werden im Spätherbst gepflückt und sind frisch besonders köstlich. Meist isst man sie mit Schlagsahne (*molter med fløte*), manchmal auch mit Vanilleeis. Dieses Dessert ist einfach ein Traum. Es gibt sie auch als Marmelade, mithin als Mitbringsel nicht zu verachten, in besseren Supermärkten.

Rømmegrøt – Eine Grütze macht Geschichte

Fast schon ein Stück norwegische Literatur: In jedem Roman von Hamsun oder Undset wird dem Reisenden *rømmegrøt* gereicht. Die Begrüßungsspeise, die auf keiner Bauernhochzeit fehlt, ist auch heute noch in jedem Landhaushalt vorrätig.

Im Eisentopf wird saure Sahne (*rømme*) gekocht und Mehl eingerührt, bis sich das Butterfett absetzt; die flüssige Butter wird abgeschöpft und Mehl und Milch zusätzlich eingerührt; mit Holzschüsseln schöpft ein jeder die Grütze aus dem Bottich, um sie – kalt oder warm, mit Zimt oder Zucker bestreut, immer aber mit der zuvor abgeschöpften Butter übergossen – schlürfend zu genießen.

Rømmegrøt: saure Grütze als Nationalgericht

Hier nun das Rezept für diese einfache Köstlichkeit. Als Zutaten brauchen Sie 0,5 l *rømme* (in jedem norwegischen Supermarkt zu bekommen), 0,5 l Milch, 150 g Weizenmehl und einen halben TL Salz.

Rømme fünf Minuten kochen lassen, dann die Hälfte des Mehls einrühren und solange aufkochen, bis sich Fett absondert. Das geschmolzene Fett abschöpfen und warm stellen. Salz und restliches Mehl zugeben, gegebenenfalls mit ein wenig Milch geschmeidig rühren. Alles unter ständigem Rühren erneut fünf Minuten aufkochen. Mit Zimt und/oder Zucker, aber auch mit Marmelade servieren, nie jedoch das flüssige Fett, das erst ganz zum Schluss über die Grütze gegossen wird, vergessen.

Nicht zu übersehen sind auch die verschiedenen **Käsesorten**: Wann immer Sie auf den unvermeidlichen Büfetts etwas Braunes entdecken, meist als Würfel, selten auch geschnitten: zugreifen. Das ist *geitost*, ein karamellisierter Ziegenkäse, köstlich, wenn auch unter Umständen etwas gewöhnungsbedürftig. Aber auch *Hardanger*, ein handgepresster, herber Ziegenkäse, oder *Ridder*, ein milder Butterkäse, werden Käsefreunde erfreuen.

Was trinkt man?

Norweger schlagen sogar die Niederländer im Kaffeekonsum. Immer und überall gibt es – für unseren Geschmack viel zu dünnen – Kaffee, natürlich auch zum Abschluss des Essens. Und auch dabei wird grenzenlos nachgefüllt. Alkoholische Getränke sind teuer und selten (vgl. „Alkohol“, S. 78). Norwegisches **Bier** ist jedoch besser als sein Ruf – zumindest wenn es nicht gezapft wird, sondern aus der Flasche kommt, wie z. B. das in Bergen gebraute *Hansa-Bier*.

Feiertage

Der 17. Mai ist der **norwegische Nationalfeiertag**. Am 17. Mai 1814 wurde die Verfassung verabschiedet. Dieser Tag wird mit Umzügen, Flaggenparaden und Kinderfesten begangen. Häufig feiern Abiturienten an diesem Tag auch ihre Abschlussfeier. Es ist der einzige norwegentypische Feiertag; alle anderen arbeitsfreien Tage sind auch in den protestantischen Teilen Mitteleuropas üblich.

Für Ihre Ferienplanung sind folgende Daten wichtig: **Schulferien** sind immer von Mitte Juni bis Mitte August.; in diese Zeit fallen häufig auch die **Betriebsferien** einiger Großbetriebe. Überdies haben Schulkinder nur noch zweimal Kurzferien: eine Woche im Februar und in der Zeit zwischen Palmsonntag und Osterdienstag.

Landesweite Feiertage

1. Januar (Neujahrstag), Gründonnerstag, Karfreitag, Ostermontag, 1. Mai (Tag der Arbeit), 17. Mai (Nationalfeiertag), Christi Himmelfahrt, Pfingstmontag, 1. und 2. Weihnachtsfeiertag.

Feste und Festivals

Über die landesweiten Feiertage hinaus begeht man natürlich auch gerne regionale Feste: Stadtjubiläen, das Mittsommerfest am 21. Juni (in Vestfold z. B. sind dann alle Geschäfte geschlossen) oder religiöse Gedenktage wie etwa den an den heiligen Olav, der am 29. Juli in Trøndelag mit historischen Aufführungen gefeiert wird.

Es gibt eine Unzahl von Festen, und Jahr für Jahr gibt es neue Anlässe für neue Festivals – Sie sollten sich die Frage nach Veranstaltungen in jedem örtlichen Touristenbüro angewöhnen. Hier eine Aufstellung der größten und ständigen Veranstaltungen:

Januar: Mit einem **Nordlichtfestival** feiern die Einwohner von Tromsø das Ende der 24-stündigen Finsternis. Von Ende November bis Ende Januar (mit Schwerpunkt in den letzten Tagen) wird mit Theater, Konzerten und Ausstellungen die Sonne begrüßt.

März: Die **Holmenkollen-Skispiele** in Oslo sind nicht nur ein Pflichttermin für die Weltelite der nordischen Skisportler, sondern werden auch von einer Vielzahl kultureller Veranstaltungen umrahmt. Sie finden immer in der dritten Märzwoche statt.
Nur für eingefleischte Fans dürfte das **Nordische Filmfestival** Mitte des Monats in Kristiansand besuchenswert sein. Und auch das **Finnmark-Rennen**, Europas längstes Schlittenhunderennen, das immer Mitte März in Alta ausgetragen wird, zieht höchstens Husky-Freunde an.
Der **Internationale Frauentag** am 8. März wird in Norwegen übrigens in allen Städten traditionell ausgiebig gefeiert.

Ostern: Die Samen feiern in Karasjok über Ostern immer irgendeine Hochzeit, veranstalten Rentierrennen, Theaterfestivals und Ausstellungen. Wer mehr über die Ureinwohner erfahren möchte und die üblichen Touristenshows leid ist, kommt bei diesem Festival hoch oben im Norden auf seine Kosten.

April: Das **Internationale Jazz-Festival** von Vossa Anfang April ist interessant für Kenner der auch international zu Recht geachteten norwegischen Jazz-Szene.

Mai: Neben dem selbstverständlicher als bei uns gefeierten 1. Mai und dem Nationalfeiertag am 17. Mai, der vor dem Osloer Schloss besonders farbenprächtig gefeiert wird, ragt das **Internationale Musik-Festival** in Bergen heraus. 14 Tage lang gibt es bis Anfang Juni zahllose Termine: Theater, Ballett und Konzerte vom Feinsten – Experten vergessen die Vorbestellung nicht.
Für Marathon-Läuferinnen ist der **Grethe-Waitz-Lauf** in Oslo interessant.

Juni: Zunächst zwei Tipps für exquisite Sportarten: Golfer treffen sich in Trondheim zum **Mitternachtsturnier** und Segler zur **Fårder-Seilas** im Oslofjord. Kulturbeflissene zieht es einmal mehr zur Olympiaschanze von Oslo, unter der während des **Sommerfestivals** bis Anfang August klassische Open-Air-Konzerte aufgeführt werden.
Regelmäßig mittwochs und sonntags trifft sich von Ende Juni bis Anfang August die **Grieg-Fangemeinde** am ehemaligen Wohnort des größten norwegischen Komponisten in Troldhaugen im Süden Bergens zu lauschigen Konzerten.
Eher folkloristisch Interessierte zieht es nach Honningsvåg zum **Nordkapfest** oder nach Harstad zum **Sommerfestival**.

Juli: Jazz internationaler Klasse kann man Anfang Juli in Kongsberg und Ende des Monats in Molde hören. Ganz andere Klänge wehen durch die Hallen des Utstein-Klosters unweit Stavangers: **Kirchenmusik-Konzerte** bis Mitte August stehen auf dem Programm.

Petrijünger zieht es nach Andenes auf die Vesterålen zum **Seefischerfest**: Hier gibt es Volkstümliches à la Norge. Oder zum **Måsøy-Festival** in die Finnmark, wo es bei einem Fischerwettbewerb gar um Weltmeisterehren geht.

August: Zwar wird in Haugesund während der **Filmfestspiele** der Amanda-Preis (Norwegens „Oscar") verliehen, doch im August ist Oslo Kulturhauptstadt: Im Dom gibt's Blues, Jazz in zahllosen Cafés, Kammermusik in der Schlosskirche. Das **Oslo-Festival** dürfen Sie nicht versäumen, wenn Sie just in der Gegend sind.
Im Freilichttheater von Golåvatnet unweit von Lillehammer werden an drei Tagen Anfang August die auch für Ausländer sehenswerten **Peer-Gynt-Spiele** aufgeführt.

September: Wie gemacht für Touristen ist der **Viehmarkt** von Seljord in Telemark. Da kann, wer will, Tiere anschauen, bei Volkstänzen mittanzen oder beim Fest mitfeiern.

Dezember: Immer am 10.12. wird der **Friedensnobelpreis** in der Universität zu Oslo feierlich überreicht; der Preisträger wird im **Osloer Nobel-Institut**, einer schmucken Villa gleich hinter dem Osloer Schloss, schon im Oktober ausgewählt.

Frauen

Norwegens Frauen sind in Sachen Emanzipation unzweifelhaft weiter als Frauen im übrigen Europa; vor allem begannen sie früher als andernorts, um ihre Rechte zu kämpfen. Schon Mitte des 19. Jh. gab es eigene Frauenorganisationen (*Norwegischer Frauenrechtsverein*) und politische Frauenzeitschriften (z. B. *Neuland*), 1889 organisierten Arbeiterinnen einer Osloer Zündholzfabrik den weltweit ersten Frauenstreik, und bereits 1913 erstritten sie ihr Wahlrecht (nur Neuseeländerinnen und Finninnen waren weltweit schneller, in Deutschland war es erst 1919 so weit). Nicht zuletzt war es die norwegische *Nora* von Henrik Ibsen (vgl. „Kultur", S. 96), die als eine der ersten Streiterinnen für Gleichberechtigung in der neuzeitlichen Literatur während des letzten Jahrhunderts für Aufruhr in den Theatersälen überall in Europa sorgte.

Norwegische Frauen: stark, emanzipiert und selbstbewusst

Bis auf den heutigen Tag sind Norwegerinnen früher und länger erwerbstätig als Frauen anderswo: Knapp die Hälfte aller Erwerbstätigen in Norwegen sind heute Frauen; über 70 % aller erwachsenen Frauen befinden sich im Berufsleben; Teilzeitbeschäftigung (42 % unter Frauen und immerhin 18 % unter Männern) ist weiter verbreitet als in Deutschland.

Schon mit Beginn der Industrialisierung standen Frauen neben Männern an der Werkbank (was u. a. mit der Auswanderungswelle junger Arbeiter zu tun hatte) und wurden Mitglieder in der Sozialdemokratischer Partei bzw. in der Gewerkschaft. Beide Organisationen mussten sich viel früher als in anderen europäischen Ländern um ihre weiblichen Mitglieder kümmern, mussten für Gleichbehandlung am Arbeitsplatz sorgen.

„Dennoch", so musste Ministerin *Sissel Rønbeck* beim 100-jährigen Jubiläum der Arbeiterpartei beklagen, „sind Frauen im Berufsleben noch immer benachteiligt." So arbeitet die Mehrzahl der Frauen in Niedriglohngruppen, und auch bei vergleichbarer Tätigkeit liegt ihr Durchschnittsverdienst deutlich unter dem der Männer.

Zwar gilt seit 1978 (!) das Selbstbestimmungsrecht der Frau beim Schwangerschaftsabbruch, zwar gibt es Quotenregelungen mittlerweile in allen Parteien und öffentlichen Institutionen (43 % der 165 Storting-Abgeordneten sind Frauen), zwar arbeiten Gleichstellungsbeauftragte in allen Ämtern und vielen

Unternehmen, zwar ist die *Ombudsstelle*, ein staatliches Gremium für Frauenfragen, derart erfolgreich, dass aus „Gründen der Gleichbehandlung" Männerfragen seit einiger Zeit von einem eigenen Parlamentsausschuss behandelt werden – doch ungeachtet solcher Fortschritte boomt derzeit die Frauenbewegung. Die Themen sind die gleichen wie hierzulande: sexuelle Belästigung am Arbeitsplatz, Gewalt gegen Frauen in der Familie, Aktionen gegen Pornographie. Auch für die Norwegerinnen bleibt also noch viel zu tun ...

Wer mehr darüber wissen will, kann sich bei einer der 25 Frauenorganisationen oder den sechs politischen Frauenzeitungen und -radiosendern genauer informieren. Hier die wichtigsten Namen und Adressen:

Akks Femirock, 0164 Oslo, Pilestredet 30, ✆ 22205011.

Radiorakel, ✆ 22426560.

Norske Kvinners Nasjonalråd, 0160 Oslo, Fr. Nansenplass, ✆ 22426245.

Kvinnekaféen ist das Kulturzentrum für Frauen in Oslo (Zutritt nur für Frauen), Sannergate 11.

Karriere per Gesetz

Norwegens Regierung will den Frauenanteil in Chefetagen auf mindestens 40 Prozent steigern. Widerspenstige Firmen müssen bei Nichtbefolgen einer gesetzlichen Regelung Sanktionen befürchten. Im schlimmsten Fall drohe eine Auflösung solcher Unternehmen durch die Behörden, sagte die Gleichberechtigungsministerin Karita Bekkemellem. Betroffen von der Regelung seien etwa 500 Aktiengesellschaften, in denen Frauen in den Vorständen bislang deutlich unterrepräsentiert seien. Ab dem 1. Januar 2008 haben die Firmen maximal zwei Jahre Zeit, dies zu ändern.

Freiluftmuseen

Jede Provinz, fast jedes Tal hat eins: *Friluft-*, *Bygde-* oder *Folkemuseum* heißen die landschaftlich reizvollen Anlagen, in denen Bauernhöfe oder Katen der letzten zwei-, dreihundert Jahre wieder aufgebaut sind. Selbst wen solche Ausflüge in die Vergangenheit nicht interessieren (tatsächlich sind Besuche im Folkemuseum auf der Bygdøy-Insel in Oslo und der Lillehammer-Anlage Maihaugen ausreichend, um Leben und Wohnen im vergangenen Norwegen zu erahnen), so eignet sich doch jedes dieser Museen für ein Picknick oder für eine Rast während einer langen Autofahrt. Näheres finden Sie jeweils in den Landschaftsbeschreibungen.

Gewerkschaften

Die beinahe 30 Einzelgewerkschaften, von denen die ältesten vor 130 Jahren gegründet wurden, sind nach Berufsgruppen organisiert und im Gewerkschafts-Dachverband (LO) zusammengeschlossen. Die knapp 600.000 Mitglieder – fast 25 % der Beschäftigten sind organisiert – gehören zu den streikfreudigsten der Welt: Norwegens Volkswirtschaft muss mit den weltweit viertmeisten Streiktagen leben. Tarifkonflikte werden dennoch zumeist auf dem Verhandlungswege zwischen Gewerkschaften und der Arbeitgebervereinigung

Tourist-Information: nicht immer luxuriös

NAF gelöst; das Recht auf Streik und Aussperrung ist gesetzlich fixiert, der Staat hat jedoch die Möglichkeit, längere Arbeitskämpfe per Gerichtsbeschluss abzukürzen – so das letzte Mal 2004, als per Regierungsdekret ein Streik der Arbeiter auf den Bohrinseln ausgesetzt wurde.

Handy

In Norwegen, dem handyfreundlichsten Land Europas (5,2 Mio. Mobiltelefone bei 4,8 Mio. Einwohnern), können die Systeme GSM 900, GSM 1800 und NMT genutzt werden. Operateure sind www.netcom.no und www.telenor.no. Dennoch gibt es in tief eingeschnittenen Fjordtälern oder im Gebirge viele Funklöcher – auf eine allzeitige Netzverfügbarkeit können Sie sich nicht allerorten verlassen.

Haustiere

Die Regeln zur Einfuhr von Haustieren sind sehr kompliziert. Die aktuellen Bestimmungen mitsamt der notwendigen Unterlagen erhalten Sie gegen 1,50 € in Briefmarken bei der Norwegischen Botschaft in Berlin (S. 84). Es wird Ihnen dann ein achtseitiges Infoblatt zugeschickt, das Sie über Vorsorgemaßnahmen, wie Tollwutimpfung, einzuschickende Blutprobe und Identitätstätowierung des Tieres, sowie die Kosten (mindestens 60 €) informiert.

Information

Als Tourist sind Sie in Norwegen allzeit umsorgt – auch mit Informationen. Kaum ein Dorf ohne Touristenbüro, keine Stadt mit nicht gleich mehreren Einrichtungen. Sie heißen *Turistinformasjon* oder *Turist-Kontor* und sind an dem international üblichen Logo „i“, weiß auf grünem Grund, zu erkennen (überall wird englisch, fast überall deutsch gesprochen). Und alle verschenken unzählige Hochglanzbroschüren mit hochkarätigen, verlässlichen Hinweisen. In den jeweiligen Landschaftsbeschreibungen wird eigens auf die Touristeninformationen hingewiesen.

Zudem finden Norwegen-Reisende an jeder Gemeindegrenze längs der Fernstraße große Infotafeln, die illustrativ über alles Wissenswerte informieren – von Sehenswürdigkeiten bis zur Übernachtungsmöglichkeit.

Internet

Hilfreiche Informationen über Land und Leute, Fähren, Flieger und vieles mehr liefern z. B. diese Internet-Portale: Internetseite der staatlichen norwegischen Touristen-Information: www.visitnorway.com; Norwegische Botschaft in Deutschland: www.norwegen.org, in der Schweiz: www.amb-norwegen.ch, in Österreich: www.norway.at; Informationen zum Skilaufen: www.skiinfo.no; Norwegischer Automobilverband (NAF): www.naf.no (nur englisch); Infos zu Nationalparks: www.naturforvaltning.no; Informationen zum Wandern und zu Jugendherbergen: www.turistforeningen.no und www.vandrerhjem.no; Informationen für Körperbehinderte: www.nhf.no (nur englisch); und nur eine, aber feine von unzähligen privaten Norwegen-Portalen: www.trollbarna.de.

Kinder

Kaum ein Volk ist kinderfreundlicher. Das macht sich bis in die Ausstattung von Hotels, Campingplätzen, Lokalen, Banken (!) und Zügen bemerkbar, die fast alle mit Wickelmöglichkeiten und Spielecken ausgerüstet sind. Ferienhausanbieter werben mit „kinderfreundlicher Atmosphäre", was neben der entdeckenswerten Natur meist auch von Menschenhand geschaffene Spielmöglichkeiten meint. Abenteuerparks bieten jeder Altersgruppe etwas, Museen offerieren Führungen eigens für Jugendliche, in Hotels wohnen Kinder unter 16 Jahren im Zimmer der Eltern gratis (Extrabett), und bei der Bahn, deren Züge häufig eigene Spielabteile mitführen, zahlen Kids bis vier Jahre nichts und bis 16 Jahre nur die Hälfte des normalen Fahrpreises.

Stets Hauptperson: Kinder in Norwegen

Kino

Filme sind nicht synchronisiert, sodass sich nur für leidlich Sprachbegabte auch ein Kinobesuch lohnt. Deutsche Filmerzeugnisse sind zudem selten. Kinos gibt es in jedem Dorf, internationale Filme oberhalb des Sex- und Action-Niveaus finden sich allerdings nur in Kinopalästen der Großstädte (120–150 NOK Eintritt) oder Filmclubs, die jedoch auch Nichtmitgliedern offen stehen.

Kleidung

Es gilt der Spruch: Es gibt kein schlechtes Wetter, nur falsche Kleidung. Was dem Norwegenbesucher einige Vorsorge abverlangt. Auch in das Sommerurlaubsgepäck gehören darum Regenjacke (am besten aus Goretex), Pulli, dicke Socken und feste Schuhe. Ein kleiner Rucksack ist überdies ebenso zu empfehlen wie eine Kopfbedeckung, vielleicht ein Baumwolltuch, das auch als Halsschutz gegen die steife Brise genutzt werden kann. Was Sie hingegen getrost vergessen können: Regenschirm (der Wind würde ihn umblasen), Brustbeutel (die Diebe sind nicht so rührig wie in südlichen Gefilden) und Sandalen (die Sonne scheint tatsächlich seltener).

Kultur

Ibsen, Hamsun, Grieg, vielleicht noch Munch und Vigeland – für bundesdeutsche Bildungsbürger ist Norwegens Kulturlandschaft damit abgehandelt. Doch dieses kleine Volk am Polarkreis hat Europas Kulturszene seit 150 Jahren auf- und angeregt. Und tut es bis auf den heutigen Tag. Aber manchmal merken wir Mitteleuropäer es nicht einmal ...

Literatur

„Und ewig singen die Wälder" – dieser Schmachtschinken von *Trygve Gulbranssen*, als deutsches Heimatspiel in den 50er Jahren mit Gerd Fröbe gar verfilmt, hat nach dem Zweiten Weltkrieg unser Bild von Norwegens Autoren vernebelt.

Doch da gibt es weit mehr und weit Anspruchsvolleres an zeitgenössischer Literatur aus dem Norden: *Gunnar Staalesen* („Im Dunkeln sind alle Wölfe grau") und *Jon Michelet* („Der Gürtel des Orion"), aber auch *Edvard Hoem* („Fährfahrten der Liebe") und *Herbjørg Wassmo* („Der stumme Raum" und die „Dina"-Trilogie) sind Autoren mit stolzen Auflagen auch in Deutschland. Ganz zu schweigen von *Jostein Gaarder* und *Fosnes Hansen*, die westeuropäische Bestsellerlisten stürmen, nachdem sie schon Jahre zuvor in Norwegen ungemein populär waren.

Die Lesenation Norwegen – jeder liest, statistisch verkürzt, sechs Bücher jährlich und zwei Zeitungen täglich – fördert ihre Autoren, die Verlage und den Buchhandel wie kaum ein anderes Land. Hier ist die Schriftstellerei ein Teil nationaler Selbstbehauptung; Autoren, aber auch andere Künstler werden verehrt, und das ganz ohne den Personenkult, den die Boulevardpresse bei uns teilweise zelebriert.

Nicht zufällig ist die „große norwegische Literatur" vor 150 Jahren entstanden – parallel zur nationalen Neuerung. Der erste moderne norwegische Roman, *Camilla Colletts* „Die Amtmanns-Töchter", erschien 1854. Zwar gab es schon tausend Jahre vorher die Edda (Götter- und Heldensagen), die Skalden- (höfische Auftragsdichtung, vorrangig Preisgedichte, Liebesdichtung usw.) und eine umfangreiche Märchendichtung; zwar begründete *Henrik Wergeland* (1808–1845) eine norwegische Nationalliteratur (und gestaltete nebenbei die Nationalflagge), doch den weltweiten Durchbruch schafften norwegische Dichter erst in der zweiten Hälfte des 19. Jh. Die „großen Vier", *Ibsen, Kieland, Bjørnson* und *Lie*, verhalfen zwischen 1870 und 1890 der norwegische Literatur zur Weltgeltung.

Allen voran *Henrik Ibsen* (1828–1906), der sehr zum Ärger seiner Landsleute nie den Literaturnobelpreis bekam. Als Dramatiker war er in Deutschland, wo er viele Jahre lebte, lange Zeit angesehener als in seiner Heimat: Mit „Stützen der Gesellschaft", „Peer Gynt" und „Hedda Gabler" gelang ihm ein Plädoyer

Eisiges Vergnügen: Gletscherwandern am Jostedalbreen (mz) ▲▲
Telemark: Land der Loipen und Legenden (hpk) ▲

▲▲ Hemsedal: Alpinvergnügen in »Norwegens Alpen« (hpk)
▲ Radwanderer-Rast auf Tjøme (hpk)

Paraglider-Perspektive über dem Sørfjord (hpk) ▲

▲▲ Organisiertes Abenteuer: Rafting in der Otra (hpk)
▲ Moore, Moränen und Menschenmassen: Wanderung zum Preikestolen (hpk)

für den Befreiungskampf des Individuums gegen die bürgerliche Gesellschaft. Der noch heute häufig gespielte Ibsen gilt zu Recht auch als Vorkämpfer der Frauenemanzipation: Mit „Et Dukkehjem" („Nora oder Ein Puppenheim") trat er als einer der ersten Autoren der neueren Weltliteratur für die Selbständigkeit der Frau ein.

Der nationalbewusste (um nicht zu sagen: nationalistische) *Bjørnsterne Bjørnson* (1832–1910) war bei seinen heimischen Zeitgenossen viel anerkannter als Ibsen. Der Verfasser der norwegischen Nationalhymne und der „Bauerngeschichten", der lange Zeit als gesellschaftskritischer Journalist und Theaterleiter arbeitete, war Vorkämpfer für die Loslösung von Schweden und erhielt 1903 als erster norwegischer Dichter den Literaturnobelpreis.

Als politischer Dichter muss auch *Jonas Lie* (1833–1908) gelten, der hierzulande Unbekannteste unter den „großen Vier". Vor allem in seinen späten Romanen „Lebenslänglich" und „Eine Ehe" beschreibt er realistisch das Proletarierschicksal im Norwegen des 19. Jh.

Sechsmal Ibsen: der Dichter im Museum Skien

Alexander Kielland (1849–1906) hingegen hatte immer ein großes Publikum im deutschsprachigen Raum. Noch heute ist eine vierbändige Werkausgabe auf dem Markt. In seinen bissigen Novellen und Romanen (die bekanntesten sind „Arbeiter" und „Schiffer Worse") geißelt er das Großbürgertum, aus dem er selber stammte.

So bemerkenswert die Versuche dieser Dichter auch waren, der Frau in der damaligen Gesellschaft zu mehr Anerkennung zu verhelfen, so lag naturgemäß den Schriftstellerinnen diese Problematik näher. *Camilla Collett* (1813–1895), die Schwester Henrik Wergelands, *Amalie Skram* (1846–1905) und *Magdalena Thoresen,* die Schwiegermutter Ibsens, erregten mit ihren frühen Veröffentlichungen regelrechte Skandale.

Von *Sigrid Undset* (1882–1949), die 1928 den Nobelpreis erhielt, kann man das nicht mehr sagen: Die Neorealistin war mit ihrer Monumentalliteratur („Kristin Lavransdatter", erst 1995 unter der Regie von Liv Ullmann verfilmt und auch in Deutschland gezeigt) ebenso erfolgreich wie mit ihren Zeitromanen (z. B. „Jenny").

Der umstrittenste norwegische Autor aber ist zweifellos *Knut Hamsun* (1859–1952). Der als Knud Pedersen geborene Nobelpreisträger gilt als der herausragende Vertreter der Neuromantik in Norwegen: Jetzt war nicht mehr Gesellschaftskritik gefragt, sondern Individualismus bis hin zur Naturmystik. In „Sult" („Hunger"), seinem ersten Roman, klingen zwar noch soziale Themen an, aber die psychologische Ebene gewinnt (stärker noch in „Segen der Erde") bereits die Oberhand. Sein radikaler Individualismus und seine Demokratiefeindlichkeit bringen Hamsun bald in die Nähe zum Nationalsozialismus.

Mit Schmähschriften gegen *Carl von Ossietzky*, der im KZ den Friedensnobelpreis erhielt, und Jubelartikeln an die Adresse der Nazis bekennt Hamsun sich erstmals politisch. Diese Parteinahme setzt sich zur Zeit der deutschen Besetzung fort: Noch einen Tag nach Hitlers Selbstmord veröffentlicht der norwegische Dichter eine Huldigung an den Diktator.

1947 rechnen seine Landsleute mit Hamsun ab: Die Staatsanwaltschaft verzichtet zwar auf eine Anklage gegen den 88-Jährigen, stellt ihn aber unter Hausarrest, zieht sein beträchtliches Vermögen ein und erwirkt eine psychiatrische Untersuchung. Wohl auch, um den „anderen Hamsun" als norwegischen Klassiker zu retten. Erst 1950 durfte Hamsun in sein Haus Nørholm bei Grimstad zurückkehren, wo er zwei Jahre später starb.

In den 50er und 60er Jahren waren Norwegens Autoren zwar fleißig, mit wenigen Ausnahmen aber kaum international erfolgreich. Eine dieser Ausnahmen ist *Johan Borgen* (1902–1979), dessen „Lillelord"-Trilogie auch heute noch in Deutschland zu haben ist. Zumindest in ganz Skandinavien sehr erfolgreich war auch der Dramatiker und Essayist *Jens Børneboe* (1920–1976).

Die Politisierung der späten 60er Jahre verhalf der Literaturszene zu neuen Impulsen. Um die Zeitschrift „Profil" scharten sich junge Autoren, die bis auf den heutigen Tag auch über Norwegens Grenzen beachtet werden: *Dag Solstad, Edvard Hoem* und *Jan Erik Vold.*

Auch die Frauenliteratur begann sich wieder zu regen: *Herbjørg Wassmo, Cecille Løveid* und *Liv Køltzow* sind die herausragenden Vertreterinnen dieser feministischen Strömung. Lange Zeit allerdings schienen sich Norwegens Literaten, zumindest die erfolgreichen, auf anspruchsvolle Unterhaltung zu verlegen: Die Krimis von *Gunnar Staalesen* und die häufig futuristischen Abenteuerromane von *Jon Michelet* fanden in mitteleuropäischen Buchläden treue, wenn auch nicht allzu zahlreiche Leser.

Das änderte sich um 1990 schlagartig: Seitdem belegen skandinavische Autoren, allen voran norwegische Schriftsteller, unangefochten die Spitzenplätze auf bundesdeutschen Bestsellerlisten, und keiner weiß so recht, warum: Nach dem Welterfolg „Sofies Welt" von *Jostein Gaarder* und dem nicht minder erfolgreichen Wälzer „Das Kartengeheimnis" boomen Bücher und Autoren aus Norwegen. Auch *Eric Fosnes Hansen* hat mit „Choral am Ende der Reise" auf den Spuren von Shootingstar Gaarder den Typus des postmodernen Kultbuches geschaffen, der offensichtlich punktgenau den Zeitgeschmack trifft. Das darf auch der Dramatiker *Jon Fosse* von sich behaupten, den manche für den bedeutendsten europäischen Stückeschreiber („Die Nacht singt ihre Lieder" oder „Rot, Schwarz") der Gegenwart halten.

Bildende Kunst

Lähmendes Entsetzen in Norwegen, als im August 2004 Diebe am helllichten Tag das Munch-Museum in Oslo heimsuchten und zwei wertvolle Bilder mitnahmen. Bereits zehn Jahre früher, wenige Stunden vor Eröffnung der Olympischen Spiele in Lillehammer, wurde 1994 aus der Nationalgalerie in Oslo der größte Kunstschatz des Landes gestohlen – das Gemälde „Der Schrei" von *Edvard Munch.*

Das Bild entstand 1893 und ist für Kunstexperten das wegbereitende Werk für den Expressionismus. Zwar malte Munch mehrere Versionen des Bildes, die gestohlene aber gilt als beste, wichtigste und teuerste (geschätzter Wert: 54 Millionen Dollar, die Diebe allerdings forderten „nur" 1,7 Millionen als Lösegeld).

Schon 1988 übrigens wurde das Munch-Bild „Der Vampyr", ebenfalls auf mehrere Millionen taxiert, aus dem Osloer Munchmuseum entwendet und tauchte einige Jahre später unter ähnlich mysteriösen Umständen wieder auf. „Der Schrei" war schon drei Monate später, im Mai 1994, wieder da – über die Diebe, über etwaige Lösegeldzahlungen oder andere Hintergründe des Kunstraubs wurde nichts bekannt. Das war beim letzten Raub anders: Nach einem Jahr waren die Bilder, nur leicht beschädigt, wieder da, und nach zwei Jahren waren die sechs Räuber verurteilt.

Wohin mit den sündhaft wertvollen Munch-Bildern?

Die 1.100 Gemälde und 18.000 Grafiken, die Edvard Munch und seine Schwester der Stadt Oslo vermachten und die nun im Munch-Museum im Osloer Stadtteil Tøyen lagern, sind gegenwärtig zwanzig Milliarden Kronen wert, drei Milliarden Euro. Sie zu versichern brächte keinen Sinn, meint Museumsdirektor Sørensen: „Die jährlichen Prämien würden Hunderte Millionen Kronen kosten". Und wofür? Das Museum bekäme im Ernstfall zwar viel Geld. „Aber dafür kann ich keinen neuen ‚Schrei' malen lassen", sagt Sørensen. So blieb das Munch-Museum nach dem letzten Einbruch 2004 ein Jahr lang geschlossen; moderne Eingangsschleusen und Metalldetektoren wurden eingebaut, Überwachungssysteme installiert, die wertvollsten Bilder in Glasvitrinen untergebracht, weniger wertvolle an den Wänden festgebolzt. Langfristig aber ist geplant, das Munch-Museum nach „Vestbanen" an den Osloer Hafen zu verlegen, wo eine neue Bibliothek gebaut wird und wo auch Platz für ein zeitgemäßeres Museum wäre.

Edvard Munch (1863–1944) erfreute sich nicht immer solcher Wertschätzung. Seine erste Ausstellung 1892 in Berlin endete mit einem Skandal: Die Kunstakademie erwirkte die Schließung einer Schau von 52 Munch-Bildern und erklärte den Maler kurzerhand für geistesgestört, was Munch jedoch nicht daran hinderte, noch viele Monate in Berlin zu arbeiten. 1906 beispielsweise malte er die Bühnendekorationen für *Max Reinhardts* Inszenierung der „Gespenster" von Henrik Ibsen.

Der Melancholiker Munch, der von sich selber sagte, er zerlege Seelen in seinen Bildern, war ein zerrissener Mensch, ständig in psychiatrischer Behandlung, mit einem hoffnungslosen Verhältnis zu Frauen und ständigen Alkoholproblemen. Der Maler „mit dem tief schürfenden Blick für panische Weltangst" (*Oskar Kokoschka*) malte fast manisch wohl vor allem eigene Ängste. In seinem Nachlass vermachte der unermüdliche Arbeiter der Stadt Oslo ungefähr 1.000 Ölbilder, 15.000 Grafiken sowie 4.400 Aquarelle und Zeichnungen.

Die Vorliebe norwegischer Maler und Bildhauer für Deutschland kommt nicht von ungefähr: Erst Anfang des 20 Jh. bekam Norwegen seine erste Kunstschule in Oslo, sodass norwegische Künstler früher gezwungen waren, im Ausland, vornehmlich in Frankreich und Deutschland, zu studieren.

Johan Dahl (1788–1857) brachte es gar zum Professor in Dresden; seine Landschaftsbilder sind ganz wesentlich von Caspar David Friedrich beeinflusst. *Adolph Tidemand* (1814–1876) studierte wie *Hans Gude* (1825–1903) in Düsseldorf. Ihr Gemeinschaftswerk „Brautfahrt in Hardanger" ist in der Osloer Nationalgalerie ausgestellt.

Dort prunkt auch „Albertine im Warteraum der Polizeiwache", das bedeutendste Bild *Christian Kroghs* (1852–1925). Der Naturalist unter Norwegens Malern studierte in Karlsruhe und starb in Dänemark.

Der in Deutschland wohl bekannteste norwegische Maler ist *Olav Gulbransson* (1873–1958), der sich als Karikaturist im „Simplizissimus" einen Namen machte und zeitlebens – trotz heftiger Anfeindungen durch die Nazis – am Tegernsee wohnte.

In Oslo kommt man an *Gustav Vigeland* (1869–1943) nicht vorbei: Die Vigeland-Anlage ist das in Stein und Bronze gehauene Monument des unstreitig bedeutendsten norwegischen Bildhauers. Über 40 Jahre arbeitete Vigeland, dem der Magistrat von Oslo gegen das Recht auf seine Skulpturen den Lebensunterhalt bezahlte, an diesem nordischen Pantheon im Frognerpark: Von der „Mutter Norge", zu deren prallen Brüsten eine vielköpfige Kinderschar drängt, bis zum überkräftigen Vater, der seine Sprösslinge wie Postpakete unter den Arm klemmt, wird der Lebensbogen dieser Skulpturenlandschaft gespannt.

Wer sich vom Gigantismus dieser Anlage erschlagen fühlt, sollte im Süden des Frognerparks das Atelier des Künstlers besuchen, wo sich in Skizzen und Modellen ein viel feinsinnigerer Vigeland offenbahrt.

Musik

„Solveigs Lied" aus der Peer-Gynt-Suite tönt als Soundtrack mit, wann immer skandinavische Landschaft über Leinwand oder Bildschirm flimmert: Edvard Griegs bekanntestes Werk ist so etwas wie der Inbegriff nordischer Musik. *Edvard Grieg* (1843–1907) war neben dem jung verstorbenen *Rikard Nordraak* (1842–1866) der erste nordische Komponist, der sich von herkömmlichen Regeln der Harmonielehre löste und Einflüsse zeitgenössischer europäischer Musik mit norwegischer Volksmusik verband.

Das war übrigens weniger seinem musikalischen Genie zu verdanken als seiner Ausbildung in Leipzig, vor allem aber seiner Frau *Nina Grieg*, die als gefei-

Troldhaugen:
Hier komponierte Grieg

erte Sängerin und Pianistin modische Klänge aus Europas Konzertsälen heim nach Bergen brachte. Das erfolgreiche Musikerehepaar baute sich mit „Troldhaugen" einen Musentempel, der heute in einem südlichen Stadtteil Bergens als Museum und Konzertsaal zu bestaunen ist.

Neben Grieg verblassen andere norwegischen Komponisten wie *Ole Bull* (1810–1880), der eher als Violinenvirtuose bekannt wurde und dessen Sinfonien auch heute noch in Norwegen ebenso aufgeführt werden wie die von *Johan Svendsen* (1840–1911).

Fartein Valen (1887–1952) war Norwegens erster atonaler Komponist, der zwar mit einem Briefmarkenkonterfei geehrt wurde, aber ebenso umstritten blieb wie *Arne Northeim* (geb. 1932), mit dessen Klangexperimenten sich internationale Musikkritiker viel eher anfreunden können als die norwegischen Landsleute.

Das gilt übrigens auch für die **Jazz-Szene**, die im Ausland viel mehr als daheim gilt. Eine Vielzahl von Jazz-Festivals, mehr als 60 Jazz-Clubs mit über 15.000 Mitgliedern, die regelmäßig Konzerte organisieren, und verschiedene Musikervereinigungen, die selber Jazz-Aufnahmen publizieren, schaffen Arbeitsmöglichkeiten für renommierte Musiker wie den Saxophonisten *Jan Garbarek*, die Sängerin *Karin Krog* oder den Schlagzeuger *Jon Christensen* und garantieren jungen Musikern ein geregeltes Einkommen.

Darum brauchen sich die international erfolgreichen Rock- und Popgruppen nicht mehr zu sorgen: *Aha* natürlich und *Dance with a stranger* eroberten in den 80er Jahren die Hitparaden. Beflügelt von solchen weltweiten Erfolgen haben sich in den letzten Jahren zahlreiche Bands in Norwegen gefunden, von denen die Dialekt-Rockgruppen (z. B. *Åge Alek-Sandersen* und die samische Sängerin *Mari Persen*) zu Recht den meisten Zuspruch finden.

Medien

Fast alle großen deutschen Zeitungen und Zeitschriften bekommen Sie, zumindest in den Sommermonaten und in Südnorwegen, an fast allen Narvesen-Kiosken am Tag nach ihrem Erscheinen. In großstädtischen Tabakläden und Buchhandlungen, vor allem aber an Bahnhofs- und Flughafenständen, lassen sich mit Glück auch andere deutsche Medienerzeugnisse erstehen.

Kurznachrichten und den Wetterbericht in englischer Sprache finden Sie täglich auf den letzten Seiten der großen norwegischen Tageszeitungen.

Bergens Tidende, 1868 gegründet, ist Norwegens bekannteste Zeitung, die einzige, die auch international zitiert wird, *Aftenposten* die seriöseste, *VG* die auflagenstärkste. Aber das sind nur drei von über 180 selbstständigen Zeitungen, von denen etliche Lokalblätter staatlich subventioniert sind. Statistisch bezieht jeder norwegische Haushalt zwei Zeitungen. Mehr noch: Zeitunglesen ist Schulfach für Acht- bis Zehnjährige. Und die Lesesäle städtischer Kulturhäuser, in denen häufig internationale, auch deutsche Zeitungen ausliegen, sind immerzu überfüllt.

Über 50 Buchverlage veröffentlichen zwischen Kristiansand und Kirkenes. Auch hier lässt sich der Fiskus publizistische Vielfalt etwas kosten: Der Staat kauft von jeder belletristischen Neuerscheinung aus norwegischer Feder 1.000 Exemplare auf, um sie dann an Bibliotheken zu verteilen. Für die Verlage sind somit die Druckkosten halbwegs gesichert, und die Förderung unbekannter Autoren ist kein sonderliches Risiko mehr.
Zudem ist der Buchhandel gesetzlich verpflichtet, sämtliche norwegischen Neuerscheinungen auf Lager zu haben, was wiederum die Vertriebskosten für Verlage verringert und den Autoren ein Mindesthonorar sichert.

Zahlreiche Lokalradios senden rund um die Uhr. Doch im Fernsehbereich waren die Norweger lange hintenan, denn das öffentlich-rechtliche NRK flimmerte bis Anfang der 90er Jahre nur über einen Kanal in die norwegischen Wohnzimmer. Mittlerweile gibt es zwei staatliche und zwei kommerzielle Fernsehsender, und über Satellit bzw. Kabel sind sämtliche skandinavischen und eine Vielzahl mitteleuropäischer Programme (von MTV bis RTL) zu empfangen.

Museen

Über 500 Museen hat Norwegen mit seinen gut vier Millionen Einwohnern: Auch das ist ein Ausdruck des Nationalstolzes – alles wird gesammelt, aufbewahrt und stolz präsentiert. Nur wenige Sammlungen unterstehen nationaler Regie; Provinzen, Dörfer und erstaunlich viele Privatinitiativen organisieren die meisten Museen.
Das erklärt auch die zunächst erstaunlichen Unterschiede bei Eintrittspreisen und Öffnungszeiten; von 10 Kronen im „Wiederaufbau-Museum" in **Hammerfest** bis zu 75 Kronen im Freilichtmuseum „Maihaugen" in **Lillehammer** reicht die Preisskala. Die Öffnungszeiten variieren von nur donnerstags im Juli (z. B. das Pressemuseum in **Røros**) bis zu 12 Stunden täglich (Krigsminnemuseum in **Narvik**) und an 360 Tagen im Jahr (Norsk Folkemuseum in **Oslo**).

Nationalparks

25 Nationalparks gibt es auf dem norwegischen Festland und drei auf Spitzbergen, weitere 35 (!) stehen kurz vor der Eröffnung – 2010 dann werden 14 % des norwegischen Staatsgebiets unter Naturschutz stehen. In den meisten dieser Naturschutzgebiete sind markierte Wege, Rastplätze und Übernachtungsmöglichkeiten angelegt worden – zur Unterstützung für Wanderer, aber mehr noch zum Schutze der tatsächlich einzigartigen Natur dieser Parks. Eine Kurzbeschreibung der wichtigsten Nationalparks von Süden nach Norden (ausführliche Informationen unter: www.dirnat.no (derzeit nur auf norwegisch).

In nördlichen Nationalparks zu Hause: der Polarfuchs

- **Hardangervidda (3.422 qkm)**: Der größte und bekannteste Nationalpark im gleichnamigen Hochplateau, mit 7.500 qkm das größte Europas. Diese von Seen, Sümpfen sowie unzähligen Wasserläufen und Wasserfällen durchzogene Urlandschaft (norweg. *vidda* = Weite, Hochebene) ist das bevorzugte Wandergebiet Norwegens.
  35 Hütten mit über 1.000 Betten warten auf Touristen und Wintersportler, denen etliche Routen vorgezeichnet sind. Es gibt 28 verschiedene Säugetierarten, darunter gut 10.000 Rentiere, die so weit südlich sonst nicht auf freier Wildbahn zu bewundern sind; außerdem kann man über 100 Vogelarten bestaunen. Aus der Hochebene mit einem Durchschnittsniveau von 1.300 m ragen der Gletscher **Hardangerjøkulen** (1.876 m) und die Erhebungen **Hårteigen** (1.690 m) und **Storfjell** (1.484 m) heraus.
  Anfahrt Auf der E 134 von Oslo nach Bergen überall südlich zwischen Haugastøl und Eidfjord oder mit „Bergensbanen", in Finse aussteigen. Info-Zentrum: Hardangervidda Natursenter in Eidfjord (S. 383).

- **Jostedalsbreen (1.230 qkm)**: Der 80 km lange und damit größte Gletscher auf dem europäischen Festland liegt inmitten des Nationalparks zwischen **Sognefjord** und **Nordfjord**. Nur wenige Felsbrocken überragen die bis zu 500 m hohe Eisdecke, die ständig in Bewegung ist und Spalten aufreißt, was das Wandern in dieser ansonsten grandiosen Landschaft etwas erschwert.
  Anfahrt Auf der E 6 von Oslo via Lillehammer bis zum Abzweig auf die E15 nach Westen, die bei Grotli später nach Süden schwenkt. Info-Zentrum: Norsk Bremuseum in Fjærland (S. 286).

- **Jotunheimen (1.145 qkm)**: Das Herzstück des norwegischen Hochgebirges liegt wenige Kilometer östlich des Jostedalsbreen und wurde schon im vorigen Jahrhundert für den Tourismus erschlossen. Mehr als ein halbes Dutzend bewirtschaftete und 15 unbewirtschaftete Hütten sowie etliche Hotels bieten den Wanderern eine nicht immer ganz preiswerte Unterkunft. Wandern kann man hier um große Seen, entlang verschiedener Gletscherflüsse oder sogar hinauf auf Norwegens höchsten Berg, auf den **Galdhøpiggen** (2.469 m). Info-Zentrum: Norsk Fjellmuseum in Lom (S. 454).

Anfahrt wie Jostedalsbreen (s. o.).

- **Ormtjernkampen (9 qkm)**: Der kleinste Nationalpark liegt in Oppland südwestlich von Lillehammer. Das Waldgebiet ist vollständig im ökologischen Gleichgewicht bewahrt geblieben, denn es wurde nie gerodet, nie wirtschaftlich genutzt. Sogar Elche sollen hier leben.

Anfahrt Auf der E 6 von Oslo bis kurz hinter Lillehammer, dann auf die Straße 255 nach Westen einbiegen.

- **Rondane (580 qkm)**: Die Attraktion des ältesten Nationalparks (1962 eingerichtet) sind die wild lebenden Moschusochsen. Aber auch Rentiere, Vielfraße, Füchse, Hermeline und Schneehühner finden sich in dem Hochfjell, das großzügig mit Unterkunftsmöglichkeiten vom Hochgebirgshotel bis zur einfachen Hütte ausgestattet ist.

Anfahrt wie nach Jostedalsbreen, nur nicht nach Westen, sondern nach Norden abbiegen.

- **Dovrefjell/Sunndalsfjella (402 qkm)**: Der neben Hardangervidda beliebteste Nationalpark erstreckt sich zu beiden Seiten der Driva, einem der großen Lachsflüsse Norwegens. Gerühmt wird Dovrefjell aber nicht nur der Lachse wegen: Hier verläuft mit dem *Königsweg* die älteste Verbindung des Landes zwischen Osten und Trøndelag. Hier liegt auch das Hotel *Hjerkinn Fjellstue* mit gemütlichen Kaminen und gelungener Küche; es ist das älteste Berghotel Norwegens. Hier weiden wilde Moschusochsenherden, die in den 50er Jahren aus Grönland importiert wurden. Info-Zentrum: Kongsvold Fjellstue (S. 412).

Anfahrt Die E 6 durchschneidet den Park, nachdem sie bei Dombas nach Norden abgebogen ist. Auch über Dovrebanen ist der Park zu erreichen, in Dombas aussteigen.

- **Gutulia (19 qkm)**: Direkt an der schwedischen Grenze und schwer zu erreichen ist dieses urwaldähnliche Waldgebiet in Hedmark. Sie finden hier tiefe Kiefern- und Fichtenwälder am Südufer des Femundsees. Bekannt sind aber auch die überaus heftigen Temperaturschwankungen.

Anfahrt Hinter der E 3 und über die Straße 217 erreichen Sie Drevsiø; hinter dem Ort zweigt eine Schotterpiste in den Park ab.

- **Femundsmarka (390 qkm)**: Der Park ist nur wenige Autokilometer nördlich von Gutulia am Ostufer des Femundsees gelegen. Ein gutes Revier für Angel- und Kanusportler; aber auch für Wanderer gibt es herrliche Wege im nördlichen, bewaldeten Fjell. Info-Zentrum: Norsk Skogbruksmuseum in Elverum (S. 465).

• *Anfahrt* Zwei Möglichkeiten mit dem Auto: Die längere, aber bequemere Straße 218 vom Gutulia-Nationalpark nach Schweden, um dann bei Idre über die Straße 221 wieder zurück nach Norwegen zu kommen. Oder von Drevsiø auf der Straße 218 bis Femundsenden, von dort auf einer nummerlosen Straße nördlich nach Røstvollen.

- **Børgefjell (1.107 qkm)**: Zwischen der E 6 und der Grenze nach Schweden in Nord-Trøndelag erstrecken sich alpine Hochfjell-Formationen mit tiefen Talschluchten, felsigen Gipfeln und lauschigen Bergseen. Kein Wunder, dass auch Einheimische diesen Park als Wander-Eldorado nutzen. Es gibt hier zehn unbewirtschaftete Hütten.

Anfahrt Auf der E 6 bis Trofors, dann in die Straße 73 einbiegen und hinter Hattfjelldal die Straße 804 bis Kroken nutzen.

- **Rago (167 qkm)**: Auch dieser Park in Nordland schlängelt sich an der schwedischen Grenze entlang – jenseits der Grenze erstreckt sich ebenfalls ein Nationalpark. Gletscher (z. B. Lappfjellet mit 1.149 m), Seen und Flüsse formen diese grandiose Landschaft. Er ist der unzugänglichste Nationalpark des Landes.

  Anfahrt Auf der E 6 über Bodø hinaus, dann auf einer nicht nummerierten Straße in Richtung Lakshala abbiegen.

- **Ånderdalen (69 qkm)**: Das Gebiet liegt auf der Insel **Senja** in Troms, die für ihre Nickelerzlager bekannt ist. Im Nationalpark finden Sie Kiefern- und Birkenwälder mit typischer nordnorwegischer Küstenflora.

  Anfahrt Sie erreichen die nördlich der Vesterålen gelegene Insel Senja auf der E 6 via Narvik bis Andselv, biegen dort in die Straße 86 ein, um kurz hinter Finnsnes der Straße 860 zu folgen.

Tipps für Parks

Wer in Nationalparks wandern, angeln oder zelten, wer Ski oder Kanu fahren möchte, sollte sich vorab über aktuelle Bedingungen und eherne Gesetze des ausgewählten Parks informieren. Da hilft diese Adresse: Helga Rahe, Drostestraße 3, 48157 Münster (E-Mail: helga.rahe@huettenwandern.de; www.huettenwandern.de, ✆ 0251/324608, 📠 0251/326846). Helga Rahe ist Repräsentantin des norwegischen Wanderverbandes DNT in Deutschland und steht nicht nur für jegliche Information rund ums Wandern zur Verfügung, sondern verschafft Wanderern auch den wichtigen DNT-Ausweis – sogar online. Wer's dennoch norwegisch will: DNT, Storgata 3, Postboks 7 Sentrum 0101 Oslo, ✆ 0047/23214570, www.dnt.no.

- **Øvre Dividal (743 qkm)**: Nördlich von Narvik liegt dieser landschaftlich abwechslungsreiche Park an der Grenze zu Schweden. Er ist geprägt von Kiefer- und Birkenwäldern, Fjells und Hochfjells, Seen und Moorgebieten. Im Sommer weiden hier große Rentierherden, die aus dem Nachbarland Schweden herüberwechseln.

  Anfahrt Über Andselv hinaus folgen Sie der E 6 und biegen bei Bardufoss in die RV 87 ein, die auf die RV 854 trifft, die Sie kurz hinter Holt in Richtung Fossbua verlassen.

- **Øvre Anarjåkka (1.399 qkm)**: Der schwer zugängliche Park im Süden der Finnmark grenzt an den finnischen Nationalpark Lemmenjoki. Ein Viertel des riesigen Areals ist versumpft, was diesen Park zu einer Zufluchtsstätte für auch in Norwegen seltene Tiere werden ließ. Königsadler und Bären sind hier zu Hause.

  Anfahrt Sehr schwierig! Am besten verlassen Sie die E 6 bei Alta, wechseln auf die Straße 93 in Richtung Kautokeino und folgen den Hinweisschildern nach links, nach Osten also.

- **Stabbursdalen (98 qkm)**: Der nördlichste Kiefernwald der Welt findet sich in diesem kleinen Nationalpark in der Finnmark. Hier leben Elche und Füchse, Fischadler und Zwergfalken.

  Anfahrt Südwestlich von Lakselv liegt der Park in einem spitzen Winkel, den die E 6 beschreibt.

▸ **Øvre Pasvik (67 qkm)**: Norwegens nördlichster Nationalpark liegt im südöstlichen Zipfel der 196 km langen Grenze zu Russland (im Dreiländereck mit Finnland) und ist schwer zu erreichen. Einige romantische Seen in der Wildnis machen den Park erlebenswert, viele Sümpfe aber machen den Besuch überlegenswert; nur erfahrene Trekker sollten sich hierher wagen.

Anfahrt Sie kommen nicht umhin, der E 6 bis zu ihrem Endpunkt in Kirkenes zu folgen, um dann erneut – auf der Straße 885 – nach Süden einzuschwenken, die in Nyrud endet. Von dort führt ein Waldweg in den Park.

Öffnungszeiten

Wie in allen Ländern ohne Ladenschlussgesetz sind Ladenöffnungszeiten reine Glückssache. In kleineren Orten kann es Ihnen schon mal passieren, dass Sie mittags vor verschlossener Ladentür stehen, weil der Verkäufer zum Schwätzchen im Hafen oder zu einer Tasse Kaffee bei Freunden ist. Niemand regt sich auf – das sollten Sie auch nicht tun und eine Stunde später wieder an die Ladentür klopfen. Manche Gemeinden, die auf Touristen als Käufer rechnen, versuchen ohne großen Erfolg, geregelte Öffnungszeiten einzuführen. In den Ortsbeschreibungen wird darauf ebenso hingewiesen wie auf Einkaufszentren größerer Städte, die ihre Läden auf einheitliche Öffnungszeiten (meist bis 20 Uhr) zu verpflichten suchen.

Als Faustregel gilt: Die meisten Geschäfte haben zwischen 10 und 17 Uhr geöffnet (donnerstags meist länger), samstags bis 15 Uhr. Während der Sommermonate jedoch werden die Rollläden auch früher runtergelassen. Da helfen dann nur noch die Narvesen-Kioske, die auch am Wochenende bis 22 Uhr verkaufen. Tankstellen sind in der Regel bis 22 Uhr, nur wenige rund um die Uhr in Betrieb.

Nicht nur Geschäfte öffnen von Gemeinde zu Gemeinde unterschiedlich, auch Ämter, Museen, Vergnügungsparks, Fähren und Schiffslinien, selbst Campingplätze und Hotels haben über das Jahr höchst unterschiedliche Öffnungszeiten. Oberstes Gebot: Über Weihnachten und Ostern (fünf Tage lang!) ist fast alles geschlossen.

Ansonsten gelten winters andere Öffnungszeiten als in der Sommersaison und häufig genug während des Frühlings wieder andere, die dann auch noch wochentagsabhängig sind. Viele Einrichtungen sind zudem während der dunklen Wintermonate ganz geschlossen: Achten Sie darum bitte regelmäßig und genau auf die Angaben in den Orts- und Landschaftsbeschreibungen; sie beziehen sich in aller Regel auf 2006.

Parteien

Sozialdemokraten – was sonst? Zu dieser Einschätzung musste kommen, wer sich aus deutschen Medien über die norwegische Innenpolitik mehr schlecht als recht informiert hat. Dabei ist die Parteienlandschaft zwischen Kristiansand und Kirkenes viel facettenreicher.

Det Norske Arbeiderparti (Norwegische Arbeiterpartei) ist programmatisch in vielerlei Hinsicht der deutschen SPD vergleichbar. Nur in ihren Wahlerfolgen nicht: Die DNA, 1887 gegründet, hat nach dem Zweiten Weltkrieg fast jede

Wahl gewonnen, nahezu ausschließlich Norwegens Politik bestimmt und zahlreiche, auch namhafte Ministerpräsidenten gestellt (Gerhardsen, Bratteli, Nordli und zuletzt Brundtland). Auch der gegenwärtige Regierungschef, Jens Stoltenberg, ist Mitglied der Arbeiterpartei.

Høyre („Rechte"): Die konservative Partei war immer schon die stärkste Kraft im bürgerlichen Lager. Im Kern hat sich ihre Hauptforderung nach weniger Staat und mehr Privatinitiative seit ihrer Gründung im letzten Jahrzehnt des 19. Jh. nicht geändert.

Ja zur internationalen Zusammenarbeit, nein zur EU

Fremskrittspartiet (Fortschrittspartei): Die erst 1973 angetretene rechtspopulistische Protestpartei driftete schnell nach rechts, wurde aber von den anderen konservativen Parteien lange ignoriert; im Parlament jedoch hat sie sich etabliert. Bei den letzten Regionalwahlen hat die Partei mit einem ausländerfeindlichen Wahlprogramm ihren Stimmenanteil aus der Parlamentswahl 2001 nahezu verdoppeln können; letzten Meinungsumfragen zufolge liegt die Partei derzeit bei 30 %.

Sosialistik Venstreparti (Sozialistische Linke): Die Partei fordert seit 40 Jahren den Austritt aus der NATO, Arbeitszeitverkürzung, mehr Entwicklungshilfe und ist gegen den EU-Beitritt. Immerhin dient sie der Arbeiterpartei in der derzeitigen Koalitionsregierung als nützlicher Mehrheitsbeschaffer.

Kristelig Folkeparti (Christliche Volkspartei): Die gemäßigte Rechtspartei saß schon in mehreren Koalitionsregierungen, hat aber bei den letzten Parlamentswahlen empfindliche Einbußen hinnehmen müssen.

Senterpartiet (Zentrumspartei): Die Partei hieß ehedem Bauernpartei und findet ihre Wähler immer noch vornehmlich unter der ländlichen Bevölkerung. Sie ist Mitglied der derzeitigen Koalitionsregierung.

Außer den großen sechs im *Storting* (Parlament) regelmäßig vertretenen Parteien verdient eine Partei besondere Erwähnung: die *Venstre* (Linke), 1884 gegründet und damit Norwegens älteste Partei. Sie bildete zwischen den Weltkriegen häufiger die Regierung, war nach 1945 aber nur noch an Koalitionen beteiligt. Die einstmals sozialistische Partei hat sich ökologisch gewandelt und vertritt heute umweltpolitisch orientierte Ziele, wie die Abkehr vom Individualverkehr oder den Einsatz von Gas als Autotreibstoff.

Die auch in Norwegen fast bedeutungslosen beiden kommunistischen Parteien schließen sich bei Wahlen mit anderen linken Gruppen und Einzelperso-

Es ist gar nicht so einfach, ein Rauchereckchen zu finden

nen zur „Roten Wahlallianz" zusammen. Sie können jedoch nur selten parlamentarische Erfolge verbuchen.

Post

Postämter (geöffnet 8–16.30 Uhr, samstags bis 13 Uhr) sind an einem roten Schild mit gelbem Horn und der Aufschrift *Post* zu erkennen. Briefe, Päckchen und Postkarten werden in A-Post (teuere Luftpost) und B-Post eingeteilt: Bis 20 g kostet die Sendung 9,50 NOK (also auch die Ansichtskarte nach Hause) bis 50 g 13,50 NOK (Stand: 2006).
Briefmarken (*frimerker*) bekommen Sie auch in Kiosken und Schreibwarenhandlungen. Wichtig: Postämter in Norwegen bieten keinen Telefonservice.

Rauchen

In allen öffentlichen Gebäuden und Verkehrsmitteln, aber auch am Steuer des Privatwagens oder in Bahnhofshallen, ja, auch in jedem Zug ist Rauchen verboten. Seit 2004 ist das Rauchen auch in Gaststätten und Restaurants untersagt, was viele Kneipiers verleitet hat, ihre Balkone und Terrassen auszubauen, damit Raucher ihr Bier wenigstens vor der Tür genießen können. Wie in den USA sind auch in Norwegen überzeugte Nichtraucher befugt, ausländische Raucher auf solche Verbote hinzuweisen oder ihnen im Zweifel den Glimmstängel abzunehmen.

Religion

93 % der Bevölkerung bekennen sich zur evangelisch-lutherischen Kirche. Die Staatskirche (in Artikel II der Verfassung verbrieft) wird in zehn Bistümern verwaltet. Nur noch 33.000 Gläubige zählt die katholische Kirche, zu anderen Religionsgemeinschaften gehören ganze 150.000 Norweger.

Rundfunk

Den Deutschlandfunk kann man über Langwelle (153 und 207 kHz) und über Mittelwelle (1269 kHz) empfangen. Für den Radioempfang in Nordnorwegen empfiehlt sich eine leistungsstarke Antenne. Der norwegische Rundfunk (Mittelwelle 1314 kHz) sendet keine deutschsprachigen Programme. Das gilt auch für die Touristenradios, deren Frequenzen auf Schildern längs der Europastraßen angegeben werden.
Von Mitte Juni bis Ende August wird jedoch der Wetterbericht in englischer Sprache gesendet. Er ist zu hören im *Reiseradio/Nitemen* (erstes Programm) von Montag bis Freitag in der Zeit von 9.15 bis 9.30 Uhr.

Sehenswürdigkeiten

Das *St.-Hans-Wappen*, auch „Ewigkeitsknoten" genannt (ein Viereck mit geschwungenen Ecken), steht auf Hinweisschildern, auf Wegweisern und Informationstafeln und weist auf Sehenswürdigkeiten hin.

Sommerzeit

Auch in Norwegen gilt die MEZ, die mitteleuropäische Zeit. Vom letzten Märzwochenende bis zum letzten Oktoberwochenende gilt die Sommerzeit.

Souvenirs

Reiseandenkensammler haben es schwer. Denn was ist typisch norwegisch? Büroklammern vielleicht, die einzige weltweit anerkannte Erfindung des Landes (das simple Stück Draht wurde erstmals um 1900 von dem Norweger *Johann Vaaler* zurechtgebogen). Oder Käsehobel, die bahnbrechende Konstruktion aus Lillehammer. Doch wer mag damit schon die Lieben daheim beglücken? Bleibt nur Praktisches, für das man oftmals tief in die Tasche langen muss ...

Zum Beispiel die köstlichen Marmeladen aus Moltebeeren, die *Moltesyltetøy*, die ihren Weg in deutsche Supermärkte noch nicht gefunden haben. Auch *Geitost*, der typische Ziegenkäse mit seinem karamellartigen Geschmack, ist bei uns noch nicht in jeder Käsetheke zu finden. Oder Strickwaren mit dem typischen Design, gemeinhin als „Norwegermuster" bekannt. Wenn's etwas mehr sein darf, sollten Sie nach handgefertigtem Silberschmuck aus Telemark fragen oder Besteck in klassischer Form (*norsk stålpress*) wählen.

Was Sie entgegen landläufiger Meinung nicht heimbringen sollten, ist Linie-Aquavit, denn der ist in mitteleuropäischen Fachgeschäften dreimal billiger (Leser und Norwegen-Kenner Reinhold Fenner weist aber darauf hin, dass wahre Edel-Marken nur in Norwegen zu haben sind). Oder Rentierfelle, denn die haaren binnen kurzer Zeit, wenn man sie für etwas anderes als Wandschmuck benutzten will, da sie aus Röhrenhaaren bestehen.

Soziales

Noch vor Schweden gilt Norwegen in aller Welt als der vorbildlichste Sozialstaat. Und die meisten Zahlen bestätigen dieses Urteil; so entfallen 39 % der Staatsausgaben auf das Gesundheits- und Sozialwesen. Das Monatseinkom-

Angeln als Volkssport: unter der Saltstraumen-Brücke bei Bodø

men beträgt bei Männern im Durchschnitt 38.700 NOK (ca. 4.100 €), bei Frauen 28.400 NOK (ca. 3.800 €); diese Gehälter werden nur zwölfmal im Jahr gezahlt, wobei aber die ansonsten hohe Steuerlast von durchschnittlich 43 % (Krankenkassen- und Rentenbeiträge sind Bestandteil der Steuer) in den Monaten Juli und Dezember entfällt.

Im Schnitt hat der norwegische Arbeitnehmer vier Wochen Urlaub, muss 37 Wochenstunden arbeiten und erhält ab einem Alter von 67 Jahren seine Rente. Arbeitszeit, Kündigungsschutz und Sicherheit am Arbeitsplatz sind gesetzlich geregelt. Gleichwohl ist die derzeitige Arbeitslosenquote von 4,4 % eine der höchsten seit Kriegsende.

Krankengeld wird ein Jahr lang in voller Höhe des Lohnes, Arbeitslosengeld abhängig vom letzten Einkommen, aber immer deutlich über dem Durchschnittsverdienst 80 Wochen lang bezahlt. Danach tritt die kommunale Sozialhilfe ein. Ärztliche Versorgung, ambulant wie stationär, ist für den Patienten weitgehend kostenlos, ebenso das Alters- oder Pflegeheim. Die Kostenbeteiligung an all diesen Aufwendungen soll 1.200 NOK pro Kopf im Jahr nicht übersteigen.

Aber selbst offizielle Stellen verhehlen nicht, dass auch der Wohlfahrtsstaat Norwegen an seine Grenzen stößt. Die Probleme sind ähnlich wie bei uns: So fehlen z. B. Kindergartenplätze. Die 4.961 Kindergärten decken nur 40 % des Bedarfs. Viele Eltern behelfen sich mit Tagesmüttern, in Norwegen *Nunnies* genannt, die gut 1.300 NOK pro Kind und Monat verlangen. Über Schwierigkeiten klagen auch die 338 Krankenhausverwaltungen, die keine kostengerechte Versorgung mehr gewährleisten können.

Probleme gibt es auch bei den Altersrenten. Die staatlich garantierte Mindestrente, die übrigens auch Hausfrauen erhalten, hat mit den rasenden

Preisen nicht Schritt halten können. Staatliche Zusatzrenten, die 50 % des letzten Lohnes absichern, und betriebliche Altersversorgungen versuchen, die Lücken zu füllen.

Schließlich schaffen Drogenkonsum und Alkoholmissbrauch ein bisher nicht gekanntes Invaliditätsproblem. Rund 12 % der norwegischen Bevölkerung im Erwerbstätigenalter beziehen eine zeitlich unbegrenzte Invalidenrente, die mindestens 60 % des vorigen Einkommens ausmacht. Sozialpolitiker diskutieren deswegen auch seit Jahren wie in Deutschland über eine Einschränkung.

Sport

Ein Frevel ist es, Norwegens atemberaubende Natur nur anzuschauen. Bewegung, sportliche Bewegung gehört in diese Landschaft. Machen Sie es den sportbegeisterten Norwegern nach – Angeln, Skifahren, Jagen, Kanufahren, Goldwaschen (!), Segeln, Reiten, Wandern und noch vieles mehr ist hier möglich.

Angeln: Norwegen ist ein Paradies für Petrijünger: 200.000 Seen, Flüsse und Bäche sowie 21.000 km Küste bieten alles von A(al) bis Z(ander). Damit das auch so bleibt, gibt es strenge Gebote und Verbote für Angelsportler:

- Jegliches Angelgerät muss desinfiziert sein. Lebende Köder sind verboten.
- Im Meer darf jedermann angeln, aber nicht jederzeit. Erfragen Sie die Schonzeiten im örtlichen Touristenbüro.
- Meeresangler brauchen eine Lizenz (90 NOK), die auf vorgedruckter Zahlkarte in jedem Postamt erhältlich ist. Für Süßwasserangler ist diese Abgabe kürzlich entfallen.
- In den meisten Revieren benötigen Sie überdies die *fiskkort*. Dieser Erlaubnis schein wird nur vor Ort in Hotels, Sportgeschäften und Kiosken verkauft. Sein Preis richtet sich nach Dauer, Fischbestand und Fangzeit.

Das aufregendste Angelvergnügen ist der Lachsfang; *Salmo salar* kommt immerhin in fast 250 norwegischen Flüssen vor. Die bevorzugten sind dabei die Flüsse **Lakselv** in der Finnmark, **Målselv** nördlich Narviks und **Namsen** bei Grong. Die Saison beginnt am 1. Juni und endet üblicherweise am 15. September; beste Fangzeit ist der Juni, weil die größten Lachse immer als Erste den Fluss hinaufwandern.

Alle aktuellen Informationen, z. B. über Schonzeiten oder über private Nutzung „Ihres" Reviers usw., bekommen Sie bei:

Norges Jeger- og Fiskerforbund, 1364 Hvalstad, Hvalstadåsen 5, ✆ 0047/66792200, www.njff.no.

Direktoratet for Naturforvaltning, 7004 Trondheim, Tungasletta 2, ✆ 0047/735 80501, www.dimat.no.

Bergsteigen: *Fjelltur* nennen Norweger die in ihrem Land übliche Kombination von Bergsteigen, Bergwandern und Trekking. Dennoch finden mitteleuropäische Kletterer ihre Herausforderungen: Die 1.000 m hohe, fast senkrechte Felswand **Trollveggen** im Romsdal beispielsweise zieht Spitzensportler aus aller Welt an. Den höchsten Berg Norwegens, den 2.468 m hohen **Galdhøppigen**, zu besteigen ist für „Profis" hingegen höchstens in Verbindung mit einer Gletscherwanderung attraktiv.

Kletterkurse und Führungen werden in der Hardangervidda, im Jostedal und in Oppland angeboten. Das *Aak Fjellsportsenter* im Jostedal ist als Norwegens einziges, ganzjährig betriebenes Bergsportzentrum idealer Ausgangspunkt für Bergtouren im Nordwesten des Landes.

Information **DNT**, Postboks 7 Sentrum, 0101 Oslo, ✆ 004723214570, www.dnt.no.

Bergwandern: Wenn Sie wollen, können Sie ganz Norwegen auf Wegen durchwandern, die meist durch einen Steinhaufen mit rotem „T" markiert sind; nach jedem Tagesmarsch treffen Sie auf eine gemütliche Hütte. Sie finden behagliche Almgründe an der Grenze zu Schweden und schroffe Gebirgszüge in Westnorwegen, sanfte Hügel im Süden und weite Ebenen im Norden. Wenn Sie einen solchen Aktivurlaub planen, kann Ihnen das Bergsportzentrum DNT wertvolle Tipps und Informationen geben. Die norwegische Touristenvereinigung unterhält die Hütten und verwaltet die Schlüssel, versorgt Sie aber auch mit Tourenvorschlägen und Kartenmaterial.

So oder so sollten Sie richtig ausgerüstet sein. Neben der normalen Wanderausrüstung dürfen Sie nicht vergessen, leichte Gummistiefel, Ersatzschuhe und -strümpfe, Messer, Karten, Streichhölzer, Taschenlampe und leichtes Verbandszeug einzupacken. Und Sie sollten die sogenannten „Fjellregeln" beherzigen:

- Keine Wanderung ohne vorheriges Training.
- Informieren Sie jemanden am Ausgangspunkt über Ihre Route.
- Holen Sie eine Wettervorhersage ein.
- Rechnen Sie jederzeit mit Wetterwechsel.
- Beachten Sie die Ratschläge der Einheimischen.
- Gehen Sie nie allein.
- Scheuen Sie sich nicht, rechtzeitig umzukehren.

Fliegen: Fallschirmspringen, Drachen- und Segelfliegen sowie Paragliding – alles hat Einzug gehalten in Norwegens Bergwelt. Wo und wann, unter welchen Auflagen und Sicherheitsvorschriften alles das möglich ist, erfahren Sie beim Norsk Aeroclub.

Adresse **Norsk Aero Klubb,** 0854 Oslo, Møllesvingen 2, ✆ 0047/23010450, www.nak.no.

Gletscherwandern: Die eisigen Plateaus haben es in sich: Bis zu 40 m tiefe Spalten – häufig von Schnee bedeckt und deshalb nicht zu sehen – entstehen durch die immer währende Wanderung der Gletscher (bis zu 2 m pro Jahr). Deshalb sollten Sie sich in jedem Fall einer Führung anvertrauen. Da bekommen Sie dann auch die nötige Ausrüstung: Eispickel, Steigeisen und Seil. Auf dem Hardangerjøkul, Jostedalsbreen, dem Svartisen-Gletscher und in Jotunheimen werden solche Touren organisiert.

Information **DNT**, 0125 Oslo, Postboks 8885 Oslo, ✆ 0047/23214570, www.dnt.no.

Goldwaschen: Kein wirklicher Sport, aber ein Heidenvergnügen. Norwegens Klondyke heißt **Karasjok** und liegt in Nordnorwegen nahe der finnischen

Gletscherwanderungen: Lebensgefahr für Einzelgänger!

Grenze an der E 6. Im dortigen Turisthotel erfahren Sie mehr und können sich auch eine Ausrüstung ausleihen.

Golf: 18-Loch-Plätze gibt es in Oslo, Stavanger, Tønsberg und Drammen; 9-Loch-Plätze in Sarpsborg, Kristiansand, Bergen und – der nördlichste Golfplatz der Welt – in Trondheim. Hier findet alljährlich im Juni das sog. *Mitternachtsturnier* statt. Die Nutzungsgebühr während der Saison von Mai bis September beträgt etwa 100 bis 200 NOK.

Information **Norges Golfforbund**, 1351 Rud, Hauger Skolevei 1, ✆ 0047/21029150, www.ngf.golf.no.

Hundeschlittenfahren: Hinter Huskys lautlos über die Schneewüste gleiten – dieser atem(be)raubende Sport findet immer mehr Anhänger auch bei uns. Doch mit Verlaub: Was ist eine Schlittenfahrt durch ein Alpental gegen die 50 km-Tour in der majestätischen Weite der Hardangervidda? 42 Anbieter von Oppland bis zur Finnmark vermieten mittlerweile Hunde, Schlitten und Führer. Da ist zur Vorbereitung gut beraten, wer sich an den **DNT** (s. „Bergwandern“) wendet, der in Finse auf der Hardangervidda auch eigens Kurse für Hundeschlittenfahrer anbietet. Hier aber noch zwei besondere Adressen: *Venke Törmönen* aus Kirkenes, Samin, Künstlerin, Menschen- und Hundeversteherin (www.taigahusky.no) sowie Sven Engholm, Schwede in Karasjok, und der vielleicht beste Hundeführer der Welt (www.engholm.no).

Jagen: Eines der letzten großen Reviere Europas erwartet den Waidmann. Elch, Hirsch, Hase, Reh und Ren, Auerhahn und Birkhuhn, Ente und Gans dürfen während der Jagdzeiten gejagt werden. Ausländer müssen jedoch Nachweise ihrer Jäger- und Schießprüfung dabeihaben und, wenn sie Waffen einführen, ihre Lizenzen vorweisen. Neben der Jägerabgabe (derzeit 450 NOK) wird für die Hochwildjagd eine „Erlegungsgebühr“ fällig, für Elche beispielsweise 8.000 NOK pro Abschuss. Private Jagdrechte können gepachtet werden. Im Staatsforst erteilen staatliche Forstämter die allerdings recht seltenen Jagdgenehmigungen.

Information **Direktoratet for Naturforvaltning**, 7004 Trondheim, Tungasletta 2, ✆ 0047/73580500, www.dirnat.no.

Kanufahren: Dem Kanuten bieten Norwegens Gewässer von allem Abwechslung: Vom Wildwasserrevier (auch **Raftingtouren** werden angeboten, z. B. auf der Sjoa, s. S. 460 oder im Setesdal, s. S. 390) über den idyllischen Bergsee bis zum 100-km-Kanal in Telemark finden Kanusportler viele Touren in jeder Länge und mit allen Schwierigkeitsgraden. Wer dann noch sein Zelt einpackt, erlebt eine Bootswanderung, wie man sie in Europa höchstens noch in Finnland findet.

- *Kanu* **Norges Kajakkforbund**, 1351 Rud, Hauger Skolevei 1, ✆ 0047/21029835.
- *Rafting* **Heidal Rafting**, Sjoa Gjestehus, 2607 Otta, ✆ 61238727, ✆ 61236014; **Norwegian Wildlife & Rafting**, Randsverk, 2680 Vågå, ✆ 61238727, www.nwr.no **Opplev Oppdal**, Høgmovn 3, 7340 Oppdal, ✆ 72422242.

Orientierungssport: Hierzulande noch kaum bekannt, in Skandinavien aber schon seit 60 Jahren ein echter Renner. Der Trimmsport für Karten- und Kompasskundige wird in Norwegen auf über 200 vorbereiteten Pfaden organisiert, wobei der Schwierigkeitsgrad vom Familienwandern bis zum Extremtrekking reicht. Karten mit eingezeichneten Kontrollpunkten und weitere Orientierung erhalten Sie bei der Organisation für Orientierungssport.

Adresse **Norges orientieringsforbund**, Hauger skolevei 1, 1351 Rud.

„Syklist velkommen“ – Radfahrer willkommen ...

... ist ein Qualitätssiegel, mit dem fahrradfreundliche Herbergen in Norwegen ausgestattet sind. Dort kann der Radtourist sicher sein, nicht nur einen ordentlichen Parkplatz für sein Zweirad zu finden, sondern z. B. auch Flickzeug und einen Werkzeugkasten für den Pannenfall. Und das ist nur eine von vielen Aktionen der Vereinigung „Sykleturisme i Norge“, die mit einem tollen Internet-Portal (www.bike-norway.com) Radlern in Norwegen aufs Fahrrad hilft: Da gibt es z. B. 14 Tourenbeschreibungen mit Karten oder Übernachtungshinweise und Info-Adressen. Und alles auch in deutscher Sprache.

Reiten: Die genügsamen Fjordpferde, kaum größer als das Island-Pony, laden auch ungeübte Reiter ein, einige Stunden auf dem Pferderücken zu verbringen. Viele Reitzentren bieten Pferdeverleih, Reitstunden (auch für Behinderte), geführte Touren und Wochentrecks an, z. B. in **Rogaland** bei Stavanger.

Information **Preikestolen Hestesport**, Fossamoen, 4110 Forsand, ✆ 94530841, ✆ 51703783. **Norsk Rytterforbund**, 1351 Rud, Hauger Skolevei 1, ✆ 047/67568800.

Segeln: Die zerklüftete Küste, verwinkelte Fjorde, schier unzählige Schären und letztlich die Strömungsverhältnisse machen das Navigieren vor Norwegen schwierig. Doch mit Erfahrung und guten Karten kann jeder Seebär diese Klippen umschiffen; markiert wir überall nach dem IALAA-System. Die Hauptkartenserie der offiziellen norwegischen Seekarte (1:50.000) reicht zur

Navigation aus. Zusätzlich brauchen Sie Hafen- und Ansteuerungskarten für die von Ihnen geplanten Törns. Alle diese Seekarten erhalten Sie bei:

Adresse **Norges Sjøkartverk**, Postboks 60, 4001 Stavanger, oder:Nordis Buch und Landkartenhandel, Frohnkampstr.18, 40789 Monheim, www.nordis.com.

Wenn Sie Norwegen ansteuern, müssen Sie zunächst einen Zollhafen anlaufen, in dem Sie Nationalitäts-, Besitz- und Heimatnachweise (bei Leihbooten auch den Chartervertrag) vorzuweisen haben. Für präzise Wettervorhersagen: Radio Norwegen sendet um 6.00, 8.00, 14.55, 18.30 und 21.50 Uhr an Werktagen, an Sonn- und Feiertagen um 7.00, 9.00, 14.55, 18.30 und 21.50 Uhr den aktuellen Wetterbericht (nur in norwegischer Sprache).

Information **Kongelig Norsk Seilerforening**, 0287 Oslo, Huk Aveny 3.

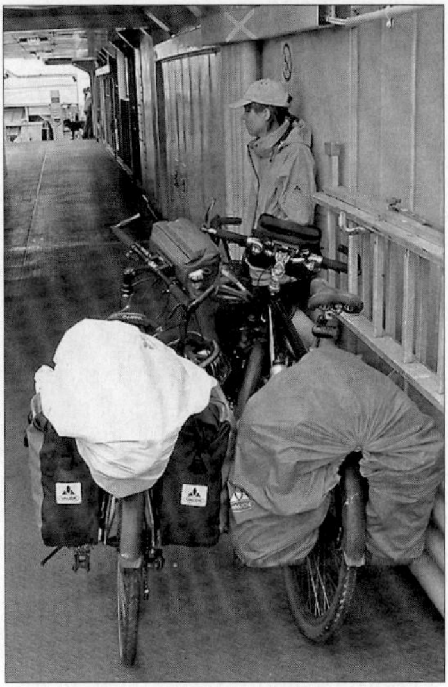

Fahrrad-Touristen mit perfekter Verpackung

Skilaufen: In Norwegen wurde der Skilauf erfunden (das Wort *ski* ist norwegisch und heißt eigentlich „Holzscheit"). Was die wenigsten erst seit den Olympischen Spielen in Lillehammer wissen: In Norwegen gibt es nicht nur Loipen, sondern auch Abfahrten. Einen großen Vorteil hat der Skitourist in Norwegen: Alle Reviere sind schneesicher. Und einen Nachteil: Die Tage sind zu kurz.

Skiwetter-Seiten: Wie hoch der Schnee liegt, welche Qualität er hat oder wie viele Lifte geöffnet sind – alles das erfahren alpine Skiläufer unter www.skiinfo.no. Fans des Langlaufs erfahren alles über Loipenlängen und Wettermeldungen unter www. skiingnorway.com. Beide Seiten sind auch auf deutsch zu lesen.

Langlauf: Loipen gibt es überall. Selbst die Hauptstädter erreichen ihre Hausloipen nach höchstens 30 Minuten U-Bahn-Fahrt. Nahezu jedes Sportgeschäft und jedes Hotel verleiht Langlaufskier (ca. 600 NOK pro Woche). Bevorzugte Langlaufgebiete sind der Großraum Oslo (zum Teil beleuchtetes Loipennetz in der Nordmarka), große Teile von Telemark, wo bekanntlich der berühmte Schwung erfunden wurde, Buskerud (oberes Hallingdal mit Gol und Geilo), Hedmark und Oppland (Gubrandsdal mit angrenzenden Fjells und Valdres).

Ski alpin: Die Skibindung wurde in Morgedal (Telemark) erfunden, und das Wort *slalom* bezeichnet im Norwegischen eine Abfahrt durch einen bewaldeten Abhang. Kein Wunder, dass der alpine Skilauf noch heute in der Provinz Telemark populärer als Langlauf ist.

Sommerskilauf: Auf Gletschern und im norwegischen Hochgebirge wird der Sommerskilauf immer beliebter. Die attraktivsten Zentren sind der Folgefonn-Gletscher (Juni–Okt. bei Jondal am Hardangerfjord), Galdhøppigen (Juni–Okt., südlich von Lom) und das Strynsfjellet (Mitte Mai – Mitte Sept., bei **Grotli**).

Prächtig abfahren kann man auch in Geilo und im Hemsedal (Provinz Buskerud), in

Voss und Kwam im Westen des Landes und natürlich auf den olympischen Pisten bei Lillehammer, Hafjell und Kvitfjell. Das größte alpine Skigebiet aber liegt auf den Hängen oberhalb von Oppdal, was dem Ort im Drivadal den Namen „Norwegens Alpenstadt" eingetragen hat: 1.000 Höhenmeter, 15 qkm, 60 km präparierte Piste, 16 Skilifte, Skipass umgerechnet 200 € pro Woche.

• *Information* **Turistkontor Oppdal**, 7341 Oppdal, Postboks 50, ✆ 0047/72400470, www.oppdal.com (Auskunft und Buchung).

Surfen: Kein Problem auf den vielen Seen. Aber auch die lange Küste mit ihren zahlreichen Buchten und Schären eignet sich für diesen Sport. Wer ohne Surfbrett kommt, kann sich ein *seilbrett* in Hotels, an Stränden und auf Campingplätzen zu mieten.

Tauchen: Die Unterwasserattraktion vor Norwegens Küste sind Schiffswracks, die man im klaren Wasser bestaunen, aber nicht beklauen darf. Im gesamten Küstenbereich warten Tauchschulen (*dykkersenter*) auf Kunden, denen sie „Gerödel" vermieten, für die sie Kurse organisieren und denen sie meist auch Unterkünfte anbieten. Fachgeschäfte finden sich auch in den küstennahen Großstädten Bergen, Stavanger und Ålesund. Informationen, auch über die recht strengen Sicherheitsvorschriften, gibt es beim norwegischen Taucherverband.

Adresse **Norges Dykkerforbund**, 1251 Rud, Hauger Skolevei 1, ✆ 0047/21029742/3, www.ndf.no.

Wildnis-Trekking: Wem Tauchen und Bergsteigen, Reiten und Wandern allein nicht ausreichen, den kann die Kombination von alledem vielleicht befriedigen: Wanderung per pedes und per Boot plus Übernachtung im Samen-Zelt. Oder eine Wochentour mit Hundeschlitten und Übernachtung in Schneehöhlen. Oder ein Kletterkurs plus Gletscherwanderung. Oder Angeln- bzw. Wandertouren und Tiersafaris. Fast in jeder Provinz gibt es verschiedene Anbieter, die typische Aktivitäten des jeweiligen Landesteiles anbieten.

• *Adressen* **Unique Wilderness Adventures**, 4440 Tonstad, Odd Kvinen, Ousdal, ✆ 0047/38371862.

Nowaja Adventure, 2614 Sjusjøen, Postboks 170, ✆ 0047/66556424.

Sprache

Auf Briefmarken wie Banknoten prangen beide Namen: *Norge* = Norwegen in *bokmål* (wörtlich: Buchsprache) und *Noreg* = Norwegen in *nynorsk* (Neunorwegisch). Wie jeder Streit im Land der Fjorde wird auch der Sprachenstreit ohne Fanatismus, fast demokratisch ausgetragen.

Es gibt einen *språkråd*, der sich um Angleichung beider Sprachen bemüht, und es gibt eine staatliche Vorgabe, nach der jeder TV- und Rundfunksender mindestens ein Fünftel seiner Sendungen in *nynorsk* ausstrahlen muss (jeder fünfte Norweger spricht Neunorwegisch). In jeder Gemeinde wurde zudem abgestimmt, welche Sprache an der Schule gelehrt wird; die unterlegene Variante steht dann als Nebenfach auf dem Stundenplan.

Um diesen Sprachenstreit, Diskussionsdauerbrenner seit 150 Jahren, verstehen zu können, hilft die geschichtliche Rückblende: Die Wikingersprache war *norrøn*, das auch Dänen und Schweden verstanden. Nach der Pestepidemie im 14. Jh. zersplitterte sich diese Sprache in zahllose, regional unterschiedliche Dialekte. In den Zentren aber wurde Dänisch, die Sprache der neuen Herrscher, gesprochen. Erst mit dem Aufkommen eines nationalen Selbstbewusstseins begann die Suche nach den sprachlichen Wurzeln. Der Volksschullehrer *Ivar Aasen* schaute dem Volk aufs Maul, sammelte sprachliche Gemeinsamkeiten, arbeitete Typisches heraus. Seine 1848 veröffentlichte Grammatik wurde zum Lehrbuch für *landsmål*, dem heutigen *nynorsk*.

Die Bürger und Eliten fanden erst später zur neuen, eigenen Sprache, indem sie norwegische Elemente in ihr aufgeweichtes Hochdänisch aufnahmen. Aus dem norwegisch beeinflussten Dänisch entstand zunächst *riksmål* (Reichssprache), später das moderne *bokmål*. Zwischen 1893 und 1959 gab es sechs Rechtschreibreformen, die aber keine Spracheneinheit erzielten.

Und wenn man so will: Mit der Samensprache der Ureinwohner gibt es sogar eine dritte Landessprache in Norwegen.

Telefonieren

Zur Verfügung stehen öffentliche **Telefonzellen** oder **Telegrafenämter** (die Post bietet keinen Telefonservice); auf dem Land kann man auch von speziell gekennzeichneten Privathäusern aus telefonieren. So oder so aber sind Auslandsgespräche teurer als daheim; deshalb lohnt sich der Rückruf. Fast jede Telefonzelle (Münz- und Kartengebrauch) hat eine Nummer, über die man sich von zu Hause aus anrufen lassen kann. **Telefonkarten** sind in Telegrafenämtern, Narvesen-Kiosken und sogar auf Campingplätzen für 20 bzw. 50 NOK zu bekommen.

Vorwahl nach Deutschland ist 0049 , nach Österreich 0043 und in die Schweiz die 0041. **Vorwahl aus** diesen Ländern nach Norwegen ist jeweils die 0047. Städte- bzw. Regionalvorwahlnummern innerhalb Norwegens gibt es nicht, die Lokalisierung des Gesprächs erfolgt über die ersten beiden Stellen der jeweils achtstelligen Rufnummern (für Oslo z. B. 22, für Stavanger 51 usw.). (siehe auch **Handy**, S. 94)

Tourismus

Seit Jahren sind – nach etlichen schlechten Sommern – die Urlauberzahlen rückläufig (z. B. minus 5,7 % deutsche Touristen im Jahr 2005). Nur Norweger schreckt das nicht: Mit 67,2 % sind sie in ihrem eigenen Land immer noch die fleißigsten Reisenden; Deutsche stellen jedoch mit 17 % vor Schweden und Dänen den größten Ausländeranteil. Fest steht: Norwegen blieb bislang vom Massentourismus verschont – das Land ist zu weitläufig und das Preisniveau zu hoch.

Als Wirtschaftsfaktor spielt der Tourismus dann auch nur eine untergeordnete Rolle: Gerade 4 % der Norweger beziehen daraus ihren Lebensunterhalt. Auch das ist ein Grund, warum der Boykottaufruf von Greenpeace, Norwegen wegen seiner Walpolitik als Urlaubsland zu meiden, niemanden in Norwegen so recht zu schrecken vermag.

Die meisten deutschen Urlauber (85 %) besuchen Südnorwegen, 75 % von ihnen sind „Rundreisetouristen“, die mit Auto oder Wohnmobil unterwegs sind. Immerhin 90 % aller deutschen Besucher kommen auf eigene Faust, 40 % davon mieten eine Hütte. 400.000 solcher nicht registrierten Hütten soll es im Land der Fjorde geben. Noch zwei offizielle Angaben der Tourismusorganisation NORTRA: Rund 60 % aller Besucher aus Deutschland sind jünger als 40 Jahre. Und: Jeder zweite besucht das Land mindestens ein zweites Mal.

Trinkgeld

Runden Sie im Restaurant oder Taxi die Rechnung auf, wie Sie es von zu Hause gewohnt sind. Man lässt Sie aber auch gehen, wenn Sie auf den Obolus verzichten.

Verwaltung

Das *Konigriket Norge* (Königreich Norwegen) ist eine konstitutionelle Monarchie mit dem König als Staatsoberhaupt und einem Einkammerparlament, dem *Storting*, mit 165 Abgeordneten.

Das Land ist in 19 Regierungsbezirke (*fylker*) unterteilt. Die fünf Landesteile Sørland, Østland, Vestland, Trøndelag und Nordnorwegen sind nur von geografischer Bedeutung. Jeder Regierungsbezirk wählt eine Versammlung (*fylkesting*), der Regierungspräsident allerdings wird ernannt. Jede der 439 Gemeinden wählt ihren Gemeinderat mit dem Bürgermeister (*ordfører*).

Wirtschaft

Mit dem 24. Oktober 1969 begann für Norwegen ein neues, das goldene Zeitalter: Bohrloch 32 war fündig. Zwei Jahre später wurde die erste Ölladung vom 300 km südwestlich vor Stavanger gelegenen Ekofiskfeld an Land gebracht.

Mit 600 Bohrungen hat man seitdem den Meeresboden gelöchert und umgerechnet 35 Milliarden Euro allein für die Suche nach neuen Ölquellen ausgegeben. 420 Bohrinseln ragen mittlerweile „offshore“ (jenseits der Küsten) zwischen Norwegen und Großbritannien aus dem Meer und machen mit täglich 1,2 Millionen Barrel Rohöl (1 Barrel = ca. 159 Liter) die Nordsee zur Schatztruhe Nordeuropas – gleichzeitig aber auch zur Umweltgiftküche.

Die bislang entdeckten Vorkommen würden ausreichen, die Norweger bis ins Jahr 2100 mit Strom zu versorgen. Stattdessen exportiert Norwegen das schwarze Gold. Hinter Saudi-Arabien und den Vereinigten Emiraten ist Norwegen zum drittgrößten Rohölexporteur (bei mit 131 Millionen Tonnen Rohöl nur 1,5 % der Weltfördermenge) und drittreichsten Land der Welt geworden (gemessen am Pro-Kopf-Einkommen).

Die Wirtschaftszahlen geben den Optimisten unter den „Europa-Verweigerern“ recht: Mit einer Arbeitslosenrate von 4,4 %, einer Preissteigerungsrate von 0,6 % und einem Anstieg des Bruttoinlandproduktes um 3,8 % (jeweils 2005) liegt Norwegen in der Wirtschaftsentwicklung weltweit an der Spitze aller Industrienationen. Mehr noch: Neben einigen Emiraten ist Norwegen das einzige Land der Welt ohne Staatsverschuldung.

Allein das gleichsam als Nebenprodukt der Erdölgewinnung geförderte **Erdgas** versorgt zum Beispiel die Bundesrepublik Deutschland bis ins Jahr 2020 für einen Preis von dann 120 Milliarden Euro. Und mit 22,9 Millionen Tonnen Ro-

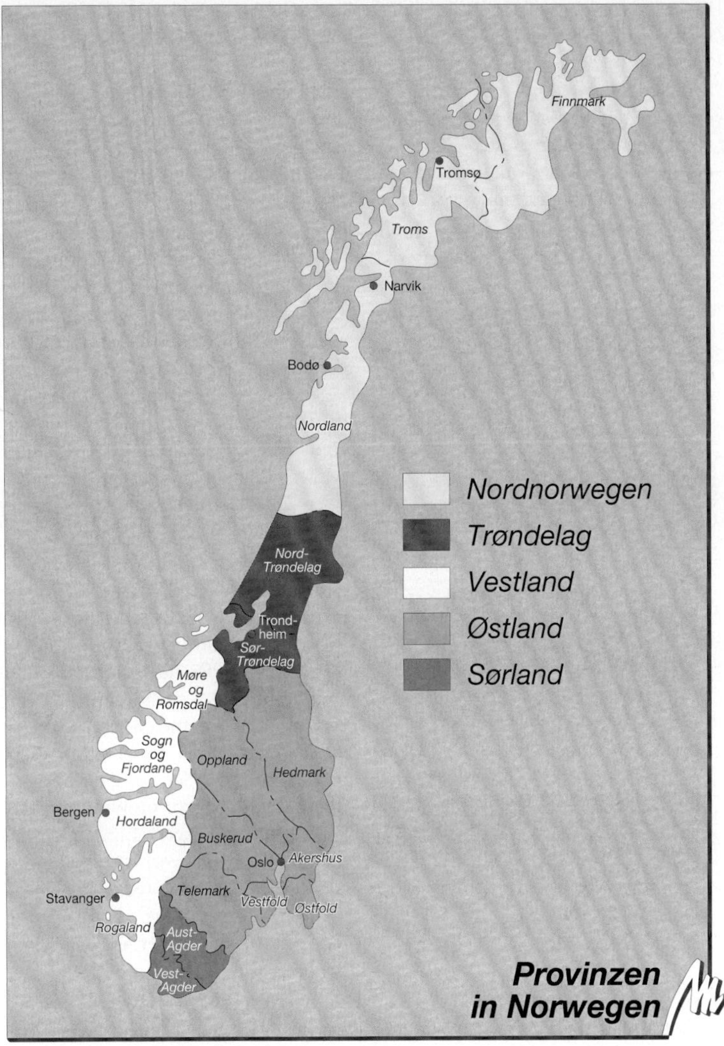

höl (2002) wurde Norwegen noch vor Russland zu Deutschlands wichtigstem Öllieferanten. Mit der Gründung der staatlichen Erdölgesellschaft *Statoil*, derzeit größtes und auch über die Landesgrenzen hinweg aktives Wirtschaftsunternehmen Norwegens, wird zudem die anderenorts missliche Abhängigkeit von Ölmultis verringert. Statoil besitzt an jeder Förderkonzession einen Mindestanteil von 51 %. Der staatliche Einfluss macht selbst vor dem Schriftverkehr nicht halt: Jeder Vertrag, jedes Handbuch, jede Bedienungsanleitung muss in Norwegisch abgefasst sein. Ausländische Manager und Techniker sind seither auf einer von Statoil eigens eingerichteten Schule in Stavanger zum Sprachunterricht verdonnert.

Mit den Öleinnahmen finanziert Norwegen den Wohlfahrtsstaat: Hausarzt, Krankenhaus, Alten- und Pflegeheime sind gratis; die Versorgungskasse *Folketrygden* zahlt Rente (ab 67 Jahre), Mutterschaftsgeld (bis zur 34. Woche nach der Geburt), Kinder- und Arbeitslosengeld, Umschulung und Sozialhilfe. Allein Zahnarztrechnungen sind privat zu zahlen.

Doch die Norweger geben von ihrem Reichtum ab. Das Land ist gemessen an der Wirtschaftsleistung das weltgrößte Geberland in Sachen Entwicklungshilfe. Zwar spendet Oslo nur 0,97 % des Bruttoinlandprodukts an die Dritte Welt, übertrifft damit aber nicht nur die UNO-Vorgabe (0,7 %), sondern auch die Spendenfreudigkeit aller Industrieländer (zum Vergleich: Deutschland 0,36 %, USA 0,14 %). Diese Hilfeleistungen wurden 2007 noch um 2,2 Milliarden Kronen aufgestockt.

Ölbohrinsel im Trockendock: Norwegens Reichtum

Vor dem Ölboom war die wirtschaftliche Bedeutung Norwegens nicht überragend. Es gab Fischfang, Forstwirtschaft (Wald bedeckt noch heute 22 % der Oberfläche Norwegens und stellt mit 5,5 % den fünftgrößten Exportbrocken) und wenige Bodenschätze (Eisen, Kupfer, Titan). Allerdings wurde mit der großen **Handelsflotte** und der **Stromgewinnung aus Wasserkraft** immer schon Geld verdient: Norwegen verfügt über mehr als 23 % des europäischen Wasserkraftpotentials bei einem Anteil von nur 0,8 % an der europäischen Bevölkerung.

Fischfang und **Fischindustrie**, über Jahrhunderte größte Devisenbringer des Landes, sind trotz zukunftsträchtiger Ideen fast zur Bedeutungslosigkeit verkommen. Gleichwohl bedeuten diese Wirtschaftszweige den Norwegern kulturell und sozialgeschichtlich soviel, dass sie über die Frage, wie die norwegische Fischerei zu subventionieren sei, schon fast die EU-Beitrittsverhandlungen scheitern ließen, deren Ergebnis später allerdings ohnehin von der Mehrheit des Volkes abgelehnt wurde.

Die **Landwirtschaft** im nördlichsten Land Europas hat mit zwei Problemen zu kämpfen: Nur 3 % der Landesoberfläche sind landwirtschaftlich nutzbar (EU-Durchschnitt: 57 %), und die Vegetationsperiode beträgt bloß 190 Tage, in Nordnorwegen gar nur 100 Tage. So wundert es nicht, dass Norwegens Selbstversorgung mit landwirtschaftlichen Produkten unter 50 % liegt und damit Europas niedrigstes Niveau erreicht. Die Nutzflächenanteile betragen für Grünland 55 %, für Getreide 35 % und 10 % für Feldfutterbau, Kartoffeln und Gemüse.

Die Bürde des Reichtums

Norwegens Parlament entschied 1990, den Ölreichtum für zukünftige Generationen aufzusparen. 94 % aus den Öl- und Gaseinnahmen fließen Jahr für Jahr in einen Fonds, in dem sich schon jetzt 150 Mrd. Euro angesammelt haben. 60 % davon werden in ausländischen Obligationen und Aktien angelegt, um eine Überhitzung der Binnenwirtschaft zu vermeiden. Doch der Ruf, das Sparschwein zu schlachten, wurde lauter. Vor allem die rechte „Fortschrittspartei" profitierte vom wachsenden Unmut. Warum, so fragen viele, muss jeder Norweger 48 % seines Einkommens an den Staat abführen und im Supermarkt Mehrwertsteuer zahlen? Dann doch lieber die Öl-Milliarden ausgeben und die Steuern senken. Der Sparkurs kostete der bürgerlichen Regierung 2005 den Wahlsieg – die Sozialdemokraten versprachen üppigere Förderungen und gewannen die Wahl.

Nach der Ölkrise sind die Norweger bestrebt, mithilfe billiger Wasserkraft ihre Abhängigkeit vom Öl zu verringern. Die immer schon bedeutende **Papier- und Zellstoffindustrie** wird ausgebaut, auch Elektroindustrie und petrochemische Industrie werden staatlich stark gefördert, und die Werftindustrie hat sich zum weltweit führenden Hersteller von Bohrplattformen gewandelt.

Mehr noch: Die Norweger versuchen, aus ihren wertvollen Trinkwasservorräten Kapital zu schlagen. Die Osloer Firma *Marintek* hat riesige Kunststoffsäcke für Trinkwasser entwickelt, die mit Schlepperhilfe durch die Weltmeere bugsiert werden könnten. Der Prototyp des *Nordic Water Bag*, ein Kunststoffschlauch mit 108 m Länge, 23 m Breite und einem Tiefgang von 6,5 m, wurde im Sognefjord versuchsweise mit 10,8 Millionen Liter Wasser gefüllt. Ein solcher Schlauch wäre ausreichend für die Versorgung der Kanareninsel Fuerteventura mit Trinkwasser für drei Monate.

Immer frischer Fisch: im Hafen von Stavanger

Oslos Schokoladenseite: Karl Johans Gate und das Schloss

Südnorwegen –

An der Küste entlang

Oslo

Eine Stadt, in die man sich verlieben kann: voller Freundlichkeit und Leichtigkeit der Menschen, voller Sehens- und Merkwürdigkeiten. Oslo ist eine Stadt mit halb so vielen Einwohnern wie Köln, deren Grundfläche zur Hälfte aus Wald besteht, eine Stadt mit 343 Seen und 40 Inseln. Aber auch eine Stadt mit über 50 teils weltberühmten Museen, mit unzähligen Cafés und Kneipen und zahllosen Festivals. Kurzum: Eine Stadt, in der es sich zu leben lohnt.

Wie immer Sie sich der Stadt nähern, ob durch die Luft, auf dem Wasser oder über die Straße: Oslo am Ende des 100 km langen Oslofjords bezaubert durch seine Lage. Vorne erstreckt sich der bis zum Kai noch von blanken Schären durchsetzte Fjord, auf dem Fischerboote neben Ozeanriesen dümpeln. Dann beginnt das große Dorf Oslo, ganz ohne Skyline, vielmehr voller flacher, meist hölzerner Häuser. Und dahinter erheben sich die grünen, im Winter auch tiefverschneiten Höhen der Marka. So klein, so verschlafen, so bescheiden können Hauptstädte sein.

Norwegens große kleine Metropole müht sich seit über 100 Jahren, zum wahren Zentrum des Landes aufzusteigen. Zwar residiert hier das Staatsoberhaupt – König samt Familie – in einem vergleichsweise bescheidenen Schloss, zwar tagen hier die 165 Storting-Abgeordneten in einem Klotz am Ende der Karl Johans Gate, der eher einem Kaufhauspalast als einem Parlamentsgebäude ähnelt, und auch Regierung und Oberster Gerichtshof geben Oslo als ihren Sitz an, doch Ortsunkundige suchen deren Arbeitsplätze vergebens. Eine gewachsene Altstadt oder eine exklusive Flaniermeile finden Touristen eher in Bergen oder Stavanger. Was also ist dran an dieser kleinen Großstadt, die mit ihrer Vergangenheit so wenig pfleglich umgeht und ihren Reichtum so geschickt verbirgt?

Stadt des Friedens

Gleich hinter dem königlichen Schloss an der Ecke Drammens Veien/Parkveien residiert seit 1905 das Nobelinstitut, Sitz des Norwegischen Nobelkomitees, das alljährlich den Friedensnobelpreis verleiht. Alfred Nobel, schwedischer Ingenieur und Erfinder des Dynamits, verfügte 1895 testamentarisch, dass seine Vermögenszinsen zu gleichen Teilen denen zukommen sollen, „die im vergangenen Jahr der Menschheit den größten Nutzen erwiesen haben". Während die Nobelpreise für Physik, Chemie, Medizin, Wirtschaft und Literatur von schwedischen Körperschaften verliehen werden, ist die Auswahl des Friedensnobelpreisträgers Sache des norwegischen Nobelkomitees, dessen Mitglieder vom Osloer Parlament gewählt werden – Präsident ist derzeit der Historiker Geir Lunestad. Der Preis wird alljährlich am 10. Dezember, dem Todestag von Alfred Nobel, im Osloer Rathaus verliehen und ist mit durchschnittlich 1,5 Millionen Kronen dotiert. Unter den Preisträgern finden sich Berühmtheiten wie Henri Dunant oder Fridtjof Nansen, Gustav Stresemann und Carl von Ossietzky, Albert Schweitzer, Willy Brandt, Nelson Mandela und – Preisträger 2001 – der damalige UNO-Generalsekretär Kofi Annan.

Falls Sie jemanden vorschlagen wollen – Postkarte genügt. Adresse: Nobelinstitut, Geir Lunestad, 0350 Oslo 2, Norwegen. Einsendeschluss ist jeweils der 30. September.

Sie werden einen ersten Eindruck bekommen, wenn Sie eine Sonnenstunde auf einer Bank vor dem Nationaltheater verbringen, ein Bier am Abend vor Aker Brygge am Hafen trinken, an einem verschneiten Wintertag von der Holmenkollen-Schanze den Blick auf das weiße Oslo bis zu den Höhen der Hardangervidda genießen oder wenn Sie an einem warmen Frühlingstag auf dem Fjord gen Hauptstadt schippern – dann spüren Sie die fast mediterrane Leichtigkeit dieses großen Dorfes, die so recht zu Norwegen passt.

Der Charme dieser Hauptstadt und ihrer 536.000 Einwohner erschließt sich erst auf den zweiten Blick. Deshalb sollten Sie sich etwas Zeit nehmen, um dieser Stadt auf die Spur zu kommen. Oslo hat viel Natur zu bieten: Eingerahmt von den waldreichen Bergkämmen der **Marka** (2.000 km Loipen und 1.200 km markierte Wanderwege sind nach höchstens 30 U-Bahn-Minuten vom Zentrum aus zu erreichen) und dem schärenreichen Ufer des 100 km langen **Oslofjords** ist die Stadt wohl Europas grünste City.

Die Stadtfläche von 453 qkm ist nur zu einem Drittel bebaut: 343 Seen, 40 Inseln und 16 angelegte Parks sorgen für Naherholung und eine problemlose Trinkwasserversorgung, von der Stadtväter anderswo nur träumen können.

Oslo hat auch viel Kultur zu bieten: Von der Nationalgalerie, die weltweit ihresgleichen sucht, bis zum Volksmuseum, dem größten Freilichtmuseum Skandinaviens, reicht das wirklich erlebenswerte kulturelle Freizeitangebot. Und Oslo hat eine Kneipenkultur, die durchaus gute Restaurants einschließt: Wer nicht wenigstens einen Vormittag im *Theatercaféen*, einem der letzten Jugendstil-Kaffeehäuser in ganz Europa, zugebracht hat, weiß nichts vom Lebensstil der Osloer.

Aker Brygge: aus Alt mach Neu

Oslo hat aber auch Probleme: Im zentralistisch geprägten Norwegen wurde die Hauptstadt, verstärkt durch den Ölboom der letzten 30 Jahre, zum bedeutendsten Ballungsraum ganz Skandinaviens. Ein Viertel der Bevölkerung Norwegens drängt sich mittlerweile im Großraum Oslo.

Der autobahnähnliche Ausbau der E 6 ins knapp 200 km entfernte Lillehammer, eine Neulast der Olympischen Spiele von 1994, und die Inbetriebnahme des Großraumflughafens Gardermoen vor den Nordtoren der Hauptstadt rauben Oslo unaufhaltsam das Image einer betulichen Metropole. Noch überragen die Hochhausfassaden nicht die massigen Rathaustürme, noch – und das schon seit dem Mittelalter – bleibt der dehnungsfreudige Alaunschiefer im Erduntergrund das einzige Problem für Oslos Städtebauer.

Doch in den kommenden Jahren wird sich Oslo verändern wie selten zuvor – die gesamte Hafengegend wird umstrukturiert. Kernstücke der Neubebauung sind der Westbahnhof, in dem 2006 das Friedenszentrum eröffnet wurde und in dem bald das Munch-Museum seinen Sitz haben wird, sowie die neue Oper, die in den Fjord hineingebaut wird. Mit ihrer Eröffnung wird 2008 gerechnet.

Stadtstruktur

Der Stadtkern schmiegt sich an das Nordufer des Oslofjords, der hier immerhin noch 40 m tief ist und ein ideales Hafenbecken formt. Die Grenze zum Hinterland bildet der **Tryvannshøgda-Voksenkollen**, von dessen Höhenrücken sich etliche Bäche und Flüsse ins Oslobecken ergießen. Der wichtigste war schon immer der **Akerselva**. Er diente einst als Kraftquelle für die junge Industrie und bildete lange Zeit die „Klassengrenze“ Oslos. Am Ostufer des

Hier werden Nobelpreisträger gemacht

Flusses lagen die Arbeiterquartiere, im Westen die bürgerlichen Villenviertel. Heute wohnen die Arbeiter in Satellitenstädten, aber ihr ehemaliges Viertel Grünerløkka um die östliche **Ausfallstraße Trondheimsveien** kann seine Geschichte nicht verleugnen. Jetzt leben hier türkische Gemüsehändler, und manch alte Fabrik ist in ein modernistisches Kommunikationszentrum umgewandelt worden.

Die feinen Leute wohnen noch immer im Westen, gleich hinter dem Schloss. Viele der klassizistischen Villen dienen zwar als Sitz ausländischer Botschaften, aber südlich des Schlossparks blieben Straßenzüge mit Altbauten aus der Jahrhundertwende erhalten, in denen sich heute Yuppies breit machen.

Doch die ganz feinen Leute zogen sich auf die **Halbinsel Bygdøy** zurück. Auch die Königsfamilie verbringt hier die Sommerfrische in ihrer Residenz. Dennoch bleibt Bygdøy im Sommer ein beliebtes Wochenendziel der Hauptstädter, um dort zu baden (es gibt sogar einen FKK-Strand), spazieren zu gehen oder ein Museum zu besuchen: Vier wahrhaft sehenswerte Museen machen Bygdøy auch zu einem Muss für jeden Oslo-Besucher.

Im ursprünglichen Stadtkern, im Dreieck zwischen Karl Johans Gate, dem neuem Hauptbahnhof und dem gewöhnungsbedürftigen Rathaus, hat sich der internationale Markenartikelhandel festgesetzt: Einkaufscenter und Passagen, wie *Paleet* an der Karl Johans Gate oder *Oslo City* gegenüber dem Hauptbahnhof oder das neueste Center *By Porten* direkt am Bahnhof, konkurrieren mit alteingesessenen Geschäften und Lokalen der Fußgängerzone um die Gunst der Kunden.

Um das Zentrum kommt man nicht herum, denn hier läuft tatsächlich alles zusammen: Knotenpunkt des Nahverkehrs, Ausgangspunkt aller Fähren, die namhaften Restaurants, Museen, Hotels und Diskos – alles auf vier Quadratkilometern zusammengedrängt. Dieses Dreieck ist der Mittelpunkt und der Ursprung Oslos.

Sie sollten die Osloer Innenstadt unbedingt zu Fuß durchstreifen. Alles Sehenswerte liegt dicht beisammen, und die Mautgebühr für den Innenstadtbereich (20 NOK für Pkws, 30 NOK für Gespanne) sowie die hohen Parkgebühren (ca. 30 NOK am Straßenrand und 40 NOK/Std. im Parkhaus) sparen Sie außerdem. Bei einem solchen Streifzug per pedes fällt die schachbrettförmige Anlage des Stadtkerns ins Auge.

Stadtgeschichte

Oslo (früher Åslo, was so viel wie „Wiesenebene am Wasser" bedeutet) wurde 1050 von König *Hardråde,* dem „letzten Wikinger", gegründet. Die Stadt war lange Ausgangspunkt kolonialistischer Wikingerzüge, aber auch Handelsplatz der später friedfertigeren Norweger. Das nutzten Missionare – bereits 20 Jahre nach seiner Gründung wurde Oslo Bischofssitz (das 1147 erbaute Zisterzienserkloster allerdings überdauerte den Brand von 1532 nicht).

Brände (1223, 1254, 1532, 1624) und Pestepidemien (1350, 1654) setzten der Stadt immer wieder zu. Wohl auch das ein Grund, warum bis ins 19. Jh. zunächst Trondheim und später Bergen die führenden Städte Norwegens blieben, obwohl Oslo bereits 1299 zur Hauptstadt ernannt worden war. Nach dem vierten großen Brand 1624 ließ Dänenkönig *Christian IV.* die Stadt im Schutz der Festung Akershus neu aufbauen. Steinhäuser traten an die Stelle der alten Holzhäuser, und rechtwinkelig angelegte, breite Straßen, Brandschneisen gleich, ersetzten die verwinkelten Gassen. Der baufreudige König gab dem Flecken auch seinen Namen: Christiania (ab 1877 Kristiania geschrieben) hieß die Reichshauptstadt unter dänischer Herrschaft bis 1925; erst 20 Jahre nach Erringen der Unabhängigkeit bekannten sich die Norweger zum altnorwegischen Namen Oslo.

Nach der Loslösung von Dänemark und mit der einsetzenden Industrialisierung wurde die Hauptstadt schließlich auch zur wichtigsten Stadt des Landes. 1811 gründete man hier die erste Universität Norwegens, und zwischen 1825 und 1848 entstand das Schloss als fester Königssitz. Im Osten der Stadt siedelten sich neue Industrien an (Werften, Textilfertigung und Nahrungsmittelproduktion), die Einwohnerzahl schnellte von 32.000 (1855) auf 228.000 (1900) hoch, und vielerorts wurden Mietskasernen gebaut, die das Stadtbild noch bis ins 20. Jh. hinein bestimmten: Wo heute das Rathaus den Hafen überragt, gammelte in den 1930er Jahren ein Arbeiterquartier.

Den nächsten Bauboom, u. a. finanziert mit Geldern aus dem Marshallplan, erlebte Oslo nach dem Zweiten Weltkrieg. Einer der Gründe war die Ausrichtung der Winterolympiade 1952, die eine Vielzahl baulicher Maßnahmen notwendig machte. Es entstanden neue Hauptverkehrsstraßen, und das Bahnliniennetz wurde ausgebaut. Später weitete sich dann das Stadtgebiet durch die Eingemeindung von Vororten wie der Aker-Kommune erheblich aus. Um den Stadtkern herum, im Nordosten, bildeten sich nach und nach Satellitenstädte, und am westlichen Stadtrand entstanden bürgerliche Holzhaussiedlungen.

Ab Beginn der 70er Jahre wurde das Zentrum schrittweise verkehrsberuhigt. 1970 legte man erste Fußgängerzonen an, und 1980 wurde mit der Eröffnung des neuen Hauptbahnhofs der Eisenbahntunnel unter der Stadt eingeweiht. Der nächste Schritt folgte 1992 mit dem Bau des Oslo-Tunnels, durch den auch der Autoverkehr weitgehend aus der Innenstadt verbannt wurde. Seit

Oktober 1998, seit Stilllegung des Stadtflughafens Fornebu und Inbetriebnahme des neuen Großraumflughafens Gardermoen, der 47 km vor den Toren der Stadt liegt, ist sogar der Himmel über Oslo verkehrsberuhigt. Und der nächste Bauboom erfasst Oslo gerade jetzt: Der Hafen wird völlig umgestaltet, u. a. mit einem ins Hafenbecken ragenden Opernhaus-Neubau, der ab 2008 mit Sydneys Wunderbau konkurrieren wird.

Information/Verbindungen

• *Information* **Turistinformasjonen**, Fridtjof Nansens Plass 5 (Eingang aber Roald Amundsen Gate, hinter dem Rathaus), ✆ 0047/81530555, www.visitoslo.com. Mai/Juni täglich 9–17 Uhr, Juli/August täglich 9–19 Uhr, in den übrigen Monaten werktags 9–16 Uhr.

Das **zentrale Touristenbüro** für Oslo und Norwegen ist jetzt hinter dem Rathaus platziert: der dritte Umzug in fünf Jahren. Drinnen ist alles vom Modernsten: Pressesaal, Multivisionsschau, Videoprogramme, aktuelle Ausstellungen neben Informationsbroschüren über das ganze Land sowie ein Info-Desk, an dem man Geld wechseln, Hotelzimmer und Stadtrundfahrten buchen kann. Außerdem gibt's hier den Touristen-Pass OsloKortet (s. u. Kasten).

Eine **Zweigstelle** im Osloer Hauptbahnhof (Empore am Hauptausgang) ist seit 2006 unter dem Trafikanten-Turm (s. u.) untergebracht und täglich von 8–17 Uhr geöffnet.

Besondere Hinweise erhalten Jugendliche von **Use it** mit zwei Informationsbüros: Eines findet man auf dem Bahnhofsvorplatz, besser: unter dem Platz, denn man muss am Trafikanten Turm (s. „Stadtverkehr") in die Tiefebene hinabsteigen. Das zweite, **Ungdomsinformasjonen**, in der Nähe des Doms, Mollergate 3. (Hier gibt es auch einen Internet-Zugang.) In beiden Büros werden u. a. preiswerte Privatzimmer vermittelt (nur während des Sommers).

Oslo und Oslofjord
Karten Umschlagklappe vorne und S. 157

> Im teuren Oslo ist der Touristen-Pass „**OsloKortet**" – vor allem bei mehrtägigem Aufenthalt – für viele ein echtes Schnäppchen: Eintritt gratis in fast allen Museen, kostenloses Parken und freie Fahrt auf allen städtischen Verkehrsmitteln, Rabatte beim Mieten von Autos oder Fahrrädern, im Kino und am Skilift. Man bekommt die Plastikkarte für einen Tag (210 NOK, Kinder 90 NOK) oder für drei Tage (390 NOK, Kinder 140 NOK) in Hotels, Narvesen-Kiosken und einigen Postämtern, am Bahnhof, auf Campingplätzen oder in der Touristen-Information.

• *Flugverbindungen* Der Großraumflughafen **Gardermoen** (47 km nordöstlich von Oslo) wird von allen großen Airlines mehrmals täglich angeflogen. Außerdem gibt es 50 tägliche Verbindungen innerhalb Norwegens, u. a. 5 x Alta (3 Std.), 23 x Bergen (50 Min.), 6 x Bodø (1,5 Std.), 3 x Hammerfest (3,5 Std.), 5 x Kristiansand (45 Min.), 3 x Kirkenes (4,5 Std.), 15 x Stavanger (50 Min.), 3 x Lofoten (3 Std.), 6 x Tromsø (2 Std. 45 Min.) und 16 x Trondheim (55 Min.). Eine Zubringerbahn fährt alle 10 Min. zwischen 7 und 23 Uhr in 19 Min. vom Osloer Hauptbahnhof zum neuen Flughafen (55 NOK); der Zubringerbus (Flybusekspressen) verkehrt tägl. zwischen 4.15 und 24 Uhr (Hauptbahnhalt am Scandinavia Hotel und am Bahnhof) und kostet 95 NOK für die einfache 40-Minuten-Fahrt, nachts 120 NOK (Kinder bis 16 Jahre gratis).

Billigflieger, allen voran Ryanair, fliegen den Flughafen Torp/Sandefjord an – 110 km südwestlich von Oslo und 10 km von Sandefjord in der Provinz Vestfold entfernt, mittlerweile der zweitgrößte internationale Airport Norwegens (s. S. 170).

• *Zugverbindungen* Oslo ist Knotenpunkt des bescheidenen Netzes der Staatsbahn (NSB). Vom Hauptbahnhof (Sentralstasjon) und dem alten Ostbahnhof nebenan gibt es internationale Verbindungen nach Gøteborg (5 x täglich, 6 Std.), Stockholm (3 x täglich, 8 Std.), Kopenhagen (4 x täglich, 10 Std.) und Hamburg (2 x täglich, 16 Std.). Zudem nationale Fernverbindungen nach Kristiansand und zur Südküste (5 x täglich, 4 Std. 20 Min.), Frederikstad (alle 2 Std., Dauer ebenfalls 2 Std.), Bergen (5 x täglich, 7 Std.), Trondheim (3 x täglich, 7 Std.) und Stavanger (3 x täglich, 8 Std.). Und auch die

Nahverkehrszüge nach Drammen, Spikkestad, Moss, Mysen, Arnes, Eidsvoll und Jaren starten hier. Das **NSB-Reisezentrum** im Hauptbahnhof ist von 7–23 Uhr geöffnet (✆ 81500888, www.nsb.no).

• *Busverbindungen* Fast 60 Linien mit nationalen wie internationalen Zielen steuern den Busbahnhof (Busterminalen) gleich hinter dem Dreieck Hauptbahnhof, Plaza Hotel und Postgiroamt an (Schweigaardagate 8–10, ✆ 23002400, **Buchungsbüro** von 8–22 Uhr, sonntags bis 17.30 Uhr geöffnet). Das Unternehmen NORWAY Busekspress mit seinem empfehlenswerten Service bietet u. a. die 10-Stunden-Tour nach Bergen (1 x tägl.) an, die Sørland-Tour an der Südküste entlang nach Stavanger (2 x täglich, 6,5 Std.) und die Trondheim-Tour durch das Gudbrandstal (2 x täglich, 13 Std., via Bergen 16 Std.). Darüber hinaus unterhält es 17 Nahverkehrslinien (nach Sarpsborg und Moss, Gardermoen, Skillebekk, Sanvika, Asker und Høvik). Das Billett wird beim Fahrer gekauft – man sollte sich aber vorab die Plätze beim Buchungsbüro reservieren lassen.

• *Fährverbindungen* Aus Deutschland und Dänemark legen Großraumfähren am Osloer Kai an; jede Linie hat im ausgedehnten Hafengebiet ihren eigenen Anlegesteg. Die Fährschiffe aus Kiel und Hirtshals beispielsweise landen am **Hjortnes Kaja** (westlich von Aker Brygge), während die Fähren aus Frederikshavn und Kopenhagen im **Björvika-Hafenbecken** (östlich der Akerhus-Festung) festmachen. Die Hafenfähre zur **Museumsinsel Bygdøy** (nur April–September) startet vom Pier Nr. 3 (gegenüber dem Rathaus), von wo auch die **Oslofjord-Rundfahrtschiffe** ablegen (nur Mai–September, Buchung über ✆ 22200715, 175–275 NOK). Nach **Hovedøya** und anderen Fjordinseln startet die Fähre ganzjährig von **Vippetangen** aus, zwischen Juni und August geht es von hier aus auch zu den Badestränden auf **Langøyene**. Übers Jahr auch Fährverbindungen zur **Halbinsel Nesodden** (von Aker Brygge aus).

Stadtverkehr

Sechs Straßenbahnlinien, fünf U-Bahn-Linien und 68 Buslinien besorgen den öffentlichen Nahverkehr in Oslo so reibungslos, dass selbst eingefleischte Autofahrer für den City-Besuch auf die Bahn umsteigen können. Mautgebühr und Parkplatzmiete sparen Sie dann noch ganz nebenbei. Und mit OsloKortet fahren Sie auf den öffentlichen Verkehrsmitteln umsonst (Durchschnittspreis ansonsten ca. 26 NOK, inkl. Umsteigen). Fahrplan (*rutetabell*) und zusätzliche Informationen bei **Trafikanten** – unter dem hässlichen Turm auf dem Bahnhofsvorplatz (Mo–Fr 7–20 Uhr, Sa/So 8–18 Uhr, ✆ 81500176, www.trafikanten.no).

• *Metro* Neben den fünf „Tunnelbahnen"-Linien in Nord-Süd-Richtung verkehren in Oslo auch Sonderzüge nur in Ost-West-Richtung: Die Linien 1, 2 und 3 direkt nach Norden, die 4 und die 5 von Osten nach Westen. Scheitelstation ist jeweils **Stortinget** beim Parlamentsgebäude. Das Einmalticket kostet 26 NOK, billiger ist's per Tageskarte (55 NOK) oder Flexi-Card für 10 Fahrten (60 NOK).

• *Straßenbahn* Sechs „Tramban"-Linien durchqueren die Stadt in Ost-West-Richtung mit hoher Frequenz. Man muss selbst an Wochenenden nie länger als 15 Minuten warten. Hauptstation in östlicher Richtung ist der alte **Ost-Bahnhof**, in westlicher Richtung das **Parlamentsgebäude**. Einige Linien verkehren auch nachts (*Nattrick*, erkennbar an einem gelben Halbmond am Wartehäuschen). Preise und Ermäßigungen wie bei der Metro.

• *Bus* 68 (an zweistelligen Nummern erkennbare) Buslinien verkehren bis in die Außenbezirke, aber längst nicht so häufig wie die Tram. Hauptstationen sind **Hauptbahnhof** und **Nationaltheater**. Preise wie bei der Metro; gezahlt wird beim Fahrer, Ermäßigungskarten werden im Automaten hinter dem Fahrersitz abgestempelt.

• *Taxi* Die uniformierten Taxifahrer warten an 70 Halteplätzen im Stadtgebiet (✆ 02323), z. B. am Busbahnhof, am Ausgang der Karl Johans Gate und am Hauptbahnhof. Die Preise sind mit denen in Mitteleuropa vergleichbar; Beispiele: Zentrum–Holmenkollen 220 NOK, Zentrum–Osten 180 NOK, Zentrum–Fornebu 200 NOK, Zentrum–Gardermoen (pro Person!) 410 NOK (nach Gardermoen verkehrt auch ein Airporttaxi mit vier Sitzplätzen für 475 NOK, Bestellung: ✆ 23232323).

Oslos Stadtgarten: einer von 16 Hauptstadt-Parks

Adressen/Telefonnummern

• *Apotheken-Notdienst* Die 24 Std. geöffnete Apotheke liegt dem Hauptbahnhof gegenüber, Jernbanetorget 4, ✆ 233358100• *Autoverleih* **Avis**, Munkedamsvn. 27, ✆ 81569044. **Bislet**, Pilestredet 75, ✆ 22570057. **Hertz**, am Flughafen und im Scandinavia Hotel, ✆ 64810550.

• *Fahrradverleih* **Den Rustne Eike**, am Hafen; Fahrrad 150 NOK/Tag, Motorrad 900 NOK/Tag. **Skiservice Sykkeutleie**, Tryvannsveien 2, ✆ 22139504, 160 NOK/Tag. **Oslo Citybike**, ✆ 220023488. Der städtische Fahrradservice unterhält Dutzende von Fahrradständern im Stadtgebiet, an denen man für drei Stunden ein Rad abholen kann. Das 24-Stunden-Ticket kostet 50 NOK (500 NOK als Kaution).

• *Fundbüro* im Polizeipräsidium, ✆ 22085361, werktags 9–14 Uhr. Information bei verlorenen Kreditkarten: ✆ 08989 (Visa), ✆ 80068100 (American Express), ✆ 21015200 (Eurocard/Mastercard).

• *Geldwechsel* zweimal im Hauptbahnhof, bei der Touristen-Information, im Flughafen, im Hauptpostamt sowie bei Banken (Mo–Fr 8.15–15.30, Do bis 17 Uhr; die meisten liegen zentral in der Karl Johans Gate und im Stadtviertel Aker Brygge).

• *Internet- Zugang* gibt es auch im Bahnhof, geöffnet 10–23 Uhr (ansonsten s. u. „Nachtleben").

• *Polizeipräsidium* Grønlandgate 44.

• *Post* Dronningensgate 15, Mo–Fr 8–17, Sa 9–13 Uhr.

• *Telegrafenamt* Kongensgate/Prinsengate, Mo–Fr 9–21, Sa 10–18 Uhr.

• *Verkehrsauskunft* ✆ 22085361.

• *Wäschereien* **Mr. Clean** (Parkvn. 6), **A-Vask** (Thorvald Meyers Gate 18), **Majorstua Myntvaskeri** (Vibes Gate 15).

• *Zahnärztlicher Notdienst* ✆ 22673000.

Übernachten/Camping (siehe Karte Umschlagklappe vorne)

Selbst die Jugendherbergen, in Oslo die preiswerteste Übernachtungsmöglichkeit, sind deutlich teurer als hierzulande. Billiger sind höchstens Privatzimmer, die gegen eine Gebühr von 10 NOK von der Touristeninformation vermittelt werden.

• *Übernachten* **Oslo Vandrerhjem, Haraldsheim**, Haraldsheimveien 4, 0409 Oslo, ✆ 22222965, www.vandrerhjem.no (Weihnachten geschlossen). Per Bahn: Vorortzug nach Grefsen; per Tram: Linien 10 oder 11 (Station Sinsenkryset, dort den Hügel hinauf); per Bus: Linien 31 oder 32 (Station Aker Sykehus, Fußgängertunnel, dann links); per Auto: östliche Ausfallstraße Trondheimsveien bis Lørenveien (ca. 5 km), dort links und bei erster Gelegenheit zweimal rechts.

Norwegens vielleicht bekannteste Jugendherberge hat in den 50 Jahren ihres Bestehens kaum etwas von ihrem Reiz verloren (nur die einstmals schöne Aussicht auf den Fjord ist mittlerweile von zwei Schnellstraßen verstellt): 270 Betten in 70 Zimmern, gemütliche Aufenthaltsräume, Selbstkocherküche, Frühstücksbüfett (inkl.). DZ 445–525 NOK, EZ 330–400 NOK, Bett 220 NOK Bettwäsche und Decken können ausgeliehen werden. Vorab reservieren!.

oslo Vandrerhjem, **Holtekilen**, Micheletsvei 55, 1320 Stabekk, ✆ 67518040 (außerhalb der Öffnungszeiten ✆ 22152185), www.vandrerhjem.no. Geöffnet nur von Anfang Mai bis Mitte August. Per Bahn: Vorortszug (rote Linie) bis Stabekk; per Bus: Linien 151, 153, 161, 162 (der freundliche Fahrer hält, wenn er zuvor informiert wird). Die Sommerjugendherberge unweit des Flughafens Fornebu bietet mit199 Betten einen ähnlich guten Service wie Haraldsheim zu allerdings günstigeren Preisen: DZ 470 NOK, EZ 295 NOK, Mehrpersonenraum 185 NOK (Frühstück inkl.).

Oslo Vandrerhjem Rønningen YMCA, Myrerskogveien 54, 0495 Oslo, ✆ 21023600, www.vandrerhjem.no. Geöffnet von Juni–Aug. Per Auto: Von der E6 oder E18 auf der Ringstraße 3 nach Storo, dort den Schildern nach Grefsen folgen, entlang der Schienen, bis das Schild „Oslo Hostel" kommt. Per Bahn: Straßenbahnlinien 10 oder 12 bis Storo, dann Buslinie 55 bis „Grefsen Stadion", zu Fuß über den Myrerskogveien zur JuHe. Sechs Kilometer nördlich der City liegt das Sommerhotel mit 72 Zimmern in ländlicher, ruhiger Umgebung. Trotz der mühsamen Anfahrt der guten Preise wegen empfehlenswert. DZ 470 NOK, EZ 290 NOK, Bett 135 NOK.

Cochs Pensjonat (13), Parkveien 25, ✆ 23332400, www.cochspensjonat.no. Die große, 90 Jahre alte Pension in der Straße hinter dem Schlosspark (Eingang an der Ecke Hegdehaugsveien) hat ihre 65 Zimmer (Du/WC, Kücheneinheit) im 3., 4. und 5. Stockwerk behindertengerecht eingerichtet. Außerdem gibt es einen Fahrstuhl, und die Preise sind günstig: DZ 560–720 NOK, EZ 400–540 NOK (Preise verhandelbar). Die Zimmer zur Straße sind jedoch unvergleichlich laut – sie liegen direkt über einer Ampelanlage. Dennoch wird die Pension, vor allem wegen ihrer Lage, von vielen Lesern empfohlen.

Ellingsens Pensjonat (11),Holtegata 25, ✆ 22600359, www.ellingsenspensjonat.no. In einer 100 Jahre alten Villa bietet die Pension geräumig-gemütliche Zimmer, die nicht alle mit WC/Du ausgestattet sind. Deshalb die Preis-Differenz: DZ 490–500 NOK, EZ 300–420 NOK.

Perminalen Hotel (45), Øvre Slottsgate 2, ✆ 23093081, www.perminalen.com. In einer Mietskaserne im Herzen Oslos bietet das kürzlich renovierte Hotel einfache, recht - karge Zimmer. Dennoch hat das Haus seinen eigenen Charme, wenn Geschäftsleute, kinderreiche Familien und Backpacker durcheinander wuseln. Und es hat charmante Preise: DZ 850 NOK, EZ 499 NOK.

Anker Hotel Best Western, Storgata 55, 22997500, www.anker-oslo.no. Per Auto ca. 4 km auf der östlichen Ausfallstraße Trondheimsveien; per Bus: Linien 31 und 32; per Tram: Linien 10 und 11. Der riesige Kasten (230 Zimmer) darf nicht erschrecken, drinnen sind die Zimmer mit TV und Telefon einfach, sauber und funktional (Du/WC). Das Hotel verfügt zudem über einen großen Parkplatz und eine Bar, in der Bier und Wein ausgeschenkt wird. DZ 850 NOK, EZ 650 NOK (Frühstück inkl.).

Thon Hotel Munch (15), Munchs Gate 5, ✆ 23219600, www.thonethotels.no. Das 180-Zimmer-Hotel, 500 m von der Karl Johans Gate entfernt, bietet nüchtern-funktionale Zimmer zu echten Dumping-Preisen: DZ 795 NOK. EZ 595 NOK (dabei kann es sich jedoch um kurzzeitige Einführungspreise des neuen Besitzers handeln).

P-Hotels Oslo (19), Grensen 19, ✆ 23318100, www.p-hotels.no. Nach einem erneuten Besitzerwechsel ist das Haus besser geworden – und die Preise sind gesunken. Die Cafeteria im 2. Stock bietet außer dem Frühstück auch freundlichen Restaurantservice. Das Hotel wirbt mit seinem rollstuhlgerechten Ausbau. DZ 745 NOK, EZ 650 NOK.

Best Western Hotell Bondeheimen (44), Rosenkrantzgt 8, ✆ 23214100, www.bondeheimen.com. Das gemütliche Hotel verfügt über eine Cafeteria, in der man Frühstück und kleine Gerichte, aber keine alkoholischen Getränke bekommt, außerdem befindet sich ein Souvenirshop im Haus. Die 65 Zimmer (Du/WC, TV und Telefon) kosten inkl. Frühstück 1.245 NOK (DZ) bzw. 1.145 NOK (EZ).

Thon Hotel Gyldenløve (8), Bogstadveien 20, ✆ 23332300, www.thonhotels.no. Das Traditionshotel in Oslos Westend hat den gediegenen Standard eines internationalen Hotels: nicht jedermanns Geschmack, doch ausreichend funktional. Für das Haus spricht zudem seine Lage in Spaziergang-Entfernung zu fast allen wichtigen Orten der Stadt. DZ 1.380 NOK, EZ 1.130 NOK.

Holmenkollen Park Hotel Rica, Kongevn. 26, ✆ 22922000, www.holmenkollenparkhotel.no. Das ehemalige Sanatorium, ein imposantes Holzhaus im Schatten der Holmenkollen-Schanze, bietet neben famoser Aussicht hoch über dem Fjord alles, was First-Class-Hotels zu bieten haben: Das Restaurant gehört stadtweit zur Extraklasse, außerdem gibt's eine Bar, eine Cafeteria, ein Hallenbad, eine Sauna, einen Fitnessraum und einen Radverleih. Natürlich haben alle Zimmer – es gibt auch Suiten und Appartements – Du/WC und TV/Telefon, natürlich gibt es spezielle Nichtraucherzimmer, natürlich finden Behinderte alle möglichen Erleichterungen. DZ 1. 670 NOK, EZ 1. 420 NOK.

Hotel Continental (36), Stortingsgt 24–26, ✆ 22824000, www.hotel-continental.no. Wer sich in dieser schönen Stadt etwas Besonderes leisten will, ist im Continental richtig. Der Hotelkomplex gleich am Nationaltheater ist traditionell das erste Haus am Platz und bietet jede nur erdenkliche „facility". Das hat seinen Preis: DZ 2. 530 NOK, EZ 1.990 NOK. Auch das Restaurant „Annen Etage" gilt als Star-Adresse für Freunde der traditionellen französischen Küche (s. „Essen & Trinken").

Radisson SAS Plaza Hotel (18), Sonja Henies Plass 3, ✆ 22058000, www.radissonsas.com. Der Glaspalast, höchster Wolkenkratzer Skandinaviens, ist fast schon zum Wahrzeichen Oslos geworden. Wer also die Hauptstadt von oben genießen will, und sei es nur während einer Fahrt mit dem gläsernen Außenfahrstuhl in den Nightclub im 33. Stock, sollte eines der 662 Zimmer mit allen Annehmlichkeiten eines Fünf-Sterne-Hauses für 2.750 NOK (DZ) oder 2.150 NOK (EZ) mieten.

• *Camping* **Bogstad**, Ankerveien 117, ✆ 22510800, www.bogstadcamping.no. Per Bus: Linien 41 oder 32 (Haltestelle „Bogstad"); per Auto: das Zentrum in nordwestlicher Richtung über Semdalsveien und Ankerveien verlassen. Der herrlich gelegene Platz – auf einem Höhenzug zwischen Holmenkollen-Schanze und Bogstadsee – ist ganzjährig geöffnet, verfügt über ein riesiges Zeltareal (Zelt: 180 NOK, Wohnmobil: 250 NOK) und vermietet zudem 36 Hütten für 500–960 NOK. Es gibt ein Restaurant, Telefon, Selbstkochgelegenheit und einen TV-Raum. Im nahe gelegenen See kann man baden und angeln, und Leser Michael Hampel empfiehlt zudem einen 45-Minuten-Spaziergang entlang des Seeweges zum Bogstad-Hof.

Ekeberg, Ekebergsveien 65, ✆ 22198568, www.ekebergcamping.no. Per Bus: Linie 24 A; per Auto: das Zentrum am Hafen in südöstlicher Richtung verlassen, weiter über Bispegata und Mosseveien. Der Sommercampingplatz, der nur wenige Minuten vom Fjord entfernt ist, ähnelt Bogstad in fast allem: Auch er liegt auf einem Höhenrücken mit wunderbarer Aussicht auf die Stadt und den Fjord, und Service sowie Preise sind ebenfalls fast gleich (geringfügig preiswerter). Einzige Unterschiede: Ekeberg ist kleiner (700 Parzellen), liegt aber dichter zum Zentrum (3 km). Nur von Juni bis August geöffnet.

Oslo Fjord Camping (50), Ljansbrukveien 1, ✆ 22752055, www.oslocamping.no. Per Bus: Linie 83. Der Platz, neun Kilometer südlich der City und direkt am Fjordufer, ist von Mai bis Sept. geöffnet und bietet neben guten Sanitäranlagen 120 Stellplätze, wenige Hütten (ab 450 NOK), einen Kiosk und ein Restaurant.

Essen/Trinken (siehe Karte Umschlagklappe vorne)

Ein Mekka für Gourmets ist Oslo sicherlich nicht. Zwar gibt es überall gute norwegische Hausmannskost, doch sind die Preise dafür in der Hauptstadt sehr hoch. Aber es gibt auch interessante Alternativen mit internationaler Küche. Sie finden sie meist um die Karl Johans Gate herum, denn hier im Zentrum liegen die Lokale (Öffnungszeiten, wenn nicht anders angegeben, von 11 bis 23 Uhr) und Bars Tür an Tür.

Peppe's Pizza (31), Jernbarnetorget, Aker Brygge und Stortingsgata. Die Lokale dieser Kette, in Oslos Zentrum mehrfach vertreten, sind gemütlich-rustikal möbliert und bieten außer Pizza und einem allerdings üppigen Salatbüfett fast nichts. Die Pizzen aber können sich sehen lassen – üblicherweise reicht eine Portion für zwei Personen. Zeitlich begrenzte Sonderangebote: Für 130 NOK so viel Pizza, wie man verträgt (immer sonntags 13–23 Uhr).

Café Sorgenfri (49), Bryggetorget 4. Im Freien an der Aker Brygge sitzen kann man nirgends so gut wie hier. Die Speisekarte ist abwechslungsreich, die Gerichte aber nicht ganz preiswert.

Vegeta Vertshus (32), Munckedamsveien 3. Oslos einziges vegetarisches Restaurant, sogar von der „New York Times" empfohlen, bietet gewaltige Büfetts voller Gemüse – für wenig Geld (140 NOK) kann jeder essen, was auf den Teller passt.

Postcaféen (40), Dronningsgate 19. Der Pub, einst das „In"-Lokal in der City, bietet immer noch preiswerte Gerichte und seit 70 Jahren urige Stimmung.

Chinatown (34), dreimal allein auf der Karl Johans Gate. Auch dies eine landesweit vertretene Kette, die international gewohnte China-Einheitskost von gleich bleibender Qualität zu annehmbaren Preisen bietet.

Meny (39), Ecke Karl Johans Gate/Skippergata. Der etwas feinere Imbiss liegt mit seinen Preisen im Trend. Beispiele: Hamburger 70 NOK, gemischter Salat 50 NOK, Steak 150 NOK.

Maliks Bistro (37), Ecke Karl Johans Gate/Dronningensgata. Das leckere Smørebrød bekommt man für 65 NOK, den Burger für 60 NOK, und für das Steak, das man beim letzten Check besser anderswo gegessen hätte, wollen wie fast überall 150 NOK hingeblättert sein.

Lunch-Bar (28), im Wandelgang des Basars Kirkeristen, ein gemauertes Halbrund hinter der Domkirche. Etwas preiswerter und etwas ungastlicher. Kebab 45 NOK, Hamburger 50 NOK.

Leonardo da Vinci Bar (24), Grensen 10. Trotz des Namens bekommt man hier ganz ausgezeichnete Fischgerichte (100–165 NOK) und preiswerte, aber leckere Tapas (35–

50 NOK). Und trotz der Öffnungszeiten (7 Uhr morgens bis 1 Uhr nachts) kein Frühstück.

Stortovets Gjestgiveri (26), Grensen 1. In dem gemütlichen, gelben Haus kann man getrost einen Regentag verbringen. Und dabei an großen Holztischen und in alten Ledersesseln Kaffee und Kuchen ab 40 NOK kosten, aber auch am Büfett norwegische Spezialitäten zu günstigen Preisen bekommen. Und dann noch den Sommer mit Dixielandjazz live im schnuckeligen Hinterhof genießen.

Sult (3), Thorvald Meyers gate 26. Das Lokal heißt „Hunger", die angeschlossene Bar „Durst" (Tørst). Und das ist nicht das einzig Originelle am neuen Grünerløkka-Restaurant; vor allem die Fischgerichte sind kreativ und lecker. Im Sommer ist der Garten geöffnet.

The Scotsman (33), Karl Johans Gate 17. Anders als der Name vermuten lässt, gibt es im dem auf britischen Club getrimmten Lokal gegenüber der Domkirche für 135 NOK immer eine norwegische Spezialität als Tagesmenü *(dagens rett)*. Probieren Sie *får-i-kål*, Lamm in Kohl.

Engebret Café (48), Bankplassen 1. Im stilvollen Gemäuer gegenüber vom neuen Museum für zeitgenössische Kunst werden in Oslos ältestem Restaurant norwegische und internationale Spezialitäten zu deftigen Preisen geboten. Und im Sommer einige Tische auch nach draußen gestellt – dann spätestens lohnt sich die hohe Rechnung. Sa 12–23 Uhr, So geschlossen.

Mona Lisa Huset (17), Grensen 10. Der neue Restaurant-Komplex im Zentrum bietet in sechs Lokalen arabische, französische und italienische Spezialitäten. Und damit nicht genug: Bars und Dikos gibt's auch im größten Lokal der Stadt.

Mamma Rosa (41), Øvre Slottsgate 12. Spaghetti, Lasagne, Tortellini und vieles mehr, würzig zubereitet und zu günstigen Preisen (à la carte ab 180 NOK). Obendrein sitzt man recht gemütlich im 1. Stock eines hübschen Jahrhundertwendebaus.

Tostrupkjeller (25), Karl Johans Gate, gegenüber dem Storting. Das Kellerlokal ist ein Journalistentreff, in dem Politikern aus dem nahe gelegenen Parlamentsgebäude auf den Zahn gefühlt wird. Und dazu gehört stets eine gute Küche. Wer dabei sein will, muss allerdings für das Rentiersteak 310 NOK, für ein Ranchersteak immer noch 280 NOK und für das Lammfilet 250 NOK hinblättern.

Det Gamle Raadhus (42), Nedre Slottsgata 1. Alle norwegischen Spezialitäten serviert das edle Restaurant im ehemaligen Rathaus zu leicht überhöhten Preisen. Und im Hinterhof wartet ein charmantes Gartenlokal. Sa von 17–23 Uhr, So geschlossen.

Theatercaféen: das „In"-Restaurant

Barock (20), Universiteitsgaten 26. In dem Pub mag man's klassisch: Hintergrundmusik klassisch, die Tische klassisch-edel eingedeckt, selbst die Bedienung gibt sich so. Dazu passt ein gutes Menü ab 350 NOK (täglich ab 15 Uhr).

34 (18), im Plaza Hotel. In 107 m Höhe über dem nächtlichen Oslo zu speisen hat schon was. Vor allem, wenn die Tapas so lecker und die beiden Abend-Menüs (drei und fünf Gänge) so deftig sind. Und der Barkeeper versteht sich auf originelle Cocktails, probieren Sie mal den „Designer Martini".

Annen Etage (38), im Hotel Continental. Zu diesem Hotel passt nur das wohl beste Restaurant der Stadt. Dort gelingt es, französische Küche mit norwegischen Kleinigkeiten zu kombinieren. Das mundet, hat aber seinen Preis: Menü ab 550 NOK.

Bagatelle (43), Bygdøy allé 3–5, ✆ 22121440. Eines der wenigen Restaurants in Norwegen mit Michelin-Stern. Dieser Besonderheit verdankt das etwas abseits gelegene Lokal (südöstlich des Schlossparks) seine Erwähnung in dieser Aufstellung. Denn auch die Preise sprengen unseren Rahmen: Menü ab 700 NOK.

Oslo und Oslofjord
Karten Umschlagklappe vorne und S. 157

Cafés (siehe Karte Umschlagklappe vorne)

Cafés sind in der Regel von 11 bis 23 Uhr geöffnet. Davon abweichende Öffnungszeiten sind jeweils angegeben.

Theatercaféen (35), Stortingsgt 24. TC ist seit 1900 erste Anlaufstelle in Oslo; dort sieht man und wird gesehen. Der Jugendstilsaal verströmt Wiener Charme, und alles ist vom Feinsten (allerdings muss man auch kräftig zahlen – eine Tasse Kaffee kostet doppelt so viel wie anderswo). Wenn dann noch die „Musi" spielt, lässt sich hier bestens ein Nachmittag verbringen. Oder sogar der Abend, wenn einem 450 NOK pro Menü nicht zu schade sind. Sonntags nur von 12–21.45 Uhr geöffnet.

Godt Brød, die Bio-Bäckerei mit angeschlossenem Mini-Café gibt es in Oslo dreimal: im Bogstadveien 24 **(7)**, in der Thorvald Meyersgate 49 **(6)** und der Tereses gate 33 **(2)**.

Café Celsius (47), Rådhusgt 19. Das Fachwerkhaus ist fast 200 Jahre alt, der Durchschnittsgast gerade 20.

Grand Café (23), Karl Johans Gate 31. Munch war hier und Ibsen auch. Das Café im Erdgeschoss des altehrwürdigen Grand Hotels ist die Nummer zwei unter Oslos Stadtcafés. Porträts prominenter Gäste der Gründerzeit zeugen noch von der großen Vergangenheit. Das „Wohnzimmer Oslos" durchströmt heute noch der Hauch der guten, alten Zeit ...

Saras Telt (27), im Grünstreifen zwischen Rosenkrantzgate und Nationaltheater ist „Saras Zelt" als beliebtes Gartencafé zum Citytreff bei schönem Sommerwetter geworden.

Café Cathedral (30), Dronningsgt. Im Wandelgang des Basars Kirkeristen hinter der Domkirche hat sich dieses kleine, schicke Café im ehemaligen städtischen Fundbüro etabliert. Heute sitzt man auf Thonetstühlen und an gusseisernen Kaffeehaustischen und bekommt neben Kaffee auch Wein und Bier.

Cappuccino (29), Dronningsgt. Gleich nebenan und im selben Gebäude das bei der Osloer Jugend populäre Bistro ohne Alkoholschankrecht.

Herregårdskroa und Frognersparken (9), in der Vigeland-Anlage. Beide Freiluftcafés sind im Sommer beliebte, stets überfüllte Ausflugsziele. Wem's da zu heiß wird, kann gleich in das nahe gelegene Frognerbadet (Wasser immer 26° C) ausweichen.

Nachtleben (siehe Karte Umschlagklappe vorne)

In den letzten Jahren hat sich Norwegens Hauptstadt zu einem „Swinging Oslo" entwickelt. Allerdings wird mehr gerockt als geswingt. Überall werden Ausweise (Eintritt in der Regel ab 18) verlangt, fast überall Eintrittsgeld (100–150 NOK), das nicht auf die Getränke angerechnet wird.

Smuget (46), Rosenkrantzgate 22. Jeden Abend Livemusik – Jazz, Rock oder Blues. Diskothek, Speis und Trank, vor allem jede Art von Alkohol (19–4 Uhr morgens).

Oslo Jazzhus, Toftes Gate 69. Immer noch Oslos wichtigste Adresse für guten Swing. Und gute Jazzer gibt es in Norwegen allemal. Dafür lohnt sich der etwas weitere Weg zum kleinen Club mit nur 90 Plätzen in den Osten der Stadt schon (nur Do–Sa).

Macondo, (14), Badstugata 1. Die frechste Tanzfläche der Stadt im 70er-Jahre-Interieur.

Muddy Waters (21), Grensen 13. Die Adresse im Zentrum für Bluesliebhaber.

Garage, Grensen 9. Gleich nebenan der Schuppen für die neue Rockszene mit viel Platz zum Tanzen und regelmäßig aktuellen Konzerten.

Havanna Social Club (12), Hegdehausvn 31. Der neue Open-Air-Pub in Majorstua ist nicht nur für Fans südamerikanischer Musik gedacht, sondern auch für notorische Raucher, die nur noch unter freiem Himmel ihrem Laster fröhnen dürfen.

Odeon (10), Hegdehausveien 34. Gleich gegenüber die Bar, in der auch gegessen wird. Derzeit die populärste Bleibe für längere Nächte, in der man regelmäßig auch VIPs trifft.

Gamle Christiania (22), Grensen 1. Blues und Rock, meistens live, gibt es im „New Orleans Workshop" im stilvollen Gebäude der „Stortorvets Gjestgiveri" (12 bis 2 Uhr nachts, So geschlossen). Während des Jazz-Festivals finden hier die Hauptkonzerte statt (s. Kasten „Swinging Oslo").

Cosmopolite (1), Industrigata 36. Der schon 25 Jahre alte Club hat sich zu einem der populärsten Treffpunkte für Jazz, aber auch Soul- und Folkmusik entwickelt. Bis zu 500 Gäste finden hier Platz.

Rockefeller Music Hall (16), Torgata 16. Aus dem einstigen Schwimmbad wurde ein Reggae-Schuppen mit 900 Plätzen, der regelmäßig am Wochenende auch Livemusik bietet.

Tea Lounge (5), Thorvald Meyersgate 33. Das ist mehr als ein edles Teehaus – die Anbagger-Adresse Oslos in schickem Jugendstil-Ambiente. Im Sommer bis 3.30 Uhr geöffnet.

Café Kaos (4), Thorvald Meyersgate 56. Auf der anderen Straßenseite die neueste Location in Grünerløkka mit grooviger Musik und großem Biergarten.

Internetcafés, derzeit gibt es fünf in der City. Die populärsten sind neben dem Bahnhof-Treff **Vestbanen Café** am Hafen und das **Studenten Nett-Café** (Karl Johans Gate 45). Ansonsten: **Stadtbibliothek**, Hendrik Ibsen gate 1, 10-18 Uhr. **Use it** (s. „Touristeninformation") sowie in allen drei **Jugendherbergen** (s. „Übernachten") und im **Norsk Teknisk Museum** (s. „Sehenswertes").

Gay and Lesbian, als Disko ist **London Pub** (Hambros Plass) zu empfehlen, als Café und Restaurant sind **Apotheket** und **Tin Kafé** (bei St. Olavs Plass) beliebt.

Swinging Oslo

Es gibt berühmtere, auch besser besetzte Jazz-Festivals in Norwegen – in Kongsberg oder Molde immer im Juli zum Beispiel. Aber nur in Oslo swingt im August die ganze Stadt. Unter die vertrauten Straßenmusikanten mischen sich Spitzenmusiker aus der ganzen Welt. Kaum eine Kneipe ohne mindestens ein Konzert pro Woche (besonders stilvoll im Gamle Christiania, s. o.), und selbst die Stadtkirchen öffnen sich zu diesem Anlass auch weltlichen Konzerten. Unvergesslich, einem Jan Garbarek, Europas derzeit populärstem Jazzer, in der Domkirke bei einem Saxophon-Solo zu lauschen. Und Jan Garbarek ist beim Jazz-Festival seiner Heimatstadt regelmäßig dabei.

Einkaufen

Einkaufszentren und Fußgängerzone, Einkaufspassagen und Fachgeschäfte – Oslo hat von jedem etwas. Die Stadt bietet jede Menge Möglichkeiten zum Bummeln. Dabei lassen sich auch Schnäppchen machen und kuriose Souvenirs finden.

• *Shoppingmeilen* Die Hauptgeschäftsstraße ist die **Karl Johans Gate**. Die Promenade führt schnurgerade vom Bahnhof zum Schloss und ist bis zum Parlamentsgebäude Fußgängerzone. Sie hat ihren Namen von Carl Johann, der eigentlich Bernadotte hieß und König von Schweden war (zudem noch Napoleons Schwager). Heute reihen sich Boutiquen und Restaurants, „H & M" und „McDonald's" aneinander.

Fast parallel zur Karl Johans Gate, am Domplatz startend, verläuft **Grensen**. Die „Grenzstraße" (einst stand hier die Stadtmauer) ist ebenfalls z. T. für den Autoverkehr gesperrt und wird „Oslos Fleet Street" genannt, weil Norwegens große Zeitungen hier ihre Redaktionen haben. Grensen ist die zweitwichtigste Geschäftsstraße – Boutiquen und vor allem Buchläden sind hier interessant.

Das schicke Geschäfts- und Vergnügungsviertel **Aker Brygge** im einstigen Werftgelände gegenüber dem Rathaus und längs des Tingvalla-Kais ist Europas längste überdachte Shoppingmeile mit Theatern und Bars, mit Restaurantschiffen und Boutiquen. Nichts erinnert mehr an die Fabrikhallen der „Aker Mekaniske Verksted" und ihrer zuletzt 3.000 Arbeiter, die bis 1970 hier Industrie- und Gewerkschaftsgeschichte schrieben. An sommerlichen Abenden quillt das Viertel über von erlebnishungrigen Touristen und Einheimischen, Eis- und Pølserstände wechseln einander ab.

• *Kaufhäuser/Märkte etc.* Lohnenswerte Ziele auch für Nichtkäufer sind **Steen & Strøm** (Kongensgate 23), das Kaufhaus mit besonderer Souvenirabteilung, und **Christiania Glasmagasin** (neben der Domkirke), das mehr als nur Glas verkauft. Ebenfalls zu empfehlen ist der **Blumenmarkt** auf dem Stortorvet, dem Marktplatz vor der Domkirche.

In einem gemauerten Halbrund hinter dem Dom befindet sich **Kirkeristen**, im 19. Jh. Fleischermarkt, heute Heimstatt guter Cafés, aber auch türkischer Gemüsehändler. Und im Innenhof haben sich Kunsthandwerker, vor allem Keramikkünstler, niedergelassen.

Aker Brygge: Europas größte Shoppingmeile

Ein **Flohmarkt** (nur im Sommer) findet samstags ab 10 Uhr zwischen Parlament und Nationaltheater statt. Während der Woche tummeln sich hier Gaukler und Straßenmusikanten.

• *Einkaufszentren* Ebenfalls zwischen Parlament und Nationaltheater findet sich **Paleet** (Karl Johans Gate 37–41), ein Einkaufszentrum (eher eine große Passage), das mit 45 Geschäften und 13 Restaurants lockt. Die Öffnungszeiten sprechen für Paleet: Geschäfte bis 20 Uhr, Lokale bis 24 Uhr.

Oslo City, hinter dem Hauptbahnhof und dem Hotel Oslo Plaza gelegen, bildet mit dem Konzert- und Kongresszentrum Oslo Spektrum und der neuen Fußgängerstraße Grønlands Torg das modernste Einkaufszentrum der Hauptstadt.

By Porten, neben dem Bahnhof, ist die neueste Mall: 70 Geschäfte (bis 21 Uhr geöffnet), 12 Kneipen und ein Hotel schaffen allerdings eher Bahnsteig- als City-Flair.

• *Supermärkte* Preiswert sind **Rimi** in der Rosenkrantzgate und **Rama** in der Holmesgate. Seit zwei Jahren hat Lidl in Oslo Einzug gehalten. Der City-Supermarkt liegt in der Christian Krogs Gate 1–11 und ist täglich bis 22 (Sa 20) geöffnet.

Kino/Theater/Baden/Sport

• *Kino* 28 Kinos mit in der Regel mehreren Sälen gibt es in Oslo, konzentriert in der Roald Amundsen Gate zwischen Rathaus und Stortingsgata (z. B. **Saga** und **Klingenberg**, letzteres mit regelmäßigen Nachtvorstellungen). Star der Kinolandschaft ist das **IMAX-Kino** in Aker Brygge: Für 130 NOK Eintritt gibt es ab 10 Uhr neueste Filme auf Super-Breitwand-Format (✆ 82000144).

• *Theater/Folklore* 20 Theater zählt die Hauptstadt – von der **Kleinkunstbühne Black Box** (Aker Brygge, ✆ 22833990) bis zum **Puppentheater** (dukketeatret, ✆ 22421188) im Stadtmuseum am Frognerpark, vom „großen" **Nationaltheater** (s. u.) und der **Den Norske Opera** in der Storgate 23 (✆ 22429475) bis zum **Seniorteatret** (Oscargate 71, ✆ 22554038).

Volkstänze finden im Sommer täglich auf der schönen Bühne unter freiem Himmel im Freilichtmuseum auf Bygdøy, aber auch an zwei Abenden pro Woche im Osloer Konzerthaus (Munkedamsveien 14) statt.

• *Baden* Der **Sognsvann** (s. Wanderung auf S. 150) gilt als der beliebteste Badesee, auch der **Bogstadvantnet** (s. a. „Camping") ist populär für Schwimmer und Surfer. Der Auslauf der Holmenkollen-Schanze ist im Sommer zum Baden freigegeben – die Tribünen werden zum Sonnenbaden genutzt. Die bekanntesten Badeplätze am Fjord sind **Huk og Paradisbukta** auf Bygdøy, wo FKK gestattet ist, und **Rolfstangen** in der Nähe des still gelegten Flughafens Fornebu; die populärsten Freibäder (mit OsloKortet gratis) sind **Frognerbadet** im gleichnamigen Park und **Tøyenbadet** am Munch-Museum. Preise in beiden Schwimmbädern: 90 NOK, Kinder 45 NOK.

• *Ballsport* Fuß-, Volley- oder Basketball kann man im Frognerstadion und auf jedem Schulsportplatz spielen.

• *Golf* im Bogstad-Club neben dem gleichnamigen Campingplatz, ✆ 22504402, ℻ 22 730912. 580 NOK pro Runde, 1.000 NOK pro Trainerstunde.

• *Skilaufen* Das beste Skigebiet der Hauptstadt ist **Tryvannskleiva** am TV-Turm (für Alpinski wie für Langlauf). Hier gibt es 2.000 km gespurte Loipen (zum Großteil unter

Flutlicht), sechs alpine Abfahrtspisten mit Liftanlagen sowie eine Skischule und einen Skiverleih.

• Eislaufen können Mann und Frau winters mitten in der Stadt auf der Narvisen-Outdoor-Eisbahn gleich neben der Karl Johans Gate.

• Tennis auf den kommunalen Plätzen im Frognerpark (Erwachsene 80 NOK, Kinder die Hälfte).

• Klettern an der Indoor-Kletterwand im Villmarkshuset, Christian Kroghs Gate 16, geöffnet täglich 10–22 Uhr, Eintritt 80 NOK für zwei Stunden.

Sehenswertes im Zentrum – Die Karl Johans Gate

Norwegens berühmteste Meile ist ziemlich genau 1,5 km lang und führt – wie mit dem Lineal gezogen in Ost-West-Richtung – vom neuen Hauptbahnhof zum Schloss. Die erste, zunächst abschüssige Hälfte ist für den Autoverkehr gesperrt. Sie ist eine ideale Flaniermeile mit etlichen Geschäften, Bars, Hotels und Restaurants, aber auch einer ganzen Reihe von Sehenswürdigkeiten.

Domkirke: Der 1647 eingeweihte Backsteinbau (1950 umfassend restauriert) liegt rechter Hand der Karl Johans Gate (gleich hinter den Basarhallen) am Stortorvet. Die Kirche ist die Hauptkirche des Bistums Oslo und die Gemeindekirche des Zentrums von Oslo. Von der ursprünglichen Ausstattung sind die Kanzel, das Altarbild und Teile der Orgel erhalten. Der Kirchturm, der 1850 erbaut wurde, wurde lange Zeit als Aussichtspunkt der Feuerwache genutzt. Draußen sind das reliefgeschmückte Portal und drinnen die Glasmalereien von *Emanuel Vigeland*, dem Bruder des „großen“ Vigeland, sehenswert (2006, zum Zeitpunkt der letzten Recherche, war die Kirche allerdings wegen Renovierungsarbeiten geschlossen.)

Öffnungszeiten Mai–Sept. täglich 10–16 Uhr, Fr 22–24 Uhr, Sa 21–24 Uhr (Messen So 11 und 19.30 Uhr, Mi Orgelrezitativ.

Storting: Von außen ist das 1866 errichtete, gelbe Parlamentsgebäude am Ende der Fußgängerzone nicht sonderlich beeindruckend. Ein Besuch lohnt aber des schönen Interieurs wegen – beachtlich ist das Wergeland-Gemälde „Reichsversammlung in Eidsvoll“ im Plenarsaal.

Touristenführungen auf Deutsch 1.7.–15.8. jeweils 11.30. Eintritt frei. In der übrigen Jahreszeit gibt es Führungen zur selben Zeit nur auf telefonische Vorbestellung, Tel 23313180.

Nationalgalerie: Norwegens größte Kunstsammlung finden Sie in der zweiten Querstraße zur Karl Johans Gate, in der Universiteitsgaten 13. Gleich am Eingang die Attraktion: Hier prangt, nach dem Aufsehen erregenden Diebstahl 1994 wiederbeschafft, Munchs „Der Schrei“; zudem

Storting: das unscheinbare Parlamentsgebäude

Oslo und Oslofjord
Karten Umschlagklappe vorne und S. 157

sind zwei Säle dem größten Maler Norwegens reserviert. Ansonsten präsentiert die Galerie einen umfassenden Querschnitt der Malerei der letzten zwei Jahrhunderte. Neben französischen Impressionisten und Rodin-Skulpturen finden sich Bilder von Picasso, C. D. Friedrich, El Greco und Goya.

Öffnungszeiten Di, Mi, Fr 10–18 Uhr, Do 10–20 Uhr, Sa/So 10–17 Uhr. Mo geschlossen. Eintritt frei. Führungen So 14 Uhr.

Universität: Vor allem die Aula, in der bis 1990 der Friedensnobelpreis verliehen wurde (jetzt findet die Zeremonie im Rathaus statt), ist der Wandmalereien von *Edvard Munch* wegen besuchenswert. Weltberühmt ist sein Gemälde „Die Sonne". Das altehrwürdige Gebäude, dessen Bau 1854 beendet wurde, ist auf der rechten Seite der Karl Johans Gate (Nr. 47) zu finden.

Nationaltheater: Das um die Jahrhundertwende eingeweihte Gebäude vereinigt vier Bühnen, die zwischen Ende August und Juni vornehmlich Ibsen-Werke aufführen. Die beiden Denkmäler vor dem Eingang zeigen *Ibsen* und *Bjørnson*. Das Theater mit einer schönen Gemäldesammlung liegt hinter der Parkanlage der Karl Johans Gate und kann auf Anfrage besichtigt werden.

Information ✆ 22412710, unter dieser Nummer auch Kartenvorbestellungen.

Historisk Museum: In der ersten Querstraße hinter der Universität präsentieren sich drei sehenswerte historische Museen der Universität unter einem Namen:

- *Universiteits Oldsaksamling* Sammlung zur norwegischen Geschichte bis zur Reformation. Besonders besuchenswert sind Wikinger- und Mittelaltersaal.

Ethnografisk Museum: Ausstellungen aus Afrika, Asien und Amerika, vor allem interessant die Arktisschau.

Myntkabinett: Zahlungsmittel von der Antike bis zur Gegenwart.

- *Öffnungszeiten* 15.9.–14.5 11–16 Uhr, 15.5.–14.9. Di–So 10—16 Uhr. Eintritt frei.

Slott: Weithin sichtbarer, westlicher Endpunkt der Karl Johans Gate ist das königliche Schloss. Nahezu unbewacht, ohne Zaun und mit folkloristisch anmutender Schlosswache, die täglich um 13.30 Uhr den Wachwechsel zelebriert, herrscht von hier aus das Staatsoberhaupt. Wenn das Banner auf dem Dach blinkt, ist der König anwesend. Das Schloss in einem ausladenden Park mit einem Denkmal Karl Johans am Eingang und einer neu gestalteten Freitreppe am Südrand des Parks kann nur im Sommer besichtigt werden (an den Geburtstagen des Königspaars – 4. und 20. Juli – ist es nicht zugänglich).

- *Öffnungszeiten* 15.6.–15.8. Mo–Do, Sa 11—17 Uhr, Fr/So 13–17 Uhr, Führungen (nur in norw. und engl.) alle 20 Minuten. Eintritt 95 NOK, Kinder 85 NOK. (Eintrittskarten gibt es auf den Postämtern der Hauptstadt.)

Sehenswertes am Hafen

Rådhuset: Obwohl immer umstritten, wurde das vom Bauhaus-Stil geprägte Rathaus mit seinen klotzigen Türmen (im westlichen tagen die Volksvertreter, im östlichen arbeitet die Verwaltung) dennoch zum Wahrzeichen Oslos. Das 1950 zur 900-Jahr-Feier eröffnete Gebäude hat im Erdgeschoss, Eingang Hafenseite, eine lokalpolitische Informationsabteilung, der Besuchereingang aber liegt auf der Rückseite am Fridtjof Nansens Plass. Und reinschauen sollten Sie – die Fresken von Anne Grimdalen vermitteln einen Eindruck von der norwegischen Geschichte des 20. Jh. Eher kurios hingegen die Vitrinen mit Staatsgeschenken. Nur einmal im Jahr steht das Rathaus im Mittelpunkt sogar

2000 Jahre europäische Kunst: in der Nationalgalerie

des Weltinteresses, wenn immer hier am 10. Dezember der Friedensnobelpreis verliehen wird.

Öffnungszeiten Mai–August täglich9–17 Uhr, in der übrigen Jahreszeit bis 16 Uhr (am 18.11. und 16.12. nur bis 12 Uhr), (40 NOK Eintritt, Mai–Juni kostenloser Eintritt).

Nobels Fredssenter: Aktuellste Sehenswürdigkeit der Hauptstadt ist das erst im Sommer 2005 eröffnete „Nobel Friedenszentrum" im Westbahnhof (Vestbanen) direkt am Hafen. Das Ausstellungs- und Tagungszentrum beschäftigt sich nicht nur mit dem Werk Alfred Nobels, informiert nicht nur über die bisherigen Friedensnobelpreisträger, sondern widmet sich vor allem der weltweiten Konfliktforschung – in Filmen, Ausstellungen und Vorträgen. Der eindrucksvolle Bau im renovierten Westbahnhof wird Mittelpunkt eines Museumsensembles werden, in das später auch das Munch-Museum umziehen soll.

Öffnungszeiten 12.6.–31.8. täglich 9–19 Uhr; 1.9.–31.5. Di–So 10–18 Uhr. Eintritt 60 NOK (Kinder bis 16 frei).

Aker Brygge: Dieses Geschäfts- und Ladenviertel gegenüber vom Rathaus wurde Ende der 80er Jahre umfassend umgebaut, wobei man die alten Werft- und Fabrikgebäude, die vormals hier standen, in die Neugestaltung mit einbezog (vgl. auch „Einkaufen", S. 135).

Akershus Festning: Die Festung stammt aus dem 13. Jh., das Schloss im Innern aus dem späten 17. Jh. Dennoch gibt sich das Garnisonsgelände (noch heute steht Akershus unter Militärverwaltung) schlicht: kleine Häuser, flache Wehren, Kopfsteinpflaster und viel Grün. Und eine tolle Aussicht auf Hafen und Fjord, auf Rathaus und Aker Brygge. Die Festung mit eigenem Informationszentrum kann ganzjährig besucht werden.

Öffnungszeiten im Freien 6–21 Uhr. Informationszentrum mit Führungen: Mitte Mai bis Ende August. Mo–Fr 9–17 Uhr, Sa/So 11–17 Uhr; September–April Mo–Fr 9–16, am Wochenende 11–16 Uhr. Eintritt frei.

Innerhalb der historischen Wehranlage verstecken sich vier ganz unterschiedliche Sehenswürdigkeiten – jede für sich lehrreich:

Renaissanceschloss: mit Schlosskirche, Repräsentationssälen, Mausoleum und Arbeitsraum des Malers Wergeland (2.5.–31.8. Mo–Sa 10–16 Uhr, So 12.30–16 Uhr; 16.9.–31.10. nur So 12.30–16 Uhr; Eintritt 50 NOK, Kinder 10 NOK, mit OsloKortet frei).

Wahrzeichen der Stadt: das monumentale Rathaus

Norges Hjemmefrontmuseum: Das Museum schildert den Widerstand gegen die deutsche Besatzung zwischen 1940 und 1945. Akershus war Hauptquartier der Nazi-Wehrmacht, hier fällte der ehemalige baden-württembergische Ministerpräsident Filbinger als Marinerichter schändliche Todesurteile gegen Deserteure, und hier wurden, wie ein Denkmal bezeugt, auch 40 norwegische Widerstandskämpfer hingerichtet. Eindrucksvoll belegt das Museum diese düstere Periode mit Bildern, Urkunden und Modellen (15.4.–14.6. Mo–Sa 10–16 Uhr, So 11–16 Uhr; 15.6.–31.8. Mo–Sa 10–17 Uhr, So 11–17 Uhr; im September Mo–Sa 10–16 Uhr, So 11–16 Uhr; 1.10–14.4. Mo–Fr 10–15 Uhr, Sa 10–16 Uhr, So 11–16 Uhr; Eintritt 30 NOK, Kinder 15 NOK.

Christiania Bymodell: Die Schau in der Festung ist speziell etwas für Kinder: Auf der 24 m großen, frei schwebenden Leinwand wird ein Modell der Hauptstadt aus dem Jahr 1700 gezeigt, in einer Multimediashow die städtebauliche Entwicklung von 1624 bis 1840 nachgezeichnet (Juni–August Di–So 10–16 Uhr; Eintritt 30 NOK, Kinder 15 NOK).

Forsvarsmuseet: Das Verteidigungsmuseum dokumentiert die Militärgeschichte des Landes; immerhin mit eigener Cafeteria (Juni–August Mo–Fr 10–17 Uhr, Sa/So 11–17 Uhr; September–Mai Di–Fr 11–16 Uhr, Sa/ So 11–16 Uhr; Eintritt frei).

Museet for samtidskunst: Erst 1990 wurde das nationale Museum für zeitgenössische Kunst in ehemaligen Gebäude der Nationalbank eröffnet. Sie finden das Museum am Bankplassen 4, hinter der Akerhus-Festung in östlicher Richtung. Es liegt in Oslos ältestem Stadtteil, der **Quadratur**, den Christian IV. innerhalb der Festung Akershus erbauen ließ. Das Gebäude selbst wurde 1906 von der *Norge Bank* im Jugendstil errichtet. Besonderen Reiz gewinnt das Museum durch den Kontrast zwischen moderner Kunst (die Sammlung basiert auf den Nachkriegssammlungen von National- und Reichsgalerie) und dem Putz und Stuck der monumental anmutenden Räume der Nobelbank. Es sind etwa 3.500 norwegische und internationale Kunstwerke aus der Zeit nach 1945 abwechselnd zu sehen.

Öffnungszeiten Di, Mi, Fr 10–18 Uhr, Do 10–20 Uhr, Sa/So 10–17 Uhr. Eintritt frei.

Museumsinsel Bygdøy

Die Halbinsel Bygdøy beherbergt nicht nur die musealen Leckerbissen Oslos, sondern ist zudem ein bevorzugtes Naherholungsgebiet der Hauptstädter. Hier kann man zwischen hochherrschaftlichen Villen und niedlichen Holzhäusern hindurchspazieren und auf dem Hauptbadeplatz Huk am äußersten Rand Bygdøys im Fjord baden.

Das allerdings ist nur im Sommer anzuraten, und auch nur im Sommer (15.4. bis 30.9.) verkehrt die Fähre alle 20 Minuten (25 NOK) vom Rathauspier zur Museumsinsel (Richtung: Dronningen). In der übrigen Zeit muss man sich mit der Buslinie 30 (zweimal pro Stunde) begnügen, in die man am Hauptbahnhof oder am Nationaltheater zusteigen kann. Mit dem Auto fährt man auf der E 18 vier Kilometer westwärts, bis man auf das Schild „Bygdøy" trifft.

Das **Norsk Folkemuseum** ist eine Attraktion besonderer Art: Norwegens größtes Museum und weltweit das älteste Freilichtmuseum – 1994 wurde der 100. Geburtstag gefeiert – präsentiert 155 Originalgebäude aus den letzten 1.000 Jahren: die Stabkirche aus dem 12. Jh. neben der Osloer Bahnhofswartehalle von 1900, der Laubenspeicher aus dem Setesdal neben dem Gutshaus aus Telemark; und das alles in einer herrlichen Parklandschaft, die winters wie sommers ihre Reize hat.

Schmuckstück auf Bygdøy: Stabbur aus dem Setesdal

Überdies gibt es eine ständige Ausstellung über die Kultur der Samen, das Arbeitszimmer Henrik Ibsens und im Sommer regelmäßige Folklorevorstellungen auf der stimmungsvollen Freilichtbühne. Außerdem werden im Sommer Kutschfahrten organisiert und im Winter Schlittenfahrten in Originalfahrzeugen. Dazu gibt's eine Caféteria, in der ganz vorzügliche Waffeln angeboten werden. Das Norwegische Volksmuseum ist ein Muss für jeden Oslo-Besucher. Etwa vier Stunden sollten Sie für diesen Besuch einplanen.

Öffnungszeiten . Das Traditionsmuseum ist an 361 Tagen geöffnet und nur am 24.,25. und 31.12. sowie am 1. 1. geschlossen: 15.5. –14.9. täglich 10–18 Uhr; 15.9. –14.5. werktags 11–15 Uhr, Sa/So 11–16 Uhr. Eintritt im Sommer: 90 NOK, Kinder 25 NOK; im Winter: 70/20 NOK.

Auch das **Wikingerschiff-Museum** (Vikingskipshuset) dürfen Sie sich nicht entgehen lassen. In unmittelbarer Nähe des Volksmuseums sind in einer von außen unscheinbaren Halle zahlreiche Kostbarkeiten der Wikingerzeit ausgestellt – allen voran drei fast vollständig erhaltene oder detailgetreu restaurierte Drachenboote, die vor 1.000 Jahren gebaut und vor 100 Jahren im Oslofjord entdeckt wurden.

Die Attraktion ist das *Osebergschiff*, 1904 bei Tønsberg am Oslofjord entdeckt und mühsam restauriert. Wahrscheinlich ist das Schiff eigens als Grabstätte für die Wikingerkönigin Aasa gebaut worden, die der Sage nach im 9. Jh. in Südnorwegen herrschte. An den Grabbeigaben – Schlitten, Kutschen, kostbare Kleider und Goldschmuck – ist jedenfalls abzulesen, dass es sich bei dem oder der Bestatteten um eine hohe Persönlichkeit gehandelt haben muss.

Anders das *Gokstadschiff*, das 1880 bei Sandefjord gefunden wurde. Das deutlich größere Boot wurde vermutlich für Hochseefahrten genutzt. Dafür sprechen seine Größe (fast 24 m lang und 5 m breit), die solidere Verarbeitung und die vielen Gebrauchsgegenstände, die im Rumpf gefunden wurden.

Pol-Pionier: Roald Amundsen

Das dritte Schiff, das *Tuneschiff*, ist das kleinste in der Sammlung, dürfte aber ebenfalls als Frachtschiff genutzt worden sein.

Zu Recht gilt dieses Museum als wichtigste Dokumentation über die Wikingerzeit. Ähnliche Museen in Dänemark oder England, z. B. in Roskilde oder York, halten einem Vergleich nicht stand.

Öffnungszeiten 2.5.–31.9. täglich 9–18 Uhr; in der übrigen Jahreszeit täglich 11–16 Uhr. Eintritt 50 NOK, Kinder 25 NOK.

Wenig erwähnt, aber dennoch höchst interessant ist das **Norwegische Seefahrtsmuseum**, einen kurzen Fußweg vom Wikingerhaus entfernt (bestens ausgeschildert). Herausragend unter den 500 Exponaten sind die Polaryacht *Gjøa*, aber auch der Raddampfer *Moss* oder die originalgetreuen Nachbildungen verschiedener Räume eines Passagierdampfers der Jahrhundertwende sowie zahlreiche Modelle, vom Wikingerschiff bis zur Bohrinsel. Sie alle beschreiben die Geschichte dieser außergewöhnlichen Seefahrernation und vermitteln dabei viel Wissenswertes über Fischfang und Bootsbau, über Seefahrt und Tiefseearchäologie. Für Wasserratten und Schifffahrtsfreunde ist dieses Museum ein Muss.

Öffnungszeiten 1.1.–15.5. sowie Oktober–Dezember täglich 10.30–16 Uhr; 16.5.–31.8. täglich 10–18 Uhr. Eintritt 40 NOK, Kinder 25 NOK, mit OsloKortet frei.

Ein Museum nur für ein Schiff: Um das Polarschiff *Fram* herum wurde das **Fram-Museum** gebaut. Direkt neben dem Schifffahrtsmuseum gelegen, ist „Framhuset“ für Segelfreunde sicher das attraktivste Ziel auf Bygdøy: Das Expeditionsschiff Fram (zu deutsch „Vorwärts“), 1882 vom Schotten *Colin Archer* in Larvik als stärkstes Schiff seiner Zeit gebaut, diente *Fridtjof Nansen*, *Otto Sverdrup* und *Roald Amundsen* zu weltweit beachteten Forschungsreisen nach Grönland und zu beiden Polen.

Fram und Kon-Tiki

„Sehnsucht nach dem Land jenseits der Berge", nannte Fridtjof Nansen jenen Entdeckungsdrang, der wohl schon die Wikinger über die Meere trieb. Das kleine Norwegen zählt erstaunlich viele Pioniere, die „dem weißen Fleck" nachjagten. Und alle waren sie Seefahrer: zunächst Wikinger, die Island, Neufundland und viele vor tausend Jahren noch unbekannte Erdflecken entdeckten und besiedelten; dann aber auch die Tromsøer Walfänger *Mattila, Aastrøm* und *Buck*, die sich im 18. Jh. ins polare Packeis wagten, um Spitzbergen und Nowaja Semlja zu umrunden.

Als prominentesten Polarforscher feiern die Norweger „ihren" *Fridtjof Nansen* (1861–1930), der 1888 als erster Grönland durchquerte und dem mit der *Fram* 1893–96 die erste Drift durch das Polarmeer gelang.

Noch mehr zur Verehrung durch seine Landsleute hat jedoch beigetragen, dass er sich nach dem Ersten Weltkrieg als Hochkommissar des Völkerbundes der Flüchtlinge und Kriegsgefangenen annahm, Hungersnöte im nachrevolutionären Russland bekämpfte und dafür sorgte, dass dem entwurzelten Rest des armenischen Volkes eine neue Heimat zugewiesen wurde.

Berühmt wurde er auch als Erfinder des *Nansen-Passes* für Staatenlose – Vorläufer des Ausweises für Asylbewerber. 1922 erhielt Nansen den Friedensnobelpreis. Sein philanthropisches Engagement hat er zudem vererbt: Sein Sohn *Odd Nansen* gründete 1946 die UNICEF, die UN-Kinderhilfe.

Roald Amundsen (1872–1928) durchfuhr, mit einem Patent der Hamburger (!) Seefahrtsschule ausgestattet, 1903–06 erstmalig die legendäre Nordwest-Passage, die kürzeste Verbindung zwischen Atlantik und Pazifik, die heute nur noch von Jets genutzt wird, und erreichte in einem dramatischen, letztlich tragischen Wettlauf einen Monat vor dem Briten *Robert Scott* als erster Mensch den Südpol.

Das Polareis wurde auch seine letzte Heimat: Von einem Rettungsflug für den über dem Nordpol verschollenen italienischen Luftschiffer *Umberto Nobile* kehrte er nicht mehr zurück.

Nicht Pole, sondern Palmen haben es *Thor Heyerdahl* angetan. Der 1914 geborene Naturforscher begründete seinen Ruf 1947, als er mit dem Floß *Kon-Tiki* seine bis heute umstrittene These zu untermauern suchte, Polynesien sei von Südamerika aus besiedelt worden. Ähnliche Abenteuer wagte er später im Atlantik und im Persischen Golf. Zuletzt untersuchte der umtriebige Norweger, der im April 2002 starb, auf Teneriffa vermeintliche Grabhügel der Guanchen, der kanarischen Ureinwohner.

Vollständig erhalten, von außen und innen, von oben und unten begehbar, mit originaler Ausrüstung und Einrichtung, ist dieses tatsächlich sagenhafte, 40 m lange und 11 m breite Schiff mit seiner Eiform, die bestens gegen Eisschollen schützte, zu besichtigen. Auch als Laie sollte man sich das Museum nicht entgehen lassen.

Karten Umschlagklappe vorne und S. 157

• *Öffnungszeiten* Januar bis April täglich 10–15.45 Uhr; 1.5.–16.5. täglich 10–17.45 Uhr; 18.5.–15.6. täglich 9–17.45 Uhr; 16.6.–31.8. täglich 9–18.45 Uhr; im September täglich 10–16.45 Uhr; im Oktober täglich 10–16.45 Uhr; November u. Dezember Mo–Fr 11–15.45 (Sa/So bis 15.45 Uhr). Eintritt 40 NOK, Kinder 20 NOK.

Kon-Tiki-Museum: Das dritte Museum im Dreieck mit Framhuset und Seefahrtsmuseum ist *Thor Heyerdahl* gewidmet. An der Seite von Liv Ullmann konnte man den 2002 auf Teneriffa verstorbenen Forscher, Filmer und Autor bei der Eröffnungsfeier der Olympischen Spiele 1994 in Lillehammer als Botschafter Norwegens sehen. Hier können seine Forschungsflöße *Tigris, Ra II* und *Kon-Tiki* bestaunt werden, mit denen er zwar wissenschaftlich umstrittene, wirtschaftlich aber höchst erfolgreiche Touren unternahm.

Öffnungszeiten April u. Mai 10–17 Uhr; Juni–August 9.30–17.30 Uhr; im September 10–17 Uhr; Oktober–März 10.30–16 Uhr. Eintritt 45 NOK, Kinder 20 NOK.

HL-Senteret (Holocaustcenter): Am 23. August 2006 eröffnete das Center für Holocauststudien in der Villa Grande (Huk aveny 56) seine Pforten. Ein Ort, der mit Bedacht gewählt wurde – die einstige Residenz des von Hitler eingesetzten Ministerpräsidenten Vidkun Quisling (s. „Geschichte"). Hier forschen nicht nur Historiker (die hervorragende Bibliothek steht auch Gästen zur Verfügung), hier beleuchtet vor allem eine permanente Ausstellung das Schicksal norwegischer Juden im 2. Weltkrieg; andere Schauen beschäftigen sich weltweit mit Völkermorden und Menschenrechtsverletzungen sowie mit den Problemen religiöser Minderheiten.

Öffnungszeiten Di–So 11–16.30. Eintritt: 50 NOK.

Sehenswertes im Osten

Manche Menschen, so sagt man, führen allein des Munch-Museums wegen nach Oslo. Sicher ist: Wer Oslo besucht, kommt an diesem Museum nicht vorbei. Aber Oslos Osten hat noch mehr zu bieten.

Munchmuseet (Tøyengata 53): Dieses Museum im Stadtteil Tøyen ist Edvard Munchs testamentarisches Geschenk an die Stadt, in der er die meiste Zeit seines Lebens verbrachte: 1.100 Gemälde und 18.000 Grafiken versammeln sich im Munch-Museum, angereichert noch mit Schenkungen der Schwester Munchs – sie stellen heute einen Gesamtwert von 20 Milliarden (!) Kronen dar. Die 2004 geklauten Meisterwerke „Der Schrei" und „Madonna" sind zwar wiederbeschafft, werden aber der notwendigen Restaurierungsarbeiten wegen bis 2008 nicht gezeigt. Dann könnte womöglich auch der geplante Umzug des Museums nach Vestbanen am Hafen schon abgemachte Sache sein. Nicht alle Werke sind ständig zu sehen, aber die Museumsleitung achtet darauf, dass einige Highlights immer präsent sind. Außerdem beherbergt das Museum im Souterrain die ständige Ausstellung „In den Fußstapfen Munchs", in der Leben und Werk des Künstlers anschaulich dokumentiert werden (erste Kinderzeichnungen, Briefe etc.). Zudem verfügt das Museum über ein sehr schönes Café, in dem man auch kleine Gerichte bekommen kann.

• *Öffnungszeiten* 1.6.–31.8.täglich 10–18 Uhr; 1.9.–31.5. Di–Fr 10–16 Uhr, Sa/So 11–17 Uhr. Eintritt 65 NOK, Kinder 35 NOK.

• *Verbindung* Sie erreichen das Museum an der Tøyengata 53 per Buslinie 20 oder mit den U-Bahn-Linien 3 bis 6 (Station Munch-Museet).

Morgenröte am Fjord: Zauber norwegischer Urlaubsmuße (hpk) ▲

▲▲ Friedfertiger Wikinger in Vikinglandet (hpk)

▲▲ Oseberg-Steven in Tønsberg (hpk)

Oslos Ingjerdstrand: Baden in der Hauptstadt mit 343 Seen (ksm) ▲▲
Schönes, stressfreies Wohnen: Küste von Skottevik (kh) ▲

▲▲ Festival in Mandal: Schalentiere »satt« (hpk)
▲ Meer, Muße, Möwen: Bucht bei Grimstad (hpk)

Nach dem Museumsbesuch bietet sich ein Bad im **Tøyenbad** (50-Meter-Becken, im Sommer Freibad) oder ein Spaziergang durch den **Botanischen Garten Tøyenhagen** an. Er liegt gleich nebenan und ist ganzjährig geöffnet (am Wochenende erst ab 10 Uhr). In dem Park gibt es noch weitere wohl nur für Fans sehenswerte Museen:

Paläontologisches Museum: Präsentiert werden vorgeschichtlichen Tier- und Pflanzenformen.

Mineralogisch-Geologisches Museum: Ausgestellt sind Funde aus der geologisch sehr interessanten Geschichte Oslos. Das sogenannte „Oslofeld" (hier in einem Reliefmodell wiedergegeben) weist *kambrosilurische*, also 400–500 Millionen alte, zehn Stockwerke hohe Gesteinsschichten auf, die sich durch besonderen Fossilienreichtum auszeichnen. Außerdem beantwortet das Museum die Frage, warum gerade im norwegischen Teil der Nordsee so viel Erdöl lagert.

Zoologisches Museum: Darstellung der Tierwelt von der Nordsee bis zur Arktis.

Alle drei Museen Di–So 11–16 Uhr. Eintritt frei.

Sehenswertes im Westen

Hauptanziehungspunkt im Westen ist die Vigeland-Anlage, trotz aller außergewöhnlichen Sehenswürdigkeiten Oslos immer noch mit über einer Million Gäste pro Jahr die meistbesuchte Attraktion ganz Norwegens. Auf dem Weg dahin und um den Park herum gibt es zudem manch Anschauenswertes.

Gamle Aker Kirke: Nicht nur die älteste Kirche, sondern das älteste Gebäude Oslos (erbaut 1080) überhaupt. Die barocke Kanzel und das Taufbecken, beide geschnitzt, sind sehenswert. Die hervorragende Akustik sollten Sie vielleicht bei einem Orgelkonzert genießen.

Sie erreichen die Kirche an der Ecke Akersveien/Akersbakken im idyllischen **Bergfjerdingen-Viertel**, indem Sie die Karl Johans Gate am Storting über die Akersgata nach Norden, nach rechts also, verlassen und an verschiedenen Ministerien und der St.-Olavs-Kirche vorbei auf den **Vår Frelsers Gravlund** (auf diesem Friedhof liegen die Gräber von Ibsen und Munch) stoßen, an dessen nordöstlicher Ecke die Gamle Aker Kirke liegt. Oder Sie benutzen die Buslinie 37 bis Bjerregaards.

Öffnungszeiten Zwischen 12 und 14 Uhr kann die Kirche ganzjährig besucht werden, Gottesdienste So 9 und 11 Uhr, Mi 12 Uhr ein Orgelrezitativ. Konzerte werden eigens in „what's on in Oslo" angekündigt (Eintritt frei).

Vigelands-Anlegget: Die Monumentalplastiken der Vigeland-Anlage im Frognerpark, Gustav Vigelands Lebenswerk, bewegen sich an der Grenze zwischen Kunst und Kitsch. In dem zwischen 1924 und 1943 entstandenen und von Vigeland selbst entworfenen Park (Eingang Kirkeveien, Straßenbahn-Linie 12, Bus 20) führt zunächst eine Allee auf eine mit 58 Bronzefiguren gesäumte Brücke, darunter der berühmte *Sinnataggen*, der niedliche kleine, wütend aufstampfende Knirps, und dann weiter über eine Fontäne zur Monolithenplattform. 121 steinerne Leiber formen diese 17 m hohe Granitsäule.

In der Anlage kann man sich vom Trubel der Innenstadt ein wenig ausruhen. Das ist sehr angenehm möglich in **Herregårdkroa** und **Frognerparken**, Oslos beliebtesten Gartencafés im Park, oder gleich im **Frognerbadet**. Das Wasser des Freibades ist stetig auf 26° Celsius erwärmt. Lokale und Freibad befinden sich gleichfalls im Frognerpark, sind aber nur im Sommer geöffnet, während

Karten Umschlagklappe vorne und S. 157

Zwischen Kunst und Kitsch: Statue im Vigelandpark

der Vigelandpark ganzjährig und gratis offen steht. Oder Sie besuchen eines der Museen, die einladen.

Vigeland-Museum: Vigelands ehemaliges Atelier im Süden des Parks (Nobelsgate 32) zeigt in Modellen und Skizzen, in Zeichnungen und Skulpturen einen um vieles feinsinnigeren Künstler, als es der Gigantismus im Park vermuten lässt.

Öffnungszeiten Oktober–April Di–Sa 12–16 Uhr, So 12–18 Uhr; Mai–September Di–So 11–17 Uhr. Eintritt 45 NOK, Kinder 25 NOK.

Bymuseum: Das Stadtmuseum Oslo hat im ehemaligen Herrenhof des Frognerparks (Frognerveien 67) sein Domizil gefunden. In verschiedenen Ausstellungen werden Aspekte des Wirtschaftslebens sowie der kulturellen und historischen Entwicklung Oslos thematisiert: Wie entwickelte sich die Stadtplanung vom Mittelalter bis heute, wie die Industrialisierung? Modelle, Zeichnungen, aber auch originalgetreue Einrichtungen geben ein plastisches Bild des Alltagslebens. Zudem beherbergt das Stadtmuseum eine der größten Gemäldesammlungen des Landes, ohne aber große Meister aufführen zu können. 1996 feiert die Anlage ihr hundertjähriges Bestehen.

Öffnungszeiten Di 12–19 Uhr, Mi–So 12–16 Uhr. Eintritt 50 NOK, Kinder 20 NOK, mit OsloKortet frei.

Weitere Museen und Galerien

Oslo hat noch mehr zu bieten: Es gibt jede Menge Sehenswürdigkeiten und zahlreiche Museen, die weniger bekannt sind, aber dennoch Interessantes und Kurioses zeigen.

Ibsen Museum: Die gänzlich in den Originalzustand zurückversetzte letzte Wohnung Henrik Ibsens in der Arbins gate 1 (Nähe Nationaltheater) wurde sehr schön restauriert und teilweise originalgetreu rekonstruiert. Hier kann man sehen, wie Ibsen von 1895 bis zu seinem Tod 1906 gelebt hat. Dennoch sind die Museen in seiner Heimatstadt Skien oder seiner Lehrstadt Grimstad sehr viel sehenswerter.

Öffnungszeiten Mitte Mai–Mitte Sept 11–16 Uhr, Mitte Sept–31.12. 12–15 Uhr. Eintritt 70, Kinder 25 NOK.

Kunstindustrimuseet: Der Name des alten, schon 1876 gegründeten Museums in der St. Olavs gate 1 täuscht – hier wird Kunstgewerbe gezeigt, vom 7. Jh. bis zur Gegenwart. Sehr informativ ist die Trachtengalerie, sehr schön vor allem der Baldishol-Teppich.

Öffnungszeiten Di, Mi, Fr 11–17 Uhr, Do 11–20 Uhr, Sa/So 12–16 Uhr. Eintritt frei.

Astrup Fearnley Museum: Das private Museum in der Dronningsgate 4 ist auf norwegische Gegenwartskunst spezialisiert. Zwei Besonderheiten: Der Eintritt ist frei. Und: Informationen über die Kunstwerke gibt's per Handy.

Öffnungszeiten Di–Fr 11–17 Uhr, Do 11–19 Uhr, Sa/So 12–17 Uhr.

Det Internasjonale Barnekunstmuseet (Int. Kinderkunstmuseum): Aus 180 Ländern kommen die kleinen Kunstwerke von Kindern für Kinder. Das einmalige Museum (Lille Frøns vei 4) veranstaltet zusätzlich in seinen Räumen Musik- und Kunstworkshops.

Öffnungszeiten Ende Juni–Mitte Aug. nur Di–Do und So 11–16 Uhr. Eintritt 50 NOK, Kinder 30 NOK. Anfahrt: U-Bahnlinie 1 bis Haltestelle Frøn.

Norsk Form: Das „Zentrum für Design, Architektur und Baumilieu" in der Kongens gate 4 kann trotz kritischer Ansätze seinen Charakter als Werbezentrum für nordisches Design nicht verbergen. Dennoch ist die Einrichtung sehenswert.

Öffnungszeiten Mo–Fr 10–17 (Mi bis 18 Uhr), Sa/So 12–16 Uhr. Eintritt gratis.

Skøytemuseet: Eisschnelllauf, Norwegens Nationalsport Nummer eins, wird in dem Museum beim Frogner-Stadion dokumentiert. Die Palette reicht vom Schlittschuh aus Knochen bis zum Experimentierschuh Mack-1, vom ersten norwegischen Olympiasieger im Eisschnelllauf, Mathisen, bis zum letzten, Johan Olav Koss.

Öffnungszeiten Di, Do 12–14 Uhr, So 11–14 Uhr. Eintritt 30 NOK, Kinder 15 NOK, mit OsloKortet frei.

Straßenbahnmuseum: Klein, aber dennoch attraktiv ist das Museum in der „Remise 5" (Gardeveien 15), das nicht nur alte Wagen zeigt (Schmuckstück ist die Pferdebahn von 1875), sondern auch über die Geschichte des öffentlichen Nahverkehrs in Oslo berichtet.

Öffnungszeiten April–September nur Sa, So und Mo 12–15 Uhr. Eintritt 30 NOK, Kinder 15 NOK. Anfahrt: per Bus, U-Bahn oder Straßenbahn bis zur Haltestelle Majorstuen, dann 150 m zu Fuß.

Theatermuseum: Im alten Rathaus, das 1641 erbaut wurde, an der Ecke Rådhusgata/Nedre Slotts gate, in dem die ersten öffentlichen Theateraufführungen stattfanden, wird anhand von Bildern, Kostümen, Bühnendekorationen und Karikaturen die Theatergeschichte Oslos vorgestellt.

Öffnungszeiten Mi, 11–15, Do 12–16 Uhr, So 12–16 Uhr. Eintritt 25 NOK, Kinder 15 NOK.

Norsk Teknisk Museum: Außerhalb, aber immer noch per Bus oder Straßenbahn erreichbar, liegt Norwegens Nationalmuseum für Wissenschaft und Forschung. Die attraktiven, manchmal geradezu pfiffigen Darstellungen und Experimente aus den Bereichen TV und Kommunikation, Energie und Wasserwirtschaft machen das Museum gerade auch für Kinder lehrreich und unterhaltsam. Im Buch-Shop Leonardo kann man Vertiefendes erstehen, im Café Turbinen Verstandenes verdauen.

- *Öffnungszeiten* Ende Juni–Ende Aug. täglich 10–18 Uhr, in der übrigen Jahreszeit Di–Fr 9–16 Uhr, Sa/So 11–18 Uhr. Eintritt 80 NOK, Kinder 40 NOK.
- *Verbindung* mit den Buslinien 22, 25, 37 oder 38 bis Kjelsås, mit den Straßenbahnlinien 11 oder 12 bis Kjelsås Allé, mit dem Vorortszug Richtung Hakadal.

Oslo und Oslofjord
Karten Umschlagklappe vorne und S. 157

Sehenswertes in der Umgebung von Oslo

TusenFryd: Der Animationspark mit seinen 43 Attraktionen (von der Achterbahn bis zur Eisbahn, vom Bungee-Sprung bis zur Kanu-Rutsche, neu: die Bergbahn „Speedmonster") zählt zu den größten Norwegens und ist, gerade wenn Sie mit Kindern reisen, einen erlebnisreichen Tagesausflug wert, der jedoch ins Geld geht.

• *Öffnungszeiten* Von April bis Okt täglich 10.30–19 Uhr, im Juni bis 16 Uhr, im Sept./Okt. bis 17 Uhr. Eintritt Juni–Sept 290 NOK, Kinder 240 NOK, ansonsten 195/150 NOK.

• *Anfahrt/Verbindung* auf der E 6 Richtung schwedische Grenze bis *Vinterbro* (20 Min.) oder von Juni bis August per Pendelbus ab Oslo Busterminalen (ab 10 Uhr alle 30 Min., 20 NOK, Kinder 10 NOK).

Henie Onstad Kunstsenter: Auf einer malerischen Halbinsel liegt das Kunstzentrum von *Sonja Henie* , als „Häseken" in den 1930er Jahren erklärter Liebling der Berliner Eiskunstlauffans, dreimalige Olympiasiegerin und Gründerin der „Holiday on Ice"-Show, und ihrem Mann, dem bekannten Reeder *Nils Onstad.*

Moore-Statue im Kunstsenter

Das Ehepaar hat Norwegens größte Sammlung moderner Kunst in verschiedenen Bauten attraktiv präsentiert. Wechselnde Ausstellungen, Film-, Theater- und Tanzvorführungen, Dichterlesungen und Musikveranstaltungen runden das Kunsterlebnis ab. Zudem gibt es ein Café und einen Buchladen, auch Bademöglichkeiten am Strand gleich um die Ecke.

Das in Form einer ausgestreckten Hand angelegte Kunstzentrum will mehr als nur Museum sein. Deshalb gibt es zusätzliche Veranstaltungen, deshalb die wunderschöne Lage inmitten eines Waldes auf der Fjordhalbinsel, deshalb der herrliche Skulpturenpark unter freiem Himmel mit Werken auch von *Henry Moore.* Deshalb gibt es aber auch keine Festlegung auf nur eine Kunstrichtung, sondern einen Überblick über alle Stile der Moderne, von Matisse bis Miró, von Beuys bis Braque, von Klee bis Picasso.

• *Öffnungszeiten* Di–Do 11–19, Fr–So 11–18 Uhr. Eintritt je nach Ausstellung verschieden, mindestens aber 80 NOK, Kinder 30 NOK.

• *Verbindung/Anfahrt* mit den Buslinien 151, 161, 252 (Haltestelle jeweils Høvikodden). Per Auto müssen Sie Oslo nach Südwesten (Richtung Drammen) via Altflughafen Fornebue am besten auf Drammensveien verlassen und in Høvik nach links abbiegen (15 km).

Holmenkollen und Tryvannstårnet: Diesen Ausflug auf den Balkon Oslos dürfen Sie nicht verpassen. Auf einem gut halbstündigen Spaziergang erleben Sie die beste Aussicht auf die Hauptstadt und die Sprungschanze, die nicht nur für Norweger das Heiligtum des nordischen Skisports ist. Auf Ski-Nostalgiker wartet zudem ein interessantes Museum. Für diesen Trip sollten Sie Ihr Auto stehen lassen, denn allein die U-Bahn-Fahrt – teils unter, meist über der Erde, aber stets bergauf und z. T. mit faszinierenden Ausblicken – ist schon die Reise wert: Linie 1 ab Nationaltheater bis zur Station Voksenkollen, von dort auf einem ausgeschilderten Weg 15 Gehminuten zum Fernsehturm **Tryvann**, 588 m über dem Meeresspiegel. Der Turm wurde zwar unlängst für das Publikum gesperrt – nix mehr mit schöner Aussicht. „Aber der Spaziergang“ – so Leserin Gudrun Vick – „lohnt in jedem Fall.“

Holmenkollen: Mekka des internationalen Skisports

Nur 30 Minuten dauert der erfrischende, ausgeschilderte Fußweg hinüber zur **Holmenkollen-Schanze**, dem Mekka der Skispringerelite und dem Zentrum der Olympischen Winterspiele 1952. Die atemberaubende Schanze können Sie, brauchen Sie aber nicht zu erklimmen – auch ein Lift führt hinauf (60 NOK). Der Weitblick von der erschreckend steilen Schanze lohnt ebenso wie der Blick hinunter ins weite Zuschauerrund, das während des Sommers als See und Freibad genutzt wird.

Zutritt zur Schanze im Mai u. September täglich 10–17 Uhr, im Juni u. August täglich 9–20 Uhr, im Juli täglich 9–22 Uhr, Oktober–April 10–16 Uhr. Eintritt 87 NOK, Kinder 40 NOK.

Auch das **Skimuseum** unterhalb des Schanzentisches lohnt den Besuch. Vom ältesten Ski der Welt (2000 Jahre) über die erste Telemark-Bindung und die Ausrüstung der Nansen- und Amundsen-Expeditionen bis hin zu den letzten Modellen der Neuzeit – alles, was das Skifahrerherz begehrt, wird gezeigt. Auf den eingestimmten Skifan wartet neben dem Museum ein wahrer Nervenkitzel: Im **Skisimulator** können Sie, eingefangen von einem „Eye-View-Film“, rasant und gefahrlos abfahren.

Öffnungszeiten Mai u. September täglich 10–17 Uhr; im Juni täglich 9–20 Uhr; im Juli–August täglich 9–20 Uhr; Oktober–April täglich 10–16 Uhr. Einritt Skimuseum 70 NOK, Kinder 35 NOK. Skisimulator 70 NOK.

Besonderer Tipp: Im Winter können Sie Pisten, Loipen und Lifte (Tageskarte 250 NOK) nutzen. Ausrüstung ist im Ski-Senter am Voksenkollen-Bahnhof zu leihen. Alpinski plus Schuhe für 230 NOK Tagesmiete, Langlaufski plus Schuhe für 180 NOK (Tomm Murstad, ✆ 22144124).

Oslo und Oslofjord
Karten Umschlagklappe vorne und S. 157

Haugfossen: mächtigster Wasserfall im Süden

Umgebung von Oslo

Touren zu Fuß und auf zwei oder vier Rädern

Jeweils zwei der hier beschriebenen Vorschläge beschränken sich auf die Hauptstadt und ihre nähere Umgebung, zwei weitere Tagestouren führen über Oslos Grenzen hinaus.

Wanderung: Durch die Nordmark

Der Sognsvann ist der beliebteste Badesee der Osloer. Im Norden der Hauptstadt bietet sich der See als Ausgangspunkt für einen gut dreistündigen Rundweg durch die Nordmarka an. Anfahrt mit Sogsvannsbane (U-Bahn-Linie 4) zur gleichnamigen Endstation. Die Autoanfahrt verbietet sich, da auch die Rückfahrt mit der U-Bahn vorgesehen ist.

Von der Endstation folgen Sie der Hauptstraße Sognsveien zur Südspitze des Sees. Nach einem eventuellen Bad, allerdings höchstens in heißen Sommermonaten ratsam, begleiten Sie den See auf einem deutlich erkennbaren Weg in westlicher Richtung, um den Hinweisschildern nach **Ullevålseter** zu folgen. Dieses malerische Gasthaus ist nach einer knappen Stunde Fußweg erreicht.

Weiter geht es, wieder auf einer ausgeschilderten Spur, für die man höchstens zwei Stunden benötigt, nach **Frognerseter**, ebenfalls ein schön gelegenes Restaurant mit herrlicher Aussicht auf Fjord und Oslo. Übrigens bekommen Sie hier einen leckeren Apfelkuchen (*eplekake*).

Wer mag, macht jetzt noch einen Abstecher zum Fernsehturm **Tryvannstårnet** oder zur **Holmenkollen-Schanze**, beide schon weithin sichtbar und beide auf wiederum ausgeschilderten Wegen zügig zu erreichen. So oder so gelangen Sie in Oslos Zentrum zurück mit der U-Bahn-Linie 1, wenn Sie an der Endstation „Frognerseteren", der Station „Voksenkollen", falls Sie den Fernsehturm besucht haben, oder „Holmenkollen" nach einem Abstecher zur Sprungschanze zusteigen.

Wanderung: Durch die Vestmarka

Die Vestmarka liegt zwischen Oslo- und Holsfjord. Viele Seen sind zwischen den Hügeln (keiner über 500 m hoch gelegen) versteckt, von denen man eine wunderschöne Aussicht auf die umliegenden Fjorde und Berge hat. Der 12 km lange Weg bedarf keiner besonderen Vorbereitung (Getränke und Proviant sollten jedoch nicht fehlen), ist auch für Kinder machbar und dauert einen ganzen Tag nur wegen der etwas aufwändigen Anfahrt: Die Vorortbahn bringt Sie zur Bahnstation Billingstad, von der aus auch die Rückfahrt angetreten wird.

Vom Bahnhof führt eine kleine Straße (blaue Markierung) nach Westen am **Stookerhof** vorbei (da endet die Straße) bis zu einer Weggabelung südlich von **Ormerud**: Sie biegen nach Südosten ab bis zur nächsten Weggabelung (Pålsbråten), um dort links abzubiegen. Nach nur einem halben Kilometer teilt sich der Weg erneut. Links führt Sie der Weg zum Aussichtspunkt **Grosetkollen**. Um die nächste Höhe zu erreichen, folgen Sie dem Weg nach Süden – die vorhin auseinander strebenden Wege vereinen sich wieder, und der Pfad steigt zum **Skaugumåsen** hinauf: Trotz der nur 348 Höhenmeter, von denen Sie aber bloß 80 m steigen müssen, eröffnet sich ein weiter, herrlicher Ausblick auf den Oslofjord.

Sie kehren nunmehr auf demselben Weg zurück oder wenden sich am südlichen Ausläufer des Skaugumåsen wieder nach Süden, um die Bahnstation Hvalstad (eine Station vor Billingstad) zu erreichen. Die Wanderung verkürzt sich so um 3 km, die Bahnrückfahrt jedoch nur um wenige Minuten.

Radtour: Am Fluss Akerselva entlang

Die Ufer der Akerselva, Oslos wichtigster Fluss, sind auch im Stadtgebiet zumeist von üppigen Parkanlagen umrahmt – ideal für eine „grüne" Stadttour mit interessanten Einblicken in die Stadtgeschichte. Wer allerdings mehr Natur erleben möchte, sollte den Radweg 2 wählen.

Sie starten an der U-Bahn-Station **Grønland** unweit des Hauptbahnhofs und folgen dem östlichen Flussufer. Unter Brücken hindurch und an Industriebauten vorbei, aber immer schon im Grünen, erreichen Sie die Grünersgate (auch „Kongens Mølle" genannt), um bergauf am **Grünerhagen Park** entlang über die Marselisgate in ein neues Parkgebiet zu gelangen. Abwärts geht es jetzt und über eine Holzbrücke auf das Westufer. Über Nedre Vøienfallene und einen schönen Wasserfall kommen Sie zur ehemaligen Graah-Spinnerei, in deren Nähe ein Restaurant zur Rast einlädt. Am Ostufer des Flusses kreuzen Sie **Thranes Gate** und biegen nach links in den **Maridalsveien** und dann nach Norden ein: Sorgsam bewahrte Holzhäuser und der Vøyenvollen-Hof linker Hand versöhnen damit, dass Sie für kurze Zeit nicht am Wasser entlang radeln. Weiter geht die Fahrt über die Grashügel von Myraløkka – Sie kreuzen die **Bentsebrugt** – bis zu der Stelle, wo der Fluss einen Bogen um die Lilleborg-Fabriken macht. Kurz darauf überqueren Sie auf einer schmalen Holzbrücke erneut den Fluss und radeln durch ein Industriegebiet bis zum **Sandakerveien**. (Sie befinden sich übrigens in der Nähe der Jugendherberge „Haraldsheim"; wer dort wohnt, kann die Tour auch hier beginnen.)

Nach Norden führt Sie die Straße, bis Sie bei den Fabrikgebäuden der Nydalens Compagnie wieder auf den Fluss stoßen. Hinter dem obersten Steinhäuschen schlängelt sich ein Sträßchen am östlichen Flussufer entlang. Vorbei an den Kunsthandwerkstätten von **Frysja** erreichen Sie den Neubau des **Technischen Museums** kurz vor dem Südufer des Maridalsees. Wer mit einer guten Karte ausgerüstet nun weiter in die Marka vorstoßen will, sollte über die Brücke des Maridal-Zustroms bergauf den Midtoddveien ansteuern, der als Wanderweg nach Norden führt.

Drei Möglichkeiten haben Sie jetzt zur Rückkehr: mit der Bahn (Station Kjelsås) in die Innenstadt oder auf dem Hinweg zurück oder, weitaus schneller, durch Oslos Osten mit Kopfsteinpflasterstraßen (Kjelsåsveien, Storoveien, Trondheimsveien) zurück zur City Oslos.

Radtour: Zu den Wasserfällen von Hønefoss

Die 60-km-Radtour ist leicht an einem Tag zu schaffen, wenn auch die Hügellandschaft nach Verlassen des Osloer Straßengewirrs einige Kraft kostet. Dichter Nadelwald im Wechsel mit lockeren Birkenbeständen und immer wieder durchsetzt von reizvollen Seen entschädigt für manche Mühe – eine ideale Tour für Radtouristen, die in Oslo ihren Radurlaub durch Norwegen beginnen, aber auch für Hauptstadtbesucher, die sich einmal austoben möchten.

Der Hauptbahnhof ist Startpunkt dieser Tour; kein Problem für unmotorisiert Reisende, denn auch der Fähranleger ist nur 2 km entfernt. Die Fahrt durch den Stadtdschungel wird größtenteils erleichtert durch die Hinweisschilder „Holmenkollen" und „Bogstad Camping", denn im Norden verlassen Sie das Stadtgebiet.

Parallel zur Fußgängerzone der Karl Johans Gate erreichen Sie den Schlosspark (Gunerus Gate nach links, Grensen und Kristian IV's Gate). Über den Nordraks Plass gelangen Sie zum Wergelandveien (links das Gatter des Schlossparkes mit einer gewaltigen Hecke), um am Parkende für wenige Meter nach links in den Parkveien einzubiegen, dann aber gleich nach rechts, nach Norden, in den Uranienborgveien einzuschwenken (an der Straßenecke übrigens ein gut sortiertes Fahrradgeschäft).

In der nördlichen Verlängerung erreichen Sie über den Majorstuvveien den Frogner-Park, den Sie nur für diese Weiterfahrt links liegen lassen sollten. Immer geradeaus führt die Fahrt über den Sørkedalsveien. Das Hinweisschild „Bogstad Camping" weist den Weg. Am Campingplatz am populären Badesee rechter Hand vorbei und durch das **Ørkedal** verlassen Sie nun endgültig auch die Außenbezirke der Hauptstadt. Die Umgebung wird waldig, die Straße schlechter.

Über unbefestigte Wege (das System des Heggeliveien) geht es über viele kleine Hügel (der zunächst dichte Nadelwald wird von lockerem Birkenwald abgelöst) immer geradeaus: Vorbei an der Sørkedalen Kirke über Skansebakken, Lyse und schmucke Wochenendhütten der Hauptstädter am Heggelivatn. Die Kletterei ist noch nicht vorbei, aber mit dem Heggelia (704 m) östlich der Ortschaft Løvlia ist bald der höchste und auch letzte Hügel geschafft.

Ab **Stubdal** geht es dann zügig bergab nach Asa am **Steinfjord**, der eigentlich kein Fjord, sondern ein See ist. Von da aus lassen Sie es gemächlich über die schöne, kleine Straße via Selte und Tandberg ausrollen. Das Rad fährt fast allein in den kleinen Ort Hønefoss (vgl. S. 163) hinein.

Problemlos können Sie den Zug zurück nach Oslo nehmen, dreimal täglich verkehrt die Bergensban, viermal ein Regionalzug. Oder Sie radeln weiter ins schöne Hallingdal.

Ausflug mit dem Auto: Auf Olympias Spuren

Auf der für die Olympischen Spiele 1994 gewaltig ausgebauten E 6 fährt man 185 km nach Lillehammer, um dann weitaus gemächlicher über die Reichsstraße 4 (173 km) wieder zur Hauptstadt zurückzukehren. Sehenswertes längs der Route wird hier kurz beschrieben, ausführlichere Erklärungen finden Sie in den jeweiligen Landschaftsbeschreibungen. Aber Vorsicht: Beschränken Sie Ihre Besichtungswünsche auf ein Highlight; die Olympiastätten in Lillehammer oder den Mjøsasee beispielsweise. Wollen Sie mehr sehen, kommen Sie mit einem Tag für die Rundreise nicht aus.

Sie verlassen Oslo auf der E 6 in östlicher Richtung via Kløfta (die Straße umgeht diesen Industricort) nach **Jessheim** unweit des Großflughafens Gardermoen. Die Straße führt an Nordeuropas größtem Grabhügel Raknehaugen vorbei, der aus der Zeit der Völkerwanderung stammt. Ein erster Stopp lohnt sicher in **Eidsvoll**, wo 1814 Norwegens Verfassung formuliert wurde. Das Museumsdorf Eidsvoll finden Sie mit einem Abstecher über die Straße 181 ab Abfahrt Hammerstad (eine neue Umgehung von 10 km Länge mit zwölf Brücken und einem Tunnel ist als Alternative aber auch sehr reizvoll).

Bei Minnesund stoßen Sie auf den **Mjøsasee**, den größten See Norwegens. Besonders beeindruckend ist die Fahrt über die 600 m lange Brücke. Am Ostufer des Sees entlang lohnt ein Halt erst wieder in der Bistumsstadt **Hamar**. Hier startet *Skibladner*, der älteste Raddampfer der Welt, hier wartet ein interessantes Eisenbahnmuseum. An Moelv vorbei geht es über die 1.420 m lange **Mjøsbrua** nach **Lillehammer**, Scheitelpunkt unserer Route: Neben den Sportstätten lohnt vor allem ein Besuch des Freilichtmuseums Maihaugen.

Die Rückfahrt über die Reichsstraße 4 führt zunächst über die Vignesbrücke, an Biri und Redalen vorbei, 50 km am Mjøsa-See entlang nach **Gjøvik**, der „weißen Stadt am See". Auch hier legt Skibladner an, vielleicht mögen ja einige Mitfahrer eine Wegstrecke per Schiff fahren. Über die Industriestadt **Hunndalen** (Zellulose, Angelhaken und Büroklammern werden nirgends auf der Welt zahlreicher hergestellt) geht es nach **Raufoss**. Den Vogelpark sollten Sie sich angesichts der fortgeschrittenen Zeit sparen, der Rastplatz aber zählt zu den schönsten weit und breit.

Mit 600 Höhenmetern erreichen Sie bei **Lygna** den höchsten Punkt der Strecke und dann über **Brandbu** das an sich uninteressante **Gran**, wenn da nicht die Chance zu einem Abstecher ins 3 km entfernte **Granvollen** mit 800 Jahre alten Kirchen und einem mittelalterlichen Gasthof wäre. Über **Grua** mit einem weiten Blick auf das Hadeland erreichen Sie **Rundelen**, Schauplatz zweier Schlachten 1716 und 1940. Schon im Oslo-Gürtel liegen **Stryken**, beliebter Startpunkt für Marka-Wanderungen, und **Varingskollen**, ein kleines Skizentrum mit einem 546 m hohen Hügel und einer 1.030 m langen Abfahrtspiste. Vorbei am Røverkoller-Fernsehturm gelangen Sie durch den Stadtteil Veitvedt wieder zurück nach Oslo.

Einfahrt in den Oslofjord: Norwegens Visitenkarte

Der Oslofjord

Der über 100 km lange und bis zu 300 m tiefe Meeresarm ist der einzige Fjord Norwegens, der bisweilen vereist: Die Wärmewalze des Golfstroms fließt weitgehend am Skagerrak und damit an der Olso-Bucht vorbei.

Vom 43 m hohen Faerder-Leuchtturm im Skagerrak bis zum klobigen Rathaus der Hauptstadt reicht der von Waldhügeln umrahmte, gar nicht norwegentypische Meeresarm. Charakteristisch für ihn sind die Abertausende kleiner Inseln und Abermillionen kahler Schären, die das Binnenmeer zu einem Eldorado für Sommerfrischler, Sonnenanbeter, aber auch für Schwimmer, Surfer und Segler machen.

Erdgeschichtlich betrachtet, bildet der Fjord, der eigentlich eine Förde ist, mit dem Mjøsa-See weiter nördlich das obere Ende einer Grabenzone, die vom Rhônetal über den Oberrhein bis nach Norwegen reicht.

Erst hinter der Enge von **Drøbak**, wo die Bucht kaum 1.000 m breit ist, werden die Ufer verkehrsreicher und wird die Landschaft zersiedelter: Oslos Speckgürtel, heutzutage Skandinaviens größte Wachstumszone, zählt zu den frühesten Siedlungsräumen des Landes. **Sarpsborg** im Osten des Fjords und **Tønsberg** im Westen gelten als Norwegens älteste, über tausend Jahre alte Städte.

Die Europastraße 6, mittlerweile größtenteils vierspurig ausgebaut und darum auch mautpflichtig, durchschneidet von Malmø bis über Oslo hinaus den Landstrich. Und ein erst 2001 eröffneter Tunnel unter dem Oslofjord zwischen Drøbak und Storsand erleichtert die Weiterfahrt nach Südnorwegen: Man kann den Großraum Oslo rechts liegen lassen. Dennoch gibt es bis auf weiteres eine Fähre über den Fjord: die große *Bastøfergen* zwischen **Moss** und **Horten.**

Fredrikstad

Die Stadt an der Ostseite des Oslofjords lebt von ihrer Altstadt: Gamlebyen, der Festungsstadtteil aus dem 17. Jh., ist immer einen Bummel wert, zumal man in den Gemäuern auch gut essen kann.

Das neue Fredrikstad, ein Industriestädtchen mit fast 40.000 Einwohnern am westlichen Ufer der **Glomma**, können Sie auf der RV 110 getrost flott durchfahren. Über die Fredrikstad-Bru (824 m lang, 40 m hoch) gelangen Sie in die Altstadt (am Kreisverkehr, auf den Sie unweigerlich stoßen, geht es dann rechts ab; achten Sie auch auf die Ausschilderung).

Information/Verbindungen/Adressen

• *Information* **Turistkontor** in Gamblebyen, Tøihuset, ✆ 69304600, www.opplev fredrikstad. com. 20.6.–14.8. Mo–Fr 9–17, Sa/So 12–17, sonst Mo–Fr 9–16.30 Uhr.

• *Busverbindungen* Vom Busbahnhof (Ende Brochsgt., keine Gepäckaufbewahrung) verkehrt 2 x täglich der Bus Sarpsborg–Kristiansand.

• *Zugverbindungen* Der ICE Hamburg–Oslo (Malmö und Göteborg) hält 2 x täglich am Bahnhof in Lislebeyen (nahe der Brücke). Überdies 10x täglich nach Oslo.

• *Fährverbindungen* Ins schwedische **Strømstad** (1,5 Std.) setzt täglich 3 x die Passagierfähre „Silverpillen" über. Eine Pendelfähre fährt von Tollbodbryggen über die Glomma nach Gamlebyen.

• *Adressen/Telefonnummern* **Post**, Brochsgt. 3 und im Norden von Gamlebyen. **Telegrafenamt**, O. P. Petersensgt. 2, nahe der Fußgängerzone. **Bank** am Turistkontor in Gamlebyen und in der Nygaardsgt. 17 (Parallelstraße zur Vesterelva-Uferpromenade). **Apotheke**, Nygaardsgt. 28, 9–19 Uhr, ✆ 69 310700. **Supermärkte**, DOMUS und das Einkaufszentrum Torvbyen, beide in der Brochsgate. **Tankstelle**, Mosseveien. **Taxi**, ✆ 69337011. **Mietwagen**, ✆ 69314700.

Übernachten/Camping/Essen & Trinken

• *Übernachten* **Hotel City**, Nygaardsgate 44–46, ✆ 69385600,www.hotelcity.no. In der Neustadt zwischen RV 110 und Fluss liegt das moderne Hotel für Geschäftsreisende. Große Zimmer (Du/WC, Telefon und TV), DZ 1. 790 NOK, EZ 1. 490 NOK

Victoria Hotel, Turngate 3, ✆ 69385801, www.hotelvictoria.no. Das kleine Top-Class-Hotel mit Restaurant ist über Ostern und Weihnachten geschlossen. DZ 1.545 NOK, EZ 1.345 NOK.

SAS Park Inn Fredrikstad, Lykkeberg, www.radissonsas.com. Das 183-Zimer-Hotel, im Herbst 2006 eröffnet, ist so neu, dass zum Zeitpunkt der Recherche weder Tel.- noch Faxnummer bekannt waren.

Gamlebyen Pensjonat, Smedjegate 88, ✆ 69322020, www.gamlebyen-pensjonat.no. In allerdings hübsch renovierten Kasernen am Rande der Altstadt kann man hier gut, vor allem aber preiswert wohnen. DZ 550 NOK, EZ 350 NOK

Fredikstad Motel & Camping, Torsnesveien 16 (am Eingang der Festungsstadt), ✆ 69320315, www.fredrikstadcampig.no. Der unpersönliche Platz mit unzureichenden Sanitäranlagen und 30 viel zu kleinen Hütten (ab 400 NOK) bietet zudem im Motel DZ ab 660 NOK und EZ ab 460 NOK.

• *Camping* **Bevø Camping**, ✆ 69349215. Ohne Hütten und auch ansonsten einfach ist dieser Zwei-Sterne-Platz nahe der Altstadt.

• *Essen* **Brasserie 88**, Storgata 21. Norwegische Fischgerichte mit internationalem Einschlag, aber auch „sushi einfach" gibt es von 12 bis Mitternacht – im Sommer sogar an der Uferpromenade.

Sir Winston's Public House, Storgata 17. Bier, Tänze und Speisen sind original britisch (bei den Speisen gibt's allerdings auch Mexikanisches). „Der beste Pub des Landes 1997" ist voll lizenziert.

Café Balaklava, Voldportgaten. Edles Restaurant, Gartencafé, Konzerte und Theateraufführungen – alles das gibt's in den altertümlichen Mauern diese Hauses.

Salsa, Storgata 13. Pizzeria und Tapabar, Swing aus Olso und Salsa aus Kuba unter einem Dach.

Oslo und Oslofjord
Karten Umschlagklappe vorne und S. 157

Dickens, Storgata 6. Pub mit Pizza, Bar mit Bier, Garten und Gemütlichkeit.

Peppe's Pizza, Torvgate 57. Im Kellergewölbe der Altstadt bietet die landesweite Pizzakette ihre Hefeteiggerichte wie überall im Land im Sonderangebot an.

Sehenswertes in der Altstadt Gamlebyen

Ein Wassergrabensystem trennt die Altstadt vom Fluss Glomma. Die so entstandene Insel mit quadratisch angelegten, kopfsteingepflasterten Gassen wurde ebenso wie die Altstadt von Trondheim vom Hugenottengeneral *Cicignon* konzipiert. Zusammen mit den uralten, heute noch bewohnten Häusern, den Bastionen und Kasernen, mit einer Zugbrücke und begrünten Wällen fühlt sich jeder Besucher um Jahrhunderte zurückversetzt – wären da nicht Antiquitäten- und Kunstgewerbeläden, Autos und Boutiquen.

Die einst größte Festung des Landes und heute einzige erhaltene Festungsstadt des Nordens wurde 1567 gegründet und 1660 befestigt. Sie beherbergte vor 200 Jahren noch 2.000 Soldaten und 200 Geschütze und galt als uneinnehmbar, bis 1814 eine Streitmacht von 40.000 schwedischen Grenadieren das Fort überrannte – der entscheidende Sieg, um Norwegen zur Union mit Schweden zu zwingen.

Bei Ihrem Bummel durch Gamlebyen sollten Sie das **Provianthaus**, das mit über 300 Jahren das älteste Gebäude der Stadt ist, aufsuchen, und – gleich gegenüber – das **Stadtmuseum** in der Slaveriet. Hier finden Sie eine interessante Darstellung des Stadtlebens, als Gamlebyen noch Festung war.

Öffnungszeiten **Stadtmuseum** Mai–August Mo–Sa 9–17, So 12–17 Uhr, im September nur Sa/So; Eintritt 60 NOK, Kinder 30 NOK).

Auch der **Artilleriehof** von 1733 und die originelle **Kalenderkaserne** sind sehenswert. Bei der Kaserne entspricht die Anzahl sämtlicher Bauteile den Zahlen aus unserer Zeitrechnung: Sie finden 365 Fenster und 52 Zimmer. Diese

Gamlebyen: Kutschfahrt durch die Geschichte

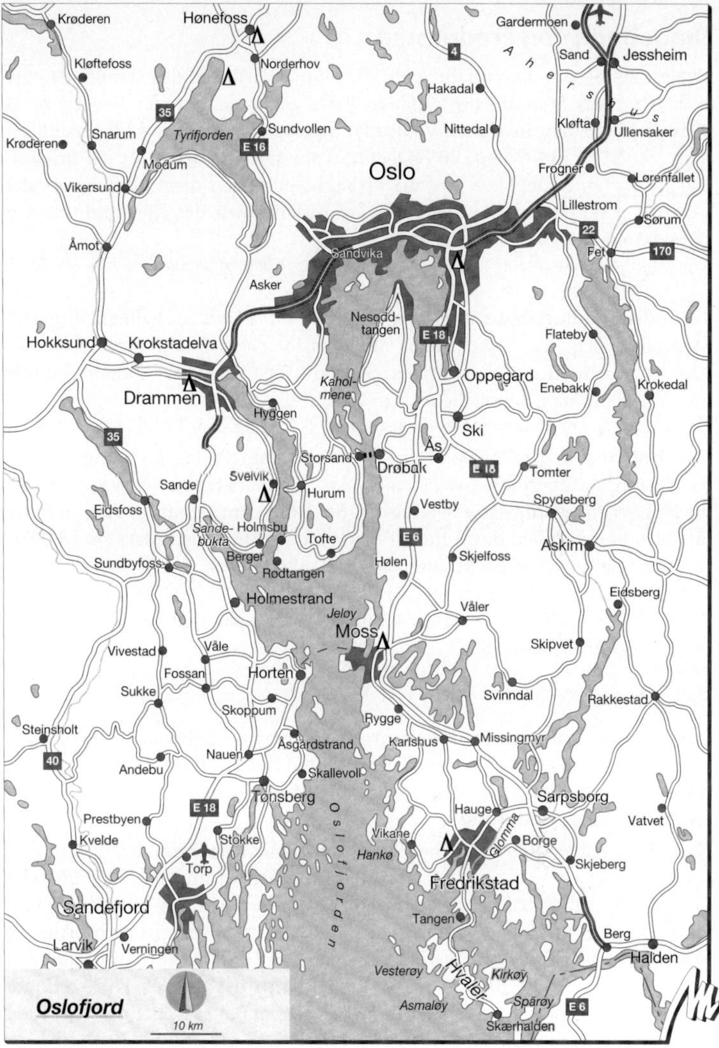

sind versehen mit 60 Türen und 24 Scheiben je Fenster. Die zwölf Monate sind in den zwölf Schornsteinen dargestellt und die vier Jahreszeiten schließlich durch die vier Eingangstüren.

Sehr interessant ist auch die **Wachstube** an der alten Zugbrücke. Hier arbeiten Glasbläser, denen man beim Arbeiten zusehen darf.

Das **Kongsten-Fort**, 500 m von der Altstadt entfernt, ist mittlerweile zu einem Freizeitpark mit Freibad, Cafeteria und Bowlingbahn verunstaltet worden.

Umgebung von Fredrikstad

Hvaler: Schon die Autoanfahrt über die kühnen Brücken des „Festlandswegs" (RV 108 nach Süden) zum Schären-Paradies Hvaler an der Seegrenze zu Schweden mit den Inselchen **Vestørøy, Spärøy, Asmaløy** und (Tunneldurchfahrt, 50 NOK Pkw-Maut, 70 NOK für Wohnmobile) **Kirkøy** ist ein Erlebnis. Die schönsten Badeplätze und die idyllischsten Häfen des Oslofjords finden sich hier. Und dazu die Hvaler Kirke auf Kirkøy sowie das Küstenmuseum in Dypedal auf Spärøy.

Öffnungszeiten **Kirche** täglich 12–16 Uhr, Eintritt frei. **Küstenmuseum** 1.6.–15.8. nur So 12–16 Uhr, Eintritt frei.

Amundsen-Geburtshaus: In **Borge** (an der RV 111 und auf halbem Weg nach Sarpsborg) liegt das Geburtshaus des Polarforschers Roald Amundsen. Gedenkstein, Minimuseum, vor allem aber ein Rastplatz mit schöner Aussicht über die Glomma machen die Anlage attraktiv.

Öffnungszeiten des Museums Mai–August täglich 10–16 Uhr. Eintritt 30 NOK, Kinder 15 NOK.

Insel Hankø: Nur 10 km von Frederikstad entfernt (RV 117 Richtung Südwesten) liegt das zauberhafte Inselchen Hankø, Sommersitz des Königs und Hafen für Norwegens wohl bestes Segelrevier. Sie fahren am besten 10 Autominuten bis Vikane und stellen das Auto am bewachten Festlandparkplatz ab. Die Fähre bringt Sie in wenigen Minuten nach Hankø. Neben dem Fjordhotel, dem einzigen Haus am Platz (✆ 69332105, DZ mit HP 1.450 NOK), betreibt der ehemalige österreichische Skistar Franz Hartweger ein Sportcenter mit vielfältigen Freizeitmöglichkeiten.

Sarpsborg

Der Wasserfall mitten in der Stadt ist die einzige Sehenswürdigkeit von Sarpsborg. Dass der Ort neben Tønsberg auf der anderen Fjordseite als älteste Stadtgründung des Landes gilt, bleibt genauso verborgen wie seine „weltpolitische Bedeutung".

Das 35.000-Einwohner-Städtchen, 1016 von König Olav Haraldson gegründet, wurde 1567 von schwedischen Truppen niedergebrannt; die überlebenden Einwohner gründeten dann Fredrikstad. Heute ist Sarpsborg Sitz des größten Holzveredelungsbetriebs und Standort des bedeutendsten Holzexporthafens Skandinaviens. Lebensader des Städtchens ist die **Glomma** (mit 611 km längster Fluss Norwegens) und deren Wasserfall **Sarpsfoss**, der zwei Wasserkraftwerke im Stadtgebiet speist. Wo gibt es das schon: Ein rauschender Wasserfall mitten in der Stadt?

Die Olavstage

Immer um *Olsok* – 29. Juli, Todestag des Wikingerkönigs und Stadtgründers Olav – werden in Sarpsborg die Olavstage abgehalten: Eine Segelschiffparade auf der Glomma, ein Schauspiel, ein Schmaus, Mittelaltermusik, eine Ausstellung, alles nach Wikingerart, werden zwei Wochen lang in und um das Städtchen zelebriert.

Weltpolitische Bedeutung gewann der Ort 1993, als bekannt wurde, dass der Gutshof Borregaard – Stammsitz der Holz-Dynastie – jener verschwiegene Ort der Geheimverhandlungen war, die später zum – nie eingehaltenen – Osloer Friedensabkommen zwischen Israel und Palästinensern führten.

Der **St. Olavs-Wall** am Südostrand der Stadt gilt als Norwegens einziger Befestigungswall aus Wikingerzeiten. Während der Wall nicht sonderlich attraktiv ist, sind die Gräberfelder und Felszeichnungen am **Oldtidsveien** bei Skjeberg (s. u.) unbedingt einen Ausflug wert.

• *Übernachten* **Sarpsborg Vandrerhjem**, Tuneveien 44, ✆ 69145001, 📠 69142291, www.vandrerhjem.n. Die Jugendherberge (Weihnachten/Neujahr geschlossen) vermietet DZ für 530 NOK und EZ für 380 NOK. Alle Zimmer mit Du/WC, Frühstück 80 NOK, Abendmenü 110 NOK.

Quality Hotel og Badeland, Bjoernstrandveien 20, ✆ 69101500, www.quality-sarpsborg.no. Das mit 210 Zimmern größte Hotel der Provinz sieht von außen wie eine Jugendherberge aus – drinnen aber ist alles vom Feinsten: Ein großes und vier kleine Restaurants, Bar, Nachtklub und die größte Badelandschaft am Oslofjord (Benutzung im Hotelpreis eingeschlossen). Das alles kostet seinen Preis: DZ 1.795 NOK, EZ 1.295 NOK.

Rica Saga Hotel, Sandesundvn 1, ✆ 69124200, 📠 69156080, www.rica.no. Alles edel, alles teuer im Zentrumshotel: DZ 1.815 NOK, EZ 1.385 NOK.

Oslo und Oslofjord
Karten Umschlagklappe vorne und S. 157

Stolz von Sarpsborg: genutzter Wasserfall

Umgebung von Sarpsborg

Oldtidsveien („Vorzeitweg"): Bereits vor 4.000 Jahren, in der Jungsteinzeit, muss Østfold, die Provinz zwischen Oslofjord und Schweden, besiedelt gewesen sein. Das belegen Gräberfelder und Felszeichnungen längs der RV 110 südlich von Sarpsborg, die im Volksmund „Vorzeitweg" (norw. Oldtidsveien) heißt. Besonders eindrucksvoll das Hunnveld bei **Borge** mit Dutzenden von Findlingen, die wie in Grabreihen ausgelegt sind, oder die 3.000 Jahre alten Felszeichnungen bei **Hornes**, die 21 Schiffe mit Mannschaften und Ruderern darstellen.

Grenzstadt Halden: Die 28.000 Einwohner zählende Stadt an der norwegisch-schwedischen Grenze hat mit der mächtigen **Festung Fredriksten** (17. Jh.), die zum Freizeitpark mit Restaurant ausgebaut ist, nur eine einzige Sehenswürdigkeit zu bieten. Wunderschön ist die Aussicht vom Burgberg über Halden und die Provinz **Østfold**. Die schmale Ecke zwischen Oslofjord und Schweden ist die am dichtesten besiedelte Region Norwegens. 56 Menschen pro qkm (im Landesdurchschnitt 13 pro qkm) leben in der Ebene, die über Jahrhunderte heiß umkämpfter Zankapfel zwischen den verfeindeten Königreichen Norwegen und Schweden war. Heute passieren Jahr für Jahr vier Millionen Autotouristen die Grenze formlos über die eindrucksvolle Svinesundbrücke.

Ein „Arc" als Triumph und Symbol

Am 10. Juni 2005, dem hundertsten Jahrestag der Unionsauflösung zwischen Schweden und Norwegen, eröffneten die Könige beider Staaten gemeinsam den „Arc": So bezeichnen die Medien die schmalste Bogenbrücke der Welt und die zweitgrößte ihrer Art in Europa, die die E 6 über den Svinesund bei Halden führt, gut einen Kilometer von der alten Brücke entfernt. 700 Meter lang, 90 Meter hoch und 60 Millionen Euro teuer, soll „Arc" nicht nur ein Triumph der Brückenbauer, sondern auch ein Friedenssymbol zwischen den lange verfeindeten Nachbarländern sein, die noch heute übereinander lästern. Die Autofahrer bezahlen die Passage mit einer Maut von zwei Euro.

Moss

Die Provinzhauptstadt mit 25.000 Einwohnern hat für Touristen wenig zu bieten. Sie ist heute allein als Fährhafen von Bedeutung. Hier halten bisweilen auch große Fähren, Norwegen-Reisende interessiert aber nur die Autofähre Moss–Horten über den Oslofjord. Doch deren Tage sind gezählt.

Denn seit 2001, seitdem der Tunnel unter dem Oslofjord zwischen Drøbak und Storsand in Betrieb ist, hat die Riesenfähre Moss-Horten viel von ihrem Sinn verloren. Zwar sind es gut 60 km, die man zusätzlich fahren muss, um per Tunnel die Südküste über die Halbinseln **Hurum** und **Svelvik** zu erreichen, aber die lästige Warterei auf die bislang häufig überfüllte Fähre entfällt – für manche Reisende also eine sinnvolle Alternative und für Moss wohl irgendwann das Ende als Fährhafen.

Das Industriestädtchen mit immerhin 250 Betrieben ist fast langweilig. Die vorgelagerte **Insel Jeløy** jedoch, per Brücke über den Mossesund zu erreichen, gilt als landschaftliches Kleinod des Oslofjords: mächtige Wälder an der Nordspitze, reiche Landwirtschaft in der Mitte (sogar Weintrauben gedeihen hier) und am Südzipfel ebene Badeplätze, die an dänische Strände erinnern. Außerdem wird mit der **Galerie F 15** ein Kulturerlebnis besonderer Art geboten. Das Kunstzentrum im Gutshof Alby an der Südspitze des Inselchens wurde vor 25 Jahren vom dänischen Brüderpaar *Brandstrup* eröffnet und hat mit dem „Alby-Kringel" aus dem angeschlossenen Café fast genauso viel Erfolg wie mit den wechselnden Ausstellungen nordischer Künstler.

Information/Verbindungen/Adressen

• *Information* Das **Turistkontor,** ✆ 69241520, www.visitmoss.no gegenüber der Kirche ist Mo–Fr von 9–19 Uhr, Sa/So 10–16 Uhr geöffnet.

• *Busverbindungen* Vom Busbahnhof in der Vogts Gate fährt 4 x täglich der Fernbus von Sarpsborg nach Kristiansand (mit der Fähre nach Horten). Zudem 6 x täglich Verbindungen nach Jeløy und 10 x täglich nach Oslo.

• *Zugverbindungen* Der ICE Hamburg–Oslo (manchmal auch via Malmö und Göteborg) passiert Moss 2 x pro Tag (45 Min. nach Oslo). Außerdem Lokalverbindungen nach Fredikstad (10 x, 30 Min.) und zusätzlich nach Oslo (12 x pro Tag).

• *Fährverbindungen* Die Fähre nach Horten auf der Westseite des Oslofjords fährt von 5.15 Uhr morgens bis 1 Uhr nachts alle 45 Min. ab. Die 35-Minuten-Überfahrt kostet 64 NOK für den Kleinwagen plus Fahrer (25 NOK für Passagiere ohne Wagen, 40 NOK für Radler plus Rad).

• *Adressen* **Post** im Geschäftszentrum der Gudesgate. **Bank** und **Apotheke** in der Kongensgate. Alle anderen Geschäfte im neuen Amfi-Moss-Center.

Übernachten/Camping

• *Übernachten* **Moss Vandrerhjem**, Nesparken, ✆ 69255334, www.vandrerhjem.no. Am schönen Vansjø-See (Bootstouren, Kajaksafaris) bietet das kleine Haus nur 14 einfache Zimmer an. DZ 440 NOK, EZ 270 NOK.

Mossesia Kro og Hotell, Strandgaten 27, ✆ 69253131, www.mossesia.com. In der Nähe von Fähre und Bahnhof liegt das von außen ansehnliche, innen der Kachelböden wegen etwas steril wirkende 20-Zimmer-Haus mit Kro: DZ 850 NOK, EZ 650 NOK (Frühstück 40 NOK).

Moss Hotel, Dronningensgate 21, ✆ 69202400, ✆ 69251333. 50-Zimmer-Hotel in der Fußgängerzone mit überdurchschnittlichem Niveau. DZ 1.295 NOK, EZ 995 NOK (im Sommer 100 NOK preiswerter).

Mitt Hotell, Rådhusgate 3, ✆ 69257777, www.mitt-hotell.no. Es gibt nichts auszusetzen an dem guten Mittelklassehotel mit 48 schönen Zimmern. Höchstens die Preise scheinen zu hoch: DZ 980 NOK, EZ 840 NOK (Sommerpreise: 810 bzw. 690 NOK).

Hotell Refsnes Gods, Godsøt 5, ✆ 69278300, www.refsnesgods.no. Auf der Insel Jeløy finden sie das hochherrschaftliche Hotel in einem altertümlichen Gut. Sie können wählen zwischen Suiten, die ihren Preis von 2.200 NOK wert sind, und modernen Zimmern mit Stil. Sauna, Pool und Klasselokal mit eben solchen Preisen sind selbstverständlich. Rundum ein fabelhaftes Hotel mit im Sommer erstaunlichen Preisen. DZ 1. 880, EZ 1. 580 NOK bei Vollpension.

• *Camping* **NAF Nes Camping**, ✆ 69270176, www.nafcamp.no. Der riesige Drei-Sterne-Platz auf der Insel Jeløy (jeweils 300 Zelt- und Wohnwagenstellplätze) auf mehreren Terrassen und mit toller Ausstattung (Telefon, Supermarkt, Cafeteria, Bad und Bootsverleih) hinkt bloß bei den 12 einfachen Hütten ab 450 NOK qualitätsmäßig nach.

Drøbak

Das Fjorddorf ist als exklusiver Sommersitz berühmt. Und als Schauplatz des einzigen Sieges der norwegischen Armee gegen die deutschen Eindringlinge im Zweiten Weltkrieg.

Vieles vom großbürgerlichen Charme der reichen Chalets und prächtigen Gutshöfe hat Drøbak bewahrt. Über dem winzigen Hafen mit seinen urgemütlichen, uralten Läden für Seglerbedarf und den putzigen Kapitänshäusern wachsen die hölzernen Paläste der oberen Zehntausend aus den dichten Wäldern am Hang – nicht protzig, vielmehr stilvoll inmitten kunstvoller Gärten und mit beneidenswerter Aussicht auf den Fjord und die stattlichen Schiffe, die ruhig gen Oslo dampfen. Daran ändern auch die jetzt größtenteils vierspurig ausgebaute Europastraße und der neue Osloford-Tunnel nichts: Wenige Kilometer südlich des Ortes verschwindet die Abzweigungsstraße unter dem Fjord (Einheitsmaut: 50 NOK).

Oslo und Oslofjord
Karten Umschlagklappe vorne und S. 157

Einst war das Holzhausdorf mit heute 2.800 Einwohnern der Winterhafen Oslos, denn bis hierher blieb die Fahrrinne des Fjords selbst in strengen Wintern eisfrei. Später glänzte Drøbak als Künstlerkolonie, deren prominenteste Vertreter die malenden Eheleute *Oda* und *Christian Krogh* waren, schließlich wurde es Sommeridylle reicher Osloer wie der übermächtigen Reederdynastie *Olsen* und 1940 schließlich grauenhafter Kriegsschauplatz.

• *Übernachten* **Pentagon**, ✆ 64949870, ✆ 64949874. Das Studentenheim mit dem nicht ernst gemeinten Namen liegt 10 km westlich von Drøbak in As und ist nur in den Sommersemesterferien (Anfang Juni bis Anfang August) für Touristen geöffnet. Die einfachen, schmucken Appartements sind für 420–550 NOK zu mieten.

Reenskaug Hotel, ✆ 64933360, www.reenskaug.no. Nur 53 Betten in allerdings angenehmen Zimmern mit Du/WC und TV/Telefon bietet das nicht gerade preiswerte Hotel. DZ 1.390 NOK, EZ 1.090 NOK.

Das Ende der „Blücher“

Kaum 1.000 Meter breit ist der Oslofjord bei Drøbak, zusätzlich eingeengt durch die Insel Kaholmene mit der Feste Oscarsborg (im Sommer für 50 NOK zu besichtigen). Und oberhalb Drøbaks lag im ersten Kriegsjahr eine Artilleriestellung. In das Kreuzfeuer beider Batterien geriet am 9.4.1940 der deutsche Kreuzer „Blücher“ und wurde versenkt. 1.000 Matrosen und Landser verloren im 2° C kalten Wasser ihr Leben, 1.400 wurden aus dem eiskalten Fjordwasser gerettet – der Überfall auf Oslo wurde dadurch immerhin verzögert. Noch heute liegt das Wrack in 90 m Tiefe. Wer oberhalb Drøbaks die beiden Uralt-Kanonen mit den geschmacklosen Namen Moses und Aaron noch besichtigen mag, folgt zu Fuß oder per Auto der Ausschilderung „Kystkulturstien“.

Askim-Mysen

Der schon verstädterte Distrikt und das bereits mit dem Großraum Oslo verschmolzene **Ski** wären ohne die Europastraße 18, die den Besucher 87 km lang von der schwedischen Grenze in die norwegische Hauptstadt führt, kaum erwähnenswert. Wahrlich ereignislos ist die Fahrt entlang der **Østmarka**, aufregend höchstens die Mautstation (20 NOK) an der Stadtgrenze von Oslo.

Der Speckgürtel um die Hauptstadt, größte Wachstumszone Skandinaviens, kann Besucher nicht sonderlich reizen: Urbanisierung und Industrialisierung haben der vormals ländlich-agrarischen Region ihren Stempel aufgedrückt. Die Europastraßen, die sich allesamt in dieser Region treffen, erleichtern allerdings die Passage: Die E 18 und die E 6, größtenteils autobahnähnlich ausgebaut, führen die Touristen von der schwedischen Grenze ins Gudbrandsdal nach Norden oder um den Oslofjord nach Süden; die E 16 und verschiedene Bahnlinien erschließen den Norden und den Westen.

• *Übernachten in Mysen* Einfach und preiswert die beiden einzigen Unterkünfte in Mysen: Das Sommerhotel **Bondelagets Folkehøgskole**, ✆ 69890244, ✆ 69890844, bietet schlichte Zimmer ohne Du/WC für 700 NOK (EZ) und1.000 NOK (DZ) an.

Villa Hegstad Pensjonat, Hegginveien 12, ✆ 69893765, nimmt für eben solchen Service 450 NOK (EZ) bzw. 675 NOK (DZ).

• *Übernachten in Askim* Wer es etwas komfortabler haben will, muss weiter fahren und mehr zahlen:

Smaalenene Hotell, Vammaveien 25, ✆/✆ 69844040, www.smaalenene-hotell.no, vermietet Mittelklassezimmer (Du/WC, Telefon und TV) zu mittleren Preisen: EZ 970 NOK, DZ 1.120 NOK, jeweils mit Frühstück.

Verwaltungsbezirk Akershus

Der kleinste Verwaltungsbezirk des Landes ist von der Hauptstadt schon fast vereinnahmt. Das gilt umso mehr, seit der Großflughafen Gardermoen im November 1998 in Betrieb genommen wurde.

Das vormals fruchtbare Ackerland des Mjøsa-Oslo-Grabens ist längst städtischer Zersiedelung gewichen; ein Drittel aller Norweger lebt und arbeitet in diesem Bezirk. Der touristisch wenig attraktive Landstrich wird zu Recht meist nur als Durchfahrt von Oslo nach Norden, zum Mjøsa-See und ins Gudbrandsdalen genutzt. Wer auf der streckenweise autobahnähnlich ausgebauten E 6 gen Norden düst, sollte aber mindestens in **Eidsvoll** Station machen, denn die weihevoll gepflegte Geburtsstätte des Staates Norwegen ist eine Einkehr wert.

Am 8. November 1998 wurde nach 15-jähriger Bauzeit der Großflughafen bei **Gardermoen** eröffnet. Der gesamte Linien- und Charterverkehr der Hauptstadt wird jetzt über den kleinen, 51 km nördlich von Oslo gelegenen Ort abgewickelt – nur die Billigfluglinien landen in Torps an der Südküste. Das sehenswerte Luftfahrtmuseum (geöffnet Di, Do, Sa/So 12–16 Uhr, Eintritt 60 NOK, Kinder 30 NOK) im Süden des Ortes ist nach der Wiedereröffnung immer einen Besuch wert.

• *Übernachten* **Gardermoen Bed & Breakfast**, Nannestad, ✆ 63930050, www.gardermoenbb.no Wenige Kilometer nördlich des Airports die preiswerteste Unterkunft für Flieger und Rucksacktouristen. DZ 695 NOK, EZ 595 NOK.

Gardermoen Gjestegård, ✆ 63940800, www.gg-gardermoen.no. In unmittelbarer Nähe zum Flughafen – Shuttle auf Anruf möglich – bietet die kleine, feine Pension preiswerte Zimmer. DZ 855 NOK, EZ 695 NOK.

Clarion Airport Hotel Gardermoen, ✆ 63949494, www.choicehotels.com. Schon seit 1992, d. h. lange vor Fertigstellung des Airports, wartet das Hotel auf Gäste. Ein wenig ist darum auch der Lack ab vom First-Class-Hotel, das aber wird durch die günstigen Preise kompensiert: DZ 1.360 NOK, EZ 1.160 NOK.

Quality Hotel Olavsgaard, Lillestrøm, ✆ 63847700, www.choicehotels.com Ein wahrer Leckerbissen selbst für verwöhnte Gäste ist dieser schlossähnliche Bau mit 130 famosen Zimmern unweit der E 6 (15 Autominuten nördlich von Oslo): DZ 2.700 NOK, EZ 1.355 NOK.

Oslo und Oslofjord
Karten Umschlagklappe vorne und S. 157

Hønefoss

Bereits im 17. Jh. soll es um den Wasserfall, von dem die 12.000-Einwohner-Stadt ihren Namen hat, 23 Sägewerke gegeben haben. Das regionale Zentrum der Holzverarbeitung ist heute kaum mehr einen Halt wert.

Der gesichtslose Ort nordwestlich von Oslo ist die Pforte zum Hallingdal und bekommt so ein wenig vom großen Touristentreck ab. Der moderne Ortskern am Hang bietet außer dem Wasserfall allerdings keine Attraktionen. Das ist außerhalb der Stadtmauern anders, denn das regionale Zentrum der Holzverarbeitung liegt an der Schnittstelle zwischen **Randsfjord** und **Tyrifjord** – die verkümmerten Seitenarme des Oslofjords zählen zu den größten Seen Norwegens. Noch attraktiver ist deshalb die Weiterfahrt nach **Sundvollen** (südlich von Hønefoss), wo die E 16 auf den **Tyrifjord-See** trifft; der fünftgrößte See Norwegens mit seinen bewaldeten Uferhöhen gibt einen Vorgeschmack auf die voralpenähnliche Landschaft Telemarks weiter westlich. Dieser Eindruck wird noch verstärkt, wenn die Straße ansteigt, immer wieder schöne Aussichten freigibt und schließlich durch einen gebührenpflichtigen Tunnel und durch das Tal des **Sanvikselva** nach Oslo hineinführt.

Leserin Heidrun Schlenker verdanken wir einige Tipps zur Freizeitgestaltung um Hønefoss: das „längste Museum Norwegens", die Westernshow „Deadwood City" sowie den Kunsthandwerksmarkt von Nakkerud, jeweils auf der Westseite des Tyrifjords entlang der RV 35 gelegen.

• *Information* Der **Turistkontor** am Busbahnhof ist werktags und nur in den Sommermonaten von 9–18 Uhr geöffnet.

• *Busverbindungen* 2 x täglich hält der Bus zwischen Oslo und dem Sognefjord (via Fagernes, Sogndal) im Ort.

• *Zugverbindungen* Norwegens Hauptlinie Oslo–Bergen passiert Hønefoss 7 x täglich in beide Richtungen: nach Oslo 1,5 Std., nach Bergen noch 5 Std.

• *Übernachten* **Grand Hotel Hønefoss**, Stabellsgate 8, ✆ 32122722, www.grand.bu.no. Groß ist das Hotel nicht und sonderlich schick auch nicht (das „Grand" muss aus längst vergangenen Zeiten stammen), aber die Preise sind angemessen: DZ 1.040 NOK, EZ 890 NOK (jeweils mit Frühstück).

Ringerike Gjestegård, Osloveien 77, ✆ 32127420, www.ringerike-gjestegaard.no. Wer keine First-Class-Ansprüche stellt, ist in der ansprechenden Pension mit 21 Zimmern (Du/WC, TV/Telefon) gut aufgehoben. DZ 900 NOK, EZ 700 NOK.

Sundvolden Hotel, Krokkleiva, ✆ 32162100, www. sundvolden.no. In einem schönen Park und am Zusammenfluss von Tyrifjord und Steinsfjord liegt das schönste Hotel weit und breit: 136 erstklassig eingerichtete Zimmer (und luxuriöse Hütten 1 km entfernt, 700–900 NOK) werden für 1.890 NOK (DZ) und 1.575 NOK (EZ) angeboten

• *Camping* **Hønefoss Camping**, Ringeriksgt, ✆ 32122903, ℻ 32123614. Nur 1 km vom Stadtzentrum entfernt, bietet die Anlage neben Zelt- und Wohnwagenstellplätzen auch 15 einfache Zimmer (450 NOK).

Sehenswertes in der Umgebung von Hønefoss

Krøderbanen/Eisenbahnmuseum: Zur Freude der Touristen dampft auf der 26 km langen Bahnstrecke von **Krøderen** nach **Vikersund** am Schluss des Tyrifjords immer sonntags im Juli und August die Lok der Krøderbanen. Die fünf alten Waggons aus dem Jahr 1872 bilden „das längste Museum Norwegens". Ein Besuch des kleinen (stationären) Eisenbahnmuseums in Krøderen ist im Fahrpreis inbegriffen.

• *Abfahrtzeiten/Preise* ab Krøderen 10.40, 14.50, 17.45 Uhr (an Vikersund 11.37, 15.50, 18.39 Uhr); ab Vikersund 12.20, 16.20, 18.45 (an Krøderen 13.23, 17.20, 19.40 Uhr). Erwachsene 130/170 NOK, Kinder 70/90 NOK (einfache Fahrt/Hin- und Rückfahrt).

Westernstadt Deadwood City: Manchmal wird der Bummelzug der Krøderbanen auch überfallen, und zwar von Cowboydarstellern der Westernstadt in **Kløftefoss** längs der Bahnstrecke, die gleichfalls immer sonntags im Sommer ihr Unwesen treiben. Die Hobbyschauspieler des örtlichen Westernclubs veranstalten an der RV 280 (30 km südwestlich von Hønefoss) überdies Revolverduelle, Wirtshausschlägereien und Verfolgungsjagden zu Pferde.

Blaafarvevaerket: Das „Blaufarbenwerk" zwischen **Vikersund** und **Modum** ist zum 8 km^2 großen kulturhistorischen Museum von beachtlichem Ruf geworden. Die im 19. Jh. weltweit größte Kobaltfabrik ist Freilicht-, Industrie- und Kunstmuseum in einem. In der ehemaligen Glashütte gibt es eine Industrieschau sowie die größte Porzellan- und Glasausstellung des Landes, in der Holzscheune werden alljährlich neue Kunstausstellungen organisiert, die regelmäßig Besucherrekorde brechen, das Haus des einstigen Werkleiters wurde zum Minimuseum, und selbst die nahe gelegenen Kobaltgruben können besichtigt werden. Daneben gibt es einen Bauernhof nur für Kinder, zwei Restaurants, mehrere Souvenirshops sowie den mächtigen Wasserfall **Haugfossen**, der nur zwei Gehminuten von der Anlage entfernt ist.

• *Öffnungszeiten* Mai–September täglich 10–18 Uhr, Eintritt frei – nur die Kunstausstellung kostet, abhängig vom Thema, ca. 60 NOK Eintritt.

• *Verbindung/Anfahrt* per Bus ab Oslo (täglich 9.10 Uhr ab Busterminal). Mit dem Pkw ab Hønefoss südwärts oder ab Drammen nordwärts über die RV 35 bis Modum.

Kunsthandwerksmarkt in Nakkerud: Im ehemaligen Schulgebäude von Nakkerud am Tyrifjord-Ufer (18 km auf der RV 35 südlich von Hønefoss) organisiert die Deutsche Karin Etzold jeweils Ende August deutsch-norwegische Kulturtage mit Musik- und Theateraufführungen. Finanziert wird das kleine Festival aus Verkäufen des gleichzeitig stattfindenden Kunsthandwerksmarktes (Informationen unter ✆ 32124739).

Die Geburt des Linie-Aquavits

Die Matrosen des Dreimasters „Gymer af Trondhjem" staunten nicht schlecht an jenem Februarmorgen des Jahres 1852 im Hafen von Drammen: Der Kornschnaps, den sie auf ihren Australien Törn mitgenommen und nicht getrunken hatten, war zu einem goldgelben, vollmundig schmeckenden Stoff geworden – der *Linie-Aquavit* wurde eher zufällig geboren. Noch heute rätseln Experten, was dem Schnaps seitdem immer wieder widerfährt: Sind es Schlingerbewegungen des Schiffes, Duftspuren der Sherryfässer oder Klimaschwankungen auf dem Weg über den Äquator, den Seeleute seit jeher „Linie" nennen, die den Schnaps veredeln? Immerhin wird seit 1860 Norwegens alkoholischer Exportschlager regelmäßig über den Äquator geschickt – auf der Rückseite teurer Aquavit-Buddeln ist, durch die leere Flasche lesbar, vermerkt, wann, wo und auf welchem Schiff der aromatische Stoff die Linie passiert hat.

Karten Umschlagklappe vorne und S. 157

Drammen

Die Hauptstadt der Fylke Buskerud mit immerhin 68.000 Einwohnern (damit sechstgrößte Stadt Norwegens) ist nahezu mit Oslo zusammengewachsen. Dennoch versucht die Geburtsstadt des Linie-Aquavits sich als eigenständige Ferienstadt zu profilieren.

Zugute kommt ihr die schöne Lage an der Mündung des **Drammenselva** (immerhin reichster Lachsfluss im Süden Norwegens) in den gleichnamigen Fjord; der neu gestaltete **Bragernes Kai**, die edel verbaute Hafenpromenade, ist neuer Citytreff am Fjordufer. Weiter südlich wird der Fjord umschlossen von den nahezu unberührten Halbinseln **Svelvik** und **Hurum**, die von Drammens Hausberg Bragernesasen flächendeckend überblickt werden können. Der Hausberg ist auch die eigentliche Attraktion des Städtchens. Von hier hat man einen weiten Panoramablick über Stadt und Fjord bis hin zur Südküste. Es gibt ein Restaurant mit Aussichtsterrasse, ein kleines Freilichtmuseum mit angeschlossenem Umwelt-Info-Center und ein ausgedehntes Netz von Loipen, Trimm- und Naturlehrpfaden, Spazier- und Wanderwegen. Nach oben führt ein von 8 bis 24 Uhr geöffneter Autotunnel, der sich über sechs Kurven steil nach oben durch den Berg windet – für Hobbyrennfahrer ein wahrer Genuss. Der Name des Tunnels, **Spiralen**, ist mittlerweile sogar zum Synonym für den gesamten Hausberg geworden. Spiralen entstand übrigens, als Mitte der 50er Jahre Straßenbaumaterial fehlte: Statt eines hässlichen Steinbruchs legte man kurzerhand den Tunnel an.

Das Freilichtmuseum auf dem Spiralen-Berg ist eine Außenstelle des **Bezirksmuseums Buskerud**. Zum Museum zählen außerdem noch weitere Gutshöfe, darunter der Sommersitz der Reederfamilie Arbo und der Gutshof Gultkogen gleich hinter der Stadtbrücke über den Drammenselva. Das 1804 erbaute Holzpalais Gultkogen im prachtvollen Park voller Alleen und Kanäle gibt mit einer Gemäldegalerie, mit fein restaurierten Wohnstuben aus drei Jahrhunderten und einem mit Rosenmalerei verzierten Zimmer einen originalgetreuen Eindruck vom großbürgerlichen Lebensstil des 19. Jh.

Öffnungszeiten Mai–Oktober Di–Sa 11–15, So 11–17 Uhr. Eintritt 30 NOK.

• *Information* **Turistkontor**, im Rathaus, ✆ 32806210, www.drammen.kommune.no Im Sommer Mo–Fr 8–19 Uhr, Sa 10–14 Uhr, So 12–14 Uhr. September–Mai Mo–Fr 8–15, Do bis 17 Uhr.

• *Busverbindungen* 9 x täglich nach Oslo (55 Min.), 4 x nach Kongsberg (1,5 Std.) und Rjukan (3 Std.), 2 x nach Kristiansand (4,5 Std.) und Bergen (via Telemark sowie Hardangervidda, 7 Std.).

• *Zugverbindungen* 18 x täglich nach Oslo (50 Min.), 9 x nach Porsgrunn und Skien (1 Std.), 5 x nach Bergen (6 Std., über Gol, Geilo, Finse), 5 x nach Stavanger (6 Std.) via Kristiansand (4,5 Std.) die Südküste entlang.

• *Schiffsausflüge* Das Touristenbüro organisiert unregelmäßig Gruppenausflugsfahrten von Drammen nach **Holmsbu** und **Rødtangen** am Ende der Hurum-Halbinsel.

• *Übernachten* Clarion Hotel **Tollboden**, Tollbugt 43, ✆ 805100, www.choicehotels.no. Unter den großen und teuren Hotels der Stadt ist dieses mit 90 Zimmern noch das kleinste und preiswerteste. DZ 1.395 NOK, EZ 1.145 NOK. Das Abendessen ist im Preis inbegriffen.

First Hotel Ambassadeur, Strømsø torg 7, ✆ 31012100, www.firsthotels.com. Alles vom Feinsten, und das hat seinen Preis: DZ 1. 785 NOK, EZ 1. 395.

Rica Park Hotel, Gamle Kirkepl. 3, ✆ 32263600, www.rica.no. Das 120-Zimmer-Hotel unterscheidet sich von den Konkurrenten nur bei den Sommerpreisen: DZ 1.450 NOK, EZ 1.295 NOK.

• *Camping* **Drammen Camping**, Buskerudvn. 97, ✆ 32821798. Der bestens ausgerüstete Platz an der RV 134 (5 km vom Zentrum entfernt) bietet neben Zelt- und Wohnwagenstellplätzen auch 20 hübsche Hütten ab 500 NOK an.

Homannsberget Camping, Svelvik, ✆ 33772563, www.homannberget.com. Direkt am Fjordufer (20 km südlich von Drammen auf der RV 319). 200 Stellplätze und 17 Hütten (ab 450 NOK) auf den Felsen über dem Fjord.

• *Einkaufen* Der Ende 2004 eröffnete Lidl-Markt hat den traditionellen Einzelhandel aufgemischt – Sie kaufen nirgends in Norwegen so preiswert ein wie hier.

Halbinsel Svelvik

Man fährt von Drammen 20 km südlich auf der RV 319 am Fjordufer entlang und ist mitten auf der Halbinsel mit dem Hauptort gleichen Namens. Der abgeschiedene Landstrich ohne sonderliche Sehenswürdigkeiten ist mit seinem langen Fjordufer und seinen kargen Felsen, die aus dichten Wäldern hervorlugen, eine Oase der Ruhe. Nur 60 km von Oslo und ebenso weit von den Touristenzentren der Südküste entfernt gelegen, ist Svelvik ideal für stressfreie Urlaubstage. Ein Naturschutzgebiet mit schönen Wanderwegen, ein idyllischer Zeltplatz (s. o.) und eine putzig-kleine Fähre zur **Halbinsel Hurum** vervollständigen das Urlaubsvergnügen.

Fähre Svelvik–Hurum täglich alle 25 Min. zwischen 6.30 und 22.30 Uhr; Überfahrt 5 Minuten, 47 NOK/Pkw u. Fahrer, 28 NOK/Person.

Sie finden überall ein ruhiges Plätzchen an der Küste

Die Südküste –

Von Oslo nach Kristiansand

Weiße Segel zwischen kahlen Schären, blitzblanke Städtchen zwischen sandigen Stränden – diese Postkartenidylle stammt aus Sørland, dem Südland, das genau genommen nur die beiden Agder-Provinzen umfasst, den Norwegern aber als Oberbegriff gilt für die Sonnenstrände und Schärengärten der Südküste.

Hier verbringen sonnenhungrige Nordländer ihren Sommerurlaub; das Sonnendreieck Oslo/Kristiansand/Stavanger ist ein ideales Familienferiengebiet für alle, die neben Sonne, Sand und Strand auch mal einen Abstecher in das liebliche Hinterland oder die malerischen Küstenorte abseits der Campingplätze machen wollen. Denn neben einsamen Buchten und winzigen Inseln, ertragreichen Fischplätzen und anspruchsvollen Segelrevieren bietet die Küste vor allem das sonnenreichste Wetter Skandinaviens: 22,8° Celsius Mitteltemperatur und im Durchschnitt 7,2 Stunden täglicher Sonnenschein in den Monaten Juli und August.

Das ist auch die bevorzugte Reisezeit der Einheimischen (vor allem während der Schulferien ist die Südküste überlaufen), denn dann klettern sogar die Wassertemperaturen in manchen Sommern auf über 20° Celsius. Doch viele Reisende bevorzugen dennoch den Mai: Die kurze Blütenpracht bei auch schon frühsommerlichen Wärmegraden ist so hoch im Norden in ihrer Farbenfülle ebenso überraschend wie faszinierend.

Auf der E 18, die selten mehr als 10 km von der Küste entfernt erst am Oslofjord, dann am Skagerrakufer entlangführt und an drei Mautstellen insgesamt 60 NOK abverlangt, gelangen Sie in knapp fünf Autostunden (331 km) nach Kristiansand und 256 km weiter nach Stavanger. Wenn Sie sich aber etwas Gutes tun und obendrein Maut sparen wollen, sollten Sie stets die immer in Sichtweite der Küste verlaufenden Landstraßen nutzen; die sind sehr gut ausgebaut, weniger befahren und landschaftlich ungleich reizvoller als die Europastraße.

Stressfreier und auch nur unwesentlich langwieriger ist der moderne und bequeme Bus-Überlandverkehr der zwölf Linien der Gesellschaft *Norway-Bussekspress*, die alle Orte an der Südküste häufig im Stundentakt befahren; von Oslo bis Kristiansand brauchen die Busse 4,5 Stunden und weiter nach Stavanger nochmals gut drei Fahrstunden.

Auch *Sørlandbanen*, die geruhsame und reizvolle Bahnverbindung von Oslo nach Stavanger (mit 15 Stopps bis Kristiansand in gut fünf Stunden und weiteren 11 Stopps in 3,5 Fahrstunden bis Stavanger) ist nicht nur unter Umweltschutzaspekten empfehlenswert.

So oder so: Nach Verlassen des Osloer Speckgürtels via Drammen (vgl. S. 165), durch den Oslofjordtunnel oder nach der Fährpassage via Horten ist für Autofahrer ein Schwenk auf die RV 310 und später auf die RV 311 anzuraten, denn nur so erreichen Sie alle „Perlen der Sørland-Küste“.

Åsgårdstrand

So einsam wie elegant, so unberührt wie still: Der Segelboothafen mit seinen schmucken, strahlend weißen Holzhäusern ist das erste der typischen Sørland-Dörfer, die sich wie an einer Perlenschnur entlang der Südküste aufreihen.

Insgesamt 2.100 Menschen wohnen in dem Fjordflecken in Holzhäusern mit üppig bunten Gärten, die meisten davon sind aus Oslo übergesiedelt. Zu den „Hauptstadtemigranten“ zählte auch der einst prominenteste Bürger des Dorfes, *Edvard Munch*, der 1889 seinen ersten Sommer in Åsgårdstrand verlebte und bis zu seinem Tod 1944 alljährlich wiederkehrte. Um die Jahrhundertwende kaufte er „sein Glückshäuschen“, eine Fischerhütte am Fjord, wo einige seiner berühmtesten Bilder (z. B. „Mädchen an der Brücke“) entstanden sind. In der Munchsgate ist die bescheidene Kate, in der alles wie zu Lebzeiten erhalten blieb, zu besichtigen.

Wenn Sie an einem lauen Sommerabend ein paar Stunden übrig haben, sollten Sie die unter freiem Himmel auf dem kleinen Marktplatz von Åsgårdstrand

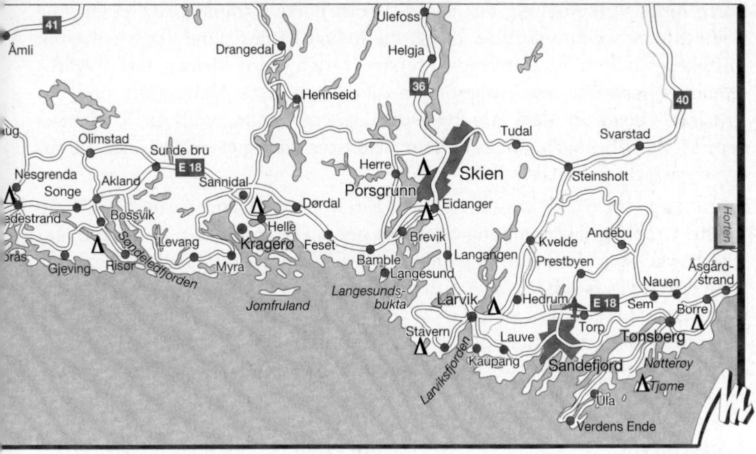

hoch über den sattgrünen Fjordhängen verbringen. Drei Kneipen liegen auf dem Hügel beisammen – das niedliche „Munchs Café“ (wo es neben Munch-Bildern auch guten überbackenen Lachs gibt) neben der Bäckerei von Christopher Frantzen mit seinen leckeren Kuchenschnitten und, gegenüber, „Nausted“, wo selbst um Mitternacht noch Countrymusik live geboten wird.

• *Information* **Turistinformation,** ✆ 33040150. Das Büro am Marktplatz ist nur im Sommer, täglich 12–17 Uhr, geöffnet.

• *Übernachten* **Thon Hotel Åsgårdstrand**, Havnegaten 6, ✆ 33081040, www.thonhotels.no. Ein perfektes und schönes Hotel: Strand und Steg vor der Haustür und ein gutes Restaurant im Haus. DZ 1.410 NOK, EZ 1.210 NOK.

• *Camping* **Borre Familie Camping**, Kirkebakken, ✆ 33082390, www.bfc.no. Neben der Marina bietet der Platz weit über 100 Stellplätze, aber auch Hütten (ab 450 NOK), einen kleinen Kiosk und insgesamt befriedigende Sanitäreinrichtungen an. Einziger Nachteil: Zum Schwimmen muss man über das steinige, nicht immer frei geräumte Ufer kraxeln. Anfahrt: an der Borre-Kirche nördlich des Ortes abbiegen. Der Platz ist von Mai bis August geöffnet.

• *Baden* Möglichkeiten an der Wiese am Jachthafen, am Campingplatz sowie in der 6 km vor Tønsberg gelegenen Badebucht **Ringshaug** (wo es auch einen schönen Campingsplatz gibt, vgl. „Tønsberg“, S. 171). Dort kann man gut surfen und, etwas abseits, auch angeln.

• *Angeln* Das beste Angelrevier allerdings ist der **Borrevannet**. Der 2 qkm große See westlich von Horten wird auch wegen seiner Vogel- und Pflanzenwelt (die einzige Stelle Norwegens, an der Misteln wachsen) gerühmt.

Sehenswertes

Munchs Hus: Kate und Atelier am Hang mit weitem Fjord-Blick, im Garten eine Büste des alten Meisters und eine junge, kundige Sachverständige. Das Ensemble in der Munchsgate lässt mehr als manche Großausstellung über den Meister des Expressionismus und seine Kunst erahnen. Die ärmliche Küche und die großartige Aussicht, die Aquavitflasche auf dem Nachtschrank und der abgetragene Frack neben der Staffelei – wer über Munch Bescheid wissen will, muss das Munchs Hus in Åsgårdstrand gesehen haben.

Öffnungszeiten im Mai Sa/So 11–19 Uhr; Juni–August Di–So 11–19 Uhr; im September Sa/So 11–19 Uhr. Eintritt 35 NOK, Kinder unter 12 J. frei.

Borre Kirke: Am Abzweig der RV 310 zum Borre-Campingplatz prangt die weiße Kirche weithin sichtbar durch die hohen Bäume. Eine der wichtigsten Mittelalterkirchen Südnorwegens versteckt sich beim kleinen Ort Åsgårdstrand! Sehenswert sind insbesondere der geschnitzte Altaraufsatz und das Kruzifix – beide aus dem Jahr 1665, also wesentlich jünger als die Kirche aus dem 12. Jh. Führungen gibt es in dem ansonsten häufig verschlossenen Kirchlein dienstags um 18 Uhr.

Borrehaug: Im Wald zwischen Borre-Kirche und Strand verbirgt sich die größte Grabhügelansammlung Skandinaviens. Die insgesamt 27 Hügel sind wild bewachsen und kaum erkennbar. Aber schön geruhsam ist der Spaziergang durch das Gelände – es sei denn, Sie geraten in die Wikingerspiele, die jeden August organisiert werden. Da gibt es Lagerfeuer, Überfälle, Märchenlesungen und außerdem richtigen Met zu trinken und im „Vikingsenter" (nur im Sommer geöffnet) gibt es kostenlos Auskunft über das Wikingerleben vor tausend Jahren.

Tønsberg

Die älteste Stadt Norwegens bietet jedem etwas: Geschichtsinteressierten die Wikingerschiffe im Fylkesmuseum, Wasserratten die schönsten Badeplätze der Küste auf der Insel Tjøme und Schiffsenthusiasten die 100 Jahre alte „Kysten I".

Die 34.000-Einwohner-Stadt, Verwaltungssitz Vestfolds, wurde reich durch Reeder und Werftbesitzer, deren Bürohäuser noch heute das Stadtbild bestimmen. Von der noch ruhmvolleren Vergangenheit (Stadtgründung 871) ist kaum etwas zu finden – die Burgruinen am Schlossberg stammen erst aus dem 13. Jh. Und **Oseberghaugen**, der 4 km vor der Stadt gelegene Grabhügel, in dem das gleichnamige Wikingerschiff (jetzt im Osloer Bygdøy-Museum) gefunden wurde, ähnelt eher einem Müllhügel als einem Mausoleum.

Information/Verbindungen/Adressen

• *Information* **Reiselivslag**, an der Hafenpromenade, ✆ 33354520, www.visittonsberg.com. Mo–Fr 9.30–15.30 Uhr, im Sommer Mo–Sa 9–19 Uhr, So bis 14 Uhr. Die Filiale im Rathaus von Tjøme ist im Juni/Juli Mo–Sa von 12–20 Uhr, im Juli auch sonntags geöffnet.

• *Flugverbindungen* Vom 18 km entfernten Flughafen **Torp** bei Sandefjord starten täglich 8 Direktmaschinen nach Stavanger, 7 nach Trondheim, 5 nach Bergen und an 5 Wochentagen stehen sogar Direktflüge nach London und Kopenhagen auf dem Programm. Seit dem Siegeszug der Billigflieger, die einzig in Norwegen hier landen, hat sich Torp zum zweitgrößten Airport des Landes entwickelt.

• *Zugverbindungen* Vom Hauptbahnhof an der Ostseite des Schlossberges (aber auch vom nahe gelegenen **Stokke** aus) verbindet die Vestfoldbahn 8 x täglich mit Oslo (1,5 Std.) und ebenso oft mit Larvik und Skien (jeweils 30 Min.).

• *Busverbindungen* Die Buszentrale liegt unweit des Bahnhofs in der Jernbanegate; von hier aus 9 x täglich nach Sandefjord sowie 12 x nach Horten. Busse zu den Inseln Nøtterøy (Lokalfähre) und Tjøme (Badeplätze) starten am Hafen, Nedre Langgate.

• *Fährverbindungen* Regelmäßig verkehren Fähren zwischen Slagen und Husøy und (an der Südspitze von Nøtterøy) von Tenvik nach Veierland. Während der Sommermonate fährt MS „Akerøy" Strömstad in Schweden an, und das Tragflächenboot von Oslo nach Arendal hält auf Tjøme; zu Fahrten mit dem Veteranenschiff „Kysten I" siehe „Ausflüge".

• *Adressen* **Post** und **Bank** in der Storgate, dort und in der Jernbanegate auch **Tankstelle**, **Apotheke** und alle nötigen **Geschäfte** (SB-Markt, Souvenirs). **Krankenhaus**, ✆ 33342000; **Wäscherei** in der Munckegate.

Übernachten/Camping/Essen & Trinken

• *Übernachten* **Tønsberg Vandrerhjem**, Dronning Blancas Gate 22, ✆ 33312175. 📠 33312176, www.vandrerhjem.no. Unterhalb des Schlossberges vermietet das zu den schöneren Jugendherbergen zählende Wanderheim 15 Einzel- und Mehrbettzimmer. Bett 240 NOK, EZ 450 NOK, DZ 575 NOK (mit Frühstück).

Grand Nobel Appartements, ✆ 33353500, www.grandhotel-toensberg.no. Das Haus und die Dekoration in der Rezeption stammen aus den 30er Jahren, die Appartements aber sind modern und funktional ausgestattet. Die Wohnungen sind nur wochenweise (2.450 bis 3.450 NOK) zu mieten.

Rica Hotel Klubben, Nedre Langgate 49, ✆ 33359700, www.rica.no. Ein gutes Restaurant, eine lustige Bar, Pub und Tanzbar und 92 geschmackvolle Zimmer (Du/WC und TV): Da übersieht man den klobigen Backsteinbau und zahlt zähneknirschend 1.540 NOK (DZ) bzw. 1.320 NOK (EZ); es gibt jedoch viele Sonderangebote.

Quality Hotel Tønsberg, ✆ 33004100, www.choicehotels.no. Das erst 2002 zusammen mit dem neuen Konzerthaus eröffnete Hotel ist mit 232 Zimmern das größte Haus Vestfolds. Es liegt direkt am Ufer – die meisten Zimmer bieten eine großartige Aussicht aufs Wasser. DZ 1.700 NOK, EZ 1.150 NOK.

Thon Hotel Brygga, ✆ 33344900, www.thonhotels.no. Das moderne 70-Zimmer-Hotel, eigentlich für Seminare und Konferenzen ausgelegt, vermietet große, gepflegte Zimmer für 1.445 NOK (DZ) und 1.245 NOK (EZ).

• *Camping* **Furustrand-Camping**, Tolvsrød, ✆ 33324403, www.furustrand.no. 6 km vom Zentrum entfernt (neben der Ringshaug-Bucht) liegt dieser große, fast luxuriöse Campingplatz, der 12, kürzlich renovierte, Hütten, 6 Appartements und 12 Wohnwagen vermietet. Zwei Personen 420–540 NOK, ganzjährig geöffnet. Anfahrt mit Bus Nr. 116.

Skallevold Camping, ✆ 99257776, www.skallevold-camping.no. Der kleine Platz mit schönem Strand (4 km nördlich, RV 311 oder Bus 116) ist nur von Mai bis August geöffnet. Jede der vier Hütten ist für 450 NOK zu mieten.

• *Essen* **Café André**, am Bahnhof. 70 NOK für eine „Pizza zum Sattessen" (Sonderangebot bis 18 Uhr).

Peppe's Pizza, Nedre Langgate 268. Die landesweite Pizza-Kette residiert zünftig in einem 300 Jahre alten Haus, verkauft ihre Teigplatten aber teurer als anderswo. Die billigste Pizza für 134 NOK.

Mama Rosa, Stoltenbergs Gate 46. Italienische und chinesische Spezialitäten zu annehmbaren Preisen (ab 15 Uhr).

Himmel & Hav, Nedre Langgate 23. Das täglich von 11–3 Uhr geöffnete Haus vereinigt Café, Restaurant, Terrasse und Disko. Zu Recht wird das Lokal für seine Büfetts (Tapabüfett für 198 NOK) und seine Fischsuppe gelobt.

Kong Sverre, Tollbodgate 14. Im historischen Kockegården-Keller (ab 15 Uhr) empfehlen sich Pizza, Pasta und Lasagne. Gerichte165–185 NOK.

Ausflüge/Baden

• *Schärenfahrt* Mit dem renovierten Museumsschiff „Kysten I", Baujahr 1909, lässt sich im Juli/August eine beeindruckende, dreieinhalbstündige Schärenfahrt um die **Insel Nøtterøy** unternehmen. Täglich 12 Uhr ab Honnørbryggen, Rückkehr 15.30 Uhr. 190 NOK, Kinder/Rentner 150 NOK. Für größere Gruppen ist der von einem Privatverein gesponserte 400-BRT-Dampfer im Mai und August/September auch zu chartern.

• *Baden auf Tjøme* Norwegens Kronprinzessin hat hier ihr Sommerhaus, und der deutsche Dichter *Hans Magnus Enzensberger* verbrachte in den 1950er Jahren einige Jahre auf diesem 12 km langen Inselchen. Aber sie sind nicht die einzigen, die diese wunderschöne Schärenlandschaft schätzen – Abertausende aalen sich im Ferienmonat Juli auf den kahl geschliffenen Felsen der drei Haupt- und 177 (!) Nebeninseln dieses kleinen Archipels; die Einwohnerzahl von 4.000 Insulanern verzehnfacht sich allsommerlich. Trotzdem ist immer ein geschütztes Plätzchen zu finden: an **Verdens Ende**,

Tønsbergs Hinterland reicht bis zu den Gipfeln Telemarks

dem „Ende der Welt" und der Südspitze Tjømes (querab Faerder-Leuchtturm am Eingang zum Oslofjord), oder auf **Mostranda**, wo sich die FKK-Fans einfinden, oder bei Lillestranda auf der Nachbarinsel **Hvassa**.

Sie erreichen Tjøme, wenn Sie die Stadt zunächst über die Stoltenbergsgate verlassen; die RV 308 führt Sie dann über die Vrengen-Brücke und über die Nøtterøy-Insel nach 27 km Fahrtstrecke nach Tjøme.

Sehenswertes

Schlossberg: Vom Aussichtsturm *Slottsfjelltårnet,* dem gerade mal 100 Jahre alten Wahrzeichen der Stadt, blickt man nicht nur auf Tønsberg, sondern auch auf die Ruinen des *Castrum Tunsbergis,* der größten norwegischen Festung im Mittelalter. Der Turm, der sich nochmals 12 m über dem 63 m hohen Schlossberg erhebt, kann für 20/10 Kronen bestiegen werden.

Öffnungszeiten/Eintritt 18.5.–25.6. Mo–Fr 10–15 Uhr, Sa/So 12–17 Uhr; 26.6.–25.8. täglich 11–18 Uhr; 26.8.–15.9. Sa/So 12–17 Uhr; 16.9.–17.10. So 12–15 Uhr.

Vestfold Fylkesmuseum: Der (nachgebaute) Steven des Oseberg-Schiffes beherrscht den Eingang des Provinzmuseums am Fuß des Schlossberges (Farmannveen 30). Das in Oslo ausgestellte Schiff der Königin Aasa wurde 1904 unweit Tønsbergs gefunden und gilt als wertvollstes Relikt der Wikingerzeit. Das 21 m lange Klåstad-Schiff im Museum aber gibt – ebenso wie die große Walfangabteilung – immerhin einen Eindruck von der Seefahrerkunst der Altnorweger. Noch sehenswerter aber die 13 am Schlossberg aufgebauten Vestfold-Höfe sowie *Seterkafeen,* eine leider nur von Mai bis September geöffnete Almhütte im Freilichtmuseum, in der ganz vorzügliches Rømmegrøt, Waffeln, Fladenbrot und Eintopfgerichte zu bekommen sind.

Öffnungszeiten **Museum**, 15.5.–15.9. Mo–Sa 10–17 Uhr, So 12–17 Uhr **Eintritt**: 50 NOK, Kinder 10 NOK. **Seterkafeen**, Mai–September Mo–Fr 10–19, Sa 11–18, So 12–19 Uhr.

Sandefjord

Das fontänenumspritzte „Hvalfangsmonumentet" am Hafen erinnert an Sandefjords Zeiten als Zentrum des norwegischen Walfangs. Heute ist das weltweit einzigartige Walfangmuseum letztes Relikt der großen Vergangenheit.

Die Reederfamilie *Christensen,* nur noch bekannt als Mäzen des Museums, verdiente 80 Jahre lang das große Geld mit dem Walfang. 1892 schickte sie „Jason" als erstes Großfangschiff ins Nordmeer, 10 Jahre später folgte mit „Admiralen" das erste Fangfabrikschiff, und noch 1960 lebten 7.000 Beschäftigte von der blutigen Walbeute der 29 Sandefjord-Schiffe. Heute sind die meisten Dampfer abgewrackt oder dümpeln im Hafenbecken vor sich hin.

4 km östlich der 39.000-Einwohner-Stadt ein weiterer Grund, warum das sonst langweilige Sandefjord in internationalen Lexika auftaucht: hier ist der Fundort des ruhmreichen **Gokstadschiffes** (das ganze Wikingerschiff wurde als Mausoleum vergraben). 1880 wurde das Königsgrab entdeckt – außer dem tausend Jahre alten Schiff, jetzt im Osloer Bygdøy-Museum ausgestellt, fand man neben dem Häuptlingsgrab verschiedene kleinere Schiffe und zahlreiche Ausrüstungsgegenstände (die Anlage ist längs der RV 303 in Richtung Tønsberg ausgeschildert).

Information/Verbindungen/Adressen

• *Information* **Reiselivsforeningen** in der Skippergate am Torvet, dem Stadtplatz (hinter dem Park am Hafen), ist ganzjährig täglich von 9–17 Uhr geöffnet. ✆ 33460590, www.visitsandefjord.com.

• *Flugverbindungen* vom 2 km nördlich des Zentrums gelegenen Flughafen **Torp** (s. „Tønsberg/Verbindungen", S. 170).

• *Zugverbindungen* Am Bahnhof im Norden der Stadt (Jernbanealléen) halten 4 x täglich Fernzüge nach Oslo (2 Std.); außerdem gibt es Verbindungen nach Süden (Kristiansand, 2,5 Std., bzw. Stavanger, 4 Std.).

• *Busverbindungen* Vom Busbahnhof an der Jernbanealléen starten 4 x täglich Busse nach Larvik (1 Std.), 6 x nach Tønsberg (1,5 Std.) und 3x der Überlandbus nach Oslo (3 Std.) bzw. Kristiansand (3,5 Std.).

• *Adressen* **Post** in der Storgata, **Bank** (Sparebank) und **Supermarkt** am Marktplatz, **Telegrafenamt** an der Ecke Jernbanealléen/Rådhusgata.

Übernachten/Camping/Essen & Trinken

• *Übernachten* **Sandefjord Motor Hotel**, Fokserød, ✆ 33470380, www.sandefjordmotorhotel.no. Das preiswerteste Hotel der Gegend finden Sie an der Abfahrt der E 18 (6 km vor der Stadt). DZ 1.165 NOK, EZ 945 NOK.

Hotel Kong Carl, Torggate 9, ✆ 33463117,www.kongcarl.no. Das Holzhaus im Zentrum wurde 1690 erbaut, das Hotel wird seit 1721 betrieben. Die 30 Zimmer (Du/WC, TV/Telefon) sind nicht ganz so alt, aber schon ein wenig plüschig. Das mehrfach mit Preisen (gastronomischen wie architektonischen) bedachte Hotel gehört zur Reihe der „Historischen Hotels" in Norwegen. DZ 1.350, EZ 1.000 NOK.

Clarion Collection Hotel Atlantic, Jernbanealléen 33, ✆ 33428000, www.choicehotels.no. Das gediegene Zentrumshotel bietet zu seinen hübschen, hohen Zimmern ein Abendessen, das im Preis inbegriffen ist. DZ 1.365 NOK, EZ 1.030 NOK.

Rica Park Hotel, Strandpromenaden 8, ✆ 33447400,www.rica.no. Die 174 Zimmer in dem 10-Etagen-Kasten am Hafen sind perfekt ausgestattet wie das ganze Hotel: Restaurants, Bar, Schwimmbad. DZ 1.460 NOK, EZ 1.090 NOK.

• *Camping* **Granholmen beach and camping**, ✆ 33458177. Der sehr hübsch am Fjord gelegene Platz (RV 303, 4,5 km südlich) bietet gute Einkaufs-, Bade- und Sportmöglichkeiten.

Sjøbakken Camping + Lodge, ✆ 33473746. Der 6 km vom Zentrum entfernte Platz ver-

Walfangmonument: das Wahrzeichen Sandefjords

mietet auch sechs Studios und zwei Appartements (ab 450 NOK).

• *Essen* Außer in den Hotels kann man hübsch am Hafensteg (neben dem – imitierten – **Wikingerschiff Gaia**) sitzen und essen. Ansonsten: **Gourmet**, Rådhusgate 7 (gut und teuer), sowie **Pizzahus**, Storgate 13 (groß und preiswert).

Sehenswertes

Walfangmuseum: „Kommandør Chr. Christensens Hvalfangtmuseum" in der Museumsgata 39 dokumentiert die Fangmethoden vom Speer bis zur Kanone, verschafft aber auch einen Einblick in die norwegischen Walfangaktivitäten zwischen 1860 und 1960. Eine kritische Bestandsaufnahme der norwegischen Walfangpolitik wird allerdings nicht einmal in Ansätzen versucht. Zudem gibt es eine sehenswerte Darstellung der Polarforschung und der Tierwelt am Nordpol – das alles in Modellen bzw. ausgestopften „Echtexemplaren". Das deutschsprachige Begleitheft behandelt leider nur den Hauptsaal.

Öffnungszeiten Mai–September täglich im Sommer 10–17 Uhr, sonst 11–15 Uhr. Eintritt 40/20 NOK.

Sandefjord Sjøfartsmuseum: Vom Drachenboot bis zum Supertanker wird die für Sandefjord so wichtige Schifffahrtsgeschichte in Bildern und Modellen gezeigt. Schwerpunkt: Segelschiffe der letzten 100 Jahre. Das Museum befindet sich in der Prinsengate 18.

Öffnungszeiten Mai–Juni So 12–16 Uhr; im Juli u. August Mo–So 12–16 Uhr; im September So 12–16; Oktober–April geschlossen. Eintritt 40/20 NOK.

Bymuseum: Das Stadtmuseum im 1790 errichteten Herrenhof von Pukkestad (Hystadveien 21, Parallelstraße zur E 18, im Westen der Stadt) präsentiert nicht nur die Einrichtung eines Gutshofes des 18. Jh., sondern auch ein Stadtmodell aus dem Jahr 1900, eine Setzerei und eine Schusterwerkstatt.

Öffnungszeiten die gleichen wie Sandefjord Sjøfartsmuseum, ebenfalls gleicher Eintrittspreis.

Ula

Ein Ausflug in das winzige Lotsendorf Ula, auch als Abstecher auf der RV 303 während der Weiterfahrt nach Larvik möglich, ist ein Ausflug in die Seefahrtsgeschichte dieser Küste.

Noch vor 60 Jahren hielten Lotsenjungen auf den glatten Felsen rund um Ula begierig Ausschau nach Schiffen, deren Kapitäne die schwierige Einfahrt in den Fjord und die noch schwierigere Durchfahrt durch die Schären suchten. War ein Frachter in Sicht, hetzten die Lotsen in Ruderbooten los, um den Auftrag zu ergattern – es soll zwischen den Konkurrenten zu Kämpfen gekommen sein, die nicht selten tödlich endeten. Das zu Fuß in 10 Min. zu erreichende **Ulabrand-Denkmal** über dem malerischen Dorf erinnert an die Geschichte der Seeleute. Doch auch sonst lohnt sich der Abstecher. Man kann beschaulich rasten, bequem auf der Wiese zelten und im winzigen Laden einkaufen oder behaglich zwischen den Schären baden.

Larvik

Die mit knapp 32.000 Einwohnern größte Stadt zwischen Oslo und Kristiansand liegt an der Mündung des Lågen. Für die Größe und den wirtschaftlichen Erfolg gibt es viele Gründe, alte und neue.

Der natürliche Hafen ist heute Fährstation nach Dänemark. In nur sechs Stunden erreichen die Schiffe der Color Line das dänische Frederikshavn – die schnellste Anbindung für Besucher der Südküste oder Telemarks. Aber schon die Wikinger machten sich die vorteilhafte Lage Larviks zu Nutze. An der Fjordmündung entdeckte man 1967 den Marktflecken **Kaupang**, der im 9. Jh. sogar Handelsbeziehungen mit dem schleswig-holsteinischen Haithabu unterhielt. Fünf Tage brauchten die Drachenboote nach Norddeutschland.

Seit dem 14. Jh. dient der Lågen zum Flößen des in Telemarks Wäldern geschlagenen Holzes. In Larvik selbst wird das Holz dann verarbeitet und vom Hafen aus verschifft. Der süßliche Geruch der Sägespäne aus der Mühle von Treschow-Fritzøe hängt noch heute beständig über der Stadt. Hafen und Walfangtradition begünstigten zudem eine kleine, spezialisierte Werftindustrie. Der Schotte *Colin Archer* baute 1892 auf seiner Larviker Werft Tolleroden die berühmte „Fram“, mit der *Nansen* und später *Amundsen* zu ihren Polarexpeditionen starteten. Schließlich: Die Flussauen sind Heimat verschiedener Mineralquellen – Norwegens berühmtes Mineralwasser *(Farris)* kommt seit 1915 aus Larvik.

Das Larvik der Gegenwart jedoch ist zum geschäftigen, betonierten Fährhafen geworden und hat dem Besucher nichts sonderlich Attraktives zu bieten; zwei kleine Museen, ein Cranach-Gemälde in der Stadtkirche – das ist es schon.

Information/Verbindungen/Adressen

• *Information* **Turistkontor**, Storgaten 48 (in Sichtweite von Rathaus und Fährkai), ✆ 33139100, www.visitlarvik.no. Im Juni Mo–Fr 8.30–16 Uhr, Sa 11–17 Uhr, im Juli Mo–Sa 8–18, So 15–17 Uhr, im August 8.30–16, Sa 11–17, So 15–17 Uhr, in der übrigen Zeit Mo–Fr 8.30–16 Uhr.

• *Zugverbindungen* Vestfoldbanen fährt stündlich nach Oslo (2 Std. 20 Min. via Sandefjord/Tønsberg) und ebenso nach Skien (45 Min., Transfer Kristiansand/Stavanger); der Bahnhof liegt einen Katzensprung vom Fähren-Kai entfernt in der Storgata.

• *Busverbindungen* Vom Busbahnhof (Ecke Nansens/Nygata) gehen Busse stündlich nach Norden (Sandefjord/Tønsberg) und 6 x täglich nach Süden (Skien usw.) ab.

• *Fährverbindungen* Der große Dänemark-Terminal (Wartesaal, Toiletten, Kiosk) am Hafen ist nicht zu übersehen; die Fähre legt täglich 6 x an (zwischen 14.45 und 21.45 Uhr) und ab (zwischen 8 und 22 Uhr).

• *Adressen* **Krankenhaus** (Notarzt), Hospital, Greveveien 16, ✆ 33183500 oder 33185800. **Post**, Jegersborggate 4. **Banken** am Marktplatz Torvet (8.30–15.30 Uhr). **Apotheke** am Torvet, ✆ 33181570. **Telegrafenamt**, Kr. Fredriksvei 23, ✆ 33184100. **Parken**, Tiefgarage unter dem Marktplatz sowie Parkhaus Prinsgt. (2 Std. 50 NOK). **Taxi** neben dem Bahnhof, ✆ 33184242. **Autovermietung Hertz**, Storgaten Servicesenter, Storgate 16, ✆ 33186450. **Einkaufszentrum Nordbyen** im Norden an der E 18 mit über 30 Läden, Bäckerei und Cafeteria, Eisdiele und SB-Markt. Mo–Fr 10–20 Uhr, Sa 9–18 Uhr. Alle anderen Geschäfte in Larvik (z. B. „Husfliden" für Souvenirs, Sigurdsgt 4) sind in der Regel Mo–Fr 9–16 Uhr, Do bis 19, Sa bis 14 Uhr geöffnet.

Übernachten/Camping/Essen & Trinken/Nachtleben

• *Übernachten in Larvik* **By the ways Holms AS**, Gamle Rav. 345, ✆ 33192480, www.bytheway.no. Preiswert ist das Motel im Zentrum, ausreichend die Zimmer mit Bad, und der große Gesellschaftsraum ist nur selten störend. DZ 776 NOK, EZ 558 NOK.

Trudvang Gjestegaard, Gårdsbakken 43, ✆33165270. Nicht alle Pensionszimmer haben eine Dusche; so erklären sich die unterschiedlichen Preise: DZ 600–900 NOK, EZ 400–700 NOK.

Quality Grand Hotel Farris, Storgate 38, ✆ 33187800, www.choicehotels.no. Der kasernenähnliche Kasten am Fähranleger bietet funktionale Zimmer. DZ 990 NOK, EZ 790 NOK.

• *Camping in Larvik* **Hovlandbanen**, 1.500 m vom Fähranleger, ✆ 33114422. Im Angebot sind auch 2 Hütten (ab 400 NOK), Zelt 100 NOK; man kann Tennis spielen, Gokart fahren und fischen. 1.5.–1.8. geöffnet.

Vasvik Camping, 2,5 km vom Zentrum, ✆ 33181609. Am ruhigen Wiesenplatz mit fünf Hütten (400 NOK) gibt es nichts auszusetzen. 20.5.–10.9. geöffnet.

Gon, 4 km vom Zentrum, ✆ 33126511. Hübsch gelegen mit 10 Hütten (ab 300 NOK), die Sanitäranlagen wurden mittlerweile renoviert. 1.5.–1.9. geöffnet.

• *Übernachten in Stavern* Viel gemütlicher und hübscher als in Larvik selbst wohnt man im 8 km entfernten, hübschen Stavern an der Küste. Der Ort ist fast so etwas wie eine Künstlerkolonie geworden.

Hotel Wassilioff, ✆ 33113600, www.wassilioff.no. Das innen wie außen geschmackvolle Hotel am Hafen mit dem exzellenten Restaurant Excellensen wurde 1844 von einem Emigranten aus Riga gegründet – deshalb der Name. Heute zählt das 47-Zimmer-Haus zu den „Romantik-Hotels" in Norwegen und zu den beliebtesten Hotels im Lande, das, zumindest im Sommer, überdies preiswert ist. DZ 990–1.200 NOK, EZ840–900 NOK.

Fredtun Folkehøyskole, ✆ 33199955. Im Schulheim werden in den Sommerferien EZ (365 NOK) und DZ (600 NOK) angeboten.

• *Camping in Stavern* **Donavall** (✆ 331 95500) **Kjærstranda** (✆ 33195730 sowie **Lydhusstranda**(✆ 33140220). Alle drei Plätze sind schön am Wasser gelegen.

• *Essen* **Bøkekroa**, Bøkeskogen. Kein Gourmet-Tempel, aber freitagabends gibt es Jazz live während des Essens.

China City, Prinsegate 20. Nicht nur chinesisch, auch norwegisch und italienisch isst man hier zum vertretbaren Preis.

Hansemann, Kongegata 33. Das Wirtshaus ist Lokal, Steakhouse, Pizzastube und Kellerkneipe unter einem Holzdach: Der Besuch lohnt vierfach.

Larvik Pizza, Oscargate 4. 13 verschiedene Pizzen, die es montags und dienstags sogar im Sonderangebot gibt.

• *Nachtleben* **Café Hansen**, Kongegate 18. Täglich Livemusik im führenden Jazz-Café, das auch für nur ein Bierchen gut ist.

Diskoteket, Kongegate 18. Das einzige Tanzlokal außer den Hotelbars.

Larviks Reichtum: Holz unter Fontänen

Sehenswertes

Herregården: Das „Herrenhaus“ (Storgata/Herregårdbakken), ein roter Holzbau im weitläufigen Park, fällt schon bei der Stadteinfahrt auf. *Graf Gyldenløve,* Halbbruder des dänischen Königs und dessen Statthalter in Norwegen, ließ sich 1674 die Residenz bauen, von der heute 20 Räume als Stadtmuseum dienen. Attraktion sind die Wand- und Deckengemälde aus dem 17. und 18. Jh. Zudem gibt es außer wechselnden Ausstellungen zwei kleine Cafeterien und ein Kinderspielzimmer .

Öffnungszeiten Juni–August täglich 12–17 Uhr, sonst nur So 12–17 Uhr. Eintritt 40/10 NOK.

Larvik Kirke: Wenige Schritte südlich des Stadtmuseums steht diese 1677 ebenfalls von Graf Gyldenløve in Auftrag gegebene Kirche. Sehenswert ist vor allem das Altarbild von *Lucas Cranach d. Ä.* „Jesus segnet die unschuldigen Kinder“.

Öffnungszeiten Mo–Fr 10–12 Uhr, Orgelkonzert im Juli jeden Mi, Gottesdienst So 11 Uhr.

Sjøfartsmuseum: Das Seefahrtsmuseum im einstigen Zollhaus auf der Landzunge Tollerodden ist zwei berühmten Larvikern gewidmet, an die zudem Monumente erinnern. *Thor Heyerdahls* Denkmal an der Südspitze der Halbinsel wurde anlässlich seines 75. Geburtstages 1989 errichtet. Wenige Schritte weiter Geburtshaus, Denkmal und Reste der Werft von *Colin Archer.* Der steinerne Seebär vorm Museumseingang allerdings stellt *Oscar Wisting* dar, den Expeditionsgenossen von Amundsen. Im alten Zollhaus wird anschaulich die Verbindung der Stadt zur Seefahrt dokumentiert. Die „Fram“ und die Heyerdahl-Bootsmodelle aber sind bloß Kopien; die Originale stehen auf der Osloer Museumsinsel Bygdøy.

Öffnungszeiten Juni–August täglich 12–16 Uhr, sonst nur So 12–16 Uhr. Eintritt 50/20 NOK.

Stadtwald Bøkeskogen: Der schattige Wald oberhalb Larviks ist gerade recht für den Erholungsspaziergang verknautschter Autotouristen. Hier kann man unter ausladenden Buchen ausreichend Frischluft tanken und in der Bøkekroa auch essen und trinken (s. o.).

Ausflug nach Telemark

Wer seinen Urlaub nur an der Küste macht, hat womöglich Lust auf eine Rundfahrt durch das Hinterland der Südküste, durch Telemark.

Eine Fahrt durch Telemarks Wälder bietet sich an. Man verlässt Larvik zwar auf der E 18, schwenkt aber gleich auf die RV 36 ein, die nach Norden führt. In dem schmalen, unwirtlichen Tal, das noch nichts von der wilden Schönheit Telemarks verrät, gibt es bis auf die Stadt Porsgrunn/Skien nur wenig Ansiedlungen.

Porsgrunn/Skien

Die Industriehochburg Porsgrunn mit einem Salpeterwerk und einer landesweit berühmten Porzellanmanufaktur und Skien, die ungleich sehenswertere Hauptstadt Telemarks, sind insbesondere für Urlauber interessant, die auf Henrik Ibsens Spuren wandeln wollen.

Norwegens größter Dichter wurde in Skien geboren und verbrachte die ersten 15 Lebensjahre nahe der Stadt. **Venstøp**, das schmucklose Sommerhaus der vormals wohlhabenden Familie, wurde zum **Ibsen-Gedenkhaus** und kann nur nach mühsamer Anfahrt im Sommer besichtigt werden (vom Bahnhof über die Rektor Ørns-Gate 5 km nach Norden, dann ausgeschildert; Juni–August 10–18 Uhr, Eintritt 30 NOK).

Viel einfacher ist **Brekkeparken** zu finden: Das als Park angelegte Freilichtmuseum (geöffnet täglich 10–18 Uhr, Eintritt 50/25 NOK) oberhalb des Torgets in Skiens Zentrum ist Heimstätte des **Provinzmuseums** von Telemark und ebenfalls großteils dem berühmten Sohn der Stadt gewidmet; der Südflügel des Haupthauses ist Ibsen, seinem Lese- und Schlafzimmer und vielen persönlichen Stücken reserviert.

Neben all diesen Reminiszenzen an Ibsen werden im **Fylkesmuseet** auch Kostbarkeiten aus der Porsgrunner Porzellanmanufaktur ausgestellt, so z. B. edle Tafelservice und wunderschöne alte Puppen. Aber auch über die Stadtgeschichte wird umfassend informiert, besonders über das Alltagsleben im 18. Jh. Sehr schön ist die alte Bauernstube, die mit Rosenmalerei verziert wurde (15.5.–31.8. täglich 11–18 Uhr; der Park bleibt bis 20 Uhr geöffnet; Eintritt 55 NOK, Kinder 25 NOK).

Wenn die Kinder genug haben von Museen und Geschichte, hilft **Lekeland**, der Freizeitpark im Nordosten der Stadt (30.5.–15.8. täglich 11–18 Uhr; Eintritt 15 NOK/Erw., 105 NOK/Kinder; Kinder unter drei Jahren zahlen nichts).

• *Information in Skien* **Turistkontorene**, Nedre Hjellegt. 18, ✆ 35905520, www.grenland.com, Mo–Fr 9–16 Uhr, im Sommer auch Sa/So 10–13 Uhr.

• *Übernachten in Porsgrunn* **Hotell VIC**, Skolegate 1, ✆ 35555580, www.vichotel.no. Das 70-Zimmer-Hotel (Du/WC, Telefon und TV) ist die einzig angenehme Bleibe in der nüchternen Industriestadt. EZ 1.300 NOK, DZ 1.500 NOK.

• *Übernachten in Skien* **Skien Vandrerhjem**, ✆/℻ 35504870, www.vandrerhjem.no.

Die ganzjährig geöffnete Jugendherberge liegt im Fristidspark im Süden der Stadt (4 km vom Zentrum). Sportplatz, Turnhalle und Minigolf gleich vor der Tür. Ansonsten bietet das nüchtern-moderne Haus 25 Zimmer (Hochbetten, gemeinsame Sanitäranlagen). Bett 150 NOK, EZ 375 NOK, DZ 550 NOK.

Dag Bondeheim og Kaffistove, Prinsessgaten 7, ✆ 35520030, www.dagbondeheim.ni. Das etwas biedere Missionshotel hat schon bessere Jahre gesehen. Hier gibt es saubere, hohe Zimmer mit separaten Betten nebst putzigen Nachtschränken, mit altertümlichen Möbeln, ohne Bad und sonstigem Komfort, aber irgendwie mit Charme. Leider recht laut. EZ 690 NOK, DZ 940 NOK (häufige Sonderangebote).

Thon Hotels Høyers, Kongensgate 6, ✆ 35905800, www.thonhotels.no. Immerhin 60 Zimmer (Du/WC, Telefon und TV) und einige Suiten bietet der farbenfrohe, renovierte Palast mitten im Verkehrsgetümmel an. EZ 980 NOK, DZ 1.150 NOK, jeweils inkl. Frühstück.

▸ **Weiterfahrt**: Auf der RV 36, die zügigste Verbindung zur Hardangervidda und ins Kerngebiet Telemarks, geht es weiter. Gleich hinter Skien beginnt bei **Ulefoss** der Telemark-Kanal (vgl. S. 359), ein Schmuckstück nicht nur für Kanuten. Ansonsten eignet sich Ulefoss in all seiner ländlichen Beschaulichkeit als idealer und überdies preiswerter Übernachtungsort.

• *Übernachten* **Brtasberg Gjestgaard**, ✆ 35944139, 📠 35943807. Der 1,5 km vom Zentrum entfernt liegende Gasthof bietet außer ländlicher Küche neun DZ zu je 600 NOK.

Lille Ulefoss Gjestegaard, ✆ 35945002, 📠 35945202. Ein gemütliches, altes Landhotel mit vorzüglicher Küche. EZ 650 NOK, DZ 950 NOK, jeweils mit Frühstück.

Entlang des **Nørsjös** geht es über **Gvarv** und **Bø**, beide kaum anschauenswert, nach **Seljord**. Wenn Sie jedoch das Wander- und Wintersportgebiet **Lifjell** besuchen wollen, müssen Sie in Bø nach Norden abbiegen. Wollen Sie den Telemark-Kanal unter die Lupe nehmen, sollten Sie nach Lunde und Süden abbiegen.

Die abwechslungsreiche Tour führt zunächst durch das flache **Bødal**, später durch das schmale Tal des Seljordsees auf die E 11 nach **Seljord**. Das malerische Dorf mit seinen unzähligen Ferienhütten sollte man sich vielleicht mal anschauen, um nach einem kurzen Abschnitt über die E 11 bei Brunkeberg auf die RV 41 nach Süden abzubiegen.

Kehrenreich und steil geht es über **Kvitseid** und am Kvitseidsee entlang auf das liebliche **Vrådal** zu, das am Schnittpunkt von Vråvatnet und Nissersee liegt. Der 37 km lange, schlauchförmige See mit vielen bewaldeten Inselchen ist der größte See Telemarks. Kurz dahinter hat man nun die Auswahl: bei **Steane** über die RV 38 durch das schöne **Drangedal** nach Kragerø oder auf der RV 41 weiter am Nisser und später an verschiedenen Wasserfällen entlang nach Tvedestrand oder nach Kristiansand.

Brevik

Zurück an der Südküste lohnt ein Besuch des schönen Fjorddorfes Brevik mit seinen steilen Gassen, der schneeweißen Altstadt und der beeindruckenden Brücke, die 46 m hoch und 677 m lang über den **Langesundfjord** führt.

Hübsch ist die Altstadt Breviks, in der noch viele Häuser aus der Zeit Ende des 18. Jh. stammen. Vor allem das **Rathaus**, das viele Rokokoelemente aufweist, sollten Sie sich anschauen. Im kleinen **Heimatmuseum** wird das Leben um die Jahrhundertwende anschaulich demonstriert.

Da Brevik jedoch stark von seiner Zementindustrie beherrscht wird, sollte man hier nicht allzu lange verweilen. Dennoch lohnt sich eine Rast in *Bøchs*

Konditori am Marktplatz oder im *Curt Adeler Restaurant* an der Storgata mit schönem Blick auf den Fjordarm und das Inselchen **Øya**.

Langesund

Badeort am Eingang des Langesundfjords mit schönem Rathaus, kleinem Küstenmuseum, zwei Cafeterien, zwei Gästehäusern – es gibt Spektakuläreres an der Südküste. Lohnend sind höchstens die Badebuchten in Ortsnähe (z. B. **Rognstranda**, 5 km vor Langesund gelegen), die jedoch häufig überlaufen sind. Auch in dieser Hinsicht empfiehlt sich die flotte Weiterfahrt über die E 18, um dann bei **Dørdal** auf die RV 363 abzubiegen und ins Tourismuszentrum Sørtlands zu gelangen, nach Kragerø.

Kragerø

Seit den 1920er Jahren ist Kragerø das touristische Zentrum der Sørlandküste. Seine Popularität verdankt die Stadt seinen beiden berühmten Söhnen Edvard Munch und Theodor Kittelsen.

Die Innenstadt erscheint einem heute fast wie ein Kaufhaus unter freiem, meist sonnigem Himmel; ein beschaulicher, ruhiger Urlaub scheint hier kaum möglich. Das sehen wohl auch die norwegischen Feriengäste so und ziehen sich in ihre *hytter* ins Schärengewirr zurück. Fast 3.000 Ferienhütten soll es in Kragerøs nächster Umgebung geben. Zum Einkauf am Wochenende oder zu einer Spritztour mit dem Motorboot trifft man sich jedoch in dem bunten Städtchen wieder.

Richtig ruhig ist es in Kragerø nur auf dem **Steinmann**, dem Aussichtspunkt oberhalb des Zentrums, der einen herrlichen Rundblick über See, Stadt und Schären bietet. Zu Fuß finden Sie den Aufstieg an der **Løkka-Kapelle**, mit dem Auto oder Rad fahren Sie bis zum Stadion, um von dort aus wenige Meter aufwärts zu fahren.

Information/Verbindungen/Adressen

- *Information* Im **Turistkontoret**, ✆/📠 35982388, www.visitkragero.no, im ehemaligen Bahnhof direkt am Hafen (die Zugverbindung wurde 1988 eingestellt, aber die Gepäckaufbewahrung besteht weiter) gibt es Zimmer- und Hüttennachweis, ein Park-Abo (75 NOK) und Karten für Schiffsausflüge. Mo–Fr 8–12 und 13.30–18 Uhr, im Juli u. August 8–21 Uhr.
- *Busverbindungen* 6 x täglich nach Telemark (Porsgrunn/Skien) und 4 x täglich nach Süden (Risør/Arendal). Außerdem 6 x pro Tag mithilfe der Fähren (s. u.) an der Südküste entlang (Portør, Levang, Øysang) und auf die Schäreninsel Skåtøy.
- *Fährverbindungen* Das Expressboot „Sunnhordland" hält 2 x täglich auf seinem Weg von Oslo nach Arendal. Fünf Kleinfähren verkehren 3 x (Jomfruland, s. „Sehenswertes") bis 13 x (Stabbestad, interessant für die Weiterfahrt nach Risør) vom Fährkai am Strandvei.
- *Adressen* Alles konzentriert sich um den Markt, den Torvet: **Post** und **Telegrafenamt** in einer Seitenstraße, **Banken** und **Supermärkte** direkt am Markt.

Übernachten/Camping/Essen & Trinken

- *Übernachten* **Kragerø Vandrerhjem**, Lovisenbergveien 20, ✆ 35985700, www.vandrerhjem.no. Nicht umsonst firmiert die große Jugendherberge auch als „Sportel & Konferantsesenter": Das sehr hübsch gelegene Heim

Kragerø: beschützt von Hügeln und Inseln

geht gut als Hotel durch und wird auch als Tagungszentrum genutzt. DZ 500 NOK, EZ 390 NOK (mit Frühstück). Nur im Sommer gibt es ein Jugendherbergs-Bettenlager (250 NOK/Bett) Außerdem können Fahrräder für Touren an der flachen Küste oder auf Jomfruland (s. u.) gemietet werden, ebenso Boote und Surfbretter.

Victoria Hotel, Rådhusgata, ✆ 35981066, ✆ 35987525, www.aco.no Die Zimmer (Du/WC) sind modern und nicht so altbacken wie der Jahrhundertwendebau selbst. DZ 1.250 NOK, EZ 850 NOK.

• *Camping* **Lovisenberg Familiecamping**, ✆ 35988777. Der Wiesenplatz 6 km nördlich der Stadt liegt an einer schönen Badebucht und vermietet auch mittelmäßige Hütten (ab 450 NOK).

Støa Camping, ✆ 35990261. Kleiner Platz mit kleinen Hütten (400 NOK), 9 km vom Ort entfernt (Buslinie 607).

Jomfruland Camping, ✆ 35991275. Sehr schöner, bestens ausgerüsteter Platz (Kiosk, Pizzeria, Post) auf der kleinen Schäreninsel vor Kragerø, leider nur per Fähre und ohne Auto erreichbar.

• *Essen* **Kafe Edvard.** Das einfache Lokal im Mundsveien ist erstaunlich preiswert: Menü ab 75 NOK.

Lanternen, am Hafen. Maritimes Milieu, einfache Speisen, Livemusik und Disko bis 2 Uhr nachts.

Victoria Haven, Rådhusgata. Das Hotelrestaurant (s. o.) ist nicht nur der großen Terrasse wegen besuchenswert.

El Paso, Rådhusgata. Einrichtung und Steaks im Western-Style.

Ausflug

Im Sommer fährt täglich eine kleine Fähre zur **Insel Jomfruland**. Gerade 70 Menschen leben auf dem 7,5 km langen und 1 km breiten Eiland im Skagerrak. Kleine Sandbuchten, ein auffälliger Leuchtturm, der von 12 bis 16 Uhr zugänglich ist, und viel Platz zum Wandern und Radfahren sind einen Tagesausflug wert.

Sehenswertes

Gundersholmen: Das kleine Küstenfort auf der gleichnamigen Halbinsel am Hafen sollte die Stadt im 17. Jh. vor Freibeutern schützen. Im Jahr 1808 vertrieben die klitzekleinen Kanonen sogar ein britisches Geschwader. Ein lohnendes Fotomotiv gibt die Anlage auch heute noch her.

Kittelsenhuset: Das als Museum eingerichtete Geburtshaus des Krageroer Malers *Theodor Kittelsen* (am Marktplatz ausgeschildert) zeigt neben biedermeierlicher Wohnkultur nur verschämt einige Bilder des Künstlers.

Öffnungszeiten Juli u. August Di–Sa 12–16, Sa 10–15. Eintritt 25/15 NOK.

Berg-Museum: In einem gepflegten Park 4 km außerhalb von Kragerø versteckt sich das Stadtmuseum in einem Holzlandhaus aus dem Jahr 1800. Ein kunterbuntes Durcheinander von Modellen und Fotos im neuzeitlichen Anbau informiert den Besucher nur bruchstückhaft über die Stadtgeschichte; das kleine Café hingegen lohnt den Ausflug.

Öffnungszeiten Juni–August täglich 12–18 Uhr. Eintritt: 40 NOK, Kinder 20 NOK.

Risør

„Perle der Südküste" oder „Weiße Stadt am Skagerrak" wird das blitzblanke Städtchen auch genannt. Und ehrlich: Das ist keine Übertreibung.

Alles ist vom Feinsten und Teuersten: Im Hafenbecken dümpeln Jachten aller Größen und vornehmlich höherer Preisklassen (im August findet während des Holzbootfestivals ein edler Schiffsmarkt statt), im Zentrum warten die teuersten Galerien des Landes auf finanzkräftige Käufer („Villvins Kunsthandwerkermarkt" Mitte Juli ist etwas preiswerter), und selbst die Kopfsteinpflasterstraßen sind breiter und die Vorgärten üppiger als anderswo an der Südküste.

Das 1861 bei einem Brand gänzlich zerstörte Risør ist fast autofrei und erstrahlt heute im Glanz weißer Holzhäuser, die sämtlich aus der zweiten Hälfte des 19. Jh. stammen. Das architektonische Schmuckstück der 4.000-Einwohner-Gemeinde, die Heilig-Geist-Kirche (**Den Hellige Ånds Kirke**) aus dem Jahr 1647, überstand den Brand allerdings unversehrt und wird als Konzertsaal für das Kammermusikfestival Ende Juni genutzt.

Information/Verbindungen/Adressen

• *Information* Im Hinterhof des Villvin-Hauses in der Kragsgata ist die kleine **Turist-Information** untergebracht. ✆ 37152270, www.visitrisor.no. Täglich 10–18 Uhr geöffnet.

• *Busverbindungen* Von der Busstation in der oberen Kragsgata verkehren 6 x täglich Busse nach Kristiansand (3 Std.), 1 x täglich der Überlandbus Oslo–Kristiansand und 4 x täglich ein Bus nach Porsgrunn/Skien (1,5 Std.).

• *Fährverbindungen* Die Anlegestelle für die Øysang-Fähre liegt direkt neben Fischhalle und Gästehafen. Dort legt auch das Expressboot von Oslo nach Arendal 2 x täglich in jede Richtung an.

• *Adressen* **Post** in der Strandgate, **Banken** am Marktplatz, **Supermarkt** in der oberen Kragsgata neben der Busstation, **Apotheke** zweite Querstraße hinter dem Hafen, **Tankstelle** direkt am Hafen.

Übernachten/Camping/Essen & Trinken

• *Übernachten* .**Risør Hotel**, Tangengata 16, ✆ 37150700, ✆ 37148000, www.risorhotel.no. Der rote Holzkasten am Ende der Strandstraße stammt aus dem Jahr 1861; damals baute man wohl derart winzige Zimmer mit separaten Betten. Doch die Balkonterrasse mit wunderschönem Blick auf das Meer entschädigt. DZ 1.095 NOK, EZ 850 NOK.

Sjømannssuitene, ✆ 37151495, www.detlillehotel.no. Neun hochwertige Appartements mit teilweise bis zu sechs Schlafplätzen bietet die Firma überall im Ort an. Die Preise für dieses besondere Vergnügen sind dann auch verwirrend: 600–1.850 NOK.

• *Camping* **Moen Camping**, Akland, ✆ 37155091, www.perleporten.com. 5 Autominuten und 10 km von Risør entfernt (an

Weiß, Blau, Rot: Norwegens Flaggenfarben stammen von der Südküste

der RV 416) liegt der Rasenplatz idyllisch am Sørfjordenufer; neben Stellplätzen werden auch Hütten (ab 700 NOK) vermietet.

Røed Camping, ✆ 37155006. 2 km weiter und dichter an der E 18 findet man diesen großen Rasenplatz mit neuerdings 25 Hütten (ab 400 NOK) und jüngst erneuerten Duschen.

Sørlandet Feriesenter, Sandnes, ✆ 37154080, www.sorlandet-feriesenter.no. Der optimal ausgerüstete, sehr schön gelegene Wiesenplatz am Sandnessfjord (180 Stellplätze, 20 Hütten, 300–1.200 NOK) gegenüber von Risør bietet jede Menge Sport- und Spielmöglichkeiten.

• *Essen* **Kast Loss**, Strandgata. Schummrig gemütlich geht es in dem Seglertreff am Kai zu, offener auf dem am Pier festgemachten Schoner „Tossa", aber die Steaks sind hier wie dort nicht billig.

China Palace, auch norwegische Speisen bietet der Chinese in der Kragsgata an. Und spezielle Kinder-Menüs.

Café Excellensen, tagsüber Kaffee und Kuchen, abends Steaks und Lamm. Aber das Lokal am Marktplatz nimmt schon 300 NOK für ein warmes Essen.

Stangholmen, das Leuchtwärterhaus auf einer Schäreninsel (10 Min. Anfahrt mit dem Taxiboot) ist zum Feinschmeckertempel mit allen Schankrechten geworden.

Baden/Fischfangtörn

• *Baden* Fast überall draußen auf den Schäreninseln möglich – „Baderuter", ein vorsintflutliches Taxiboot, bringt Sie hin. Ansonsten empfiehlt sich die Liegewiese am **Perleporten** oder **Randvik**, ein Familienbad an der südwestlicher Ecke der Landzunge, auf der auch Risør liegt.

• *Haifischfang* Der Vierstundentörn mit dem Fischerboot „Oysund" und „garantiertem Fangerfolg" kostet 400 NOK. Sie finden Boot und Schipper Henrik immer früh morgens oder bei Sonnenuntergang am Pier neben der auffälligen Hafenmeisterei.

Sehenswertes

Risør Akquarium: Das Schaubecken in einem unscheinbaren Pavillon am Hafenrand ist die aktuelle Attraktion im Städtchen. Hinter Panoramascheiben

Stattliches Wahrzeichen: die Risør-Kirche

kann man alle möglichen Nordseefische in ihren Glaskäfigen bestaunen. Nicht nur für Kinder ein toller Spaß.

Öffnungszeiten Juni–August täglich 11–19 Uhr, Eintritt 45 NOK, Kinder 25 NOK.

Kastellet: Am Ende der Strandgata und noch über das Risør Hotel hinaus finden sich putzige Reste eines alten Forts, dessen gerade mal sechs Kanonen vor fast 200 Jahren einen Angriff britischer Fregatten zurückgeschlagen haben sollen.

Risørflekken: Der weiße Felsen, einstmals 12 Seemeilen weit sichtbares Seezeichen, ist längst in das gleichfalls schneeweiße Häusermeer am Hang eingetaucht. Der etwas mühsame Aufstieg lohnt sich aber, denn von dort oben öffnet sich ein wahrlich fantastischer Aus- und Rundblick über Meer und Küste.

Den Hellig Ånds Kirke: Die Holzkirche ist zwar nicht die älteste, aber die schönste Kirche der Stadt und liegt wenige hundert Meter vom Hafen entfernt in der Kirkegate. Durchaus sehenswert sind die geschnitzte Kanzel und die Orgel aus dem 17. Jh. Das Altarbild aus dem Jahr 1647 ist eine Rubenskopie.

Kunstpark Risør und Risør Museum: Seit *Villvin,* ein Zusammenschluss von fast 20 in Risør arbeitenden Künstlern, Mitte der 1970er Jahre aktiv wurde, hat das Kulturleben der Stadt einen Kick bekommen. Davon zeugt u. a. der Kunstpark in der Prestegata (in Sichtweite der Heilig-Geist-Kirche), der auf Initiative der Künstlervereinigung zustande gekommen ist. Im Ausstellungszentrum mit Ateliers und einem Café werden allerdings nicht nur Villvin-Arbeiten gezeigt. Dem Kunstpark angeschlossen ist das kleine Risør Museum, das nicht nur die Stadtgeschichte beleuchtet, sondern allerlei Wissenswertes über die Geologie der Südküste verrät.

Öffnungszeiten Juni–August Mo–Fr 9–16 Uhr, Eintritt 30 NOK.

Tvedestrand

Das verwinkelte 6.000-Seelen-Dorf am **Oksefjord** beherbergt die einzige Glasbläserei des Sørlandes in seinen Mauern. Wunderschön direkt am Wasser steht das kleine Rathaus, das lange Jahre als Lagerhalle diente, doch dann sehr hübsch renoviert wurde. Interessant ist in Tvedestrand auch die „Mini-Riviera“: Der Badestrand befindet sich mitten in der Stadt. Seit 2004 nennt sich der Ort „Bücherstadt" – 20 Antiquariate bieten Second-Hand Bücher vom Feinsten.

Falls Sie bis jetzt noch keine Schärenfahrt unternommen haben, bietet sich hier eine schöne Gelegenheit: Die bald fünfzigjährige *MS Søgne* tuckert zweimal die Woche durch den Schärengarten und steuert **Lyngør** und einige andere Inseln an. Sie braucht drei Stunden für ihre kleine Seefahrt.

Information/Fahrkarten **Turistkontor**, Fritz Smithsgate 1, ✆ 37161101, www.infosor.no, geöffnet nur von Juni bis August.

Sehenswertes

Næs Jernverksmuseum: Jenseits der Europastraße und nur wenige Kilometer entlang der RV 415 (Ausschilderung beachten) kommt man zu diesem eindrucksvollen Beispiel norwegischer Industriegeschichte. Das Nes-Eisenwerksmuseum umfasst ein fast vollständig erhaltenes Hüttenwerk mit Hochofen, Walzwerk und Hammerschmiede, dessen Ursprünge bis ins 16. Jh. reichen. 1959 stellte das Werk die Arbeit ein und wurde flugs unter Denkmalschutz gestellt und als Museum hergerichtet. Ein interessanter Eingangsfilm und die fachkundige Führung durch das Werk machen den Besuch allzeit lohnend.

Öffnungszeiten: 15.5.–31.8. Eintritt 40 NOK, Kinder 20 NOK

Arendal

Die Hauptstadt Aust-Agders mit ihren 14.000 Einwohnern ist zu groß und zu geschäftig für einen geruhsamen Urlaub. Die meisten Touristen nutzen die Handelsstadt deshalb als Zwischenstation auf dem Weg zu den schönen Sandstränden auf Tromøy und halten höchstens zur Kaffeepause am Pollen.

Das künstliche Hafenbecken im Zentrum ist Jachthafen, Fährstation und natürlicher Mittelpunkt Arendals. Vor allem aber ist es das letzte Überbleibsel des einst verschachtelten Grachtensystems, das die auf sieben Inselchen verstreute Stadt vormals verband.

Nach mehreren Bränden, zuletzt 1977, ist das Kanalgewirr einer funktionellen Bebauung gewichen. Neuerdings wird an der Rekonstruktion des Kanals zwischen Pollen und Kittelbukt gearbeitet – der alte Stadtteil Tyholmen wurde so wieder zur Insel und Touristenattraktion. Damit verdient Arendal fast zu Recht den Beinamen „Venedig Skandinaviens", mit dem die Touristenwerbung derzeit vollmundig wirbt.

So oder so sind die Arendaler stolz auf die wenigen Relikte großbürgerlicher Baukunst im Tyholmen-Quartier, vor allem auf das Rathaus am Kai, dem nach Trondheims Stiftsgård größten Holzgebäude Norwegens. Im Jahre 1812 für den Millionär *Kallevig* erbaut, wird es seit 1845 als Verwaltungssitz genutzt.

Information/Verbindungen/Adressen

• *Information* **Sørlands Info,** Sam Eydes Plass, ✆ 37005544, www.arendal.com. Direkt am Hafenbecken versteckt sich mit Sørlands Info die wohl ergiebigste Anlaufstelle für auskunftshungrige Urlauber an der Südküste. Mo–Fr 9-19, Sa 11–14 Uhr, in den Sommerferien Mo–Fr 9–19 Uhr, Sa/So 11–18 Uhr.

• *Adressen* **Post** (Kirkegaten 2), **Bank** (Vesterveien 1) und zwei **Rimi-Supermärkte** drängen sich um den Pollen. **Arena-Einkaufszentrum** an der Ausfahrt der RV 420

(Vesterveien), **Kino** am Teaterplassen, **Taxis** warten am Busbahnhof.

• *Busverbindungen* Von der Rutebilstasjon an der Peder Thommasens Gate starten 12 x täglich Busse gen Süden (Grimstad/Lillesand/Kristiansand) und 3 x gen Norden (Risør/Drammen/Oslo) sowie eigens ein Flybussen zum Flughafen Kjevik bei Kristiansand. Zudem gibt es Nahverkehrsverbindungen nach Tvedestrand (8 x) und Risør (10 x).

• *Zugverbindungen* Den NSB-Bahnhof am nördlichen Stadtrand bedient Sørlandsbanen jeweils 2 x täglich (Oslo, 2,5 Std., bzw. Kristiansand, 2 Std.).

• *Fährverbindungen* Regelmäßigen Fährbetrieb (6.45–24 Uhr) zu den Inseln Tromøy und Hisøy bestehen vom Fähranleger zwischen Clarion Tyholmen Hotel und Rathaus. Von dort startet auch die Barkasse „Pelle Pan" zu ihrer Schärentour „Rund um die Insel Hisøy"; Termine im Sørlands Info. Außerdem endet hier das Expressboot aus Oslo.

Übernachten/Essen & Trinken/Nachtleben

• *Übernachten* **Breidablikk Gjestegård**, Tromøy, ✆ 913639602, www.breidablikk-gjestegard.no. Der Landgasthof auf der vorgelagerten Insel, ein großes Holzhaus in urigem Garten, wurde jüngst neu eröffnet und gänzlich renoviert, ist aber immer noch etwas für romantisch Veranlagte. Die Preise allerdings sind – zu Recht – gestiegen: DZ 1.295 NOK, EZ 1.095 NOK.

Ting Hai Hotel, Østregate 5, ✆ 37022201, ℻ 37022325. An die Besitzer aus dem Fernen Osten erinnert bloß das gute chinesische Restaurant im Haus; ansonsten bietet das kleine Hotel im Zentrum 14 ansprechende Zimmer für 1.050 NOK (DZ) und 750 NOK (EZ).

Arendal Maritime Hotell, Vestregate 11, ✆ 37000720, www.arendal-maritime-hotel.no. Im untypischen Steinbau werden 33 Zimmer (Du/WC, TV und Telefon) für 1.100 NOK (DZ) und 950 NOK (EZ) angeboten. Außerdem gibt's Spezialzimmer für Behinderte und Suiten (1.595 NOK).

Thon Hotel Arendal, Friergangen 1, ✆ 37022150, www.thonhotels.no. Das Hotel im Zentrum hat nach der Übernahme durch den Thon-Konzern den Standard und die Preise erhöht: DZ 1.450 NOK, EZ 1.195 NOK.

Clarion Collection Hotel Tyholmen, Teaterplassen 2, ✆ 37026800, ℻ 37026801. Das schönste und beste Hotel am Platz (und was für ein Platz am Wasser) ist seine Preise wert: DZ 1.690 NOK, EZ 1.490 NOK. Das Restaurant zählt zu den besten der Südküste.

• *Camping* **Nidelv Camping**, ✆ 37011425. Ca. 5 km entfernt an der RV 420 liegt der stadtnächste Campingplatz, der auch 12 Hütten und zwei Appartements vermietet (350–600 NOK).

Hove Familiecamping, ✆ 37085479. Der Waldplatz auf der Insel Tromøy (12 km vom Stadtzentrum entfernt) ist mit der nahe gelegenen Sandbucht ideal für den Familienurlaub. Hütten 510–750 NOK.

• *Essen/Nachtleben* **Grandtaket**, Langbryggen. „Das" Straßenlokal der Stadt – dichter am Wasser kann man nicht sitzen.

Sjøloftet, Langbryggen 3. Pub, Grillrestaurant und Pizzeria direkt über dem Kai. Von 11 Uhr morgens bis 3 Uhr nachts geöffnet. Empfehlenswert.

Sister Italiano, Nedre Tyholmsvei. Pub und Restaurant auf Italienisch. Und die gute warme Küche liefert bis 2 Uhr.

Barrique Øl og Vinstue. Die gemütliche Weinstube am Theaterplatz.

Café Sam. Snack und Sandwich, aber auch Backwaren am Marktplatz.

Baden

• *Baden auf Tromøy* Millionärsvillen dicht an dicht mit Minihütten: Die schöne Insel, 15 km vor Arendal per Fähre oder per Auto über die Tromøysundbru zu erreichen, ist so sehr zersiedelt, fast schon verschandelt, dass man die dichten Wälder und flachen Strände kaum genießen mag. Dennoch: Die naturbelassenen Tromøy-Strände und die baumgesäumten Buchten vermitteln ein Stück Urwüchsigkeit an der ansonsten wie aus dem Ei gepellten Sørland-Küste, das zumindest einen Ausflugstag wert ist. Aber vergessen Sie das Mückenmittel nicht...

• *Baden auf Merdø* Eine schöne Insel mit kinderfreundlichen Stränden und seltenen Pflanzen wartet auf Sie. Mit „Merdø-Ruta" geht es im Pendelverkehr ab 10 Uhr vom Pollen-Anleger los (s. u. „Merdøgaard").

Sehenswertes

Aust-Agder Museum: Am nördlichen Stadtrand (15 Minuten zu Fuß, mit dem Ringbus Nord oder per Auto die RV 420) befindet sich das kleine Provinzmuseum: Mineralien, Schifffahrtsgerätschaften, Barock- und Bauernmöbel, Trachten und Puppen sind in vier antiken Häusern (vom edlen Gutshof bis zur armseligen Landarbeiterwohnung) ausgestellt.

Öffnungszeiten Juli u. August Mo–Fr 9–17, So 12–17 Uhr; in der übrigen Zeit Mo–Fr 9–15 Uhr, So 12–15 Uhr. Eintritt 20 NOK, Kinder 10 NOK.

Klöckers Hus (Stadtmuseum): Wie reiche Leute vor hundert Jahren lebten und weniger reiche Leute arbeiteten, demonstriert dieses Bürgerhaus (Nedre Tyholmsvei 14). Da wird Brot wie zu Omas Zeiten gebacken und verkauft, im Kolonialwarenladen gibt es frisch gerösteten Kaffee und auf „alt" getrimmte Postkarten.

Öffnungszeiten Di–Fr 10–15 Uhr, Sa 10–14 Uhr, So 12–16 Uhr. Eintritt 25 NOK, Kinder 10 NOK.

Merdøgaard: Das **Skippermuseet** auf der Insel Merdø, Außenstelle des Provinzmuseums, ist im Haus eines 1930 verstorbenen Segelschiffkapitäns untergebracht. Was sich von 1720 bis dahin in „Captain's House" angesammelt hat, ist schon sehenswert (die Palette reicht von urigen Küchenutensilien bis zu exotischen Schmuckgegenständen).

Öffnungszeiten 15.6.–15.8. täglich 12–16.30 Uhr. Eintritt 25 NOK, Kinder 10 NOK.

Radtour: Von Arendal nach Kristiansand

Die 94 km lange Tour vermeidet die E 18 und führt stattdessen durch eine schöne, hügelige Waldlandschaft. Die Etappe wird dadurch zwar länger und anstrengender, aber auch ungleich reizvoller.

Die Tour beginnt in Arendal auf der RV 420 in westlicher Richtung, man verlässt über die Insel **Hisøy** das Stadtgebiet. Auf der Strecke nach Fevik passiert man etliche schöne Sandstrände. Weiter auf der RV 420 kreuzt man bei **Vik** die E 18, radelt auf der nördlichen Bezirksstraße an der Faerne-Kirche vorbei und erreicht die R 404.

1,5 km geht es auf dieser Straße weiter nach Norden. Hinter **Roresand** folgt man links der Bezirksstraße am **Landvikvatnet** entlang. Nun befindet man sich im waldreichen Gebiet der Gemeinde Birkenes (vgl. „Lillesand", S. 190) und steuert auf **Birkeland** zu, noch 30 km über **Reddal** und **Beiland**.

In **Årdalen** trifft man auf die R 41, der man bis hinter Birkeland folgt. Die Straße verläuft parallel zur **Tovdalselva**, die kurz hinter Birkeland gestaut ist. Über **Åbål** und **Ryen** und dort weiter auf der R 453 umrundet man den **Topdalsfjord** und erreicht über **Kostøl** und **Justvik** die Hauptstadt des Sørlandes: Über die 339 m lange **Oddernes-Brücke** gelangt man nach Kristiansand.

Fevik

Die kleine Streusiedlung an der RV 420 ist eigentlich nur ein Verpflegungsposten für Jachturlauber. Man könnte ohne Halt durchrauschen, wären da nicht idyllische Strandbuchten, die selten überlaufen sind und zum erfrischenden Bad oder nur zur Mittagspause einladen.

Eines dieser schönen Plätzchen ist **Størsanden**, eine durch Wald abgeschirmte Doppelbucht, in der gebadet, geplanscht, gespielt und – allerdings nur am Kiosk – gegessen werden kann. Dazu müssen Sie die RV 420 verlassen und nach Fevik hineinfahren und dort der Ausschilderung folgen, die Sie zu einem großen Parkplatz führt. Die letzten Schritte spazieren Sie durch den Wald, um nach einigen Minuten die herrliche Sandbucht zu erreichen.

Grimstad

Kein mehrgeschossiges Gebäude stört den Charme des Städtchens, keine marktschreierische Animation stört die Ruhe des Urlaubsortes. Direkt am Wasser stehen noch viele alte Holzhäuser, die das schöne Städtchen zusammen mit den vorgelagerten Schäreninseln zur wahren „Perle von Sørland" machen.

Grimstad hat einige Attraktionen zu bieten, die fein herausgeputzte **Stadtapotheke** zum Beispiel, in der *Henrik Ibsen* sechs ungeliebte Lehrjahre verbrachte und in der heute das bescheidene **Stadtmuseum** untergebracht ist.

Sehenswert ist auch der **Nørholm**, der 6 km südwestlich, direkt an der E18 gelegene, herrschaftliche Gutshof, den sich *Knut Hamsun* 1918 von seinem Nobelpreisgeld kaufte und in dem er bis zu seinem Tod 1952 wohnte und als Dichter und Landwirt arbeitete. Das Anwesen blieb in Privatbesitz und ist bislang für die Öffentlichkeit leider nicht zugänglich.

Doch gibt es hier auch kleine Industrieanlagen. Begünstigt durch das milde Klima konnten Obstkulturen im Stadtumkreis angelegt werden. So entstanden bereits vor Jahrzehnten eine profitable Konservenindustrie und Fabriken zur Fruchtweinproduktion.

Information/Verbindungen/Adressen

• *Information* **Turistkontor**, Sorenskrivergården, ✆ 37250168, www.grimstad.net. Zentral in einem Eckhaus am Hafen. Im Juni täglich 10–18 Uhr, im Juli 10–22 Uhr, im August 9–18 Uhr und in der übrigen Zeit täglich 8.30–16 Uhr.

• *Busverbindungen* Von der *Busstasjon* am Hafen fahren stündlich Busse nach Arendal (jeder zweite weiter bis Risør) bzw. Kristiansand (ca. 1 Std.).

• *Adressen* In der Storgate hinter dem Touristkontor: **Polizei** (✆ 37042255), **Apotheke** (✆ 37041955), **Post**, **Supermarkt**, Omnibusbahnhof und **Taxistand** (✆ 37040142). In der Henrik Ibsengate ein zweiter Supermarkt und **vinmonopolet**.

Übernachten/Camping

• *Übernachten* **Grimstad Hotell**, Kirkegaten 3, ✆ 37252525, www.grimstadhotel.no. Am Marktplatz warten in einem geschmackvollen Eckhaus voller Erker, Blumen und ebenso farbenfroher Markisen 39 attraktive Zimmer (Du/WC, TV und Telefon), aber auch ein gemütliches Restaurant, Weinkeller, Cocktail- und Tanzbar. DZ 1.400 NOK, EZ 1.100 NOK .

Norlandia Sørlandet Hotell, Televeien 5, ✆ 37090500, www.norlandia.no. Biedere Zimmer und hausbackene Appartements gibt es in dem Tagungshotel außerhalb Grimstads (nach Verlassen der E 18 und hinter einer Unterführung rechts, bei nächster Gelegenheit wieder links). Erwähnenswert nur wegen der günstigen Preise: DZ 1.195 NOK, EZ 1.095 NOK.

SiA's Ferieleiligheter, Grosseveien 64, ✆ 38021644, 📠 38021552. Appartements, Hütten und Ferienhäuser überall in der Gegend in allen Größen und zu Preisen von 3.000 bis 3.700 NOK Wochenmiete werden vermittelt.

• *Camping* **Moysand Familiecamping**, ✆ 37040209, www.moysand-familiecamping.no. Zwischen Fevik und Grimstad liegt der bestens ausgestattete Wiesenplatz zwischen Wald und einer 1.000 m langen Uferlinie: Kiosk, Telefon, Bootsausleihe, Minigolf, gute Sanitäranlagen, Verkauf von Gasflaschen.

• *Essen* **Café Galleri**, Storgata 28. Der Treffpunkt in der Stadt, nicht nur tagsüber (bis 1 Uhr nachts geöffnet).

Haven Brasserie, Storgata 4. Draußen den Blick aufs Wasser, drinnen die köstlichen, vornehmlich italienischen Kleinigkeiten.

Grimstad Dag til Natt, Vesterled 104. Tagsüber Café und spät abends noch chinesische Gerichte. Und gleich nebenan der übliche McDonalds.

Bootsausflüge

Zwischen dem 20. Juni und dem 15. August startet MS „Bibben" vom Hafenkai zu verschiedenen Erlebnistouren: täglich um 12 und 14 Uhr zur Sightseeing-, dienstags und donnerstags 15 und 18 Uhr zur Angeltour; auch Tauchfahrten werden arrangiert.

Skandinaviens Riviera ist aus Stein

Sehenswertes

Ibsenhuset: Neben der alten Apotheke, in der Ibsen freudloser Lehrling war, werden in „der Welt größter Ibsen-Schau" u. a. Arbeits- und Esszimmer des Künstlers gezeigt. Außerdem gibt's eine Ausstellung zur Entstehungsgeschichte des Gedichtes „Terje Vigen". In dem fein restaurierten Haus (Henrik Ibsengate 14) ist zudem das Stadtmuseum von Grimstad mit einer sehenswerten Seefahrtabteilung und wechselnden Sonderausstellungen untergebracht. Alles klein, überschaubar und charmant.

Öffnungszeiten 15.4.–15.9. Mo–Sa 11–17 Uhr, So 13–17 Uhr. Eintritt 35 NOK, Kinder 10 NOK.

Sjøfartsmuseet. Das Seefahrtmuseum im Kontor der Hasseldalen-Werft erzählt recht oberflächlich die Geschichte der Stadt als Seefahrer-Stadt.

Öffnungszeiten 15.4.–15.9. Mo–Sa 11–17 Uhr, So 13–17 Uhr. Eintritt 40 NOK, Kinder 15 NOK.

Fuhr-Grimstad Gartneri: Der größte Weinkeller Norwegens findet sich nördlich des Zentrums an der Abfahrt von der E 18. Der Keller hat eine Weinstube mit Schankgenehmigung, in der man einmalige Obstweine wie „Fuhr Fino", „Fuhr Vermout" oder Rhabarberwein kosten (und natürlich auch kaufen) kann.

Öffnungszeiten nur im Juli Mi–Sa 17–22 Uhr.

Fjäre Kirke: Die Steinkirche aus dem 12. Jh. liegt 3 km östlich der Stadt (jenseits der E 18) und wird noch heute als Gemeindekirche genutzt. Der steinerne Altar der hübschen, weißen Kirche inmitten mächtiger Bäume stammt vermutlich sogar aus dem 10. Jh., der steinerne Männerkopf am Südportal aus dem Jahr 1150.

Grimstad Kirke: Das erst 1881 erbaute Gotteshaus liegt auf dem Kirchenhügel Kirkheia und ist längst nicht so sehenswert wie die Fjäre-Kirche. Immerhin aber handelt es sich um Norwegens zweitgrößte Holzkirche.

Dømmesmoen: In diesem ebenfalls jenseits der E 18 gelegenen großen Park, der sich vortrefflich für Spaziergänge eignet, befindet sich die staatliche Fachhochschule für Gartenbau. Neben imponierenden Gartenanlagen, in denen traditionelle Arbeitsweise und Bewirtschaftung studiert werden können, finden sich 45 Grabhügel aus der Eisenzeit. Die Anlage ist ganzjährig geöffnet.

Lillesand

Die E 18, zu der es für die Weiterfahrt nach Lillesand keine Alternative gibt, führt um den Stadtkern des schmucken Städtchens herum; diesem und dem für Norwegen erstaunlichen Umstand, dass die Gemeinde seit jeher von großen Bränden verschont blieb, ist Lillesands sehenswerte, noch unzerstörte Holzbausubstanz zu verdanken.

Englische und französische Einflüsse spiegeln sich in der Architektur wider, z. B. beim Rathaus, das 1734 errichtet, aber erst 1816 zur jetzigen Größe ausgebaut wurde. Oder beim Kaufmannshaus „Carl Knudsengaarden" in der Nygårdsgate, das 1827 von Carl Knudsen im Empirestil errichtet wurde und heute als Stadt- und Seefahrtmuseum dient; besonders imposant ist hier das aufgesetzte Portal. (Die etwas wirre Museumssammlung aus Schiffsgerätschaften, Möbeln und Werkzeugen ist dagegen weniger eindrucksvoll und gibt höchstens ein oberflächliches Bild vom Leben in Lillesand vor 100 Jahren. Geöffnet 15.6.–15.8. Mo–Sa 11–14 Uhr, Eintritt 20 NOK.)

Trotz des unverwechselbaren Architektur ist es eher die umliegende Landschaft, die Lillesand als Standort interessant macht: z. B. die vorgelagerte Insel **Justøy** oder der **Oggevatn** in der Hinterlandgemeinde Birkenes, der ein Paradies für Paddler ist. Und nicht zu vergessen der vielleicht schönste Schärengarten an Norwegens Küste. Viele Touristen, besonders solche mit eigenem Boot, denen es im nur noch 20 km entfernten Kristiansand zu umtriebig ist, schlagen deshalb im 300 Jahre alten Städtchen mit heute fast 3.000 Einwohnern ihr Urlaubsquartier auf.

Information/Verbindungen/Adressen

• *Information* **Turistkontor** Vestre Strandgate, ✆ 38121314, www.lillesand.com. Ganzjährig Mo–Fr 9–18, Sa bis 14 Uhr. Das kleine Büro vermittelt Privatzimmer und verkauft Tickets für Ausflüge. Das sehr informative Tourenhandbuch für Spaziergänge in der Umgebung (70 NOK) gibt es leider nur auf Norwegisch, wegen der guten Karten ist es aber auch für Sprachunkundige verwendbar.

• *Busverbindungen* Am Busbahnhof in der Jernbanegate (Nähe Hafen) halten 2 Überlandlinien: Der Sørlandbus von Oslo (4 Std.) nach Kristiansand (2 Std.) 5 x täglich und der Kystbus, der die Südküste bedient, 4 x pro Tag. Zudem stündliche Verbindungen nach Arendal und Kristiansand und alle zwei Stunden nach Risør und Kragerø.

• *Adressen* **Polizei**, die Hauptwache befindet sich in der Jernbanegate (Verbindung zwischen E 18 und Hafen), ✆ 37270 88. **Notarzt**, ✆ 37270555. **Apotheke**, Ecke Jernbanegt./Storgt., ✆ 37270005. **Post**, Jernbanegt. (gegenüber der Tankstelle). **Taxi**, Jernbanegt. (neben dem Busbahnhof). **Gästehafen** (Duschen, WC, Waschmaschine, Müll) am Sanden Torv. **Hafenbüro**, ✆ 37270444. **Geschäfte** (Supermärkte und Souvenirs) in der Storgt. und Jernbanegt. **Fischbazar** an der Ecke Øvregate/Nygårdgate. **Ole-Olsen-Shop-Senter** in der Strandgate. **Tauchen und Bootsverleih**, Sørlandet Dykkesenter, Nygårdgate 22, ✆ 37272130, ✆ 37271542.

Übernachten/Camping/Ausflüge

• *Übernachten* **Hotel Norge**, Strandgt. 3, ✆ 37270144, www.hotelnorge.no. In dem Empire-Haus kann man herrlich wohnen. Geschmackvoll und persönlich die 30 Zimmer, schmackhaft und teuer die Fischgerichte im Restaurant. DZ 1.290 NOK, EZ845 NOK.

Høvag Gjestehus, Vestre Vallesverd, ✆ 37275335, www.hovag-gjestehus.no. Auf dem Weg nach Kristiansand gelegen (5 km vor dem Dyrepark), bietet das mächtige Haus längs der E 18 zwanzig angenehme, große Zimmer. DZ 950 NOK, EZ 750 NOK (mit Frühstück).

Brekkekjær Pensjonat, Brekkestø ✆ 37275220, www.brekkekjaer-pensjonat.no. Im Segler-Paradies (s. Anfahrt unten), 10 km von Lillesand entfernt, hat das englische Besitzerpaar rund um die stimmungsvolle Pension ein Urlauber-Paradies mit Hütten (ab 350 NOK), Appartements und Pensionszimmern (DZ ab 825, EZ ab 675 NOK) gezaubert.: Sehr geschmackvoll, sehr stilsicher und sogar preiswert:

• *Camping* **Tingsaker Familiecamping**, ✆ 37270421, www.tingsakercamping.no. Der von Mai bis September geöffnete Platz liegt 800 m vom Zentrum entfernt direkt am Meer (jedoch keine schönen Strände). Neben 150 Zelt- und Wohnwagenstellplätzen werden 16 geräumige Hütten (ab 550 NOK) angeboten. Zudem Kiosk und Bootsverleih.

Trydal Camping, ✆ 37270965. Trotz des Namens gibt es keine Zeltplätze, sondern nur 16 einfache Hütten an der E 18 (ab 300 NOK).

Kjerlingland Camping, ✆ 37275282. Der mittelgroße Platz liegt 5 km westlich des Zentrums (nahe der E 18 in Richtung Kristiansand). Neben 70 Stellplätzen gibt es 16 Hütten (ab 450 NOK). Vom 15.6 bis zum 15.8. geöffnet.

Ausflüge

Nach Brekkestø: Auf dem äußersten Zipfel der Lillesand vorgelagerten Insel Justøy liegt Brekkestø, noch heute ein beliebter, ein heiterer Segelschiffhafen. In seiner Glanzzeit vor 150 Jahren war der Ort Sitz mehrerer Reedereien, heute ist er nur noch Treffpunkt fröhlicher Freizeitsegler.

Sie erreichen Insel und Ort per Schiff (s. u. „Schärenfahrt"), per Bus (4 x täglich ab Lillesand) oder per Auto bzw. Rad (4 km hinter Lillesand zweigt die ausgeschilderte Landstraße von der E 18 nach links ab, überbrückt die Blindleia und führt quer über die Insel Justøy nach Brekkestø).

Schärenfahrt: Nach Brekkestøy kommen Sie auch mit „M/S Øya II". Das aber ist nur eine von acht Stationen auf diesem eindrucksvollen Tagestörn, den der Steamer zwischen dem 1.7. und dem 15.8. werktags durch die Schärenlandschaft bis nach Kristiansand macht. Von Kristiansand kommen zudem die Ausflugsboote „Silius" und „Maarten", deren Abfahrtszeiten für Lillesand-Urlauber allerdings ungünstiger sind. Täglich ab 9.35 Uhr, an Kristiansand 12.40. Rückkehr nach Lillesand 16.30 Uhr. Preise: bis Brekkestø 20 NOK, bis Kristiansand 120 NOK. Buchung unter ✆ 37275286. Abfahrt „Maarten" 14.30 Uhr, Abfahrt „Silius" 17 Uhr. Preise wie oben.

Nach Birkenes: Die Nachbargemeinde im Norden von Lillesand bietet ungemein unberührte Natur: Wälder, Heide, Wasserfälle (z. B. der Teinefossen unweit Birkelands), umwaldete Seen (z. B. das Paddlerparadies Oggevatn nordwestlich vom Hauptort Birkeland) und eine reiche Tierwelt (die Gemeinde gilt als Elchrefugium Südnorwegens und als ausgezeichnetes Angelrevier). Aber auch Wanderer und Radler finden hier, nur wenige Kilometer von den umtriebigen Zentren der Südküste entfernt, Stille und Abgeschiedenheit.

Sie erreichen die Gemeinde per Bus (stündlich ab Lillesand); eine Autorundfahrt (RV 402 und 41) dauert zwei Stunden reine Fahrtzeit, eine Radrundtour fünf Stunden (ohne Stopp).

Schulschiff Sørlandet in seinem Heimathafen

Kristiansand

Man kennt die Stadt höchstens vom Ankommen und Weiterfahren. Trotz aller Bemühungen gelingt es Kristiansand einfach nicht, zur Visitenkarte des Landes zu werden, weil sie so ganz und gar nicht norwegisch ist.

Vielleicht liegt es daran, dass Kristiansand keine gewachsene Stadt ist; schon als sie vor 358 Jahren auf Geheiß des Dänenkönigs gebaut wurde, mochten die Sørländer nicht einsehen, warum sie gerade hier an der Otra-Mündung siedeln sollten. Vielleicht aber liegt es auch daran, dass die heute fünftgrößte Stadt des Landes (76.000 Einwohner) viel zu jung ist, um mit den vier geschichtsträchtigen, größeren Städten mithalten zu können. So oder so: Kristiansand ist nicht norwegisch genug, um auf Norwegen einzustimmen.

Gleichwohl lohnt die Stadt mehr als nur eine Übernachtung, und sei es nur, um die Sandstrände um Kristiansand herum zu genießen. Zumal die Stadt als der Ort Norwegens mit den meisten Sonnentagen gilt. Deshalb aber Kristiansand als „Norwegens Ferienstadt Nr. 1“ (Eigenwerbung der Stadtverwaltung) zu bezeichnen, ist nun wirklich etwas übertrieben.

Stadtstruktur

Man kann es nicht übersehen: Das Schachbrettmuster der Stadtanlage aus sieben Längs- und zehn Querachsen bestimmt noch heute die Innenstadt. Vorteil für den Besucher: Die Orientierung ist kinderleicht.
Als Brandschneisen sollten die 15 m (!) breiten Straßen zwischen den 54 rechtwinkligen Wohnquartieren dienen. Dennoch setzten etliche Brände der Stadt zu; der schlimmste, 1734, legte die Hälfte aller Gebäude in Schutt und Asche.

An der quadratischen Stadtanlage wurde bis zum heutigen Tage trotzdem nichts verändert, wenn sich auch mittlerweile einige Betonklötze in die Quadrate geschlichen haben und im Zuge des Wirtschaftsaufschwungs Anfang des 20. Jh. die Besiedlung über den Flusslauf der Otra ausgedehnt wurde. Darum ist es auch nicht verwunderlich, dass in Kristiansand die für Norwegen so typischen Holzhäuser bis auf eine winzige Zeile am Rande des Zentrums fehlen. Breite Straßen mit meist mehrgeschossigen Mietshäusern aus Stein passen nicht so recht in das Postkartenbild norwegischer Städte.

In den 1960er und 70er Jahren war Kristiansand die „tettsted" in Norwegen, die am schnellsten wachsende Stadt. Seit 20 Jahren hat die Stadt diesen ersten Rang an die Öl-Boom-City Stavanger verloren, wenngleich die Stadt sich seit kurzem mit einer hyper-modernen Uferbebauung ein neues Image verordnet. Als Drehscheibe des Fährverkehrs hat die Stadt ihre wirtschaftliche Bedeutung jedoch behauptet. Kristiansand ist hinter Oslo der zweitwichtigste Fährhafen des Landes.

Stadtgeschichte

Auf einer Sandebene ließ Dänenkönig *Christian IV.* 1641 den Bau von „Christians Sand" beginnen. Neben Akershus (Oslo) und Bergenhus (Bergen) sollte mit Christiansholm eine dritte Festung die norwegischen Küste sichern. Noch heute ist Kristiansand Militärstadt mit Offiziersschule und Garnison. Aber erst die Erfindung der Dampfschifffahrt bescherte der Stadt wirtschaftlichen Aufschwung – 1839 wurde der Hafen an die Route London – St. Petersburg angebunden. Und mit dem Verkehr kam die Industrie. Textil- und Tabakfabriken machten den Anfang, doch besonders die Erzverarbeitung aus den Nickelgruben von **Evje** im Setesdal brachte Kristiansand den Durchbruch zum Industriestandort. Noch heute zählt das „Falconbridge Nickelwerk", bei der Fähreinfahrt unübersehbar, zu den größten Arbeitgebern der Stadt.

Die Eröffnung der Sørlandbahn 1938, der Bau des **Flughafens Kjevik** ein Jahr später, die Europastraße Oslo–Kristiansand (E 18) und weiter nach Stavanger (E 39) sowie letztlich die Anbindung des über Jahrhunderte abgeschiedenen Setesdals durch die RV 9 erst Ende des 60er Jahre haben Kristiansands Rolle als Verkehrsknotenpunkt und als „Tor nach Norwegen" begründet. In den 60er und 70er Jahren war Kristiansand „tettsted" in Norwegen, die am schnellsten wachsende Stadt des Landes. Seit 20 Jahren hat ihr die Öl-Boom-City Stavanger allerdings den Rang abgelaufen.

Kristiansand mit „S"

Sie werden in Broschüren oder Straßenkarten häufig die Schreibweise „Kristiansand-S" finden. Man verwendet sie, um Verwechslungen mit dem fast 1.000 Kilometer weiter nördlich gelegenen *Kristiansund* (= „Kristiansund-N") zu vermeiden.

Information/Verbindungen

• *Information* **Turistkontor**, Vestre Strandgate 32, ✆ 38121314, www.sorlandet.com. Juni–August Mo–Fr 8.30–18 Uhr, Sa 10-18 Uhr, So 12–18 Uhr, September–Mai Mo–Fr 8.30–15.30 Uhr. Neben der praktischen Gratisbroschüre „Destination Sørlandet" bekommt man im Info-Büro den Sørland-Pass (100 NOK/Tag, 150 NOK/2 Tage) für freien Eintritt in Museen und Ermäßigungen in manchen Ausflugszielen. Im Sommer ist zudem ein Info-Kisok auf dem unteren Markt in Betrieb (10–17 Uhr).

• Flugverbindungen Vom 12 km nördlich der Stadt gelegenen Airport **Kjevik** verkehren drei Maschinen täglich nach Billund in Dänemark, sonst nur innernorwegische Flüge: 10 x pro Tag Oslo, 7 x täglich Stavanger und einmal Bergen. Ein Flughafen-Shuttle (20 Min., 60 NOK) bringt Passagiere zwischen 6 und 21 Uhr zum Flughafen (Haltestellen: Taxistand Vestre Strandgate, Hotel Caledonien, Fregatten-Hotel), ✆ 81520000.

• Zugverbindungen Den altbackenen, kleinen Hauptbahnhof gegenüber vom Kai der Dänemark-Fähre, Vestre Strandgate 42, verlassen täglich acht Fernzüge: jeweils 4 x in Richtung Stavanger (4 Std.) bzw. Oslo (5,5 Std.) ✆ 38076500.

• Busverbindungen Vom hässlichen Busterminal neben dem Bahnhof fahren Busse nach Oslo (8–10 Std.) bzw. Stavanger (4 Std. 15 Min., 4 x täglich), nach Mandal (stündlich), Arendal (8 x pro Tag) und ins Setesdal (3 x täglich); selbst Hamburg wird angefahren. Im Terminal gibt es Schließfächer und eine kleine Kneipe, ✆ 38002800.

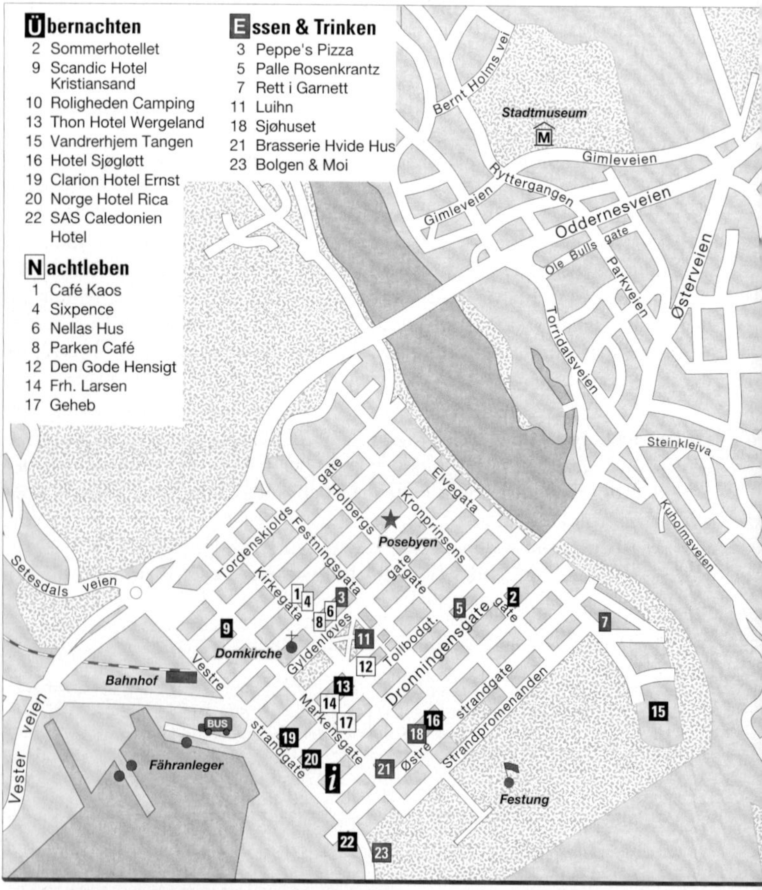

• _Fährverbindungen/Bootsausflüge_ Ins dänische Hirtshals pendeln täglich drei bis vier Autofähren ab Westhafen (Cafeterien, Toiletten, Telefon, Schließfächer). ✆ Color-Line: 81000811. Außerdem verkehren Fähren nach Gøteborg und Newcastle. Örtliche Fähren und Sightseeingboote legen an der Fiskebrygge ab. Besonders attraktiv die Sommerfahrten durch den **Schärengarten** (3 Std., 180 NOK) mit den Booten „Maarten" und „Sirius" oder die Tour mit MS „Øya" nach **Lillesand** (Tickets im Turistkontor).

Adressen/Telefonnummern

• _Autovermietung_ Gyldenløvgt. und Vestre Strangt. Avis: ✆ 38070090, Gumpens Bilutlei: ✆ 38123810, Hertz ✆ 38022288.

• _Banken_ Tollbodgate (gegenüber der Post).

• _Erste Hilfe_ ✆ 38076900.

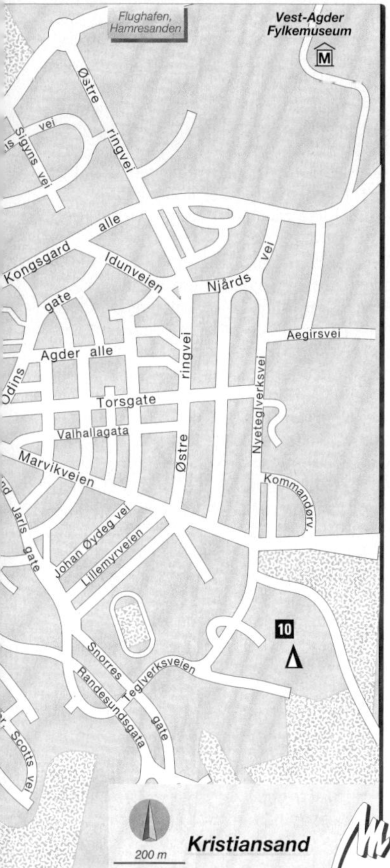

• _Fahrradverleih_ Grim Torv, ✆ 38027909 (130 NOK/Tag).

• _Fundbüro_, ✆ 38075000.

• _Gasnachfüllstation_ (für 2-kg-Flaschen) Festingsgt. 48, sonst Füllstation Progas auf der Straße nach Evje.

• _Krankenhaus_ ✆ 38073000.

• _Parkplätze_ für Wohnwagen und Caravans am Hafen (Ende Kirkegt, 80 NOK/Tag) und auf der Tanges-Halbinsel, sonst Parkhaus an der Vestre Strandgate (60 NOK für zwei Stunden).

• _Polizei_ ✆ 38076500.

• _Post_ Markensgate (Nähe Dom).

• _Taxi_ ✆ 38002000.

• _Telegrafenamt_ an der Ecke Dronningsgt./Kirkegt.

• _Internet-Café_ Dronningensgate 56

Einkaufen

In der **Fußgängerzone Markensgate** jede Menge guter Geschäfte, z. B. **Berges Bokhandel** mit guten Straßenkarten, **Glasmagasinet** (Nr. 8) mit reichem Souvenirsortiment oder **Gull Smykket** (Nr. 10), wenn's Schmuck made in Norway sein soll. Für Angler und Trekker ist **Greenfield** (Nr. 41, Eingang Kristian IV's gate) interessant und für Taucher **Dykkesenter**, Kristian IV's gate. Die **Supermärkte** sind alle ziemlich teuer, aber einige wenigstens lange geöffnet, wie z. B. **Domus** gegenüber dem Fähranleger oder **Slottsquartalet**, das Einkaufszentrum im Zentrum (Do bis 19 Uhr). Und seit 2004 gibt es den ersten Lidl-Markt in der Fußgängerzone. Am Hafen eine **Fischhalle** und ein kleiner **Fischmarkt** (Fiskebrygge).

Übernachten/Camping

• _Übernachten_ Kristiansand **Vandrerhjem Tangen (15)**, Skansen 8 (auf der Landzunge Tangen, unweit des Gästehafens und Roligheden-Bades, noch vor der Otra), ✆ 38028310, www.vandrerhjem.no. Das Heim im Industriegebiet ist attraktiv für junge Reisende mit schmalem Urlaubsbudget. Gemeinschaftsküchen, TV-Ecke sowie Frühstücksterrassen. EZ 395, DZ450, Bett 195 NOK.

Sommerhotellet (2), Dronningensgt. 64, ✆ 38025125. Das 14-Zimmer-Sommerhotel ist aus einem ehemaligen Rica-Hotel hervorgegangen – günstige Preise und die Lage im Zentrum lassen über manche Mängel (z. B. kein Frühstück, ungenügender Service) hinwegsehen. DZ 490, EZ 295, Bett 150 NOK (bei der letzten Recherche 2006 war das Hotel wegen Renovierungsarbeiten geschlossen).

Thon Hotel Wergeland (13), Kirkegata 15, ✆ 38172040, www.thonhotels.no. Nach Übernahme durch den Thon-Konzern hat das 30-Zimmer-Hotel direkt an der Domkirche seinen Standard deutlich verbessert; immerhin hat jedes der gemütlichen Zimmer TV und Telefon sowie Du/WC. Und das im Preis enthaltene Frühstück kann sich sehen lassen. In der kleinen Gaststube gibt es noch zu später Stunde kleine, warme Gerichte. DZ 1.200 NOK, EZ 950 NOK (am Wochenende preiswerter).

Hotel Sjøgløtt (16), Østre Strandgate 25, ✆ /℻ 38022120, www.sjogløtt.no. Alles ist sehr einfach in diesem kleinen Hotel; das Beste sind die ausreichend großen Doppelbetten und die Preise: DZ 690 NOK, EZ 490 NOK.

Norge Hotel Rica Partnerhotell (20), Dronningensgate 5, ✆ 38174000, www.hotelnorge.no. Die Zimmer in dem vor einigen Jahren vollständig renovierten (behindertengerechten) Hotel verfügen über Du/WC sowie TV und Telefon. Außerdem gibt's eine Cafeteria. DZ 1.350 NOK, EZ 1.250 NOK.

Scandic Kristiansand (9), Markensgate 39, ✆ 21614200, www.scandic.hotels.no. In dem Glas-Beton-Kasten in der Fußgängerzone versteckt sich das wohl beste Stadthotel – und mit Palle Rosenkrantz (s. „Essen & Trinken") eines der besten Restaurants. Auf dem Dach eine Sonnenterrasse mit der besten Aussicht über Stadt und Meer. Natürlich alle Zimmer mit Du/WC und TV/Telefon. DZ 1.495 NOK, EZ 1.295 NOK.

Radisson SAS Caledonien Hotel (22), Vestre Strandgate 7, ✆ 38112100, www.radissonsas.com. Hier ist alles Spitze: Die Wolkenkratzer-Konstruktion und der Service, Pub, Bar und Tanzbar, die schicken Zimmer natürlich und die edlen Suiten (1.500–3.000 NOK) sowie selbstredend die jüngst kräftig gesenkten Preise: DZ 1.395 NOK, EZ 1.195 NOK.

Clarion Hotel Ernst (19), Rådhusgata 2, ✆ 38128600, www.ernst.no. Das Hotel in einem prachtvollen Fin-de-siècle-Bau im Zentrum bietet First-Class-Service. Und Bar, Brasserie sowie Nachtklub. DZ 1.400 NOK, EZ 1.300 NOK (an Wochenenden erstaunliche 895/695 NOK).

• *Camping* **Roligheden Camping (10)**, Marviksveien 100, ✆ 38096722, www.roligheden.no. Direkt am Sportboothafen und unweit des FKK-Strandes Gleodden im Osten der Stadt (Anfahrt per Auto: nach Überqueren der Otra gleich rechts ab und der Ausschilderung folgen; per Bus: Linien 15 und 16, mehrmals stündlich). Der nur zwischen Juni und September geöffnete, große Platz bietet außer seiner Stadtnähe keine Besonderheiten. Leser Dennis Föh bemängelt die sanitären Anlagen und rät des Gefälles wegen Campern von dem Platz ab.

Dvergsnestangen, ✆ 38041980, www.dvergsnestangen.no. 12 km vor der Stadt, Anfahrt per Auto: E 18 Richtung Arendal, dann Reichsstraße 401 (ausgeschildert). Der ganzjährig geöffnete, verwinkelte Platz hat neben dem Service eines Vier-Sterne-Campings auch Hütten (450-1.200 NOK) und Motelzimmer (jeweils 500 NOK/Pers.), Bootsverleih, Kinderspielplatz und gute Möglichkeiten zum Angeln zu bieten.

Åros Motell Camp AS, Søgne, ✆ 381 66411, www.aaros.no. Der 18 km entfernte Vier-Sterne-Platz (E 18 Richtung Mandal) ist rundum perfekt ausgerüstet: Kiosk, Lokal, 200 Stellplätze, 36 edel ausgestattete Hütten (ab 600 NOK), Spiel- und Sportplatz, Bademöglichkeit, Motel (DZ 1.050 NOK, EZ 600 NOK), Telefon und Waschmaschinen und Kochgelegenheit – kurz ein Klasse-Campingplatz.

Essen & Trinken (siehe Karte S. 194/195)

Peppe's Pizza (3), Gyldenlovsgt 7. Das reellste Angebot: In dem Fachwerkhaus nahe der Fußgängerzone gibt es Pizza im Sonderangebot (85 NOK bis 17 Uhr), aber auch Lasagne für 99 NOK und einen ausreichend großen, guten Salat für 65 NOK.

Sjøhuset (18), Østre Strandgate 12 a. Schöne Terrasse direkt am Jachthafen, feines Holzinterieur und leicht überdurchschnittliche Preise, doch die Küche ist bis 23 Uhr geöffnet.

Camperfreuden in Kristiansand

Brasserie Hvide Hus (21), Markensgate 29. Weit mehr als eine Bäckerei – hier bekommt man vorzügliche Leckerbissen serviert, allerdings zu eben solchen Preisen (sonntags geschlossen, sonst täglich bis Mitternacht geöffnet).

Rett i Garnet (7), Fiskebrygga. Das Fischrestaurant der Hafenstadt mit großem Garten und riesiger Fischplatte an der neu entstandenen Ufermeile.

Palle Rosenkrantz (5), Markensgate 39. Trotz der happigen Preise: Das Preis-Leistungsverhältnis des Restaurants im Scandic Hotel Kristiansand (s. o.) ist stimmig – wer kräftig zahlt, wird nicht enttäuscht.

Bølgen & Moi (23), Sjølysty.1, ✆ 38178300. Das Klasse-Restaurant an der Sonnenseite des Fischmarkts. Leckere Speisen vom einfachen Tellergericht bis zum Fünf-Gänge-Menü. Bevorzugt kommt Meeresgetier auf den Tisch.

Luihn (11), Rådhusgate 15. ✆ 38106650. Das beste Restaurant der Stadt. Am Domplatz in einem sehr edlen, sehr stilvollen Haus mit sehr hohen Preisen:Menü 385–535 NOK. Aber es lohnt sich, in den kerzenbeleuchteten Gewölben den Urlaub stimmungsvoll zu beginnen. Geöffnet ab 16 Uhr, sonntags geschlossen.

Cafés, Pubs, Bars/Nachtleben (siehe Karte S. 194/195)

Geheb (17), Dronningensgt/Markensgt. Bei „Kaffee satt" und Kuchen mit Sahne lässt sich im Kaffeehaus ein Nachmittag gut verbringen.

Frh. Larsen (14), Markensgate. Charmantes Café, gediegene Galerie und ein hässlicher Hinterhof. Und dann noch gepfefferte Preise für allerdings richtig leckere Kleinigkeiten.

Parken Café (8), Gyldenlovsgate 14. Hier gibt es auch warme Gerichte für den kleinen Hunger.

Nellas Hus (6), Gyldenlovsgate 11. Gleich nebenan das stimmungsvolle Jahrhundertwendecafé, das typisches Gebäck und eben solche Gerichte aus der Gegend anbietet.

Den Gode Hensigt (12), Rådhusgate 15. Auf der Rückseite des „Luihn" (s. „Essen & Trinken") das Stimmungslokal mit Hammondorgel und rüdem Abschlepperflair.

Café Kaos (1), Kirkegata 7. Kein Café, sondern verrauchte Kneipe mit lauter Musik, die manchmal live ist, kleinen Gerichten und normalen Preisen.

Sixpence (4), Kirkegata 7. Im Keller des „Chaos" eine Bierpinte mit wackeligen Holztischen, uralten Kerzen darauf und einer noch viel älteren Tubebox. Die Urigkeit hat ihren Preis: Mit 35 NOK der höchste Bierpreis in der Stadt.

Wer in Kristiansand „richtig einen draufmachen will", wird höchstens in den Hotels fündig: **Kong Christians Bar** und die Tanzbar **Tuxedo** im Hotel Christian Quart oder **Africa Bar** sowie **Night Cap** im Ernst Park Hotel sind solche Adressen.

Sehenswertes

Domkirke: 120 Jahre alt ist der neugotische Bau im Zentrum, dessen Turm die Innenstadt überragt; die Vorgängerkirche fiel einem der vielen Stadtbrände zum Opfer. Der massige, aber nicht unbedingt besuchenswerte „Neubau" zählt mit 1.800 Plätzen zu den größten Kirchen Norwegens.

Öffnungszeiten Juni–August Mo–Sa10–14 Uhr, Messen So 9 und 11 Uhr, Orgel-Rezitationen Di–Sa, 12 Uhr, Führungen im Sommer 11 und 14 Uhr (20 NOK).

Posebyen: Für den ältesten Teil der quadratisch angelegten Altstadt zwischen Elevegata und Festningsgata, zwischen Rådhusgate und Tordenskjolds Gate im Norden des Zentrums sollten Sie sich ein wenig Zeit nehmen. Zehn Blöcke stilsicher restaurierter Blockhäuser mit urigen Kopfsteinpflastergassen und versteckten Hinterhöfen warten auf Sie. Neben Kunstgewerbeläden und winzigen Ateliers, dem charmanten Café „Blaue Stube" sowie kleinen Werkstätten der Arbeitslosen-Initiative „Blaukreuz" finden Sie dort auch das kleinste Postamt des Landes.

Festung Christiansholm: Die Rotunde an der Strandpromenade ist eher putzig; die niedlichen Kanonen der 1672 fertig gestellten Festungsanlage waren nur einmal in Betrieb: 1807 vertrieben sie, man glaubt es kaum, ein englisches Geschwader. Aber die Parkanlage drum herum ist für jedes Picknick gut.

Öffnungszeiten vom 15.5.–15.9. täglich 9–21 Uhr, Führungen täglich 13 Uhr. Eintritt frei.

Übrigens: Größere Kanonen mit 38 cm Kaliber aus dem Zweiten Weltkrieg sind in **Møvik** (9 km südlich an der E 18) zu besichtigen; Eintritt 50 NOK, geöffnet Juli–August 11–18 Uhr, Mai und September nur unregelmäßig.

Agder Naturmuseum: Etwa 2 km außerhalb des Stadtkerns am anderen Otra-Ufer liegt das Stadtmuseum von Kristiansand. Es bietet jedoch keine Darstellung der Stadtgeschichte, wie zu vermuten wäre, sondern ist ein naturkundliches Museum mit Botanischem Garten und einer Kaktussammlung.

Öffnungszeiten/Anfahrt Juni–August 12–17 Uhr; sonst 10–15 Uhr. Eintritt 40 NOK, Kinder 15 NOK. E 18 über Gimleveien oder mit den Buslinien 22 bzw. 24.

Vest-Agder Fylkesmuseum: Ebenfalls außerhalb der Stadt (aber an der E 18) findet man das sehenswerte Freilichtmuseum der Provinz Agder mit fast 40 Gebäudekomplexen. Besonders eindrucksvoll der *Setesdalshof* mit zehn Gebäuden aus der Zeit um 1650, der 200 Jahre alte *Eikenhof* sowie 11 Stadthäuser aus dem 19. Jh., die zu einer Häuserzeile mit Krämerladen zusammengestellt sind. Sehenswert überdies die Spielzeug- und Trachtenausstellungen.

Öffnungszeiten/Anfahrt Juni–August Di-Fr 10–18 Uhr, Mo, Sa, So 12–18 Uhr; in der übrigen Zeit nur So 12–17 Uhr. Eintritt 40 NOK, Kinder 15 NOK. E 18 Richtung Grimstad/Arendal oder Buslinien 22 bzw. 24.

Halbinsel Flekkerøy: Wer sich vor der Weiterfahrt noch ein Picknick gönnen möchte, sollte das auf der Halbinsel Flekkerøy tun. Die Wochenendhäuser der

Kristiansander lassen zwischen bewaldeten Schärenrücken und lauschigen Badebuchten immer noch genügend Platz für ein ruhiges Plätzchen.

Anfahrt Auf der Hafenuferstraße vorbei an der „Falconbridge"-Fabrik und durch den altersschwachen, mautfreien Flekkerøy-Tunnel.

Ausflüge in die Umgebung

Die Umgebung von Kristiansand bietet für jeden etwas: einen Besuch im Zoo, einen Trip ans Meer, eine Fahrt in die Eisenbahn-Vergangenheit oder eine Fahrradtour zum Südkap nach Lindesnes.

Dyre-Freizeitpark: Der Tier- und Freizeitpark liegt ebenfalls an der E 18, etwa 12 km hinter dem Freilichtmuseum. Der Besuch dieser Sehenswürdigkeiten ist also prinzipiell kombinierbar. Allerdings gilt der Dyre-Freizeitpark als einzigartig in Norwegen und ist schon allein einen Tagesausflug wert. Man kann auf dem 600.000 m^2 großen Gelände ein Reservat nordischer Raubtiere (Wölfe, Luchse und Vielfraße) und einen Affendschungel mit frei lebenden Tieren bewundern, man kann im See baden oder Boot fahren, Skooter und Bobs leihen, Trampoline benutzen sowie Lilliputstädte und Seeräuberschiffe bestaunen. Außerdem gibt es mehr als eine Cafeteria.

Öffnungszeiten/Anfahrt Juni–August täglich 10–19 Uhr, Eintritt 260 NOK, Kinder 185 NOK. (Die hier angegebenen Preise sind Höchstpreise; je nach Saison gibt es viermal Preisabstufungen.)s E 18 Richtung Grimstad/Arendal oder Buslinien 22 bzw. 24.

Baden an der Westküste: Natürlich können Sie bereits in Kristiansand am Stadtbadestrand **Kirkebukta** baden oder in **Gleodden** unweit des Roligheden Campingplatzes an der Bertesbukta. Auch Nacktbaden ist möglich. Aber den Ausflug über die E 39 nach Südwesten in Richtung Stavanger, nach Mandal (42 km) oder gar nach Flekkefjord (nochmals 59 km) an die schönsten Sandstrände Skandinaviens sollten Sie sich nicht entgehen lassen. Auch in umgekehrter Richtung, nach Osten, lassen sich tolle Badeplätze finden.

Die Autofahrt nach **Mandal** ist zunächst ereignislos: Wiesen, Weiden und Wälder. Mandal selbst aber, Norwegens südlichste Stadt mit rund 15.000 Einwohnern, ist ein einstmals durch Holzexport reicher, jetzt nur noch munterer Ort mit den schönsten Sandstränden des Landes: **Sjøsanden**, 1 km lang und 70 m breit, liegt geschützt in einer geschwungenen Bucht. Hinter dem Stadtwald **Furulunden** öffnen sich weitere Sandbuchten, die nicht so überlaufen sind wie Sjøsanden.

Wem es in und um Mandal zu lebhaft ist, der fährt nochmals knapp 60 km weiter ins blitzsaubere Städtchen **Flekkefjord**. Ziel für Badelustige aber ist die vorgelagerte Insel **Hidra** (Fähre ab Kvellandstrand, Abfahrt stündlich, 10 Min. Überfahrt): eine Schäreninsel mit einer bewaldeten Hügelkette, zwei hübschen Fischerdörfern, vor allem aber mit zahlreichen, selten überlaufenen Badeplätzen.

Nostalgiefahrt mit Setesdalbanen: Seit 1963 verkehrt der einst für Kristiansand so wichtige Zug nur noch als Museumsbahn. Die Setesdal-Bahn, die seit 1895 das ehedem so abgeschiedene Tal mit der Stadt verband und zunächst Holz, später Erz transportierte, war 1960 eingestellt worden, denn die Schmalspurbahn (1.067 mm) passte nicht mehr zur Normalspur (1.435 mm) der

Hauptlinie. Heute schnauft die 100 Jahre alte Lok nur noch für Touristen und nur im Somer ein 5 km langes Teilstück der vormals immerhin 75 km langen Strecke hinauf. Das aber lohnt sich nicht nur für Eisenbahn-Nostalgiker, auch wenn man jeden Kilometer mit 16 NOK bezahlen muss.

• *Abfahrzeiten* im Juli Di–Fr 18.05 Uhr, Sa 12 Uhr; Juni u. August So 11.30 und 14 Uhr. 80 NOK, Kinder 40 NOK.

• *Anfahrt* Der Museumszug startet in Grovane, das Sie zunächst über die RV 9 Richtung Norden, dann über die RV 405 erreichen (Sie müssen der Ausschilderung „Steinfoss Bru" und „SB-Station" folgen).

Radtour: Rund um die Südspitze Norwegens

Die 97 km lange Tour an das Südkap von Lindesnes ist schwerlich in einem Tag zu schaffen. Eine Übernachtung in Mandal bietet sich an.

Noch in Kristiansand folgen Sie der E 39 in Richtung Südwesten, biegen aber, ebenfalls noch in der Stadt, auf die Landstraße 257 nach **Vågsbygd** ab (ausgeschildert). Der eingemeindete Ort Vågsbygd ist heute nur mehr ein Stadtteil des größeren Kristiansand – wie auch **Kjos**, auf manchen Karten zwar als eigenständiger Ort vermerkt, für den Durchreisenden jedoch ohne scharfe Grenze kaum erkennbar.

Hier geht es nach rechts auf der Küstenstraße RV 456 weiter über **Romsvika** und durch im Sommer bunte Felder und satte Wiesen nach **Langenes**. Kurz vor der Søgne-Kirche führt ein Abzweig ins schöne Høllen, das Sie nicht auslassen sollten (nur 2,5 km).

Høllen ist ein kaum bekannter Küstenort mit malerischem Stadtkern voller weißer Holzhäuser und einer aufregenden Fährverbindung (dreimal täglich) zu den Inseln **Monsøy** (mit dem 200 Jahre alten Fischerdorf **Ny Hellesund**) und **Skarpøy**. Vor dem Abzweig erstreckt sich der Åros-Campingplatz mit seinem schönen Strand.

Sie treffen in **Søgne** wieder auf die E 39, wo man für kurze Zeit einen Radweg parallel zur Straße benutzen muss. Im Ort lohnt sich für Kirchenfreunde höchstens die 1604 erbaute Holzkirche mit einer Reihe edler Gemälde, nicht aber das winzige Heimatmuseum.

Kurz hinter dem Ortsende geht es weiter nach links in Richtung Süden über die Bezirksstraße nach Hallandvik zur Harkmark-Kirche und erneut durch sattgrüne Wiesenlandschaft nach **Eigebrekk** und **Tegde**. Die Straße schwenkt nach Norden und trifft auf die Europastraße, wo Sie bis Mandal wiederum mit dem Radweg längs der E 39 vorlieb nehmen müssen.

In Mandal halten Sie sich südwärts nach Sjøsanden. An diesem vielleicht schönsten Strand Norwegens führt Sie die Straße über die Brücke nach **Sånum** und mit einer Schleife zurück zur E 39. Der folgen Sie nur wenige Kilometer bis nach **Vigeland**, um dort auf der RV 460 nach Süden abzubiegen. Die Straße zum Südzipfel Norwegens, zum Leuchtturm von Lindesnes, ist nicht zu verfehlen.

Empfehlenswert für alle, denen diese Tour nicht ausreicht, ist die Weiterfahrt über die RV 43 bzw. 463 am **Lista-** und **Fedafjord** entlang nach Kvinesdal: 108 km voller prächtiger Küstenlandschaft und herrlicher Meeresausblicke.

Andrang am Preikestolen

Die Sonnenküste –

Von Kristiansand nach Stavanger

Dieses Südstück der Westküste heißt nicht umsonst „Sonnenküste" – hier erleben Sie nicht nur die schönsten und längsten Strände Norwegens, sondern auch in Jæren kurz vor Stavanger die Kornkammer des Landes.

Der Warmwasserstrom der Nordatlantikdrift sorgt für mildes Klima das ganze Jahr über. Es gibt keinen Monat mit einer Mitteltemperatur unter null Grad. Außerdem fehlen in diesem Landstrich die für Norwegen typischen tiefen Fjorde und schroffen Berge; flaches, fruchtbares Land aus tiefgründigen Moränen- und küstennahen Flugsandböden lässt Platz für satte Felder und weißsandige Strände.

Moderne Bauernhöfe und reiche Sørland-Kleinstädte wie Mandal und Flekkefjord säumen den Weg, der meist als E 39 die Küste entlangführt. Für die Weiterfahrt entlang der Sonnenküste bis nach Stavanger kann Autofahrern als Alternativroute zur E 39 die Norsjøstraße (RV 44) zumindest für die letzte Teilstrecke empfohlen werden. Nach Meinung von Leser Bier aus Bramstedt „die vielleicht schönste Straßenstrecke in ganz Skandinavien".

Für die ersten 45 km hinter Kristiansand gilt das nicht – die dicht besiedelte Landschaft bis nach Mandal kann auf der Europastraße zügig durchfahren werden.

Mandal

Die südlichste Gemeinde Norwegens war schon immer einer der reichsten und schönsten Orte des Landes. Das ist noch heute so.

Obwohl Mandal immer im Schatten des nahen Kristiansand stand (Mandal erhielt erst 1921 Stadtrechte), wussten die Mandaler den einstigen Lachsreichtum ihres Flusses ebenso zu vermarkten wie den Holzreichtum des Hinterlandes. Der Export nach Westeuropa und vor allem in die Niederlande machte den Handelsplatz an der Mündung des Flusses **Mandalselvs** schon vor 150 Jahren zum reichsten Ort an der Küste Sørlands. Schmuck ist Mandal auch heute noch, trotz mancher Verschandelung durch neuzeitliche Architektur.

Die prachtvollen Holzhäuser am Marktplatz und in der Fußgängerzone, der **Store Elvegate**, und in deren unmittelbarer Nachbarschaft die **Mandal-Kirche**, Norwegens größte Holzkirche mit 1.800 Sitzplätzen, kommen jedoch so recht nur während des *Schalentier-Festivals* Anfang August zur Geltung. Dann wird in der Fußgängerzone ein 400 m langer Tisch aufgebaut, der unter einem Gebirge von Meeresgetier fast verschwindet. Und alle Gäste dürfen kostenlos davon probieren. Alljährlich reisen 40.000 Menschen nur für dieses Fest an, das einige Tage dauert und ein abwechslungsreiches Rahmenprogramm bietet.

Dennoch kommen die Besucher nicht nur des Gaumenkitzels oder der Holzhausarchitektur wegen nach Mandal, sondern vor allem wegen der größten Sandstrände des Landes. Sie sind vom Ortszentrum aus zu Fuß zu erreichen.

Information/Verbindungen/Adressen

• *Information* **TouristInfo**, direkt am Kai, Brygggata 10, ✆ 38278300, www.regionmandal.com. Juni–August Mo–Fr 11–17, Sa 11–14, So 14–17 Uhr. Verleih von Motor- und Ruderbooten sowie Fahrrädern. Organisation von Wanderungen und Schärenausflügen.

• *Busverbindungen* Vom Busbahnhof am Kai verkehren Überlandbusse stündlich nach Kristiansand (1 Std.) und 4 x täglich nach Flekkefjord. Stündliche Abfahrten nach Lindesnes und zweistündliche zum Bahnhof nach Marnadal (30 Min.).

• *Zugverbindungen* Im Bahnhof Marnadal hält 2 x täglich die Sørlandban nach Stavanger (1,5 Std.) bzw. Oslo (5 Std.).

• *Adressen* **Post** im modernen Kastenbau am Busbahnhof, **Banken** in der Hauptstraße Store Elvegate. Dort findet man außerdem **Apotheke**, **Supermärkte** und einen **Parktunnel** im Berg (geöffnet Mo–Sa 7–21 Uhr).

Übernachten/Camping/Essen & Trinken/Nachtleben

• *Übernachten* **Mandal Bed & Breakfast**, Peder Claussønsgt. 5, ✆ 41448128. Ganzjährig kann man in dem großen Holzhaus, fünf Fußminuten vom Zentrum entfernt, die preiswertesten Zimmer im Ort mieten: EZ 350 NOK, DZ 500 NOK.

First Hotel Solborg, Neseveien 1, ✆ 38272100, www.firsthotels.no. Das moderne Hotel am Stadtrand mit 66 gut ausgestatteten Zimmern bietet den Service eines guten Mittelklassehotels, vor allem aber alles für Angler: Im Angebot sind organisierte Touren (Lachs- und Hochseeangeln), und sogar ein Raum zum Fischausnehmen ist vorhanden. DZ 1.408 NOK, EZ 1.208 NOK (viele Sonderangebote).

Kjobmansgaarden Hotel, Store Elvegate 57, ✆ 38261276, www.kjobmandsgaarden.com. Die bessere Pension (einst Jugendherberge in Mandal) in der ruhigen Fußgängerzone – nur während des Festivals Anfang August wird es etwas lauter – vermietet ihre gut ausgestatteten 40 Zimmer zu sehr günstigen Preisen. DZ 970 NOK, EZ 740 NOK, jeweils mit Frühstück.

Skagerrak Feriesenter Tregde, ✆ 38268800, www.feriesenter.com. Die 32 Hütten (450–950 NOK) in Tregde (8 km östlich vom Stadtkern) liegen direkt am Meer und sind ideal für Petrijünger: 40 Mietboote, beheiztes Schwimmbad, gutes Restaurant und großer Kiosk.

Åvik Brygge, ✆ 38256716, www.avikbrygge.no. Auf dem Weg von Mandal nach Lindesnes liegen diese 15 Ferienwohnungen direkt am Meer. Bis zu sechs Personen haben Platz in den perfekt ausgerüsteten Appartements (510–910 NOK).

Korshamn Rorbuer, ✆ 38331160, www.korshamn.com. Die 27 Fischerhütten sind eigentlich nur typisch für die Lofoten. Doch die schmucke Anlage gegenüber vom Südkap entschädigt den architektonischen Frevel. Die sehr komfortablen, durchgehend holzgetäfelten Hütten (4–6 Betten, 800–1.200 NOK, Ruderboot im Preis inbegriffen) sind ein optimales Anglerquartier. Korshamn ist nur mit eigenem Gefährt zu erreichen (bei Lygndal nach Südwesten abbiegen, ausgeschildert).

• *Camping* **Sjøsanden Camping & Feriesenter**, ✆ 38261419, www.sjosanden-feriesenter.no. Der schöne Platz am schönsten Strand bietet alles, was sich Camper wünschen: weicher Waldboden, Kiosk, Küche, Telefon, Restaurant , perfekt eingerichtete Wohnungen ab 750 NOK und nicht mehr ganz neue Hütten ab 450 NOK.

• *Essen/Nachtleben* **Sjøsternkroa**, Sjøsanden, direkt beim Hafen. Das sicher originellste Lokal weit und breit in Form eines Kutters mit Tauen, Masten und Ankern. Die Küche ist nicht überragend, aber ab 21 Uhr kann man in der Disko tanzen, was die Bewohner des nahen Campingplatzes (s. o.) dann regelmäßig nervt.

Dr. Nielsen's, Store Elvegt. 47. Das Lokal in der Fußgängerzone ist gut für Gegrilltes. Fisch und Huhn hingegen gehören nicht zu den Stärken des Kochs.

Lodsen, in der großen Kajüte am Kai schmeckt der Fisch noch frisch und kräftig. Dafür muss man aber auch kräftig zahlen.

Puben, nur Flüssiges gibt es in der „In"-Kneipe in der Fußgängerzone, der Store Elvegate 9, nahe dem Stadtmuseum.

Baden/Spaziergang

• *Baden* *Sjøsanden*, Südnorwegens größter und schönster Badestrand, schon mehrfach Austragungsort der Beachvolleyball-Meisterschaften, ist bei jedem Wetter überfüllt. Der kurze Fußweg zum mit Restaurant, Kiosk und Eisverkauf bestens ausgestatteten Strand ist überall im Ort ausgeschildert. Wem es an Sjøsanden zu voll ist, der sollte ein paar Schritte durch den 100 ha großen Furuluden-Stadtpark in Kauf nehmen. Dort finden sich etliche kleinere, weniger überlaufene, aber nicht weniger einladende Strände.

• *Spaziergang zu den Klippen* Norwegens erster Wanderweg, der behindertengerecht und damit auch kinderwagengerecht ausgebaut ist, wurde 1995 in Mandal eingeweiht. Der 4 bis 7 km lange Weg kann durch verschiedene Verbindungswege beliebig verlängert oder verkürzt werden. Alles ist perfekt ausgeschildert, sodass sich für jeden ein genussreicher Spaziergang von höchstens zwei Stunden ergibt.

Der ausgeschilderte Wanderweg beginnt am Sjøsanden-Strand und führt durch den **Furulanden-Park**. Der Park war früher eine sandige Heide, die im 18. Jh. von einem schottisch-deutschen Gärtnergespann mit 100.000 Kiefern und Lärchen in eine Parklandschaft verwandelt wurde. Der Weg durch den Park führt zu den **Sørland-Klippen**. Die Felskuppen am Ende der Bucht wurden in der Besatzungszeit von deutschen Truppen verstümmelt, Bunker und Artilleriestellungen wurden in die Felskuppen gesprengt. Heute wird dies alles fein säuberlich durch Informationstafeln erläutert. Damit wird dieser gemächliche Wanderweg auch zu einem Stück deutsch-norwegischer Vergangenheitsbearbeitung.

Sehenswertes in Mandal und Umgebung

Stadtkirchen: Die große **Mandal Kirke** an der Fußgängerzone ist mit 1.800 Sitzplätzen die größte Holzkirche Norwegens. Sehenswert das Tidemann-Gemälde „Christi Auferstehung" neben dem Eingang (s. Kasten „Adolph Tidemann"). Die kleine **Harmark Kirke** aus dem Jahr 1613 liegt 10 km östlich des Stadtzentrums, gilt aber trotzdem als zweite Stadtkirche. Sehenswert ist sie wegen der ungewöhnlich klobigen Rundhölzer, die glücklicherweise auch die Restaurierung 1975 überstanden haben.

Öffnungszeiten **Mandal Kirke** im Juli Di–Fr 11–14 Uhr, **Harmark Kirke** im Juli nur Fr 12–14 Uhr.

Mandal Bymuseum: Das Stadtmuseum im Andorsengård, dem ältesten und größten Kaufmannshaus Mandals in der Fußgängerzone, ist spezialisiert auf volkstümliches Kunsthandwerk. In dieses Sujet passt auch die Bildergalerie norwegischer Maler im oberen Stockwerk – außer Arbeiten von *Amaldus Nielsen* und *Gustav Vigeland,* der unweit Mandals geboren wurde (s. u.), sind es vor allem Bauernszenen von *Adolph Tidemand,* die das kleine Museum sehenswert machen. Tidemand, dessen Büste den Marktplatz ziert, kam 1814 in Mandal zur Welt. Sein Geburtshaus findet sich in der Tidemandsgate (in der Nähe des Kais und der Touristeninformation).

Öffnungszeiten Juni–August Mo–Fr 11–17 Uhr, Sa 11-14, So 12–17 Uhr. Eintritt 15 NOK.

Adolph Tidemann – Weltbürger aus Mandal

Der berühmteste Sohn Mandals liebte die große, weite Welt. Schon als 23-Jähriger begann er sein Studium an der Kunsthochschule in Düsseldorf (sein Bild *Haugianer* hängt noch immer im Rheinischen Kunstmuseum), später bereiste er Italien, Frankreich und Spanien. Dennoch blieb der Einfluss deutscher Romantiker, vor allem der Caspar David Friedrichs, stilbildend. Besonders eindrucksvoll zeigt sich dies an Tidemanns berühmtestem Bild *Bruderferd i Hardanger* (Brautfahrt in Hardanger), das er 1848 zusammen mit *Hans Gude* schuf. Es ist heute in der Osloer Nationalgalerie zu bewundern. Ein weiteres Bild hängt in der Kirche seines Heimatortes. Tidemann, der seine Arbeit bewusst in den Dienst des nationalen Aufbruchs in der zweiten Hälfte des 19. Jh. stellte, hat auch lustige Trolle gemalt und ist als Satiriker hervorgetreten. Sein geliebtes Norwegen hat er bis zu seinem Tod 1876 nicht mehr verlassen.

Galerie Gustav Vigeland: Im Geburtshaus des bedeutendsten Bildhauers Norwegens, der nach seinem Heimatort Vigeland heißt (Kreuzung RV 460/ E 39), ist ein kleines Museum mit 80 Arbeiten des Künstlers eingerichtet worden. Ein Video über Vigeland und eine Textilausstellung sind ebenfalls im Programm.

Öffnungszeiten Juni–August Di–So 12–16 Uhr. Eintritt 20 NOK.

Lindesnes-Leuchtturm: Wer nach Lindesnes fährt, trifft auf den südlichsten Strand Norwegens bei **Sprangereid**, vor allem aber auf den südlichsten Punkt des norwegischen Festlandes. Der Leuchtturm von Lindesnes am **Südkap** ist nach dem Vigeland-Park in Oslo die meistbesuchte Touristenattraktion des Landes. Im Juli und August ist der Turm zu besichtigen. Eine angegliederte Galerie, die nur am Wochenende geöffnet ist, das Museum „Landberürun", das die Geschichte der Leuchtfeuer an der Küste erzählt, ein Restaurant und verfallene Befestigungsanlagen aus dem Zweiten Weltkrieg interessieren ebenfalls zahlreiche Besucher. Von hier aus sind es exakt noch 2.518 km bis zum Nordkap, weiter als von Rom nach Moskau.

Öffnungszeiten/Anfahrt Juli u. August 9–21 Uhr, Eintritt 40 NOK (Kunstausstellung gratis). In den zehn übrigen Monaten ist der Eintritt für den Leuchtturm frei. Stündlicher Bus ab Mandal, per Auto 27 km über die RV 460 nach Süden und der Ausschilderung folgen.

Farsund-Brücke: Transit nach „Norwegen en miniature“

Halbinsel Lista

Die Halbinsel Lista, auf vielen Karten nur „Farsund“ nach dem Verwaltungsbezirk genannt, ist Norwegen im Westentaschenformat – die südlichsten Fjorde, die diesen Namen tatsächlich verdienen, dichte Wälder, schroffe Felsen, wilde Wasserfälle, weite Strände und schmucke Städtchen. Tatsächlich Nordland en miniature.

Zwischen **Lyngdal** (wunderschöne Aussicht auf den gleichnamigen Fjord) und **Flekkefjord** schiebt sich die Halbinsel wie ein Keil in die Nordsee. Das kleine Paradies mit dem reichsten Reh- und Elchbestand Südnorwegens, mit tiefen Linden- und Eichenwäldern, ist über die RV 43, die südwärts von der Europastraße abknickt und kurz vor dem Hauptort Farsund 20 NOK Brückenmaut abverlangt, in einer knappen Autostunde zu erreichen.

Farsund: Das zwischen Hügeln und Fjord versteckte Dorf besitzt immerhin seit 1795 die Stadtrechte, aber seine einstige Funktion als Handelsposten der Familie Lund (deren Wohnhaus ist heute die Festhalle) hat es längst verloren. Jetzt ist Farsund touristischer Mittelpunkt der Halbinsel Lista mit einem hübschen Gäste-Hafen, einer eindrucksvollen Stadtkirche auf einem Hügel hoch über den Gassen, der Touristen-Information (✆ 38397776, www.Farsund2000.com, 60 m hinter der Hafenmole) und dem größten Arbeitgeber Listas: Das Elkem Aluminium-Werk liegt glücklicherweise versteckt im Wald, 3 km vor den Stadttoren.

Sehenswertes auf Listalandet

Lista Fyr: Der 38 m hohe Leuchtturm am äußersten Ende der Halbinsel ist seit 1852 das Wahrzeichen von Listalandet. Kombiniert mit einer kleinen, lehrreichen Ausstellung ist der Turm täglich von 10–16 Uhr für 20 NOK Eintritt zu besichtigen.

Loshavn: Wenige Autominuten südlich von Farsund liegt die Holzhaussiedlung ungemein idyllisch am Fjordufer. Man erzählt sich, dass Loshavn während des „Napoleon-Krieges" (1807–09) ein bedeutender Freibeuter-Hafen gewesen sei. Heute ist das Dörfchen nur noch schön bunt und reizvoll-ruhig – ideal für ein Picknick an einem sonnigen Urlaubsnachmittag.

Vanse-Kirke: Die Stadtkirche im größten Ort der Halbinsel, in **Vanse**, stammt aus dem Jahre 1037 und ist damit eine der ältesten Christen-Kirchen des Landes. Anschauenswert ist die Altartafel, 1866 von G. H. Lammers aus Oslo gemalt; anhörenswert sind die regelmäßigen Orgelkonzerte in der für ihre Akustik gerühmten Kirche.

Lista-Museum: Gleich neben der Kirche das Regionalmuseum mit 17 restaurierten Gebäuden. Lohnenswert das „Midthasselhuset", ein 200 Jahre altes Fischerhaus, sowie die Sammlung des einheimischen Bildhauers Mathias Skeibrok.
Öffnungszeiten: Mo–Fr 11–16 Uhr, Sa, So 12–17 Uhr. Eintritt 20/10 NOK.

Wassersport/Baden: 132 Wracks sollen zwischen Lindesnes (s. o.) und Farsund auf dem Meeresgrund liegen. Der Taucherklub Funden bietet Tauchgänge zu den See-Ruinen, der Segelverein regelmäßige Ausflugsfahrten dorthin an (Info jeweils in der Touristen-Information Farsund). Zudem sind die Listastrände ein hervorragendes Surfer-Revier; jährlich findet hier der Norges-Cup für Windsurfer statt. Der beste dieser Strände ist **Lomsesanden**, 4 km südwestlich von Farsund. Nicht nur des nahen Campingplatzes wegen auch ein idealer Familien-Badestrand.

• *Übernachten* **Rederiet Hotell**, ✆ 38389500, www.rederiethotell.com. Die 12-Zimmer-Pension, unübersehbar auf einem Stadthügel über Farsund, bietet neben altbackener Einrichtung ein nettes Lokal und eine tolle Aussicht. DZ 1.095, EZ 995 NOK.

Farsund Multi Apartment, ✆ 90885962. Der Informatiker Jan Rob vermietet acht Wohnungen zumeist direkt am Fjordufer von Farsund. Die biederen Appartements sind ausreichend eingerichtet (z. B. Gefriertruhe, TV, elektrische Heizung) und kosten je nach Größe 400–900 NOK.

Kravik Camping, ✆ 38346132. Der große Platz in Lygndal direkt am Fjord ist mit Sandstrand, Spielplatz, Kanuverleih, guten Sanitäranlagen, mit Kiosk und Hütten (375–500 NOK) und Zeltplätzen (100–120 NOK) bestens ausgestattet (der Platz liegt vor der Farsund-Mautstation).

Flekkefjord

„Hollenderbyen" heißt das älteste Stadtviertel des 6.000-Seelen-Städtchens mit heute denkmalgeschützten Holzhäusern. Der Name erinnert an die Zeit vor 200 Jahren, als der Holzexport in die Niederlande der hübschen Kleinstadt zwischen Fjord und Hügeln zu Wohlstand verhalf.

Trotz des Patrizierviertels mit seiner originellen achteckigen Kirche und dem kleinen **Stadtmuseum** in der Dr. Krafts Gate, das sich die norwegisch-holländischen Kulturbeziehungen zum Thema genommen hat, zieht es die Urlauber vor allem wegen des Strandes hierher, den man vom 180 m hohen Stadthügel **Nesheia** hervorragend überblicken kann. Ein schöner, halbstündiger Spazierweg führt auf den alles überragenden Hügel.

Der Strand selbst liegt vor der Stadt auf **Hidra**, der größten der letzten Schäreninseln an dieser Küste zwischen Stolsfjord und Listafjorden. Sie erreichen das Eiland über die RV 469 und die Autofähre von Kvellandstrand nach Lauv-

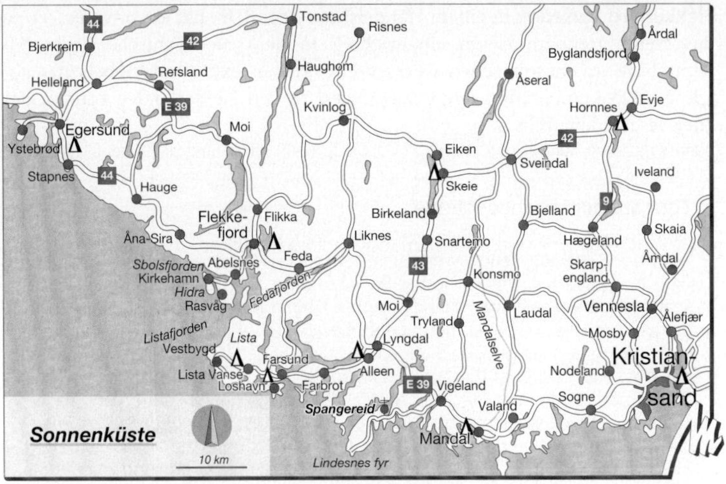

nes (10 Minuten Überfahrt, stündliche Abfahrten, 52 NOK Pers./Pkw). In zwei Dörfern leben in bildhübschen, kleinen Holzhäusern nur 900 Menschen. Der Anblick dieser Häuschen und die etwas mühsame Anfahrt erklären, warum die stillen Badebuchten dieser Insel manchmal einsam, immer aber erlebenswert sind. Diese Abgeschiedenheit erklärt auch, warum der einzige Campinglatz der Insel nur winzig ist (s. Übernachten).

• *Information* **Turistkontor**, im Rathaus bzw. (nur im Sommer) in einem kleinen Büro in der Tollbudbryyga am Kai, ✆ 38322131, www.visitsydvest.no . Juni–August Mo–Fr 10–18, Sa 10–15, So 12–17 Uhr, in der übrigen Zeit Mo–Fr 9–15 Uhr.

• *Busverbindungen* Am stillgelegten Bahnhof starten 2 x täglich Busse nach Stavanger (2 Std.), Mandal (1,5 Std.) und Kristiansand (3 Std.).

• *Bootsausflüge* Am Kai liegt das Ausflugsboot „Alf", das zu Fjord- oder Schärenfahrten einlädt (Information im Turistkontor).

• *Adressen/Einkaufen* **Bank** in der Brogate und Elevgate, **Post** in der Parkagate 6, **Parken** südlich des Brogate-Zentrums, **Tankstellen** im Sunde Autosenter und im Rauliveien, **Supermarkt**, **Narvesen-Kiosk**, **Zeitungen**, **Frisör**, **Bäckerei** im Spor-2-Zentrum in der City.

• *Übernachten* **Maritim Fordhotel**, Sundegate, ✆ 38325800, www.fjordhotellene.no. Die Lage direkt am Fjord, das Terrassenrestaurant und die Aussicht von den gewaltigen Balkonen im obersten (dritten) Stockwerk allein rechtfertigen die leicht überhöhten Preise: DZ 1.400 NOK, EZ 1.200 NOK

• *Camping* **Egenes Camping**, an der E 39 vor Flekkefjord (ausgeschildert), ✆ 38320148, www.egenes.no. Das Feriencenter bietet hübsche Ferienwohnungen ab 800 und Hütten ab 450 NOK an. Dazu Zelt- und Wohnwagenstellplätze (110/140 NOK).

Hidra Camping, ✆ 38372487. Der klitzekleine Platz auf der Hidra-Insel bietet auch 3 Hütten (350 NOK) und 8 Appartements (ab 750 NOK) an. Leserin Birgit Kranich hält ihn für sehr empfehlenswert.

Sehenswertes

Flekkefjord Kirke: Die klobige, achteckige Kirche aus dem 19. Jh. steht dicht am Kai der Elvegate. Ihr Erbauer, *D. Lindstow,* war auch Architekt des Osloer Schlosses. Ihm vor allem ist das farbige Interieur zu verdanken.

Flekkefjord Museum: In einem Handelshaus des 18. Jh. hat ein privater Verein das kleine Heimatmuseum eingerichtet, in dem die Wahlsche Fayencen-Sammlung am ehesten sehenswert ist. Eine kleine Textil- und Möbelschau sowie eine Dokumentation der Beziehungen zu den Niederlanden runden das eher bescheidene Bild ab.

Öffnungszeiten Juni–August Mo–Fr 11–17, Sa/So 12–15 Uhr. Eintritt 20, Kinder 5 NOK.

Tour auf der „Nordseestraße"

Nordsjøvegen führt von Kristiansand bis Haugesund immer an der Küste entlang, doch wirklich sehenswert ist nur das RV-44-Stück von Flekkefjord über Egersund nach Stavanger. Die Straße ist zumeist schmal und kurvig – für Gespanne und Schnellfahrer kaum geeignet –, und es geht häufig bergauf und bergab, zunächst vorbei an gerundeten Lavafelsen, „Pillows" genannt, und immer entlang lauschiger Seen (Einige Leser wie Jürgen Weinrebe weisen darauf hin, dass nur Radfahrer mit guter Kondition sich die Strecke zumuten sollten). Mini-Fjorde und versteckte Seen, aber auch windige Küstenstreifen und flache Landschaften in Jaeren machen die Tour zu einem abwechslungsreichen Erlebnis, das zudem viel geruhsamer als die Hetze auf der Europastraße ist. Auf dem Abschnitt zwischen Egersund und Stavanger sollten Sie **Grødaland Bygdemuseum**, ein stimmungsvolles Freilichtmuseum nahe **Varhaug**, und den nahezu unbekannten Strand **Orrestranden** bei **Bore** nicht verpassen, beide schon im flachen **Jæren**, der Kornkammer Norwegens, und beide schon an der Landstraße 507, die vor **Bryne** die RV 44 ablöst.

Egersund

Die leider von Fabrikschloten gestörte Aussicht vom Stadtberg Varberg zeigt immerhin noch, welch günstiger Naturhafen mit Egersund an der Dalane-Küste entstanden ist: Durch das Inselchen Eigerøy mit seinem putzigen Leuchtturm von der Nordsee abgetrennt, bietet die Fjordlandschaft zahllose Ankerplätze, was Segler heute wie vor tausend Jahren für diesen Standort einnimmt.

Egersund wird schon in isländischen Sagen als Fischerplatz erwähnt. Doch nicht nur für Segler ist Egersund interessant: Seit 1993 hat Egersund eine Fähranbindung ins dänische Hanstholm mit Anschluss an Bergen, seit 2005 auch eine nach Hirtshals, und gewinnt damit zunehmend Bedeutung als Einfallstor nach Westnorwegen und ins Fjordland.

Ansonsten hat das charmante 13.300-Einwohner-Städtchen inmitten einer üppigen Landschaft, die ihren Reiz aus dem Kontrast zwischen rauer Nordseeküste und sanfter Hügelkette gewinnt, außer hübschen, verwinkelt angeordneten Holzhäusern an der Hauptstraße, der Strandgate, besonders für Freunde des Kunsthandwerks etwas zu bieten.

- *Information* **Dalane & Sirdal Reiselivslag**, Jernbaneveien, ✆ 51492744, www.reisemal-sydvest.no. Im Mai/Juni täglich 11–18 Uhr, im Juli/August Mo–Fr 8–20 Uhr, Sa/So 11–18 Uhr.
- *Zugverbindungen* Der Minibahnhof 1 km westlich des Zentrums ist 6 x pro Tag Halt des Zuges Oslo–Kristiansand–Stavanger (fast eine Stunde nach Stavanger).
- *Busverbindungen* Mehrmals täglich gehen Lokalbusse nach Østerbrød (und damit zum Skadberg-Strand).
- *Fährverbindungen* Die Fähre Hanstholm–Egersund–Bergen legt zwischen Juni

und August 6 x täglich am Kai an (ansonsten nur 3 x). In Richtung Bergen immer nur nachts oder früh morgens (Ankunft in Bergen zwischen 7 und 14.45 Uhr).

• *Adressen* **Post** gegenüber der Kirche. **Bank** in der Strandgate (Parallelstraße zum Kai). **Parken** am Kai, neben dem Busbahnhof, dem Taxistand und der Touristeninformation sowie am Ortseingang. **Tankstelle** am Jernbanveien im Hafen. **Krankenhaus**, ✆ 51468800. **Einkaufen** im Eger Stormarked (an der E-39-Durchfahrt im Zentrum).

• *Übernachten* **Grand Hotell**, Johan Feyersgate 3, ✆ 51491811, www.grand-egersund.no. Stilvolles Eckhaus im Zentrum mit ebenso stilvollem Interieur (roter Klinker). 28 schmucke Zimmer mit Du/WC sowie Telefon und TV. DZ 1.350 NOK, EZ 1.080 NOK.

• *Camping* **Steisnes NAF Camping**, Tongabru, ✆ 51494136, www.naf-egersund.com. Der schattige Platz an der RV 44 (3 km vom Ortskern entfernt) bietet neben Zeltplätzen und 21 Hütten, zumeist mit Etagenbetten (ab 450 NOK), auch Angelscheine zum Lachsangeln.

Hauen Camping, Steinbakken, ✆ 51492379, www.hauencamping.no. Ca. 900 m vom Anlegeplatz der Dänemark-Fähre entfernt warten in einer geschützten Bucht mit Rasen 200 Zeltplätze und 10 Vier-Sterne-Hütten ab 500 NOK, Boots- und Kanuverleih, akzeptable Sanitäranlagen und Supermarkt.

• *Baden* in **Skadberg**, 10 km auf der RV 502 nach Nordwesten (Busanschluss), oder in **Ogna**, weitere 8 km auf der RV 44 nördlich.

Schären: Geröllträmmer aus der Eiszeit

Sehenswertes

Dalane Folkemuseum: Das Hauptgebäude des Bezirksmuseums im Stadtteil Slettebøe ist der ehemalige Sommerwohnsitz des Amtsrichters. In drei mächtigen Holzvillen wird ein Eindruck vom „Wohnen und Arbeiten" unterschiedlicher Berufsstände im 19. Jh. vermittelt. Zwei Außenstellen in **Lund** und eine in **Sokndalstrand** (RV 44) widmen sich der Landwirtschaft bzw. Fischerei der letzten 200 Jahren im Dalane-Bezirk.

Öffnungszeiten Juni–August Mo–Sa 11–17, So 13–18 Uhr; Mai u. September nur So 13–17 Uhr. Eintritt 20 NOK, Kinder 10 NOK.

Egersund Fayencemuseum: Bis zu ihrer Schließung 1979 war die Porzellanfabrik größter Arbeitgeber Egersunds. Im Elganeveien (Nähe Bahnhof) ist diesem 130 Jahre lang wichtigsten Wirtschaftszweig der Stadt ein Museum gewidmet. Aus dem Fundus der alten Fabrik werden Tassen und Teller, Gussformen und die zur Gravierung nötigen Kupferplatten gezeigt.

Öffnungszeiten Mai–August Mo–Sa 11–17 Uhr, So 13–18 Uhr. Eintritt 20 NOK, Kinder 10 NOK.

Stavangers Skagen bei Nacht: Boomtown mit Kleinstadtflair

Stavanger

„Dallas" nennen Norweger halb spöttisch, halb neidisch Stavanger. Das ist ziemlich ungerecht, denn die Ölmetropole am Boknafjord ist bei aller Geschäftigkeit eine große Kleinstadt geblieben mit viel Beschaulichkeit und ein wenig Multikultur.

Dennoch wartet Stavanger mit etlichen Superlativen auf: Sie ist die Stadt mit dem höchsten Pro-Kopf-Einkommen Norwegens, mit dem höchsten Ausländeranteil (11 %) und mit der größten Wohnungsnot. Stavanger ist eine der ältesten Städte und gleichzeitig die modernste.

Die Einkaufsstadt und die Radfahrerstadt Norwegens ist die Hauptstadt der **Provinz Rogaland**: Überall gibt es gut ausgebaute und gut beschilderte Radwege. Der kostenlose Fahrradverleih gehört vielerorts zum Hotelservice. Und: Stavanger ist die teuerste Stadt im teuren Norwegen.

Alles das hat die viertgrößte Stadt des Landes (fast 116.000 Einwohner) dem Öl zu verdanken, das vor nahezu 40 Jahren 300 km südwestlich vor Stavanger in der Nordsee entdeckt worden war. Der Boom hat Stavanger zu einer „Stadt mit zwei Gesichtern" werden lassen: das liebevoll renovierte Holzhaus neben dem klotzigen Betonbau, die Bohrinsel neben der Freizeitjolle, den dunkelhäutigen Techniker aus Tennessee neben dem pausbäckigen Jungen aus Jæren. Solche Kontraste machen Stavanger interessant auch für Besucher, die womöglich nur auf der Durchreise kurz Station machen wollen. Fahren Sie nicht gleich weiter – es lohnt sich, Stavanger anzuschauen. Erst recht 2008 – dann nämlich wird Stavanger europäische Kulturhauptstadt Europas.

Stadtstruktur

Schon lange bevor Stavanger im Hochmittelalter zum Zentrum des Rogalandes aufstieg, haben im Delta des Boknafjords bereits Menschen gesiedelt; es ist womöglich Norwegens ältester Siedlungsraum. In **Ullandhaugard** am südwestlichen Stadtrand Stavangers sind erste Spuren aus dem 4. Jh. n. Chr. noch erhalten. Später konzentrierte sich die Siedlung auf den Fjordausgang um die Vågenbucht.

Da liegt noch heute Stavangers City ähnlich wie in Bergen auf einer Landzunge zwischen Vågen und Fjord. Die Stadt ist kompakt auf die Uferbebauung beschränkt, sodass alles Sehenswerte in einem halbstündigen Fußweg zu erreichen ist. Erst mit der Industrialisierung in der zweiten Hälfte des 19. Jh., verstärkt nach dem Einsatz der *Sørlandsbanen* (Stavanger/Kristiansand/Oslo) 1944, dehnte sich die Stadt nach Norden und Westen aus.

Und Stavanger wächst weiter: Versorgungsbasen für den Offshore-Betrieb in der Tanagerbucht und in Dusavik sowie immer neue Montageplätze für Bohrinseln, nicht zuletzt auch die Ansiedlung von Ölkonzernen und Zulieferbetrieben im Zentrum und der nachhinkende Wohnungsbau für all deren Beschäftigte machen Stavanger zur größten Boomtown Skandinaviens.

Die Stadt platzt aus allen Nähten: Durch die Eingemeindung der Nachbarorte Sandnes, Sola und Randaberg zählte der Großraum Stavanger 1999 nahezu 200.000 Menschen – Tendenz steigend. Mangel an erschwinglichem Wohnraum im Stadtgebiet und zunehmende Verstädterung des Südgürtels, Norwegens wichtigstem Landwirtschaftsgebiet, sind die Schattenseiten des immer noch ungebremsten Wirtschaftswachstums.

Friedhof der Bohrinseln

Die einst größte Bohrplattform vor Stavanger, die *Alexander-Kielland-Insel* (benannt nach dem in Stavanger geborenen Schriftsteller, der später Bürgermeister seiner Heimatstadt war) bescherte der Offshore-Industrie ihre bislang größte Katastrophe: Nach einer Explosion 1981 riss die Bohrinsel 181 Menschen in die Tiefe. Zwei Jahre später versenkte man die zunächst mühsam geborgene Bohrinsel einfach im Fjord vor Stavanger, wo sie noch heute vor sich hinrostet.

Nur wenig entfernt, im klitzekleinen, aber tiefen Erfjord, wartete die *Brent Spar*, im Sommer 1995 von Greenpeace-Aktivisten in einer spektakulärer Kampagne vor dem Fluten bewahrt, auf ihre Abwrackung. 1999 wurde die Bohrinsel zerschnitten und als Fundament des neuen Hafenkais von Mekjarvik, einem kleinen Fährhafen nahe Stavangers, wieder verwendet.

Stadtgeschichte

Schon das Datum der Stadtgründung ist strittig: 1125 meinen einige Quellen, weil in jenem Jahr mit dem Bau des Domes begonnen wurde, andere nennen das Jahre 1245. Unbestritten ist, dass lange vorher der Fjordgürtel besiedelt und von Bedeutung war. Immerhin fand 872 bei Hafrsfjord unweit Stavangers jene Schlacht statt, nach der Norwegen erstmals als Königreich geeint wurde. Das Denkmal „Schwerter in Stein“ westlich der Stadt kündet noch heute von *Harald Schönhaar* und dieser historischen Schlacht.

So oder so förderte der Dombau, 1125 von einem englischen Bischof initiiert, und die gleichzeitige Ernennung des kleinen Ortes zum Bischofssitz die Ansiedlung von Kaufleuten und Handwerkern. Noch heute gilt Alt-Stavanger (Gamle Stavanger) auf dem Westufer der Hafenbucht Vågen als Norwegens besterhaltene noch bewohnte Holzhaussiedlung.

Mit der Verlegung des Bischofssitzes nach Kristiansand im Jahr 1682 als Folge eines Großbrandes begann für Stavanger ein Schattendasein. Um 1800 wohnten gerade 2.400 Menschen in der Stadt. Das änderte sich erst mit der Brislingfischerei (*brisling*, die „norwegische Sardine“, gleicht der Sprotte hierzulande) und dem Aufbau einer leistungsfähigen Verarbeitungsindustrie.

Um 1900 zählte die Stadt 14 Konservenfabriken und 30.000 Einwohner, 20 Jahre später bereits 44.000 Menschen. 80 % aller Unternehmen waren direkt vor der Konservenindustrie abhängig. Stavanger gehört mithin zu den ersten Industriestädten des Landes und wurde zu einem der wichtigsten Zentren der norwegischen Arbeiter- und Gewerkschaftsbewegung.

1960 wohnten 81.000 Menschen in Stavanger. Die Konservenfabriken hatten ihre Beschäftigten an Betriebe der Eisen- und Metallverarbeitung abgegeben. Auf der Rosenberg-Werft im Norden der Stadt arbeiteten schon damals 1.300 Menschen. Dennoch standen Stavangers Chancen schlecht, sich gegen Bergen oder Oslo als Industriestandort zu behaupten. Das änderte sich mit der Erschließung des **Ekofisk-Feldes** 1969, mit der das goldene Zeitalter über Norwegen und vor allem über Stavanger hereinbrach.

Die Stadt mit ihrer Werftindustrie, ihrer günstigen Hafen- und Verkehrslage (der Flughafen **Sola** besteht seit 1937) und ihrer Nähe zu den Nordsee-Ölfeldern bot sich als Zentrum der neuen Wachstumsbranche geradezu an. Und das gilt bis auf den heutigen Tag, auch wenn immer mehr Ölfelder im Norden erschlossen werden und Städte wie Bergen oder Tromsø zunehmend am Ölboom teilhaben.

Information/Verbindungen

• *Information* **Destinasjon Stavanger**, ✆ 51859200, www. regionstavanger.com. Sa 9–14 Uhr; Juni–August täglich 9–20 Uhr; sonst Mo–Fr 9–16, Sa 9–14 Uhr (an Feiertagen geschlossen). Nach dem dritten Umzug in fünf Jahren hat das Infobüro jetzt in einem großen, weißen Haus am Eingang der Altstadt (gegenüber vom Fischmarkt, Roskildetorget) sein Domizil gefunden. Hier gibt es Broschüren, darunter den informativen „Stavanger Guide“ und das stets aktuelle Veranstaltungsprogramm „What's on in Stavanger“, Souvenirs, Information zu Unterkünften und Vermittlung von Privatzimmern. Di und Do um 11 Uhr startet hier eine Altstadtführung.

Für Wanderer und Trekker ist das Büro der **Touristforening** in der Unterführung der E 39 (hinter dem Bahnhof, am Rogaland-Theater) hilfreich. Wanderkarten und -führer (auch auf Deutsch), Ausrüstung und Touren-Organisation sind hier zu bekommen. Werktags 10–16 Uhr (donnerstags bis 18 Uhr), am Wochenende geschlossen. Mehrere Leser berichten, das Personal sei deutschen Kunden gegenüber unwillig – versuchen Sie es einfach auf Englisch.

• *Flugverbindungen* Auf einem der ältesten Flughäfen Norwegens im 15 km entfernten **Sola** starten Clipper vornehmlich nach Übersee; nur wenige steuern von hier aus mitteleuropäische Ziele an (Kopenhagen, London, Amsterdam, keine Flüge in die Schweiz, nach Deutschland oder Österreich). Darüber hinaus werden innernorwegische Ziele angeflogen: 12 x Oslo (50 Min.), 7 x Bergen (35 Min.), 4 x Trondheim (4 Std.) und Kristiansand S (50 Min.). 42 x, in der Regel 3 x pro Stunde, fährt der Flughafenbus (Flybussen) die 30-Minuten-Strecke nach Sola und zurück für 50 NOK/Pers. Haltestellen: Fiskepiren und Atlantic Hotel. Die wichtigsten Fluggesellschaften: Braathens ✆ 81520000, SAS ✆ 81520400, Widerøs ✆ 81001200.

• *Zugverbindungen* Der bescheidene Hauptbahnhof liegt zentral am Stadtteich (Breiavatnet). Neben Kiosk, Cafeteria und Gepäckaufbewahrung gibt es am NSB-Schalter einen **Fahrradverleih**: 90 NOK/Tag, 120/Woche. Züge nach Oslo (6 x pro Tag, auch Nachtzug mit Schlafwagen, 8,5 Std.), nach Egersund und Kristiansand (1 bzw. 3 Std.) sowie nach Trondheim (10 Std.). Reservierungen und Informationen rund um die Uhr: ✆ 81500888. Auf Oldtimer-Fans wartet im Bahnhof übrigens **„Hugin"**, eine hundertjährige Lok, mit der 1904 die Bahnstrecke Stavanger–Flekkefjord eröffnet wurde.

• *Busverbindungen* Neben dem Bahnhof der Busterminal mit internationalen Verbindungen (Dänemark und Hamburg) sowie Überlandbussen nach Süden und Westen: Sandnes, Kristiansand (sechs tägliche Busse, 4,5 Std.) und Oslo (11,5 Std.). Die Nordfahrt geht nicht ohne Insel-Hüpfen ab – reizvoll, aber teuer und langwierig: per Bus ins 12 km entfernte Mekjarvik (von 7–19 Uhr, alle 30 Min.), von dort per Fähre (Überfahrt gut 1 Std.) auf die Insel Karmøy und via Haugesund nach Bergen (täglich 5 x, 5,5 Std.). Oder direkt per Fähre nach Tau und von dort via Sand in die Hardangervidda.

• *Fährverbindungen* Internationale Fähren verkehren nach Newcastle in England (Fähranleger unterhalb der Altstadt am Vågen). Verbindungen innerhalb Norwegens:

– **nach Tau**: An den Fiskepiren legt fast stündlich die Autofähre über den Idsefjorden ab (Überfahrt 28 x täglich, 40 Min., Preis für Pkw und Fahrer 122 NOK, Person 35 NOK).

– **zur Insel Karmøy**: Die Fähren fahren von Mekjarvik los, das Sie per Bus erreichen (s. o.). Die Kaimauer des kleinen Fährhafens wurde übrigens 1999 mit den Überresten der *Brent Spar* verstärkt. Die Überfahrt dauert 70 Min. und kostet 152 NOK für Fahrer/Pkw bzw. 56 NOK pro Person.

– **durch den Lysefjorden**: Die herrliche Dampferfahrt durch den 42 km langen Lysefjorden und am Preikestolen vorbei lohnt als Ausflug, aber auch als Verkehrsanbindung ins Setesdal. Sightseeing-Tour im Sommer täglich, sonst nur So 10.30 Uhr (240 NOK), Autofährverbindung nach Lysebotn am Ende des Fjords (einmal täglich, Fahrer/Pkw 272 NOK).

– **nach Nedstrand**: Die fast dreistündige Fahrt durch das Fjord-Delta nach Nedstrand am Vindafjord (Höhe Haugesund) kann für die Weiterfahrt nach Norden ebenso sinnvoll sein wie als bloßer Ausflug. (5 x täglich, 280 NOK).

– **nach Bergen**: Vom Schnellboot-Terminal (nordöstliches Ufer der Halbinsel, dort auch Ticketverkauf und Gepäckaufbewahrung) rauscht der Flaggruten-Katamaran 8 x täglich zwischen 7.20 und 20.30 Uhr in gut vier Stunden und für 760 NOK/Person via Haugesund nach Bergen (keine Autofähre).

Stadtverkehr

Die „Siddis", wie sich Stavangers Einwohner nennen, gehen zu Fuß oder fahren mit dem Rad durch ihre Stadt, benutzen selten ihr Auto und noch seltener den Bus, das einzige öffentliche Verkehrsmittel der Stadt. Machen Sie es ihnen nach.

• *Bus* Trotz seiner City-Enge verfügt Stavanger über 19 Buslinien mehrerer Gesellschaften (rote, blaue, gelbe, grüne Linien). Busse mit Doppelziffern verkehren im Stadtgebiet, mit Dreifachziffern auch außerhalb (alle Stadtbusse halten an der Haakon VII's Gate zwischen Dom und Post). Fahrplan-Auskunft ✆ 177 (innerhalb Rogalands) oder 81500182

• *Taxi* Für Droschken ist die Stadt kein Geschäft, denn die meisten fahren in der Radfahrerstadt sowieso Fahrrad. In der Innenstadt gibt es gerade drei Taxistände (am Rogaland Kunstsenter, vor „Dickens" und bei der Post), ✆ 51909090.

Übernachten

- 3 Viktoria Hotel
- 4 Best Western Havly Hotel
- 8 Skagen Brygge Hotell
- 22 Comfort Grand Hotel Stavanger
- 23 Radisson SAS Royal Hotel
- 24 Radisson SAS Atlantic Hotel
- 25 Park Inn Stavanger
- 26 KFUM (Interrail Point)
- 27 Rica Forum Hotel Stavanger
- 28 Sommerhotel Stavanger
- 29 First Hotel Alstor
- 30 Mosvangen Camping
- 31 Stavanger Bed & Breakfast
- 32 Vandrerhjem Mosvangen
- 33 Rogalandsheimen Gjestgiveri

Essen & Trinken

- 1 Tante Molla
- 2 Robertino
- 5 Cartellet
- 7 Craig's kjøkken
- 10 N.b. Sørensen's Dampskibs.
- 11 Hansen Hjørnet
- 12 Sjøhuset Skagen
- 14 Peppe's Pizza
- 16 Dickens
- 20 Helt Rått

Cafés

- 9 Finns Konditori
- 19 Skagen Bageri

Nachtleben

- 6 Café Sting
- 13 Nilsen & Wold
- 15 Cardinal
- 17 Taket
- 18 Chaplin, Beatnik, Vivaldi, Phileas Fogg
- 21 Newsman

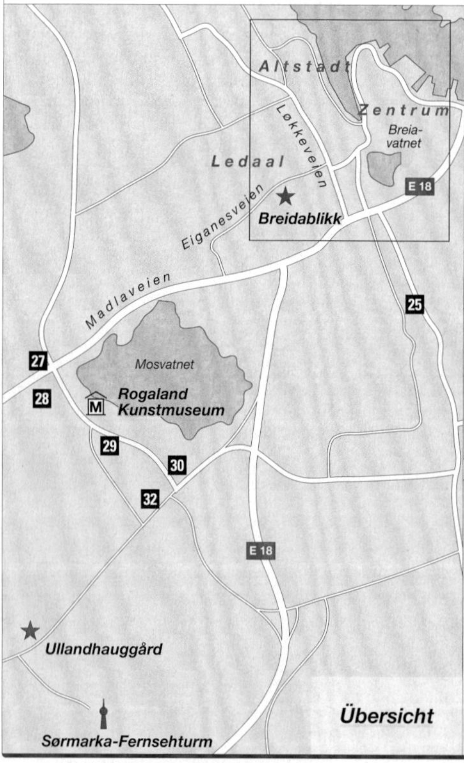

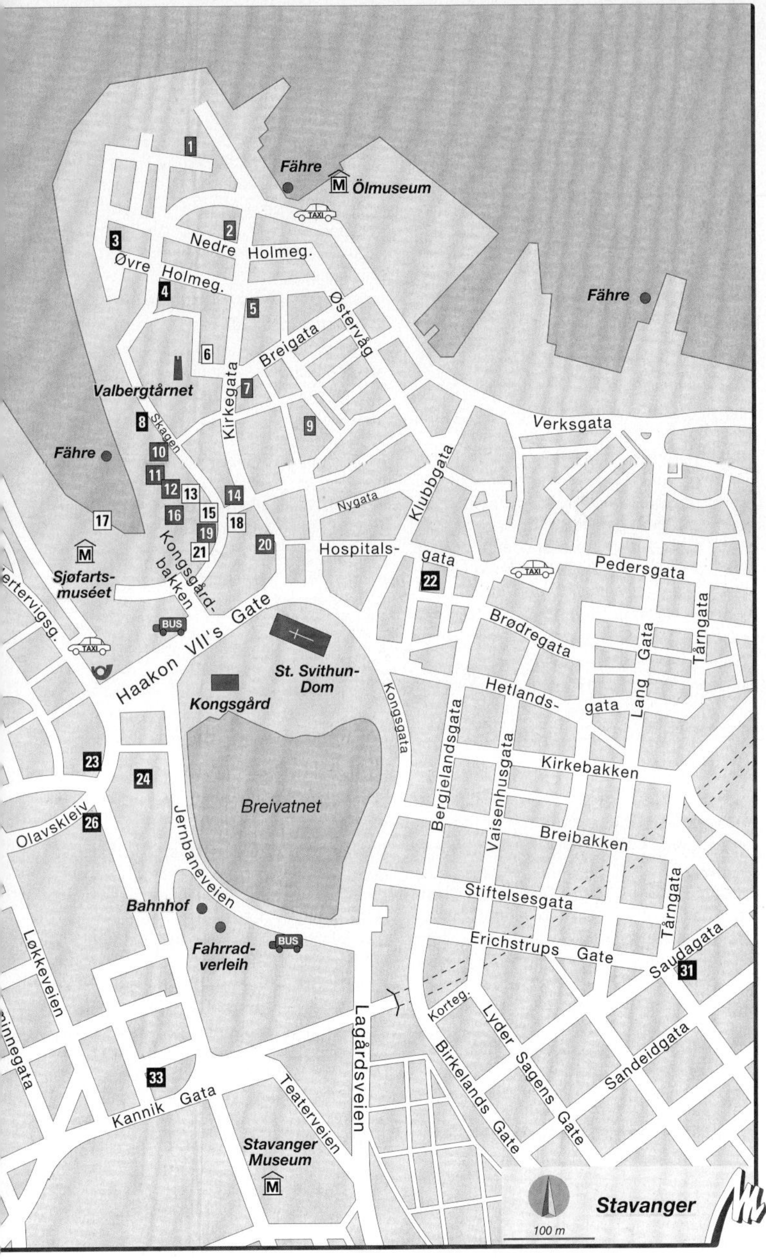
Fähre
Ölmuseum
Nedre Holmeg.
Øvre Holmeg.
Østervåg
Breigata
Valbergtårnet
Kirkegata
Skagen
Fähre
Verksgata
Klubbgata
Nygata
Hospitalsgata
Pedersgata
Kongsgårdbakken
Sjøfarts-museét
Haakon VII's Gate
St. Svithun-Dom
Kongsgård
Brødregata
Hetlandsgata
Lang Gata
Tårngata
Kongsgata
Bergjelandsgata
Vaisenhusgata
Kirkebakken
Breivatnet
Breibakken
Olavskleiv
Jernbaneveien
Stiftelsesgata
Erichstrups Gate
Bahnhof
Fahrrad-verleih
Saudagata
Løkkeveien
Korteg.
Lyder Sagens Gate
Birkelands Gate
Lagårdsveien
Teaterveien
Sandeidgata
Kannik Gata
Stavanger Museum
Stavanger
100 m

Adressen/Telefonnummern

• *Apotheken-Notdienst* Olav V's gate 11 (hinter dem Bahnhof), ✆ 51520607. Tägl. bis 23 Uhr.

• *Autovermietung* Für die teuerste Stadt im Lande gilt wie überall in Norwegen: Die Automiete ist gut 30 % teurer als zu Hause. Dennoch lohnen Preisverhandlungen gerade im Sommer, wenn die Geschäftsreisenden ausbleiben, z. B. bei **National Bilutleie**, Kong Carlsgate 71 (✆ 51682250), bei **Fjetland Bulutleie**, Hillevågsveien 34 (✆ 51589702), bei **Avis**, Busterminal (✆ 51963300), bei **Hertz** (✆ 51520000) oder bei **Europcar** (✆ 51651090).

• *Autowerkstätten* an der RV 44 stadtauswärts.

• *Banken* am Domplatz und im Flughafen Sola.

• *Fahrradverleih* In der Radfahrerstadt verleiht sogar die Bahn NSB Fahrräder (s. o.). Zudem gehört es vielerorts zum Hotelservice, Fahrräder kostenlos an Gäste abzugeben, z. B. im Scandic Hotel oder in der Jugendherberge. Ansonsten: **Naboen Utleieforretning**, Maskinveien 25, ✆ 51810300.

• *Fluggesellschaft* **SAS**, ✆ 81520400, Braathens, ✆81520000.

• *Gasflaschentausch* **AGA Progas**, Søylandsgate 20 (Richtung RV 44 stadtauswärts).

• *Gästehafen* ✆ 51507800. Die Hafenmiete beträgt entsprechend der Schiffslänge 100–300 NOK. Duschen (30 NOK), Wäsche waschen (55 NOK) und frühstücken (90 NOK) kann man im Skagen Brygge Hotel; Anmeldung an der Rezeption (s. „Übernachten").

• *Gepäckaufbewahrung* im Schnellboot-Terminal (Mo–Fr 7.15–18 Uhr, Sa/So bis 12.30 Uhr) sowie im Bahnhof (7–22 Uhr, Sa bis 17 Uhr).

• *Katamaran-Dienst* **Flaggruten**, ✆ 51890211.

• *Notarzt* ✆ 51510202.

• *Parken* Es gibt fünf Parkhäuser im Innenstadtbereich – Bahnhof (Jernebanen), Jorenholmen, Posthuset, St. Olav und Valberget.

• *Post* Hauptpost in der Haakon VII's Gate (neben dem Breiavatnet). Hier kann Geld gewechselt werden, und gibt es einen Schalter für postlagernde Sendungen. Mo–Fr 8–17, Do bis 18 Uhr, Sa 9–14 Uhr.

• *Reederei* **Color Line**, ✆ 81000811.

• *Reinigung* **Renseriet**, (Münzautomaten) in der Kongsgt.

• *Taxi* ✆ 51909090.

• *Telesenter* Nygaten 13.

• *Zahnarzt* ✆ 51520666.

Übernachten/Camping (siehe Karte S. 214/215)

In dieser Stadt für Geschäftsleute überwiegen die Edelhotels der gehobenen Preisklasse. Unsere Auswahl hier empfiehlt kostengünstige und angenehme Unterkünfte. Oder solche mit sommerlichen Sonderangeboten.

• *Übernachten in Stavanger* **Vandrerhjem Mosvangen (32)**, Henrik Ibsengate 21, ✆ 51543636, www.vandrerhjem.no. 30 Minuten Fußweg, 10 Autominuten vom Bahnhof zum Mosvatnet (Kannik Gata, hinter dem Bahnhof, dann E 39); per Buslinie 78 (einmal stündlich bis 23.40 Uhr, Stopp an der E 39), ansonsten fünf Buslinien via Eiganesveien (6 x pro Std.). Die Jugendherberge heißt „Parkhotel" und ist wie ein Parkhotel. Hotel und Herberge, Frühstücks- und Aufenthaltsraum unter einem Dach – ein für Jugendherbergen nicht gerade üblicher Luxus. Das nur von Mai bis September geöffnete Wanderheim mit modernen Zwei- und Mehrbettzimmern liegt inmitten eines Parks am Mosvatnet, Bademöglichkeit und Campingplatz sind nur wenige Schritte entfernt. 170 NOK/Bett und 320 NOK/Person im EZ, DZ 340 NOK (Nichtmitglieder plus 25 NOK).

Stavanger Bed & Breakfast (31), Videkalsgate 1a, ✆ 51562500, www.stavangerbedandbreakfast.no. Klein, einfach und sauber sind die Zimmer in der ruhigen Pension unweit des Bahnhofs. Nicht alle mit Bad und WC. DZ 695 NOK, EZ 595 NOK.

Rogalandsheimen Gjestgiveri (33), ✆ 51520188, Muségt. 18, www.rogalandsheimen.no. Der charmante Gasthof mitten in Stavanger bietet als Clou einen kostenfreien Internet-Zugang. Ansonsten sind die kleinen, einfachen und sauberen Zimmer für 675 NOK (DZ) und 550 NOK (EZ) zu mieten.

Best Western Havly Hotell (4), Valberggate 1, ✆ 51939000, www.havly-hotell.no. „Bei uns sparen Sie Geld im Schlaf" – der Werbespruch trifft für das einstige Missionshotel kaum zu. Immerhin sind die 70, vor einigen Jahren renovierten Zimmer geräumig und haben TV und Telefon. DZ 1.220 NOK, EZ 990 NOK.

Am Skagenkai in Stavanger

Comfort Grand Hotel (22), Klubgate 3, ✆ 51201400, www.choicehotels.no. Sehr zentrales, aber leider auch lautes 132-Zimmer-Hotel. Ideal für Geschäftsreisende, für die Sondertarife angeboten werden. Für alle anderen: DZ 1.400 NOK, EZ 1.3000 NOK.

First Hotel Alstor (29), Tjensvollveien 31, ✆ 52044000, www.firsthotels.com. Die Fassade ähnelt einer Kaserne, drinnen aber entpuppt sich das Alstor als geschmackvolles Hotel mit feinstem Service: Bar, Restaurant, Schwimmbad, Tennisplatz. Alle 80 Zimmer mit Du/WC und TV/Telefon. Die Lage am Mosvatnet und die Aussicht sind zusätzliche Argumente. DZ 1.750 NOK, EZ 1.550 NOK (viele Sonderangebote am Wochenende und in der Ferienzeit).

Rica Forum Hotel Stavanger (27), Eiganesveien 181, ✆ 21614300, 📠 21614311, www.scandic-hotels.com. Gleich neben dem Alstor warten 153 gemütliche Zimmer (Du/WC und TV/Telefon) auf zahlungskräftige Gäste. Auch hier zählen ein recht gutes Restaurant, eine Bar, Sauna, Swimmingpool und Fitnessraum zum Service. Auch Gratisverleih von Fahrrädern. DZ 1.575 NOK, EZ 1.375 NOK.

Park Inn Stavanger (25), Lagårdsveien 61, ✆ 51762000, www.parkinn.com. Oberhalb des Bahnhofs bietet das Drei-Sterne-Hotel eine stadtbekannt gute Küche. Das macht die Lage an der stark befahrenen Straße wett. DZ 1.625 NOK, EZ 1.245 NOK.

Viktoria Hotel (3), Skansegaten 1, ✆ 51867000, www.victoria-hotel.no. Der altehrwürdige Kasten am Hafen mit famoser Aussicht hat 170 Zimmern, ein gutes Restaurant, eine schicke Bar und empfehlenswerte Frühstücksbüfetts. Alle geräumigen Zimmer haben Du/WC sowie TV/Telefon und werden zumindest am Wochenende günstig vermietet. DZ 1.245 NOK, EZ 1.095 NOK (Wochenendpreise: 895 bzw. 795 NOK).

Radisson SAS Atlantic Hotel (24), Olav V's Gate 3, ✆ 51761000, www.radissonsas.com. Das Hochhaus am Stadtteich in unmittelbarer Nähe zum Bahnhof wirbt mit seinem internationalen Flair. Und das lohnt sich in dem eleganten Hotel. DZ 1.625 NOK, EZ 1.425 NOK.

Skagen Brygge Hotell (8), Skagenkaien 28-30, ✆ 51850000, www.skagenbryggehotell.no. Nicht nur der Name lässt an Bergen denken, die Speicherhausbauweise des direkt am Vågen gelegenen Edelhotels schafft anheimelnde Geborgenheit. Das Haus nennt sich entsprechend „Charmehotel" und verlangt charmante Preise. DZ 1.650, EZ 1.550 NOK.

Radisson SAS Royal Hotel (23), Løkkeveien 26, ✆ 51766000, www.radisson

sas.com. Das teuerste Hotel der Stadt, womöglich des ganzen Landes. Das einstige, fünfsternige „Royal Hotel“ ist nach Übernahme durch den Luftfahrtkonzern luxuriöser, pompöser, auch geschmackvoller geworden. DZ 2.285, Suite 5.200 NOK, EZ 1.885 NOK.

• *Übernachten außerhalb* **Viste Strandhotel**, Randaberg, ✆ 51417022, 📠 51419660, www.viste-hotel.no. Das geschmackvolle Strandhotel im 9 km entfernten Randaberg bietet 55 hübsche Zimmer (Du/WC, TV/Telefon) zu akzeptablen Preisen. DZ 950 NOK, EZ 850 NOK.

Sola Strand Hotel, Sola, Axel Lundveien 27, ✆ 51943000, www.solastrandhotel.no. Das 80 Jahre alte, ungemein stilvolle Hotel liegt direkt an einem der schönsten Strände des Landes, 16 km vom Zentrum, aber nur 3 km vom Flughafen entfernt. Es bietet jeden erdenklichen Service: ein gutes Restaurant, Nichtraucherzimmer, Sondereinrichtungen für Behinderte. DZ 1.685 NOK, EZ 1.295 NOK.

• *Für Jugendliche* **Sommerhotel Stavanger (28)**, Madlamarkveien 6. Buslinien 70, 71, 78, 79 bis Station Madlamark. Das 5 km vom Ortskern entfernte Studentenheim steht während der Ferien jugendlichen Besuchern offen. Die karg-modern eingerichteten Zimmer kosten immerhin 550 NOK mit Frühstück (Bistro im Haus). Nur Juli/August geöffnet.

KFUM (Interrail Point) (26), Rektor Berntsensgate 7, ✆ 51532888. Nur unwesentlich billiger als das Vandrerhjem, aber im Zentrum: 180 NOK pro Kopf und Nacht. Ebenfalls nur Juli/August geöffnet.

• *Camping* **Mosvangen Camping (30)**, Tjensvoll 1, ✆ 51532971, www.stavangencamping.no. (Anfahrt wie Jugendherberge.) Der Campingplatz liegt am See neben dem Vandrerhjem und ist trotzdem stadtnah. Unter weit ausladenden Bäumen ist Platz für 150 Zelte und Wohnmobile. Es gibt 19 Hütten (ab 450 NOK) und eine Cafeteria. Allerdings viel zu wenige und beim letzten Check sehr renovierungsbedürftige Sanitäranlagen. Mai–August geöffnet.

Ølbergstranden, Ølberg, Havnesveien 101, ✆ 51654375, 📠 51666825. Schöner Camping neben dem Fischerhafen von Ølberg (E 39, dann RV 510, 15 km südlich von Stavanger bei Sola). Der nur von Mai bis August geöffnete Platz liegt in den Dünen, hat gute Sanitäranlagen, ist leider nur mit eigenem Fahrzeug erreichbar. Zudem gibt's 16 piekfeine Hütten (500–700 NOK).

Kongeparken Camping, ✆ 51617576, 📠 51617510. In Ålgard (30 km vor den Stadttoren) in der Nähe des Erlebnisparks Kongeparken. Der ganzjährig geöffnete Wiesenplatz (300 m neben der E 39) verfügt auch über 27 Hütten ab 450 NOK.

Essen & Trinken (siehe Karte S. 214/215)

Dank der Internationalität der Ölgesellschaften und ihrer Mitarbeiter gibt es in Stavanger ein weit gefächertes Angebot guter Restaurants – mit gesalzenen Preisen.

• *Restaurants* **Dickens (16)**, Skagenkaien 6. Der Pub am Hafen, einst „In“-Treff in Stavanger, ist immer noch urgemütlich, auch wenn neue Besitzer in das Fachwerkhaus mit riesiger Theke und Folkmusik eingezogen sind. Geblieben ist das Pizza-Büfett (120 NOK), Tacos kosten 70 NOK.

Peppes Pizza (14), Kirkegate 2. In der Fußgängerzone bietet Norwegens populärste „Futterkette“ die Kingsize-Pizza für 130 NOK an.

Helt Rått (20), Skagen 27. Die Sushi-Bar im verschachtelten Lokal serviert asiatische Küche zu noch annehmbaren Preisen.

Hansen Hjørnet (11), Skagenkaien 18. Nur von Juni bis August ist das „Sommerrestaurant“ geöffnet. Dann aber lohnt sich der kleine Imbiss unter freiem Himmel am Hafenkai.

Sjøhuset Skagen (12), Skagenkaien 16, ✆ 51895180. In dem restaurierten Lagerhaus tafelt man unter hübschen Segelschiffmodellen erlesenen Fisch der oberen Preisklasse.

Robertino (2), Nedre Holmegate 14, ✆ 51895099. Der typische Italiener im Zentrum kocht lecker, verlangt aber überdurchschnittliche Preise: Spaghetti Bolognese 88 NOK, Lasagne 98 NOK, Fleischgerichte 175–205 NOK.

Tante Molla (1), Salvågergate (hinter Kirkegata). Die wohl beste Fischsuppe des Landes gibt es im Bistro für angemessene 130 NOK. In Tantchens guter Stube im 1. Stock kann man famos faulenzen und lecker essen (z. B. Waffeln für 30 NOK oder Spaghetti „al dente“ zu 65 NOK). Mo–Fr 10–17, Sa 10–19, So 10–15 Uhr.

Stavangers City hat die größte Kneipendichte des Landes

aurant
SJØHUSET
AGEN
Taxi
RIGGEN
RF-98505
SKAGEN

N.b. Sørensen's Dampskibsexpedition (10), Skagen 26, ✆ 51843820. Wer es edel und dennoch ursprünglich liebt, ist im Schifferlokal mit dem schwierigen Namen richtig. Die Küche in Stavangers typischstem Lokal ist teuer und nicht eben toll – der Gast zahlt fürs Ambiente.

Cartellet (5), Øvre Holmegate 8, ✆ 51896022. Nouvelle Cuisine im besten Restaurant der Stadt. Im gemütlichen Keller müssen Sie 280 NOK für das Elchfilet und noch 120 NOK für die Fischsuppe zahlen – das sind die einzigen norwegischen Spezialitäten auf der Speisekarte.

Craig's kjøkken (7), Breitorget, ✆ 51939590. Das Restaurant ist gut, die Weinkarte in der angeschlossenen Bar noch besser.

• *Cafés* **Skagen Bageri (19)**, Skagen 18. Kaffee satt und leckeren Kuchen bietet das gemütliche Bäckerei-Café.

Finns Konditori (9), Sølbergate 2. Im Kulturhaus mit Kino, Lesesaal und Kinderspielzimmer ein Lokal für kleine Gerichte.

Pubs/Bars/Nachtleben (siehe Karte S. 214/215)

• *Pubs/Bars* **Newsman (21)**, Skagen 14. Die Wände des Journalistentreffs sind mit Zeitungsseiten der letzten 50 Jahre tapeziert, auf den Lesepulten liegen aktuelle Blätter aus aller Welt aus (leider keine deutschsprachigen): Hier lässt sich an der Bar oder an Separee-Tischen mit Stavangers „Tou Pils" vielsprachig ein Abend verplaudern ...

Chaplin, Beatnik, Vivaldi, Phileas Fogg (18), vier hübsche Kneipen neben und gegenüber von Newsman im Fußgängerbereich Skagen. Im Vergleich zu Newsman aber nur zweite Wahl.

Nilsen & Wold (13), Skagen 42. Altertümliches Wirtshaus mit winzigem Restaurant, zwei Bars und Kro – Charme on the rocks.

Cardinal (15), Skagen 21. Ein Pub für kleine Gerichte und noch kleinere Tagesmenüs.

Café Sting (6), Valbergjet 3. Gemütliche Kneipe in der Nähe des Valbergturms. Geboten werden kleine Gerichte, nette Ausstellungen und Musik der 70er Jahre. Im Sommer werden Tische rausgestellt. Wenn Sting um 2 Uhr nachts schließt, macht der Nachtklub im Keller noch weiter.

• *Nachtleben* **The Irishman**, Høleberggt. 9. Nicht nur irisches Bier, auch irische Musik live.

Checkpoint Charlie Hard Rock Café, Nedre Strangt 5. Der Name ist Programm und die Musik meistens live.

Taket (17), Strandkaien. 22 Jahre muss man sein und bis spät abends warten, um hier zu tanzen. Mi–Sa 22–4 Uhr, Di und So 24–4 Uhr, montags geschlossen.

Einkaufen

Die ältesten und größten Einkaufszentren begründen Stavangers Ruf als beste, aber auch teuerste Einkaufsstadt Norwegens.

Arkaden: Über zwei Häuserblocks erstreckt sich das Zentrum mit 40 Geschäften und Restaurants an der Klubgata, in dem Sie sich von Kopf (zwei Frisöre) bis Fuß (fünf Schuhgeschäfte) versorgen lassen und zwischendurch Pause im Café machen können. 10–20 Uhr, Sa bis 16 Uhr.

Kirkegata: Die Einkaufs- und Flaniermeile der Stadt zwischen Dom und Hafen mit Skizentrum und Souvenirshop, Blumenladen und Boutique – die zwei Gesichter Stavangers auf einem Kilometer. 9–17, Do 19, Sa 15 Uhr.

Kvadrat: Norwegens größtes Einkaufszentrum liegt außerhalb von Stavanger, und zwar an der E 39 auf dem Weg nach Sandnes (im Foyer ein Infostand für Touristen). 160 Geschäfte auf zwei Etagen. 10–20 Uhr, Sa bis 18 Uhr.

Ein **Gemüsemarkt**, auf dem es auch Blumen und frisches Obst gibt, findet täglich rund ums Kielland-Denkmal im Zentrum von Stavanger statt. Ein eher bescheidener **Fischmarkt** wird täglich am Vågen abgehalten.

Sehenswertes im Zentrum

Lassen Sie das Auto stehen. Zu Fuß kommen Sie überall in wenigen Minuten hin und sparen sich den Stress der Parkplatzsuche.

Valbergtårnet: Zu Beginn der Sightseeingtour lohnt ein Aufstieg auf den ehemaligen Brandwachturm inmitten des Stadtzentrums (zwischen Kirkegata und

Brygge-Hotel). Vom Wehrgang haben Sie einen Rundumblick über City und Hafen. Der Turm entstand Mitte des 19. Jh., um von hier oben aus Brände in der Stadt frühzeitig erkennen zu können.

Öffnungszeiten Mo–Fr 11–16, Sa 10–14 Uhr. Eintritt 20 NOK. Das Kunstgewerbezentrum hat dieselben Öffnungszeiten (Eintritt frei).

St. Svithun Dom: Die Domkirche nördlich des Stadtteiches gilt neben dem Trondheimer Nidarosdom als bedeutendste Kirche Norwegens. Bischof *Reynald von Winchester*, späterer Bischof der Stadt, gab den Auftrag für den Dom. Mit dem Bau der dreischiffigen Basilika wurde 1125 im romanischen Stil begonnen, nach einem Brand 1272 kamen gotische Elemente hinzu, und ein weiterer Umbau im 19. Jh. machte den Stilmischmasch (drinnen Barockschnitzereien) perfekt. Gleichwohl wird der Dom als einzige Kirche des Landes mit mittelalterlicher Grundstruktur gepriesen.

Öffnungszeiten 15.5.–15.9.11–19 Uhr; 16.9.–14.5. 11–16 Uhr, So 13–18 Uhr, Mo und Fr geschlossen. Do 11.15 Uhr Orgelkonzerte, So 11 Uhr Hochamt, täglich 8.15 Uhr Morgenmesse.

St. Svithun-Dom: das älteste Bauwerk im Süden Norwegens

Kongsgård: Neben dem Dom liegt die einstige Bischofs- und spätere Königsresidenz, die seit fast 200 Jahren als öffentliches Gymnasium genutzt wird. Deshalb kann das Gebäude auch nicht offiziell besichtigt werden – inoffiziell lohnt es aber auch nicht ...

Norsk Barnemuseum/Norwegisches Kindermuseum: Neueste Attraktion nicht nur für Kinder ist das Kindermuseum im auch ansonsten anschauenswerten Kulturhaus am Sølvberget. Da gibt es viel zu sehen, viel zu machen für Kinder jeden Alters: Lebende Läuse und richtige Holzhütten, Spielzeug und Labyrinthe, immer neue Ausstellungen und Aktivitäten, die allesamt viel Spaß machen.

Öffnungszeiten Di–Sa 11–15.30 Uhr, So 12.30–16.30 Uhr.

Gamle Stavanger/Alt Stavanger

Das Viertel mit 173 teilweise über 200 Jahre alten Holzhäusern ist kein Museumsdorf, sondern ein beschaulicher Stadtteil des modernen Stavanger. Zwischen der Nedre und der Øvre Strandgate am westlichen Ufer des Vågen wohnten einst Brislingfischer und Handwerker, arbeiteten „Einsalzer“ und Händler. Das ehemalige Zollhaus (Nedre Strandgate Nr. 49) ist ebenso erhalten wie das Kaufmannshaus (Nr. 17–19), das heute ein Seefahrtsmuseum beherbergt.

Norsk Hermetikmuseet: Von der großen Zeit Stavangers zeugt auch das einzige Konservenmuseum der Welt in der Øvre Strandgate Nr. 88. „Queen Maud“ und „Mr. Norway“ heißen einige der ausgestellten Konserven. Noch interessanter jedoch die Stanz- und Werkzeugmaschinen, mit denen einst Dosen für die ganze Welt geformt wurden. In dem kleinen, vergnüglichen Museum werden am ersten Sonntag eines jeden Monats (nur für Touristen) auch noch Sprotten geräuchert.

Öffnungszeiten 15.6.–15.8. 11–16 Uhr; sonst nur So 11–16 Uhr. Eintritt 40 NOK, Kinder 20 NOK.

Altstavanger: Wohnen wie im Museum

Sjøfartsmuseet: In dem stilsicher restaurierten Kaufmannshaus (Nedre Strandgate 17-19) an der Vågen-Bucht (unweit des Touristenbüros) ist das informative Schifffahrtsmuseum untergebracht. Die Seefahrtsgeschichte Stavangers vom Heringshafen zur Ölmetropole wird liebevoll und ungemein interessant dokumentiert.

Öffnungszeiten wie Konservenmuseum, Eintritt ebenfalls.

Norsk Oljemuseum: Schon der futuristische Bau des 1999 eröffneten Öl-Museums macht neugierig; ein neues Wahrzeichen im Hafen Stavangers (Kjeringholmen, unübersehbar in der Nähe des Fähranlegers). Drinnen wird anschaulich berichtet, wie das Öl in die Nordsee kommt, wie es gefördert und transportiert wird und welche politische Macht und wirtschaftlichen Reichtum das „schwarze Gold“ Norwegen und Stavanger gebracht hat. Trotz des hohen Eintrittspreises sollte man sich dieses Museum nicht entgehen lassen.

Öffnungszeiten Juni–Aug. 10–19 Uhr, Sept.–Mai 10–16 Uhr, So 10–18 Uhr. Eintritt: 75 NOK, Kinder 35 NOK.

Ledaal: Von Zentrum aus führt ein 15-Minuten-Spaziergang zum Eiganes-Park und Kielland-Geburtshaus Ledaal (Eiganesveien 45). Das Patrizierhaus der berühmten Geschwister (*Kitty Kielland* war Malerin, Bruder *Alexander* Schriftsteller und 1892 Bürgermeister), ein drinnen wie draußen schmucker

Empirebau, dient der Königsfamilie derzeit als Stadtresidenz. Wenn die gehisste Flagge die Anwesenheit des Monarchen anzeigt, ist das Haus für das Publikum gesperrt.

Öffnungszeiten 15.6.–15.8. täglich 11–16 Uhr, sonst nur So 11–16 Uhr. Eintritt 40 NOK, Kinder 20 NOK.

Breidablikk: Wenige Meter nebenan (Eiganesveien 40 a) das puppenhafte Herrschaftshaus des Reeders *Berentsen* in einem pompösen Park. Prachtvoller Wohlstand der Jahrhundertwende, drinnen und draußen schön anzuschauen.

Öffnungszeiten 15.6.–15.8. täglich 11–16 Uhr, sonst nur So 11–16 Uhr. Eintritt frei.

Stavanger Museum: Das in der Muségata 16 gelegene Museum mit einem kulturhistorischen Überblick über die Stadt, ihre über 800-jährige Geschichte und ihre Umgebung ist nach langer Umbauphase neu eröffnet. Entstanden ist ein ansprechender Bau mit lehrreichen und geschickt präsentierten Historiendarstellungen sowie einer gleichfalls sehenswerten zoologischen Abteilung.

Öffnungszeiten 15.6.–15.8. täglich 11–16 Uhr, sonst nur So 11–16 Uhr. Eintritt 40 NOK, Kinder 25 NOK.

Alexander Kielland – Dichter und Politiker

An Alexander Lange Kielland, am 18.2.1849 als Spross einer der reichsten Familien Norwegens geboren, schieden sich nicht nur die literarischen Geister: Schon als Dreißigjähriger veröffentlichte er die ersten bissigen Novellen und ironischen Romane, in denen er das Großbürgertum, aus dem er selbst stammte, heftig angriff. Thomas Mann übrigens zählte zu seinen Bewunderern.

Trotz aller Häme verlor er offenbar nie den Glauben an die Veränderbarkeit der Gesellschaft: Nach zehn literarisch außerordentlich produktiven Jahren hängte er die Schriftstellerei an den Nagel, denn die liberale Regierung unter *Johan Sverdrup* war 1889 u. a. an der Frage zerbrochen, ob der Gesellschaftskritiker Kielland ein Staatsgehalt beziehen dürfe, und ging in die Politik. Als Bürgermeister von Stavanger diente er seiner Heimatstadt nur zwei Jahre, bevor er 1906 in Bergen, letztlich desillusioniert, verstarb.

Arkeologisk Museum: Das in jeder Hinsicht moderne Archäologiemuseum wurde 1998 in der Peder Klowsgata 30 (drei Straßenzüge westlich vom Stavanger Museum) eröffnet. 15.000 Jahre Geologiegeschichte sowie 1.000 Jahre Kulturgeschichte des Rogalandes werden in Modellen und Videos sowie Computersimulationen demonstriert. Dazu gibt's kindergerechte Mitmach-Aktionen, eine für jedermann zugängliche Bibliothek, einen Buchladen mit auch deutschsprachigen Fachbüchern und ein niedliches Café.

Öffnungszeiten Di–Sa 11–16 Uhr, So bis 17 Uhr, Di bis 20 Uhr (montags geschlossen). Eintritt 20 NOK, Kinder 10 NOK.

Sehenswertes außerhalb des Zentrums

Rogaland Kunstmuseum: Wen die neuere Malerei Norwegens interessiert, der ist in der gläsernen Kuppel in der Tjensvollveien 6 richtig (1.500 Gemälde vom frühen 19. Jh. bis zur Gegenwart, besonders erwähnenswert die

Hafsten-Sammlung mit 208 Gemälden). Auch das Museumscafé lohnt die mühsame Anfahrt.

Öffnungszeiten/Anfahrt Di-So 11-16 Uhr. Eintritt 50 NOK, Kinder 30 NOK. 30 Min. Fußweg Richtung Mosvatnet; Autofahrer 10 Min. auf der E 39 gen Süden; per Buslinie 78 bei der Station Tjensvollveien aussteigen.

Broken Column: Entlang des Fußweges vom Kunstmuseum bis in den Hafen werden Ihnen 23 eiserne Stelen auffallen. Der Stavanger Künstler Antony Gormleys hat den immer wieder gleichen Abguss seines eigenen Körpers an markanten Stellen der Stadt platziert (z. B. am Gericht, auf dem Friedhof, im Park), um auf die vielfältigen Formen städtischen Zusammenlebens hinzuweisen. Warum die Installation allerdings „Broken Column" („zerbrochene Säule") heißt, will nicht so recht einleuchten.

Sørmarka-Fernsehturm: Noch weiter Richtung Sandnes erhebt sich dieser TV-Turm inmitten von Wanderwegen und Picknickbänken. Von hier oben hat man eine gute Aussicht über Stavanger, das flache Jæren und den Fjord. Sie erreichen den Turm über einen Fußweg ab Mosvatnet (ca. 45 Min.), wenn Sie der Ausschilderung „Ullandhaug" folgen.

Ullandhauggard: 1.600 Jahre ist der restaurierte Siedlungsplatz (knapp einen Kilometer neben dem Fernsehturm) mit drei Längshäusern alt – Beleg für die älteste Besiedlung Norwegens. Die Wikinger bauten hier schon Buchweizen und Flachs an. Ganz in der Nähe der **Botanische Garten Ullandhaug**, der einen geruhsamen Spaziergang oder ein gemütliches Picknick wert ist.

Öffnungszeiten Botanischer Garten Juni–August 12–17 Uhr, sonst nur sonntags zur selben Zeit. Eintritt frei.

Ausflüge in die Umgebung

Mindestens zwei Sensationen dürfen Sie nicht verpassen: Europas zweitgrößten Freizeitpark und Norwegens höchste natürliche Plattform. Aber auch ein Ausflug zum Utstein-Kloster ist lohnenswert.

Preikestolen: Kein Norwegenbuch ohne ein Foto des „Predigtstuhls" – die Fjellkante fällt messerscharf 600 m tief in den Lysefjord, unten der schnurgerade Fjord mit Blick bis zum Meer, oben nur Wolken und vorwitzige Möwen, dazwischen eine Wasserstraße wie aus dem Bilderbuch mit 1.000 m hohen, bewaldeten Steilwänden. Auf der ungeschützten, handballfeldgroßen Plattform tummeln sich die Besucher bei jedem, häufig auch schlechtem Wetter. Nur wenige trauen sich robbend an den Rand, abgeschreckt nicht nur vom Abgrund, sondern auch von mannstiefen Spalten im Plateaufels. Wer sich trotzdem hierhin wagt, genießt die weite, farbenprächtige Aussicht und den schauerlichen Abgrund – Norwegens vielleicht aufregendste, sicher aber meistfotografierte Naturschönheit.

Um diese Touristensensation zu erreichen, müssen Sie allerdings wandern: Zwei Stunden mindestens dauert die Tour, bergauf und durch unwegsames Gelände. Doch die Anstrengung lohnt, denn Preikestolen ist geradezu Sinnbild norwegischer Landschaft – ständig wechselndes Wetter bei immer faszinierender Farbe, Schwindel erregende Steilwände mit atemberaubenden Aussichten.

Der Startpunkt der Wanderung liegt 30 m hinter der **Preikestolhytta** – ein steiler, ausgeschilderter Weg steigt rechts der Straße bergauf. Durch tiefen Wald führt der zunächst gut ausgebaute Pfad, der mit rotem „T“ und bisweilen mit Steinmännchen markiert ist, eine halbe Stunde stetig bergauf, bis ein erster Höhenrücken erreicht ist. Ebenerdig, aber durch morastigen Wald verläuft der jetzt gesicherte Weg über Bohlenpfade zur **Urskar-Höhe** (418 m).

Es folgt ein nur noch leichter Aufstieg durch eine felsige Mulde, der zum **Neverdalsskaret-Pass** führt. An einem kleinen See vorbei (532 Höhenmeter sind erreicht) macht der nun schwerer erkennbare Weg einen weiten Bogen über glatten Felsuntergrund. Der letzte kurze, aber steile Anstieg wird durch Treppen und Geländer erleichtert. Nach knapp zwei Wanderstunden erreicht man auf glattem Fels das Ziel auf 597 m Höhe. Zurück kann man nur denselben Weg – mit Rast braucht man also etwa fünf Stunden für die gesamte Wanderung. Tipp: Wem das alles zu anstrengend ist, kann sich auch auf dem Pferderücken den Weg hoch tragen lassen (Information über den Aufstieg mit dem Pferd bei **Preikestolen Hestesport**, ✆ 51890841).

Preikestolen: Norwegens fotogenster Nervenkitzel

• *Anfahrt* Von Stavanger aus über die E 39 südwärts und über die RV 13 ostwärts nach Lauvik, dort die Fähre nach Oanes (alle 30 Min., 10 Min. Überfahrt, 64 NOK Pkw/Fahrer, 27 NOK/Person). Dann weiter über die RV 13 nach Norden, um bei Botne der ausgeschilderten Straße zum Preikestolen zu folgen.

Alternative: Sie fahren ab Stavanger mit der Fähre nach Tau, die am Fiskepiren fast stündlich ablegt (22 x täglich, 40 Min. Überfahrt, 122 NOK Pkw/Fahrer, 35 NOK/Person). Dann ebenfalls auf der RV 13, aber nach Süden, bei Botne abbiegen. (Der Parkplatz an der Jugendherberge kostet 50 NOK.) Ab Tau verkehrt auch 3 x täglich (9.05, 10 und 15.17 Uhr) ein Bus zur Preikestolhytta und zurück (Anschluss an die Fähre, Preis: 50 NOK, Kinder 25 NOK). Sie können aber auch mit FjordTours (Stavanger, Brønngate 95, ✆ 51537340) im Sightseeingschiff ab Stavaner fahren: 280 NOK, Kinder 140 NOK.

• *Übernachten* **Preikestolen Camping**, ✆ 51749725, www.preikestolencamping.no. Der neue Platz an einem kleinen Bach direkt an der Abfahrt zum Preikestolen ist bestens ausgerüstet (große, gute Sanitäranlagen, Waschmaschinen, Laden) und, wie Leserin Josefine Lautenschlager findet, sehr sauber.

Preikestolhytta, ✆ 97165551, www.preikestolhytta.no. Die Jugendherberge am Refsvatnet liegt unmittelbar am Startpunkt zur Preikestolen-Wanderung. Neben normalen Jugendherbergs-Unterkünften (210 NOK/Bett,

Hafenbucht Vågen: Segler-Stelldichein

580 NOK/DZ) gibt es ein recht gutes SB-Restaurant und drei kleine Hütten (ab 650 NOK).

Tipp: Wenn die Unterkünfte in unmittelbarer Nähe der Preikestolhytta ausgebucht sind, was im Sommer häufig passiert, sollten Sie im nächstgelegenen **Jerneland** vorbeischauen – da gibt es drei kleine Campingplätze mit Hütten.

Kongeparken: Gerade für Kinder (oder Erwachsene mit kindlichem Spielsinn) ist dieser Erlebnispark gedacht, der nach dem Pariser Disneyland der größte in Europa ist. Jahr für Jahr gibt es neue Attraktionen; besonders zugkräftig sind derzeit der Dino-Park, der Boot-Skooter und der 80 m hohe Troll-Riese. Klassiker ohne Verfallsdatum sind das Riesenrad, die Rollschuhbahn, der Kinderzirkus und die Modellstadt.

• Öffnungszeiten/Anfahrt 15.5.–30.9. täglich 10–18 Uhr. Eintritt 180 NOK, Kinder 180 (!) NOK; zusätzliche Aktivitäten kosten zusätzlich Geld. Kongeparken liegt an der E 39 bei Ålgård (gut 30 km südlich von Stavanger). Die Buslinie 280 braucht von Stavanger 20 Min. und von Sandnes 10 Min.

Havanna Badeland: Im nahen **Sandnes** findet sich Skandinaviens größte Badelandschaft mit Wellenbecken, Wasserfall und Wasserkanonen, mit römischem Bad, Solarium und Salzwasserbassin sowie gepfefferten Eintrittspreisen.

Öffnungszeiten Täglich 9–19, So 10–19 Uhr. Eintritt 130, Kinder 95 NOK.

Ryfylke-Inseln/Utstein-Kloster: Die vier Inseln **Kvitsøy, Rennesøy, Finnøy** und **Mosterøy**, kaum 40 km nördlich vor Stavanger, sind bloß die Hauptinseln von über 30 Eilanden im Boknafjord. Hunderte windgeschützter, sandiger Buchten und verwinkelter, verkehrsarmer Meerengen machen die Ryfylke-Inseln zum Eldorado für Schwimmer, Surfer und Segler. Außerdem gelten sie als „Tomateninseln“ Norwegens, Finnøy z. B. scheint wie mit Gewächshäusern zugepflastert.

Die Wiege des Gemüseanbaus aber liegt mit dem **Utstein-Kloster** auf Mosterøy. Als Augustinerkloster in der zweiten Hälfte des 13. Jh. gegründet und noch im Mittelalter von Mönchen zum Zentrum der Obst- und Gemüsekultur des Nordens gemacht, wird Utstein derzeit als Konferenz- und Seminarzentrum, neuerdings sogar als Hotel (✆ 51720100, 38 Zimmer, DZ 1.200 NOK, EZ 900 NOK) genutzt. Dennoch wirkt die Abtei auch heute noch wie ein mittelalterliches Kleinod, das immer einen Ausflug wert ist (sehenswert vor allem die Kanzel von *Lauritz Snekker* aus dem Jahr 1623, die dänischen Wandmalereien von *Gottfried Hendschei* sowie die kunstvollen Portale und Fenster).

• *Öffnungszeiten Utstein-Kloster* Mai bis Mitte Sept. Di–Sa 10–16 Uhr, So 12–17 Uhr. Eintritt 40 NOK, Kinder 10 NOK. Gottesdienst So 11 Uhr, Konzerte (Jazz, Folk oder Kammermusik) So 16 bzw. 18 Uhr.

• *Verbindung zum Utstein-Kloster* Busse ab Stavanger Di–Fr 9.15, 12.15, 15.45, 16.15 Uhr; Rückfahrt 15.05 und 16.05 Uhr. Sa hin 8.15 und 13.15 Uhr, So 12.15 und 15.15 Uhr; Rückfahrt Sa 14 Uhr, So 13.05 und 16.05 Uhr.

• *Anfahrt mit dem Pkw* Mosterøy und Rennesøy sind über zwei Unterseetunnel, gemeinsam Rennfast genannt (Maut: 90 NOK), ab Randaberg zu erreichen. Nach Kvitsøy fährt von Mekjarvik eine Fähre (29 x pro Tag, 45 Min. Überfahrt, Fahrer/Pkw 110 NOK). Eine weitere Fähre setzt von Hanasand auf Rennesøy nach Finnøy über (20 x pro Tag, 15 Min. Überfahrt, Fahrer/Pkw 85 NOK).

Radtour nach Sandnes – Ein Trip in die Geschichte des Fahrrads

In Sandnes steht seit 1892 Norwegens einzige Fahrradfabrik. Die Stadt selbst ist mehr noch als Stavanger ein Eldorado für Zweiradfahrer. Sinnvoll ist es sicherlich, sich im Sandnes-Touristbüro (Vågsgt. 22, ✆51975555, geöffnet 10–16 Uhr) eine Fahrradkarte für die Stadt und ihre Umgebung zu beschaffen.

Zunächst verlassen Sie **Stavanger** am Bahnhof in Richtung Süden über die Muségata, den Hillevågsveien, Marierоveien, Hinnasvingene (immer am Gandsfjorden entlang), Gauselveien und die Gamle Forusveien, die Sie nach Sandnes hineinführt.

Den Ort erreichen Sie am Hafen. Das sehenswerte **Fahrradmuseum** der Gebrüder Øgländ finden Sie, indem Sie auf der Elvegate den Hafen passieren und kurz vor dem Bahnhof links abbiegen. Das urige Betriebsmuseum mit uralten Modellen und einer sehr guten Darstellung der Fahrradtechnik lässt jedes Radfahrerherz höher schlagen (Holbergsgaten 15, ✆ 51660462; das Museum ist zwar im Sommer täglich geöffnet, dennoch ist eine vorherige Anmeldung ratsam).

Sie verlassen Sandnes entweder auf der Strecke der Hinfahrt oder mit einem Abstecher über **Sola** mit seinen schönen Badestränden **Solasanden** und einem sehenswerten Flugzeugmuseum. Dazu folgen Sie der RV 509 nach Westen, passieren den Flughafen und biegen in Richtung Norden auf die Straße 510 ab, die am Hafrsfjord zurück nach Stavanger führt.

Mit dem Rad um den Boknafjord nach Nedstrand

Nur geübte Radler dürften diese Strecke von 101 km in einem Tag schaffen, zumal zwei Fährfahrten und mehrere Steigungen die Tour erschweren. Die Rückfahrt mit der Fähre von Nedstrand (5 x täglich, 3 Stunden, 280 NOK) muss ebenso einberechnet werden wie die Anfahrt über die Tau-Fähre (22 x täglich, 40 Min., 122 NOK Pkw/Fahrer, Fahrrad gratis, vgl. „Fährverbindungen Stavanger").

Gleich hinter Tau knickt die RV 13 landeinwärts ab und führt nördlich an den Seen Bjørheimsvatnet und Tydalsvatnet vorbei. Die zunächst gemächliche Steigung nimmt zum Målandsdalen zu.

Von Tveit geht es am Fjordufer entlang nach Ardal. Die paradiesisch schöne Strecke am Hetlandsvatnet (der gleichnamige Ort wird links liegen gelassen) vorbei zum Fisterfjorden und zurück zur RV 13 geht leider nicht ohne Kraxelei ab – Sie vermeiden auf diese Weise jedoch die weit unangenehmere Steigung auf der RV 13 bei Byrkja.

Die RV 13 führt Sie via Ølesund in den kleinen Ort **Hjemeland**, wo sich nach nunmehr 46 km die nächste Fähre nach Nesvik wartet.

Die Fähre nach Nesvik verkehrt stündlich und kostet nur 47 NOK (Fahrräder gratis). Die RV 13 am Josefjord entlang ist trotz einiger kleiner Tunnels und einer unbedeutenden Steigung bei Indre Eiane mühelos zu bewältigen – die allzeit berauschende Aussicht über den Fjord entschädigt für so manchen Schweißtropfen.

Immer am Wasser entlang geht es weiter über Vågane nach Hålandsosen, wo ein Fjordarm überquert wird. Über Lovra und einen kleinen Höhenzug geht es zum Fähranleger Jelsa. Die Fähre nach Nedstrand (5 x täglich) ist auch die Fähre nach Stavanger; Sie können sich also den Trip ins ohnehin nicht sonderlich sehenswerte Nedstrand auch sparen.

Autofahrt: Über Karmøy nach Haugesund und zurück

Sie verlassen Stavanger über die E 39, erreichen **Mekjarvik** und nutzen dort die Autofähre nach **Skudeneshavn** (Überfahrt 1 Std. 10 Min., 5 x pro Tag, 126 NOK Pers./Pkw, 39 NOK/Pers.). Wer zumindest einen Teil der Fährfahrt sparen möchte, nutzt den 5,7 km langen, erst 1994 eröffneten Byfjordtunnel ab **Randaberg** und in **Mosterøy** später den 4,3 km langen Mastrafjordtunnel (zusammen als „Rennfast" bekannt, 90 NOK Maut) nach **Rennesøy**, um dort von Mortavika aus (6 x täglich, 1 Std. Überfahrt, 72 NOK Pers./Pkw, 21 NOK/Pers.) nach **Skudeneshavn** überzusetzen.

Nach 1 Std. 20 Min. Fährüberfahrt ab Mekjarvik kommen Sie in der wahrscheinlich besterhaltenen Kleinstadt Norwegens an, in **Skudeneshavn**: Die weiß getünchten, spätklassizistischen Häuser der Altstadt stammen überwiegend aus dem 17. und 18. Jh. Galerien, das kleine Museum **Maelandgåden** mit einem Kaufmannsladen aus dem 19. Jh. und Cafés laden zum Verweilen ein.

Weiter führt die RV 47 an der Westküste entlang über den Fischerort **Sandve** mit einem schönen Badestrand und über den Hafen **Ferkingstad**, dessen Hafenbecken aus dem Fels gesprengt wurde. Über **Avaldnes** mit der sehenswerten Olavskirche aus dem 13. Jh. (hier lag Harald Schönhaars Residenz, mithin Norwegens erste Hauptstadt im 9. Jh.) geht es über die 650 m lange **Karmsundbrücke** nach Haugesund.

Haugesund

Nach einer fast 50 km langen Fahrt ist die wichtigste Stadt zwischen Stavanger und Bergen einen Halt wert. Hier gab es früher Heringsfang, heute ist der Ort mit seinen 30.000 Einwohnern geprägt von der Offshore-Industrie.

Über die Grenzen Norwegens hinaus hat Haugesund den Ruf der nordischen Filmstadt. Alljährlich im August wird hier der *Amanda-Preis*, eine Art skandinavischer „Oscar", verliehen. Das Städtchen lebt eine Woche lang vom Flair der großen, weiten Kinowelt.

Für Norwegen untypisch: Die Stadt verscheucht die Autofahrer nicht. Parken in Haugesund ist relativ unproblematisch, z. B. auf den riesigen Parkplätzen gegenüber dem Busbahnhof. Neben der Haraldsgate, der Fußgängerzone im schachbrettartig angelegten Ortszentrum, ist besonders ein Besuch von **Haraldshaugen**, 1,5 km nördlich der Stadt gelegen, empfehlenswert. Hier liegt *König Harald Schönhaar* seit dem Jahre 930 begraben.

Information/Verbindungen/Adressen

• *Information* **Turistkontor**, am Smedasundkai 90 (2. Stock), ✆ 52725055, www.haugesund.net. Das Büro ist klein, aber ganzjährig Mo–Fr von 9–17 Uhr geöffnet.

• *Flugverbindungen* Vom Flughafen auf der Insel Karmøy (13 km südlich) starten Jets nach Oslo (5 x täglich), Fagernes (2 x täglich) und Bergen (2 x täglich). Auch (ausländische) Billigflieger nutzen den Airport.

• *Busverbindungen* Vom Busbahnhof Flotmyr (Cafeteria, Toiletten, Kiosk und Schließfächer) fahren drei Buslinien 4 x täglich via Telemark, Südküste und Hardangervidda nach Bergen (1,5 Std.) und Oslo (10 Std.). Außerdem Regionalbusse nach Sauda (3 x täglich, 2,5 Std.) und Skundenshavn (10 x täglich 1,5 Std.).

• *Fährverbindungen* Neben der Fähre Newcastle–Bergen, die 1 x täglich in Haugesund festmacht, legt das Küstenpassagierschiff (keine Autofähre) auf seiner Fahrt von Stavanger (1,5 Std.) nach Bergen (2,5 Std.) 8 x täglich direkt am Smedasundkai an.

• *Adressen* **Post** gegenüber der Kirche (Torgate 10, geöffnet von 8.15–17, Do bis 18 Uhr), **Banken** in der Haraldsgata, **Apotheke** in der Kirkegate, **Polizei** und **Fundbüro** in der Haraldsgata, **vinmonpolet** in der Kirkegate 212, zwei **Supermärkte** in der Haraldsgate, **Narvesen-Kiosk** (int. Presse) am Busbahnhof, **Wäscherei** in der Kvalamarka (Nähe Rathaus), **Taxi**, ✆ 52718181 .

Übernachten/Camping

• *Übernachten* **Best Western Hotel Neptun**, Haraldsgata 207, ✆ 52865900, www.bestwestern.com. Das fast sterile Betongebäude kann mit Gemütlichkeit kaum werben. Und mit den Preisen für 45 nüchterne Zimmer auch nicht. DZ 1.200 NOK, EZ 990 NOK.

Rica Maritim Hotel, Åsbygate 3, ✆ 52863000, www.rica.no. Schön ist der Sieben-Etagen-Bau kaum, aber die 220 eleganten Zimmer können sich sehen lassen. Auch ansonsten hat das Haus Vorteile: toller Blick, zentrale Lage, allerdings nicht wie früher noch günstige Preise: Der neue Besitzer hat kräftig renoviert und kräftig die Preise erhöht: DZ 1.610, EZ 1.990 NOK (Wochenendpreise: 950 bzw. 700 NOK).

Clarion Collection Hotel Amanda, ✆ 528 08200, www.choicehotels.no. Das vom Preis-Leistungs-Verhältnis empfehlenswerte Hotel am Smedasund 93 bietet 62 angenehme Zimmer und das Abendessen inklusive. DZ 1.525 NOK, EZ 1. 355 NOK.

Radisson SAS Hotel, Ystadveien 1, ✆ 56861000, www.radissonsas.com. Vorteil: Die Lage direkt am Karmsund mit weiter Aussicht, 3 km vom Zentrum entfernt. Nachteil: Die 110 Zimmer verstecken sich in einem dreistöckigen, Bungalow-ähnlichen Kastenbau, der keinen Schönheitspreis gewinnen kann. Aber Einrichtung und Service sind eines Hotelkonzerns würdig – das gilt auch für die Preise: DZ 1.650, EZ 1.250 NOK

• *Camping* **Haraldshaugen Camping**, ✆ 52728077, www.nafcamp.com. Am Haraldshaugen-Denkmal liegt dieser Drei-Sterne-Platz mit nur 40 Stellplätzen für Wohnwagen und 23 Hütten, die zwischen „primitiv" und „edel" und preislich zwischen 400 und 800 NOK pendeln.

GrindafjordFeriesenter, ✆ 52775740, www.grindfjord.no. Der ganzjährig geöffnete Vier-Sterne-Platz liegt 17 km östlich von Haugesund an der RV 515 und direkt am Fjordufer. Kanuverleih, Tennisplatz, Angel- und Reitgelegenheit sowie 16 perfekt ausgerüstete Hütten ab 500 NOK.

Essen & Trinken

Captain's Saloon, Skoldevegen 1. Das urige Steakhouse hinter dem Busbahnhof bietet reelle Fleischgerichte zu leicht überdurchschnittlichen Preisen.

China Garden, Haraldsgt. 70. Wie überall beim Chinesen schmeckt die Frühlingsrolle auch bei diesem Chinesen in der Hauptstraße.

Skipperstua, Strandgate 178. Das Fischrestaurant am Hafen bringt allzeit frischen, leckeren Fisch zu auch hier hohen Preisen auf den Tisch.

Dolly Simple's Pizza, Strandgt. 161. Die preiswerte Alternative gleich nebenan: Pizza und Pasta zu zivilen Preisen.

Sehenswertes

Rådhuset: Das pinkfarbene Rathaus ist ein Schmuckstück, denn als der Reeder Knut Knudsen das Haus für seine Heimatstadt 1931 bauen ließ, wurde an nichts gespart: Jeder Saal, jedes Büro ist eine kleine Kunstlandschaft, unzählige Bilder, Schnitzereien und Stuckaturen wurden von den besten Handwerkern des Landes gefertigt – ein wahrlich einmaliger Arbeitsplatz für Kommunalbeamte. Zusammen mit dem großen, ebenfalls kunstvollen Park steht das Rathauspalais seit 1949 unter Denkmalschutz.

Führungen Juni–August Mo, Mi, Fr 13 Uhr.

Karmsund Folkemuseum: In der alten Meierei im Stadtzentrum befindet sich das Haupthaus des Regionalmuseums, das über insgesamt zehn Außenstellen (darunter das ebenfalls sehenswerte **Dokken-Milieu-Museum** auf der dem Zentrum vorgelagerten Insel Hasseløy) verfügt. Im Haupthaus (Skårgate) gibt es große Landwirtschafts- und Schifffahrtsabteilungen zu sehen, aber auch Kramladen, Schusterwerkstatt und Klassenzimmer aus dem 19. Jh. Das kleine Freilichtmuseum Dokken widmet sich den Arbeits- und Wohnverhältnissen der Heringsfischer im 19. Jh.

Öffnungszeiten **Hauptmuseum**, Mo–Fr 10.30–14 Uhr. **Dokken**, Mo–Fr 12–17, So 12–17 Uhr. Eintritt jeweils 40 NOK.

Haraldshaugen: 1,5 km nördlich des Zentrums liegt eines der wichtigsten und größten norwegischen Nationaldenkmäler. Auf dem „Haraldshügel" ist *Harald Schönhaar* seit 930 begraben; die 29 Obelisken um den Zentralblock stehen für die 29 Stämme, die Harald einst einte, um das erste Königreich Norwegen zu schaffen, zu dessen Herrscher er sich ausrief. 1872 wurde die bombastische Gedenkstätte anlässlich der 1.000-Jahr-Feier errichtet und ist seitdem Wallfahrtsort aller nationalbewusster Nordländer.

75 m entfernt der Kreuzhügel **Krosshaugen**. Das Steinkreuz auf dem einstigen Thingplatz stammt wahrscheinlich aus dem Jahr 998 und symbolisiert die Taufe heidnischer Bauern; womöglich wurden hier auch Gottesdienste abgehalten.

▸ **Weiterfahrt**: Haugesund wird über die E 134 verlassen. Über **Grinde** mit einem der schönsten Steinsetinger Norwegens (sieben Bautasteine, das sind Gedenksteine ohne Inschriften) geht es 39 km weit zur Fähre nach **Nedstrand** und von dort aus auf einer erlebenswerten, dreistündigen Schiffsfahrt zurück nach Stavanger.

Der Lysefjord: ein Fjord zum Bootfahren

Der Boknafjord

Der Fjord mit seinen größeren Seitenarmen Lyse-, Josen-, Vinda-, Hyls-, Sauda- und Åkrafjord mündet zwischen Stavanger und der Insel Karmøy in einem Delta. Von einem Highlight abgesehen, gehört der Boknafjord nicht zu den typischsten Fjordlandschaften.

Die Attraktion im Boknafjord heißt **Preikestolen** am Lysefjord. Der 600 m hohe und steile „Predigtstuhl" ist per Bus oder Auto mit einer kleinen Wanderung oder von der Wasserseite her per Fähre und Sightseeingschiff zu bewundern. Selbst ein Ritt auf den Preikestolen ist im Programm. Ein Muss für jeden Norwegenurlaub (vgl. auch „Stavanger/Ausflüge in die Umgebung", S. 224; dort auch Anfahrt).

Lysefjord

Auch der 42 km lange, von 900 m hohen Felswänden eingerahmt Lysefjord selbst ist einen Besuch wert – unverbrauchte Natur, einsame Höhen, unzugängliche Ufer, winzige Fischerboote und waghalsige Möwen, sonst nichts.

Die steilen Ufer des Fjords, der sich 42 km tief ins Rogaland schneidet, lassen weder für Ortschaften noch für Straßen Platz; mit **Forsand** und **Oanes** am Fjordeingang sowie **Lysebotn** an seinem Ende gibt es nur drei klitzekleine Häuseransammlungen. Touristen, die nicht eigens wegen der Besucherattraktion Preikestolen anreisen, halten sich daher in der Regel nicht lange in dieser Gegend auf und rauschen anderen Ferienzielen entgegen (die Weiterfahrt wird durch die 1998 eröffnete, 640 m lange **Lysefjordbrua**, die den Fjord nördlich von Forsand überspannt, neuerdings erleichtert). Dabei hat der Fjord auch neben Preikestolen Interessantes zu bieten:

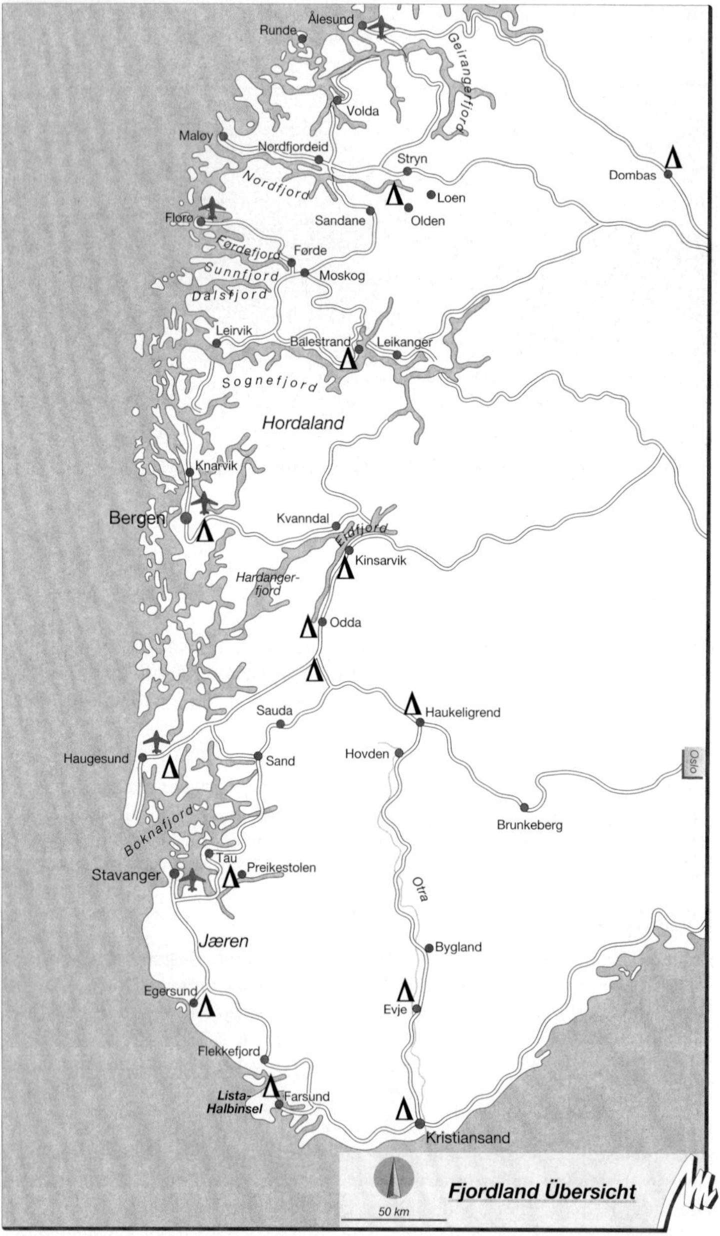
Ålesund
Runde
Geirangerfjord
Volda
Maløy
Nordfjordeid
Stryn
Dombas
Nordfjord
Loen
Olden
Sandane
Florø
Førdefjord
Førde
Sunnfjord
Moskog
Dalsfjord
Leirvik
Balestrand
Leikanger
Sognefjord
Hordaland
Knarvik
Bergen
Kvanndal
Eidfjord
Kinsarvik
Hardanger-
fjord
Odda
Sauda
Haukeligrend
Haugesund
Sand
Hovden
Oslo
Brunkeberg
Boknafjord
Tau
Preikestolen
Stavanger
Otra
Jæren
Bygland
Egersund
Evje
Flekkefjord
Lista-
Halbinsel
Farsund
Kristiansand
50 km
Fjordland Übersicht

Lysefjord: ein Fjord wie aus dem Bilderbuch

Da ist z. B. **Landa**, das erste in Norwegen freigelegte vorgeschichtliches Dorf bei Forsand. Überreste von 250 Häusern, erbaut zwischen 1500 vor und 600 nach Chr., werden in mühevoller Kleinarbeit seit 1990 restauriert und sind teilweise bereits zu besichtigen. Der Besuch ist nicht nur für geschichtsinteressierte Erwachsene lohnenswert; auch Kinder finden ihre Freude an Tiergehegen oder szenisch dargestellten Wikingermärchen.

Ebenfalls einen Stopp wert ist das jüngste Fjord-Info-Center bei **Oanes** auf dem Forsand gegenüberliegenden Ufer. **Lysefjordsenteret** ist ein ultramoderner Betonbau auf der Landzunge zwischen Ort und Fjord mit Videoshow, unvermeidlichem Souvenirshop und überteuertem Restaurant.

Zu erwähnen ist schließlich noch die Tour mit der Autofähre (Autostellplätze vorab reservieren lassen) nach Lysebotn am Fjordende. Man kann sie entweder mit der Weiterfahrt auf der atemberaubenden Serpentinenstraße **Lysefjordveien** (27 Haarnadelkurven auf 4 km) ins Sirdal bzw. ins Setesdal kombinieren oder mit der Besteigung der **Kjerag-Felsen** am Fjordende, die für viele noch weit spektakulärer sind als Preikestolen. Aber auch die ruhige, teure Sightseeing-Schifffahrt ist möglich.

• *Öffnungszeiten* **Landa**, April–September täglich 12–16 Uhr. Eintritt 60 NOK, Kinder 30 NOK. Eingang hinter dem Kulturhaus von Forsand.

Lysefjordsenteret, Juni–August 10–20 Uhr, September–Oktober 11–18 Uhr, November–Dezember 11–16 Uhr. Eintritt 60 NOK, Kinder 30 NOK. In dem Center ist auch das kleine **Touristen-Büro** untergebracht, ✆ 51703123, www.lysefjordeninfo.no, geöffnet in den Sommermonaten täglich 11–18 Uhr.

• *Anfahrt* Von Stavanger aus über die E 39 südwärts und über die RV 13 ostwärts nach Lauvik, dort die Fähre nach Oanes nehmen (alle 10 Min., 20 Min. Überfahrt, 60 NOK Pkw/Fahrer, 19 NOK/Person). Ab Oanes über die neue Brücke nach Forsand.

• *Lysefjord-Schiff* per Sightseeing-Schiff ab Stavanger täglich 10 und 11 Uhr bis Preikestolen (290 NOK/Person). Mit der Fähre ab Stavanger Mo 16, Di 10, Fr 16, Sa 10 und So 12 Uhr via Lauvik und Forsand nach

Lysebotn (Fahrtdauer ca. 4 Std.; Pkw/ Fahrer 250 NOK, 98 NOK/Person).

• *Übernachten* **Lysefjord Hyttegrend**, Oanes, ✆ 51700750, www.lysefjord-hyttegrend.no. Acht Hütten mit bis zu sechs Schlafzimmern, Küche, Bad/WC ab 400 NOK. **Lysebotn Camping**, ✆ 51703123, www.lysebotn-turistcamp.no. Neue Hütten und Wohnungen in einem Holzhaus mit 24 Schlafplätzen bietet der Platz zusätzlich an.

Weltbestes Reiseziel: Norwegens Fjorde

Das auflagenstärkste Reisemagazin der Welt, das in den USA erscheinende „National Geographic Traveler", hat in seiner Ausgabe vom März 2004 die Fjorde Norwegens zum weltbesten Reiseziel gekürt. 200 Reise-Experten hatten rund um die Welt 115 Reiseziele nach Kriterien wie „nachhaltiger Tourismus", „Infrastruktur", „Umweltqualität" und „Tourismus Management" untersucht.

Jæren-Ebene

Touristisch nicht sonderlich ergiebig, als Landwirtschaftsgebiet aber ist Jæren eine Seltenheit in Norwegen.

Die 70 km lange und 15 km breite Ebene wird im Süden von Stavanger und im Osten vom Lysefjord begrenzt. Der Küstensaum (altnorweg.: *jadar* = Kante) gilt als Kornkammer des Fjordlandes, in dem auch Vieh gezüchtet und Gemüse angebaut wird.

In einem Land, das nur zu 3 % landwirtschaftlich nutzbar ist, kommt dem vom Klima begünstigten (kein Monat mit einer Mitteltemperatur unter null Grad), aber untypisch flachen Jæren eine erwähnenswerte Sonderstellung zu. Kein Hügel ist über 100 m hoch. Sie erkennen Jæren bei der Durchfahrt sogleich an den kniehohen Steinwällen. Es handelt sich dabei um Parzellengrenzen, die bei der großen Flurbereinigung um die vorvorige Jahrhundertwende entstanden sind. Alles das kann Ihnen Peer Sviengaärtela im Grødaland-Bygdemuseum nahe **Varhaug** erzählen – der Grundschullehrer betreut das kleine Museum seines Heimatdorfes (geöffnet Mitte Juni bis Mitte Sept. tägl. 12–17 Uhr, im letzten Monat nur So, Eintritt 10 NOK).

Und noch eine Besonderheit hat Jæren zu bieten: **Orrestranden**. Knapp 10 km südwestlich von Bryne, einem unscheinbaren Küstenort an der RV 507, erstreckt sich der für viele schönste Strand Norwegens. Selbst wenn es zum Baden zu kalt sein sollte, lohnen kilometerlange Strandspaziergänge oder das Sonnenbad zwischen den Dünen. Man fühlt sich auch ohne die wärmende Sonne wie an südlichen Gestaden.

Hylsfjord

Auch den nur 15 km langen Hylsfjord erreicht man am ehesten von Stavanger aus, am besten per Fähre (es sei denn, man kommt von Norden, von Telemark, über die RV 13, die sehr eng, abenteuerlich und für Wohnwagengespanne gesperrt ist). Man nimmt die Autofähre nach **Tau** (vgl. „Stavanger/Verbindungen", S. 213) und fährt weiter per Bus oder Auto über die RV 13 via **Hjelmeland** und **Nesvik**-Fähre über den **Josenfjord** (25 x pro Tag, 15 Min., 47 NOK für Pkw/Fahrer, 18 NOK/Person) in den kleinen Ort Sand.

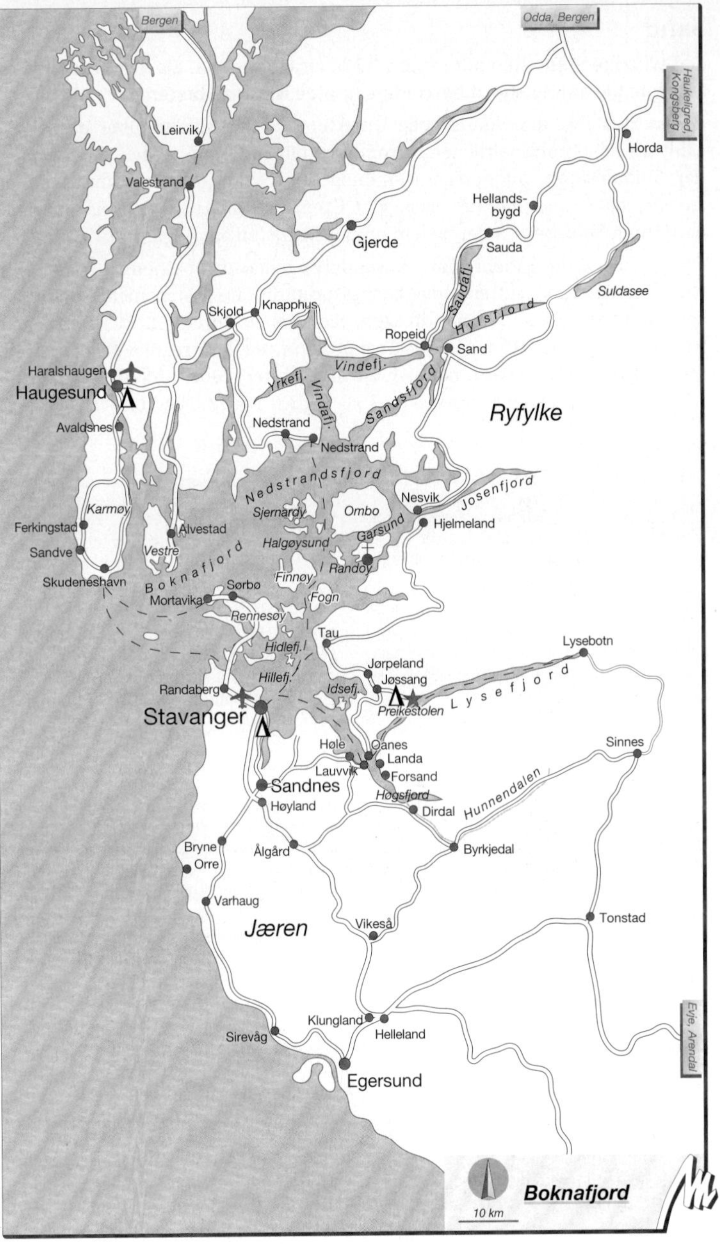

Bergen
Odda, Bergen
Haukeligred, Kongsberg
Leirvik
Valestrand
Horda
Hellands-
bygd
Gjerde
Sauda
Saudafj.
Suldasee
Skjold
Knapphus
Hylsfjord
Ropeid
Sand
Haralshaugen
Haugesund
Vindefj.
Yrkefj.
Vindafj.
Sandsfjord
Ryfylke
Avaldsnes
Nedstrand
Nedstrand
Nedstrandsfjord
Karmøy
Sjernarøy
Ombo
Nesvik
Josenfjord
Ferkingstad
Alvestad
Garsund
Hjelmeland
Sandve
Vestre
Halgøysund
Boknafjord
Randøy
Skudeneshavn
Finnøy
Sørbø
Mortavika
Fogn
Rennesøy
Tau
Lysebotn
Hidlefj.
Jørpeland
Jøssang
Hillefj.
Randaberg
Idsefj.
Lysefjord
Stavanger
Preikestolen
Høle
Oanes
Sinnes
Landa
Lauvvik
Forsand
Sandnes
Høgsfjord
Hunnendalen
Høyland
Dirdal
Bryne
Ålgård
Byrkjedal
Orre
Varhaug
Tonstad
Jæren
Vikeså
Klungland
Helleland
Sirevåg
Egersund
Evje, Arendal
10 km
Boknafjord

Sand

Das winzige Städtchen mit seinen 1.200 Einwohner hat als Attraktion in erster Linie die am Hylsfjord besonders üppige Natur zu bieten.

Da ist zunächst die wundervolle Umgebung – die Anfahrt über die RV 13 zählt zu den landschaftlichen Besonderheiten in Südnorwegen. Berühmt ist der **Suldalslågen**, an dessen Mündung der Ort liegt: Der wahrscheinlich lachsreichste Fluss Südnorwegens gibt Exemplare bis zu 15 kg frei. Im 18 km entfernten **Suldasee** findet zudem immer Mitte Juli ein *Anglerfestival* statt.

Daraus haben die Sander etwas Besonderes gemacht: In einem weißen Holzhaus am Kai versteckt sich das **Lachsstudio** am ansonsten nicht sonderlich spektakulären Wasserfall **Sandfossen**. Sie können durch Guckfenster sehen, wie die Lachse den Wasserfall als Treppe benutzen. Nur regnen darf es bei Ihrem Besuch nicht – dann nämlich ist das Wasser trübe, und Sie können die Lachse nicht springen sehen (15.6.–15.8. täglich 10–18 Uhr, 16.8.–15.9. 12–16 Uhr; Eintritt 30 NOK).

Information/Verbindungen/Adressen

• *Information* **Suldal Turistkontor**, ✆ 52790560, www.suldal.net. An der RV 13 kurz vor Sand. 15.6.–15.8. täglich 10–19 Uhr, sonst Mo–Fr 8–15.30 Uhr.

• *Busverbindungen* 6 x täglich nach Sauda (mit Anschluss zum Hardangenfjord und sogar Oslo, 11,5 Std.) und 6 x täglich nach Nesvik (mit Anschluss nach Stavanger). Die Busse starten im Fährhafen.

• *Fährverbindungen* Die kleine Fähre Sand–Ropeid (wichtig zur Weiterfahrt nach Sauda) überquert 27 x täglich den Sandsfjord (Überfahrt 10 Min., 45 NOK Pkw/Fahrer, 17 NOK/Person).

• *Adressen* **Bank**, **Post**, **Kro**, **Supermarkt** – alles in der Gata, der Hauptstraße hinter dem Hafen. Ein weiterer Supermarkt neben dem Turistkontor, **Tankstelle** in Bergekrossen vor der Stadt.

Übernachten/Camping

• *Übernachten* **Gullingen Turistsenter**, Mosvatnet, ✆ 52799901, www.gullingen.no. Die am Mossvatnet (17 km südöstlich) gelegene einstige Jugendherberge wird nur noch als Berghotel betrieben und ist deswegen auch etwas teurer als ehedem. Geblieben aber sind Zeltplatz, Gemeinschaftsküche, 10 Hütten, Restaurant mit HP und schicke Appartements. Und das zu immer noch annehmbaren Preisen: DZ 870 NOK, EZ 750 NOK.

Lakseslottet Lindum, Suldalsosen, ✆ 52799161, www.lakseslottet. no. Im ehemaligen Gutshof „Lachsschloss" 12 km östlich von Sand werden 22 gemütliche Zimmer (Du/WC) sowie 17 Hütten, zum Teil sehr komfortabel ausgestattet, und 25 Campingstellplätze in wunderschöner Lage angeboten. DZ 1.050 NOK, EZ ab 550, Hütten 450–700 NOK.

Ryfyklerosa, Vasshus, ✆ 52799812. Ferien auf dem Bauernhof nahe Gullingen. Man kann nicht nur ruhig wohnen (sechs Betten, WC, Bad, Waschmaschine, Küche im Ferienhaus), man kann im nahen Fluss angeln, der Hofbesitzerin Anne Galland bei ihrer Rosenmalerei zuschauen und die Endprodukte kaufen. Zudem gibt es eine einsame, einfache Almhütte ohne Wasser und Strom, die man auch mieten kann. Ferienhaus 2.500 NOK/Woche.

OSA-Bu, ✆/℻ 52799260. Die Familienpension der Familie Fisketøn ist etwas für Naturliebhaber, denn sie liegt direkt am Suldalsvatnet (26 km von Sand in Suldasosen). Der Jensa-Hof ist in eine Bed-&-Breakfast-Pension mit drei großen Hütten umgewandelt worden. DZ 650 NOK, Hütte ab 450 NOK.

Ryfykle Fjordhotel, ✆ 52792700, www.ryfylketuristhotel.no. Von draußen postmodern-schick, von innen edel-geschmackvoll präsentiert sich das neue 48-Zimmer-Hotel direkt am Fjord. Das behindertengerechte Haus verfügt über ein gutes Restaurant, eine kleine Bar und ein allabendliches Tanzvergnügen. DZ 1.270 NOK, EZ 1.070 NOK.

• *Camping* **Ølmedal Camping**, ✆ 514 38242. Der schöne Waldplatz im Vikedal, 17 Kilometer nordwestlich von Sand an der RV 46 und nur über die Fähre Sand–Ropeid zu erreichen, bietet jeden Service in ausreichender Qualität (Tankstelle, Spielplatz, Bootsverleih, Kiosk und Cafeteria) sowie sechs Drei-Sterne-Hütten (ab 450 NOK).

▶ **Weiterfahrt**: Die sehr schöne Tour durch **Ryfylke**, wie die Landschaft zwischen Setesdal und Boknafjord heißt, kann entweder mit einer imposanten Fjordfahrt durch das Inselgewirr des Boknafjords zurück nach Stavanger beendet werden oder es geht per Auto weiter nach Norden.

Hier hat man wieder zwei Möglichkeiten: über die atemberaubende RV 13 am **Suldasee** vorbei oder per Fähre **Sand–Ropeid** (27x täglich, 10 Min., 45 NOK Pkw/Fahrer, 17 NOK/Pers.) über die RV 520 und am **Saudafjord** entlang nach **Sauda**. Dann geht es herrlich, aber halsbrecherisch weiter via **Hellandsbygd** (gesperrt für Gespanne – denen bleibt nur die Weiterfahrt über die E134).

Sauda

Eine Gemeinde mit zwei Gesichtern: hier das schmucke Städtchen zwischen grünen Hängen, da die Zinkgrube nebst Verhüttungswerk zwischen hässlichen Schloten.

Eigentlich nur als Zwischenstopp zum Einkaufen oder zur Übernachtung vor der Weiterfahrt zum Hardangerfjord eignet sich der Ort am Ende des gleichnamigen Fjords (26 km hinter der Fährstation Ropeid). Selbst ein Skifestival im Februar oder das Kulturfest im Juli machen aus Sauda keine touristische Attraktion. Mit den Unterkünften sieht es da schon anders aus.

• *Information* **Tourist-Information Sauda**, ✆ 52784200, www.saudaferie.no. Ganzjährig und werktäglich geöffnet: im Sommer 10–18 Uhr, in der übrigen Jahreszeit 8–15.30 Uhr.

• *Busverbindungen* 6 tägliche Busse der Suldag Billlag verbinden mit Haugesund und erledigen den bescheidenen Ortsverkehr. Zudem Überlandbusse nach Ropeid (mit Anschluss nach Stavanger) und via Røldal zur Hardangervidda und nach Oslo (knapp 11 Std.). Haltestelle: Kyrkegata.

• *Adressen* Apotheke, Rimi-Supermarkt, Fotogeschäft, Bank, Zeitungen – alles in der Rådhusgata.

• *Übernachten* **Kløver Hotel**, Skulegate 1, ✆ 52786999, ℻ 52783744. Die kürzlich renovierte Pension im Zentrum mit 14 Zimmern (Du/WC, Telefon und TV) ist für nur eine Nacht das Preiswerteste weit und breit. DZ 790 NOK, EZ 690 NOK.

Oysteinbu Bed. & Breakfast, Hellandsbygd, ✆ 52780634. Der Name für die kleinen Blockhaus-Hütten (16 km nördlich von Sand an der RV 520) ist irreführend, denn die komfortablen Acht-Personen-Hütten sind auch hier auf Selbstversorger ausgerichtet. Ab 2.000 NOK/Woche.

Sauda Turistsenter, Saudasjøen, ✆ 527 85900, ℻ 52785901. Am Fjordufer südwestlich von Sauda liegt diese mit allen Schikanen versehene Anlage: Tankstelle, Kiosk, Spielplatz und Badeanlage sowie vorbildliche sanitäre Anlagen, 24 Vier-Sterne-Hütten (ab 450 NOK), Platz für 50 Zelte, eine Gemeinschaftsküche und 70 Stellplätze für Wohnwagen.

Sauda Fjord Hotel, Saudasjøen, ✆ 527 81211, ℻ 52781558. Eines der schönsten Hotels Norwegens liegt südwestlich vom Stadtkern am Fjord. Das 1914 gebaute weiße Prachthaus zählt zu den „Romantischen Hotels“ des Landes und bietet neben exquisitem Komfort, einer guten Küche und einer Bar mit allen Schankrechten vor allem eine fantastische Aussicht auf Fjord, Berge und Wasserfälle. DZ 1.200 NOK, EZ 1.050 NOK

Der berühmteste Zwillings-Wasserfall: Låtefossen

Hardangerfjord

Nicht der Wasserlauf, sondern die Landschaft ringsumher macht den 179 km langen Hardangerfjord zum Erlebnis: Nicht schroff, lieblich fast geben sich Obstgärten, Almen, kleine Dörfer und mancher Touristenort an dem für einen Fjord ungewöhnlich breiten Ufer.

Ab Ende Mai strömt zur Kirschblüte ein wahrer Pilgerzug nach Hardanger, ganze Busladungen werden aus den Großstädten herangekarrt. Das Naturereignis, das alljährlich Obstbäume (neben Kirschen auch Äpfel, Pflaumen und Birnen) in einem Landstrich auf der Höhe Südgrönlands erblühen lässt, versetzt selbst Botaniker immer wieder in Staunen.

Dank des Golfstroms und der Sonnenlagen an den Osthängen gärtnerten bereits Mönche, die aus dem Utstein-Kloster bei Stavanger kamen, im Mittelalter am Sørfjord, dem Südarm des Hardangerfjords. Heute vermarkten Genossenschaften die reiche Ernte, von der mehr als ein Drittel aller Einwohner des Hordalandes lebt. Die anderen leben vom Tourismus, aber auch in den Schmelzhütten von Odda, den Kraftwerken bei Eidfjord und dem Aluminiumwerk im Årdal wird Geld verdient.

Das Hardangerland ist so etwas wie die Keimzelle des Tourismus in Norwegen. Schon um 1900 wurden jährlich 80 Hotelschiffe gezählt, und Odda soll 1905 gar 15.000 Sommergäste, allen voran den deutschen Kaiser Wilhelm, bewirtet haben. Heute blüht der Fremdenverkehr mehr denn je – nicht nur zur Kirschblüte.

Sørfjord

An den südlichen Arm des Fjordsystems stößt man zuerst, egal ob man von Süden aus dem Setesdal, von Westen aus Stavanger oder von Osten aus der Hardangervidda auf den Fjord trifft.

Der schmale Sørfjord wird beherrscht vom **Folgefonn-Gletscher.** Deshalb weist der Fjord auch zwei landschaftlich gänzlich verschiedene Seiten auf: das schmale Westufer unter dem Gletscher, das kaum Platz für Besiedlungen, Felder und Straßen lässt, und das sonnige Ostufer voller Obstgärten, nach etlichen Erdrutschen in den 90er Jahren verkehrssicher mit vier zusätzlichen Straßentunnels versehen. Nur wer es ganz eilig hat nach Bergen zu kommen, nutzt den neuen 11 km langen Folgefonn-Tunnel, der unter dem Gletscher hindurch nach Rosendal (s. S. 252) führt. 60 NOK Pkw-Maut werden dafür fällig

Ganz am Südende, noch bevor man sich entscheiden muss, welche Fjordseite man zur Weiterfahrt wählt, liegt am Ende der RV 13 der größte Ort des Hardangergebietes.

Odda

Aus dem Ort, an dem um die vorvorige Jahrhundertwende der Adel seine Sommerfrische verbrachte, wurde vor 40 Jahren ein Schlachtfeld für Umweltschützer und Industriebefürworter.

Die einen wollten den betulichen Ort mit heute 7.000 Einwohnern beschaulich erhalten, andere die Wasserkraft des nahen **Tyssefossen** zur Industrieansiedlung nutzen. Das Ergebnis sieht heute so aus: Odda ist mit den nördlichen Randgemeinden **Tyssedal** und **Eitrheimsnes** zu einen Kombinat zur Verarbeitung von Karbid, Kadmium, Schwefelsäure und Zink zusammengewachsen. Der Wasserfall ist seitdem des Anschauens nicht mehr wert. Noch in den 80er Jahren geriet die Gesellschaft *Nordzink* in die Schlagzeilen, als Säure und Schwermetalle im Fjordwasser gefunden wurden.

Der antike Holzbau des einst größten Hotels in Westnorwegen wurde trotz heftiger Proteste 1976 abgerissen, um Platz für neue Konzernbauten zu schaffen. Odda ist wirklich kein Touristenort, eher ein Industriestädtchen mit Glas und Beton, voller Schlote und hässlicher Schlacken.

Nur zwei landschaftliche Attraktionen in der näheren Umgebung sprechen gegen eine rasche Weiterfahrt. Da ist zum einen der Gletscher **Folgefonn** (30 x 16 km), jüngster Nationalpark des Landes – so weit südlich finden Sie sonst keinen Gletscher in Norwegen. Von **Buar** (7 km südlich von Odda) führt ein recht anspruchsvoller Wanderpfad zum **Buarbreen**, einer Gletscherzunge des Folgefonns. Hier sollten Sie sich spätestens einer geführten Tour anschließen (Information über das Turistkontor Odda), denn Gletscherwanderungen haben es in sich.

Weit weniger aufwendig ist ein Besuch am **Låtefossen**: Der 165 m hohe Doppelwasserfall stürzt 15 km südlich von Odda unmittelbar neben der RV 13 zu Tal. Tipp für Fotografen: In den Sommermonaten haben Sie zwischen 11 und 13 Uhr das beste Licht, ab Herbst eher am frühen Nachmittag.

Infos/Verbindungen/Adressen

• *Informationen* Der **Turistkontor Odda**, ✆ 53654005, www.visitodda.com, liegt am Marktplatz und ist von Juni bis August Mo–Fr von 9–20 Uhr geöffnet, Sa 10–17 Uhr, So 11–18 Uhr. In der übrigen Zeit Mo–Fr 7.30–15 Uhr. Privatzimmer auch in Bauernhöfen werden vermittelt, vor allem aber sind jede Menge von Urlaubsaktivitäten im Angebot: Die **Folgefonn-Führungen** werden hier organisiert, und es gibt sogar zweitägige Sommer-Wochenend-Wanderungen zu 600 NOK (Übernachtung 150 NOK zusätzlich). Zudem gibt es **Angelkarten** während der Saison von Juni bis September, und an Sommerwochenenden **Reittouren** in die Umgebung. Zwischen Mai und September überdies **Rundflüge** über Folgefonn-Gletscher und Fjord (25 Min., 900 NOK pro Person). Das Touristenbüro ist zuständig für den gesamten Hardangerfjord – in den übrigen Orten am Fjord finden sich nur selten Info-Stellen.

• *Busverbindungen* 2 x pro Tag fährt der Überlandbus Oslo–Bergen durch Odda (nach Bergen 17.10 und 5.10 Uhr; nach Oslo 11.15 und 23.15 Uhr) und hält in allen wichtigen Orten längs der Strecke: Voss, Utne, Norheimsund in Richtung Bergen; Hardangervidda und Setesdal, Südküste und Drammen in Richtung Oslo.

• *Fährverbindungen* Das ganze Jahr über fährt 2 x täglich *Kystruter* über Kinsarvik, Utne nach Norheimsund. Drei Stunden dauert die reizvolle Fahrt und kostet 290 NOK/Person. Das Passagierschiff nimmt zwar Fahrräder, aber keine Autos mit.

• *Adressen/Telefonnummern* Zwei **Banken** gibt es im Zentrum, die **Post** gleich nebenan, allein 12 **Tankstellen** im weiteren Stadtbereich.

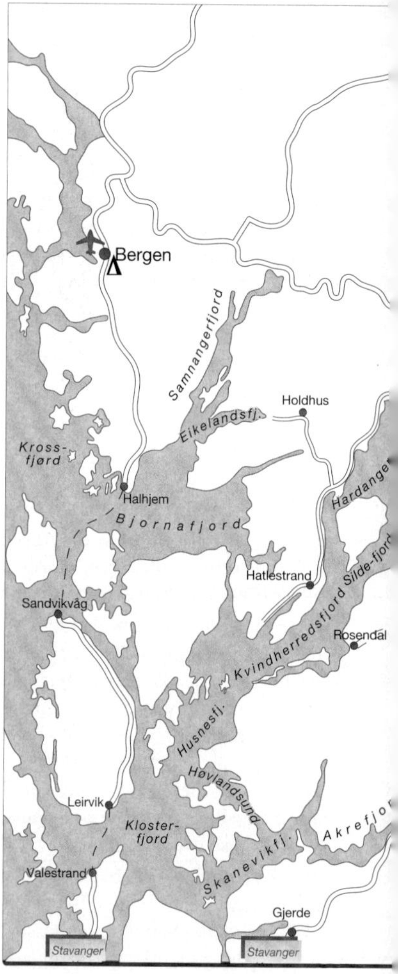

Übernachten/Essen & Trinken/Einkaufen

• *Übernachten* **Hardanger Hotel**, Eitrheimsvegen 13, ✆ 53536464, www.hardangerhotel.no. Das über den Jahreswechsel geschlossene 60-Zimmer-Hotel im Zentrum von Odda ist eher für Geschäftsreisende als für Urlauber gedacht. Dennoch kann man hier ein, zwei Nächte angenehm übernachten. EZ ab 895 NOK, DZ ab 1.050 NOK (Suite 1.450).

• *Camping* **Hildal Camping**, ✆ 53645036. 6 km südlich von Odda links der RV 13 gelegen, ist nicht sehr empfehlenswert. Die beiden folgenden sind wesentlich attraktiver:

Odda Camping, ✆ 5341321610, www.oppleve.no. Der Drei-Sterne-Platz am Ortseingang ist klein (nur 13 Stellplätze für Wohnwagen, keine Hütten), bietet aber jeden Service. Vor allem die Sanitäranlagen sind in Ordnung.

Eikhamrane Camping, ✆ 53662248. Der 14 km vom Zentrum von Odda entfernte Waldplatz entlang der RV 550 am Westufer des

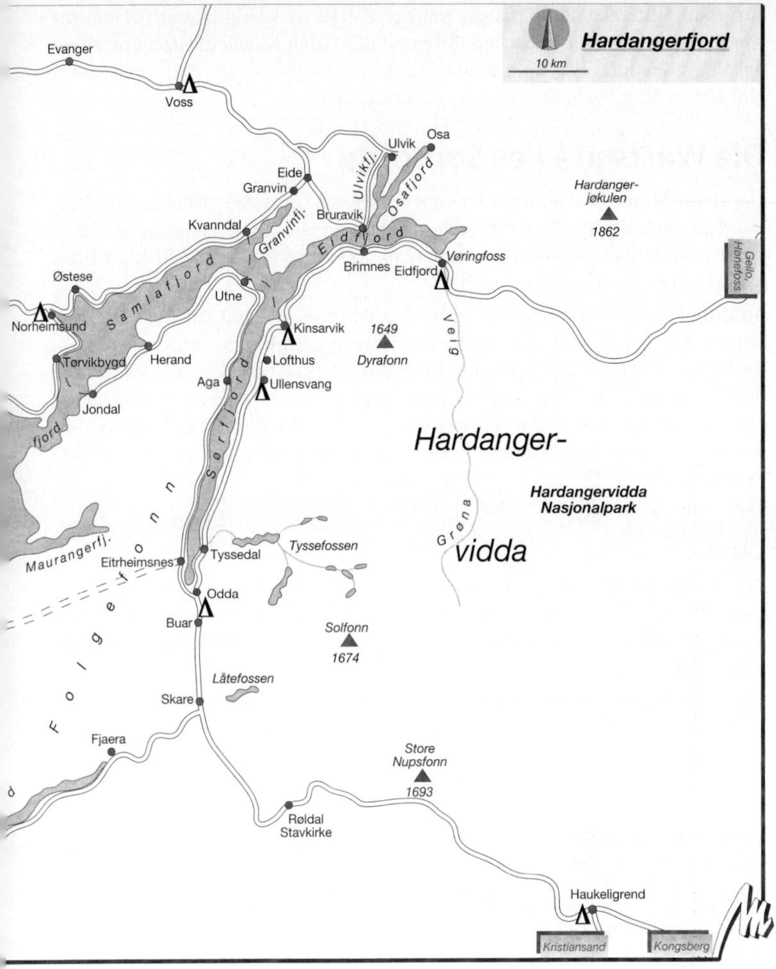

Sørfjords ist kaum größer und dem Odda-Camping vergleichbar, bietet aber 5 einfache Hütten (ab 450 NOK) an.

• *Essen* Frühstücken kann man sehr gut in **Det lille Bakeri** und **Vea's Konditori**. **Merkur Pub** und **Sentrum Grill** eignen sich hervorragend für einen kleinen Imbiss zwischendurch. Will man jedoch richtig zu Mittag oder zu Abend essen, sollte man schon ins **Kremarhuset** und **Hjørna** gehen. Alle Lokale finden Sie direkt im Zentrum.

• *Einkaufen* **Glasmagasin** führt Souvenirs, ausländische Zeitungen gibt es im **Turistkontor** oder bei **Topp Musikk** im Zentrum.

▸ **Weiterfahrt**: Wenn Sie sich nicht auf die rasche Fahrt nach Bergen durch den Folgefonn-Tunnel machen, müssen Sie schon jetzt, am Südende des Fjords, entscheiden, auf welcher Fjordseite Sie weiterfahren. Die Westseite mit der RV 550 ist die ruhigere, unwesentlich längere (45 km bis Utne), aber schlechter ausgebaute Strecke. Die Ostseite mit der RV 13 ist wenig kürzer (41 km bis Kinsarvik), wegen der hübschen Orte und der vielen Möglichkeiten und Wandern aber die interessantere Route. Die Kvanndal-Fähre zur Weiterfahrt nach Norden ist über beide Routen sehr gut erreichbar.

Die Westseite des Sørfjords

Die kleine Straße (RV 550) am Fuß des Folgefonn-Gletschers ist abenteuerlich. Bei **Aga** nach der Hälfte der Strecke kann es Ihnen passieren, dass die Fahrbahn vom Schmelzwasser des Gletschers überflutet ist und deshalb auch im Frühsommer noch gesperrt bleibt.

Agatunet: Das ist kein nachgebautes Freilichtmuseum, auf das man kurz vor Utne trifft und wie man es sonst in Norwegen gewohnt ist, sondern ein naturbelassenes Haufendorf aus dem Mittelalter. Die fast 40 Gebäude stehen unter Denkmalschutz und werden weiter genutzt – die Bäckerei bietet jeden Freitag traditionelles Backwerk, das Gerichtshaus aus dem Jahr1250 kann besichtigt werden, aber natürlich fehlen Trachtenausstellung, Café und Souvenirshop nicht.

Öffnungszeiten 15.5.–15.9. 10–12 und 14–16 Uhr. Eintritt 50 NOK.

Utne

Der Ort an der Nordspitze der Halbinsel Folgefonn ist landesweit wegen des Utne Hotels bekannt. Tatsächlich ist die 250 Jahre alte Herberge mit ihren knarrenden Bohlen, staubigen Gobelins und einem gewaltigen Kamin ihren Preis wert.

1722 aus Reparationszahlungen des Nordischen Krieges finanziert, war das Hotel schon im 19. Jh. „das beste im Lande“. Das ist vor allem *Torbjørg Utne* zu verdanken, deren Familie das weiße, bis heute unveränderte Holzhaus 1787 übernahm. Die Familie machte um die vorige Jahrhundertwende mit für damalige Zeiten ungewöhnlichem PR-Talent das Hotel zum Renner in der Region, heute hat eine Stiftung das Hotel übernommen.

• *Busverbindungen* Der Haukeliekspress hält 2 x täglich in Utne und verbindet den Ort mit nahezu allen Ortschaften zwischen Bergen (3 Std., 140 NOK) und Oslo (8,5 Std., 350 NOK).

• *Fährverbindungen* Die Fähre Utne–Kvanndal (Weiterfahrt nach Bergen oder Voss) verkehrt 26 x täglich, die Fahrt dauert 30 Minuten und kostet 63 NOK pro Pkw plus Fahrer, 24 NOK für den Beifahrer und 38 NOK pro Fahrrad und Begleitperson. Fast die Hälfte der Boote verbindet mit Kinsarvik auf der Ostseite des Sørfjords: 95 NOK für Pkw plus Fahrer, 32 NOK für Begleitpersonen und 43 NOK für Fahrrad plus Radler.

• *Übernachten* **Utne Hotel**, ✆ 53666400, www.utnehotel.no. Außer dem romantisch-antiquierten Touch hat das 20-Zimmer-Hotel, das über Ostern und Weihnachten geschlossen bleibt, ein Restaurant, Halbpension und neben einer herrlichen Aussicht natürlich die erlebenswerte Umgebung zu bieten. EZ 1.010 NOK, DZ 1.450 NOK (mit Frühstück). Verbilligung mit Fjord-Pass; über die Übernachtungspreise kann man verhandeln.

Hardanger Gjestegård, ✆ 53666710, 📠 53666666. Noch ein Tipp zum außergewöhnlichen Wohnen: In einer restaurierten Cidre-Fabrik am Rande von Utne, als „Cideriet“ bekannt, gibt es fünf edel ausgestattete Appartements zu mieten, die Ruderboote im gleichfalls renovierten Bootsschuppen sind für die Übernachtungsgäste gratis. Die kulturhistorische Besonderheit hat natürlich ihren Preis: Für die Wohnungen zahlt man 670–950 NOK pro Tag bei zwei Personen.

Das **Hardanger Folkemuseum** in Utne, seit 1911 an dieser Stelle und mit Außenstellen in **Bu** und **Skredhaugen**, verkürzt auf angenehme Weise die Wartezeit auf die Fähre: 11 altertümliche Bauernhäuser, die ältesten aus dem 18. Jh., Bootshäuser mit einheimischen Schiffstypen, Skulpturen örtlicher Künstler, Volkstrachten, Schnitzereien und Musikinstrumente, vor allem aber ein üppiger Obstgarten mit Sorten, die früher am Hardangerfjord angebaut wurden, die es heute aber längst nicht mehr gibt, sowie eine moderne Galerie für wechselnde Ausstellungen.

Öffnungszeiten Mai 10–16, Juli/August 10–17 Uhr; sonst Mo–Fr 10–15 Uhr. Eintritt 40 NOK, Kinder gratis.

Die Ostseite des Sørfjords

Die einstmals attraktive Strecke hat seit 2002 viel von ihrer Ansehnlichkeit verloren, denn verheerende Steinschläge beschädigten damals die Straße. Die Folge war, dass nun miefige Tunneldurchfahrten die schöne Aussicht versperren.

Im Frühsommer sind die westlichen Hänge noch voller Schnee, die östlichen schon erblüht, dazwischen erstrecken sich sattgrüne Wiesen mit weißen Häusern und natürlich der ruhige Fjord. Und später, im Hochsommer, finden sich längs der Straße viele Obststände, die alle Früchte der Saison feilbieten: Kirschen, alle möglichen Beeren und fast immer Äpfel.

Ullensvang

Der alte Kirchplatz mit einer Steinkirche aus dem 13. Jh. hat heute 800 Einwohner. Das Örtchen gilt als das Zentrum des Obstanbaus am Hardangerfjord.

Jeder Quadratzentimeter eines jeden Hanges ist mit Obstbäumen bepflanzt wie anderswo mit Reben; 500.000 Bäume sollen sich im Gemeindegebiet aneinander reihen. Wenn Sie Obst kaufen wollen, wenden Sie sich direkt an das *Ullensvang Fruktlager* in der Nachbargemeinde **Lofthus** (✆ 53671284).

Fast nicht zu glauben, dass auch hier in Ullensvang *Edvard Grieg* seine Sommer verbracht hat, wie uns die Touristikinformation erklärt – wie viele Urlaubsresidenzen hatte der Komponist denn eigentlich? Immerhin steht im nahe gelegenen Lofthus eine Hütte, wo der Meister zu einigen seiner Werke inspiriert wurde.

• *Übernachten* **Hardanger Vandrerhjem**, ✆ 53671400, www.vandrerhjem.no. Der unförmige Bau über dem Fjord bietet 44 DZ und ein Bettenlager, ein Motorboot zur Ausleihe und den vielleicht besten Fjord-Überblick weit und breit. Sogar die Preise können sich sehen lassen: Bett 190 NOK, EZ 260, DZ 460 NOK.

Hotel Ullensvang, ✆ 53670000, www.hotel-ullensvang.no. Der Kasten zwischen Straße und Fjord mit Tennishalle und Swimmingpool und dem Komfort eines guten Hotels verlangt Preise, die dem Ambiente angemessen sind: EZ 795-1.625 NOK, DZ 1.550–3.250 NOK (viele Sonderangebote).

• *Camping* **Lofthus Camping**, ✆ 53661364, www.lofthuscamping.com. In diese herrliche Landschaft gehört ein herrlicher Campingplatz, dachte sich wohl auch Mikjell Helleland und baute den Lofthus Camping an den Hang. In einem Obstbaumhain mit herrlichem Ausblick auf den Fjord entstanden 160 Zeltplätze, 40 Wohnwagenstellplätze und 27 Hütten, die zwischen 450 und 950 NOK kosten. Auf die häufigen Mückenschwärme in der Dämmerung sollte man allerdings vorbereitet sein.

Sehenswertes

Grieg-Klause: Das Häuschen steht im Garten des modernen, wuchtigen Hotels Ullensvang. Zu der mit Steinquadern gedeckten Kate ist der Zutritt kostenlos, doch schon der Blick durchs Fenster lässt ahnen, dass der Meister hier sehr bescheiden lebte – Pult, Ofen und ein Klavier reichten ihm.

Der Sørfjord aus der Vogelperspektive

Skredhaugen Museum: Den schönsten Blick über Obstplantagen, Fjord und Folgefonn-Ufer haben Sie bei der Anfahrt zum Campingplatz. Die Straße führt am Hang weiter zum Skredhaugen Museum, einem kleinen Freilichtmuseum des Schriftstellerpaars *Ingrid* und *Bernhard Greves*. In den restaurierten Bauernhäusern versteckt sich zudem eine kleine, besuchenswerte Kunstsammlung mit Werken von *Kittelsen, Henrik Sørensen* und *Kihle*.

Das Sträßchen, zum Befahren eigentlich viel zu schade, eignet sich vortrefflich als Ausgangspunkt für einen kleinen, aber steilen **Spaziergang** von vielleicht einer Stunde durch herrliche Obstgärten und mit wunderschönen Ausblicken. Sie verlassen die Straße auf Höhe des Bootsanlegers, den Sie unter sich sehen, nach rechts, folgen diesem Weg nach Süden, überqueren den Fluss Opo und erreichen nach gut 60 Minuten eine Stichstraße, die Sie zurück nach Ullensvang führt. Zum Ausgangspunkt brauchen Sie nochmals eine halbe Stunde.

Öffnungszeiten Museum Mitte Juni bis Mitte August Sa/So 12–17 Uhr. Eintritt frei.

Wanderung: Auf die Fjord-Plattform

Den Fjord aus der Vogelperspektive erleben – oder aus der von Paraglidern: Wer sich diesen Wunsch erfüllen möchte, der darf auf diese mittelschwere Wanderung nicht verzichten: Gute Wanderstiefel, Teleskopstöcke, Anorak und reichlich Proviant, vor allem ausreichend Wasservorrat, dürfen bei dieser Tour nicht fehlen.

Ab Lofthus Camping (s. o.) folgen Sie bergauf der Ausschilderung „Nosi" (manchmal auch „Nose"), was in beiden norwegischen Sprachen „Nase" meint. Tatsächlich erhebt sich nach 800 Höhenmetern und 2,5 Std. Wegstrecke, zunächst durch Obstgärten, durch dichten Wald und später über schroffen Fels, eine ausgestellte Felsnase (Sitzgelegenheit) mit einer unvergesslichen Panorama-Aussicht über Hardangerfjord und Folgefonngletscher.

Der Aufstieg – entweder über die unebene Fahrstraße, die sich die Drachenflieger frei geschaufelt haben, oder über Waldwege, die jede Serpentine abkürzen (beides sehr gut ausgeschildert) – ist streckenweise steil und allzeit schweißtreibend. Nach Dreiviertel der Strecke passieren Sie bei den „Mönchstreppen", von englischen Patres im 12. Jh. angelegt, das steilste Stück der Wanderung. Die „Fjordnase" ist 20 Minuten später erreicht.

Wer jetzt noch die Hardangervidda erschnuppern möchte, folgt der nicht zu verfehlendeen Trittspur über den Kamm: Nach weiteren 30 Minuten stoßen Sie auf den Rjukande-Wasserfall, in dessen Becken man sogar plantschen kann. Mit diesem Abstecher dauert die Wanderung sechs Stunden für den identischen Hin- und Rückweg.

Kinsarvik

In einer geschützten Bucht zwischen Sør- und Eidfjord liegt dieser ideale Fährhafen, der vor 500 Jahren schottischen Kaufleuten schon als Ausfuhrplatz für Holzexporte diente. Die ebenso alte Steinkirche bezeugt die lange Geschichte des 900-Einwohner-Dorfes.

Dennoch schien der Ort um die Jahrhundertwende den Anschluss an den Tourismusboom zu verpassen. Ohne Straßenanbindung gab es auch keine Fähranbindung. Kinsarvik geriet gegenüber Odda und Utne ins Hintertreffen. Erst der Straßenausbau längs des Eidfjords (1928) und Sørfjords (1930) verschaffte Kinsarvik die dringend benötigte Fährstation und den wirtschaftlichen Aufschwung. Bis in die Mitte der 1980er Jahre war der Ort der wichtigste Anlaufpunkt aller Touristen im Hardanger-Gebiet.

Heutzutage ist das architektonisch ziemlich reizlose Kinsarvik als Fährstation zur E 16 fast schon abgelöst durch die 18 km nördlicher gelegene Fähre Brimnes-Bruravik, die weit häufiger verkehrt und weit schneller und preiswerter ist. Die Weiterfahrt zur E 16 nach Bergen oder in den Norden geht durch den neuen Tunnel vor Granvin fast noch schneller.

Ein Australier am Hardanger

Alan aus Australien und Mardy aus Kinsarvik trafen sich vor Jahren an den Great Barrier Riffs im australischen Queensland – er als Decksmann, sie als Schiffskoch. Und da leben sie auch heute noch im australischen Sommer, der in Kinsarvik ein gruseliger Winter ist. Im norwegischen Sommer aber betreiben sie die Berserker-Kneipe, korrekt: „Berserk Mat og Mjød", ein schickes, gemütliches Bistro im größten, weißen Holzhaus am Hafen, in dem auch die Touristen-Information untergekommen ist. Auf der großen Terrasse und im nordisch-schlichten Café mit launiger Musik und kunstvoller Grafik an den Wänden treffen sich Touristen und Neubürger aller Nationalitäten, Deutsche, Briten, Schweden vor allem, um ein Stückchen Multikulti am Hardangerfjord zu erleben.

Gleichwohl nutzen viele Reisende Kinsarvik als Zwischenstation auf dem Weg nach Norden, was sich in dem vergleichsweise großen Angebot von Unterkünften und einem kleinen Freizeitpark am Ortsausgang widerspiegelt. Manchmal störend sind höchstens die Hubschrauber, die knatternd über dem Dorf zu ihren Rundflügen aufbrechen. Auch wer immer schon nach einem besonderen Souvenir suchte, wird neuerdings in Kinsarvik fündig: Der Fabrikverkauf „Hardanger Bestikk“ liefert Silberbesteck zu deutlich verringerten Preisen.

• *Information* ✆ 53663112, www.hordaland.org. Die **Touristik-Information** im größten weißen Haus am Hafen wird von einem freundlichen, jungen Mann geführt, der jede Wanderung, jede Unterkunft, jeden Rundflug vermittelt.

• *Fährverbindungen* Autofähre nach Kvanndal 9 x täglich, 50 Min., 95 NOK für Pkw/Fahrer, 32 NOK für die Begleitperson; Fähre Brimnes–Bruravik bis zu 40 x täglich, 10 Min., 49 NOK für Pkw plus Fahrer, 20 NOK/Person.

• *Übernachten* **Best Western Kinsarvik Fjord Hotel**, ✆ 53663100, www.bestwestern.no. Das große Hotel gegenüber vom Fähranleger wird gern von Reisegruppen genutzt und bietet ausreichenden Mittelklasseservice. EZ 1.050 NOK, DZ 1.400 NOK, jeweils mit Frühstück. Über Weihnachten/Neujahr bleibt das Haus geschlossen.

• *Camping* **Hardangertun**, ✆ 53671313, www.hardangertun.no. Zwischen Fjord, Fluss und Freizeitpark liegt dieser sehr hübsche Campingplatz mit 27 Fünf-Sterne-Hütten, jede für sich fast ein Palais für fünf bis acht Personen. (830–1.130 NOK). Direkt gegenüber der gleichnamige Familienpark.

Bråvoll-Camping, ✆ 53663510. Der einfache Zwei-Sterne-Platz gleich nebenan und auch am Fjordufer gelegen, hat es schwer bei dieser Konkurrenz: Nur 30 Zelt-, 16 Wohnwagenstellplätze und sechs einfache Hütten (ab 450 NOK) machen ihn trotz guter Sanitäranlagen zur zweiten Wahl.

Kinsarvik Camping, ✆ 53663290, www.kinsarvikcamping.no. Der kleine Platz im Wald oberhalb des Ortes ist ungleich einfacher, aber auch preiswerter als der große Platz am Fjord. Vor allem ist er ruhiger und hat eine schöne Aussicht. Jede der 36 Zwei-Personen-Hütten ist für 450–550 NOK zu bekommen (Reservierung ratsam). Die Sanitäranlagen allerdings sind nicht ausreichend und waren beim letzten Check auch schlecht gereinigt.

Ringøy Camping, ✆ 53663917, www.ringoycamping.no. Der kleine Waldplatz, 8 km nördlich von Kinsarvik auf dem Weg zur Brimnes-Fähre gelegen, ist einfach, doch sauber und schön angelegt (keine Hütten, nur 22 Wohnwagenstellplätze).

• *Essen* Die Auswahl ist nicht groß: Im **Berserk Mat og Mjød** an der Hauptstraße (s. Kasten) gibt es warme Kleinigkeiten (auch Privatzimmer werden hier vermietet). Der **Velure Kiosk og Kro** in **Grimo** (Lofthus) bringt recht gute landestypische Speisen auf den Tisch.

• *Freizeit* **Bootsverleih** direkt am Fluss, nahe dem Campingplatz Hardangertun..

Freizeitpark ebenfalls beim Campingplatz. Neben einem Spielplatz gibt es hier auch ein Schwimmbad mit Wasserrutsche. Geöffnet von Mitte Mai bis Mitte August. Eintritt 50 NOK, Kinder die Hälfte.

Airlift, ✆ 53666440, bietet Rundflüge per Hubschrauber über Hardangervidda und Fjord an. Bei mindestens 5 Personen kostet das Vergnügen 2.500–4.000 NOK pro Person.

Wanderung: Vier Wasserfälle in vier Stunden

Diese Tour ist größtenteils identisch mit dem letzten Abschnitt der Hardangervidda-Durchquerung (vgl. S. 383), nur in umgekehrter Richtung und jetzt doch kräftig bergauf.

Gute Wanderstiefel, wie immer einen Anorak und Proviant für ein kleines Picknick sollten Sie mitnehmen. Der Vormittag ist die beste Tageszeit für diese Sommertour: Es ist noch nicht zu heiß, und das Licht für Fotos vom Wasserfall ist optimal. Zudem kann es nachmittags, wenn die Trekker von den Hardangervidda-Höhen absteigen, recht geschäftig werden.

Die Vier-Stunden-Wanderung (hin und zurück gerechnet, ohne Pausen) beginnt am alten Kraftwerk des Tvartifossen, des ersten Wasserfalls. Kurz vor dem Freizeitpark in Kinsarvik verlassen Sie die Hauptstraße nach rechts. Mit dem Auto brauchen Sie jetzt noch 10 Minuten, zu Fuß 45 Minuten. Die Wohnhäuser lassen Sie links liegen, an der ersten Serpentine biegen Sie links ab und wandern über eine kleine Brücke und einen Waldweg zum Kraftwerk, wo es Parkraum für ein halbes Dutzend Autos gibt. (Leser H. J. Schmanns weist darauf hin, dass dieses letzte Straßenstück sehr schmal und für Wohnmobile kaum geeignet ist.)

Sie orientieren sich an den vom Kraftwerk aufwärts führenden Rohren. Rote Pfeile und ein „T“ sowie ein Hinweis „Stavali“ (das ist eine Selbstversorger-Hütte auf der Hardangervidda) markieren die Route. Nach knapp 45 Minuten entlang der Rohre ist der zweite, wohl eindrucksvollste dieser Wasserfälle erreicht.

Durch Kiefernwälder mit Heidelbeersträuchern und über nackte Felsplatten gelangt man auf eine Alm mit zwei malerischen Hütten, an die sich der dritte Wasserfall anschließt. Die Baumgrenze ist erreicht, der Boden wird morastig. Man springt von Stein zu Stein, um in einen Talgrund zu gelangen, von dem nach links oben die Hardanger-Route abzweigt. Wir aber folgen der kaum sichtbaren Spur geradeaus, orientieren uns dann nach rechts und suchen einen der walbuckelartigen Hügel zur Rast: Vor uns liegt der vierte, tosend und in zwei Stufen zu Tal rauschende Wasserfall, unter uns ein ruhiger See, hinter uns das Tal, in dem der Fjord und Kinsarvik liegen – ein wirklich schöner Ort.

Dennoch geht es irgendwann zurück, zunächst auf demselben Weg. Später

Tvartifossen: Schmuckstück der Wanderung

benutzen wir eine Piste, die auf dem Hinweg mehrfach ins Auge sprang und die wir zwischen dem dritten und dem zweiten Wasserfall finden, wenn wir uns am Beginn der Steinplattenfelder rechts halten. Im sanften Schwung führt der Waldweg zum Kraftwerk hinab, 80 m vor dem Tvartifossen trifft er auf den Fahrweg und die Parkbuchten.

Sie können die leicht erkennbare Piste auch für den Aufstieg nutzen: Sie ist nicht so steil, aber auch weniger spektakulär.

Radtour: Vom Fjord nach Voss

Die 70-km-Tour dringt ein in die Innenwelt des Fjordlandes, verlässt also die Flussläufe und kommt deshalb auch nicht ohne Steigung aus. Dennoch ist die landschaftlich aufregende Route nach morgendlichem Aufbruch gut bis zum Nachmittag zu schaffen, wenn Sie für die Touristenattraktionen längs der Strecke nicht allzu viel Zeit aufwenden.

Sie starten in Kinsarvik auf der engen RV 13 in Richtung Norden und fahren am **Eidfjord** entlang. Die Ortschaften **Tveisme**, **Ringøy** und **Bu**, allesamt im Sommer von blühenden Obstgärten eingerahmt, sind auf der Fahrt zum Fährhafen **Brimnes** schnell passiert: Die Autofähre nach **Bruravik** verkehrt immerhin 40 x pro Tag, braucht nur 10 Minuten für die Überfahrt und kostet Sie mit Fahrrad bloß 42 NOK.

Doch vor der Überfahrt sollte sich vielleicht auch der leidenschaftlichste Biker etwas Zeit für mindestens zwei Attraktionen nehmen: Das **Sima Kraftwerk** und das **Hardangervidda Natursenter** sollten Sie sich keinesfalls entgehen lassen. Ob Sie sich allerdings die unangenehm steile Steigung zum **Vøringfoss**, Norwegens meistfotografiertem Wasserfall, antun wollen, bleibt Ihrer Kondition überlassen. Sie können dann jedoch nicht den hier beschriebenen Zeitplan einhalten.

Auf der anderen Fjordseite in Bruravik angekommen, entgehen Sie der Blechkarawane leider nicht, wenn Sie nach rechts abbiegen. Sie erreichen bald den schmalen, faszinierend schönen **Ulvikfjord**, auf dem sich im Sommer manchmal Kreuzfahrtschiffe verirren. **Ulvik** am Ende des gleichnamigen Fjords lädt nicht unbedingt zur Rast ein. Sie passieren die Stadt deshalb zügig, um schon nach wenigen Metern auf der RV 572 in ein enges, dicht bewaldetes Tal zu gelangen, das Sie allerdings bergauf erklimmen müssen. Machen Sie ruhig an der Strecke einmal Rast: Der Rückblick auf Fjord und Gletscherkuppe des Hardangerjøkulen lohnt sich wirklich. Bis auf 343 m ü. d. M. geht es hinauf ins **Espelandtal** und vorbei am gleichnamigen See, dann aber wieder bergab nach **Holven** am **Granvinsee**.

Dort stoßen Sie auf die RV 13, die Sie nach **Voss**, dem Ziel dieser Route, führt. Vorher aber müssen Sie noch einmal kräftig in die Pedale treten, denn hinter **Spildo** schlängelt sich die Straße in engen Haarnadelkurven auf 260 m ü. d. M. hinauf. Dort aber wartet der **Skjervefossen** auf Sie. Von **Skjervet** haben Sie den attraktivsten Blick auf den Wasserfall.

Die letzten 13 km lassen Sie gemächlich ausrollen. Die Landstraße führt Sie über **Bjørgum** und **Mønshaug** immer leicht bergab nach Voss, von wo aus Sie weiterfahren können nach Gudvangen und Kaupanger.

Eidfjord

Der östliche Zweig des Fjordsystems ist am wenigsten typisch für den Hardangerfjord. Er ist so tief, und die Felswände sind so steil (bis zu 1.200 m), dass man sich an den weit mächtigeren Sognefjord im Norden versetzt fühlt.

Von Kinsarvik aus windet sich die RV 47 am steilen Eidfjord vorbei, streift den Fährhafen **Brimnes** und steuert im steilsten Fjordteil auf den Ort zu, dem der Fjordarm seinen Namen verdankt. Eine ausführliche Beschreibung des Ortes und der unten aufgeführten Sehenswürdigkeiten finden Sie in der Beschreibung der Hardangervidda (S. 382), denn der Eidfjord zieht sich weit in dieses Gebiet hinein und gehört deshalb eigentlich zur Hardangervidda.

Eidfjord ist längst nicht so aufregend wie seine Umgebung, für die sich jeder Wanderfreund und auch jeder Technik-Freak ein wenig Zeit nehmen sollte. Das neue **Hardangervidda-Natursenter** ist schon seiner pfiffigen Didaktik wegen sehenswert. Das riesige **Sima-Kraftwerk** kann besichtigt werden, und die Wasserfälle **Vedals- und Valurfoss** können ebenso erwandert werden wie die Kjeåsen-Alm. Der **Vøringfoss**, Norwegens berühmtester Wasserfall, sollte auf jeden Fall bewundert werden (am besten von der Aussichtskanzel am Fossli-Hotel aus – die 20 NOK Parkplatzgebühr lohnen sich).

Ulvikfjord und Osafjord

Der Ulvikfjord konkurriert mit dem Geirangerfjord um den ersten Platz auf der Liste der schönsten Fjorde.

Mit dem Bus oder dem Auto ist Ulvik vom nächstgelegenen Eidfjord nur mit der Fähre Brimnes–Bruravik und dann über die gut ausgebaute RV 13 und später die RV 572 zu erreichen. Zum winzigen Städtchen **Osa** am gleichnamigen Fjordarm gelangt man über eine weitere, kleinere Stichstraße.

Ulvik

Das Städtchen mit knapp 1.500 Einwohner liegt direkt am Fjord und am Rand der Hardangervidda. Der fast 1.900 m hohe Hardangerjøkulen ist gerade mal 30 km Luftlinie entfernt. Das Wechselspiel von fjordtypischen Obstgärten und Gebirgshängen macht den Reiz des Ortes aus, der sich mittlerweile gänzlich dem Tourismus verschrieben hat, in der Nebensaison jedoch noch immer verschlafen wirkt.

Etliche Hotels und viele Läden, vielfältige Sport- und Tourenangebote, Rundfahrten mit Bus und Schiff, sogar Rundflüge sind ausschließlich für Urlauber da. Wer das mag, wird in dem hübschen Städtchen rundum gut versorgt. Besonders hübsch ist die strahlend weiße **Dorfkirche**, die Mitte des 19. Jh. erbaut wurde. Sie lässt erahnen, wie es hier in Ulvik vor den Touristenströmen wohl ausgesehen haben mag.

Information/Verbindungen/Adressen

- *Information* Das freundlich geführte, **Turistkontor** (✆ 56526360, www.visitulvik.com) erreichen Sie an der Hauptstraße in unmittelbarer Nähe zur Kirche. Geöffnet ist es im Sommer Mo–Sa 8.30–17 Uhr, So 13–17 Uhr. In der übrigen Zeit Mo–Fr 8.30–13.30.
- *Busverbindungen* Es gibt nur lokale Buslinien nach Osa, Voss und Granvin (jeweils 2 x täglich).
- *Adressen* **Bank**, **Post** und den **Grillkiosken** finden Sie in der parallel zur Hauptstraße verlaufenden Straße, die Richtung Fjord führt, **Tankstelle** und **Autowerkstatt** an der Durchgangsstraße

Übernachten/Essen & Trinken

- *Übernachten* **Ulvik Fjord Pensjonat**, ✆ 56526170, ℻ 56526160, www.ulvikfjordpensjonat.no. Nur von Mai bis September ist das kleine Hotel im hübschen Holzhaus

Südnorwegen – An der Küste entlang

am Ortsrand geöffnet, das seit 2004 einen neuen, rührigen Besitzer hat. EZ 650–920 NOK, DZ 860–1.400 NOK.

Rica Ulvik Hotel, ✆ 56526200, www.rica.no. Modern, groß und im Anbau unpersönlich; aber der famose Fjordausblick rechtfertigt die leicht überzogenen Preise: EZ 950 NOK, DZ 1.350 NOK.

Rica Strand Fjordhotel, ✆ 56526305, ✆ 56526410, www.rica.no. Den Fjordblick bietet auch dieses moderne Hotel, dazu Pool und Liegewiese. EZ 1.095 NOK, DZ 1.290–1.550 NOK (im Sommer gibt es zahlreiche Sonderangebote).

Rica Brakanes Hotel, ✆ 56526105, www.rica.no. Das größte und teuerste Hotel am Platz bietet neben gehobenem Service ein breites Sportangebot; sogar Fjordrundfahrten im eigenen Boot und Rundflüge in der eigenen Cessna sind möglich. EZ 1.295–1.500 NOK, DZ 1.550–1.850 NOK (auch hier Sommer-Sonderangebote).

• *Camping* **Ulvik Camping**, ✆ 91179670 der einfache Privatplatz bietet auch ein Dutzend schöner Hütten ab 450 NOK an; die Sanitäranlagen wurden jüngst renoviert.

• *Essen* Zwei Vorschläge, die mit Einschränkungen zu empfehlen sind: **Grillkiosken** und **Hos Bertha**, wo es auch landestypische Spezialitäten gibt.

Wandern/Sport/Rundfahrten/Rundflüge

• *Wandern* Das Touristenbüro verkauft ein „Wanderbuch für Ulvik", das auch einfache Touren (2–4 Std.) um den Ort herum beschreibt. Der Wanderverein organisiert zwischen Mai und September an den Wochenenden geführte Bergwanderungen (Information ebenfalls im Turistkontor).

• *Bootsverleih* Die größeren Hotels verleihen alle Ruderboote und Kanus, auch **Wasserski** (150 NOK pro Runde) wird organisiert.

• *Fahrradfahren* Für 100 NOK pro Tag (25 NOK pro Stunde) verleiht das Turistkontor Räder und organisiert auch Touren über den „Rallarvegen".

• *Rundfahrten/Rundflüge* Per Kleinbus, Fjorddampfer oder Miniflugzeug (800 NOK pro Person bei einem 25-Minuten-Flug) werden vom Brakanes Hotel und Turistkontor zwischen Juni und August vielfältige Tagestrips veranstaltet.

Osafjord/Osa

Eine lokale Buslinie, aber auch einer der organisierten Ausflüge führt zum Nachbarfjord, dem Osafjord mit dem kleinen Ort Osa.

Der noch engere, noch steilere Fjord ist begrenzt vom **Osafjell**, einer Hochebene, die in die Hardangervidda übergeht und von Wanderern als Verbindung von Fjordland und Vidda genutzt wird. In den Bergseen kann man übrigens hervorragend Forellen angeln. Die Sieben-Stunden-Wanderung ist aber bloß trainierten Trekkern zu empfehlen. Auch per Auto ist über eine Mautstraße (20 NOK) eine Stippvisite möglich.

Der Ort Osa selbst ist nur über eine ausschließlich im Sommer geöffnete Stichstraße zu erreichen und besteht nur aus wenigen Häusern. Proviant und Wasser müssen Sie selbst mitbringen. Aber es lohnt sich ein Besuch im Park *Stream Nest* oberhalb des Ortes: Neben der Skulptur der Olympischen Spiele 1994 in Lillehammer, die aus 23.000 Natursteinen und 3.000 Baustämmen wieder aufgebaut wurde, gibt es einen ökologischen Kräutergarten zu sehen (geöffnet 15.5.–15.Aug., Di–So 10.30–16 Uhr, Eintritt: 30 NOK).

Sie werden aber entlohnt mit einer großartigen Aussicht auf den kleinen Fjord. Nicht auszudenken, was aus diesem idyllischen Fleckchen geworden wäre, wenn die Pläne der deutschen Besatzungsmacht, hier ein Aluminiumwerk zu errichten, umgesetzt worden wären.

Granvinfjord/Granvin

Das Aufregendste an Granvin sei der neue, 11 km lange Tunnel, der den Ort mit dem Fährhafen Bruravik verbindet, lästern Zeitungsleute aus den Nachbargemeinden.

Tatsächlich ist der Ort am gleichnamigen nördlichen Seitenarm des Hardanger-Fjordsystems, dem kleinsten und unattraktivsten Fjordstück, seit einiger Zeit bemüht, ein Stück vom Tourismuskuchen für sich zu reservieren.

Ein kleines **Dorfmuseum** wurde eigens für interessierte Reisende eingerichtet. Es enthält eine Dokumentation der Ortsgeschichte, liebevoll dem Publikum dargestellt (15.5.–31.8. 13–20 Uhr; Eintritt 30 NOK, Kinder bis 16 J. gratis).

Ein Kirchlein mit immerhin der ältesten Glocke des Landes und zwei Wasserfälle, der **Skejervefoss** an der Str. 13 und der **Espelandfossen** an der Str. 572, sollen zu touristischen Anziehungspunkten werden.

• *Information* **Granvin Turist Office**, ✆/℡ 56525360, am Ortseingang auf der Hauptstraße, geöffnet Juni–August täglich von 11–16 Uhr.

• *Übernachten* **Jaunsen Gjestgjevarstad**, ✆ 56525115, www.jaunsen.no. Nur sieben Zimmer mit Du/WC gibt es in dem Gasthof, der eine recht gute Küche zu bieten hat. Die Zimmer befinden sich in drei Holzhäusern, die zwischen 1666 und 1759 erbaut wurden. Und als besonderen Service gibt es einen Kursus in Hardanger-Stickerei. Mit Frühstück zahlt jeder Gast preiswerte 980 NOK (DZ) oder 490 NOK (EZ).

• *Camping* **Granvin Hytter og Camping**, ✆ 56525282, www.granvin-hytter.no. Ein hübscher Drei-Sterne-Platz an der RV 13, 5 km nördlich von Granvin in **Kyrkjestrondi** gelegen, mit jeglichem Komfort und 15 Hütten (einfach bis gut für 400–700 NOK).

Samlafjord

Wo der Hardangerfjord seine Verästelung aufgibt und ein echter Meeresarm wird, noch im Landesinneren und gut 120 km von der Mündung entfernt, heißt er bis Norheimsund noch Samlafjord: Indre Samlafjord bis zur Enge des Fyskesunds, Øtre Samlafjord bis Norheimsund.

Zwei Orte auf dem Westufer, **Øystese** und **Norheimsund**, das Schlösschen Rosendal auf dem Ostufer und drei Fährverbindungen (Kinsarvik–Kvanndal, Løfallstrand–Gjermundshavn und Jondal–Tørvikbygd) sind hier erwähnenswert.

Wer um die Folgefonn-Halbinsel herumfährt, stößt am Ende der Landstraße 550 auf den Weiler **Jondal** (hier zweigt eine mautpflichtige Stichstraße auf den Gletscher ab). Auf der Hälfte der Strecke finden sich in **Herand** interessante Felszeichnungen. Mit der Fähre geht es weiter nach **Tørvikbygd**: 16 x täglich bringt sie Passagiere in 20 Minuten und für 63 NOK (Pkw plus Fahrer), 38 NOK für Radler plus Fahrrad und 24 NOK für Einzelpersonen zur RV 49. Auf ihr geht es weiter nach Norheimsund und von dort nach Bergen.

Norheimsund

In dem 2.700-Einwohner-Städtchen am Sund, also an der Meerenge gleichen Namens, drängen Geschäfts- und Industriebauten die wenigen ursprünglichen Häuschen aus dem Blickfeld.

Hauptanziehungspunkt des kleinen Städtchens ist der **Steinsdalsfoss**, ein Wasserfall 2 km westlich des Zentrums. Zudem gibt es attraktive Übernachtungsmöglichkeiten, geradezu ideal für einen Zwischenstopp auf der Fahrt von Bergen ins Fjordland oder die Hardangervidda.

• *Information* Das **Turistkontor**, ✆ 565 53870, www.hardangerfjord.com, liegt an der Hardanger Bryyge direkt am Fjord und ist im Sommer Mo–Fr von 9–16 geöffnet.

• *Busverbindungen* Haukeliekspressen von Oslo (10 Std.) nach Bergen (1 Std. 45 Min.) passiert den Ort 4 x täglich.

• *Adressen* **Bank**, **Post**, **Apotheke** und ein kleines **Einkaufscenter** befinden sich direkt an der Hauptstraße.

• *Übernachten* **Sandven Hotel**, ✆ 56552088, www.sandvenhotel.no. Wie ein Märchenschloss kommt einem das 150 Jahre alte Holzhaus im Schweizer Stil vor. Trotz des altertümlichen Interieurs jedoch sind die 37 Zimmer mit wunderschöner Aussicht auf Fjord und Folgefonn modern eingerichtet und preiswert obendrein: EZ 850 NOK, DZ 1.120 NOK.

Norheimsund Fjord Hotel, ✆ 56551522, Fax 56551588. Nicht so charmant wie das Sandven, dafür modern und funktional ist dieses Hotel. Alle 35 Zimmer haben Du/WC, TV und Telefon. Das Restaurant ist durchaus empfehlenswert. EZ 880 NOK, DZ 1.150 NOK.

Hardanger Feriesenter, ✆ 56551746, Fax 56551364. Wer separate Hütten dem Hotel vorzieht, ist in dieser Anlage, auf der man auch zelten und seinen Wohnwagen abstellen kann, genau richtig. Die 12 geschmackvollen Hütten für 3–6 Personen sind für 520–730 NOK zu haben.

• *Camping* **Raste og Campinghytter**, Kvamskogen, ✆ 56558954. An der E 7 gelegen, bietet der hervorragend ausgerüstete Drei-Sterne-Platz jeden erdenklichen Service und dazu 10 Fünf-Sterne-Hütten (ab 700 NOK).

Als kleiner Zwischenstopp auf der Fahrt ins Fjordland bietet sich auch **Østese** an, ein hübscher, einfacher Ort an einer schönen Fjordbucht. Østese liegt nur wenige Kilometer nördlich auf dem Weg nach Kvanndal (mit der Fähre nach Kinsarvik, s. S. 246).

Eine Sehenswürdigkeit auf dem dicht besiedelten und schönen Weg (RV 48) zur Fjordmündung ist das einzige **Renaissanceschloss** Norwegens, Schloss Rosendal (gut 50 km weiter zur Fjordmündung auf dem Ufer gegenüber), um das herum sich eine florierende Tourismusindustrie angesiedelt hat.

Rosendal

Der kleine Ort verdankt seine Existenz dem Schlösschen, der „Baroniet". Das war und bleibt so, auch wenn alte Werftbetriebe, moderne Galerien und neue Hotels ein wenig zum Unterhalt der 450 Einwohner beitragen. Mit dem neuen Folgefonn-Tunnel, der von Odda nach Rosendal führt, ist es in dem kleinen Ort allerdings etwas umtriebiger geworden.

Die Familie *Rosenkrantz* aus Bergen ließ sich 1665 das Schloss in die bis dahin menschenleere Gegend setzen. Erst die Erben namens *Rosenkrone* machten aus der Baronie ein lebendes Museum mit Kunstgalerie, ständiger Ausstellung und allsommerlichem Musikfestival. Der kunstbegeisterte *Hoff Rosenkrone* (1823–96) war es auch, der den weitläufigen Park mit üppigem Rosengarten anlegen ließ und zahlreiche Originalgemälde der norwegischen Romantik anschaffte.

Zwischen Schlösschen und Fjordbucht hat sich am Zusammenfluss der beiden kleinen Flüsse **Mehlselva** und **Hatterbergselva** der ansonsten gesichtslose Ort ausgebreitet. Neben einem altertümlichen Gasthaus und einem modernen Gästehafen gibt es ein Ausflugsschiff, Kutschfahrten und einen Rundflugdienst, Wanderwege und Winterloipen, vor allem aber eine ganze Reihe attraktiver Unterkünfte – von feudal bis urig.

Information/Verbindungen/Adressen

• *Information* Das **Reiselivslag-Büro**, ✆ 53484280, www.kvinnherad.kommune.no, auf dem Kai ist nur zwischen Mai und August, dann aber täglich von 9–18 Uhr geöffnet.

• *Fährverbindungen* Von Løfallstrand (1,5 km nach Norden) setzt 15 x täglich die Autofähre über den Fjord nach Gjermundhavn (25 N8K pro Person, 31 NOK mit Fahrrad,72 NOK plus Kleinwagen).

• *Adressen* **Bank**, **Post**, **Apotheke**, **Arzt** und kleine **Geschäfte** sind allesamt an der RV 48 in unmittelbarer Nähe des Infobüros konzentriert.

Übernachten/Camping/Einkaufen

• *Übernachten/Camping* **Ferietunet Guddal**, ✆ 53481127. Im schönen Guddal (12 km südlich von Rosendal) bietet der Ferienhof drei einfache, aber geräumige Hütten für 400 NOK an.

Rosendal Gjestgiveri, ✆ 53473666, www.gjestgiveri,no. Der prächtige Gasthof aus dem Jahr 1887 direkt auf dem Kai bietet neben guter Küche 14 altmodische Zimmer mit insgesamt 20 Betten ab 550 NOK an.

Rosendal Fjordhotel, ✆ 534880000, www.rosendal-fjordhotel.no. Ganz harmonisch schmiegt sich das moderne Haus an das Fjordufer. Mächtig ist der Bau (60 piekfeine Zimmer) und dennoch nicht höher als die Uferbäume; modern und dennoch der klassischen Holzbauweise nachempfunden, mitten im Ort und dennoch ruhig. Boote und Surfbretter gibt es auch, zudem Tennis, Sauna und ein großes, gutes Restaurant mit allabendlicher Livemusik. EZ 990 NOK, DZ 1.100 NOK.

Rosendal Hyttetun & Camping, ✆ 53480273. Auf dem Weg nach Løfallstrand (1,5 km auf der RV 48 nach Norden) lädt der hübsche Platz am Fjordufer zum Angeln, Baden und Bootfahren ein. 55 Stellplätze und 11 nicht zu große Hütten sind im Angebot (250–1.000 NOK).

• *Einkaufen* Auf dem Kai findet man im **Kremmerhuset** antike Möbel, Steingut, Glas- und Porzellanarbeiten der Gegend. **Rosendal Brukskunst** hat sich auf Gold- und Silberschmiedearbeiten spezialisiert.

Ausflugsfahrten/Rundflüge/Wandern

• *Ausflugsfahrten* „Kingen", ein Fjord-Kreuzer für 49 Passagiere, unternimmt von Kvinnherad aus Angel- und Kreuzfahrten (Reservierung unter ✆ 53481933).

• *Rundflüge* **Fonnafly** heißt die Firma (✆ 53481090), die 30-Minuten-Flüge über den Folgefonn-Gletscher ab 800 NOK anbietet.

• *Wandern* Drei längere Spaziergänge sind schon ab der Ortsmitte ausgeschildert und weiterhin markiert. Sie führen auf das **Skålafjell** (450 m ü. d. M.) oberhalb der Kirche, zum **Melderskin** (1.426 m, 2 Std.) und auf das **Skeisfjell** (967 m); dieser dritte Wanderweg startet hinter dem Schloss.

Sehenswertes

Baroniet Rosendal: Das Renaissanceschloss, das um 1660 erbaut wurde, wirkt von außen eher bescheiden, beherbergt aber eine imposante Bibliothek mit über 10.000 Bänden, einen Konzertsaal und eine ständige Kunstausstellung (im Weinkeller!) mit Originalen von *Dahl* bis *Munch*. In der Gartenstube gibt es einen gemütlichen Teesalon, in dem Selbstgebackenes aus der Schlossküche angeboten wird.

Wunderschön ist die Parkanlage, die das Anwesen umgibt. Besonders der im Sommer herrlich blühende Rosengarten ist einen Besuch wert.

Öffnungszeiten Mai–September täglich 10–18 Uhr (Führungen 10.30 und 16 Uhr), in der übrigen Zeit 12–15 Uhr. Eintritt 75 NOK, Kinder 10 NOK.

Kvinnherad Kyrkje: Die schlichte Steinkirche aus dem Mittelalter weist eine Mischung aus romanischen und gotischen Stilelementen auf. Sie liegt etwas oberhalb des Ortes und war Grabkapelle der Familie Rosenkrantz.

Öffnungszeiten Mitte Juni bis Mitte August täglich 12–16 Uhr. Eintritt 20 NOK.

Eine Rarität: Sonnenschein in Europas Regenstadt

Bergen

Nur die zweitgrößte, aber die geschichtsträchtigste, nicht die älteste, aber die schönste Stadt Norwegens – das ist Bergen am Byfjord. Das ist nicht nur die Meinung der Bergener, die sich allein für die wahren Norweger und ihre Stadt für die heimliche Hauptstadt halten. „Ich komme nicht aus Norwegen – ich komme aus Bergen", heißt ihr Wahlspruch.

Der Wahlspruch der Tourist-Werbung hingegen lautet: „Bergen – das Einfallstor zum Fjordland." Zwar locken die Fjorde von Vestland alljährlich Abertausende an, zwar ist Bergen tatsächlich der natürliche Startpunkt für Streifzüge durch das Fjordland, doch die Stadt nur darauf zu beschränken, verleitet manchen, Bergen links liegen zu lassen. Das gerade sollten Sie aber nicht tun. Denn die allseitig vom Wasser umspülte Stadt hat eine Menge zu bieten: neben der reichen Geschichte, über die man als Besucher allenthalben stolpert, auch eine grandiose Landschaft, die ohne lange Anfahrtswege zu erkunden ist, und jenen unverwechselbaren Charme, der nur kleinen Universitätsstädten eigen ist. Mit 12.000 Studenten (bei fast 230.000 Einwohnern) ist Bergens Universität die zweitgrößte Hochschule des Landes.

Berühmt ist Bergen für die schönen Sonnenuntergänge und berüchtigt für seine Schauer: An durchschnittlich 280 Regentagen pro Jahr fallen 2.108 mm Niederschlag, mehr als dreimal so viel wie im auch schon regnerischen Hamburg. Im Stadtgebiet stehen überall Automaten, aus denen Regenschirme gekauft werden können – 7.000 Schirme wechselen pro Halbjahr ihren Besitzer. Andererseits sorgt die große Feuchtigkeit für eine in diesen Breiten überraschende Vegetation – die Blütenpracht während der trockensten Monate Mai und Juni ist allein schon eine Reise nach Bergen wert.

Stadtstruktur

Der einst strategische Vorteil seiner Lage – zum Meer geschützt durch Inseln und Schären, vom Hinterland abgeschirmt durch sieben Fjellhöhen – hat sich für Bergen oft nachteilig ausgewirkt: Als für die Handelsstadt das abgeschnittene Hinterland immer wichtiger wurde, es aber an geeigneten Verkehrsmitteln fehlte, verlor Bergen seine führende Rolle an Oslo, dessen Hinterland leicht zugänglich ist.

Ein weiterer Nachteil: An den Bergen stauen sich die Regenwolken der atlantischen Tiefausläufer und regnen sich ab. Bergen hält den Europarekord an Regentagen.

Heute sind die bewaldeten Höhen bewohnt, zwei von ihnen auch befahrbar: **Fløifjell** (399 m) mit einer Zahnradbahn, **Ulriken** (642 m) mit einer Gondelbahn. Von dort oben erst, aus der Vogelperspektive, lässt sich die Hafenstadt in die Karten schauen. Hier zeigt sich, dass Bergen von verschiedenen Wasserarmen umschlossen ist: im Norden vom **Byfjord**, im Südwesten vom **Puddefjord** und im Osten vom **Lungegårdsee**.

Der Stadtkern konzentriert sich auf die Halbinsel **Nordnes** und die schmale Uferbebauung dieser Wasserarme. Er ist so um das Hafenbecken Vågen herum angelegt, dass alles Sehenswerte im Umkreis von höchstens 2 km zu erreichen ist. Erst im 20. Jh., eingeläutet mit der Eröffnung der Bergensban 1909, begann sich die Stadt auszudehnen: zunächst nach Westen, wo jetzt der Bahnhof liegt, später auch nach Süden in Richtung **Fanafjord** und **Raunefjord**, wo sich jetzt der moderne Flughafen befindet.

Dennoch bewirkt der kompakte Stadtaufbau ein alltägliches Verkehrschaos: Parkplätze sind, wo überhaupt vorhanden, sündhaft teuer (Parkuhr 18 NOK pro Stunde, Parkhaus 320 NOK pro Tag), Einbahnstraßen hemmen den Verkehrsfluss, und eine Maut am Stadtrand (10 NOK, nur Mo–Fr. 6–22 Uhr) schmälert die Fahrlust. Tun Sie den Stadtvätern darum den Gefallen und kommen Sie zu Fuß: Bergen ist ohnehin eine Stadt zum Schlendern.

Stadtgeschichte

Wenn Sie das Bryggen-Museum neben dem piekfeinen SAS-Hotel besuchen, stehen Sie auf den fast tausend Jahre alten Fundamenten Bergens. Hier wird auch bewiesen, dass es schon vor der offiziellen Stadtgründung 1070 durch König *Olav Kyrre* an dieser Stelle eine Siedlung gab, deren Bewohner bereits damals vom Handel mit Stockfisch lebten.

Schifffahrt und Handel blieben bis auf den heutigen Tag die beherrschenden Wirtschaftszweige Bergens. Der frühe Reichtum zog rasch Adel und Klerus an. 1217 verlegte der König seine Residenz von Trondheim nach Bergen. Der Bischof war schon vorher hierher gekommen. Im 12./13. Jh. war Bergen die eigentliche Hauptstadt des Landes und die größte Stadt Nordeuropas.

Fast 40.000 Einwohner zählte Bergen um 1250, und die Hälfte waren Deutsche. Noch heute tauchen im Telefonbuch deutsche Namen wie Butenschøn oder Bremer, Winther oder Wessel auf. Es sind Nachkommen jener Hanse-

Kaufleute, die seit 1343 in Bergen siedelten. Ihr Kontor gehörte 400 Jahre lang zu den wichtigsten Handelsposten der Hanse. Die norddeutschen Kaufleute gründeten mit **Tyske Bryggen** eine Stadt in der Stadt und verdienten als Schiffsagenten, Händler und Geldverleiher gutes Geld.

Pfeffersäcke und Hanse

„HH“, „HB“ – was heute nur noch auf Autokennzeichen prangt, war im Mittelalter das Kürzel für wirtschaftliche Macht nicht nur im Nord- und Ostseeraum: Die Hansestädte bildeten vom 12. bis ins 17. Jh. einen Machtfaktor, der an Einfluss manches Königshaus übertraf.

Der im 12. Jh. entstandene Kaufmannsbund *Hanse* übernahm ab 1358 unter der Führung Lübecks auch die staatliche Gewalt in etlichen Städten – Hamburg, Bremen, Lübeck, aber auch Köln, Wesel und Breslau. Zunächst war die Hanse nur als reiner Schutzbund angelegt, um Karawanen zu Land und Flotten auf See vor Übergriffen zu sichern; auch der berüchtigte Seeräuber *Störtebeker* störte die Kreise der Hanse und wurde 1401 Opfer der gedungenen Häscher. Schon bald aber übernahmen die *Pfeffersäcke*, wie die hanseatischen Kaufleute bis auf den heutigen Tag genannt werden, die Senatorensessel und machten aus dem Kaufmannsbund einen machtvollen Städtebund.

Etwa 200 Jahre lang besaß die Hanse das Handelsmonopol in der Ostsee für den Austausch von Fertigwaren des Westens gegen land- und forstwirtschaftliche Produkte des Ostens und Nordens. In ihrer Blütezeit im 14./15. Jh. zählte die Hanse über 100 Mitgliederstädte mit Niederlassungen von Nowgorod bis London, von Bergen bis Brügge. Erst nach dem Dreißigjährigen Krieg schwand ihr Einfluss. Der letzte Hansetag wurde 1669 abgehalten.

Seit 1343 unterhielt die Hanse ein solches Kontor auch in Bergen: Salz aus Lüneburg und Bier aus Hamburg wurden gegen Stockfisch von den Lofoten und Holz aus Mittelnorwegen getauscht.

Die norddeutschen Profis, die dem dänisch-norwegischen König das Handelsmonopol abgekauft hatten, waren an der Tyske Brygge konkurrenzlos erfolgreich, sodass Bergen lange wichtigster Handelsposten der Hanse blieb. Erst 1764 wurde das letzte deutsche Kaufmannsbüro in Bergen verkauft – die Hanse hatte schon 100 Jahre vorher zu existieren aufgehört.

Trotz des Rückzugs des Hanse blieb Bergens wirtschaftliche Vormachtstellung unangetastet: Fischerträge aus Nord- und Westnorwegen durften nur über Bergen ausgeführt werden, was die Entwicklung der Nachbarstädte nachweislich hemmte. Selbst im 20. Jh. noch protestierte der Magistrat von Bergen, als Bodø und Tromsø ihre Stadtrechte erhielten. Und ganz selbstverständlich wurde Bergen zur Endstation der *Hurtigrute*, lange Zeit wichtigste Verkehrsanbindung für Nordnorwegen.

Das Verhältnis der Einwohner Bergens zu den Deutschen ist übrigens nicht nur aus Hansezeiten belastet: Der Überfall der deutschen Flotte am 9. April 1940, bei dem zahlreiche Kriegsschiffe von den Küstenbatterien zerstört wurden, und die anschließende Besatzung hat Wunden hinterlassen (ein kleines

Museum in der Enhjøningsgård auf Bryggen berichtet von der Widerstandsgruppe Theta, geöffnet Juni–Sept. Di/Sa/So 14–16 Uhr, Eintritt 20 NOK). Auch die Explosion eines deutschen Munitionsschiffes 1944, womöglich das Opfer eines Sabotageaktes, bei der neben dem Arbeiterviertel auf der Nordnes-Halbinsel ein Nationalheiligtum der Norweger, die Håkonshalle in der Festung Bergenhus, in Mitleidenschaft gezogen wurde, hat das Verhältnis zu den Deutschen nachhaltig beeinträchtigt.

Die Industrialisierung erfasste Bergen erst in der zweiten Hälfte des 19. Jh. Dann aber stieg die Bevölkerungszahl um 1900 auf fast 80.000 (zur heutigen Größe von 230.000 Einwohnern haben besonders Eingemeindungen beigetragen). Neben Hafenbetrieben waren es vor allem Nahrungsmittel- und Textilfabriken, die sich längs des Hafenbeckens ansiedelten. Doch als 1909 mit der Eröffnung der Bergensban endlich eine Anbindung an das schwer zugängliche Hinterland geschaffen war, hatte Bergen seine führende Rolle als Handelsmetropole längst an Oslo und mittlerweile auch an Stavanger verloren.

Bergener von gestern und heute auf dem Torget von Bergen

Als Kulturmetropole – im Jahre 2000 durfte sich Bergen sogar als Europas Kulturstadt feiern lassen – versteht sich die Geburtsstadt von *Edvard Grieg* immer noch: Das alljährliche Musikfestival im Mai und Juni wird nicht nur in der Grieg-Villa Troldhaugen vor den Stadttoren gefeiert, sondern auch in der 1978 gebauten Grieg-Halle und im Stadttheater „Den Nationale Scene“, das *Henrik Ibsen* einige Jahre leitete.

Heute und wohl auf weitere Zukunft zieht Bergen seinen Reichtum aus Ölvorkommen, die seit 1978 gut 220 km nordwestlich der Stadt in der Nordsee ausgebeutet werden: Hafenbetriebe bauen und reparieren Bohrinseln, Wissenschaftler der Universität liefern das Know-how für die schwierige Gewinnung von Öl und Gas aus 300 m Tiefe, 6.000 Arbeitsplätze sichert der zukunftsträchtige Industriezweig schon heute. Aber auch hier liegt Bergen nur auf dem zweiten Platz: Die Nummer eins als Öl-Boom-City ist Stavanger und nicht die „Stadt zwischen den sieben Bergen“.

Information

• *Information* **Touristinformation**, ✆ 55552000, www.visitBergen.com, Juni/Juli/Aug. täglich 8.30–22 Uhr, Mai/Sept. täglich 9–20 Uhr, sonst Mo–Sa 9–16 Uhr. Nach dem dritten Umzug residiert das Zentrum für Auskünfte, Zimmervermittlung, Geldwechsel, für den Verkauf von Fahrkarten, auch für Hurtigruten beispielsweise, für „Bergen Card" (sogar Mietautos kann man ordern) und für Gepäckaufbewahrung im Erdgeschoss der alten Börse von Bergen gleich hinterm Torget, dem Marktplatz am Hafen (Vagsallmenningen 1). Das sehr informative Informationsbüro ist regelmäßig so überlaufen, dass jüngst ein Nummernspender eingeführt wurde. Vor der Tür starten Sightseeing-Busse und der Zubringerbus zur Ulriken-Gondelbahn.

Ein nur im Sommer geöffnetes Zweigbüro befindet sich auf **Skoltegrunnskaien**, direkt am Anleger für internationale Fähren; der Infoschalter auf dem Flughafen hingegen ist ganzjährig geöffnet.

Verbindungen

• *Flugverbindungen* London, Kopenhagen, Hamburg, Berlin (neuerdings vom norwegischen Billigflieger *Norwegian* bedient), Newcastle, Aberdeen und Stockholm sind die internationalen Flugziele des Bergener Flughafens **Flesland** (✆ 55998155), der 20 km von der Innenstadt entfernt liegt (Flughafenbus **Flybus** ab SAS-Hotel bzw. Busbahnhof oder Fähre nach Stavanger mit dem ersten Stopp „Flesland" per Auto über die RV 580). Zudem werden 48 innernorwegische Ziele täglich angeflogen: Oslo 12–21 x täglich nonstop (40 Min.), Trondheim 13–18 x täglich (55 Min.), Tromsø 5 x täglich (2,5 Std.), Alta 4 x täglich (3 Std. 15 Min.), Bodø 3 x täglich (2 Std. 15 Min.), Stavanger 10 x täglich nonstop (30 Min.), Kirkenes 2 x täglich (5,5 Std.) Kristiansand 9 x täglich (1,5 Std.).

• *Zugverbindungen* Zwischen 7.33 und 23 Uhr (dann mit Schlafwagen) verkehren fünf NSB-Züge der berühmten **Bergensbanen** täglich nach Oslo und zurück (Platzreservierung nicht vergessen, 20 NOK). Start am Hauptbahnhof, Strømgaten (✆ 81500888, Gepäckaufbewahrung rechts in der Bahnhofshalle: 20 NOK pro Tag). Die wichtigste Ost-West-Verkehrsverbindung Norwegens erschließt ab Voss per Bus den Hardanger- und den Sognefjord und bietet 6 x täglich ab Myrdal einen Abstecher mit der **Flåmsban** (90 NOK); lohnenswert das Angebot „Norway-in-a-Nutshell": Rundtour per Bahn nach Voss, per Bus nach Gudvangen, dann per Fähre durch den schmalen Naerøyfjord nach Flåm, mit der Flåmsban hinauf und mit Bergensbanen zurück nach Bergen oder weiter nach Oslo – ein wirklich toller Tagesausflug für für 1.825 NOK

• *Busverbindungen* Der moderne Busbahnhof **Bystasjonen** befindet sich in der Strømgaten 8 (direkt neben dem Hauptbahnhof) in einer Passage mit Läden und Restaurants, Schließfächern, einer Bank und einem Narvesen-Kiosk (✆ 55554454, Fahrplan-Auskünfte und Reservierung jedoch unter Service-Tel. 177). Von hier verkehren mehrmals täglich Expressbusse nach Stavanger, Oslo, Ålesund, Trondheim, Fagernes und Lillehammer. Hier starten auch die Regionalbusse in die nähere Umgebung, z. B. in die Gegend von Hardanger- und Sognefjord, nicht aber die gelben Stadtbusse (s. „Stadtverkehr"). In aller Regel lohnen die Fernbusse ab Bergen kaum – man ist mit dem Zug schneller in Oslo und auf der Hardangervidda und mit dem Schiff schneller in Stavanger. Diese Fahrten sind zudem landschaftlich reizvoller und kosten kaum mehr als die Busfahrt. Allein die Tour nach Ålesund (11 Std., einmal täglich) ist per Bus empfehlenswert.

• *Fährverbindungen* Am **Skoltegrunnskaien** vor der Festung Bergenhus machen die **Fernfähren** aus Großbritannien, Dänemark, Island und den Färöern fest. Täglich um 20 Uhr startet das Postschiff der **Hurtigruten** vom **Jekteviken**.

Die erlebenswerten **Flaggruten** nach Stavanger legen am **Strandkaiterminalen** ab (✆ 55238780, hier auch Fahrkartenverkauf, Schließfächer und Wartesaal). Die schnittigen, zweistöckigen Katamarane bringen Sie in vier Stunden 3 x täglich für 1.200 NOK nach Stavanger. Die sehr schöne und schnelle Fahrt (Durchschnitt: 45 km/h) dicht an Küste und Schären entlang genießen Sie durch Panoramafenster, sollten dann aber

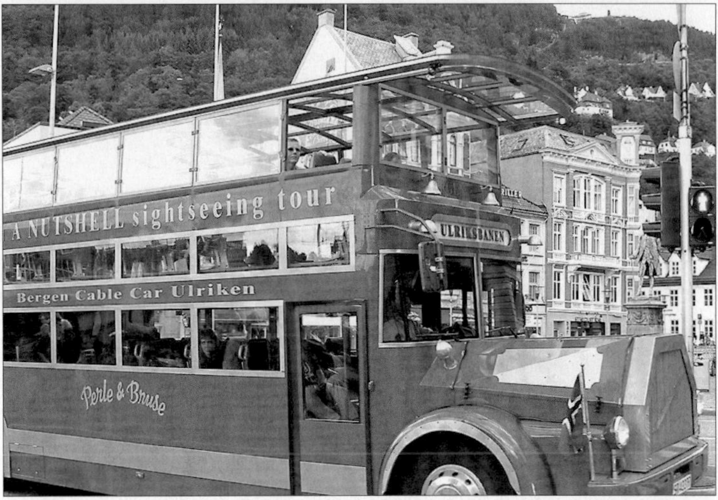

Sightseeing im Oldtimer: gemütliche Tour in Bergen

für Seekrankheit nicht sonderlich empfänglich sein. Doch keine Angst: Nur im Dezember gibt es Wellen über 3 m Höhe, dann verkehren die Boote nicht (und seit einem Unfall 1999 mit 12 Toten ist man da besonders vorsichtig); ansonsten gibt es sieben kurze Zwischenstopps zum Erholen. Das Schiff hat ein Restaurant und eine Kinderspielecke.

Gleichfalls vom **Strandkaiterminalen** legen die Katamarane täglich zu ihrer Fahrt in den **Hardangerfjord** ab. Auch die sagenhaft schöne Zickzacktour in und durch den **Sognefjord** startet hier 2 x täglich nur während der Sommermonate. Im Hafen am **Fischmarkt** legen die Lokalboote zu den Inseln in unmittelbarer Nähe Bergens ab und auch die **Hafenfähre** über die Hafenbucht Vågen (werktags von 7.10–16.15 Uhr,18 NOK, Kinder 10 NOK).

Adressen

- *Hauptpost* Ecke Rådhusgate/Christiesgate, ✆ 55541500 (geöffnet Mo–Fr 8–18, Sa 9–15 Uhr).
- *Banken* Torgalmenningen (nur ein Katzensprung von der Touristinformation, Mo–Fr 8.15–15.30, Do bis 17 Uhr). Geldwechsel ist auch am Flughafen und im Touristenbüro möglich.
- *Telegrafenamt* Byparken (am Stadtpark), 9–16 Uhr geöffnet.
- *Konsulat* Deutschland: Konsul Tor Teige, Strarvhusgt. 2a, ✆ 55315380; Österreich, Kong Oscargt. 56, ✆55312160.
- *E-Mail/Internet* in der Hollendergaten (hinter dem Torget) ., Accezzo, Galleriet, und Cyberhouse, Vetrlidsallmenningen 13.
- *Parken* Drei Parkhäuser gibt es in Zentrumsnähe: **Bygarasjen** (Nähe Bahnhof); **City Park** (Markeveien); **Parkering-Huset** (Rosenkrantzgt. 4).
- *Parkplatz für Wohnmobile* **Bergen Bobil Senter**, Sandviksboden 1 (nur von Juni bis August geöffnet; Duschen, Toiletten, Müll).
- *Gästehafen* **Servicesenter** an der Zachariasbrygge, es bietet WC und Dusche, Waschmaschine und Stromanschluss (Tagesgebühr 50 NOK, Schlüssel in der Touristinformation)
- *Münzwaschsalon* **Jalens Vaskoteque**, Lille Øvregate 17, ✆ 55325504.

Bergen Card

Anders als in Oslo muss man in Bergen schon zweimal rechnen, um mit „Bergen Card" auf seine Kosten zu kommen. Der Besucherpass (24 Stunden für 170 NOK, Kinder 70 NOK; 48 Stunden für 250 NOK, Kinder 100 NOK) bietet zwar auch

- Freifahrten in Stadtbussen und kostenloses Parken,
- Gratiseintritt in manche Museen und andere Sehenswürdigkeiten,
- Ermäßigung bei Theater-, Kino- und Konzertkarten,
- Preisabschläge bei Bahn- und Fährkarten von/nach Bergen.

Doch Bergen ist viel kleiner als Oslo, Busse braucht man innerhalb der City nicht, und die Sehenswürdigkeiten liegen auch nicht so weit verstreut. Dafür ist „Bergen Card" dann vergleichsweise teuer. Persönlicher Tipp: Der Pass lohnt sich im Prinzip nur, wenn Sie ihn als Ermäßigung (25 %) für die An- oder Abreise nach Bergen nutzen.

„Bergen Card" bekommen Sie bei der Touristinformation, in vielen Hotels und am Bahnhof, in der Jugendherberge und am Fährenkai.

Stadtverkehr/Mietfahrzeuge

In dieser kompakten City, in der alles Sehenswerte im Umkreis von höchstens 2 km zu Fuß zu erreichen ist, sind Nahverkehrsmittel kaum nötig. Einige wenige Buslinien decken den Bedarf völlig.

- *Bus* **Bergen Sporvei** (gelbe Busse) und **Pan Traffik** (rote Busse) unterhalten 17 Linien, die für Touristen höchstens bei einer Fahrt in die Außenbezirke (Jugendherberge, Ulriken-Bahn oder Troldhaugen) lohnend sind. Durchschnittspreis 35 NOK, mit „Bergen Card" in der Innenstadt gratis.
- *Taxi* Es gebe fast schon zu viele Taxis, findet Leserin Katja Heyne. Bestellen kann man sie unter ✆ 07000, um Kombiwagen für Gruppen oder Besichtigungsfahrten (330 NOK pro Stunde) zu mieten. **Taxistand** in der Innenstadt am Rosenkrantzturm. Preisbeispiel: Busbahnhof–Troldhaugen 175 NOK, Busbahnhof–Flughafen 380 NOK.
- *Autoverleih* Auch in Bergen sind Mietwagen sehr teuer – gut 30 % teurer als in Mitteleuropa. Darum lohnen sich Preisverhandlungen. Vor allem während der Sommerferien, wenn die Geschäftsreisenden ausfallen, lassen sich Preisnachlässe aushandeln. Mit „Bergen Card" gibt es 10 % Ermäßigung bei: **Hertz Bilutleie**, ✆ 55550820, Nygårdsgaten 89; **Budget Bilutleie**, ✆ 55326000, Lodin Leppsgt. 1; **AVIS**, ✆55553955, Lars Hillesgt. 20a.
- *Fahrradverleih* Außerhalb der Sommersaison (Juni-August) gibt's Stadträder und Mountainbikes im Geschäft **Sykkelbutikken**, Østre Skostredet. Im Sommer auch auf der Vågsalmenning, der Straße vom Torget zur Innenstadt.
- *Bootsverleih* Wer's ganz teuer und schnittig mag, kann sich bei **Lystbåtformidling** (✆ 55125090) einen Luxus-Kabinenkreuzer (30 Knoten) inklusive Skipper mieten. Oder als Gast im **Hotel Admiral** deren Jacht dann gratis ausleihen.

Übernachten (siehe Karte S. 262/263)

Für seine Größe hat Bergen erstaunlich viele und vielfältige Unterkunftsmöglichkeiten. Hier eine Auswahl aus allen Preisklassen (wer dennoch kein Glück bei der Zimmersuche hat, kann das Sonderangebot der Touristinformation – Privatzimmer plus „Bergen Card" zu 450 NOK – in Anspruch nehmen; diese Anregung verdanken wir unserem Leser Dr. van Elsen):

Bergen Vanderhjem „Montana" (1), Johan Blyttsveien 30, ✆ 55208070. Per Buslinie 31 am Bahnhof in westlicher Richtung abbiegen, hinter dem Friedhof auf der Straße Kalfarveien; 20 Min. Fahrt, 28 NOK. Mit dem Auto Richtung Ulriken, Ausschilderung folgen. Die Jugendherberge liegt fast 8 km vom Stadtkern entfernt am Ulrikenhang, doch die vormals schöne Aussicht wird jetzt von einer Luxussiedlung versperrt. 280 Betten in Fünf-Bett-Familienzimmern nur mit Etagenduschen, eine spartanisch eingerichtete Gemeinschaftsküche und ein Frühstück unter Jugendherbergsdurchschnitt machen Montana nicht mehr wie einst zum Geheimtipp. Die Preise liegen über Jugendherbergs-Durchschnitt: 210 NOK pro Bett, DZ 660 NOK, EZ 440 NOK (Frühstück jeweils inkl.), Abendessen 100 NOK.

Marken Gjestehus (3), Kong Oscarsgt.45, ✆ 55314404, markengjestehus@smisi.no. In Stil, Preis und Komfort der Jugendherberge vergleichbar – nur sehr viel zentraler (300 m vom Bahnhof entfernt) gelegen. Die Zimmer reichen von EZ bis zum Sechs-Bett-Zimmer, die Preise von 240 bis 610 NOK, Bett 165 NOK. Es gibt eine gut ausgestattete Küche, TV-Raum und Waschmaschine.

Bergen Travel Hotel (38), Vestre Torvgaten 20a, ✆ 55599090, www.hotelbergen.com. 24 Zimmer bietet diese hübsch gelegene B&B-Pension. Dazu eine Bar mit Schankgenehmigung, Livemusik und kleine Gerichte zu vernünftigen Preisen. Alle etwas bieder, aber gemütlich eingerichteten Zimmer mit Du/WC, TV, Telefon und Zugang zur Küche – die ideale Bleibe für Selbstversorger. Haustiere sind auch gestattet. EZ für 690 NOK , DZ 1.080 NOK.

Jacob's Apartments (4), Kong Oscarsgate 44, ✆ 98238600, www.apartments.no. 40 Appartements, ein Café und neuerdings ein Bettenlager bietet das Haus im Zentrum. Die Wohnungen mit WC/Du und Küchenzeile wurden 2003 renoviert und modern möbliert. Die Preise reichen von 345–790 NOK pro Person, Bett 165 NOK. Leser B. Mayr aus Stadtbergen lobt den kostenlosen Internetzugang.

Hotel Park Pension (36), Harald Hårfargresgaten 35, ✆ 55544400, www.parkhotel.no. Dieses kleine Hotel mit familiärem Flair gehört zur Kette der „Romantischen Hotels" und ist schon deshalb eine Empfehlung wert. In einem weißen Eckhaus im alten Patrizierstil in Bergens großbürgerlichstem Stadtteil nahe der Grieg-Halle warten 20 Zimmer (Du/WC, TV und Telefon) mit gediegener Gemütlichkeit auf Gäste, die ein paar Tage hier verbummeln möchten, die auf das Restaurant verzichten und mit belegten Broten und kleinen, aber köstlichen Gerichten vorlieb nehmen. EZ 890 NOK, DZ 1.090 NOK mit Frühstück (Weihnachten und Ostern geschlossen).

Augustin Hotel (28), C. Sundtsgate 22–24, ✆ 55304000, www.augustin.no. Vieles spricht für das mehrstöckige 200-Betten-Hotel: ein gutes, gemütliches Lokal, gediegene, wenn auch etwas kleine Zimmer, die Sommerpreise, vor allem aber die Lage am Vågen und mehr noch die vortreffliche Konditorei gleichen Namens direkt nebenan. EZ 1.345 NOK, DZ 1.590 NOK (Sommerpreise: 495 bzw. 980 NOK).

Best Western Hotell Hordaheimen (27), C. Sundtsgate 18, ✆ 55335000, www.hordaheimen.no. Trotz der attraktiven Lage bietet das 55-Zimmer-Hotel (Du/WC, TV und Telefon) keinen besonders schönen Ausblick, nur eine laute Straße .Allerdings hat der neue Besitzer die Zimmer und die Cafeteria hübsch umgestaltet: EZ 1.040 NOK, DZ 1.460 NOK.

Strand-Hotel (25), Strandkaien 2b, ✆ 55593300, www.strandhotel.no. Eine vortreffliche Aussicht auf Hafen, Brygge und Fischmarkt aus den oberen Etagen bieten die 80 etwas betulich eingerichteten Zimmer mit Du/WC, TV und Telefon. Die jungen, freundlichen Besitzer sind stolz auf ihre endlich erworbene Schanklizenz. Pfiffiger Service zudem: Rund um die Uhr gibt es Kaffee, Tee und Waffeln gratis. EZ 975 NOK, DZ 1.060 NOK (mit Frühstück im Salon).

Thon Hotel Bergen Brygge (23), Bradbenken 3, ✆ 55308700, www.thonhotels.no. Besser kann die Lage nicht sein: Am Bryggen-Kai, zwischen Rosenkrantz-Turm und Hansehäusern, liegt dieser äußerlich allerdings missratene, siebenstöckige Klotz. Drinnen aber herrscht der nordisch-nüchterne, elegant-erlesene Stil der Thon-Kette. Alle 229 Zimmer sind mit Du/WC, TV und Telefon ausgestattet. Dazu gibt es ein empfehlenswertes Fischrestaurant und einen populären Nachtklub. EZ 595 NOK, DZ 800 NOK.

Thon Hotel Rosenkrantz (8), Rosenkrantzgate 7, ✆ 55301400, www.thonhotels.no. Gleich um die Ecke liegt dieses ebenfalls zum Thon-Konzern gehörende Hotel: Auch hier finden Sie 129 moderne und tadellose Zimmer, auch hier ein Restaurant und eine Bar. Nur die Preise sind höher: EZ 1.150 NOK, DZ 1.350 NOK.

Clarion Admiral Hotel (29), C. Sundtsgaten 9, ✆ 55236400, www.admiral.no. Der seemännische Name hat seinen Grund: Die Jacht gleichen Namens liegt vor der Hoteltür am Nykirkekaien vertäut und wartet auf Hotelgäste; für die ist die Nutzung gratis. Ansonsten sollten Sie in dem Hotel

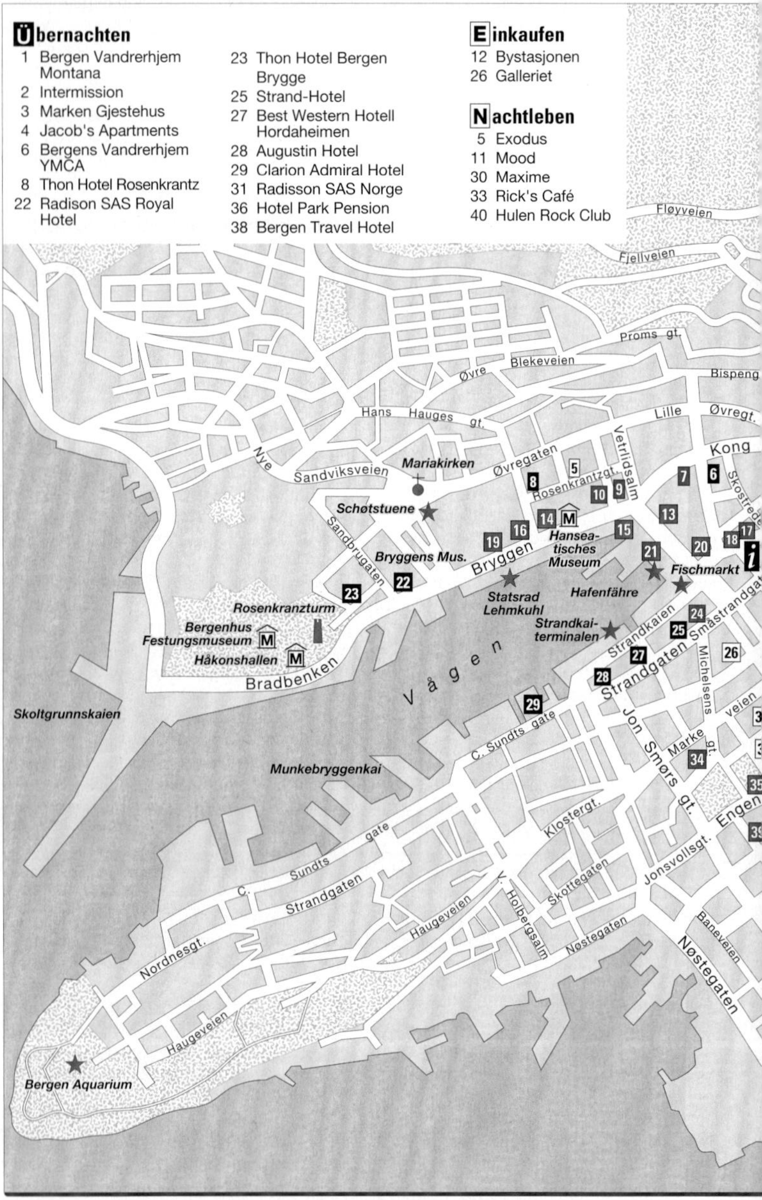
Übernachten
1 Bergen Vandrerhjem Montana
2 Intermission
3 Marken Gjestehus
4 Jacob's Apartments
6 Bergens Vandrerhjem YMCA
8 Thon Hotel Rosenkrantz
22 Radison SAS Royal Hotel
23 Thon Hotel Bergen Brygge
25 Strand-Hotel
27 Best Western Hotell Hordaheimen
28 Augustin Hotel
29 Clarion Admiral Hotel
31 Radisson SAS Norge
36 Hotel Park Pension
38 Bergen Travel Hotel
Einkaufen
12 Bystasjonen
26 Galleriet
Nachtleben
5 Exodus
11 Mood
30 Maxime
33 Rick's Café
40 Hulen Rock Club
Fløyveien
Fjellveien
Proms gt.
Øvre
Blekeveien
Bispeng
Hans Hauges gt.
Lille Øvregt.
Kong
Nye Sandviksveien
Mariakirken
Øvregaten
Rosenkrantzgt.
Vetrlidsalm
Skostredet
Schøtstuene
Sandbrugaten
Hansea-tisches Museum
Bryggens Mus.
Bryggen
Fischmarkt
Statsrad Lehmkuhl
Hafenfähre
Rosenkranzturm
Bergenhus Festungsmuseum
Håkonshallen
Strandkai-terminalen
Strandkaien
Småstrandgt.
Bradbenken
Vågen
Strandgaten
Michelsens
Skoltgrunnskaien
C. Sundts gate
Jon Smørs gt.
Markeveien
Munkebryggenkai
Klostergt.
Engen
Jonsvollsgt.
Skottegaten
V. Holbergsalm
Haugeveien
Nøstegaten
Baneveien
Nordnesgt.
Haugeveien
Bergen Aquarium

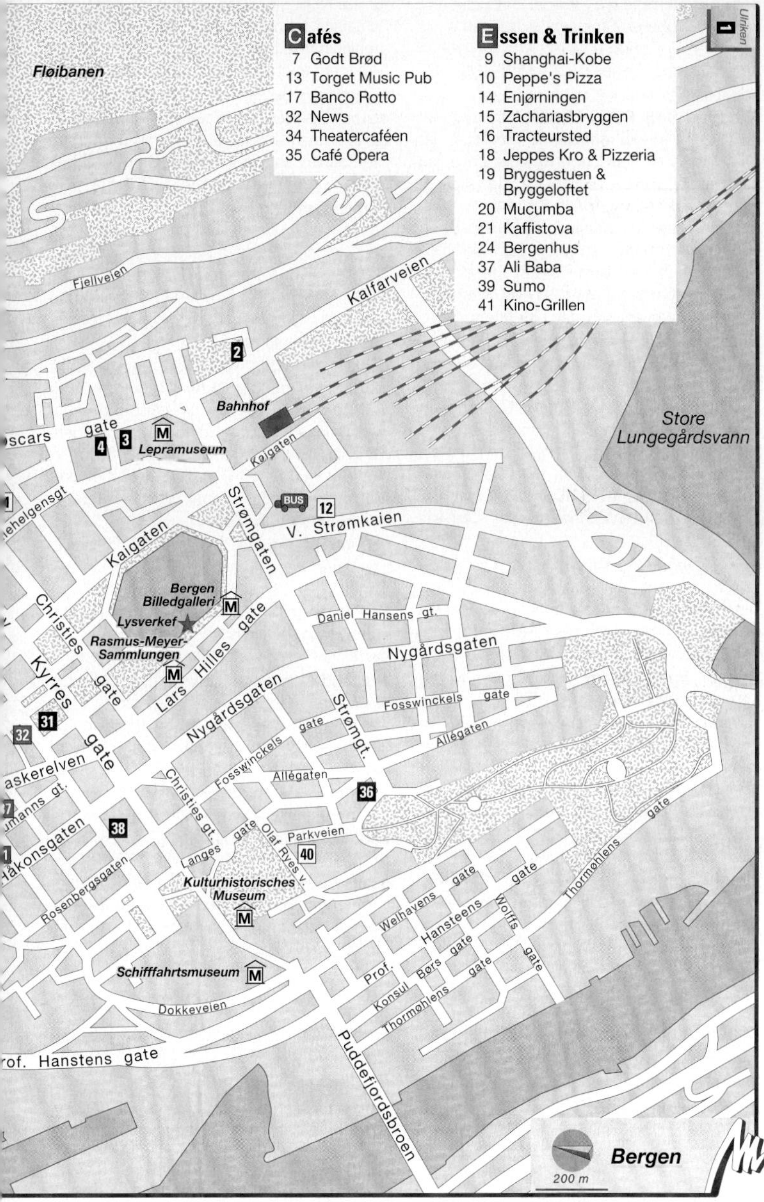
Cafés
7 Godt Brød
13 Torget Music Pub
17 Banco Rotto
32 News
34 Theatercaféen
35 Café Opera
Essen & Trinken
9 Shanghai-Kobe
10 Peppe's Pizza
14 Enjørningen
15 Zachariasbryggen
16 Tracteursted
18 Jeppes Kro & Pizzeria
19 Bryggestuen & Bryggeloftet
20 Mucumba
21 Kaffistova
24 Bergenhus
37 Ali Baba
39 Sumo
41 Kino-Grillen
Ulriken
Fløibanen
Fjellveien
Kalfarveien
Bahnhof
Lepramuseum
Kaigaten
Strømgaten
V. Strømkaien
BUS
12
Store Lungegårdsvann
Bergen Billedgalleri
Lysverket
Rasmus-Meyer-Sammlungen
Lars Hilles gate
Christies gate
Kyrres gate
Daniel Hansens gt.
Nygårdsgaten
Fosswinckels gate
Allégaten
Strømgt.
Parkveien
Olaf Ryes v.
Langes gate
Kulturhistorisches Museum
Håkonsgaten
Rosenbergsgaten
Schifffahrtsmuseum
Dokkeveien
Prof. Hanstens gate
Puddefjordsbroen
Welhavens gate
Hansteens gate
Wolffs gate
Thormøhlens gate
Konsul Børs gate
Bergen
200 m

der Spitzenklasse ein Zimmer mit Balkon in einem der oberen Stockwerke buchen – nur so haben Sie einen unverstellten, herrlichen Ausblick auf Vågen. EZ 1.695 NOK, DZ 1.896 NOK.

Radisson SAS Royal Hotel (22), Bryggen, ✆ 55543000, www.radissonsas.no. Hier ist alles first class: die Lage in einer Zeile mit den Hansehäusern, die Anlage, den Hansehäusern nachempfunden, nur eben aus Beton und Glas, der Service, die Ausstattung und natürlich auch die Preise: EZ 1.745 NOK, DZ 1.865 NOK. Kurzum: Wenn Sie sich in dieser besonderen Stadt etwas Besonderes leisten wollen, sind Sie hier richtig.

Radisson SAS Hotel Norge (31), Ole Bull Plass 4, ✆ 55573000, www.radissonsas.no. Jeden Komfort können Sie in dem First-Class-Haus am Stadtpark erwarten – neben einem edlen Restaurant auch Bar und Nachtklub und, für den Morgen danach, ein Gesundheitszentrum. Das alles hat seinen hohen Preis: EZ 1.745 NOK, DZ 1.865 NOK (stark reduzierte Wochenend- und Last-Minute-Preise).

• *Für Jugendliche* Ausschließlich für junge Trekker mit knapper Reisekasse sind diese Unterkünfte gedacht. Wenn auch da kein Platz ist, hilft nur noch die Privatzimmervermittlung über die Touristinformation.

Bergen Vandrerhjem YMCA (6), Nedre Korskirkealmenning 4, ✆ 55606055, www.vandrerhjem.no. Das CVJM-Heim bietet in der Parallelstraße zum Torget die preiswerteste Unterkunft der Innenstadt. Für 170 NOK gibt es ein Bett im Schlafsaal und Frühstück obendrein. Dazu Koch- und Waschgelegenheit (geöffnet nur vom 15. Juni bis 1. September).

Intermission (2), Kalfarveien 8, ✆ 55300400. In der östlichen Ausfallstraße hinter dem Bahnhof finden müde Tramper und Trekker in der Zeit von Mitte Juni bis Mitte August für 120 NOK ein Dach über dem Kopf. Der Schlafsaal (ohne Geschlechtertrennung) und drei kleine Räume sind schnell überfüllt; darum lohnt auch hier der rechtzeitige Anruf.

• *Camping* Bergen ist mit sechs Campingplätzen mehr als ausreichend versorgt. Doch bis auf einen liegen alle Plätze weit draußen (vier davon an einer Straße) und sind bequem leider nur mit dem Auto zu erreichen.

Bergen Camping Park, Breistein, ✆ 55248808, www.bcp.no. Ca. 15 km vom Zentrum gegenüber der Trabrennbahn; 250 Zeltplätze, 120 Plätze für Caravans, 10 Hütten (300–850 NOK), Motel mit 16 Zimmern (400 NOK), Supermarkt, Cafeteria, Post, Telefon, moderne sanitäre Anlagen.

Lone Camping, Haukeland, ✆ 55392960, www.lonecampig.no. Etwa 25 Autominuten von Bergen an der Reichsstraße 580; wunderschön an einem kleinen See gelegen. 300 Zeltplätze, 120 Caravanplätze, 18 Hütten (405–910 NOK), Motel mit 22 Mehrbettzimmern, Tankstelle, Supermarkt, Cafeteria, Kanu- und Angelverleih.

Grimen Camping, Heldal, ✆ 55102590, www.grimencamping.no. Ebenfalls an der Straße 580, ebenfalls an einem schönen See, aber mit Kiesboden; Campinghütten werden ab 450 NOK vermietet; kleiner Laden vorhanden, Verleih von Angelzubehör.

Bratland Camping, Haukeland, ✆ 55101338, www.bratlandcamping.no. Der dritte Platz an der Straße 580; 24 Hütten (nur wenige Hütten sind über das ganze Jahr, dann ab 390 NOK, zu vermieten), 16 DZ, Kiosk, Telefon, die sanitären Anlagen ließen beim letzten Check jedoch zu wünschen übrig.

Midttun Motell & Camping, ✆ 55103900, ℻ 55104640. Ebenfalls an der Straße 580; sechs Hütten und 32 Zimmer mit insgesamt 127 Betten, befriedigende sanitäre Einrichtungen, Telefon, Sauna, Wäscherei. Hütten ab 450 NOK, DZ 600 NOK.

Essen & Trinken/Cafés/Kneipen (siehe Karte S. 262/263)

In dem an kulinarischen Höhepunkten armen Norwegen ist Bergen schon fast ein Highlight: Die Fischsuppe und das hier gebraute „Hansa"-Bier sind über die Stadtgrenzen bekannt.

Zachariasbryggen (15), Fisketorget, ✆ 55310360. Der Treff in Bergen nicht nur zur Sommerzeit. In zwei imitierten Hansehäusern am Fischmarkt finden Sie eine **Konditorei**, zwei **Restaurants** (eines japanisch, eines mexikanisch), eine **Pizzeria** und eine **Piano-Bar**. Bis 1 Uhr nachts hat jedes Lokal mindestens geöffnet, Sie können jederzeit von einem Lokal in das andere wechseln. Und in milden Sommernächten auf der Terrasse am Hafen sitzen.

Fischmarkt, Fisketorget. Hier gibt es herrlich frische Fischbrötchen. Aber auch nur zum Anschauen lohnt sich der Markt (Mo–Fr 7–16 Uhr, Do 7–19 Uhr, Sa 7–15 Uhr).

Kaffistova (21), Torget, ✆ 55316627. Dem Fischmarkt gegenüber liegt diese etwas größere Cafeteria – unten gibt's Kleinigkeiten und Salate in einer kühlen Bar, im Lokal des ersten Stockwerks passable Tagesgerichte ab 120 NOK und einen schönen Ausblick über den Hafen.

Yang Tse Kiang, Torget, ✆ 55316666. Gleich nebenan der etwas bessere Chinese. Unter den 100 Spezialitäten aus dem Reich der Mitte gibt es auch erschwingliche Nudelspeisen (85–120 NOK) und Currygerichte (80–110 NOK). Die Eigenwerbung jedoch („Bergens bestes ausländisches Restaurant") scheint leicht übertrieben.

Ein kleineres Lokal gleichen Namens und gleicher Qualität findet sich in der Einkaufspassage „Galleriet".

Mucumba (20), Torget. Tapas und kleine Gerichte gibt es in der Bar am Marktplatz. Im Treff der Südamerikaner wird gelegentlich Son und Salsa abends live serviert.

Bergenhus (24), Strandkaien 4. Einfache, aber für Westnorwegen typische Fischgerichte bekommt man im 1. Stock. Hier können Sie die originale Fischsuppe zu einem günstigen Preis probieren.

Jeppes Kro & Pizzeria (18), Vågsalmenning 6, ✆ 55546660. Verschiedene Restaurants über vier Stockwerke. Die vielsprachige Speisekarte enthält zwar auch Fisch- und Fleischgerichte, lohnend aber sind nur die Pizzen (85–120 NOK).

Peppe's Pizza (10), Norwegens erfolgreichste Futterkette ist in Bergen dreimal vertreten, z. B. in Zachariasbryggen und in der Speicherstadt Bryggen neben dem Hanseatischen Museum (Finnegården 2a). Wie immer eine annehmbare Adresse für Pizza und Salat satt.

Sumo (39), Neumannsgate 25. Asiatischer Gaumenschmaus. Und das zu erträglichen Preisen.

Shanghai-Kobe (9), Lodin Leppsgt. 4. Lesertipp: „Das kleine, einfache China-Restaurant biete leckeres Chinaessen zu günstigen Preisen", meint Daniel Wuttig aus Lübeck.

Nahe dem **Konzertpaleet**, dem Kinocenter mit 14 Lichtspielsälen, findet sich in der Neumannsgate außerdem eine ganze Reihe ansprechender Buden, z. B.:

Kino-Grillen (41), klein und preiswert: Hähnchen mit Pommes für 70 NOK (!), Hamburger für 47 NOK.

Ali Baba (37), Neumannsgate 8. Noch etwas günstiger, aber keineswegs schlechter: Kebab und Hamburger für 45 NOK. Leser Christoph Heesen aus Hamburg lobt „den anständigen Falafel für 35NOK".

Enjørningen (14), Bryggen, ✆ 55327919. Das Fischrestaurant im ersten Stock eines ehemaligen Hansekontors bietet in traditioneller Umgebung traditionelle Fischgerichte. Achten Sie auf das kalte Büfett, das täglich ab 12 Uhr, sonntags ab 13 Uhr eröffnet ist. Im Parterre die urige Bierbar **Sjøboden**, in der es abends oft Livemusik gibt.

Tracteursted (16), Bryggestr., ✆ 55314046. In „Norwegens ältestem Lokal" (Eigenwerbung) essen Sie unter alten Schiffsmodellen gegrillten Lachs für 250 NOK und Rentierbraten für 310 NOK. Und das ist seinen Preis wert; fast noch besser aber ist die Salatbar. Das Restaurant ist nur von Mai bis September geöffnet.

Auch hier gibt es im Erdgeschoss ein uriges Lokal, das an lauschigen Sommerabenden schon mal ein paar Tische in den Hof stellt.

Bryggestuen & Bryggeloftet (19), Bryggen 11, ✆ 55310630. In der Stube geht es ein wenig preiswerter zu als im Loft – 130 NOK für das Tagesgericht hier, 190 dort. Die Kombination von klassischem Ambiente, Hafenaussicht und guten Speisen ist unübertroffen (sonntags erst ab 13 Uhr geöffnet).

Hervorragende Restaurants mit herausragenden Preisen auch in den großen Hotels: **Statsraaden** und **Café Royal** im SAS-Hotel natürlich, aber auch **Grillen** im Hotel Norge oder **Emily** im Hotel Admiral. Sie können die Restaurants getrost besuchen, ohne Hotelgast zu sein.

• *Cafés, Pubs und Bars* Wo es soviel regnet, braucht man kleine Lokale für die kleine (Regen-)Pause. Von „vornehm" bis „verraucht" hat Bergen alle Kategorien zu bieten:

Banco Rotto (17), Vågsalmenning 16, ✆ 55327520. Nobles Café im Stil des Fin de siècle, wo ältere Damen bei Kuchen mit Sahne den Hut aufbehalten. Außerdem Lunch an der langen Theke und Tanz (11–16.30 Uhr und 19–2.30 Uhr).

Café Opera (35), Engen 24, ✆ 55230315. Studenten bevorzugen dieses Bistro am Theater, das neben wechselnden Ausstellungen und dem Schankrecht stets leckere Kleinigkeiten (z. B. gegrillten Lachs für130 NOK) zu bieten hat (geöffnet von 11.30–1 Uhr, am Wochenende bis 4 Uhr).

Theatercafeen (34), Michelsensgate 10. Noch dichter am Theater liegt dieser verrauchte Schuppen, in dem sich längst nicht mehr Schauspieler, sondern junge Biertrinker treffen (das mit 50 NOK auch besonders billig ist). Selbst die Musikanten (Livemusik von 17–21 Uhr) haben ihre besten Zeiten hinter sich. Die anschließende Disko hat Vorstadt-Niveau.

Godt Brød (7), Hollendergt. 12. Das beste Brot, der leckerste Kuchen und manchmal ein Stück heiße Pizza. Und im Sommer stehen ein paar Stühle vor der Tür, um die man sich streiten muss.

News (32), Torggaten 4, ✆ 55230890. 23 Biersorten, darunter auch deutsche, spanische und irische, können in der Schickimicki-Kneipe konsumiert werden. Es gibt aber auch Wein und Spirituosen sowie gratis jede Menge Nüsse.

Torget Music Pub (13), Torget. An der längsten Theke der Stadt wird neben Bergener „Hansa"-Bier" auch heiße Schokolade und gute Musik eingeschenkt, letztere abends manchmal live.

Und nicht vergessen: Auch in **Zachariasbrygge**, im **Tracteursted** und **Enjørningen** sowie in manchen Hotels gibt es nette Kneipen.

Nachtleben/Kultur (siehe Karte S. 262/263)

Außer Hoteldiskos (SAS Royal Hotel, „Norge", „Orion" und „Rosenkrantz") und wenigen Tanzlokalen (z. B. Banco Rotto) bietet Bergen nur wenige Möglichkeiten zur abendlichen Sause. Dafür ist das kulturelle Veranstaltungsprogramm interessant.

• *Nachtleben* **Maxime (30)**, Ole Bull Plass, ✆ 55307120. Neben der Rock'n'Roll-Bar spielen auf zwei Bühnen manchmal Tanzkapellen auf. Man kann etwas essen oder nur an der Bar hocken (geöffnet Fr/Sa 11–3 Uhr).

Rick's Café og Salonger (33), Veiten 3. Pubs und verschiedene Diskos, eine irische Kneipe und eine Tanzbar für die ältere Jugend machen den Vergnügungskomplex zu einer Adresse für die ganze Nacht. Geöffnet ab 22 Uhr, am Wochenende 75 NOK Eintritt.

Mood (11), Vågalmenning. Nur freitags- und samstagsnacht ist der Schuppen im Zentrum ab 22 Uhr geöffnet. Eintritt 75 NOK.

Exodus (5), Rosenkrantzgate 5. Riesendisko mit Altersbeschränkung (22 Jahre!) und Eintritt 30 bis 70 NOK. Originelle Öffnungszeiten: Do, Fr, Sa 0.30–3 Uhr.

Hulen Rock Club (40), Olav Ryesvei 47, ✆ 55323287. In einem ehemaligen Luftschutzraum im Nygårdsparken veranstaltet der Studentenclub regelmäßig Livemusik, am Wochenende auch Disko (So, Mo, Di geschlossen, ansonsten: Mi u. Do 20–1 Uhr, Fr u. Sa 21–3 Uhr).

• *Theater* Die Metropole des Landes in Sachen Kultur hat neben den Festspielen einiges mehr zu bieten:

Das Theater **Den Nationale Scene** (Jon Smørsgate) wurde 1850 von Ole Bull gegründet, ist mithin Norwegens ältestes und noch heute eines der wichtigsten Theater des Landes, das auch Musicals und Revuen im Programm hat (Spielbetrieb nur von September bis Juni; Karten über ✆ 55901790 oder die Touristinformation).

Die **Grieg-Halle** mit dem angeschlossenen G.-Saevig-Saal (Musikabteilung mit Edvard-Grieg-Sammlung, Mo–Fr von 12–16 Uhr geöffnet) liegt an der Strømgate, in derselben Straße wie Haupt- und Busbahnhof. Seit dem Bauende 1978 wird über den Kunstkomplex, der alljährlich Mittelpunkt der Festspiele ist, gelästert. Dennoch hat die kühne Konstruktion aus Glas und Beton ihren eigenen Reiz. In ihr spielt das 1765 gegründete und damit gleichfalls älteste Orchester des Landes, das **Bergen Filharmoniske Orkester**, zwischen September und Juni immer donnerstags.

Das **Internationale Musikfestival** findet in Bergen immer in der letzten Mai- und ersten Juniwoche mit Solisten aus aller Welt statt. Regelmäßig 100 Konzerte gibt es dann in Kirchen, in Troldhaugen, der Håkon- und der Grieg-Halle. In der Tat ein Welt-Kultur-Fest, für das im Januar schon Karten und eine Programmvorschau über **Bergen Reiselivslag** zu haben sind.

Zu Konzerten und sonstigen Arrangements für Konzerte in Troldhaugen siehe „Ausflüge", S. 273.

• *Kino* Eigentlich reicht das **Konzertpaleet** in der Neumannsgate als Tipp: 14 Lichtspielhäuser unter einem, nebenbei hübschen Dach mit immer aktuellen Filmen, immer in Originalsprache und nie teurer als 95 NOK.

Aber es gibt auch noch das **Forum** am Danmarkplass, das jedoch keinen Vergleich mit dem Konzertpaleet aushält.

• *Folklore* Volkstänze aus allen Teilen Norwegens werden zwischen Juni und August in Bryggens Museum vorgeführt (Di und Do um 21 Uhr, Eintritt 80 NOK).

Frischer Lachs: nirgends so preiswert wie auf Bergens Torget

Einkaufen (siehe Karte S. 262/263)

• *Einkaufen* Die Geschäfte in Bergen sind üblicherweise von 9–16.30 Uhr geöffnet, donnerstags bis 19 und samstags bis 15 Uhr; Einkaufszentren hingegen haben bis 20 Uhr, samstags bis 16 Uhr geöffnet.

Galleriet (26), mitten in Bergen, in der Torgalmenningen (Verlängerung des Torget), prunkt dieses fünfstöckige Einkaufscenter. Über 70 Geschäfte, Boutiquen, Supermärkte und, was an Regentagen wichtig sein kann, sieben Gaststätten warten auf erlebnishungrige Käufer. Unter der Passagenkuppel gibt es aber auch im 4. Stock Livemusik und wechselnde Ausstellungen. Galleriet sollte man auch durchstreifen, wenn man nichts einkaufen will.

Bystasjonen (12), etwas bescheidener präsentiert sich auf zwei Etagen dieses Einkaufszentrum am Busbahnhof. Immerhin gibt es aber auch hier 30 Geschäfte, Supermärkte und zwei Gaststätten, sodass einem die Warterei auf den Anschlussbus leicht gemacht wird. Außerdem zählt Bergen drei Fußgängerzonen:

Strandgaten (parallel zur Hafenstraße Strandkaien) mit Norwegens sicher bestem Buchladen F. Beyer (Strandgaten 4).

Torgalmenning, wo neben dem Zentrum Galleriet vor allem Souvenir- und Schmuckgeschäfte zu Hause sind.

Marken, ein auf antik getrimmtes Sträßchen zwischen Rathaus und Bahnhof, in dem schon deshalb das Bummeln viel Spaß macht.

Auch in **Brygge** haben sich zahlreiche Andenkenhändler breit gemacht. Der attraktivste dieser Läden ist das **Atelier Hetland** mit witzigen Zeichnungen und hübschen Aquarellen; *Audun Hetland* (geb. 1920) ist Norwegens bekanntester Karikaturist und Buchillustrator.

• *Sport* Von A wie Angeln bis W wie Wandern reicht das umfangreiche Angebot in Bergen.

Angeln: Im Sekretariat des Bergener Angelvereins (Fosswinkelgate 37, ✆ 55321164, www.sportsfiskere.no, geöffnet Mo–Fr 9–13 Uhr) gibt es Angelkarten für den Lachs- und Forellenfang in Seen und Flüssen der Umgebung. Hochsee-Angeltouren (fünf Stunden, 450 NOK, Abfahrt 8 Uhr) organisiert **SEA**, ✆ 55324011, ✆ 552445242.

Baden: Die populärsten Badeplätze sind **Nordnes** in der Nähe des Aquariums (der zentrumsnächste, Buslinie 4), **Helleneset**

nördlich von Bergen (Buslinie 1) und der FKK-Strand **Rishamn** (Bussteig 20).

Attraktive Schwimmhallen: **Badeland**, etwas außerhalb an der RV 555, **Sentralbadet**, Teatergaten (Eintritt 30 NOK, Kinder 15 NOK) und **Stemmemyren Sporthalle** im Øyjordsveien, Buslinie 1 oder 9 (Eintritt 30 NOK, Kinder 15 NOK).

Racket, **Tennis**, **Squash**, **Badminton** und **Fußball** kann man im Bergen Racket Senter spielen (Fjellsdalen 9, ✆ 55123230, geöffnet 8–22 Uhr).

Wandern: Wem unser Wandervorschlag nicht genügt, mag sich für Wandertouren oder -vorschläge an **Bergen Turlag** wenden (Tverrgaten 4–6, ✆ 55322230, geöffnet von Mo–Fr 10–16).

Sehenswertes in der Innenstadt

Obwohl alle Sehenswürdigkeiten auf engstem Raum beieinander liegen, müssen Sie zwei, drei Tage einplanen, wenn Sie alles Erlebenswerte studieren wollen. Am besten, Sie beginnen Ihre Besuchstour mit einem Panoramablick über Bergen, um dann später in das historische Schmuckstück, die Hansestadt Bryggen, einzutauchen.

Fløyen (320 m. ü. d. M.): Allein schon die Fahrt auf Bergens Hausberg mit der Standseilbahn (**Fløibanen**) ist toll, denn zuerst kann man fast in die Wohnzimmer der angrenzenden Häuser schauen und dann wieder hinab auf den Fjord.Allerdings ist nach der Modernisierung die Bahnfahrt nur noch vier Minuten lang – man muss sich also für die besten Ausblicke sputen.

Der Blick vom Fløyen (320 m. ü. d. M.) ist grandios – das kleine, eingezwängte Bergen liegt wie auf dem Präsentierteller vor Ihnen. Für Fotoamateure mit Normal-Ausrüstung übrigens ist Fløyen ungleich lohnender als der höhere Ulriken. Oben angelangt, findet man ein Folkerestaurant (nur im Sommer geöffnet), natürlich einen Souvenirshop, einen Kinderspielplatz und zahlreiche bestens ausgeschilderte Wanderwege, die im Winter als Loipen genutzt werden. Wer für die Fahrt mit der Standseilbahn nicht schwindelfrei ist, kann in den Monaten Juni bis August auch eine Pferdekutsche benutzen: Nur bei gutem Wetter verkehrt sie bei genügend Nachfrage zwischen 11.30 und 17 Uhr.

• *Fløibanen* Sie finden die Talstation in der Øvregaten, 150 m hinter dem Torget, indem Sie seiner Verlängerung, der Vetrilidsalm, bis zum Ende folgen. Die 8-minütige Fahrt kostet hin und zurück 70 NOK, für Kinder 35. Die Bahn verkehrt von7.30–23 Uhr (So ab 9 Uhr) alle 15 Minuten, zur Rushhour häufiger.

• *Pferdekutsche* Ob Wetter und Nachfrage ausreichen, erfährt man unter ✆ 55915477 oder 94559432.

Bryggen: Bergens Attraktion, eine Ansiedlung von 280 hölzernen Hansehäusern, ist nur 300 Jahre alt. Nach dem Großbrand von 1702 wurden die völlig zerstörten Giebelhäuser des frühen Mittelalters naturgetreu wieder aufgebaut. Heute zählt sie die UNESCO zu den 375 „Kulturdenkmälern der Menschheit". Bis 1945 übrigens hieß der Stadtteil *Tyske Bryggen* – der Zusatz *tyske* (= deutsch) wurde nach dem Krieg aus gutem Grund weggelassen.

Die Holzhäuser wurden universal verwendet: Sie dienten als Wohn- und Lagerräume, Kojen und Kontore. Alles war unter einem Dach untergebracht, mit Ausnahme der Küche, denn offenes Feuer war in den Blockhäusern aus leidvoller Erfahrung verboten. Gekocht, gefeiert und wohl auch gewärmt wurde in der **Schøtstuene** am Ende der Häuserzeile (gleich neben der Marienkirche,

Bergens Brygge im Winter

s. „Bergenhus-Festung"), gearbeitet wurde in den schmalen Bohlengängen zwischen den Häusern. (Die Schøtstuene, die der zentrale Punkt des gesellschaftlichen Lebens war, kann besichtigt werden; Öffnungszeiten wie Hanseatisches Museum, Eintritt inbegriffen.)

Noch heute werden die Häuser genutzt, nicht nur von Restaurants, Kneipen und Boutiquen, sondern auch von Künstlern und Naturschützern, die hier ihre Ateliers und Büros unterhalten. Unter welch ungleich schlechteren Bedingungen die Händler, vor allem aber die Bediensteten vor 500 Jahren arbeiteten, ist im Hanseatischen Museum eindrucksvoll nachzuvollziehen.

Hanseatisches Museum: Im *Finnegård*, dem ersten Hansehaus vom Torget aus gesehen, ist Leben und Treiben der Hanseaten originalgetreu dokumentiert: Waagen und Pressen, Kontobücher und Schlafschränke, Aquavitkisten und Werkzeuge sind ausgestellt, als seien sie gestern noch benutzt worden. Unbedingt ansehen.

Öffnungszeiten Juni–August Di–So 9–17 Uhr; September–Mai 10–15 Uhr. Eintritt 25 NOK im Sommer (Kinder bis 16 J. gratis).

Torget: Hier finden Märkte und Veranstaltungen statt. Der **Fischmarkt** ist, vornehmlich im Sommer, immer einen Vormittag wert. Zumal man nebenan genüsslich im Café ausruhen und die anderen Besucher beobachten kann ... Jeden Tag gibt es Fische, Blumen, Obst, Gemüse, aber auch Kunstgewerbliches und Souvenirs zu kaufen. Bergens zweitbeliebtester Touristentreff lohnt bestimmt im Sommer ein Foto und jederzeit ein leckeres Fischbrötchen. Wer über eine eigene Kochgelegenheit verfügt, darf sich den fangfrischen und preiswerten Lachs nicht entgehen lassen, die anderen müssen mit dem geräucherten und in Folie eingeschweißten Fisch vorlieb nehmen.

Öffnungszeiten Mo–Fr 7–16 Uhr, Do bis 19 Uhr, Sa bis 15 Uhr.

Statsraad Lehmkuhl: Das schmucke Segelschulschiff wurde vor dem Ersten Weltkrieg in Bremen gebaut, fiel dann aber den Briten als Kriegsbeute zu, die es 1923 der Stadt Bergen verkauften. Wenn das schnittige Schiff, das jetzt den Namen eines Bergeners trägt, am Bryggen-Kai vertäut liegt, sollten Sie in der Touristeninformation nach aktuellen Besichtigungsterminen fragen. Sie können es aber auch mieten – für Essen und Empfänge mit höchstens 200 Gästen.

Bergenhus-Festung

Mariakirken: Das angeblich älteste Bauwerk Bergens aus dem 12. Jh. liegt neben Schøtstuene und Bryggens Museum. Die wohl schönste romanische Kirche Norwegens unterstand einst als *S. Marien, Der teutschen Kaufleut Kirch* den Bewohnern von Brygge. Sie war ab dem 15. Jh. die Gemeindekirche der wohlhabenden Hansekaufleute (die Messen wurden in deutscher Sprache gehalten); entsprechend reich wurde sie ausgestattet. Ob allerdings die schöne Barockkanzel mit ihren kunstvollen Schnitzereien auch eine deutsche Spende ist, bleibt ungewiss.

Öffnungszeiten Mai–September (täglich außer Sa) 9.30–11.30 und 13–16 Uhr; Oktober–April Di–Fr 11–12.30 Uhr. Eintritt im Sommer 20 NOK.

Bryggens Museum: Klein, aber fein ist dieses kulturhistorische Museum über den Fundamenten Alt-Bergens. Nach dem letzten Brand 1955, der übrigens auch den Freiraum für das SAS-Luxushotel nebenan schuf, stieß man bei Ausschachtungsarbeiten auf Siedlungsreste aus dem Jahr 1170. Darüber wurde dieses Museum errichtet. Um die wissenschaftlichen Erläuterungen zu verstehen, sollten Sie sich an der Kasse den preiswerten Museumsführer in deutscher Sprache besorgen (es gibt auch Kassetten) und ihn vor dem Rundgang vielleicht in der hübschen Cafeteria auf der Empore studieren. Seit 2004 ist am Museumseingang der „Meeting Point Bryggen“ eingerichtet. Vor dem Rundgang sollten Sie sich hier noch einmal kundig machen, auch die Führungen starten hier.

Öffnungszeiten Mai–August 10–17 Uhr, September–April Mo–Fr 11–15 Uhr, Sa 12–15 Uhr, So 12–16 Uhr. Eintritt 40 NOK, Kinder gratis.

Håkonshallen: Dieses kleine Nationalheiligtum in der Bergenhus-Festung steht so erst seit 50 Jahren. Die Halle, 1248 als Regierungssitz *Håkons IV.* und *Håkons V.* erbaut, flog 1944 bei der Explosion eines Munitionsschiffes, vermutlich ein Sabotageakt der Milorg, in die Luft und wurde erst 1961 originalgetreu wieder aufgebaut. Seitdem dient sie als Konzertsaal während des Festivals und als Repräsentationsraum der Stadt. Eine imposante Halle mit mächtigen Quadern und schwerem Holzgestühl.

• Öffnungszeiten 15. Mai bis 31. August 10–16 Uhr, sonst 12–15 Uhr, Do 15–18 Uhr, während der Festspiele und in der Oster- und Weihnachtswoche geschlossen. Eintritt 30 NOK, Kinder 15 NOK. Führungen: So zu jeder vollen Stunde.

Bergenhus Festningsmuseum: Für 2007 (also nach Veröffentlichung dieses Buches) ist die Eröffnung dieses Musums geplant. Es wird den norwegischen Widerstand 1940-45 dokumentieren und einen Schwerpunkt dem Thema „Frauen und Verteidigung“ widmen.

Rosenkrantz-Turm: Als kombinierten Festungs- und Wohnraum hat *Erik Rosenkrantz,* Stadthauptmann Bergens, in den 60er Jahren des 16. Jh. diesen Turm erbauen lassen und dabei Anlagen aus dem 13. Jh. integriert. Selbst wenn Sie sich nicht sonderlich für alte Gemäuer interessieren, sollten Sie der Aussicht wegen zum Wehrgang hinaufklettern.

Öffnungszeiten/Eintritt wie Håkonshallen.

Sehenswertes außerhalb der Innenstadt

Ulriken: Während vom Hausberg Fløyen vornehmlich die Stadtsicht besticht, bietet der fast doppelt so hohe Panoramaberg Ulriken (642 m) einen Rundblick über die Umgebung Bergens mit Inseln, Schären und Höhen. Nur sind dafür gute Sichtverhältnisse noch wichtiger als auf dem Fløyen. Auch hier oben, auf dem höchsten der sieben Berge, die die Stadt umschließen, gibt es viele Wanderwege und einen sehr schönen Weg abwärts ins Tal.

• Anfahrt Sie erreichen die Gondelbahn-Talstation mit den Buslinien 2 und 4 (Station: Hospital) oder per Doppeldecker-Zubringerbus von der Touristeninformation. Mit dem Auto verlassen Sie die Innenstadt über Haukelandsveien und folgen vor dem Tunnel der Ausschilderung. Gondelfahrt alle 7 Min. zwischen 9 und 21 Uhr (im Winter 10–17 Uhr bei schönem Wetter). 60 NOK einfach, 90 NOK hin und zurück (mit Autobus-Shuttle 150 NOK), Kinder 75 NOK. Mit Bergen Card 20 % Ermäßigung.

• Essen Sehr schön ist die Cafeteria **Sportkaffeen**, in der es außer Bergener Spezialitäten im Sommer auch Kammermusik-Aufführungen gibt.

Gamle Bergen: Der Museumsstadtteil am nördlichen Stadtrand zeigt 40 Holzhäuser aus den letzten drei Jahrhunderten. Sie finden hier Originaleinrichtungen vom Bäcker bis zum Zahnarzt. Die Innenansicht ist aber nur im Rahmen einer Führung möglich, doch einen gemütlichen Spaziergang ist der kleine Stadtteil immer wert. Das Freilichtmuseum liegt etwa 4 km von der Bergenhus-Festung (E 16/E 39 in nördlicher Richtung, ausgeschildert) entfernt.

Gamle Bergen: Spaziergang in die Vergangenheit

• *Anfahrt* Buslinie 1 oder 9 (Station: Museum).

• *Öffnungszeiten* nur von Mitte Mai bis Ende August von 9–17 Uhr geöffnet. Führung 50 NOK, Kinder gratis.

Bergen Aquarium: Neun große und 42 kleine Aquarien zeigen von Pinguinen bis Piranhas fast alles Meeresgetier. Kein Wunder, die Anlage zählt zu den größten Europas. Faszinierend sind aber auch die Freigehege mit Seevögeln und Seehunden. Das Aquarium liegt an der Spitze der Nordnes-Halbinsel. Gleich nebenan befindet sich übrigens das größte Freibad im Innenstadtbereich, das **Nordnes-Sjøbad** (Eintritt mit Bergen Card gratis).

• *Anfahrt* mit der Buslinie 11 oder in 15 Fußminuten von Stadtkern. Im Sommer gibt es eine Fährverbindung vom Fischmarkt aus.

• *Öffnungszeiten* Mai–September 9–19 Uhr; Okt.–April 10–18 Uhr; Fütterungen 12 und 15 Uhr. Eintritt 100 NOK, Kinder 50 NOK (mit BergenCard 20 % Ermäßigung).

Rasmus-Meyer-Sammlungen: Fast 1.000 Exponate norwegischer Maler, allen voran Werke von Dahl und Munch, hat der Kaufmann und Mäzen Meyer in seinem Haus nahe des Stadtteichs in der nach ihm benannten Allee (Nr. 7) zusammengetragen. Rasmus Meyer wollte zunächst nur den Maler Christian Dahl in Bergen mehr fördern. Daraus entstand im Laufe der Zeit diese umfangreiche Sammlung.

Lysverket: Das Städtische Kunstmuseum, gleich neben der Rasmus-Meyer-Sammlung gelegen (Nr. 9), zeigt norwegische und europäische Bilder sowie Ikonen der letzten 150 Jahre. In derselben Straße (Hausnummer 3) findet sich auch die **Stenersen-Sammlung** mit 250 Werken (darunter Picasso und Klee).

Öffnungszeiten für alle drei Museen 15. Mai–15. September 11–17 Uhr (im Winter montags geschlossen). Eintritt für alle drei Sammlungen 50 NOK; Kinder gratis.

Kulturhistorisches Museum: Archäologisches aus Westnorwegen, vom Altertum bis zur Gegenwart, wird in diesem Museum in Sydneshaugen, nahe der Universität, präsentiert. Sehr informativ ist auch die ethnologische Abteilung. Dazu finden Sie eine Ikonen- und eine Textilschau.

Öffnungszeiten das ganze Jahr und täglich von 11–14 Uhr. Eintritt frei.

Schifffahrtsmuseum: Gleich nebenan, auch in Sydneshaugen, das moderne Museum, das Gebrauchsgegenstände und Kuriositäten rund um die Seefahrt zeigt, vom Schiffsmodell bis zum Navigationsgerät.

Öffnungszeiten Juni–August täglich von 11–15 Uhr, sonst So–Fr 11–14 Uhr. Eintritt 30 NOK, Kinder gratis (mit BergenCard gratis).

Permanenten: Das „Kunstindustriemuseum" in der Nordahl Brungt. 9 unterhält neben Wechselausstellungen drei Abteilungen: Mensch und Dinge (Kunstgewerbeartikel aus 500 Jahren), eine China-Sammlung sowie die Singer-Sammlung (orientalische Kunst). Und dazwischen das besuchenswerte Museumscafé „Zupperia".

Öffnungszeiten 15. Mai–14. Sept. täglich 11–17 Uhr. In der übrigen Zeit Di–So 12–16 Uhr. Eintritt 50 NOK, Kinder gratis.

Bergen Vitensenter: Das neue Erlebniszentrum (Nygårdsgaten 112) präsentiert neben einem Planetarium interaktive Ausstellungen aus den Bereichen Natur, Umwelt und Technik.

Öffnungszeiten Mo–Fr 10–16 Uhr, Sa/So bis 17 Uhr. Eintritt 60 NOK, Kinder 30 NOK.

Lepramuseum: Im ehemaligen St.-Jørgens-Hospital in der Kong Oscarsgate 59 entdeckte der Bergener Arzt *A. Hansen* 1873 den Leprabazillus (*Mycobacterium leprae*). Heute beherbergt das Siechenhaus ein kurioses Museum, das den Kampf gegen die einst auch an Norwegens Westküste grassierende Seuche anschaulich dokumentiert.

Öffnungszeiten nur Mitte Mai bis Ende August von 11–15 Uhr. Eintritt 30 NOK, Kinder/Studenten 15 NOK.

Ausflüge in die Umgebung

Zwei Ausflüge in die „musikalische" Vergangenheit Bergens bieten sich an – zu den Wirkungsstätten der beiden größten Musiker Norwegens, Edvard Grieg und Ole Bull. Beide wurden in Bergen geboren und sind dort auch gestorben. Beide Ausflüge führen zudem in reizvolle Landschaften.

Troldhaugen: Zur Grieg-Villa am märchenhaften **Nordås-See** pilgern Sommer für Sommer die Musikfreunde gleich busladungsweise. Doch auch wenn Sie die regelmäßigen Konzerte (mittwochs, samstags und sonntags jeweils um 14 Uhr) nicht erleben wollen, lohnt der Weg in den Süden Bergens.

Der hölzerne **Trollhügel** wurde 1885 gebaut und war 22 Jahre lang Wohnsitz des Komponisten *Edvard Grieg* und seiner Frau Nina, damals als Sängerin und Pianistin ungleich populärer als ihr Mann. Beide sind im Park der Villa begraben. Dort, am Seeufer, steht auch das Blockhaus, in dem Grieg komponierte, und leider auch, nicht weit davon entfernt, der Kammermusiksaal **Troldsalen**, der trotz seines Grasdaches ein Fremdkörper in dieser harmonischen Anlage bleiben wird. Gleichwohl lobt Leser Christoph Heesen aus Hamburg die Diashow zum Leben Griegs mit der G-Moll-Ballade als Soundtrack.

- *Öffnungszeiten* Von Mai bis Ende September kann die Villa zwischen 9 und 18 Uhr (sonst 10–14 Uhr, Sa/So 12–16 Uhr, Dez. geschlossen) besichtigt werden. Während der Festspiele Ende Mai/Anfang Juni erfragen Sie Besichtigungstermine bei der Touristeninformation. Eintritt 60 NOK, Kinder gratis (mit Bergen Card 30 % Ermäßigung für ein Besuchsarrangement mit Besichtigung und Konzert). Konzertkarten zwischen 130 und 200 NOK.
- *Anfahrt* Sie erreichen Troldhaugen per Auto über die E39, in Hop rechts abbiegen und der Ausschilderung folgen. Per Bus: Li-

nien 19, 20, 21 ab Busbahnhof (alle 15 Minuten, 20 NOK bis Station Hopsbroen), dann Fußweg von 25 Minuten: zunächst rechts abbiegen, dann in den „Troldhaugsvegen" (Wegweiser!), später durch ein Villenviertel.

Fantoft Kirke: Nach sechsjährigem Wiederaufbau ist die berühmte Holzkirche, 1992 fast vollständig ausgebrannt und nun naturgetreu wieder hergestellt, 1998 erneut eröffnet worden. Das Kirchlein, 1883 von einem Bergener Kaufmann aus Fortun am Sognefjord hierher in den Privatwald von Fantoft verpflanzt, gilt trotz seines Alters (um 1150 erbaut), trotz seiner Drachenköpfe und des schwarz geschindelten Daches nicht als typische Stabkirche – es fehlt die originale Mastenaufhängung. Sei's drum: Die Kirche auf dem Weg nach Troldhaugen ist immer einen Abstecher wert.

• *Öffnungszeiten* 15.5.–15.9. täglich 10.30–14 und 14.30–18 Uhr. Eintritt 30 NOK, Kinder 12 NOK.

• *Anfahrt* Wie Troldhaugen – während des Fußweges stoßen Sie 2 km vor dem Musiktempel auf die Kirche.

Lysøen: Auf der Insel, 30 Autominuten und 26 km südlich von Bergen, steht die **Ole-Bull-Villa**. Der noch heute in Norwegen als Komponist, mehr noch aber als Geigenvirtuose verehrte *Ole Bull* (in jedem Café, z. B. dem Teatercafeén in Oslo, sind seine Weisen zu hören) ließ sich 1873 dieses maurisch anmutende Holzhaus in die wunderschöne Landschaft der Lysøen-Insel setzen und verbrachte hier seine letzten sieben Lebensjahre. Heute steht die ganze Insel unter Naturschutz, und Bulls amerikanische Nachfahren vermachten das Haus anlässlich des hundertjährigen Bestehens der norwegischen Denkmalverwaltung, die jetzt für die Bewahrung der „kleinen Alhambra" (benannt nach dem Maurenschloss im andalusischen Granada) zuständig ist. (Nur wenig mehr als 1 km entfernt finden sich übrigens, noch auf dem Festland, die Ruinen des **Lyseklosters**, einer 800 Jahre alten, von Briten erbauten Zisterzienserabtei.)

• *Anfahrt* Schon die Anreise zu dem auch bei Norwegern geschätzten Ausflugsziel ist reizvoll: Sie verlassen Bergen über die E 39 Richtung Süden, später geht es auf der Rv 580 und der 546 in Richtung **Fana** (Radål-Kreuzung links abbiegen), dann überqueren Sie das Fana-Gebirge und treffen in **Sørestraumen** auf das Fährschiff Ole Bull (Abfahrt Buenakai von 12–16 Uhr jede volle Stunde, 50 NOK Person). Per Bus: Lysefjord-Linie (Bahnsteig 20 im Busbahnhof, 50 Min. Fahrtzeit, Haltestelle Helleskaret).

• *Öffnungszeiten* Das liebevoll gepflegte Haus nebst Einrichtung und Konzertsaal ist nur im Sommer geöffnet: Mitte Mai bis Ende August 12–16 Uhr, sonntags 11–17 Uhr. Im September nur sonntags von 12–16 Uhr. Eintritt 30 NOK, Kinder 10 NOK.

Wanderung: Auf dem Hausberg Fløyen

Auf Bergens Hausberg, dem Fløyen, gibt es außer einer grandiosen Aussicht auch hübsche, markierte Wanderwege. Sie können sich dabei fast nicht verlaufen. Ich empfehle die Kombination der beiden Wanderwege 1 (rot) und 3 (grün) – ein leichter Weg über 7 km, zu dem Sie aber trotzdem Regenzeug und feste Schuhe nicht vergessen sollten.

Hinter der Fløyen-Bergstation biegen Sie in den Blåmansveien ein und folgen der rot und mit „1" markierten Route bis Brushytten. Dort biegen Sie rechts in den mit „3" und grün markierten Weg zum Storediket-Teich ab, den Sie aber schon bald, immer Route „3" folgend, nach unten in Richtung Westen hin wieder verlassen.

Durch eine hügelige Waldlandschaft geht es, einmal die Straße „Halvdan Griegsvei" kreuzend, leicht bergab, bis

Sie nach einigen Biegungen an einer scharfen Kurve wieder auf „Griegsvei“ und die Route „1“ stoßen. Sie folgen der Straße wenige Meter und biegen rechts in den Blåmansveien – schon vom Hinweg bekannt – ein. Nach höchstens zwei Stunden sollten Sie die Bergstation wieder erreicht haben.

Wer jetzt nicht abwärts fahren mag, folgt dem ausgeschilderten, steilen Weg „4“, biegt später auf den Weg „6“ und Fløysvingene ein, um dann auf halbem Weg an der Zwischenstation Skansemyren Stasjon in die Fløyenbanen einzusteigen; eine halbe Stunde zusätzlichen Fußwegs müssen Sie dann einplanen.

Radtour: Von Bergen zum Hardangerfjord

Die 134-km-Tour von Bergen nach Kinsarvik mit eventuell anschließender Rückfahrt per Fjordschiff ist selbst für passionierte Radler kaum in einem Tag zu schaffen. Als Einstieg in eine Fjordtour aber ist die Route geradezu ideal.

Sie verlassen Bergen nach Süden in Richtung Fana zunächst auf der stark befahrenen E 39 und überqueren den Puddefjord. Kurz vor der Grieg-Villa zweigt Villewegen, ein vom Komponisten einst genutzter Wanderweg, Richtung Skjold und Rådalen ab. Falls Sie die leicht zu übersehende Einfahrt verpassen, müssen Sie mit der E 39 vorlieb nehmen. Ab Skjold führt der Radweg längs einer alten Bahntrasse (Oskbane) nach Rådalen, wo Sie die RV 553 nach Fana finden.

Jetzt wird's bergig – das Fanafjell will bezwungen sein. Gleich hinter Fana geht es auf 300 m ü. d. M. hoch, die ausgeschilderte Südrichtung heißt „Lysekloster“. Hinter der Zistersienserabtei führt der Weg nach Süden und Åsen, vorbei an einem kleinen See und über Ulven nach Osøyro. Sie vermeiden auf diese Weise die verkehrsträchtige E 39 und fahren am schönen Solstrand vorbei. Die Fähre Hatvik–Venganeset (alle 15 Min., 10 Min. Fahrzeit, 48 NOK), ermöglicht eine landschaftlich reizvolle und geruhsame Weiterfahrt am Fjord über Gjerdavik und Bergegrend, vorbei am Pfarrhaus von Fusa.

Das ändert sich leider vor Eikelandsosen, das nur über die RV 552 zu erreichen ist. Über Rød und Bjørndal geht es auf der RV 48 in einer leichten Abfahrt zur Brücke über den Henanger- und den Skogseidvatnet nach Kilen. Dann sind es nur noch 7 km bis Mundheim. Der Fjord dort ist aber erst ein Nebenarm des Hardangerfjords.

Obwohl Sie jetzt schon 67 km gefahren sind, sollten Sie in Mundheim keine Übernachtung einplanen. Fahren Sie lieber weiter an den Hardangerfjord heran: Da ist es schöner, und die touristische Infrastruktur (Camping, Privatzimmer, Lokale) ist um vieles besser. Nur noch 4 km sind es bis zum vielleicht schönsten Fjord Norwegens.

Wie in jedem Flusstal ist auch die Radfahrt am Hardangerfjord ohne Höhenunterschiede. Doch nicht allein deshalb ist dies eine Genussfahrt: Das blaue Fjordwasser, die weißen Klippen des Folgefonn, das Grün der Wiesen, das vielfältige Bunt der Obstbäume am Ufer – Sie werden kaum eine farbenfrohere Fahrt im Fjordland finden.

Sie verlassen Mundheim über die RV 49 und erreichen schon nach wenigen Minuten das Fjordufer, an dessen Westseite es nun 35 km entlang geht. Zunächst über Teigland, Oma (Badegelegenheit) und Bakke nach **Strandebarm** mit einer durchaus sehenswerten Kirche, vor allem aber einem schönen, bewaldeten Campingplatz am Fjordufer, der alles außer Hütten anbietet

Noch 7 km geht es hinter dem Campingplatz am Fjord entlang, bei Ljones führt die Straße dann mit einer harmlosen Steigung in ein kleines Seitental. Bei Skutevik ist das Ufer wieder erreicht, und schon wenige Augenblicke später stehen Sie am Fähranleger von Tørvikbygd. Die Fähre über den Hardangerfjord nach Jondal verkehrt alle 45 Minuten, braucht 20 Minuten für die Überfahrt und kostet Sie mit Fahrrad37 NOK. Die RV 550 beglückt Sie gleich hinter Jondal in nördlicher Richtung mit zwei längeren Tunnels, die nicht umgangen werden können. In **Herand** wartet das „Vassel Hytter & Camping Sentrum" mit großen, fast luxuriösen Hütten auf Sie.

• *Übernachten* **Vassel Hytter & Camping Sentrum**, ✆ 53668178, Hütten für 6 Personen 550 NOK.

Hinter Herand kommt die einzig nennenswerte Steigung der Strecke: Aber der unvergessliche Ausblick zwischen den Felshängen auf den Fjord und die im Frühsommer noch schneebedeckten Kuppen entschädigt fast jede Mühe.

Die Abfahrt führt durch kleine Dörfer nach Utne an der Spitze der Folgefonn-Halbinsel und zur Fähre nach Kinsarvik (1 x pro Stunde, 25 Minuten Überfahrt, 43 NOK) mit vielen touristischen Highlights, guten Wandermöglichkeiten und zahlreichen Unterkünften.

Autofahrt: Rund um den Samnangerfjord

Die 120-km-Tour führt südlich von Bergen im Bogen um den Samnangerfjord. Die geruhsame Fahrt schließt neben der Möglichkeit von Badeaufenthalten eine Fährfahrt von 15 Minuten von Hatvik nach Venjaneset ein.

Sie verlassen die Stadt über die E 39 und erreichen nach 10 km das eingemeindete Nesttun, eine kleine Industriestadt. Weiter geht es auf dieser Straße nach Osøyro, einem beliebten Badeort der Bergener. Als Alternative ist ein Umweg von 33 km über die Fana-Kirche und das Lysekloster sehr reizvoll. Mit beiden Routen erreichen Sie bei Solstrand, einem noch berühmteren Badeort, der einen schönen Ausblick auf die Hardanger freigibt, die Fährstation Hatvik.

Alle 15 Minuten setzt die Fähre für 46 NOK (Pkw/Person) nach Venjaneset bei Fusa über; dort ist besonders das frühere Pfarrhaus oberhalb des Fähranlegers sehenswert. (Die Eidfjord-Fähre über den Fusafjord wurde im Mai 1995 von einem schrecklichen Unglück heimgesucht, als während des Anlegemanövers in Hatvik ein nicht gesicherter Bus die Reling durchbrach und sechs Passagiere in die Tiefe riss. Das Unglück ist einer Unachtsamkeit des Busfahrers zuzuschreiben. Ähnliche Unfälle kamen in den letzten 30 Jahren in Norwegen nicht vor, doch ist aus diesem Unfall die Lehre zu ziehen, während der Fährfahrt stets das Fahrzeug zu verlassen.)

Über Eikelandsosen erreichen Sie die RV 48, der Sie nach Norden Richtung Tysse folgen. 25 km lang geht es am Samnangerfjord entlang. Die Hütten längs der Route weisen die Gegend als Sommerfrische der Bergener aus.

Bei Tysse biegen Sie links in die RV 7 ein und erreichen über die Passhöhe von Gullbotn (269 m ü. d. M.) zwischen Samnanger- und Sørfjord Trengerreid. Im Süden liegt Gullfjell, ein beliebtes Wandergebiet. Bis auf ein kurzes Stück führt die Straße hinter Trengerreid durch verschiedene Tunnels. Über Indre Arna, wo die Eisenbahnstrecke Oslo–Bergen den Ulrikenberg durchbricht, können Sie entweder über Åsane im Norden auf dem schnellsten Weg wieder Bergen erreichen oder via Espeland und erneut Nesttun dann an den südlichen Stadtrand Bergens gelangen.

König der Fjorde: majestätische Ruhe am Sognefjord

Sognefjord

Der mit 205 km längste, an seiner Mündung 7 km breite und mit 1.380 m auch der tiefste Fjord gilt zu Recht als „König der norwegischen Fjorde". Weit über seine Ufer hinaus ist er so landschaftsbestimmend, dass die Provinz seinen Namen trägt: Sogn og Fjordane.

Wie schon der Hardangerfjord verästelt sich auch der Sognefjord in schier unzählige Seitenarme: **Aurlands-**, **Årdals-**, **Luster-** (auch Lustrafjord genannt) und **Fjærlandsfjord** sind nur die größten der vielen Seitenfjorde. Anders als beim Hardangerfjord sind beim Sognefjord die „Geburtshelfer" noch zu erkennen: Nördlich des Fjords dehnt sich mit dem rund 550 qkm riesigen Jostedalsbreen der größte Gletscher Europas aus.

Den bequemsten Zugang zum Breen – auch für Gletscherwanderungen – gewinnt man jedoch durch das **Jostedal**, in dem ein modernes Gletscherzentrum die Urlauber höchst lehrreich und sehr anschaulich informiert.

Nicht ganz so intensiv wie am Hardangerfjord wird am Sognefjord seit Jahrhunderten Obst angebaut (Äpfel und Birnen, aber auch Aprikosen und Pfirsiche) und Wasserkraft zur Industrieansiedlung genutzt: Im Aluminiumwerk von **Øvre Årdal** produzieren fast 3.000 Beschäftigte knapp 200.000 Tonnen Aluminium jährlich. Der Strom aus Wasserkraft wird aus dem **Tyinsee** im Osten gewonnen, der bereits in den Bereich des Jotunheimen-Nationalparks gehört.

Der eigentliche Sognefjord beginnt – unter Urlauber-Gesichtspunkten betrachtet – am Dreieck der Orte **Vangsnes**, **Balestrand** und **Dragsvik/Hella**, die durch eine Fähre miteinander verbunden sind, also am Zusammenfluss der großen Seitenfjorde. Dort erreicht auch der Tourist, ob per Auto oder Bus, ob aus Bergen (via E 39 und RV 55) oder Hardanger (via E 16 und RV 13) den hier schon recht mächtigen Fjord.

Vorab aber durchquert der aus Voss kommende Reisende auf der abwechslungsreichen Fahrt über die RV 13 das **Vikafjell**, an Wasserfällen und Schneefeldern vorbei, die selbst im Hochsommer selten schmelzen, um hinter **Vinje** die romantisch versteckte **Stabkirche Hopperstad** auf einem Hügel fast 1 km vor **Vik** zu finden. Besonders ausgeprägt sind an dem Kirchlein aus dem Jahr 1130, das mit seiner hügeligen Umgebung womöglich Norwegens schönstgelegene Stabkirche ist, die Drachenköpfe im First, die einst Wikingergötter vertreiben sollten, und der gotische Altarbaldachin mit geschnitzten Köpfen und kunstvollen Dekorationen.

Öffnungszeiten 15.5.–15.9. 10–18 Uhr (Mai/September nur bis 17 Uhr). Eintritt 45 NOK, Kinder 30 NOK. Führungen organisiert Kari Sunde, ✆ 57695767.

Die Auswanderer

Noch immer sind die Norweger stolz auf den ehemaligen US-Präsidentschaftskandidaten Walter F. Mondale, der einst gegen Ronald Reagan unterlag. Mondales Vorfahren stammen aus dem Flecken **Mundal** am Fjærlandsfjord. Er war Nachkomme jener 30.000 Norweger, die zwischen 1844 und 1915 aus der Provinz Sogn og Fjordane nach Amerika auswanderten. 1994 wurde mit vielen Feiern des 150. Jahrestages dieses Exodus gedacht, der 1844 mit Auslaufen des Passagierschiffes „Juno“ aus Bergen begann.
Man schätzt, dass in den USA heute noch vier Millionen Menschen norwegischer Abstammung leben – fast so viele wie in der Heimat selbst (4,6 Mio.).

Vik

Der anmutige, malerische Ort mit 1.300 Einwohnern verdankt seine Existenz einer Bucht mit natürlichem Hafen, der schon vor 300 Jahren zum Holztransport genutzt wurde.

Heute ist der Hafen verwaist, und auf die reiche Vergangenheit weist nur noch die alte Steinkirche von **Hove** hin, 2,5 km südwestlich des Stadtkerns gelegen. Auch einige wenige historische Straßenzüge im Zentrum der kleinen Hafenstadt erinnern ebenso an alte Zeiten wie das kleine **Kristianhus Båtmotormuseum**, in dem Boote und Bootsmotoren gezeigt werden (Juli bis Mitte August täglich 10–16 Uhr).

Ein, zwei Sägemühlen und die größte Käserei Norwegens, in der der berühmte *gammelost* hergestellt wird, machen heute die wirtschaftliche Bedeutung des Örtchens aus, das eigentlich Vikøyri heißt. Die **Stabkirche Hopperstad** sorgt für einen ständigen Besucherstrom. So gibt es dann auch Banken, ein Postamt, eine Tankstelle, aber nur wenige kleine Geschäfte, die ganz auf Touristen ausgerichtet sind.

• *Information* Das **Turistkontor** im Gemeindehaus am Kai, ✆ 57695686, www.vik.kommune.no, Mo–Fr 10–16 Uhr, vermittelt auch Privatzimmer und wechselt, ungern, Banknoten. Leichter bekommt man Angelkarten oder Infomaterial für Wanderungen.

Vik am Sognefjord

• *Übernachten* **Hopstock Hotell & Motel**, ✆ 57696550, www.hopstock.no. Das Hotel direkt im Zentrum, eine geschmackvolle Verbindung von Glas, Holz und Klinker, bietet neben 35 modern eingerichteten Zimmern auch preis- und stilgleiche Appartements im Motelanbau an. EZ 1.095 NOK, DZ 1.195 NOK.

• *Camping* **Vik Camping**, ✆ 57695125. Klein und einfach ist der Wiesenplatz mit nur 35 Zeltplätzen an der Uferstraße, edel und teuer aber die acht Hütten, die auch im Angebot sind: Gut 600 NOK müssen schon hingeblättert werden.

• *Essen* Das Bistro im **Hopstock Hotell** ist ebenso zu empfehlen wie das Zentrum-Restaurant **Dampen**.

Vangsnes

Seinen Namen hat der noch junge, unscheinbare Fährhafen von einem Kanonier, der 1940 im „Kampf um Narvik" sein Leben ließ.

Dem Helden der Island-Saga hingegen, *Fridtjov Torsteinsson*, ist die 12 m hohe **Fritjov-Statue** gewidmet, die sich im Park oberhalb des Ortes erhebt. Park und Statue, die man bei der Ankunft mit der Fähre schon von weitem sehen kann, gelten geradezu als Wahrzeichen des Sognefjordgebietes. Vom Park aus hat man eine herrliche Aussicht auf drei verschiedene Fjordabschnitte.

Wer auf dem Campingplatz oder in Hütten übernachten möchte, ist auf dieser Fjordseite richtig. Wer es etwas nobler mag, sollte überwechseln ins *Kvikne's Hotel* in Balestrand, wo es aber auch eine Jugendherberge und andere preiswertere Unterkünfte gibt.

• *Fährverbindungen* Die Fähre Vangsnes–Balestrand–Dragsvik/Hella verkehrt 23 x täglich (davon 6 x mit Zwischenstopp in Balestrand), kostet 68 NOK für Pkw/Fahrer, 23 NOK für die Begleitperson, und dauert 25 Minuten. Hier beweist sich, was schon mehrfach empfohlen wurde: Sparen Sie die teuren Sightseeing-Rundfahrten und gondeln Sie nur einmal mit der Fähre hin und zurück über den Fjord – Geld sparen Sie in jedem Fall.

• *Übernachten/Camping* **Djuvik Camping**, ✆ 57696733, www.djuvikcamping.no. An der RV 13 und kurz vor Vangsnes liegt dieser einfache Waldplatz, der jedoch 20 Drei-Sterne-Hütten ab 450 NOK vermietet.

Tveit Camping, ✆ 57696600, www.tveitca.no. Der hübsche und gut ausgerüstete Platz direkt am Fjord (geöffnet 1.5.–1.10.) mit 40 Zeltstellplätzen, nur 28 Wohnwagenstellplätzen und 10 sehr hübschen Hütten (einige mit Du/WC und TV) ab 550 NOK ist schnell ausgebucht (Voranmeldung!). Besonderer Service: Internetcafé.

Solvang Camping & Motell, ✆ 57696620, www.solvangcamping.com. Das Aparthotel mit hohem Standard am Hang über Fjord und Fähranleger, mit wunderschöner Aussicht und sehr guten Sanitäranlagen hat nur einen kleinen Nachteil: Es ist häufig arg windig auf dem baumlosen Terrain. Zu den Vorteilen zählt der Preis: 550 NOK für das DZ. Eine der vier Hütten ist für 450 NOK zu mieten.

• *Essen* Außer in den Hotellokalen und den Imbissbuden auf Campingplätzen kann man etwas Warmes nur im **Kiosk** am Fähranleger und in der **Havgula Fjordkjøken** im Zentrum bekommen.

Derrick und Wilhelm Zwo

Wenn Horst Tappert, als Derrick Deutschlands einst kauzigster Kommissar, im eigenen Ferienhaus am Vestfjord urlaubt, ist die Welt des begeisterten Anglers in Ordnung. Wenn Klaus-Michael Kolbe, einstmals Einer-Ruderweltmeister aus Hamburg, in seiner neuen Heimat mit seiner norwegischen Ehefrau auf die Bretter steigt, vertauscht er das Stemmbrett im Skiff mit dem Ski. Zwei Deutsche unter Hunderttausenden, die regelmäßig ihrer Vorliebe zu Norwegen frönen (besonders attraktiv scheint Norwegen für Pflegekräfte zu sein: Derzeit arbeiten bereits 7000 deutsche Ärzte und Krankenschwestern im Land) – nicht alle als Dauerurlauber oder Auswanderer wie Kolbe, aber doch als Fans: Unter den alljährlich rund 700.000 Touristen in Norwegen kommen gut 120.000 aus Deutschland. Und stellen damit nach den Einheimischen die zweitgrößte Urlaubergruppe.

Solche Anziehungskraft hat Tradition; so waren Segler schon immer Norwegen-Schwärmer. Der berühmteste, Deutschlands letzter Kaiser Wilhelm II., hat Spuren hinterlassen: Über Vangsnes am Sognefjord prangt unübersehbar hässlich seit 1913 eine in Berlin hergestellte 12-Meter-Statue – Geschenk des Kaisers, der mit seiner Jacht alljährlich den Fjord besuchte, an seine Germanen-Freunde. Doch nicht alle Gaben waren geschmacklos: Wilhelm Zwo spendete aus der Privatschatulle für den Aufbau des niedergebrannten Ålesunds – die Stadtväter dankten es ihm 1904 mit einer Büste im Stadtpark und der „Keiser Wilhelms Gate“ im Zentrum.

Balestrand

Der für viele eindrucksvollste Ort am Sognefjord lebt von seiner Geschichte, die gerade mal 110 Jahre alt und wesentlich von Kvikne's Hotel geprägt ist, das schon bei der Anfahrt über den Fjord gut zu erkennen ist.

Neben *Kaiser Wilhelm* verbrachten hier um die Jahrhundertwende viele reiche Briten ihre Ferien. Die englische Gattin des Besitzers vom Kvikne's Hotel ließ 1897 die **St. Olav's Church** als Stabkirchenverschnitt für ihre spleenigen

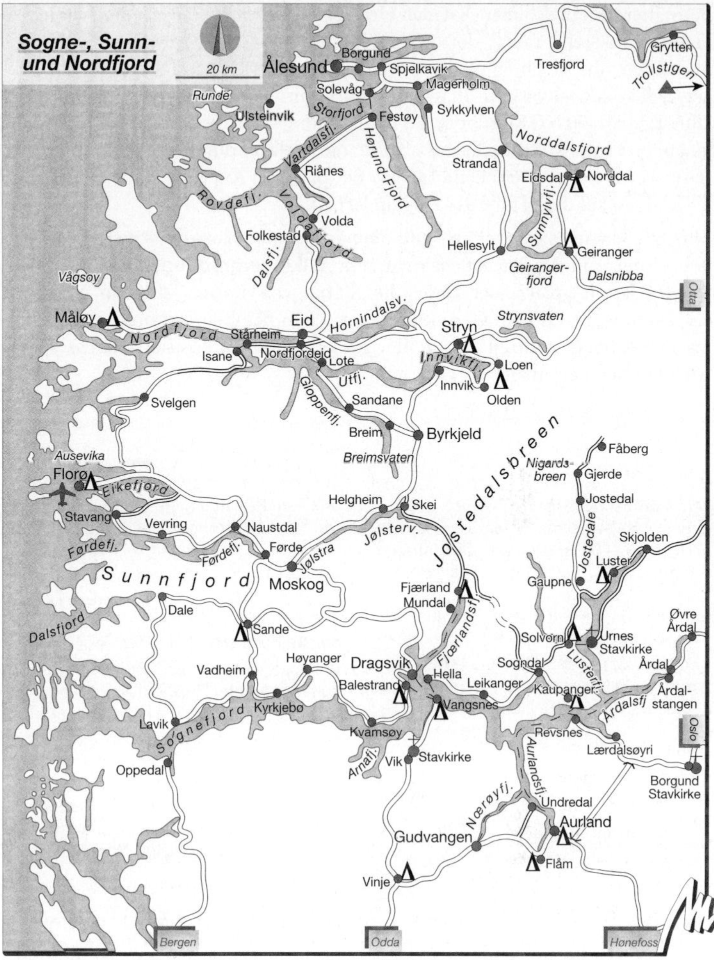

Landsleute in die Landschaft setzen. Das 800-Einwohner-Dorf lebt heute noch vom Image seiner herrschaftlichen Villen aus Holz oder Stein, die am Hang kleben wie Vogelnester.

Balestrand ist nicht nur, aber besonders während der Obstbaumblüte im Frühling ein Traum in Grün, Weiß und Blau: Inmitten grün-bunter Obstgärten erstrahlen die weiß getünchten Landhäuser vor dem Blau des Fjords und den im Sonnenlicht schneeweiß gleißenden Kuppen der Jostedalsberge. Spätestens während der berühmten Sonnenuntergänge, deren letzte Strahlen den Grat gegenüber in leuchtendes Rot tauchen, gerät da jeder ins Schwärmen.

Bei näherem Hinschauen hat der Ort ansonsten nur wenig Sehenswertes zu bieten: Tankstelle, Lokal, der unvermeidliche Souvenirshop, einige Tante-Emma-Läden, aber auch einige besuchenswerte Galerien rund um den Fähranleger. Selbst das „akvarium" in der Ortsmitte (im Sommer täglich geöffnet 9–22 Uhr, Eintritt 60 NOK, Kinder 30 NOK) kann seine Provinzialität nicht verleugnen: Trotz Multimediashow wirkt die Anlage, durch die ständig Folkloremusik schallt, erschreckend bieder. Ein pfiffiges Angebot gibt es immerhin: Sie können auf dem Fjord das Angeln lernen.

Einzige „Sehenswürdigkeiten" sind die nachgebaute Stabkirche zwischen Kvikne's Hotel und Midtnes Pensjonat, ein **Wikingergrabhügel** kurz vor dem Sjøtun-Campingplatz, der ohne die Statue von Kaiser Wilhelm II. längst vergessen wäre, und ein Garten mit exotischen Bäumen, **Arboretum** genannt, im auswärtigen Stadtteil Lunde, der für botanisch Interessierte einige kleine Attraktionen bereithält.

Information/Verbindungen/Adressen

• *Information* Die **Turist-Information** (✆ 57691617, www.sognefjord.no) liegt neben dem Fähranleger und ist von Juni bis August von 9–18 Uhr, im Mai und September von 8.30–16 Uhr geöffnet. Das Infobüro vermittelt auch Privatzimmer, einzeln vermietete Hütten sowie Fahrräder (100 NOK pro Tag) und Boote, Ausflüge über den Fjord und Rundflüge.

• *Busverbindungen* Die Busroute Oslo–Førde mit Haltestellen u. a. in Gol und Kaupanger berührt Balestrand 6 x pro Tag (zwischen 6.15 und 21.30 Uhr je 3 x in jede Richtung).

• *Fährverbindungen* Die Fjordfähre Balestrand–Hella verkehrt 4–6 x täglich, die Fahrt dauert 30 Min. und kostet 45 NOK für Pkw plus Fahrer.

Der „Kystruter" zwischen Bergen und Årdalstangen (mit interessanten Stopps in Aurland, Flåm und Kaupanger) passiert 5 x pro Tag Balestrand zwischen 8 und 20.25 Uhr. Das Schnellboot, das keine Autos befördert, braucht 1,5 Std. bis Årdalstangen und 3,5 Std. bis Bergen.

• *Adressen* **Post** direkt am Hafen, **Bank** in der Hauptstraße neben der Polizei, **Lebensmittelgeschäft** in der Hauptstraße.

Bei medizinischen Notfällen hilft das **Gesundheitscenter**, ✆ 57691100.

Schön einkaufen lässt sich in etlichen Galerien und Kunstgewerbeläden: Keramik in der Werkstatt von **Magni Jensen** in Kvamsøy, 12 km von Balestrand entfernt, Emaille und Schmuck bei S. und R. **Haukaas** in Dragsvik (Fähre), Grafiken bei **Fritholf Hald** und Ölgemälde bei **Helga Normann** (beide in Balestrand).

Übernachten/Essen & Trinken

• *Übernachten* **Kringsjå Hotel og Vandrerhjem**, ✆ 57691303, www.kringsja.no. Auch Hotel, vor allem aber eine Jugendherberge mit Mehrbettzimmern in schöner Lage und viktorianischem Baustil über dem Fjord. Bett 190 NOK, DZ 560 NOK (geöffnet von Mitte Juni bis Ende August). Das Hotel ist ganzjährig geöffnet und nimmt für wenig bessere Zimmer höhere Preise: EZ 610 NOK, DZ 820 NOK.

Midtnes Pensjonat, ✆ 57691133, www.midtnes.no. Sie haben die Wahl: preiswertes Zimmer im alten Trakt mit Blick zum Fjord oder teureres Zimmer im neueren Anbau mit eingeschränktem Ausblick. EZ 610 NOK, DZ 880 NOK.

Sygna Sommarhotell, ✆ 57694500, www.sygna.vgs.no. Das nur von Ende Juni bis Mitte August für Gäste geöffnete Internat am Talhang über dem Zentrum bietet die preiswerteste Hotelunterkunft im Zentrum: EZ 585 NOK, DZ 720 NOK.

Kvikne's Hotel Balholm, ✆ 57694200, www.kviknes.no. Keine Angst, Kvikne's Hotel ist

Die Fritjov-Statue ist ein monumentales Wahrzeichen am Fjord

DEN NORWEGERN
KAISER WILHELM II
1913

Kreuzfahrtidylle: Ruhestörer am Sognefjord

keineswegs so teuer, wie es aussieht. Norwegens ältestes und ruhmreiches Hotel ist allerdings einen Besuch wert (selbst wenn Sie dort nicht wohnen wollen), und das nicht nur des Restaurants mit Fjordblick wegen. Der Prachtbau aus dem Jahre 1877 mit seinem antiquierten Holztrakt und seinem weniger gelungenen Neubau (190 Zimmer) sowie dem gepflegten Park ist Wahrzeichen Balestrands und landesweit populär. Es gibt Gäste, nicht nur Norweger, die allein dieses Hotels wegen zum Sognefjord reisen, und das seit Jahren (manche behaupten sogar, seit Jahrzehnten). EZ 655–1.300 NOK, DZ 1.300–1.700 NOK (Mai–September geöffnet).

• *Camping* **Sjøtun Camping**, ✆ 57691223, www.camping.sjotun.com. Der einfache Platz am Fjord bietet außer einem guten Bade- und Angelplatz (dafür muss man aber die Straße überqueren) wenig Komfort. Auch die 11 Hütten (ab 450 NOK) haben nur Zwei-Sterne-Standard.

• *Essen* **Svingen**, die Aussicht über den Hafen ist gratis, und auch die einfachen Menüs sind preiswert.

Kringsjåkjellaren Bistro, recht gute Küche, manchmal Livemusik.

Kvikne's Hotel, auch ohne Hotelgast zu sein, sollten Sie Restaurant oder Café einmal ausprobieren. Durchaus lohnend!

Übernachten in Dragsvik

Dragsvik ist lediglich eine kleine Häuseransammlung gegenüber von Balestrand. Hier werden Fährverkehr und Landstraße zusammengeführt. Dennoch gibt es hier zwei Möglichkeiten zur Übernachtung.

Dragsvik Fjordhotel, ✆ 57694400, www.dragsvik.no. Das umfassend renovierte Hotel (Ostern/Weihnachten geschlossen) bietet 40 nette Zimmer zu gemäßigten Preisen: EZ 690 NOK, DZ 980 NOK.

Veganeset Camping, ✆ 57691612, www.veganesetcamoing.no. Nur zwei Sterne weist der kleine Platz am Dragsviker Fährhafen auf. Doch es gibt ein Wäldchen und eine kleine Bucht und sieben Hütten, einige mit Vier-Sterne-Standard (ab 600 NOK).

Fjærlandsfjord

Der kleine Fjordarm gegenüber von Balestrand und Hella/Dragsvik ist vor allem bekannt wegen der Gletscherzungen, die bis dicht an den Fjord reichen. Bis 1986/87 war er nur mit dem Schiff befahrbar und der gleichnamige Hauptort auch nur so zu erreichen.

Dann aber wurde Fjærland durch einen Tunnel unter dem Jostedalsgletscher und über die RV 5 mit Skei in Jølster verbunden und seit 1. Oktober 1994 über den „Fjærlandsvegen" (die teuerste Maut Norwegens: 150 NOK pro Pkw/Fahrer). endlich auch mit Sogndal. Leider ist mit der Eröffnung dieser neuen Straße die Fährfahrt durch den Fjærlandsfjord, den für viele schönsten im Sognefjordsystem, eingestellt worden. Stattdessen gibt es zwischen Ende Mai und Mitte September einen täglichen und teuren Ausflugstrip: Start in Balestrand 8.10 und 11.55 Uhr, Ankunft in Fjærland 9.35 bzw. 13.10 Uhr; verbunden mit dem organisierten Besuch von Gletscherzungen und -museum kostet die Fahrt 688 (Kinder 277) NOK.

Fjærland

Dem 500-Seelen-Dorf ist auf Schritt und Tritt anzumerken, dass es über Jahrhunderte weltvergessen war und erst jüngst auch verkehrstechnisch Anschluss fand.

Für Touristen, insbesondere für Wanderer, hat das nur Vorteile. Wenige Orte in Mittelnorwegen sind noch so ursprünglich wie Fjærland. Das Dörfchen ist ein idealer Urlaubsort für Stressgeplagte. Naturfreunde, die die herrliche Umgebung auf langen Wanderungen hautnah erleben möchten, können sich geführten Touren anschließen.

Eine Bank, ein Postamt, zwei Mini-Supermärkte, zwei Hotels, das war's lange Zeit. Dann aber setzte die Gemeinde an zum Sprung in das Touristenzeitalter: Seit der Eröffnung des **Norwegischen Gletschermuseums** Mitte der 90er Jahre pilgern Wanderer und Wissenschaftler in den Ort. Tatsächlich bietet das Museum viel Interessantes und Wissenswertes über den Gletscher, der das Leben des Ortes bestimmt.

• *Information* ✆ 57693233, www.fjaerland.org. Das erst kürzlich eröffnete Touristenbüro im Zentrum ist im Sommer werktags von 9–16 Uhr geöffnet.

• *Busverbindungen* Der Überlandbus Oslo–Førde hält 4 x täglich im Ortszentrum.

• *Übernachten* **Fjærland Fjordstue Hotel**, ✆ 57693200, www.fjaerland.no. Klein und fein (das gilt auch für das Lokal) ist die nur im Sommerhalbjahr geöffnete 20-Zimmer-Pension am Fjord. EZ 750 NOK, DZ 950 NOK.

Mundal Hotel, ✆ 57693101, www.fjordinfo.no/mundal. Ein schönes, geschichtsträchtiges Hotel: Seit 1891 werden in dem Holzhaus oberhalb des Fjords in traumhaft schöner Lage überwiegend Stammgäste verwöhnt. Auch Mr. Mondale, ehemaliger US-Präsidentschaftskandidat, dessen Familie aus dem Ort stammt, war schon da – sein Porträt schmückt die Rezeption. Weil das Hotel mit 58 Betten klein und zudem nur vom 1.4.–31.10. geöffnet ist, sollte rechtzeitig vorbestellen, wer dieses Haus und seine gute Küche genießen möchte. EZ 995 NOK, DZ 1.660–2.030 NOK.

• *Wandern* **Jostein Øygard**, ✆ 57693292, bietet organisierte Wandertouren an.

Sehenswertes

Norwegisches Gletschermuseum (Bremuseum): Warum ist Eis blau? Wie entstanden Fjorde? Waren Mammuts Vegetarier? Das ökologisch ausgerichtete Museum mit dem Wahlspruch: „Wir sind die erste Generation, die das Klima beeinflusst, und die letzte, die noch nicht die Konsequenzen zu spüren bekommt" beantwortet diese und noch viele andere Fragen mit Filmen, Experimenten und Simulationen. Wie das Breheimcenter im Jostedal (s. S. 294) gewährt das moderne, museumspädagogisch beispielhaft aufgebaute Haus, entworfen vom norwegischen Star-Architekten Sverre Fehn, einen unvergesslichen Einblick in die geheimnisvolle und gefährliche Gletscherwelt. Unvergesslich ist zudem Ivo Caprinos atemberaubender Panoramafilm über den Jostedalsgletscher.

Familientour im Blaueis: nie ohne Führer, nie ohne Seil

• *Öffnungszeiten* April/Mai täglich 10–16 Uhr; Juni-August täglich 9–19 Uhr; September/Oktober täglich 10–16 Uhr. Eintritt 80 NOK, Kinder 40 NOK. (Wenige Meter vor dem Museum ist eine Mautstelle: Sparen Sie sich die 15 NOK und parken das Auto vor der Schranke – es sind nur noch wenige Meter zum Museum).

Bücherstadt: Im an sich schon idyllischen Ortskern ist ein nur im Sommerhalbjahr geöffnetes Handelszentrum – „Norwegens Bücherstadt" – ent standen: Rund um ein Literaturcafé bieten sage und schreibe 20 alte und neue Läden antiquarische Bücher an.

Die Gletscherzungen

Zwei Gletscherzungen sind vom Ort leicht zu erreichen, mit dem Auto kommt man dicht an sie heran. Wanderungen auf dem Eis allerdings sind zu gefährlich, denn regelmäßig stürzen tonnenschwere Eislawinen herab. Nur auf dem **Flatbreen** werden im Sommer vereinzelt Gletscherkurse und -wanderungen organisiert. Beschränken Sie sich also auf das Fotografieren – und warten Sie mit Gletscherwanderungen auf den Nigardsbreen (s. S. 295).

Suphellebreen: Der 700 m hohe Gletscherarm schiebt sich pro Tag um 1,5 m an den Fjord, manches Mal im Winter als laut tosende Lawine. Pro Jahr werden so rund 1 Mio. Tonnen Eismassen bewegt. Den besten Ausblick gewinnt man, indem man den Ort über die RV 5 verlässt, nach 3 km rechts in das Suphelledal abbiegt und am Ende einer Piste auf einen kleinen Parkplatz trifft.

Bøyabreen: Man verlässt Fjærland wieder über die RV 5 und folgt kurz vor dem Tunnel einer unbefestigten Straße nach rechts; nach knapp einem Kilometer und an einer kleiner Lagune finden Sie die beste Aussicht auf die breite, ebenfalls gut 700 m hohe Gletscherzunge und damit auch die besten Fotomotive.

Achtung: Bitte bleiben Sie bei beiden Gletscherarmen innerhalb der markierten Bezirke. Das Nichtbeachten der Warnschilder kann lebensgefährlich sein!

Wanderung: Von Fjærland nach Tungastølen

Die Wanderung am Gletscher entlang bis in das Herz des Jostedalsbreen-Nationalparks ist kein einfacher Spaziergang: Vier Stunden für eine Richtung und etliche kräftige Anstiege verlangen eine sehr gute Trekker-, besser noch Bergsteigerausrüstung. Mindestens profilkräftige Stiefel, Sonnenschutz für Haut und Kopf sowie Proviant sind mitzubringen.

Sie verlassen Fjærland auf der Straße nach Norden und folgen der Ausschilderung „Suphelle". Der Weg überquert eine Brücke und erreicht Suphellesetcr.

Weiter nach Norden, aber nicht mehr auf einer Piste, geht es in Richtung Fjellstølen, wo erneut eine Brücke überquert wird. Der nun folgende steile Aufstieg zum Skarbakken kann selbst im Hochsommer der glatten Schneefelder wegen noch riskant sein.

Sie erreichen das Snauetal und waten durch den Fluss, um am Nordufer nach Høgebru zu gelangen, von wo aus der Abstieg zum Weiler Stølen erfolgt. Hier gelangen Sie auf die Straße, die noch 5 km nach **Tungastølen**, einer Hütte mit Übernachtungsbetrieb, führt.

Von hier aus sind Wanderungen, nach Åmot beispielsweise, nur noch mit Führer und entsprechender Ausrüstung (Seil, Steigeisen, Eispickel) denkbar. Wenn also kein Freund mit dem Auto auf Sie wartet, sollten Sie sich schleunigst auf den Rückweg machen oder sich auf eine gemütliche Nacht in Tungastolen freuen.

Weiterfahrt: Erst zehn Jahre ist **Fjærlandsvegen** alt. Die wunderschöne, ganzjährig zu befahrene Straße macht den Reisenden von Fähren unabhängig und verkürzt die Strecke von Fjærland nach Sogndal auf knappe 30 Minuten.

Sogndal

Wer noch einmal richtig einkaufen will, wer Angelzeug, Bücher, Landkarten, Medikamente oder auch nur Lebensmittel braucht, ist in diesem ansonsten farblosen Handelszentrum am Sognefjord gerade richtig.

Das moderne Einkaufszentrum an der nördlichen Umgehungsstraße bietet unzählige Einkaufsmöglichkeiten: Supermärkte, ein Café, Frisöre, Apotheken, Sport- und Fotogeschäfte und sogar einen Buchhändler, bei dem es gutes Kartenmaterial (nur auf Norwegisch) gibt.

Das knapp 1 km lange Ortszentrum voller Geschäfte und Hotels hört unvermittelt auf. Man fragt sich, wo nur die knapp 6.000 Einwohner Sogndals, von denen allerdings 1.700 Studenten zweier Fachhochschulen sind, eigentlich wohnen. Immerhin ist schnell klar, wo sie arbeiten: wenn nicht im Einzelhandel, dann in der Konservenfabrik *Lerums*, die in vier Betrieben als größte Fabrik ihrer Art in Norwegen die Früchte des Fjords in Dosen verpackt.

Tunsbergdalsvatnet: Muße im Sogndal

Information/Verbindungen

• *Information* Das **Turistkontor** an der Gravensteingata (im Kulturhaus gegenüber vom großen Shoppingcenter) vermittelt Privatzimmer, vermietet Fahrräder (für 110 NOK pro Tag), verkauft Angelkarten und Tickets zum Bootsverleih, organisiert aber auch selbst Gletschertouren auf dem Nigardsbreen. ✆ 57673083, www.sognefjorden.no. Juni–August Mo–Fr 9–20, Sa 9–17, So 15–20 Uhr; August–Juni Mo–Fr 11–16 Uhr.

• *Fährverbindungen* Einmal täglich verbindet eine Fährfahrt (4,5 Std.) mit Bergen: 460 NOK pro Person.

• *Flugverbindungen* Ab **Haukåsen** (20 km südöstlich von Sogndal) gehen täglich drei Flüge nach Oslo (50 Min.) und einer nach Bergen (45 Min.).

• *Busverbindungen* Zwei Überlandbusse fahren täglich vom Busbahnhof am Almenningen-Platz nach Oslo (8.50 und 13.30 Uhr) via Gudbrandsdal/Jotunheimen und entlang des Sognefjords nach **Førde** (8.35 und 17.15 Uhr). Zudem gibt es einen stündlichen Busverkehr zum Flughafen, nach Kaupanger und Hella.

Übernachten/Essen & Trinken

• *Übernachten* **Sogndal Vandrerhjem**, ✆ 57627575, www.vandrerhjem.no. Die Jugendherberge am Ortsausgang nach Kaupanger (geöffnet nur von Mitte Juni bis Mitte August) bietet Schlafmöglichkeiten zu fast jedem Preis: Bett 200 NOK, EZ 280 NOK, DZ 450–610 NOK (Frühstück inklusive).

Loftesnes Pensjonat, Fjøreveien 17, ✆/℻ 57671577, www.sognefjord.no. Die kleine Pension im Zentrum, ein weißes Holzhaus mit Balkon, hat 15 einfache, aber saubere Zimmer im Angebot. EZ 500, DZ 800 NOK (über die Preise kann verhandelt werden).

Hofslund Fjord Hotel, ✆ 57627600, www.hofslund-hotel.no. Auch am Ortsausgang in Richtung Kaupanger gelegen, bietet das ältere Hotel mit neuem Anbau 45 biedere Zimmer. EZ 655–780 NOK, DZ 890–1.150 NOK.

Quality Sogndal Hotell, ✆ 57627700, www.sogndal-hotel.no. Rundum neutrales, großes Hotel (110 modern eingerichtete Zimmer) im Zentrum, mit Swimmingpool, Restaurant und Halbpension. Preisermäßi-

Abend über der Nordsee: Strand bei Egersund (ab) ▲▲
Egersundkirche: Seit 400 Jahren im Betrieb (hpk) ▲

▲▲ Norwegens Segelschulschiff auf Besuch in Stavanger (hpk)
▲ Wohnen wie ein Leuchtturmwärter: Dalane-Küste (ab)

Windjammerparade in Stavanger (hpk) ▲▲
Weitsicht auf dem Preikestolen (hpk) ▲

▲▲ Traum in Weiß: Herrenhaus bei Haugesund (ab)
▲ Immer ein kühles Nass auf der Hardangervidda (ab)

gung mit Hotelpass. EZ 1.190 NOK, DZ 1.490 NOK.

Vesterland Feriepark, ✆ 57627100, www.vesterland.no. Feudale Hütten mit Kamin, Essecke, Wohnraum und zwei Schlafzimmern ab 650 NOK pro Tag sowie Appartements zum gleichen Preis und in gleicher Güte werden geboten. Die Anlage liegt 5 km vom Zentrum entfernt an der Straße nach Kaupanger.

• *Camping* **Stedje Camping**, ✆ 57671012, www.scamping.no. Nur 1 km vom Zentrum entfernt und bequem zu Fuß zu erreichen, bietet der schöne Vier-Sterne-Platz am Fjord auf einer reichen Streuobstwiese Platz für 130 Zelte, 60 Wohnwagen und 14 ansprechende Hütten ab 350 NOK.

Kjørnes Camping, ✆ 57674580, www.kjornes.no. Der einfache Platz am abschüssigen Fjordufer vermietet neben Zelt- und Wohnwagenplätzen auch acht, nur zum Teil ausreichende Hütten zu angemessenen 350–600 NOK.

Lyngmo Umgdomssenter & Camping, ✆ 57684366. Das Hüttenzentrum in Hafslo am Tunsbergdalsvatnet, 14 km von Sogndal entfernt, ist ideal für den geruhsamen Zwischenstopp (s. Foto): Ein majestätischer See, schnuckelige Hütten (ab 400 NOK), Bed & Breakfast in einem geräumigen Holzhaus (ab 325 NOK) und ausreichend Zeltplätze am Grashang.

• *Essen* **Vertshuset Fjøra**, die einzige Alternative zu den Hotellokalen ist dieses rustikale Gasthaus im Zentrum mit kleiner Karte und niedrigen Preisen.

Leckere Kleinigkeiten gibt es auch in der **Panorama-Cafeteria** im Einkaufszentrum.

Kaupanger

Die tiefe Amla-Bucht vor Kaupanger diente schon den Wikingern als schützender Hafen, der Ort selbst als Handelsflecken. Heute gilt Kaupanger als wichtigster Fährknotenpunkt am Sognefjord.

Das 900-Einwohner-Dorf ist geprägt von den Warteschlangen, den Kaffeehütten und Kiosken am Fähranleger, der täglich von Tausenden von Touristen umlagert ist. Leider weniger Interesse finden drei besuchenswerte Sehenswürdigkeiten, denen man ein wenig Zeit schenken sollte – und wenn es nur die Wartezeit auf die Fähre ist.

• *Busverbindungen* Zwei Fernlinien passieren täglich den Ort: Oslo–Førde (15.30 und 16.50 Uhr) und Lillehammer–Bergen (13.15 und 15.45 Uhr).

• *Fährverbindungen* Die Schnellfähre Bergen–Flåm legt im Sommer einmal täglich an. Zudem zwei Autofähren im Nahbereich: **Kaupanger–Gudvangen–Lærdal** (5x täglich zwischen 9.20 Uhr und 21.45 Uhr, 2 Std. 45 Min. Fahrt, 440 NOK Fahrer/Pkw, 172 NOK/Person) und **Kaupanger– Lærdal** (5 x pro Tag, 45 Min. Fahrtdauer, 118 NOK Fahrer/Pkw 48 NOK/Person). Die Fähre verkehrt nur vom 1.5. bis 30.9.

• *Übernachten* **Amble Gård**, ✆ 57678170, www.amblegaard.no. Der Museumshof (nur von Mitte Juni bis Ende August geöffnet) vermietet auch urige Hütten ab 450 NOK.

Timerlids Hytter, ✆ 57678764, www.sognefjord.no. Überall im Dreieck Sogndal, Leikanger und Kaupanger bietet diese Agentur Appartements und Hütten zu verschiedenen Preisen und in jeder Qualität an.

Oddrun Vedvik, ✆ 57678148. Seinen Bauernhof hat Oddrun mit 11 ansehnlichen Hütten gepflastert, die er ab 600 NOK vermietet.

Sehenswertes

Sogn Fjordmuseum: Am Kai des ehemaligen Sägewerks stellt das Bootsmuseum betagte Schiffe und Fischereigeräte, Werftutensilien und Transportmittel aus den letzten beiden Jahrhunderten aus. Dazu gibt es Einblicke in eine Bootswerkstatt und eine Videovorführung. Ein wirklich interessantes Stück Fjordgeschichte!

Öffnungszeiten Juni–August täglich 10–18 Uhr. Eintritt 30 NOK.

Sogn Folkemuseum: Das Heimatmuseum im Ortsteil Vestreim zwischen Kaupanger und Sogndal ist vor Ort nur als „De Heibergske Samlinger" bekannt. Denn der Lehrer *G. F. Heiberg* war es, der zu Beginn des 20. Jh. mit dem Sammeln alter Häuser und Gerätschaften aus der Umgebung des Sognefjords begann. Mittlerweile ist daraus ein Freilichtmuseum mit 35 Höfen geworden; besonders eindrucksvoll ist die Gegenüberstellung des ältesten Hauses aus dem 16. Jh. mit einem noch intakten Hof aus dem Jahr 1990. Im Hauptgebäude gibt es regelmäßig Ausstellungen und in der Cafeteria selbst gefertigte *rømmegrøt* und selbst gebackenen Kuchen.

Öffnungszeiten Juni–August täglich 10–18 Uhr; Mai u. September Mo–Fr 10–15 Uhr, Sa/So 10–18 Uhr. Eintritt 60 NOK, Kinder 40 NOK.

Kaupanger Stabkirche: Die äußerlich eher schlichte Kirche stammt aus der Zeit um 1180, Ausgrabungen auf dem Friedhof brachten jedoch auch Kirchenfundamente aus der Zeit um das 9./10. Jh. zutage. Sie wurde aber 1862 umfassend renoviert, sodass ihr heutiges Aussehen nichts mehr mit ihrer ursprünglichen Gestalt zu tun hat. Deshalb zählt die Kaupanger Kirche, immerhin die drittälteste in Norwegen, bei Experten auch nicht als Stabkirche im engeren Sinn. Das zeigt sich vor allem im Innenraum, dessen Ausmalungen deutlich vom Stil der Renaissance geprägt sind. Die Kirche mit ihren 20 Masten gilt als größte im Bereich des Sognefjords. Besonders eindrucksvoll sind auch die in den Sommermonaten stattfindenden Orgelkonzerte.

Öffnungszeiten Juni–August täglich 9.30–18 Uhr, Führungen um 10.30 und 18.30 Uhr. Eintritt 35 NOK, Kinder unter 12 Jahren gratis.

▸ **Weiterfahrt**: Auf der wunderschönen, knapp 40 km langen Autofahrt über die RV 55 von Sogndal/Kaupanger zum Fährhafen **Dragsvik/Hella** bekommen Sie bereits einen Eindruck von der Farbenpracht dieses Landstrichs: Obstbäume, wohin man schaut. Selbst Pfirsiche, Walnüsse und Aprikosen reifen in diesem milden Klima mit 12° Celsius Durchschnittstemperatur. Badeplätze gibt es, wo man auch anhält. Das Zentrum des Obstanbaus bildet Leikanger, das auf halber Strecke liegt.

Leikanger

Das Dorf lebt vom Obst. Neben den Obstplantagen ernähren Konservenfabriken und Schnapsbrennereien die 3.000 Einwohner der Gemeinde.

80.000 Obstbäume blühen im Mai, im September sind die Früchte dann reif. Was Birnen anbetrifft, nimmt Leikanger die Spitzenstellung in Nordeuropa ein. Wer sich für diesen Wirtschaftszweig interessiert, sollte den *Henjum Gård* besuchen: In der Anlage aus sechs Höfen (als „Henjatunet" ausgeschildert) demonstrieren Marit, Ingvar und Jo die seit Jahrhunderten kaum veränderten Anbaumethoden, schenken aber auch selbst gekelterten Apfelwein aus (15.5.–31.8., 15–17 Uhr, Eintritt 100 NOK).

Doch ein wenig leben die Leute von Leikanger auch von den Urlaubern, die wegen des schönen Fjordhotels hierher kommen. Ansonsten finden Sie im Ortskern eine Tankstelle, eine Bankfiliale und ein Postamt. Der Ort selbst hat keine Sehenswürdigkeiten zu bieten.

• *Information* Der **Fremdenverkehrsverein**, ✆ 57691617, findet sich an der Hauptstraße. Mai–September werktags von 9–17 Uhr.

• *Busverbindungen* Der „Natteekspressen" von Oslo (7,5 Std.) nach Hella (20 Min.) hält 2 x täglich.

• *Fährverbindungen* Das Passagierschiff von Bergen (4,5 Std.) nach Flåm (1 Std.) macht 1 x täglich fest.

• *Übernachten* **Leikanger Fjordhotel**, ✆ 57653622,www.leikanger-fjordhotel.no. Das nur vom 1. April bis Mitte Dezember geöffnete Hotel bietet von Bootsausflügen bis zum Fahrradverleih, von edlen Zimmern bis zum Restaurant mit guter Küche alles, was zu einem erholsamen Urlaub gehört. Und das zu annehmbaren Preisen: EZ 1.050 NOK, DZ 1.300 NOK.

Lusterfjord (Lustrafjord)

Die Hauptattraktion am Lusterfjord ist Urnes, die älteste und nach Borgund und Heddal wohl berühmteste Stabkirche des Landes. Um sie zu besuchen, muss man den Fjord zunächst überqueren.

Dreimal täglich (11, 13 und 15.30 Uhr) und achtmal an den Wochenendtagen setzt zwischen Juni und August ab Solvorn eine kleine, in keinem Fahrplan verzeichnete Fähre nach Ornes über (manchmal eine Auto-, häufiger eine Personenfähre; 15 Minuten Überfahrt, 70 NOK/Pkw, höchstens vier Autos werden transportiert, ansonsten 26 NOK/P.).

Solvorn

Der kleine, nur 300 Einwohner zählende Ort ist ein wahres Kleinod am Lusterfjord. Auf Ihrem Weg zur Stabkirche Urnes sollten Sie Solvorn nicht verschmähen: fast verschlafen, aber ungemein gemütlich.

Häufig übersehen und nur als Fährstation für den Ausflug zur Stabkirche links liegen gelassen, hat das malerische Dorf alles zu bieten, was zu einem geruhsamen Urlaub gehört: Wald zum Spazierengehen und Wasser zum Baden und Angeln. Mit der *MS Ornes* lassen sich herrliche Fjordrundfahrten für nur 150 NOK (Kinder 60 NOK) machen. Vor allem aber gibt es hier ein landesweit berühmtes Hotel. Bevor Sie die Fähre besteigen, sollten Sie es zumindest anschauen oder im schönen Garten einen Kaffee trinken. Es heißt Walaker Hotell und versetzt den Besucher in längst vergessene Zeiten zurück.

• *Übernachten* **Walaker Hotell**, ✆ 57682080, www.walaker.com. Das seit 1690 in der neunten Generation von der Familie Nitter bewirtschaftete, herrlich altmodische Holzhaus ist der Inbegriff für skandinavische Romantik-Hotels. Es ist tatsächlich romantisch mit Gartenfrühstück, Fjordblick und einer sehenswerten Kunstgalerie im geschmackvoll renovierten Hinterhaus, die jedoch nur von 12–17 Uhr geöffnet ist und obendrein 20 NOK Eintritt kostet. Das fabelhafte Hotel mit nur 24 funktionalen Zimmern ist vergleichsweise preiswert: EZ 750–1.200 NOK, DZ 1.650–1.900 (geöffnet nur Mai–September).

Tronds Huset, Lesertipp von Peter Zombori aus Zürich: Trond Henrik ist ein Ex-Weltenbummler, der sein Haus nebst Inventar für 200 NOK/Person zur Verfügung stellt. Laut Peter „DER Geheimtipp".

Sehenswertes

Urnes Stabkirche: Das Kirchlein, manchmal auch nach der Fährstation „Ornes" genannt, ist von der UNESCO auf die Liste der weltweit erhaltenswerten Baudenkmäler gesetzt worden. In Norwegen sind sonst nur noch Bryggen in

UNESCO-Denkmal: Urnes Stabkirche

Bergen, die Bergwerksstadt Røros, das Vega-Archipel und die Felszeichnungen von Alta mit dieser Auszeichnung bedacht worden.

Während das hölzerne Kirchenhauptwerk auf 1130–50 datiert wird, muss zumindest die reich geschnitzte Nordwand bedeutend älter sein (um 1060 wird geschätzt). Diese Schnitzarbeiten, bekannt als *Urnes-Teir*, prägten den Urnes-Stil. Das Kirchlein gilt deshalb zu Recht als älteste Stabkirche Norwegens.

Besonders eindrucksvoll sind die Schnitzereien mit Fabeltiermotiven an den inneren Säulen und den Ornamenten am Portal, die auf irische Einflüsse zurückgeführt werden. Das Kruzifix über dem Chorbogen ist romanischen Ursprungs und passt nicht so recht zum Interieur der Kirche, das weitgehend aus den 60er Jahren des 17. Jh. stammt. Nebenbei: Oberhalb des Kirchleins gibt es tolle Spazierwege mit ebenso tollen Ausblicken auf Fjord und Berge.

Öffnungszeiten Juni–August täglich 10.30–17.30 Uhr. Eintritt 45 NOK, Kinder 20 NOK. Führungen organisiert **Marit Boe**, ✆ 57683945.

▸ **Weiterfahrt**: Viele werden den sehenswerten Lusterfjord nur für die Passage in das Jostedal nutzen. Dennoch ist eine Umrundung des Fjords, ist man erst mal in Urnes und möchte nicht auf die Rückfahrt mit der Fähre warten, auf der winzigen Landstraße ein besonderes Erlebnis.

Skjolden

Der Marktflecken ist seit alters her Drehpunkt zwischen Fjord und Sognefjell: Bauern aus Jotunheimen verkauften und verschifften ihre Erzeugnisse hier am Fjordende.

In Zeiten moderner Kommunikations- und Transportmittel hat das 300-Seelen-Dorf diese Funktion als Dreh- und Angelpunkt des bäuerlichen Handels längst verloren. Heute ist Skjolden ein verschlafener Flecken, den Urlauber auf der Durchreise zum Nigardsbreen im Westen oder Jotunheimen im Norden meist nur streifen.

Dennoch findet man attraktive Unterkünfte, eine Touristeninformation, Bank, Post und auch Einkaufsmöglichkeiten im Zentrum (z. B. Bauernkunst in der *Huslidsbua*). Skjolden hat aber auch landschaftliche Höhepunkte zu bieten, beispielsweise den 218 m hohen **Feigumsfossen**, einen der größten Wasserfälle Norwegens, der auf halbem Weg zwischen Urnes und Skjolden liegt.

• *Information* Der **Infokiosk** (✆ 97600443, www.sognefjord.no) im Zentrum (Reichsstraße 55) ist nur von Juni bis August Mo–Fr 9–17, Sa 9–13 Uhr (nur im Juli auch So 1 – 17 Uhr) geöffnet.

• *Busverbindungen* 4 x täglich hält der Fernbus Oslo–Sogndal am Rathaus (via Otta, Lom und Sognefjell).

• *Übernachten* **Skjolden Hotel**, ✆ 57682381, www.skjolden.com. Das gemütliche Nichtraucher-Hotel aus Holz (nur vom 1.5.–15.9. geöffnet) bietet Mittelklassestandard zu korrekten Preisen: EZ 745, DZ 945 NOK.

• *Camping* **Nymoen Leirplass**, ✆ 57686603. Der Platz bietet auch Hütten ab 450 NOK an.

Luster

Auf dem Rückweg am Westufer passiert man Luster, den Ort, dem der Fjord seinen Namen verdankt. Ganz zu Recht wirbt er mit dem Slogan „... wo Sognefjord, Jotunheimen und Jostedalsbreen zusammenkommen", denn 89 % der Gemeindefläche sind von Gebirgen, Gletschern und Seen bedeckt.

Wegen dieser reichen, aber empfindlichen Natur hat Luster jedoch schon mit Umweltproblemen zu kämpfen. Die Gemeinde bittet auf Schildern und in Broschüren, auf das *Jedermannsrecht*, immer und überall zelten zu dürfen, zu verzichten. Zwar vertreibt die Polizei Wildcamper nicht, doch der sensiblen Natur des **Breheimen** (Jostedal und Gletscher) haben Klimaschock und Luftverschmutzung in den letzten Jahren erkennbar zugesetzt, sodass Naturfreunde sich wirklich auf die Campingplätze beschränken sollten.

Aber um die Urlauber nicht gänzlich zu vergraulen und damit eine wichtige Einnahmequelle zu verlieren, werden die Gemeindeväter inkonsequent und versuchen, mit der **Heggmyrane-Abfahrt** bei **Hafslo** in das Geschäft mit dem Wintersport einzusteigen. Doch die 1.800 m lange Abfahrt vom Jostedalsbreen hinunter ins Tal weist zwar Norwegens längsten Skilift auf (Tageskarte 350 NOK), verschandelt aber die Natur und kann wahre Skifans nicht wirklich reizen. Anders ist das mit dem sommerlichen Skilanglauf auf dem Sognefjell: Längs der RV 55 verträgt sich auf 1400 m Höhe der Loipenski mit dem Bikini (Information und Skiverleih unter Mobil-Telefon 94506458).

• *Übernachten* **Solstrand Gjestehus & Hytteutleie**, ✆ 57685450, ✆ 57685361. Schon das Schankzimmer mit riesiger Panoramafront zum Fjord ist ein Argument für den Gasthof – die gute, günstige Küche sowie acht Appartements (EZ 600, DZ 950 NOK) und vier Hütten (500 NOK bei zwei, 950 NOK bei vier bis sechs Personen) sind es allemal.

Sogn Fjordhytter, ✆ 57685414, www.sognfjordhytter.no. Zwei luxuriöse Hütten direkt am Fjordufer ab 750 NOK.

• *Camping* **Dalsøren Camping**, ✆ 57685436, www.dalsoren.com. Der hübsche Platz am Fjord nutzt seine Lage und bietet Angelscheine, Bootsverleih und geräumige Ferienhäuser sowie 14 kleinere Hütten (ab 500 NOK) an.

Viki Fjordcamping, ✆ 57686420. Auch dieser Campingplatz zwischen Luster und Gaupne und direkt am Fjord vermietet 13 attraktive Hütten zu annehmbaren Preisen (ab 350–720 NOK). Das deutschsprachige Management wird von vielen Lesern gelobt.

Nes Camping, ✆ 57686474. Der letzte Campingplatz am Fjord vor Gaupne steht den Nachbarplätzen in nichts nach: herrliche Lage, winterfeste Hütten (ab 350 NOK) und gute Sanitäranlagen.

Abstecher ins Jostedal: Wandern auf dem Gletscher

Mit Schneepickel und Steigeisen durch das ewige Eis zu wandern, über Gletscherspalten zu springen und durch Eistunnel zu stapfen – das ist auch für erfahrene Wanderer ein Abenteuer besonderer Art.

Nirgends sonst ist dieser Nervenkitzel so hautnah und gleichzeitig mit so geringem Aufwand zu erleben wie auf dem **Nigardsbreen**, der vielleicht schönsten Gletscherzunge des mächtigen Jostedalsbreen.

Das Jostedal war noch bis vor 60 Jahren bevorzugtes Bärenrevier; 1956 wurde der letzte Braunbär erlegt. Man erreicht das Gebiet, indem man die RV 55, die von Sogndal und am Lustrafjord entlang in Richtung Jotunheimen führt, bei Gaupne (Achtung: kein Ortsschild) verlässt. Für die 35 km auf der verwinkeltengen Stichstraße 604 braucht man 45 Minuten nach **Gjerde**, wo die „Gletscher-Kathedrale" des Breheimcenters Jostedal den Blick auf den Nigardsbreen etwas stört.

Das neue **Gletscherzentrum Jostedal** (www.jostedal.com) ist in jeder Hinsicht außergewöhnlich: In Form eines Wikingerschiffes gebaut, ähnlich der Eishalle von Hamar, wird auf 500 qm und zwei Stockwerken didaktisch geschickt der Nationalpark Jostedalsbreen vorgestellt. Zitat aus der Werbebroschüre: „Eine spannende Zeitreise durch 20.000 Jahre Gletscherlandschaft; hier erfährt man, wie der Gletscher Landschaft und Lebensverhältnisse formt." Und man erfährt, was ein *Firngrad* und ein *Bingstopf* ist, wie Gletschertische, Gletscherspalten oder Eistunnel entstehen; man begreift, dass Norwegens Gletscher keine Überbleibsel der Eiszeit sind, sondern dadurch entstehen, dass im Winter mehr Schnee fällt, als im Sommer tauen kann (2006 lagen 7 m Schnee auf

Das Breheimcenter: Gletschergeschichte am Nigardsbreen

Wandern am Bergsetbreen: Schnuppern am Gletschereis

dem Jostedalgletscher, dem größten des europäischen Festlands). Und nicht zuletzt lernt man, dass der 400 m dicke Jostedalgletscher seit Mitte der 80er Jahre schmilzt – Folge des Treibhauseffekts?

Öffnungszeiten 1.5.–15.6. täglich 10–17 Uhr; 16.6.–15.8. täglich 9–19 Uhr; 16.8.–1.10. 10–17 Uhr. Eintritt 90 NOK, 60 NOK für Kinder von 10–14 J., Kinder unter 10 J. gratis.

Geführte Gletscherwanderungen: In der **Brekathedrale** des Jostedals gibt es die Karten für geführte Gletscherwanderungen im Juli und August. Man kann jedoch auch direkt am Gletschersee vor Antritt der Wanderung buchen. Die verschiedenen Touren über die Nigardsbreen-Gletscherzunge beginnen alle am Parkplatz vor dem Gletschersee (der geringe Fährpreis wird zusätzlich gezahlt). Die Wanderungen am Seil und im Gänsemarsch werden von Einheimischen geführt, die vielsprachig über ihre Heimat plaudern; Länge und Richtung der Tour richten sich dann jeweils nach aktuellen klimatischen Gegebenheiten. Die Vereinigung der Gletscherführer im Jostedal führt übrigens auf Anfrage weitere, anspruchsvollere Touren durch.

• *Anfahrt/Preise* Man erreicht den See über eine mautpflichtige Privatstraße ab Mjøvergrendi (20 NOK). Es gibt Familientouren (Erwachsene 220 NOK, Kinder 80 NOK; 1,5 Stunden, täglich 12 und 14.30 Uhr) und zwei unterschiedlich lange Blaueis-Wanderungen (375 bzw. 450 NOK, 2 bzw. 4 Stunden, täglich 10.30 und 11.30 Uhr). Seil, Eispickel und Steigeisen werden gestellt, Sie aber sollten nicht vergessen, gute Wanderstiefel mitzunehmen, jedes Stück Haut zu bedecken (die Sonnenreflexion ist gewaltig, ein Sonnenbrand ohne Schutz unausweichlich), dunkle Kleidung anzuziehen, denn der Staub, der das Eis dunkel färbt, verschmutzt Seil und Kleidung.

Schnupperwanderung: Gut ohne Führung zu bewerkstelligen ist die kleine Tour durch das flache, moränenübersäte und mückenreiche **Bergsetdal**. Über einen gemächlichen Pfad und zahlreiche kleine Flussläufe gelangt man dicht an eine Nebengletscherzunge heran, den **Bergsetbreen**. Sie sollten der gefährlichen Versuchung aber widerstehen, den Gletscher hinaufzusteigen: Solche

Gletscherwanderungen sind gefährlich und ohne fachmännische Begleitung und Ausrüstung nicht selten sogar lebensgefährlich.

- *Anfahrt* Die Stichstraße ins Bergsetal zweigt von der Straße 604 vor Gjerde nach Krundalen ab und endet nach wenigen hundert Metern an einem Gehöft, bei dem man Wagen oder Rad stehen lassen kann. Die kleine Wanderung zum Gletscher ist kaum 5 km lang; für Hin- und Rückweg braucht man keine zwei Stunden.

Gaupne

Das Gemeindezentrum am Eingang des Jostedals ist nur als Ausgangspunkt für Gletscherwanderungen und als Übernachtungsort interessant.

Das unscheinbare 600-Seelen-Dorf an einer Fjordeinbuchtung lebt von Landwirtschaft und Urlaubern, ohne allerdings den andernorts üblichen Touristenrummel mitzumachen. Aber immerhin gibt es Informationsstellen, das „Pyramiden"-Kaufhaus, eine Bankfiliale, Geschäfte, ein Postkontor (alle an der Reichsstraße) und nette Unterkünfte.

- *Information* Neben einer **Infozentrale** im Gletscherzentrum ist im Pyramiden-Kaufhaus eine kleine **Touristeninformation** untergebracht, ✆ 97600443, www.sognefjord.no. Juni–August täglich 8–15 Uhr.
- *Busverbindungen* Wanderern bietet sich die Fernbusverbindung Oslo–Sogndal an, die 3–4 x täglich in Gaupne stoppt.
- *Übernachten/Camping* **Nigardsbreen Camping**, ✆ 57683135. An einem Gebirgsbach, nur einen Spaziergang vom Gletscherzentrum und wenige Schritte von der Mautstraße zum Gletschersee entfernt, ist dieser schöne Campingplatz idealer Ausgangspunkt für Wanderungen auf den Gletscher. Die kleinen Hütten sind mit 350 NOK erstaunlich preiswert. Einen Nachteil allerdings hat der Platz: Der Bach beschert reichlich Mücken.

PlusCamp Sandvik, ✆ 57681153, www.pluscamp.no. Der nur von Juni bis August geöffnete Platz am Taleingang ist die schlechtere, dennoch nicht unbedingt preiswertere Alternative. Aber es gibt 22 Hütten ab 450 NOK.
- *Essen* Einen guten, heißen Kaffee und ein Sandwich bekommt man in **Pyramiden** und **Samyrkelag**.

Årdalsfjord

Am Westufer des schmalen Fjordarms gibt es keine Straße. Die beiden Hauptorte Årdalstangen und Øvre Årdal sind nur von Norden oder Osten über die RV 53 und eine kleine, aber sehr schöne Privatstraße zu erreichen. Ansonsten bleibt nur die Personenfährverbindung von Kaupanger nach Årdalstangen (zweimal täglich, 30 Minuten, 145 NOK).

Årdal ist eine Industriegemeinde. Der Hauptort **Øvre Årdal** am Fjordende beherbergt das größte Aluminiumwerk im Land, das *Hydro Metallverk*, das Arbeitgeber der meisten der 3.500 Gemeindebewohner ist. **Årdalstangen** am noch schiffbaren Fjordteil ist der Verladehafen. Beide Ortschaften und auch der Fjord wären keinen Besuch wert, wenn sich nicht im Norden eine Gebirgsstraße und ein Naturschauspiel, beide von ganz besonderer Art, versteckten ...

Da ist zunächst die mautpflichtige Privatstraße von Øvre Årdal nach **Turtagrø**, die schon in der Bergwelt des Jotunheimens liegt und nicht nur als Abkürzung attraktiv ist: eine romantische Gebirgsstraße, die jedoch nur in den Sommermonaten geöffnet ist und 27 km weit durch das 1.300 m hohe **Hurrungane-Massiv** führt – ein Leckerbissen für Bergfreunde (40 NOK Maut; für Wohnwagen nicht geeignet; die nehmen die RV 53 von Fodnes über Årdalstangen nach Øvre Å und weiter zur E 16).

Und dann gibt es noch den **Vettisfossen**, mit 275 m freiem Fall Europas höchsten unregulierten Wasserfall im Utladal. Leser Wolfgang Duschinski weist daraufhin, dass der im Folgenden beschriebene Weg zum Wasserfall zumindest im letzten Teil steinig, steil und nicht ungefährlich ist – Wanderstiefel nicht vergessen:

• *Wegbeschreibung zum Vettisfossen* Das **Utladal**, das schon ein Teil des Jotunheimen-Nationalparks ist, kann nur bis Hjelle mit dem Auto befahren werden. Die Straße wurde übrigens zwischen 1972 und 1976 als Nachbarschaftsprojekt erstellt. 6 km müssen in gut 1,5 Stunden zu Fuß bewältigt werden, selbst die Kutschfahrt erspart nicht die letzten 2 km zum Wasserfall (drei verschieden lange und verschieden teure Kutschen-Tagestouren, ab 250 NOK, werden zwischen dem 20.6. und dem 20.8. angeboten; Tickets bei der Touristeninformation in Årdal).

• *Information* In beiden Hauptorten gibt es jeweils ein **Infobüro**: in **Øvre Årdal** im Syningssenter, ✆ 57663562, www.ardal.no; Mitte Juni bis Mitte August Mo–So 10–17 Uhr.
In **Årdalstangen** im Klingenberg-Hotel, deshalb ganzjährig von 7–23 Uhr geöffnet.

• *Busverbindungen* „Valdresekspressen" fährt 9 x täglich in sechs Stunden und beiden Richtungen von Oslo nach Årdalstangen (Zentrum).

• *Fährverbindungen* Personenfähren von Kaupanger direkt nach Årdalstangen (2 x täglich, 30 Min., 150 NOK).

• *Adressen* Der Gemeindegröße angemessen gibt es hier sämtliche Einkaufsmöglichkeiten und Dienstleistungen. **Ärztlicher Notdienst**: ✆ 94566000, **Bank**, Mo–Fr 8.30–15, Do bis 17 Uhr. Zudem gibt es **Post**, **Supermarkt** und **Souvenirgeschäfte** (z. B. „Hobbykunstnarren" im Zentrum von Øvre Årdsal) in beiden Ortszentren.

Im Utladal: Urlaub ohne Straßen

• *Übernachten/Camping* **Klingenberg-Hotell**, ✆ 57665800, www.klingenberghotel.no. Das edle 50-Zimmer-Hotel in Årdalstangen bietet jeden Service und verlangt zivile Preise: EZ 800–1.050 NOK, DZ 1.270–1.530 NOK.

Utladalen Camping, ✆ 57663444, ℻ 576 63046. Ein schöner Drei-Sterne-Platz, 4 km von Øvre Årdal an der RV 53: Besonders familienfreundlich durch Bade- und Spielplatz, aber nur knapp 20 Stellplätze und 14 sehr einfache Hütten (ab 400 NOK).

Årdalstangen Camping, ✆ 57661560, ℻ 57660097. Der etwas einfachere Zwei-Sterne-Platz am Hydroveien bietet 20 zum Teil tolle Hütten (ab 550 NOK) und befriedigt auch sonst alle Camper-Bedürfnisse: Kiosk, Telefon, Tankstelle usw. sind vorhanden.

Lærdalsfjord

Der kleinste Seitenarm des Sognefjords ist auch der am wenigsten attraktive. Er gewinnt Bedeutung allein durch das Gemeindezentrum Lærdalsøyri, über das die E 16 als Hauptverkehrsstrang nach Valdres und weiter nach Oslo führt. Und seit November 2000 durch den längsten Straßentunnel der Welt, der Lærdal mit Aurland verbindet – wichtigstes Bindeglied der Schnellstraßen-Verbindung Oslo–Bergen.

Lærdal

Wo der lachsreiche Lærdalselv in den Fjord mündet, ist das moderne Lærdal entstanden. Viel interessanter aber ist der alte Stadtkern aus dem 17. Jh.

Das jetzt verschlafene, malerische **Lærdalsøyri** war über Jahrhunderte der wichtigste Fjordhafen für Waren aus Ostnorwegen. Die rund 160 Holzhäuser jener Zeit stehen unter Denkmalschutz und lohnen einen Stadtbummel. Die **Øyragata**, die gartenreiche Hauptstraße des Stadtteils, bietet geradezu einen Querschnitt durch die norwegische Architekturgeschichte, denn neben 200 Jahre alten Häusern finden sich Jugendstilfassaden der Jahrhundertwende und klassizistische Bauten aus der Zeit zwischen den Weltkriegen.

Heute lebt das 2.250 Einwohner zählende Städtchen von Gemüseanbau und -verarbeitung sowie von der einzigartigen Landschaft des Lærdals, die Jahr für Jahr 30.000 Urlauber in diesen Landstrich lockt.

Feuertaufe im längsten Straßentunnel der Welt

Schrecksekunde im Tunnel-Neubau zwischen Lærdal und Aurland: Als im November 2000 König Harald den mit 24,5 Kilometern längsten Straßentunnel der Welt eröffnete (bislang gebührte dem Schweizer St.-Gotthard-Tunnel dieser Titel), fing die Klimaanlage im Bus der Ehrengäste unversehens Feuer. Der Lærdal-Tunnel aber bestand seine Feuerprobe, denn Feuerlöscher waren im Einröhren-Tunnel sofort zur Hand. Der in nur vier Jahren für eine Milliarde Kronen erbaute Tunnel wird durch drei hell erleuchtete Kuppeln unterbrochen – so wird die Durchfahrt nicht zu lang und nicht zu duster. Die Autofahrt von Oslo nach Bergen wird durch die 20-Minuten-Fahrt durch den neuen Tunnel zwar um 40 km länger, aber vor allem um 30 Min. kürzer.

In Lærdals City sehenswert ist das **Villakssenter**, das größte und eindrucksvollste unter den vielen Lachsaquarien in Norwegen. Neben dem „Observatorium“ mit seinen riesigen Schaufenstern, hinter denen sich wilde Lachse tummeln, gibt es eine kulturhistorische Ausstellung des Lachsfangs, gibt es Filme zur Lachsfischerei und eine Werkstatt für Lachsfliegen zu bestaunen. Und das Lokal „Blue Charm“ ist auch nicht zu verachten (Juni–August täglich 10–22 Uhr, Mai täglich 10–18 Uhr, September 11–17 Uhr; Eintritt 75 NOK, Kinder 40 NOK).

Information/Verbindungen/Adressen

• *Information* Das **Turistkontor Lærdalsøyri** in der Altstadt (✆ 57641207, www.alr.no) ist zwischen dem 15.6. und dem 15.8. Mo–Fr 10–19 Uhr, Sa/So 11–16 Uhr geöffnet; in der übrigen Jahreszeit Mo–Fr (außer Mi) 9–13.30 Uhr. Angel- und Jagdscheine werden hier ausgegeben.

• *Busverbindungen* Der Verkehrsknotenpunkt zwischen Oppland/Valdres und dem Fjordland wird von vier Fernbuslinien bedient. Direkt am Rathaus halten alle: Oslo–Sogn (2 x, nur nachts), 4 x Gudvangen–Revsnes, 8 x in beide Richtungen Oslo–Førde und 2 x täglich „Øst-Vestekspressen“ von Lillehammer nach Bergen. Zudem Lokalbusse, z. B. die sagenhaft schöne Route nach Aurland/Flåm (nur im Sommer, 1 x pro Tag).

• *Adressen* **Post** und **Apotheke** befinden sich im Rathausgebäude, eine **Bank** ist direkt vis-à-vis. Das **Krankenhaus** erreichen Sie unter ✆ 57666111. **Tankstelle** und **Werkstatt** liegen am Ortsrand, **Einkäufe** können Sie in der Øragata („Øyrastova“: Holz-, Schmuck-, Lederarbeiten) erledigen.

Übernachten/Essen & Trinken

• *Übernachten* **Sanden Pensjonat**, ✆ 57666404, www.sandenpensjonat.no. Die gemütliche Pension in der pittoresken Altstadt bietet einfache Zimmer zum sensationellen Preis ab 150 NOK.

Offerdal Hotell, ✆ 576 66101, www.offerdalhotell.no. Gleich gegenüber der Touristeninformation, nicht die schönste, aber die preiswerteste Hotelunterkunft. EZ 725 NOK, DZ 1.500 NOK.

Lærdal Hotell, ✆ 57666507, ✆ 57666510. Das nur vom 15.5.–15.9. geöffnete Hotel in einem Betonkasten bietet Mittelklasseniveau für 795–995 (EZ) und 950–1.250 NOK (DZ).

Lindstrøm Hotell, ✆ 57666900, www.lindstroemhotel.no. Das verzierte Holzhaus in einem hübschen Garten ist nur zwischen Mai und September geöffnet. EZ 865 NOK, DZ 1.260 NOK, jeweils mit Frühstück. Einziger Fahrradverleih der Stadt.

Lærdal Ferie- og Fritidspark, ✆ 57666695, www. laerdalsferiepark.com. Der ohnehin empfehlenswerte Campingplatz direkt am Wasser ist seit Sommer 2006 noch attraktiver. Da wurde die Anlage nämlich um ein schickes Motel erweitert. Hütten ab 550 NOK, Zimmer ab 475 NOK.

Borlaug Vandrerhjem, ✆ 57668780, www. vandrerhjem.no. Weitere 15 km auf der E 16 findet sich im Weiler Borlaug die einzige Jugendherberge weit und breit: klein und preiswert. Einzelbett 135, EZ 220, DZ 340 NOK (60 NOK fürs Frühstück, 100 fürs Abendessen).

• *Essen* **Potters Kafé og Konditori**, wirklich leckere Torten und „Kaffee satt" bietet die heimelige Konditorei im Zentrum.

Abzweig ins Valdres-Tal

Diese Abzweigung folgt dem Lauf der E 16 und diese wiederum einer schon seit Jahrhunderten genutzten Hauptverkehrslinie von Ost- nach Westnorwegen – in umgekehrter Richtung heutzutage eine der wichtigsten Urlauberrouten. Leider sind Sie für diesen Ausflug auf ein eigenes Fahrzeug angewiesen; die Fahrt mit dem Linienbus ist allzu zeitaufwendig und beschwerlich.

Der für viele wichtigste Grund, diese Strecke zu benutzen, liegt nur 31 km hinter Lærdaløyri: Die **Stabkirche von Borgund** aus dem Jahre 1150 ist zwar nur die zweitälteste in Norwegen (nach der von Urnes), aber sie wurde nie umgebaut, nie erweitert und gilt deshalb geradezu als Prototyp norwegischer Stabkirchen. Ein erst 2005 eröffnetes Besucherzentrum gibt darüber anschaulich Auskunft.

Achten Sie bei der Kirche, die zudem in einer herrlichen Landschaft liegt, vor allem auf das gekonnt geschnitzte Westportal, den Laubengang und den Turm mit einer Glocke aus dem Mittelalter. Im Inneren, das authentisch und ohne Sitzgelegenheit erhalten ist, sollten Sie besonders die als Abstreifer dienenden Plankenzangen zwischen den Säulen, die Kanzel aus dem späten 16. Jh. und das Altarbild aus dem Jahr 1620 beachten. Besondere Attraktion dieser Stabkirche jedoch sind die außerordentlich fein geschnitzten Drachenköpfe im Giebel, die einst heidnische Götter von dem christlichen Gotteshaus abschrecken sollten.

Öffnungszeiten Juni–August täglich 8–20 Uhr, Mai und September täglich 10–17 Uhr. Eintritt 50 NOK, Kinder 25 NOK.

Wanderung: Die Gemeinde **Steinklepp** hat noch mehr als die schöne Stabkirche zu bieten, nämlich den **Sverrestigen**, einen „alten Königsweg", derzeit als Wanderweg genutzt. 500 m nördlich der Stabkirche findet man ihn als *gamle Kongeveien* ausgeschilderten; nach gut 1,5 Stunden Laufzeit erreicht er über die Vindhellaschlucht das derzeit geschlossene Hotel Husum (dort als „Sverrestigen" ausgeschildert).

Borgund: Prototyp aller Stabkirchen

Angeln: Längs des Lærdalselvs, der zu den berühmtesten Lachsflüssen Norwegens zählt, sieht man immer wieder Schilder, die das Angeln verbieten: Die Angelreviere sind überwiegend in Privatbesitz. Erst bei Maristuen haben Petris Jünger die Chance auf einen Angelschein. Aus der 640 Jahre alten Gebirgshütte wurde eine neuzeitliche Ferienanlage, die allerdings fest in Händen von Reiseunternehmen ist.

Weiterfahrt: Steil steigt die E 16 hinter Borgund via Lo mit dem im Berg versteckten Kraftwerk Borgund und über Borlaug auf das Fillefjell hinauf. Der Gebirgszug mit der einstigen Kutschenroute Oslo–Bergen eröffnet bei klarer Sicht ein Postkartenpanorama auf das Jotunheimen-Massiv. Halten Sie spätestens bei Kyrkjesølane an und genießen Sie am Fuß des 1.433 m hohen Stugunøsi die großartige Aussicht.

Bei Tyinkrysset zweigt die RV 53 steil zum Tyin-See ab – eine landschaftlich aufregende Alternativroute zum Årdalsfjord. Der Abstecher über die Landstraße 252 hingegen ist nur etwas für jemanden, der die Einsamkeit liebt: Bei Eidsbugarden am Bygdin-See geht es per Auto nicht mehr weiter.

Demgegenüber windet sich die E 16 geradezu sanft entlang des Vangsees nach Valdres. Zwei kleinere Stabkirchen liegen am Weg: die von **Øye** am Ende des Vangsees, deren Bauteile man vor 200 Jahren beim Bau einer neuen Kirche fand und wieder zusammensetzte, und die bei **Lomen** aus dem Jahr 1250 (500 m steil bergauf).

Weiter führt die Fahrt über Ulnes. Von hier gibt es eine hinreißende Panoramastraße (mit Mautpflicht) als Querverbindung zum Hemsedal und in das Touristenstädtchen Fagernes.

Fagernes

Der Hauptort des Valdres-Tales mit knapp 3.000 Einwohnern möchte nicht nur als Verkehrsknotenpunkt nach Westnorwegen dienen. Vielmehr bemüht man sich seit einiger Zeit, Touristen anzulocken, die im Strandefjord, der eigentlich ein See ist, baden und fischen oder zum Reiten und Skifahren animiert werden sollen.

Doch trotz großer Bemühungen steckt die touristische Infrastruktur, deren Anfänge immerhin schon 100 Jahre zurückliegen (so alt ist beispielsweise das größte Hotel am Ort), noch in den Kinderschuhen. Immerhin wurde aber im 8 km entfernten Leirin schon ein gar nicht so kleiner Flughafen gebaut. Bislang ist jedoch noch die Holzverarbeitung durch kleine Mittelstandsbetriebe der Haupterwerbszweig in Fagernes.

Sehenswert ist das **Valdres Folkemuseum** im Tyinvegen. Das Freilichtmuseum umfasst 70 Häuser (das älteste aus dem Jahre 1200), darunter Mühlen, Sägewerke, Schulen und Badehäuser; alles im Originalzustand wieder hergestellt und hübsch hergerichtet (zum Beispiel eine Werkszeugsammlung und eine original eingerichtete Lehrerwohnung). Das **Hovi-Haus**, ein Gebäude, in dem die Vorräte gelagert wurden, stammt gar aus dem 13 Jh. Landesweit bekannt aber ist das Valdres Folkemuseum für seine ständige Ausstellung von Volkstrachten. Berühmt sind auch die in einem winzigen Lokal angebotenen landesüblichen Speisen (September–Mai Mo–Fr 10–15 Uhr, Juni–August täglich 10–17 Uhr; Eintritt ist saisonabhängig: im Sommer 60 NOK, Kinder 25 NOK).

• *Information* Das **Turistkontor** im Busbahnhof, ✆ 61359410, www.visitvaldres.no, ist viel besuchte Touristeninformation, in der man Hütten mieten und Tickets sowie Angelscheine kaufen kann. Mo–Fr 8–16, Sa 10–14, So 13–16 Uhr (Oktober–März Mo–Fr 8–16 Uhr).

• *Flugverbindungen* Auf dem 8 km entfernten Airport **Leirin** landen Chartermaschinen, die Wanderer und Pauschalurlauber einfliegen. Zudem werden Oslo (2 x täglich, 1 Std.), Bergen (1 x täglich, 65 Min.) und Haugesund (3 x täglich, 45 Min.) angeflogen.

• *Busverbindungen* „Valdresekspressen" fährt zwischen 11.30 und 22.25 Uhr 7 x täglich nach Oslo (2 Std.). Zudem gibt es Anbindungen in Richtung Gol und Otta (4 x täglich), nach Bergen, Lillehammer und Voss (2 x täglich).

• *Adressen* **Post** im Rathausgebäude, **Bank** und **Telegrafenamt** gleich beim Turistkontor. **Einkaufen** (u. a. Souvenirs, Kosmetik- und Sportartikel sowie Lebensmittel) kann man im **FK-Senteret** im Zentrum von Fagernes.

• *Übernachten* **Quality Fagernes Hotel**, ✆ 61358000, www.choicehotels.no. Das mit 112 Jahren älteste Hotel weit und breit wurde vor wenigen Jahren von der Quality-Choice-Kette gekauft. Entstanden ist eine gelungene Kombination aus modernem Service mit 139 geräumig-gemütlichen Zimmern und dem ländlichen Flair eines historischen Holzhauses. Das alles aber zu hohen Preisen, die nur in der Sommersaison zahlbar sind: EZ 1.580 NOK, DZ 1.980 NOK (Sommerpreise: 1.190 bzw. 1.390 NOK). Das Konferenzhotel bietet aber ständig Sonderangebote: Es lohnt das Nachfragen.

Nythun Høyfjellstue, ✆ 61357930, www.nythun.com. Das Berghotel mit vortrefflichem Service (Restaurant, Halbpension, Angelgelegenheit) und 14 km von Fagernes entfernt, bietet gute Qualität zu angemessenen Preisen, sowohl in den 12 luxuriösen Hütten als auch in 22 Hotelzimmern: EZ 850 NOK, DZ 1.450 NOK, Hütten ab 650 NOK.

Leira Vandrerhjem, ✆ 61359500, www.vandrerhjem.no. Die JuHe in der Folkehøgskole (so die Ausschilderung), vier Kilometer südlich von Fagernes und in der Ortsmitte von Leira, vermietet von Ende Mai bis Mitte August 23 funktionale Zimmer mit Wasseranschluss, aber ohne Bad. Bett 120 NOK, EZ 200 NOK, DZ 290 NOK (Frühstück 55 NOK, Abendessen 85 NOK).

Fagerborg Gjestehus, ✆ 61359680, ✆ 61362578. Ebenfalls in Leira, gleichfalls einfach und ohne Dusche/Bad und nur unwesentlich teurer: EZ 490 NOK, DZ 650 NOK – dafür aber inkl. Frühstück.

Strandefjord Hytte & Fritidssenter, Leira, ✆ 61357780, www.strandefjorden.no. Das direkt ans Wasser gebaute Hüttendorf wirbt mit „hausgemachter Küche". Jedes der 19 toll ausgestatteten Blockhäuser, zum Teil sogar mit Fünf-Sterne-Standard, kostet 600–900 NOK pro Tag. Außerdem gibt's Gemeinschaftsküchen, Spielplätze, Tankstelle und Telefon.

• *Camping* **Fagernes Camping**, ✆ 61360510, www.fagernes-camping.no. Sehr viel einfacher, doch nicht minder schön ist der Wiesenplatz am Freilichtmuseum in Fagernes: Neben Zelt- und Wohnwagenstellplätzen gibt es auch 12 Hütten ab 450 NOK.

• *Essen* Zwar gibt es Pizzerien und Cafeterien im Ort zuhauf, wirklich zu empfehlen sind allein die nostalgischen Speisen im **Folkemuseum** (s. u.) und die Büfetts im **Quality Fagernes Hotel**.

• *Sport* Man kann Boote leihen (Verleih am Fagernes Hotel), angeln (fiskekorts im Touristenbüro) und Ski fahren. Es gibt einen Schlepplift im Ort und eine niedliche 750-Meter-Abfahrt. Attraktiver sind hingegen die 15 präparierten Loipen im Tal. Vor allem aber kann jeder hier Rad fahren. Ein Fahrradverleih befindet sich beim Fagernes Campingplatz. Hier ein Vorschlag:

Radtour: Von Fagernes ins Hallingdal

Die 71-km-Radwanderung über Gol nach Nesbyen ist geradezu klassisch: Aufstieg, Ebene, Abfahrt. Und trotzdem lässig in einem Tag zu schaffen.

Sie starten in Fagernes in Richtung Süden. Entweder Sie fahren zunächst 3 km auf der E 16 bis Leira, oder (besser noch) Sie nehmen die ausgeschilderte Bezirksstraße über Gardli, durchqueren dann Leira und radeln weiter auf der RV 51 in Richtung Gol.

Stetig bergauf geht es jetzt auf das Golsfjell, durch dichte Nadelwälder, die aber immer wieder schöne Ausblicke auf den Aurlandsfjord freigeben. Nachdem Sie die Weiler Hådem, Abjør und Mønin passiert haben und helle Birken die Kiefern abgelöst haben, stoßen Sie auf **Fjellbu**, ein beliebtes Hüttengebiet der Osloer. Hier, in Tisleidalen, gibt es gute Übernachtungsmöglichkeiten:

• *Übernachten/Camping* **Sanderstølen Høyfjellshotell**, ✆ 61357000, www.sanderstolen.no. Das klassische Berghotel mit 162 rustikal möblierten Zimmern und einem in jeder Hinsicht schönen Lokal lässt sich seine Exklusivität in der Einöde teuer bezahlen: EZ 1.100 NOK, DZ 1.700 NOK.

Vasetdansen, Tisleidalen, ✆ 61359950, www.vasetdansen.no. Der Fünf-Sterne-Platz längs der RV 51 gehört ohne Übertreibung zu den schönsten, bestgeführten und bestausgestatteten Campingplätzen des Landes: 200 Zelt-, 270 Wohnwagenstellplätze und 18 Vier-Sterne-Hütten (ab 650 NOK) sind im Angebot. Und überdies Post, Kiosk, Tankstelle, Telefon, Kabel-TV, Restaurant, Spielplätze, Skischule mit Alpinanlage, 120 km präparierte Loipen und vieles mehr. Es werden sogar Fahrräder verliehen und repariert.

Die Weiterfahrt führt Sie nun durch das Tisleital, das einer hügeligen Ebene gleicht, und am Fluss Tisleia entlang. Kurz nach Überfahren des höchsten Straßenpunktes (830 m ü. d. M.) passieren Sie einen kleinen Flughafen und später die Orte Kvanhøgd, Tubbehaugen und Halligen. Die Straße verliert merklich an Höhe, der Nadelwald wird von Laubwald abgelöst, aber erst hinter Solseter geht es die letzten 6 km bis Gol steil bergab.

Da die RV 7, die von Gol ab das Hallingdal durchquert, für Radfahrer gesperrt ist, empfiehlt sich für die Weiterfahrt bis Svenkerud die Gemeindestraße, die Sie am Bahnhof von Gol finden und die parallel zur RV 7 verläuft. In Svenkerud müssen Sie dann aber doch für kurze Zeit auf die Hauptstraße und sogar wieder wenige hundert Meter zurück in Richtung Gol, bis Sie rechts auf die ausgeschilderte Bezirksstraße nach Velta und Dokka stoßen. Jetzt sind es nur noch gut 8 km bis nach Nesbyen, dem Endpunkt dieser wunderschönen Tour über Fjell und Tal.

Aurdal

Bekannt geblieben ist die einstige Poststation Frydenlund nur durch Knut Hamsun, der hier Postmeister war.

Norwegens berühmter Dichter und Nobelpreisträger *Knut Hamsun* (1859–1952) lebte auf dem Onstad Hof zwischen Aurdal und Leira. In seinem Roman „Victoria“ beschrieb er den Dachboden der alten Postmeisterei auf ziemlich gruselige Art. Der 700-Einwohner-Ort, der jetzt Aurdal heißt, bietet heute immerhin ein erschlossenes Skigebiet, das aber Langläufern eher zusagen dürfte als alpinen Skifahrern.

• *Übernachten* **Danebu Feriesenter**, ✆ 61365203, ✆ 61365223. Die 60-Zimmer-Anlage, die auch Hütten (ab 500 NOK) vermietet, hat als einzige Anlage weit und breit überlebt, was ja auch ein Qualitätsbeweis ist. EZ 700 NOK, DZ 990 NOK.

▸ **Weiterfahrt**: Der Weg führt über **Bagn**, wo norwegische Truppen den deutschen Angreifern die einzige Niederlage während der Norwegen-Eroberung im Zweiten Weltkrieg beibrachten. Hier gibt die **Reinli-Stabkirche** nach einem Abstecher von 3 km von der Europastraße einen unvergleichlichen Überblick über das Valdres-Tal frei. Die Kirche stammt wohl aus dem 13. Jh., die blaue Kanzel aber aus der Renaissance.
Weiter geht es an **Nes** und am dicht bewaldeten Sperillen-See vorbei nach Hønefoss und weiter in die Landeshauptstadt.

Aurlandsfjord

Als Verbindungsweg nach Flåm oder als unmaßgeblicher Nebenstrang des kleineren, imposanteren Nærøyfjords führt der mächtige Aurlandsfjord ein Schattendasein.

Zu Unrecht, denn über 1.000 m hohe Steilwände und zumindest das winzigmalerische **Undredal** mit der schmalsten Kirche und der größten Käsereigenossenschaft des Landes machen den Fjord erlebenswert.

Passagierschiffe von Gudvangen (5 x pro Tag zwischen 9 und 18.30 Uhr mit 1,5 Stunden Fahrzeit, 186 NOK pro Person) sowie Autofähren von Bergen über Balestrand, Vangsnes, Kaupanger und Undredal (3 x pro Tag zwischen 6.20 und 23.45 Uhr mit 1,5 Stunden Fahrzeit, 245 NOK Pkw/P.) bescheren ein ganz besonderes Fjorderlebnis, das man sich in Verbindung mit einem Ausflug nach Flåm und der berühmten Eisenbahn gönnen sollte.

Leider haben auch Kapitäne von Kreuzfahrtschiffen gerade in jüngster Vergangenheit die wilde Schönheit dieses Fjords entdeckt. Wenn man das erste Foto mit dem weißen Dampfer vor den dunklen Fjordwänden „im Kasten" hat, können die riesigen Ausflugsschiffe beim Genuss der atemberaubenden Kulisse ein wenig stören.

Aurland

Der Hauptort Aurland wird durch den neuen Tunnel (s. S. 297) endlich aus seinem Dornröschenschlaf geweckt. Eine Anfahrts-Alternative ist Snøvegen, die Schneestraße, nur von Juni bis Oktober befahrbar, mit atemberaubenden Aussichten auf den Fjord.

Das kleine Verwaltungszentrum mit weißen Holzhäusern am sattgrünen Hang ist einfach bildhübsch und schon deshalb besuchenswert. Doch mit sonderlichen Sehenswürdigkeiten kann das Städtchen nicht aufwarten. Denn die Kraftwerke, die den 1.100 Aurlandern ihr Auskommen verschaffen und sicher anschauenswert wären, sind sämtlich im Berg versenkt und für Besucher nicht zugänglich. Anders ist das mit der Öko-Alm „Stigen", die der Amerikaner Dee Cunningham im Sommerhalbjahr bewirtschaftet. Unser Leser Dr. van Elsen berichtet von tollen Wanderungen zur 1.200 m hoch gelegenen Alm, die Dee organisiert und führt (Buchung unter ✆ 94481758).

• *Information* Das **Turistbüro** (✆ 57633313, www.alr.no) ist im Rathaus untergebracht und werktags von 8–15 Uhr geöffnet; nur von Juni bis August auch bis 19 Uhr und Sa/So von 10–17 Uhr.

• *Busverbindungen* Der Fernlandbus Oslo–Bergen fährt Aurland 1 x täglich an. Überdies gibt es 2 x täglich eine Verbindung nach Gudsvangen via Flåm und Revsnes via Lærdal.

• *Fährverbindungen* Drei verschieden große Fährverbindungen hat das Städtchen: Das Passagierschiff zwischen Bergen und Årdalstangen hält 1 x täglich, die Autofähre Gudvangen–Flåm 5 x pro Tag und das Boot „Fjordlady" nach Flåm ebenfalls nur 1 x täglich (von September bis April nur am Wochenende 2 x).

• *Übernachten* **Aurland-Fjordhotel**, ✆ 57633505, www.aurland-fjordhotel.com. Das hübsche Haus mit seinem attraktiven Lokal und gemütlichen 33 Zimmern kann auch mit seinen Preisen überzeugen: EZ 835 NOK, DZ 1. 270 NOK.

• *Camping* **Lunde Gard & Camping**, ✆ 576 33412. Ein hübscher, nicht zu großer Waldplatz mit Drei-Sterne-Standard, Tankstelle, Telefon und 16 Hütten von einfach bis gediegen (450–750 NOK).

Wenn auch der Aurlandfjord in seinem mittleren Verlauf keine Attraktionen zu bieten hat, so ist das mit **Flåm** am Fjordende ganz anders: Die Endstation der berühmtesten Eisenbahn Skandinaviens wird Sommer für Sommer von Tausenden von Touristen besucht. Das an sich unscheinbare Dörfchen wird für wenige Stunden überlaufen von Bahnfans, die sich in den Museumszug auf die Hardangervidda drängen.

Nach dem alltäglichen Ansturm ist Flåm dann wieder der niedliche Ort mit nur einem Hotel, einem hässlichen Brückenungetüm, das glücklicherweise hinter dem Hang versteckt bleibt, mit ein paar Cafés und einer wunderschönen Aussicht auf den Fjord (vgl. auch S. 375).

Nærøyfjord

Der kleinste Seitenarm des Sognefjords, der komplett unter Naturschutz steht, ist sicher der eindrucksvollste, schönste und wildeste Fjord.

Sie sollten ihn in den Mittagsstunden befahren, weil nur dann die Sonnenstrahlen – und auch nur in fünf Monaten im Jahr – über die Steilwände luken. Vor den bis zu 1.300 m hohen Felswänden wirken gar Atlantikkreuzer, die den bis zu 1.000 m tiefen Fjord problemlos befahren können, klein und possierlich.

Verstärkt wird das manchmal wegen der Übermacht der dunklen Felswände fast beklemmend wirkende Naturerlebnis durch die vielen großen und kleinen, gar nicht aufzählbaren Wasserfälle, die sich wild schäumend die Steilwände hinab in den Fjord stürzen: **Legdøla** am Nordufer, später **Styvesfoss** und **Odnessfoss** am Südufer. Am auffälligsten aber ist der **Kjellsfoss**, der Brautschleier: Östlich Gudvangens werden drei Wasserläufe vom ständigen Wind verweht – sie wirken tatsächlich wie ein raschelndes, wehendes Brautkleid. Im Winter haben die Wasserfälle ihren besonderen, fast arktischen Reiz: Im Eis erstarrt, ähneln sie frei schwebenden, funkelnden Gletscherzungen.

Ansiedlungen oder auch nur Straßen gibt es an dem viel zu engen Fjordufer nicht, die letzten der wenigen Gehöfte sind seit 50 Jahren verlassen. Höchstens ein Angler verliert sich am Ufer; er erreicht seinen Angelplatz nur über steile

Trampelpfade. Ortsunkundigen wird von Spaziergängen am Fjordufer dringend abgeraten.

Die einzig nennenswerte Siedlung ist Gudvangen am Fjordende. Aber neben dem Fähranleger und dem erstaunlichen Fjordtell-Hotel sind auch das bloß ein paar Häuser, die vor der Macht der Berghänge nur wie Spielzeug aus der Modelleisenbahnanlage wirken.

Gudvangen

Auch dieser Ort am Fjord (s. auch S. 375) war lange von der Welt abgeschieden. Die Scharen der Autotouristen, die heute Sommer für Sommer einfallen, nur um den Fjord zu befahren, täuschen: Gudvangen hat gerade mal 150 ständige Einwohner.

Erst zwei Tunnelbauten in den vergangenen 20 Jahren bewirkten die – auch touristische – Anbindung von Ort und Fjord. Zum einen war dies der E-16-Tunnel nach Nordosten und Flåm, zum anderen der E-16-Tunnel (für Biker gesperrt) nach Südwesten, der Gudvangen mit Voss verbindet und den einst einzigen Straßenanschluss, die **Stalheimskleiva**, zur bloßen Touristenattraktion werden ließ.

Die Stalheimskleiva ist Norwegens steilste Straße: Auf nur 1,5 km werden in 13 Serpentinen 350 Höhenmeter bewältigt. Heutzutage wird die Straße nur noch im Sommer und nur für Touristen genutzt. Durch den hüpfenden **Tvinnefoss** bleibt die Fahrt nach Voss dennoch ereignisreich: Der Wasserfall gleich neben der ruhmreichen Straße scheint geradezu über die Felsvorsprünge zu springen.

• *Busverbindungen* Neben einem Lokalbus, der stündlich von Voss nach Gudvangen unterwegs ist, hält 2 x täglich der Überlandbus Oslo–Drammen–Aurland–Bergen im Ort. Für die 440 km nach Oslo braucht der Bus acht Stunden, nach Bergen knapp drei Stunden.

• *Fährverbindungen* „Fjordlady", die putzige Passagierfähre, startet im Sommer täglich um 11.30 Uhr nach Flåm (1,5 Std., 210 NOK, von September bis April nur am Wochenende). Die schönste, preiswerteste und auch von der Tageszeit angenehmste Fjordüberfahrt. Überdies fährt die Autofähre Gudvangen–Kaupanger (5 x pro Tag, 2,45 Std. Fahrzeit, 440 NOK Fahrer/Pkw, 172 NOK/Person) sowie 5 x täglich zwischen 11.35 und 16.45 Uhr das Passagierschiff nach Aurland (1,5 Std.) und Flåm (2 Std.). Neuerdings wagen sich auch Hurtigruten-Schiffe in den schmalen Fjord.

• *Übernachten* **Gudvangen Fjordtell**, ✆ 57633929, www.gudvangen.com. Aus dem Bett sieht man durch das Dachfenster auf die Berghänge und schläft unter gekreuzten Wikinger-Schwertern. Während des Essens, das allerdings kaum durch kulinarische Finessen überzeugen kann, versetzt die Panoramascheibe jeden Gast fast auf den Fjord, dem man bei Sonnenschein auf der Terrasse noch näher ist: In diesem wirklich einzigartigen Hotel, von örtlichen Künstlern im Wikingerstil gezimmert, kommt jeder auf seine Kosten. EZ:700–900 NOK, DZ 800–1.150 NOK.

Stalheim Hotel, ✆ 56520122, www.stalheim.com. Die sehr schöne Aussicht auf einem 375 m hohen Felsvorsprung über dem Tal ist das stärkste Argument für das stilvolle 100-Zimmer-Berghotel an der Serpentinenstraße; andere gute Gründe, gerade dieses Hotel, das zu den „Historischen Hotels" in Norwegen gehört, auszusuchen, sind die berühmten üppigen Mittagsbüfetts und Kaffeetafeln. EZ 955 NOK, DZ 1.385–2.165 NOK (von Oktober bis Mai geschlossen).

• *Camping* **Gudvangen Camping**, ✆ 57633934. Der einfache Platz am Ortseingang vermietet auch Hütten ab 450 NOK (geöffnet: 10.5.–30.9.).

Vang Camping, ✆ 57633926. Auch dieser nur von Juni bis Ende August geöffnete einfache Platz vermietet hübsche Hütten für 450 NOK.

Sunnfjord und Nordfjord

Die Namen bezeichnen mehr die Regionen als die Fjorde, die ihnen den Namen leihen. Diese Gebiete sind auch keine Urlauberhochburgen, sondern touristisch wenig erschlossene Landstriche zwischen Sogne und Geiranger, zwischen Westküste und Gletscherland. Sie bieten Verschnaufpausen zwischen den Highlights.

Das Gebiet Sunnfjord wird umrahmt von mindestens zwei Fjorden, dem **Dalsfjord** und dem **Førdefjord**, beide mit vielen Verästelungen. Die Region **Nordfjord** macht ihrem Namen alle Ehre, denn der Landstrich heißt wie der Meeresarm, der ihn durchzieht.

Sunnfjord

Dals- und Førdefjord, die das Sunnfjord-Gebiet umgrenzen, sind entweder ab Bergen über die Europastraße 39 (Fähre über den Sognefjord: **Oppedal–Lavik**, 30 Überfahrten täglich, 20 Minuten, 85 NOK Fahrer/Pkw, 27 NOK/Person) oder ab Balestrand am Sognefjord über die RV 13 zu erreichen. Beide Routen stoßen bei **Førde**, einer Industriestadt am Ende desFørdefjords, zusammen, um nach tunnelreicher Strecke (RV 5) an der Westküste in der westlichsten Stadt des Landes, Florø, zu münden.

Landschaftlich reizvoller ist zweifellos die Oststrecke über das wilde **Gaularfjell** voller Steilwände und Serpentinen, mit Bächen, Bergen, Brücken und schier unzähligen Wasserfällen.

Fjord gleich Förde

Interessant ist übrigens, dass *Fjord* tatsächlich denselben Wortstamm, aber auch dieselbe geologische Geschichte wie die *Förden* an der schleswig-holsteinischen Ostseeküste hat: Es sind beides Schmelzwasserrinnen, in die Meereswasser eingedrungen ist.

Florø

Die westlichste Stadt Norwegens ist auch einzige Stadt in der Provinz Sogn og Fordane. Die Gemeinde nebst sämtlichen Außenbezirke aber heißt Flora.

9.000 Einwohner zählt die Hafenstadt, die einst vom Fischfang lebte und in der heute Spezialschiffe für die Offshore-Industrie gebaut werden. Besondere Spezialität der Florø-Schiffsbauindustrie sind säurebeständige Chemikalientanker.

Doch auch für Touristen wird einiges geboten: Angeltörns und organisierte Tauchtouren, Kutschfahrten und Wandertouren. Aber keine Angst vor touristischer Überflutung. Die Organisation all dieser Aktivitäten ist noch wenig professionell; immer noch müssen Interessenten beim Turist-Kontor nachfragen, um Arrangements zu buchen.

Tauchen vor Florø

In den vielerorts seichten Küstengewässern westlich Florøs werden wagemutige Taucher von zahlreichen Schiffswracks angelockt. In diesen alten Wracks zu tauchen ist ein Erlebnis ganz besonderer Art. So findet denn das Tauchen hier immer mehr Anhänger. **Nye West Motor** hat daraus ein Geschäft gemacht: Hier kann man organisierte Touren buchen und Ausrüstung ausleihen.

Nye West Motor, direkt am Gästehafen, ✆ 57742555. Mo–Fr 10–16 Uhr. Gerödel (500 NOK) und Boote (450 NOK) werden nur im Sommer vermietet, Führungen gibt es für 250 NOK pro Person.

Ansonsten scheint das quirlige Städtchen mit den unzähligen Schären und Inselchen vor der Hafenbucht nur aus Schiffen, Booten und Jachten zu bestehen. Man könnte manchmal meinen, jeder Einwohner führe noch eigenhändig zum Fischen. Manche Einwohner aber organisieren auch Ausflugsfahrten, z. B. zur sturmumbrausten **Insel Kinn**, die mit einer romanischen Fischerkirche aus dem 13. Jh., der **Kinna Kyrka**, aufwarten kann, oder mit dem altertümlichen Schiff „Svanhild“, das vom Küstenmuseum aus zu einer wunderschönen Schären-Rundfahrt startet (Buchung in der Touristen-Information).

Information/Verbindungen/Adressen

- *Information* **Vestkysten ReiselivAS** versteckt sich im Parterre des Rathauses, Strandgate 30, ✆ 57747505, www. vest kysten.no. Hier können Ausflüge, Schärenfahrten, Tauchkurse und Privatzimmer (aber auch *rorbuer*) gebucht werden. Juni–August 8–18, Sa 10–17, So 15–19 Uhr. In der übrigen Zeit nur werktags von9–15.30 Uhr.
- *Flugverbindungen* Vom 2 km vom Zentrum entfernten Flughafen starten Inlandsflüge nach Oslo (6 x pro Tag, 50 Min.), Bergen (10 x, 30 Min.), Ålesund (jeweils 2 x pro Tag, 30 Min.).
- *Busverbindungen* Nur sehr dürftige Bedienung per Lokalbus nach Førde (5 x täglich, 1,5 Std.).
- *Fährverbindungen* Das Passagierschiff Bergen–Nordfjord bedient Florø 2 x täglich zwischen 11.30 und 19.55 Uhr. Hurtigruten macht auf der Nordroute um 4.45, auf der Südroute um 8.15 Uhr in Florø fest.
- *Adressen/Telefonnummern* **Post**, **Banken**, **Apotheke** und **Lebensmittelgeschäfte** in der Strandgate und Markegata. **Notarzt** zu erreichen unter ✆ 57741121, **Zahnarzt** unter ✆ 57741444, **Tankstelle** SMAX (24-Stunden-Service) in der Markegt. 56–58, **Taxiruf** unter ✆ 57741015, **Waschsalon** im Yachthafen.

Übernachten/Essen & Trinken

- *Übernachten* **Florø Hotell**, ✆ 57745100, www.florahotell.no. 49 Zimmer bietet das gemütliche Bed&Breakfast-Haus am Havrenesveien zu erstaunlichen Preisen an: EZ 550 NOK, DZ 650 NOK.

Victoria Hotell, Markegata 43, ✆ 57741000 ✆ 57741000, www.victoriahotell.no. Das mehrstöckige Zentrumshotel in der Hauptstraße mit 84 recht geschmacklos eingerichteten Zimmern bietet einen guten Service, einen gemütlichen Pub und eine laute Disko und verlangt dafür ziemlich hohe Preise: EZ 1.190 NOK, DZ 1.450 NOK.

Quality Hotel Florø, ✆ 57757575, www. choicehotels.no. Das 79-Zimmer-Haus liegt in einem alten Speicher direkt am Kai und bietet zu interessanten Sommerpreisen den etwas gleichförmig befriedigenden Service einer internationalen Kette: EZ 1.295, DZ 1. 475 NOK (Sommerpreise: 855 bzw. 1.060 NOK).

Florø Rorbu, ✆ 57748100, www.florbu.com. Direkt am Krokane Kai liegen die Wohnungen und Appartements in einem imposanten Holzhaus. Und gleich vor der Haustür kann man im geliehenen Boot auch gleich losschippern. Je nach Belegung kosten die Wohnungen 450–850 NOK.

Batalden Havbu, ✆ 57745422. Edel restaurierte Speicherhäuser – der Name „rorbuer" ist fast zu tief gegriffen – bietet die Firma überall an der Küste ab 750 NOK an.

• *Camping* **Pluscamp Krokane Camping**, ✆ 57752250, www.krocamp.no Ein Dutzend gut möblierter Hütten (2 DZ, 8 Pers., 500–750 NOK) lässt auf dem Hügelrücken kaum mehr Platz für nur noch 30 Stellplätze; dennoch die wirtschaftlichste Herberge im weiten Umkreis.

• *Essen* **Kakebua**, das originelle Café in der Strandgate bietet außer Fischerinterieur einen tollen Meeresblick und eine große Kuchenauswahl. Bei schönem Wetter kann man auch auf dem „Sonnendeck" des 150 Jahre alten Speicherhauses sitzen (So geschlossen).

Hjørnevikbua, Strangt. 23. Das beste Restaurant am Ort serviert Spezialitäten auf Original-Deckplanken. Auch dieses Speicherhaus ist 150 Jahre alt.

Windjammer, Strandgt. 56. Restaurant und Pub sind der „In-Treff" in Florø. Sehr junges Publikum.

Ludvigsen Grillbar, Strandgt. 56. Die etwas preiswertere Alternative, ohne billig zu sein: Steak plus Pommes für 145 NOK.

Sehenswertes

Kystmuseet i Sogn od Fjordane: Das Küstenmuseum im Brendøyvegen, 15 Minuten zu Fuß außerhalb des Zentrums in Richtung Flughafen (ausgeschildert), rühmt sich, die älteste Jacht des Landes auszustellen – 200 Jahre zählt der einmastige Holmedal-Küstensegler. Ansonsten aber besticht das anheimelnde Freilichtmuseum mit Sonderschauen zur Geschichte des Fischereiwesens an diesem Küstenabschnitt. Einmalig in Norwegen ist die Dokumentation über die **Snorre-Bohrinsel**. Am Modell und mithilfe von Videofilmen werden Leben und Arbeitsalltag auf einer der modernsten Bohrinseln in der Nordsee geschildert. Überdies gibt es unregelmäßig wechselnde Kunstausstellungen.

Öffnungszeiten Mitte Juni bis Mitte August Di–Fr 12–18 Uhr, Sa/So 12–15 Uhr, Mo geschlossen; in der übrigen Zeit Mo–Fr 9–15 Uhr, So 12–15 Uhr, Sa geschlossen. Eintritt 35 NOK, Kinder 15 NOK.

Felsbilder in Ausevika: Mehr als 300 Tierabbildungen und Jagdsymbole, allesamt über 4.000 Jahre alt, sind auf der Florø gegenüber liegenden Fjordseite zu bewundern. Für den Tagesausflug, den Sie möglichst an einem Sommerwochenende unternehmen sollten, weil dann im Gemeindehaus auch Ausstellungen bei Kaffee und Kuchen veranstaltet werden, brauchen Sie aber ein eigenes Fahrzeug. Es verkehren keine Busse oder Fähren. Der dreijährige, 2004 abgeschlossene Ausbau macht die hügelige Anlage jetzt auch für Lauffaule begehbar.

Anfahrt Auf der RV 5 bis **Eikefjord**, dort Abzweig nach rechts bis zum Ausevik-Hof, Schild „Helleristningen".

Nordfjord

Der Nordfjord mit einer ganzen Reihe von Verästelungen (z. B. **Gloppen**-, **Innvik**-, **Utvik**- und **Eidsfjord**, aber auch mit zu Seen verkümmerten Fjorden wie dem **Breimsvatn** und **Hornindalsvatn**, dem mit über 600 m tiefsten Binnensee Europas) reicht 110 km ins Landesinnere und erreicht 4,5 km an der breitesten Stelle.

Die außer Nordfjordeid bedeutendsten Orte auf beiden Seiten des Wasserlaufs sind **Sandane** und **Maløy** an der Fjordmündung. Das Städtchen Maløy liegt an der Grenze zwischen den Kabeljaubeständen des Nordens und den Heringsrevieren des Südens, was den Ort bis auf den heutigen Tag zu einem wichtigen Fischexporthafen macht.

Unsere Leserin Dagmar Toews weist auf das Inselchen **Vågsøy** am westlichen Ende des Nordfjords hin – ein altes, romantisches Leuchtturmhaus mit deutschem Besitzer und „herrliche Badestrände" haben es ihr besonders angetan. Doch auch der einfache Campingplatz auf der kleinen Insel soll zu empfehlen sein.

Nur 16 km von Florø entfernt zweigt die Landstraße 614 von der RV 5 nach Norden ab, um via Svelgen nach 64 km Nordfjordeid (Fähre Isane–Stårheim, 20 x täglich, 20 Min., 68 NOK Fahrer/Pkw, 29 NOK/Person) zu erreichen.

Nordfjordeid

Das Städtchen mit 2.300 Einwohnern am gleichnamigen Fjord ist weltweit als Zuchtzentrum für Fjordinger bekannt. Das hübsche, genügsame Fjordpferd ist auch heute noch ein wichtiger Exportartikel.

Das norwegische Fjordpferd, der Fjordinger, wird allzu leicht mit dem Islandpony verwechselt. Tatsächlich gleichen sie sich mit ihrem zumeist ockerfarbenen Fell und der farblich abstechenden Mähne. Beide sind – kein Wunder bei dem Klima – als genügsam, robust und zugkräftig gerühmt.

Das ist ein Grund, warum beide als unproblematische Reitpferde geschätzt werden. Doch da hören die Gemeinsamkeiten auch auf: Der Fjordinger ist eben kein Pony, sondern markiert die Grenze zum Kaltblut. Das Mähnenhaar ist weiß und schwarz wie der Schwanz und die Füße. Aber unverkennbar wird das Fjordpferd erst durch den schwarzen Rückenstreifen. Allerdings sind „lupenreine" Fjordinger mittlerweile selten – Einkreuzungen mit dem Haflinger haben den Urtypen verwandelt.

Die Bewohner von Nordfjordeid (meistens verkürzt **Eid** genannt) leben nicht schlecht von der Pferdezucht. Allein drei Pferdezentren widmen sich der Zucht, bieten aber auch Kutschfahrten, Besichtigungen und Reitstunden an. Nicht nur als Pferdefreund sollte man sich eines dieser Gestüte einmal anschauen (s. u. „Reiten/Pferdezucht").

Im Ort selber ist vor allem die **Eid-Kirche** interessant, die man sich wegen der Rosenmalereien von *Lars Kinsarvik* anschauen sollte. Das **Verteidigungsmuseum** dürfte allerdings nur Militaria-Experten interessieren. Ansonsten finden sich hier allerlei nützliche Einrichtungen wie Bank, Post, Lebensmittelgeschäfte und Apotheken. Und es gibt lohnende Ausflugsziele.

Fjordinger-Pferde: Exportware vom Nordfjord

• *Information* ✆ 57864600, www.nordfjord.no. Im Kulturhaus «Die alte Bank» befindet sich die nur im Sommer geöffnete **Touristeninformation.** Mo–Fr 10–18 Uhr, Sa 11–16 Uhr.

• *Übernachten* **Nordfjord Hotell**, ✆ 57860433, www.visitnordfjord.com. Das edle 55-Zimmer-Hotel im Zentrum von Eid bietet alles, was zu einem Klassehaus gehört, und noch ein bisschen mehr: Verleih von Fahrrädern und Ruderbooten, Tennisplatz, Sauna, Fitnesscenter und ein gemütliches Restaurant mit ungewöhnlich üppiger Speisekarte. EZ 1.085, DZ 1.280 NOK.

Harpefossen Rom & Hytter, Hjelmelandsdalen, ✆ 57862348. 5 km landeinwärts und nordwestlich von Eid liegt Hjelmeland. Hier findet man diese kleine Anlage mit 12 einfachen Zimmern und ebenso vielen Hütten. EZ 550, DZ 800 NOK.

Skipenes Gård, ✆ 57860824, ✆ 57860655. Urlaub auf dem Bauernhof? Dieser urige Hof am Fjord (10 Minuten vom Zentrum entfernt) mit Bootsverleih und guten Angelmöglichkeiten vermietet zwei Wohnungen und sieben Zimmer direkt in der Natur. EZ 450, DZ 700 NOK.

• *Reiten/Pferdezucht* **Norwegisches Fjordpferdezentrum**, ✆ 57864800, www.norskfjordhestsenter.no (Tagestour 675 NOK); **Evas Reitzentrum**, ✆ 57862263 (Reitstunde 175 NOK); **Norwegischer Fjordpferdehof**, Breim (knapp 30 km südlich), ✆ 57868315. (Hier gibt es auch spezielle Angebote für Behinderte).

• *Angeln im Eidselva* Am Unterlauf des Flusses ist das 1.500 m lange Stokkenes-Gebiet auch für Normal-Petrijünger zum Fischfang freigegeben. Die Fangzeiten dauern für den Lachs vom 15. Juni bis 15. August an und für Meerforellen vom 15. Mai bis 1. September. Information und Buchung bei Henrik Stokkenes, ✆ 57860200.

• *Ausflug zum Tippatunet* Das kleine **Bauernmuseum** an der RV 15 (5 km westlich von Nordfjordeid) zeigt und verkauft zwischen Mai und September traditionelle Textilien und handwerkliches Kunstgewerbe, demonstriert aber vor allem den Betrieb einer historischen Mühle.

Sandane

Der Ort mit annähernd 2.000 Einwohnern liegt am Ende des **Gloppenfjords.** In Sandane sollte man sich unbedingt Zeit nehmen für das **Nordfjord Folkemuseum.** Die wirklich schönen, alten Bauernhäuser werden noch übertroffen von den Segelschiffen aus dem 18. Jh. (15.6.–31.8. täglich 9–16 Uhr, im Sommer bis 18 Uhr; Eintritt 50 NOK, Kinder 25 NOK).

Ansonsten beeindruckt hier in erster Linie die Umgebung: der lachsreiche Fluss **Gloppen** zum Beispiel oder die Grabhügel auf der anderen Fjordseite bei **Gjemmestad.**

• *Übernachten* **Gloppen Hotell**, Sandane, ✆ 57865333, www.gloppenhotell.no. Das womöglich schönste Hotel Norwegens, das auch vom Preis-Leistungs-Verhältnis zu überzeugen weiß: 1866 für spleenige Briten gebaut, die eigens für das Lachsfischen im Fluss Gloppen ein Hotel brauchten, zählt das nur 30 Zimmer große, weiß strahlende Haus mit Biedermeier-Interieur nach einer Renovierung jetzt zu der Reihe der „Romantischen Hotels" in Norwegen. Ein wirklich komfortables Haus mit allem erdenklichen Service und zudem leidlichen Preisen: EZ 950 NOK, DZ 1.850 NOK.

Stryn

Das 2.200-Einwohner-Städtchen zwischen Innvikfjord und Strynsvatn ist zu Recht stolz auf zwei Besonderheiten: auf den lachsreichen Fluss Strynelv und auf das Jostedalsbreen Nationalparksenter.

Das Verwaltungszentrum Stryn selbst bietet Läden und Souvenirshops mit Rentierfellen und Strickwaren, ein paar Hotels, zwei Tankstellen, eine Post, zwei Bankschalter, zwei Supermärkte und sonst nicht viel.

Information/Verbindungen/Übernachten/Camping

• *Information* Parallel zur Hauptstraße, im Perusvegen 19, das **Turistkontor Stryn & Nordfjord**, ✆ 57874040, www.nordfjord.no, Mo–Fr 8.30–15.30, im Sommer bis 18, im Juli gar bis 20 Uhr und am Wochenende geöffnet.

• *Busverbindungen* Der Fjordekspressen von Bergen nach Ålesund kommt 3 x täglich und nächtlich in Stryn vorbei: zwischen 3.50 und 22.40 Uhr. Nach Trondheim (via Lom, Otta, Dovre) geht es 2 x täglich, nach Oslo (über das Gudbrandsdal nach Lillehammer und Hamar) 4 x täglich.

• *Übernachten* **Stryn Vandrerhjem**, ✆ 57871106, www.vanderhjem.no. Oberhalb des Ortes (ausgeschildert) liegt die JuHe mit großartiger Aussicht. In dem Holz-Bungalow gibt es 24 Zimmer mit 86 Betten zu zivilen Preisen: Bett 245 NOK, EZ 400, DZ 530 NOK. (Frühstück inkl.)

Vesla Pensjonat, ✆ 57871006, www.vesla-pensjon.no. Wie in Großmutters guter Stube fühlen Sie sich in dieser Pension. Urige Holzzimmer, eine urgemütliche Rezeption, ein nicht zu sehr gepflegter Garten. Und wahrlich zivile Preise: EZ 650 NOK, DZ 990 NOK (mit Frühstück). Im letzten Quartal geschlossen.

Visnes Hotel, ✆ 57871087, www.visnes.no. Das kleine, urgemütliche Hotel mit nur acht Zimmern in zwei herrlich verbauten Holzhäusern (erbaut 1850) ist nur zwischen dem 1.5. und dem 15.10. geöffnet; dann aber lohnt der Besuch für 700 NOK (EZ) bzw. 1.450 NOK (DZ), jeweils mit Frühstück.

Stryn Hotel, ✆ 57870700, www.strynhotel.no. Das 63 Zimmer große, ultramoderne und ganzjährig geöffnete Haus liegt direkt an der Flussmündung und bietet schöne Zimmer, eine famose Terrasse, aber leider eine langweilige Cafeteria. EZ 950 NOK, DZ 1.550 NOK.

Hjelle Hotell og Motel, ✆ 57875750, www.hjelle.com. Am Ende des Strynvatn lädt in Hjelle dieses alte Hotel von 1896 ein; es rühmt sich, gekrönte Häupter aus Holland, Norwegen und Deutschland bewirtet zu haben. Heute ist das nur von Mai bis September geöffnete 20-Zimmer-Hotel (Du/WC) in wunderschöner Umgebung und mit deshalb herrlicher Aussicht das attraktivste Angebot weit und breit, vor allem bei diesen sehr günstigen Preisen:. EZ 415 NOK, DZ 940 NOK.

Faleide Fjord Ferie Apartement, ✆ 57876480, ☏ 57876485. Schöne Hütten und schicke Appartements ab 450 NOK bietet die Anlage (1.10.–31.12. geschlossen) direkt am Ufer an.

• *Camping* **Stryn Camping**, ✆ 57871136, www.stryn-camping.no. Am östlichen Ortsrand liegt der große Zeltplatz auf einem Wiesenterrain mit Platz für einfache, aber auch luxuriöse Hütten (Du/WC) zwischen 450 und 850 NOK.

Angeln/Sommerski

• *Angeln* **Lachsfang im Strynelv** ist nur auf 2 km möglich. Der Rest des 12 km langen Flusses befindet sich in Privatbesitz. Ein texanischer Ölmagnat soll sich das Prachtstück gesichert haben. Dennoch ist die Ausbeute auf der frei verfügbaren Strecke beträchtlich. Bis zu 30 kg schwere Lachse stehen alljährlich auf der überall ausgehängten Hitliste. Wer nicht das Glück hat, Angelberechtigungen für den Fluss zu bekommen – keine Sorge: Es gibt acht weitere Angelplätze in Seen und Nebenflüssen.

Angelkarten kosten zwischen 150 und 600 NOK. Der Preis der Karten richtet sich nach der Fangwahrscheinlichkeit; man kann also unterschiedliche Abschnitte des Flusses mieten. Dazu muss man sich in Listen eintragen. Die Abschnitte, in denen die Fangwahrscheinlichkeit am höchsten ist, erkennt man daran, dass sie am ehesten verpachtet sind. Die Listen liegen im Turistkontor aus. Dort und im Intersport-Shop an der Hauptstraße gibt es auch die Angelkarten.

• *Sommerski* Von Ende Mai bis Mitte September lässt sich im „Stryn Sommarskisenter" (RV 258 bei **Tystigen**) Schneevergnügen unter Sommersonne genießen. Langlauf, Alpinski, Telemark und Snowboard werden angeboten. Und für die Kleinen ist in der Kinder-Skianlage „Fanatski" gesorgt. Ein Café und der Ski-Shop mit Verleih von Ausrüstung (ab 210 NOK Ski-Tagesmiete) machen die Anlage komplett.

Sehenswertes

Jostedalsbreen Nationalparksenter: In Oppstryn, wenige Minuten vom Zentrum von Stryn entfernt, sieht das Ausstellungszentrum mit seinen anheimelnden, moosbedachten Natursteinhäusern weit älter aus, als es ist: Seit 1994 erst ist dieses Informationszentrum für alle norwegischen Nationalparks in Betrieb. Sein Schwerpunkt gilt den Gletscherlandschaften.
Modelle und Aquarien, Tiersammlungen und ein Botanischer Garten, Video- und Computeranlagen geben eine sehr spannende, ungemein informative und zudem didaktisch gelungene Schau ab. Kaum sonst auf der Welt lernt man mehr über Gletscher, Gebirge und Fjorde.
Überdies werden Berg- und Gletscherwanderungen organisiert, Kajaks und Kanus, Angelzeug und Fahrräder verliehen. Ein gemütliches Café, in dem man recht gut essen kann, gibt es außerdem.

Öffnungszeiten im Mai–August 10–18 Uhr, September bis 16 Uhr, jeweils täglich. Eintritt 60 NOK für Erwachsene, 30 NOK für Kinder.

Hofmuseum Nedrebergtunet: Die Ausstellung auf dem noch von der Familie Nedreberg bewohnten Hof widmet sich dem Frauen-Alltag auf einem westnorwegischen Bauernhof des 19. Jh. Textilien und Wandteppiche, Kleidung und Bettzeug, Porzellan und hölzerne Gebrauchsgegenstände werden etwas unbeholfen ausgestellt. Und wer sich ehrlich interessiert zeigt, wird von der Familie Nedreberg auch noch bewirtet.

Öffnungszeiten Juni–August 11–17 Uhr, Eintritt 20 NOK.

Radtour: Die Weiterfahrt nach Loen und Olden eignet sich trefflich als Radrundfahrt, die 64 km lang und unbeschreiblich schön ist. Leihen Sie sich für 80 NOK ein Rad im Nationalparksenter. Noch am gleichen Abend können Sie es zurückbringen, wenn Sie nicht am Loenvatn, am Kjenndal-Gletscher oder am Brikdalsbreen hängen bleiben ...

▸ **Weiterfahrt**: Die Fahrt führt am einem malerischen Fjord, dem **Innvikfjord**, vorbei. Gerade mal 9 km auf der RV 60 von Stryn entfernt leuchtet am Fjordende der kleine Ort Loen auf, der nur aus hölzernen Bauernhäusern zu bestehen scheint.

Loen

Leider verschandeln riesige Wohnwagenkolonien das noch vor zehn Jahren malerische Ambiente. Den Reiz des kleinen Dorfes mit seinen 600 Seelen machen nur noch die steilen Berge aus, die zwar nah liegen, doch nicht einengend wirken, und die erwandernswerte Umgebung.

Was auf den ersten Blick verlockend scheint, das Baden im Fjord nämlich, ist des schlickigen Ufers wegen kaum empfehlenswert. Nutzen Sie vielmehr den allerdings meist bitterkalten **Lovatn**, einen der schönsten norwegischen Binnenseen. Sie erreichen den schmalen, langen und tiefgrünen See, wenn Sie dem lachsreichen, schäumenden **Loenelv** folgen, der See und Fjord verbindet. Steile Bergmassive erheben sich zu beiden Uferseiten, ein Dutzend versprengter Gehöfte taucht auf, und im Hintergrund blitzt das Weiß des **Kjenndal-Gletschers**, der zur ewigen Eismasse des Jostedalsbreens gehört.

Eine einspurige Straße führt von Loen zum See (17 km), die letzten 5 km sind mautpflichtig (30 NOK) und trotzdem nur geschottert. Alles spricht also für einen ausgedehnten Fußmarsch: Sie werden diesen einmalig schönen Weg nie vergessen. Die Bäume am Seeufer ragen fast über das blaue Eis, über rußige Schneereste, grauen Granit und grünes Seewasser, dazu blauer Himmel und womöglich gleißendes Sonnenlicht – eine Farbkombination ohnegleichen.

Wer es weniger sportlich mag: Das kleine Passagierschiff *MB Kjenndal* tuckert zwischen Juni und August zweimal täglich zwei Stunden lang über den See (160 NOK, Kinder 80 NOK, Abfahrt am Sande Camping/Feriensenter).

Der Frieden, den die Naturschönheit dieses Tales ausstrahlt, kann jedoch täuschen: Drei gewaltige Erdrutsche, die auch Todesopfer forderten, gab es im vorigen Jahrhundert, den letzten 1950. Seitdem jedoch ist die Böschung befestigt, sodass man vor Steinlawinen sicher scheint.

• *Information:* Das kleine **Turistkontor** versteckt sich zwischen Post und Alexandra-Hotel. Juni–August 9–16 Uhr.

• *Busverbindungen* Der Fernbus von Bergen (7 Stunden) nach Ålesund (3,5 Std.) hält 3x im Zentrum. Nach Trondheim (via Dovrefjell) nur einmal nachts (8 Std.).

• *Übernachten* **Loen Pensjonat og Gård**, ✆ 57877624, www.loen-pensjonat.com. Das verschachtelte Holzhaus neben der Kirche und über dem Fjord mit schöner Aussicht und großem Garten ist so recht etwas für verträumte Urlaubstage. Einziger Nachteil der 20-Zimmer-Pension: Sie ist nur vom 15.5. bis 15.9. geöffnet. EZ 450 NOK, DZ 700 NOK.

Hotel Loenfjord, ✆ 57875700, www.loenfjord.no Das 122-Zimmer-Hotel verfügt über drei Restaurants, eine Marina und etliche Konferenzräume. Etwas umtriebig ist es schon im Haus am Fjord, dennoch relativ preiswert: EZ 630 NOK, DZ 1.590 NOK.

Hotel Alexandra, ✆ 57875000, www.alexandra.no. Der mächtige Klotz direkt am Wasser (kleine Marina, Bootsverleih, beheiztes Schwimmbad, seit kurzem auch mit Wasserrutsche und Kinderbecken) besteht aus 198 eleganten Zimmern, einem wirklich guten Restaurant und einer riesigen Tanzbar, in der allabendlich aufgespielt wird. Wem das alles (inkl. Hotelservice vom Feinsten) gefällt, der muss gar nicht so tief in die Geldbörse greifen: EZ 1.040 NOK, DZ 1.260 NOK.

• *Camping* **Loenvatn Feriesenter**, ✆ 57877655, www.loenvatn.com. Wenig Platz für Wohnwagen, aber viel Platz für 28 teilweise sehr schöne Hütten (450–850 NOK) mit tollem Ausblick auf den See und den Gletscher.

Sande Camping, ✆ 57874590, www.sande-camping.no. Auch dieser schöne, terrassierte Wiesenplatz liegt direkt am Loenvatn. Der bestens ausgerüstete Drei-Sterne-Platz bietet Raum für 60 Zelte, 50 Wohnwagen und 14 hübsche Hütten, 350 (!) bis 550 NOK.

Lo-Vik Camping, ✆ 57877619. Der einzige Vier-Sterne-Platz weit und breit. Tatsächlich ist auf dem Platz direkt am Fjord alles vom Feinsten – auch die 22 Hütten (500–750 NOK). Nur eine Internet-Adresse fehlt, leider.

Tjugen Camping, ✆ 57877617, www.tjugen.no. Der idyllisch gelegene Drei-Sterne-Platz (2 km von Zentrum von Loen entfernt) ist sehr empfehlenswert, nicht nur seiner sehr guten Hütten für 450–700 NOK wegen (Reservierung nötig).

Olden

Nur 6 km von Loen entfernt und ähnlich schön an einer Fjordbucht liegt dieser moderne, umtriebige Ort.

Attraktion des 600-Seele-Dorfes ist der nahe gelegene **Brikdalsbreen**, noch eindrucksvoller als der Kjenndal-Gletscher. Im Sommer fahren sogar Pferdekutschen die 23 km lange Strecke am **Oldevatnet** entlang (Abfahrt 11, 13, 15 Uhr nur von Ende Mai bis Anfang September, 450 NOK). Ob zu Fuß, per Auto oder Rad (Sie müssen der Ausschilderung „Briksdal" folgen), ob bei Sonnenschein oder Nieselregen: Vergessen Sie Pullover und festes Schuhwerk nicht, denn laufen müssen Sie in jedem Fall. Die Asphaltstraße endet am Berggasthaus *Briksdalsbre Fjellstove*, das im Sommer auch Übernachtungsmöglichkeiten bietet. Von da aus geht es eine Stunde zunächst steil, dann gemächlich aufwärts – durch dichten Wald, an Wasserfällen vorbei, über steiniges Gelände. Dann jedoch kann man das wahnwitzig schöne Schauspiel genießen, wenn der Brikdals-Gletscher seine Eismassen mit Getöse und Gischt in den Gletschersee stürzt, auf dem selbst im Sommer noch Eisschollen schwimmen, die eine wahre Eiseskälte verbreiten. Ein Erlebnis, das man nicht vergisst und das man mit geführten Gletscherwanderungen (220–400 NOK/Person) oder Bergsteigerkursen (500–700 NOK) vervollständigen kann. Anmeldung und Information unter ✆ 57876800.

• *Information* Das **Turistkontor,** ✆ 57873126, befindet sich im großen Einkaufszentrum (gleich daneben Bank und Post). Mitte Juni–Mitte Aug. 10–18 Uhr.

• *Busverbindungen* Der Lokalbus fährt die Strecke nach Loen und Stryn 8 x täglich; ein Anschluss nach Førde verkehrt nur 1 x pro Tag.

• *Adressen* Mehrere **Einkaufscenter** versorgen mit allem Nötigen. Zudem gibt es **Post**, **Bank** und **Apotheken** im Zentrum.

• *Übernachten* **Brikdalsbre Fjellstove**, ✆ 57876800,www.brikdalsbre.no. Das besondere Abenteuer, derart dicht am Gletscher zu wohnen, ist leider nur von Mitte April bis Ende September und dann auch nur in acht Betten möglich. Aber unvergleichlich schön ist es und günstig obendrein: EZ 450 NOK, DZ 900 NOK (mit Frühstück).

Olden Krotell, ✆ 57873455, 📠 57873020. 12 Zimmer werden über dem Kro an der Durchgangsstraße angeboten, und dementsprechend laut ist es auch. EZ 450 NOK, DZ 620 NOK (im 1. und 4. Quartal geschlossen).

Yris Hotell, ✆ 57873240, 📠 57873490. Am Ortsausgang zum Tal liegt das hübsche Hotel mit 35 geräumigen Zimmern, sehr schönem Ausblick und einem angenehmen Restaurant. EZ 695 NOK, DZ 890 NOK. Leider (noch) kein Internet-Auftritt.

Olden Fjordhotel, ✆ 5787040, www.olden-hotel.no. Das beste und teuerste Hotel in Olden liegt an der Straße Richtung Loen; die 40 Zimmer (Du/WC, Telefon) sind ihren teuren Preis wert: EZ 1.295 NOK, DZ 1.700 NOK (geöffnet 1.5.–30.9.)

• *Camping* **Melkevoll Camping**, ✆ 57873864, www.melkevoll.no. Der Platz ist kürzlich zu einem Vier-Sterne-Platz ausgebaut worden. Er liegt ganz nah am Gletscher und unvergleichlich aufregend direkt an einer Felswand; das nutzt der Besitzer, um geführte Touren auf den Brikdalsbreen zu organisieren, aber auch Kletterfelsen (Boulder) und einen Naturinfopark anzubieten. Es gibt ein Restaurant, einen kleinen Supermarkt, eine Sauna, Internetanschluss und sieben hervorragende Hütten (ab 450 NOK). Das ist der ideale Ausgangspunkt für Wanderungen zum Gletscher oder in den Nationalpark. Etliche Leser fanden den Platz „rundum empfehlenswert". Allerdings stört der riesige Parkplatz für Gletscher-Besucher gleich nebenan.

Løken Camping, ✆ 57873268. Am kleinen Floensee (2,5 km vom Zentrum entfernt) ist dieser Zwei-Sterne-Platz auf einem abschüssigen Wiesengelände vor allem wegen seiner sechs komfortablen und winterfesten Hütten (450–600 NOK) empfehlenswert.

Gryta Camping, ✆ 57875936. Auch dieser Drei-Sterne-Platz am oberen See (12 km von Olden entfernt) kann eine großartige Aussicht als Argument ins Feld führen. Leider fehlen dem Platz, der sonst bestens ausgerüstet ist, Hütten als Unterkünfte.

Oldevatn Camping, ✆ 57875915. Vier Sterne – wie auch die neun Hütten – weist dieser von etlichen Lesern gelobte Platz auf. Zudem gibt es Bootsverleih und Angelkarten.

Naesset Camping, ✆ 57873346. Der kleine Platz an der Fjordstraße (1 km vom Zentrum) kann als Ausweichquartier empfohlen werden, wenn alles andere besetzt ist: Die 13 Hütten haben wie der Platz nur Zwei-Sterne-Standard (ab 350 NOK).

▸ **Weiterfahrt**: Vom Dreieck Olden/Loen/Stryn ist es nicht mehr weit zum berühmtesten Fjord Norwegens, dem **Geirangerfjord**. Man braucht nur der E 15 am **Strynsee** und **Strynefjell** entlang zu folgen und biegt nach Norden auf die RV 63 ab. Gut 60 km fährt man durch eine hinreißende Landschaft und auf einer herrlichen Abfahrt mit den 1.500 m hohen Aussichtspunkten **Dalsnibba** und **Flydalsjuvet**.

Kirchlein hoch über Geiranger: Wächter über das Puppendorf

Geirangerfjord

Unbestritten eine der größten Touristenattraktionen der Welt, seit 1869 das erste Kreuzfahrtschiff Kurs auf den Fjord und den gleichnamigen Ort nahm. 2006 kamen 115 Dampfer, von der „Arkona" über die „Hanseatic" bis zur „Maxim Gorky"; auch Hurtigruten hat seit kurzem einen Abstecher im Programm.

Kaum ein Ort, kaum ein Landstrich in Norwegen ist derart ausschließlich für die Touristen da wie Geiranger. Eigentlich heißt der Ort am Fjordende ja Maråk, aber dieser Name lässt sich womöglich nicht so gut merken und vermarkten. Deshalb wird auch hier immer von Geiranger die Rede sein.

Einige Hotels überragen das Puppendorf, das ansonsten nur aus Souvenirläden und Supermärkten, aus Hüttenanlagen und Zeltplätzen besteht. Gleichwohl kommen auch eingefleischte Individualtouristen an diesem Prachtstück norwegischer Natur nicht vorbei.

Der mächtige und gleichzeitig schmale Fjord, seit 2005 auf der UNESCO-Liste des Weltnaturerbes, mit immer neuen Wasserfällen hinter jeder Biegung, die zugänglichen Höhen mit Wanderwegen und immer neuen Panoramaaussichten hinter jeder Kehre und nicht zuletzt die großartigen Routen, die sich von Geiranger aus geradezu anbieten – wer das nicht erlebt hat, kennt Norwegen nicht.

Geiranger (Maråk)

Vom „Adlerblick" hat man die beste Übersicht: Von hier überblickt man den ganzen schmalen, nur 16 km langen Fjord mit dem Gjerdefossen, dem ersten der vielen schönen Wasserfälle.

Der Blick schweift aber auch über das Fjordbecken, in dem zwischen Mai und September alltäglich mindestens ein strahlend weißes Kreuzfahrtschiff auf

Reede liegt, erfasst dann den unscheinbaren Ort mit nur 300 Einwohnern und wandert schließlich den Flydalsnakken mit seiner Serpentinenstraße hinauf. Man entdeckt das weiße Holzkirchlein ebenso wie die Aussichtsplattform, auf der sich Busse und Fotografen drängen.

Der Adlerblick ist der erste Halt auf **Ørneveien**, der Adler-Route (s. u.). Man erreicht den Aussichtspunkt, wenn man am Ostufer des Fjords noch wenige Kilometer der RV 63 via **Grande** folgt und dann Richtung Eidsdal/Ålesund abbiegt. In der ersten Haarnadelkurve gibt es links einige Autostellplätze; dort geht ein ausgeschilderter Pfad von wenigen Fußminuten zum Aussichtsplatz mitten im Wald ab.

Das Aufregendste an dem an sich nicht aufregenden Städtchen Geiranger sind die vielen Wartespuren für die viel zu kleine Fähre nach **Hellesylt** am **Sunnyvs fjord**, in den der Geirangerfjord mündet. Da die Fähre nur Platz für 50 Fahrzeuge hat, es überdies keine Reservierung gibt und zu allem Überfluss noch Busse den Vorrang haben, sollte man für Geiranger zumindest in der Hochsaison gut und gerne einige Stunden Wartezeit einplanen. Weil der Touristenort nur Souvenirläden und Boutiquen, Imbissbuden und Galerien zu bieten hat, empfehlen sich dann sicher Ausflüge in die nähere Umgebung.

Information/Verbindungen

• *Information* Der **Turistservice**, ✆ 70263099, www.geiranger.no, hat sein viel zu kleines Büro direkt am Fähranleger. Die sehr netten Damen verkaufen Fährkarten und Tickets für Rundfahrten und -flüge, vermitteln Privatunterkünfte, organisieren Wandertouren mit dem Besuch von Berghöfen, informieren aber auch anhand einer fotokopierten Wanderskizze über Ausflugsmöglichkeiten, verteilen das gängige Informationsmaterial und eine Übersicht über die Besuchstermine der Kreuzfahrtschiffe. Täglich 9–17 Uhr, im Sommer bis 19 Uhr geöffnet.

• *Busverbindung* Es gibt zwei spektakuläre Touren im Linienverkehr: Nach Ålesund über den Ørneveien (4 x pro Tag) und die „Goldene Route" nach Åndalsnes (2 x täglich, siehe „Ausflüge").

• *Fährverbindungen* Nur von Mai bis Sept. acht Abfahrten nach Hellesylt täglich von 7.50 bis 19.40 Uhr. 70 Min. Fahrtdauer, 200 NOK für Pkw/Fahrer, 98 NOK/Person.

• *Adressen* In unmittelbarer Nähe des Fähranlegers (jeweils 100 m in jeder Richtung der Hauptstraße) und auf einem Seitenweg zum Campingplatz finden Sie alles Nötige: **Post** und **Banken**, **Ärzte** und **Apotheken**, **Supermärkte**, **Tankstelle** und **Souvenirshops**. Die Geschäfte in Geiranger haben bis 20 Uhr, samstags bis 18 Uhr geöffnet.

Übernachten/Essen & Trinken

• *Übernachten* **Grande Fjord Hotel & Hytter**, ✆ 70269490, www.grandefjordhotel.com. Kein Grand Hotel, sondern in Grande gelegen, wenige Kilometer von Geiranger entfernt (am Ostufer des Fjords). Toplage und ohne den Lärm des Sightseeing-Dorfes. Neben schönen Zimmern gibt es vor allem 19 geräumige Hütten (ab 900 NOK) unmittelbar am Ufer. EZ 900 NOK, DZ 1.800 NOK (geöffnet von 1.5.–30.9.).

Hotel Geiranger, ✆ 70263005, www. geiranger.no. Ein Haus mit 6 Stockwerken oberhalb des Fähranlegers mit zumindest in den oberen Etagen großartiger Aussicht. Auch sonst First-Class-Service bis zu den Preisen: EZ 1.330 NOK, DZ 1.750 NOK (Ermäßigung mit „Fjord-Pass", geöffnet 1.5.–30.9.).

Villa Uitsikten, ✆ 70269660, www.villautsikten.no, Das sicher schönste Hotel im Ort, das leider von Reiseunternehmen ständig ausgebucht wird. Das kleine Haus mit nur 30 Zimmern, kürzlich vollständig renoviert, bietet eine fantastische Aussicht auf den Fjord und erstaunlich zivile Preise: EZ 850 NOK, DZ 1.300 NOK (geöffnet: 15.5.–15.9.).

„Adlerblick" auf Geiranger

Union Hotel, ✆ 70268300, www.union-hotel.no. Bis auf das Äußere (ein unförmiger Betonklotz) ist alles vom Feinsten: Restaurant, Pool, Sauna, Parkanlage, Suiten (2.500 NOK). Die happigen Preise (EZ 1.450 NOK, DZ 1.740 NOK) lassen sich mit dem „Fjord-Pass" reduzieren (geöffnet 1.3.–20.12.).

• *Camping* **Fjorden Camping**, ✆ 70263077. Mein Favorit am westlichen Fjordufer, 2,5 km vom Zentrum entfernt: vier große, sehr gut möblierte Holzchalets (900 NOK) und elf kleine, einfache Hütten in der zweiten Reihe (550 NOK). Keine Stellplätze für Zelte oder Wohnwagen, aber eine überwältigende Ruhe, eine unüberbietbare Aussicht.

Homlong Camping, ✆ 70263042. Gleich hinter dem Fjorden Camping. Einfache Hütten mit großartiger Aussicht und erstaunlichen Preisen: Ab 350 NOK.

Geiranger Camping, ✆ 70263120. Camper und Wohnwagenurlauber finden auf diesem baumlosen Platz am Ortsrand ihre einfache Bleibe; Hütten sind nicht im Angebot.

Grande Hytteutleige og Camping, ✆ 70263068, ✆ 70263117. Hier gibt es beides: Stellplätze inmitten satter Wiesen direkt am Fjord und 11 geräumig-gemütliche Hütten (ab 450 NOK); Grande liegt am Ostufer des Fjords, außerhalb des Touristenrummels, auf dem Weg zur Adler-Route neben dem Grande Fjord Hotel.

• *Essen* Wie immer finden Sie gute Restaurants in den Hotels. Es gibt aber auch Alternativen:

Olebuda, ein gediegenes Restaurant in einem alten Seehaus im Zentrum.

Naustkroa, Lokal und Kellerpub im Bootshaus am Hafen.

Djuvasshytta, am Fuße der Dalsnibba, mit guter bürgerlicher Küche.

Gatekjøkken, preiswertere Alternative im Zentrum.

Ausflüge/Wanderungen/Rundflüge/"Golden Route"

• *Zu den Aussichtsplateaus* Wer die beiden Aussichtsplateaus **Dalsnibba** und **Flydalsjuvet** nicht schon auf den Hinweg erlebt hat, sollte den Abstecher über die Serpentinenstraße des Flydalsnakkens wagen. Besonders die Auffahrt zum exakt 1.495 m hohen Dalsnibba (mautpflichtige Straße über den Nibbevegen ist ausgeschildert, 40 NOK für Pkw, 20 NOK für Motorrad) lohnt sich – allerdings nur bei klarer Sicht.

• *Fjordfahrt* Eine Geirangerfjord-Fahrt ist ein Muss. Der fast 1,5-stündige Trip auf dem wohl populärsten Fjord der Welt mit seinen Wasserfällen **De Syv Søstre** („Sieben Schwestern", von denen in heißen Hochsommern höchstens drei zu erleben sind) und **Brudesløret** (Brautschleier) geht vorbei an 1.700 m hohen Bergen und Steilwänden, die selten Platz für nur eine Wiese, geschweige denn ein Gehöft lassen – so hautnah, so gewaltig, so atemberaubend ist norwegische Natur sonst nirgends zu erleben.

Sie haben zwischen Mitte. Juni und Mitte August die Wahl zwischen organisierten Sightseeingtouren (z. B. 5 x täglich zwischen 10 und 17.30 Uhr mit dem Schnellboot „Geirangerfjord" oder 1 x mit dem Museumsschiff „Eitrheim", 85 bzw. 275 NOK/Pers, Kinder unter 10 Jahren gratis) oder der „normalen Fahrt" mit der Autofähre nach Hellesylt. Außerhalb der Saison ist dies ohnehin die einzige Möglichkeit. Wie bei fast jeder Fjordfahrt ist auch auf dem Geirangerfjord die Linienfähre das optimale Angebot: Sie verkehrt am häufigsten zum preiswertesten Tarif und bietet nahezu denselben Service. Und das Auto kommt auch mit ...

• *Geologie-Park* Um den künstlichen Wasserfall „Dynamittfossen" ist eine bescheidene geologische Anlage (Eintritt 30 NOK) entstanden, in der wenig Wissenswertes zur Entstehung von Fjorden und Gletschern gezeigt wird.

• *Wandern um Geiranger* Ein knappes Dutzend einfacher bis mittelschwerer Wanderungen bietet sich in den Höhen um Geiranger an. Im Touristinfo sind organisierte Touren oder Einzelführer zu buchen. Sie bekommen aber auch fotokopierte Wanderpläne und -skizzen.

Empfehlenswert ist die **Tour zum Wasserfall Storseterfossen**, eine Zwei-Stunden-Wanderung auf ansteigendem Weg und über 6 km. Start ist auf dem Berghof Westerås Gård (mit Cafeteria) oberhalb Geirangers. Dazu müssen Sie die Serpentinenstraße bei Hole nach links verlassen. Der steile Weg (rot markiert) führt 3,5 km bergauf, um am Storseter-Wasserfall zu enden. Besondere Attraktion: Man kann hinter dem gischtspeienden Fall hindurchspazieren, sollte aber Wanderschuhe mit gutem Profil dabeihaben. Zurück geht es auf demselben Weg.

• *Rundflüge* Im Wasserflugzeug oder Hubschrauber werden Kurzflüge (15 Min. oder

40 Min.) über Fjord, Gletscher und Adlerweg angeboten. Beide Linien starten zwar von Geiranger aus, haben ihre Buchungszentralen aber in Sandane bzw. am Ålesund-Airport: **Wasserflugzeug**, Firda Fly, ✆ 57865388, zwei Touren zu 440 und 680 NOK pro Person (Kinder die Hälfte). **Hubschrauber**, Mørefly AS, ✆ 70183500. 1.750 NOK pro Flug bei fünf Personen.

• *The Golden Route* Von Geiranger über den Adlerweg und Trollstigen (vgl. „Ausflüge Ålesund") nach Åndalsnes führt diese erlebnisreiche Route. Die bei blumigen Umschreibungen immer besonders kreativen norwegischen Touristikmanager nannten sie die „Goldene Route„, weil es ihnen 1993 gelungen war, die Königsfamilie nebst Freunden zu einer Rundreise auf dieser Tour zu bewegen (auch per Bus möglich: ab Geiranger 13 bzw. 18.10 Uhr, Ankunft Åndalsnes 16.10 bzw. 22 Uhr; 272 NOK hin und zurück).

Die Tour beginnt am Ostufer des Geirangerfjords mit dem Aufstieg über den Adlerweg (Ørnevegen, Ausschilderung Eidsdal/Ålesund): Elf enge, aber gut befahrbare Kehren führen vorbei am Adlerblick auf das 700 m hohe Fjell und 25 km nach **Eidsdal**. Der 200-Einwohner-Ort ist Norwegens nördlichster Obstgarten, hier gedeihen noch Aprikosen.

Die Fähre über den Norddalsfjord bringt Sie weiter nach Linge (38 x täglich, 10 Minuten, 48 NOK Fahrer/Pkw, 22 NOK/Person) und nach Valldal, wo die RV 63 nach Norden ins Romsdal abbiegt. Über die Gudbrandschlucht (18 km hinter Linge) und den Bautastein von Slettvikane (16 km weiter) wird Trollstigen erreicht und 12 km dahinter Åndalsnes.

„Sieben Schwestern": Norwegens originellster Wasserfall

Sehenswertes

Norsk Fjordsenter: Seit 2002 ist Geiranger stolz auf seine neue Touristen-Attraktion. Eine gute Stunde brauchen Sie für den Rundgang durch das neue Ausstellungsgebäude, das in vier Abteilungen über Land und Leute am Fjord berichtet, über die Ingenieursleistungen der Schiffs- und Straßenbauer, über das schwere Leben der Bauern und Fischer, über Naturkatastrophen und Naturschönheiten. Ein lohnenswerter, wenn auch nicht gerade preiswerter Besuch, der abgerundet werden kann im Kunstcafé oder in der Galerie oder im unvermeidlichen Souvenirshop.

Öffnungszeiten 15.5.–14.6. 10–17 Uhr, 15.6.–15.8. 10–19 Uhr, 16.8.–30.9. 10–17 Uhr, jeweils täglich. Eintritt 75 NOK, Kinder 35 NOK.

Hellesylt

Nach 70-minütiger Fährfahrt auf dem schlangenförmigen Geirangerfjord ist der Flecken erreicht, der nur als Fährhafen etwas Bedeutung hat.

Aufsehen erregt im 300-Seelen-Ort am Sunnylvenford allerdings der Wasserfall, der das Dorf in zwei Teile teilt: Der **Hellesyltfossen** rauscht durch das

Zentrum wie eine künstlich angelegte Touristenattraktion – dabei ist dies sein natürlicher Lauf. Angelegt ist hingegen die für den kleinen Ort erstaunliche touristische Infrastruktur, darunter eine Jugendherberge und ein idyllisches Grandhotel aus längst vergessener Zeit. Ansehenswert ist die neue Peer-Gynt-Galerie, in der manches Wissenswerte über die norwegische Sagengestalt und andere Mythologien des Nordlandes aufgearbeitet wird (nur im Sommer Mo–Fr 10–15 Uhr geöffnet, Eintritt 20 NOK).

• *Information* Das kleine **Turistkontor**, ✆ 70263880, www.hellesylt.no, in der Peer-Gynt-Galerie ist nur von Juni–August täglich von 9–17 Uhr offen.

• *Busverbindungen* 2 x täglich in beide Richtungen hält der Fernbus von Bergen (7 Std. 20 Min.) nach Ålesund (3,5 Std.).

• *Fährverbindungen* Die Autofähre nach Geiranger verkehrt 10 x täglich (7.45 bis 19.45 Uhr) und kostet 127 NOK pro Fahrer plus Pkw, 42 NOK für die Begleitperson .

• *Adressen* Vier **Supermärkte**, **Post**, **Bank**, **Tankstelle** und **Autowerkstatt** in unmittelbarer Nähe des Turistkontors.

• *Übernachten* **Grand Hotel**, ✆ 70265100, www.grandhotel-hellesylt.no. Direkt am Fährhafen und mit großartiger Sicht auf den Fjord bietet das malerische Holzhaus nur wenig Komfort (kein Frühstück): EZ 750, DZ 850 NOK.

• *Camping* **Hellesylt Camping**, ✆ 90206885, www.nafcamp.com. Der beengte Zwei-Sterne-Platz an der RV 60 bietet Raum für 30 Wohnwagen und 50 Zelte (keine Hütten).

Stadheimfossen Camping og hytter, ✆ 70265079. 2 km östlich von Hellesylt wartet der ruhige Wiesenplatz mit zwei Vorteilen auf: Zehn Hütten (ab 450 NOK) sind im Angebot, und der Zwei-Sterne-Platz wirbt mit guten Angelplätzen.

• *Essen* **Grandstugu** im Grand Hotel ist das einzige Restaurant am Platz, **Gatekjøkken** vertreibt nur Fast Food, und **Fossetun Bistro** ist ein etwas besserer Imbiss.

Ålesund

Abseits der Touristenrouten schlummert dieses Schmuckstück besonderer Art: Als „einzige Stadt aus Stein" (so die Eigenwerbung), obendrein verziert mit Jugendstilfassaden, ist Ålesund für manche die schönste Stadt des Landes.

Für die langweilige, auf den letzten 20 km sogar ziemlich hässliche Anfahrt ab Åndalsnes entschädigt Ålesund mit einem atemberaubenden, immer wieder fotografierten Panoramablick: Vom Hausberg **Aksla** mit dem Aussichtspunkt Kniven genießt man diese einzigartige Aussicht über die auf Inseln verteilte Stadt und den Hafen, das Schärengewirr und die stark gezackten **Sunnmørs-Alpen**.

Doch auch 418 Stufen und 189 Höhenmeter tiefer zeigt sich Norwegens zweitgrößter Fischereihafen von der allerbesten Seite: Im Gewimmel der Gassen und Grachten lohnt ein Bummel zu jeder Tages- und Nachtzeit – entlang der Art-Nouveau-Architektur der Apotheken- und Kirkegate oder auf einem Steg vorbei an den Jachten, die im **Brosundet** dümpeln. Hier und da findet sich ein kleines Café mit einladender Terrasse oder nur ein kleiner Platz mit hübscher Aussicht.

Wo, fragt man sich, wohnen in diesem Städtebaudenkmal die 36.200 Einwohner? Jeweils drüben, muss die Antwort lauten, denn Ålesund erstreckt sich über mehrere Inseln.

Stadtstruktur

Die dichte Stadtbesiedelung konzentriert sich auf die drei Inseln **Heissa**, **Norvøy** und **Aspøy**, die durch Brücken miteinander verbunden sind. Die vorgelagerten Inselchen, wie **Valderøy** mit dem Flughafen **Godøy**, **Ellingsøy** und das besuchenswerte **Giske** (Brücke), sind seit 1987 durch ein 12 km langes und bis zu 160 m tief abgesenktes Tunnelsystem zu erreichen.

Die Mautgebühr zählt allerdings zu den höchsten Norwegens: 55 NOK für Pkws, 137 NOK für Wohnmobile und Gespanne, 40 NOK noch für Motorräder. Erwachsene müssen nochmals 21 NOK (Kinder 11 NOK) zuzahlen.

Der auf den Inseln zusammengedrängte Stadtkern ist unschwer zu Fuß zu erkunden. Selbst auf den Stadtberg Aksla führt eine allerdings mühsam zu erklimmende, steile Treppe. Höchstens ein Besuch im sehenswerten Sunnmøre-Museum 4 km außerhalb des Zentrums erfordert einen fahrbaren Untersatz – aber da tun es auch die Buslinien 13, 14, 18 oder 24.

Stadtgeschichte

Gerade einmal hundert Jahre ist die Stadtsilhouette, wie sie sich heute darstellt, alt: Am 13. Januar 1904 nämlich zerstörte eine Feuersbrunst das alte Ålesund, 800 Holzhäuser wurden Opfer der Flammen. Nur drei Jahre später war die Hafen- und Fischerstadt wieder aufgebaut. Holzhäuser wurden nun per Gesetz verboten, die Steinhäuser mit Erkern, Türmchen, Blumenornamenten und anderen Jugendstilmotiven verziert. Kaum eine Stadt Europas präsentiert heute noch derart unverfälscht die Jugendstilkunst der vorigen Jahrhundertwende.

Übrigens unterstützte Deutschlands *Kaiser Wilhelm II.* als ausgewiesener Norwegenfreund den Wiederaufbau aus seiner Privatschatulle; auch die Glasmalereien in der 1909 erbauten und nicht unbedingt besuchenswerten Kirche sind ein Geschenk des spendablen Kaisers. Die Stadtväter dankten es ihm mit einer Büste im Stadtpark und der *Keiser Wilhelms Gate* in der Innenstadt.

Zwar erhielt Ålesund die Stadtrechte erst 1848, aber archäologische Funde in Borgund am östlichen Stadtrand und auf den vorgelagerten Inseln der Gemeinde Giske bezeugen eine frühmittelalterliche Besiedlung. Offensichtlich nutzten schon die Wikinger die Ufer des schmalen Sundes (darum *Ålesund*) als Handelsplatz. Diese Blütezeit aber war nur von kurzer Dauer – 1825 fanden gerade mal 290 Menschen ihr Auskommen in dem kleinen Ort.

Das änderte sich erst mit der industriellen Verarbeitung der Meeresbeute. Aus Frischfisch wurde Klippfisch (s. u. Kasten), und aus dem Fischverkauf von Bord wurde ein Exporthandel, der bis nach Spanien reichte. 1834 veranstaltete man in Ålesund sogar Norwegens erste Fischfachmesse, und 50 Jahre später lebten bereits 12.000 Menschen in der neuen Hauptstadt von Sunnmøre. Das Stadtwappen von Ålesund zeigt übrigens ein Frachtschiff mit drei Fischen – Symbol für den Klippfisch-Handel.

Die Brandkatastrophe von 1904 unterbrach diesen Boom, konnte ihn aber nicht stoppen: Ålesund ist heute ein Dienstleistungszentrum für ein Einzugsgebiet von 150.000 Menschen und zählt noch immer zu den wichtigsten Fischereihäfen des Landes. Neben der Konservenfabrik sind moderne Kühlhäuser und Fischfabriken zur wirtschaftlichen Stütze der Stadt geworden.

Immer noch werden jährlich 50.000 Tonnen Klippfisch überwiegend nach Brasilien, Spanien und Portugal exportiert. Zudem spielt der Tourismus eine zunehmend wichtige Rolle, denn vor allem für Tauch- und Segelsportler ist Ålesund lohnend.

Warum Klippfisch?

In grauer Vorzeit wurde der entgrätete und ausgenommene Kabeljau auf den Klippen getrocknet. Deshalb heißt er immer noch Klippfisch, obwohl er seit mindestens 300 Jahren auf den für die Nordmeerküste typischen Trockengestellen zum Austrocknen aufgehängt wird.

Information/Verbindungen/Adressen

• *Information* **Turistkontor**, Skateflukaia, ✆ 70157600, www.visitalesund.com, Juni–August Mo–Fr 8.30–19, Sa 9–17, So 11–17 Uhr; September–Juni Mo–Fr 8.30–16 Uhr. Neben dem nicht sonderlich informativen, auch deutschsprachigen „Ålesund Guide" erhält man zahlreiche kostenlose Hochglanzprospekte zu allen Gegenden bis hinauf nach Trondheim. Zudem werden Stadtrundgänge (Di/Do/Sa 13 Uhr, 45 NOK) und Rundflüge im Hubschrauber (20 Min., 2.500 NOK bei fünf Personen) angeboten.

• *Flugverbindungen* Der Regionalflughafen Vigra auf der Insel Valderøy ist 16 km und 25 Autominuten vom Zentrum entfernt; immerhin 20 Starts und Landungen gibt es werktags (u. a. 5 x Bergen, 4 x Oslo, 2 x Tromsø, 2 x Lofoten), am Wochenende halb so viele. 12 x täglich verbindet der Flughafenbus (Fly Bussen) die Stadt mit dem Airport. Die Haltestellen befinden sich neben den großen Hotels.

• *Zugverbindungen* Die norwegische Staatsbahn hat Ålesund nicht auf dem Plan.

• *Busverbindungen* Vom zentralen Busbahnhof am südlichen Ende der Keiser Wilhelms Gate (gegenüber vom Rathaus) fahren nicht nur die Überlandbusse nach Åndalsnes (dort umsteigen in die Bahn nach Oslo bzw. Trondheim) und Bergen ab, sondern auch der Nahverkehr, der für Touristen einiger Ausflüge wegen wichtig ist: 3 x täglich nach Geiranger, 5 x täglich zur Vogelinsel Runde (via Hareid und Fosnavåg mit Umsteigen).

• *Fährverbindungen* Außer der immer imposanten Hurtigrute (das Nord-Schiff kommt um 8.45 Uhr und fährt um 12 Uhr weiter, der Dampfer nach Süden erreicht den „Skansekaia" gegen Mitternacht und legt eine Stunde später wieder ab) verkehrt das Schnellboot „Hjørungavåg" 10 x werktags nach Hareid (dort Busanschluss nach Runde oder Ulsein). Die 25-minütige Überfahrt startet an der Skateflua und kostet 82 NOK, Kinder 43 NOK. Dort legt auch 3 x täglich der Katamaran „Fjørtoft" nach Molde über Nordøyane ab. Lohnenswert ist zudem die Fahrt über den Borgundfjord mit dem Dampfer „Sulafjell" ab Rutebilkaia nach Langevåg (11 x täglich, sonntags kein Betrieb, 45 NOK, Kinder 32 NOK) oder die

Ausflugstour mit „Trio" auf dem Ellingsøyfjord (4x täglich, ab Nørvasund, 35 NOK, Kinder 22 NOK).

• *Stadtverkehr* Zwei zentrale Haltestellen gibt es in der Innenstadt für acht **Buslinien**: „Buss stasjon" gegenüber dem Rathaus in der Keiser Wilhelms Gate und an der Skateflua, einem Fähranleger im Hafen. Aber Sie können die Busse getrost vergessen (Ausnahme: Sunnmøre-Museum in Borgund), denn die Wartezeit ist allemal länger als jeder Fußweg.

Darüber hinaus gibt es drei selten besetzte **Taxistände**: hinter dem Rathaus, am Skateflua-Fähranleger und in der Parkgata am Westrand der Innenstadt.

• *Adressen* Alle wichtigen Geschäfte und Einrichtungen befinden sich im Zentrum: **Post** in der Korsegt. 4, **Bank** (z. B. Notenesgt.), **Apotheken** in der Korsegt. und in der Apotekengt., **Tankstelle** (Keiser Wilh. Gate), **Autowerkstatt** (Breivika), **Parkhäuser** (25 NOK pro Std., 110 NOK pro Tag) am Rathaus und am St. Olavs Plass.

Mietwagen gibt es am Flughafen und in der Nedre Strandgt., ein **Kino** in der Løvenvoldgt., **Galerien** in der Kirkegt. und Parkgata. Einkaufen kann man am besten in den Zentren **Kremmer Gaarden** und im etwas kleineren **Grimmer Gaarden** (Grimmergata). **Zeitungen**: Sunnmørsposten, Storgt. **Karten/Bücher**: Aarflots, Kirkegt. **Foto**: Ekspress, Grimmer Gaarden.

• *Wichtige Telefonnummern* **Arzt**, von 9–15.30 Uhr im Sunnmøre Helsesenter, ✆ 70153800; **Zahnarzt-Notdienst**, ✆ 70157609; **Unfallstation**, von 15–8 Uhr, ✆ 70156301; **Apotheke**, ✆ 70152237.

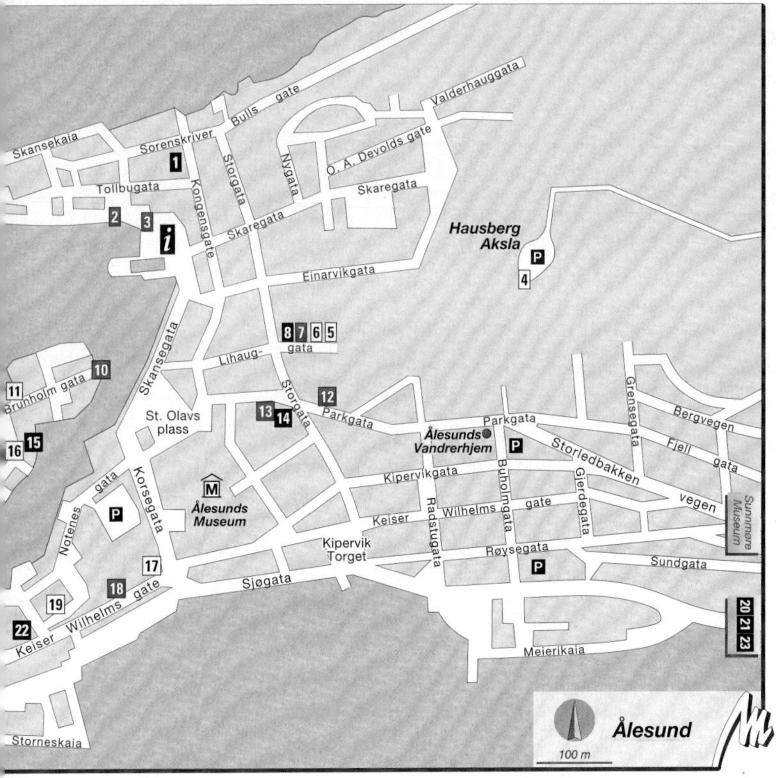

Übernachten/Camping *(Karte s. S. 322/323)*

Ålesund Vandrerhjem, Parkgaten 14, ✆ 70115830, www.vandrerhjem.no. Die erst kürzlich eröffnete und nur zwischen Mai und September geöffnete Jugendherberge ist klein (100 Betten), aber fein mit ihrem Rundum-Service, was sich auch an den überdurchschnittlichen JuHe-Preisen zeigt: Bett 265, EZ 490, DZ 690 NOK (Frühstück inkl.), Lunchpaket zum Mittag 55 NOK, Abendessen 105 NOK.

Norlandia Baronen Hotel (21), Vikasenteret, Spjelkavik, ✆ 70147000, www.norlandia.no. Ganz schön weit draußen (10 km vom Zentrum), dafür aber noch recht preiswert ist dieses kleine Hotel mit sauberen Zimmern, die nach einem Besitzerwechsel erst kürzlich renoviert wurden. EZ 975 NOK, DZ 1.750 NOK (inkl. Frühstück). Zudem im Hotel untergebracht: ein Chinarestaurant, eine Tanzbar und ein Billardsalon.

Clarion Collection Hotel Bryggen (15), Apotekengata 1–3, ✆ 70126400, www.choicehotels.no. In der Jugendstilgasse und direkt am Kanal gelegen – besser kann eine Hotellage in Ålesund nicht sein. In dem gelb getünchten, auf alt gestylten Häuserkomplex verbergen sich neben geschmackvoll eingerichteten Zimmern (Du/WC, TV und Telefon) auch ein türkisches Bad und eine Sauna; Kaffee am Nachmittag und ein einfaches Mahl am Abend sind im Preis inbegriffen. EZ 1.080 NOK, DZ 1.650 NOK.

First Hotel Atlantica (22), Rasmus Rønnebergsgate 4, ✆ 70129100, www.firsthotels.no. Das Hotel bietet erstaunlichen Komfort zu erstaunlichen Preisen und überdies ein gemütliches Café mit Backwaren aus eigener Bäckerei. Die höher gelegenen Zimmer (EZ 1.125 NOK, DZ 1.325 NOK) haben eine wunderschöne Aussicht, die im obersten Stockwerk sogar vom Balkon aus.

Scandic Ålesund (9), Moloveien 6, ✆ 21614500, www.scandic-hotels.com. Warum nur baut der Konzern überall in Norwegen so hässliche Fassaden? Der an einen Jugendstilbau angeklebte Fertigbau in bester Lage mit anerkannt gutem Restaurant, schönem Schwimmbad und seinen 118 hübsch eingerichteten Zimmern (fast alle mit Seeblick) hätte ein schöneres Äußeres verdient. Der Treffpunkt japanischer Pauschaltouristen vermietet seine Zimmer für 990 NOK (EZ) und 1.690 NOK (DZ).

Thon Hotel Ålesund (1), Kongensgate 27, ✆ 70122938, www.thonotels.no. Auch diese Fassade schreckt zunächst ab – hinter ihr aber verbirgt sich ein edles Haus mit 107 ebenso edlen Zimmern, einem guten Restaurant und einer ziemlich lauten Tanzbar. EZ 1.045 NOK, DZ 1. 245 NOK.

Rica Parken Hotel (8), Storgaten 16, ✆ 70132300, www.rica.no. Wenig ansprechende Fassade, ansonsten internationaler Standard. Das französische Restaurant allerdings zählt zu den besten weit und breit. EZ 1.425 NOK, DZ 1.624 NOK.

Quality Hotel Scandinavie (14), Løvenvoldgate 8, ✆ 70157800, www.choicehotels.no. Das wohl beste Haus am Platz in einem ehrwürdigen Gebäude aus dem Jahr 1905. Dahinter gibt es geräumige Zimmer mit schicken Bädern und geschmackvoller Ausstattung. Das alles zu einem für diese Leistung wundersam günstigen Preis: EZ 1.195 NOK, DZ 1.395 NOK.

• *Camping* **Prinsen Strandcamping (23)**, ✆ 70155204, ✆ 70154996. Der große, wunderschöne Vier-Sterne-Platz mit auch 27 Hütten (fast alle mit Dusche, 450–850 NOK) und modernen Sanitäranlagen liegt in einer geschützten Bucht des Borgundfjords (5 km vom Stadtzentrum entfernt) Richtung Sunnmøre-Museum. Kiosk, Bootsverleih, tolle Aussicht, ein einladender Sandstrand und Angelplätze machen den Platz überdies familienfreundlich.

Volsdalen Camping (20), ✆ 70125890. Nur 2 km und 15 Gehminuten von der Innenstadt entfernt erstreckt sich der steinige Drei-Sterne-Platz am Fjordufer. Es gibt Möglichkeiten zum Angeln, Baden und Tauchen. Der Platz verfügt über 17 Hütten unterschiedlicher Standards und Preise (500–700 NOK); geöffnet nur vom 1. Mai bis 15. September.

Essen & Trinken/Nachtleben *(Karte s. S. 322/323)*

• *Restaurants* **Brasserie Normandie (7)**, Storgaten 16. Ob das Hotelrestaurant im Parken-Hotel zu den besten des Landes gezählt werden kann, wie der Werbeprospekt behauptet, darf bezweifelt werden. Dennoch bietet das Lokal mit 140 Plätzen preiswerte Gerichte à la carte (ab 350 NOK).

Sjøbua (10), Brunholmsgata 1. Das ausgezeichnete Fischlokal in einem ehemaligen Speicher bietet Meeresspezialitäten zu überdurchschnittlichen Preisen (täglich 14–24 Uhr geöffnet).

Peppe's Pizza (18) Die Pizza-Kette ist zweimal vertreten: Keiser Wilhelmsgt. 25 und in Amfi Maagård.

Kjellern (13), Løvenvoldgate 8. Wenn es im Keller des Scandinavie-Hotels die beste Pizza der Stadt gibt (so die Eigenwerbung), muss um die Kochkünste der Pizzabäcker allerdings gefürchtet werden. Bei flotter Musik und origineller Dekoration kann man zumindest einen netten Abend verleben.

Toldboden (2), Toldbutgt. 1. Gemütliches Lokal mit vornehmlich mediterranen Gerichten, die man sich im Sommer auch unter freiem Himmel schmecken lassen kann.

China City (12), Parkgata 6. Der beste unter den zahlreichen Chinesen. Etwas abseits, aber leckere Gerichte und zudem preiswert.

Skateflua (3), Skateflua. Norwegische Hausmannskost – und dazu gehören auch Fischgerichte – gibt es in diesem Lokal am Schnellbootterminal. Der famose Rundblick über den Hafen ist in den gar nicht mal übermäßigen Preise inbegriffen.

• *Cafés, Pubs und Bars* **Veslekari (16)**, die gemütliche Kaffeestube an der Ecke Apotekensgata/Molovegen (gegenüber vom Bryggen-Hotel) bietet leckeren Kuchen in schnuckeligem Ambiente (Mo–Fr 11–18, Sa 11–16, So 12–18 Uhr).

Café Hoffmann (17), am Eingang der Fußgängerzone, Kongensgata 11, wartet das moderne Café mit schönen Ausblicken auf den Hafen auf.

Galleri Flora (6), im Rica Parken Hotel lassen sich in der kleinen Galerie und der angeschlossenen Café-Bistro-Bar-Kombination sowohl Kunst als auch Snacks genießen.

Brosundet (19), im Café des Hotels Atlantica lohnt der frischen Backwaren wegen vor allem das köstliche Frühstück.

Fjellstua (4), die waghalsige Konstruktion des Aussichtslokals auf dem Stadtberg Aksla rundet einen Ausflug ab. Morgens ist nur der Kiosk geöffnet, ab 12 bis 22 Uhr auch die Cafeteria und das Grillrestaurant „Kuppelen".

• *Nachtleben* **Naftadjupet Diskotek (11)**, Molovegen 6, nur dienstags bis donnerstags, nur von September bis Juni und nur von 21 bis 1 Uhr ist Ålesunds einzig nennenswerte Disko geöffnet.

Queens's Park Dancing (5), Storgata 16, ... danach hierher, denn der Tanzpalast ist zwar ganzjährig, aber bloß freitags und samstags in Betrieb. Ansonsten muss man mit den Tanzbars in den großen Hotels vorlieb nehmen.

Tauchen

Direkt am Hafen von Ålesund und am vorgelagerten Westkap, aber auch um Ulsteinvik herum lohnt das Sporttauchen. 1972 fanden schwedische Taucher hier sogar einen Silberschatz. Bis zu 20 m klare Sicht und mindestens 17 Wracks locken die Taucher, die in der Stadt jeglichen Service finden. Die Stützpunkte verkaufen und verleihen Ausrüstung, dienen als Füllstation, organisieren Touren und stehen Tauchfans mit Rat und Tat zur Seite.

• *Adressen* **Aquarius Dykkesenter**, Voldsdalsberga, ✆ 70132828; **Ålesund Dykkesenter**, Brunholmgata 2, ✆ 70123424.

Sehenswertes im Zentrum

Der Stadtkern allein ist natürlich die größte Sehenswürdigkeit Ålesunds. Zudem gibt es vier Punkte, die man sich unbedingt noch anschauen sollte.

Aksla: Den Hausberg (189 m) mit dem Aussichtspunkt **Kniven** sollte sich kein Besucher entgehen lassen. Von hier aus lassen sich die berühmten Fotos von Ålesund mit seinen Schären, Jachten und Inselbergen schießen, hier lohnt sich eine Rast im sehens- und erlebenswerten Fjellstua-Restaurant (s. o.). Zu Fuß erreichen Sie den Hausberg über eine Treppe mit 418 steilen Stufen (Start: Parkvegen). Mit dem Auto gelangen Sie hierher über die Europastraße, Ausfahrt „Camping Voldsdalen", durch das Villenviertel, Hinweisschild „Fjellstua", dann den Straßen Borgundvegen und Fjelltunveien folgen.

Ålesunds Museum: Der Hügel über der Altstadt mit dem Museum ist nicht zu übersehen. Und *Brude's Egg* vor dem Eingang auch nicht: Dieser Prototyp eines geschlossenen Rettungsbootes, heute Sicherheitsstandard auf jedem Dampfer und auf den Bohrinseln, wurde vom Ålesunder Kapitän *Henrik Brude* entwickelt, der darin 1904 höchstpersönlich den Atlantik überquerte.
Auch drinnen verrät das Museum manch Wissenswertes: Gemälde, Modelle und Fotografien zeigen die Stadtgeschichte vor und nach dem großen Brand von 1904, aber auch die Entwicklung des für Ålesund so wichtigen Baus von Fischerbooten. Eine besondere Abteilung befasst sich mit Jagd und Fischfang in der Arktis.

Öffnungszeiten Mitte Juni–Mitte Aug Mo–Fr 11–16 Uhr, Sa/So 12–15 Uhr; in der übrigen Jahreszeit. Mo–Sa 11–15, So 12–15 Uhr;. Eintritt 30 NOK, Kinder 10 NOK.

Jugendstilsenteret: Das Jugendstilzentrum liegt wunderschön am Brosundet in einem der schönsten Jugendstilbauten der Stadt, der einstigen Svane-Apotheke. Lehrreich und faszinierend zugleich ist die Darstellung des Stadtbrandes 1904 und des kreativen Wiederaufbaus – die Zeitmaschine wird auch Kindern gefallen, wenn sie sich denn aus dem Aktivitätenzimmer, eigens für Kinder, loseisen lassen. Daneben zeigt das Zentrum, ganz im Jugendstil gehalten, Zimmer der ehemaligen Apotheke nicht nur live, sondern auch mit modernen Multimedia-Programmen. Und ein nettes Café, in dem immer samstags „Kulturdrops", Vorträge und Präsentationen, stattfinden, gibt es neben dem Souvenirshop auch.

Öffnungszeiten Juni–Sept. Mo–Fr 10–18 Uhr, Sa 10–17, So 12–17 Uhr. In der übrigen Zeit Di–Sa 11–16, So 12–16 Uhr. Eintritt 50 NOK, Kinder 25 NOK.

Kunstmusét Kube: Erst Ende 2005 in einem ehemaligen Bankgebäude eröffnet, spezialisiert sich das Museum – gleich neben dem Jugendstilzentrum mit selben Öffnungszeiten und Eintritt – auf Architektur und Design.

Aquarium, „The Atlantic Sea-Park": In Tueneset befindet sich nicht nur ein Meerestierbecken mit einer sehr interessanten, gesonderten Abteilung für Korallenfische. In den letzten Jahren wurde die Anlage zum größten Aquarium Skandinaviens aufgemotzt – man darf im Sommer um 12 und 14 Uhr die Tiere füttern, man kann Fische angeln und den Dressuren zuschauen.

Öffnungszeiten täglich 11–16 Uhr. Eintritt 90 NOK, Kinder 55 NOK.

Fischereimuseum: Unweit der Mole (Moloveien 10) ist das Fischereimuseum zu bestaunen. In dem großen weißen Holzhaus direkt am Wasser wird Ålesunds Fischereigeschichte erzählt – mit besonderem Augenmerk auf Tran- und Klippfischproduktion. Und das urige Museumsrestaurant hat sich schon zum Touristentreff gemausert.

Öffnungszeiten 1.7.–31.8. Mo–Sa 11–16, So 12–16 Uhr. Eintritt 30 NOK, Kinder 15 NOK.

Sehenswertes in der Umgebung

Sunnmøre Museum: An einem Fjordarm bei Borgund, 4 km von Ålesunds Zentrum entfernt, findet sich dieses auch landschaftlich beeindruckende Ensemble von ca. 50 Häusern und verschiedene Ausstellungen: Das Freilichtmuseum umfasst neben Dutzenden von historisch aufbereiteten Gebäuden, darunter

Ålesund: für manche die schönste Stadt des Landes

RICA
PARKEN HOTEL

Werkstätten und Fischerkaten, ein Café, einen Souvenirladen und zeigt obendrein wechselnde Ausstellungen. Darüber hinaus präsentiert eine Bootsausstellung in drei Hallen und im Hafen fast 40 Boote, z. B. ein Wikingerschiff aus dem 8. Jh. neben der „Heland", die während des Zweiten Weltkrieges als Flüchtlingsschiff genutzt wurde.

Öffnungszeiten **Freilichtmuseum** und **Bootsausstellung** Juni–August Mo–Sa 11–17, So 12–17 Uhr; April/Mai sowie September/Oktober Mo–Fr 11–15, So 12–16 Uhr, Eintritt 60 NOK, Kinder 15 NOK.

Peterskirche von Borgund: Das Querschiff der Kirche ist ein Überbleibsel des im Mittelalter wichtigsten sakralen Zentrums zwischen Oslo und Trondheim. Trotz zweier Zerstörungen sind die barocken Schnitzereien in der weiß getünchten Kirche sehr gut erhalten und auch heute noch sehenswert.

Öffnungszeiten Juni–August 10–14 Uhr, Gottesdienst sonntags um 11 Uhr.

Mittelaltermuseum: Hier werden die Ausgrabungen von Borgundkaupangen dokumentiert, bei denen Bebauungsfragmente aus dem 12. Jh. freigelegt wurden.

- *Öffnungszeiten* wie Freilichtmuseum.
- *Anfahrt* Mit dem Auto Europastraße in Richtung „Prinsen Strandcamping" verlassen; ansonsten Buslinien 13, 14, 18 oder 24. Eintritt für die ganze nur im Sommer geöffnete Anlage: 55 NOK, Kinder 15 NOK.

Ausflüge in die Umgebung

Die südlichste Vogelinsel, ein Taucherparadies, eine atemberaubende Steilwand – das alles kann die Umgebung Ålesunds bieten. Zwei Ausflüge, nämlich nach Runde und Trollstigen, sind wahre Top-Highlights für alle Norwegenbesucher.

Vogelinsel Runde: Bis zu 700.000 Vögel nisten und brüten auf der Felseninsel. 240 Seevogelarten wählen alljährlich zwischen Mai und August die 300 m hohe, senkrecht ins Meer stürzende Felswand zu ihrem Domizil: Papageientaucher und Krähenscharben, Basstölpel und Raubmöwen und viele andere Arten mehr.

Gummistiefel sind anzuraten, wenn man sich auf den einstündigen Rundweg durch das Moor zum Vogelfelsen **Rundebranden** macht. Sie sollten den Leuchtturm ansteuern, um zunächst die Kolonien der *Trottellummen* und später – am Krähenberg – die *Krähenscharben* beobachten zu können. Achten Sie bitte genau auf die Wegmarkierungen: Sie dienen nicht nur Ihrer Sicherheit, sondern vornehmlich den Vögeln, die unter strengem Naturschutz stehen.

Wer den doch etwas anstrengenden Weg scheut, der kann ebenso gut vom Ort Runde aus eine Bootsfahrt (Achtung: Wettervorbehalt) zu den Vogelfelsen und der Grotte **Brandehola** unternehmen: drei Stunden für nur 220 NOK (Pullover und Anorak nicht vergessen).

Ansonsten hat das 6 qkm große Inselchen, 67 km südwestlich von Ålesund gelegen, nicht viel zu bieten: 160 Menschen leben in den zwei Dörfern **Runde** und **Goksøyr**, dazu gibt es ein Hotel, zwei kleine Campingplätze und ein Café namens Runde im Ort Runde auf der Insel Runde.

- *Anfahrt* **Mit dem Auto** von Ålesund nach **Spjelkavik** (E 9), dort abbiegen zur Fährstelle **Sulesund**: 10 x werktags und 5 x am Wochenende geht die Fähre bis 21.55 Uhr in 25 Min. nach **Hareid** (108 NOK/Person plus Pkw, 32 NOK Begleitperson), von dort durch grandiose Landschaft und über diverse Brücken sowie die Straßen 61 und 654 via **Fosnavåg** nach Runde.

Mit dem Linienbus: 5 x täglich (zwischen 8.30 und 13.50 Uhr, aber nicht am Wochenende) vom ZOB Ålesund aus über Hareid, Ulsteinvik und Fosnavåg. Die schöne Fahrt dauert 2,5 Std. und kostet 170 NOK; der letzte Bus zurück startet in Runde um 18.10 mit Ankunft in Ålesund um 20.45 Uhr.

Ulsteinvik: Auf halbem Weg zur Vogelinsel Runde liegt die Insel Ulstein mit einem Eldorado für Taucher: Ulsteinvik. In diesem Städtchen – idealer Ausgangspunkt das Ulstein-Hotell, dessen Manager selbst begeisterter Taucher ist – lassen sich grandiose Tauch- oder Segeltouren organisieren.

Mindestens 20 erlebenswerte Tauchstellen zählen Experten um Ulsteinvik. Das Interesse konzentriert sich auf Wracks vor der Küste: Britische Flugzeuge aus dem Zweiten Weltkrieg modern hier ebenso wie „spanische Silberschiffe aus dem 17. Jh.“, will man den Seebären und ihrem Garn glauben.

Auch Segeltörns lassen sich in Ulsteinvik organisieren: Von der Vier-Stunden-Fahrt (350 NOK, 180 NOK/Kinder) nach Runde mit der Segeljacht *Charming Ruth* bis zur wochenlangen Charter seegängiger Schiffe inklusive Skipper (Buchung jeweils über das Quality Ulstin Hotel).

- *Anfahrt* wie Vogelinsel Runde.
- *Übernachten* **Ulstein Hotel**, ✆ 70013000, www.ulsteinhotel.no. Das moderne 80-Zimmer-Hotel in einem schicken Glasbau oberhalb des Städtchens mit toller Atlantikaussicht und gutem Restaurant lässt nicht nur alle Taucher auf ihre Kosten kommen. EZ 1.345 NOK, DZ 1.640 NOK.

Trollstigen: Die 11 km lange Straße entlang der knapp 1.800 m steilen Felswand, der **Trollstigveien**, zählt wohl zu den berühmtesten der Welt. 20 Jahre baute man an der 1936 fertig gestellten Serpentinenflucht, die sich durch das **Isterdal** bei Åndalsnes in halsbrecherischen Kurven auf den 850 m hohen Pass schraubt.

Atemlosigkeit erfasst jeden Autofahrer, wenn er elf Haarnadelkurven mit 12 % Steigung, zwei Wasserfälle, die über die Passstraße zu schwappen scheinen, und zahllose Abgründe überstanden hat – die Tour ist wirklich nur für Schwindelfreie. Und sie ist nicht ungefährlich – im Frühjahr 2003 verschütteten mehrere Erdrutsche den unteren Teil der Straße. Für 16 Mio. NOK wurde Trollstigen abgesichert; einige Kurven wurden entschärft, einige Brücken verstärkt.

Oben weicht diese Atemlosigkeit herber Ernüchterung: Vorbei an verschiedenen Cafeterien, verschiedenen Andenkenläden und unzähligen Parkplätzen führt ein ebener Asphaltweg zur Aussichtsplattform.

Dort wird es dann aber wieder aufregend: ein Schwindel erregender Rundblick auf die Gipfel zur Linken, **Dronningen**, **Kongen** und **Bispen**, und rechts eine Steilwand, die Rückwand des **Trollveggen**, dazwischen die Serpentinenstraße und das alpin anmutende Isterdal – ein Muss nicht nur für Fotofans.

Trollstigen ist zudem Endstück der *Goldenen Route*, die über den Pass und den Adlerweg (Ørnevegen) nach Geiranger führt. Wer die Strecke nicht schon auf dem Hinweg erlebt hat, kommt um diesen Abstecher ab Ålesund via Åndalsnes nicht herum.

- *Anfahrt* **Mit dem Auto** verlässt man Ålesund auf der E 1, die via Spelkavik nach Åndalsnes führt. 5 km hinter Åndalsnes biegt die RV 63 nach Süden ab.

Mit dem Linienbus geht es 3 x täglich ab Ålesund in Richtung Geiranger. Zudem gibt es organisierte Tagesausflüge (Buchung im Turistkontor von Ålesund).

▶ **Weiterfahrt**: Informationen zu Kristiansund, das auf der Strecke in Richtung Trondheim liegt, finden Sie im Kapitel Sunndal und Kristiansund ab S. 408.

Bybrua: Altstadtbrücke mit angestaubtem Flair

Trondheim

Seit 1000 Jahren überragt Nidaros die Stadt, die sich die „historische Hauptstadt" nennt: Trondheim, natürlicher Mittelpunkt des Landes und das Tor nach Norden, hat noch immer kein höheres Bauwerk als den Dom.

Vor mehr als tausend Jahren, 997, wurde Trondheim als *Nidaros* – so der Name bis ins 16. Jh. – vom Wikingerkönig *Olav Tryggvason* gegründet. Sein Denkmal erhebt sich weithin sichtbar und ziemlich hässlich über dem Marktplatz. Und obgleich Trondheim erste Hauptstadt des Landes, ältestes Bistum Norwegens und größtes Pilgerzentrum des Mittelalters war und heute drittgrößte Stadt Norwegens ist, bleibt die Stadt an der Nidelva ein charmantes Städtchen, kaum größer als seine deutsche Partnerstadt Darmstadt, mit einem rührigen Kulturleben, einer weithin angesehenen Hochschule, mit dem auch über die Landesgrenzen hinaus bekannten Fußballclub „Rosenborg", seit Jahren Abonnement-Meister Norwegens, und vielen entdeckenswerten Motiven. Kurzum: Trondheim ist ein Erlebnis, in dem wohl bis auf weiteres der Dom das höchste Gebäude bleiben wird.

Stadtstruktur

Wo der Fluss **Nidelva** vor seiner Mündung in den 130 km langen **Trondheimsfjorden** einen Bogen beschreibt und die Halbinsel **Øya** bildet, liegt der mittelalterliche Stadtkern: Dom, Marktplatz, aber auch die Touristeninformation, die großen Hotels und Kaufhäuser sind hier konzentriert.

Nur zwei Fixpunkte lagen immer schon außerhalb des Zentrums und jenseits der Nidelva: die **Festung Kristiansten** im Osten und die **Universität** im Süden.

Erst in 1920er Jahren hat sich die Stadt weit über den Fluss ausgedehnt. Entlang der E 6, die bis ins Zentrum führt, sind südlich und östlich der Altstadt moderne Wohnviertel und Industriebetriebe entstanden.

Dem Besucher kommt die Stadtstruktur entgegen: Er kann jederzeit auf sein Auto verzichten, weil fast alles Sehenswerte zu Fuß zu erreichen ist, und spart damit die hohen Parkgebühren (bis zu 45 NOK für drei Stunden) und die Maut vor der Stadtgrenze (via E 6 25 NOK für Pkw, 50 NOK für größere Wagen; Einfahrt über Landstraßen: 15 bzw. 30 NOK, nur Mo–Fr).

Stadtgeschichte

Doch Trondheims Geschichte reicht weiter zurück, als das Datum der Stadtgründung vermuten lässt. Schon als König *Tryggvason* hier 997 seinen Hof Nidarnes ansiedelte, lag im Flussbogen eine Thingstätte, d. h. ein Gerichts- und Versammlungsplatz. Sein Nachfolger *Olav II.*, später *Olav der Heilige*, baute die Siedlung, die ab 1152 auch Bischofssitz war, zum Zentrum der Christianisierung aus. Bis ins 13. Jh. blieb Nidaros die Königsresidenz Norwegens.

Olav-Tage in Trondheim

Wenn Sie in den Tagen vor dem 29. Juli nach Trondheim kommen, dürfen Sie das *St.-Olav-Festival* auf keinen Fall versäumen.

Seit 1993 organisiert eine private Initiative eine Woche lang Konzerte, Sommerkurse, einen historischen Markt auf dem Domplatz, Theateraufführungen, Vorträge und Ausstellungen im Dom, im Ringve-Museum und im Bischofspalais. Damit soll die *Olsok-Tradition* wieder belebt werden: Im Mittelalter wanderten Abertausende von Pilgern zum Schrein des *heiligen Olav* im Nidarosdom, um Ende Juli dem Wikingerkönig und Begründer des Christentums in Norwegen zu huldigen.

Am 29. Juli 1030 nämlich fiel *Olav Haraldsson* in der Schlacht von Stiklestad unweit Trondheims. In Kampfeseile verscharrten seine Krieger den Erschlagenen an den Ufern der Nidelva. Die Sage will wissen, dass ein Jahr später der Leichnam fast unversehrt geborgen wurde. Über dem neuen Grab des bald heilig Gesprochenen entstand 40 Jahre später der Nidarosdom zu Trondheim. Grab, Dom und Insignien wurden zum Wallfahrtsort, während des Mittelalters gar zum Nationalheiligtum der unterdrückten Norweger – die Pilgerroute, der *Königsweg*, wurde zur „Hauptstraße“ von Oslo nach Trondheim. An diese Tradition, als Trondheim nicht nur Hauptstadt, sondern auch geistiges Zentrum des Landes war, sollen die Olav-Tage anknüpfen.

Trotzdem wurde Oslo 1299 zur Hauptstadt, und spätestens seit der Union mit Dänemark (1380) begann Trondheims Stern zu sinken. Mit der Reformation verlor es 1537 an Bedeutung, als der katholische Bischof das Land verlassen musste und der Olav-Schrein nach Dänemark entführt wurde. Das Tor zum Norden wurde an den Rand des damaligen Machtzentrums, und das hieß Dänemark, gedrückt.

1681 erfuhr Trondheim fast seinen Niedergang, als der schlimmste zahlreicher Brände die Stadt nahezu völlig zerstörte. Die mittlerweile erarbeitete Handelsmacht durch den Export von Holz, Heringen und Erz erhielt die Stadt am Leben. Der Hugenottengeneral *Johann Caspar de Cicignon* bekam den Auftrag zum Neuaufbau, und wie viele andere norwegische Städte wurde auch Trondheim auf dem Reißbrett neu konzipiert, das quadratische Muster ist auch heute noch unschwer erkennbar: Zwei breite Hauptstraßen, die *Munkegata* und die *Kongensgata*, treffen sich im rechten Winkel, der Schnittpunkt wird zum *torget*, zum Marktplatz. Rundherum wird der Plan stets wiederholt, sodass der Stadtkern von rechtwinkligen Brandschneisen durchkreuzt ist. Heute sind sie fast Boulevards, die zum Flanieren einladen.

Immer wichtiger wurde der Erzhandel für die Stadt: Was der Bergbau von **Røros** zutage förderte, wurde über Trondheim verschifft. Übrigens überwiegend von norddeutschen Händlern, die alsbald „die Flensburger" genannt wurden. Noch heute gehören der *Stiftsgården* der Familie Schöller oder das *Palais Möllmann* zu den Prachtbauten der Stadt.

Zum Erzexport gesellte sich die Metallverarbeitung, zur Industrie der Verkehr: Die *Rørosban* und die *Dovreban* verbanden Trondheim mit dem Süden, die *Meråkerban* mit dem Osten. Und Trondheim wuchs: Von 10.000 Einwohnern um 1800 auf 55.000 im Ersten Weltkrieg. Heute zählt Norwegens drittgrößte Stadt 155.000 Menschen.

Zur Wirtschaft kam die Wissenschaft – die 1910 gegründete NTH, die Technische Hochschule, gehört nicht nur zu den führenden Ingenieurshochschulen Europas, sondern zog weitere Einrichtungen nach, die weltberühmte *Gesellschaft für industrielle und technische Forschung* (SINTEF) und das *Marinetechnische Zentrum* zum Beispiel. 25.000 Studenten leben und arbeiten in Trondheim.

Um die Zukunft braucht den Trondheimern darum nicht bange zu sein: Für die immer weiter nach Mittelnorwegen wandernde Öl- und Gasförderung in der Nordsee ist das technisch-wissenschaftliche Know-how längst vorhanden.

Information/Verbindungen/Adressen

• *Information* **Turistkontor Trondheim Aktivum**, Munkegata 19, ✆ 73807660, www.trondheim.no; 16.5.–10.6. Mo–Fr 8.30–18, Sa/So 10–16 Uhr; 11.6.–30.8. Mo–Fr 8.30–20, Sa/So 10–18 Uhr; 1.9.–15.6. Mo–Fr 9–16 Uhr. Zwei weitere Info-Posten gibt es am Bahnhof (Mo–Sa 5.30–23.30, So 6.45–23.30 Uhr) und am Campingplatz Sandmoen (nur im Juli täglich 11–19 Uhr).

In einem roten, einstöckigen Eckhaus am Markt residiert in viel zu engen Räumen die Infozentrale (wahrscheinlich nimmt der Souvenirshop zu viel Platz ein). Ansonsten gibt es den deutschsprachigen „Trondheim Guide" und viele Hochglanzbroschüren sowie Videos über das gesamte Land und Infos zu Unterkünften jeder Preisklasse. Selbst zweibeinige, mehrsprachige Stadtführer können vermittelt werden.

• *Flugverbindungen* Der 35 km nördlich gelegene Flughafen **Vaernes** (✆ 74843000) ist eine Drehscheibe für Norwegens Luftverkehr: 29 Ziele stehen auf dem Flugplan (Kopenhagen als einzige internationale Verbindung). Weit über 150 Starts täglich (z. B. 21 x Oslo, 3 x Narvik, 5 x Kirkenes, 8 x Lofoten) wickelt der Airport ab. Ein Flughafenbus (Stopps: Busterminal, Britannia Hotel, Royal Garden Hotel) verkehrt 12 x täglich. Tipp für Autofahrer: Sie können auf dem Weg zum Airport die Mautstation umfahren, wenn Sie am Fjordufer den Schildern Vikhamar/Ranheim folgen.

• *Zugverbindungen* Vom direkt am Wasser gelegenen Hauptbahnhof (Info-✆ 177) auf der Brattøra-Insel (Narvesen-Kiosk, Cafeteria, guter NSB-Infostand, keine Schließfächer, sondern Gepäckaufbewahrung) verkehren neben dem Nahverkehr auch Tag- und Nachtzüge nach Oslo und Bodø (NSB-Endstation) sowie ein Zug nach Schweden.

• *Busverbindungen* Der moderne Busterminal Leüthenhaven, Erling Skakkes Gata 40, ist Ausgangspunkt für alle Überlandbusse, Flughafenbus und verschiedene Stadtbusse: Wartesaal, Kiosk, Cafeteria, Bäckerei, Gepäckaufbewahrung und Parkhaus (Auskünfte unter Info-✆ 177). 1 x täglich nach Bergen (15,5 Std.), 1 x Oslo (14 Std. mit Umsteigen), 2 x Røros (3,5 Std.).

• *Fährverbindungen* Außer dem Post- und Passagierdienst der Hurtigrute (Brattøra Pier: Ankunft in beide Richtungen jeweils um 6 Uhr, Abfahrt gen Süden 10 Uhr, gen Norden 12 Uhr) gibt es 6 x täglich das Expressboot nach Kristiansund (525 NOK). Außerdem nur noch zwei Linien im Hafen: nach Vanvikan vom Pirterminalen nördlich des Bahnhofs und nach Fosen/Sula vom Fosenkai. Zudem Ausflugsfahrten: Hafenrundfahrt (2 Std., Juni–September Di–So 13 Uhr, 110 NOK) und Abendrundfahrten (jeweils 18.30 Uhr, Juli/August, 210 NOK). Überdies verkehrt von Flakk (10 km westlich von Trondheim über die Reichsstraße 715) eine Autofähre 30 x täglich nach Rørvik (25 Min., 84 NOK Fahrer/Pkw, 32 NOK/Person).

Stadtverkehr/Adressen

19 Buslinien und eine Straßenbahnlinie verkehren im Innenstadtbereich, vier Linien verbinden Zentrum und Außenbezirke. Einzelpreis für eine Stadtfahrt: 16 NOK. **Verkehrsamt**: Dronningens Gate 40.

• *Bus* Sie werden die Busse kaum brauchen, denn fast alle Sehenswürdigkeiten sind zu Fuß zu erreichen (Ausnahmen: Bus Nr. 4 zum Ringve-Museum, Linien 8 und 9 zum Folkemuseum). Ansonsten lohnt die Familienkarte (40 NOK) oder die 24-Stunden-Karte zu 55 NOK. Die Karten sind beim Fahrer zu bekommen.Fast alle Linien halten Munkegata/Dronningensgate, nur wenige auch am Busbahnhof Leüthenhaven.

• *Straßenbahn* Sie ist eher eine Reminiszenz an die Vergangenheit: Nur eine Linie fährt in den Sommermonaten von der St. Olavs Gate in der Altstadt über die Eigeseter Bru zum Ausflugslokal Lian am Rande der Bymarka, dem Naherholungsgebiet der Trondheimer. Leser Ulrich Lamm aus Bremen berichtet, dass diese Linie erst nach einer Volksabstimmung Mitte der 90er Jahre wieder eröffnet wurde. Fahrkarten des Busnetzes gelten auch für diese Fahrt. Und das Straßenbahnmuseum Munkvoll (Do/Fr/Sa/So 11.30–14.30 geöffnet, Eintritt 15 NOK, Kinder 10 NOK) veranstaltet samstags 12–15 Uhr Oldtimerfahrten (Modell 1921) auf dieser Strecke!

• *Stadtfahrräder* Besonderer Service der Stadtverwaltung sind 200 kostenlose, aber schnell vergriffene Stadtfahrräder: Die grünen Räder stehen in gut sichtbaren Stativen an allen Plätzen der Stadt – man braucht nur ein 20-Kronen-Stück in das Fahrradschloss zu stecken, und los geht die Fahrt. Beim Abschließen in einem der Fahrradständer erhält man seine Münze zurück. Ganz wichtig für Radfahrer: Seit 1998 gibt es in Trondheim den ersten Fahrradlift der Welt: Von der alten Stadtbrücke in Brubakken bringt er Fahrer und Rad fast bis zur Festung Kristiansten hinauf (Schlüsselkarte im Lift oder Turistbüro).

• *Taxi* Sieben Stände gibt es in der Innenstadt (✆ 08000): Marktplatz, Hauptbahnhof, Busbahnhof, Pirterminalen, Søndregate, Nordregate, Dronningens Gate.

• *Adressen* **Post** in der Dronningensgt., 8–17 Uhr, Do bis 18, Sa 9–14 Uhr. **Banken** gibt es vier um den Torget, **Telesenter** in der Kongensgt. 8. **Internet-Café** Bell, Kongensgt. 34. An Parkuhren zahlen Sie 42 NOK für drei Stunden. Preiswerter und stressfreier sind die 12 **Parkhäuser** (unbegrenzte Parkdauer) in der Nähe des Marktes (Erling Skakkes gate), des Bahnhofs und an der Bakke-Brücke. Die internationalen **Autovermieter** finden sich alle am Flughafen. Darüber hinaus gibt es noch **Avis** in der Kjøpmannsgata 34 (✆ 73841790, Fax 73841791), **Hertz** in der Håkon IV Gate 8 (✆ 73503500) und **Budget** in der Kjøpmannsgata 41 (✆ 73537390). **Kinos** gibt es zwei im selben Haus: Prinsen gt 2. **Sport**-Möglichkeiten im Winter im Granåsen Skisenter, ✆ 72595200, und im Sommer in der Nidarøhalle, Klostergate 90.

• *Wichtige Telefonnummern* Notarzt, ✆ 735 22500; Zahnarzt, ✆ 73505500; Apotheke (Olav Tryggvasonsgt. 28) ✆ 73833283

Übernachten

Über 30 Hotels, dazu eine Jugendherberge, Interrail-Center, Appartements, Privatunterkünfte (Auskünfte im Turistkontor) und fünf Campingplätze im Umkreis von höchstens 20 km – da ist sicher etwas Passendes dabei. Hier eine kleine Auswahl:

Vandrerhjem Rosenborg (5), Weidemannsvei 41, ✆/📠 73874450, www.vandrerhjem.no (Buslinie 63). Die vom 5.1.–22.12. geöffnete Jugendherberge in einem hässlichen Kastenbau (gut 2 km vom Zentrum entfernt) mit 170 Betten in 40 Mehrbettzimmern eignet sich höchstens für Familien oder junge Reisende, die dann allerdings mit 235 NOK pro Bett und Person (inkl. Frühstück), EZ 435, DZ 550 NOK besonders günstig wohnen.

Trondheim Interrailsenter (27), Elgeseter Gate 1, ✆ 73899500, www.tirc.no. Buslinien 41, 42, 48, 49, 52, 63, Haltestelle „Studentersamfundet". Von Studenten, aber nicht nur für Studenten wird in einem roten, runden, turmähnlichen Haus gleich hinter der Nidelva-Brücke (Eingang auf der Rückseite) diese Unterkunft betrieben:135 NOK für Bett und Frühstück, 45 NOK fürs Abendbrot; Bier und Wein, Disko und Kino, Zeitungen und Sportmöglichkeiten gibt es auch: zentral und ideal für junge Leute (geöffnet Juli/August).

Bed & Breakfast Inger Stock (30), Porsmyra 18, ✆/📠 72888319. Anfahrt mit Buslinie Nr. 46 bis Moltmyra, Richtung Tillerbyen; Autofahrer: Auf der E 6 ca. 8 km vor der City rechts nach Moltmyra abbiegen. 15 Busminuten braucht man schon, um in dem hübschen Holzhaus für nur 350 (EZ) und 430 NOK (DZ) Platz zu finden. Und ein Abendessen für nur 55 NOK gibt es auch. Viele Leser rühmen übrigens Ingers Gastfreundschaft und: sie erhöht ihre Preise Jahr für Jahr nur um 10 NOK.

Singsaker Sommerhotel (25), Rogertsgate 1, ✆ 73893100, www.sommerhotell.singsaker.no. Das Studentenwohnheim im Stadtteil Singsaker südlich der Kristiansten-Festung, 10 Min. vom Zentrum entfernt, ist in den Semesterferien (also etwa Mitte Juni bis Anfang September) zum kostengünstigen Hotel umgerüstet: In einem attraktiven Holzbau inmitten eines Gartens in einem ruhigen Villenviertel kann man preiswert wohnen: 450 NOK (EZ), 600 NOK (DZ), jeweils mit Frühstück.

Übernachten
2 Thon Hotel Gildevangen
3 Royal Garden Hotel
4 Glarion Grand Olav Hotel
5 Vandrerhjem Rosenborg
7 Viking Hotel
9 Britannia Hotel
15 Quality Hotel Augustin
16 Scandic Hotel Residence
18 Munken Hotell
25 Singsaker Sommerhotell
27 Trondheim Inerrailsenter
29 Elgeseter Hotell
30 Bed & Breakfast

Essen & Trinken
1 Kanal Muset
6 Bar Borson
8 Dreams Go Go Bar
10 Dickens
11 Dromedar
12 Café Vinterhafen
13 Erichsen Konditori
14 Grenaderen
17 Zia Teresa
19 Peppe's Pizza
20 Godt Brød
21 Sushi Bar
22 Studentersenteret
23 Havfruen
24 Chablis Brasserie
26 Galaksen
28 Strossa

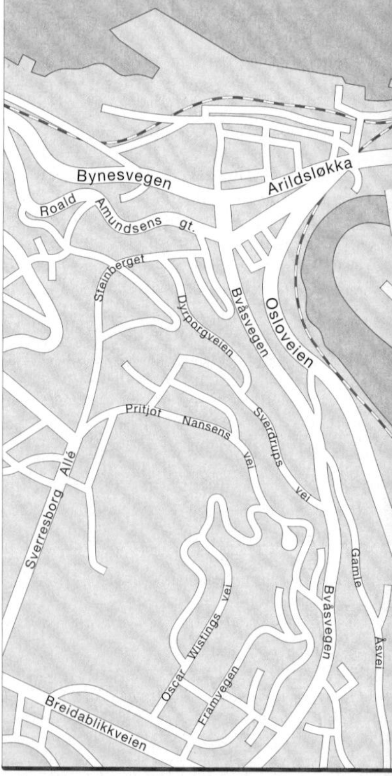

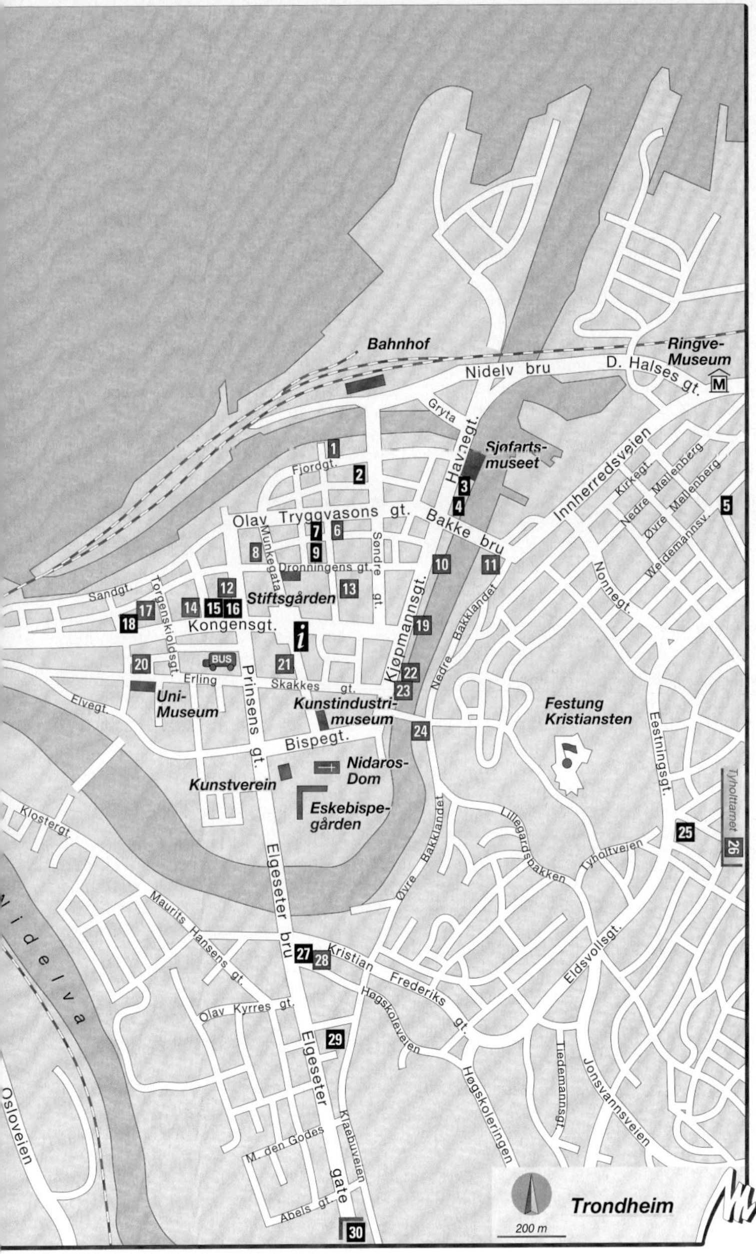
Bahnhof
Ringve-Museum
Nidelv bru
D. Halses gt.
Gryta
Havnegt.
Sjøfarts-museet
Fjordgt.
Olav Tryggvasons gt.
Bakke bru
Innherredsveien
Kirkegt.
Nedre Mellenberg
Øvre Mellenberg
Weidemannsv.
Munkegata
Søndre gt.
Dronningens gt.
Sandgt.
Torgenskioldsgt.
Stiftsgården
Kongensgt.
Kjøpmannsgt.
Nedre Bakklandet
Nonnegt.
BUS
Erling
Skakkes gt.
Elvegt.
Uni-Museum
Prinsens gt.
Kunstindustri-museum
Festung Kristiansten
Bispegt.
Nidaros-Dom
Kunstverein
Eskebispe-gården
Eestningsgt.
Tyholttarnet
Klostergt.
Øvre Bakklandet
Lillegårdsbakken
Tyholtveien
Maurits Hansens gt.
Elgeseter bru
Kristian Frederiks gt.
Eldsvollsgt.
Nidelva
Olav Kyrres gt.
Høgskoleveien
Elgeseter gate
Høgskoleringen
Tiedemannsgt.
Jonsvannsveien
Osloveien
M. den Godes
Klæbuveien
Abels gt.
Trondheim
200 m
1
2
3
4
5
6
7
8
9
10
11
12
13
14
15
16
17
18
19
20
21
22
23
24
25
26
27
28
29
30

Munken Hotell (18), Kongensgate 44, ✆ 73534540, www.munken.no. Klein, aber fein, zentral und fast ideal wohnt man in diesem schmucken Holzhaus aus dem Jahr 1829, das kürzlich renoviert wurde: Entstanden sind 19 hübsche Zimmer (Du/WC, TV und Telefon, Küchenecke) zu annehmbaren Preisen: 850 NOK (EZ), 990 NOK (DZ), am Wochenende 100 NOK preiswerter. Nur das im Preis enthaltene Frühstück könnte etwas üppiger sein und aufmerksamer angerichtet werden, wie Leser Fritz Dirschkowski aus Bayern meint.

Elgeseter Hotell (29), Tormodsgate 3, ✆ 73920330, www.elgeseter-hotell.no. Jenseits der Nidelva, aber unweit der E 6 liegt dieses kleine, familiär anmutende Hotel mit nur 24 Zimmern (Du/WC, TV und Telefon); etwas altmodisch, aber ordentlich. Das Frühstück schmeckt sehr gut. EZ 750 NOK, DZ 950 NOK (am Wochenende jeweils 100 NOK preiswerter).

Viking Hotel (7), Ths. Angellsgate 20, ✆ 73512133, www.vikinghotel.no. Etwas plüschig sind die 35 Zimmer, die sich auf vier Etagen verteilen. Aber First-Class-Standard haben sie. Das, die zentrale Lage und die doch zivilen Preise sprechen für das Haus: EZ 995 NOK, DZ 1.195 NOK (im Sommer und an Wochenenden jeweils 100 NOK billiger).

Britannia Hotel (9), Dronningensgate 26, ✆ 73800800, www.britannia.no. Nach einem radikalen Umbau hat Trondheims ältestes Hotel nicht nur einen neuen Namen, sondern auch neuzeitliches Interieur. Und das, ohne den Charme vergangener Tage aufzugeben. Soviel Geschmack hat seinen Preis: Suite 4.800 NOK, DZ 1.720, EZ 1.470 NOK (deutlich günstiger Sommer- und Wochenend-Preise).

Quality Hotel Augustin (15), Kongensgate 26, ✆ 73547000, www.hotel-augustin.no. Nur wenige Schritte vom Marktplatz entfernt wirbt das umgebaute, modern-funktionale Haus mit First-Class-Anspruch, was etwas übertrieben scheint. Dennoch: 75 lichtdurchflutete Zimmer (Du/WC, TV, Doppelbett, Minibar, spezielle Nichtraucher-Zimmer) können sich sehen lassen: EZ 1.250 NOK, DZ 1.450 NOK.

Scandic Hotel Residence (16), Torvet, ✆ 721614700, www.scandic-hotels.no. Gleich neben dem „Augustin" (in allerbester Lage am Markt) eines der besten Stadthotels mit gutem Restaurant und Straßencafé. Auch nach der Renovierung blieb die Jugendstilatmosphäre erhalten – nur nicht in den 66 eleganten Zimmern, die alles vom Feinsten haben. Das gilt nicht ganz für die Preise: EZ 1.150, DZ 1.650 NOK (und sensationelle Wochenend-Preise: 696/796 NOK).

Thon Hotel Gildevangen (2), Søndregate 22 b, www.thonhotels.no. Etwas deplatziert wirkt das Natursteingebäude im Zuckerbäckerstil unweit des Marktes schon, aber drinnen wird der internationale Standard der Thon-Kette geboten. Wenn Sie es etwas schräg mögen, sind Sie im 5. Stock mit Erkern und Dachschrägen gerade richtig. Und das alles zu tatsächlich sensationellen Preisen: jedes der renovierten 84 Zimmer für 1.095 NOK (EZ) oder 1.245 NOK (DZ).

Clarion Grand Olav Hotel (4), Kjøpmanngaten 48, ✆ 73808080, www.choicehotels.no. Der Glaspalast ist im Design den Speichern rundum angepasst, und auch sonst ließ es die Besitzerin an nichts fehlen: 106 moderne Zimmer und einige Suiten, gemütliches Lokal, heimelige Bar. Solcher Luxus hat seinen Preis: EZ 1.555 NOK, DZ 1.765 NOK (Wochenenden: 785/1.005 NOK).

Radisson SAS Royal Garden Hotel (3), Kjøpmannsgaten 73, ✆ 73803000, www.radissonsas.no. Die üppig begrünte Wandelhalle lässt im unzweifelhaft besten Haus am Platz südländisches Flair aufkommen. Auch sonst versöhnt das Hotel mit dem norwegischen Wetter: Schwimmbad, Sportabteilung, drei Restaurants, Bar und Nachtklub. EZ 1.540 NOK, DZ 1.740 NOK (Wochend-Preise: 895/1.095 NOK).

• *Camping* Außer auf den Campingplätzen können Wohnmobile und Campinganhänger im Stadtgebiet im Hafen (Brattøra) und am Stadion (Nidarø) geparkt werden.

Sandmoen Motell & Camping, ✆ 72596150, www.sandmoen.no. An der E 6, südlich der Stadt in Heimdal; mit 10 km Entfernung zum Zentrum noch Trondheims stadtnächster Platz: 53 Hütten (ab 475 NOK), 48 Zimmer (nur DZ ab 650 NOK), 250 Wagenplätze, Cafeteria, Kiosk, Minigolf. Wenn, wie im Sommer immer, der Platz überfüllt ist, reichen die meisten Serviceangebote aber nicht aus.

Øysand Camping, ✆ 72872415, www.oysandcamping.no. 20 km vor Trondheim in Sandmoen links auf die RV 65 abbiegen: 21 Hütten (ab 400 NOK), 10 Zimmer (ab 550 NOK), 100 Stellplätze, Kiosk, Badestrand und Vermietung von Booten und Surfbrettern bietet der nur vom 1.5.–31.8. geöffnete Platz.

Storsand Gård, ✆ 73976360, www.storsandcaming.no. In Malvik an der E 6 nach Norden, direkt am Trondheimsfjord

(17 km zum Zentrum). Bei dem ganzjährig geöffneten, hübsch gelegenen Platz empfiehlt sich im Sommer die telefonische Anmeldung, denn trotz seiner Größe (72 Hütten zu 450–900 NOK, 27 Motel-Zimmer ab 550 NOK, 250 Wagenplätze, Supermarkt, Kinderspielplatz, Badestrand, Bootsvermietung) ist er regelmäßig ausgebucht.

Flakk Camping, ✆ 72843900, www.flakk-camping.no. 10 km vom Zentrum Trondheim entfernt (RV 715, Bushaltstelle am Platzeingang), bietet der Drei-Sterne-Platz direkt am Fjord 64 Zeltplätze und vier Hütten ab 450 NOK.

Essen/Trinken (siehe Karte S. 334/335)

Vornehmlich in der Speicherstadt (in der Kjøpmannsgate) finden sich Lokale und Restaurants in jeder Preisklasse und für jeden Geschmack.

Peppe's Pizza (19), Kjømannsgt. 25. In dem geschmackvoll imitierten Speicherhaus mit ausladendem Ponton werden wie in jedem Lokal dieser Kette wahre Riesenpizzen gerade nachmittags zum Sonderpreis angeboten.

Dickens (10), Kjøpmannsgt. 57. Lunch, Abendessen und Barbetrieb im ältesten Speicher der Stadt, gleich neben dem Royal Garden Hotel. Rustikal wie die Einrichtung sind auch die Preise...

Havfruen (23), Kjøpmannsgt. 7. Frische Fische und anderes Meergetier gibt es hier lecker und zu Preisen der oberen Mittelklasse: 420 NOK für ein Drei-Gänge-Menü.

Sushi Bar (21), Munckgaten 39. Die gute Nachricht: Es gibt auch leckere Fleischgerichte. Aber natürlich ist Fisch auf japanisch die Spezialität des Lokals.

Zwei Chinesen mit gewohnt guter Qualität direkt am Kanal: **New China Garden**, Nr. 21, und **Peking Restaurant**, Nr. 63.

Chablis Brasserie & Bar (24), Øvre Bakklandet 66. Das Schlemmerlokal Trondheims: Direkt jenseits der Bybrua, in einem drinnen wie draußen stilsicher restaurierten Speicher, schmeckt der allzeit frische, aber ausnahmsweise raffiniert zubereitete Fisch. Der Clou des Koches aber sind die Desserts: köstliche Crêpes und frische Kuchen mit Beeren der Saison. Das Restaurant ist sonntags geschlossen und öffnet sonst erst um 17 Uhr.

Nicht vergessen sollte man jedoch die in der Speicherstraße besonders guten Hotelrestaurants: **Prins Olav Grill** im Royal Garden Hotel und das Lokal im SAS-Hotel.

Galaksen (26), Otto Nielsens veien 4. Das 74 m hoch gelegene Aussichtslokal im TV-Turm besucht man seiner grandiosen Fernsicht, nicht der Speisen wegen. Aber man kann hier in der Bar bis Mitternacht gemütlich sitzen, allerdings teuer (sonn- und feiertags ab 18 geschlossen).

Zia Teresa (17), Vår Frue Strete. Auch das gibt's – Pasta und Pizza, ordentlich in Preis wie Zubereitung, im typisch norwegischen Holzhaus.

Grenaderen (14), Kongensgate 1. Preiswert und solide wird die Küche der Provinz Trøndelag hier auf den Teller gebracht. Vor allem das täglich neue Menü (350 NOK) schmeckt ebenso gut wie das Salatbüffet.

Auch in der Innenstadt sollten Sie die Restaurants oder nur die Snackbars der Hotels ausprobieren: das **Palmehaven**-Restaurant im Britannia z. B. oder die Cafeteria im Norrøna-Hotel.

• *Café, Pubs und Diskos* .**Godt Brød (20)**, Thomas Angellsgate 16. Der Bio-Bäcker verkauft nicht nur leckere Backwaren, sondern auch einen feinen italienischen Kaffee an wenigen Tischen draußen vor der Tür.

AVH Studentersenteret (22), Kjøpmannsgate. Zeitung lesen oder Schach spielen, Baguette (45 NOK) oder Sandwich (30 NOK) knabbern, ein Bier (55 NOK) trinken oder mit Fremden klönen – alles das lässt sich in den zwei Etagen des Speicherhauses voller Studenten und schräger Typen von Mittag bis Mitternacht stressfrei erleben.

Café Vinterhaven (12), Torvet. Im Straßencafé des Residence-Hotels am Markt fühlt man sich bei Sommersonnenwetter fast wie in Paris.

Café Erichsen (13), Nordre Gate 8. Wohl den besten Kuchen der Stadt serviert diese Konditorei in der Fußgängerzone. Bei Sonnenschein werden Tische auch rausgestellt.

Dromedar (11), Nedre Bakklandet 3. Eng geht es zu im kleinen Self-Service-Lokal. Aber der Besuch lohnt wegen der Snacks und der zahlreichen Kaffee-Angebote.

Kanal Muset (1), Fjordgata 78. Auf dem Hafensteg gegenüber dem Bahnhof gibt es zwar nur Getränke, am Wochenende aber auch Livemusik.

Strossa (28), Elgeseter Gate 1. Im Studentenverein „mit Nachtlizenz" findet man einen Pub und eine Disko.

Bør Børson (6), Nordre Gate 28. Tanzlokal in der Fußgängerzone.

Dreams Go Go Bar (8), Munkegata 68. Die „Anmacher"-Bar Trondheims.

„Durchtanzen" lässt sich ansonsten nur in wenigen Hotels: im **Opera** (Royal Garden Hotel) und in der **Pianobar** (Britannia Hotel).

Einkaufen

Einkaufszentren, Fußgängerzone, Fischhalle, Fachgeschäfte: Konsumenten brauchen in Trondheim nicht lange zu suchen.

Trondheim Torg, Kunsthandwerk und Kleidung, Lebensmittel, Zeitungen und vieles mehr bekommen Sie täglich bis 20 Uhr (samstags bis 18 Uhr) in den 50 Geschäften des Einkaufszentrums am Markt.

Olavs Kvartelet, etwas kleiner, 20 Geschäfte nur, ist das hypermoderne Einkaufscenter um das neue Kongresszentrum in der Speicherstraße, Kjøpmannsgate 48.

Byhaven, das neueste Zentrum im Zentrum (Olav Tryggvasons gate) bietet alles bis 20 Uhr.

Ravnekloa, in der Fischhalle am Ende der Munkegate wird täglich frischer Fisch angeboten; kaufen Sie fangfrischen Lachs – so billig bekommen Sie ihn selten.

Nordre Gate, die Fußgängerzone im Zentrum bietet von allem etwas – Cafés und Bars, Uhren und Schmuck, vor allem aber norwegische Strickwaren, z. B. bei „Arne Rønning" (Nr. 10) oder im „Sjøberg" (Nr.16).

Bruns Bokhandel, Kongensgate 10. Land- und Seekarten für die Weiterfahrt nach Norden, aber selbst deutschsprachige Reiseliteratur findet sich in der gut sortierten Buchhandlung.

Intersport, Fjordgate 64. Rucksack, Wandersocken oder Kochgeschirr vergessen? Hier wird man fündig.

Sehenswertes im Zentrum

Auch wenn die nähere Umgebung Trondheimns durchaus einiges zu bieten hat – die meisten Sehenswürdigkeiten und Museen finden Sie im historischen Zentrum.

Nidaros-Dom: Die größte Kirche Skandinaviens, wohl das berühmteste mittelalterliche Bauwerk im Norden, das Nationalheiligtum des Landes, denn laut Verfassung werden Norwegens Könige hier gekrönt, und sie ist das Wahrzeichen Trondheims – die Kathedrale müssen Sie gesehen und erlebt haben.

Am besten geschieht dies bei einem Kirchspiel während des *St.-Olav-Festivals* oder mindestens bei einem Orgelkonzert (Juni bis Ende August Mo–Sa 13 Uhr), einem ökumenischen Gebet (erster Mittwoch im Monat, 7.30 Uhr) oder während eines Gottesdienstes (sonntags um 11 Uhr, Abendgottesdienst täglich 17.45 Uhr). Dann lässt sich die majestätische Pracht des mächtigen Hauses am ehesten erfahren.

Als älteste Teile der 102 m langen und 50 m breiten Kathedrale, mit deren Bau 1070 begonnen wurde, gelten die Querschiffe und die Sakristei im romanischen Stil des 12. Jh. Langchor, Hauptschiff und Zentralturm wurden hundert Jahre später im gotischen Stil angefügt. Der immer wieder durch Brände zerstörte Dom wurde ab 1869 grundlegend restauriert und 1930 anlässlich der 900-Jahr-Feier der Schlacht von Stiklestad neu geweiht.

Neun Könige und fast alle Erzbischöfe des Landes liegen hier begraben. Auch das ist ein Grund, warum der Dom im Mittelalter zur Pilgerstätte für die Norweger aufstieg – *Olsok* nannte man die Pilgerzüge über den *Königsweg* damals. Vor allem aber wurde der Dom in der Zeit, als Norwegen dänische Domäne war, ein Hort nationaler Selbstbehauptung. So ist es kein

Wunder, dass man mit der Restaurierung der Kathedrale, die zwischenzeitlich als Steinbruch zweckentfremdet worden war, in jener Zeit begann, als sich das norwegische Nationalbewusstsein wieder zu regen begann. Typisches Beispiel dafür ist die erst in vorigen Jahrhundert fertig gestellte Westfront: Neben alttestamentarischen Größen sind zahlreiche norwegische Geschichtshelden in Stein verewigt worden, wie etwa der Stadtgründer *Tryggvason* als Erster von links in der ersten Reihe oder der *Heilige Olav* als Vierter von links in der zweiten Reihe.

Der Schrein des Missionarkönigs *Haraldsson*, später *Olav der Heilige*, blieb in Dänemark verschollen – heute können einzig die im 19. Jh. nachgemachten Kronjuwelen im Dom besichtigt werden. Allerdings kostet das wie auch die Besteigung des Turmes zusätzliches Eintrittsgeld.

- *Öffnungszeiten Dom* 15.6.–15.8. Mo–Fr 9–18.15, Sa 9–14, So 9–14 Uhr; 16.8.–14.9. Mo–Fr 9–15, Sa 9–14, So 13–16 Uhr; 15.9.–30.4. Mo–Fr 12–14.30, Sa 11.30–14, So 13–15 Uhr; 1.5.–14.6. Mo–Fr 9–15, Sa 9–14, So 13–16 Uhr. Im Monat vor den Olav-Tagen ändern sich die Öffnungszeiten kurzfristig. Eintritt 50 NOK, Kinder 20 NOK.
- *Führungen* 11, 14 und 16 Uhr. Der Domeintritt berechtigt auch zum Besuch des Bischofspalais und der Kronjuwelen.
- *Öffnungszeiten „Kronjuwelen"* 1.4.–31.5. Fr 12–14 Uhr; 1.6.–15.8. Mo–Sa 9–12.30, So 13–16 Uhr; 16.8.–31.10 Fr 12–14 Uhr; Oktober–März geschlossen.
- *Öffnungszeiten Turm* Der Turm ist nur von Mitte Juni bis Ende August zugänglich.

Nidaros: größte Kirche Skandinaviens

Erkebispegården (Sitz des Erzbischofs): Der älteste Profanbau des Nordens aus dem 12. Jh. war bis zur Reformation die Residenz des Trondheimer Erzbischofs, danach Sitz des dänischen Lehnsherrn, später Militärschule. Das wirkt nach – ein Flügel des Palais' ist als Rüstkammer mit Waffen und Uniformen aus der Zeit seit 1628 zu besichtigen. Sehenswert jedoch die Ausstellung zur Widerstandsbewegung – in einer Gedächtnishalle sind neben anderen die Namen aller Kriegstoten aufgeführt.

- *Öffnungszeiten Bischofspalais* Mitte Juni bis Mitte August Mo–Fr 9–17 Uhr, Sa bis 15 Uhr, So 12–17 Uhr, Mitte August bis Mitte bis Mitte Juni werktags 11–15 Uhr, So 12–16 Uhr, Eintritt 50 NOK, Kinder 20 NOK (entfällt bei gleichzeitigem Besuch des Domes).
- *Öffnungszeiten Rüstkammer* Juli–August Mo–Fr 9–15, Sa/So 11–16 Uhr; Februar–Mai und September–November nur Sa/So 11–16 Uhr; sonst geschlossen.

Kunstverein Trondhjems Kunstforening: Die Gemäldesammlung in der Bispegate 9, gleich neben dem Dom, wartet mit nicht allzu tollen Kunstschätzen auf: ein Werk von Munch, einige Werke von Dahl, ansonsten moderne norwegische Maler, die einen Ruf erst erwerben wollen. Es finden aber gelegentlich interessante Ausstellungen hier statt.

Öffnungszeiten Di–Fr 10–16, Sa/So 12–16 Uhr. Eintritt frei.

Nordenfjeldske Kunstindustrimuseet: Ein Besuch im Kunstgewerbemuseum in der Munkegate (Möbel, Kleidung, Porzellan von der Renaissance bis zur Gegenwart) lohnt vor allem *Hannah Ryggens* wegen. Die schwedische Textilkünstlerin lebte seit 1924 auf einem kleinen Hof am Trondheimsfjord und entwickelte die politische Bildweberei. Ihre Wandteppiche zeigen Motive des Widerstandes während der deutschen Besatzung, aber auch Szenen aus dem Vietnamkrieg und vom alltäglichen Kampf der Frauen um Gleichberechtigung. H. Ryggen starb 1970 in Trondheim.

Öffnungszeiten Anfang Juni bis Ende August Mo–Sa 10–17, So 12–17 Uhr; sonst Di, Mi, Fr, Sa 10–15 (Do bis 17 Uhr), So 12–16 Uhr. Eintritt 30 NOK, Kinder 15 NOK.

Stiftsgården: 100 Räume auf 3.000 qm können im größten Holzhaus Norwegens bewundert werden. Das 1787 erbaute Palais der Geheimrätin *Elsbeth Schöller* dient heutzutage dem norwegischen König als Residenz in Trondheim. Die recht schlichte Fassade steht ein wenig im Gegensatz zum edlen, kostbaren Interieur: Sie finden herrliche Teppiche, Wandteppiche und wunderschöne alte Möbel in den stuckverzierten Räumen.

Öffnungszeiten Anfang Juni bis Ende August, Mo–Sa 10–17 Uhr, So 12–17 Uhr, Führungen zu jeder vollen Stunde; Eintritt 50 NOK, Kinder 25 NOK (ist die Königsfamilie anwesend, bleibt das Palais für das Publikum geschlossen).

Trondhjems Sjøfartsmuseet: Das Schifffahrtsmuseum in der Fjordgate 6 a zeigt Segelschiffsmodelle und -instrumente, Galionsfiguren und Gemälde sowie Funde vom Schiffbruch der Fregatte *Perlen* im Jahre 1781. Interessant ist auch das Gebäude selbst: Die **Slaveriet** wurde 1725 als Zuchthaus gebaut, später als Rekrutierungsbüro und danach als Fundbüro genutzt. Sogar als Entlausungsstelle der Stadt musste sie herhalten. Heute steht der Bau unter Denkmalschutz.

Öffnungszeiten Juni–Aug. Mo–So 10–16 Uhr, Eintritt 25 NOK, Kinder und Rentner 15 NOK.

Midtnordisk Vitensenter: In diesem Erlebnismuseum wird spielend Technologie vermittelt – Spaß und Erlebnis keineswegs nur für Kinder: Besucher können selbst Experimente durchführen, können alles anfassen und ausprobieren. Das an sich schon sehenswerte Gebäude der alten „Norges Bank“ in der Kongens gate 1 enthält zudem ein kleines Bankmuseum.

Öffnungszeiten Juni–August Di–Fr 10–18, Sa/So 11–15 Uhr; sonst Di–Sa 10–17, So 11–17 Uhr. Eintritt frei.

Vitenskapsmuseet, NTNU: Das kultur- und naturhistorische Museum in der Erling Shakkes Gate 47 zeigt archäologische Funde aus Trøndelag, darunter interessante Felszeichnungen, sowie Tiere und Pflanzen der Provinz in ihrer natürlichen Umgebung. Auch eine sehr interessante Ausstellung zum Themenbereich Wikinger ist zu sehen.

Öffnungszeiten 2.5.–14.9. Mo–Fr 9–16, Sa/So 11–16 Uhr; 15.9.–1.5. Di–Fr 9–14, Sa/So 12–16 Uhr. Eintritt 25 NOK, Kinder 10 NOK.

Bevor Sie die Sehenswürdigkeiten außerhalb des Zentrums unter die Lupe nehmen, sollten Sie sich einen Bummel durch die Speicherstadt gönnen. Auch da gibt es Interessantes zu entdecken:

Zum Beispiel **Bybrua**, die Stadtbrücke aus dem Jahr 1861 mit leicht kitschiger Holzornamentik, den ersten Fahrradlift der Welt gleich neben der alten Stadtbrücke (erst 1998 eröffnet und in Trondheim entwickelt) oder die Holzhäuser auf dem östlichen Kanalufer, die einstige Arbeitersiedlung **Bakklandet**.

Zudem können Sie das **Straßenbahnmuseum** an der Haltestelle Munckvoll oder das **Telefonmuseum** in der Westermannsveita besuchen.

Öffnungszeiten **Straßenbahnmuseum**, Do/Fr/Sa/So 11.30–14.30. Eintritt 15 NOK, Kinder 10 NOK. **Telefonmuseum**, 1.6.-31.8. täglich 12–18 Uhr. Eintritt frei.

Festung Kristiansten: Der kleine Burghügel mit wenigen 1994 renovierten Gebäuden, die zum Teil noch vom norwegischen Heer genutzt werden, bietet eine beeindruckende Übersicht über die Stadt und den Fluss. Die 1676–82 vom Stadtplaner Cicignon entworfene Anlage östlich der Nidelva ist leicht bei einem Spaziergang zu erreichen; eine Gedenktafel erinnert an die von deutschen Truppen in der Festung hingerichteten norwegischen Widerstandskämpfer.

Öffnungszeiten Juni–August, Mo–Fr 10–15, Sa/So 11–16 Uhr. Eintritt 10 NOK, Kinder die Hälfte.

Tyholttarnet: Bloß wenige Schritte weiter, Sie können aber auch die Buslinien 20 oder 60 nehmen, steht der Fernsehturm Tyholt. Auf 74 m Höhe befindet sich das Drehturm-Restaurant *Galaksen*, von dem man eine noch bessere Aussicht über Trondheim hat als vom Festungshügel. Nur sind die Panoramascheiben häufig so verschmutzt, dass ein Schnappschuss kaum lohnt. Zudem sind drei Euro viel Geld nur für eine Liftfahrt.

Öffnungszeiten Mo–Do 11–23 Uhr, Fr, Sa bis 23.30 Uhr, sonn- und feiertags 12–22 Uhr. Eintritt 25 NOK, Kinder 15 NOK (Eintrittspreise werden beim Verzehr angerechnet).

Sehenswertes außerhalb des Zentrums

Munkholmen: Die zwei Kilometer vor dem Kai gelegene Mönchsinsel (gleichsam die Verlängerung der Munkegata) war vormals Richtstätte, später Kloster, dann Gefängnis und zuletzt Zollstation. Heute nutzen die Trondheimer sie als Badeinsel. Im alten Hausmeisterhaus wird Kunsthandwerk ausgestellt, und ein Lokal wartet auf Gäste.

Fähre Mai–September stündliche Fähre ab Ravnkloa zwischen 10 und 17 Uhr, Überfahrt 50 NOK, Kinder 30 NOK.

Ringve Museum: Eine Kostbarkeit ist dieses Spezialmuseum für Musikinstrumente im Stadtteil Lade. Schon im Hof des Gutshofes aus dem 18. Jh. empfängt den Besucher gedämpfte Kammermusik.

Drinnen finden Sie über 1.000 Exponate zum Thema Musik, darunter eine Amatigeige, einen Flügel Chopins und eine Locke Richard Wagners. Daneben gibt es aber auch verschiedene Konzertsäle und, wenn man Glück hat, Sonderausstellungen in vornehm möblierten Räumen und vielleicht gar ein Konzert des ausgezeichneten Ringve-Kammerorchesters.

Ringve-Museum: Kleinod für Musikfreunde

Die Gründung des Museums geht zurück auf die Privatsammlung von *Viktoria Bachke*. Sie machte ihre Sammlung Anfang der 1950er Jahre hier der Öffentlichkeit zugänglich.

Besichtigungen sind nur im Rahmen von Führungen (Dauer: 1,5 Stunden) möglich. Die informierenden Musikstudenten entschädigen den Besucher dafür mit musikalischen Kostproben auf historischen Instrumenten. Außerdem lädt im Hof die Cafeteria „Tordenskiold Kro" mit hervorragenden Waffeln zur Rast ein.

Zu dem hübschen Ensemble verschiedener Herrenhäuser gehört auch das Freigelände des **Botanischen Gartens Ringve**. Es ist die nördlichste botanische Anlage der Welt (täglich geöffnet, Eintritt frei).

• *Öffnungszeiten Museum* Mai–Juni und Sept.–Mai 11–16 Uhr, Juni–Aug. täglich 11–17 Uhr. Im ersten Quartal nur So 11–16 Uhr Führungen in deutscher Sprache Mai/Juni und September 12 Uhr; Juli/August jeweils 13 und 15 Uhr. Eintritt 75 NOK, Kinder 25 NOK, Studenten und Rentner 50 NOK.

• *Anfahrt* Buslinie 3 und 4 von der Munkegate Richtung Fagerheim; per Auto: E 6 nach Norden, vor der Ladekirche links abbiegen und der Ausschilderung folgen.

Sverreborgs Trøndelag Folkemuseum: Das Freilichtmuseum mit gut 60 historischen Gebäuden der Provinz wurde naturgetreu wieder aufgebaut. Wer bis nach Trondheim gekommen ist, hat solche Anlagen schon dutzendfach passiert. Dennoch gibt es drei Gründe, zur Visite gerade dieser Ausstellung zu raten: Gleich am Eingang finden Sie die nördlichste **Stabkirche** des Landes. Sie ist zwar klein, hat aber einen eigenen Charakter. Aus dem Jahr 1182 stammen die **Burgruinen Sion** von *König Sverre*. Sie sind schon überwuchert, wirken aber sehr eindrucksvoll. Und als letzter guter Grund bleibt noch der Gasthof *Tavern* aus dem Jahr 1739, der noch traditionelle Gerichte serviert – gediegen und originell.

• Öffnungszeiten 1.6..–31.8. Mo–So 11–18 Uhr; September–Dezember Mo-Fr 11–15 Uhr, Sa, So 12–16 Uhr; Führungen 11.15, 13, 15 und 16.30 Uhr. Eintritt 80 NOK, Kinder bis 8 J. gratis, ansonsten 30 NOK, Rentner und Studenten 55 NOK. Tiefere Preise im Winterhalbjahr.

• Anfahrt mit den Buslinien 8 oder 9 bis Haltestelle Wullumsgården. Per Auto: Das Freilichtmuseum liegt im westlichen Stadtteil Sverresborg. Sie verlassen das Zentrum über die Straße Arildslokka (Verlängerung der Kongsgate) und biegen am Postamt links in den Bvåsvegen ein, der Weg ist ausgeschildert.

Tierpark: Der private, erst kürzlich eröffnete *Kläbu Dyrepark* liegt 15 km südöstlich von Trondheim (an der E 6 bei Sandmoen ausgeschildert). Neben allen einheimischen Tieren kann man Lamas, Jaks und Zebras, vor allem aber ein Troparium mit Affen, Schlangen und Krokodilen bewundern. Der Familienspaß wird abgerundet mit einem Besuch in der Cafeteria oder auf dem Kinderspielplatz.

Öffnungszeiten Mai–Oktober Mo–Fr 10–18, Sa/So 11–19 Uhr. Eintritt 75 NOK, Kinder unter 1 m (!) gratis.

Ausflüge in die Umgebung

Eine Spazierfahrt, die auch bestens als Radtour geeignet ist, und eine Dampferfahrt bieten sich in nächster Umgebung der Stadt an

Bymarka: Das Naherholungsgebiet der Trondheimer liegt 15 Autominuten westlich der City und ist ein Eldorado für Schwimmer, Spaziergänger, Skifahrer, Jogger und sogar Kaffeetrinker. Alles das lässt sich in dem 20 qkm großen Waldgelände unternehmen.

Mit Auto oder Fahrrad (oder Buslinie 10) fahren Sie am besten über das Folkemuseum hinaus – entlang des Fahrweges finden sich etliche Parkplätze – bis zur *Skistua*, einer Cafeteria am Fuß des Hügels **Gråkallen**. Der kurze Aufstieg über den im Winter als Skipiste genutzten Hang beschert übrigens einen grandiosen Blick über die Stadt und das Meer.

Sie können aber den Imbiss noch warten lassen und in knapp zwei Stunden auf gut markierten Wegen zum Ausflugslokal „Lian“ spazieren. Das hübsche Café bietet neben einer tollen Aussicht einen Badesee mit einem Inselchen. Die ausgeschilderte Straße führt Auto- und Radfahrer über den Stadtteil Byåsen zurück in die Stadt. Wer mit dem Bus unterwegs ist, nimmt die Linie 1, die mehrmals stündlich zum Zentrum fährt.

Fosen und Burg Austrått: Der burgartige Herrensitz auf der Halbinsel Fosen, 1656 für Reichskanzler *Ove Bjelke* erbaut, ist am ehesten per Schnellboot zu erreichen. So kommt man zudem zu einer Fjordfahrt: Sie können sich einem organisierten Halbtagesausflug anschließen (Mai–August, Mo–Sa, 420 NOK inkl. Schnellboot- und Busfahrt, Kaffee und Waffeln; Karten im Turistkontor, Abfahrt Pirterminalen) oder auf eigene Faust nach Brekstad übersetzen und dort den Bus nach Austråttborgen nehmen. Im Schloss mit Parkanlage und hübschem Café werden während der Führung der Rittersaal mit schönen Deckenmalereien und Türschnitzereien sowie die Grabkapelle mit mittelalterlichen Holzskulpturen gezeigt.

Und überall eine Hütte: Urlauberland Telemark

Südnorwegen –

Das Landesinnere

Telemark

Wer Telemark sagt, denkt an Skilauf, denkt an den berühmten „Schwung". Tatsächlich ist die Provinz auch Wiege des Wintersports, aber sie ist viel mehr: eine liebliche Landschaft, die an den Hochschwarzwald denken lässt, mit dem längsten Kanal des Landes und mit der Hardangervidda, Norwegens bekanntestem Nationalpark.

Durch dieses Land führt die berühmteste Eisenbahnlinie Skandinaviens: Die *Bergensban* verbindet Oslo mit Bergen, die beiden größten Städte Norwegens, über 470 km in sieben Stunden. Und sie bietet als „Schmankerl" einen Abstecher mit *Flåmsbanen,* für viele die schönste Bahnstrecke Europas. Die meisten Reisenden aber durchqueren Telemark im Auto und über die Europastraße 134. Zwei Reisetage und 642 km braucht man dazu und bekommt dann auch nur die Sehenswürdigkeiten längs der Wegstrecke mit. Für all die lohnenden Abstecher, die in der folgenden Landschaftsbeschreibung erwähnt werden, sollte man sich zusätzlich Zeit nehmen.

Die Grenze zur *fylke* Telemark, der eigentlichen Provinz, wird erst zwischen Kongsberg und Notodden überschritten. Andere Landschaften, wie das als Abstecher beschriebene Numedal, zählen verwaltungstechnisch zur Provinz Buskerud, wieder andere Orte, wie Kragerø, gehören zwar zur Provinz Telemark, liegen aber an der Südküste. Was nur belegt: Norweger nennen Namen für Landschaften, nicht für Verwaltungseinheiten. Und so bezeichnet „Telemark" das Land zwischen Südküste und Jotunheimen im Norden, zwischen Oslo im Osten sowie Sørfjord und Bergen im Westen. Mit 430 km ist es Norwegens breiteste Stelle in der Ost-West-Ausdehnung.

Gäbe es auch noch Fjorde in diesem Landstrich – Telemark wäre Norwegen im Kleinformat. So aber bleibt die liebliche, gleichwohl kontrastreiche Landschaft mit Seen und Wäldern, mit Hügeln und Fjells, mit Wintersport und Volkskunst das Kernland Norwegens.

Kongsberg

Alte Silberstadt, modernes Skizentrum und Norwegens Waffenschmiede ist der Ort, der trotz seiner 21.500 Einwohner beschaulich, fast langweilig blieb.

Das gilt zumindest für die Architektur: Außer wenigen Holzhäusern an der Hauptstraße, der Storgata, die von der Lågen-Brücke (über einem künstlichen Wasserfall) bis zum Bahnhof verläuft, hat das geschäftige Städtchen am Eingang zum Numedal keine städtebaulichen Höhepunkte zu bieten. Nichts verrät, dass Kongsberg während des Silberbooms im 19. Jh. mit 10.000 Einwohnern hinter Bergen zweitgrößte Stadt des Landes war (das letzte Bergwerk wurde 1957 geschlossen); nur ein Museum, die Kongensgrube vor der Stadt und verlassene Bergwerkssiedlungen in den Bergen (s. Wanderung) sind letzte Zeugen der reichen Geschichte.

Geblieben ist die staatliche Waffenfabrik Kongsberg, mit 1.800 Beschäftigten seit Jahrhunderten größter Arbeitgeber am Ort und wichtigster Rüstungsbetrieb des Landes; und auch die „Königliche Münze" hat, mit der traditionellen Nähe zu den Silbervorkommen, in Kongsberg ihren Sitz. Geblieben ist gleichfalls der Ruf Kongsbergs als Zentrum des Skisprungs, wenn auch die Pisten (1,5 km vom Zentrum, fünf Abfahrten, vier Lifte, Skiverleih an der Talstation) attraktiver sind. Neu hinzugekommen aber ist seit 30 Jahren Kongsbergs Ruf als Ort des anspruchsvollsten Jazz-Festivals Skandinaviens; wenn Sie Anfang Juli in die Stadt kommen, sollten Sie sich die bunten Sessions und hochkarätigen Meetings nicht entgehen lassen.

Information/Verbindungen/Adressen

- *Information* **Kongsberg Turistservice**, Storgata 35, ✆ 32299050, www.visitkongsberg.no, Mo–Fr 9–16 Uhr, Juli/August auch bis 19 Uhr sowie Sa/So von 10–14 Uhr.
- *Zugverbindungen* 12 x täglich passiert der Hauptverkehrszug Oslo–Kristiansand–Stavanger den Bahnhof am Ende der Storgata (1 Std. bis Oslo, 2,5 Std. bis Kristiansand, 7 Std. bis Stavanger).
- *Busverbindungen* Sehr gute Busanbindung über drei großen Linien: Oslo–Rjukan und damit quer durch Telemark 8 x pro Tag, Oslo–Bergen über die Hardangervidda 4 x pro Tag sowie die Schnellroute Oslo–Notodden 8 x pro Tag.
- *Adressen* **Post** (Numedalsveien 1), **Telefon** (Skolegt.), **Bank**, **Apotheke** und **Supermärkte** in der Storgata.

Übernachten/Camping/Essen & Trinken

- *Übernachten* **Kongsberg Vandrerhjem**, Vinjegate 1, ✆ 32732024, www.vandrerhjem.no. Die neue Jugendherberge, ein geschmackvolles Haus mit roten Schindeln direkt am Lågen (an der E 134 nach Notodden und 1 km vom Bahnhof entfernt), vermietet 24 schmucke Zimmer (Du/WC) für überdurchschnittliche Preise (im Ortsvergleich aber dennoch preiswert). Bett 220 NOK, EZ 485 NOK, DZ 600 NOK.

Lampeland Hotell, ✆ 32762046, www.lampeland.no. Das moderne Tagungshotel in Lampeland (15 km nördlich von Kongsberg im Numedal) bietet 15 schmucke Zimmer (Du/WC, TV/Radio) zu Preisen, die die weitere Anfahrt mehr als wettmachen. DZ 1.150 NOK, EZ 850 NOK (Sonderangebote im Sommer).

Best Western Gyldenløve Hotell, Hermann Fossgate 1, ✆ 32865800, www.bestwestern.com. Ein vom neuen Besitzer aufgebessertes Mittelklassehotel am Bahnhof mit 40 Zimmern (Du/WC, TV/Tel.). DZ 945–1.270 NOK, EZ 795–1.120 NOK.

Quality Hotel Grand, Christian Augustgate 2, ✆ 32772800, www.choicehotels.no. Das Zentrum-Hotel bietet gute Zimmer, guten Service (gerade auch im guten Restaurant), Schwimmbad und Sauna sowie erstklassige Preise. DZ 1.450 NOK, EZ 1.250 NOK (aber erstaunliche Sommerpreise: 800 bzw. 625 NOK).

• *Camping* **Hokksund Camping**, ✆ 32754242,www.hokksundcamping.no. 24 km nördlich von Kongsberg (E 134) ein gut ausgestatteter Vier-Sterne-Platz für 250 Wohnwagen und 23 winterfeste Hütten, zumeist mit WC und TV (ab 450 NOK).

• *Essen* **Christian IV**, das „Vertshus" neben dem Bergwerkmuseum lohnt vor allem im Sommer, wenn die große Terrasse genutzt werden kann. Sonst etwas plüschig mit allerdings preiswerten Tagesgerichten ab 115 NOK.

Charley's Grillen, an der Lågen-Brücke mit großer Terrasse und famoser Aussicht, nur kleine Gerichte, aber ein hervorragender Kaffee.

Den Gamle Kongsberg Kro, in dem stilvollen Landhaus versteckt sich eine nicht ganz stilvolle Pizzeria. Im Sommer gibt's aber bisweilen Fischgerichte; vor allem die Forelle für weniger als 100 NOK ist köstlich.

Wintersport

Skisprung und Slalom, Telemark-Schwung und Monoski, Snowboard und Buckelpiste und schließlich noch eine Rodelbahn für die Kleinsten – das Wintersportangebot Kongsbergs lässt kaum Wünsche offen. Eine Seilbahn und vier Lifte (knapp 2 km vom Ortsrand entfernt) bringen Skifahrer ins Alpingebiet auf 1.600 m, wo vier Abfahrten (total 12 km) und Loipen von insgesamt 80 km Länge (teils unter Flutlicht) warten. Und es wartet oben **Skikroa**, ein großes Ausflugslokal zum Mittagessen oder Après-Ski. Tageskarte ca. 300 NOK, Leihgebühr für Skiausrüstung ab 700 NOK/Tag, Skischule ab 2.100 NOK für einen Drei-Tages-Kurs. Achten Sie bei den Preisen auf die aktuellen Rabatte für Familien.

Sehenswertes

Stadtkirche: Die Kirche ist aus drei Gründen sehenswert: Sie gilt als schönste Barockkirche Norwegens, zählt mit 3.000 Plätzen zu den größten Kirchen des Landes und wurde 1761 von dem deutschen Ingenieur *Franz Stuckenbrock* erbaut, der wie viele seiner Landleute aus dem Harz abgeworben worden war, um die Silberminen auszubeuten (einige Deutsche waren im 18. Jh. sogar Bürgermeister von Kongsberg).

Öffnungszeiten täglich 10–16 Uhr (zweite Hälfte August nur bis 12 Uhr), Sa 10–13, So 14–16 Uhr. Eintritt 30 NOK, Kinder 10 NOK.

Norsk Bergverksmuseum: In der Hyttegata nahe der Stadtbrücke und dem Nybrufoss-Wasserfall warten drei Museen unter einem Namen auf interessierte Besucher. Das **Nationale Bergwerkmuseum** zeigt Bergbautechniken, vornehmlich der nahen Silbergrube, und stellt Fundmaterial (Mineralien, Gold und Silber) aus. Das **Museum der Königlichen Münze** zeigt Münzen und Medaillen von 1628 bis heute. Die Münzenproduktion wird in allen Einzelheiten – vom Schmelzen über das Legieren bis zum Prägen – dokumentiert. Das **Skimuseum** passt auf den ersten Blick nicht so recht in dieses Museums-En-

Telemark: Land der Loipen und Legenden

semble: Aber Skispringen ist neben Silbergewinnung der zweite Stolz der Stadt – also erklären die norwegischen Olympiasieger *Birger Ruud,* ein gebürtiger Kongsberger, und *Petter Hugsted* die Entwicklung des Skispringens anhand unzähliger, auch skurriler Exponate.

Öffnungszeiten 15.5.–31.8. täglich 10–17 Uhr; in der übrigen Jahreszeit. täglich 12–16 Uhr; Eintritt 60 NOK, Kinder 10 NOK.

Lågdalmuseum: Das Provinzmuseum gehört mit 32 restaurierten Bauernhäusern (vor allem aus **Flesberg** im nahen Numedal, s. S. 348) zu den größeren Freilichtmuseen Norwegens. Herausragend ist sicher das einzige Optikmuseum Skandinaviens auf dem Gelände, besonders beeindruckend scheint mir aber die stimmungsvoll nachgebaute Kongsberg-Stadtstraße aus dem 18. Jh. Und lohnend sicher auch ein Besuch im charmanten Glitre Kafé.

Öffnungszeiten Das Museum im Tillischbakken 8 liegt wenige Schritte (zu Fuß 10 Min.) vom Zentrum entfernt (Ausschilderung Lågdalmuseum folgen). 15.5.–31.8. täglich 11–17 Uhr; , sonst 11–15 Uhr. Eintritt 50 NOK, Kinder 10 NOK.

Sølvgruvene i Saggrenda: Die letzte von einstmals 60 Gruben wird in Saggrenda (7 km außerhalb von Kongsberg an der Europastraße nach Notodden) als museales Bergwerk fortgeführt. 2.300 m weit und 342 m tief rattert die Bergbahn unter Tage (laut und kalt: Pulli mitnehmen). Zu sehen gibt es auf der 75minütigen Führung den ältesten Aufzug der Welt – immerhin wurde von 1623 bis 1957 in der Kongensgrube geschürft – und großväterliche Abbaumethoden (erst in den letzten 100 Jahren der 300-jährigen Geschichte des Silberbergbaus half Dynamit bei den Sprengungen).

Führungen 15.5.–20.6. täglich 11, 12.30 und 14 Uhr ; 21.6. –5.7. 10.30, 12, 14, 15.30 Uhr; 6.7. – 15.8. 10–16 Uhr stündlich; 16.8. –31.8. 11, 13, 15 Uhr, 1.9. –30.9. nur sonntags 12.30 und 14 Uhr. Eintritt 130 NOK, Kinder 50 NOK.

Wanderung zur verlassenen Silberstadt

Die Vier-Stunden-Wanderung ist kaum anstrengend und führt nicht nur an stillgelegten Minen vorbei, sondern eröffnet immerfort grandiose Ausblicke über Telemarks Wälder und Seen. Ein Muss für Liebhaber wahrer norwegischer Natur.

Ausgangspunkt ist das Kongsberg Skisenter (an der Kirche ausgeschildert), wo man das Auto parken kann. Wir nehmen den steilen Weg nach Norden (markiert mit einem blauen „T") und lassen die Fahrstraße rechts liegen. Nach nur 75 Minuten und 350 Höhenmetern ist „Haus Sachsen" erreicht, die verlassene Silberstadt, die im Sommer jedoch bewirtschaftet ist. Aber auch, wenn alle Gebäude verschlossen sind, lohnt das Picknick am baumlosen Hang oder ein Streifzug durch die verlassene Siedlung – der Mineneingang allerdings ist gesichert und nicht begehbar.

Weiter geht es zur „Knutehytta" (Achtung: Zwei Wege sind hinter den „Sachsen"-Häusern ausgeschildert – wir nehmen den kürzeren über „Gyldenløve"). Nach gut einer Stunde ohne wesentliche Steigungen ist das Bergrestaurant erreicht. Der Rückweg von dort aus verläuft entweder über die Fahrstraße (des häufig regen Verkehrs wegen nicht empfehlenswert) oder über eine andere Route (Ausschilderung „Haus Sachsen") als auf dem Hinweg zurück zur Silberstadt. Von dort aus gibt es keine Alternative zum schon bekannten Aufstieg – jetzt hinunter zum Skisenter.

Numedal

Hinter Kongsberg lohnt ein Abzweig in das schöne Numedal, ein schon der schlechten Verkehrsanbindung wegen nur dünn besiedeltes Tal, das mit satten Almen und stattlichen Höfen überrascht.

Enge Schluchten und tosende Fluten wechseln mit ruhigen Nebentälern und stillen Seen, auf denen sich herrlich baden und paddeln lässt – das 162 km lange Tal des **Lågen** ist landschaftlich reizvoller als das benachbarte Hallingdal. Aber auch Kunstkundige kommen auf ihre Kosten: Von einst zwölf **Stabkirchen** sind immerhin noch drei an ihrem Standort geblieben und nicht in irgendein Freilichtmuseum abtransportiert worden.

Die durchgehend sechs Meter breite Reichsstraße 40 am Ostufer des Lågen ist mit Ausnahme eines kleinen Privatflughafens am Nordausgang des Tales die einzige Verkehrsanbindung – Sie sind also für diesen 150-km-Ausflug auf einen fahrbaren Untersatz angewiesen.

Das westliche Flussufer steigt bis auf 1.000 m an, während sich am Ostufer weite Waldgebiete mit nur wenigen Nebentälern erstrecken. Vor allem im noch breiten Südteil des Tales finden sich gut erhaltene, dunkelrot gestrichene Gutshöfe, die von einigem Reichtum zeugen: Schon vor 200 Jahren versorgten ihre Besitzer die Gruben und Hüttenwerke im nahen Kongsberg mit Holz und Holzkohle aus den hiesigen Wäldern.

Flesberg: 31 km hinter Kongsberg findet sich die erste Stabkirche, die zwar 1735 zur Kreuzkirche umgebaut wurde, aber noch typische Züge (Einmaststil) trägt. Dennoch gilt sie Kennern als die unbedeutendste der Numedal-Kirchen; tatsächlich wirkt sie wie vier ineinander verschachtelte Holzhäuser und ist für Laien schwerlich als Kirche identifizierbar.

Der 5 km nördlich von Flesberg gelegene **Dåsethof** ist Heimat der Bauernhäuser des Kongsberger Lågdalmuseums (s. S. 347) – gerade noch elf der ehemals 23 Bauten blieben hier erhalten. Das kostenlose Anschauen lohnt dennoch.

• *Camping* **Neset Skystasjon**, kurz vor Flesberg. Gut aufgerüsteter Campingplatz mit acht schlichten, für eine Übernachtung aber ausreichenden Hütten (ab 400 NOK).

Holman Camping, zwischen Rolllag und Veggli, ✆ 32746902. Einfacher Platz mit wenigen Hütten (350 NOK) in reizvoller Landschaft. Gutes Angelrevier.

Stearnes/Rollag: Wer in Stearnes auf die östliche Landstraße rechts abbiegt, trifft auf zahlreiche Gehöfte aus dem 17. Jh. mit sonnengebleichten Fensterläden und grasbewachsenen Dächern. Und er findet die **Stabkirche von Rollag**, in der während einer Restaurierung in den 1930er Jahren die Ornamente besonders gut herausgearbeitet wurden. Der arg verwitterte Bau mit unüblich großen Fenstern sieht fast wie ein großes Wohnhaus aus, drinnen aber weisen Kanzel und Wanddekor aus dem 17. Jh. den Bau als Gotteshaus aus. Die Kirche, die erstmals 1425 erwähnt wurde, stammt wohl aus den frühen Mittelalter.

Veggli: Auffallend das Sägewerk und auf der Ostseite das Kraftwerk Mystufoss (auf den dazu gehörenden **Kjerredamm** trifft man 4 km später). Vergessene Bedeutung erlangte Veggli als Endpunkt des *talgvegen*, über den Hardanger-Bauern einst den zur Beleuchtung in Kongsberger Bergwerken nötigen Talg heranschafften; heute ein markierter Fünf-Tage-Wanderweg zur Hardangervidda.

Camping **Mogen Camping**, ✆ 32746255. Zwei-Sterne-Waldplatz ohne Hütten, mit Telefon und Cafeteria. Die Sanitäranlagen sollen laut Leserbriefen mittlerweile renoviert sein.

Nore: Vorbei an Norwegens womöglich ältesten bewohnten Häusern bei Kravik gelangt man zur **Stabkirche von Nore** (über die Brücke zum Westufer). Besonders hübsch das Portal und die Rosenmalerei an Decke und Wänden. Das hoch aufgeschossene Kirchlein lässt gut die für das Numedal charakteristische Einmastbauweise erkennen. Es wurde im späten 12. Jh. als Kreuzkirche erbaut, im 17. und 18. Jh. jedoch umgebaut und teilweise erweitert.

Öffnungszeiten 15.6–31.8. täglich von 9–20 Uhr. Eintritt 30 NOK.

Rødberg/Uvdal: Noch eindrucksvoller – kurz hinter Rødberg, dem mit 600 Einwohnern größten Ort im Tal – die **Stabkirche Uvdal** inmitten eines Museumsdorfes (3 km vor dem gleichnamigen Ort). Hoch am Hang das Kirchlein aus dem 12. Jh. mit einem klobigen Natursteinfundament, nicht nur wegen der Lage die wohl schönste Stabkirche des Tales. Der Umbau zur Kreuzkirche, 1720 begonnen und nie richtig abgeschlossen, hat ein zumindest geschmacklich abgestimmtes Stildurcheinander geschaffen: Die Portale, die Halbmasken über dem Chorbogen und die Schnitzereien der Westgalerie stammen aus dem Mittelalter, die Renaissance-Dekorationen wurden im 17. und die Rokkoko-Ornamente im 18. Jh. angefügt.

• *Öffnungszeiten Kirche* Juni–September täglich 10–19 Uhr. Eintritt 30 NOK, Kinder 15 NOK.

• *Information* Die Touristen-Information für das gesamte Tal, **Numedal Turistservice**, ✆ 34741390, www.visitnumedal.com, finden Sie direkt an der Durchgangsstraße in Uvdal. Geöffnet Mo–Fr 8.30–15 Uhr,

• *Übernachten* **Uvdal Vandrerhjem**, ✆/℻ 32743020, www.vandrerhjem.no. Die kleine, heimelige Jugendherberge ist das einzige Vandrerhjem im Tal. Und auch nur von 1.6.–1.9. geöffnet. Aber sie ist immer noch die preiswerteste JuHe im ganzen Land. Bett 115 NOK, EZ 190 NOK, DZ 250 NOK.

• *Camping* **Camping Uvdal**, ✆/℻ 32743108. Der nur von Ende Juni bis Ende Aug. geöffnete Platz vermietet auch 15 winterfeste Hütten von 350–550 NOK.

Rølsland Hyttutleie og Camping, ✆ 32743057. Zwei-Sterne-Platz an der Straße mit sechs etwas besseren Hütten (ab 450 NOK).

Dagali: Über die mit 1.100 m ü. d. M. höchste Stelle der Strecke bei **Vasstullan** geht es nach Dagali mit einem putzig-kleinen Flughafen (privater Airport, der nicht von Linienflügen bedient wird), vor allem aber mit guten Angel- und Kanurevieren am und im Lågen sowie im **Pålsbufjord** im Osten und im **Osensjøen** im Westen (Angelkarten im Dagali Hotel). Dagali versucht zudem, mit einem neuen Skisenter und zwei Liften ausgabefreudige Wintersportler zu ködern; bislang mit wenig Erfolg, denn Skifahrer fahren 25 km weiter nach **Geilo** am Ausgang des Numedals.

• *Übernachten* **Dagali Hotel**, ✆ 32093700, www.dagali.no. 40 Zimmer (Du/WC, TV/Telefon) in einem Anwesen mit mehreren Häusern. Hübsch, sauber, nicht zu teuer: DZ 1.280 NOK, EZ 840 NOK (im Mai und im 4. Quartal des Jahres geschlossen).

• *Camping* **Hallandtunet Caravan og Camping**, ✆ 32093700, www.dagali.no. 150 m vom Dagali Hotel entfernt (Camper können den Hotelservice nutzen) bietet der schöne Drei-Sterne-Platz alles – nur keine Hütten.

▸ **Weiterfahrt**: Hinter Kongsberg und weiter auf der E 11, vorbei an der Silbermine und über die Provinzgrenze – erst jetzt ist man in der Provinz Telemark – erreicht die Straße auf dem **Meheira** (445 m ü. d. M.) ihren höchsten Punkt. Bei klarer Sicht erspäht man im Nordwesten den 1.883 m hohen **Gausta**, Telemarks höchsten Berg. Nur 32 km hinter Kongsberg erreicht man dann Notodden.

Notodden

Die gesichtslose Industriestadt mit 14.000 Einwohnern hält für Besucher kaum Schätze bereit: Fabriken, Sägemühlen, Geschäftshäuser. Doch findet man hier die größte Stabkirche des Landes unmittelbar vor den Stadttoren.

Die Stadt ist die Keimzelle des heute noch zweitgrößten Konzerns Norwegens: *Norsk Hydro* baute 1907 hier die erste Salpeterfabrik, die mittlerweile zwar stillgelegt, aber als Museum im Süden der Stadt am **Heddalsvannet** noch zugänglich ist (15.6.–15.8. täglich 12–18 Uhr; Eintritt 20 NOK, Kinder 10 NOK).

Und: Notodden wollte der Nachbargemeinde nicht nachstehen – was Kongsberg sein Jazz-Meeting, ist Notodden sein **Blues-Festival**, das alljährlich am ersten August-Wochenende stattfindet. Die größte Attraktion der Stadt aber liegt 5 km westlich auf der E 134, noch über den kleinen Privatflugplatz bei **Strupa bro** hinaus: die **Heddal-Stabkirche**.

Information/Verbindungen/Adressen

• *Information* Das **Turistkontor** befindet sich im Rathaus, ✆ 35013520, www.notodden.no. Ganzjährig Mo–Fr 8.30–16 Uhr, Juni–August bis 18 Uhr sowie Sa 10–15 Uhr.

• *Zugverbindungen* Der Fernzug Oslo–Kristiansand–Stavanger ist in Nordagutu (5 km südlich) 12 x pro Tag zu erreichen (Zubringer ab Bahnhof).

Heddal-Stabkirche: die Kathedrale unter den Holzpagoden

• Busverbindungen Anders als der Zug halten die Überlandbusse im Zentrum am Marktplatz: 8 x passiert Rjukaneekspressen (Oslo–Rjukan) die Stadt, auch Haukelieskpressen (Oslo–Bergen, mit 38 Stopps in Telemark und an der Südküste) hält 4 x täglich. Der Schnellbus nach Oslo (3 Std.) schließlich fährt 8 x täglich.

• Adressen **Post**, **Banken**, **Apotheke**, **Restaurants** und **Supermärkte** im Einkaufszentrum in der Storgata. **Kino** am Marktplatz (neben der Taxi- und Bushaltestelle). Neue, riesige Supermärkte und Tankstellen am Ortsausgang längs der Europastraße.

Übernachten/Camping

• Übernachten **Norlandia Telemark Hotel**, Torget 2, ✆ 35012088, www.norlandia.no. Das etwas bessere Mittelklassehotel im Zentrum mit 75 feinen Zimmern befriedigt alle Ansprüche: Solarium, Sauna und gutes Restaurant nebst netter Bar. DZ 1.395 NOK, EZ 1.150 NOK.

Bolkesjø Hotel, Bolkesjø, ✆ 35018600, www.bolkesjo.no. Etwas sehr Luxuriöses hat sich da im Blefjell, dem Feriengebiet zwischen Numedal und Tindal (20 km nördlich von Notodden an der RV 37), etabliert: Es gibt alles, was der verwöhnte Gast begehrt, und das vom Feinsten. Das gilt auch für die Preise: DZ 1.850 NOK, EZ 1.390 NOK.

Grand Hotel Bolkesjø, ✆ 35018640, www.bolkesjo.com. Derselbe Ort, dieselbe Anfahrt, dasselbe Angebot, derselbe Service, nur alles noch exquisiter und noch ein wenig teurer. DZ ab 2.000 NOK, EZ ab 1.600 NOK.

• Camping **Notodden Camping**, Strupa bro, ✆ 35013310. Direkt am Flughafen und in jeder Hinsicht billig. Die Anfahrt erfolgt über die Landepiste, die sanitären Anlagen wurden schon vor längerem renoviert, und bislang nicht renovierte Hütten gibt's ab 400 NOK.

Hogstul Hytter, ✆ 35024092. Wer auf dem Weg nach Rjukan ist, findet auf der Hälfte der RV 37-Strecke einen Abzweig nach **Tuddal**und dort diesen charmanten Hüttenpark, entstanden aus einem ehemaligen Bauernhof: 12 urige Hütten zwischen 300 bis 600 NOK. Zahlreiche Leser empfehlen die Anlage von Kristin und Tom.

Sehenswertes

Heddal Stabkirche: Die größte, schönste, höchste und berühmteste Stabkirche Norwegens wirkt gegenüber anderen Stabkirchen wie eine Kathedrale – in fünf Absätzen schrauben sich die Schindeldächer 22 m hoch. Der dreischiffige Bau mit eher untypischer Apsis und Laubengang, zwischen 1147 und 1242 errichtet, wurde 1954 gänzlich restauriert, was den geschnitzten Portalen und den Rosenmalereien aus dem 17. Jh. nur gut getan hat. Und es sind genau diese Portale aus Ranken- und Tierornamentik sowie die Furcht einflößenden Menschenfratzen, die diese Stabkirche berühmt gemacht haben. Sehr kunstvoll auch das aus einer ehemaligen Kirchensäule geschnitzte Taufbecken und der Bischofsstuhl, in dessen Rückenlehne lustige Szenen der nordischen Mythologie verewigt sind. Nach einer neuerlichen, sechsjährigen Renovierung ist die Stabkirche seit 2005 wieder uneingeschränkt zu besichtigen.

Anfahrt/Öffnungszeiten 5 km westlich an der E 134. 15.5.–20.6. Mo–Sa 10–17 Uhr; 21.6.–20.8. 9–19 Uhr; 21.8.–15.9. Mo–Sa 10–17 Uhr. Eintritt 40 NOK, Kinder 20 NOK.

Heddal Bygdetun: Um den Ausflug richtig lohnend werden zu lassen, ist in den letzten Jahren gleich neben der Stabkirche ein Freilichtmuseum aufgebaut worden. Auf einem Hügel mit schöner Aussicht auf den kleinen Ort **Heddal** stehen ein Dutzend teils 300 Jahre alte Bauernhäuser, von denen vor allem der Hof *Rambergstugo* seiner farbenfrohen Rosenmalereien wegen sehenswert ist.

Öffnungszeiten 15.6.–15.8. täglich 11–17 Uhr. Eintritt 30 NOK, Kinder gratis.

Telemark fylkesgalleri: Sollte Sie tatsächlich in Notodden der Regen überraschen, wäre ein Besuch in der Galerie in der O. H. Holtas gate 27 zu empfehlen. Im Ausstellungszentrum der Provinz, fünf Minuten vom Zentrum entfernt, werden Konzerte und Werkschauen, Vorträge und Puppenspiele veranstaltet. Und ein hübsches „kaféen“ lädt zu einer Tasse Kaffee ein.

Öffnungszeiten 15.6.–15.8. Mi–Fr 12–18, Sa/So 12–16 Uhr.

Abstecher nach Rjukan

Im nördlichen Telemark, im Tal der Tinne, und gleichzeitig am Südrand der Hardangervidda liegt diese Stadt, die für Norwegens jüngste Geschichte von großer Bedeutung ist.

Nur 11 km hinter Heddal, im unscheinbaren Örvella, zweigt zunächst die Landstraße 361 nach Norden ab, um bei Gransherad auf die RV 37 zu stoßen, die im Bogen und als unvergesslicher Panoramaweg durch das Tinndal, vor allem aber nach Rjukan führt. Bei Åmot stößt sie dann wieder auf die E 134.

Die beiden Überlandbuslinien, die zwischen Kongsberg und Rjukan und zwischen Skien und Rjukan verkehren, benötigen zwei bzw. drei Stunden und fahren vier- bzw. einmal pro Tag (mit Ausnahme des Samstags).

Die ersten Kilometer am Tinnsee entlang sind vergleichsweise ereignislos, erst nach dem Straßenschwenk nach Südwesten zeigt Telemark sich von der schönsten Seite.

Rjukan

Das 3 km lange Straßendorf am tief eingeschnittenen Talgrund sieht die Sonne nur während der Sommermonate. Zum Frühlingsbeginn gibt es deshalb auch ein besonderes Sonnenbegrüßungsfest.

Viel mehr aber ist Rjukan durch Aufsehen erregende Sabotageakte während des Zweiten Weltkriegs bekannt geworden: 1942/43 versuchten britisch-norwegische Kommandoeinheiten mehrfach, das wenige Kilometer westlich von Rjukan gelegene Kraftwerk von **Vermork** zu zerstören. Dort ließ Deutschlands Wehrmacht „schweres Wasser" herstellen, damals für die mögliche Herstellung von Atombomben unverzichtbar.

Rjukan: im Winter ohne Sonne

Insgesamt sechs Operationen von Briten, Amerikanern und Norwegern (Attentate und Bombardements) vermochten nicht, die Produktion vollends zu unterbinden. Erst die Sprengung einer Transportfähre auf dem Tinnsjø vernichtete 1944 den Vorrat an „schwerem Wasser" und warf die Atomprojekte der Nazis zurück.

Der Weg, den die von Lastenseglern abgesetzten Widerständler vom Fjell zum Vemork-Werk damals nahmen, ist als **Sabotørmarsjen** heutzutage zum 10 km langen Wanderweg ausgebaut.

Rjukan versucht derzeit, sich als Ausgangspunkt für Wander- und Wintersportaktivitäten einzurichten. Der **Gaustatoppen**, der mit 1.883 m höchste Telemark-Gipfel, ist gerade mal 12 km entfernt, und auf 600 m Höhe erstreckt sich ein Skigebiet, das anspruchsvolle Langläufer ebenso wie waghalsige Alpinisten begeistern kann: Drei mittelschwere Pisten, zwei Lifte und fünf anspruchsvolle gespurte Loipen über 80 km schaffen Skiatmosphäre rund um die Bergkuppe.

Der nur zweistündige, mittelschwere Aufstieg auf den Gausta ist im Sommer vor allem der herrlichen Aussicht über die Telemark-Wälder wegen ein lohnendes Ziel für Wanderer. Den ausgeschilderten Start finden Sie am **Heddersvann**. Vor kurzem wurde testweise – und auch nur am Wochenende – eine sonst vom Militär genutzte Seilbahn für Touristen in Betrieb genommen. Es bleibt abzuwarten, ob dieser „Service" (300 NOK pro P.) auch zukünftig angeboten wird.

Information/Verbindungen/Adressen

• *Information* **Turistkontor**, ☏ 35080550, www.visitrjukan.com. Mo–Fr 9–15.30, Juni–August bis 19 Uhr und Sa/So 10–18 Uhr. In dem kleinen Büro am Marktplatz mit zwei freundlichen, kompetenten jungen Männern werden Wanderungen auf den Gausta und über den „Saboteurpfad" (s. o.) organisiert. Außerdem werden Angelkarten verkauft und Tickets für Konzerte und Ausstellungen vermittelt.

• *Busverbindungen* Neben der Buslinie nach Oslo (6 Std., via Notodden und Kongsberg, 8 x täglich) und der nach Skien (2,5 Std., via Notodden, 2 x täglich) verkehren noch Regionalbusse zum Tinnsee (5 x täglich), nach Rauland und zum Møsvatn (4 x täglich).

• *Adressen* **Post** und **Bank** in der Sam Eydesgata (Hauptstraße), **Lebensmittelgeschäft** und **Sportshop** sowie **Apotheke** im Geschäftszentrum (Sam Eydesgt) hinter der FINA-Tankstelle.

Übernachten/Camping

• *Übernachten* **Rjukan Vandrerhjem**, Kitåvatn, ☏ /℡ 35092040, www.vandrerhjem.no. Auf 940m Höhe mit einer atemberaubenden Aussicht auf den Kvitåsee und den Gaustatoppen gelegen, ist die neue Jugendherberge (geöffnet 1.6.–30.9.) etwas ganz Besonderes und weitaus attraktiver als ihre schmuddelige Vorgängerin in der Unterstadt. Und das gilt sogar für die Preise: Bett 200, EZ 330, DZ 460 NOK, Frühstück 60 NOK, Abendessen 100 NOK.

Park Hotel Rjukan, Sam Eydesgate 67, ☏ 35082188, www.parkhotell-rjukan.no. Das moderne 39-Zimmer-Hotel im Zentrum gewinnt zwar keinen Preis für ausgefallene Baukunst, kann aber mit allen Leistungen der gehobenen Mittelklasse sowie Bar, Pub und Disko aufwarten. DZ 1.120 NOK, EZ 970 NOK.

Gaustablikk Høyfjellhotel, ☏ 35091422, www.gaustablikk.no. Auf 960 m Höhe liegt der mit 91 Zimmern mächtige, aber ansehnliche Hotelkomplex unvergleichlich schön: Der Kitåsee direkt vor der Haustür, der Gausta im Blick, schöne Räume, eine Rezeption mit riesigem Kamin, dazu ein Schwimmbad – alles erste Klasse. Und das zu leidlichen Preisen: DZ 1.240–1.500 NOK, EZ 1.030 NOK (inkl. Frühstücksbüfett). Appartements (ab 750 NOK) und Hütten (ab 650 NOK) gibt es obendrein.

Rjukan Fjellstue, ☏ /℡ 35095162. Auf 850 m Höhe und 11 km westlich vor Rjukan vermietet der urige Berggasthof 39 ebensolche Zimmer und fünf hübsche Hütten zum selben Preis. DZ 900 NOK, EZ 650 NOK.

Rjukan Hytteby, ☏ /℡ 35090122. Zehn wahre Qualitätshütten, umgebaute einstige Arbeiterhäuschen am Ortsrand, für bis zu sechs Personen. 595–850 NOK.

• *Camping* **Rjukan Hytter- og Caravanpark**, ☏ 35096353, www.rjukanhytte.com. Der reizvolle Drei-Sterne-Platz verfügt über 45 Stellplätze, Post, Telefon, gute sanitäre Anlagen, einen Spielplatz und 14 unterschiedlich große, gute Hütten. 450–600 NOK.

Sandviken Camping, ☏ 35098173, www.sandviken-camping.no. Der Vier-Sterne-Platz am Tinnsee ist 29 km von Rjukan entfernt und bietet neben herrlicher Lage (Bade- und Angelmöglichkeit, Ruderbootverleih), sehr guten Sanitäranlagen und gutem Service (Supermarkt) auch 13 winterfeste Hütten mit Platz für sechs Personen zu 450–600 NOK.

Sehenswertes

Industriarbeidermuseet Vermork: Gründe und Hintergründe der später häufig verfilmten Sabotageaktionen gegen das Vemork-Kraftwerk sind im sehr sehenswerten Industriarbeidermuseet anschaulich dargestellt. Ein britischer Dokumentarfilm wird dazu gezeigt. Vor allem aber das von *Sam Eyde* 1907 entwickelte Verfahren, mittels Elektrolyse verdichtetes Wasser herzustellen, das bei der Spaltung von Atomkernen wie ein Bremsmittel wirkt, wird genau erklärt – eine Technik, die dem kleinen Rjukan in den ersten 40 Jahren des vorigen Jahrhunderts beträchtlichen Reichtum bescherte. Daneben wird viel Interessantes über die norwegische Arbeiterkultur, über die Energiegewinnung in Norwegen und über die Besatzung während des Zweiten Weltkrieges präsentiert. Außerdem gibt es in dem schon vom Gebäude her eindrucksvollen Museum eine kleine Verkaufsgalerie und ein nettes Café. Und auf der Brücke, die zum Museum führt, wird neuerdings, so berichten Leser, atemberaubendes Bungee-Jumping (norw. *„strikk-hopping“*) angeboten.

• *Öffnungszeiten* März/April Sa 10–16 Uhr; 1.5.–14.6. Mo–Fr 10–16 Uhr; 15.6.–14.8. Mo–Fr 10–18 Uhr; 15.8.–30.9. Mo–Fr 10–16, Sa/So 10–18 Uhr; 1.10.–31.10. Sa/So 11–16 Uhr; 1.11.–30.4. geschlossen. Eintritt 60 NOK, Kinder 30 NOK. Die Busanfahrt durch die Tinnschlucht kostet zusätzlich 30 NOK.

Tinn Museum: Das kleine Freilichtmuseum an der Haupt- und Durchgangsstraße fällt trotz seiner 22 stilvoll restaurierten Telemark-Gebäude gegenüber anderen Freilichtmuseen etwas ab. Die Werkzeug-, Hausrat- und Trachtensammlungen sind nicht besser als in einem beliebigen Stadtmuseum. Gewonnen hat die Anlage nur wenig durch die jüngst angefügte Mittelalterschau.

Öffnungszeiten Juni–August, Di–So 11–18 Uhr. Eintritt 40 NOK.

Krossobanen

Die 1928 fertig gestellte Drahtseilbahn (die erste ihrer Art in Skandinavien) war ein Geschenk von Norsk Hydro an die Einwohnern von Rjukan – alle sollten während des Winterhalbjahres hinauf ins Sonnenlicht gelangen. Nach 886 Höhenmetern hat man auch heute noch auf der Gipfelstation Gvepsborg eine famose Aussicht (bei miesem Wetter meist oberhalb der Wolken) über Stadt und Tal und darüber hinaus bis in die Hardangervidda. Mehr noch: Nach einer kleinen Stärkung im bescheidenen Aussichtsrestaurant (nur von Juni bis August geöffnet) lassen sich von hier aus große und kleinere, stets ausgeschilderte Wanderungen unternehmen. Wer es noch sportlicher mag, nimmt sein Mountainbike mit (das passt mühelos in die Bahnkabine) und radelt die Wanderwege ab oder wagt sich auf einen Trip zur Kalhovdhytta auf der Hardangervidda (30 km eine Fahrt). Dort kann man, wie Leser Dennis Föh berichtet, behaglich übernachten und sehr lecker essen.

Abfahrtzeiten/Preise 15.6.–1.7. täglich 10–17 Uhr, 2.7.–2.8. 10–18 Uhr, 3.8.–10.9. 10–17 Uhr. Einzelfahrt 35 NOK, hin und zurück 70 NOK, Kinder 15/30 NOK, Bike 30 NOK.

Skifahren im Raulandsfjell und am Gaustatoppen: Das Raulandfjell im Südwesten Rjukans mit einer Höhenlage von 700–1.070 m verfügt über sechs Lifte und vier Abfahrten (darunter eine schwarze) von insgesamt 9 km Länge. Überdies gibt es 25 km präparierte Loipen (Skischule und -verleih im Rauland Høgfjellhotell). Am Gaustatoppen finden Sie 80 km markierte Loipen und drei mittelschwere Abfahrtpisten, außerdem zwei Lifte sowie Skiservice und -verleih im Gaustablikkhotel.

▸ **Weiterfahrt**: Die Weiterfahrt am Møsvatn mit seinem reichen Forellenvorkommen entlang wird zur Panoramaroute Telemarks. Die Aussicht über das

Wo Winter noch Winter sind: Hüttensiedlung im Rauland

weite **Raulandsfjell** und den verwinkelten **Totaksee** mit stellenweise 1.000 m hohen Pässen macht den Umweg zum Erlebnis. 15 km hinter dem Totak wird bei **Åmot** (eine planlose Häuseransammlung ohne touristische Attraktion) wieder die E 134 erreicht. Hier ist dann auch der Schlusspunkt des erlebnisreichen Ausflugs.

• *Übernachten* **Rauland Høgfjellhotel**, ✆ 35063100, www.rauland.no. Sauna und Schwimmbad, Skiservice und Solarium, Hütten und 130 angenehme Zimmer in einem tiefroten Anwesen an der Baumgrenze. EZ 805 NOK, DZ 1.050, Hütten 570/920 NOK.

Austbø Hotel Rauland, ✆/℻ 35073425, www.rauland.org. Das 30-Zimmer-Hotel hat Mittelklassestandard mit Kunstsinn. EZ 725 NOK, DZ 1.150 NOK.

Rauland Feriesenter, ✆ 35073460, www.rauland.org. Das Unternehmen vermietet edle Hütten (mit Bad) ab 6.000 NOK/Woche.

Seljord

Außer Supermärkten hat der farblose Ort nur wenig für Touristen übrig; deshalb wohl spukt ein „Loch-Ness-Ungeheuer" im Seljordsee rum. Der vermeintlichen Kollegin der schottischen Berühmtheit hat die Lokalpresse den Namen „Selma" verpasst.

Wenn Sie allerdings im Juli in Seljord vorbeikommen, sollten Sie sich die Seljordspiele nicht entgehen lassen: Volksmusik, -tänze und -theateraufführungen finden um einen riesigen Viehmarkt herum am Festplatz, dem *Dyrskuplassen,* statt. Ansonsten ist schlicht die Umgebung schön, besonders im Frühsommer, wenn die Schneebretter auf dem **Lifjell** noch in der frühen Sonne blitzen und sich die frisch ausgeschlagenen Birken im nun endlich eisfreien **Seljordsvatnet** farbenfroh spiegeln.

• *Information* **Turistkontoret**, im neuen Kunsthaus „Kunstlåven" an der Haupt- und Durchgangsstraße, ✆ 35055988, www.seljordportalen.no. Von Mitte Juni bis Mitte August Mo–Fr 10–18 Uhr, sonst 9–16 Uhr.

• *Busverbindungen* Haukeliekspressen von Oslo (3,5 Std.) nach Bergen (8 Std.) hält 2 x täglich im Ort.

• *Adressen* Das „Tele-Senteret" mitten im Zentrum sorgt mit **Bank**, **Lebensmitteln**, **Sport- und Parfümerieartikeln** fürs leibliche Wohl. **Post** am Ortsausgang.

• *Übernachten* **Nutheim Gjestgiveri**, ✆ 35052143, www.nutheim.no. Auf dem Pass von Flatdal (12 km nördlich von Seljord) bietet das Haus acht recht heimelige Zimmer an. DZ 900 NOK, EZ 750 NOK (mit Frühstück).

• *Camping* **Seljord Camping**, ✆ 35050471, seljordcamping.no. Der Drei-Sterne-Platz zwischen See und RV 36 bietet erstklassige Sanitäranlagen, einen veralteten Spielplatz und gut ausgerüstete Hütten für bis zu sechs Personen (450 NOK).

Telnessanden Camping, ✆ 35052990, 📠 35052965. Am Westufer des Seljordssees (12 km vom Zentrum entfernt an der Gemeindestraße 156) strotzt der schöne Platz mit vier Sternen, einem 500 m langen Strand und wahrlich hervorragenden sanitären Anlagen. Leider nur zwei Hütten (ab 450 NOK).

Garvikstrondi Camping, ✆ 35052912, www.garvikstrondi.no. Auch am See, auch an der Gemeindestraße 156, aber 4 km dichter am Zentrum Seljords gelegen, bietet der nicht minder schöne Drei-Sterne-Platz zusätzlich Boots- und Wasserskiverleih. 15 Hütten von einfach bis edel und von 400–900 NOK.

Sehenswertes

Kunstlåven: In einer originell renovierten Scheune an der Hauptstraße hat der junge Kunstverein von Seljord ein pfiffiges Ausstellungszentrum eröffnet und zeigt in wechselnden Ausstellungen moderne norwegische Kunst. Aber auch Lustiges und Absonderliches wird geboten – so darf eine Hommage an das Seeungeheuer „Selma" nicht fehlen. Da im Nebengebäude das Turistkontoret und ein gemütliches Café untergebracht sind, wird ein Besuch in Kunstlåven immer zu einer informativen, aber auch vergnüglichen Stippvisite.

Öffnungszeiten 15.6.–15.8. täglich 11–18 Uhr. Eintrittspreise je nach Ausstellung.

Seljord Kirke: Die Stadtkirche im Ortszentrum ist schon deshalb sehenswert, weil es sich um ein romanisches Steinkirchlein aus dem 11. Jh. handelt – und das ist schon rar in Norwegen. Der Entwurf zur ansonsten eher schlichten, von mächtigen Friedhofsbäumen umgebenen Kirche soll von König Olav dem Heiligen stammen.

Morgedal

Die Wiege des modernen Skisports liegt knapp 30 km nördlich von Dalen an der E 134. Morgedal ist ansonsten ein unscheinbarer Ort mit nur 400 Einwohnern, der allein seines Skimuseums wegen anschauenswert ist.

Hier wurde die Fersenbindung erfunden, die den ebenfalls hier entwickelten Telemarkschwung – neuerdings wieder in Mode – möglich machte, der seinerseits wiederum Voraussetzung für den „alpinen" Abfahrtslauf war. Zu danken ist das dem Webstuhlbauer *Sondre Norheim,* der 1860 das Bretterschieben leid war und endlich einmal flott bergab und Kurven fahren wollte. Sein Heimatdorf dankte ihm diese Erfindung nicht: 1884 wanderte Norheim in die USA aus und starb verarmt in North Dakota.

Morgedal konnte aus seiner reichen Skigeschichte (hier wurde das olympische Feuer für die Winterspiele 1952 in Oslo und 1994 in Lillehammer entzündet)

Morgedal: Amundsens Polhütte im Skieventyr

nie Kapital schlagen – ein Schlepplift und wenige Loipen verleiten kaum zum Winterurlaub. Auch sommerliche Aktivitäten (Wandern und Angeln vor allem) nehmen sich bescheiden aus, obwohl das „Morgedal Turisthotell" sich mit Reitunterricht, Kanuverleih und Tennis auf der hoteleigenen Anlage alle Mühe gibt, dem örtlichen Tourismus auf die Beine zu helfen.

Wirklich sehenswert ist allerdings das **Norsk Skieventyr**, das „Norwegische Ski-Abenteuer-Zentrum", das aus dem einst hausbackenen Museum hervorgegangen ist. Wegen seiner eigenwilligen Holzkonstruktion ist das weitläufige Erlebnismuseum schon von außen beeindruckend. Drinnen wird in Filmen und Ausstellungen die Entwicklung des modernen Skisports (und natürlich Norheims Erfindung aus allen Lebenslagen) überaus geschickt dargestellt: in Bildern und Exponaten, darunter einer alten Skiwerkstatt, vor allem aber mit einem 35-Minuten-Film, der alle Skifahrer von den Sitzen reißt. Einen kleinen Trainingsraum, eine kantinengleiche Cafeteria und einen gar nicht so teuren Shop gibt es auch noch (1.5.–15.9. täglich 11–17 Uhr, sonst nur Sa/So 11–16 Uhr, Eintritt 80 NOK, Kinder 40 NOK).

• *Übernachten* **Morgedal Hotell**, ✆ 35068900, www.morgedal.no. Trotz verunglückter Architektur hat das 70-Zimmer-Hotel mit lauschigem Schwimmbad und edlem Speisesaal genügend Atmosphäre, um empfehlenswert zu sein. Das liegt zum einen an der Lage (vorne der kleine See mit dem Namen des Ortes, hinten der Berghang), zum anderen am außerordentlich reichen Freizeitangebot (s. o.). DZ 1.100 NOK, EZ 920 NOK.

Brekke Gård, ✆ 35054139. Die preiswerte, aber auch urige Alternative: gleich neben dem Hotel diese Pension mit großem Garten und angenehmen Hütten. DZ 600 NOK, EZ 450 NOK (Hütten 400–550 NOK).

• *Camping* **Morgedal Camping**, ✆ 3504152. Der Zwei-Sterne-Platz auf einer großen Uferwiese ist nur von Mai bis September geöffnet und hat nicht viel zu bieten: 60 Zelt-, 20 Wohnwagenstellplätze, fünf Hütten (ab 300–800 NOK) und jüngst renovierte Sanitäranlagen.

Telemark-Kanal

Der 105 km lange Kanal reicht von Dalen nach Skien. Er verbindet vier Seen miteinander: den Bandiksee, den Kviteseidsee, den Flåsee und den Nomevatsee. Wirklich interessant aber wird der Kanal, der zwischen 1861 und 1892 als Verkehrsanbindung Telemarks an die Küste erbaut wurde, in Ulefoss mit der ersten von acht Schleusen, die insgesamt 72 Höhenmeter überwinden.

Der Hub in der größten Schleuse mit fünf Kammern bei **Vrangfoss** (übersetzt etwa „der unwillige Wasserfall“) dauert eine Stunde – kein Wunder, denn alle 18 Schleusenkammern werden immer noch per Hand geöffnet. Überhaupt wird Nostalgie groß geschrieben im Telemark-Kanal, denn wirtschaftlich macht er keinen Sinn mehr – er ist nur noch für Touristen da. Die können ihn zwischen Mitte Juni und Mitte August im eigenen Boot befahren oder zwischen Mai und Mitte September mit Dampfern, von denen zwei fast so alt wie der Kanal selbst sind – dieser Törn dauert elf Stunden.

Mit dem Schiff: Als Schiffsausflug empfehlenswert ist eine Tour vom niedlichen Ulefoss durch das Nomedal und über die Vrangfoss-Schleuse nach Lunde. Eine Buslinie, auf die Ankunftszeiten der Schiffe abgestimmt, erleichtert die Rückfahrt (Preis für die Fahrt Ulefoss–Lunde 45 NOK).

Fahrplan von M/S Viktoria und M/S Henrik Ibsen in der Hauptsaison

Ort	*Abfahrt*	*Preis/Person*	*Ort*	*Abfahrt*	*Preis/Person*
Skien	**08.30**		**Dalen**	**08.20**	
Løveid	09.00		Lårdal	08.45	
Ulefoss	10.55	130 NOK	Bandksli	08.55	
Eidsfoss	11.30		Kviteseid	10.30	
Vrangfoss	12.25		Fjågesund	11.25	
Lunde	13.10	270 NOK	Hogga	12.45	
Kjeldal	13.25		Kjeldal	13.10	
Hogga	14.25		Lunde	13.45	250 NOK
Fjågesund	15.40		Vrangfoss	14.20	
Kviteseid	16.50	320 NOK	Eidsfoss	15.10	
Bandaksli	18.15		Ulefoss	15.40	300 NOK
Lårdal	18.25		Løveid	17.05	
Dalen	**18.50**	**420 NOK**	**Skien**	**17.50**	**400 NOK**

Buchung: Telemarkreiser, ✆ *35966636,*

Fahrplan von M/S Telemarken zwischen Anfang Juni und Anfang August

Ort	*Abfahrt*	*Preis/Person*	*Ort*	*Abfahrt*	*Preis/Person*
Akkerhaugen	10.00		Lunde	13.50	
Ulefoss	11.00	110 NOK	Vrangfoss	14.35	
Eidsfoss	11.45		Eidsfoss	15.30	
Vrangfoss	12.20		Ulefoss	16.00	225 NOK
Lunde	13.45	235 NOK	Akkerhaugen	17.00	245 NOK

Fahrrad 100 NOK, Kanu 170 NOK, *Buchung: Telemarsksbåtene,* ✆ *94163242.*

Mit dem Oldtimer auf dem Telemark-Kanal

Mit dem Kanu: Paddeltrips auf dem Kanal gehören zum Feinsten, was Kanusportler in Norwegen finden können: keine Rafting-Tour und kein Abenteuerurlaub, sondern eine fast geruhsame Fahrt durch abwechslungsreiche, noch bewohnte Natur mit bewirtschafteten oder auch freien Zeltplätzen überall am Ufer.

Schon der Strömung wegen ist es sinnvoll, in Dalen zu starten. Bis nach Ulefoss sind es 81 km, die in fünf Tagen zu schaffen sind. Auf dem Rückweg nehmen dann die Dampfer *Henrik Ibsen* oder *Viktoria* das Kanu huckepack (Reservierung nicht vergessen). Alle Schleusen können umtragen werden. Bei größeren Booten wird eine Schleusengebühr von 950 NOK für die Gesamtstrecke fällig.

Information **Telemarkskanalen**, Fylkeshuset, 3709 Skien, ✆ 35581600. Aktuelle Informationen: www.telemarkskanalen.no

Mit dem Fahrrad: Mindestens von Skien bis Fjågesund ist ein genussvoller Trip auf gut ausgebauten, nicht zu steilen Straßen möglich (Hin- oder Rückfahrt per Dampfer). Wie bei der Kanufahrt gilt auch hier: Überall findet sich ein Quartier, ein Gasthof oder Supermarkt. Ab Ulefoss folgen Sie bis Lunde weiter der RV 36, queren bei Strengen den Wasserlauf und setzen bei **Austenå** mit der Fähre nach Fjågesund über. Dann geht's per Schiff zurück nach Skien oder über die RV 38 zur Südküste.

• *Anfahrt* Man kommt per Zug 4 x täglich mit der Sørlandban von Oslo/Kristiansand nach Skien (in Nordagutu umsteigen). Der Überlandbus verbindet 2 x täglich mit Norwegens Hauptstadt. Selbst per Flugzeug (Airport Geiteryggen zwischen Skien und Porsgrunn) gelangt man zum Kanal. Im Auto erreichen Sie den Telemark-Kanal von Süden ab Larvik und von Norden, in dem Sie die E 134 bei Notodden, Seljord, Ofte oder spätestens Åmot verlassen.

Dalen

Das 800-Seelen-Nest am Ende des Bandiksees mit seinen Flachhäusern gibt touristisch nicht viel her. Doch in der näheren Umgebung findet sich einiges Anschauenswerte.

Der **Bandiksee** ist der letzte von vier Seen, die mittels Stichkanälen zum Telemark-Kanal-System wurden. Von Osten nach Westen zunehmend, sind die Seen immer tiefer ins Hügelland eingegraben. Beeindruckend sind die Höhen um das Dorf Dalen – die Serpentinenstraße am Ortsausgang mit ihrer 15-prozentigen Steigung fordert den Respekt eines jeden Autofahrers.

Atemberaubender Adlerblick auf Geiranger (jb) ▲

▲▲ Feda: Küstenstadt im Binnenland (hpk)
▲ Frisches Obst vom Hardangerfjord (hpk)

Furebergfossen: Norwegens Kraft – die Wasserkraft (gb) ▲

▲▲ Ulvik: Nichts los in der Nebensaison (hpk)

Dem Touristen nutzt Dalen insbesondere als Einkaufsstation, als Einstieg in die Kanaltour und als Übernachtungsmöglichkeit.

• *Information* **Turistinformasjon**, im Rathaus, ✆ 35077065, www.visitdalen.no. Von Ende Mai bis Ende August werktags 9–19, Sa/So 10–17 Uhr.

• *Busverbindungen* 4 x täglich nach Åmot, 2x nach Rjukan, 1 x nach Ulefoss.

• *Adressen* **Bank** und **Supermärkte** in der Seestraße, **Post** und **Telefon** im Kommunalbau.

• *Übernachten* **Dalen Bed and Breakfast**, ✆ 35077469, www.dalenadventure.com. Sie können im Lavo, dem Samenzelt, schlafen oder in der Blockhütte oder im „Biberbau"; Sie können wandern oder Elchen nachstellen, über Baumwipfel turnen oder Kanu fahren, bogenschießen oder faulenzen: Dalen Adventure bieten alles das unter freundlicher Anleitung von Delphine und Oliver. Die Unterkunft ist einfach und preiswert (EZ 590 NOK, DZ 630 NOK, jeweils mit Frühstück), die sportlichen Aktivitäten allerdings müssen zusätzlich und zum Teil recht kräftig bezahlt werden.

Dalen Hotel, ✆ 35077000, www.dalenhotel.no. 1894 und damit zwei Jahre nach Eröffnung des Telemark-Kanals wurde dieses Hotel im Gutsherrenstil eröffnet. Es ist eine Sehenswürdigkeit auch für die, die keine Gäste sind (s. u.). Das „romantische Hotel" mit neuem Restaurant im „Drachenstil" (den Stabkirchen nachempfunden) bietet 36 modern renovierte Zimmer (und zwei Suiten) mit ungewöhnlich günstiger Preisgestaltung. DZ 1.280 NOK, EZ 975 NOK.

• *Camping* **Dalen Camping**, ✆ 35077587, www.dalencamping.no. Einfacher Wiesenplatz im Zentrum mit Kiosk. Die Hütten für fünf bis neun Personen kosten 450–650 NOK. Außerdem gibt's rund 150 Zelt- und 80 Wohnwagenstellplätze.

Lårdal Camping, ✆ 35076688. Der große, aber einfache Platz in Lårdal am Bandiksee (7 km östlich von Dalen, via RV 45) bietet auch acht kleine Hütten (400 NOK) an.

Sehenswertes

Dalen Hotel: Dieses Hotel ist eine Sehenswürdigkeit. Eingebettet in einen weiten, schlichten Park, ist der mächtige Holzbau – innen und außen alles aus

Dalen: das Hotel sorgt für Weltruhm

verziertem Holz – mondän und trotzdem einfach, geschmackvoll und keineswegs spleenig. Ohne Übertreibung: Weltweit findet dieses Hotel nicht seinesgleichen. Der Belle-Époque-Stil der gewaltigen Empfangshalle hat alle Neuerungen schadlos überstanden, der Speisesaal seinen Schick bei aller Betulichkeit bewahrt – man glaubt, die gekrönten Häupter, die hier mehr weilten als wohnten, um die Ecke kommen zu sehen. Und fühlt sich schlicht wohl, beim Kaffee am Kamin, beim Toast auf der Terrasse. Probieren Sie es einfach mal aus ...

Eidsborg Stabkirche: Die kleine Kirche (6,50 x 5 m, später aber erweitert) liegt 7 km nördlich von Dalen (an der RV 45 in Richtung **Ofte**). Das Kirchlein wurde vermutlich Anfang des 13. Jh. gebaut und dem *heiligen Nikolaus von Bari* geweiht, der auf einer Malerei an der linken Kirchenwand erkennbar ist. Außergewöhnlich sind die bis zum Boden gezogenen Schindeln sowie die Innenbemalung aus dem 17. Jh., die man nur durch Zufall bei der Renovierung 1929 entdeckte.

Öffnungszeiten Juni–September täglich 11–18 Uhr. Eintritt im Museumspreis (s. u.) inbegriffen

Lårdal Bygdemuseum: Gleich nebenan das kleine Freilichtmuseum mit 28 restaurierten Bauernhäusern. In der modernen Ausstellung viel Interessantes zur der für Telemark typischen Rosenmalerei sowie zur Arbeit im nahen Eidsborg-Steinbruch, dem ältesten in Norwegen, in dem von der Wikingerzeit bis zum 2. Weltkrieg besondere Schleifsteine gebrochen und verarbeitet wurden. Zudem gibt es kleines Café.

Öffnungszeiten Juni–September täglich 11–18 Uhr. Eintritt 50 NOK, Kinder 20 NOK.

Grimdalstunet: *Anne Grimdalen* (1899–1961) ist eine in Norwegen ungemein populäre Bildhauerin. Von ihr stammen u. a. die Dekorationen am Osloer Rathaus. Auf dem an sich schon sehenswerten Gutshof mit zehn mittelalterlichen Gebäuden (RV 45, 3 km südlich von Dalen) wurde sie geboren, und hier verbrachte sie auch ihre Kindheit. Viele ihrer Skulpturen (manche en miniature) sind in und neben ihrem Geburtshaus dekorativ ausgestellt.

Öffnungszeiten Juni–September täglich von 10–17 Uhr. Eintritt 30 NOK.

Vrådal

Der 700-Einwohner-Ort ist das nächste Ziel auf dem RV-41-Weg am Kanal entlang nach Süden, knapp 40 Kilometer von Dalen. Er ist das touristische Zentrum am Telemark-Kanal.

Die Lage macht Vrådal zu einer Sehenswürdigkeit: Am Schnittpunkt von **Vråvatnet** und **Nissesee** schmiegt sich der Ort ins Tal, das von zahlreichen Landzungen und Inselchen beider Seen überdeckt ist. Tiefe Wälder, 1.200 m hohe Höhen und fruchtbare Äcker ringsum runden das Bild der idyllischen Landkommune ab.

Hier kann man wandern und paddeln, angeln und schwimmen, reiten und drachenfliegen und sogar Ski fahren – ein Urlaub wie aus dem Bilderbuch ist hier möglich. Das könnte sich allerdings ändern, wenn der lange gehegte Plan, eine Mammutbrücke über beide Seen zu spannen, realisiert wird.

Information/Verbindungen/Adressen

• *Information* **Vrådal Tourist Information**, im Ortszentrum, unterhalb des Vrådalhotels, ✆/✆ 35056370, www.vraadal.com. Ganzjährig Mo–Fr 9–16.30, Juni–August auch Sa/So 10–15 Uhr.

• *Busverbindungen* Lokalbusse verkehren 2 x pro Tag nach Skien, 1 x nach Arendal und 3 x nach Treungen am Ende des Nissesees (Haltestelle an der Brunkeberg-Straße).

• *Fährverbindungen* „M/S Fråm" verkehrt von Vrådal nach Treungen am Ende des Nissesees. Das Museumsschiff fährt 2 x die Woche, braucht 10 Std. und kostet 180 NOK pro Person. Für 140 NOK geht es einmal wöchentlich nach Vråliosen am Westende des Fråvatn (vom 1.5. bis 15.10.).

• *Adressen* **Post** und **Bank** im Zentrum; **Lebensmittel** und **Apotheke** unterhalb des Vrådalhotels.

Übernachten

Quality Straand Hotel, ✆ 35069000, www.choicehotels.no. Um das älteste Telemark-Hotel mit schöner Aussicht auf den Nissesee ist eine „Übernachtungslandschaft" mit Freizeitangeboten und Hüttenpark entstanden, die den einstigen Charme der Anlage verdrängt hat. Nun gibt es 120 Zimmer und zwei Restaurants, Pool und Reitstall, Tanzbar, Solarium und „Sommarland", das Sportaktivitäten in Ort und Tal organisiert. DZ 1. 650 NOK, EZ 1. 295 NOK.

Vrådal Hotel og Hyttepark, ✆ 35056127, www.vradal.no. Der rote Drei-Etagen-Bau im Zentrum bietet neben 60 Zimmern auch 37 moderne Hütten an. Nicht schlechter, aber ruhiger und preiswerter als „Straand". DZ 1.300, EZ 1.035 NOK. Hütten 480 NOK/ Tag, 2. 910 NOK/Woche.

Vrådal Hyttegrend, ✆ 35056183, www.hyttegrand.no. 20 neue Hütten (mit TV und Sauna bestens ausgestattet, vier Räume für bis zu acht Personen), 3 km vom Zentrum entfernt (Richtung Drangedal), sehr schön oberhalb des Sees gelegen, zwischen 2.300 und 4.900 NOK/Woche bzw. 480 und 790 NOK/Tag. Der deutschsprachige Besitzer ist sehr freundlich und hilfsbereit.

Nedre Strand Hyttutleige & Camping, ✆ 35056185, www.nedrestrand.no. Am Wald und See geräumige Hütten mit Bad für 2.530–5.000 NOK/Woche (Angebot am Wochenende: 700 NOK).

Fiskebekk Hyttutleige, ✆ 35056111, www.fiskebekk.no. In der Nähe des Skigebiets bietet das Unternehmen 22 Hütten mit Bad und aufregender Preisgestaltung an: Im Mai kostet eine Hütte 1.600, im Juni 2.800, im August 3.800 NOK pro Woche.

Sport

• *Angeln* Mindestens drei Personen müssen sich zusammentun, um in einem Fischteich an der Storstraum-Schleuse (nahe Skizentrum) auf Forelle und Saibling angeln zu können (Di–Fr 16–19 Uhr, Anmeldung und Angelkarten zu 50 NOK unter ✆ 35056370).

• *Drachenfliegen* Im Sommer wird der Lift den Drachenfliegern freigegeben. Rampe direkt neben der Liftstation (Information unter ✆ 35056133).

• *Golf* Seit jetzt 10 Jahren freut sich die Gemeinde über einen kleinen Neun-Loch-Golfplatz (Green fee 90 NOK).

• *Klettern* Im Nissedal gibt es ausgewiesene Kletterparks, aber auch freie Routen. Information und Ausrüstungsverleih in der Touristen-Information.

• *Reitausflüge* Pferdeverleih (aber auch Kutschfahrten) im Sommer täglich zwischen 10 und 17 Uhr im „Sommarland" (400–1.500 NOK).

• *Wassersport* Verleih von Kanus, Ruderbooten und Surfbrettern ebenfalls im „Sommarland" des Straand-Hotels.

• *Wintersport* Zwei Lifte (Skipass 210 NOK/ Tag), eine Abfahrt über 2 km. 60 km präparierte Loipen um den **Storroan** (1.192 m). Verleih von Skiern und Ausrüstung an der Liftstation (ab 300 NOK pro Tag).

Bø (i Telemark)

Der Verkehrsknotenpunkt ist gerade zum Umsteigen gut. Denn die Attraktionen, der Telemark-Kanal und das Lifjell-Skigebiet, liegen außerhalb der Stadttore.

Das 1.800 Einwohner zählende Dorf liegt genau im Mittelpunkt der Provinz Telemark (nördlich des Kanals und am Schnittpunkt der Reichsstraßen 359 und 36). Wichtig für Touristen: Die bedeutenden Verkehrslinien von Bahn, Bus und Autostraßen treffen sich hier.

Für die Norweger hat „Bø i Telemark" (es gibt acht Orte gleichen Namens im Land) eine ganz andere Bedeutung: Der Ort ist das kulturelle Zentrum der Provinz. Hier findet immer im August das *Telemark-Festival* mit Umzügen, Ausstellungen, Konzerten und Kursveranstaltungen statt, und hier sind die wichtigsten Schulen der Provinz angesiedelt.

• *Information* **Turistkontor**, ✆ 35060200, www.boitelemark.com. Auf dem Platz Skoghaugen an der Hauptstraße. Juni–August Mo–Fr 9–18 Uhr, Sa 9–16 Uhr (im Juli Mo–Fr 9–21, Sa 9–16).

• *Busverbindungen* 3 x täglich passiert der Fernbus Oslo–Bergen den Ort: 2,5 Std. nach Oslo und 8,5 Std. nach Bergen.

• *Zugverbindungen* Bø liegt präzise im Mittelpunkt der Bahnstrecke Oslo–Stavanger; der Zug hält 6 x in beiden Richtungen (2 Std. 10 Min. nach Oslo, 6. Std. nach Stavanger).

• *Adressen* **Supermärkte** und **Apotheke** am Ende der Hauptstraße, **Taxis** vor dem Bahnhof, **Post** in der Bahnhofstraße.

• *Übernachten* **Bø Hotell**, ✆ 35060800, www.bohotell.no. Eine architektonische Meisterleistung ist der 90-Zimmer-Flachbau nicht, aber er bietet First-Class-Service zu günstigen Preisen. DZ 1.200 NOK, EZ 990 NOK (etliche Sonderpreise im Sommer und an Wochenenden).

Quality Lifjell Hotell, ✆/📠 35060100, www.lifjellhotel.no. Am Hang zwischen Bäumen gelegen, mit grandioser Aussicht über Tal und Ebene ausgestattet, zaubert das 15 km vom Zentrum entfernt gelegene 80-Zimmer-Hotel den Luxus in die Einöde: Restaurant, Schwimmbad, Tennisplatz, Shuttle für die 6 km zum Skizentrum. DZ 1.520 NOK, EZ 1.250 (auch hier viele Sonderangebote).

Lifjell Feriesenter, ✆ 35953455, www.lifjell.com. Der Hüttenpark bietet 52 Hütten im Skigebiet an: für sechs Personen auf 68 qm, für vier Personen auf 49 qm. 650 NOK bzw. 950 NOK.

Lifjellstua, ✆ 35953380, www.lifjellstua.no. Die mit 55 Betten recht große Berghütte bietet Norwegenurlaub pur: einsam (am Ende der Stichstraße), einfach und doch erlesen im Geschmack, was nicht nur das Essen meint. HP im EZ 680 NOK, HP im DZ 1.050 NOK.

• *Camping* **Bø Camping**, ✆ 35952012, www.bocamping.no. Ca. 5 km vom Zentrum entfernt (an der RV 36) liegt dieser in jeder Hinsicht empfehlenswerte Vier-Sterne-Platz mit jedem erdenklichen Service und überdies 280 Zelt-, 170 Wohnwagenstellplätzen und elf Hütten, die Palais aus Holz sind (550–950 NOK).

• *Skifahren auf dem Lifjell* Noch haben die jahrelangen Bemühungen, die Lifjell-Hochebene zu einem anerkannten Wintersportgebiet auszubauen, nicht recht gefruchtet: 30 km präparierte Loipen und drei Schlepplifte für drei Abfahrten mit insgesamt 3,5 km Länge sind keine Ski-Welt. Aber Rodel- und Bobbahnen sollen neuerdings helfen, die Skiverrückten aus dem nur 150 km entfernten Oslo anzulocken.

Sehenswertes

Bø Museum: Das Freilichtmuseum besteht aus zwei gleichermaßen sehenswerten Anlagen, die allerdings 20 km voneinander entfernt liegen. Der Hof in **Østerli** aus dem 19. Jh. stellt Geräte und Möbel dieser Zeit aus, der 100 Jahre alte, in jeder Hinsicht putzige Laden „Bø Landhandel" in **Oterholt** (an der Straße nach Lifjell) ist zu einem Museum mit noch aktiver Bäckerei, Speicher und Büro geworden.

Öffnungszeiten von Mitte Juni bis Mitte August jeweils täglich von 12–17 Uhr. Eintritt 30 NOK, Kinder 10 NOK.

Telemark Sommarland: Der Freizeitpark in einem dichten Waldgebiet, 15 Fußminuten vom Zentrum, hat sich zum Touristenmagneten in Telemark gemausert. Neben einer fulminanten Wasserlandschaft mit Surfwelle und Riesenrutsche gibt's ein Westerndorf und eine Alm zu bestaunen, werden Reitturniere und Angelwettbewerbe organisiert. Und Bistros laden natürlich auch ein.

Öffnungszeiten von Anfang Juni bis Mitte August täglich von 10–20 Uhr. Eintritt 230 NOK, Kinder bis 13 J. 200 NOK.

Drangedal

Das größte zusammenhängende Waldgebiet Telemarks tut sich in diesem Tal auf, das zu Unrecht von vielen nur als Durchgangsroute zur Südküste genutzt wird. Das vom Tourismus übersehene Tal verdient mehr Aufmerksamkeit.

Drei kleine Täler, neben dem Drangedal noch das **Nissedal** und das **Fyresdal**, ziehen sich wie Gräben von Nord nach Süd, vom Telemark-Kanal zur Südküste. Wer die umtriebigen „Großstädte“ **Skien** und **Porsgrunn** im Osten vermeiden will, ist gut beraten, sich eines dieser reizvollen, noch unberührten Täler als Passage zu wählen.

Unzählige Teiche, Flüsse und Seen prägen die Täler. Die größten Seen sind der **Nissesee**, der siebtgrößte See Norwegens und größte Telemarks, sowie der **Tokesee** im Drangedal, von 900 m hohen Hügeln und dichten Wäldern eingerahmt.

Man erreicht das Tal bequem per Bahn: *Sørlandsbanen* durchquert die Gemeinde und hält im Ort Drangedal. Oder man reist über die Straßen RV 38 ab Vrådal bzw. eine kleine Gemeindestraße ab Lunde am Telemark-Kanal an.

Steane: Das Aufregendste an dem 400-Seelen-Dorf ist die mitreißende Serpentinenstraße, von der aus man einen wunderbaren Ausblick auf den Nissesee hat. Autofahrer müssen jetzt die RV 38 nehmen, die vom See fort ins Landesinnere führt.

Høydalen: In Tørdal liegen die bei Mineralienfreunden bekannten **Høydalen Gruver**. 1942 versuchte die deutsche Besatzungsmacht, die Minen auszubeuten. Seit Kriegsende tummeln sich hier nur noch Amateure, die nach insgesamt 35 Mineralienarten schürfen.

• Öffnungszeiten Die Brüche sind zwischen dem 15.5. und dem 1.10. frei zugänglich, allerdings müssen Sie 30 Kronen für jedes Kilo Stein zahlen, das Sie mitnehmen wollen. Nördlich der Tørdal-Kirche lassen sich die Halbedelsteine im Laden **Amazoniten** auch ohne Plackerei erstehen – macht natürlich nicht so viel Spaß.

Vrålstad: Der Ort ist besonders einer mittelalterlichen Begebenheit wegen interessant. Ein steinernes Monument erinnert an *Hallvard Gråtopp*, der aus Vrålstad stammte, und von hier aus 1438 einen Bauernaufstand anführte; „Lord Hallvard“, wie man ihn nannte, wurde noch im selben Jahr auf der Akerhus-Festung in Oslo hingerichtet.

Gautefall

Um das Urlaubszentrum des Drangedals zu erreichen, sollten Sie in Bostrak auf die Straße 358 abbiegen. Nach 12 km finden Sie auf 500 m Höhe ein stattliches *Alpinsenter* mit sieben Abfahrten bis zu 700 m, fünf Schleppliften und einem Sessellift und 104 km gespurte Loipe. Im Sommer eignen sich die markierten Loipen als angenehme Spazierwege.

• *Information* Der **Turistservice** befindet sich im Gautefall-Hotell, ✆ 35999770.

• *Übernachten* **Gautefall**, ✆ 35995000, www.gautefall.no. Bieder sind die 76, kürzlich renovierten, vergrößerten Zimmer und funktional die 30 bis zu 56 qm großen Wohnungen. Aber ansonsten ist vom Hallenschwimmbad bis zu Tennisplätzen alles das vorhanden, was den Sporturlaub nahe der Talstation sommers wie winters lohnend macht. EZ 885 NOK, DZ 1.380 NOK. Es gibt auch Appartements zu 980 NOK, man muss aber mindestens für drei Tage mieten.

Drangedal (Ort)

Der Hauptort des Tales am Ende des Øvre Tokesees mit nur knapp 1.500 Einwohnern ist ein idyllisches Fleckchen mit alter Eisenbahnbrücke, der Kjeåsbru, und wieder hergestellter Speicherzeile am Seeufer, der Buene. Das Einkaufs- und Gemeindezentrum Prestestranda gruppiert sich um den Bahnhof Drangedals. Dort halten der einzige Zug und die wenigen Buslinien.

An Sehenswertem bietet der Ort das **Drangedal Bygdetun**. Das Freilichtmuseum neben der Hauptstraße und dem Stadion (nur fünf Minuten vom Drangedal-Zentrum entfernt) besteht aus 18 bis zu 200 Jahre alten Bauernhäuser, die wie zu einem Dorf zusammengestellt sind. Lohnend ist hier vor allem die Forstschau (1.7.–15.8. Mi–So 14–18 Uhr; Eintritt 40 NOK, Kinder 20 NOK).

• *Information* Das von Juni bis Aug. geöffnete **Turistkontor** ist im Bahnhof untergebracht, ✆ 35991000, www.drangedal.kommune.no (derzeit nur norw.), geöffnet Mo–Fr 9–16 Uhr.

• *Busverbindungen* Nur kleinere Lokallinien versorgen das Tal (Haltestelle neben dem Bahnhof): 2 x pro Tag nach Porsgrunn und Skien (2 x zusätzlich am Wochenende), 4 x nach Gautefall und Treungen, 5 x ins Tørdal, jeweils 3 x nach Henseid, Kjosen, Nerbø und Ettestad.

• *Zugverbindungen* 3–5 x täglich hält Sørlandsbanen von Oslo (3 Std.) über die Südküste nach Stavanger (4,5 Std.) via Egersund und Kristiansand.

• *Adressen* **Post**, **Bank**, **Apotheke**, **Supermärkte** liegen alle im Umkreis des Bahnhofs. **Tankstellen** in Bostrak.

• *Übernachten* **Vrålstad**, ✆ 35952155. Wie der Ort heißt der Besitzer dieses Hofes, der sechs „Urlaubsplätze auf dem Bauernhof" anbietet: In einem Stabbur-Loft kann man für 450 NOK wohnen.

Eie, Henneseid, ✆ 35995638. Im Südteil des Tals und unweit einer Skiloipe oberhalb des Nedre Toke gibt es in zwei alten, urigen Häusern 15 Schlafplätze zum Wochenpreis von 1.500–2.000 NOK.

• *Camping* **Voje Camping**, ✆ 35956677. 5 km südlich vom Ort Drangedal liegt dieser Zwei-Sterne-Platz an der RV 38. Der trotz seiner Einfachheit ausreichende Platz mit guten Sanitäranlagen, Spielplatz und Bootsverleih bietet sechs unterschiedlich gute und große Hütten ab 400 NOK an.

Frednes Camping, 3 km westlich des Ortes liegt am kleineren Bjørvann-See dieser Platz mit wenigen Hütten ab 350 NOK.

• *Essen* **Gautefallheia**, gut essen kann man im ganzen Tal nur hier, am Skizentrum von Gautefall (Rentiersteak zu 220 Kronen).

Gatekjøkken, Hausmannskost gibt es im Familienlokal an der Hauptstraße im Ort Drangedal.

Gulliks Kafé, im großen Café am Drangedal-Strand gibt es neben guten Kuchen auch Snacks (ab 40 NOK) und andere Kleinigkeiten.

• *Baden* Am oberen (**øvre**) wie unteren (**nedre**) **Tokesee**, aber auch am Bjørvann kann man überall gut baden. Ausgewiesene Badeplätze mit Imbissbude und Toiletten findet man in **Sandvik** am Bjørvann und in **Sandvann** (nahe Straume) am Ende des Øvre Toke.

Der Hårteigen: Höhepunkt und Wahrzeichen der Hardangervidda

Hardangervidda

Telemarks Norden wird von der Hardangervidda gebildet. Europas größte Bergebene mit Norwegens beliebtestem und größtem Nationalpark ist längst auch eines der populärsten Urlaubsgebiete Skandinaviens.

Die Ebene voller Seen und Moore liegt auf einer Höhe zwischen 1.200 und 1.400 m, also über der Baumgrenze von 1.100 m. Nur wenige Gipfel überragen die Hochebene etwas: der **Hårteigen** (1.691 m) im Westen und der **Hallingskarvet** (1.933 m) oder Gletscher wie der **Hardangerjøkulen** (1.876 m) im Norden.

Im Osten wird die Vidda flacher, während sie im Westen gebirgig und steil ins Fjordland abfällt. Mächtige Wasserfälle prägen hier das Landschaftsbild. An den Abhängen des Westens sammeln sich die Wolken der atlantischen Tiefausläufer, was dem Westteil der Vidda deutlich mehr Regen beschert. Der Südwestrand der Vidda zählt mit 1.000 mm Niederschlag zu den regenreichsten Gegenden ganz Europas. Das Thermometer klettert selbst im Juli und August selten über zehn Grad, wobei der allzeit heftige Wind das Wetter noch garstiger erscheinen lässt.

Gleichwohl wachsen auf der Hardangervidda rund 450 Pflanzenarten, von denen 100 nur hier vorkommen. 28 Säugetierarten leben auf dem Plateau, darunter gut 10.000 wilde Rentiere – im Gebiet von **Sandhaug** und **Haukeli** hat man am ehesten Aussichten, die flinken Tiere vor die Linse zu bekommen.

Auch wenn die Vorstellung reizt: Vor Ihnen waren doch schon andere Menschen da. Das 1.200 km lange Netz von Wanderwegen basiert auf alten Routen (*slepene*) der Hirten und Händler – an den tiefen Furchen gerade auf

Moränenuntergrund sind sie noch gut zu erkennen. Auch die Steinhaufen am Wegesrand, die *varpen*, sind Wegweiser aus vergangenen Jahrhunderten. Und selbst die Überreste primitiver Unterstände stammen aus einer Zeit, als die Fremdenverkehrsvereine aus Bergen und Drammen sich noch nicht um Touristen sorgten.

Heute stehen 35 Hütten (davon sind 25 bewirtschaftet) mit über 1.000 Betten für Wanderer zur Verfügung. Schlüssel für die verschlossenen Hütten gibt es nur für DNT-Mitglieder (vgl. „Übernachten", S. 75) in benachbarten, bewirtschafteten Hütten.

Dass das 9.000 qkm große Hochfjellplateau (zwölfmal so groß wie der Schwarzwald) derart beliebt bei Wanderern und Skiläufern ist, liegt auch an der vortrefflichen Verkehrsanbindung: an ihrer südlichen Grenze verläuft die E 134, im Norden die E 7 und die Bahnlinie Oslo–Bergen. In ihrem Kerngebiet ist die Hardangervidda aber ein noch unberührtes, straßenloses Naturreservat.

Anfahrt von Süden über die Europastraße 134

Die Annäherung über die E 134 ist für viele meist nur eine Hardangervidda-Schnuppertour: Die Europastraße wird als Passage zum Hardangerfjord genutzt und lässt trotz einiger Highlights die Vidda rechts liegen.

Über Kongsberg, Notodden und Seljord schiebt sich die E 134 an die Hochebene heran. Die Weiterfahrt zum Verkehrsknotenpunkt **Åmot**, der ursprünglich **Øtre Vinje** nach dem hier geborenen Dichter *Aasmund Vinje* hieß, und ins 40 km entfernte Haukeligrend ist sehr zügig und ohne Sehenswürdigkeit zu bewältigen.

Haukeligrend

In dem Kreuzungspunkt wimmelt es von Souvenirläden und Ferienhütten. Der Eingang zum Haukelifjell und zum Hardangervidda-Wandergebiet kündigt sich an.

In Haukeligrend liegt die Abfahrt ins Setesdal, und hier beginnt die Landstraße 362 (später RV 37) als Nebenstrecke nach Rjukan. In diesem „Knotenpunkt" finden Sie die letzte Tankstelle vor dem Fjordland und die letzte Einkaufsmöglichkeit vor dem Fjellübergang. Über den wenigen Hausdächern erhebt sich schon der **Berunuten** (1.287 m), die häufig noch im Sommer schneebedeckte, erste Höhe der Hardangervidda. Trotz aller Geschäftigkeit lässt der Ort etwas von der Majestät der großartigen Natur direkt hinter dem letzten Haus erahnen.

• *Information* **Haukeli Turist Information**, ✆ 35070367, 📠 35062630. Im Haukeli Motell (s. u.), vom 20.6. bis Mitte August täglich entsprechend der Öffnungszeit des Hotels.

• *Busverbindungen* Durch drei Überlandlinien ist die Anbindung perfekt: 2 x täglich wird die Südküste via Setesdal bedient (Zielorte: Arendal oder Kristiansand), 2 x pro Tag hält zudem der Bus von Oslo (7 Std.) nach Bergen (6 Std.), der quer durch Telemark und Fjordland düst (um Ostern gibt es Sonderbusse).

• *Adressen* Im Haufendorf liegt alles im Einkaufszentrum beisammen: **Post**, **Polizei**, **Apotheke**, **Supermärkte**, **Sportläden**, **Tankstelle** und **Telegrafenamt**.

• *Übernachten* **Botn Skystasjon**, ✆ 35070535, 📠 35070583. Das sehr hübsch zwischen zwei Seen, aber unmittelbar an der Straße (5 km westlich von Haukeligrend) gelegene Hotel

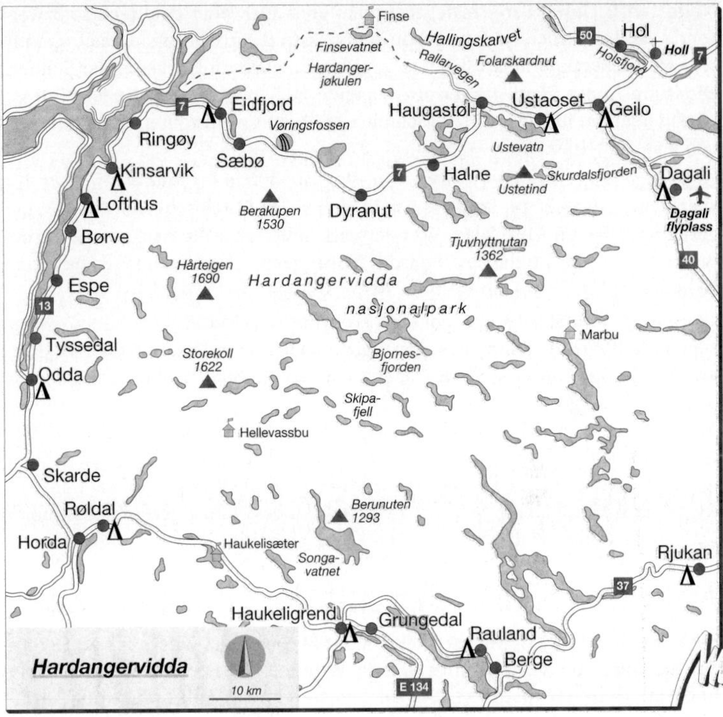

vermietet neben einfachen Zimmern 20 ansprechende Hütten zu 400–600 NOK. DZ 850 NOK, EZ 550 NOK.

Haukeli Motell, Edland, ☏ 35070214, ℻ 35070488. Das Hotel an der Hauptstraße mit Pub und Restaurant ist idealer Anlaufpunkt für Busreisen. Wen der damit verbundene Trubel nicht stört, der findet 22 sachlich möblierte Zimmer sowie einen Pub mit Restaurant im stilvollen Holzhaus. DZ 780 NOK, EZ 620 NOK.

Vågslid Høgfjellshotel, Vågslid, ☏ 35070585, ℻ 35070572. Modern und durch seine Grasdächer erkennbar, besticht das Hotel in Telemarks höchst gelegenem Ort (6 km westlich von Haukeligrend) durch Lage und Preis, verliert aber bei Küche und Service. DZ 1.050 NOK, EZ 780 NOK. Mai und Oktober geschlossen.

Haukeliseter Fjellstue, ☏ 35062277, ℻ 35062778, www.haukeliseter.no. Noch schönere Aussicht, noch hübschere Hütten, aber weitere 5 km gen Westen. Die in ganz Norwegen berühmte Anlage ist eine vom Wanderverein Stavanger betriebene Hüttensiedlung mit 120 Jahre alten, kunstvoll verzierten Holzhäusern, in denen sich schon Fritjof Nansen auf seine Expeditionen vorbereitete. Für einen solchen Ruf, der bekanntlich „Geld wert" ist, sind die Preise für die 42 urigen Zimmer erstaunlich niedrig. DZ 1.005 NOK, EZ 725 NOK (mit Frühstück).

• *Camping* **Velemoen Camping**, Edland, ☏ 35070109, ℻ 35070215. Der nur kleine Zwei-Sterne-Platz bietet ausreichenden Service und 14 gute Hütten ab 400 NOK an. 15.5.–15.9. geöffnet.

Tallaksbru Camping, ☏ 35070172. Am Abzweig der Setesdal-Straße liegt dieser Zwei-Sterne-Platz am Flussufer. Sein Plus sind zehn grasgedeckte Drei-Sterne-Hütten, die ab 500 NOK zu mieten sind.

Seim Camping, ☏ 53647371. Familie Seim bietet im Røldal (s. u.) einen kleinen, feinen Platz mit 20 Stellplätzen und vier Hütten (ab 400 NOK). Badeplatz, Bootsverleih, Angelkarte. Am meisten gelobt aber werden die jüngst renovierten Sanitäranlagen.

▸ **Weiterfahrt**: Durch den Prestegårdtunnel oder auch über eine rechts abzweigende, landschaftlich großartige Umgehungsstraße erreicht man das romantische **Haukeliseter**. Tatsächlich liegt hier häufig noch im Hochsommer Schnee: Die 3 km hinter Haukeliseter abzweigende Höhenstraße **Midtfjellsvollen** ist häufig noch im Juli gesperrt. Gespanne und Wohnwagen sollten die Straße ohnehin stets meiden.

Über enge Kehren geht es sodann von 1.000 auf 400 m ins **Røldal** hinunter. Im gleichnamigen Dorf am Røldalsee steht eine kleine **Stabkirche** aus dem 13. Jh., deren Kruzifix im Mittelalter Wunder wirkende Heilkräfte nachgesagt wurde. Bis ins 16. Jh. war Røldal das „Lourdes Norwegens", als unzählige sieche Kranke in der Hoffnung auf ein Wunder zu der kleinen Kirche wallfahrteten.

4 km hinter Røldal trifft man auf eine Kreuzung bei **Horda**: Nach Süden zweigt zuerst die RV 13 via Sand nach Stavanger ab, kurz dahinter führt die sehr enge Landstraße 520 (für Gespanne gesperrt, für Wohnmobile problematisch) nach Sauda und Haugesund.

Auch bei der Weiterfahrt auf der E 134 über das Røldalsfjell durch abgasvergiftete Tunnels (vorab die Autofenster schließen) bleibt Ihnen die Entscheidung nicht erspart: Die E 11 knickt nach Südwesten und **Haugesund** ab, während RV 13 nach Norden zum Sørfjord, dem Südarm des Hardangerfjords, und über Odda ins schöne Ullensvang und nach Kinsarvik führt.

Anfahrt von Norden mit der „Bergensban"

Bei Finse, mit 1.222 m höchste Station der Bergensban, wird noch zu Ostern der Schneepflug vorgespannt – kein Wunder bei Europas längster und höchster Gebirgszugstrecke. Die Bergensban ist ein Muss nicht nur für Eisenbahnfans, und das gilt noch mehr für einen Ausflug mit der „Flåmsban".

Recht harmlos fängt die Tour, die siebenmal täglich Norwegens Hauptstadt mit Bergen verbindet, in Oslo an. Doch die zunächst öde, dicht besiedelte Landschaft wird bereits im Hallingdal abgelöst von dichten Wäldern und ruhigen Seen, die bald in die tundragleiche Hochfläche der Hardangervidda übergehen. Die komfortable Sieben-Stunden-Reise bis nach Bergen wird immer wieder unterbrochen von Tunnels und Brücken und niedlichen Bahnhöfen: **Gol**, **Torpo** und **Geilo** sind die ersten auf dem Plateau.

Dann aber verlässt die Bahnstrecke den Lauf der Straße und biegt in das unzugängliche **Hallingskarvet** ein, klettert auf über 1.200 m und erreicht das straßenlose Dorf Finse.

Finse

Der Ort am Finsesee ist ein Traumziel für Skilangläufer, Mountainbiker und Wanderer, die zum Hardangerjøkulen, dem Gletscher auf der Ebene, laufen oder den Rallarvegen entlangradeln.

Eine Handvoll Hütten, ein kleiner Laden, eine DNT-Unterkunft (✆ 56526732), der Bahnhof und ein kleines Bahnmuseum (Juni–September täglich von 11–19 Uhr, Eintritt 15 NOK) – das ist Finse. Und nur ein Hotel mit dem einzigen Restaurant im Ort.

Radwanderers Rast oberhalb von Haukeliseter

• *Übernachten* **Finse 1222**, ✆ 56527100, www.finse.no. Das 60-Zimmer-Hotel vermietet auch winterfeste Hütten und Appartements mit Küche. Ansonsten fällt an dem Mittelklassehotel nur seine ungewöhnlichen Öffnungszeit auf: Es ist das ganze 4. Quartal im Jahr geschlossen. DZ 1.750 NOK, EZ 1.350 NOK.

In Finse steigen Extrem-Wanderer aus, die in sieben Tagen nach Haukeliseter marschieren, aber auch Radfahrer, die hier zu einer der schönsten Radwanderungen starten können.

Biketour auf Rallarvegen: Von Juli bis September ist der Weg befahrbar, allerdings der Schotterpisten wegen nur mit einem geländegängigen Rad. Von Haugastøl an der E 7 bis Flåm sind es 91 km, die man um die Hälfte reduziert, wenn man die Tour in Finse beginnt.

Selbst im Sommer knirscht noch Schnee unter den Reifen, wenn man über Rallarvegen von Finse nach Flåm oder auch weiter radelt. Der Rallarvegen, ein um die Jahrhundertwende als Versorgungsweg für die *Rallare* (Wanderarbeiter, die an der Bergensban bauten) angelegter Pfad, wurde vom norwegischen Jugendherbergswerk für Radfahrer hergerichtet.

Hinunter zum **Låghellervann** sollte man wegen des Gerölls bedächtig fahren. Hinter **Hallingskeid** (abgeschlossene DNT-Hütte) und einer Eisenbahnunterführung geht es steil hinab in die **Kleivaschlucht** und durch das **Molåtal** nach Myrdal. Mit einem Gefälle von 1:6 und über sieben Serpentinen führt nun die steile, schlottrige Abfahrt längs der Flåmban nach Flåm. Schonen Sie die Bremsen und genießen Sie die tolle Sicht.

Wir empfehlen jetzt die Bahnrückfahrt nach Myrdal (s. u.). Man kann aber auch gut via Aurland und mit der Kaupanger-Fähre nach Jotunheimen oder zurück nach Telemark fahren.

Ostern in Finse: Norweger haben nie genug vom Schnee

Wanderung nach Geilo: 3-Tage-Wanderungen wie diese finden sich sonst nicht in diesem Buch. Aber zum einen ist diese Tour tage- und abschnittsweise machbar, zum anderen gibt es auf der Hardangervidda keine kurzen Wanderungen.

Die 28-km-Tour der ersten Tagesetappe dauert gut sechs Stunden, denn mehrere Anstiege, darunter ein sehr steiler Weg, warten auf die Wanderer. Sie starten am Ostende des Finsesees, nutzen einen Damm für dessen Überquerung und steigen in südöstlicher Richtung gemächlich den **Hansbunut** (1.476 m) hinauf, wobei drei Wasserläufe gekreuzt werden.

Die markierte Route fällt zum **Hansbunutsee** hinab, an dessen Nordufer unser Weg entlangführt. Nun folgen zwei Aufstiege: zuerst zum **Jøkleelvi**, dann steiler auf den **Krobuhalsen**. Beim Abstieg zwischen zwei kleinen Seen finden Sie eine Brücke, hinter der die Larsbu-Jagdhütte steht. Ein kleiner Kamm folgt noch, und das Tagesziel **Kraekkja-Turisthytte** ist erreicht.

Die zweistöckige DNT-Hütte auf 1.160 m Höhe ist bewirtschaftet und vermietet 85 Schlafplätze. Für den Weiterweg gibt es drei Möglichkeiten: Sie gehen zurück, oder Sie folgen der unbefestigten Straße zur Bahnstation **Haugastøl** (12 km, 2,5 Std.), oder Sie laufen als zweite Tagesetappe von 18 km und 3,5 Std. weiter zur **Tuva-Turisthytte** (1.200 m). Der bestens markierte Weg ist vergleichsweise einfach. Auch diese 20-Betten-Hütte ist bewirtschaftet, allerdings nur im März/April und im Juli/August.

Wieder gibt es eine Alternative für den Weiterweg: Entweder nutzen Sie die 8 km lange Strecke nach Norden zur Bahnlinie bei Ustaoset oder den weit ausholenden, gut markierten Weg (16 km, 4 Std.) nach Geilo, wo Sie für die Rückfahrt den Zug benutzen können.

Myrdal

Viel mehr als den Bahnhof hat Myrdal nicht aufzuweisen. Aber als Endstation der berühmten Flåmsban (vgl. S. 375) und als Umsteigebahnhof hat das Nest eine gewisse Bedeutung. Bereits von hier aus kann man in das Flåmdal schauen und auch fahren (unser Tipp: warten Sie lieber bis Voss). Dennoch kann man einen Zwischenstopp einlegen und hier übernachten.

• *Zugverbindungen* 10 x täglich zwischen Mai und September (aber nur 4 x von Oktober bis April) fährt die Flåmsban die 55-Minuten-Strecke. Wer gleich in die Bergensban umsteigen mag, sollte von Flåm aus die Mittagsabfahrten (11.25; 12.40; 15.10; 15.45 Uhr) nutzen, denn dann erreicht man die Anschlüsse nach Bergen (16.24 und 19.54 Uhr) und nach Oslo (16.58 und 17.33 Uhr) gleichermaßen.

• *Übernachten* **Vatnahalsen Nye Høyfjellshotel**, ✆ 57633722, www.vatnahalsen.com. Das schmucke Berghotel mit Bistro, Tanzbar und gutem Mittelklasseservice bietet zudem eine Sauna und Fahrradverleih. EZ 785 NOK, DZ 1.090 NOK, jeweils mit Frühstück (ganzjährig geöffnet).

Voss

Der geschäftige Touristenort hat auch deshalb so wenig Anheimelndes, weil er neu aufgebaut wurde. Ein deutsches Bombardement zerstörte 1940 zwei Drittel der Bausubstanz. Was neu gebaut wurde, verströmt den Charme der biederen Nachkriegszeit.

Geblieben ist dem 7.000-Einwohner-Dorf aber seine wunderschöne Lage am See, umrahmt von bewaldeten Höhen, die im Winter zum Skilauf, im Sommer zum Wanderausflug einladen. So z. B. der knapp 700 m hohe Hausberg **Hangursnolten**, auf den eine Seilbahn führt. Die Talstation liegt oberhalb des Bahnhofs (15.6.–15.9. mehrmals täglich, 75 NOK). Eine Bergstation mit Cafeteria und Terrasse lädt zum Verweilen ein. Nicht nur für Skifahrer lohnt dann die Weiterfahrt im Sessellift mit einem anschließenden Spaziergang auf den Gipfel.

Information/Verbindungen/Adressen

• *Information* Das **Turistkontor**, ✆ /℻ 56520800, www.visitvoss.no in der Uttrågata, bietet u. a. Wanderpläne für die Umgebung und Tickets für die Seilbahn. Mo–Fr 8–15.30 Uhr, zwischen Juni und August bis 19 Uhr und Sa/So 14–19 Uhr.

• *Busverbindungen* Zwei Fernbuslinien halten tägl. vor dem Bahnhof: Oslo–Bergen, um 20 Uhr in Richtung Bergen (50 Min.), um 8.50 Uhr nach Oslo (8 Std.), sowie Lillehammer–Bergen. Zudem fahren Lokallinien nach Gudvangen (5 x) und Granvin (3 x).

• *Zugverbindungen* 5 x täglich fährt die Bergensban zwischen 7.21 und 0.18 Uhr.

• *Adressen* In der Bahnhofstraße finden Sie alles Nötige: **Supermärkte**, **Apotheken**, **Ärzte** und **Telegrafenamt**. **Post** in der Skulegate, **Bank** in der Vangsgate, **Taxi** am Bahnhof.

• *Wichtige Telefonnummern* **Polizei**, ✆ 565 13100; **Notarzt**, ✆ 56513000.

Übernachten/Essen & Trinken

• *Übernachten* **Voss Vandrerhjem**, ✆ 56512017/2205, www.vandrerhjem.no. Rechts vom Bahnhof und direkt am See bietet die neue Jugendherberge 40 angenehme Zimmer, ansonsten ungewöhnlichen Service (Sauna, Pool). Bett 215 NOK, EZ 445 NOK, DZ 590 NOK (Frühstück inkl.). November, Dezember lgeschlossen.

Voss Sommarhotell, ✆ 56514842. Die roten Häuser mit einer großartigen Aussicht be-

Südnorwegen – Das Landesinnere

herbergen 36 recht angenehme Zimmer (WC/Du). Dass in dem nur im Sommer geöffneten Hotel auch Kurse und Seminare stattfinden, stört niemanden. DZ 980 NOK, EZ 550 NOK.

Hotel Jarl, ✆ 56519900, www.jarlvoss.no. Ein moderner Vier-Etagen-Bau ohne architektonischen Schick, aber mit gutem Service, gutem Restaurant und Schwimmbad. EZ 895 NOK, DZ 1.350 NOK.

Fleischer's Hotel, ✆ 565120500, www.fleischers.no. Zwischen See und Gleisen liegt dieses Holzpalais aus längst vergangener Zeit. 1889 im Schweizer Stil mit zig Türmen, Spitzen, Erkern und Balkonen erbaut, 1993 allerdings stilbrüchig erweitert, zählt das traditionelle Haus, mittlerweile in vierter Generation von der Familie Fleischer bewirtschaftet, zu den „Romantischen Hotels" in Norwegen, was immer schon ein Gütesiegel ist. Trotz seiner stolzen Vergangenheit bietet das Hotel jeglichen Service und ist nicht einmal teuer. Wenn auch erkennbar in die Jahre gekommen, ist es einfach schön. EZ 745 NOK, DZ 1.145 NOK. (Das Hotel vermietet auch Appartements – sehr viel neuer und sachlicher als das Traditionshotel – zu 990–1.580 NOK).

Park Hotel Vossevangen, ✆ 56511322, www.parkvoss.no. Von den 100 Zimmern (Du/WC, TV und Telefon) sollten Sie sich eins mit Balkon zum See geben lassen; ansonsten können Sie in dem modernen Zentrumshotel nicht danebenliegen, es sei denn, es stört Sie die hauseigene Diskothek Pentagon. EZ ab 875 NOK, DZ ab 1.200 NOK. (spezielle Angebote an Sommer-Wochenenden).

• *Camping* **Voss Camping**, ✆ 56511597, www.vosscamping.no. Der große Platz am See und trotzdem im Ortskern ist perfekt ausgestattet, vermietet kleine Hütten ab 400 NOK (Zelt 110 NOK, Wohnmobil 130 NOK) und hat das Freibad gleich nebenan.

Flatlandsmo Camping, ✆ 56517808. Ca. 12 km von Voss entfernt an der RV 13 liegt der Zwei-Sterne-Platz sehr idyllisch am Monsvatnet. Im ausreichenden Angebot sind auch 12 Hütten ab 400 NOK.

• *Essen* Sehr gut essen können auch Nichthotelgäste im Park Hotel (**Stasjon** heißt das auf Bahnhof getrimmte Lokal) und in Fleischer's Hotel. Ansonsten gibt es Fast Food in der Bahnhofstraße; **Kjappen** im Hestavangen 4 und **Stallen** gegenüber vom Bahnhof für jugendliche Pizza-Freunde.

Sport

• *Im Winter* Voss blickt auf eine lange Skisporttradition zurück. Bereits 1877 fand das erste Abfahrtsrennen statt, und in den 70er Jahren des 20. Jh. gab es sogar Worldcuprennen – „Goldrosi" *Rosi Mittermaier* gehörte zu den ersten Siegerinnen.

Das Skigebiet verfügt über 14 meist mittelschwere, aber auch zwei sehr anspruchsvolle Pisten von insgesamt 23 km Länge und zwölf Lifte am **Hangurstoppen** oder **Bavallsheisen** (Ausschilderung). Skiverleih und Skischule befinden sich im Ort; die Lifttageskarte kostet 400 NOK.

Demgegenüber nehmen sich die nur 14 km markierten Loipen (50 % mit Flutlicht) für norwegische Verhältnisse eher bescheiden aus. Skikanonen übrigens kann Voss nicht aufweisen. Von Ende November bis Mitte April wird aber eine Schneedecke von meist mehreren Metern garantiert.

• *Im Sommer* Das Angebot ist vielfältig. Die meisten Ausrüstungen kann man vor Ort leihen, sodass man auch als weit angereister Tourist nicht alles mitschleppen muss.

Bootfahren: Verleih von Ruder-, Motor- und Tretbooten am Voss-Camping.

Radfahren: Sie können am Voss-Camping ein Fahrrad leihen und z. B. den herrlichen Ausflug nach Gudvangen und Flåm (s. u.) per Zweirad meistern.

Sehenswertes

Voss Folkemuseum, Mølstervegen 143: Der stilecht erhaltene Bauernhof mit 16 Häusern lohnt schon den 2 km langen Anstieg zu Fuß (3,5 km mit dem Auto) auf den Hang über dem Dorf. Erst recht die Aussicht über Voss und das Tal rechtfertigt die Mühe. Im modernen Museumstrakt neben dem Freilichtmuseum werden wechselnde Ausstellungen und im Sommer folkloristische Aufführungen gezeigt – und eine Cafeteria lädt zur Pause ein.

Öffnungszeiten Mai–September täglich 10–17 Uhr; sonst Mo–Fr 10–15 Uhr, So 12–15 Uhr. Eintritt 50 NOK, Kinder 25 NOK.

Finnesloftet, Finnevegen: Auch das älteste Profangebäude Norwegens, den zweistöckigen Finnesloftet aus dem Jahre 1250, der sich noch immer in Hanglage 1,5 km westlich von Voss erhebt, sollten Sie sich nicht entgehen lassen. Das Gebäude wurde innen und außen schön restauriert.

Öffnungszeiten Mai–August täglich „auf Zuruf".

Dagestadmuseet, Helgavangen 52: Möbel mit Rosenmalerei und Schnitzarbeiten des Kunstschreiners *Magnus Dagestad* (1865–1957) sind wohl eher für Liebhaber interessant. Die aber kommen hier auf ihre Kosten.

Öffnungszeiten Juni–August täglich 11–14 Uhr Mo geschlossen, Eintritt: 40 NOK, Kinder gratis.

Abenteuer Flåmsban

Nur 150 Kronen kostet die 20 km lange Fahrt auf dieser fantastischen Strecke, die manche zur schönsten Europas erklären.

Durch 20 Tunnels und mit 5 % Steigung schraubt sich die Bahn in 55 Minuten 868 m hoch – Europarekord! Verbunden mit der atemberaubenden Busfahrt nach Gudvangen und dem großartigen Törn durch den Nærøyfjord und später den Aurlandsfjord ist dieser Tagesausflug ein Abenteuer der besonderen Art.

Start ist in Voss am Bahnhof. Der erste Bus nach Gudvangen (verkehrt mehrmals täglich, 92 NOK) ist genau richtig, um rechtzeitig das Schiff zu erreichen. Die Schwindel erregende Abfahrt vorbei am Tvinnefoss wird nur noch im Sommer und nur für Touristen gewagt; Stalheimskleiva heißt das steilste Straßenstück Norwegens (hinten im Bus einsteigen) mit 13 Haarnadelkurven und 350 m Höhenunterschied auf nur 1,5 km. Ein geschwindigkeitsfördernder Tunnel ist längst entstanden (für Radfahrer bleibt der Tunnel gesperrt und mithin die viel schönere Abfahrt als Alternative).

Lawinenschutz auf Europas steilster Schiene

In **Gudvangen** wartet die regelmäßig verkehrende Autofähre Gudvangen–Laardal (über Aurland/Flåm, 4x täglich) für 417 NOK nach Laardal, für 467 NOK nach Kaupanger (jeweils Pkw plus Fahrer). Wir aber empfehlen den romantischeren Törn mit der *Fjordlady*: Immer um 12.30 Uhr (von September bis April nur am Wochenende) startet die familiäre Passagierfähre gleich neben dem Fähranleger für 320 NOK pro Person nach Flåm, wo sie gegen 13 Uhr anlegt. Die Fahrt ist ein berauschender Trip durch einen der engsten Fjorde Europas, den

Nærøyfjord. Der Arm des mächtigen Sognefjords erreicht an manchen Stellen gerade 250 m Breite, umrahmt von bis zu 1.700 m hohen Felswänden – wahrscheinlich die schönste der vielen schönen Fjordfahrten in Norwegen.

Mit ein wenig Zeit in Gudvangen sollten Sie sich am Fähranleger das *Euro Gudvangen Fjordtell* nicht entgehen lassen, eines der originellsten Hotels des Landes – das vollständig verglaste Restaurant am Fjordende mit originellen Appartements im Wikingerstil: Man schläft unter gekreuzten Holzschwertern und bewundert durch das Dachfenster die Steilwände des Fjordufers.

Euro Gudvangen Fjordtell, ✆ 57633980, www.eurohotels/gudvangen.no. EZ 700–900 NOK, DZ 800–1.150 NOK.

Wer auf das Auto nicht verzichten mag oder kann, erreicht Flåm von Gudvangen aus mittlerweile auch durch Nordeuropas einst längsten Autotunnel – 11,4 km auf einer nagelneuen Straße (E 16) unter dem 1.761 m hohen **Stiganosi** hindurch. Insgesamt passiert man vier Tunnels, von denen zumindest die beiden ersten sehr rauchig sind.

„Norway in a nutshell"

... „Norwegen in einer Nussschale" oder „La Norvège en miniature" heißt die oben beschriebene Rundfahrt, wenn man sie als Pauschalreise bucht. Sie kann von Oslo oder Bergen organisiert werden, als Tagestörn oder mit Übernachtung (die muss man aber selber zahlen). Buchen kann bei www.fjordtours.no, auf jedem norwegischen Bahnhof sowie bei den Touristbüros in Myrdal, Flåm, Bergen und Oslo. Die Preise reichten 2006 von 950–1.835 NOK für den Ein-Tages-Tripp.

Flåm

Mit der Beschaulichkeit des Ortes ist es vorbei, seit Kreuzfahrtschiffe den Nærøy- und Aurlandsfjord entdeckten.

Gleichwohl besticht Flåm immer noch durch seine hübsche Lage am Fjordufer. Eigentliche Attraktion des kleinen Nestes, das einige Einkaufsmöglichkeiten und schöne Cafés zu bieten hat, ist jedoch die Flåmsban.

Die 13.50-Uhr-Ankunft der *Fjordlady* (s. o.) in Flåm lässt Zeit bis zur nächsten Abfahrt der Flåmsban: 15.52 Uhr, Ankunft in Myrdal um 16.45 Uhr (insgesamt 10 Abfahrten täglich im Sommer, vier im Winter). Dennoch sollten Sie rechtzeitig am Zug sein: Die Enttäuschung der im Sommer jeweils über tausend Fahrgäste pro Zug ist riesengroß, wenn sie das großartige Panorama nur aus der zweiten Reihe erleben (175 NOK einfache Fahrt, 275 NOK hin und zurück).

Die 1935–38 gebaute Flåmsban dient heutzutage nur noch dem Tourismus. Deshalb rattert die Speziallok mit fünf Wagen, jeder mit eigenem Bremssystem, auch nur langsam durch die 20 Tunnels und sechs Lawinengalerien, verlangsamt den Aufstieg an besonders schönen Aussichtspunkten und bleibt am 200 m hohen **Kjosfossen** sogar stehen. Nach 55 Minuten sind Myrdal und die Bergensban erreicht. Um 16.58 bzw. 17.33 Uhr fahren die nächsten Züge in Richtung Oslo, um 16.24 bzw. 19.54 Uhr in Richtung Bergen. Und wem die

Wartezeit zu lang wird, findet am Bahnhof ein winziges Eisenbahnmuseum oder neben der Liegewiese einen Kanuverleih.

• *Information* Im **Turistkontor**, ✆ /℻ 57632106, www.visitflam.no, im Bahnhof (Münzduschen und -toiletten) bekommt man die Bahn- und Fährtickets (geöffnet Juni–August täglich von 9–17 Uhr).

• *Busverbindungen* Der Fernbus Gudvangen–Aurland–Lærdal–Revsnes (mit Fähranschluss) hält 4 x täglich (2 x in jede Richtung) vor dem NSB-Bahnhof.

• *Zugverbindungen* Abfahrtszeiten und Infos zur Flåmsban, der einzigen Zuganbindung des Ortes, siehe unten.

• *Fährverbindungen* Zwei Fähren versorgen Flåm mit dem ganzen Sognefjord-Gebiet: Kystruter (Bergen–Årdalstangen) legt 2 x täglich um die Mittagszeit an; die Fähre von Flåm nach Gudvangen via Aurland 4 x täglich.

• *Adressen* Eine **Bank**, kleinere **Geschäfte** und **Cafés** (davon eines im ausrangierten Waggon) befinden sich im unmittelbaren Umkreis des Bahnhofs.

• *Übernachten/Camping* **Fretheim Hotel**, ✆ 57636300, www.fretheim-hotel.no. Dieses traditionsreiche Hotel (gute Küche) am Fjord ist nur von Mai bis Ende September geöffnet. EZ 1.020 NOK, DZ 1.250 NOK (mit Frühstück).

Flåm Camping og Vandrarheim, ✆ 57632121. Am Hang über dem Fjord und dem Bahnhof liegt dieser eindrucksvolle, überdies gut ausgerüstete Platz, der auch 14 Hütten ab 520 NOK vermietet. Kürzlich wurde die JuHe übernommen – ein schmuckes Holzhaus am Hang: EZ 250 NOK, DZ 425 NOK.

Anfahrt von Norden über die Märchenstraße

Die Europastraße von Gol zum Sørfjord, die „Hardanger-Straße", wurde von findigen Touristikmanagern auch „Märchenstraße" getauft. Tatsächlich zählt die Route zu den schönsten der typisch norwegischen Straßen und bietet alles, was Norwegen liebenswert macht: Fjorde und Gletscher, Fjelle und Wasserfälle.

Das erste Stück der Märchenstraße zwischen Gol und Geilo hat nicht viel Märchenhaftes an sich. Die breite Straße führt vorbei an der Stabkirche von **Torpo** und einer ehemaligen Stabkirche in **Ål**. Dort gibt es im Kulturhaus eine Ausstellung mit Werken des schwäbischen Grafikers *Rolf Nesch*, der die letzten 25 Jahre bis zu seinem Tod 1975 auf einem Hof bei Ål lebte. Der Weg führt weiter auf Geilo zu, eines der Wintersportzentren, das sich mit Oppland und Trysil streitet, wer denn nun die Nummer eins der norwegischen Ski-Hochburgen ist.

Geilo

Die Neubausiedlung mit 3.000 Einwohnern ist nur für Touristen da: 4.000 Hotelbetten, unzählige Ferienhütten, 18 Skilifte, nahezu 50 Pisten aller Schwierigkeitsgrade und sage und schreibe 500 km präparierte Loipen machen den Ort am Ustesee zum „Zermatt Norwegens".

In Geilo (sprich *Jälo*) geben die nordischen Wintersportler den Ton an; neben schier grenzenlosen Tourenmöglichkeiten kann man auf gut 100 km geräumten Wegen winterwandern, man kann Eis laufen, eisstockschießen, es gibt Pferde- und Hundeschlittenfahrten.

Dennoch versucht sich das 800 m hoch gelegene Geilo auch als Sommeridylle. Angler, Kanuten, Reiter und Radfahrer finden mittlerweile zahlreiche Angebote, sodass die Wintersporthochburg auch im Sommer nicht leer steht.

Geilo: ein Dorf nur für Touristen

Außer der touristischen Infrastruktur hat Geilo nicht sonderlich viel zu bieten. Zu erwähnen ist lediglich das Holzhaus-Ensemble **Geilojordet** im Zentrum des Ortes, das aus Bauernhäusern und Katen des 17. und 18. Jh. besteht, die aus dem nahe gelegenen Hallingdal stammen. Ein echtes Freilichtmuseum ist die noch im Aufbau befindliche Lage allerdings nicht, auch wenn man die schmucklosen Häuschen von innen anschauen kann (nur im Juli von 11–17 Uhr, Eintritt und Führungen kostenlos).

Information/Verbindungen/Adressen

- *Information* **Turistkontor**, im Geschäftszentrum an der Hauptstraße. ✆ 32095900, www.geilo.no. Mo–Fr 9–21 Uhr, Sa/So 9–17 Uhr.
- *Zugverbindungen* Geilo ist Mittelpunkt der Bergensban, liegt also exakt auf halber Strecke zwischen Oslo und Bergen (jeweils 3,5 Stunden entfernt). Vier Züge in beide Richtungen passieren den Ort täglich.
- *Busverbindungen* Zu Weihnachten und Ostern, der Hauptsaison in Geilo, verkehren Direktlinien von Oslo nach Geilo. Ansonsten: 2 x täglich über die Hardangervidda bis Eidfjord sowie mehrmals täglich nach Dagali und zum Ustesee.
- *Adressen* **Bank**, **Sportgeschäft**, **Supermarkt** – alles im Ladenzentrum neben der **Texaco-Tankstelle**. **Post** neben dem Ro-Kro-Lokal, dort auch ein **Telefonladen**. **Taxis** vor dem Bahnhof.

Übernachten/Camping/Essen & Trinken

- *Übernachten* **Geilo Vandrerhjem**, ✆ 32087060, www.vandrerhjem.no. Die ganzjährig geöffnete Jugendherberge, Untermieter im Oen Turistsenter (s. u.) vermietet Doppelzimmer und Einzelbetten. Bett 180 NOK, DZ 450 NOK.

Ro Hotell & Kro, ✆ 32090899, www.rohotel.no. Das zentrale Motel mit einem lärmigen Imbiss (s. u.) zählt noch zu den preiswerten Unterkünften im teuren Geilo. Die Preisgestaltung allerdings ist verwirrend: DZ 850–1.200 NOK, EZ 475–775 NOK.

Geilo Appartement Hotel, ✆ 32098300, www.geiloapartment.no. Das gemütliche Gebirgs-Appartement-Hotel – zwar im Zentrum, doch nur wenige Meter vom Lift entfernt – könnte aus der Schweiz entliehen sein; das gilt gleichfalls für Komfort und Preise. Ab 720 NOK pro Wohnung.

Vestlia Resort, ✆ 32087200, www.vestilia.no. Da stimmt alles: 160 gemütliche Zimmer, ein hervorragendes Restaurant, ruhige Lage, tolle Rundumaussicht, famoser Service (z. B. Verleih von Kanus und Fahrrädern sowie Verkauf von Angelkarten) und dann noch annehmbare Preise. DZ ab 990 NOK, EZ ab 690 NOK (Hütten ab 900 NOK).

Park Inn Highland, ✆ 32096100, www.rezidorparkinn.no. Das größte Hotel am Ort ist nicht das teuerste und bietet doch alles. Drei Restaurants, Bars und organisierte Ausflüge; Pool, Sauna und Wellness-Bereich versteht sich. DZ 1.450 NOK, EZ 1.200 NOK.

Dr. Holms Hotel, ✆ 32095700, www.drholms.com. Von draußen ein Jahrhundertwende-Gutshof, drinnen ein elegantes, fast vorneh mes Hotel. DZ 1.590 NOK, EZ 995 NOK.

Bardøla Høyfjellshotell, ✆ 32094100, www.bardola.no. Aus der Familienpension ist ein edles Berghotel mit allen Extras (Hallenbad, Tennishalle, Disko) geworden. DZ 1.700 NOK, EZ 850 NOK.

Solli Hotell, ✆ 32091111, www.sollihotell.no. Immerhin 76 Hütten unterschiedlicher Qualität und Preise (400–900 NOK) sowie 65 Zelt- bzw. Wohnwagenstellplätze vermietet das perfekt ausgerüstete Zentrum. Und obendrein noch Hotelzimmer. DZ 900 NOK, EZ 500 NOK.

• Camping **Oen Turistsenter**, ✆ 32087060, www.oenturist.no. Etwa 200 m vom Bahnhof entfernt gelegen, bietet das Ferienzentrum 29 Ferienhütten von einfach bis edel für 480–1.400 NOK. Darüber hinaus 50 Zeltstellplätze und perfekte Infrastruktur mit Supermarkt, Disko und Schwimmbad.

Geilo Camping og Hytter, ✆ 32090733, geilocamping.no. Der einfache Platz mit 200 Zelt- und 45 Wohnwagenstellplätzen verfügt über 21 teils luxuriöse Hütten für 450–750 NOK.

• Essen **Peppe's Pizza**, preiswerte Pizzen im Geschäftszentrum.

Ro Kro, Kantinencharme, Kantinengerichte und Kantinenpreise (Menü ab 90 NOK).

Alpin Café & Grill, alles wirkt rustikal in dem Lokal am Bahnhof, nur das Essen nicht. Das ist international und nicht einmal teuer. Menü ab 110 NOK. Montags geschlossen.

Le Monarque, das Edelrestaurant im Dr. Holms Hotel (s. o.) macht seinem Namen alle Ehre – in jeder Hinsicht überdurchschnittlich.

Skifahren

März–Mai ist die ideale Zeit zum Skilaufen in Geilo – Ausnahme: die Osterwoche, denn während der fünf (!) freien Tage ist ganz Norwegen auf Brettern und besetzt jedes freie Bett. Aber das sollte für Touristen kein Problem sein, denn bis in den Mai hinein ist Geilo schneesicher, die Tage sind dann überdies länger und nicht mehr so kalt wie im langen Winter.

• Ski alpin Geilo wartet mit zwei Skizentren auf, eines an jedem Ufer des **Ustevatn**, per Skitaxi miteinander verbunden. Das größere der beide Areale erstreckt sich über mehrere Gipfel oberhalb des Ortes – der **Gullsteinhovda** (1.109 m) mit vier mittelschweren bis schweren Abfahrten und der **Geilohovda** (1.082 m) mit einem Dutzend abwechslungsreicher Wedelstrecken, von der harmlosen Anne-Loypa bis zur tiefschwarzen Ola-Loypa.

Das **Vestilia-Skisenter** auf der anderen Seeseite bietet zehn familienfreundliche Waldabfahrten. Alle Strecken beginnen an der Bergstation und finden an der Talstation wieder zusammen. Könner bevorzugen die Directissima unterhalb der Lifte, Anfänger wählen die weit ausholende Bjørne-Loypa.

• Langlauf Auch Loipenfans nutzen die Lifte, denn der Großteil schöner Touren startet auf dem Kamm des **Geilohovda**, z. B. die Loipe zum **Hallingskarvet** (1.933 m, hin und zurück 15 km) oder die Tour zum, auf oder um den **Ustetind** (1.376 m). Eine anschauliche Skitourenkarte erhält man im Turistkontor.

• Preise Es gibt drei Skischulen in Geilo (Wochenkurs ab 1.100 NOK), Skiverleih (z. B. bei **Geilo Sport**: Langlaufausrüstung 650 NOK/Woche, Alpinausrüstung 800 NOK/Woche) und Skipässe (im Turistkontor: Tagespass 310 NOK, Wochenpass 1.375 NOK).

Weitere Sportmöglichkeiten

• *Angeln* Keine tollen Möglichkeiten, aber machbar im **Ustedalsfjord** – Angelkarten auf Campingplätzen, im Vestlia Resort sowie im Turistkontor.

• *Kanufahren* Auch für nicht geübte Fahrer ein Vergnügen auf dem langen, streckenweise schönen und unproblematischen Ustedalsfjord. Verleih (230 NOK/Tag) im **Vestlia Resort**. Auch Raftingtouren sind zwischen dem 15.5. und dem 30.9. im Angebot (650–850 NOK). Information unter ✆ 32093820.

• *Orientierungslauf* Querfeldeinrennen nach Karte werden vom örtlichen Sportverein zwischen Juli und September organisiert. Die Rundkurse zwischen 2 und 7 km werden wöchentlich neu festgelegt. Karten gibt es beim Turistkontor.

• *Radfahren* Schön, aber stressig, weil es zu der stark befahrenen und tunnelreichen RV 7 Richtung Eidfjord kaum eine Alternative gibt (s. aber „Rallarvegen-Tour", S. 371). Fahrradverleih im **Vestlia Resort** und im **Intersport-Shop** (250 NOK/Tag).

• *Reiten* Das Turistkontor vermittelt geführte Reittouren zweier Anbieter. Wochentrips über die **Hardangervidda** mit Übernachtungen in DNT-Hütten oder auch Tagestouren um den **Ustevatn** (zwischen 400 und 3.500 NOK).

• *Tennis* Spielmöglichkeiten in den Hotels Bardøla und Vestlia.

• *Wandern* Überall und in jeder Größenordnung möglich (sehr empfehlenswert ist „Tur- og Fritidskart", erhältlich beim Turistkontor). Zum Beispiel: Ein längerer Spaziergang zum **Ustevatn** (2 Std.), zur **Tuvaseter** (5 Std.) oder zur **Prestholdseter** (3 Std.). Besonders beliebt sind **Gletscherwanderungen**, die zwischen Juli und September immer Di, Do und Sa angeboten werden. Informationen und Tickets (zwischen 455 und 555 NOK pro Tour) beim Turistkontor.

Ausflüge zu den Wasserfällen

Die Fahrt zu Norwegens spektakulärsten Wasserfällen lässt sich – vom Turistkontor organisiert – per Bus oder individuell per Mietwagen bzw. Mietrad machen. Allerdings sind es knapp 80 km bis zum **Vøringfossen.**

18 km vor Eidfjord am Einstieg des Abstiegs durch das **Måbøtal** fällt Norwegens fünfthöchster und spektakulärster Wasserfall 145 m tief ins Tal. Über eine Nebenstraße (1 km hinter Fossli) gelangen Sie an die Kante des **Vorigfossen**, von dem einige Betrachter derart beeindruckt sind, dass sie ihn flugs und falsch zum größten Wasserfall Skandinaviens erklären (die beste Aussicht aber haben Sie von der Plattform des Fossli-Hotels – die 20 Kronen für den Parkplatz sind gut angelegt).

Wen der Vøringfossen am Taleingang Lust auf noch mehr Wasserfälle gemacht hat, fährt in **Saebø** (auf einigen Karten auch „Øvre Eidfjord") an der Mündung des **Bjoreia** in den Eidfjord 7 km auf einer engen Nebenstraße nach Hjølmo, um dort zunächst den **Vedalsfossen** (mit 650 m nun wirklich Norwegens größter Wasserfall) und später den **Valurfossen** (272 m hoch) zu erleben. Dafür braucht man aber gute Nerven (als Autofahrer) und gute Wanderschuhe (als Läufer nämlich muss man die letzten 30 Minuten von Hølmoberget nach Viveli wandern, um dort auf den Valurfossen zu treffen).

Umgebung von Geilo

Hol: Das 12 km nördlich von Geilo gelegene Dörfchen hat zwei Besonderheiten zu bieten: Eine 700 Jahre alte Stabkirche (samt Thinghaus), die allerdings wegen verschiedener Umbauten nicht mehr als typisch gelten kann. Dennoch ist sie sehenswert, schon allein wegen ihrer wundervollen Lage am **Holsfjord**. Zweite Besonderheit ist das Heimatmuseum, das in 17 historischen Holzbauten und einem Ausstellungsgebäude mithilfe vieler Exponate einen lehrreichen Einblick in 500-jährige Bauernkultur vermittelt.

Öffnungszeiten Kirche und Museum jeweils Juni und August 11–16, Juli 11–17 Uhr. Eintritt 40 NOK, Kinder 20 NOK.

Tolle Aussichten für Wanderer in und um Geilo

Hytter-Siedlung Ustaoset: Um den 10 km langen **Ustevatn** im Südwesten Geilos mit seinen zerklüfteten Ufern und mit herrlicher Aussicht auf die zwei Hardanger-Gipfel **Ustetind** (1.376 m) im Süden und **Hallingskarvet** (1.933 m) im Norden gruppiert sich Norwegens größte Hytter-Siedlung. Für die Bewohner der fast 1.000 Hütten bietet der See ideale Urlaubsbedingungen. Man kann angeln, an einem ausgebauten Strand sogar baden, Ruderboot oder Kanu leihen oder einfach um den See herumwandern.

Eidfjord

Die 1.000-Seelen-Ortschaft hat neben ihrer atemberaubenden Lage, einem neuen, erst 2004 fertig gestelltem Pier, einer mittelalterlichen Kirche, etlichen Supermärkten sowie einigen netten Hotels nichts zu bieten. Aber das ist ja schon eine ganze Menge.

Eidfjord besteht eigentlich aus zwei Ortschaften, nämlich aus **Nedre-Eidfjord**, das direkt am Fjord liegt, und aus dem 5 km landeinwärts gelegenen **Øvre-Eidfjord**, das auch **Saebø** genannt wird.

Während Øvre-Eidfjord eher landwirtschaftlich geprägt ist, bildet Nedre-Eidfjord das eigentliche Zentrum des Ortes. Hier finden Sie die Post und eine Bank, sogar ein Internetcafé, auch eine kleine Touristeninformation ist eingerichtet worden.

Information/Verbindungen/Übernachten

• *Information* Wer in der Nähe wandern will, sollte zuvor das **Turistkontor**, ✆ 53673400, www.visiteidfjord.no, aufsuchen. Die besten Karten über die Hardangervidda und die verlässlichsten Informationen über DNT-Hütten gibt es in dem Häuschen am Gästehafen. Dazu einen Fahrradverleih, 1.00 NOK pro Tag für ein nicht immer geländegängiges Rad. Geöffnet Juli/Aug. Mo–Fr 10–20 Uhr, Sa/So 10–19 Uhr. In der übrigen Zeit deutlich kürzere Öffnungszeiten.

• *Busverbindungen* 4 x tägl. nach Geilo und Gol, 10 x täglich nach Kinsarvik via Brimnes.

• *Fährverbindungen* Die Fähre durch den Hardangerfjord nach Norheimsund (via Odda, Kinsarvik, Utne und mit Anschluss nach Bergen) verkehrt 2 x täglich in beide Richtungen.

• *Übernachten/Camping* **Kvamsdal Pensjonat**, ✆ 53665243. Acht einfache Zimmer (1 km außerhalb) zu günstigen Preisen: EZ 450 NOK, DZ 550 NOK.

Quality Hotel Vøringfoss, ✆ 53674100, www.eidfjord.hardanger.no. Das elegante 120-Zimmer-Hotel im modernen Landhausstil direkt am Fjordpier befriedigt auch verwöhnte Gäste (Restaurant/ Cafeteria) bei bemerkenswert niedrigen Preisen: EZ 1.025 NOK, DZ 1.350 NOK. Allerdings darf man sich durch die Busladungen fernöstlicher Pauschaltouristen nicht schrecken lassen – meist sind das Kreuzfahrtpassagiere, die nur eine Nacht bleiben.

Dyranut Turisthytte, ✆ 53665715, www.dryanut.no. In Saebø (5 km landeinwärts) vermietet das Haus einfache Zimmer ohne Bad (nur Juni–September geöffnet). EZ 410 NOK, DZ 520 NOK.

Kjærtveit Camping, ✆ 53665371. Der 90-Stellplätze-Campingplatz liegt an der Flussmündung des Eio in den Hardanger-Fjord im Ortzentrum. Sehr gute Sanitäranlagen, Wäscherei und kurze Wege zum Einkauf. Boote kann man auch ausleihen und die hübschsten Häuschen mieten, die ich auf meinen vielen Norwegenreisen gefunden habe: Zwei Stockwerke direkt am Fjord, eine geräumige Terrasse, eine fast luxuriöse Ausstattung. Und dafür zahlen Sie günstige 700 NOK. Während die Häuser jederzeit gemietet werden können, ist der Campingplatz nur von 1.5.–30.9. geöffnet.

Wandern

Wer sich den Abstieg (schwieriger noch: den Aufstieg) durch das Måbødalen nicht zutraut oder wem die Halbstundenwanderung zum Valurfossen nicht ausreicht, dem ist die Drei-Stunden-Wanderung (hin und zurück ohne Pausen) oberhalb des Sima-Kraftwerkes zur **Alm Kjeåsen** zu empfehlen. 600 Höhenmeter sind allerdings in guten Wanderstiefeln zu bewältigen. Der Pfad am nördlichen Hang über dem Kraftwerk ist gut ausgeschildert und durch Seile gesichert. Dennoch sollten Sie für diesen Weg mit herrlichem Panaroma-Ausblick schwindelfrei sein. Aber keine Angst: Die Alm ist auch durch einen Tunnel erreichbar, der für den Rückweg herhalten kann. Allerdings ist der unbeleuchtet. Vorsicht: Die Fahrtrichtung wird jede halbe Stunde gewechselt!

Wohnen am Eidfjord

Sehenswertes

Sima-Kraftwerk: Norwegens zweitgrößtes Elektrizitätswerk (1,2 Mio. kW versorgen 300.000 Menschen) hat wie andere Wasserkraftwerke in der Hardangervidda dem Wasserhaushalt des Nationalparks arg zugesetzt. So konnten erst Sitzdemonstrationen erzwingen, dass der Kraftwerkkoloss im Simadal wenigstens im Sommer dem Vøringfossen so viel Wasser lässt, dass er eine Touristenattraktion bleibt.

Aber Stauseen nebst Staudämmen und Industrieansiedlungen im Gefolge des Kraftwerkbaus tragen dennoch seit 15 Jahren zusätzlich zur Verschandelung der näheren Natur bei.

Immerhin wurde das Sima-Kraftwerk 1980 im Berg versenkt. Die Turbinenhalle könnte ein Gebäude mit 18 Etagen fassen. Allein 50 km zusätzliche Straße mussten für das Werk in den Berg gesprengt werden. Ein kleines Stück am Fjord entlang können Sie für einen Ausflug, auch und gerade mit dem Fahrrad, zum Kraftwerk nutzen

Öffnungszeiten 15.6.–15.8. Mo–Fr jeweils um 10, 12 und 14 Uhr (deutschsprachige Führungen mit Filmvorführung). Eintritt frei.

Hardangervidda Natursenter: 1995 wurde dieses „Erlebniszentrum" im oberen Eidfjord, am Eingang zum Måbødalen, eröffnet. Das dreistöckige, futuristisch anmutende Gebäude hat sich der Ökologie verschrieben. Im zweiten Stockwerk wird einzig das arktische Ökosystem der Hardanger Hochebene behandelt.

Schwerpunkt in der ersten Etage ist der Hardangerfjord, im Erdgeschoss befasst man sich mit dem Leben in den westnorwegischen Tälern. Was sich auf den ersten Blick nüchtern ausnimmt, ist in Wahrheit pfiffig und witzig dargestellt – allein die Supervideoshow „Fjord, Gebirge, Wasserfälle" des Filmkünstlers *Ivo Caprino* lohnt den Besuch. Zudem werden alle Tiere der Region, leider nur präpariert, gezeigt, es gibt eine Aquariumanlage, unzählige, liebevoll gefertigte Modelle und schließlich ein hübsches Café mit leckerem Kuchen und teuren Dessserts sowie einen weniger charmanten Souvenirshop gegenüber.

Öffnungszeiten Juni–August täglich 9–20, ansonsten 10–18 Uhr . Eintritt 80 NOK, Kinder 40 NOK, Familienkarte 180 NOK.

Wandern in der Hardangervidda

Mit 9.000 qkm ist die Ebene (vidda = Weite) von Hardanger dreimal größer als das Saarland und dreißigmal so groß wie der Bayerische Wald. Gut die Hälfte der Vidda wurde 1981 zum größten Nationalpark Norwegens erklärt – ein Eldorado für Wanderer.

Die Hochfläche mit einem Durchschnittsniveau von 1.300 Höhenmetern ist übersät von Seen und Sümpfen, durch Wasserläufe miteinander verbunden, die wiederum von insgesamt 400 Brücken und Stegen überquert werden. Bäume fehlen in dieser Moränenlandschaft, die vor 12.000 Jahren noch Eiswüste war.

Die Hardangervidda ist ein ideales Wandergebiet für mehrtägige Touren. Die Hütten stehen entsprechend auch im Abstand einer Tageswanderung. Die Rückfahrt ist per Bahn oder Bus gut zu organisieren. Obwohl dieses Buch in der Regel nur leichte bis mittelschwere, kürzere Touren empfiehlt, hier eine Übersicht der beliebtesten Wanderungen:

Die Ost-West-Durchquerung: Die klassische Route von Rjukan nach Kinsarvik ist 137 km lang und in acht Tagen zu schaffen (bei der Landschaftsbeschreibung „Kinsarvik", S. 246, empfehlen wir einen Teil des letzten Tagesabschnittes in umgekehrter Richtung als Wandertipp).

Tipps zum Wandern

Außer den üblichen Wanderratschlägen sollten Sie eigens für das Wandern in der Hardangervidda ein paar zusätzliche Tipps befolgen: Vergessen Sie die Gummistiefel nicht. Gerade abseits der markierten Wege ist es oft sehr morastig. Zudem sind auch Regenschauer auf der Hochebene nicht selten.

Packen Sie wärmende Kleidung ein. Auch im Sommer steigt die Quecksilbersäule selten über zehn Grad, und der Wind auf der baumlosen Ebene kann durchdringend sein.

Planen Sie Ihre Proviantrationen sorgfältig, damit Sie nicht zu viel mitschleppen. Fast alle Hütten, die Sie anlaufen, haben ein Vorratsabteil, aus dem Sie sich bedienen können. Dafür und zur Routenvorbereitung insgesamt (Wegezustand, Hüttenschlüssel usw.) benötigen Sie vorab die DNT-Informationen.

Die Nord-Süd-Durchquerung: Auch für diese Tour von Finse nach Haukeliseter muss man sieben bis acht Tage bei einem Tagesmittel von sechs Stunden für geübte Wanderer veranschlagen. Die Route wird auch als ebenso lange Skiwanderung genutzt.

Die „Britische Route": Für den Weg von Finse nach Aurland brauchen trainierte Wanderer vier bis fünf Tage. Benannt ist die Tour nach einem britischen Lord, der vor 100 Jahren von seiner Hütte bei Finse aus etliche Pfade erkundete.

Die Fillefjell-Route: Für die Tour von Haugastøl (an der E 7) nach Nystova muss man mit sechs Wandertagen rechnen.

Skiwanderungen: Ab Geilo, Ustaoset und Finse sind Tagestouren mit Familienniveau auf markierten Loipen möglich. Als Mehrtagestour empfiehlt sich außer der Nord-Süd-Durchquerung der Weg von Ustaoset nach Haugastøl, den auch Ungeübte in vier Tagen schaffen.

Wandern für Alt und Jung, nur fit sollten Sie sein

Nicht wundern: Dieses Foto entstand im Hochsommer

Hallingdal

Das mächtige Tal, einst Siedlungsinsel inmitten unwirtlicher Waldregionen, litt in den letzten Jahrhunderten unter massiver Abwanderung. Erst die Verkehrsanbindung brachte im vorigen Jahrhundert wieder Menschen in das abgeschlossene Tal – die Touristen kamen.

Heutzutage wird der Touristenstrom zum Problem: 50.000 Fremde bevölkern alljährlich über Ostern das liebliche Tal – doppelt so viele, wie das Hallingdal Einwohner hat. Wer aber im Sommer per Bahn oder Auto durchs Tal fährt, kann die touristische Infrastruktur nutzen, ohne vom Urlaubermeer überspült zu werden. Der Nord-Süd-Graben zwischen **Hønefoss** und der Hardangervidda beginnt am **Krøderensee**, streift das Wintersportzentrum **Gol**, macht dort einen unvermuteten Schwenk nach Westen und endet erst im **Finsedal** auf der Hardangervidda.

Erschlossen wurde das schwer zugängliche Hallingdal erst zu Beginn des 20. Jh. mit der Eröffnung der Bergensban, deren Gleise größtenteils parallel zur Europastraße 7 oder am anderen Ufer des **Hallingdalselva** verlaufen. Und die Eisenbahn brachte schon vor 90 Jahren die ersten Urlauber in das Tal – und die machten aus **Gol** und **Geilo** populäre Wintersportorte und den oberen Teil des Tales zum Wandergebiet. Via Hønefoss und vorbei an **Hamaremoen**, wo man nach einer Wende in das südliche **Krøderen** nicht nur den Bahnhof unter Denkmalschutz bewundern, sondern jeden Sommersonntag 26 km mit einer Museumsbahn noch weiter südlich nach **Vikersund** fahren kann, passiert die Straße **Noresund** und steuert auf den größten Talort zu:

Nesbyen

Die Touristeninformation im 2.200-Einwohner-Städtchen wirbt damit, dass hier 1970 Norwegens Hitzerekord mit 37,6° C gemessen wurde. Sonst hat das große Dorf auch nichts, mit dem es werben kann.

Denn die eigentliche Sehenswürdigkeit des Ortes sieht man nicht: Das 4 km nördlich von Nesbyen gelegene Kraftwerk Nes ist im Berg versteckt und wird gespeist mit Wasser aus **Ål**, das durch den größten Tunnel der Welt (31,2 km lang) herangeführt wird. Mit drei weiteren Kraftwerken in **Hemsil**, **Hol** und **Uste** hat das Nes-Kraftwerk dem Hallingdal den Beinamen „kraftdal Nr. 1“ eingetragen.

Erwähnenswert ist zudem das **Hallingdal Folkemuseum**. Interessant an diesem Freilichtmuseum direkt an der Sprungschanze ist neben dem *Staveloftet*, einem Vorratshaus aus dem Jahr 1340, vor allem die Rosenmalerei in fast jedem der 25 aufbereiteten Bauernhäuser. Rosenmalerei im Hallingdal gehört zu den eindrucksvollsten Beispielen norwegischer Bauernkunst. Wandermaler verzierten (nach Erfindung des Kamins, vorher waren die Räume eher Räucherhöhlen) im 18. Jh. Zimmer und Küchen mit farbenfrohen Ornamenten; Rosen übrigens kommen dabei selten vor – das Dialektwort „ros“ steht für „Muster“.

Öffnungszeiten 1.6.–31.8. 11–16 Uhr, sonst nur Sa 11–15 Uhr, über Weihnachten/Neujahr geschlossen; Eintritt 50 NOK, Kinder 20 NOK.

Information/Verbindungen/Adressen

- *Information* **Hallingdal Infosenter**, ✆ 32070170, www.nesbyen.no. Juni–August Mo–Fr 9–16 Uhr. Im Büro am Nordende der Durchgangsstraße kann man neben dem gewohnten Angebot auch Fahrräder, Kanus und Angelrouten mieten sowie Angelscheine kaufen.
- *Busverbindungen* 4 x täglich von Oslo durch das Hallingdal nach Gol. Von dort aus weiter zur Hardangervidda, nach Geilo und schließlich Bergen (6,5 Std.).
- *Zugverbindungen* Die Bergensban, die das Tal häufig störend durchfährt, hält 5x täglich in Nesbyen: 2,5 Std. nach Oslo, 4 Std. nach Bergen (über Gol, Finse und Voss).
- *Adressen* Post, Bank, Apotheke, Arzt, Polizei, SB-Märkte und Telegrafenamt an der Hauptstraße.

Übernachten/Camping

- *Übernachten* **Nesbyen Vandrerhjem**, ✆ 32071397, www.vandrerhjem.no. Der Sutøya Feriepark, in dem die Jugendherberge (geöffnet 1.5.–1.10.) liegt, ist eine verwirrende Anlage, 3,5 km nördlich von Nesbyen auf einer Halbinsel im Hallingdalsfluss: Außer dem Wanderheim gibt es einen Campingplatz mit zum Teil luxuriösen Hütten (650–950 NOK), einen Kro und eben auch 60 Jugenherbergsbetten. Bett 115–130 NOK, EZ 270–300, DZ 600–700 NOK (inkl. Frühstück).

Thoen Hotel, ✆/℻ 32071119. Das Restaurant kann sich sehen lassen und die 25 Zimmer auch; außerdem Hütten, ein Solarium und Fahrradverleih. Alles für 850 NOK (EZ) und 1.030 NOK (DZ) mit Frühstück (Preisnachlass am Wochenende).

Tunet, ✆ 32072700, www.naringstunet.no. Drei verschieden farbige Holzhäuser in der Ortsmitte. Das neue Kursus- und Konferenzzentrum – nordisch-sachlich, einfach, sauber, solide – vermietet eben solche 23 jüngst renovierten Zimmer (Du/WC) für 500 NOK (EZ) und 800 NOK (DZ).

Norlandia Sole Hotel, ✆ 32150400, www.norlandia.no. Das auf dem Norefjell nahe Norsund gelegene Klasse-Hotel bietet neben vielen Sportmöglichkeiten (Pool, Angelkarten, Radverleih) die ganze Palette guter Serviceleistungen: Bar, Restaurant, HP, Disko, AV-Einrichtungen. DZ 1.390 NOK, EZ 1.200 NOK.

• *Camping* **Sjong Campingsenter**, ✆ 32078164. Aufwändig ist dieser Drei-Sterne-Platz, der 3 km von Nesbyen entfernt liegt: Post und Telefon, Cafeteria und SB-Markt und 15 Hütten von 480–800 NOK.

Gol

Das Straßendorf mit 3 km Länge und 1.800 Einwohnern ist Handelszentrum im Hallingdal. Vor allem aber ist eines der wichtigsten Wintersportzentren.

Zwei Skicenter (Höhenlage 250–650 m), sieben Lifte (Tagespass 320 NOK), eine Skischule (Drei-Tage-Kurs ab 900 NOK), Skiverleih (280 NOK Tagesmiete), 200 präparierte Loipenkilometer, vornehmlich auf dem nahen **Golsfjellet**. Und jede Menge weiterer Aktivitäten: Eisarena, Rundflüge (900 NOK), Reiten, „Tropical Bad" (s. Pers Hotel), Tennis, Squash und Angeln – die einst einzige Sehenswürdigkeit, die schöne Stabkirche von Gol, wurde schon vor Menschengedenken in das Osloer Norsk Folkemuseum verpflanzt. Die Kopie ist hübsch und originalgetreu, aber eben nur Abklatsch.

Im Sommer hat das Dorf nur als Verkehrsknotenpunkt einige Bedeutung: Die Europastraße 7 führt weiter nach Geilo, die RV 51 biegt nach Osten und **Valdres** ab, nach Norden geht es über die RV 52 ins **Hemsedal**.

Information/Verbindungen/Adressen

• *Information* **Turistkontor**, Sentrumvegen (Hauptstraße), ✆ 32029700, www.golinfo.no. Mo–Fr 9–16, Sa bis 13 Uhr. Neben aktuellen Informationen gibt's hier Tickets und Angelkarten.

• *Busverbindungen* 3 x täglich nach Oslo (4 Std.) und Førde (Sognefjord), 2 x pro Tag nach Otta (via Valdres), 6 x ins Hemsedal, 4 x nach Nesbyen.

• *Zugverbindungen* 5 x täglich (10.38 bis 2.30 Uhr nachts) nach Bergen (4 Std.) via Hardangervidda, 5 x nach Oslo (3,5 Std.) via Nesbyen und Drammen (11.15 bis 3.39 Uhr nachts).

• *Adressen* **Banken** und **Busterminal** in der Hauptstraße, **Telefon** rechts vom Sentrumsvegen, **Post**, **Apotheke**, **Ärzte** und **SB-Märkte** im Ladenzentrum „Hallinksenteret" in der Straße Furuvegen.

Übernachten/Camping

• *Übernachten* **Solstad Hotell og Motel**, ✆ 32029720, www.solstadhotell.no. Das gemütlich-gediegene Holzhaushotel liegt zwar an der Hauptstraße, aber die 25 Motelzimmer sind im hinteren, ruhigeren Trakt. DZ 1.500 NOK, EZ 850 NOK (mit Frühstück).

Oset Høyfjellshotell, ✆ 32079500, www.oset.no. Deutlich über 100 piekfeine Zimmer bietet das Gebirgshotel mit tollem Service zu akzeptablen Preisen. DZ 1.800 NOK, EZ 975 NOK.

Pers Resort, ✆ 32029720, www.pers.no. Full Service sowie nahezu alle Sportmöglichkeiten wie Squash, „Tropicana Badeland" (auch für Nicht-Hotelgäste zugänglich; geöffnet 10–20 Uhr, 75 NOK) – das darf schon etwas mehr kosten: DZ 1. 600 NOK, EZ 1.400 NOK, Appartements ab 3.600 NOK/Woche, Hütten 3.000–7.100 NOK/Woche.

Storefjellresort Hotel, ✆ 32078500, www.storefjell.no. Das 80-Zimmer-Hotel mit Appartements liegt auf dem Golsfjellet, einer Ebene, die 10 km von Gol entfernt ist. Kein Wunder, dass Sport (Ski, Reiten, Fitnessraum, Sauna und Pool, Radverleih) groß geschrieben wird in dem empfehlenswerten Hotel. DZ 2.195 NOK, EZ 1.795 NOK, nur mit Vollpension.

Åsgardane Appartement, ✆ 32074635. Wohnungen und Hütten für 400–650 NOK.

Torvstua Appartements, ✆ 32075195, ✆ 32073985. Preiswerte Zimmer mit Küche, trotzdem ist auch noch ein Lokal im Haus. DZ 800 NOK, EZ 575 NOK.

• *Camping* **Personbråten**, ✆ 32075970. Der kleine Zwei-Sterne-Platz an der E 7 knapp außerhalb Gols hat gerade Platz für 35 Zelte und wenige Wohnwagen.

Brekko Camping, ✆ 32073333. Noch etwas weiter außerhalb, aber immerhin mit acht einfachen Hütten ab 500 NOK.

Gol Campingsenter/App., ✆ 32074144, ✆ 32075396. In jeder Hinsicht riesig ist der Vier-Sterne-Platz in Richtung Valdres: 370 Zelt- und 370 Wohnwagenstellplätze, 38 Hütten zwischen 450 und 800 NOK und auch sonst jeglicher Service.

Hammerstad Camping, ✆ 32073958. Auch an der RV 51 gelegen, gibt sich der Drei-Sterne-Platz bescheidener, aber immer noch toll. Das gilt auch für die 10 Hütten ab 400 NOK.

Fossheim Hytte og Camping, ✆ 32029580, www.camping-east-west.no. Das sagt alles: Der Vier-Sterne-Platz an der E 7 in Richtung Torpo wurde 1993 zu „Europas Camping des Jahres" gewählt. Diesem Standard entsprechen auch die 17 großen Hütten (500–900 NOK).

Sport und Freizeit

Mit fast unzähligen Angeboten für Aktivitäten versucht die Hotellerie, ihre im Winter überfüllten Gästezimmer auch im Sommer auszulasten (zum Wintersport s. o.).

- *Angeln* vornehmlich Forellen und Lachs im Hallingdalselv oder in Bergseen auf dem Golsfjellet. Erlaubnisscheine gibt es im Turistkontor ab 45 NOK.
- *Radfahren* Fahrradverleih in Sportshops des Sentrumsvegen (Hauptstraße).
- *Reiten* Das Gol Campingsenter und das Storefjell Hotel vermieten Reitpferde, organisieren aber auch Ausflüge.
- *Rundflüge* vom Privatflughafen auf dem Golsfjellet aus über die Hardangervidda. Preis ab 700 NOK (Tickets im Turistkontor).
- *Tennis/Squash* Tennis auf einem öffentlichen Platz im Zentrum, Squash im Pers Hotel.

Sehenswertes in der Umgebung von Gol

Stabkirche Torpo: Das Kirchlein im 12 km westlich von Gol gelegenen **Torpo** steht seit 100 Jahren nicht mehr allein, denn neben der gedrungenen Stabkirche aus der zweiten Hälfte des 12. Jh. ist eine auch nicht hässliche weiße Holzkirche gebaut worden. Die Stabkirche des Ortes, ältestes Gebäude im Hallingdal, wurde der heiligen Margareta geweiht; die mittelalterlichen Dekorationen am geschnitzten Portal und an der Decke stellen dann auch Legenden aus dem Leben der Heiligen dar.

Öffnungszeiten Juni–September täglich von 9.30–17.30 Uhr. Eintritt 40 NOK, Kinder 20 NOK.

Kulturhaus von Ål: Die einst sehenswerte, hübsche Stabkirche des Dorfes ist zu großen Teilen zerstört, Reste finden sich nur noch im Historischen Museum in Oslo. Aber der Halt lohnt dennoch, denn im Kulturhaus gibt es eine Ausstellung von Werken des schwäbischen Künstlers *Rolf Nesch,* der bis zu seinem Tod 1975 auf einem Hof in der Nähe lebte.

Was haben Sie entdeckt?

Haben Sie eine besonders schöne Unterkunft auf Ihrer Reise durch Norwegen gefunden, einen aufregenden Wanderweg durch die unverfälschte Natur oder ein Lokal mit landestypischen Spezialitäten?

Wenn Sie Tipps und Informationen, aber auch Kritikpunkte haben, lassen Sie es uns wissen. Schreiben Sie an:

Hans-Peter Koch – Stichwort „Norwegen"
Michael Müller Verlag
Gerberei 19
91054 Erlangen
hpkoch@michael-mueller-verlag.de

Stabbur im Setesdal: 800 Jahre und kein bisschen morsch

Setesdal

Das meistbesuchte Tal des Landes ist Norwegen pur: tiefe Wälder und mächtige Fjorde, reiche Bauernhäuser mit grasgedeckten Dächern und sogar ein wilder Fluss. Die Werbetexter der Tourismusbroschüren übertreiben nicht, wenn sie das Tal der Otra zum „Märchental des Südens" machen.

Doch die Moderne macht nicht Halt vor dem hinterwäldlerischen Setesdal und seiner noch wenig berührten Natur. So sind viele der ungehobelten Bauernhäuser in die Freilichtmuseen von Oslo und Kristiansand verpflanzt worden, und man hat die 215 km lange **Otra** für den Kraftwerksbau von **Brokke** reguliert und ihr damit viel von ihrer Wildheit genommen. Und auch der Verkehr belastet das Tal. 600.000 Touristen nutzen jährlich Rijksvegen 9, denn für Fährreisende aus Larvik oder Kristiansand ist die häufig schmale und kurvige Landstraße die schnellste Passage nach Bergen oder zur Hardangervidda.

Geografischer wie landschaftlicher Mittel- und Höhepunkt ist der **Byglandsee**. Er besteht aus dem **Åraksfjord** und dem südlichen **Byglandsfjord**, die nur wegen ihrer äußeren Ähnlichkeit mit Meeresarmen den Namen „Fjord" tragen – beide Seen werden von der Otra gespeist.

Mit namhaften oder auch nur großen Orten kann das Setesdal nicht aufwarten. In dem lange abgeschiedenen Tal (erst Ende der 1960er Jahre wurde die durchgehende, ganzjährig befahrbare Straße fertig gestellt) ist der Boden größtenteils so karg, dass seit jeher nur wenige Menschen hier siedelten, die sich mehr schlecht als recht von Holzwirtschaft und bloß vereinzelt von Landwirtschaft ernähren konnten. Über Jahrhunderte galten die Setesdaler entsprechend als Eigenbrötler, über die Witze erzählt wurden wie bei uns einst über die Ostfriesen.

Die ersten 61 Straßenkilometer von Kristiansand (gleich links am Fährkai der Ausschilderung folgen) nach Norden bis **Evje** am Eingang zum Setesdal sind landschaftlich nicht sonderlich aufregend – kleine Seen und Wälder, weite Wiesen und Felder geben erst einen Vorgeschmack auf das später stattliche Tal.

Evje-Hornnes

Die 1.500 Einwohner zählende Doppelgemeinde trägt zwei Loren im Wappen: letzte Erinnerung an die reiche Vergangenheit der 1946 stillgelegten Nickelerzgruben.

Die Gruben, die ab 1844 betrieben wurden und in denen ab der vorigen Jahrhundertwende neben Nickel auch Quarz, Feldspat und andere Mineralien gefunden wurden, sind mittlerweile zu einem **Mineralienpark** nebst **Mineralien-Lehrpfad „Mineralisti"** ausgebaut worden. Der Park ist vom 15. 5. bis zum 15. 10. täglich zwischen 10 und 16 Uhr geöffnet (Eintritt 50 NOK). Verschiedene Leser berichten allerdings, dass die 60.000 qm große Anlage häufig und unangemeldet geschlossen wird. Der Lehrpfad, der östlich des Ortes 2 km weit durch 5 Gruben führt, ist dagegen immer zugänglich, sodass Hobby-Mineralogen hier stets selbstständig auf Schatzsuche gehen können (s. Wanderung).

Auch Angler zieht es nach Evje, denn nirgends sonst im südlichen Norwegen kann man derart bequem, gleichsam neben der Straße, und derart erfolgversprechend angeln: Lachse, Barsche und Forellen beißen an. Und neuerdings treffen sich Kanuten und Raftingsportler im Sportzentrum 5 km nördlich von Evje. Letzter Schrei aber ist die kürzlich eröffnete Gokart-Bahn, mit 1.100 m die längste Nordeuropas.

Information/Verbindungen/Adressen

• *Information* Das **Setesdal Informasjonssenter** liegt an der Durchgangsstraße, ✆ 37931400, www.setesdal. com. Im Juli u. August Mo–Fr 10–16 Uhr, Sa10-14, in der übrigen Zeit Mo–Fr 9–11 Uhr. Neben Hinweisen zu Unterkünften und allgemeinem Informationsmaterial gibt es Angelkarten, die man aber auch im Odden Camping (s. u.) bekommt.

• *Busverbindungen* Drei Überlandlinien sorgen für perfekte Anbindung: Zwischen Oslo und Bergen verkehrt der „Haukeliekspressen" mit über 30 Stopps in Telemark und dem Setesdal (4 x pro Tag in Evje), Bus 844 von Kristiansand nach Haukeli hält 12 x täglich, ebenso Bus 843, der von Arendal aus durch das Tal fährt.

• *Adressen* **Post** und **Bank** im Zentrum, **Spar-Supermarkt** an der Texaco-Tankstelle östlich der RV 9, überdies ein neues Einkaufszentrum am südlichen Ortseingang, **Minimärkte** bei den Campingplätzen.

Übernachten/Camping/Essen & Trinken

• *Übernachten* **Evje Vandrerhjem, Setesdal Rafting & Aktivitetssenter**, ✆ 37931177, www.vandrerhjem.no. Die von Mai bis Oktober geöffnete Jugendherberge 5 km nördlich von Evje vermietet EZ (300 NOK), DZ (350 NOK) sowie Mehrbettzimmer (Bett 170 NOK). Und Frühstück (60 NOK) gibt's auch. Zudem kann man im Sportzentrum (s. u.) Kajaks und Räder mieten oder an geführten Touren teilnehmen.

Grenaderen Motell, ✆ 37930400, 📠 37931370. Das preiswerte Mittelklassehotel mit 35

Zimmern (Du/WC, Telefon) lässt von außen wenig Gutes erwarten (ein hässlicher Flachbau); drinnen und hinter dem Haus ändert sich das Bild. Das Lokal ist ansehnlich, Liegewiese und Pool sind sogar attraktiv. DZ 850 NOK, EZ 750 NOK.

Dølen Hotel, ✆ 37930200, www.hotwldolwn.no. Klein (15 Zimmer), antik (Baujahr 1920), charmant (ein hübsches Holzhaus) und schön gelegen (hinter Nadelbäumen am Fluss). Angenehmeres kann man über ein Hotel kaum sagen. Zumal auch die Preise nicht kritisiert werden können: DZ 1.140 NOK, EZ 880 NOK.

• *Camping* **Odden Camping**, ✆ 37930603, www.oddencamping.setesdal.com. Auf einem der schönsten und am besten ausgerüsteten, allerdings häufig ausgebuchten Campingplätze des Landes (drei Sterne) kann man direkt am Fluss zelten oder in einer der vielen, schönen Hütten unterkommen (450–1.000 NOK). Außerdem im Angebot: Supermarkt, Bowlinghalle, Elchsafaris und Minigolfanlage. Und: Hier gibt es Angelkarten (s. u.).

Evje-Kilefjorden Camping, Hornnes, ✆ 37933285, 📠 37933275. Wo sich die Reichsstraßen 39 und 42 treffen (15 km vor Evje), findet sich dieser große Drei-Sterne-Platz mit 15 z. T. gut ausgestatteten Hütten (450–540 NOK).

• *Essen* **Cafeteria Pernille**, im Zentrum. Kro mit schöner Seeterrasse sowie preiswerten Gerichten an der Reichsstraße nach Norden.

Stigeren, holzgetäfeltes Restaurant im Evje-Zenrtum, mit mäßigen Speisen bei mäßigen Preisen.

Sport

• *Wandern* Wer – von Kristiansand kommend – im Setesdal zum ersten Mal norwegischer Landschaft begegnet, der findet mit dem Naturlehrpfad bei Evje den idealen Einstieg. Von der Evje-Schule (an der Durchgangsstraße als „skole" ausgeschildert) windet sich der „Naturali og Kultursti" 3 km hoch durch tiefen Wald zu der Grubenstation „Mineralisti". Gut eine Stunde braucht der geübte Wanderer, um all die informativen Tafeln über Tiere, Pflanzen und Ökosystem zu verarbeiten.

• *Angeln* Am besten bei den Stromschnellen nördlich von Evje, wo die Otra als Abfluss des Bygland-Stausees rauschend in ihr Bett zurückfindet. Ein schöner Park-

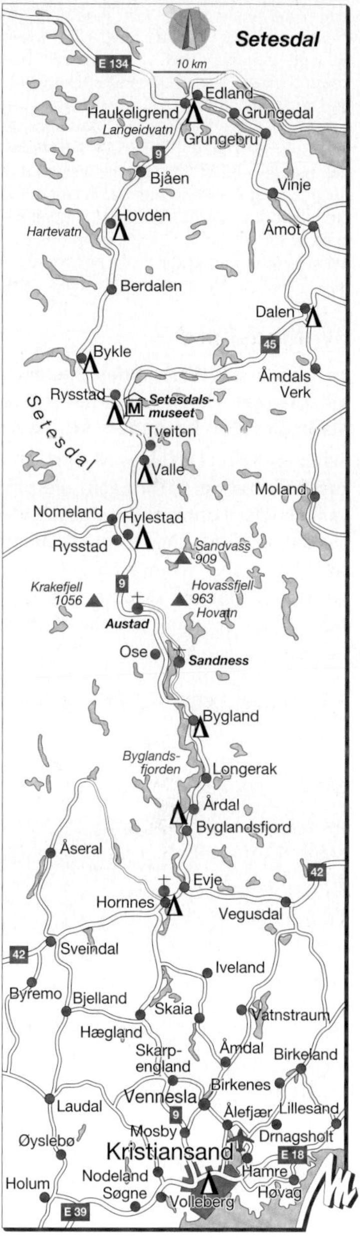

platz längs der Straße, und schon ist die Angelrute ausgepackt, um eine leckere *bleke* zu fangen, wie der Zwerglachs dieser Gegend genannt wird. Angellizenzen bekommt man beim Odden-Campingplatz und im Turistkontor.

• Rafting Auch Wildwasserfahrer nutzten die Stromschnellen. Zwei Rafting-Unternehmen (eines mit Sitz in der örtlichen Jugendherberge) bieten Ausrüstung und Instrukteure für diesen nicht ganz ungefährlichen Sport am südlichen Ausgang des Byglandfjords. Das sportliche Urlaubsvergnügen lässt sich abrunden durch Biber- und Elchsafaris. Infos gibt's bei **Viking** Raftingsenter, ✆ 37710095, www.raftingsenter.no oder beim **TrollAktiv**, ✆ 37931177, www.trollaktiv.no.

• Gokartfahren Mit 70 km/h kann man in Minirennwagen um den 1.100-Meter-Rundkurs brausen (7 km südlich von Evje an der RV 9). Allerdings muss man dafür älter als 12 Jahre sein; Kindern zwischen 8 und 12 steht eine eigene, altersangepasste Bahn zur Verfügung. Mai–August täglich 9–18 Uhr. 130 NOK pro Sechs-Minuten-Fahrt, 65 NOK für Kinder bis 12 J.

Byglandsfjord

Im glasklaren Wasser des Byglandsees spiegeln sich Miniinseln und die blitzblanken Holzhäuser dieses Haufendorfes. Der Ort, der wie der See heißt, bietet als besondere Attraktion eine Seerundfahrt mit der „Bjoren".

Schon 1867 tuckerte das Motorschiff über den See, um Bauern und Händler zur Bahnstation zu bringen, die per Zug zum Markttag nach Kristiansand wollten. Der Bahnverkehr wurde 1960 eingestellt, die Schienen abgebaut und der Bahnhof stillgelegt. Damit schienen auch die Tage der „Bjorens" gezählt zu sein. Dann aber nahm sich ein Privatverein des Schiffes an, ließ es auf einer Werft in Drammen restaurieren, um es wieder „auf See" zu schicken. Heute verkehrt die „Bjoren" zwischen **Ose** und **Byglandsfjord** (Halt in Bygland) oder

Byglandsfjord: Die Eisenbahn ist nur noch Geschichte

wird als Rundfahrtdampfer eingesetzt, der in einer Zwei-Stunden-Tour über den See stampft – eine zauberhafte, geruhsame Fahrt (im Juli Fr, Sa, So 16.45 Uhr ab Byglandsfjord; 160 NOK, 80 NOK für Kinder).

• *Busverbindungen* Auch hier halten die beiden Überlandbusse, die von Kristiansand (10 x pro Tag) bzw. Arendal (7 x täglich) das gesamte Tal bis nach Haukeligrend durchfahren.

• *Übernachten* **Revsnes Hotell**, ✆ 37934300, www.revsneshotell.no. Der dreistöckige Komplex auf einer Landzunge erscheint kräftig überdimensioniert; das ist wohl der Grund für die günstigen Preise des ansonsten durchaus feinen Hotels. DZ 1.140 NOK, EZ 960 NOK (Sommerpreise: 880 bzw. 590 NOK).

• *Camping* **Neset Camping**, ✆ 37934050, www.neset.no. Der wunderschön am Ufer gelegene, perfekt ausgerüstete Wiesenplatz ist schon deshalb attraktiv, weil er an der angeblich wärmsten (Wasser-)Stelle des Sees liegt; nicht nur zum Baden, auch zum Paddeln (Bootsverleih) und Surfen bestens geeignet. Zudem: Kiosk, Telefon und 20 winterfeste Hütten für vier bis sechs Personen (650 NOK).

Longerak Hyttesenter og Camping, ✆ 37934930, www.longerak.com. Wenige Kilometer weiter nördlich, auch am See und an der RV 9, liegt der Platz mit feinen Bade- und Angelmöglichkeiten. Zwar kaum Platz für Zelte und Wohnwagen, aber 15 Hütten für 400–550 NOK.

Longerakhyttene, ✆ 37934950, www.longerakhyttene.no. Gleich nebenan: Hütten jeder Klasse und Preisklasse ab 350 NOK.

Søbø Camping, ✆ 37934930. Der außerordentlich bescheidene Platz weiter nördlich (kurz vor **Longeråk** an der RV 9) würde nicht erwähnt, wenn er nicht zwei schöne Hütten (500 NOK) im Angebot hätte.

Bygland

Eine große Tankstelle und ein kleines Freilichtmuseum (warten Sie besser auf das Setesdalmuseet in Rystad oder das Huldreheimen Museum in Bykle), ein Supermarkt, eine Holzfachschule sowie eine weiße Holzkirche aus dem Jahr 1838 zwischen ebenfalls weißen, aber neueren Holzhäusern – das ist Bygland. Aufregendes hat der Ort also nicht zu bieten. Dafür aber lohnt sich die Umgebung für kleinere Wanderungen und Erkundungstouren (zumal die Gegend um Bygland bis auf den heutigen Tag als Norwegens südlichstes Luchsrevier gilt).

• *Busverbindungen* Die Überlandbusse mit Stopps in allen Talorten halten 19 x täglich (5.45–22 Uhr) an der Hauptstraße.

• *Camping* **Bygland Camping**, ✆ 37935281. Der einfache Platz liegt direkt am See (allerdings steiniges Ufer). Keine Hütten.

Støylehommen Camping, ✆ 37935874. Der Zwei-Sterne-Platz (geöffnet 20.6.–20.8.) liegt am nördlichen Ende des Åraksfjords, direkt neben See und Straße. Küche, Waschmaschine, 60 Zelt- und gut 50 Wohnwagenstellplätze sowie zwei Hütten (450 NOK).

Reiårsfossen Camp, ✆ 37935891. Der ruhige, sehr idyllisch gelegene Zwei-Sterne-Platz auf einer bewaldeten Landzunge (ebenfalls am nördlichen See-Ende) bietet einfache Hütten für 400 NOK an.

Sehenswertes in der Umgebung von Bygland

Reiårsfossen: Der gigantische Wasserfall stürzt bei **Ose** (auch Endstation der „Bjoren"-Bootsfahrt) am Nordrand des Sees 300 m tief in die Otra. Über einen privaten Waldpfad (20 NOK Maut) gelangt man nach zehnminütigem Spazierweg zum höchsten Punkt des Wasserfalls. Von dort führen markierte Wanderwege (mit Infotafeln) ins Gebirge.

Kunstzentrum Sylvartun: Das Kunstzentrum bei **Rysstad** (gleich neben der Durchgangsstraße) bietet neben der Silberschmiede, in der man Schmied

Bjøgrum über die Schulter schauen kann, ein hübsches Ensemble restaurierter Setesdal-Häuser aus dem 17. Jh., eine Sammlung von Hardanger-Fiedeln, einen stimmungsvollen Rastplatz und ein uriges Restaurant namens „Fossegrimmen Kafé“ (die Setesdal-Spezialität, Suppe mit Lammfleisch, kostet 130 NOK, Rømmegrøt 75 NOK und die leckeren Waffeln 25 NOK). Im Sommer gibt's regelmäßig Folkloreabende mit Setesdaltänzen in Setesdaltrachten.

• *Öffnungszeiten* Mai–Oktober täglich 10–17 Uhr geöffnet; Ausstellungen und Restaurant nur Juni–August Mo–Sa 10–18, So 11–18 Uhr. Volksmusik Juni–August täglich 14 Uhr, Volkstänze Mo, Do 15.30 Uhr. Vorführungen des Silberschmiedes nur im Juli täglich 11 Uhr.

Setesdalsmuseet: In **Rysstad** findet sich auch die Zentrale des Setesdal- Freilichtmuseums, weitere Außenstellen in **Tveiten** und **Rygnestad** (jeweils an der Straße ausgeschildert). Die nachgebauten *Tunets* (Bauernhöfe) der Region, allesamt weit über 100 Jahre alt, sind liebevoll aufbereitet. Achten Sie besonders auf den für das Setesdal typische *Stabbur,* ein Vorratshaus auf Stelzen.

• *Öffnungszeiten* **Rysstad**, 14.5.–14.6. werktags 10–15 Uhr, Sa/So 13–17 Uhr; 15.6.–31.8. werktags 10–18 Uhr, Sa/So 11–18 Uhr. **Tveitetunet**, 26.6.–12.8. werktags 10–19 Uhr. **Rygnestadtunet**, 15.6.–30.6. werktags 11–17 Uhr; im Juli 10–18 Uhr; 1.8.–15.8. 11–17 Uhr. Eintritt jeweils 30 NOK, Kinder 15 NOK.

Abzweig ins Sirdal

Kurz vor Nomeland zweigt die RV 45 (ausgeschildert: Fv 337) ins Sirdal ab. Das lang gestreckte Tal zwischen Setesdal und Stavanger ist kaum erschlossen und fast unberührt. Steile Hänge und tiefe Wälder um den 27 km langen Sirdalsee laden ein zum Jagen, Angeln, Wandern und Skifahren.

Noch sind es vornehmlich Norweger aus dem 100 km entfernten Ballungsraum Stavanger/Sandnes, die im abgeschiedenen Tal ihren Urlaub verbringen; meist handelt es sich dabei um Skiurlaub im Frühsommer. Wenn, je nach Schneelage, ab Ende Mai auch die oberen Talstraßen geöffnet werden (*Suleskardvegen* ins Setesdal und *Lysebotnvegen* gen Westen), erlebt man Skiwanderer, die in Turnhose oder Bikini dem späten Frühling entgegenloipen. Dann öffnen auch die zwei erst in den letzten Jahren erstellten Berghotels und die Jugendherberge, dann werden die Skilifte der noch jungen Wintersportzentren von **Åndernam** und **Sinnes** in Betrieb genommen, dann erst beginnt die kurze Saison im Sirdal.

Spektakel im Sirdal

Im Sirdal fallen riesige Pferche auf – Sammelstellen für Schafe. Die Schafzucht, heute nur noch als Hobby betrieben, bildete über Jahrhunderte den Haupterwerb der Talbauern. Bis heute werden die Schafe am 20. Juni in die Berge geführt, wo sie in der ersten Septemberhälfte mühsam gesammelt und gen Tal in die Gehege getrieben werden, aus denen die Besitzer ihre Tiere dann wieder aussortieren. Der Schafabtrieb im Sirdal lockt alljährlich Tausende von Touristen ins Tal. Für die meisten Schafe jedoch endet der für Touristen nur fotogene Abtrieb kurz darauf im Schlachthaus.

Tonstad: Das Haufendorf am Nordende des Sirdalvatnets kann mit einem Rekord aufwarten: Die Einwohner haben die höchste Lebenserwartung im ganzen Land. Das hat sicher mit der reiner Luft zu tun. Kein Industriebetrieb verpestet die Umwelt, und weil es nur eine wenig befahrene Straße gibt, hält sich auch die Verunreinigung durch Autoabgase in Grenzen. Es lebt sich also gut in Tonstad. Das können auch die Touristen nutzen: Am kleinen, modernen Marktplatz findet man zwei Supermärkte, Post, Banken und mit „Tonstad Bakeri" ein gemütliches Bäckerei-Café.

• *Information* **Tonstad Turistinformasjon**, neben dem Hospital, ✆ 38370586, www.sirdalferie.com (nur norwegisch). Geöffnet 15.6.–15.8 täglich 10–17 Uhr. In der übrigen Jahreszeit erhalten Sie Informationen bei **Sirdalsferie** (s. u.)

• *Busverbindungen* 6 x täglich halten die Sirdalsruta-Busse am Marktplatz auf ihrem Weg zur Südküste oder ins Setesdal. Auch die anderen Orte im Sirdal werden angefahren.

• *Übernachten* **Ousdal Hotell**, ✆ 38370312. Die Pension am Ortsausgang bietet nur sechs einfache, aber preiswerte Zimmer an (ab 420 NOK/Person). Das Lokal serviert derbe Hausmannskost.

Tondsbadli, ✆ 38370555. Oberhalb des Ortes (an der Hauptstraße ausgeschildert) vermietet die Kirchengemeinde sieben Hütten, vor denen einige sehr einfach, alle aber ausreichend sind. 400–600 NOK.

Sirdalsferie A/S, ✆ 38377800, www.sirdalsferie.com. Das ganze Jahr über bietet das Unternehmen im gesamten Sirdal gute bis luxuriöse Hütten zwischen 400 und 1.200 NOK an.

Sirdalsvatnet: Der 27 km lange See ist schmal wie ein Fjord. Seine bewaldeten Ufer lassen immer wieder Platz für klitzekleine Badestellen. Außerdem kann man Kanus leihen, nach Forellen angeln oder auf Bibersafari gehen (Tickets und Verleih im Touristenbüro). Besonders attraktiv ist ein Ausflug zur kleinen Insel, auf der sich der Überlieferung zufolge Wikingerkönigin Astrid mit ihrem Sohn Olav Trygvason, der später ein sagenumwobener König wurde, monatelang vor Feinden versteckt hielt.

Sinnes: Der Ort am Svartevatn hat sich mit dem Nachbardorf Tjørhom zum Zentrum für Wintersport im oberen Sirdal entwickelt. Vier Schlepplifte, 150 km gespurte Loipen, zwei Skischulen sowie Fahrten mit Pferde- und Hundeschlitten sind im Programm. Und Jahr für Jahr wachsen neue Hotels und Hüttenanlagen um den See und an der Straße. Skiläufer im Winter und Angler im Sommer sind die Gäste, auf die man zählt. Entsprechend gibt es kein Hotel ohne Skikeller und keine Hütte ohne Küchenecke zum Schuppen der Fische.

• *Information* **Sinnes Turistinformasjon**, ✆38371276, www.sirdal.kommune.no. Das kleine Büro im Zentrum ist nur vom 15.6. bis 15.8., dann aber täglich von 10 bis 18 Uhr geöffnet.

• *Übernachten/Camping* **Sinnes Gard**, ✆ 38371244, 📠 38371255. Ganzjährig geöffnet ist die Hüttenanlage längs der RV 45 mit Blockhäusern jeder Güte und Größe (40–90 qm) und Preisen zwischen 500 und 1.200 NOK.

Sirdal Bygg A/S, ✆ 38371317. Hütten mit bis zu 18 Übernachtungsplätzen hat das Unternehmen in und um Tjørhorn (6 km südlich von Sinnes) im Angebot. Nicht immer auf dem neuesten Stand, immer aber urig sind die Blockhäuser in der Einsamkeit. 300–1.200 NOK.

Sageneset Feriesenter, Tjørhom, ✆ 38371300, www.sageneset.no. Luxuriöse Hütten für sechs bis acht Personen, die ganzjährig jeden Komfort bieten (tolles Bad, Fußbodenheizung, perfekte Küche). 1.500–1.800 NOK pro Woche.

Sinnes Fjellstue A/S, Tjørhom, ✆ 38371202, www.sinnes-fjellstue.no. Mit 25 funktionalen Zimmern (Bad/WC, Telefon und TV) ist das Berghotel klein genug, um bei allem Komfort noch gemütlich zu sein. Ein erstaunlich gutes Restaurant, ein in jeder

Hinsicht wärmendes Kaminzimmer und eine Kellerbar sorgen für Entspannung. DZ 1.350 NOK, EZ 1.050 NOK.

Haugen Hytteutleie og Camping, ✆ 38371283. Ca. 3 km nördlich von Sinnes und 300 m neben der RV 45 sind 20 Komfort-Hütten (ab 450 NOK) im Wald versteckt; außerdem 70 Zeltstellplätze. Der Betrieb bietet zudem Wanderungen und Safaris an (s. u.).

• *Wintersport* Man kann mit Pulka und Rucksack wandern oder in den Hügeln nördlich des Ortes abfahren, es gibt kilometerlange Loipen für Anfänger wie Könner, es gibt Snowboard-Hänge und Huskyrennen. Nur sollte man nicht zu viel vom Wintersport im Sirdal erwarten – einen Vergleich mit den Abfahrten im Gudbrandsdal oder in Hovden hält das Skigebiet um Sinnes nicht aus. Drei Schlepplifte, Tageskarten ab 250 NOK, zwei Skischulen: Kursgebühr ab 800 NOK/Woche; Loipenbenutzung gratis.

Åndernam und Suleskar: Die beiden Feriendorfsiedlungen spezialisieren sich auf Wanderer und Loipenläufer, profitieren aber auch vom Durchgangsverkehr zum Lysefjord – Lysefjordveien ist Norwegens wohl atemberaubendste Serpentinenstraße, für Gespanne nicht geeignet (s. u.).

• *Übernachten/Camping* **Åndernam Hytteutleie**, ✆ 38371135, direkt neben der Loipe und der Straße zum Lysebotn. Rustikale Hütten ohne Bad (aber mit guten zentralen Sanitäranlagen). Einfache, doch ausreichend ausgerüstete Küchen. Zwischen 400 und 700 NOK.

Suleskard Camping, direkt an der wenig befahrenen Straße ins Setesdal, ✆ 38371138. Zehn neue Hütten mit Platz für bis zu neun Personen (ab 450 NOK) bietet der ansonsten einfach ausgerüstete Platz mit guten Sanitäranlagen und immerhin ausreichender Stromversorgung.

• *Ausflug zum Svartevassdamm* Oberhalb von Åndernam führt eine ausgeschilderte Erdstraße 12 km weit durch das unberührte **Ørnefjell** zum riesigen Svartevassdamm. Auf der 7 m breiten Dammkrone der 400 m langen Staumauer kann man umherspazieren und den 1,4 Mrd. qm großen Stausee bewundern. Das kleine Duge-Kraftwerk am Ende des Dammes ist für die Öffentlichkeit dagegen nicht zugänglich.

Lysefjordveien – in 27 Kehren 800 m tief hinab

Es beginnt ganz beschaulich, denn die nach Westen abknickende Landstraße schlängelt sich zunächst gemächlich durch bewaldete Höhen und kleine Gebirgsseen der Sirdals-Heide bis zum 900 m hohen **Andersvatnet**. Dann aber beginnt die vielleicht aufregendste Abfahrt Norwegens. Über 27 Kehren fällt die nur 3 m breite Straße 800 m tief zum Lysefjord ab. Dort wartet das originelle Restaurant „Adlernest" direkt über dem Fjord, dort wartet die Lysefjord-Fähre, dort ist aber auch eine Wanderung zum **Kjerag-Stein** möglich – die 3,5 Wanderstunden zu dem spektakulären Zwillingsfelsen, zwischen dessen Säulen sich ein Felsbrocken wie ein Korken geschoben hat, werden mit einer großartigen Aussicht über den Fjord belohnt.

Valle

Zufall? Wo sich das Setesdal weitet, entstand vor 900 Jahren der Hauptort des Setesdals mit einem Namen, der in Südeuropa „weites Tal" bedeutet.

Gräberfunde in **Flateland** nördlich des Siedlungskerns belegen, dass hier im 10. Jh. Wikinger siedelten, die bekanntermaßen Handelsbeziehungen mit Spanien und Italien unterhielten. Bis zur Jahrhundertwende war der Ort auch

Warnhinweis in Setesdal

Zentrum des Tales. Dann verlor er an Bedeutung, denn er blieb von der Verkehrsanbindung des Tales durch die mittlerweile eingestellte Setesdal-Bahn und den Schiffsverkehr auf dem Byglandsee ausgeschlossen.

Heute ist Valle ein verschlafen-hübscher Ort mit einem niedlichen Kirchlein aus dem Jahr 1844 und dem Altar eines gewissen *Frederico Baroccio,* das sich trotzdem nicht anzuschauen lohnt. Lohnenswert dagegen ein Spaziergang zur Hängebrücke westlich des Ortes, die am **Wasserfall Prestefossen** vorbeiführt, oder ein Besuch im **Brokke-Kraftwerk**, das zwischen dem 15.6. und dem 15.8. montags, mittwochs und freitags um 12 Uhr im Rahmen einer Führung besichtigt werden kann.

Information/Verbindungen/Adressen

• *Information* **Valle Turistkontor**, im Zentrum, ✆ 37937529, ℻ 37937516, valle@setesdal.com. Die Öffnungszeiten sind verwirrend: Januar–Mai und September–Dezember Mo–Fr 7.30–15 Uhr, im Juni Mo–Fr 10–17, Sa 10–14 Uhr, im Juli Mo–Fr 10–18, Sa/So 10–14 Uhr, im August Mo–Fr 10–17, Sa 10–14 Uhr. Zur Besichtigung des Kraftwerks muss man sich hier anmelden.

• *Busverbindungen* Drei Buslinien (Bergen–Oslo, Arendal/Kristiansand–Haukeligrend) halten 9 x täglich in Valle.

• *Adressen* **Post**, **Bank** und **Supermarkt** im Zentrum.

Übernachten/Camping

• *Übernachten* **Bergtun Hotell**, ✆ 37937720, ℻ 37937715. Das kleine und einfache Hotel in einem alten und typischen Setesdal-Bau – nur im Sommer geöffnet –verlangt nicht zu viel für seine gerade mal 19 Betten: DZ 845 NOK, EZ 635 NOK (mit Frühstück).

Valle Motell, ✆ 37937700, ℻ 37937715. ganz in der Nähe. Dieselben Preise und derselbe Besitzer, nur kann man hier auch Appartements für 425–725 NOK mieten.

Myrum Gard, ✆ 37937312. Ferien auf dem ökologisch geführten Bauernhof oberhalb von Valle in einem klobigen Blockhaus mit zwei Schlafzimmern, Stube und moderner Küche für bis zu acht Personen. 3.500 NOK/ Woche.

• *Camping* **Flateland Camping**, ✆ 379 36837, 📠 37936817. Der hübsche Platz am Fluss mit 18 grasgedeckten Hütten (350–500 NOK) und befriedigendem Service ist rundum zu empfehlen.

Tveiten Camping, ✆ 37937478. Der große Drei-Sterne-Campingplatz liegt 3 km südlich von Valle und bietet Hütten für zwei bis vier Personen zu 200–350 NOK.

Steinlands Familiecamping, ✆ 37937126. Hütten, familiengerecht auf sechs Personen ausgelegt, für 200–300 NOK.

Baden/Wandern/Safari

• *Baden* **Marhyl** heißt der Badeplatz gegenüber vom Kraftwerk von Brokke (keine Angst – das Werk arbeitet mit Wasserkraft) und 3 km nördlich von Rysstad. Glatt geschliffene Steine sowie ein kleiner Strand laden ein zum Bad im klaren, häufig jedoch kühlen Flusswasser.

• *Wandern* Zwischen Valle und Bykle findet man Gelegenheit zum gesundheitsfördernden Spaziergang: **Byklestigen**, 1770 angelegt und bis zur Jahrhundertwende noch in regelmäßigem Gebrauch, war ehedem die einzige und obendrein gefährliche Verbindung zwischen beiden Orten. Heute ist der Pfad durch Geländer gesichert, mit auch deutschsprachigen Schildern gespickt und gefahrlos in 45 Min. zu bewältigen (direkt an Straße und Fluss, ca. 5 km vor Bykle, unmittelbar nach Verlassen eines Tunnels).

• *Elchsafari* Für ihren Elchbestand ist die Gemeinde berühmt. 150 Tiere werden Jahr für Jahr zum Abschuss in der Jagdsaison (September/Oktober) freigegeben. Früher im Jahr geht's dreimal wöchentlich unter fachkundiger Führung auf Elchpirsch – geschossen wird dann nur mit dem Fotoapparat. Juli u. August Mo, Mi, Fr jeweils 20.30 Uhr; Preise richten sich nach Teilnehmerzahl, mindestens jedoch 50 NOK.

Bykle

Auf dem 600 m hohen Kamm warten eine Kapelle, stilvolle Gehöfte und eine gewaltige Aussicht über das 1.400 m hohe Fjell der Setesdalheiene mit ihren Heiden und Mooren auf den Reisenden.

Auch eine riesige Tankstelle plus Supermarkt und ein modernes Hotel bieten ihre Dienste an. Doch das eindrucksvolle Ensemble von schmucker Kapelle und antiken Bauernhäusern auf dem Pass sucht ihresgleichen.

Die Kapelle, die **Bykle Kyrkje** aus dem Jahre 1619, die zu den kleinsten Norwegens zählt, ist bekannt für ihre einmaligen Rosenmalereien. Nehmen Sie sich noch einige Minuten Zeit und schauen Sie sich auch die Grabsteine des Friedhofs an. Bis zur Jahrhundertwende wurde keine Frau älter als 30, kein Mann älter als 60. Heute liegt das Sterbedatum im Durchschnitt bei 75 Jahren – das Leben wurde auch im Setesdal leichter (15.6.–15.8. täglich 11–17 Uhr, Eintritt 10 NOK).

Links neben der Kapelle stehen sechs uralte Setesdal-Häuser des **Huldeheimen-Freilichtmuseums**; das älteste, ein Heuschober aus Valle, stammt aus dem 12. Jh. Selbst außerhalb der Öffnungszeiten (wie bei Bykle Kyrkje) lohnt der Weg hangaufwärts, denn auch von außen sind die Häuser inmitten wilder Blumenpracht eine Augenweide (das Hauptgebäude des Museums ist in der alten Schule am Ortsausgang untergebracht und zeigt dann und wann Arbeiten zeitgenössischer Setesdal-Künstler).

• *Übernachten* **Bykle Gjestegård**, ✆/📠 37938300. Das geschmackvolle, neue Hotel am Hang lohnt den Halt – zur Übernachtung (DZ 950 NOK, EZ 650 NOK) oder nur zum Imbiss im stilvoll-urigen Restaurant.

Byklestøylane Camping, ✆ 37939124. Ein einfacher Platz mit einfachen Hütten (350 NOK).

Hovden: Lärmbelästigung und Umweltfrevel im Urlauberparadies

Hovden

Der Ort besteht nur aus Herbergen, Hotels und Hütten. Woher das Bauholz stammt, sieht man an den hässlichen Pistenschneisen im ohnehin spärlichen Wald – Hovden zahlt seinen hohen Preis für den Titel „Skicenter im Setesdal".

Solche Ausblicke eröffnen sich freilich nur im Sommer; im Winter wuseln Tausende von Skifahrern und Loipenwanderern durch die schneesicheren Reviere um den mit vier Sessel- und Schleppliften ausgestatteten, 1.250 m hohen Hausberg **Nos** (Dreitageskarte 1.200 NOK). Die durchschnittliche Schneehöhe zwischen November und Mai liegt bei 1,22 m. Zwölf Abfahrten, darunter drei schwarze, sind in einer Gesamtlänge von fast 14 km präpariert. Markierte Loipen stehen im Gesamtumfang von 132 km zur Verfügung (einige sind unter Flutlicht). Skiverleih (250 NOK Tagesmiete) und Skischule (420 NOK für vier Unterrichtsstunden) gibt es auch.

Sommergäste hingegen finden Interessantes auf und im **Hartevatn-Fluss**, an dessen Ende der Ort liegt, in der Badeanstalt, bei Wanderungen auf und um den Hausberg oder im **Hovden Jernvinnemuseum**. Das Bergwerksmuseum versetzt den Besucher zurück in die Zeit, als Wikinger hier ihr Eisen schmiedeten, das sie aus den Mooren der Umgebung gewannen. Besonderer Clou: Das Museum kommt ohne Buchstaben aus; die Informationen (auch auf Deutsch) werden akustisch, visuell und selbst olfaktorisch (Kohlegerüche) übermittelt (15.6.–15.8. täglich 11–17 Uhr, Eintritt 40 NOK). Außerhalb der Sommer-Öffnungszeiten darf man sich den Museumsschlüssel im Touristbüro holen.

Information/Verbindungen/Adressen

• *Information* **HovdenFerie**, am Marktplatz, ✆ 37939370, www.hovden.com. Ganzjährig Mo–Fr 9–17 Uhr, Januar–April und Juni–August zusätzlich Sa 10–14 Uhr, im Sommer auch So 10–14 Uhr.

• *Busverbindungen* Zehn Fernbusse stoppen täglich in Hovden: 2 x nach Oslo (6 Std.) bzw. Bergen (5 Std.), 4 x nach Arendal (6 Std.), 4 x nach Haukeligrend (50 Min.) und Kristiansand (3,5 Std.).

• *Adressen* Das Touristenmekka bietet alles am Marktplatz konzentriert: **Post**, **Banken**, **Supermärkte**, **Tankstelle**, **Ärzte** (Notarzt, ✆ 37937333, Zahnarzt, ✆ 37938224), **Unfallstation** und **Apotheken**.

Übernachten/Essen & Trinken

• *Übernachten* **Hovden Vandrerhjem**, ✆ 37939543, www.vandrerhjem.no. Die ganzjährig geöffnete und vom Wanderverein betriebene, kürzlich erweiterte Jugendherbergspension am Fluss bietet 56 Betten in Mehrbettzimmern (190 NOK) sowie EZ zu 290 und DZ zu 490 NOK.

Quality Høyfjellshotell, ✆ 37938800, www.choicehotels.no. Seit der Rundum-Erneuerung ist das 82-Zimmer-Hotel mit nächster Lage zu den Liften wieder top: Sauna, Schwimmbad, Restaurant und Tanzbar mit Kapelle. DZ 1.380 NOK, EZ 950 NOK. Zudem sind 20 Hütten (mehrere Schlafzimmer, Küche mit TK-Schrank, Du/WC) für je acht Personen im Angebot (ab 750 NOK).

Hovden Appartements, ✆ 37939606, ℻ 37939788, www.hovden-appartements.no. 50 schmucke Hütten und gediegene Appartements vermietet das Unternehmen, das 2 km vom Zentrum Hovdens entfernt liegt. Für 2 Personen 630 NOK, für 4 Personen 850 NOK; alle mit mehreren Schlafzimmern, mit Du/WC, TV und Telefon, mit Küche und Spülmaschine.

Hovdestøylen Hotell & Hyttetun, ✆ 379 39552, ℻ 37939655. Schönes Hotel, links am Ortseingang gelegen. 41 Hotelzimmer, 13 geschmackvolle Hütten für bis zu fünf Personen und sieben Lofts für bis zu acht Personen werden angeboten; zudem Schwimmbad, Saunen, verschiedene Restaurants, Tanzbar und Billardzimmer. DZ 1. 240 NOK, EZ 880 NOK

Hovden Høyfjellsenter, ✆ 37939501, ℻ 37939529. Wie ein kleines Gebirgsdorf wirkt die Anlage mit 33 schicken Hütten (80 m^2, bis zu neun Personen, ab 800 NOK), 11 kleinen Appartements (Du/WC, Miniküche, ab 650 NOK) und einem „Hostel für Selbstversorger" (24 einfachen, aber geschmackvollen Zweibettzimmern ab 450 NOK).

• *Camping* **Hovden Fjellstoge**, ✆ 37939543, www.hovdenfjellstoge.no. Wintercamping, 50 Wohnwagenstellplätze, gute Sanitäranlagen und Hütten für zwei bis sechs Personen und 400–800 NOK bietet der Platz, der 2 km vom Zentrum entfernt ist.

Lislefjødd Camping, ✆ 37939717. Der 5 km vom Zentrum entfernt liegende Wiesenplatz verfügt über Stellplätze und wenige, nicht wintertaugliche Hütten (ab 400 NOK).

• *Essen* **Stakken**, Hausmannskost am Mittag, à la carte am Abend, am besten aber eines der 24 verschiedenen Pizzagerichte.

Vertshuset, deftige Speisen und uriges Ambiente.

Baden/Sport

• *Baden* Für seltene Schlechtwettertage bietet sich das **Hovden-Badeland** an, eine künstlich angelegte, überaus pfiffige Badelandschaft mit Wasserfällen, Hindernisfluss, Rutschen und Whirlpools – tropisches Badevergnügen in Nordland. Täglich 11–19 Uhr, im Mai geschlossen. Eintritt 130 NOK, Kinder 110 NOK (Kinder bis 3 Jahre gratis).

• *Wandern/Kanufahren/Angeln/Golf/Rundflüge* Auch Sommerurlauber, denen der Waldfrevel nicht die Wanderlust verdorben hat, können die Lifte zu einfachen, markierten Wanderungen nutzen oder Kanus auf dem Hartevatn mieten bzw. in nahe gelegenen Bergseen angeln (Bootsverleih und Angelkarten in jedem Hotel und der Touristeninformation). Der 9-Loch-Golfplatz mit Par 68 (4.500 m lang) ist seit 2003 in Betrieb. Und Rundflüge per Hubschrauber kosten 800 NOK pro Person.

Im Romsdal: Europas Freeclimber-Eldorado

Romsdal

Mancher Autotourist, Wanderer oder Bergsteiger wird statt über das Dovrefjell in das Romsdal, also statt nach Norden nach Westen abzweigen wollen: ein traumhaftes Tal, eine der reizvollsten Gebirgsformationen des Landes und Endstück der „Goldenen Route".

Im Romsdal finden Sie zudem eine der touristischen Sensationen Norwegens – die haarsträubende Serpentinenflucht **Trollstigen**. 5 km vor dem Talende, vor Åndalsnes, zweigt der **Trollstigveien** ab: Die atemberaubende Straße durch das **Isterdalen** führt auf die 850 m hohe Aussichtsplattform, von wo sich ein unvergessliches Bergpanorama eröffnet – ein Muss für jeden Norwegen-Fahrer. Die im Winter gesperrte Straße wird in der Regel Ende Mai/Anfang Juni für den Verkehr freigegeben.

Doch bis dahin sind es noch genau 101 km über die Europastraße 136. Die Fahrt ist mit dem Bus zweimal täglich ab Geiranger (nur im Sommer), aber auch per Zug mindestens viermal täglich in beide Richtungen möglich (Oslo–Trondheim via Dombås, in diesem Abschnitt „Raumabahn" genannt). Selbst Radfahrer quälen sich durch das enge Tal, was angesichts der Verkehrsdichte wirklich nicht zu empfehlen ist. Die meisten aber werden das Auto nutzen, um alle Sehenswürdigkeiten zu erreichen.

Dazu muss man in **Dombås** links, d. h. nach Westen, auf die E 136 (Ausschilderung Åndalsnes/Ålesund) abbiegen. Bis Lesja zählt die Landschaft noch zum lieblichen, oberen **Gudbrandsdalen**, dahinter aber beginnen die wilden Gebirgszüge des Romsdals.

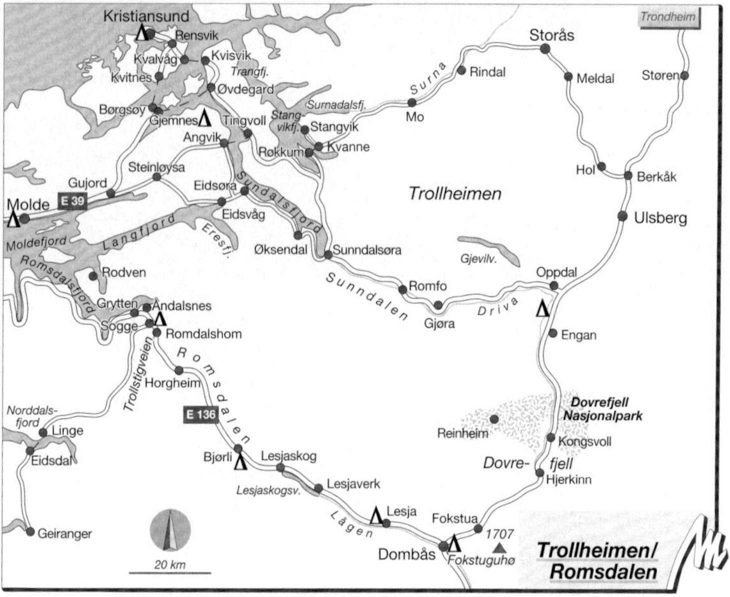

Erster Höhepunkt der Strecke ist nach 45 km der etwa 10 km lange **Lesjaskogsvatnet**. Der See inmitten waldiger Höhen mit winzigen Inseln und zahlreichen Hütten am Ufer ist ein beliebtes Urlaubsziel der Norweger. Die beträchtliche Besiedelung (oder besser: Zersiedelung) führt dazu, dass Normalreisende höchstens über die Campingplätze ans Seeufer gelangen.

Tourismus ist auch in **Bjorli** angesagt, einem kleinen Skizentrum mit immerhin sechs Liften, 10 Abfahrten und schier unzähligen Loipenkilometern. Hier teilt sich die **Rauma** und lässt Platz für beeindruckende Stromschnellen, was der Siedlung zusätzlich Sommergäste, Petrijünger und Unterkünfte beschert hat.

• *Information* **Bjorli Reisliv AS**, ✆ 612 45645, www.bjorli.no. Geöffnet Mitte Juni–Mitte August Mo–Fr 9–17 Uhr, Sa/So 9–15 Uhr.

• *Übernachten* **Bjorligård Hotell**, ✆ 612 44400,www.bjorligard.no. Hübsche Hütten, angenehme Appartements (750 NOK bei vier Personen), moderne Zimmer, aber auch Radverleih und Angelplätze bietet das Hotel. EZ 675 NOK, DZ 990 NOK.

Bjorli Apartment Hotel, ✆ 61245300, www.bjorlihotel.no. Die Riesenanlage mit 420 Betten in Hotelzimmern und Hütten umsorgt den Urlauber rundum perfekt: Radverleih und Restaurant, Spielplatz, behindertengerechte Einrichtungen, Angelplätze und Wanderangebote. Das alles zu noch bezahlbaren Preisen: EZ 1.025, DZ 1.300 NOK, Hütten von 800–1.150 NOK (Oktober–Dezember geschlossen).

• *Camping* **Lesjaskogsvatnet Camping**, ✆ 61244556. Der schöne Zwei-Sterne-Platz am Seeufer mit einfacher Ausstattung ist auch im Winter geöffnet. 16 Hütten mit Kochgelegenheit ohne Bad ab 450 NOK.

Aaheim Camping, ✆ 61244020. 10 km vor Bjorli bietet der Zwei-Sterne-Platz in Lesjaskog einen recht guten Service. Das gilt auch für die vier Hütten (ab 450 NOK).

Pluscamp Trollstigen, ✆ 71221112, www.trollstigen.no. Am Fuß der atemberaubenden Straße erhebt sich dieser trotz seiner Größe recht geschmackvolle Ferienkomplex mit Restaurant, Pension, Hütten, Taxfree-Shop und toller Aussicht. Selbst die Preise sind fantastisch: EZ 375 NOK, DZ 550 NOK, Appartements ab 550 NOK, Hütten 400–550 NOK.

Am 40 m hohen **Slettafoss**, dem ersten von vielen Wasserfällen im Romsdal, gibt es den ersten von vielen Aussichts- und Rastplätzen dieses Tales – einer schöner als der andere. Das liegt auch an der Rauma, die voller Stromschnellen, Felsbrocken und Lachse ist, wenngleich der Fischbestand in den letzten Jahren unter einem Lachsparasiten gelitten hat.

Ein besonders schöner Aussichtspunkt findet sich bei **Horgheim** mit der Aussicht auf den Trollvegen, die vielleicht schwerste „Freikletter-Wand" Europas, die erst 1967 erstmals bestiegen wurde. Eine Schautafel am ständig überfüllten Parkplatz beschreibt die Routen auf die verschiedenen Gipfel und verbietet die vor zehn Jahren noch üblichen Fallschirmsprünge. Nur 7 km weiter bei **Ner Hole** bietet sich der Blick auf die Südwand des 1.550 m hohen **Romdalshorns**. 2 km weiter, in **Soggebro**, kommt dann der Abzweig nach **Trollstigen** – absolutes Muss für jeden Norwegen-Fan.

Klettern im Romsdal

Das Tal ist das Bergsteiger-Eldorado des Nordens. Die 1.000 m hohe, steile Trollveggen-Wand gilt als weltweit einmalige Herausforderung. Wanderungen sind kaum möglich; hier bewegen sich nur geübte Bergsteiger oder wagemutige Freeclimber, die sich zuvor bei Profis vom Fjellsportssenter in Åndalsnes informiert haben.

Dreigestirn: Die drei Gipfel, von der Trollstigen-Plattform gut einzusehen, sind rund 1.500 m hoch. Sie heißen **Bispen** (1.475 m), **Kongen** (1.595 m) und **Dronningen** (1.570 m) und werden meist von der Ostseite bestiegen. Start für sämtliche Touren ist die Trollstigen-Passhöhe.

Trollgruppe: Auch hier liegt der Einstieg am Troll-Pass. Die an sich nicht einmal anspruchsvollen Vier-Stunden-Touren auf den **Stabben** oder **Klumpen** werden erst durch Schneefelder, die bis in den Hochsommer nicht tauen, mühsam und gefährlich.

Trollwand: Der 1.800 m hohe Anstieg ist über drei Routen möglich, die englische, die norwegische und die französische Route. Alle drei starten am Parkplatz, dauern mindestens 24 Stunden und sind wirklich nur geübten Bergsteigern zu empfehlen.

Romdalshorn: Die beliebteste Klettertour im Tal, die aber auch nicht ohne Bergsteigererfahrung möglich ist. Als bester Einstieg für die dreistündige Tour gilt die Nordseite.

Åndalsnes

Schlicht schön liegt der Ort, 1996 zur Stadt erklärt, an der Mündung der Rauma in den Romsdalsfjord. Vor den steilen „Romdalsalpen" zwischen Tal und Fjord, schmiegt sich das 3000-Einwohner-Städtchen auf eine Landzunge.

Auch Åndalsnes wurde von deutschen Fliegern im Zweiten Weltkrieg in Schutt und Asche gebombt. Doch trotz neuerer Bebauung bleibt Åndalsnes ein attraktives Örtchen, das sich neben traditioneller Möbel- und Textilindustrie (neuerdings werden auch Bohrplattformen gebaut) derzeit mehr und mehr dem Fremdenverkehr zuwendet. Der hübsche Ort selbst wird immer häufiger von Kreuzfahrtschiffen angelaufen, und so ist Åndalsnes nicht mehr nur Stützpunkt für Bergsteiger, sondern entwickelt eine touristische Infrastruktur, die man auch auf der Durchreise nutzen sollte.

Information/Verbindungen/Adressen

• *Information* Das **Turistkontor**, ✆ 712 21622, www.visitandalsnes.com, befindet sich am Bahnhof. Juni–September täglich 10–18 Uhr, außerhalb der Saison Mo–Fr 8–15.30 Uhr.

• *Zugverbindungen* Der Fernzug Oslo–Trondheim (via Hamar, Lillehammer, Gudbrands-, Romsdal) hält 4 x täglich (6.20–21.55 Uhr).

• *Busverbindungen* 16 x täglich nach Molde (1,5 Std.), 6 x pro Tag nach Ålesund (2 Std.). und nur im Sommer 2 x täglich auf der „Goldenen Route" nach Geiranger (3 Std.).

• *Adressen* **Post**, **Bank** und **Apotheke** befinden sich direkt im Zentrum in der Jernbanegate.

Übernachten

Åndalsnes Vandrerhjem, Setnes (über die Brücke), ✆ 71221382,www.vandrerhjem.no. Nur vom 15.5.–15.9. ist die Jugendherberge mit 95 Betten geöffnet. Bett 190 NOK, EZ 350 NOK, DZ 500 NOK (Frühstück incl), Abendessen 100 NOK.

Gjerset Turistsenter, Torvik, ✆ 71225966, www.gjerset-turistsenter.com. Auf der gegenüber liegenden Seite der Bucht finden Sie in Torvik diese kleine Pension mit 30 einfachen Zimmern, aber auch mit einem Zeltplatz, einem niedlichem Lokal und 13 zum Teil sehr schönen Hütten. EZ 550, DZ 800 NOK, Hütten ab 450 NOK (im ersten und letzten Quartal geschlossen).

Rauma Hotell, Åndalsnes, Vollan 16, ✆ 71223270, www.raumahotell.no. Das Hotel im Zentrum bietet nach einem Umbau 24 gut möblierte Zimmer. EZ 895, DZ 1.095 NOK (im Sommer gibt es Wochenendangebote).

Grand Hotel Bellevue, Åndalsnes, Åndals-

Gut gemeinte Warnung: Tipps für Kletterer im Romsdal

gate 5, ✆ 71227500, www.grandhotel.no. Das größte Hotel im Zentrum mit gehobenem Standard (u. a. Tennisplatz) ist über Ostern und Weihnachten geschlossen. EZ 795, DZ 995 NOK

• *Camping* **Åndalsnes Camping og Motell**, ✆ 71221629, www.andalsnescamp.no. Der Vier-Sterne-Platz am Weg nach Trollstigen (2 km vom Åndalsnes-Zentrum entfernt) gehört dem Automobilclub NAF, was immer ein Qualitätssiegel ist. 200 Wohnwagenplätze, 37 Hütten jeglicher Größe (400–700 NOK) und mit jeglichem Service (u. a. Verleih von Booten und Mountainbikes).

Bakken Camping, nur sieben einfache Hütten (ab 350 NOK), wohl Zeltstellplätze, aber keine Wohnwagenplätze vermietet der sagenhafte Wiesenplatz unter der Trollwand (Ausschilderung an der E 136): Hier lässt es sich urlauben.

Måna Camping, ✆ 71223435. 22 km von Åndalsnes entfernt, in Måndalen am Romdalsfjord, liegt der empfehlenswerte Drei-Sterne-Platz mit 15 Hütten (ab 450 NOK).

Sehenswertes

Rauma-Bahn: Nur im Sommer und dann auch nur dreimal wöchentlich zieht die nostalgische Dampflok den Zug an den spektakulären Naturschönheiten vorbei 600 Höhenmeter hinauf nach Bjorli, um dann auch gleich wieder umzukehren. Am Trollveggen und an der Brücke Kylling Bru – 10 Jahre brauchte man ab 1924 allein für den Bau dieser Brücke – stoppt der Zug für die Hobbyfotografen. (Tickets im Turistkontor: 295 NOK, Kinder 70 NOK hin und zurück)..

Rødven Stabkirche: Die kleine Stabkirche am Nordwestufer des Romsdalsfjords – 34 km von Åndalsnes entfernt – ist so baufällig, dass Stelzen sie stützen müssen. Die einzige Stabkirche im Romsdal, um 1300 erbaut, zählt nicht zu den publikumsträchtigen Baudenkmälern des Landes, nicht zu den Stabkirchen, die man gesehen haben muss, wird auch nicht mehr als Kirche genutzt (immer in der Mittsommernacht jedoch gibt es einen Gottesdienst). Sie ist nur noch als Museum in Betrieb, bleibt aber dennoch hübsch anzuschauen: Die Stab-Bauweise ist wenigstens nachvollziehbar.

Öffnungszeiten Juni–August täglich 11–16 Uhr. Eintritt 30 NOK, Kinder 12 NOK.

▶ **Weiterfahrt**: Von Åndalsnes aus führt die Straße weiter nach Ålesund und nach Norden über die RV 64 nach **Molde**. Vorher aber muss die Fähre Åfarnes–Sølsnes benutzt werden: 32 x täglich zwischen 5.15 und 23.30 Uhr, Überfahrt 15 Min., 53 NOK Fahrer/Pkw, 21 NOK/Person.

Molde

Die Provinzhauptstadt von Møre-Romsdal wirbt für sich mit dem Beinamen „Rosen-Stadt". Doch Rosen sind nur Sinnbild für eine erstaunliche Pflanzenvielfalt nördlich des 62. Breitengrades.

Ahorn, Blutbuche, Esche, Linde und Rosskastanien gedeihen am Zusammenfluss von Romsdals- und Moldefjord. Und jede Menge bunter Blumen – nicht nur Rosen – verschönern den Stadtkern der 23.000 Einwohner zählenden Minimetropole, die von der „Luftheizung" des Golfstroms und von der von Berggipfeln geschützten Lage profitiert.

Besonders eindrucksvoll erscheint die einmalige Lage der Stadt vom Hausberg Varden aus: Ein wahrlich imposantes Panorama mit sage und schreibe 87 meist schneebedeckten Gipfeln eröffnet sich – klare Sicht bei gutem Wetter

Seilet: Hotel und Wahrzeichen

vorausgesetzt (ein Spazierweg von 50 Min. ist ebenso ausgeschildert wie die 15-minütige Autoanfahrt).

Zu sehen gibt's außerdem noch das **Romsdalsmuseet**, das Freilichtmuseum der Provinz, das aus zwei Anlagen besteht: Das Regionalmuseum im Museumsveien zeigt 40 Fischerkaten und Bauernhöfe des 19. Jh., darunter auch Stadthäuser aus Molde zwischen 1850 und 1940. Interessanter scheint die Außenstelle des Museums auf dem der Stadt vorgelagerten Inselchen **Hjertøya**: Das Fischermuseum präsentiert Stelzenhäuser, Schiffe und Boote natürlich, vor allem aber eine Werftwerkstatt aus der Zeit um die Jahrhundertwende (Hauptmuseum Juni–August Mo–Sa 11–18, So 12–18 Uhr; Fischereimuseum 15.6.–15.8. Mo–So 11–17.45 Uhr; Eintritt für beide Museen 60 NOK, Kinder 30 NOK).

Ansonsten hat das Handels- und Dienstleistungszentrum außer dem Sommer-Jazzfestival (das allerdings ist in Kennerkreisen europaweit populär) wenig Attraktives zu bieten. Wieder einmal sind die Deutschen schuld: 1940 zerstörte die Luftwaffe zwei Drittel der Bausubstanz – der Wiederaufbau brachte, wie andernorts in Norwegen auch, wenig Vorzeigenswertes zustande.

• *Information* Die **Turisteninformasjon Molde**, ✆ 71201000, www.visitmolde.com, befindet sich im Rathaus am Torget. 15.6.–15.8. Mo–Fr 9–18, Sa 9–15 Uhr, So 12–17 Uhr; sonst Mo–Fr 8.30–15.30 Uhr.

• *Adressen* **Post**, **Banken**, **Apotheke** in der Storgate (Zentrum). **Waschsalon** im Gästehafen, **Internet** im Dockside Pub (Torget).

• *Flugverbindungen* Immerhin zehn Inlandziele, vornehmlich in Nordnorwegen (aber auch 6 x Oslo), werden täglich vom **Åro-Airport** (3 km östlich des Zentrums) angeflogen.

• *Busverbindungen* 9 x täglich Åndalsnes (1,5 Std.), 1 x Kristiansund, 3 x Ålesund, 2 x Trondheim (6 Std.) – die Fernbusverbindungen lassen nichts zu wünschen.

• *Fährverbindungen* Eine Autofähre verkehrt 30 x am Tag über den Romdalsfjord nach **Vestnes** mit Anschluss an die Europastraße nach Ålesund (35 Min., 90 NOK für Fahrer/Pkw, 31 NOK für die Begleitperson). Eine weitere Autofähre nach Sekken fährt 8 x täglich (40 Min, 90 NOK für Fahrer/Pkw, 31 NOK für die Begleitperson).

2 x täglich fährt die Schnellfähre 2,5 Stunden nach Ålesund (174 NOK), 9 x täglich in 30 Min. nach **Helland/Vikebukt**.

Auch „Hurtigruten" hält in Molde: um 22 Uhr in Richtung Norden, um 21.30 Uhr auf der Südroute.

• *Übernachten* **Comfort Hotel Nobel**, Amtm. Krohsgt. 5, ✆ 71231555, www.choicehotels.no. Unter den nur teuren Hotels der

Stadt ist Nobel das preiswerteste: Für jedes der 30 Zimmer (Du/WC, TV und Telefon) müssen 950 NOK (EZ) bzw. 1.150 NOK hingeblättert werden (Wochenendpreise: 640 bzw. 790 NOK).

Hotell Molde, Storgaten 19, ✆ 71203000, www.hotellmolde.no. Das Zentrumshotel mit 35 geschmackvoll möblierten Zimmern bietet von Räumen für Behinderte bis zum guten Restaurant alles, was von einem Mittelklassehaus erwartet werden darf. Der Kastenbau ist jedoch keine architektonische Glanzleistung EZ 890 NOK, DZ 1.080 NOK (Sommer- und Wochenendpreise günstiger: 525 bzw. 730 NOK).

Quality Hotel Alexandra, Storgaten 1–7, ✆ 71253750,www.choicehotels.no. In jeder Hinsicht bombastisch ist das 200-Zimmer-Hotel im Zentrum. Das gilt für Ausstattung, Service und Preise: EZ 1.295 NOK, DZ 1.445 NOK (Wochenendpreise: 795 bzw. 845 NOK)

Rica Seilet Hotel, ✆ 71114000, www.rica.no. Das neue, riesige Hotel (169 Zimmer auf 16 Stockwerken) ist in Form eines Segels unübersehbar direkt an den Fjord gebaut worden (s. Foto). Dennoch sind es zum Zentrum nur zwei Minuten Fußweg. Das Haus gilt als das größte Konferenzzentrum der Provinz. Wen das und die Nähe zum Stadion nicht stört, der wird auch nicht über die Preise meckern: EZ 1.500 NOK, DZ 1.610 NOK; Suite 3.335 NOK (am Wochenende deutlich preiswerter).

• *Camping* **Kviltorp Camping**, Fannestrandveien, ✆ 71251742, www.kviltorpcamping.no. Der jüngst von oben bis unten renovierte Drei-Sterne-Platz liegt 3 km vom Zentrum sehr idyllisch am **Fannefjord** an der RV 1. Ganz neu sind die Sanitäranlagen und die 21 teils luxuriösen Hütten (375–1.250 NOK).

▸ **Weiterfahrt**: Alternativ führt die enge und kurvenreiche E 39 nach Trondheim. Das wald- und seenreiche Nordmøre, vom Tourismus bislang übersehen, wird durchfahren, wenige Übernachtungsmöglichkeiten, kaum größere Orte und eine Fährfahrt: Kanestraum-Halsa (31 x täglich, 20 Min. Überfahrt, 63 NOK Fahrer/Pkw, 24 NOK Begleitperson). In Vågland aber, wenige Kilometer nach der Fährfahrt und hinter Halsa, an der Europastraße ausgeschildert, vermietet an einem Seitanarm des Årsundfjords die Familie Liabotro zwei Hütten mit traumhafter Aussicht und ebensolchen Preisen: 400/500 NOK.

Sunndal

Wer von Oppdal nach Kristiansund möchte, durchquert auf der RV 70 unweigerlich das romantische Sunndal und erhält so einen Eindruck von Trollheimen, bevor er den Sunndalsfjord und nach 162 km dann Kristiansund erreicht.

Das Sunndal ist der lawinenreichste Landstrich Norwegens. Etliche Tunnels schützen den Verkehr, und die Bauern bauten ihre Gehöfte derart dicht an die Felswände, dass die Schneemassen im Falle eines Falles über die Häuser hinwegrauschen können. Dennoch kamen 32 Menschen während der letzten hundert Jahre durch Lawinen im Tal um.

Bis **Gjøra** reicht noch das Tal der **Driva**, des fischreichsten Flusses in Mittelnorwegen (Angelscheine gibt es erst in Sunndalsøra). Dann biegt nach Westen das Sunndal ab.

Bei **Romfo** blinkt am Hang eine kleine, 150 Jahre alte Kirche. Ihre Vorgängerin, 200 m höher, wurde ein Opfer der Lawinen. Die Dörfler bauten ihre neue Kirche lawinensicher.

Am Driva-Kraftwerk von Fale vorbei geht es dann nach **Sunndalsøra**, einem unansehnlichen Industrieort mit 5.000 Einwohnern, die fast alle im *Hydro-Aluminiumwerk Sunndal* beschäftigt sind. Im Ort gibt es eine Lachszucht-Versuchsstation, die sich das Kühlwasser des nahen Aura-Kraftwerks zunutze macht: In dem rund ums Jahr sommerlich warmen Abwasser werden die Lachse besonders fett.

An der Driva-Mündung wird der **Sunndalsfjord** erreicht. Die folgenden 9 km sind fast vollständig überdacht. Der längste der drei Tunnels ist der **Treteeiga** mit 1.250 m. Nach Norden knickt die RV 70 nun ab (Landstraße 62 nach Westen und Molde). Tunnels, Wasserfälle und schöne Ausblicke zunächst auf den **Stangvikfjord** und später den **Tingvollfjord** begleiten den Autofahrer, bis er bei **Øydegard** auf eines der aufsehenerregendsten Brücken- und Tunnelprojekte des an Brücken und Tunnels nicht armen Landes trifft.

Kristiansund

Bis 1992 war Kristiansund die einzige Großstadt des Landes, die nur über die See oder durch die Luft zu erreichen war. Jetzt führen Brücken über den Gjemens-Sund und ein 5 km langer Unterwassertunnel unter dem Freifjord hindurch.

Zwei Milliarden Kronen (rund 300 Mio. Euro) ließen sich die Norweger dieses Mammutbauwerk kosten: Die Hängebrücke über den **Gjemens-Sund** (1.475 m) ist die längste ihrer Art in Norwegen, und der 5.090 m lange Unterwassertunnel nach **Frei** zählt zu den am tiefsten abgesenkten im Land.

Die 250 Jahre alte Handelsstadt Kristiansund, die erst nach einer weiteren Brückenüberquerung erreicht ist, führt zur Unterscheidung mit dem südlichen Kristiansand ein „N“ hinter dem Namen. Das ist aber auch schon das Aufregendste an dem 18.000-Einwohner-Städtchen auf den drei Inseln **Innlandet**, **Kirkelandet** und **Nordlandet**.

Allerdings ist den Stadtvätern nach der Kriegszerstörung ein recht geschmackvoller Wiederaufbau gelungen, eine Besonderheit in Norwegen: So ziehen sich um den Hafen farbenfrohe Gebäude auf Terrassen den Hang hoch. Die erst 1964 fertig gestellte Stadtkirche gilt wegen ihrer gewagten Konstruktion als „Atlantik-Kathedrale“, die Statue „Klippfischfrau“ erinnert an den einst wichtigsten Wirtschaftszweig der Stadt.

Information/Verbindungen/Adressen

• *Information* **Reisemål Nordmøre,** liegt am Hafenpier, ✆ 71585454, www.visitkristiansund.com. 15.6.–15.8 Mo–Fr 9–18 Uhr, Sa/So 10–15 Uhr; sonst Mo–Fr 9–16 Uhr.

• *Flugverbindungen* 33 inländische Flughäfen (Bergen, Oslo, Molde, Trondheim jeweils 5 x pro Tag nonstop) werden vom zentrumsnahen Flughafen angeflogen.

• *Busverbindungen* Drei Überlandlinien bedienen die Stadt: Nach Ålesund (via Molde) fährt 2 x täglich „Vestlandsekspressen“, 4 x pro Tag geht es nach Trondheim und 5 x durch das Sunndal nach Oppdal (3,5 Std.).

• *Fährverbindungen* 20 Minuten braucht die vor dem Brückenbau wichtigste Autofähre nach **Bremsnes** auf der Insel **Averøya**: Für jede der 25 täglichen Überfahrten zahlt eine Person plus Pkw 58 NOK, Begleitperson 23 NOK .

3 x täglich legen die Passagierfähren von „Kystekspressen“ nach Trondheim an und ab. 3,5 Std. braucht der Dampfer und kostet 435 NOK/Person. Nach Edøya geht es 4 x täglich für 85 NOK.

Die Postschiffe der Hurtigrute berühren die Stadt: um 23 Uhr in Richtung Norden (nächster Stopp ist nach 7 Std. Trondheim, 450 NOK ohne Kabine), um 17 Uhr nach Süden (Molde in 4 Std., 254 NOK).

• *Adressen* **Post**, **Banken**, **Apotheken** und **Supermärkte** konzentrieren sich im Bereich zwischen Hafen und Storgate.

Vågland: Urlaubsruhe abseits der Europastraße

Übernachten

Kristiansund Vandrerhjem (Atlanten Camping og Turistsenter), ✆ 71671104, www.atlanten.no. In der teuren Stadt ist das Wanderheim die billigste Unterkunft, obwohl auch hier die Preise über Jugendherbergsdurchschnitt liegen:, EZ 440, DZ 490 NOK Juni–September geöffnet, mit Zeltplatz und Restaurantbetrieb, mit Motel (EZ 490 NOK, DZ 690 NOK) und Spielplatz.

Hotel Kristiansund, Storgt. 17, ✆ 715570300, www.hotell-kristiansund.no. Das zentrale Mittelklassehotel bietet 40 gemütliche Zimmer (Du/WC, TV und Telefon) zu angenehmen Preisen: EZ 860, DZ 1.160 NOK.

Quality Hotel Grand, Bernsdorfstr. 1, ✆ 71571300, www.choicehotels.no. Alles vom Feinsten in dem Edel-Hotel, das kaum Wünsche offen lässt. EZ 1.250, DZ 1.415 NOK.

Rica Hotel Kristiansund, Storgt. 41–43, ✆ 71571200, www.rica.no. Das Riesenhotel mit 102 Zimmern im Zentrum steht dem Grand Hotel in nichts nach – nicht einmal bei den Preisen: EZ 1.260, DZ 1.460 NOK.

• *Camping* **Byskogen Camping**, Skogveien, ✆ 726 74020. Deutlich kleiner und einfacher als Atlanten (s. o.); trotzdem ist der Zwei-Sterne-Platz eine reelle, saubere Alternative (zwei Hütten, 450 und 600 NOK).

Sehenswertes

Nordmøre Museum: An der inneren Vågenbucht von Kirkelandet liegt am Knudtzondalen das Regionalmuseum, das sich mit mehreren Abteilungen (Archäologie, Fischwirtschaft, Freilichtmuseum) besonders dem für Kristiansund einst bedeutsamen Klippfischhandel widmet. So sind der Klippfischkai *Woldbrygga* und die *Mellom-Werft* mit einer Böttcherwerkstatt, die beide aus der Zeit der Segelschiffe stammen und noch in Betrieb sind, die Attraktionen des kleinen Museums.

Öffnungszeiten Juni–August Mo-Sa 12–17, So 13–16 Uhr,. Eintritt 50 NOK,

Atlanterhavsbadet: Norwegens neuestes Aqualand wurde im Sommer 2005 eröffnet – Wasserrutsche (77 m lang) und Wellenbad, Whirlpool, zwei Cafés und Wellnessbereich machen das Bad auf dem Gelände des Volksparks zu einem rechten Urlaubsvergnügen. Zumal die Preise unter denen anderer, in Norwegen so beliebter Badelandschaften liegen.

Öffnungszeiten täglich 10–21 Uhr (nur montags ab 12 und freitags bis 18 Uhr), Eintritt 80 NOK, Kinder 60 NOK (Sa/So 15 NOK teurer).

Handelshuset Patrick Volkmar: Der Museumsladen am Vågen mit Café und Kaffeebrennerei (hier gibt es ausnahmsweise sehr guten Kaffee) ist ein munteres Ensemble von Druckereimuseum, Rösterei und immer neuen Ausstellungen – ideal für einen verregneten Urlaubstag.

Öffnungszeiten jeweils ab 12 Uhr. Im Sommer Di–So bis 22 Uhr. Eintritt frei.

Kvernes-Stabkirche: Man muss schon die Fähre nach Bremsnes nutzen, um die 14 km von Kristiansund entfernte Kirche aus dem Mittelalter bestaunen zu können. Experten zählen das Kirchlein zwar nicht zum Kreis der 25 „echten Stabkirchen", aber hübsch anzuschauen ist die Averøya-Kirche allemal (von Juni bis September geöffnet). Gleich daneben ein kleines, anschauenswertes Heimatmuseum.

Dovrefjell

Das Dovrefjell, die Gebirgsebene zwischen dem Gudbrandsdal im Süden und Trondheim im Norden, ist ein menschenleerer Landstrich mit unvergleichlicher Fauna und Flora.

Das Plateaufjell mit nur zwei Höhen im Westen, **Snøhetta** mit 2.286 m und **Svånåtindan** mit 2.209 m, ist seit mehr als tausend Jahren die Pforte nach Nordnorwegen. Dort, wo heute die E 6 und Dovrebahn verlaufen, wanderten Könige, Kaufleute und Söldner, Pilger, Priester und Siedler nach Trondheim, das damals noch *Nidaros* hieß, und weiter nach Norden, um das Land der Samen zu erobern. Sie sorgten so für eine dünne Besiedlung des unwirtlichen Landstrichs.

Im Abstand von einer Tagesreise wurden auf Geheiß des Königs am **Königsweg** Unterkünfte und Pferdestationen angelegt, deren Pächter sich gegen Jagd- und Zollrecht sowie Steuerfreiheit verpflichten mussten, die Reisenden zu beherbergen und zu verköstigen. Erst im 20. Jh. gingen diese ersten Wanderhütten Norwegens in den Besitz der Pächterfamilien über. Aus mancher bescheidenen Herberge wurde ein weithin bekanntes Hotel wie *Hjerkinn Fjellstue* oder *Kongsvold Fjellstue*.

Aus dem Gudbrandsdal und via Dombås gelangt man über die dreispurige E 6 hinauf zu den Mooren von **Fokstuguhø**, dem ältesten und artenreichsten Vogelschutzgebiet Norwegens: Kraniche und Kampfschnepfen, Moorfalken, Blesshühner und Bachstelzen brüten in dem Sumpfgelände.

Spaziergänge: Vogelschutzgebiet und Königsweg

Vogelschutzgebiet Fokstuguhø: Für diesen Erkundungsgang sollten Sie Mückenschutzmittel und Gummistiefel nicht vergessen. Die beste Beobachtungszeit ist von Ende April bis Anfang Juli. Der Rundweg beginnt am Wächterhaus bei der Bahnstation **Fokstua**, ist 6 km lang und kostet 90 NOK Eintritt. Der Weg steuert zunächst auf das Ostufer des **Hartjernsees** zu, kreuzt dann den **Løken** und umrundet das Naturschutzgebiet im Nordosten. Nach 1,5 km wird der Fluss erneut überquert. Der Weg führt an einer alten Bachrinne entlang nach Süden, kreuzt die Bahnlinie und führt im Bogen zurück zum Wächterhäuschen. Nach höchstens 1,5 Stunden ist der kleine Ausflug beendet.

Königsweg: Ebenfalls in Fokstua zweigt der alte Königsweg, der *gamle Kongeveien*, ab. Dieses Teilstück führt nach dreistündiger Laufzeit ins obere Gudbrandsdalen.

Der bis 1820 genutzte Postkutschenweg, auf dem nicht nur 41 Könige zur Krönung nach Trondheim zogen, sondern auch unzählige Pilger zur Olavs-Wallfahrt, dient heutzutage als schöner, wenig anstrengender, mit einer blauen Krone markierter Wanderweg nach Dovre (Beginn des Weges direkt an der Bahnstation).

Sie starten den wunderschönen Weg mit tollen Aussichten über das Dovrefjell und Rondane direkt in Fokstua (Ausschilderung links der Europastraße). Über den Höhenzug **Hardbakken** führt der Weg am Nordrand des Rondane-Nationalparks vorbei zum **Tofte-Hof** bei Dovre. Dort können Sie sich, falls Sie den Weg nicht zurücklaufen wollen, abholen lassen: Die Zufahrt beginnt am Ortsausgang von Dovre (Ausschilderung *Grimsdalshytte*).

Dovrefjell-Sunndalsfjella-Nationalpark

Beiderseits der lachsreichen **Driva** wurde 1974 ein 402 qkm großes Areal zum Naturschutzgebiet erklärt und 2003 nochmals erheblich erweitert. Die weitgehend waldlose Gebirgsebene ist reizvoll für Botaniker. Nirgends in Norwegen gibt es so viele endemische Pflanzen wie auf dem Dovrefjell. Ein kleiner botanischer Garten hinter dem Kongsvold-Hotel informiert interessierte Naturkundler. Auch in zoologischer Hinsicht ist das Dovrefjell von fast weltweiter Berühmtheit: Nur noch hier leben auf dem europäischen Festland wilde *Moschusochsen*, die zweimal (zuletzt in den 1950er Jahren) aus Südgrönland eingeführt wurden.

Die mittlerweile stattliche Herde der gar nicht so friedvollen Tiere lebt im Gebiet **Kongsvold-Reinheim**. Dort gibt es auch die 4.000 wilden Rentiere, die – noch scheuer als Moschusochsen – auf eigene Faust nur mit viel Glück zu finden sind. Da hilft aber ein Tipp unserer Leserin Ute Grünwedel. 11 km südlich vom Kongsvold-Hotel hat sie rechts der Europastraße ein Militärgelände entdeckt, auf dem man nach Snøheim abbiegt. Nach 13 km hat sie auf einem sommerlichen Schneefeld eine Moschusherde gefunden, die – so die Einheimischen – sich dort wohl dauerhaft eingerichtet hat.

Der Nationalpark wird von den naturverliebten Norwegern vielfältig genutzt: außer zu Fotosafaris (s. u.) auch zum Rafting (Anmeldung bei Opplev Oppdal) und natürlich zum Wandern.

Moschus-Safaris: Zwischen Juni und August gibt es sechsstündige Fotosafaris jeweils Di, Do, Sa und So 11 Uhr ab Kongsvold-Bahnhof; Preis 200–280 NOK; Anmeldung bei Go Safari, ✆ 98683755 (www.gosafari.no) oder Moskus Safari Dovrefjell,. ✆ 92601937 (www.moskus-safari.no).

Wanderung auf dem Dovrefjell: Kongsvold-Reinheim

Die Wanderung dauert fünf Stunden in eine Richtung, d. h. der Rückweg will organisiert sein, wenn man nicht zwölf Stunden auf den Beinen sein mag.

Es bietet sich eine Übernachtung in der DNT-Hütte Reinheim an (26 Betten, Schlüssel in der Kongsvold Fjellstue, s. u.). Es soll aber nicht verschwiegen bleiben, dass man ab Hjerkinn auch mit dem Auto nach Reinheim gelangen und sich dort eventuell abholen lassen kann. Sie starten an der Bahnstation Kongsvoll. Dort führt ein allzeit markierter Pfad steil bergauf nach Westen in Richtung des Flusses **Kaldvella**. Sie folgen dem Flusslauf und steigen bis zu einer Hütte den Hang des **Veslynstuguhø** hinauf. Im Tal lebt eine Herde von Moschusochsen – Vorsicht ist also geboten.

Hinter der Hütte erreichen Sie erneut den Fluss, den Sie nördlich der Einmündung des Flusses **Stropla** queren. An der Stropla entlang geht es in das **Stropslødal** und am Südufer der beiden gleichnamigen Seen entlang. Am Ende der Stropløseen und am Fuße der **Snøhetta** (2.286 m), des höchsten Bergs im Dovrefjell, liegt die Reinheim-Hytta. Sollten Sie sich zu einer Übernachtung auf der gemütlichen Hütte entschließen, bietet sich vor dem Rückweg nach Kongsvoll eine Besteigung der Snøhetta an – vier Stunden hinauf, zweieinhalb hinunter.

Übernachten/Camping

• *Übernachten/Camping* **Folldal Vandrerhjem**, Sletten Fjellgård, Dalholen, ✆/✆ 62493108, www.vandrerhjem.no. Die einzige Jugendherberge zwischen Rondane und Dovrefjell liegt 50 Autokilometer hinter Dombås (zunächst E 6, dann RV 29) und ist zwischen dem 15.6. und dem 15.9. geöffnet. Bett 250 NOK, EZ 370 NOK, DZ 550 NOK (Frühstück inkl.), "middag" 180 NOK.

Hageseter Turisthytte, ✆ 61242960, www.hageseter.no. Der bestens ausgestattete Drei-Sterne-Campingplatz vermietet bei Hjerkinn an der E 6 auch 12 Vier-Sterne-Hütten zu 490–700 NOK.

Hjerkinn Fjellstue, ✆ 61242927, www.hjerkinn.no. Aus der ältesten Berghütte des Landes, seit 850 Jahren ununterbrochen in Betrieb, ist ein schmuckes Hotel geworden, das nach einem Brand 1990 modern renoviert wurde. Auf 1.000 m Höhe, in Sichtweite des höchsten Dovrefjell-Gipfels, der Snøhetta, lässt sich in 26 ökologisch ausgebauten Zimmern behaglich und preiswert wohnen. Besondere Spezialität des Hauses sind Reitausflüge. EZ 840 NOK, DZ 1.080 NOK (Campingplatz ohne Hütten nebenan).

Kongsvold Fjellstue, ✆ 72404340, www.kongsvold.no. Kaum jünger als die Hjerkinn Fjellstue, besticht das gemütliche, staatlich geführte Holzhausensemble direkt neben der Straße außer mit hübschen Zimmern mit einer heimeligen Cafeteria, einem kleinen, sehenswerten Museum über Fauna, Flora und Geschichte des Dovrefjells (leider ohne deutsche Erläuterung), dem schon erwähnten botanischen Lehrpfad durch die Forschungsstation der Trondheimer Universität, neuerdings auch dem Informationszentrum für den erweiterten Nationalpark und erstaunlich niedrigen Preisen. EZ 995 NOK, DZ 1.230 NOK (mit Frühstück). 1.11.–15.2. und 1.5.–20.5. geschlossen.

Essen & Trinken

• *Essen* **Jetta Kro og Kafeteria**, 13 km hinter Dombås bietet die moderne, große Raststätte Tellergerichte und Fastfood. Aber Furore macht Jetta mit dem „Jetta-Beef", dem tatsächlich riesigen Steak für annehmbare 170 NOK.

Dovegrubbens Hall, das Haus des „Dovregreises" an der Bahnstation Vålåsjø entpuppt sich als kleiner Gudbrandshof mit mehreren gefärbten Holzhäusern. Drinnen gibt es außer dem ansehnlichen gusseisernen Ofen leckere Spezialitäten mit Lammfleisch zu recht hohen Preisen.

Naturverbunden: Hüttenurlaub auf dem Dovrefjell

▸ **Weiterfahrt**: Flott führt die gut ausgebaute E 6 nach Norden, vorbei an kleinen Bahnhöfen und windschiefen Schneegittern längs der Bahnstrecke. Die Bahnhöfe sind längst nicht mehr alle in Betrieb wie der von **Engan**, über den ein *Oppdalstein* genannter Schiefer abtransportiert wird. 35 km hinter Kongsvoll erreicht man dann die kleine Stadt Oppdal.

Oppdal

„Norwegens Alpenstadt" mit 16 Skiliften, einer Gondelbahn und 60 km präparierter Pisten, im Winter ein Juwel, ist im Sommer ein Sammelsurium von Hotelbauten, Einkaufszentren und Bankfilialen, die sich allesamt um die E 6 gruppieren.

Diesen negativen Eindruck versucht die 3.500-Einwohner-Gemeinde im Driva-Tal mit einer Unmenge von Sommerangeboten wettzumachen: Man kann Golf auf einem Neun-Loch-Grün spielen (Green-Fee: 300 NOK), kann im Tandem drachenfliegen (650 NOK) oder im Hubschrauber rundfliegen (10 Minuten für 800 NOK), man kann Pferde (450 NOK pro Tag) oder Fahrräder (100 NOK) ausleihen, auf Tontauben schießen (70 NOK pro Salve), auf Elch- und Moschus-Safari gehen (250 NOK) oder nach Gold graben (Tagestour 220 NOK).

Während alle diese Aktivitäten im Oppdal Tourist Office geordert werden müssen, kann man andere Unternehmungen eigenverantwortlich machen: Eine Fahrt in der Gondelbahn zur **Bergstation Hovden** auf 1.125 m Höhe (80 NOK ab Mitte Juni, Talstation an der E 6) und zum Aussichtslokal *Toppen* lohnt bei klarer Sicht.

Ein Besuch im Oppdal-Heimatmuseum **Fjellkåsa** mit 25 Gebäuden aus dem 17. und 18. Jh. ist sicherlich ganz interessant, hält dem Vergleich mit gleich großen Freilichtmuseen aber nicht stand (15.6.–15.8. täglich 10–18 Uhr, Eintritt 50 NOK).

Die kleine **Holzkirche** aus dem Jahre 1651 ist wirklich hübsch, kostet aber auch 20 NOK Eintritt (Mo–Fr. 9–16 Uhr geöffnet)..

Auch das Wikinger-Grabfeld **Vang** (3 km auf der RV 70), das von Archäologen der Trondheimer Universität immer noch freigelegt wird, ist interessant für alle, die für die Zeit der Wikinger schwärmen (Eintritt 25 NOK).

Information/Verbindungen/Adressen

- *Information* **Oppdal Turist Office**, ✆ 724 00470, www.oppdal.com. 15.6.–15.8. Mo–Fr 9–18 Uhr, Sa/So 10–16 Uhr; ansonsten Mo–Fr 9–16 Uhr im Bahnhof.
- *Zugverbindungen* 3 x täglich in beide Richtungen verkehrt der Fernzug Oslo–Dombås–Åndalsnes–Trondheim via Oppdal.
- *Busverbindungen* 2 x täglich hält der Bus Bergen–Førde–Stryn–Trondheim, und 9 x täglich verkehrt ein Bus durch das Sunndal nach Kristiansund.
- *Adressen* Einkaufszentren mit **Bank**, **Post** und **Apotheken**, **Arzt** und **Polizei** jeweils längs der Europastraße.

Übernachten/Camping

- *Übernachten* .Die Buchung einer Unterkunft in Oppdal wird über www.oppdalbokking.no abgewickelt (deshalb fehlen zumeist www-Adressen). Und: Die hier angegebenen Preise gelten für Sommer 07 – Winterpreise sind teurer und meistens Wochenpreise.

Oppdal Gjestetun, ✆ 72400800. Das Haus im Zentrum vermietet Zimmer und Appartements (Miniküche, Tel., TV, Balkon). Eine Bar und ein Restaurant sind im Haus. EZ 650 NOK, DZ 750 NOK, App. ab 750 NOK.

IMI Stølen, ✆ 72421370, www.imi-stolen.no. 24 Zimmer, 7 Hütten und 50 Wohnwagenstellplätze bietet die Anlage, die 3,5 km vom Zentrum entfernt gelegen ist. EZ 425 NOK, DZ 750 NOK Hütten sind zwischen 450 und 1200 NOK im Angebot.

Vangsli Fjelltun, ✆ 7240800,. Die Appartementanlage mit 30 Wohnungen für jeweils sechs Personen und Hütten für bis zu neun Personen liegt direkt am größten Skizentrum; eigene Skischule und Skiverleih. Appartements für 2.000–9.950 NOK/Woche, Hütten 4.000–16.500 NOK/Woche; im Sommer auch 850 NOK pro Tag..

Quality Hotell Oppdal, ✆ 72400800, www.choicehotels.no. Das größte Haus am Platz mit dem Café **Spiseriet** und dem Restaurant **Kristallen** bietet jeden Luxus zu im Winter hohen Preisen: EZ 1.255 NOK, DZ 1.630 NOK, im Sommer 975/1.095 NOK.

- *Camping* **Granmo Camping**, ✆ 72424147. 6,5 km südlich von Oppdal an der E 6 erstreckt sich dieses große, kahle Drei-Sterne-Terrain mit 17 Hütten ab 450 NOK, 450 Zelt- und 60 Wohnwagenstellplätzen.

Skifahren

Oppdal ist das drittgrößte Skigebiet Skandinaviens. Das unbestrittene Alpinzentrum Norwegens zählt seit 1984 zum Kreis der Weltcup-Orte: *Pirmin Zurbriggen* und *Alberto Tomba* stehen in den Siegerlisten. Aber auch Hobby-Skifahrer können abfahren.

Von den 60 km präparierter Pisten sind nur 6 km als schwer ausgewiesen. Einstiege sind **Hovden**, **Vangslia** und **Stølen**. Alle drei Gebiete – Schneesicherheit bis April garantiert – verfügen über ein eigenes Liftsystem (Skipass: 900 NOK/Woche) sowie Restaurants, Skiverleih (ca. 400 NOK/Woche) und Skischule (ab 500 NOK für einen dreitägigen Grundkurs).

Zum Hausberg Hovden klettert eine brandneue Gondelbahn (90 NOK eine Fahrt) auf 1.125 m. Von dort führen zwei der schwierigeren Abfahrten ins Tal. 2 km von der Bergstation entfernt dann Stølen auf 680 m – von dort klettern vier Lifte auf den Aurhoa-Berg (1.280 m), auf dem es die mit 5,4 km längste Abfahrt gibt. Die landschaftlich reizvollste Abfahrt aber ist die Vangslia-Abfahrt zum Ardok-Berg.

Mjøsasee

100 km lang, 368 qkm groß und damit viermal größer als der Chiemsee ist Norwegens mächtigster See, zugleich mit 449 m Tiefe dritttiefster See Europas. 1,5 Milliarden Kronen wurden in den letzten 30 Jahren ausgegeben, um den See so zu reinigen, dass in ihm wieder sorglos gebadet werden kann.

Das ist mittlerweile fast überall am feinsandigen Strand des Ostufers wieder möglich. Das dicht besiedelte Westufer allerdings ist mit Ausnahme weniger Badeanstalten fest in privater Hand.

Von **Minnesund**, 11 km hinter Eidsvoll gelegen und nur seiner 600 m langen Brücke über die **Vorma** wegen erwähnenswert, hat man zum ersten Mal einen Überblick über den riesigen, von bewaldeten Höhen umrahmten See und die Insel **Helgøy**, die in vorchristlicher Zeit als landesweites Zentrum nordischer Götterverehrung galt.

Fast sieht man dem stillen, weiten Wasserlauf an, dass er – ganz untypisch für Norwegen – nicht von Eismassen geschaffen wurde, sondern Endtrog eines Grabens ist, der ganz Europa durchzieht und somit die Verlängerung des Oslofjords ist.

Der mächtigste See Norwegens ist seines milden Klimas wegen (durchschnittlich 160 Tage Sonnenschein und nur 600 mm Niederschlag pro Jahr) nicht nur beliebtes Ferienziel bei Skandinaviern, sondern bietet an seinen Ufern auch Platz für das größte Anbaugebiet von Freilandgemüse im Land: Berieselungsfontänen gehören geradezu zum sommerlichen Bild des Sees.

Neben dieser 5.000 Jahre alten Ackerbautradition war der See immer schon als Transportweg für Waren aus dem Gudbrandsdal nach Oslo und für den Reiseverkehr zwischen Oslo und Trondheim bedeutsam: Die Seefahrt verkürzte auf geruhsame, gleichwohl flotte Weise den mühseligen Ritt oder Fußmarsch. In den 80er Jahren des 19. Jh. befuhren 40 Dampfschiffe den See. Von dieser Tradition ist heute bloß eine Touristenattraktion besonderer Art geblie-

Skibladner: ältester Dampfer auf dem Mjøsasee

ben: ein Törn mit *Skibladner*, dem ältesten, fahrplanmäßig verkehrenden Raddampfer der Welt. Das 1856 gebaute Schiff war als Transportschiff für Waren und Menschen gedacht, das im Anschluss an die erste Eisenbahnlinie von Oslo nach Eidsvoll, die 1854 fertig gestellt wurde, das Gudbrandsdal versorgte. Kein Wunder, dass man das Schiff für die damals ungewohnt schnelle Verbindung auf den Namen *Skibladner* taufte – in Anlehnung an das sagenhafte Boot des Wikingergottes *Frøy*, dessen Segel sich unablässig auch ohne Wind blähten und das deshalb ohne Unterlass fahren konnte.

Mit dem Skibladner über den Mjøsasee: Damals wie heute transportiert die D. S. Skibladner ihre 70 Passagiere ohne Segel, aber sogar mit Salut: Für 200 NOK können Sie Salutschüsse ordern.

Oder an einer Jazz-Session auf hohem See teilnehmen (nur im Juni und August, 350 NOK pro Person) oder an Julisonntagen besondere Ausflugsfahrten buchen (ab 400 NOK).

Aber auch ohne Brimborium ist die 14-Knoten-Fahrt (= 26 km/h) in zwölf Stunden rund um den See ein Erlebnis, das – weniger zeitaufwändig und dann preiswerter – auch abschnittsweise erlebt werden kann.

Skibladner Fahrplan (Mitte Juni – Mitte August)

Nordroute Abfahrt (Di, Do, Sa)	**Südroute Abfahrt** (Mi, Fr, So)
ab:	**ab**:
Hamar 11.15	Gjøvik 9.30
Gjøvik 12.40	Kapp 10.20
Moelv 13.30	Hamar 11.30
Lillehammer 15.00	Eidsvoll 15.00
Moelv 16.30	Hamar 18.15
Gjøvik 17.30	Kapp 19.15
Hamar 19.00	
an: Gjøvik 20.15	**an**: Gjøvik 20.00

Verbindung	Preis einfache Fahrt	Preis Hin- u. Rückfahrt
Gjøvik–Eidsvoll	220 NOK	320 NOK
Hamar–Eidsvoll	180 NOK	280 NOK
Hamar–Lillehammer	220 NOK	320 NOK

Achtung: Das Museumsschiff ist regelmäßig ausgebucht; rechtzeitige Reservierungen unter ✆ 61144080, www.skibladner.no (auch auf Deutsch).

▸ **Weiterfahrt**: Wer von Süden (aus Oslo oder Eidsvoll) kommend, am Mjøsasee entlangfährt und sich die Überfahrt über den See spart, sollte sich ab **Espa** die Chance zu einem kleinen, aber schönen Umweg über die RV 222 nicht entgehen lassen.

Stange

Das Zentrum der fruchtbarsten Landkommune Norwegens mit 1.500 Einwohnern hat sein dörfliches Gesicht bewahrt und ist gerade deshalb einen Zwischenstopp wert.

Altertümliches Landleben und regionales Kunsthandwerk sind die Hauptattraktionen in Stange: *Gallerie AG* bietet Kunstgewerbliches im Kongesveien 6 an, und in *BygdePluss* wurde aus dem Stabbur, einem mittelalterlichen Vorratshaus, eine neuzeitliche Bodega, in der Wein probiert und Kunsthandwerk erstanden werden kann (Mi, Do, Fr 12–18 Uhr).

Ansonsten lohnt Stanges Umgebung zumindest einen Spaziergang: Außer den typischen Großhöfen dieser urbäuerlichen Gegend bietet sich auch das Naturschutzgebiet **Rotlia** am Westhang des Mjøsasees an. Der 80 Hektar große Park gilt als besonders tierreich.

• *Adressen* **Post**, **Bank**, **Imbissbuden**, **Apotheke** im Zentrum, **Gästehafen** und neun öffentliche **Badeplätze** am Mjøsasee.

• *Übernachten* **Mjøsvang Pensjonat og hyttegrend**, Espa, ✆ 62571161. An der Abkürzung der E 6 durch die RV 222 liegt diese kleine Pension mit 16 Hütten (ab 450 NOK), einer annehmbaren Cafeteria und einem netten Badeplatz an einer Bucht.

• *Camping* **Tangenodden Camping**, Tangen, ✆ 62582309. An derselben hübschen Bucht, nur 3 km näher an Stange, liegt dieser empfehlenswerte Drei-Sterne-Platz mit nicht nur jeglichem Service (Kiosk, Cafeteria, Spielplatz, Bootsverleih), sondern auch 12 Drei-Sterne-Hütten (ab 450 NOK).

Sehenswertes

Ringnes und Stange Kirke: Nahe Stange findet man nicht nur eine alte Kirche aus dem Jahr 1250, sondern auch eine Reihe alter, typischer Bauernhöfe dieser traditionellen Bauerngegend. Der berühmteste ist der **Ringnes**, ein Großhof aus dem 11. Jh., der bereits in der Sage *Olavs des Heiligen* genannt wird. Das Hauptgebäude allerdings, von mehreren Stabburbauten umringt, zählt gerade mal 350 Jahre.

Öffnungszeiten 15.6.–15.8. Mo–Fr 9–15 Uhr.

Atlungstad Brenneri: Der berühmte Kartoffelschnaps, aus dem der noch berühmtere Linie Aquavit entsteht, stammt aus dieser Gegend. Die *Løiten Braenderi* nordöstlich von Hamar gilt als Wiege des weltberühmten Schnapses. In der Stange-Brennerei hat man 260 Ausstellungsstücke liebevoll hergerichtet, die Besichtigung allerdings ist ein wenig mühevoll, da die Brennerei noch in Betrieb ist.

Information Wenden Sie sich an **Guldbrand Gjestvang**, ✆ 62576034.

▸ **Weiterfahrt**: Mit einem Umweg über die RV 222 oder ohne Umweg über die E 6 gelangt man nach Hamar, in das Verwaltungszentrum von Hedmark.

Hamar

Berühmtheit weit über Norwegens Grenzen hinaus erlangte das 28.000-Einwohner-Städtchen, das knapp 60 km von Lillehammer entfernt liegt, während der Olympischen Spiele 1994.

Das **Vikingskipet**, die originelle Schlittschuhhalle am Seeufer, diente nicht nur den Olympioniken, sondern vor allem den *Storhamars* als Austragungsort ihrer heißen Kämpfe. Das Eishockeyteam zählt zu den besten des Landes.

In Norwegen ist die alte Bischofsstadt Hamar, über Jahrhunderte einzige Inlandsstadt, immer schon berühmt gewesen als eines der ältesten Bistümer und als Handelszentrum für das Gudbrandsdal, bis es diese Rolle an das „kleine Hamar", nämlich an Lillehammer, verlor. Der Dom wurde zwar bei einem Schweden-Überfall 1567 in Trümmer gelegt (und später von den Einheimischen als Steinbruch genutzt), aber 1954 wieder aufgebaut. Auch die Bischofswürde ist der Stadt geblieben: Mit *Rosemarie Køhn*, immerhin deutschstämmig, residiert die erste Bischöfin des Landes in Hamar.

Gestärkt wurde Hamars Bedeutung als Verkehrsknotenpunkt: Die E 6 führt ins Gudbrandsdal, die E 3 über Elverum ins Østerdalen, in die Femundsmarka und schließlich nach Røros und die RV 26 nach Schweden. Auch für die Staatsbahn ist Hamar wichtiger Knotenpunkt: Dovre- und Rørosbahn finden hier zueinander.

Information/Verbindungen/Adressen

• *Information* Die **Hamar Touristinformation** befindet sich in der Schlittschuhhalle, dem Vikingskipet, ✆ 62517503, www.hedmark.com, Juli/August Mo–Fr 8–18, Sa 10–18, So 12–18 Uhr; sonst Mo–Fr 9–15 Uhr.

• *Zugverbindungen* Zwei Verbindungen Oslo–Trondheim, 7 x täglich via Gudbrandsdal/Åndalsnes, 6 x über Østerdalen/Røros.

• *Busverbindungen* 3 x täglich halten die Busse Oslo–Nordfjord (via Gudbrandsdal) und Oslo–Sogne (via Jotunheimen).

• *Fährverbindungen* Zeiten und Preise für „Skibladner" siehe oben.

• *Adressen* Die **Post** befindet sich in der Grønegt., parallel zur Hafenstraße. **Banken** finden Sie in der Strandgt., **Lebensmittelgeschäfte** in der Strandgt. und in der Torggt. Einen Laden für **Zeitungen** und **Karten** gibt es in der Torggt., **Souvenirs** kann man in der Torggt. und in der Strandgt. finden.

Übernachten/Essen & Trinken

• *Übernachten* **Hamar Vandrerhjem**, ✆ 625 26060, www.vandrerhjem.no. Die funkelnagelneue Jugendherberge ist Untermieter beim „Vikingskipet Motell" (100 m von der Olympiahalle entfernt). 46 Zimmer, darunter zwei behindertengerechte, für bis zu vier Personen, Getränke aus dem Automaten, Waschmaschine und Trockner sind im Angebot. Die Preise allerdings liegen weit über JuHe-Durchschnitt: Bett 350 NOK, EZ 690 NOK, DZ 7900 NOK.

Seiersted Pensjonat, Holsegate 64, ✆/✆ 625 21244, www.seierstad.no. Einfach und klein, sauber und preiswert. EZ 450, DZ 700 NOK, jeweils mit Frühstück.

Bellevue Bed and Breakfast, Aluveien 65, ✆ 62523477. Im Wohnquartier am nördlichen Stadtrand kann man ungestört und preiswert wohnen und recht gut im neuen Speisesaal essen. EZ 480, DZ 720 NOK.

Quality Astoria Hotel, Torggaten 23, ✆ 62707000, www.choicehotels.no. Das auf Geschäftsleute und Busreisende spezialisierte Hotel im Zentrum wurde kürzlich komplett renoviert, aber auch aufgemotzt. Neu sind zwei Behinderten-Zimmer, die Bar, ein Pub, ein Nachtclub und der Frisör. EZ 1.250, DZ 1.480 NOK.

First Hotel Victoria, Strandgata 21, ✆ 620 25500, firsthotels.no. Das zentral gelegene Hotel ist seit dem Neubau des Rica-Hotels nur noch die Nummer zwei unter den Stadthotels, Nummer eins bleibt aber das hervorragende Restaurant. EZ 1.320, DZ 1.520 NOK.

Rica Hotel Hamar, Vangsveien 121, ✆ 62350100, www.rica.no. Das neueste ist auch das größte (126 Zimmer, darunter spezielle Nichtraucher-, Allergiker- und Behindertenzimmer), beste und teuerste Hotel am Platz. EZ 1.345, DZ 1.645 NOK.

• *Camping* **Hamar NAF Camping**, Strandveien 156, ✆ 62524490. Der große Waldplatz am See und neben dem Eisenbahnmuseum (ausgeschildert) vermietet auch 12 geräumige Hütten ab 450 NOK.

• *Essen* **Café Astoria**, das beste Speiseeis und den meisten Kaffee gibt es im Hotel Astoria.

Hot & Spicy, in dem Thai-Restaurant in der Torggata gibt es asiatische Gerichte, die nicht super scharf sind. „Und der Service ist nett und flott", schwärmt Leser Wuttig aus Lübeck.

Seaside, den besten Fisch zu überdies bezahlbaren Preisen gibt es auf der Brygga.

Pizzanini, guter Pizza-Bäcker im Vangsveien 23.

China Garden, Chinese mit den üblichen Gerichten am Stortorget.

Stallgården, im Torggaten 82. Gutes Restaurant mit großer, ansprechender Speisekarte und ebensolchen Preisen (Menü ab 260 NOK). Im selben Haus finden Sie auch das gute **Bykelleren** (So/Mo geschlossen).

Jernbanemuseet: ein Highlight nicht nur für Eisenbahnfans

Sehenswertes

Olympiahallen: Bis zu 20.000 Zuschauer fasst die Sporthalle in Form eines kieloben gedrehten Wikingerschiffes am Ufer. Die kühne, holzreiche Architektur begeistert schon von weitem. Noch heute flimmern dem Besucher auf Videoschirmen die Erfolge norwegischer Eisschnellläufer am Eingang entgegen. Tatsächlich ist die Halle ein anschauenswertes Schmuckstück, aber Sie brauchen dafür nicht die geforderten 30 NOK Eintritt zu zahlen – von der Cafeteria mit einer eindrucksvollen Fotogalerie norwegischer Olympiasieger aus vergangenen Tagen hat man einen genauso guten Überblick. Nebenbei: Eine zweite, eher konventionelle Olympiahalle, die ganz aus Holz gebaute **Nordlyshallen**, lohnt das Anschauen kaum.

Öffnungszeiten 15.6.–15.8. Mo–Fr 8–18, Sa/ 10–18 Uhr, sonntags geschlossen; 16.8.–14.6. Mo–Fr 8–16, Sa/So 12–16 Uhr. Eintritt 30 NOK.

Norsk Jernbanemuseet: Mitten im Wald liegt der älteste Bahnhof Norwegens und eine lustige Cafeteria in einem ehemaligen Speisewagen. Dazu können Sie hier die größte Dampflok des Landes bewundern, die *Dovregubbe*. Dieses alte Gefährt, das das Herz eines jeden Eisenbahnfreaks höher schlagen lässt, ist 22 m lang und mit 2.200 PS für damalige Zeiten die zugkräftigste Maschine des Landes gewesen. Immerhin erreichte sie knapp 70 km/h. Auch ein uraltes Stellwerk ist zu bewundern. Das und vieles Sehens- und Erlebenswertes mehr, beispielsweise eine Fahrt mit dem Museumszug *Tertitten* (Abfahrt im Sommerhalbjahr stündlich von 10.30–15.30 Uhr), bietet Skandinaviens größtes und ältestes Eisenbahnmuseum am Stadtrand Hamars (neben dem Campingplatz, so auch ausgeschildert). Ein wahrlich lohnenswerter Museumsbesuch, nicht nur für Eisenbahnliebhaber. Die Erläuterungen sind auch in deutscher Sprache abgefasst. Der See mit schönen Badeplätzen zur Entspannung ist direkt vom Museum aus erreichbar.

Öffnungszeiten 15.5.–30.8. täglich 10.30–17 Uhr (im übrigen Jahr: 10.30–15.30 Uhr). Eintritt 70 NOK, Kinder und Rentner 40 NOK.

Gleise aus Holz

Ein ganz besonderes Bubenstück der Norweger wird hier im Eisenbahnmuseum ausgestellt: hölzerne Gleise. Sie wurden 1905 von den Norwegern eingesetzt. Zu dieser Zeit hatte Norwegen sich von Schweden losgesagt. Weil man nun einen plötzlichen nächtlichen Einmarsch der Schweden fürchtete, baute man immer am Abend, wenn der letzte Zug durch war, an der Bahnstrecke, die von Schweden herführte, die Eisenschienen aus und fügte hölzerne Attrappen ein. Ein Blitzangriff war dadurch unmöglich geworden!

Hedmarksmuseet: Das Besondere an diesem Freilichtmuseum sind die Ruinen des ehemaligen Domes der Stadt. Er wurde im 12. Jh. errichtet, denn schon zu dieser Zeit war Hamar Bischofsstadt. Bei einem schwedischen Angriff im 16. Jh. wurden Stadt und Dom jedoch völlig zerstört. Die Bewohner Hamars benutzten die Domruinen beim Aufbau ihrer Häuser als Steinbruch. Die Reste können heute neben 50 anderen mittelalterlichen Gebäuden bewundert werden; überdies gibt es jeden Sommer mittelalterliche Märkte und über das ganze Jahr einen landesweit gerühmten Kräutergarten (Strandveien 100, neben dem Eisenbahnmuseum).

Öffnungszeiten 15.6.–15.8. täglich 10–17 Uhr (Mai und September 10–16 Uhr, montags geschlossen). Eintritt 70 NOK, Kinder 30 NOK.

Hamardom: Der weiße Steinbau mit dem imposanten Glockenturm in Hamars Zentrum wurde zwar schon 1866, zwei Jahre nach der Wiedereinsetzung als Bistum, gebaut – zum Bischofssitz wurde die Kirche aber erst nach ihrem Aus- und Umbau 1954. Da entstand auch das berühmte Altarbild von *Henrik Sørensen*, das einen nordisch-blonden Christus zeigt, der seine Ketten abwirft. Seit 1993 ist der Hamardom Sitz der ersten Bischöfin des Landes.

Öffnungszeiten Di–Fr 10–15, Sa 10–12 Uhr.

Emigrantmuseum: Das Privatmuseum in Åkershagan, zehn Kilometer östlich des Zentrums, ist in den letzten Jahren zu einem stattlichen Freilichtmuseum geworden. Zusammengetragen wurden Erinnerungsstücke norwegischer USA-Auswanderer vom Ende des 19. Jahrhunderts; das eigentliche Schmuckstück jedoch sind die originalgetreu nachgebauten Norweger-Katen aus dem Mittleren Westen der USA.

Öffnungszeiten Ende Juni–Ende Aug. Mo–Sa 10–16 Uhr, So 12–16 Uhr. Eintritt 40 NOK.

Gjøvik

Gegenüber von Hamar, auf der anderen Seeseite, liegt Gjøvik. Ohne „Fjellhallen" bliebe Gjøvik weiterhin das ereignislose 17.000-Einwohner-Städtchen, das selbst Norwegern höchstens wegen des bis 1843 hier gefertigten, kunstvollen Gjøvik-Glases ein Begriff ist.

Von der einstmals beeindruckenden Seefront weißer Holzhäuser steht nicht mehr viel. Die „weiße Stadt am See" bliebe eine nichtssagende Zwischenstation auf dem Weg ins Gudbrandsdal, gäbe es nicht seit 1992 eine wahre Weltneuheit. Mit den Olympischen Spielen 1994 nämlich und den zwei Jahre zuvor fertig gestellten Fjellhallen wurde der Ort auf wohl ewige Zeiten zum Mekka für Bauingenieure: Die für 130 Millionen Kronen in den Fels des **Hovdetoppen** gesprengte, 10.000 qm große Eissporthalle gilt als größte Felsenhalle der Welt und als das Bergwerkskunststück der Neuzeit.

45 km von Lillehammer entfernt und über die Europastraße 6 in einer halben Autostunde zu erreichen, bildete Gjøvik dank der Felsenhalle die westliche Ecke des „Olympia-Dreiecks" mit den drei Hauptveranstaltungsorten Hamar, Lillehammer und Gjøvik. Die alpinen Austragungsstätten im Gudbrandsdal, **Kvitfjell** und **Hafjell** (vgl. S. 436), wurden übrigens seinerzeit vom griffigen Slogan der Olympiawerber schlicht unterschlagen; mit dem Ende der Olympischen Spiele wurde die Kampagne aber ohnehin eingestellt.

Information/Verbindungen/Adressen

- *Information* **Turistkontoret Gjøvik**, Jernbanegata 2, ✆ 61146710, www.turistkinnlandet.no. 1.7.–15.8. Mo–Fr 8.30–17, Sa 11–16 Uhr; sonst Mo–Fr 8.30–16 Uhr.
- *Zugverbindungen* Gjøvik ist Endstation einer eigenen Verbindung mit Oslo: 9 x rund um die Uhr startet der Zug und braucht ca. 2 Stunden in die Hauptstadt.
- *Busverbindungen* Auch die Busverbindung ist exklusiv: 9 x tägl. in beide Richtungen verkehrt „Totenekspressen" (keine Angst: der Name stammt von der Gemeinde Totenvik am Mjøsasee!) via Minnesund nach Oslo (2,5 Std.).
- *Fährverbindungen* Auch Gjøvik liegt auf der „Skibladner"-Route, Zeiten siehe oben.
- *Adressen* **Post** (8.30–17 Uhr), **Banken** und **Telesenter** befinden sich in der Torvgt. **Taxis** erreichen Sie unter ✆ 61177000; **Autoverleih** in der Strandgate 26, ✆ 611 76900; **Tankstelle** und **Werkstatt** am Bryggeveien 11, ✆ 61132890.

Einkaufen kann man im **Spareland** in Biri (21 Läden an der E 6) und im **CC Mart'n** in Gjøvik (werktags 10–20 Uhr). **Vinmonopolet** finden Sie in der Strandgt. 23.

- *Badeplätze* Rund um Gjøvik gibt es einige kleine Strandanlagen – **Kremmerodden** (mit WC), **Biri**, **Tallodden** (südlich vom Kap) und **Glomstadbukta** (FKK).

Übernachten/Essen & Trinken

- *Übernachten* **Gjøvik Vandrerhjem**, Hovdetun, ✆ 61171011, www.vandrerhjem.no. Die nur über Weihnachten und Ostern geschlossene Jugendherberge direkt am See zählt zu den größeren mit Hütten ausgestatteten im Land. Das zeigt sich auch im Preis: Bett 330 NOK, EZ 470, DZ 610 NOK (Frühstück inkl.). Trotz solcher Kosten jedoch das einzige preiswerte Quartier im Ort.

Gjøvik Hotel, Kirkegate 4, ✆ 61148000 ✆ 61174607. Gutbürgerliches, modernes Stadthotel mit 78 bieder möblierten Zimmern (Du/WC, TV und Telefon), einem ansprechenden Lokal und mittelprächtigem Service, aber günstigen Sommerpreisen. EZ 925, DZ 1.150 NOK (im Sommer 450 bzw. 740 NOK).

Quality Grand Hotel, Jernbanegaten 5, ✆ 61140000, choicehotels.no. Zentral gelegenes Hotel mit internationalem Standard (Restaurant, Bar, Tanzcafé, Garage). Direkt neben dem Bahnhof und der Touristeninformation gelegen. Überwiegend Nichtraucherzimmer EZ 995–1.195, DZ 1.195–1.395 NOK.

Thon Hotel Gjøvik, Strandgate 15, ✆ 61132000, www.rica.no und www.strandhotel.no. Größtes und teuerstes Haus am Platz ist der einfallslose Kastenbau mit eigenem Strand und Kiosk. Auch sonst wird der anspruchsvolle Gast verwöhnt, was zumindest im Sommer sehr preiswert ist: EZ 1. 445, DZ 1.185 NOK (Sommerpreise: 800 bzw. 1.000 NOK).

- *Camping* **Kolberg Camping**, Redalen, ✆ 61187037. Der nächstgelegene Campingplatz ist auch schon 14 km entfernt. Der kleine Platz mit 18 einfachen Hütten liegt nördlich von Gjøvik an der E 6 und lässt leider keine Caravans zu.

Furuodden Camping, Biristrand, ✆ 612 62110. Ebenfalls an der E 6 in nördlicher Richtung (weitere 12 km von Gjøvik entfernt) liegt dieser große Platz mit 33 Hütten (ab 450 NOK), Spiel- und Badeplatz sowie Kiosk.

Stranda Camping, Biristrand, ✆ 61184672. Im selben Ort, nur etwas kleiner (21 Hütten ab 450 NOK), dafür aber hübscher gelegen, Badeplatz, Bootsverleih, Lokal und Kiosk.

• *Essen* **Gamletorvet Spiseri**, Øvre Torvgt. 28 landestypische, also einfache Gerichte zu günstigen Preisen.

Peking Palace, Hunnsveien 7. Der übliche Chinese, dessen Frühlingsrolle aber etwas delikater ist als andernorts.

Chaplin Café, Jernbanegt. 5. Bestes Café am Ort mit sehr gutem Kaffee.

Sehenswertes

Olympiske Fjellhallen: Fast 6.000 Zuschauer finden Platz in der 120 m tief in den Berg getriebenen olympischen Felsensporthalle im Ortszentrum, in der olympische Eishockey-Teams um den Titel stritten. Heute finden hier jedoch vorwiegend kulturelle Veranstaltungen wie Konzerte und Ausstellungen statt. Ein Besuch lohnt aber auch des originellen Cafés und dreier Ausstellungen wegen, wobei die Ausstellung mit Felszeichnungen aus 36 norwegischen Gemeinden besonders sehenswert ist.

Öffnungszeiten täglich 10–18 Uhr. Eintritt 30 NOK, Führungen 12 und 15 Uhr.

Glaskunst: Im *Rathaus* können die 150 Jahre alten Überbleibsel der Gjøviker Glashüttenzeit in einer Dauerausstellung bewundert werden. Zumindest Nachbildungen des Originalglases sind im *Gjøvik Gårds Kultursentrum* zu erstehen, das im einstigen Wohnsitz der Familie *Kauffeldt*, der die Glashütten gehörten, untergebracht ist (Führungen im Sommerhalbjahr; Café, kleiner Laden und Verkaufsausstellung).

Öffnungszeiten Mo–Fr 10–17 Uhr. Eintritt 30 NOK, Führungen 12 und 15 Uhr.

Eiktunet: Das Freilichtmuseum Eiktunet (3 km vom Zentrum entfernt am Øyerbyveien) kann trotz seiner 35 alten Gebäude mit dem grandiosen *Maihaugen* in Lillehammer, das nur 45 km entfernt liegt, nicht mithalten. Dennoch kann man einen Spaziergang mit dem Besuch des Museums verbinden.

Öffnungszeiten Di–So 11–17 Uhr. Eintritt 20 NOK.

Mjøspromenade: Eine Uferpromenade besonderer Art ist die Mjøspromenade, die ausgehend vom Skibladnerkai in nördlicher wie südlicher Richtung 6 km am See entlangführt. Gepflastert ist der Weg mit Steinen, die beim Bau der Felsensporthalle aus dem Berg gesprengt wurden. So können Mineraliensammler und Hobbygeologen hier durchaus fündig werden. Bade- und Picknickplätze laden oft zu Unterbrechungen des Ausflugs ein.

Eidsvoll

Jedes Schulkind in Norwegen kennt „Eidsvollsbygningen“. Der Gutshof von Christian Anker war 1814 Schauplatz der Nationalversammlung, die nach nur fünfwöchiger Beratung am 17. Mai die norwegische Verfassung und die Unabhängigkeit des Landes verkündete. Seitdem ist der 17. Mai Nationalfeiertag in Norwegen.

Der malerische Ort Eidsvoll, 2 km vom Nationalmonument entfernt und 2.500 Einwohner groß, liegt am Ausgang des Mjøsasees am Fluss **Vorma** und ist Station der „Skibladner“-Tour. Aber nicht nur deswegen ist er für Touristen interessant: Ganz in der Nähe findet sich ein **Goldbergwerk**, in dem bis auf den heutigen Tag auch von Touristen geschürft werden darf – Reichtümer allerdings sollte niemand erhoffen.

Der Name Eidsvoll stammt übrigens von norweg. *eidsivating*, was soviel wie Gerichtsversammlung bedeutet (Eidsvoll war Norwegens erster Gerichtsort).

• Information Das **Eidsvoll Informasjonssenter** ✆ 66107000, ist in einem unscheinbaren, weißen Holzhaus neben der E 6 in Ormlia untergebracht und ganzjährig werktags von 7.30–15.30 Uhr geöffnet.

• Zugverbindungen Der Fernzug Oslo–Trondheim verkehrt 8 x in beide Richtungen: 1 Std. bis Oslo, fast 6 Std. bis nach Trondheim (via Lillehammer, Gudbrandsdalen, Dovrefjell).

• Fährverbindungen Eidsvoll ist Station der „Skibladner"-Tour (s. S. 416).

• Adressen **Bank**, **Post**, **Apotheke** und **Supermärkte** findet man im Zentrum.

• Übernachten **Solli Pensjonat**, Torvet 6, ✆ 63964509. Die altertümliche Pension im Zentrum – ein schmuckes, weißes Haus im sattgrünen Park mit toller Aussicht auf die Vorma – bietet nur 10 Zimmer an, die keineswegs hohen Standard haben. Dennoch hat das Haus etwas für sich – Charme und niedrige Preise: EZ 450 NOK, DZ 750 NOK, jeweils mit Frühstück.

• Essen **Nebbenes Kroa Ormlia**, das Bistro ganz in der Nähe von Eidsvollsbygningen bietet in einem riesigen Holzhaus (400 Plätze) preiswert warme und kalte Gerichte und nur manchmal die Spezialität der Seegegend an: Lachs mit Erdbeeren.

Nebbenes Kafeteria, eine Pavillonraststätte südlich der Stadt an der E 6: modern, funktional, kalt. Die Speisen sind raststättengemäß wie die Preise.

Sehenswertes

Eidsvollsbygningen: Die Anlage allein ist schon würdevoll. Das Reichsgebäude, ehedem Hauptverwaltung des Eisenwerks und feudales Wohnhaus des aufgeklärten Junkers Christian Anker, ist penibel instand gehalten und säuberlich gepflegt.

Alle Erinnerungsstücke, auch die in Öl verewigte Galerie der Verfassungsväter, sind sehr liebe- und würdevoll in einem beflaggten und stets gepflegten Park ausgestellt, über den die Statue des Dichterfürsten *Henrik Wergeland* wacht. Gemessene Andacht scheint angesagt. Doch die Tage der nur würdevollen Betrachtung sind vorüber: Mittlerweile gibt es vielsprachige Führungen, Videos und andere Souvenirs sowie den gepfefferten Eintrittspreis von 60 NOK.

• Öffnungszeiten 16.6.–15.8.: täglich 10–17 Uhr; sonst Di–Fr 10–14 Uhr, Sa/So 10–17 Uhr. Sie finden Eidsvollsbygningen in **Eidsvollsverk** (das Werk war die Eisenhütte des Christian Anker); an der E 6 ausgeschildert.

Goldverket: Zwischen Juni und September können Sie bei Eidsvoll nach Gold schürfen. Seit 1759 wird hier Gold gefunden. Wohl nicht erst heutzutage ist das Café auf dem Gelände ertragreicher als die Schürferei, aber Spaß bringt die Buddelei allemal.

Anfahrt wenige Kilometer nordöstlich des Stadtzentrums an der RV 181 gelegen.

Die Geburt der norwegischen Verfassung

Hier berieten 112 Eidsvollmänner der *Riksforsammling* (Richter und Offiziere, Lehrer und Beamte, natürlich ausschließlich von den entsendenden Gemeinden gewählte Männer) vom 10. April bis 17. Mai 1814 auf notdürftig zusammengezimmerten Sitzbänken im Herrenhaus, aßen im Hinterstübchen und übernachteten bei Bauern der Umgebung.

Am 17. Mai war es dann so weit: Die norwegische Verfassung wurde verkündet. Damit war Norwegen zwar noch nicht autonom, denn zu jener Zeit gehörte es noch zu Dänemark. Doch wurde mit der verkündeten Verfassung ein gewisses Maß an innenpolitischer Selbstständigkeit erlangt.

Gudbrandsdalen: Touristen-Transit nach Trondheim

Gudbrandsdal

„Tal der Täler“ nennen die Norweger ihr Gudbrandsdalen und heben damit nicht nur seine Bedeutung als Verkehrsroute hervor, sondern auch den kulturellen und den historischen Rang. Ebenfalls nicht vergessen wird der touristische Wert des Tales – zumindest nicht von der Fremdenverkehrswerbung, denn die spricht vom „Tal der tausend Möglichkeiten“.

Hier träumte *Peer Gynt*, hier pilgerten einst Könige nach Nidaros, der alten Hauptstadt, die heute Trondheim heißt, hier litt *Kristin Lavransdatter*, die beliebteste Romanheldin Skandinaviens, hier wedelten, rodelten und skateten die Olympioniken während der 17. Olympischen Winterspiele im Frühjahr 1994.

Von **Lillehammer** im Südosten bis zum **Lesjaskogvatn** im Nordwesten durchschneidet das Tal die Provinz Oppland. Der weithin schmale Taltrog ohne Pässe wurde schon im Mittelalter zur Hauptverkehrsader zwischen der jungen Hauptstadt Oslo und der heimlichen Hauptstadt Trondheim. Der unablässige Strom von Reisenden sicherte dazumal den Bewohnern des Gudbrandsdales ein gutes Auskommen, wenn sie Königen und Kaufleuten, Pilgern und Priestern sichere Herberge gegen gutes Geld boten. Stattliche Höfe und Kirchen zeugen weithin vom früheren Reichtum.

Bis auf den heutigen Tag hat sich an diesem Geschäft nicht viel geändert, nur sind es derzeit Blechkarawanen statt Pilgerzüge, die sich durch das Tal wälzen, Tankstellen anstelle von Pferdestationen und Nobelherbergen statt Köhlerkaten, die das Geld bringen.

Der 100 km lange **Mjøsasee** zwischen Eidsvoll im Süden und Lillehammer im Norden hat seinen Anteil an dieser Entwicklung: In früheren Jahrhunderten verkürzte die Seefahrt über den Mjøsa die beschwerliche Reise vom fruchtbaren Gudbrandsdal zum marktbeherrschenden Oslo. Heute ist der „Skibladner"-Törn nur noch Touristenattraktion (s. S. 416).

Bis **Vinstra** ist das berühmte Tal breit und grün. Man fühlt sich in den Schwarzwald versetzt, als da noch gesunde Bäume standen. Bis **Dombås** dann – und da endet verkehrstechnisch das Gudbrandsdal – verengt sich die Mulde, die Wälder werden dichter und die Hänge steiler. Solch eine „Schneisenfunktion" birgt Gefahren, wenn nach einem schneereichen Winter und einem kalten Frühjahr, das die Schneeschmelze verzögert, der Wasserlauf des Flusses anschwillt und die nur schmalen Weiden und Äcker überflutet. So zuletzt geschehen im Frühjahr 1999, als die Flüsse **Lågen** und **Glomma** im Nachbartal Østerdalen eine „Jahrhundertflut" verursachten, die Todesopfer forderte und 7.000 Menschen über Wochen hinweg zwang, ihre Häuser zu verlassen.

Außer Lillehammer am südlichen Eingang, Dombås am nördlichen Ausgang und vielleicht noch Otta als Verkehrsknotenpunkt in der Talmitte gibt es im 200 km langen Gudbrandsdal keine größeren Städte – und das, obwohl die Region hinter Oslos „Speckgürtel" der am dichtesten besiedelte Landstrich Norwegens ist. Sicher haben die bevorzugte Lage und die touristische Infrastruktur zu der Entscheidung beigetragen, die Olympischen Winterspiele 1994 gerade hier auszutragen. Hauptlast des Sportspektakels trugen die Gudbrandsdal-Hänge von **Hafjell** und **Kvitfjell**, deren Bäume sich wahrscheinlich auf Jahrzehnte von dem Kahlschlag, den die Olympiaorganisatoren anrichteten, nicht erholen werden.

Und so schließt sich der Kreislauf vom Mittelalter zur Gegenwart: Die Winterspiele, auch der jahrhundertealten, guten Verkehrsanbindung wegen ins Gudbrandsdal verlegt, ködern neue Urlauberscharen, die das sattgrüne Tal um den breiten, gemächlich dahinfließenden Lågen wohl für lange Zeit den Wirtschaftszwängen des Tourismus ausliefern werden.

Von Oslo und über Eidsvoll fahren die Urlauber über die für die Winterspiele autobahnartig verbreiterte E 6 in und durch das Gudbrandsdal meist bis nach Trondheim. Die längste aller Europastraßen, die von Rom bis Kirkenes reicht, ist aber auch da, wo sie nicht vierspurig das Land durchfräst, sechs bis sieben Meter breit, durchgehend asphaltiert und allzeit schneegeräumt. Die verkehrsstärkste Eisenbahntrasse des Landes und drei Fernbuslinien durchziehen zusätzlich das schöne Tal und machen es zum Verkehrsnadelöhr zwischen Nord und Süd. Trotz des geschäftigen und geschwindigkeitsbegrenzten Verkehrs bleibt das Tal dennoch ein Schmuckstück gerade für Urlauber, gerade für Norwegen-Verliebte.

Lillehammer

Die Olympischen Winterspiele 1994 können nicht alles gewesen sein. Das Spektakel beschränkte das Städtchen auf Schnee und Scheinwerfer, Stars und Sieger. Erst nach dem Medienrummel zeigte Lillehammer wieder sein wahres und gemütliches Gesicht.

Bis spät in die Nacht ist das **Birkebeineren-Stadion** angestrahlt, und Schaulustige geistern selbst nachts noch über die Loipen. Denn tagsüber wird Eintritt verlangt: Für 15 NOK bringt einen der Sessellift auf die **Lysgårdsbakkene-Schanze**, für 60 NOK kann man im Miniwagen über den von 11 bis 18 Uhr offiziell geöffneten Olympiapark kurven und für 60 NOK die **Håkon-Hallen** nebst funkelnagelneuem Olympia-Museum weiter unten am Berg besuchen.

Allen Unkenrufen zum Trotz: Lillehammer wurde von Olympia weit weniger verschandelt als von Mahnern zuvor befürchtet. Zwar verkommt *Fackelmann*, eine in Form des olympischen Fackelträgers kahl geschlagene Waldschneise 15 km nördlich von Lillehammer zum Waldfrevel, und auch die nahe gelegene, im „Nicht-Bob-Land" Norwegen gänzlich überflüssige Bob- und Rodelbahn von Hunderfossen bleibt wohl auf ewig Sportruine. Das Künstlerdorf Lillehammer selber hat dennoch wenig von seiner Ursprünglichkeit eingebüßt.

Stadtstruktur

Am südlichen Ende des Gudbrandsdals, an der Mündung des Lågen in den Mjøsa-See, schmiegt sich Lillehammer wie ein großes Straßendorf an das Seeufer. Für gerade vier Hauptstraßen in Nord-Süd-Richtung und nur einige Quergassen reicht der Platz zwischen **Kanthaugen-Höhenzug** und See.

Lillehammer ist wie alle Städte Norwegens eine Stadt für Fußgänger: Die Storgata, die im südlichen Teil malerische Fußgängerzone und Zentrum für Hotels, Kneipen und Restaurants, bleibt für Autos ohnehin gesperrt; die touristische Topattraktion, das **Freilichtmuseum Maihaugen**, ist im Schlenderschritt zu erreichen. Höchstens der Anstieg zu den Olympiastätten über der Stadt verlangt ein wenig Kondition. Machen Sie's trotzdem den Norwegern nach: Gehen Sie zu Fuß.

Die Birkebeiner

Die Sage um die Birkebeiner erzählt, dass während der Erbfolgestreitigkeiten des Jahres 1206 Thronfolger *Håkon Håkonson*, ein Knabe im Säuglingsalter, in Lebensgefahr geriet. Zwei Gefolgsleute des Königs retteten den Säugling und brachten ihn im winterlichen Gewaltmarsch von Lillehammer ins Østerdalen – auf Schneeschuhen aus Birkenholz.
Die Version der Historiker ist genauer: *Birkebeiner* waren arme Bauern und Freigelassene, das Fußvolk im Bürgerkrieg. Für Beinkleider zu arm, banden sie sich Birkenrinde um Beine und Arme – „Birkebeiner" eben.
Auf der Strecke der Kindesretter aber, dem 55 km langen **Birkebeinerveien**, starten Jahr für Jahr Abertausende von Ski-Langläufern im „Birkebeineren-Rennen" – neben Schwedens Wasa-Lauf der größte nordische Volkslauf auf Skiern.

Stadtgeschichte

Vor den Olympischen Spielen besaß das Städtchen vier Tankstellen, eine Käsehobelfabrik, zwei Pensionen und 3.000 Einwohner weniger. Heute gibt es Fußbodenheizung in der Fußgängerzone, ein neues Kulturhaus, eine moderne Ge-

Auf Olympias Spuren: Lillehammers Storgata

Lillehammer aus der Sesselliftperspektive

mäldesammlung und jetzt 25.000 Einwohner, die nicht nur wegen der verbesserten Verkehrsanbindung nicht mehr wegziehen wollen.

Der strukturarme Osten Norwegens – ohne den Ölreichtum des Westens und im Schatten der Hauptstadt – hat mit Lillehammer jetzt ein zukunftsweisendes Zentrum. Das sah vor 170 Jahren nicht so aus, als der Marktflecken mit dem Namen *Litli Hamar* gleichsam als Zweigstelle des nahen und älteren Hamar gegründet wurde, um den Bauern des Gudbrandsdals neue Vermarktungschancen zu eröffnen.

Auch mit Erlangung der Stadtrechte im Jahr 1842 und der Erfindung des Käsehobels zu Anfang des 20. Jh. durch *Thor Bjørklund*, die bis auf den heutigen Tag dem Ort eine bescheidene Industrie beschert, änderte sich nichts am Dornröschen-Dasein des Dorfes.

Erst als Maler um die Jahrhundertwende das „Licht Lillehammers" entdeckten (*Collet, Sørensen, Werenskiold*) und Dichter ihnen folgten, wurde der Ort zum Künstlerdorf. *Bjørnson* lebte bis zu seinem Tod 1910 im nur 8 km entfernt gelegenen Aulestad. Auch *Sigrid Undset*, die in Lillehammer ihre Trilogie *Kristin Lavransdatter* schrieb, arbeitete 38 Jahre lang bis zu ihrem Tod im Jahre 1949 in Lillehammer. Ihr Haus in der nach ihr benannten Straße wird noch von der Familie bewohnt, ist aber nicht zu besichtigen.

Diese Künstlerkolonie zog schon um die vorvorige Jahrhundertwende viele Touristen nach, die flugs den Skilauf für sich entdeckten: Lillehammer, einzige Stadt Norwegens mit einem Skiläufer im Wappen, wurde das Urlauberzentrum, das 1994 mit den Olympischen Winterspielen seine Krönung erlebte – und noch lange von diesem Ereignis zehren möchte.

Informationen/Verbindungen/Einkaufen/Adressen (s. Karte S. 431)

• *Information* **Tourist Information Office**, Jernbantorget 1 (im Bahnhof also), ✆ 61289800, www.lillehammerturist.no. 16.6.–15.8. Mo–Sa 9–19, So 11–18 Uhr; 16.8.–31.5. Mo–Fr 9–16, Sa 10–14 Uhr. Hier wird nicht nur informiert, sondern auch verkauft: Sämtliche Karten zum Besuch der Olympiastätten sind am besten hier zu bekommen, z. B. auch eine organisierte Sightseeing-Rundtour zu allen Stadien in und um Lillehammer. Normales Stadtsightseeing wird hingegen von **Lillehammer Arrangement**, Jernbantorget 1, angeboten. Ein kleineres Infobüro für Touristen befindet sich am Busbahnhof (Mo–Fr 7.30–16.30, Sa 10–14 Uhr).

• *Flugverbindungen* „Hausflughafen" für Lillehammer ist der Großraumflughafen **Gardermoen** (140 km entfernt, s. „Oslo/Verbindungen"). Über die autobahnmäßig ausgebaute E 6 braucht man 1,5 Autostunden.

• *Zugverbindungen* Vom Bahnhof an der Jernbangate zwischen See und Storgata verkehren 8 x täglich Fernzüge nach Oslo (2,5 Std.) und nach Trondheim (4,5 Std.). In Dombås kann man in Züge zur Westküste umsteigen.

• *Busverbindungen* Die Busstation liegt gleich neben dem Bahnhof. 30 Buslinien fahren von hier täglich in die nähere Umgebung (5 x Hamar, 10 x Gjøvik, 2 x Dombås, Otta, Vinstra und Ringebu). Zudem gibt es drei Fernlinien: Oslo–Nordfjord, Oslo–Sogne sowie Lillehammer–Bergen (10,5 Std.).

• *Schiffsverbindungen* Eine ganz besondere Schifffahrt ist ab Lillehammer möglich: Über den Mjøsasee im ältesten Schaufelraddampfer der Welt, dem 1856 erbauten **Skibladner**, nach Hamar (3,5 Std., s. auch S. 416): Von Mitte Mai bis Mitte September legt Skibladner jeweils dienstags, donnerstags und samstags um 18.45 Uhr an und 10 Minuten später wieder ab.

• *Einkaufen/Adressen* **Mesna-Senter (5)**, das kleine Einkaufszentrum in einer modern ausgebauten, ehemaligen Fabrik hinter der Touristinformation verbindet Praktisches (Apotheke, Lokal und Supermarkt) mit Angenehmem (Glasbläserei, Boutiquon, Fotogeschäft).

Strandtorget (14), 35 Geschäfte von der Bank bis zum Bäcker, von McDonald's bis zum Supermarkt finden sich im Zentrum am Kreisel, der den Verkehr der E 6 in die Stadt schleust (werktags bis 20, Sa bis 18 Uhr offen).

Banken finden Sie in der Storgata und Kirkegate, die **Post** in der Tomtegata und der Storgata, **Wein** und **Spirituosen** können Sie in der Storgata 129 kaufen, ein **Kino** befindet sich in der Kirkegata 69 und eine **Tankstelle** in der **Apotheke**, Mesna Apotek, Kirkegata 55, ✆ 61250160; **Taxiruf**, ✆ 61253100, **Internetcafé**: Jernbarnegt. 6

Übernachten/Camping (siehe Karte S. 431)

Lillehammer Vandrerhjem (17), ✆ 61260024. Die neu eröffnete JuHe am Busbahnhof mit 80 Betten bietet in jedem Zimmer TV und Internet-Anschluss. Doch die Preise sind im JuHe-Durchschnitt ohne Grund heftig: Bett 325 NOK, EZ 590 NOK, DZ 790 NOK (Frühstück inkl.)

Smestad Sommerhotel (1), Smestadveien 14, ✆ 62250987, ✆ 61254628. Zwischen dem 20.6. und dem 20.8. steht das Studentenheim im Nordbezirk, 2 km vom Zentrum und 300 m von der RV 213 entfernt, als Sommerhotel zur Verfügung: 115 karge Zimmer (Du/WC, Telefon) und 25 Appartements mit einer schmucklosen Einrichtung, dazu Gemeinschaftsküche und -waschräume. Kinderspielplatz und Sauna, TV-Raum und Speisesaal (für das wirklich gute Frühstück) garantieren trotz der Größe der Anlage einen geruhsamen Aufenthalt. EZ 550 NOK, DZ 700 NOK (Reduzierung bei Vorlage der Jugendherbergsausweises).

Birkebeineren Hotel/Motel/App. (4), Olympiaparken, ✆ 61264700, www.birkebeineren.no. Das große, eigens zu den Olympischen Spielen erstellte Hotel oberhalb der Stadt bietet schmucke Zimmer, geräumige Appartements und den Service eines gediegenen Mittelklassehotels. EZ595, DZ 1.090, NOK (jeweils mit Frühstück). Hütten und Appartements ab 725 NOK.

Bjørns Krog og Motell (19), Vingnes, ✆ 61053800, www.bjornskro.com. Jenseits des Sees (direkt an der E 6 und dennoch nur 1 km von der Innenstadt entfernt) eignet sich das große (Gast-)Haus mit 120 Betten und eigener Bäckerei für Durchreisende, die zum Besuch Lillehammers nicht mehr die Zeit haben. Es werden nur DZ zu 890 NOK angeboten.

First Hotell Breiseth (16), Jernbanegate 1, ✆ 61247777, www.breiseth.com. Im modernen Betonkasten gegenüber vom Bahnhof werden wenige, aber modern eingerichtete Zimmer zu leicht überhöhten Preisen angeboten: EZ 1.099, DZ 1.450 NOK.

Rica Viktoria Hotel (10), Storgata 84 b, ✆ 61250049, www.rica.no. Der große Komplex (altes Holzhaushotel mit modernen Anbauten) in der Fußgängerzone hat elegant eingerichtete Zimmer zu bieten, ein eben solches Restaurant und alles, was ein Klassehotel sonst noch ausmacht. Das hat nur im Winter seinen hohen Preis: EZ 1.315, DZ 1.520 NOK (Sommerpreise: 1.030 bzw. 1.350 NOK).

Radisson SAS Lillehammer Hotel (9), Turisthotelveien 27 b, ✆ 61286000, www.radissonsas.no. Natürlich hat das IOC während der Winterspiele hier, im besten und größten Stadthotel, gewohnt. Dennoch sind die Sommerpreise erstaunlich moderat. EZ 1.096, DZ 1.875 NOK (Sommerpreise: 1.050 bzw. 1.325 NOK).

• *Camping* **Lillehammer Camping (20)**, Dampsagveien, ✆ 61253333, www.lillehammer-camping.no. Stadtcamping im Süden Lillehammers, direkt am See. 200 Stellplätze, ganz neue Hütten (ab 500 NOK), Kiosk, Boutique und sanitäre Anlagen vom Feinsten.

Roterud Fritidgård, ✆ 61269860, www.norutleie.no. Auch der kleine, aber hübsch gelegene Platz (6 km vom Stadtzentrum; RV 216 Richtung Sjusjøen) ist neu und vermietet neben nur 25 Stellplätzen auch Hütten ab 380 NOK.

Nordseter Hyttegrend, ✆ 61264012. Hütten, aber kein Camping, gibt es zudem 20 km östlich von Lillehammer in Nordseter: 30 Hütten für bis zu sechs Personen und bis zu 700 NOK. Hier kann man auch Fahrräder leihen.

Essen & Trinken

Außer in den Hotels, die fast alle über recht gute Restaurants und Cafeterien verfügen, häuft sich das Angebot an Bars und Lokalen in den geschickt verwinkelten Gassen rund um die Storgata.

Gusten (15), Storgata. Livemusik à la Cohen und Clapton, dazu teures Bier und famose Stimmung gibt es auf dem Steg, der sich zum „In-Treff" mauserte.

Smuget Gatekjøkken (12), Storgata 82–84. Auch dieses Outdoor-Lokal ist nur bei lauen Sommernächten zu empfehlen. Dann aber findet hier, wo man tagsüber nur Fast Food bekommt, die Open-Air-Disco statt.

Møllebrønnen (13), Elvegate 12. Gleich nebenan dieses raffiniert über den Flusslauf gestülpte Restaurant, das eigentlich nur eine Kneipe ist.

Kvernhuset (11), Elvegate 12. Gleichsam die Innenverlängerung von Møllebrønnen, doch die Architektur ist interessanter als die Speisekarte.

Lundegården Brasserie & Bar (2), Storgata 108. Frischer Fisch ist das Markenzeichen dieses preiswerten Restaurants. Auch der Cappuccino an der Bar ist wirklich sehr gut.

Blå Man (6), Lilletorget 1. Die riesige Speiskarte in diesem Lokall direkt hinter der Touristeninformation reicht vom Sandwich bis zum Rentierbraten mit Preisen von 190–300 NOK.

Birkebeiner Stuene (8), das im norwegischen Landhausstil eingerichtete Restaurant mit einem kleinen Steg am Flusslauf schließt unerbittlich bereits um 23 Uhr. Das ist aber auch der einzige Nachteil an dem gemütlichen Lokal mit großem, wenn auch nicht sonderlich raffiniertem Speiseangebot.

Bøndernes Hus (18), Kirkegata 68. Wenn schon norwegisch, dann aus der Region; dieses Lokal am Marktplatz bietet Spezialitäten aus dem Gudbrandsdal – einfach ausprobieren.

Bryggerikjelleren (7), Elvegate 19. Der alte Brauereikeller bietet große Steaks, knusprige Pizzen, vor allem aber ab 21 Uhr Lillehammers heißeste Disko, was allerdings nicht jedem beim Essen mundet.

Håkon's Pub (3), Storgata 95. Die gemütliche Kneipe in dem Teil der Hauptstraße, der nicht Fußgängerzone ist, scheint ideal für den letzten Schluck des Abends.

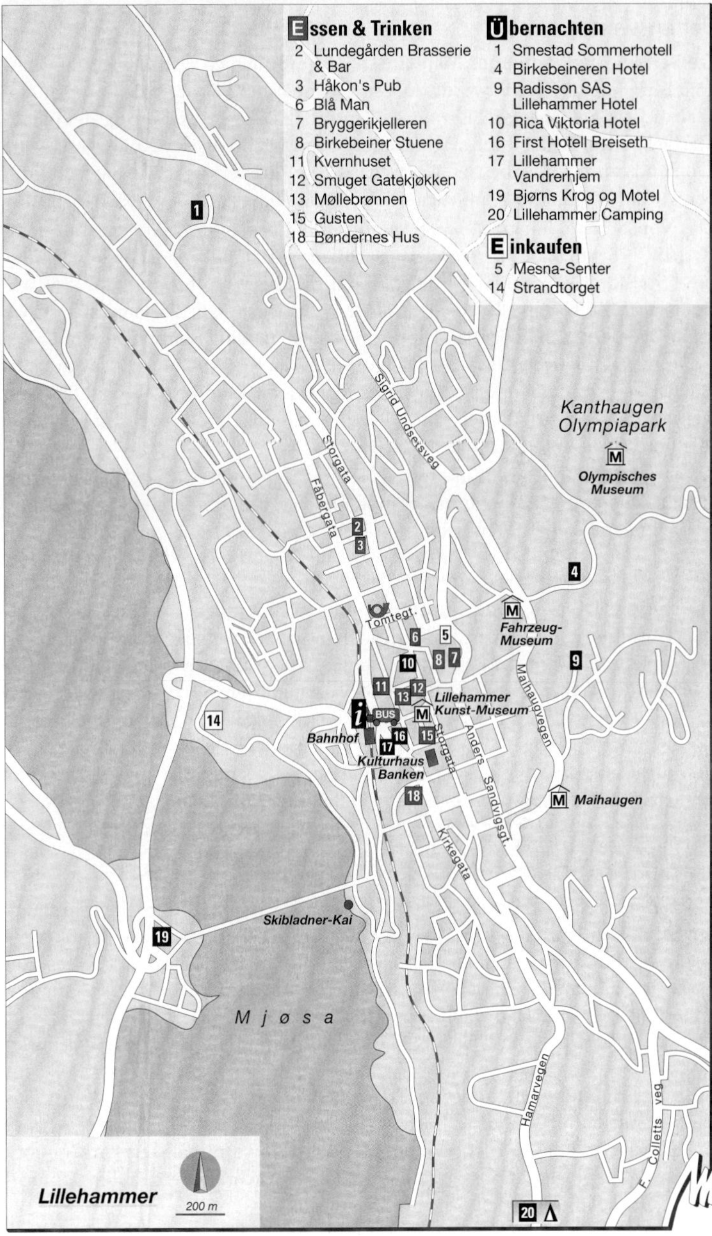
Essen & Trinken
2 Lundegården Brasserie & Bar
3 Håkon's Pub
6 Blå Man
7 Bryggerikjelleren
8 Birkebeiner Stuene
11 Kvernhuset
12 Smuget Gatekjøkken
13 Møllebrønnen
15 Gusten
18 Bøndernes Hus
Übernachten
1 Smestad Sommerhotell
4 Birkebeineren Hotel
9 Radisson SAS Lillehammer Hotel
10 Rica Viktoria Hotel
16 First Hotell Breiseth
17 Lillehammer Vandrerhjem
19 Bjørns Krog og Motel
20 Lillehammer Camping
Einkaufen
5 Mesna-Senter
14 Strandtorget
Kanthaugen Olympiapark
Olympisches Museum
Sigrid Undsetsveg
Storgata
Fåbergata
Tomtegt.
Fahrzeug-Museum
Maihaugvegen
Lillehammer Kunst-Museum
BUS
Bahnhof
Kulturhaus Banken
Anders Sandvigsgt.
Maihaugen
Kirkegata
Skibladner-Kai
Mjøsa
Hamarvegen
F. Colletts veg
Lillehammer
200 m

Sehenswertes

De Sandvigske Samlinger Maihaugen: Das womöglich attraktivste Freilichtmuseum Skandinaviens wurde zu den Olympischen Winterspielen noch einmal tüchtig aufgebessert. Ein neues Kulturhaus, eine Erweiterung des Werkstattgebäudes, schlägt auf originelle Art den Bogen von der Kulturgeschichte Opplands zum Kulturbetrieb Norwegens. Die Ausstellung „Wie das Land unser wurde" ist geradezu ein Musterbeispiel moderner Museumspädagogik.

Das von dem Zahnarzt *Anders Sandvig* 1887 gegründete Museum umfasst derzeit 175 vollständig renovierte Gebäude des Gudbrandsdales, darunter eine **Stabkirche** aus dem 13. Jh. und das älteste Wohnhaus Norwegens aus dem Jahr 1459. Das alles liegt in einer wunderschönen Parklandschaft, wo Kühe weiden, Schafe grasen und zumindest in den Sommermonaten ein richtiger Almbetrieb herrscht: Da wird in einer Käseküche Käse produziert, es werden Waffeln am Kamin gebacken (auf der **Valbjøralm** wird all das zum Verzehr angeboten), da wird mit altertümlichen Geräten und in traditionellen Trachten gehobelt und gedrechselt.

Im modernen Teil des Museums wurden alte Handwerksbetriebe in ihrem Originalzustand eingerichtet. Sie finden hier Glasbläser, Büchsenmacher und Pfeifenhersteller, eine Schmiede, eine Tischlerwerkstatt und vieles mehr.

Öffnungszeiten 1.10.–17.5. 11–16 Uhr; 18.5.–30.9. 10–17 Uhr; Es gibt auch Führungen, sogar in deutscher Sprache. Eintritt 90 NOK, Kinder 40 NOK (1.10.–16.5. 75/25 NOK).

Norwegens Olympisches Museum: Eine Attraktion der Stadt ist das Olympia-Museum in der Håkon-Halle des Olympiaparks. Nicht nur die Lillehammer-Spiele, sondern die gesamte Geschichte der Sommer- und Winterspiele von der Antike bis heute kann man dort nachvollziehen. Die mit modernsten Techniken präsentierten Sportereignisse werden zudem in ihrem gesellschaftlichen Umfeld gezeigt – Boykotts und Propaganda, Kriege und Querelen werden nicht ausgespart. Und die erläuternden Texte sind auch auf Deutsch formuliert. Vor der Tür wartet überdies ein Ski- und Bob-Simulator (50 NOK).

• *Öffnungszeiten* 15.5.–31.8. täglich 10–18 Uhr (an Feiertagen geschlossen), 1.9.–14.5. 11–16 Uhr. Eintritt 60 NOK, Kinder 30 NOK, Führungen 300 NOK (Sie sparen Geld, wenn Sie die Sammelkarte kaufen, die auch zum Eintritt in Maihaugen berechtigt).

Lillehammer Kunstmuseum: Auch Norwegens drittgrößte Gemäldesammlung am Stortorget wurde für die Olympischen Spiele eigens erweitert. Das Zusatzgebäude mit Werken vornehmlich norwegischer Maler, wie *Munch, Krogh* und *Dahl,* wurde so zum kulturellen Blickfang in der Stadt. Und Bäcker Granum serviert im Museumscafé täglich ofenfrisches Backwerk.

Öffnungszeiten 15.6.–15.8. Mo–So 11–17 Uhr; sonst Di–So 11–16 Uhr. Eintritt 60 NOK, Kinder 50 NOK (unter 16 J. gratis).

Kulturhaus Banken: Hundert Jahre lang bloß Sitz der *Sparebank,* ist das umfassend modernisierte Kulturhaus in der Kirkegate heute Sitz der Musikhochschule und des lokalen Radiosenders. Zudem verfügt es seit kurzem über schmucke Repräsentationssäle. Alles das kann besichtigt werden. Ein gemütliches Café lädt anschließend zum Verweilen ein.

Öffnungszeiten 10–16 Uhr, Führungen im Sommer um 13 und 15 Uhr. Eintritt 10 NOK.

Stabkirche in Maihaugen: Highlight im Freilichtmuseum

Norwegisches Fahrzeugmuseum: Das Privatmuseum im Mesna-Senter zeigt außer Autos auch Motor- und Fahrräder, Spezialkonstruktionen und Schlitten aus Norwegen. Zu sehen sind zudem anschaulich präsentierte Oldtimer, die nicht nur Fans faszinieren.

Öffnungszeiten 15.6.–31.8. 10–18 Uhr; 1.9.–14.6. Mo–Fr 11–15, Sa/So 11–16 Uhr. Eintritt 40 NOK, Kinder 20 NOK (unter 7 J. gratis).

Wanderung: In den Rondane-Nationalpark

Die 7-Tage-Wanderung über 210 km folgt der Spur der berühmten Troll-Loipe (auf Skiern dauert die Wanderung zehn Tage) und wird nur ihrer außerordentlichen Popularität wegen kurz beschrieben.

Sollten Sie die Tour wagen, brauchen Sie DNT-Schlüssel für die Hütten und zusätzliche Wanderkarten. Beides erhalten Sie in der Touristinformation in Lillehammer. Die erste Etappe lässt sich aber auch gut als Tagestour mit Hin- und Rückweg von dann sechs Stunden organisieren.

1. Tag → Nordseter–Pellestova (2,5 Std.): Start in Nordseter (vgl. „Lillehammer/Camping"). Der Weg führt nach Norden am See Nevervatn vorbei und über den Gipfel des Neverfjells (1.089 m) nach Pellestova, wo ein gemütliches Berghotel wartet.

2. Tag → Pellestova–Djupslia (5 Std.): Am Moksjøenvatn vorbei geht es über das Sjøseterfjell nach Gullbringen. Dort führt ein Pfad nach Norden, später nach Nordwesten zur Vedemsliaseter und über einen Hügel zum Brettdalsvatnet. Dort folgen Sie einer kleinen Straße zur Brettdalseter, schwenken nach Nordosten, passieren den Akksjønvatn und erreichen einen Damm am Djupen-Fluss, wo sich die Hütte des Wandervereins Lillehammer (LOT) befindet.

3. Tag → Djupslia–Bjørgeseter (4 Std.): Nach einem steilen Aufstieg zum Åstkyrkja geht es auf dem Bergrücken weiter. Nach dem Abstieg zum Gopollvatn führt der Weg in nordöstlicher Richtung weiter, um links den Pass zwischen Høgtind und Pengstølhøgda zu erklimmen. Nach dem Abstieg stoßen Sie auf die LOT-Hütte Bjørgeseter.

4. Tag → Bjørgeseter–Breitjønnbu (5 Std.): Nach Norden und über die Tromsa geht es hinauf zur Tromsbua, dort folgen Sie der Markierung in nordöstlicher, später in nordwestlicher Richtung bis zur Moorlandschaft Breidjoret. Zwei steile Anstiege zum Store Kvien und Gråhøgda folgen; am Fuß des zweiten Berges liegt die Hütte Breitjønnshøgda.

5. Tag → Breitjønnshøgda–Gråhøgdbu (7 Std.): Der Markierung nach Osten und später nach Norden folgend, erreicht man Remdalsbu, stößt auf eine Straße, die man überquert, um nach 1 km erneut an eine Straße zu gelangen. Dort steigen Sie zur Hirisjø auf und passieren in nordwestlicher Richtung Hirisjøhøgda. Nach dem Abstieg zum Hirisjøvatn trifft man am Nordufer auf einen alten Handelspfad, folgt ihm 2 km nach Westen, um nach Überquerung des Grøtørflusses zum Gråhøgdin aufzusteigen. Nach dem Abstieg über den Osthang erreicht man die DNT-Hütte Gråhøgdbu (1.140 m).

6. Tag → Gråhøgdbu–Eldåbu (5 Std.): 300 m Anstieg in Richtung Muen. Ziel aber ist das Moor in der Senke, dem Sie in nordwestlicher Richtung folgen, um auf eine Straße zu stoßen. Folgen Sie der Ausschilderung „Ramshytta". Zwei steile Anstiege erwarten Sie, bis Sie die Markierung „Eldåseter" finden. Folgen Sie dem Pfad 100 m, dann geht es scharf nach Westen, und die Hütte Eldåbu ist erreicht.

7. Tag → Eldåbu–Rondvassbu (6,5 Std.): Sie wandern zurück auf den Weg des Vortags mit der Markierung „Eldåseter", folgen ihm in nördlicher Richtung, um kurz darauf die Markierung „Rondvassbu" zu entdecken. Nach einem Aufstieg ist der Weg in den Rondane-Nationalpark nicht zu verfehlen.

Radtour durch das Gudbrandsdal

Bis nach Ringebu führt Sie diese abwechslungsreiche 60-km-Route an der Westseite des Lågen entlang. Wer dort nicht übernachten mag, schafft den Weg in einem Tag auch zurück.

Sie verlassen Lillehammer über die alte Brücke im Süden und biegen auf die RV 253 nach Norden ein. Herrliche Ausblicke auf das Tal erwarten Sie während der Fahrt nach Fåberg, wo Sie hinunter zum Fluss radeln, um gleich wieder links abzubiegen.

Die talauf, talab führende Fahrbahn ist voller Schlaglöcher und deshalb nur gemächlich zu befahren. Vorbei an den Felszeichnungen und dem Familienpark Hunderfossen geht es über Oddvang und Tretten weiter nach Norden.

Nur ein kurzes Stück talabwärts auf der RV 254 und Sie erreichen via Botterud und Romundgård die kleine Station Losna. Sie folgen der Ausschilderung Fåvang, biegen aber 1 km vor diesem Ort nach Ringebu ab. Die letzten 7 km verlangen einer kleinen Steigung wegen noch etwas Puste.

Sehenswertes zwischen Lillehammer und Ringebu

Hunderfossen-Familiepark: Die Sehenswürdigkeiten beginnen gleich nach Verlassen Lillehammers auf der E 6 in Richtung Norden. 13 km hinter dem Olympischen Dorf, in dem heute Studenten wohnen, versucht der Hunderfossen-Familienpark, die lieben Kleinen zu Spiel, Spaß und Konsum zu verführen. Mit Plastikkastell und Goldgräberwerkstatt, mit Märchengestalten und Trollfiguren, darunter dem größten Troll der Welt, bietet der Park im Wald und auf der anderen Flussseite viele Spielmöglichkeiten.

• *Öffnungszeiten* Juni/Juli 10–20 Uhr; Mai und August 10–17 Uhr. Eintritt 255 NOK, Kinder (3–14 Jahre) 230 NOK.

• *Anfahrt* Zwischen dem 15.6. und dem 15.8. verkehrt der Sesamzug viermal täglich von Lillehammer nach Hunderfossen: 10.40, 13.20, 15.35 und 18.30 Uhr. Die Fahrt dauert 25 Min. und kostet 50 NOK.

Olympische Bobbahn: Ein „rasendes Vergnügen" verheißt die olympische Bob- und Rodelbahn in Hunderfossen. Im Viererbob können Sie mit 120 km/h oder aber im „Touristen-Bob" mit nur 70 km/h zu Tal rasen. In der Sommersaison fährt man mit einem Räderbob plus Fahrer.

Öffnungszeiten täglich 11–18 Uhr. Fahrpreis 190 NOK, Kinder 95 NOK.

Felsgravuren: Für eher geruhsame Zeitgenossen empfiehlt sich in Hunderfossen als Gratisvergnügen ein 15-minütiger Spaziergang zu den Felszeichnungen. Zwölf Tierzeichnungen, darunter eine größere Elchdarstellung, markieren am steilen Ufer des Lågen wohl ein einst Erfolg versprechendes Jagdrevier. Zu erreichen sind die *helleristninger* nach 5 km links der Brücke über den Lågen (ausgeschildert).

Norsk Vegmuseum: Gleichfalls kostenlos ist der Besuch im norwegischen Straßenbaumuseum zwischen Bobbahn und Familienpark. Die Entwicklung vom Pilgerweg des Mittelalters bis zur Autobahn der Gegenwart wird mit Modellen und Exponaten, z. B. einer 30 m langen Holzbrücke aus dem 19. Jh. oder einer 200 Jahre alten Poststation, nachgestellt. Eine Multimediashow gibt interessante Informationen über das Straßenwesen.

Öffnungszeiten Mai–August täglich von 10–18 Uhr; September–April 11–15 Uhr, Mo geschlossen. Eintritt frei.

Lilleputthammer: Die Miniaturstadt Lilleputthammer Lekeby wartet nach 2 km auf der E 6, dieses Mal rechts der Straße. Eine Kopie der Storgata um die Jahrhundertwende im Verhältnis 1:4 lässt die Olympiastadt in provinziellem und womöglich freundlicherem Licht erscheinen.

Öffnungszeiten 11–20 Uhr. Eintritt 80 NOK.

Olympisches Alpinzentrum: Doch die Wirklichkeit fängt den Besucher sogleich wieder ein. Das **Hafjell-Alpinzentrum**, Austragungsort aller olympischen Disziplinen in Slalom und Riesenslalom, prangt oberhalb der Ministadt. Im Winter werden außer acht alpinen Abfahrten, neun Liften (Liftkarte von 40–600 NOK), einer Skischule (550 NOK für einen Drei-Tage-Kurs) und einem Skikindergarten noch 120 km präparierte Loipen, Schlittenfahrten und geführte Skiwanderungen angeboten. Die teilweise beleuchteten Pisten und Loipen sind täglich bis 20.30 Uhr geöffnet. Die Olympischen Anlagen von **Kvitfjell** finden Sie in Ringebu.

Das Dichter-Haus

Ein wenig abseits der E 6 (in **Fåberg** auf die RV 255 Richtung Gausdal abbiegen) finden Sie in **Aulestad** ein fahnengeschmücktes Anwesen: das letzte Wohnhaus des Dichters Bjørnstjerne Bjørnson (s. S. 96). Der Verfasser der norwegischen Nationalhymne und der „Bauerngeschichten“ war Vorkämpfer für die Loslösung von Schweden und erhielt 1903 den Literaturnobelpreis. Von 1875 bis zu seinem Tode 1910 lebte er mit seiner Frau Karoline in der einstigen Posthalterei. Jetzt ist daraus ein hübsches Museum (geöffnet im Sommer täglich 10–15.30 Uhr, im Juli bis 17.30 Uhr, Eintritt 75 NOK, Kinder 35 NOK) geworden, in dem es deutschsprachige Führungen, aber auch Dichtertexte auf Deutsch gibt.

• *Übernachten* **Øyer Gjestegård**, ✆ 61285550, www.oyer-gjestegard.no. Vor Lilleputthammer und direkt an der Straße vermietet die große, perfekt ausgestattete Pension EZ zu 950, DZ für 1.550 NOK, Hütten ab 425 NOK, Appartements ab 485 NOK.

Quality Hafjell Hotel, ✆ 61277777, www.choicehotels.no. Das offizielle Olympia-Hotel, also das der Funktionäre, bietet alles vom Feinsten, nach den Winterspielen sogar zu gerade noch erträglichen Preisen: EZ 745, DZ 1.090 NOK (zahlreiche Sonderangebote, vor allem an Wochenenden und zu Feiertagen).

Hafjell Booking, ✆ 61249000, www.hafjell.no. Hütten für vier bis acht Personen, von 400 bis 4000 NOK bietet das Unternehmen sommers wie winters rund um die Olympiapisten an.

• *Camping* **Hunderfossen Camping**, ✆ 61253365, www.hunderfossen-camping.no. Riesig groß (500 Stellplätze und 54, teils luxuriöse Hütten ab 600 NOK) mit Spielplatz, Bootsverleih und Supermarkt, am Westufer des Flusses gelegen.

Pluscamp Rustberg, ✆ 612 75850, www.pluscamp.no. Vier Sterne, 32 Hütten ab 350 NOK, 150 Stellplätze und alles, was einen guten Campingplatz ausmacht. 10 km südlich von Tretten, 50 m oberhalb der E 6.

Mageli Camping, ✆ 61276322, www.magelicamping.no. Der schöne Waldplatz am Fluss (15 km vor Fåvang) vermietet 32 Hütten ab 450 NOK sowie 500 Stellplätze.

Wo das Gudbrandsdal noch weit und offen ist ...

▸ **Weiterfahrt**: Durch die unscheinbaren Orte **Øyer** und **Tretten** führt der Weg vorbei an der Stabkirche von **Fåvang**. Sparen Sie sich die Besuchszeit jedoch für die ungleich schönere Stabkirche von Ringebu auf.

Ringebu

Das Städtchen im Linksknick der Europastraße liegt 58 km nördlich von Lillehammer und rühmt sich als Norwegens kleinste Stadt. Doch städtisch ist nur das Geschäftszentrum rund um ein altes Herrenhaus mit der Touristeninformation.

Der Ort mit gut 1.500 Einwohnern, von Einheimischen nur **Vålebru** genannt, wird von der übermächtigen E 6, der Bahnlinie und dem beschaulichen Fluss Lågen durchtrennt. Links des breiten Asphaltbandes erstreckt sich ein Industrieviertel (Holzverarbeitung und Lebensmittelfabrik) mit Bahnhof und Busterminal, rechts dagegen stehen schmucklose, gleichwohl herrschaftliche Holzhäuser.

Als Besonderheiten haben Ringebu und Umgebung zu bieten: die sehenswerte **Stabkirche** in fotogener Umgebung nebst Friedhof und Panoramablick über Tal und Fluss, eine in Norwegen berühmte Straße, den 1984 eröffneten **Rondevegen** (RV 27, von Mitte Januar bis Mitte Mai zumindest abends und nachts gesperrt) ins **Ringebufjellet** und ins **Kvitfjell**, das seit der Olympischen Spiele im Jahre 1994 im März alljährlicher Austragungsort eines Super-G-World-Cup ist.

Information/Verbindungen/Adressen

• *Information* **Touristinformation**, ✆ 612 84700, www.ringebu.com. Im Parterre des größten Holzhauses der Stadt, nur ein paar Meter rechts der Europastraße, ist die unpersönliche Ringebu-Information untergebracht. In dem ganzjährig von 7.45–15.30 Uhr (Freitag und Sonntag bis 20 Uhr) betriebenen Büro werden Unterkünfte vermittelt, Skipässe verkauft und die für ihre althergebrachte Brenntechnik im Gudbrandsdal berühmte Töpferkunst zum Verkauf angeboten.

• *Zugverbindungen* 8 x täglich passiert die Dovre-Bahn den kleinen Bahnhof zwischen Fluss und E 6, d. h. 4 x nach Trondheim (mit Stopps in Vinstra, Kwam, Otta und Dombås) und 4 x nach Oslo mit Halt in Lillehammer und Hamar.

• *Busverbindungen* Nahezu stündlich verkehren Busse vom Bahnhofsplatz aus nach Süden (10 x Lillehammer) und Norden (6 x Dombås) mit unzähligen Zwischenstopps an jeder Häuseransammlung längs der Europastraße.

• *Adressen* **Post**, **Bank**, **Supermarkt** – alles im kleinen Zentrum rechts der Europastraße.

Übernachten/Camping

Gudbrandsdal Hotell Spidsbergseter , Venabygd, ✆ 61284000, www.spidsbergseter.no. Das charakteristische Landhotel ist Geheimtipp für Skiwanderer; schon deshalb ist eine rechtzeitige Reservierung für jedes der 55 Hotelzimmer (Du/WC, TV, Telefon und Radio) oder der 24 geräumigen Hütten anzuraten. Denn auch im Sommer finden Wanderer den Weg ins Ringebufjellet am Südrand des Rondaneparks. 20 km vom Zentrum Ringebus (Rondevegen, RV 27) entfernt, bringt das Berghotel den Luxus in die Einöde: Skilift und Skiverleih, Schwimmhalle, Sauna, Solarium, ein gutes Restaurant und behagliche (Tanz-) Salons in der Tenne. EZ 1.090, DZ 1.290 NOK, Hütten 700–900 NOK (zahlreiche Sonderangebote).

Venabu Fjellhotel, Venabygd, ✆ 61293200, www.venabu.no. Das 60-Zimmer-Hotel ist fast in allem dem vorher beschriebenen Spidsbergseter vergleichbar. Nur liegt es 2 km näher am Zentrum Ringebus (RV 27) und vermietet keine Hütten. Zudem bietet es Pferdeverleih im Sommer und Hundeschlittenverleih im Winter an, außerdem geführte Wanderungen in den Monaten Juli und August, z. B. zu den Myfallene-Wasserfällen oder der Jutulhogget-Schlucht, der größten Nordeuropas. EZ 940, DZ 1.240 NOK.

GudbrandsGard Hotell, ✆ 61284800, www.gudbrandsgard.no. Das neue Hotel – drei Stockwerke aus Holz, eine Terrasse aus Naturstein und geschmackvolle Zimmer mit allem Komfort – liegt auf 795 m am Rande der Kvittfjell-Abfahrtsstrecke. Solcher Luxus in bevorzugter Lage hat seinen stolzen Preis: EZ 1.150 NOK, DZ 1.480 NOK (zahlreiche Sonderangebote).

• *Camping* **Trabelia, Hyttegrend & Camping**, Venabygd, ✆ 61284075, www.trabelia.no. 13 komfortable Hütten (480 NOK) und 50 Stellpätze für Zelte und Wohnwagen bietet der rund ums Jahr geöffnete, wunderschöne Platz längs des RV 27 (20 km von Ringebu entfernt).

Trollheimen Turistsenter, Venabygd, ✆ 612 84126, ✆ 61284170. Nur wenige Kilometer weiter auf dem Rondevegen liegt dieser bestens ausgerüstete Platz (Cafeteria, Supermarkt, Tankstelle) mit 13 Hütten (450–700 NOK) und 70 auch für Wintercamping geeigneten Zelt- und Wohnwagenstellplätzen.

Sehenswertes/Wandern und Skifahren in der Umgebung

Stabkirche Ringebu: Malerisch eingebettet über Fluss und Tal liegt die Kirche aus dem 13. Jh. Sie wurde 1630 zwar umgebaut und ist für Kunsthistoriker deshalb trotz ihrer zwölf Masten nicht mehr uneingeschränkt als Stabkirche zu akzeptieren, denn es stören Verschalung und Dachreiter. Aber dennoch ist sie schlicht schön und zählt zu den besterhaltenen Holzgebäuden der Welt. Kleiner Tipp: Spazieren Sie 500 m die Straße bergauf. Von hier bietet sich ein wunderschöner Blick und ein tolles Fotomotiv über Lågen und Gudbrandsdalen.

Anfahrt/Öffnungszeiten 1 km südlich vor Ringebu auf den Berg abbiegen. Geöffnet zwischen Juni und September täglich 9–16 Uhr. Eintritt 40 NOK (mit Führung).

Ringebufjellet: Der Rondevegen zweigt oberhalb Ringebus ab in das sommers wie winters erlebenswerte und dennoch einsame Ringebufjellet. Die Bergebene am Südrand des Rondane-Nationalparks ist ein bei Norwegern sehr beliebtes Wandergebiet und ein viel besuchter Loipenpark. Die ungemein populäre **Troll-Loipe**, eine 10-Tages-Tour über 200 km von Rondane nach Lillehammer, die jeder Norweger einmal in seinem Leben absolviert haben muss, verläuft über weite Strecken über das Ringebufjellet. Selbst einen kleinen Lift für bescheidene alpine Abfahrten gibt es.

Kvitfjell: Das olympische Alpinskiparadies zwischen Fåvang und Ringebu westlich des Lågen bietet auch Amateuren schöne Schussfahrten. Acht Abfahrten von jeweils 4 km Länge und bis zu 1.000 Höhenmetern, vier Skilifte (Skipässe zwischen 1.000 NOK für sieben Tage und 60 NOK für einen Trip), Skischule, zwei Skishops mit Verleih, drei Cafés, zahllose Unterkunftsmöglichkeiten in Ringebu und immerhin noch 360 km präparierter Loipe: Das Skiparadies liegt auf der Streckenmitte der berühmten Troll-Loipe.

Vinstra

Der in manchen Karten verzeichnete Wasserfall Harpefoss auf dem Weg ins 24 km entfernte Vinstra musste seine Wasserkraft dem nahen Kraftwerk opfern. Aber den „Geitost" gibt es noch.

Bereits längs der Europastraße wird der im Gudbrandsdal produzierte Käse als Leckerbissen marktschreierisch angeboten (für mitteleuropäische Gaumen ist er seiner süßen Zähigkeit wegen etwas gewöhnungsbedürftig). Und in Vinstra selbst ist jede Schaufensterauslage und jeder Tresen mit Geitost-Delikatessen bestückt. Zudem finden sich überall in Vinstra auch Hinweise auf *Peer Gynt*, dem eine vielleicht etwas kitschige **Sammlung** (Juni–August täglich 10–17 Uhr) und ein **Festival** im August gewidmet sind. Der norwegische Sagenheld bestimmt das Stadtbild dieses 2.500-Seelen-Dorfes, das sich wie ein kilometerlanges Straßendorf an der Europastraße entlang windet. Die Hänge des hier noch weiten Tales schwingen sich sanft in das Flussbett, zwischen den Kiefernwäldern lugen immer wieder Almen und Weiden hervor. Fehlte diese Landschaft und gäbe es nicht Peer Gynt, den „Faust" Norwegens, der auf einem Hof 2 km außerhalb des Dorfes gelebt haben soll – das kleine Vinstra lohnte den Stopp kaum.

Information/Verbindungen/Adressen

- *Information* **Turist- og Messekontoret**, Nedregt. 5, ✆ 61294770, www.visitrondane.no, Mo–Fr 8.30–16 Uhr (Juli/August bis 17 Uhr sowie Sa 10–17 und So 12–17 Uhr). Nicht nur für Unterkünfte, vor allem bei Veranstaltungskarten ist das kleine Büro hilfreich. Neben dem Peer-Gynt-Festival werden im Juli Country- und Volkstanztreffen gefeiert.
- *Zugverbindungen* 5 x (zwischen 11.26 und 19.25 Uhr) hält der Fernzug Oslo–Trondheim täglich.
- *Busverbindungen* Nur einer der Überlandbusse, die das Tal durchqueren, hält 1 x „nächtlich" in Vinstra: Oslo–Nordfjord.
- *Adressen* **Post**, **Bank**, **Supermarkt** und verschiedene **Tante-Emma-Läden** befinden sich längs der Europastraße.

Übernachten/Camping

Amundsens Gjestgiveri, ☎/📠 61290045, www.amundsenhotel.com. Gerade 18 altmodische Zimmer bietet das stimmungsvolle Holzhotel am Fluss und Ortsausgang. Wer es romantisch mit Garten und Gobelin mag, ist hier für 750 NOK (EZ) und 999 NOK (DZ) richtig.

Sødorp Gjestgivergård, ☎ 61216800, www.sodorp-gjestegard.no. Das nüchterne Motel am Ortseingang verfügt über 30 ebensolche Zimmer. EZ 690, DZ 850 NOK.

Gålå Høiufjellshotell og Hytter, ☎ 61297600, www.gala.no,. So beherrschend wie der Name ist dieses 130-Zimmer-First-Class-Hotel, das jeden erdenklichen Service bietet. Und das zu erfreulichen Preisen: EZ 895, DZ 1.395 NOK (im Winter nur wochenweise zu buchen).

• *Camping* **Bøygen Camping**, ☎/📠 612 90137,www.boygen.no. Der kleine Drei-Sterne-Waldplatz an der E 6 mit 24 Hütten (450 NOK) und bloß 15 Caravanplätzen erfüllt ansonsten alle Camperbedürfnisse. Reservierung ist deshalb ratsam.

Furuheim Camping, ☎ 61290981. Der einfache Platz mit nur 11 einfachen Hütten (ab 400 NOK) an der RV 255 Richtung Espedalen ist sauber, gemütlich und deshalb empfehlenswert.

Sehenswertes

Nordigård Hof: Die meisten Touristen pilgern nach **Hågå** am **Peer-Gyntveien** zum Nordigård-Hof, einem stattlichen, noch immer privaten Anwesen mit sage und schreibe 18 Gebäuden. Vor 300 Jahren waltete dort *Peder Lauritson*, vor 200 Jahren *Peder Olson*, und einer von beiden soll jener „wilde Jäger" Peer Gynt gewesen sein, von dem ein altes Märchen berichtet: „... Er erzählte allzeit, er selbst habe alle Geschichten erlebt, von denen alte Leute berichteten, sie wären in grauer Vorzeit passiert." Später machte *Henrik Ibsen* jenen Peer zum Helden seines Dramas und *Edvard Grieg* die Peer-Gynt-Suite zur Skandinavien-Weise schlechthin. Leider kann das schöne Anwesen nur von außen bewundert werden – die Besitzer lassen Besucher nicht mehr ein.

Hundorp: Bei so viel anschaulicher Sagenwelt kommt eine andere Sehenswürdigkeit leicht zu kurz – der **Dale-Gudbrands-Hof** in Hundorp, auf halbem Weg zwischen Ringebu und Vinstra. Auf diesem Königshof soll 1021 König *Olav Haraldson*, den man nach seinem Tod 1030 den Heiligen nannte, die Talbewohner mit ihrem Häuptling *Dale Gudbrand* an der Spitze (deshalb „Gudbrandsdalen") christianisiert haben.

Fast tausend Jahre zählen mithin Grabhügel, Bautasteine und Thingstätte in der besichtigenswerten, ganzjährig geöffneten Anlage, in der im Juli und August eine Kunstausstellung und mittwochs auch Abendkonzerte veranstaltet werden.

Fahrt auf der Peer-Gynt-Straße

Nur 2 km länger als die E 6 ist die Peer-Gynt-Straße, die im südlichen Vinstra-Stadtteil Harpefoss (ausgeschildert) abzweigt und in Tretten die Europastraße wieder trifft.

Man verpasst zwar die Stabkirche von Ringebu, aber man kann die Ruhe des Hochlandes genießen, den Ausblick auf das Rondane-Gebirge, alte Sennerhütten, fischreiche Gebirgsseen – jetzt die „Peer-Gynt-Suite" rein in den Recorder, und Sie haben die Stimmung, die auch den Dichter Ibsen und den Komponisten Grieg bezauberte.

Die Straße ist schmal und kurvig, kostet Maut (60 NOK) und Zeit. Zunächst fährt man durch Nadelwald, dann gibt es bloß noch Birken, schließlich nur noch Rentierflechte, hellgrün im Sommer, rotgelb im Herbst. Dahinter erheben sich die schneebedeckten Rondane-Berge, daneben liegen der **Golå-** und der **Feforsee** – einfach schön bei klarer Sicht. Um ehrlich zu sein: Längs des Weges lauern auch 25 Lokale und Hotels auf müde oder nur hungrige Gäste und stören manchmal den weiten Blick.

• Übernachten Thon Hotel **Gausdal** ✆ 61228500, www.thonhotels.no. Trotz seiner Größe (110 Zimmer) ist das moderne und mehrfach erweiterte Berghotel eine gemütliche Bleibe, wo viel für sportliche Gäste getan wird: Skiservice, Reitangebote, Tennisplätze. EZ 920, DZ 1.340 NOK.

Wadahl Høgfjellshotell, ✆ 61297500, www.wadahl.no. Das moderne Hotel liegt hoch über dem Tal – tolle Aussicht aus jedem der 90 schönen Zimmer (auch Familienappartements) ist fast garantiert. EZ 850, DZ 1.400 NOK.

Kvam

Der Industrieort mit knapp tausend Einwohnern kann höchstens Historiker interessieren: Hier stoppte eine britische Brigade 1940 den deutschen Angriff für nur wenige Tage. Eine Gedenkstätte und ein kleines Museum (täglich 10–17 Uhr, Eintritt 40 NOK) erinnern an den in Norwegen noch unvergessenen Kampf der Engländer. Andere Gedenksteine erinnern an die schottischen Landknechte unter *George Sinclair, die* im Schwedischen Krieg 1612 von Einheimischen in Kvam geschlagen und aufgerieben wurden.

Ansonsten wartet das gesichtslos-moderne Straßendorf voller Möbelfabriken mit gerade mal einer Tankstelle und einem Kro, allerdings auch einem superfeinen Hotel auf, das jedoch 13 km entfernt liegt.

• Übernachten **Fjell & Fjord Rondablikk Høyfjellhotel**, ✆ 61294940, ✆ 61294950, www.rondablikk.no. Eines der attraktivsten Hotels in Norwegen schmiegt sich da in das Gundbrandstal. Einwandfreier Service, famose Lage und zahllose Freizeitangebote vereinen sich in dem 70-Zimmer-Klassehotel zum überdies relativ preiswerten Urlaubsmix. EZ 995, DZ 1.450 NOK (jeweils mit VP). Einige Leser jedoch kritisieren die Qualität der Küche.

Otta

An der Einmündung der Otta in den Lågen liegt dieser Verkehrsknotenpunkt, der schon im Mittelalter als Scheitelpunkt des Pilgerweges aus dem Gudbrandsdal nach Trondheim einige Bedeutung besaß, denn entlang der Otta zweigen die Verkehrswege nach Jotunheimen und später auch nach Sogn ab.

Heute treffen hier die E 6 und die atemberaubend schöne Reichsstraße 15 aufeinander. Enger, schmal fast, und dichter bewaldet sind die Berghänge am Zufluss der Otta. Erst auf den zweiten Blick entdeckt man prächtige Holzhäuser zwischen Kiefern und Birken, die vom einstigen Reichtum der 2.000-Einwohner-Gemeinde, dem Schieferabbau, zeugen. Heute erinnern nur noch die zur Schau gestellten Schieferplatten am Flussufer an das vormals gute Geschäft. Gegenwärtig lebt der Ort vornehmlich von den Touristen.

Das Zentrum Ottas ist beherrscht vom Geschmack der 1950er Jahre. Auch Otta wurde 1940 von deutschen Jagdbombern dem Erdboden gleichgemacht und danach nur zügig und darum wohl lieblos aufgebaut.

Gleichwohl hat die Kleinstadt bei Norwegern einen besonderen Ruf: Zum einen finden Geschichts- und Literaturliebhaber nur wenige Kilometer nördlich in **Nord-Sel** „Kristin Lavransdatters Reich“. Zum anderen starten von hier aus Trekker in den ältesten Nationalpark des Landes, in das Rondane-Gebirge.

Information/Verbindungen/Adressen

• *Information* **Sel-Rondane Reiselivslag**, Otta Skystasjon, ✆ 61236650, www.visitrondane.com.. Mo–Fr 8.30–16 Uhr, im Sommer: Mo–Fr 8.30–19 Uhr, Sa/So 11–18 Uhr. Das schmucklose, aber effektive Informationsbüro im Bahnhof bietet jede Hilfe, jede Information: Nationalpark-Wanderkarten und Eintrittskarten für die „Lavransdatter“-Tage, Gepäckaufbewahrung und sogar heißen Kaffee.

• *Zugverbindungen* Der „Edelzug“ Oslo–Trondheim passiert 8 x täglich den Hauptbahnhof im Ortszentrum: 3,5 Std. nach Oslo, 3 Std. nach Trondheim (via Dombås mit Verbindung zur Westküste).

• *Busverbindungen* Sehr gute Anschlüsse in alle Landesteile von der Busstation vor dem Bahnhof: jeweils 10 x täglich nach Oslo und Lillehammer, 5 x nach Geiranger (4 Std.) und Jotunheimen (5,5 Std.), nach Mysuseter (45 Min.) sowie 3 x täglich nach Lom (1,5 Std.).

• *Adressen* Zwei **Banken**, drei **Tankstellen**, ein **Rimi-Supermarkt**, ein kleines **Einkaufszentrum**, zwei **Sportgeschäfte** und ein **vinmonopolet** – alles auf 500 m längs der Hauptstraße Storgata. Die **Post** befindet sich in der Nygata beim Bahnhof.

Übernachten/Essen & Trinken

• *Übernachten* **Grand Gjestegård**, ✆ 61231200, ✆ 61230462. Das kleine Haus, dem Bahnhof gegenüber, vermietet 16 einfache Zimmer zu passablen Preisen, was auch für die Cafeteria im Haus gilt. EZ 650, DZ 850 NOK.

Norlandia Otta Hotell, ✆ 61210800, www.norlandia.no. Schmuckloses Hotel in Plattenbauweise mit 85 Zimmern (Du/WC,TV und Telefon) in der Ola Dahls Gate, die am Bahnhofsplatz beginnt. Gutes Restaurant, nette Bar und aufmerksame Bedienung, zudem Hallenbad, Sauna und Fitnessraum. EZ 945, DZ 1.295 NOK.

Rondeslottet Høyfjellshotell, ✆ 61230266, www.rondeslottet.no. Das Mittelklassehotel, über Weihnachten/Neujahr geschlossen, 8 km von Otta aus auf der Straße nach Mysuseter, bietet einen befriedigenden Service (Sauna, Fitnessraum, Nichtraucherzimmer). EZ 990, DZ 1.290 NOK (Sommerpreise: 770 bzw. 920 NOK).

Rondane Spa Høyfjellshotell og Hyttegrend, Mysuseter, ✆ 61233933, www.rondane.no. Das in jeder Hinsicht gute Hotel am Eingang zum Nationalpark, 5 km vom Zentrum Ottas entfernt, vermietet auch luxuriöse Blockhütten. EZ 910, DZ 1.420 NOK, Hütten 900 NOK.

• *Camping* **Otta Turistsenter**, ✆ 61230323, www.ulvolden.com. Der Drei-Sterne-Platz jenseits der Brücke (1,5 km vom Ortszentrum entfernt) bietet 80 Zelten, 55 Wohnwagen und in 17 Vier-Sterne-Hütten (ab 550 NOK) genügend Platz für Urlaub in ruhiger Lage bei gutem Service.

• *Essen* **Grand Gjestgård**, die Cafeteria im ersten Stock des Hotels serviert üppige Portionen zu zivilen Preisen (100–130 NOK). Eis und „Kaffee satt“ kann man jedoch auch in einem kleinen **Café** am Bahnhofsplatz genießen.

Sehenswertes

Lavransdatter-Hof: Spätestens seit 1994/95, seit der Verfilmung der Kristin-Lavransdatter-Trilogie unter der Regie der in Norwegen ungemein populären *Liv Ullmann*, hat der Frauenroman der Nobelpreisträgerin *Sigrid Undset* auch bei uns Furore gemacht. Bislang allerdings wurde der Streifen in Deutschland nur auf den Nordischen Filmtagen in Lübeck und im Nachtprogramm von 3Sat gezeigt.

In *Kristin Lavransdatter* geht es um die auf fast tausend Seiten ausgebreitete Geschichte der schönen Tochter des Lavran, die sich leidenschaftlich und kopflos durch politische, religiöse und kulturelle Widersprüche des 14. Jh. kämpft und liebt und dabei tragisch scheitert. In Otta können Sie übrigens die deutschsprachige Ausgabe dieser Saga, wenn auch teurer als in Deutschland, überall kaufen. Der Gutshof, in dem die Saga ihren Anfang nahm, heißt **Jorundgård** und liegt 14 km nördlich von Otta in **Nord-Sel**. Hier soll Kristin aufgewachsen sein, und hier wurde auch der Film zur Geschichte gedreht. In dem für die Dreharbeiten aufwändig restaurierten Gutshof werden jeweils am ersten Juliwochenende die *Kristindagene* mit Konzerten, Theateraufführungen und mittelalterlicher Messe veranstaltet. Die Statue der Romanheldin und ihr Gehöft lassen sich aber auch während täglicher Führungen zwischen Ende Juni und Mitte August (täglich geöffnet 10–18 Uhr) für 80 NOK bewundern.

Wandern im Rondane-Nationalpark

Norwegens ältester Nationalpark liegt unmittelbar vor den Nordtoren Ottas. Eine Stichstraße, der 13 km lange Rondanevegen, zweigt von der E 6 ab und führt nach Mysuseter und damit schon ins touristische Zentrum des Parks (ab Otta auch per Linienbus erreichbar).

Die Tundra besticht vor allem im Herbst mit ihren Farben, wenn Rentierflechten und Birken sich verfärben. Allerdings sind nur 10 qkm des 572 qkm großen Nationalparks bewaldet, auch Tiere sind selten. Die annähernd 6.000 wilden Rens sind sehr scheu, und Moschusochsen aus dem Dovrefjell verirren sich nur selten in das Rondanegebirge. Das Massiv hat mit dem **Rondslottet** und dem **Storronden**, die sich beide am **Rondvatn** erheben, die höchsten von mehreren Zweitausendern aufzuweisen.

Ein paar Nachteile hat der Ausflug in den Rondanepark allerdings: Die Gegend, obwohl im „Schneeschatten“ des Jotunheimen gelegen, gilt, um es vorsichtig auszudrücken, als nicht gerade sonnensicher. Selbst im Juni kommen noch windige Schneeschauer vor. Zudem war der Nationalpark nach der Tschernobyl-Katastrophe lange Zeit das am stärksten radioaktiv verseuchte Gebiet des Landes. Bis 1990 blieb der Verzehr von Rentierfleisch verboten. Und die Seen sind, auch als Folge des Sauren Regens, nahezu tot.

Ansonsten ist das Wandern im Nationalpark recht unproblematisch, weil alles perfekt organisiert ist: Es gibt 16 Hütten (Schlüssel beim DNT), 24 Gasthöfe, überall markierte Wege, hervorragende Wanderkarten (Rondanekartet: 1:100.000 und 1:50.000, beim DNT oder in der Skystasjon Otta erhältlich) und selbst eine „mobile“ Notrufnummer (✆ 82052020). Ideale Ausgangspunkte für Wanderungen sind **Mysusseter** bei Otta (Hotel, Parkplätze, Geschäfte) und **Høvringen** (Abfahrt von der E 6 zwischen Otta und Dovre bzw. mit der Dovreban bis Otta).

Neben der ausschließlich erfahrenen Trekkern zu empfehlenden klassischen Rondane-Durchquerung lohnen durchaus Ein- oder Zwei-Tages-Touren. Hier ein Beispiel:

Wanderung von Mysuseter zur Rondvassbu: Zwei Stunden, leicht ansteigend, aber kaum anstrengend, weil eine breite, ausgeschilderte Straße benutzt wird. Die Wanderung kann mit einer Bootsfahrt (zweimal täglich im Sommer) über den fjordähnlichen **Rondvatn** in 1.165 m Höhe kombiniert werden; das spart eine Zwei-Stunden-Tour durch ein kahles Hochtal. Vom Nordufer des Sees gelangt man über einen Höhenrücken problemlos wieder zurück an den Ausgangspunkt der Wanderung.

Man kann aber auch gut in Rondvassbu, der einzigen bewirtschafteten DNT-Hütte im Nationalpark mit 120 Betten, übernachten und sie als Stützpunkt zum markierten Aufstieg auf den **Rondslottet** (2.178 m, vier Stunden), den **Veslesmeden** (2.015 m, drei Stunden) oder den **Storronden** (2.138 m, zwei Stunden) nutzen.

Wer nicht klettern mag, findet im Weg weiter zur **Dørålseter** im Norden (Bootsfahrt, dann fast nur bergab) oder zur Hütte **Bjørnhollia** im Osten nahe der Reichsstraße 27 (vier Stunden) lohnende Alternativen. Beide Male aber muss die Rückfahrt organisiert sein, will man nicht einen ganzen Tag für den Rückweg opfern.

Dombås

Der 1.500-Einwohner-Ort hat als Schnittpunkt der Europastraßen 6 (Dovrefjell, Trondheim) und 136 (Romsdalen) sowie als Bahnstation einige Bedeutung. Ansonsten kann man Dombås gut und gerne übersehen.

Architektonisch hat das große Dorf, verkehrstechnisch am Ende des Gudbrandsdales gelegen, wenig zu bieten – auch das, wie so oft in Norwegen, eine Kriegsfolge: Deutsche Fallschirmjäger wollten 1940 hier die Flucht des Königs an die Küste stoppen. Nach Kämpfen, bei denen die norwegischen Truppen einen ihrer seltenen Siege gegen die deutschen Besatzer davontragen konnten, blieb vom Ort kaum etwas übrig. Heute erinnert nur noch ein Gedenkstein neben der Kirche an dieses Ereignis.

Wer heute als Tourist kommt, kann im riesigen Einkaufszentrum shoppen, seinen Wagen voll tanken oder in einer der zahlreichen Cafeterien auch recht gut essen. Außerdem gibt es in und um den Ort einige schöne Übernachtungsmöglichkeiten.

• *Information* **Turist-Kontor**, ✆ 61241444, www.dovrenett.no. Das Büro liegt im unübersehbaren Einkaufszentrum neben dem Parkplatz. Juli–August 9–20 Uhr, sonst 9–16 Uhr. Hier gibt es auch Wanderkarten und Hüttenschlüssel für Touren durch den Rondane-Nationalpark und über das Dovrefjell.

• *Zugverbindungen* 4 x täglich nach Oslo (4,5 Std.) bzw. nach Trondheim (2,5 Std.).

• *Busverbindungen* 3 x täglich, leider nur abends, hält der Bus zwischen Bergen (12 Std.) und Trondheim (2,5 Std.).

• *Adressen* Mit Ausnahme der **Post** neben dem Dombås Hotell liegt alles im Einkaufszentrum: **Apotheke**, **Bank** (sonst auch neben der Tankstelle), **Supermarkt**, **Souvenirläden**, kleine **Lokale** und **Eisdielen**. **Tankstelle** gleich gegenüber.

• *Übernachten* **Dombås Vandrerhjem**, ✆ 61240960, www.vandrerhjem.no. Die moderne Jugendherberge, 1,5 km außerhalb des Ortes an der E 6 Richtung Trondheim gelegen und in einem mächtigen Blockhaus versteckt, ist ganzjährig geöffnet und vermietet teuer Einzelbetten für 250, EZ für 460 und DZ für 700 NOK.

Euro Trolltun Gjestegård, ✆ 61240960, www.trolltun.no. Außer Pensionszimmern (EZ 560, DZ 800 NOK) hat der Gasthof, qualitätsmäßig leicht über dem Durchschnitt, Wohnwagenstellplätze und Hütten für 6 Personen (670 NOK) im Angebot .

Winterlandschaft im Rondane-Nationalpark

Norlandia Dovrefjell Hotell, ✆ 61241005, www.norlandia.no. Das gesichtslose Hotel am Ortsrand mit dem Standard gehobener Mittelklasse bietet EZ für 905, DZ für 1.090 NOK mit Frühstück.

Dombås Hotell, ✆ 64241001, www.dombas hotel.no. Schöne Aussicht und manches mehr bietet das idyllisch gelegene 76-Zimmer-Hotel im rustikalen Holzhausstil. Gemütliche Räume, gutes Restaurant, Tanzbar, attraktive Sommerpreise. EZ 965, DZ 1.180 NOK.

Dombås Hyttetun, ✆ 61241368. Außer sechs kleinen, preiswerten und anständigen Blockhütten (ab 450 NOK) hat der „Hüttengarten" recht wenig anzubieten.

• *Camping* **Bjørkhol Camping**, ✆ 61241331, www.bjorkhol.no. Sensationell niedrige Preise verlangt dieser rundum gute Platz sieben Kilometer östlich von Dombås. Es gibt einen Laden/Kiosk und die meisten Hütten haben Du/WC. Die Hütten-Mietpreise reichen von 240 (!) bis 800 NOK.

Holum Camping, ✆ 61240900, www.holum camping.no. Direkt am Fluss liegen die 20 Hütten des Campingplatzes bei Dovre, sieben Kilometer südlich von Dombås. Ideal für Angler, die Angelkarten an der Rezeption bekommen, und für Wanderer, denn der alte Königsweg (s. u.) führt am Platz vorbei. Hütten ab 450 NOK.

Wanderung: Südlich von Dombås führt bei Dovre eine nummernlose Straße als lockende Alternative zur E 6 am Osthang und am **Gutshof Tofte** vorbei. Auf dem Gehöft wurden von *Harald Schönhaar* bis *Carl Johann* alle norwegischen Könige bewirtet. Der etwas verblichene, aber noch bewirtschaftete Hof ist zu bewundern, aber leider nicht zu besuchen. Oberhalb des Hofes zweigt ein als Wanderweg hergerichtetes Teilstück des Königsweges, die alten *Postkutschenroute* nach Trondheim, ab. Der als *gamle Kongeveien* ausgeschilderte Weg führt nach drei Stunden Laufzeit nach Fokstua im Dovrefjell – eine wunderschöne Wanderung mit herrlichen Rundumblicken. Unsere Leserin Ute Grünwedel empfiehlt übrigens, die oben erwähnte Straße bis zur Grimsdalshytta weiterzufahren; dort erstreckt sich „eine weite Hochfläche voller Flechten, auf der man mit etwas Glück weidende Rentiere beobachten kann".

Jotunheimen: im Reich der Riesen

Jotunheimen

Zwischen Sognefjord und Valdres liegt das „Reich der Riesen" – der mächtige Gebirgsstock des Jotunheimen ist Skandinaviens größtes und höchstes Gebirge. Seit hundert Jahren ist es das Wandergebiet Nummer eins in Norwegen.

Was die Alpen für Mitteleuropäer, ist Jotunheimen für die Norweger: das Gebirge schlechthin – immerhin mit für Skandinavien erstaunlich vielen und erstaunlich hohen Kuppen. 250 Gipfel sind über 1.900 m hoch und 20 sogar über 2.300 m: der **Galdhøppigen** ist 2.469 m hoch, der **Glittertind** 2.452 m und der **Skagastøltind** 2.405 m.

Wie Alpenanrainer in den Alpen wandern auch naturverbundene Norweger in Jotunheimen bei jeder Gelegenheit, und wenn es nur für ein Wochenende ist: im Sommer mit Schlafsack und Stiefeln, im Winter mit Ski und Schlitten (es gibt sogar Sommer-Skilanglauf), aber immer mit Kind und Kegel.

1869 bereits baute der DNT seine erste Übernachtungshütte am **Tyinsee**, heute sind es neun. Zusammen mit 25 privat bewirtschafteten Hütten und fast ebenso vielen Hotels sowie drei Jugendherbergen gilt Jotunheimen als das am besten erschlossene Wander- und Urlaubsgebiet in ganz Skandinavien. Was für die Unterkünfte gilt, trifft auch für die gute Verkehrsanbindung zu – so kommen Sie hin:

• *Anfahrt* 1. Über die RV 55 vom Sognefjord und am **Lustrafjord** entlang mit dem bequemsten Zugang zu den höchsten Gipfeln.
2. Über die E 16 ab Oslo durch das **Valdres-Tal** oder das **Hallingdal**.
3. Über die E 6 durch das **Gudbrandsdal**, um in Otta auf die E 15 einzuschwenken.

Ohne Auto erreichen Sie die Wandergebiete ab Bergen am ehesten per Fähre nach **Kaupanger** und dann per Bus via **Sognedal** über die RV 15; für Reisende aus Oslo empfiehlt sich die Zugfahrt nach **Otta** und dann mit dem Bus nach **Lom**.

Die Beliebtheit des Gebirges bei Gästen und Einheimischen führt manches Mal in der Sommersaison zu für Norwegen ganz ungewohnten Verkehrsstaus, vor allem aber zu gänzlich ausgebuchten Hotels. Besonders die begehrten Betten in den tollen Berghütten *Juvasshytta* und *Spiterstulen* nahe des Galdhøppigens, fast schon Berghotels, sollte man rechtzeitig reservieren.

Nationalpark Jotunheimen

Das Herzstück des Gebirges wurde 1980 zum Nationalpark erklärt. Schützenswert sind aber kaum mehr Tiere – die haben schon vor zwanzig Jahren die Flucht vor den Touristen ergriffen –, sondern die einzigartige Pflanzenwelt der Fjellheide und Moore.

Die beiden berühmtesten Berghütten Norwegens (Spiterstulen und Juvashytta) liegen mitten im Nationalpark Jotunheimen, der mit 1.145 qkm das landschaftlich abwechslungsreichste Drittel des Massivs bedeckt: Der **Galdhøppigen** und der **Glittertind** erscheinen trotz der aus mitteleuropäischer Sicht bescheidenen Höhe von 2.500 m riesig vor den Heiden des Fjells.

Kahle Geröllebenen wechseln mit dichten Wäldern ab. Hier liegt mit 1.100 m die höchste Waldgrenze ganz Nordeuropas. Moore wechseln mit Weiden ab, denn trotz einer kurzen Vegetationsperiode gab es immer schon Almwirtschaft, wie viele Namen auf -støl oder -seter belegen. Es gibt Gletscher und Gebirgsseen, die aufgrund der mächtigeren Gletschererosion beachtliche Tiefe erreichen.

Junge Gletscher

Norwegens Gletscher – immerhin mehr als 1.500 – sind keine Reste der Eiszeit, wie immer wieder zu lesen ist, vielmehr sind sie die Folge einer Klimaverschlechterung, die seit Beginn unserer Zeitrechnung registriert wird. Seither sinken mit den Temperaturen auch die Schneegrenzen – auf 1.250 m z. B. in Westnorwegen. Gletscher in Norwegen entstehen mithin, weil über längere Zeit im Winter mehr Schnee fällt, als im Sommer taut: Der Jostedalsbreen beispielsweise trug 2005 eine Schneedecke von sieben Metern.
Seit 1985 wird, wie schon häufiger in den letzten 300 Jahren, eine relative Erwärmung festgestellt, die auch Norwegens Gletscher schmelzen lässt. So hat z. B. der Svartisen-Gletscher in Nordnorwegen seinen Zugang zum Meer verloren, stattdessen bildete das Schmelzwasser einen See. Inwieweit die gegenwärtige Klimaerwärmung in der Polnähe Norwegens auf das „Ozonloch“ zurückzuführen ist, wird derzeit an den Universitäten von Oslo und Tromsø heiß diskutiert ...

Über das Sognefjell

Die Fahrt über das Sognefjell zählt zu den schönsten und ältesten Strecken Norwegens.

Das gilt vornehmlich für die Verbindung Fortun–Turtagrø, auf die Sie nach Verlassen des Lustrafjords stoßen. Über **Skjolden** gelangt man auf der RV 55 nach **Fortun** und dann über ein 11 km langes Teilstück mit zehn Kehren, manchmal steilen Anstiegen und zahlreichen Ausweichbuchten auf der schmalen, aber gut befahrbaren Gebirgsstraße zum Bergsteigerzentrum **Turtagrø**.

• _Übernachten/Essen_ **Turtagrø Hotel**, ✆ 57680800, www.turtagro.no. In dem dunklen Holzhauskomplex auf 900 m Höhe, schon 1888 erbaut, vor zehn Jahren aber modern erweitert, befindet sich außer der 1962 vom einstigen (2005 beim Thailand-Tsunami verstorbenen) Hotelbesitzer gegründeten, ältesten Bergsteigerschule Norwegens (geführte Bergtouren im Angebot) dieses gemütlich-gediegene 65-Betten-Hotel, das neben hübschen Zimmern auch sehr schöne Hütten (335 NOK) vermietet. EZ 1.010 NOK, DZ 1.240 NOK, jeweils mit Frühstück. Es gibt auch einen Busservice nach Lom bzw. Sognedal. Das landestypische **Restaurant** des Hotels wird zu Recht gelobt.

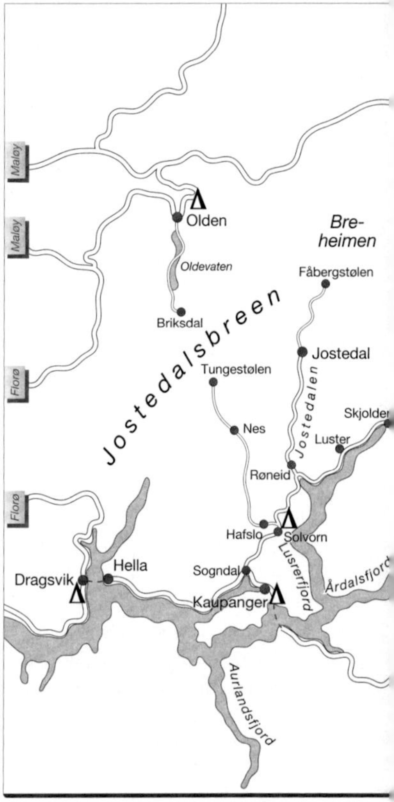

Das Sognefjell bietet ein atemberaubendes Panorama: Über noch im Juni verschneite Hänge trifft der Blick auf den **Store Skagastølstind**, mit 2.405 m dritthöchster Berg des Landes. Mit seiner Erstbesteigung 1876 durch den Briten *Cecil Slingby* wurde in Norwegen erst das „Bergsteiger-Zeitalter" eröffnet. Daneben erstreckt sich das **Fortunsdalen**. Und zwischen kleinen Seen und moosbedeckten Felsen grasen Schafe, die sich nicht selten auf die Straße verirren ...

Eine noch abenteuerlichere Aussicht gewährt die allerdings häufig gesperrte und mautpflichtige Privatstraße (zuletzt 35 NOK) nach Øvre Årdal: 27 km führen über einen 1.313 m hohen Pass mit zahlreichen Kehren, die man im zweiten Gang fahren muss, und einem unvergleichlichen Rundumblick auf das **Hurrungane-Massiv**.

Die Sognefjell-Straße ist ein alter Verkehrsweg, über den die Bauern schon vor 500 Jahren ihre Produkte mit Pferdekarawanen nach Skjolden und dann weiter per Schiff nach Bergen brachten. Rechts der Straße sieht man zahlreiche Loipen, auf denen sich Sommerskifans noch im August vergnügen. Wenn auch

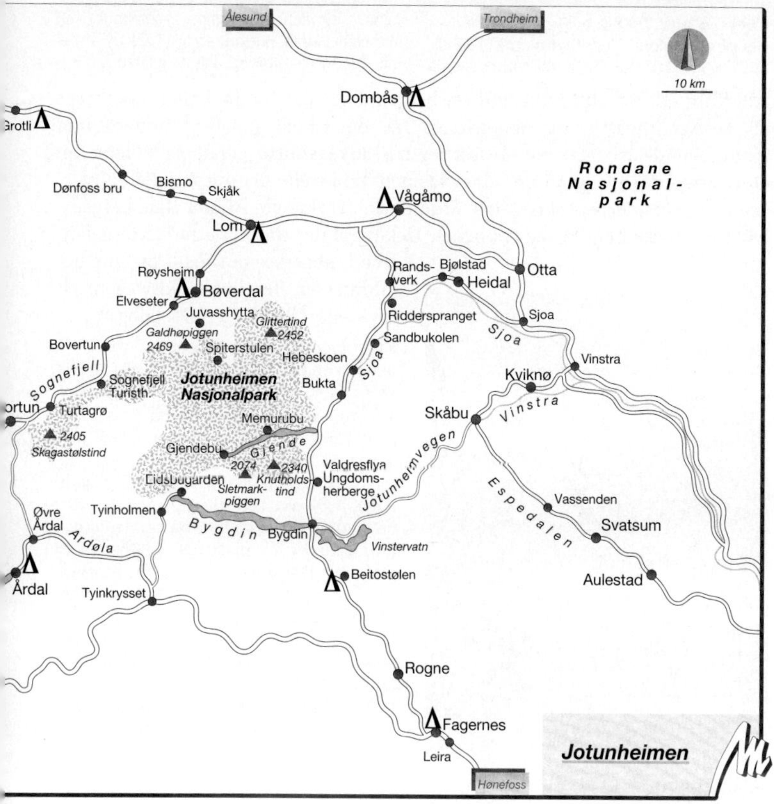

Sie die Skier anschnallen wollen, finden Sie in den folgenden Hotels neben Unterkunft auch Leihski und -ausrüstung:

• *Übernachten* **Sognefjell Turisthytte**, ✆ 61212934, www.sognefjelett.no. Auf dem mit 1.440 m höchsten Straßenpunkt prangt die 60-Betten-Pension mit einer urigen Cafeteria, in der kleine Gerichte angeboten werden. Zimmer 480 NOK pro Person.

Bøverdalen Vandrerhjem, ✆/✆ 61212064, www.vandrerhjem.no. Im Dorf Bøverdal, wo schon die Straße zur Juvasshütte abzweigt, bietet die Jugendherberge in einem älteren Haus direkt an der Straße 32 Betten, eine Cafeteria und eine Campingwiese. Bett 160 NOK, EZ 250 NOK, DZ 380 NOK, Frühstück 65 NOK, „middag" 135 NOK (geöffnet 15.5.–30.9.).

Jotunheimen Fjellstue, ✆ 61212918, www.jotunheimen-fjellstue.no. Das erst vor 60 Jahren erbaute Holzhotel sieht viel älter aus, doch die 42 funktionalen Zimmer im lang gezogenen Schuppen sind durchaus zu empfehlen. EZ für 795, DZ für 1.190 NOK.

Elveseter Hotel, ✆ 61219900, www.elveseter.no. Die Attraktion wartet im Garten: Die „Eidsvoll-Säule", bereits 1838 in Erinnerung an die „riks-forsamming" konzipiert, war für den Storting-Vorplatz in Oslo gedacht. Doch sie wurde nie fertig, gefiel dann – verständlicherweise – kaum noch und fand 1992 nur auf Initiative des Elveseter-Hoteliers als 40 m hohe „Saga-Säule" ihre Bleibe in seinem Garten. Zudem bietet das hübsch gelegene und auf alt getrimmte, etwas überdimensionierte Haus 95 Zimmer und einige Appartements. EZ 750, DZ 975 NOK.

Raubbergstulen Turisthytte, ✆ 61212185, 📠 61212175. Auf der Passstraße zur Juvasshütte, 1.000 m ü. d. M., bietet die Anlage eine einfache Pension (Zimmer ab 400 NOK), edle Hütten (ab 550 NOK), Cafeteria, Wohnwagen- und Zeltstellplätze.

Aber um ehrlich zu sein: Diese Herbergen längs der Straße halten höchstens als Ausweichquartier für Abgewiesene her, denn nicht nur für Wanderer und Naturfreunde ist jetzt ein Abstecher zur **Juvasshütte** geradezu Pflicht: Im Dorf **Bøverdal** zweigt hinter einer kleinen Tankstelle die mit *Galdhøppiggvegen* ausgeschilderte, unbefestigte Straße nach rechts ab. Ab der Raubbergstulen Turisthytte und für die restlichen 15 km auf der waschbrettartig ausgefahrenen, aber breiten Piste bis zur berühmtesten Berghütte Norwegens ist ein Wegezoll von 70 NOK fällig.

Auch Vierbeiner wandern in Jotunheimen

• *Verbindungen* Busverbindung nach Lom um 9.40 und 15.40 Uhr; ab Lom um 7.10 und 14.25 Uhr.

• *Übernachten* **Juvasshytta**, 1.841 m, ✆ 61211550, www.juvasshytta.no (nur norwegisch). Zwei liebenswürdige ältere Damen umsorgen in der urigen Touristenhütte, 1884 von dem Bergführer *Knut Vole* erbaut und heute fast schon ein Berghotel, die Gäste der 75 kleinen, gemütlichen, aber stets ausgebuchten Zimmer. Rechtzeitige Anmeldung ist unbedingt nötig (im ersten und letzten Quartal geschlossen). Doch die Mühe lohnt sich, denn es ist tatsächlich ein ungewöhnliches Erlebnis, auf 1.900 m Höhe und ziemlich komfortabel (gemütliche Kaminzimmer) vor dem dunklen **Ju-See** drei Minuten vom Sommerski-Center entfernt und im Schatten des womöglich sonnenbeschienenen **Galdhøppigen** einzuschlafen. Nur die knatternde Wasserpumpe hinter dem Haus stört bisweilen. Bett im Mehrbettzimmer 225 NOK, DZ 500 NOK (bei längerem Aufenthalt geringere Tagespreise). Stellplätze für Wohnwagen 25, für ein Zelt 70 NOK.

Wanderungen auf den Galdhøppigen und zur Spiterstulen Turisthytte

Zwei Wanderungen bieten sich an: der täglich um 10 und um 11.30 Uhr geführte Fünf-Stunden-Aufstieg auf Norwegens höchsten Berg mit Seil und Eispickel und die Drei-Stunden-Tour zur zweitbekanntesten Hütte Norwegens, nach Spiterstulen (Ausrüstung: Wanderstiefel und Anorak, windfeste Kleidung, Proviant und Wasserflasche im Rucksack).

Auf den Galdhøppigen: Wir empfehlen die sehr nett und kundig geführte organisierte Tour (200 NOK, Tickets an der Rezeption der Juvasshütte). Für alle, die dennoch solo laufen möchten, was der Gletscherspalten wegen nicht ganz un-

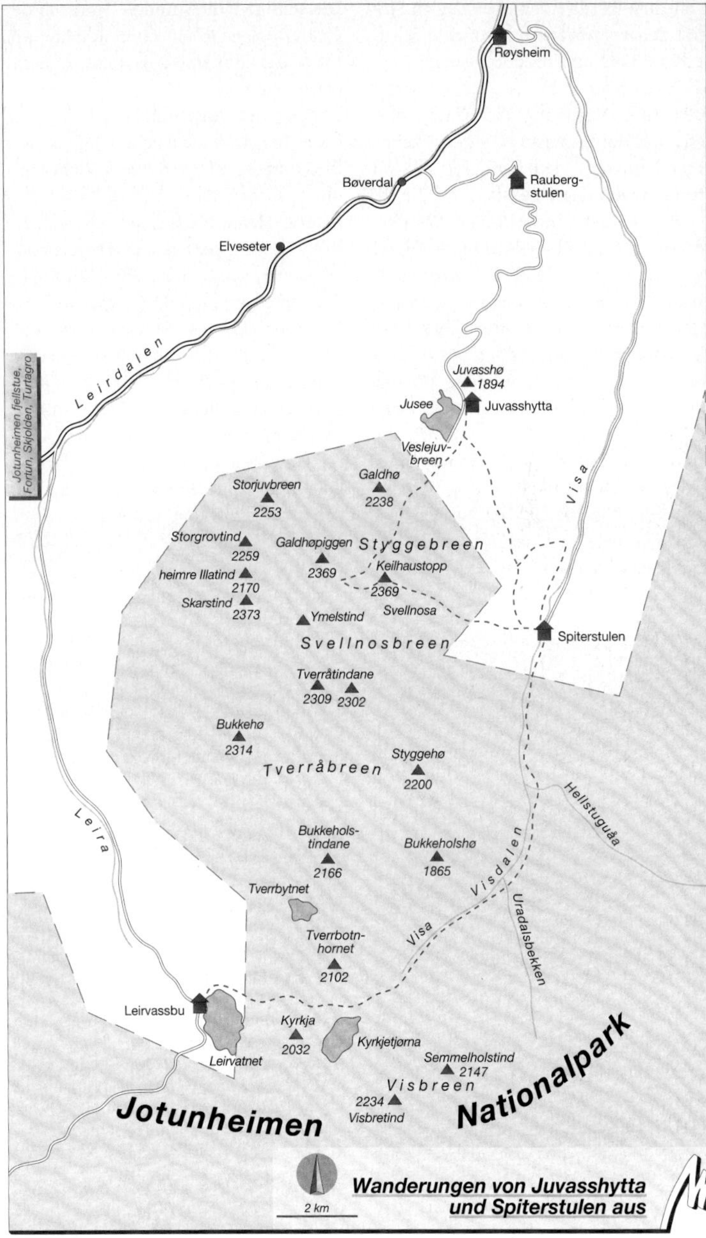

Wanderungen von Juvasshytta und Spiterstulen aus

gefährlich ist (da ist ein Aufstieg ab Spiterstulen vorzuziehen), hier eine Wegbeschreibung im Kurzdurchgang:
Ab Juvasshytta führt ein ausgetretener Weg zum Nordhang des Galdhøppigens und dort ein ebenfalls gut erkennbarer Pfad über den Nordgrat in zwei Stunden zum Gipfel, exakt 2.468,8 m ü. d. M. Auf der Spitze finden Sie eine Orientierungstafel, die sämtliche Gipfel im Umkreis bezeichnet. Bei guter Sicht überblickt man eine Region von 35.000 qkm. Unterhalb des Gipfels finden Sie die **Volehytta**, eine Schutzhütte, und einen Verkaufsstand, in dem Wiener Würstchen, T-Shirts und anderes Zeug verkauft werden.

Nach Spiterstulen: Noch Monate nach schweren Schneefällen ist diese Wanderung der morastigen Wege wegen nur schwer möglich. Überdies muss die Rückkehr organisiert werden (in einem Tag schwerlich zu schaffen). Dennoch:

Galdhøppigen: Norwegens größter Berg im Hintergrund

Die schöne Drei-Stunden-Tour um den Galdhøppigen lohnt schon deshalb, weil man das Spiterstulen-Hotel ohnehin besuchen muss.
Entlang des **Juvatnets** führt der Pfad leicht bergan – die einzig nennenswerte Steigung des Wegs in dieser Richtung – und vorbei am Veslejuv-Gletscher rechter Hand. Nach 2 km teilt sich der Weg; bergauf geht es zum Styggebreen-Gletscher, unser Weg aber führt nach Süden. Über eine Bergkuppe und das Moränenfeld des Gletschers geht es abwärts in das Tal von Spiterstulen. Der Hof hinter der Brücke über die **Visa** ist schon von weitem zu sehen. Vorsicht: Dieses Flusswasser wie auch das anderer Gewässer in Jotunheimen darf gefährlicher Mineralienablagerungen wegen nicht getrunken werden.

Wer nicht zu Fuß, sondern mit dem Auto nach Spiterstulen will, kommt um die mühsame Rückfahrt zur RV 55 nicht herum: Nur wenige Minuten ist es dann auf der Landstraße bis **Røysheim**, wo wieder eine mautpflichtige, ausgeschilderte, diesmal aber asphaltierte Privatstraße durch das **Visdalen** in die Berge führt. 18 km geht es nicht steil, sondern schmal und schlecht einsehbar bergauf nach Spiterstulen.

• *Verbindungen* Busverbindung nach Lom um 11.15 Uhr, ab Lom um 10.35 Uhr.

• *Übernachten* **Spiterstulen Turisthytte**, 1.106 m, ✆ 61211480, www.spiterstulen.no. Das Berghotel, seit 1836 in Besitz der Familie Sulheim, ist ungleich geschmackvoller und geräumiger als die urige Juvasshütte: Um den alten Hof, in dem Sauna, Schwimmbad, gemütliche Aufenthaltsräume und ein großer Speisesaal für die leckeren Mahlzeiten untergebracht sind, wurde von fünf Generationen ein Anwesen mit gut einem Dutzend stilsicherer Holzhäuser und insgesamt 150 Gästebetten gebaut (Bett 290 NOK, EZ 470 NOK, DZ 940 NOK, Zelten 50 NOK; Frühstück 90 NOK, „middag" 180 NOK). Geöffnet 1.3.–30.9.

Spiterstulen: in der Einöde noch komfortabel wohnen

Wanderungen von der Spiterstulen Turisthytte

Auch dieses Hotel arrangiert Bergtouren mit Führern, z. B. auf den Svellnos-Gletscher mit seinen aufregenden Eistürmen. Und von hier aus ist der Aufstieg auf den Galdhøppigen zwar anstrengend und lang, aber problemlos möglich, wie auch die längere Wanderung auf den Glittertind. An der Rezeption sind fotokopierte Karten, Wandertipps und -beschreibungen sowie tägliche Wetterberichte, aber auch Leihski erhältlich.

Zur Leirvassbu-Hütte: Eine sehr schöne Sechs-Stunden-Wanderung führt von hier zur Leirvassbu-Hütte, die per Stichstraße (Maut: 40 NOK) mit der RV 55 verbunden ist. Der markierte Pfad läuft am Ostufer des Flusses entlang durch das Visdalen. Ein Steg leitet über den Nebenfluss **Heilstuguåi**, und auch der **Urdalølabach** wird überquert, bevor der leichte Anstieg zum Nordostplateau des **Kyrkjetørnsees** in Angriff genommen wird. Oben bietet sich ein großartiger Südblick auf den **Visbretind** (2.235 m) und den gleichnamigen Gletscher. Der Weg schwenkt nach Westen durch die Schlucht von **Kyrkjeglupen** und steuert dann nach Norden auf den **Leirvatnet** und die Leirvassbu-Hütte zu.

• *Übernachten* **Leirvassbu Fjellstue**, ✆ 61212932. Rot-weiß blinkt das Anwesen vom 1.400 m hohen Kamm. Mit 190 Betten (aber auch etlichen Zimmern mit Bad/Du) kann die privat betriebene Pension eine gemütliche Herberge bieten. Bett 350, EZ 520, DZ 720 NOK.

Zum Breagrovi: Die größtenteils nicht markierte Tour dauert zwei bis drei Stunden. Selbst bei Orientierungsschwierigkeiten ist sie unproblematisch, denn man befindet sich immer in der Nähe der Spiterstulen-Hütte. Über die Brücke führt der Weg ab der Hütte nach Norden an der **Visa** entlang, bis eine verlassene Alm mit Ruinen erreicht ist. Durch den anschließenden Wald und weiter nach Norden gelangt man an den **Laugartjønne** – den Namen „Badeteich" sollten Sie bei den Wassertemperaturen nicht allzu wörtlich nehmen.

Aufwärts und am Breagrovi entlang stößt man auf die markierte Route, die von Juvasshytta herüberführt (s. o.) und auf der Spiterstulen unschwer wieder erreicht wird.

Galdhøppigen-Aufstieg: Die markierte Route schaffen geübte Wanderer in vier Stunden, für den Abstieg müssen zwei Stunden veranschlagt werden.

Die Visa wird leicht unterhalb Spiterstulens über einen Steg überquert, dann geht es in Serpentinen den Hang bergauf – zunächst am Piggrovibach entlang, dann über die Svellnosi-Platte und die Keilhaus-Spitze (wo kein Schnee liegt, ist nackter Fels – Vorsicht!) und schließlich über den **Piggletscher** auf die Spitze.

▶ **Weiterfahrt**: Zur Weiterfahrt nach Norden muss man über die Spiterstulen-Stichstraße wieder zurück auf die RV 55, die von Røysheim nach nur 15 km durch das erstaunlich grüne Bøverdalen das touristische Zentrum Jotunheimens erreicht.

Lom

Wer vor den Wanderungen noch mal richtig einkaufen will (die Supermärkte sind selbst sonntags geöffnet), wer vor der Berghüttenkost noch einmal Lasagne oder Lammsteak genießen möchte, der ist in Lom an der Kreuzung zwischen RV 55 und E 15 gerade richtig.

Überdies gibt es ein **Gebirgsmuseum**, das Wanderfreunden die rechte Einstimmung auf Bergtouren vermittelt. Und eine sehenswerte Stabkirche wartet auf zahlende und neugierige Gäste.

Die kommen zahlreich in das 700-Einwohner-Dorf mit fast ebenso vielen alten und noch mehr neuen Holzhäusern. Nur ist das Zentrum **Bergomsgarden** mit seinem Wasserspender-Denkmal an der Straßenkreuzung mit Supermärkten und Cafeterien zu geschäftig, als dass wahre Bergwanderstimmung aufkommen könnte.

Information/Verbindungen/Adressen

• *Information* Die **Touristinformation**, ✆ 61212990, www.visitlom.com, befindet sich im Gebäude des Fjellmuseums (Juli–August geöffnet Mo–Fr 9–19, Sa, So 10–19 Uhr; sonst Mo–Fr 10–15 Uhr).

Wichtig für Camper, die das Jedermannsrecht, d. h. überall in freier Natur zelten zu dürfen, nutzen wollen: Die Gemeinde Lom – und dazu gehören die Gebiete um Galdhøppigen und Glittertind – hat ein Verbot für freies Zelten eingeführt (generell: 100 m seitwärts aller Straßen ist das Zelten untersagt). Aktuelle Informationen über die Verbotszonen gibt es in der Touristinformation.

• *Busverbindungen* Vom großen Busbahnhof an der Nordøl-Tankstelle aus starten vier Fernbusse und etliche Lokallinien:

1 x täglich nach Bergen (8 Std. via Stryn/Førde) und Trondheim (5 Std. via Otta und Dombås), 4 x pro Tag nach Oslo (5 Std. durch Gudbrandsdalen), 2 x nach Sognedal. Außer den Tranfers (nur im Sommer) zur Juvasshütte und Spiterstulen mehrfach täglich Verbindungen nach Vågåmo und Grotli.

• *Adressen* **Post** am Busbahnhof, **Bank**, **Apotheke** (✆ 61211442), Arztpraxen (✆ 61217200) und **Supermärkte** auf dem großen Platz der Straßenkreuzung; **Tanken** am Ortseingang.

Übernachten/Essen & Trinken

• *Übernachten* **Fossheim Turisthotell**, ✆ 61219500, www.fossheimhotel.no. Das geschmackvolle Holzhaushotel am Ortseingang bietet gute Küche, 41 moderne Zimmer und geräumige Hütten. EZ 790, DZ 1.090 NOK (über Weihnachten und Neujahr geschlossen).

Nordal Turistsenter, ✆ 61219300, www.nordal-turistsenter.no. 53 Hütten, einen Vier-Sterne-Campingplatz und 50 gemütliche Gästebetten in einem etwas altertümlichen Holzhaus im Zentrum an der ESSO-Tankstelle werden vermietet. EZ 630, DZ 980 NOK.

Fossberg Hotell, ✆ 61212250, www.fossberg.no. Das Holzhaus mit der lustigen Skulptur vor der Haustür hat alles: 30 moderne Zimmer (Du/WC), 12 in die Jahre gekommene Hütten (450–750 NOK), ein Restaurant, das eher ein Speisesaal ist, ein gemütliches Schwimmbad und eine überdimensionierte Cafeteria. EZ 895, DZ 1.050 NOK (mit Frühstück).

• *Camping* **Nordal Turistsenter**, ✆ 61219300. Das Center im Zentrum hat alles: Zimmer, Hütten, Appartements, gute Sanitäranlagen. Hütten ab 450 NOK, EZ 750 NOK, DZ 1.050 NOK.

Furulund, ✆ 61211057. Der Zwei-Sterne-Waldplatz hat trotz unübersehbarer Einfachheit 10 sehr schöne, geräumige Hütten anzubieten (Vier-Sterne-Standard ab 550 NOK).

Strind Gard, ✆ 61211237. Der alte Hof (3 km nördlich von Lom an der RV 55) ist zu einem Hüttendorf mit ungemein urigen und dennoch preiswerten (400–700 NOK) Hütten umgebaut worden. Urgemütlich.

• *Essen* Zwei große **Cafeterien** in Bergomsgarden, dem Platz an der Straßenkreuzung, bieten auch kleine Gerichte. Überdies hat fast jede Unterkunft ein Restaurant, in dem auch Nichtgäste speisen können.

• *Bergtouren* Nur im Juli führen Bergführer aus Lom kleine Gruppen ins Jontunheimen-Gebiet. Regelmäßig im Angebot sind die Tour zu den Höhlen in **Dumdalen** (Mo, Mi u. Fr; 250 NOK pro Person) und eine **Gletschertour** (Di, Do, Sa; 200 NOK). Individuell zusammengestellte Wanderungen sind aber auch möglich. Sie müssen Proviant, Wanderstiefel, Sonnenschutz und Anorak mitnehmen und selbst zum Tourenstartpunkt fahren. Information und Buchung beim Turistkontor oder direkt bei **Lom Mountain Guiding**, ✆ 61211286.

Sehenswertes

Lomskyrkja: Die 1180 erbaute Stabkirche wird noch immer als Hauptkirche der Gemeinde Lom genutzt. Außerhalb der Gottesdienste ist die große, dreischiffige, im 17. Jh. zur Kreuzkirche erweiterte und 1933 letztmalig restaurierte Kirche zu besichtigen. Ungewöhnlich wirken die vielen Säulen. Besonders bemerkenswert ist darüber hinaus der im 17. Jh. dekorierte Chor mit geschnitzter Chorschranke.

Öffnungszeiten 15.6.–15.8. 9–20 Uhr, ansonsten Mai/Juni und Aug/Sept. 10–16 Uhr, Eintritt 40 NOK, Kinder unter 15 J. gratis.

Norsk Fjellmuseum: Gleich hinter der Brücke, querab der Stabkirche und neben dem Prestfossen-Wasserfall bietet das originelle Gebirgsmuseum (neuerdings auch Info-Zentrum für den Nationalpark Jotunheimen) einen didaktisch geschickt aufbereiteten Überblick über Wechselwirkungen zwischen Mensch und Gebirge. Der Nutzen, den Jäger und Sammler, Wasserkraftverbraucher und Tourismusmanager aus den Bergen zogen und ziehen, aber auch die vielfältigen Gefahren, die Schnee und Eis bis auf den heutigen Tag bergen, werden anschaulich und mit manchmal wahrlich erstaunlichen Erkenntnissen geschickt präsentiert.

Das Museum behandelt vier Themenkreise: Tableaus zum Thema „Im Reich der Rentiere“, eine Gemäldesammlung „Das Gebirge in zwei Jahrhunderten“, die Ausstellung „Norwegisches Hochgebirge“ und die Filmvorführung „Gebirgsmärchen“. Natürlich hat auch dieses Museum einen Souvenirshop und eine Cafeteria.

Öffnungszeiten 1.5.–14.7. 10–17 Uhr; 15.6.–15.8. 9–21 Uhr; Sa/So 10–19Uhr, 16.8.–20.9.9–18 Uhr, Sa/So 10–19 Uhr, in der übrigen Jahreszeit 9–16 Uhr, am Wochenende geschlossen. Eintritt 50 NOK, Kinder, Senioren und Studenten 30 NOK.

Haukdalen: Der altertümliche Bauernhof im Stadtteil Lia war einst Wohnsitz von Kitty Wentzel (eine der ersten norwegischen Journalistinnen) und ihrem Mann Gustav (Maler und Universalkünstler). Neben einem Einblick in das Leben einer gutbürgerlichen Familie vor mehr als 100 Jahren bietet das Museum auch einen Überblick über Skizzen und Malereien von Wentzel und einiger seiner Zeitgenossen.

Öffnungszeiten Juni–September nur freitags 11–17 Uhr. Eintritt 50 NOK, für Kinder unter 12 kostenlos.

Fossheim Steinsenter: Die private Mineraliensammlung beim gleichnamigen Hotel präsentiert und verkauft Mineralien, Schmucksteine und manches mehr. Während der Ferien in Norwegen werden auch organisierte geologische Exkursionen unternommen.

Öffnungszeiten Juni–September 9–20 Uhr, im Frühjahr und Herbst bis 18, im Winter 10 bis 15 Uhr. Eintritt gratis.

Lom Bydemuseum: Das kleine Freilichtmuseum nahe der Stabkirche besteht aus einem Bauernhof mit 25 Gebäuden aus dem 19. Jh. Bedeutung gewinnt die Anlage jedoch durch den größten *Stabbur* des Landes, den *Storstabburet*. Der Kornspeicher aus dem 16. Jh. diente als Vorratslager, in dem die Bauern der Umgebung ihren Zehnten (d. h. 10 % ihrer Ernte) als Steuer für König und Kirche lagerten.
Das Museum liegt auf dem **Presthaugen**, dem Lomer Versammlungsplatz mit Freilichtbühne, auf dem beispielsweise die Feierlichkeiten am Nationalfeiertag, dem 17. Mai, abgehalten werden.

Öffnungszeiten Mitte Juni bis Mitte August täglich 11–17 Uhr. Eintritt 40 NOK, für Kinder unter 15 J. gratis.

Über die Valdresflya

Keine andere Route führt so unmittelbar in das Herz von Jotunheimen. Überdies streift man die schönsten Ecken von Valdres und hat zu allem Überfluss herrliche Panoramablicke über Berge und Seen.

Nur hat man dazu nicht allzu viel Zeit – die Reichstraße 51, die romantische Valdresflya-Straße, ist zwischen Bygdin und Bessheim nur zwischen Mitte Juni und Ende September befahrbar. Von Fagernes aus windet sich die RV 51 am **Saebufjord** entlang nach Norden. Die ersten 40 km über Rogne und Storefoss sind so ereignisreich nicht. Höchstens die wie eine Basilika gebaute Acht-Masten-Stabkirche von **Hegge**, die wohl aus dem frühen 13. Jh. stammt, ist einen Stopp wert.

Es ist noch ein Zimmer frei am Fjord (hpk) ▲▲
Volksweisen auf der Hardanger-Fidel (hpk) ▲

▲▲ Auf Pferderücken durch die Trollheimen-Berge (jb)
▲ Fischers Rast im Rogaland (ab)

Rjukandefossen: Wandern in der Hardangervidda (hnk)

▲▲ Das Kirchlein von Moskenes (hpk)
▲ Das besondere Licht des Nordmeer (ff)

Beitostølen

Sicher halten sollten Sie aber in Beitostølen: Aus einem einstigen Behindertenzentrum, das heute noch immer ein Sanatorium für Sporttherapie beherbergt, hat sich ein aufstrebendes Wintersportzentrum entwickelt mit sieben Liften, 15 Abfahrten und 110 km markierter Loipe – seit 2003 regelmäßiger Austragungsort eines der frühesten internationalen Biathlon-Rennen des Winters. Und dem Sommerurlauber bietet der Ort jede Menge von Einkaufsmöglichkeiten, Supermärkte, Tankstelle und Sportgeschäfte.

• *Information* **Beitostølen Turistsenter**, ✆ 61352200, www.beitostolen.com. Seit der Ort zum Austragungsort internationaler Biathlon-Wettbewerbe wurde, lohnt sich auch eine kleine Infozentrale im Zentrum. Täglich 10–19 geöffnet.

• *Busverbindungen* Der „Valdresekspressen" von Oslo (4,5 Std. via Fagernes) zum Nebendorf Beito hält 4 x pro Tag im Ort; zudem 2 x täglich über die Valdresflya nach Otta (2,5 Std.) und Gol (2,5 Std.).

• *Übernachten* **Bitihorn Leiligshotell**, ✆ 61341780, www.beito.no. Das Appartement-Hotel vermietet Ein- und Zwei-Zimmer-Wohnungen ab 400 NOK. Buchung über das Bergo Hotel (s. u.)

Bergo Hotel, ✆ 61341045, www.beito.no. Vom Preis noch akzeptabel, ist das 40-Zimmer-Hotel in teurer Umgebung auch vom Serviceangebot durchaus zu empfehlen. EZ 1.020, DZ 1.560 NOK (HP). Vor allem aber die schönen Hütten (515–715 NOK) sind zu Recht begehrt.

Radisson SAS Resort, ✆ 61353000, www.radissonsas.no. Das neue Hotel im Zentrum ist von skandinavischer Eleganz und der Funktionalität eines Klasse-Hotels. Und das zu erstaunlichen Preisen: EZ 910 NOK, DZ 1.220 NOK.

Feriehyttene, ✆ 61341044, ✆ 61341305. Über 20 gut ausgestattete Hütten (sechs Personen zu 350–800 NOK) werden angeboten – über die Sommerpreise lässt sich reden ...

• *Camping* **Fjellvang Hyttegrend**, ✆ 61341014. Der auch von der Aussicht sehr schöne Vier-Sterne-Platz bietet alles, nur keine Stellplätze für Wohnwagen. Aber die vier Hütten längs der RV 51 (ab 550 NOK) sind eine Klasse für sich.

Bygdinsee und Gjendesee

Die beiden Seen auf 1.000 m Höhe gehören ihrer faszinierenden Schönheit wegen zu den beliebtesten Bergseen ganz Skandinaviens. In ihrer Umgebung kann man herrlich wandern.

Hinter Beitostølen weitet sich das Land der schönen Bergseen: Im Osten zunächst der noch nicht so Aufsehen erregende **Vinstervatn**, zur Linken aber dann der Bygdinsee mit dem gleichnamigen Ort, der an der Ostspitze des Sees passiert wird.

• *Übernachten* **Bygdin Høyfjellshotell**, ✆ 61341400, www.bygdin.com. Seit der Wintersport eingezogen ist in diese wunderschöne Landschaft, ist auch das 80 Jahre alte Hotel zwischen See und Straße ganzjährig geöffnet. Ansonsten bietet das 100-Betten-Hotel einfache Zimmer, kleine Preise (was für das urige Lokal nicht gilt, doch die Hausmannskost sollte man dennoch probieren) und sehr viel Gemütlichkeit. EZ 384, DZ 950 NOK.

Nach Osten zweigt hier der großartige Jotunheimvegen ab. Die mautpflichtige Privatstraße (3–4 m breit, im Winter gesperrt) führt 55 km weit nach Skåbu, wo das kaum erschlossene **Espedalen** beginnt, in dem Norwegens König die Winterferien verbringt, und weiter nach Vinstra im Gudbrandsdal.

Im Westen aber erstreckt sich der schmale **Bygdinsee** bis nach **Eidsbugarden**. Keine Straße begleitet die Ufer, nur das altersschwache Dampfschiff „Bitihorn“, das seinen Namen von der den See überragenden Bergkuppe hat, transportiert seit 80 Jahren wagemutige Wanderer über den See in diesen unberührtesten Teil des Jotunheimens.

Eine wunderschöne Aussicht tut sich da auf: Jenseits des tiefblauen Sees und über dem moosgrünen, baumlosen Ufer erhebt sich eine noch im Sommer schneeweiße Bergkette. Blau, grün und weiß erstrahlt das Land, und seidig ist die Luft.

Fünf Stunden braucht der Dampfer (zweimal täglich nur im Sommer) für Hin- und Rückfahrt. Von Eidsbugarden führt eine Stichstraße am Tyinsee entlang zur E 16, es besteht aber auch die Chance, von hier aus nach Norden zum **Gjendesee**, dem wohl schönsten Gebirgssee Norwegens, zu wandern. Fünf Stunden braucht der geübte Wanderer für diese Tour, die mit zwei noch viel schöneren Etappen am See entlang kombiniert werden kann (s. u.).

Autotouristen jedoch folgen der RV 51 – im Westen sind die Gipfel von **Høgebrot** (2.210 m) und **Tjørnholstind** (2.329 m) zu erkennen. Bei **Maurvangen/ Gjendesheim** zweigt eine Straße zum See ab. Der Gjendesee wurde zusammen mit dem Fluss **Sjoa** zum Naturschutzgebiet erklärt und ist damit ein eigenständiger Teil des Jotunheimen-Nationalparks.

Auch auf diesem lieblichen, 25 km langen und an manchen Stellen gerade ein paar Dutzende Meter schmalen See mit steilen Gestaden verkehrt ein Motorboot: Die „Gjende“ tuckert von Gjendesheim über Memurubu nach Gjendebu. Dafür braucht sie 1,5 Stunden und kostet 220 NOK. Sie verkehrt nach keinem Fahrplan. Sicher ist nur, dass der Betrieb zwischen 15.6. und 15.9. aufrecht erhalten bleibt, die Tagesabfahrtzeiten (in der Regel dreimal täglich) sollten vor Ort erfragt werden. Dieser Bootsausflug zählt sicherlich zu den schönsten Erlebnissen eines Norwegenurlaubs.

Wanderung über den Besseggenkamm

Die schönste Wanderung im Jotunheimen und eine der schönsten in Norwegen überhaupt führt in gut sechs Stunden von Gjendesheim nach Memurubu. Wanderer nennen die Tour nur „Besseggen“.

Schwindelfrei und trittsicher sollten Sie für diesen Weg sein. Er ist zwar markiert und ungefährlich, aber die Abgründe zum Gjendesee sind atemberaubend steil und 400 m tief.

In Gjendesheim starten wir auf dem Weg zum Gjendehalsen (1.195 m) den Markierungen bergauf folgend bis zur Glitterheim-Wegkreuzung. Nach Westen führt der Weg durch die tiefe **Veltøyschlucht** (Echo!) steil hinauf zum **Veslefjellkamm** (1.740 m). Jetzt beginnt der Abstieg zum Besseggenkamm und damit zum Ziel der Wanderung.

Der Grat zwischen Gjendesee und Bessvatnsee fällt auf halbem Weg tatsächlich sehr steil ab, aber keine Angst: Der Pfad führt Sie sicher zum **Bandet**, dem 70 m breiten Bergrücken zwischen beiden Seen. Dieser Höhenweg wurde sogar literarisch verewigt: *Henrik Ibsen* ließ seinen *Peer Gynt* während eines wilden Rittes auf einem Ren hier in die Tiefe stürzen. Das ist aber auch der Einzige, der jemals abgestürzt sein soll. Schlucken Sie die Höhenangst einfach runter (ehrlich: Jeder hat hier ein Kribbeln im Bauch) und genießen Sie stattdessen die unvergleichliche Aussicht.

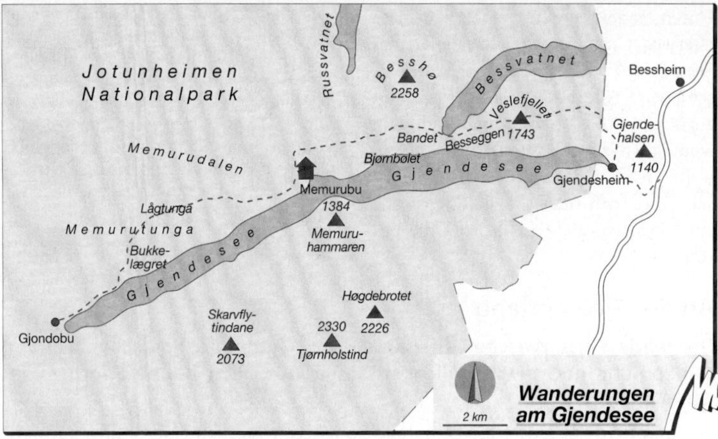

Am Bessvatnet entlang geht es steil den Hang zum **Besshø** (2.258 m) hinauf, dessen Plateau überquert wird. Die Spur führt nach Süden zum **Bjørnebølsee** und dann steil bergab zur Memurubu-Hütte.

Nach sechs, spätestens sieben Stunden ist das Tagessoll erreicht. Drei Möglichkeiten stehen jetzt zur Wahl: mit dem Boot zurück (s. o.; man kann den Weg auch in umgekehrter Richtung, also erst die Bootsfahrt, dann die Wanderung, machen, wie Leserin Andrea Hansen empfiehlt. Vorteil: Die Aufstiege sind nicht so lang, und die Abgründe sehen nicht so furchterregend aus, aber – Nachteil – die Aussicht ist dann nicht so schön), die Nacht in der gemütlichen Turisthütte verbringen oder eine ähnlich schöne Tour am See entlang nach Gjendebu anschließen.

• *Übernachten* **Memurubu Turisthytte**, ✆ /📠 61238999, www.memrubu.no. Die einzige Wiese weit und breit gibt Platz für diese Pension, die 1870 als Wanderhütte eingerichtet worden ist. Nun privat bewirtschaftet, bietet sie 150 Betten, ein kleines Lokal und sogar wenige Zeltplätze. Zimmer sind für 350–700 NOK zu mieten (geöffnet vom 15.3.–15.9.). Auf jeden Fall vorher reservieren.

Wanderung von Memurubu nach Gjendebu

Sie ist fast genauso schön wie die vorige Wanderung, nur nicht ganz so steil, nicht gar so atemberaubend, dabei etwas zeitaufwändiger (sieben Stunden für gute Läufer) und vor allem unvergesslich.

Auch dieser Weg ist durchgehend markiert. Am südlichen Flussufer geht es durch das Memurubutal bergauf zum **Memurubutunga**. Nur wenige Aussichten nehmen es mit diesem Panoramablick dort oben auf – über dem grünschimmernden See leuchten zehn, zumeist noch im Hochsommer schneebedeckte Zweitausender, dazu der von der vorigen Wanderung bekannte Besseggengrat, darüber der womöglich wolkenlose Himmel.

An kleineren Seen vorbei geht es dann auf den **Lågtunga** und zu einem großen Steinhaufen oberhalb des **Bukkelaegrets**, über dessen Steilhang der Weg hinunter zum Gjendesee leitet. Dies ist das einzig heikle Wegstück, aber Geländer erleichtern den Abstieg.

Unten angekommen, folgen wir dem Uferweg zur Hütte am Westende des Sees. Und wieder eröffnen sich verschiedene Alternativen: Mit dem Boot zurück (s. o.), Übernachtung (und dann womöglich zurücklaufen) oder zu Fuß weiter nach Eidsbugarden am Bygdinsee. Dort trifft man auf die Stichstraße zum Tyinsee mit Anschluss an die Europastraße.

• *Übernachten* **Gjendebu Turisthytte**, ✆ 57876687, www.gjendebu.com. Auf 990 m Höhe und im Bergschatten liegt die einfache 116-Betten-Pension, ebenfalls aus einer DNT-Hütte aus dem Jahre 1871 hervorgegangen. Die im Sommer nur vom 15.6.–30.9. geöffnete Hütte verfügt über ein nettes Lokal. Bett 140 NOK. Zelten kann man am Ufer um das Sechs-Häuser-Anwesen. (Reservierung nötig).

An der Sjoa entlang

Der wilde Fluss zwischen Gjendesee und Gudbrandsdalen hat viel von seiner Ruhe und Ursprünglichkeit eingebüßt. Jetzt haben Sportler hier Oberwasser.

Wo nicht Angler jede freie Uferstelle besetzen, tummeln sich Wildwasserfahrer auf den Stromschnellen: Die Sjoa ist zum Mekka des Rafting-Sports geworden. Mehr als 5.000 Rafting-Fans werden allein vom größten Anbieter jede Saison von Mitte April bis Mitte September über die Sjoa geschleust.

Es gibt Tages- und Mehrtagestouren, es gibt eine Rafting-Schule, ein Rafting-Festival, Rafting-Safaris und Rafting-Expeditionen. Bei Schwierigkeitsgrad 3 bis 4 kann jeder mitmachen, der wasserdichte Schuhe und Jacken mitbringt (Helm und Rettungswesten werden gestellt).

Wanderers Leid: Wer putzt die Schuhe?

• *Anbieter* **Sjoa Rafting**, 2680 Vågåmo, ✆ 90071000, www.sjoarafting.com und **Skjåk Rafting**, ✆ 99775088, www.skjak-rafting.no. Jeweils 400–900 NOK.

Die Sjoa ist überdies ein beliebtes Forellenrevier. Bevorzugte Angelstellen sind **Bukta**, **Hesteskoen** und **Sandbuhølen**. Angelscheine bekommt man in Supermärkten längs der Straße (ausgeschildert).

Einen Eindruck von der Wildheit des Sjoa bekommen Normalreisende bei **Riddersprangaet**: Der 250 m von der Straße entfernte „Rittersprung“ bezeichnet eine schmale Schlucht, über die der Sage nach ein Rittersmann mit der geraubten Braut seines Verfolgers entkommen sein soll.

Im malerischen **Randsverk** zweigt die Reichsstraße 257 nach Sjoa ab, gegenüber dem Jotunheimvegen (32 km) die kürzere, aber auch weniger spektakuläre Verbindung in das Gudbrandsdal. Gleichwohl ist die Tour durch das **Heidal** für alle jene interessant, die Sinn für 700 Jahre alte Bauernarchitektur haben. Die ältesten und noch intakten Höfe des Landes finden Sie bei **Bjølstad**.

Bei klarer Sicht erscheint im Südwesten der Glittertind, mit 2.452 m zweithöchster bzw. – wenn man die Eiskuppe mitrechnet – mit dann 2.481 m sogar der höchste Berg des Landes. Nach weiteren 19 km wird bei Randen die RV 15 erreicht. Links geht es nach Lom und Geiranger, rechts nach Vågåmo und Otta.

Vom Gudbrandsdal zum Fjordland

Norwegische Musterlandschaften berührt diese Route, die zwischen Jotunheimen und dem unzugänglichen Reinheimen auf der sehr gut ausgebauten E 15 hindurchführt. Es ist die Rennstrecke nach Jotunheimen.

Wer über das Gudbrandsdal und die E 6 nach Norden fährt, hat bei Otta die Möglichkeit, auf diese klassische Ost-West-Verbindung einzuschwenken: Die RV 15 verbindet auf geradem Wege mit Geiranger und mit der Westküste. Sie bietet zudem eine fast optimale Kombination typischer norwegischer Landschaften: Almen und Fjorde, Wasserfälle und Gebirge.

Im Verkehrsknotenpunkt an der Einmündung der Otta in den Lågen muss man die E 6 aus dem Gudbrandsdal verlassen und auf die RV 15 einschwenken (per Bus auch fünfmal täglich ab Otta möglich), die nach knapp 30 km den ruhigen, lang gestreckten Vågåsee erreicht.

Vågåmo

Das hübsche Dorf an der Ostspitze des Sees mit 1.200 Einwohnern ist bekannt für seine jahrhundertealten Gehöfte, z. B. Sandbugårdene, Håkenstad, Kvarberg und Valjør.

Sie alle sind denkmalgeschützt, aber noch bewohnt und deshalb nur von außen zu bestaunen. Die Stabkirche im Stadtzentrum, das Schmuckstück von Vågåmo, hingegen kann auch von innen besichtigt werden. Wenn sie seit einem Umbau im 15. Jh. auch nicht mehr als klassische Stabkirche gilt, so ist sie trotzdem schön anzuschauen.

• *Information* Das **Vågå Turistkontor**, ✆ 61217777, www.visitvaga.no ist nur im Sommer von Mo–Fr von 9–18 Uhr geöffnet.

Schafwechsel

• _Busverbindungen_ Vier Fernlinien bedienen den Ort: 6 x täglich nach Oslo (5,5 Std.), 3 x zum Nordfjord, 2 x pro Tag zum Sognefjord, 2 x nach Gol (via Fagernes).

• _Adressen_ **Post** neben dem Turistkontor, **Bank** in der nächsten Seitenstraße, **Apotheke** am Kirchplatz.

• _Übernachten_ **Vågå Hotel**, ✆ 61239550, www.vagahotel.no. Weiß leuchtet das Mittelklassehotel im Zentrum mit 50 Zimmern (Du/WC, TV und Telefon), mit Schwimmbad und Fotoakademie und einer großen Cafeteria. Viele Pauschaltouristen wohnen hier. EZ 795, DZ 980 NOK.

Hindsæter Fjellhotel, ✆ 61238916, www.hindseter.no. Das geschmackvolle Berghotel, 1898 auf 950 m Höhe erbaut, liegt 45 km entfernt nahe der RV 51. Das freundliche Besitzer-Ehepaar – sie ist Deutsche – holt die Gäste ab. Die hübschen 26 Zimmer werden für preiswerte 490 NOK (EZ) und 980 NOK (DZ) vermietet. Die beiden Hütten sind für 750 NOK zu mieten.

• _Camping_ **Smedsmo Camping og Fritid**, ✆ 61237450. Direkt im Zentrum an der Fina-Tankstelle liegt der große Vier-Sterne-Platz (160 Zelt-, 80 Wohnwagenstellplätze und 23 Hütten ab 450 NOK) mit Kiosk und Cafeteria, Spielplatz und tollen Sanitäranlagen. Rundum zu empfehlen.

Holungsøy Camping, ✆ 61237270. Der Drei-Sterne-Platz an der E 15 ist kleiner und nicht ganz so fein wie Smedsmo, aber mit 18 Plätzen für Wohnwagen und neun Hütten ab 450 NOK eine echte Alternative.

Lemonsjø Fjellstue, ✆ 61238722, www.lemonsjoe.no. An der RV 51 (25 km südlich von Vågåmo) liegt an einem kleinen See diese hübsche Anlage mit 10 Hütten für 2–8 Personen und 450–800 NOK.

• _Essen_ **Jutul Kro** ist der Treff in Vågåmo. Die Riesen-Cafeteria neben dem Hotel Vågå scheint ein wenig steril mit ihrer modernen Holzverarbeitung, bietet jedoch bezahlbare Gerichte und bisweilen Livemusik.

Sehenswertes

Stabkirche Vågå: Die Stabkirche, 1130 erstmalig erwähnt, wurde von 1625 bis 1630 zur Kreuzkirche umgebaut. Eigentlich ist die Stabkirche also gar keine Stabkirche mehr, was selbst Laien schon von außen auffällt: Die großen Fenster, der steile Turm und das klobige Querschiff sind untypisch. Sehenswert ist darum nur der Innenraum mit einem Taufbecken aus dem Mittelalter, dem geschnitzten Chorbogen sowie Kanzel und Altarbild aus dem 17. Jh. (Achten Sie nach dem Kirchenbesuch einmal auf den 25 m tiefen Einschnitt in den Schieferberg nördlich der Kirche, *Jutulporten* genannt).

Öffnungszeiten 15.6.–15.8. täglich 9–19 Uhr, So ab 11 Uhr. Eintritt 30 NOK.

Jutulheimen: Das kleine Dorf- und Freilichtmuseum zeigt neben 200 Jahre alten Häusern aus der Gegend um Vågå zwei ständige Ausstellungen über Handwerk und Holzschnitzerei aus der Region, vornehmlich von der Hand des berühmten Jägers *Jo Gjende.*

Öffnungszeiten 15.6.–15.8. Mo–Fr 12–16 Uhr. Eintritt 40, Kinder 10 NOK.

Ullinsvin: Im einstigen Pfarrhaus von Vågå, das heute unter Denkmalschutz steht, entstand ein Kunstgewerbe-Zentrum, in dem neben Schnitzereien und Trachten auch eine Weberei und eine altertümliche Bäckerei zu besichtigen sind – und selbstredend sind deren Produkte auch zu kaufen.

Öffnungszeiten 1.6.–15.8. täglich 10–18 Uhr. Eintritt 20 NOK, Kinder gratis.

Jetta Blåhosender: Über eine Mautstraße (Abzweig am Vågå Hotel) erreichen Sie nach 12 km den Fernsehturm von Jetta auf 1600 m Höhe. Von ihm bietet sich ein fabelhafter Rundumblick über Gudbrandsdalen, Rondane und Jotunheimen.

Skjåk

Das Gemeindegebiet Skjåk, das als Norwegens Gemeinde mit dem geringsten Niederschlag gilt, reicht von Lom bis zum Strynfjell. Angeblich sollen die hiesigen Bewohner alle Holzschnitzer und Akkordeonspieler sein.

In Randen biegt die RV 51 in das „Herz von Jotunheimen" ab. **Garmo**, 10 km hinter Randen gelegen, wäre nie eine Erwähnung wert, stünde hier nicht das Geburtshaus von *Knut Hamsun*, das zu einem kleinen, unscheinbaren Privatmuseum hergerichtet worden ist. Was an Garmo einst sehenswert war, die kleine Stabkirche nämlich, ist abgebaut und in das Freilichtmuseum Maihaugen in Lillehammer verpflanzt worden.

Via Lom und durch den Ort Skjåk am Westzipfel des Vågåvatn wird bei Dønfoss die Otta überquert. Der Fluss wird rauer, die Straße steigt stetig, der Pollfoss, 11 km hinter Dønfoss, stürzt 81 m in die Tiefe. Die Aussicht wird immer grandioser. Besonders auf der Höhe von **Grotli**, von wo aus der **Skridulaupgletscher** im Süden und der **Skarvdalsegga** im Westen zu erkennen sind, bietet sich ein großartiger Ausblick.

• *Information* **Skjåk Turistinfomasjon**, ✆ 95824080, www.visitlom.no hat nur im Juli und dann Mo–Fr 10–17 Uhr, Sa bis 16 Uhr geöffnet.

• *Übernachten/Camping* **Grotli Høyfjellshotell**, ✆ 61217474, www.grotli.no. Ein stilvolles Berghotel, das rundum zu empfehlen wäre, diente es nicht Busgesellschaften als ständiger Stopp auf dem Weg nach Geiranger. EZ 740, DZ 1.050 NOK.

Pollfoss Gjestehus, Nordberg, ✆ 61214700, 📠 61214846. Das stimmungsvolle Landgasthaus bietet 48 gemütliche Zimmer, leckere landestypische Küche und vor der Haustür ein paar Zeltplätze. EZ 750, DZ 1.020 NOK.

Dønfoss Camping, ✆ 61214898. Zwei-Sterne-Campingplatz mit einem beheizten Schwimmbad (20 NOK Eintritt) direkt hinter der Otta-Brücke. Wohnwagenstellplatz 120 NOK, Zeltplatz 100 NOK, Hütten ab 450 NOK.

In Grotli zweigt die außerordentlich schöne **Strynefjell-Straße** (Reichsstraße 258) ab, die allerdings nur von Pkws befahren werden sollte. Dazu und auch für den Abzweig der RV 63 nach Geiranger (13 km hinter Grotli) finden Sie alle Informationen in der Landschaftsbeschreibung ab S. 314. Das beeindruckende Jotunheimen aber ist hier zu Ende.

Was haben Sie entdeckt?

Haben Sie eine besonders schöne Unterkunft auf Ihrer Reise durch Norwegen gefunden, einen aufregenden Wanderweg durch die unverfälschte Natur oder ein Lokal mit landestypischen Spezialitäten?

Wenn Sie Tipps und Informationen, aber auch Kritikpunkte haben, lassen Sie es uns wissen. Schreiben Sie an:

Hans-Peter Koch
Stichwort „Norwegen"
Michael Müller Verlag
Gerberei 19
91054 Erlangen
hpkoch@michael-mueller-verlag.de

Wo Luchse, Elche und Kanuten sich begegnen: Femundsee

Femundsmarka

Zwischen Gudbrandsdalen und schwedischer Grenze gibt es in der Provinz Hedmark zwei Attraktionen: Røros, Bergbaustädtchen und „Kulturerbe der Menschheit", und den Femundsee, Eldorado für Kanuten und Wanderer.

Die Strecke ist die ideale Rückreiseroute von Trondheim aus, wenn man nach der Hinfahrt durch das Gudbrandsdal oder Jotunheimen/Dovrefjell für die Rückreise eine Alternative sucht. Aber auch von Hamar sind die beiden Attraktionen erreichbar für alle, die im Femundsmarka-Nationalpark nur wandern oder auf dem See paddeln möchten. Wer zügig durchfahren will, wird die Strecke über E 3 und RV 30 ohne Halt in weniger als einem Tag bewältigen.

Doch auch diese Route ist für den Bleifuß viel zu schade, selbst wenn die gut ausgebaute, wenig befahrene Straße dazu verleitet. Da ist das viel zu wenig beachtete, 235 km lange **Østerdalen** mit der **Glomma**, Norwegens längstem Fluss. Da liegt Elverum am Eingang des Tales mit mindestens zwei interessanten Museen. Da ist der Femundsmarka-Nationalpark mit dem drittgrößten See des Landes, dem Femundsee, so ursprünglich und menschenleer wie keine Landschaft sonst in Mittelnorwegen; und da ist endlich auch **Røros**, Schmuckstück in vielfältiger Hinsicht, am Anfang des reizvollen **Gauldals**.

Keine 30 km sind es von Hamar aus zur Pforte des Østerdalen nach Elverum. Fahren Sie zunächst über die RV 25, dann weiter über die E 3, oder biegen Sie noch vor Hamar von der E 6 auf die E 3 ab.

Elverum

Man kommt nie an in der stadtähnlichen Streusiedlung mit 18.500 Einwohnern. Immer meint man, jetzt müsse der Ortskern erreicht sein – Fehlanzeige, man ist längst vorbei.

Auch dieser Ort, der einst Festung, Marktplatz und Verkehrsknotenpunkt war, wurde im April 1940 von deutschen Bombern fast restlos zerstört. Was danach gebaut wurde, ist wenig anschauenswert. Gerade deshalb wohl haben Touristikmanager zwei Museen von nationaler Bedeutung in Elverum angesiedelt, die einen Halt dann doch lohnen.

Die moderne Kleinstadt an der Glomma ist mit ihrer vortrefflichen Infrastruktur ideal, um vor dem Besuch der menschenleeren Femundsmarka Vorräte einzukaufen.

Information/Verbindungen/Adressen

• *Information* Die **Turistinformasjon**, ✆ 62413116, www.hedmark.com, Storgata 24. Neben Privatunterkünften werden auch Angelscheine und Souvenirs verkauft.Mitte Juni–Mitte Aug. Mo–Fr 9–18, Sa 9–14 Uhr; sonst Mo–Fr 9–15, Sa 9–13 Uhr.

• *Zugverbindungen* Der Ortsbahnhof am Westufer liegt an der Bahnstrecke Oslo–Trondheim und wird von Norwegens populärstem Zug 5 x täglich bedient. Außerdem Hamar (4 x), Røros (2 x), Tynset (2 x) und Kongsvinger (1 x).

• *Busverbindungen* Der Trysilekspress Oslo–Trysil mit Stopp in Nybergsund hält 12 x täglich in Elverum.

• *Adressen* Drei **Banken**, eine **Post**, drei **Kaufhäuser**, zwei **Tankstellen** mit Werkstatt und ein **vinmonopolet** – alles liegt um Bahnhof oder Storgate konzentriert. **Taxis** erreichen Sie unter ✆ 62411888.

• *Wichtige Telefonnummern* **Arzt**, ✆ 624 11500; **Apotheke**, ✆ 62411593.

Übernachten/Essen & Trinken

• *Übernachten* **Glommen Pensjonat**, Vestheimgate 2, ✆ 62411267. Nur zwölf Zimmer von durchschnittlicher Qualität, aber vier Hütten über dem Durchschnitt bietet die kleine Pension in der Nähe des Bahnhofs zu normalen Preisen. EZ 520 NOK, DZ 780 NOK, Hütten ab 450 NOK.

Elgstua, Trondheimsveien 9, ✆ 62410122, 📠 62410273. Die beiden traditionellen Holzhäuser (1,5 km westlich des Zentrums) bieten Platz für 18 Zimmer, von denen 10 Dusche und WC haben. Weit über die Stadtgrenzen bekannt aber ist das gleichnamige Lokal im Haus, vor allem für seinen Elchfleischeintopf; der Elch ist auch das Wappenzeichen des Haues. EZ 700 NOK, DZ 960 NOK.

Hotel Central, Storgate 22, ✆ 62410155. www.hotel-central.no. Fast futuristisch mutet der ockerfarbene Kasten an. Drinnen ist alles von hohem Standard, obendrein noch gemütlich. Was vor allem für die 80 Zimmer (darunter Nichtraucher- und Behindertenräume) gilt. EZ 1.075 NOK, DZ 1.300 NOK (Sommerpreise: 860 bzw. 990 NOK).

Skavhaugen Gjestegård, Hernes, ✆ 62425887. Ein besonderer Tipp: Das weiße Holzhaus im satten Grün des Julusdalen (5 km auf der RV 25 in Richtung Femundsee und schwedische Grenze) vermietet vier urgemütliche Zimmer und zwei eben solche Hütten zu ebenfalls ungewöhnlichen Preisen: EZ 550 NOK, DZ 720 NOK, Hütten ab 550 NOK. Das Reitzentrum bietet Ponys zum Ausritt an.

• *Camping* **Elverum Camping**, ✆ 62416716, www.elverumcamping.no. Der große Drei-Sterne-Platz liegt neben Glomma und Forstmuseum. Neben allem Camperkomfort und schier unzähligen Zeltplätzen auch 200 Wohnwagenstellplätze und Vier-Personen-Hütten zu 450 bis 750 NOK.

• *Essen* **Elgstua**, das Restaurant (Hamarvegen/Trondheimsveien, hinter dem Bahnhof)

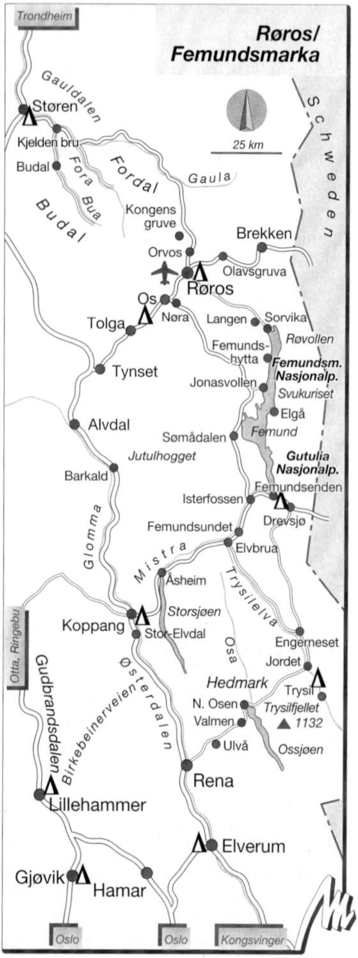

zählt tatsächlich zu Norwegens besten Lokalen für Wildgerichte. Das Elchsteak kostet aber schon 320 NOK, den Elchfleischeintopf gibt es so lecker wohl sonst nirgends in Norwegen.

Forstman, das etwas biedere Lokal im Forstmuseum ist gut für einen schnellen Imbiss.

Steinbua Kro & Pizzeria, Imbisse und Pizzen von austauschbarer Qualität. Das Lokal liegt an der Hauptverkehrsstraße (hinter der Brücke).

Kremmer'n Café, am Ende der Storgate gibt es guten Kuchen, Kaffee satt und kleine Gerichte zu zivilen Preisen.

Sehenswertes

Norsk Skogbruksmuseum: Die Elchfamilie am Eingang ist aus Metall, aber drinnen ist alles echt ... ausgestopft. Das Forstmuseum am Südrand der Stadt, 1980 vom Europarat als bestes Museum Europas ausgezeichnet, wurde jüngst um ein großes Süßwasseraquarium erweitert und ist gleichzeitig Sitz der staatlichen Forstforschungsanstalt. Hier wird sehr anschaulich über Jagd und Fischerei berichtet, über Forstwirtschaft und Tierzucht gestern und heute. Zumindest präpariert sind alle Tiere der norwegischen Fauna zu besichtigen, Fische (seit 2001 in einem neuen und größeren Aquarium) und Haustiere gar in natura.

Für Kenner interessant ist sicher die Fachausstellung *Jagdwaffen* mit einer Sonderabteilung über Jagdmesser. Das 155.000 qm große Museumsgelände mit einem Lokal und einem Spielplatz, eigener Insel und künstlichem Wasserfall ist über eine Hängebrücke mit dem **Glomsdalsmuseet** verbunden und über „Lover's Lane“ mit dem Badestrand Elveparken.

Öffnungszeiten Ende Juni bis 31.8. 10–18 Uhr; im übrigen Jahr 10–16 Uhr. Eintritt 80 NOK, Rentner, Studenten 60 NOK, Kinder 35 NOK. Keine deutschen Erläuterungen; das Begleitheft (dt./engl.) kostet 25 NOK.

Glomsdalsmuseet: Das drittgrößte Freilichtmuseum Norwegens kann es mit den beiden größeren Konkurrenten gerade noch an Größe, nicht aber an Gehalt aufnehmen. Die 89 wiederaufgebauten Höfe des Østerdals, vor allem die für die Gegend so typischen Bemalungen der Innenräume, sind zwar ebenso nett anzusehen wie das Sprechzimmer eines Landarztes und die Apotheke mit Drogenschrank und Heilkräutergarten – nur ist alles das längst nicht so geschickt wie in Bygdøy (Oslo) oder so geschmackvoll wie in Maihaugen (Lillehammer) aufbereitet.

Im Eingangsbereich befinden sich ein Kiosk-Café (während der Sommermonate wird außerdem eine Gartenwirtschaft betrieben) und der unvermeidliche Souvenirshop.

Öffnungszeiten 15.6.–15.8. 10–18 Uhr; 16.8.– 15.9. 10–16 Uhr; 15.9.–14.5. nur So 10–16 Uhr; 15.5.–14.6. 10–16 Uhr. Eintritt 70 NOK, Studenten und Rentner 50 NOK, Kinder 35 NOK. Wichtig: Die Eintrittskarten gelten am selben Tag auch für das Skogbruksmuseum.

Østerdalen

Das Teilstück der E 3, das an der Glomma entlang von Elverum nach Røros führt, wird in Norwegen Østerdalsveien genannt. Die gut ausgebaute, wenig befahrene Strecke ist für Autofahrer die zügigste Verbindung von Oslo nach Trondheim. Allerdings hat das raue Østerdal dem Besucher bei weitem nicht so viele Attraktionen zu bieten wie das benachbarte Gudbrandsdal.

Østerdalsveien ist die unfallträchtigste Landstraße Norwegens: Nirgends sonst wechseln so häufig Elche die Fahrbahn wie in diesem waldreichen Landstrich, nirgendwo sonst gibt es aus eben diesem Grund so regelmäßig Geschwindigkeitskontrollen.

Das Tal gewinnt seine Bedeutung seit alters her von der **Glomma**, mit nahezu 600 km Norwegens längster und größter Fluss, auf dem noch vor 40 Jahren über eine Million Kubikmeter Holz jährlich geflößt wurden. Denn der Wald ist der zweite große Wirtschaftsfaktor des Tales – 35 % der Talfläche werden forstwirtschaftlich genutzt (und nur 1,5 % landwirtschaftlich).

Doch der Fluss (auf manchen Karten auch *Glåma* genannt) hat das Schicksal des Tales und seiner Bewohner noch in anderer Weise bestimmt: Immer wieder, zuletzt im Frühjahr 1999, gab es Überschwemmungen mit teilweise katastrophalen Folgen. Eine Marmorsäule in Elverum erinnert beispielsweise an das verheerende Hochwasser von 1789, das zahlreiche Todesopfer forderte.

Heutzutage ist die Macht der Glomma gezügelt. Regulierungsmaßnahmen und Wasserkraftwerke haben aber nicht nur die Flutgefahr gemildert, sondern den einst lachsreichsten Fluss Norwegens auch zu einem Angelrevier unter vielen werden lassen.

Längst nicht so tief eingeschnitten und längst nicht so verwinkelt wie das Gudbrandsdal, bietet das Østerdal gute Wander- bzw. Radwandermöglichkeiten. Abenteuerlustige Outdoor-Fans allerdings zieht es in den benachbarten Femundsee-Nationalpark.

Rena

Der kleine Ort an der Mündung des Flusses Rena in die Glomma ist ein beliebtes Angelrevier. Aber der Name Rena hat auch in der Welt des Wintersports und sogar bei Gärtnern einen besonderen Klang.

Hier werden nicht nur alljährlich internationale Skispringen veranstaltet, hier endet vor allem das berühmte *Birkebeiner-Rennen* auf dem gleichnamigen Weg, der als Privatstraße aus dem Gudbrandsdal herüberführt und bei Messelt auf die Europastraße stößt.

Und Friedhofsgärtnern überall in der Welt ist der 800-Einwohner-Ort bekannt als Exportzentrum der *Rentierflechte*, die in Mitteleuropa als Grabschmuck zweckentfremdet und überdies noch fälschlich *Islandmoos* genannt wird.

• *Übernachten* **Trudvang Rena Hotell**, ✆ 62440300, www.trhotell,no. Vollkommen renoviertes Hotel im Zentrum – hier lässt sich's jetzt gemütlich wohnen und essen, wenn man nicht zu anspruchsvoll ist: EZ 880 NOK, DZ 1.080 NOK.

Norlandia Østerdalen Hotel, ✆ 62445000, www.norlandia.no. Die Vier-Sterne-Anlage (4 km nördlich des Zentrums) mit Motel, Hütten und Campingbetrieb ist ein beliebter Zwischenstopp von Touristenbussen. Wenn das nicht stört, muss man 700 NOK für ein EZ-Zimmer, 900 NOK für ein DZ und ab 400 NOK für die netten Hütten zahlen.

• *Camping* **Rena Camping**, ✆ 99517158. Der vier Hektar große Zwei-Sterne-Platz, von vielen Automobilclubs empfohlen, vermietet neben 100 Wohnwagenstellplätzen auch 14 Hütten ab 450 NOK.

Abstecher zum Trysilfjellet

Wer in Elverum die Europastraße verlässt und stattdessen auf der RV 25 gen Osten fährt, trifft nahe der schwedischen Grenze auf das Trysilfjellet mit dem überschaubaren Hauptort Trysil. Ein traditionelles Wintersportgebiet – immerhin wurde in Trysil 1861 der erste Skiclub der Welt gegründet – auf 1.130 m Höhe. Doch in den letzten Jahren boomen Ski und Rodel wie selten und haben das beschauliche Trysil zum größten Skisportgebiet Norwegens werden lassen.

Trysil

31 Lifte bringen Skiverrückte zu mehr als 60 Abfahrten, darunter allein 11 schwarze. Mit dem »Toppekspress« wurde im Dezember 2006 sogar ein neuer »Luxus«-Sessellift in Betrieb genommen: Beheizbare Sitze und ein fast geschlossener Windschutz schützen vor jedem Wind und Wetter.

Die Saison reicht von November bis Mai, und das mit Schneegarantie: Acht Kilometer der insgesamt 70 km langen Abfahrten sind dann garantiert beschneit. Nicht die einzige Besonderheit, die der Ort seinen Gästen bietet – Kinder bis zu sieben Jahren fahren in Schlepp- und Sesselliften gratis, und einen Skipass brauchen sie auch nicht zu kaufen. Für den Skipass zahlt man 320 NOK für einen Tag und 1.620 für neun Tage; die Skischule nimmt 2.052 (drei Tage) bis zu 3.040 NOK (fünf Tage).

• *Information* **Trysil Turistkontor**, Storvegen 3, ✆ 62451000, ist während der Saison Mo–Fr 9–16 Uhr, Sa 10–14 Uhr geöffnet.

• *Flugverbindungen* Oslo-Gardermoen ist der nächste internationale Airport. Trysilekspressen unterhält eine Shuttlebusverbindung 8 x täglich nach Trysil.

• *Zugverbindungen* Der nächste Bahnhof liegt in Elverum, 70 km entfernt. Ein Shuttlebus von Trysilekspressen verkehrt 6 x täglich in beide Richtungen.

• *Busverbindungen* Überlandbusse gibt es nach Stockholm (3 x pro Woche), Oslo (8 x täglich) und Goeteborg (1 x täglich).

• *Übernachten* **Trysil Gjestegård**, ✆ 62450850, www.trysil-gjestegard.no. Der Gasthof ist mehr – ein kleines, aber modernes Hotel mit 23 geschmackvollen Zimmern. Das Restaurant mit einer grandiosen Panoramaaussicht, die zahlreichen Aktivitäten, die im Sommer wie im Winter organisiert werden (z. B. Elchsafari, Rafting im Sommer, Schlittenhunde-Ausfahrten im Winter) sorgen für ein sorgenfreies Urlaubs-Arrangement. EZ: 600–980 NOK, DZ 1.190–2.980 NOK.

Trysilfjell Apartment Hotel, ✆ 62452350, www.trysilfjell-apartment.no. Die 20 Wohnungen (drei Zimmer, Küche, Bad) in einem schmucken Holzhaus im Zentrum und gerade 50 m vom nächsten Skilift, sind gemütlich-funktional. Im Haus gibt es auch ein Restaurant, eine Bar und ein Spielzimmer für Kleinkinder. Die Preise allerdings sind happig: 2.250–4.875 NOK pro Woche.

Norlandia Trysil Apartments, ✆ 62450833, www.norlandia.no. Auch im Zentrum, auch drei Schlafräume, bestens ausgestattet mit Küche, Mikrowelle und Kaffeemaschine. Die Preisgestaltung ist verwirrend: Am Wochenende andere Preise als in der Woche, im Winter höhere als im Sommer. Die Bandbreite reicht von 700 bis 1.400 NOK.

Norlandia Trysil Hotell, ✆ 62450833, www.norlandia.no. Ein feines Hotel mit gutem, gemütlichem Restaurant (Holzverschalung aus dem 19. Jh.), einem hervorragenden Weinangebot (was in Norwegen tatsächlich selten ist), natürlich edlen Zimmern und dem Rund-um-Service eines Weltkonzerns: EZ 1.060 NOK, DZ 1.720 NOK.

Klara Camping, ✆ 62451363, www.klaracamping.no. Drei Kilometer vom Zentrum entfernt, bietet der Platz mit grandioser Aussicht auf das Fjell auch zehn Hütten mit Preisen von 350 (!) bis 700 NOK.

Radtour: Von Rena zum Femundsee

Die 129 km lange Strecke ist für eine Tagestour recht lang, aber es gibt eine Übernachtungsmöglichkeit längs des Weges. Die Etappe durch dichte Fichten- und Kiefernwälder kommt zudem ohne nennenswerte Steigungen aus und ist auch sonst leicht zu befahren.

Sie verlassen Rena auf der Gemeindestraße 215 in östlicher Richtung und folgen dem Flusslauf der Rena. Über Nordby und Flåtestøya (bescheidener Campingplatz, 800 m nördlich der Osa bru) erreichen Sie Ulva, wo Sie die Gemeindestraße über eine mautpflichtige Straße in Richtung Kjølstad verlassen (Fahrradfahrer brauchen nichts zu zahlen). Sie können aber auch weiterfahren, denn 30 km später trifft die Route wieder auf die R 215. Vorbei an zwei Wasserkraftwerken und zwei Schlagbäumen geht es auf Valmen zu, wo die R 215 wieder erreicht wird. Die Straße trifft jetzt auf den schönen **Ossjønsee** und kurz darauf auf den Weiler **Nodre Osen**. Auf dem Weg dorthin gibt es eine überzeugende Übernachtungsmöglichkeit.

• *Übernachten/Camping* **Østre Aera Camping**, ✆ 62444911, ℡ 624444946. Luxus in der Einöde: 23 km von Rena entfernt an der R 215 gibt es einen beheizten Pool mit einer 50 m langen Rutschbahn, ein Minimuseum zu Gefechtsanlagen des 2. Weltkrieges, Telefon und Tankstelle, Sportplatz und eine Gemeinschaftsküche. Der Vier-Sterne-Platz hat alles und vom Feinsten, auch 20 schöne Hütten ab 475 NOK.

Die leicht ansteigende Straße führt Sie über das Trysilfjellet nach Jordet, wo Sie nach links in Richtung Norden auf die RV 26 einschwenken. Jetzt folgen Sie bis Engerneset dem Flusslauf des Trysilelv. Dort biegen Sie nach Nordwesten (nach links) ab, folgen mithin weiter dem Flusslauf. Die Straße steigt um gute 100 m im Verlauf der Strecke an. Entlang des Flussbettes finden Sie immer wieder kleine Dämme und angenagte Bäume: Hier sind noch Biber zu

Hause. Aber auch Adler und Elche (Braunbären wohl seltener) bekommen Sie mit Glück zu Gesicht, wenn Sie nicht allzu laut sind.
Der Weg wird bis Elvbrua immer besser befahrbar; in dem Dörfchen biegen Sie nach Osten (nach rechts) ab und erreichen nach guten 10 km auf der RV 217 mit **Femundsenden** tatsächlich das Ende des Femundssees. Hier finden Sie auch verschiedene Unterkünfte (vgl. S. 472).

Zwischen Rena und Tolga

Stor-Elvdals-Tunet: Bei **Nystu Trønnes**, kurz vor Koppang, liegt dieser wunderschöne Gutshof. Es ist das wohl einzige „Altersheim-Museum“ der Welt: In dem 400 Jahre alten, stilvoll restaurierten Hof wurde 1898 das erste öffentliche Altersheim des Landes eingerichtet. Die älteren Herrschaften sind längst ausgezogen, einige Räume aber sind zwischen dem 23. Juni (Mittsommernacht) und Anfang August noch zu besichtigen.
Öffnungszeiten täglich 11–17 Uhr. Eintritt 30 NOK, Kinder 15 NOK.

Abzweige ins Gudbrandsdal und zum Femundsee: In dem Städtchen **Koppang** zweigt mit der ungemein reizvollen **Vinjestraße** wieder eine mautpflichtige Privatstraße in das Gudbrandsdal nach Ringebu ab. Nach Osten biegt hier in Koppang schon die erste Verbindungsstraße zum Femundsee ab: über die RV 30 bis Åsheim am Storsee und dann über die Landstraße 217 und insgesamt 88 km nach Femundsenden – für alle, die es an die Südspitze des Sees zieht, die richtige Route.

• *Übernachten/Camping* **Koppangtunet Hotel**, ✆ 62460455 www.koppangtunet.no. Die Kombination aus Hotel und Freilichtmuseum, eine gediegene Pension und Häuser aus dem 16. Jh. – das hat seinen besonderen Reiz und ist dennoch recht günstig: EZ 450–550 NOK, DZ 525–650 NOK (Die Preise sind seit fünf Jahren unverändert!).

Koppang Camping und Hytteutleie, ✆ 62460234. Die schöne Vier-Sterne-Anlage lässt keine Wünsche offen; auch 21 Hütten werden für 450 und 730 NOK angeboten.

Jutulhogget: Die Urwüchsigkeit dieser Landschaft wird südlich von Alvdal so recht bewusst, wenn man 500 m hinter der Bahnstation Barkald an einer schmalen, kurvenreichen Straße die Schlucht Jutulhogget sieht: Der 150 m tiefe und 2,5 km lange Canyon ist die wildeste, steilste, tiefste Schlucht in Südskandinavien – ein Erlebnis, das sich niemand entgehen lassen sollte.

Storbekken-Musikwerkstatt: Auch einen Besuch bei *Egil Storbekken* in **Tolga** (21 km nördlich von Tynset), wo die Route über die RV 30 nach Norden abgeknickt ist, sollte man fest einplanen. Wer sein Herz entdeckt hat für handgefertigte norwegische Musikinstrumente, findet Luren und Rindenflöten zu noch erschwinglichen Preisen in der Werkstatt 3 km hinter dem Dorfzentrum. Nebenbei: Ein kleines **Bauernmuseum**, Dolmotunet, gibt es in Tolga auch.
Öffnungszeiten Musikwerkstatt Mitte Juni bis Mitte August 10–18 Uhr. Eintritt 20 NOK.

Angeln: In **Os** (19 km hinter Tolga), wo die RV 26 in den Nationalpark und zum Femundsee abzweigt, bekommen Sie in fast jedem Laden Angelgenehmigungen. Barsch, Hecht und Forelle sind die häufigsten Fische in der Glomma, im Femundsee und im Størsjoen. Aber auch die vielen kleinen Flüsse zwischen diesen beiden großen Seen, die **Mistra**, **Grøna**, **Rena** und die **Tresa**, sind ungewöhnlich ertragreiche Angelreviere.

Femundsee und Nationalpark Femundsmarka

Ein Eldorado für Outdoor-Spezialisten, für Kanuten und andere abenteuerlustige Menschen: Nur eine kleine Straße durchquert den 390 qkm großen Nationalpark zwischen dem See und der Grenze zu Schweden.

Der See, gefürchtet wegen der schwer zugänglichen Ufer und der unberechenbaren Winde, die von den bis zu 1.000 m großen Höhen des **Engerdals** herunterpfeifen, ist immer wieder eine Herausforderung. Nur vom Baden sei selbst waghalsigen Schwimmern abgeraten. Zum einen ist das Seewasser regelmäßig zu kalt, und das Ufer lässt selten Platz für Badestellen. Zum anderen gibt es im drittgrößten See Norwegens (202 qkm und 660 m ü. d. M.) unvorhersehbare und sehr gefährliche Strömungen.

Sehens- und Erlebenswertes

Samen-Reservat: Nicht umsonst befindet sich in dieser unzugänglichen, fast menschenleeren Region das südlichste Samen-Reservat (vgl. Kasten „Indianer des Nordens"). Bei **Elgå** am Ostufer des Femundsees versorgen die nunmehr sesshaften Ureinwohner noch 3.000 zahme Rentiere.

Blokkodden-Museum: In Drevsjø am Südende des Sees berichtet das Blokkodden-Freilichtmuseum nicht nur über die Naturnutzung durch die Samen, sondern vor allem über das Zusammenleben von Samen und Norwegern seit dem 17. Jh. Dieser Aspekt macht das kleine Museum besonders sehenswert.

Öffnungszeiten 15.6.–15.8. täglich 10–16 Uhr. Eintritt 50 NOK, Kinder unter 15 J. gratis.

Bergbau-Geisterstadt Femundshytta: Ein anderes Ausflugsziel, zu Fuß allenfalls erreichbar im Winter, wenn der See zufriert, ist Femundshytta am Westufer des Sees. Bis 1820 zählte die Siedlung, von der heute nur noch Ruinen und Schlackehalden übrig sind, zum Bergbaukomplex von Røros. Im Sommer ist die „Geisterstadt" mit eigenem Kanu oder mit dem Fährschiff *Femund II* zu erreichen. Allerdings hat unser Leser Mathias Gütschow einen „Um"-Wanderweg vom Tufsingdal über einen 1.000 m hohen Sattel zur Femundshytta entdeckt: 9 km und zwei Wanderstunden.

Fährfahrt: Die 1905 erbaute Personenfähre *Femund II* bietet zwischen Juni und Oktober die einzige Möglichkeit, über den See zu kommen. Zweimal täglich stampft der Schaufelraddampfer über den See und braucht von Sørvika im Norden nach Femundsenden im Süden fast vier Stunden (Fahrpreis 380 NOK). Er legt zwischenzeitlich aber auch sechsmal an beiden Seeseiten an. Von Røros aus ist dies ein schöner Tagesausflug, denn der Bus 8770 vom Bahnhof verkehrt abgestimmt mit dem Schiffsstart in Sørvika.

Abfahrtszeiten Abfahrt der Fähre um 9, Rückkehr um 14.45 Uhr; Busabfahrt um 8.15, Ankunft um 15.30 Uhr.

Wildtiere: Neben zahmen Rentieren, die häufig längs der Straße äsen, bekommt der Wanderer wilde Luchse, Biber, natürlich Elche und Nerze zu Gesicht, wenn er durch dieses unwirtliche, naturbelassene Gebiet streift. Dichte Kiefernwälder und zahllose Seen, felsübersäte Lichtungen und karge Höhen prägen den Nationalpark Femundsmarka östlich des Femundsees wie auch den kleinen, im Süden anschließenden, urwaldartigen **Gutulia-Nationalpark**.

Wandern: Wer hier wandert, erkundigt sich am besten nach den wenigen Telefonen, die er im Notfall benutzen kann (Mobiltelefone sind wegen der vielen Funklöcher nicht sicher), und nimmt Proviant für mindestens drei Reservetage mit.

Von Tynset, fünf Stunden mit dem Auto oder dem Zug von Oslo entfernt, verläuft die klassische Femund-Route der Trekker nach Røros. Neun Tage mit einem Tagesschnitt von sieben Stunden brauchen geübte Wanderer auf meist markierten Wegen für diese Strecke, die mit einer Bootsfahrt über den Femundsee und einem Besuch im Nachbarland kombiniert ist. Jenseits der Grenze weitet sich der schwedische **Töfsingdalens-Nationalpark**. Wer sich auf dieses Wagnis einlässt, sollte mindestens den Wanderführer „Bergwandern in Norwegen" und die Karten 1719 I–III und 1720 II von „Statens Kartverk" dabeihaben.

• *Übernachten/Camping* **Johnsgård Turistsenter**, ✆ 62459925, www.johnsgard.no. Einzig nennenswerter Platz mit Kiosk, Spielplatz, Sauna und Solarium, Bootsverleih, guten Sanitäranlagen, Telefon, 19 Blockhütten ab 450 NOK auf der Westseite des Femundsees in **Sømådalen** (6 km von der RV 26 entfernt). Zeltplatz oder Bett sollten unbedingt vorbestellt werden.

Femundtunet, ✆ 62459066, www.femundtunet.no. Die Anlage in Femundsenden ist die komfortabelste im weiten Umkreis: 70 Zimmer mit Halbpension, Hütten (ab 450 NOK für vier Personen) und Wohnungen (575–700 NOK für bis zu sechs Personen) werden angeboten. Dazu Zeltplätze und Restaurant, Telefon und Bootsvermietung, ein SB-Laden, Kanutouren und Angelscheine, Goldwaschen und Elchsafaris. EZ 480 NOK, DZ 800 NOK

Femundsvika Gjestestue/Camping, ✆ 624 59123. Der Zwei-Sterne-Platz (10 Hütten, zum Teil mit Vier-Sterne-Standard, ab 450 NOK, Post, Telefon, gute Sanitäranlagen) in **Drevsjø** an der Südspitze des Sees empfiehlt sich als Basislager für Kanuten, denn gleich nebenan, in Femundsenden, liegt das **Femund Canoe Camp**, wo Boote und Gerät auszuleihen sind.

Zudem zählen sieben **DNT-Hütten** (und drei des STF, des schwedischen Wandervereins) zum Übernachtungsangebot im Wandergebiet. Die DNT-Hütten mit in der Regel 20 Betten sind monatsweise geöffnet und meist nicht bewirtschaftet. Schlüssel und nähere Infos im DNT-Büro Oslo.

Kanu-Trekking: Der 60 km lange und über 200 qkm große Femundsee ist wie die Nachbargewässer ein ideales Kanurevier. Dennoch sollten auch erprobte Kanuten einige Tipps beherzigen: Auf dem lang gestreckten See mit sanft gerundeten Bergrücken um 1.000 m pfeifen häufig arge Winde aus Nord oder Süd und verursachen einen nicht zu unterschätzenden Wellengang, der für offene Boote gefährlich werden kann. Es darf zwar überall am Ufer gezeltet werden, aber das ist an den verblockten, manchmal stark bewaldeten Ufern nicht überall möglich. Nicht immer spielt das Wetter mit, also genügend Proviant mitnehmen, um den einen oder anderen verregneten Tag unbeschadet überstehen zu können.

Für die Ausrüstung sind hier außer der gewohnten Ausstattung für Wanderkanuten (Zelt, Isomatte, Schlafsack, Verpflegung, Karten, Kompass, Schwimmweste, wasserdichte Packsäcke usw.) zusätzlich nötig: Gummistiefel, Kocher und Geschirr (offenes Feuer im Sommer verboten) und, ganz wichtig, Insektenschutzmittel.

Alles das kann im sehr professionell geführten *Femund Canoe Camp* in Femundsenden (✆ 62459019, www.femund-canoe-camp.com) ausgeliehen (z. B

Kanu 210 NOK/Tag), teilweise auch gekauft werden. Im Camp werden Karten, Tourenvorschläge und schriftliche Verhaltensregeln (auf Englisch) verteilt. Man kann sich zudem mit dem Auto an seinen Ausgangspunkt fahren oder im Notfall irgendwo auch wieder abholen lassen. Und man kann eine der vier Hütten zu 495 NOK mieten.

▸ **Weiterfahrt**: Von Os und Nøra, wo die Landstraße 26 zum Femundsee abzweigt, und über Gjøsvik mit einer kleinen Verbindungsstraße nach Sørvika an Nordende des Sees sind es gerade noch 12 km bis nach Røros.

Røros

1977 wurde die letzte Kupfermine der Region stillgelegt. 342 Jahre Bergbautradition fanden damit ihr Ende. Aber Røros, die einzige Stadt Norwegens, die vollständig unter Denkmalschutz steht, verdient weiterhin Geld mit dem Bergbau. Nur fahren heute Touristen in die 13 km vor den Stadttoren gelegene Olavsgrube ein.

Auch sonst werden die Gäste der Puppenstadt, die 1994 ihren 350. Geburtstag feierte, vielfältig verwöhnt: In der Fußgängerzone Kjerkgata wechseln sich Keramikläden und Konditoreien mit Boutiquen, Glasbläsereien und Gartencafés ab, es gibt deutsche Zeitungen und Wiener Kuchen. Das Turistkontor bietet Kutschfahrten und Radtouren, Bibersafaris und Wanderprogramme an.

Durch die ansteigende Fußgängerstraße (eigentlich eine Einbahnstraße mit wenig Verkehr) schieben sich Sommertag für Sommertag nicht weniger Besucher als über die Frankfurter Zeil. Und die Kirche am Ende der Kjerkgata, das einzige Steingebäude der Stadt, lugt weiß strahlend über die Holzfassaden ...

Die Bergwerkstadt mit derzeit 4.500 Einwohnern blieb 300 Jahre lang von großen Bränden verschont, sodass ihre Bausubstanz weitestgehend erhalten blieb. Kein Wunder, dass die Bilderbuchgemeinde – hier die Holzkaten der Arbeiter, dort die Direktorenchalets – auf der UNESCO-Liste „Kulturerbe der Menschheit" steht, gleichberechtigt neben der Athener Akropolis, den Pyramiden von Gizeh und dem Schloss in Versailles.

Information/Verbindungen/Adressen

• *Information* **Røros Turistinform**, Peder Hjortsgata 2, ✆ 72410050,. www.rorosinfo.com, Juli–August Mo–Sa 9–18, So 10–16 Uhr; sonst Mo–Do 9–15.30, Fr bis 16 Uhr, Sa 10.30–12.30 Uhr. Das Informationsbüro am Eingang der Fußgängerzone verkauft auch „Røros-Kort" zu 85 NOK pro Tag, die aus anderen Städten bekannte Ermäßigungskarte, eine angesichts der hohen Eintrittspreise hier durchaus sinnvolle Investition. Zudem gibt es Tickets zum Besuch der Olavsgrube und kostenlos Fahrräder (nur eine Kaution ist fällig).

• *Flugverbindungen* Mehrmals täglich landen und starten Maschinen auf dem Stadtflughafen: 3 x täglich Oslo (2 Std.), 2 x täglich Trondheim (30 Min.).

• *Zugverbindungen* Vom zentrumsnahen Bahnhof am Osloveien, der Hauptstraße für Autos, gehen 9 x täglich Züge nach Oslo und Trondheim.

• *Busverbindungen* Gleich neben dem Bahnhof starten Überlandbusse nach Oslo (5 x täglich) und Trondheim (6 x täglich) und im Sommer Busse an den Femundsee (8.15, 14 und 15.30 Uhr).

• *Adressen* Sie finden alles in der Fußgängerzone: **Apotheke** (Kjerkgt. 15), **Zeitungen/Ansichtskarten** (Narvesen, Nr. 11), **Filme** (Nr. 3 und 25), **Bank** (Nr. 15), **Post** (Nr. 15), **Souvenirs** (Nr. 3, 23 und 48), **Naturkost** (Nr. 6), **Bäckerei** (Nr. 12). Zudem gibt es ein **Kaufhaus** und den Supermarkt **Do-**

mus (Peder Hjortsgt. 7), **Tankstellen** mit Reparaturservice gibt es je 2 x in Osloveien, 2 x in J. Falkbergetsvei, **Internetcafé** (Kjerkgt. 42).

• *Wichtige Telefonnummern* **Polizei**, ✆ 112 o. 72419350; **Notarzt**, ✆ 113 o. 72419480; **Pannendienst**, ✆ 724118 55.

Übernachten/Camping

Idrettsparken Hotell & Vandrerhjem, Øra 25, ✆ 72411089, www.idrettsparken.no. Am Sportplatz (ausgeschilderte Eisenbahnunterführung) und 500 m vom Zentrum entfernt bietet die Jugendherberge im neuen Haus funktional eingerichtete Zimmer (Du/WC, TV). Es gibt Jugendherbergs- und Pensionszimmer mit teils unterschiedlichen Preisen: Bett 150, EZ 500 NOK, DZ 650 NOK, jeweils mit Frühstück, sowie 17 Hütten (650 NOK) und Wohnwagenstellplätze (135 NOK) rund um den Sportplatz.

Ertzscheidergården, Spell-Olavveien 8, ✆ 72411194, www.erzscheidergaarden.com. In einem alten Haus im Zentrum vermietet die Pension 15 Zimmer. EZ 590 NOK, DZ 890 NOK.

Fjellheimen Turiststasjon & Motell, Johan Falkbergetsvei 25, ✆ 72411468, www.fjellheimen.as. Einfache Selbstversorgerzimmer, 1 km vom Zentrum entfernt an der RV 30 gelegen. EZ 450 NOK, DZ 700 NOK.

Vertshuset Røros, Kjerkgata 34, ✆ 72419350, www.vertshusetroros.no. Der Gasthof in der Fußgängerzone, in erster Linie erwähnenswert wegen der gemütlichen Schankzimmer und seiner Küche, vermietet auch 16 kleine Zimmer. EZ 760 NOK, DZ 920 NOK.

Quality Røros Hotel, An Magrittsvei, ✆ 72408000, www.choicehotels.no. Das 115-Zimmer-Hotel im Zentrum (Swimmingpool, Nachtklub, Disko) wirbt mit unzähligen Sonderangeboten, wie „Sommerpack", „Himmelfahrts-Wochenende", „Erlebnis-Weekend" und „Ski-Wochenende". Die normalen, kürzlich arg gesenkten Preise: EZ 790 NOK, DZ 990 NOK.

Bergstadens Hotel, Osloveien 2, ✆ 724 06080, www.bergstaden.no. Am Eingang der Fußgängerzone, aber auch an der Hauptverkehrsstraße, vermietet das gediegene Hotel seine Zimmer vornehmlich an Busgesellschaften. EZ 790 NOK, DZ 990 NOK.

• *Camping* **Bergstaden Camping**, J. Falkbergetsvei, ✆ 72411573. Der Drei-Sterne-Stadtplatz am Waldrand, 15.5.–1.10 geöffnet, hat nur Platz für 20 Wohnwagen und sieben einfache Zwei-Sterne-Hütten (ab 400 NOK).

Hånesset Camping, Osloveien, ✆ 724 10600. 2,5 km vom Zentrum entfernt an der RV 30 bietet der große Drei-Sterne-Platz neun unterschiedlich große Hütten (350–800 NOK), 65 Stellplätze (130 NOK), aber auch Spielplatz, Bootsverleih, Post und Reitangebote.

Essen & Trinken

Thomasgården, Kjerkgata 48. Am Ende der Fußgängerzone mit Hinterhof zur Kirche ist das kleine Café mit einem Kunstgewerbeladen der ideale Ruheplatz nach dem Stadtbummel (geöffnet 10–20, Sa bis 16, So bis 18 Uhr).

Kaffestuggu, Bergmannsgata 18. An lauen Sommerabenden an klobigen Holztischen im Vorhof zur Kjerkgata, an kalten Winterabenden in der gemütlichen Bauernstube.

Vertshuset, Kjerkgata 34 (siehe Hotelbeschreibung). Gemütlich sitzen und ebenso gut wie preiswert (Rentiersteak 235 NOK) essen lässt sich's im alten Wirtshaus in der Fußgängerzone.

Hjort Puben, Bergmanngata. Der gemütliche Pub an der Rückseite des „Bergstadens Hotel" ist abendlicher Treff der Einheimischen.

Aktivitäten

• *Baden* Verschiedene Badeplätze in der Rørosvidda, z. B. **Rismosjøen** (an der Straße nach Femund), **Langtjønna** (an der RV 30) und **Aursunden**, ein Sandstrand in Brekken (35 km östlich auf der RV 31).

• *Angeln* Nicht nur Lachse, auch Forellen, Barsche und Hechte beißen an. In der Touristeninformation kann man Angelscheine kaufen (150 NOK/Tag) und Angelausrüstungen mieten (135 NOK).

• *Kanufahren* Etliche Flüsse in der Umgebung von Røros und natürlich der Femundsee eignen sich hervorragend zum Kanufahren: Ausleihe und Transport erledigt z. B. **Røros Sport** in der Bergmannsgate und **Håneset Camping** (s. o.).

• *Fahrradtouren* Zweiräder gibt es ebenfalls bei **Røros Sport** und in der Touristeninformation, Stadträder gibt es dort sogar gratis.

• *Pferdeverleih* Touren auf dem Pferderücken von einer Stunde (185 NOK) bis zu einem Tag (600 NOK) bietet **Hestesportsenter** in Kvernengan (4 km nordwestlich von Røros) an.

• *Rundflug* Zwischen 20 Min. für 550 NOK pro Person und 1,5 Stunden für 1. 600 NOK pro Person nur über die Rørosvidda oder gar über das Dovrefjell reicht das Rørosfly-Angebot. Buchung über ✆ 72412483, ✆ 72411825.

Sehenswertes

Røros Kirke: Die Dorfkirche aus dem Jahr 1784 ist das Wahrzeichen der Stadt – wohl eher aus ästhetischen als aus kunsthistorischen Gründen. Sie ist der einzige Steinbau im alten Røros. Schön und strahlend weiß überragt er die kleinen Holzbauten und heißt wohl deshalb im Volksmund *Bergstadts Zier.*

• *Öffnungszeiten* 16.6.–15.8. Mo–Sa 10–17, So 13–15 Uhr; sonst 11–13 Uhr. Eintritt 25 NOK, Kinder gratis; Ende Juni bis Anfang August jeweils Di um 12 Uhr eine Orgelmeditation.

Fjell-Ljom-Pressemuseum: In vielerlei Hinsicht originell ist dieses klitzekleine Museum im Stelzenhaus am Fluss. Das beginnt mit den Öffnungszeiten: Nur dienstags und samstags und nur im Juli öffnet das Museum des alteingesessenen Verlages *Fjell-Ljom*, der noch heute das Lokalblatt herausbringt, wenn auch jetzt auf computergestützten Maschinen.

Hier im Museum aber findet der Besucher noch Bleischiffe und Setzkästen und ratternde Drucker, von einem Meister der schwarzen Kunst liebevoll vorgeführt. Doch selbst wenn Sie vor verschlossener Holztür stehen sollten, lohnt ein Foto des malerischen Häuschens und ein Blick durch die verschmutzten Scheiben ...

Öffnungszeiten Juli Di 10.30–12.30, Sa 14–16 Uhr. Führungen in Absprache mit der Touristeninformation.

Rørosmuseet/Kupferhütte: Am Malmplassen, dem Erzplatz oberhalb der Stadt, prangt *Røros Kobberverk* (die unansehnlichen Schlackehalden hinter dem Schmelzwerk fallen erst später auf). Zwischen 1646 und 1953 wurde hier das Kupfer aus 40 Gruben der Umgebung verhüttet, d. h. in fünf Schmelzvorgängen wurden Eisen, Schwefel und Gestein abgetrennt, bis reines Kupfer gewonnen war. Ein Arbeitsprozess, der viel Energie verbrauchte, die der nahe Hüttenfluss (*hytteelva*) spendete, und der viele Facharbeiter brauchte, die vor 300 Jahren aus Sachsen und Schweden zuwanderten.

Auf dem Gelände der 1953 stillgelegten und 1977 abgebrannten Hütte ist nach alten Plänen dieses Museum entstanden. Der Eingang im dritten Stock ist über den Knüppelgang *kjøkloppa* erreichbar. Das vielfach prämierte Museum, seit 1990 von einer Privatinitiative betrieben, zeigt an zahllosen Modellen im Maßstab 1:10 nicht nur den Verhüttungsprozess – auch die Grubenarbeit und moderner Naturschutz werden dargestellt. Ein rundum sehenswertes Museum.

Öffnungszeiten 15.6.–15.8. Mo–Fr täglich 10–19 Uhr; sonst Mo–Fr 11–15 Uhr, Sa/So bis 14 Uhr. Eintritt 60 NOK, Kinder 30 NOK.

Kunsthandwerker-Führung: Die malerische Altstadt hat von jeher Kunsthandwerker und Künstler angezogen – noch heute arbeiten und leben Maler und Holzschnitzer, Keramiker und Glasbläser, Silber- und Kupferschmiede in der „Bergstad". Während einer zweistündigen, von der Touristen-Information organisierten Führung durch Werkstätten der Altstadt kann man den Künstlern über die Schulter schauen.

Führungen 15.6.–15.8. Mo u. Mi 10.30 Uhr. Eintritt 50 NOK, Kinder 30 NOK.

Johan-Falberget-Musuem: Dem Dichter der Bergbaugeschichte, der bis zu seinem 26. Lebensjahr selber in den Gruben arbeitete und mit seinen Romanen „Brot der Nacht" und „Die Grube Christianus Sextus" zumindest norwegenweit einigen Ruhm erlangte, ist dieses Museum in Ratvolden, 20 km nördlich von Røros, gewidmet. Man erreicht das bescheidene Museum im Geburtshaus des Dichters per Regionalzug zum Bahnhof Rugdalen.

Öffnungszeiten Aug.–Mitte Sept. Di–So 11.30–13.30. Eintritt 50 NOK, Kinder 30 NOK.

Olavsgruva: Die erst 1935 erschlossene Grube liegt 13 km östlich der „Bergstad" an der RV 31 in Richtung schwedische Grenze und besteht aus zwei Bergwerken: *Nyberget,* zweitälteste Grube des Bezirks, lieferte Kupfer schon im 17. Jh.; *Kronprins Olavs gruve* unter Nyberget sollte mit modernen Förderungsmethoden den Niedergang des Kupferbergbaus aufhalten. Dennoch ging Røros Kobberverk 1977 bankrott – die niedrigen Weltmarktpreise lohnten den aufwändigen Abbau nicht mehr. Die Gruben werden seitdem nur noch als Touristenattraktion genutzt.

Über dem Grubeneingang, durch den man 50 m tief und 500 m weit in den Berg gelangt, steht ein Museumsgebäude, in dem die harten Arbeitsbedingungen der Kumpel geschildert werden. Ansonsten gibt die Grube, in der es allzeit fünf Grad kalt ist (Pullover und festes Schuhwerk nicht vergessen), optisch nicht viel her. Akustisch zumindest werden längst vergessene Arbeitsgeräusche über Band eingespielt.

- Öffnungszeiten Die Olavsgrube ist täglich im Rahmen von 45-Minuten-.Führungen zu besichtigen: 26.9.–1.6. nur Sa 15 Uhr; 1.6.–19.6. Mo–Sa 13 und 15, So 12 Uhr; 20.6.–14.8. sechs tägliche Führungen zwischen 10.30 und 17 Uhr; 15.8.–25.9. Mo–Sa 13 und 15, So 12 Uhr. Eintritt 60 NOK, Kinder 30 NOK. Im Juli finden täglich um 18 Uhr Kulturveranstaltungen in den Bergmannhallen statt.
- Anfahrt In der Zeit vom 25.6.–7.8. verkehrt ein Bus vom Bahnhof Røros zur Olavsgrube: Mo-Fr und So 13, Sa 10 Uhr. Fahrpreis 60 NOK, Kinder 30 NOK.

Radtour: Von Røros zum Femundsee

Diese schöne und beschwingte 85-km-Tour ohne Schwierigkeiten und sonderliche Höhenunterschiede ist verbunden mit einer kleinen Schiffsfahrt.

Sie ist leicht mit der Radwanderung *Rena–Femundsee* zu kombinieren – dann führt sie knapp 200 km durch Østlandet, durch das waldreiche Ostnorwegen. Sie sollten aber morgens sehr rechtzeitig losfahren, um nach 34 km um 8.15 Uhr das Schiff zu erreichen. Wenn Sie das Schiff auch für die Rückfahrt benutzen wollen – und nur dann ist die Tour in einem Tag zu schaffen –, sollten Sie sich einen Mittwoch im Juli vornehmen; nur dann nämlich fährt Femund II zurück zur Nordspitze (Prüfen Sie bitte die sich jährlich ändernden Abfahrtzeiten nochmals vor Ort).

Sie starten in Røros auf dem alten Bezirksweg am Fluss in Richtung Südosten auf Ryen zu (auf einigen Karten auch „Rya"), das durchfahren wird. Als

Nächstes werden die Weiler Storrya, Tørresdalen und Seter passiert. Die Gewässer, an denen Sie vorbeiradeln, sind Ausläufer des Feragen-Sees im Norden. Die Hütte bei Marenvollen (nur 5 km hinter Røros) ist die erste **DNT-Hütte** dieses Wandergebiets (15.2.–30.9. geöffnet, 14 Betten, benutzbar nur mit DNT-Schlüssel).

Durch einsame Wälder und über Langen erreichen Sie bei Sørvika den Femundsee. Von dort geht es um 8.15 Uhr weiter mit dem Dampfer *Femund II* in fast drei Stunden bis nach Elgå am Ostufer (135 NOK).

Sie sind jetzt im Nationalpark Femundsmarka. Über die RV 221, die einzige Straße im Nationalpark und deshalb auch nicht zu verfehlen, steuern Sie vom See weg Røstvollen an. Endlose Nadel- und Birkenwälder säumen den Weg, dazwischen schimmert immer wieder leuchtend grün die Rentierflechte. Eine wunderschöne Landschaft! Wunderschön ist auch der dunkle, gar unheimlich anmutende Femundsee, auf den Sie wieder zuschwenken, wenn Sie hinter Røstvollen der kleinen Straße nach Süden folgen, die nach Schweden führende RV 221 also verlassen, und am Westrand des Gutulia-Nationalparks entlangfahren. Nach 25 km haben Sie in Femundsenden die Südspitze des Sees erreicht.

Wenn Sie von hier aus nicht mit dem Dampfer zurückfahren wollen (immer nur mittwochs im Juli um 15.45 Uhr), können Sie jetzt der RV 218, die aus Schweden kommt, erst nach Westen am See entlang und dann nach Süden folgen und erreichen über Elvbrua die auf S. 469 beschriebene Tour nach Rena.

Durch das Gauldal

Die 155 Kilometer von Røros über die RV 30 und ab Støren dann über die E 6 nach Trondheim führen durch das schöne, touristisch bislang wenig erschlossene Gauldal mit seinen abgeschiedenen Nebentälern Budal und Fordal, die bis auf den heutigen Tag nur über mautpflichtige Nebenstraßen zu erreichen sind.

Große, sogenannte *Trøndelag-Höfe* wie bei Vinsnes bestimmen das Landschaftsbild, das nur manchmal von engen und steilen Schluchten unterbrochen wird, was dem Fachmann anzeigt, dass der Fluss **Gaula** zu den lachsreichsten Angelrevieren Norwegens zählt.

In der „Hauptstadt" des Gauldals, dem knapp 100 km von Røros entfernten **Støren**, wo sich Gauldalen und Drivdalen treffen, gibt es sogar einige attraktive Übernachtungsmöglichkeiten. Kurz vor dem teuren Trondheim ist das eine echte Alternative.

• *Übernachten* **Gyllheimen Pensjonat**, ✆ 72856342, ℻ 72856470. Wenige Kilometer nach Norden auf der E 6 und Sie erreichen **Hovin** mit dem Gauldal-Freilichtmuseum. Das Museum ist nicht sonderlich sehenswert, aber die Fünf-Zimmer-Pension schon. Neben den preiswerten, einfachen Zimmern werden auch Vier-Personen-Hütten zu 450 NOK angeboten. EZ 580 NOK, DZ 820 NOK.

Støren Hotel, ✆ 72438800, www.gaula.no. Nicht edel, aber doch ausreichend ist dieses 35-Zimmer-Hotel (Du/WC, TV und Telefon) mit einem recht guten Restaurant, mit Angelgelegenheit, Spielplatz und einer netten Bar. EZ 850 NOK, DZ 1.050 NOK (mit Frühstück).

Støren Camping, ✆ 72431470, www.gaula.no, 900 m vom Zentrum entfernt, hat der rundum empfehlenswerte Drei-Sterne-Platz direkt am Fluss Gaula (Angelkarten an der Rezeption, 120 Zelt- und 100 Stellplätze für Wohnwagen) leider zwei Nachteile: Er ist nur vom 1.6.–31.8. geöffnet und verfügt bloß über fünf Hütten, die 450 NOK kosten.

Satte Wiesen machen die Weite Nordlands aus

Das Nordland

Nach Norden hin wird Norwegen lang und schmal. Zwischen Bodø und Narvik ist das Festland gerade mal 6,3 km breit, von Trondheim bis Kirkenes sind es fast 1.600 km. Die Provinzen Nord-Trøndelag und Nordland leiden unter Landflucht, leben von Subventionen aus Oslo, sind – mehr noch als andere Norweger – gegen die EU-Mitgliedschaft und faszinieren, von den Städten Bodø und Narvik abgesehen, mit ihrer Weite und Einsamkeit.

Wer jenseits Trondheims reist, will meist zum Nordkapp (die Norweger schreiben es tatsächlich mit Doppel „p"). Doch schon auf dem Weg dorthin findet sich manch' Sehenswertes, an dem man nicht achtlos vorbeifahren sollte. Historisches gibt es hier zu sehen wie die **Festspiele** von Stiklestad oder das **Krigsminnemuseum** von Narvik, Originelles wie die Stockfischgestelle oder die Stelzenhäuser, Einmaliges wie den Polarkreis. Vor allem aber findet man unvergleichlich schöne Natur, denkt man nur an die Küsten der Lofoten, die „Sieben Schwestern" von Helgeland oder die Eisgänge des Svartisen-Gletschers. Es gibt viel zu erleben auf dem Weg nach Norden.

Verkehr: Gute Verkehrsverbindungen machen das Reisen in Nordnorwegen leicht. Die Europastraße 6 von Trondheim nach Kirkenes ist nur das Schmuckstück des 19.000 km langen, überwiegend sehr gut ausgebauten Straßennetzes. Jede noch so entfernte Samen-Siedlung ist auf Asphalt zu erreichen.

Über 30 Flugplätze, auch für Airbusse ausgelegt, garantieren regen Luftverkehr. Zudem gibt es noch den *Riksvei Nr. 1*, wie Norweger die Schiffsroute längs der Nordküste nennen. Nicht nur die flotten Küstenfahrer der Hurtigru-

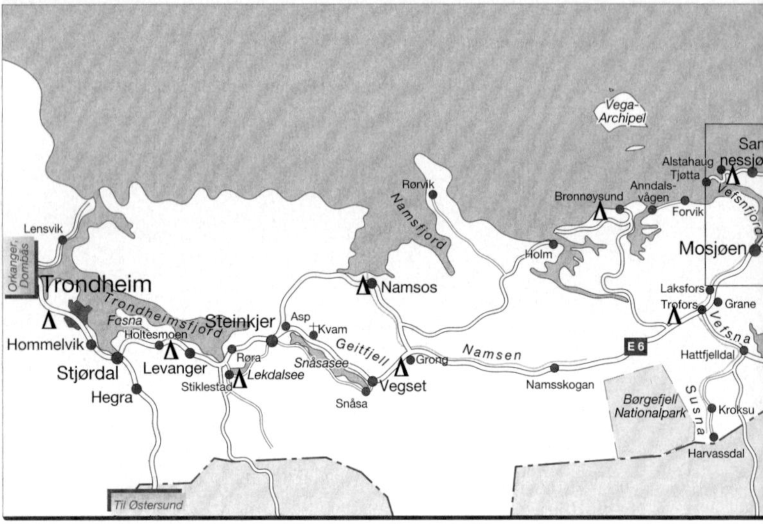

ten, auch unzählige Motorkatamarane und Expressfähren laufen insgesamt 20 Häfen in Nordnorwegen an.

Nicht zuletzt ist Bodø seit 20 Jahren neue Endstation der Nordlandbahn. Der Zug nach Trondheim/Oslo (zweimal täglich) braucht 17,5 Stunden in die Hauptstadt.

Wirtschaft: Hypermoderne Tunnels und waghalsige Brückenkonstruktionen vermitteln auch dem Durchreisenden eine Vorstellung davon, wie viele Subventionsmilliarden nötig sind, um dem wirtschaftlich benachteiligten Norden das Überleben zu sichern. Das erklärt auch die Absage an Europa (in den vier Nordprovinzen stimmten 77 % gegen eine EU-Mitgliedschaft), denn man befürchtet hier, dass aus Brüssel weniger Mittel als aus Oslo fließen würden.

Wirtschaftlich ist Nordnorwegen sehr benachteiligt: Wenige Bodenschätze (Eisenerz in Mo i Rana und Kirkenes, Marmor in Fauske und Nickel auf der Insel Senja), etwas Landwirtschaft (die Vegetationsperiode von 100 Tagen gegenüber 190 Tagen in Südnorwegen ist für intensiven Ackerbau viel zu kurz) und immer weniger Fischfang können keinen Lebensstandard sichern, wie er im reichen Norwegen ansonsten normal ist.

Staatliche Entwicklungspläne und Ansiedlungshilfen, für EDV-Industrie um Narvik beispielsweise, sowie Milliarden-Investitionen in Bildung und Verkehr konnten bislang Landflucht und relative Verarmung im Norden nicht stoppen. Während die durchschnittliche Bevölkerungsdichte in Norwegen bei 13,2 Einwohnern pro Quadratkilometer liegt, leben hier, auf immerhin einem Drittel der Landfläche, gerade fünf Menschen pro Quadratkilometer. Und die Zahl nimmt seit 1970 weiter ab: 12 % der gut 500.000 Menschen wanderten seitdem nach Süden. Beide Provinzen zählen heute gerade noch so viele Menschen wie schon zur vorigen Jahrhundertwende.

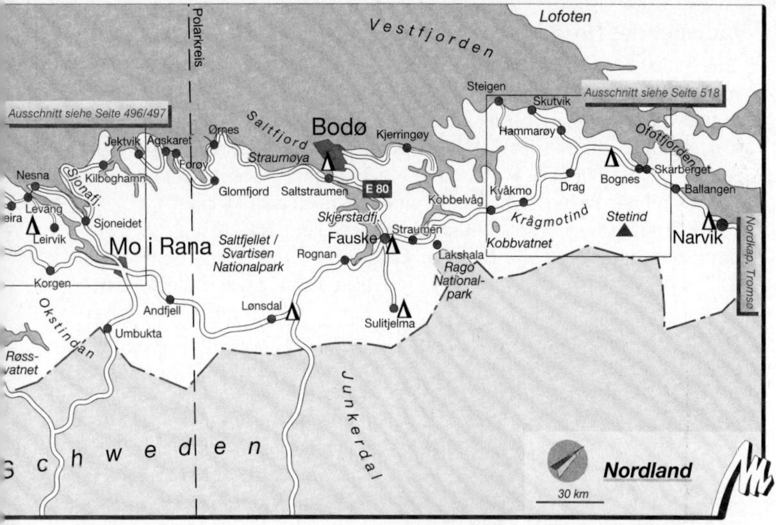

Besiedlung: Trotz der Kargheit des Landes, trotz der Kälte des Klimas zählt Nordnorwegen zu den frühesten Siedlungräumen Skandinaviens, wie Felszeichnungen bei Alta oder Steinkjer belegen. Wohl schon um 5000 v. Chr. zogen Jäger und Fischer aus Russland, später auch aus Südschweden zum Polarkreis und weit darüber hinaus. Die Samen, die heute als Urbevölkerung gelten, wanderten wohl vor nicht mehr als tausend Jahren aus Sibirien ein.

Trondheimsfjorden

Wer Trondheim nach Norden verlässt, fährt am Trondheimsfjorden entlang. Der Fjord, der 130 km tief das Land einschneidet, lässt an seinen Ufern eine für diese Breiten ungewöhnlich ertragreiche Landwirtschaft zu.

In Lensvik am Westufer werden sogar Erdbeeren geerntet. Wenige Berge, satte Wiesen und viele der berühmten, reichen Trøndelag-Höfe vermitteln fast den Eindruck, man befände sich im Voralpenland. Grund dafür ist das unvermutet milde Klima: Der Fjord transportiert vom Golfstrom erwärmtes Wasser weit ins Landesinnere. Gleichzeitig schafft die **Fosna-Halbinsel** Regenschatten zum Atlantik. Kaltluft aus dem Osten wird von den höchsten Bergen Trøndelags, z. B. dem **Kestkjøtoppen** (1.390 m), abgehalten. Selten fällt das Thermometer unter Null, Sommertemperaturen um 25° C sind die Regel. Kein Wunder darum, dass sich alle größeren Orte am Fjordufer versammeln und das kühlere Binnenland verschmähen.

Ein Tipp noch für Autofahrer: Biegen Sie hinter der Stadtgrenze Trondheims von der E 6, die in der Innenstadt bereits ausgeschildert ist, Richtung Vikhamar/Reinheim ab. Dann sparen Sie die 15 NOK Maut, haben eine ungleich schönere Fahrtstrecke und machen dennoch keinen großen Umweg.

Indianer des Nordens

Die 40.000 Lappen, die sich selber Samen bzw. *Samii* nennen (die finnische Bezeichnung *Lappen* verstehen sie als Schimpfwort), sind Staatenlose: Ihre Heimat wurde 1751 durch die willkürliche Grenzziehung zwischen Dänemark und Norwegen sowie Schweden und Finnland zerschnitten. Seither teilen sie das Schicksal ungeliebter Ureinwohner überall auf der Welt. Die Nomaden sind nur noch geduldet.

Die Eisenerzgruben von Sulithjelma (Norwegen) und Kiruna (Schweden) zertrümmerten die heiligen Berge der Samen, aus dem Gudbrandsdal zugewanderte Bauern durchschnitten mit ihren Siedlungen die Rentierrouten, und protestantische Pastoren zerstörten die auf dem Schamanismus fußende Naturreligion.

Samische Tradition als Handelsware

Die Unterdrückung der Samen reicht bis in unsere Zeit. So gab es bis 1965 ein norwegisches Gesetz, das Landverkauf an Samen nahezu ausschloss. Und in Schweden galt bis vor 25 Jahren die Bestimmung, dass Samen sich nur im Abstand von einem Kilometer zur nächsten Siedlung niederlassen durften.

Nur einmal, Anfang der 1980er Jahre, erhoben sich die Samen im militanten Widerstand: Gegen den Bau des Alta-Staudammes gab es nicht nur gewaltlosen Protest. 900 Umweltschützer campierten, bei 30° Kälte aneinandergekettet, rund um den Bauplatz, bis im Januar 1981 mehr als 600 Polizisten mit Bolzenschneidern den Widerstand brachen – der bis dahin größte Polizeieinsatz Norwegens. Zwei Samen wagten zudem einen missglückten Sprengstoffanschlag, bei dem sich ein Täter lebensgefährlich verletzte. Nach Verbüßung seiner 14-monatigen Haftstrafe emigrierte er zu den kanadischen Indianern. Noch heute ist der höchstens architektonisch beeindruckende, ökologisch jedoch bedrückende und ökonomisch längst unsinnige Staudamm 40 km südöstlich von Alta nur an Schlagbäumen entlang zu erreichen – noch immer fürchtet man Anschläge. Rentierweiden wurden für dieses Projekt überschwemmt und der einst lachsreichste Fluss, die Tverrelva, reguliert.

Der Widerstand gegen das Alta-Projekt hat die samische Nationalbewegung jedoch gestärkt. Die Samen akzeptieren ihre Rolle als bloße Objekte staatlicher Planung nicht länger. Sie organisieren sich und unternehmen etwas: Tourismus-Projekte in Karasjok und Kautokeino haben fast schon US-amerikanischen Zuschnitt.
Die Indianer Norwegens haben tatsächlich viel mit ihren Brüdern und Schwestern in Nordamerika gemein. Was denen der Büffel, ist ihnen das Ren. Auch sie wohnen in schnell auf- und abbaubaren Zelten, um den wandernden Herden nachzuziehen (ihr Wigwam heißt Lavvu), auch sie jagten mit Pfeil und Bogen, auch sie ahmen in ihrer Musik die Stimme der Tiere nach, auch sie verehrten Medizinmänner, auch sie wanderten einst aus Sibirien ein, und auch sie wurden zeitweise sesshaft („See"- oder „Flusslappen"). Allein der Völkermord, der Amerikas Ureinwohner fast ausrottete, blieb ihnen erspart. Und auch die Samen kämpfen in den letzten Jahrzehnten verstärkt für ihre Identität: Seit 1969 gibt es die Selbstorganisation im Samischen Reichsverband Norwegens NSR (Norrga Sámiid Rii'kasär'vi), der den Schutz der samischen Sprache ebenso durchsetzte wie eine Gleichstellung in der Kulturarbeit. Im Herbst 1989 wurde die alte NSR-Forderung nach einem samischen Parlament erfüllt – *Sametinget* hat zwar bislang nur beratende Funktion, soll aber irgendwann ein Vetorecht gegen Entscheidungen aus Oslo erhalten.
Die Samen, die längs der E 6 oder in den Innenstädten von Tromsø und Hammerfest vielleicht auch Ihnen vermeintlich typische Messer und Rentierfelle verkaufen, sind mithin nicht die ganze Wirklichkeit. Die finden Sie ansatzweise im Tromsø-Museum oder, leidlich original, im Freilichtmuseum Gallogiedde bei Evenes und in den noch fast authentischen Samensiedlungen von Karasjok und Kautokeino. Auch diese Reservatspolitik ist fast eine Parallele zu den Indianern Amerikas.

Stjørdalshalsen: In dem mit Trondheim verwachsenen Industrieort zweigt eine Straße zum Flughafen Vaernes ab, ansonsten weist das Dorf eine weithin sichtbare, hübsche Steinkirche aus dem Mittelalter auf, die noch genutzt wird und mit ihrem prächtigen Kirchenstuhl jederzeit zu bestaunen ist.

Holtesmoen: Die Häuseransammlung entlang der alten E-6-Trasse, die von Roglan nach Skogn östlich der neuen Linie verläuft, ist wegen ihrer kleinen Felszeichnungen aus der Bronzezeit (ca. 1500 v. Chr.) interessant.

Levanger

Die Europastraße führt um den 7.000-Einwohner-Ort herum, der erst 1997 zur Stadt erklärt wurde. Das Schul- und Verwaltungszentrum bietet keine Sehenswürdigkeiten. Höchstens das landesweit bekannte **Badeland** (Mo–Do 10–20, Fr–So 10–18 Uhr, 110 NOK, Kinder 71 NOK) und ein kleines **Dorfmuseum** im Brusve Hof (15.6.–15.8. Mi–Sa 11–15 h, 25 NOK) könnten einen Besuch rechtfertigen. Südlich der Stadt, im Wald Falstadkogen, erinnert zudem ein kleines Museum an die Erschossenen des deutschen Gefangenenlagers Falstad (1941–44).

• *Information/Adressen* **Touristinfo Levanger** ✆ 74089610, www.levanger.kommune.de. Das kleine Infobüro in der zentralen Kirkegata 50 ist von 1.6.–31.8. Mo–Fr 9–18 Uhr geöffnet.

Apotheken im Rathaus und im Einkaufszentrum Magneten, dort auch zwei **Supermärkte, Reisebüro** (Zeitungen) und **Banken**. **Taxi**-✆ 74081400, **Krankenhaus**: ✆ 74098000, **Zahnarzt**: ✆ 74052700.

• *Übernachten* **Levanger Vertshus**, Petter Nygentsveien 1, ✆ 74081144, ✆ 74081041. Allemal ausreichend sind die 12 bescheidenen Zimmer in diesem Wirtshaus mit guter Küche. EZ 595 NOK, DZ 795 NOK (Sonderangebote am Wochenende).

Backlund Norlandia Hotel, Kirkegate 39-41, ✆ 74081600, www.norlandia.no. Ungleich größer und in allem edler sind die 65 Zimmer (Du/WC, TV und Telefon) dieses guten und ruhig gelegenen Hotels, das zumindest im Sommer günstig ist. EZ 990 NOK, DZ 1.090 NOK (mit Frühstück; Sommerpreise: 650 bzw. 750 NOK).

• *Camping* **Levanger Camping og Sommermotell**, ✆ 74084055, ✆ 74084057. Der Drei-Sterne-Platz im Sportpark bietet alles vom Feinsten, leider aber keine Hütten, dafür einfache DZ für 420 NOK.

Bergstad Camping, ✆ 74095223, ✆ 740 95463. Unter seinen 12 Hütten vermietet der Drei-Sterne-Platz an der E 6, 4 km von Levanger entfernt, sehr schöne und teure (450–850 NOK). Außerdem 12 Wohnwagenplätze mit Stromanschluss.

▶ **Weiterfahrt**: Hinter Verdalsøra, einem Werftort für Bohrinseln, heißt es aufpassen: 15 km hinter Levanger ist ein Abstecher von 4 km nach Stiklestad über die Landstraße 757 geradezu Pflicht.

Stiklestad

Selbst ohne Festspiele ist Stiklestad eine Reise wert, mit Festspielen, die immer Ende Juli stattfinden, aber ist es ein Erlebnis.

Eine Laienschar von 350 Mitwirkenden stellt die Schlacht vom 29. Juli 1030 und den Tod von König *Olav Haraldson* dar, der als Olav der Heilige in die Geschichte einging.

25.000 Zuschauer erleben Jahr für Jahr die Saga-Stimmung auf Norwegens größter Freilichtbühne, die nur wenige hundert Meter vom historischen Schlachtfeld entfernt liegt. Die Vorstellungen finden jeweils an vier Tagen um den 29. Juli statt, werktags ab 18, sonntags ab 15 Uhr. (Reservierungen und Eintritt s. u.) Die Stiklestad-Anlage ist keine Stadt, nicht einmal ein Dorf (der Ort gleichen Namens mit Bank und Post liegt 2 km entfernt). Vielmehr gruppieren sich um einen großen Platz 50 Häuser: Freilichttheater und Freilichtmuseum, zwei Kirchen, Grabhügel und Monumente und ein weiteres Museum. Dazu gibt es Lokale, Andenkengeschäfte und jede Menge Parkplätze. Die Anlage ist eine viel besuchte Gedenkstätte.

Das **Stiklestad-Museum** ist ein stimmungsvolles Freilichtmuseum hinter dem Freilichttheater. 30 Höfe und Katen, einige bis zu 250 Jahre alt, werden in hübscher Umgebung ansprechend präsentiert. Weit origineller aber ist das erst 1992 eröffnete **Nationale Kulturhaus**, in dem eine Darstellung nordischer Mythologie ebenso ihren Platz hat wie eine Theaterwerkstatt, eine Touristeninformation und eine große, ungemütliche Cafeteria.

Information ✆ 74044200, www.stiklestad.no. Eintritt für alle Anlagen 95 NOK, Kinder 50 NOK.

Christianisierung und Zentralisierung

Olav Haraldson fiel – so die offizielle Geschichtsschreibung – „im Kampf gegen ein Heer heidnischer Bauern, die sich der Missionierung mit dem Schwert widersetzten". Das ist nicht falsch, hat aber wenig mit Geschichtswissenschaft zu tun.

Genauer ist wohl diese Erklärung: Olav versuchte, die Schar eigensinniger Wikingerhäuptlinge unter seine Krone zu zwingen. Als er das Bistum Nidaros (Trondheim) dem für die Missionierung zuständigen Bischof von Bremen und Hamburg unterstellte, zudem eine zentrale Gesetzgebung erließ und die Verwaltung des Reiches dem südnorwegischen Adel überantwortete, wählten Trøndelager Stammesfürsten aus Angst um ihre Pfründe den Dänenkönig *Knut* 1025 zu ihrem Anführer. Olav flüchtete nach Russland, kehrte jedoch 1030 zurück und nahm den Kampf um Krone und Herrschaft wieder auf. Nahe von Stiklestad fiel er im Kampf gegen die Wikingerstämme, die sich seinen Vormachtgelüsten nicht beugen mochten. Die Folge war, dass Norwegens Krone erstmals den Dänenkönigen zufiel. Der Siegeszug des Christentums setzte erst ein Jahr später mit der wundersamen Heiligsprechung des toten Königs ein.

▸ **Weiterfahrt**: Für die Weiterfahrt gibt es zwei Möglichkeiten – zurück auf die E 6 oder über die Landstraße 759 am **Lekdalssee** vorbei. Beide Routen stoßen in Steinkjer wieder zusammen. Auf dem Weg über die Europastraße eröffnet sich jedoch die Chance zu einem kleinen Umweg über **Inderøy** (hier auch das einzige Vandrerhjem weit und breit: ✆ 74124900; Bett 150 NOK, EZ 275, DZ 400 NOK) . Bei Røra biegt man auf die Landstraße 761 ab, um die zwei Halbinseln in traumhafter Lage am Trondheimfjord mit etlichen Badeplätzen, dem malerischen Hafen **Kjernesvagen** und der mittelalterlichen Kirche von **Hustad** zu erleben. Bei Vist, 7 km südlich von Steinkjer, wird die Europastraße erneut erreicht, die dann schnurstracks in die Hauptstadt von Nord-Trøndelag, nach Steinkjer, führt.

Steinkjer

Zweimal im 20. Jh. wurde das Städtchen am Ende des Trondheimsfjord zerstört: 1900 durch einen Großbrand und 1940 durch das Bombardement deutscher Flieger. Kein Wunder also, dass der Ort, der 2007 seinen 150. Geburtstag feiert, wie ein Bungalow-Silo wirkt: Tankstellen, Bankfilialen, Supermärkte, Cafeterias – alles flach, alles funktional, irgendwie fade.

Das verstreute Städtchen mit tatsächlich 10.000 Einwohnern ist nicht nur Sitz der Provinzregierung, sondern auch Mittelpunkt der flächenmäßig größten Gemeinde Norwegens – vom **Beistadfjord**, dem letzten Seitenarm des Trondheimfjords, bis zur schwedischen Grenze reicht die Gemeinde.

Sehenswertes findet man nur außerhalb der Stadtgrenzen: in **Bardal** z. B. Felszeichnungen aus der Bronzezeit (11 km westlich der Stadt am Fjord) oder das berühmte Rentier von **Bøla**, eine Felszeichnung, die man 30 km nördlich und

Generalprobe für die Festspiele in Stiklestad

auf der Rückseite des Snåsavatnet bewundern kann. In **Egge**, nördlich der Stadt und beiderseits der E 6, bezeugen Steinkreise, d. h. in Bootsform ausgelegte Steingräber, eine Besiedlung des inneren Trondheimfjords schon zur Eisenzeit. Der Hof Egge war im Mittelalter ein Machtzentrum von Wikinger-Fürsten, die gleichzeitig auch religiöse Führer waren (s. auch „Sehenswertes"). Das ist wohl der Grund für die Häufung heidnischer Kultstätten in dieser Gegend.

Information/Verbindungen/Adressen

• *Information* Die **Turistinformasjon**, ✆ 741 63617, 📠 74161088, www.steinkjer-turist.com und www.rv17.no, direkt an der E 6 und gegenüber der Tankstelle ist vom 15.6.–15.8. jeweils Mo–Sa 9–20 und So 12–20 Uhr geöffnet; sonst nur Mo–Fr 9–16 Uhr. Hier kann man Fahrräder leihen und Angelkarten kaufen.

• *Zugverbindungen* Die Linie Trondheim-Bodø hält 4 x täglich am Bahnhof im Strandvegen (3 Std. nach Trondheim, 8 Std. nach Bodø).

• *Busverbindungen* Neben dem Bahnhof starten täglich mehrfach Busse nach Levanger/Stiklestad sowie nach Grong und Namsos.

• *Adressen* **Post**, **Telegrafenamt** und **Banken** im Strandvegen, der Straße hinter der Touristeninfo, dort auch jede Menge Parkplätze. Gegenüber dem Touristbüro **Domus-Supermarkt** und die **Olsen-Konditorei**.

Übernachten/Essen & Trinken

• *Übernachten* **Steinkjer Kurssenter AS**, ✆ 74137500, www.steinkjerkurssenter.no. Wen der alltägliche Auftrieb lerneifriger Gäste nicht stört, findet in dem neuen städtischen Schulungszentrum in der Stadtmitte die preiswertesten, wenn auch kargen Zimmer am Ort: EZ 500 NOK, DZ650 NOK.

Tingvold Park Hotel, Steinkjer, Gamle Kongvei 47, ✆ 74161100, www.tingvoldhotel.no. Das weiße Haus im grünen Park im Nordbezirk der Stadt – 10 Gehminuten vom Zentrum entfernt – ist ein geschmackvolles Hotel mit einem ausgezeichneten Restaurant und mit 30 hübschen und modern eingerichteten Zimmern. EZ 995, DZ 1.125 NOK. Im Sommer erstaunlich preiswert: 545 bzw. 750 NOK.

Quality Hotel Grand Steinkjer, Kongensgate 37, ✆ 74164700, www.grandhotell.no. Der Betonkasten im Zentrum von Steinkjer entpuppt sich als Tagungshotel mit typisch internationalem Einheitsgeschmack. Da sind Restaurant, Bar und Nachtclub selbstverständlich. EZ 1.055–1.285 NOK, DZ 1.345–1.545 NOK.

• *Camping* **Guldbergaunet Sommerhotell & Camping**, ✆ 74162045, www.rv17.no/guldberggau.net. 82 Hütten von sehr klein bis sehr luxuriös und von 450–800 NOK vermietet dieser Drei-Sterne-Platz an der E 6 bei Steinkjer, zudem Motelzimmer (EZ 750, DZ 990 NOK) und Wohnwagenstellplätze.

Haugåsen Camping, ✆ 74147036. Am Snåsavatnet, 15 km nördlich von Steinkjer und 200 m abseits der E 6, findet man auf dem hübschen Platz fast alles, leider keine Hütten (Kiosk, Badeplatz, Angelkarten, Telefon).

Kvam Motell & Camping, ✆ 74149730. In Klingsundet am Snåsasee (22 km nördlich von Steinkjer an der E 6) bietet der riesige Drei-Sterne-Platz neben schönem Badeplatz, Bootsverleih und Angelkarten auch 26 Hütten ab 450 NOK.

Øksnes Camping, ✆ 74149447. Einfacher und billiger ist dieser Zwei-Sterne-Platz ebenfalls in Klingsundet. Das gilt auch für die sechs Hütten ab 400 NOK.

• *Essen* **Bella Napoli**, Pizza ab 115 NOK und Pasta ab 80 NOK in guter Qualität gibt es am Marktplatz.

Breidablikk, typische Küche aus Norwegen und leider auch ein Bingosaal im Lokal in der Kongensgate (gleich hinter der Brücke).

Hong Kong, nicht nur chinesische Küche, sondern auch Kost des Landes wird hier angeboten (Strandveinen).

Sehenswertes

Egge Museum: Das Freilichtmuseum hat nichts mit der Wikingerzeit zu tun (s. o.), sondern präsentiert einen Gutshof mit 10 Gebäuden aus dem Jahr 1800. Diese sind liebenswert mit Möbeln, Küchenutensilien und Werkzeugen ausgestattet – und draußen weidet das Vieh. Auch das Segelschiff *Pauline* kann bewundert werden.

Öffnungszeiten Mitte Juni bis Mitte August Di–Fr 10–15.30 Uhr, So 12–16 Uhr, Eintritt 40 NOK, für Kinder gratis.

Dampsaga: Die lustige Kombination von Kulturhaus (mit Bibliothek, Kino, Theater und Café) und Badeanstalt (mit 43-Meter-Rutschbahn, Whirlpool und Kinderbecken) findet sich im Dampsaga-Komplex, einer ehemaligen Sägemühlen-Fabrik, mitten in Steinkjer an der E 6: originell und nicht einmal teuer.

Öffnungszeiten Mo–Fr 10–20 (Di und Fr auch 6.30–8 Uhr), Sa 10–16, So 11–17 Uhr. Eintritt 90 NOK, Kinder 40 NOK.

Das Rentier von Bøla: Die Felszeichnung am Snåsavatnet (30 km nördlich von Steinkjer) zeigt ein Rentier in realer Größe, und das ist einmalig in ganz Skandinavien. Wohl 6.000 Jahre ist *Bølareinen* alt. Es gilt als schönste Steinzeitzeichnung Norwegens.

Wer per Schiff den See überqueren und die 6.000 Jahre alte Felszeichnung des Bøla-Rens bewundern will, muss bis Vegset am Ende des Sees fahren. Dort ist die einzige Anlegestelle des Schiffes *Bonden II* am Westufer, und von dort schippert der 80 Jahre alte Dampfer zwischen dem 1.6. und dem 31.8. mit vier Stopps am Ostufer entlang (ab Vegset um 14.15 Uhr, an Bøla um 15.30 Uhr; Fahrpreis 90 NOK). Man kann die Felszeichnung in Bøla allerdings auch mit dem Auto auf einem kleinen Umweg erreichen, indem man in Vegset auf die Landstraße 763 und nach Süden einschwenkt.

▸ **Weiterfahrt**: Hinter Steinkjer gibt es zwei Möglichkeiten zur Weiterfahrt – über die Landstraße RV 17 nach **Namsos** (Abzweig bei Asp) oder über die E 6 und entlang am **Snåsasee**.

Die Landstraßentour auf der „Küstenstraße 17" – von zahlreichen Lesern als landschaftliches Highlight gelobt – ist zeitaufwändiger und empfiehlt sich als Alternativroute für Reisende nach **Helgeland**. Außerdem bekommt man so die reizvollen Städtchen Namsos und Brønnøysund mit. Über Fjorde und Meerengen (insgesamt drei Fährfahrten) braucht man für 340 km bis Sandnessjøn einen Tag ohne wesentliche Aufenthalte. Man kann aber auch diese Tour als nur kleinen Abstecher planen und nach 116 km über die RV 760 wieder die E 6 bei Grong erreichen.

Die andere Möglichkeit über die E 6 bis nach Sandnessjøn ist mit 318 km nur unwesentlich kürzer, aber deutlich schneller (keine Fähren, kaum Kurven). Zudem ist diese Route durch das Namdalen die bekanntere und touristisch eher erschlossene Strecke. Es gibt mehr Unterkünfte, Kurzweil in Familienparks und die Möglichkeit zum Lachsangeln im Fluss Namsen.

Abzweig nach Namsos und Brønnøysund

Der Ausflug über die „Küstenstraße 17" in das Innere der Halbinsel Folda führt durch das Mündungsgebiet des Flusses Namsen und an der Helgelandküste entlang. Die Strecke nur „reizvoll" zu nennen, ist weit untertrieben.

Sie sollten sich also Zeit lassen für diese Tour auf schmaler, kurviger Straße, zumal die nicht billigen Fährfahrten die Reise ohnehin unterbrechen. Denn es lohnt sich: Bizarre Berge und tief eingeschnittene Fjorde, immergüne Wälder und putzig herausgeputzte Holzhaus-Dörfer säumen den Weg.

Namsos

In den 150 Jahren ihrer kurzen Geschichte wurde die Stadt an der Mündung des Namsen in den Bjørumsfjord dreimal vollständig zerstört und immer wieder aufgebaut.

1872 und 1897 verwüsteten Großbrände den Handelsplatz, der als Verladehafen für Holztransporte, aber auch als Stadt der Sägewerke bekannt wurde (in Namsos gibt es bis heute das weltweit einzige Museum für dampfgetriebene Sägen). 1940 waren es einmal mehr deutsche Flugzeuge, die das Städtchen in Schutt und Asche bombten.

Die schöne Schärenküste bei Namsos voller bewaldeter Inseln und unübersehbarer Meerengen ist ein ideales Revier für Bootsausflüge. Der Ort selber allerdings ist gesichtslos, langweilig fast.

Information/Verbindungen/Adressen

• *Information* Die **Turistinformasjon** im Zentrum (Abel Meyersgt., 10 m neben dem Rathaus, ✆ 741226604, www.namsosinfo.no) ist im Sommer (Juni bis August) Mo–Fr 8–19, Sa 10–15 Uhr geöffnet; sonst nur Mo–Fr 8–16 Uhr (Fahrradverleih).

• *Flugverbindungen* 4 x täglich landen und starten auf dem Flugfeld im Stadtnorden Widerøy-Maschinen nach Bodø und Trondheim.

• *Busverbindungen* 3 x tägl. verkehren Busse nach Steinkjer, Grong und Brønnøysund.

• *Fährverbindungen* Auch über See ist Namsos zu erreichen: Der Katamaran „Namdalingen" huscht mehrmals täglich nach Rørvik, wo man in die Schiffe der Hurtigrute umsteigen kann.

• *Adressen* **Post** in der Carl Gulbransonsgt. 2, **Telegrafenamt** in der Havnegt. 14, **Apotheke** in der Verftgt. 3, zwei **Supermärkte** in der Abel Meyersgate.

• *Wichtige Telefonnummern* **Notarzt**, ✆ 742 72500; **Taxi**, ✆ 74272828.

Übernachten/Essen & Trinken

• *Übernachten* **Børstad Gjestgiveri**, Carl Gulbransonsgt. 19, ✆ 74272131, ✆ 7427 1448. Nur sieben gemütliche Zimmer, aber auch zwei edle Suiten mit Kamin und Whirlpool (850–1.050 NOK) sind im Angebot. EZ 990, DZ 1.090 NOK. Jeweils mit Frühstück. Besonderer Service: Vom Gasthof aus gibt es freien Eintritt in das Erlebnisbad „Oasen" (s. u.).

Namsen Motor Hotell, Spillum, ✆ 742226610, www.namsen-motor-hotell.no. 8 km südlich von Namsos vermietet das moderne Bed & Breakfast-Hotel 24 Zimmer und 15 Appartements. EZ 550–890, DZ 920–1.020 NOK Jeweils mit Frühstück.

Tino's Hotell, ✆ 74218000. Im hohen Norden einmal italienisch essen und auch schlafen? Bei Tino in der Verftsgata ist das in 13 DZ und 3 Suiten möglich. Die Zimmer sind einfach, aber sauber, vielleicht etwas plüschig. Gutes Restaurant. EZ 650 NOK, DZ 1.200 NOK, Suite 2.400 NOK.

• *Camping* **Pluscamp Namsos**, ✆ 74275344, www.pluscamp.no. Der schön an der Namsenmündung gelegene Drei-Sterne-Platz, fünf Autominuten vom Zentrum entfernt, bietet Badestrand, Lachs- und Hochseeangeln, 110 Wohnwagenplätze mit ebenso vielen Stromanschlüssen und 31 (!) moderne, etwas sterile Hütten unter schattenspendenden Bäumen von 450–750 NOK. Der nahe Regionalflughafen stört kaum – gerade mal sechs Kleinflugzeuge starten und landen täglich.

Aglen Camping, Strandveien ✆ 74284138. Zwar 40 km nördlich von Namsos (RV 767), aber sehr schön im Schärengarten der Küste gelegen, hat der Drei-Sterne-Platz neben famosen Angelmöglichkeiten auch 12 Hütten (ab 450 NOK) als Plus anzubieten.

• *Essen* **Kai-Kanten**, in dem Lokal am Hafen kann man nicht nur auf der Terrasse gut Fisch essen. Man kann Wildlachs auch im Laden, der zum Haus gehört, für wenig Geld mitnehmen.

Tino's, Pizza, Pasta, aber vor allem gute Antipasti zaubert der Italiener in seinem Hotelrestaurant auf den Tisch.

Sehens- und Erlebenswertes

Spillum Dampsag: „Wenn die Sägewerke schweigen, wird es still in Namsos", schreibt *Gunnar Hansen* in seinem Roman „Das Holzpferd, die Partei und der Junge". Zwar arbeitet das *Sägewerk van Seeveren* noch, aber die meisten Mühlen sind längst bankrott. An die große Vergangenheit als „Holzstadt Norwegens" erinnert das Sägemuseum in Spillum. Selbst die erste Dampfsäge der Welt ist noch in Betrieb.

Öffnungszeiten Mai–September täglich 9–17 Uhr. Eintritt 40 NOK, Kinder 20 NOK.

Oasen: „Das größte Schwimmbad der Welt in einer Felsenhöhle" – in holperigem Deutsch wirbt dieses Bad für seine einmalige Konstruktion bei für derartige Anlagen auch einmalig günstigen Preisen. 50-Meter-Bahn, Wasserrutsche, Planschbecken, Warmwasserbecken, Sauna und Sonnenbank. Leserin Sautter allerdings war das Bad zu „schmuddelig".

Öffnungszeiten Mo–Fr 10–20, Sa/So 10–18 Uhr. Eintritt 90 NOK, Kinder 45.

Namdalsmuseet: Das Bezirksmuseum am Fjordufer überragt aus zwei Gründen andere, ähnliche Freilichtmuseen. Es zeigt den größten *fembøring* (Boot mit zwölf Rudern) der Welt, und es dokumentiert in einer Sonderschau die

Geschichte des Krankenhauswesens. Das älteste Gebäude des örtlichen Hospitals wurde hierher verpflanzt.

Öffnungszeiten Juni–August Di 15–19, Mi–So 11–15 Uhr, Mo geschlossen. Eintritt 30 NOK, Kinder 15 NOK.

Kulturhus: In der Bezirksgalerie von Nord-Trøndelag (zweite Straßenreihe hinter dem Hafen) werden neben einer Ausstellung mit traditionellem Kunsthandwerk auch regelmäßig wechselnde Ausstellungen norwegischer Künstler aus Vergangenheit und Gegenwart gezeigt. Verantwortlich zeichnet hierfür der private Kunstverein.

Öffnungszeiten Mo–Do 10–19, Fr/Sa 10–16, So (nur Juli bis August) 12–16 Uhr. Eintritt gratis (bei Sonderausstellungen muss schon mal etwas bezahlt werden)..

Schärenfahrt: Der Passagierkatamaran *Namdalingen* fährt mehrfach täglich durch den Namsfjord und den Foldfjord nach Rørvik an der Küste. Bis zur Rückfahrt sind's zwei Stunden Aufenthalt – eine schöne, stressfreie Schärenfahrt für 210 NOK pro Person.

Brønnøysund

15 km vor Brønnøysund ragt der Torghatten, ein Felsen mit einem riesigen Loch mittendrin, eindrucksvoll aus dem Meer. Der nur 260 m hohe Felsen ist das weithin sichtbare Wahrzeichen des Handelszentrums in Helgeland.

160 m lang, 35 m hoch und 20 m breit ist das von der Brandung in den Torghatten gefräste Loch, entstanden vor Millionen von Jahren, als der Küstensaum noch tiefer lag. Natürlich ranken sich etliche Sagen um diese Höhlung – die landläufige Version behauptet, der nordische Gott *Hestmannen* habe das Loch per Pfeilschuss erzeugt, als er einen Nebenbuhler verfolgte.

Über die landschaftlich aufregenden Gemeinden Vika und Nærøy ist nach 180 km über die Küstenstraße und mit der Fähre Holm–Vennesund (15 x täglich, 20 Min., 72 NOK für Pkw/Fahrer, 29 NOK/Person) das Städtchen am **Brønnøysundet** erreicht: 4.500 Einwohner drängen sich auf vier Halbinseln zwischen Sund und Torgfjord – ein ruhiges, recht beschauliches Handels- und Verkehrszentrum (das seinen Namen von den vielen, für Seeleute zur Frischwasserversorgung so wichtigen Brunnen hat) an der südlichen Helgeland-Küste.

• *Information* **Torghatten Reiselivslag**, ✆ 75011240, www.visithelgeland.com, liegt in der Storgate, der Durchgangsstraße. Mo–Fr 8.30–17 Uhr.

• *Flugverbindungen* Vom kleinen Airport auf der südlich angrenzenden Halbinsel starten und landen 4 x täglich Maschinen nach Trondheim (Umsteigen nach Oslo) und Bodø (Umsteigen nach Narvik und Kirkenes).

• *Busverbindungen* 8 x täglich verkehren Fernbusse nach Mosjøen, 4 x nach Trofors und 3 x nach Sandnessjøen.

• *Fährverbindungen* Die Hurtigruten-Schiffe legen um 1 Uhr in Richtung Norden (nächster Stopp: Sandnessjøen nach 4 Std.) an, in Richtung Süden um 17 Uhr (nächster Halt: Rørvik nach 4,5 Std.).

• *Adressen* **Post**, **Bank**, **Apotheke** und **Lebensmittelläden** drängen sich im Zentrum zwischen Kai- und Storgate. **Tankstelle** im Sømnaveien am Ostrand der City.

• *Übernachten* **Galeasen Hotell**, Kaigt. 9, ✆ 75008850, 📠 75021335. Das gleich neben dem Touristbüro liegende Hotel mit Restaurant hat nur ein Dutzend schöne Zimmer (Du/WC, TV und Telefon) mit zumindest im Sommer günstigen Preisen: EZ 745, DZ 1.280 NOK.

Thon Hotel Brønnøysund, Valvn. 11, ✆ 75008900, www.thonhotels.no. Das edle Hotel im Zentrum (2. Reihe hinter der Uferstraße) mit 52 funktional eingerichteten Zimmern hat alles, für das ein betuchter Gast bezahlen mag. EZ 1.100, DZ 1.300 NOK.

• *Camping* **Torghatten Camping,** ✆ 75025495, www.visittorghatten.no. Der schöne Fjord-Platz, in Fußmarschweite zum Torghatten, vermietet Hütten (750 NOK), Zeltplätze (120 NOK) und Appartements (900 NOK) direkt am Wasser. Ein kleines Restaurant mit köstlichen Büffets und ein Shop mit überhöhten Preisen runden das Angebot ab.

Mosheim Camping, ✆ 75021373. Der einfache Zwei-Sterne-Platz an der RV 717 kurz vorm Zentrum ist ausreichend für eine kurze Übernachtung. Drei Hütten sind für 400–550 NOK zu haben.

Solli Camping, ✆ 75022009. Am Sundufer im Westen der Stadt liegt der Zwei-Sterne-Platz mit 10 Hütten (450–550 NOK, für diesen Preis auch Mehrpersonenzimmer), mit 25 Wohnwagenplätzen, Kiosk und Spielplatz.

Spaziergang auf den Torghatten: Eine 550 m lange Brücke führt über den Brønnøysund. Weitere 8 km braucht man via Torget bis zum Fuß des eindrucksvollen Felsens. Von einem Parkplatz rechts der Fahrbahn und kurz vor dem Torghatten Camping (s. o.) führt ein zwanzigminütiger, steiler Fußweg direkt zum großen Loch im Berg. Ein grandioser Aus- und Rundblick eröffnet sich über die gesamte Helgeland-Küste: unglaublich schön – bei klarer Sicht, aber die ist leider selten.

Das Weltkulturerbe „Vega-Archipel"

Wer nicht an der Küste entlang nach Norden strebt, dem sei ein Abstecher auf die Vega-Inseln nordwestlich von Brønnøysund empfohlen – seit Juli 2004 gehört die Inselgruppe zum Weltkulturerbe der Unesco (in Norwegen außerdem: Die Bergbaustadt Røros, die Urnes-Stabkirche, das Hanseviertel Bryggen in Bergen und die vorgeschichtlichen Felszeichnungen von Alta).

Tatsächlich sind die 6.500 Inselchen mit nur 1.400 Einwohnern – einzig die Hauptinsel **Vega** ist per Fähre vom 12 km nördlich von Brønnøysund gelegenen **Horn** zu erreichen – mit ihren unzerstörten Fischerdörfern, Lagerhäusern und altertümlichen Leuchttürmen bislang vom Tourismus übersehen worden. Doch das wird sich jetzt mit dem UN-Ehrentitel schnell ändern. Bisher kannten höchstens Vogel-Freunde den Archipel: Die „Eiderhäuser", eigens für Eiderenten geschreinerte Bruthäuschen, machten bisher nur für Kenner den Ausflug lohnend.

Tour an der Helgeland-Küste entlang

Auf zwei oder vier Rädern ist die 52-km-Tour von Brønnøysund nach Sandnessjøen an der einsamen, schönen Helgeland-Küste entlang gleichermaßen reizvoll. Nur darf man sich bei den Abständen nicht täuschen lassen. Zwei Fährfahrten verschönern, verlängern aber auch die Etappe. Radler werden einen Tag für die Tour brauchen.

Sie starten in Brønnøysund auf der Küstenstraße 17 in Richtung Norden. Durch die wirklich bezaubernde Küstenregion geht es via **Tilrem**, wo man die Ruine einer Kirche aus dem Mittelalter besichtigen kann, und **Mo** an die Spitze der Landzunge nach **Horn**.

Über die Fähre Horn–Andalsvåg erreichen Sie erneut das Festland. Die Straße macht ihrem Namen alle Ehre und führt 17 km weit und aufregend schön direkt an der Küste entlang bis nach Forvik. Die Fähre Forvik–Tjøtta führt schon auf die Inselgruppe von Alster (vgl. „Sandnessjøen“, S. 499).

Fähre Horn–Andalsvåg: 10 x täglich, z. B. 11.30 und 13 Uhr, 20 Min. Überfahrt, 104 NOK Pkw/Fahrer, 35 NOK pro Person, 24 NOK für Rad und Radler.

Fähre Forvik–Tjøtta: 7 x täglich zwischen 6.55 und 19.35 Uhr, Fahrzeit 60 Min., Fahrpreis 149 NOK Pkw/Fahrer, 45 NOK für Rad und Radler. Zwischen dem 20. 6. und dem 31.7. gibt es fünf Zusatzfähren, dann also 15 x täglich.

Weiter geht es auf der jetzt stark befahrenen Küstenstraße 17 – immer die Gipfel der „Sieben Schwestern“ im Blick – über Alsterhaug und Åringen (Sie können jetzt alternativ die Bezirksstraße über Breimo nutzen) am Flughafen vorbei nach Sandnessjøen.

Namdal

Der Weg weiter nach Norden über die E 6 führt in das Namdal, das von Steinkjer über Grong bis fast nach Mosjøen reicht. Mit nicht nur einem der fischreichsten Flüsse des Landes, sondern mit „der reinsten Luft Europas“, will man den Werbeprospekten glauben, lockt das Tal.

Man verlässt Steinkjer über die E 6 nach Norden (nach 7 km zweigt in Asp die RV 17 nach Namsos ab) und erreicht kurz darauf den **Snåsavatnet**, mit 36 km Länge Norwegens sechstgrößter See. Die jetzt kurvige, unebene Straße eröffnet immer wieder prächtige Ausblicke auf den lang gezogenen, fischreichen See. Den schönsten Blick hat man von der Kvam-Kirche aus am Ende des ersten See-Drittels, 16 km hinter Asp.

Weiter auf der E 6 kündigt sich am Wasserfall Formofoss bereits das zukünftige Landschaftsbild an: Das Tal verengt sich, die Hänge werden steiler, der erste Skilift führt 1.110 m auf das Geitfjell hinauf. Es wartet, 205 km hinter Trondheim, der nächste Ferienort, der winters wie sommers für Urlauber attraktiv ist.

Grong

Zwei Attraktionen bietet der ausschließlich für Touristen gebaute Ort: Lachsfang im Sommer und Skilauf im Winter.

Doch die Touristikmanager sind ständig dabei, das Angebot zu vergrößern: Fahrradtouren sind ebenso möglich wie Kanufahrten (Räder und Boote sind im Fremdenverkehrsamt auszuleihen) oder Drachenflugabenteuer und Reitausflüge. Im Winter wird mit dem – allerdings bescheidenen – Skizentrum gelockt: Vier Schlepplifte, zehn Abfahrtspisten und 62 km gespurte Loipen stehen zur Verfügung.

Im Sommer hingegen lockt der Lachs. Der Fluss **Namsen** gilt als der „König der Lachsflüsse“. Es gibt ein **Laksakvarium**, das auch Menschen, die sonst nicht zur Angelrute greifen, für Norwegens sommerlichen Nationalsport begeistern kann. Es gibt zudem eigens für Behinderte ausgebaute Angelplätze, es gibt natürlich eine *Lachs-Meisterschaft* am ersten Augustwochenende, und überall im Ort ist die Bestenliste der erfolgreichsten Saisonangler ausgehängt. Immerhin werden Jahr für Jahr 25 Tonnen Lachs aus dem Fluss gefischt.

Information/Adressen/Verbindungen

• *Information* Das **Fritidssenter**, ✆ 74312700, ✆ 74312701, www.grongfri.no, liegt unverfehlbar im Zentrum und ist ganzjährig, aber zu jeweils unterschiedlichen Zeiten geöffnet: Juni–Aug. Mo–Fr 9–19 Uhr, Sa/So 11–18 Uhr, ansonsten Mo–Fr 9–15.30 Uhr. Angelkarten gibt es hier für 200–300 NOK.

• *Adressen* Im **Media-Zentrum** im Zentrum von Grong findet man alles Nötige: **Apotheke**, **Bank**, **Tankstelle** und **Lebensmittel**, auch die **Polizei**.

• *Zugverbindungen* Drei Züge nach Trondheim/Oslo (ca. 4 Std.) bzw. nach Bodø (ca. 7 Std.) verlassen täglich den kleinen Bahnhof im Zentrum; gemütliche Abfahrtszeiten zwischen 11.59 und 18.13 Uhr; außerdem Bummelzüge nach Steinkjer (5 x täglich) und Namsos (7 x täglich).

• *Busverbindungen* Außer dem engeren Lokalverkehr gibt es Busse nach Steinkjer (2 x täglich, 1,5 Std.) und Namsos (5 x täglich, 1 Std.) sowie durch das Namdalen nach Smalåsen (93 km mit acht Haltestellen, 3 x täglich, Fahrtzeit insgesamt 1,5 Std.).

Übernachten/Camping

• *Übernachten* **Vertshuset Grong**, ✆ 74312000, www.vertshuset.com. Das riesige Gasthaus ist ein ideales „Basislager" für Lachsfischer. Hier werden auch Angellizenzen verkauft und Boote vermietet. Ein Führer mit Minibus steht zur Verfügung, und Sonderangebote gibt es zuhauf. Nette Zimmer im Hotel, im Motel und im hübschen Sommerhaus zu erstaunlichen Preisen: EZ 795 NOK, DZ 945 NOK.

Grong Gård og Gjestegård, ✆ 74331116, www.grong-gard.no. Aus einem stattlichen Trøndelag-Gutshaus ist eine urgemütliche Familienpension entstanden (12 km vom Zentrum entfernt, ausgeschildert), die zwischen dem 1.6. und dem 31.8. einen „Angelservice" bietet. EZ 600 NOK, DZ 720 NOK.

• *Camping* **Langnes Familecamping**, ✆ 74331850, www.nafcamp.com. Acht winterfeste Hütten ab650 NOK, 50 Stellplätze für Wohnwagen und 20 Zeltplätze hat der kinderfreundliche Vier-Sterne-Platz gleich neben dem Reitzentrum (2 km vom Zentrum) zu vergeben.

Moa Camping, ✆ 74332729. Ca. 20 km nördlich von Grong, in Harran, an der E 6 liegt dieser reizvolle Drei-Sterne-Platz (geöffnet 1.5.–1.10.) mit 20 Hütten zwischen 450 und 600 NOK und 25 Wohnwagenstellplätzen.

Lachsfang

Sie brauchen wie überall in Norwegen zunächst eine staatliche Angellizenz. Die gibt es im Postamt für 130 NOK; sie ist ein Jahr gültig. Dann braucht man aber noch eine *Fiskekortet*, die das Angelrecht für einen bestimmten Platz an einem bestimmten Fluss oder See für eine bestimmte Dauer garantiert. Die Preise dafür schwanken zwischen 200 und 300 NOK: *Grongkortet* gibt es im „Fritidssenter", das auch Angelruten, Schwimm- und Rettungswesten, Neoprenanzüge und Boote verleiht.

In Grong und Umgebung gibt es außer dem Fluss Namsen sage und schreibe 500 Seen, z. B. den Finnbursvatnet und den Møkkelvatnet, und Wasserläufe, in denen das Angeln lohnt. Gefangen werden Forelle, Saibling und natürlich Lachs, als *Namsblanken* bekannt – eine der wenigen Lachsarten, die ausschließlich im Süßwasser lebt.

Sehenswertes

Namsen Laksakvarium: Wenige Kilometer nördlich von Grong und sehr gut ausgeschildert, liegt das Museum am mächtigen Fiskumfoss, einem Doppelwasserfall, dessen Wasserkraft von zwei Kraftwerken abgeschöpft wird. Es bietet ein Unterwasser-Panoramafenster, eine nordisch-nüchterne Cafeteria mit Lachsbüfett, ein kleines Lachs-Museum, vor allem aber die längste Lachstreppe Europas, zu der man hinunterspazieren, an der man aber auch angeln kann (200 NOK pro Stunde).

Lachstreppen werden immer an Wasserfällen angelegt, wenn Kraftwerke zu viel Wasser ableiten. Sie unterstützen die Fische beim Springen, sodass sie trotz der gigantischen Wassermassen den Wasserfall „hinaufklettern" können. Auch wer nicht zur begeisterten Schar der Petrijünger zählt, gewinnt im Lachsaquarium wertvolle Ein- und Ausblicke.

Öffnungszeiten Juni–September täglich 11–17 Uhr, im Juli bis 18 Uhr. Eintritt 60 NOK, Kinder 30 NOK; Eintritt gratis, wenn vorab ein Lachsessen bestellt wird. Angelrecht und Ausrüstung werden gestellt für 150 NOK.

Namskogan Familiepark: Die nächste kindergerechte Attraktion wartet im idyllisch gelegenen Namsskogan, immerhin schon 63 km entfernt. Das Elchfreigehege im Familiepark sollten sich aber auch Erwachsene gönnen – Sie werden den König der skandinavischen Wälder so häufig nicht in freier Wildbahn erleben. Ansonsten kommt dieser Freizeitpark ohne Rummel, Spielautomaten und Diskosound aus, bietet dennoch Rodel-, Gokart- und Querfeldeinbahnen, Boot-Skooter, Trampoline, Grill- und Angelplätze, Cafeteria und Kunsthandwerkladen.

Öffnungszeiten Juni–August täglich 10–19 Uhr. Eintritt 175, Kinder 150 NOK.

▶ **Weiterfahrt**: Das innere Namdal, das jetzt zügig durchfahren wird, wobei allerdings altertümliche Bahnunterführungen die flotte Passage oft verlangsamen, wirbt mit dem Slogan: „The cleanest place in Europe". Tatsächlich ist das Flusswasser allzeit trinkbar, sind die Bäume noch gesund und ist die Luft noch sauber – wenn man die lärmige Europastraße verlässt und sich wenige Meter entfernt ein ruhiges Picknickplätzchen sucht.

Hattfjelldal und Børgefjell-Nationalpark

Das Tal und der Park zählen zu den abgeschiedensten Gegenden Norwegens. Kein Wunder, dass Jagd und Fischfang in dem menschenleeren Landkreis, der sich in seiner Eigenwerbung nur der „Wildniskreis" nennt, groß geschrieben werden.

Vor dem Abzweig ins Hattfjelldal passiert man den Majavatn und die Grenze zur Provinz Nordland und nach Nordnorwegen. Eine kitschige Blende über der Straße und ein dann doch überraschend informatives Informationszentrum mit dem großartigen Namen *Porten til Nord-Norge* (Tor zu Nordnorwegen) signalisieren den Übergang.

In Trofors findet man dann die Abzweigung nach Osten: Die RV 73 ist zwar als Querverbindung nach Schweden gedacht, bringt Reisende aber auch in das Hattfjelldal – ein Eldorado für Jagdfreunde, Wanderer und Naturliebhaber. Der bevölkerungsärmste Kreis Norwegens ist eine wahre Wildnis, die sich vornehmlich in dem kaum zugänglichen Børgefjell-Nationalpark erleben lässt.

Dem wasserreichen Park fehlt eine üppig-grüne Vegetation. Die Nadelbaumgrenze liegt schon bei 600 m über NN. Außer teilweise sehr dichten Birkenwäldern überwiegt Heide mit großen Beerenfeldern (Moltebeeren und Blaubeeren). Vögel, vor allem Odinshühnchen, Eisente und Saatgans, sind besonders häufig, Säugetiere hingegen (Hase, Fuchs und Elch – die Rentiere sind in aller Regel zahm und gehören Samen-Familien) sind eher selten. Noch seltener aber sind Wolf, Luchs und Bär, deren südlichstes Verbreitungsgebiet der Børgefjell-Park ist.

Über die Landstraße 804 muss man in der Streusiedlung **Hattfjelldal** nach Süden abbiegen, um den unberührten Park zu erreichen: Der 1.107 km^2 große Nationalpark an der Grenze nach Schweden mit dem 1.699 m hohen **Kvigtind** als höchstem Gipfel bietet eine nahezu unberührte Natur, keine Straße, gerade drei Hütten von Rentierhirten und Heimat dreier schwedischer Samenfamilien, die mühsam ihre Rentiere versorgen. Dennoch gibt es auch hier Unterkünfte, bescheiden und einfach zwar, doch den Bedürfnissen naturverbundener Jäger und Angler angemessen.

Hattfjelldal ist übrigens Sitz des **samischen Kulturzentrums Sijtijarnge**: Der eindrucksvolle Flachbau über dem Ortszentrum von Hattfjelldal ist der samischen *Kata*, dem Versammlungszelt der Ureinwohner, nachempfunden. Neben einer kleinen Schule enthält das Zentrum eine Küche, Werkstatt, einen Hauptraum mit Feuerstelle und natürlich einen Andenkenladen (Mo–Fr 8.30–15 Uhr).

• *Information* **Reiseliv AS**, im Zentrum des Ortes Hattfjelldal, ✆ 75184005, www.visithelgeland.no. Juni–August Mo–Sa 10–23, So 13–23 Uhr. Angelscheine (Forelle und Saibling) und Jagdgenehmigungen (Saison 15.9.–28.2.) gibt es im Büro der Forstverwaltung im Ort Hattfjelldal.

Die **Turistinfomasjonen** für den Südteil des Parks ist im Limingen Gjestegård (s. u.) untergebracht – geöffnet ist, solange die Rezeption besetzt ist (über das Hoteltelefon zu erreichen).

• *Verbindungen* **Zug-** und **Flugverbindungen** via Trofors bzw. Mosjøen. Zu beiden Ortschaften fahren **Busse** ab Hattfjelldal: Rute 550 nach Trofors (3 x täglich) und weiter nach Mosjøen, jeweils 1 x täglich nach Varntresk, Åkervik und Grensvold.

• *Adressen* **Post**, **Bank**, **Apotheke** und **Lebensmittelgeschäft** (Metro senter und Samvirkelag) finden sich im Ortszentrum Hattfjelldal.

• *Wichtige Telefonnummern* **Polizei**, ✆ 74331204; **Arzt**, ✆ 74334019; **Taxi**, ✆ 74334316.

• *Übernachten/Camping* **Børgefjell Vertshus**, ✆ 75185050. Gerade einmal zehn Zimmer vermietet das Wirtshaus im Ort Hattfjelldal. Die aber sind im ganzen Jahr preiswert zu bekommen: EZ 550 NOK, DZ 750 NOK.

Limingen Gjestegård, ✆ 74335224, 📠 74325380. Das „WildLife Hotell" im Süden des Nationalparks verfügt neben der Touristen-Information über 15 gut ausgestattete Zimmer und eine weithin gerühmte Küche. EZ 580, DZ 720 NOK (mit Frühstück).

Børgefjellfoten, ✆ 74325269. In der Nähe des Namsvatn vermietet Jens Vollmo sechs große Hütten (ab 400 NOK) mit Bootsverleih und Angelrechten.

Grannes Camping, ✆ 75185524. In Unkervatn (12 km südlich vom Ort Hattfjelldal) bietet der Zwei-Sterne-Platz neben 12 schönen Hütten (ab 350 NOK) auch Bootsverleih und einen netten Badeplatz am gleichnamigen See.

Das Nordland
Karte S. 480/481

▸ **Weiterfahrt:** Auf der E 6 geht die Fahrt weiter via Grane zum Laksfoss. Den eindrucksvollen Wasserfall mit einer 200 m langen Lachsleiter und selbstverständlich wieder hervorragenden Angelplätzen findet man an der Trasse der ehemaligen Europastraße (an der E 6 ausgeschildert) 27 km vor Mosjøen.

Mosjøen

Die Stadt am Südende des Vefsnfjords ist lebendiges Beispiel für die manchmal wunderliche Subventionspolitik der Zentralregierung in Oslo.

Das 1958 gegründete Aluminiumwerk *Elkem*, das die 15.000-Einwohner-Gemeinde ziemlich verschandelt, gleichzeitig aber 500 Arbeitsplätze schafft, nutzt die Nähe preiswerter Energie aus Kraftwerken des östlich gelegenen Sees **Røssvatnet**, importiert die für die Aluminiumproduktion erforderliche Bauxiterde aber aus Mittelamerika und Westafrika.

Die für die Arbeiter geschaffenen städtischen Zentren verstellen den Blick auf die einzige Sehenswürdigkeit des Ortes, die Lagerschuppen und *rorbuer* der *Sjøgata* – Holzhäuser auf Stelzen. Die Pfahlbauten dienten Bauern einst als Lager- und Wohnhäuser, denn häufig mussten sie weit reisen, um ihre Waren an den Mann zu bringen. Heute gilt das Viertel als eines der größten Holzhausareale des Landes, dessen Bauten als Kneipen und Galerien, aber immer auch noch als Wohnhäuser genutzt werden.

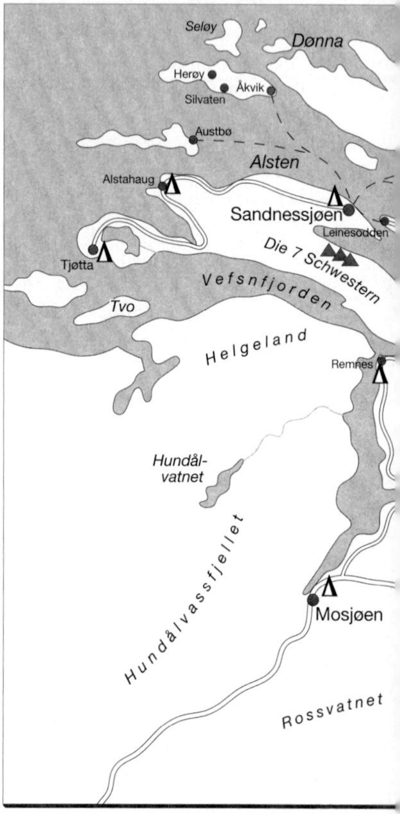

Information/Adressen/Verbindungen

- *Information* Die Touristeninformation **Indre Helgeland Reiseliv** ist im Bahnhof untergebracht. ✆ 75111240, www.visithelgeland.no, 20.6.–14.8. Mo–Fr 9–15.30, Sa 9–15, So 11–17 Uhr; 15.8.–19.6. Mo–Fr 9–15.30 Uhr.
- *Adressen* **Post** zusammen mit **Kino**, **Riesenparkplatz** und **Supermarkt** am Zusammenfluss von Vefsna und Skjerva; **Telefon** in der Rådhusgata, **Apotheke** in der Haviggt. (zwei Straßen hinter Sjøgt).
- *Flugverbindungen* Vom 7 km entfernten Airport (✆ 75174666) starten täglich Maschinen nach Bodø, Trondheim, Mo i Rana, Sandnessjøen und Namsos.
- *Zugverbindungen* Über den kleinen Bahnhof hinter der Sjøgata und die Nordlandbahn wird man 2 x täglich in beide Richtungen mit Bodø und Trondheim verbunden.
- *Busverbindungen* Am Bahnhof starten auch die Überlandbusse nach Hattfjelldal (3 x täglich), nach Trofors (1 x), Sandnessjøen (1 x), Mo i Rana (3 x) und Brønnøysund (3 x).

Übernachten/Camping/Essen & Trinken

- *Übernachten* **Fru Haugans Hotel**, Strandgata 39, ✆ 75114100, www.fruhaugans.no. Das Hotel hat 200 Jahre auf dem Buckel – die gemütlichen Zimmer und der solide Service sind aber spürbar neueren Datums. EZ 975 NOK, DZ 1.175.

Norlandia Lyngengården Hotell, Vollanveien 15, ✆ 75174800, www.norlandia.no. Hübsch ist der Kasten, 500 m vom Bahnhof entfernt, nun wirklich nicht. Die 50 modernen Zimmer (darunter sieben Nichtraucherräume) entschädigen aber für das lieblose Ambiente. Dieses Urteil gilt auch für das Restaurant und den Nightclub. EZ 990 NOK, DZ 1.340 NOK.

Mosjøen Hotell, Vollanveien 35, ✆ 75171155, www.mosjoenhotell.no. Das modernisierte Haus bietet 34 Zimmer (alle mit TV, nicht alle mit Bad), ein schlichtes Restaurant und die urige Schifferkneipe „Sjarken" an. EZ 490 NOK, DZ 990 NOK.

- *Camping* **Mosjøen Camping**, ✆ 75177900, www.mosjoencamping.no. Der Drei-Sterne-Waldplatz des Besitzers des gleichnamigen Hotels hat alles, was modernes Camping ausmacht, darunter 28 Hütten un-

Das Nordland
Karte S. 480/481

terschiedlicher Größe (einige mit Bad) ab 350 NOK.

Sandvik Camping og Gjestgård, ✆ 75115000, www.sandvik-gjestegard.no. Die nur von Juli bis September geöffnete Anlage nördlich des Zentrums an der E 6 ist Hotel (EZ 850 NOK, DZ 1.450 NOK) und Campingplatz (20 Hütten 350–600 NOK, 100 Zeltplätze, 45 Stellplätze für Wohnwagen) in einem.

• Essen **Oksen Ferdinand**, Sjøgata 23. Lecker essen im urigen Holzhausmilieu. Die Weinkarte ist besonders zu empfehlen, was in Norwegen wirklich selten ist.

Egon, Sjøgata 1b. Die kleine Pizzeria bietet Pizza mit Salat ab 65 NOK, Pizzalunch für 90 NOK. Sie öffnet werktags schon um 11 Uhr. Der Nachtklub lärmt erst ab 21 Uhr.

Franks Kro am Bahnhof bietet preiswerte Snacks und Hamburger und ist deshalb bei Jugendlichen sehr beliebt.

El Paso Bar im Zentrum, Bechsgt. 16, ist gut für mexikanische Fleischgerichte zu zivilen Preisen.

Kaffistova, Havigsgt. 5. Die Cafeteria öffnet werktags schon um 8 Uhr. Das Frühstück ist besser als der Imbiss am Mittag.

Sehenswertes

Sjøgata: Einer Bürgerinitiative war es 1970 zu verdanken, dass diese wunderschöne Straße mit alten Holzhäusern aus dem 18. und 19. Jh. unter dem Øyfjell am Fluss Vefsna erhalten blieb. Die Stelzenhäuser sollten einem Kaufhaus Platz machen. Jetzt ist die Straße mit einem Museum, mit Kneipen und Wohnungen zum Touristenmagneten in Mosjøen geworden und steht unter Denkmalschutz. Achten Sie auf die Nummer 11, es ist wahrscheinlich die älteste *Brygge* der Straße. Oder auf die Nummer 44, das alte Hauptgebäude von *Fru Haugans Hotell*. Oder auf die *Kulturwerkstatt*, die in Nummer 24 untergekommen ist, dort ein Café betreibt, aber auch Bücher verkauft und Ausstellungen organisiert, sowie auf die Keramikwerkstatt in Haus 51a.

Vefsn Museum: Im Sjøgata-Haus 23 e ist die interessanteste Abteilung des Regionalmuseums beheimatet. Bilder und Gerätschaften im alten Lagerhaus illustrieren die Schiffsbau- und Fischertradition in der Gemeinde. Das Freilichtmuseum der Vefsn-Gemeinde mit zwölf Gebäuden befindet sich auf dem Dambekhaugen an der E 6 außerhalb des Zentrums.

Öffnungszeiten **Freilichtmuseum**, 1.6.–1.9. Mo–Fr 8–15.30, So 11–16 Uhr. **Sjøgata-Haus**, 10–16 Uhr. Das Kombiticket kostet 20 NOK.

Helgeland

Um dieses herrliche Fleckchen Erde zu erleben, müssen Sie schon für ein, zwei Tage die E 6 verlassen. Sie werden für den Umweg mehr als nur entschädigt durch eine aufregende Küstenlandschaft mit atemberaubenden Bergen, durch mächtige Fjorde und waghalsige Brücken. Ein fruchtbares und liebliches Land mit unzähligen Urlaubsmöglichkeiten tut sich da auf. Es ist das „Land der Sieben Schwestern".

Helgelandsbrua: Wahrzeichen für das „Land der 7 Schwestern"

Hinter Mosjøen biegt man auf der RV 78 nach Westen und zur Küste ab. Über Holandsvika und vorbei an dem sehr schönen Vefsnfjord wird Leira erreicht, wo man auf die RV 17, die berühmte „Küstenstraße 17", einbiegt. Nun nicht zur Fähre nach Leinesodden abbiegen (viele Karten und auch die Schilder an der Straße empfehlen das, obwohl die Autofähre längst eingestellt ist!), sondern geradeaus auf die großartige **Helgelandsbrua**, Norwegens wohl eindrucksvollste Brücke.

Zwanzig Jahre lang kämpfte eine Bürgerinitiative für die Festlandsanbindung der Insel **Alsten** mit der Gemeinde **Alstahaug** und ihrem Hauptort **Sandnessjøen**, bis 1991 die waghalsige, 1.065 m lange und 138 m hohe Brücke über den **Leirfjord** entstand. Andere Ideen, wie ein Tunnel unter dem 170 m tiefen Fjord oder ein Durchbruch durch die Bergkette der „Sieben Schwestern“, wurden glücklicherweise fallen gelassen.

Heute ist die Helgelandsbrua fast zum Wahrzeichen des gleichnamigen Landkreises geworden, was in einem Land mit mehr als 50.000 Brücken, viele größer und höher als diese, schon etwas heißen will. Das liegt aber auch daran, dass bei der Brückenüberfahrt der *Sju-Søstre-Gebirgszug*, klare Sicht vorausgesetzt, immer im Blick ist. Die **Sieben Schwestern** sind eine beeindruckend-bizarre Bergformation an der Ostseite Alstens – die sieben Gipfel wie an einer Perlenschnur sind Aufschüttungen mittlerweile längst verschwundener Gletscherzungen. Der Sage nach aber sind es die bei Sonnenaufgang zu Stein erstarrten Töchter des Samen-Gottes *Sulitjelma*. **Botnakrona**, der nördlichste Gipfel, ist mit 1.066 m auch der höchste.

Die gefährliche Schärenküste (und das oft schlechte Wetter in Helgeland) haben Sagen und Legenden zuhauf entstehen lassen, z. B. auch die vom Riesen Hestmannen, dessen Pfeil den Berg Torghatten bei Brønnøysund (35 km und eine Fährfahrt südlich) durchbohrte.

Diese und andere Geschichten sammelte der Pfarrer und Poet *Petter Dass*, über dessen Namen man allerorten in Helgeland stolpert. Die längste Straße, der älteste Hof und selbst die Autovermietung sind nach dem Vielverehrten benannt, bei dessen Tod 1707 alle Schiffe an der Helgeland-Küste den Trauerflor flaggten.

Sandnessjøen

Das 6.000-Einwohner-Städtchen auf einer Insel, die mit der Festlandsanbindung zur Landzunge im Leirfjord wurde, ist beschaulich und gänzlich unattraktiv. Der Ort lässt sich aber gut als Ausgangspunkt für Wanderungen und Ausflüge in Helgeland nutzen.

Das große, geruhsame Dorf mit Hafen und ohne architektonisches Raffinement versorgt den Gast mit allem Nötigen, aber ohne Luxus. Verschwendend ist allein die herrliche Aussicht – die einzigartige Bergkette der „Sieben Schwestern“, davor das satte Grün der Weiden und daneben das verwirrende Gewirr der klitzekleinen Schären.

Information/Verbindungen/Adressen

- *Information* **Polarsirkelen Reiselivslag**, ✆ 75044500, www.helgelandskysten.com, am Hafen ist neuerdings ganzjährig und im Sommer auch täglich von 9–16 Uhr geöffnet. Hier sind auch Schären-Kreuzfahrten nach Dønna, Bergwanderungen im Gebirge der „Sieben Schwestern“ und Tauchabenteuer vor der Küste zu organisieren.
- *Flugverbindungen* Vom Flughafen Stokka auf der Insel-Westseite und ca. 20 km von Sandnessjøen entfernt, werden 30 innernorwegische Ziele angeflogen, darunter alle großen Städte: Oslo (5x täglich), Trondheim (8x täglich) und Tromsø (6 x täglich).
- *Busverbindungen* 3 x täglich verkehrt der Überlandbus beim Hafen nach Mo i Rana (3 Std. 20 Min.) mit Umsteigemöglichkeit in Finneidfjord nach Süden und Mosjøen.
- *Fährverbindungen* Regelmäßige Verbindungen zu den Inseln Herøy (45 Min.) und Austbø (1 Std. 20 Min.) im Süden (15 x täglich, 105 NOK pro Person und Pkw, 37 NOK für die zweite Person) sowie nach Dønna (30 Min.) und Løkta (1 Std., 16 x täglich, 79 NOK pro Person plus Pkw, 28 NOK für die weitere Person). Start ist im Fährhafen (Verlängerung der Torolv Kveldulvsonsgate). „Helgelandsekspressen“ starten im

Fünf der Sieben Schwestern

Holmen-Hafenbecken nach Onøy, Tonnes (über Kvarøy; täglich 14 Uhr) sowie nach Kirkøy (5 x täglich). Auch die Schiffe der „Hurtigrute" legen im Holmen-Hafenbecken an: südwärts um 13.30 Uhr (nächste Haltestelle Brønnøysund nach 4 Std.), nordwärts zur nachtschlafenden Zeit von 4.15 Uhr (nächste Stationen Nesna nach 1 Std. 15 Min. und Bodø nach 10 Std. 15 Min.).

• *Adressen* Fast alles konzentriert sich auf drei Straßenzüge um den Hafen: Die **Post** liegt am Anfang der Torolv Kveldulvsonsgate. Dort findet man auch die **Bank**, ein **Kaufhaus** (das andere in der Havnegt), **Apotheke** und **Konditorei Eriksen**; nur die **Tankstelle** (jenseits des Kreisverkehrs im Horvnesvegen) und **RIMI-Supermarkt** (Botnveien) sind außerhalb des Zentrums.

• *Wichtige Telefonnummern* **Polizei**, ✆ 750 43222; **Notarzt**, ✆ 75043600.

Übernachten/Essen & Trinken

• *Übernachten* **Hotel Helgeland AS**, Leirfjord, ✆ 75050040. Wenn Sie einmal unter der Brücke schlafen wollen, sind Sie hier richtig. Das 1994 eröffnete Hotel mit gutem **Restaurant**, seit 2006 mit neuem Besitzer, und herrlicher Aussicht auf die „Sieben Schwestern" liegt unmittelbar vor der Helgelandbrücke noch auf dem Festland (probieren Sie im Restaurant mal Pfefferlachs zu 190 NOK oder Mondfisch in Weißwein für 185 NOK). EZ 955 NOK, DZ 1.350 NOK.

Sandnessjøen Restaurantdrift, Sandnessjøen, ✆ 75044011, ✆ 75043830. Eine Cafeteria und nur 14, gemütlich und behindertengerecht eingerichtete Zimmer (Du/WC, TV und Telefon) bietet der Gasthof. EZ 780 NOK, DZ 980 NOK mit Frühstück

Rica Hotel Sandnessjøen, Torolv Kveldulvsonsgate 12, ✆ 75065000, www.rica.no. Das Nobelhotel des Ortes unweit des Hafens ist nicht sonderlich hübsch, aber nicht schlecht. EZ 910–1.095 NOK, DZ 1.295–1.345 NOK (Sommerpreise deutlich niedriger). Leser Hans Coldevin lobt die Küche.

• *Camping* **Sandnessjøen Camping Steiro**, ✆ 75045440, www.ssj.no. 10 km vom Zentrum Sandnessjøen entfernt bietet der Zeltplatz in Alstahaug auch 10 Hütten (ab 450 NOK) sowie Bade- und Angelmöglichkeiten.

Belsvåg Camping, ✆ 75045319, Alstahaug. 1 km entfernt und am Hof der ersten Bischofs von Nordland mit acht Hütten ab 450 NOK. Zudem einfache EZ zu preiswerten 400 NOK und DZ zu 650 NOK.

Offersøy Camping, ✆ 75046411, in Tjøtta an der Südspitze der Insel, 30 km weiter.

• *Essen* **Buris Bistro**, mehr als ein Imbiss, weniger als ein Restaurant – aber die Snacks sind lecker, auch sehr gute Steaks im Angebot.

Propellen Kro, Airport-Cafeteria mit guten Tellergerichten.

Gyda, gutes Restaurant mit gediegenem Angebot zu reellen Preisen.

Eriksen Kro og Konditori, das Café ist ebenso zu empfehlen wie das Lokal, das auf hiesige Fischleckereien spezialisiert ist.

Schärenkreuzfahrt/Bergwanderungen

• *Schärenkreuzfahrt* Insgesamt fünf kleine, aber allesamt seegängige Kabinenkreuzer flitzen durch das Gewirr der über tausend Schären und Inseln vor der Helgeland-Küste. Alle starten im Hafen von Sandnessjøen, wo auch die Schiffe der *Hurtigrute* und von *Helgelandeskpressen* anlegen. Sie können Rundfahrten oder Walsafaris buchen, sich nach Dønna (7 km) oder Herøy (15 km) übersetzen lassen und Nachttouren oder Angeltörns buchen.

Melden Sie sich bei **Sverre Berg** (✆ 4774083492) oder bei „**Gamle Helgeland**" (✆ 4748279401). Die Kapazität der Schiffe reicht von 6 bis 45 Passagieren, die Spannbreite der Preise von 80 bis 500 NOK pro Person.

• *Bergwanderungen* Das Gebirgsmassiv der Sieben Schwestern eignet sich gut für Ski- oder Fußwanderungen. Es gibt auch einen organisierten Cross-Lauf. Wanderkarten erhält man in der Touristinformation am Hafen, sicherer ist es aber, sich einer von **Thor Bergesen** geführten Tour anzuschließen (✆ 75043363/0182).

Sehenswertes

Petter-Daas-Hof Alstahaug: Das Ensemble dreier sehr unterschiedlicher Anlagen verbirgt sich hinter der Bezeichnung „Petter Dass' Prestegård" (ca. 25 km südlich von Sandnessjøen und hinter dem Flughafen). Hier finden Sie eine mittelalterliche Kirche aus dem Jahr 1150, in der einst Petter Dass predigte. Zudem kann man einen gewaltigen Grabhügel, der heute als Aussichtsplatz genutzt wird, und das Pfarrhaus besichtigen, eher ein Gutshof, in dem der Dichter *Petter Dass* von 1689 bis zu seinem Tod 1707 lebte und in dem heute ein kleines Museum untergebracht ist.

In der Zeit zwischen dem 15.6. und dem 15.8. ist das Anwesen mit einem angenehmen Lokal und Tischen unter weit ausladenden Baumkronen immer einen Ausflug wert.

Öffnungszeiten täglich von 11–17 Uhr. Das Museum ist nur im Rahmen einer Führung zu besichtigen. Eintritt Erwachsene 40, Kinder 20 NOK.

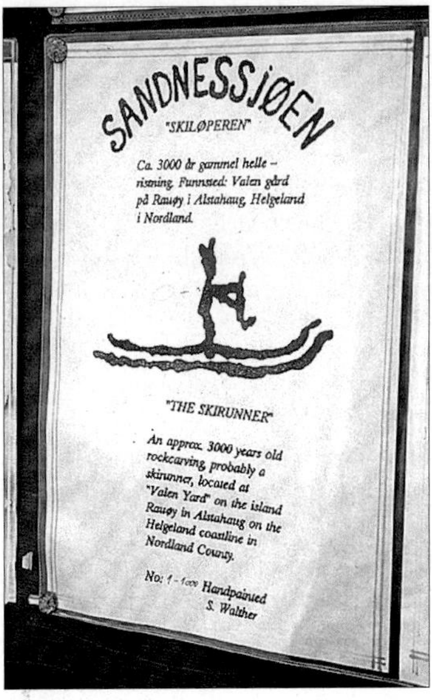

Der Skiläufer von Røøya

Kriegsgräberfriedhof Tjøtta: Unter den vielen Gedenkstätten in Nordnorwegen kommt diesem Friedhof, der wenige Kilometer südlich des Petter-Dass-Hofes rechts der Straße liegt, besondere Bedeutung zu. Hier ruhen 7.551 meist unbekannte, russische und norwegische Kriegsgefangene, deren Schiff *Riegel* während des Rücktransports aus Norwegen in den letzten Tagen des Zweiten Weltkriegs von einem britischen U-Boot vor Tjøtta versenkt wurde – nach dem Untergang der Titanic die größte Schiffskatastrophe aller Zeiten. Die würdevolle Anlage ist jederzeit zugänglich.

Der Skiläufer von Røøya: Wenn Sie sich schon immer über das etwas missratene Piktogramm des Lillehammer-Skiläufers, offizielles Symbol der Olympischen Winterspiele 1994, gewundert haben – es ist gar kein Designerprodukt, sondern eine Felszeichnung aus der jüngeren Steinzeit, deren Original auf **Tro**, einem Inselchen vor Tjøtta, zu bewundern ist.

Um dorthin zu gelangen, müssen Sie, falls kein privates Arrangement getroffen wurde, die Fähre Tjøtta–Forvik nutzen. Diese Verbindung ist ohnehin für alle die unerlässlich, die über die Küstenstraße 17 nach Süden wollen.

Verbindungen/Preise 13 x täglich im Sommer (ansonsten nur 7 x) zwischen 6.55 und 22.30 Uhr, Fahrzeit 60 Min. 149 NOK pro Person plus Pkw, Zusatzperson gratis, Rad plus Radler 55 NOK.

Über den Polarkreis

Um „Polarsirkelen", eine der wenigen von Menschenhand geschaffenen Sehenswürdigkeiten im Nordland, zu passieren, bieten sich verschiedene Routen an. Aber nur über die Europastraße und Mo i Rana und nur mit dem Auto erreichen Sie das sehenswerte Polarkreiszentrum.

Wenn man nach Norden über eine andere Strecke als über die von der Hinfahrt nach Helgeland bereits bekannte weiterfahren möchte, muss man sich zwischen mehreren Fährüberfahrten entscheiden:

- **Die Passage Levang–Nesna** garantiert die landschaftlich außerordentlich reizvolle Weiterfahrt über die erst kürzlich ausgebaute Küstenstraße RV 17, dauert aber länger, weil diese Fähre seltener fährt und die E 6 erst in Mo i Rana erreicht wird. Dennoch ist diese gemächliche Route gerade im Urlaub die empfehlenswertere.

  Fährüberfahrt 17 x täglich, 30 Min. Überfahrt, 74 NOK pro Person plus Pkw, 2 NOK für jede weitere Person.

  Über Nesna – auch hier begegnet einem der Dichter Petter Dass, der im Pfarrhof 17 Jahre lang Kaplan war – geht die wunderschöne, 31 km lange und dennoch viel zu kurze Fahrt am Sjonafjord entlang (links blinkt der 1.050 m hohe Tortenviktinden) bis nach Sjoneidet, wo die RV 12 als Verbindungsweg nach Mo i Rana abknickt.

- **Die Passage Leirvik-Hemnesberget** geht über die Straße 808 schneller, die Weiterfahrt ist kürzer, allerdings weniger reizvoll, und die E 6 wird in Finneidfjord (17 km vor Mo i Rana) zügig erreicht.

  Fährüberfahrt 12 x täglich, 25 Min. Überfahrt, 70 NOK pro Person plus Pkw, 26 NOK jede Zusatzperson.

- **Die Küstenstraße** führt – mit nochmals zwei Fährüberfahrten – 260 km weiter nach Bodø. Wenn Sie auf den Geschmack gekommen sind, folgen Sie der RV

17 über Brattland mit einer der größten Radioanlagen der Welt, nehmen bei Kilbogham die Autofähre nach Jektvik und überqueren dabei den Polarkreis, um 15 km weiter mit der Autofähre Ågskardet–Forøy den Skarsfjord zu überqueren.

Fährverbindungen **Kilbogham–Jektvik**, 4.7.–20.8., 6 x täglich (z. B, 11.50 und 12.50 Uhr), 1 Std. Überfahrt, 132 NOK für Fahrer plus Pkw, 48 NOK für jede Zusatzperson. **Ågskardet–Forøy**, 13 x täglich, 10 Min. Überfahrt, 34 NOK für Fahrer plus Pkw, 21 NOK für jede weitere Person.

9 km weiter erleben Sie eine wunderschöne Aussicht auf den **Engabreen**, einen Arm des **Svartisen-Gletschers** (s. u.), der bis auf 12 m an das Meerwasser heranreicht. Dann kommen fast 10 km Tunneldurchfahrt zur Industriestadt Glomfjord, und weiter geht es nach Ørnes. Hier ist die Station von *Hurtigrute* und *Helgelandekspressen*. Außerdem gibt es Möglichkeiten zur Überfahrt auf die verlassene, schöne Insel Meløy.

Bis Øra verläuft die Straße in westlicher Richtung, um dann aber der Küstenlinie nach Norden zu folgen. Über Brücken und Serpentinen führt die einsame, schöne Strecke zur Weltsensation **Saltstraumen** (vgl. „Bodø/Ausflüge“, S. 516) und nach Bodø.

▶ **Wer dennoch auf der Hinfahrtsstrecke RV 78 nach Mosjøen** zurückgekehrt ist, biegt auf die E 6 nach Norden ein, um bei dem mit 550 m ü. d. M. höchsten Punkt der Strecke, bei Vesterfjellet, eine nur bei (leider seltenem) gutem Wetter wunderschöne Aussicht zu genießen: im Osten der 1.966 m hohe Okstindan, der Svartisen-Gletscher im Norden und der 1.344 m hohe Lukttindan im Südwesten – ein Panoramablick, für den mancher freiwillig Eintrittsgeld zahlen würde.

Über das ereignislose Korgen wird Olderneset erreicht. Hier zweigt eine Landstraße ohne Nummerierung nach Osten in das Okstindan-Gebiet ab, das übrigens ein schönes Wandergebiet ist. Über Finneidfjord, einen Verkehrsknotenpunkt mit einer Kaviarfabrik, gelangt man am Ende des 85 km langen Ranfjords, neben dem die Europastraße schon seit 20 km entlangführt, nach Mo i Rana, kurz Mo genannt.

Mo i Rana (Mo)

Die Zeiten sind vorbei, als der Reisende schon von weitem von Rauchschwaden und Schlackewolken begrüßt wurde. Stahl- und Walzwerk wie die Kokerei wurden geschlossen – die Werkshallen sind jetzt „Industriepark“ und Sitz von über 150 Klein- und Mittelbetrieben.

Sie sorgen auch für 3.000 Arbeitsplätze, die ehedem bei der Schließung von *Norsk Jernverk* verloren gingen. Diese beispiellose Sanierung hat Mo i Rana zur „Industriestadt unterhalb des Polarkreises“ werden lassen – und der ist nur noch 80 km entfernt.

Die per Parlamentsbeschluss 1946 verfügte Industrialisierung hat die Gemeinde reich werden lassen: Die Fußwege sind beheizt, Blumenbeete wurden überall angelegt, und eine kleine, moderne Fußgängerzone sorgt für ausreichend Einkaufsmöglichkeiten und ein bisschen Gemütlichkeit.

Das Städtchen, bereits 1724 an der Mündung des Flusses Ranelva in den Ranfjord gegründet, unterstand lange Zeit dem Handelsmonopol des deutschstämmigen Kaufmanns *L. A. Meyer*, dessen Nachfahren noch heute in Mo ihr Geld verdienen. Besonders als Mäzen hatte sich Meyer hervorgetan: So stammten die ersten Gelder für die Universität von Tromsø aus seiner Schatulle.

Die Familie verdiente am Handel mit den Samen, später an der Werftindustrie und zukünftig womöglich am Tourismus. Denn dort vermuten die Stadtväter von Mo i Rana die wirtschaftliche Zukunft, seitdem die Schwerindustrie sich zurückgezogen hat. Der Umwelt wird dieser Rückzug nur gut tun, denn schon seit Jahren zeigen sich im nur 30 km entfernten Svartisen-Gletscher erste ernste, von der einstigen Kokerei in Mo i Rana verursachte Umweltschäden.

Information/Verbindungen/Adressen

• *Information* Die **Turistinformasjonen**, ✆ 75139200, www.arctic-circle.no, befindet sich in einem roten, grasgedeckten Blockhaus an der E 6. 15.6.–15.8. Mo–Fr 9–20, Sa 10–16, So 13–18 Uhr; sonst Mo–Fr 9–16 Uhr.

• *Flugverbindungen* 38 Zielflughäfen in Norwegen, von Kristiansand im Süden bis Kirkenes im Norden, und alle großen Städte des Landes werden vom Flughafen **Røssvoll** bedient (12 km nördlich der Stadt und nahe der E 6 gelegen).

• *Zugverbindungen* Am Bahnhof zwischen Fjord und E 6, am Ende der Kirkegata, hält die Nordlandbahn 2 x täglich.

• *Busverbindungen* Von der „Rutebilstasjon" direkt neben dem Bahnhof gehen Busse nach Sandnessjøen (3 x täglich, 3 Std. 20 Min.), Nesna (6x, 1 Std. 25 Min.), Mosjøen (8 x, 1 Std.), Tonnes (3x, 2 Std. 25 Min.) und Krokstrand (6 x, 1 Std. 20 Min.) sowie vier Nahverkehrslinien in alle Himmelsrichtungen ab.

• *Adressen* Die **Post** gibt es 4 x im Ort, z. B. an der E 6 Richtung Fauske, ein **Telegrafenamt** am Ende der Jernbanegate, eine **Apotheke** in der Strandgt./Lars Meyer gt. Als **Lebensmittelgeschäfte** gibt es „Domus" in der Fußgängerzone und „Rana" in der Strandgt. **Tankstellen** finden Sie am Kongsveien, bei der Stadteinfahrt gleich rechts, **Parkplätze** gibt es vier um den Bahnhof, hinter der Touristinfo sofort links, ein **Kino** an der Ecke Rådhusalleen/Jernbanegt.

> **Tipp**: An der Hydro-Tankstelle sind Gutscheine für freies Parken im Stadtbereich zu haben.

Übernachten/Camping/Essen & Trinken

Bech's Hotel, Hammerveien 10, ✆ 75144144, ✆ 751444145. „Bed & Breakfast" in 46 gediegenen, behinderten-gerechten Zimmern (Du/WC) vermietet das Hotel 2 km östlich des Zentrums. EZ 500 NOK, DZ 1.000 NOK. Wer die Zeltplätze auf der Wiese belegt, kann auch den Hotel-Service nutzen.

Holmen Hotell, Th. v. Westensgate 2, ✆ 75151444, www.holmenhotel.no. 40 elegante Zimmer, vor allem aber ein vortreffliches Restaurant bietet das ganzjährig geöffnete Hotel zwischen Touristinfo und Zentrum (in einer Seitenstraße der E 6). EZ 680 NOK, DZ 1.125 NOK (jeweils mit Frühstück).

Comfort Hotell Ole Tobias, Ole Tobias Olsen Gate 26, ✆ 75157777, www.oletobias.no. Das sicher geschmackvollste Hotel am Platz und im Zentrum rechtfertigt seine hohen Preise mit dem Sonderservice: Abendessen inbegriffen. EZ 850 NOK, DZ 1.125 NOK, Suite 1.270 NOK.

Meyergården Hotell, F. Nansengate 28, ✆ 75134000, www.meyergarden.no. Ein Haus weiter das größte, mit 300 Betten womöglich für diesen Ort etwas überdimensionierte Hotel, das Luxus in die Einöde bringt und dafür gepfefferte Preise nimmt: EZ .800 NOK, DZ 2.000 NOK.

Ranafjord Hotell, Hemnesberget, ✆ 75193700, ✆ 75193710. Wem Mo zu ungemütlich ist, mag es mit diesem modernen Hotel in der Nachbargemeinde, 40 km südlich und am Fjord gelegen, versuchen: Anleger direkt vor dem Haus, Angelausrüstung und Boote im Angebot. EZ 550 NOK, DZ 850 NOK (mit Frühstück).

Svartisen: Wo die Gletscher kalben ...

• *Camping* Einen nur im Sommer geöffneten Campingplatz nebst Hütten gibt es bei **Bech's Hotell** mit 20 Hütten (400 NOK).

Wer aber weiter nach Norden fahren will:

Storli Camping, ✆ 75160232, in Storforshei. 20 km nördlich von Mo an der E 6 wartet der kleine Zwei-Sterne-Platz mit 15 einfachen Hütten (350–450 NOK) und ausreichendem Service auf. Geöffnet 1.6.-15.9.

Skogly Overnatting, ✆ /℻ 75160157. Nochmals 4 km weiter ein schöner Drei-Sterne-Platz ohne Wohnwagenstellplätze, aber mit 15 teils sehr schönen Hütten (ab 450 NOK).

• *Essen* **Karjolen**, das Restaurant im Holmen Hotell bietet gute heimische und internationale Küche auf hohem Niveau.

Abelone, mexikanische Gerichte in hölzernen Nischen – nicht ganz so scharf, nicht ganz so teuer (Olsengt. 6).

Babettes, südeuropäische Grillgerichte und ungemein leckere Salate gibt es in der Ranheimgata (gegenüber der Bibliothek in der Fußgängerzone).

Paletten, eigentlich nur Café und Pub, aber die Pizza in der Jernbanegate ist die beste der Stadt.

Oasen, das schöne Café im 2. Stock am Markt hat wirklich etwas von einer Oase.

Sehenswertes

Die weltweit einmaligen Sehenswürdigkeiten der Gemeinde, die das Polarkreiszentrum und den Svartisen-Gletscher umfasst, liegen 80 bzw. 30 km nördlich des Städtchens. Im Ort selbst gibt es nur zwei kleine Museen.

Rana Museum: In der „Altstadt" Moholmen, zwei Straßenzüge zwischen Fjord und Bahn, ist in einem 100 Jahre alten Holzhaus das kleine Bezirksmuseum untergebracht. Die kulturhistorische Abteilung zeigt Trachten und Bauernkunst, die zweite Tiere und Pflanzen der Umgebung; eine dritte, die Freiluftabteilung in Stenneset, bietet wirklich keine Besonderheiten.

Öffnungszeiten Mo–Fr 10–15, im Sommer zusätzlich 18–21, Sa 10–14 Uhr. Eintritt 30 NOK, Kinder gratis.

Lohnender Zwischenstopp: das Polarkreis-Zentrum

Nordland Naturmuseum: Im Turmgebäude von Moholmen untergebracht ist das kleine, dennoch in seiner Art zwischen Trondheim und Tromsø einzigartige Naturmuseum. Es zeigt die Tier- und Pflanzenwelt Helgelands in ausgestopften und hingemalten Exponaten.

Öffnungszeiten wie Rana Museum, Eintritt 20 NOK, Kinder auch hier umsonst.

Svartisen-Gletscher: Nach dem Jostedalsbreen ist Svartisen mit 370 qkm der zweitgrößte Gletscher Norwegens. Auch er ist weit jünger als die Eiszeit, auch er schmilzt seit etlichen Jahren in bedrohlichem Ausmaß.

Noch vor 40 Jahren reichte die **Engabreen-Zunge** im Westteil des Svartisen bis an den **Holandsfjord** – dazumal eine der größten Attraktionen für Kreuzfahrtschiffe. Heute ist die Zunge um mehrere hundert Meter abgeschmolzen, und der Eisstausee **Engabrevatn** entstand gleichsam als Wahrzeichen für die Klimaerwärmung.

Den bequemsten Zugang findet der wissbegierige Reisende über die Landstraße ab Røssvoll (10 km nördlich von Mo) auf der E 6. Am Flughafen vorbei führt die Straße zur Grønligrotte (die letzten 2 km dorthin muss man zu Fuß gehen) und weiter zum Svartisvatn, über den stündlich von 10 bis 16 Uhr ein Boot verkehrt (Fahrpreis 70 NOK). Von dort aus sind es noch 2 km Fußweg zur eindrucksvollen **Østerdalsisen-Gletscherzunge**.

• *Information/Buchung* Organisierte Besuchstouren sowohl der **Grønligrotte** (geöffnet 15.6.–15.8. 10–19 Uhr, stündliche Führungen, 20 Min.; 60 NOK, Kinder 30 NOK) als auch der nördlicheren **Setergrotte** (Zwei-Stunden-Führungen zu jeweils 185 NOK, 11.30 und 15 Uhr) und **Gletscherwanderungen** (9 bis 12 Std. zu 220 NOK, Kinder 100 NOK) werden von der Touristeninformation in Mo i Rana organisiert; dort gibt es auch Eintrittskarten.

Polarsirkelen: 66° 33" ist die exakte Meridianangabe des Polarkreises, den man 80 km nördlich von Mo i Rana glatt überfahren würde, wäre da nicht ein bombastisches, gleichwohl formschönes Informationszentrum, vor allem aber ein riesiger, stets überfüllter Parkplatz.

Die 12-Projektoren-Schau *Norge Norge* ist vielleicht ein wenig schwülstig geraten, aber durchaus sehenswert, was von der Ausstellung leider nicht gesagt werden kann. Die geschmackvolle Cafeteria besticht vor allem durch außergewöhnlich hohe Preise. Das Sonderpostamt mit Sonderstempel lässt sich kein Tourist entgehen, auch der Souvenirladen macht sein gutes Geschäft. Die Gestänge-Erdkugel ist ein fast so gutes Fotomotiv wie die Natursteinsäule wenige Meter über und jenseits des Kuppelbaus.

Öffnungszeiten im Juli 8–22 Uhr; im August 9–20 Uhr; im September, im Mai u. im Juni 10–18 Uhr. Eintritt 50 NOK (nur für die Show), Kinder 20 NOK.

Polarkreis: Warum hier?

Polarkreise heißen die auf dem 66. Breitengrad nördlicher wie südlicher Breite liegenden Breitenkreise. Sie trennen Polgebiet und „gemäßigte Zonen". Das heißt: Innerhalb des Polarkreises geht im Winter die Sonne mindestens an einem Tag nicht auf – um so nördlicher man kommt, desto weniger Sonnentage gibt es. Im Sommerhalbjahr hingegen scheint an genau so vielen Tagen innerhalb des Polarkreises die Mitternachtssonne.

Durch das Saltdal

Das Polarkreiszentrum liegt mitten in der rauen Gebirgslandschaft des Saltfjells, das bei der Weiterfahrt über die E 6 ab Mo i Rana alsbald erreicht ist. Die Straße folgt schmal und unverständlich kurvig dem Saltdal, das fast bis Rognan im Norden und bis zur Grenze nach Schweden im Osten reicht.

Links erstreckt sich ein Vogelschutzgebiet, rechts das Pflanzenschutzgebiet des **Junkerdals**, wo im Schutz des schroffen Tales bis hin zur schwedischen Grenze noch Pflanzen gedeihen, die sonst so hoch im Norden nicht mehr anzutreffen sind (z. B. Silberwurz und Lanzenfarn). Zu erreichen sind beide Gebiete über die RV 77, die in Storjord nach Osten und Schweden abbiegt.

Junkerdalsura (norweg. *ura* = Geröll), überragt vom 1.559 m hohen **Solvågtind**, ist überdies ein schönes, nicht allzu anspruchsvolles Wandergebiet. Ein Pfad führt auf der nördlichen Schluchtseite entlang. Junkerdalsura ist allemal einen Abstecher wert.

Ansonsten ist das Saltdal Tundra pur: der letzte Tannenwald bei Messingslett, Geröll nur noch und kahle Höhen. Aber das Gebiet ist ein Anglereldorado – der **Saltfjord**, der bei **Rognan** erreicht ist, gilt als bestes Kabeljaurevier im Binnenland. Der **Saltdalselva** gibt zudem Lachs her. Auch Saiblinge und Forellen werden in den zahlreichen Bergseen der Saltdal-Gemeinde gefangen. Zudem versucht die Gemeinde Rognan auf vielerlei Weise, Touristen anzulocken: Reit- und Raftingangebote, Angeln und Wandertouren sind im Angebot.

Das Nordland
Karte S. 480/481

• *Übernachten* **Polarsirkelen Høyfjellshotell AS**, Lønsdal, ✆ 75694122, ✆ 75694127. Gut 20 km hinter dem Polarkreis lädt dieses 60-Zimmer-Hotel mit nettem Restaurant und einigen Hütten (ab 450 NOK) ein. EZ 750 NOK, DZ 790–890 NOK.

Norlandia Rognan Hotell, ✆ 75690011, www.norlandia.no. Das große Hotel am Ende des Tales in Rognan – der Ort wurde nach einem Brand 1979 neu aufgebaut – bietet alles zu im Sommer annehmbaren Preisen. EZ 1.345 NOK, DZ 1.495 NOK (Sommerpreise: 995 bzw. 1.195 NOK).

• *Camping* **Saltdal Turistsenter**, Storjord, ✆ 75682450, www.saltdal-turistsenter.no. Einfache Zimmer (EZ 620, DZ 880 NOK), Zelt- und Wohnwagenstellplätze, Hütten ab 590 NOK bietet die Vier-Sterne-Anlage.

• *Angeln* Angellizenzen für 280 NOK und Fischerkarten für 50–350 NOK gibt's im Postamt von Rognan; an insgesamt 18 Stellen im Tal ist das Angeln möglich, achten Sie auf die Hinweisschilder

• *Rafting* Auf der Saltdalselva, einem vergleichsweise ruhigen Fluss, werden nur an Sommerwochenenden zweistündige Touren angeboten, auf der wilderen Junkerdalselva halbstündige Fahrten. **Polarsirkeleventyret**, ✆ 75693199, sorgt für die Ausrüstung (Helm, Neoprenanzug und Schwimmweste) und sogar eine warme Mahlzeit. Tour auf der Saltdalselva für 500 NOK, Fahrt auf der Junkerdalselva für 450 NOK

• *Reiten* Das **Hestesenter**, ✆ 75693455, organisiert Kurse, Reittouren, Reitausflüge in die Berge und Reitlager. Sie finden das Reitzentrum in **Vesmoen** (15 km südlich von Rognan und 500 m abseits der E 6). Reittouren für 70 NOK die Stunde, Reitausflüge für 1.500 NOK pro Tag, Reitlager für 2.800 NOK pro Woche

Sehenswertes im Saltdal

Saltdal Bygdetun: Das Freilichtmuseum wurde um ein Schiffergehöft am Saltnes in Rognan herum gebaut. Neben dem zehnrudrigen Boot *Viktoria* aus dem Jahre 1860 ist eine „Gedächtnisabteilung“ sehenswert, die an 18 (!) Kriegsgefangenenlager erinnert, die während des Zweiten Weltkriegs im Saltdalen eingerichtet waren.

Öffnungszeiten 1.6.–1.9. Mo–Do 8–15, Fr 12–19 Uhr. Eintritt 20 NOK, Kinder 10 NOK.

Kriegsdenkmäler: Wenige Kilometer hinter Rognan finden sich in **Botn** (700 m abseits der E 6) verschiedene Gedenkstätten für Kriegsopfer: ein Friedhof für 1.657 jugoslawische Kriegsgefangene, 100 m weiter östlich ein Kriegsgräberfriedhof für 2.730 gefallene deutsche Soldaten und zwischen beiden ein Denkmal für 111 gefallene Russen. Es gibt auch eine Gedenktafel für 2.000 Marinesoldaten, die bei der Versenkung des Schlachtkreuzers *Scharnhorst* ertrunken sind.

Fauske

Marmor, Stein und Eisen machen tatsächlich diese Landschaft am Ende des Saltfjords aus: Marmor aus Fauske schmückt nicht nur das UNO-Gebäude in New York – er ist in hundert Jahren zum Grundstock des Wohlstandes in der Gemeinde geworden. Wenige Kilometer nördlich des Ortes sind die Steinbrüche von der Europastraße aus zu sehen und, wenn auch nur inoffiziell, zu besuchen.

Die Marmorstadt am Ende des Saltfjords ist der eigentliche Endpunkt der Nordlandbahn – das größere Bodø liegt zu weit abseits, um als Drehscheibe für den Weitertransport von Waren zu taugen. So werden in Fauske die Container von der Schiene auf den Lkw umgeladen, und von hier aus rollt die Truck-Karawane, sehr zum Ärger der Autotouristen, als schwer überholbarer Lindwurm über die E 6 nach Norden.

Außer wenigen bescheidenen Unterkünften und Einkaufsmöglichkeiten sowie einem unscheinbaren Freilichtmuseum hat Fauske dem Touristen nichts zu bieten. So nutzt man den Ort mit 4.000 Einwohnern am besten als Zwischenstation auf dem Weg nach Narvik im Norden oder Bodø im Westen.

Information/Verbindungen/Adressen

- *Information* Das **Turistkontor**, ✆ 756 43303, www.saltenreiseliv. no, befindet sich im Stadtzentrum kurz vor der Kreuzung von E 6 und E 80. Juni–September Mo–Fr 9–19, Sa 10–19 Uhr, ansonsten Mo–Fr 8.30–15.30 Uhr.
- *Zugverbindungen* Der Fernzug Trondheim–Bodø (über Grong, Mosjøen, Mo i Rana) hält 3 x täglich in Fauske (40 Min. bis Bodø, 9 Std. noch bis Trondheim).
- *Busverbindungen* Mehrmals täglich lokale Verbindungen nach Rognan, Mo i Rana und Sulitjelma; 2 x täglich nach Bodø, Narvik, Å und Svolvaer (Lofoten), 1 x täglich nach Alta, zum Nordkapp und nach Kirkenes.
- *Adressen* **Post**, zwei **Banken**, **Supermarkt**, drei **Tante-Emma-Läden** sowie zwei Geschäfte, in denen man Marmornippes kaufen kann – so weit das Serviceangebot.

Übernachten/Camping

- *Übernachten* **Brygga Hotell**, ✆ 75646345, www.fauskehotell.no. Klein, aber fein ist das neue Hotel in der Hauptstraße: Nur 30 Zimmer in nüchtern-nordischem Stil, ein schmuckes Restaurant und ein aufmerksamer Service machen das Haus empfehlenswert, auch wenn die Leute vom hauseigenen Pizzaservice stets stören. EZ 750 NOK, DZ 950 NOK.

Fauske Hotell, Storgata 82, ✆ 75602000, www.fauskehotell.no. 100 Zimmer gibt es in dem modernen, schmucklosen Hotel im Zentrum von Fauske. EZ 700–900 NOK, DZ 890–1.090 NOK.

- *Camping* **Fauske Camping og Motell**, ✆ 75648401, 📠 75648413. Der große Drei-Sterne-Platz ist perfekt ausgerüstet, auch die 42 Hütten (von spartanisch bis luxuriös, von 350–850 NOK) können sich sehen lassen. Für die spartanischen Zimmer im Haupthaus gilt das nicht unbedingt: EZ 450 NOK, DZ 600 NOK.

Lundhøgda Camping, ✆ 75643966, 📠 75649249. Ca. 2 km von der E 80 und dem Zentrum von Fauske entfernt, besticht der Wiesenplatz mit hübscher Aussicht und ruhiger Lage. 30 Wohnwagenstellplätze und 36 einfache Hütten ab 400 NOK.

Marmor für die UNO

Wer ohnehin über die E 80 nach Bodø weiterfahren möchte, dem sei der einfache, aber landschaftlich schöne **Saltstraumen-Campingplatz** (vgl. „Bodø/Übernachten", S. 514) empfohlen.

Sulitjelma

Einst lag der Ort am heiligen Berg der Samen und war nach einem ihrer Götter benannt – Sulitjelma bedeutet „Schwelle zum Meer".

Später wurde Sulitjelma zu einem der größten Bergbaureviere Norwegens, bis 1991 der Erzbergbau eingestellt und der Ort damit zur Gemeinde mit der landesweit höchsten Arbeitslosenrate wurde. Die alte Bergbaustadt ist über die Gemeindestraße 830 ab Finneid/Fauske nach knapp 40 km erreicht: eine zauberhafte Landschaft mit dichten Wäldern, schroffen Berghängen und immer wieder wilden Wasserfällen.

Die Streusiedlung am lang gestreckten Langvannet versucht sich nach Schließung der letzten Grube 1991 als „Wildlife-Paradies" für Erlebnishungrige zu profilieren: Im Hotel und Campingplatz (s. u.) werden geführte Touren zum **Blåmannsisen**, mit 123 qkm viertgrößter Gletscher Norwegens, oder zum 1.914 m hohen **Suliskongen** angeboten.

Bislang jedoch beschränkt sich für Touristen das Sightseeing-Angebot auf einen Besuch des **Bergbaumuseums** am Ende des Sees und auf eine Besichtigung der letzten von einst sieben Gruben in Sulitjelma: *Charlotta* taugt gerade noch als Touristenattraktion. Für 125 NOK Eintritt (Kinder 50 NOK) werden Besucher mit Kittel und Grubenlampe ausstaffiert und durch die Stollen geführt.

• *Übernachten/Camping* **Sulitjelma Hotell**, Sulitjelma, ✆ 75640401, www.salten.com/sulitjelma. Das 115-Betten-Hotel am langen Langvannet ist das einzige Full-Service-Angebot in der Bergbaustadt. Das Tagungshotel mit Pool und Rundum-Service ist zu Recht stolz auf sein Programm mit Ausflügen und Wanderungen. Dazu gehört auch, dass Gäste auf Anfrage mit dem Bus abgeholt werden. EZ 850 NOK, DZ 1.050 NOK (Sommerpreise: 700 bzw. 900 NOK).

Sulitjelma Camping og Fritidssenter, ✆ /℻ 75640433. Der Platz im Süden des Langvannets ist keine architektonische Meisterleistung, aber es gibt Kiosk, Cafeteria, Zelt- und Wohnwagenstellplätze sowie schmucklose Hütten ab 500 NOK.

▶ **Weiterfahrt**: Der verlockende 63-km-Abstecher nach Bodø, ausschließlich über die E 80, lohnt weniger der Stadt selbst als der schönen Strecke wegen. Die Straße schlängelt sich am Skjerstadfjord, später am Saltfjord entlang und bietet aufregende Ausblicke auf den Børvasstind und das Kistrandfjell. Vor allem ist aber schon nach gut 40 km die Weltsensation, der **Mahlstrom Saltstraumen**, erreicht.

Die E 80 verlässt Fauske in westlicher Richtung und führt am Skjerstadfjord entlang zunächst in den alten Handelsort **Venset**, um dort in einem Schwenk nach Norden auf den **Valsnesfjordvatn** zu treffen. Schon hier, aber noch besser in **Sagelva** und **Mjønes** gibt es vortreffliche Angelmöglichkeiten. Über den Hinweisschildern längs der Straße, die auf Angelplätze und Fiskkortet-Verkauf hinweisen, lugt im Süden der 1.180 m hohe **Børvasstind** und im Norden das Küstengebirge (**Kistrandfjellene**) hervor, das ebenfalls über 1.000 m aufsteigt.

Nach bereits 44 km zweigt in Løding die RV 17 zum Saltstraumen ab. Nach weiteren 13 km ist die Attraktion für Touristen und Angler erreicht (vgl. „Bodø/Ausflüge", S. 516). Die letzten 20 km nach Bodø sind dann nicht mehr sonderlich aufregend.

Bodø

Der Südzipfel der Bodin-Halbinsel bot sich seit alters her als Verkehrsknotenpunkt zu Land und zu Wasser an. Bodø hat in seiner 180-jährigen Stadtgeschichte aus dieser Lage geschickt Kapital geschlagen.

Fährhafen zu den Lofoten, Endstation der Nordlandbahn, zweitgrößter Flughafen des Landes, nur 60 km bis zur E 6, der Hauptschlagader des Autoverkehrs: Die Küstenstadt am Saltfjord, gleichzeitig zweitgrößte Stadt Nordnorwegens und Hauptstadt der Provinz Nordland, ist zum Dienstleistungszentrum mit Provinzbehörden, Hochschulen, Bistumsverwaltung und Militärhauptquartier für Nordnorwegen geworden. Fischfang spielt kaum mehr und Industrie (Motoren und Nahrungsmittel) nur eine untergeordnete Rolle.

Stadtstruktur

Dass die Stadt heute so ganz ohne architektonische Höhepunkte auskommen muss, hat einen grausigen Grund: Deutsche Bomber zerstörten am 27. Mai 1940 zwei Drittel der Bausubstanz. Auch die Wehrmachtstrategen hatten die hervorstechende Verkehrslage Bodøs erkannt.

Der Wiederaufbau hat ein modernes, aber schmuckloses Städtchen mit schachbrettförmigem Grundriss entstehen lassen – die Hauptstraßen verlaufen parallel zum Hafen in Ost-West-Richtung. Nur die einzigartige Landschaft um Bodø herum entschädigt für den städtebaulichen Frevel der vierziger und fünfziger Jahre.

Stadtgeschichte

Der natürliche Hafen in der zerklüfteten Felsenküste, die der Saltfjord und das Nordmeer in die Plattform Nordlands gegraben haben, war bereits im 13. Jh. bevorzugter Standort der Küstenfischerei, wie Ausgrabungen bei Bodin und Bodøgård belegen. Bei Hundholmen (2 km nordwestlich des Stadtzentrums) konnte ein Handelsplatz freigelegt werden, von dem aus schon 1770 Klippfisch nach Italien verschifft wurde.

Als Bodø 1816 die Stadtrechte erhielt, fanden allerdings keine 500 Menschen ihr Auskommen in dem Fischernest. Das änderte sich erst mit dem Aufkommen der Heringsfischerei in der zweiten Hälfte des 19. Jh. Um 1900 zählte Bodø bereits 4.900 Einwohner, und 2006 waren es exakt 44.857 Einwohner.

Das Nordland
Karte S. 480/481

Information/Verbindungen/Adressen

• *Information* **Destinasjon Bodø**, ✆ 75548000, www.visitbodo.com, Sjøgata 3, liegt am Ende der Haupt-Einkaufsstraße im „Sentrumsterminalen“. Das Infobüro unterhält von Mitte Juni bis Mitte August drei Außenstellen: am Fähranleger und in den Ausflugszielen (s. u.) Saltstraumen und Kjerringøy. Öffnungszeiten im Hauptbüro: Juni–August Mo–Fr 9–20, Sa 10–18 , So 12–20 Uhr; sonst Mo–Fr 9–16 Uhr, Sa 10–14 Uhr.

• *Flugverbindungen* Knapp 1,5 Std. braucht der Flieger vom Flughafen Bodø ins 1.200 km entfernte Oslo, das 10 x angeflogen wird. Fast 50 nationale Ziele, von Alta bis Vardøy, von Kristiansand bis Kirkenes, werden vom zweitgrößten Flughafen Norwegens mit 250 Starts im Tagesmittel bedient. Der Airport (2 km vom Zentrum) liegt am Südrand der Stadt, der Citybus 05 bringt Sie für 24 NOK, das Taxi für rund 80 NOK in die City.

• *Zugverbindungen* Die Endstation des NSB-Streckennetzes (erst 1962 an die Nordlandbahn angeschlossen) zwischen Fähranleger und Innenstadt wird 2 x täglich vom Fernzug Oslo–Trondheim–Bodø angefahren (17,5 Std. bis Oslo). Außerdem ein Personenzug nach Fauske (40 Min.) mit Busanschluss nach Narvik und Schweden.

• *Busverbindungen* Vom Busbahnhof am Fähranleger (Bodøterminalen) verkehren Überlandbusse nach Narvik und Trondheim (jeweils via Fauske), von dort aus umsteigen nach Oslo bzw. Stavanger. Außerdem 4 x täglich auf die Lofoten und nach Troms.

• *Fährverbindungen* Außer der Hurtigrute (Ankunft nach Norden 12.30 Uhr, Abfahrt 15

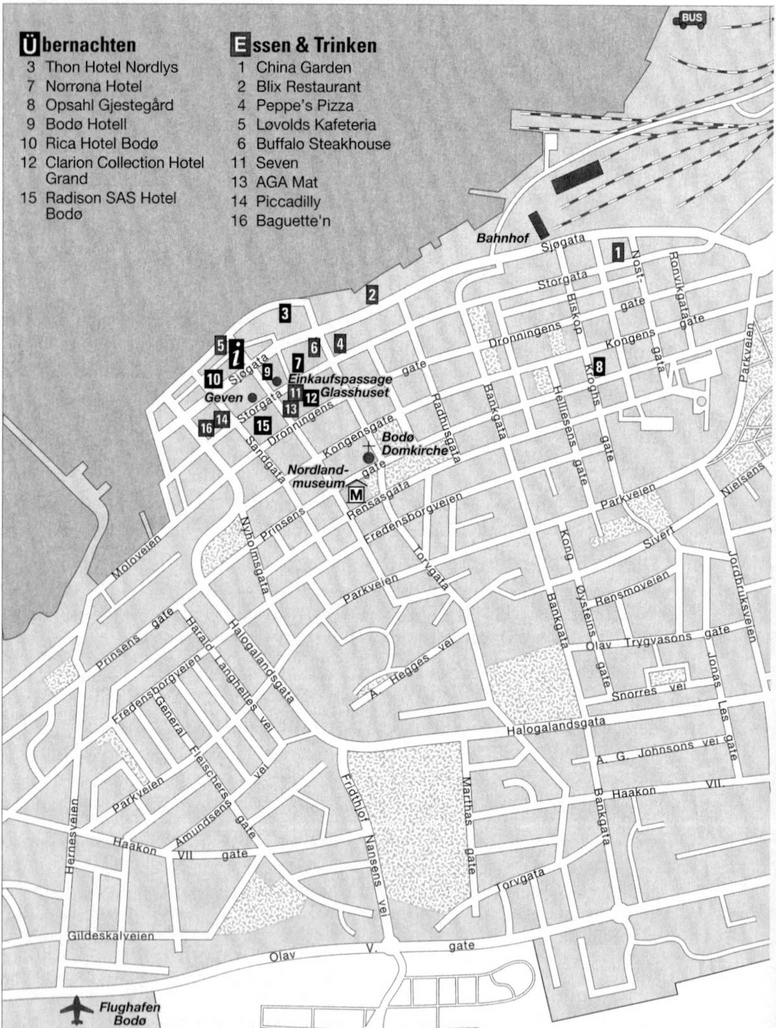

Uhr; Ankunft nach Süden 1.00 Uhr, Abfahrt: 1.30 Uhr; jeweils Bodøterminalen) verkehren Expressschiffe zwischen Bodø und Vaerran, Meløy, Helgeland, Lofoten, Vesterålen, Narvik und Steigen täglich bzw. mehrmals wöchentlich. Zudem täglich ab 9 Uhr (Sa/So 6.30 Uhr) zu den Vogelinseln Røst (s. „Bodø/Ausflüge") und Værøy; dorthin werden auch Ausflugsfahrten (nur Juni bis August) organisiert.

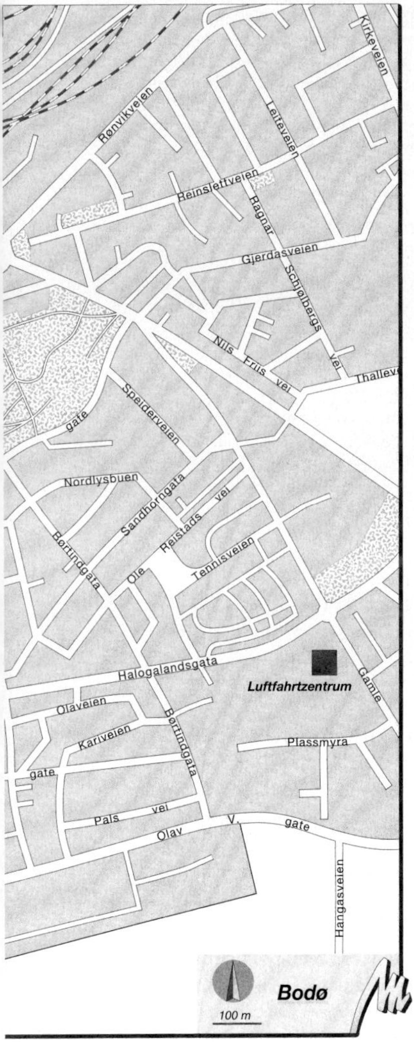

• *Adressen* **Polizei**, Kongens Gate 81, ✆ 75545800, **Waschautomaten** im Hafenamt, **Schließfächer** und **Internet-Zugang** im Sentrumsterminalen am Ende der Sjøgata, **Post** und **Telegrafenamt** Ecke Prinsensgt./ Havengate, **Apotheke** in der Sjøgata 21, drei **Ladenzentren** in der Storgt. 5, 11 und 48, Einkaufszentrum „Glasshuset" in der Storgata, **Supermarkt** „Domus" in der Stormyra, **Bank** „Kredittkassen" in der Sjøgt. 21, **Tankstellen** in Moloveien und Sjøgt.

Übernachten

Opsahl Gjestegård (8), Prinsen Gate 131, ✆ 75520704, www.opsahlgjestegaard.no. Der bescheidene Gasthof in der lauten Hauptverkehrsstraße vermietet 19 Zimmer mit immer noch wenig Komfort für preiswerte 350 NOK (EZ) und 750 NOK (DZ) mit Frühstück. Die Zimmer in der kürzlich übernommenen JuHe sind noch preiswerter.

Norrøna Hotel (7), in der Storgate 4 b, ✆ 72519060, www.hotell-norrona.no. Die Missionshotels dieser Kette sind überall in Norwegen eine reelle Adresse. Das Norrøna in Bodø hat sogar eine Schankerlaubnis, was für Hospize eher ungewöhnlich ist. Die netten Zimmer (Du/WC, TV, Telefon) sind behindertengerecht eingerichtet. EZ 690–860 NOK, DZ 980–1.720 NOK, jeweils mit Frühstück (Sommerpreise: 490 bzw. 630 NOK). Über Weihnachten und Ostern geschlossen.

Bodø Hotell (9), Professor Schyttesgate 5, ✆ 75547700, www.bodohotell.no. Das zentral gelegene Hotel galt einst als das beste der Stadt; dieser Glanz ist vergangen. Geblieben ist ein geschmackvolles Hotel der Mittelklasse mit mittleren Preisen: EZ 1.000 NOK, DZ 1.600–1.900 NOK.

Clarion Collection Hotel Grand (12), Storgate 3, ✆ 75546100, www.choicehotels.no. Das älteste, allerdings mittlerweile modernisierte Hotel in Bodø – zentrale Lage, gediegene Eleganz, aufmerksamer Service, gehobene Preisklasse: EZ 1.280 NOK, DZ 1.600 NOK.

Thon Hotel Nordlys (3), ✆ 75531999, www.thonhotels.no. Das Hotel liegt direkt an der Mole. Seine 150 Zimmer sind wie das gute Restaurant *Egon* und die *Windjammer*-Bar (alle Schankrechte) in sachlich-skandinavischem Stil gehalten.

Rica Hotel Bodø (10), Sjøgata 23, ✆ 75547000, www.rica.no. Seit 2002 steht das 113-Zimmer-Hotel direkt am Hafen, 200 m von der Anlegestelle der Hurtigrute entfernt. Das ganzjährig geöffnete Full-Service-Hotel bietet die modernen Dienstleistungen des weltweit unverwechselbaren Rica-Konzerns. EZ 1.350, DZ 1.750, Suite 2.800 NOK.

Radisson SAS Hotel Bodø (15), Storgate 2, ✆ 75519000, www.radissonsas.no. Weithin sichtbar überragt der Turmbau die Stadt, und drinnen erstrahlt der Komfort des First-Class-Hotels mit allen Extras, die international üblich sind. EZ 1.545 NOK, DZ 1.990 NOK. Die Sommerpreise aber sind fast um die Hälfte günstiger.

• *Camping* **Bodøsjøen Camping**, ✆/📠 75523680. Der komfortable, große und ganzjährig geöffnete Drei-Sterne-Platz am Saltenfjord ist 3 km vom Zentrum Bodøs entfernt und 1,5 km von der RV 80. 45 Hütten unterschiedlicher Güte (450–700 NOK, Pensionszimmer zum selben Preis), Supermarkt und auch sonst jeder erdenkliche Service.

Geitvågen Bad og Camping, ✆ 75510142. Knapp 11 km nördlich von Bodø an der RV 834 und einem Badesee gelegen (von Ende Mai bis Ende August geöffnet), 13 Hütten (400–700 NOK), Spielplatz, Kiosk, Cafeteria.

Saltstraumen Camping, ✆ 75587560, www.saltstraumen-camping.no. 30 km westlich von Bodø (RV 17/ E 80), nahe der größten Sehenswürdigkeit weit und breit., Ganzjährig geöffneter, kleiner Drei-Sterne-Zeltplatz (Läden, Postamt und andere Serviceeinrichtungen in der Nähe). 25 nicht mehr ganz neue Hütten (440–590 NOK).

Essen/Trinken (siehe Karte S. 512/513)

Seven (11), am südlichen Eingang der Einkaufspassage *Glasshuset*. Die beste Bäckerei der Stadt mit leckerem Kuchen, Snacks und Tischen vor der Tür. Der Kaffee allerdings kommt aus dem Automaten.

Peppe's Pizza (4), Storgate 3. Lecker wie überall bei Peppe. Das Sonderangebot hier: Pizza-Büfetts ab 89 NOK jeweils werktags ab 14 Uhr.

Blix Restaurant (2), Sjøgate 25. Bei gutem Wetter isst man draußen – und das nicht schlecht, wenn man sich auf die Kleinigkeiten der Speisekarte im Lokal des Rica-Hotels beschränkt.

Buffalo Steakhouse (6), Havengate 1. „The best Steak in Town" – die altbekannte Werbung trifft für das Lokal, das Pub, Pizzeria, Steakhouse in einem ist, tatsächlich zu.

Løvolds Kafeteria (5), Tollbutgata 9. Gerichte ab 70 NOK – man wird satt, ohne sich zu verausgaben: Besseres lässt sich über das Lokal nicht sagen.

China Garden (1), Storgaten 60. Frühlingsrolle und Reistafel sind kalorienarme Alternativen zur norwegischen Küche, wenn sie so appetitlich angeboten werden wie hier.

Baguette'n (16), Storgaten 2. Kleinigkeiten nur, aber die vom Feinsten, serviert die Cafeteria im Radisson SAS Hotel.

Aga Mat (13), Storgaten 10. Die Bäckerei in der Einkaufspassage Glasshuset verkauft auch leckere Snacks.

Piccadilly (14), Storgaten 4b. Der „In"-Pub.

Sehenswertes

Außer der Mitternachtssonne und dem einzigen „Großmutter-Festival" der Welt (2006 kamen 12.000 Omas aus aller Welt – jetzt findet das Festival alle zwei Jahre immer im Juni statt) hat Bodø noch manches mehr zu bieten.

Norwegisches Luftfahrtzentrum: Darauf sind die Bodøer besonders stolz: Das Norwegische Luftfahrtzentrum im Süden der Stadt, zwischen Olav V's Gate und Hålogalandsgata, neben den Nordlandshallen und 20 Gehminuten vom Zentrum. Das Gebäude in Form eines Propellers beherbergt einen zivilen und einen militärischen Teil und gibt einen umfassenden Überblick über die Luftfahrtgeschichte: Vom Ballon zur Rakete, vom Polarflug bis zum Kontrollturm und mit allein 34 ausgestellten Flugzeugen (Baujahr zwischen 1913 und 2003) wird in drei Stockwerken die Fluggeschichte „vom Traum zur Luftfahrt", so das Ausstellungsmotto, dokumentiert. Ein Museum nicht nur für Technikfreaks – ein „Mitflugsimulator“ lädt zum Spielen ein, ein Lokal zur Rast und eine Bibliothek zum Schmökern.

Öffnungszeiten 15.6.–15.8. So–Fr 10–19, Sa 10–17 Uhr; sonst Mo–Fr 10–16, Sa/So 11–17 Uhr. Eintritt 80 NOK, Rentner und Studenten 60 NOK, Kinder 40 NOK.

Galeri Bodøgaard: Das moderne Museum (Skeidalen 2, ca. 2,5 km vom Zentrum entfernt, www.bodogaard.no) beherbergt Nordnorwegens größte private Kunstsammlung. Gezeigt werden nicht nur Arbeiten nordeuropäischer Künstler, sondern auch russische Ikonen und polnische Kirchenschätze – in Erinnerung an das Kriegsgefangenenlager aus dem 2. Weltkrieg in Bodøgaard.

Öffnungszeiten ganzjährig, aber nur nach Voranmeldung (✆ 75563241 o. 90720843), Eintritt 50 NOK, Kinder 30 NOK (bei Ausstellungen gelten andere Preise).

Nordlandmuseum: Im ältesten Gebäude Bodøs in der Prinsens Gate 116 neben der Domkirche ist eine interessante Abteilung zur Fischereigeschichte nicht nur Nordlands untergebracht, die 1888 aus der Privatsammlung des Fischereiinspektors von Bodø entstand. Zudem gibt es auch eine sehenswerte Darstellung samischer Kultur. (Wer sich jedoch besonders für die Kultur der Samen interessiert, sollte auf das Tromsø-Museum warten.). Besondere Attraktion jedoch ist der Wikinger-Silberschatz, 1919 gefunden und wohl 1000 Jahre alt, mit Münzen aus England und Arabien.

Öffnungszeiten Mo–Fr 9–16, Sa/So 11–16 Uhr; im Winterhalbjahr M –Fr 9–15 Uhr, Eintritt 35 NOK, Studenten, Senioren, Kinder gratis.

Außenstellen unterhält das Nordlandmuseum in **Kjerringøy** (vgl. „Bodø/Ausflüge“) und **Bodøsjøen** mit einer faszinierenden Bootssammlung. Es liegt am Saltfjord, 3 km nördlich der Stadt an der RV 80 (weiterer Eintritt 15 NOK).

Bodin-Kirche: Der seltene Steinbau aus dem Jahr 1240 unterstreicht die einstige Vormachtstellung des Kirchspiels Bodin in Nordland. Der Pfarrer von Bodin war vormals auch Domherr von Trondheim. Der überwiegend gotische Bau mit dem für diese Breiten ungewöhnlichen Zwiebelturm enthält auch Elemente aus Barock (Altarbild von 1667) und Renaissance.

Öffnungszeiten Juni–August Mo–Fr 10–15 Uhr, Eintritt frei. 3 km vom Zentrum entfernt; der Weg ist ausgeschildert.

Bodø Domkirke: Die fünfschiffige Basilika wurde 1956 anstelle der 1940 zerbombten Kirche errichtet. Auffallend sind der allein stehende Turm, der erste seiner Art in Norwegen, und das säulenlose, übergroße Langschiff; die Skulptur an der Außenwand zeigt den Dichter-Pfarrer *Petter Dass*.

Ausflüge in die Umgebung

Zwei touristische Highlights, eine kleine Wanderung und ein Ausflug in die Geschichte Nordlands sind zu empfehlen.

Turisthytta: Die „Touristenhütte“ (150 m ü. d. M.) auf dem Rønvikfjell bietet bei fast jedem Wetter eine schöne Aussicht über die Stadt und Saltens Inselwelt bis hin zu den Lofoten. Das 3 km von Bodøs Innenstadt entfernte Naherholungsgebiet mit Seen und Hügeln, Loipen und Wanderwegen ist von Bodø aus sogar zu Fuß zu erreichen. Mindestens den Aufstieg auf den nahen **Keiservarden** (300 m ü. d. M.) sollten Sie sich aber zumuten. Ein Tipp noch für Pferdefreunde: Am nahen **Soløyvatnet** gibt es ein Reitercamp, in dem man Pferde auch für nur eine Stunde mieten kann. Seit 2006 befindet sich ein Seeadlerzentrum im Aufbau. Mit der Eröffnung der ersten Abteilung wird 2007 gerechnet. Das Panorama-Restaurant Turisthytta (geöffnet 18 bis 1 Uhr nachts, um von hier aus auch die Mitternachtssonne bestaunen zu können) entschädigt dann für die Mühe. Anfahrt per Auto über die RV 834 nach Norden, in Richtung Geitvågen.

Kjerringøy: Es sind nicht alleine die fast 200 Jahre alten 15 Gebäuden des Handelsplatzes Kjerringøy, regelmäßig als Kulisse für Historien-Filme gebraucht, die eine Anfahrt von 40 km plus eine Fährfahrt von zehn Minuten lohnen. So wurde z. B. ein Ausstellungsraum nebst Multimediashow und Touristen-Information errichtet (geöffnet Ende Mai bis Ende August täglich 11–17 Uhr, Eintritt 45 NOK, Kinder, Studenten und Senioren gratis). Zudem finden Sie auf der kleinen Halbinsel verträumte Strände und nackte Felsen, malerische Dörfer und fischreiche Seen, dazu Gasthäuser, Cafés, Campingplätze. Sie können wandern, baden, fischen und bergsteigen – eine Landschaft, die zu mehr als nur einem Ausflugstag verleitet.

• *Anfahrt* per Linienbus ab Bodø täglich um 13.10, 14.10, 14.25 und 16.15 Uhr; mit dem eigenen Fahrzeug: RV 834 nach Norden bis **Festvåg** folgen; die Fähre nach **Misten** setzt rund 20 x, meist stündlich von 7 bis 22.30 Uhr, über (48 NOK für Pkw plus Fahrer, 14 NOK/Person); ab Misten vorbei an Badebuchten und Aussichtspunkten nach Kjerringøy.

Um 1800 war der Naturhafen von Kjerringøy einer der reichsten Lande- und Handelsplätze zwischen Hammerfest und Bergen. Lofoten-Fischer luden hier ihre Ladung aus oder warteten bessere Winde ab, und Kaufmann Zahl, der König von Kjerringøy, machte seine guten Geschäfte. Nachzulesen ist das übrigens in *Knut Hamsuns* sehr stimmungsvollem Roman *Rosa und Benoni*. Nur heißt das Kjerringøy des Buches „Sirilund“. Schmiede, Brauerei, Feuerwehrhaus, Wohnungen und Speicher, sämtlich unter Denkmalschutz, sind heute noch zu besichtigen.

Vogelinsel Røst: Die Inselgruppe Røst, südlicher Vorposten der Lofoten, besteht aus vier kleinen Hauptinseln und zahlreichen, manchmal nur metergroßer Nebeninseln. Der Archipel und mehr noch das nördlich vorgelagerte **Værøy** (vgl. „Lofoten“, S. 573) sind Heimat für noch 500.000 Papageientaucher, 100.000 Dreizehenmöwen, für unzählige Sturmschwalben, Eisturmvögel und Basstölpel – noch, denn wegen akuter Fischknappheit, also Nahrungsmangels, ist die Vogelpopulation ernsthaft gefährdet.
Die vierstündige Überfahrt ist per Linienfähre, organisierter Schiffsreise (nur von Juni bis August) oder per Flugzeug (30 Min.) möglich. Tickets werden im Turistkontor Bodø verkauft.

Saltstraumen: Eine Weltattraktion – der größte Mahlstrom der Erde. Durch den 3 km langen, nur 150 m breiten Sund zwischen den Inseln Straumøya und Straumen werden während des sechsstündigen Gezeitenwechsels bis zu 400 Millionen Liter Wasser gepresst. Der Wasseraustausch zwischen dem Meer und dem 230 qkm großen Becken des **Skjerstadfjords** erfolgt mit 13 km/h und produziert Strudel und Wirbel, die bis zu 10 m breit und 8 m tief werden. Bei Voll- und Neumond ist der Strom am stärksten, bei Halbmond am schwächsten.

Vor allem das säuselnde Pfeifen der Luftwirbel über den Wasserwirbeln hat *Edgar Allan Poe* zu seiner faszinierenden Beschreibung dieses Phänomens angeregt. Von ihm stammt die Bezeichnung „Mahlstrom“, der auch zwischen den Lofoten-Inseln anzutreffen ist. Heute hört man das Pfeifen nur noch selten – der Verkehrslärm der Saltstraumen-Brücke übertönt meistens jeden anderen Laut.

Bei auflaufendem Wasser gelangen zudem Unmengen von Fischen, zumeist Steinbeißer, Heilbutt, Dorsch und Lachs, in den Fjord. Saltstraumen ist deshalb auch ein Eldorado für Sportangler; kleiner Tipp: Beschweren Sie Ihre Angel mit einem Bleigewicht.

Saltstraumen: der größte Mahlstrom der Welt

Vor einem Ausflug zum Mahlstrom sollten Sie sich im Turistkontor von Bodø eine Gezeitentabelle beschaffen (auch im Internet unter www.visitbodo.com), aus der zu ersehen ist, an welchem Tag und zu welcher Tageszeit der Mahlstrom am stärksten ist. Vor Ort können Sie in einem kleinen Museum (gegenüber der Kirche Saltstraumen) alles über Geschichte und Geschichten zum Mahlstrom erfahren, zudem finden Sie hier den „Brummstein", das „älteste Musikinstrument Norwegens", und das „Stromboot" (nur auf Anfrage geöffnet, Eintritt 20 NOK). Sie können aber auch Boote und Angelausrüstung leihen, einkaufen und tanken.

• *Anfahrt* Zum Saltstraumen (33 km südöstlich von Bodø) gelangt man in 40 Busminuten (40 NOK, Kinder 20); der Linienbus Nr. 819 verkehrt 15 x täglich, gehäuft zwischen 13 und 15 Uhr (Juli/August). Organisierte Ausflüge sind bei Bodø Sightseeing (✆ 75563000, www.bodosightseeing.no) zu bekommen. Per Auto (oder Fahrrad): RV 80 Richtung Fauske bis **Tverlandet**, dann nach Süden, rechts Richtung **Godøya** einschwenken.

Tysfjord, Efjord und Stetind

Die Sehenswürdigkeiten der Strecke Fauske–Narvik liegen abseits der Europastraße: der Stetind, der wohl beeindruckendste Obelisk der Welt und als „Matterhorn Norwegens" nur ungenügend beschrieben, der Tysfjord, der für manche schönste Fjord Norwegens, und der Efjord, ein landschaftliches Juwel.

Wer sich den Bodø-Abstecher sparen und geradlinig nach Norden weiterfahren will, verlässt Fauske über die E 6. Der Weg ist gespickt mit Brücken und insgesamt zehn Tunnels, deren Beleuchtung und Belüftung von sehr unterschiedlicher Qualität sind – schließen Sie in jedem Fall rechtzeitig die Wagenfenster und sperren Sie die Lüftung.

Rago-Nationalpark: Hinter dem Industrieort Straumen biegt bei Trengsel bro eine Nebenstraße nach Osten in den Rago-Nationalpark ab. Folgen Sie der Aus-

Das Nordland
Karte S. 480/481

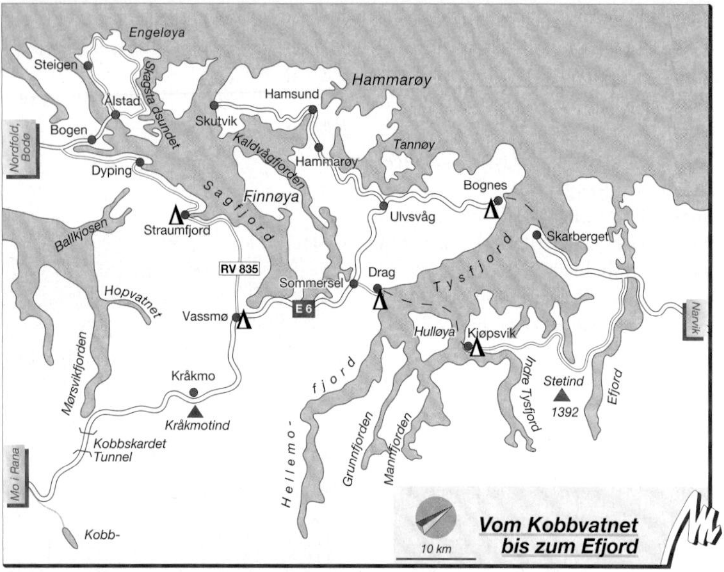

schilderung Lakshola. Von dort aus führt ein markierter Pfad über 30 km nach Schweden.

Der 167 qkm große, also für norwegische Verhältnisse recht kleine Nationalpark bietet zusammen mit den schwedischen Parks **Sarek** und **Sjøfallet** jenseits der 60 km entfernten Grenze ein Stück noch unberührter und schwer zugänglicher Natur, die vornehmlich von Anglern geschätzt wird, denn Schmuck des Parks sind seine Stromschnellen und Wasserfälle. Der Star ist der Vaeringvassfoss mit einem freien Fall von 223 m.

Kobbvatnet: Auch wenn Sie auf der E 6 bleiben, bietet sich alsbald ein Naturerlebnis besonderer Art. Die Europastraße führt oberhalb des Kobbvatnets vorüber – ein Aussichtsplatz mit Cafeteria gibt den Blick frei auf den schönen See, eine hübsche Hüttenanlage und das in den Berg getriebene Kraftwerk, das werktags jeweils um 13.30 Uhr besichtigt werden kann. In der Cafeteria selbst können Nostalgiker im Schankraum die Trümmer einer 1940 abgestürzten JU 52 bewundern.

Nehmen Sie sich ein paar Stunden Zeit und fahren Sie zum See hinunter, folgen der Asphaltstraße und auch der anschließenden Sandpiste, um abseits des Getriebes in unversehens urwüchsiger Natur ein paar Stunden zu spazieren.

Wir befinden uns jetzt in *Hamsuns Land*. Der norwegische Dichter verbrachte seine ersten Jugendjahre auf Hamarøy (später über die RV 81 zu erreichen). In **Kråkmo** am Fuß des eigentümlich geformten Kråkmotinds (924 m) entstanden Hamsuns Märchen, begannen aber auch die Arbeiten an seinem wohl berühmtesten Roman *Segen der Erde*.

Bei Vassmø zweigt die neue RV 835 nach links (d. h. nach Westen) ab. Durch Nordnorwegens zweitlängsten Tunnel (8,1 km) wird die Gemeinde **Steigen**, gottverlassen und meerumschlungen, erreicht. Eine der zahlreichen Wehrmachtsbefestigungen an der nordnorwegischen Küste, die *Batterie Dietl* (nach dem Nazi-General benannt, der Narvik eroberte und in Nordnorwegen besonders wütete), hat der Gemeinde traurige Berühmtheit beschert.

Abstecher zum Stetind – Norwegens Matterhorn

Ein Abstecher, der die E6-Route abkürzt und allen Bergfreunden anzuraten ist, denn der Stetind liegt direkt an der Strecke. Dazu muss man in Sommersel auf die RV 827 nach Nordosten abbiegen, um nach 4 km in Drag die Fähre über den wunderschönen Tysfjord, der der nördlichste Hummerfangplatz der Welt ist, zu erreichen.

In **Drag** übrigens befindet sich oberhalb des Fähranlegers ein sehenswertes Samen-Kulturzentrum. Das *Lulesami senter* enthält neben einem Museum und einem Informationszentrum von Samen über Samen auch eine Schule für samische Krankenschwestern. .

Fährverbindungen **Drag–Kjøpsvik** werktags 6 x täglich von 6.50–21.30 Uhr, samstags 4 x, sonntags 3 x; Fahrzeit 45 Min. 107 NOK für Person plus Pkw, 42 NOK für jede weitere Person.

Nach einstündiger, einmalig schöner Fährfahrt über den Tysfjord wird **Kjøpsvik** erreicht, ein 1.500-Einwohner-Dorf mit dem nördlichsten Zementwerk der Welt. Während der noch 98 km weiten Fahrt passiert man bei **Hellemobotn** die mit 6,3 km engste Stelle Norwegens auf der erst 1993 fertig gestellten Straße nach Narvik. Hier reiht sich Tunnel an Tunnel, zwischendurch tauchen immer wieder steile Felswände und verschlafene Gebirgsseen auf.

Der Bergkönig nicht nur dieser Gegend ist der Stetind. Die 1.392 m hohe Bergsäule gilt als der eindrucksvollste natürliche Obelisk der Welt, der übrigens erst in den 50er Jahren des 19. Jh. erstmals bezwungen wurde. Seine Besteigung gilt noch heute als Bergsteiger-Glanzleistung. Vor dem Tunnel am Stetind befindet sich ein kleiner Parkplatz mit Infotafel und Picknickbänken.

Bei Sætran und am Efjord, der schon gleich hinter dem Stetind ständiger Straßenbegleiter ist, wird wieder die E 6 erreicht. Jetzt sind es nur noch 65 km ruhige Fahrt bis Narvik.

▶ **Weiterfahrt**: Wer sich den Abstecher bei Sommersel versagt hat und der E 6 gefolgt ist, wird bereits bei **Ulsvåg** mit einer großartigen Aussicht auf den **Vestfjord** und auf die Lofoten – allerdings nur bei ungewöhnlich klarer Sicht – entschädigt. Hier führt auch der Abzweig der RV 81 nach Hammarøy.

Hammarøy

Die Gemeinde nennt sich – etwas hoch gegriffen – „Hamsuns Reich", weil der dreijährige Knut Hamsun 1862 mit seinen Eltern nach Hammarøy zog und bis 1879 hier blieb.

Allerdings kehrte er 1911 für drei Jahre zurück, und sicherlich sind einige seiner Romanfiguren von diesen herrlichen Landschaftseindrücken beeinflusst. Neun der bislang zwölf Hamsun-Filme wurden immerhin in dieser Gemeinde gedreht. Und alle zwei Jahre gibt es das Kulturfestival der *Hamsun-Tage*.

Ansonsten kann die Inselgemeinde zwischen Sagfjord und Vestfjord und direkt gegenüber des Lofoten-Archipels mit grandioser Natur aufwarten, über die übrigens in einer Sonderschau im „Polarkreis-Zentrum“ berichtet wird. Es gibt kaum Siedlungen in dieser Gegend, 2.300 Einwohner verteilen sich auf 1.038 qkm. Dafür gibt es viele schroffe Berge vor spiegelglatten Seen und unzählige Schären neben besonders fischreichen Fjorden.

Wer die Stille in Nordlands schönster Landschaft sucht, ist in Hammarøy richtig – und nette Unterkünfte findet man auch.

• Übernachten **Hammarøy Hotell**, Innhavet, ✆ 75772560, www.hammaroyhotel.no. Bieder wie eine Raststätte mutet das Holzhaus an, aber drinnen entpuppt sich das 36-Zimmer-Hotel nordisch-nüchtern und zeitlos-funktional. Schwimmbad, Sauna, Bar und Cafeteria am Ende des Sagfjords runden das Urlauberbild ebenso ab wie Radverleih und Angelgelegenheit. EZ 820 NOK, DZ 990 NOK, jeweils mit Frühstück.

Hammarøy Gjestegård, Oppeid, ✆ /℡ 75770305, www.hammaroy-gjestegaard.no. Der riesige, jüngst renovierte Gasthof vermietet 18 Zimmer, größtenteils mit Du/WC. Café und Lokal sind von der Einrichtung her zwar nicht sehr ansprechend, aber die Küche ist durchaus empfehlenswert. EZ 620 NOK, DZ 960 NOK, jeweils mit Frühstück.

Tysfjord

An seiner Mündung bei **Bognes** ist der Fjord noch breit, noch nicht verästelt und im Herbst bevorzugtes Jagdgebiet für Wale, die Heringsschwärmen nachstellen. Dass die Organisatoren der Walsafaris die Schwertwale hier Killerwale nennen, hat allerdings wohl eher mit Marketing zu tun. Walsafaris (von Mitte September bis Mitte Oktober), Grottenbesichtigungen und ein Besuch im Samen-Zentrum *Arran* sind möglich in der Urlauberhochburg am Tysfjord.

• Übernachten **Tysfjord Turistsenter**, Storjord, ✆ 75775370, www.tysfjord-turistsenter.no. Dass der gewaltige Komplex nur 30 Zimmer anbietet, hat mit anderen vielfältigen Angeboten zu tun: Direkt am Fjord gibt es Supermarkt und Campingplatz, Bootsstege für Ausflüge, Walsafari (700 NOK) und Angeltörns. Es werden Touren zum Stetind und zu den Lofoten organisiert. Die baulich nicht gerade einnehmende Anlage bietet zudem Restaurant, Bar mit Tanz und Cafeteria. Und erstaunlich zivile Preise: EZ 775 NOK, DZ 1.230 NOK.

In Bognes trifft man auch auf die letzte Fährfahrt dieser Route über den Tysfjord nach **Skarberget**. Hier eröffnet sich aber auch schon die Möglichkeit einer Fährfahrt auf die Vesterålen:

Bognes–Skarberget: 21 x täglich, 25 Min.; 79 NOK für Person plus Pkw, 28 NOK für jede weitere Person.

Bognes–Vesterålen: 7 x täglich nach **Lødingen**; 1 Std. Überfahrt, 150 NOK für Person plus Pkw, 47 NOK für jede weitere Person.

Hinter **Sætran**, wo die RV 827 vom Stetind-Abstecher wieder auf die Europastraße trifft, wird der nächste Fjord, der **Efjord**, mit drei Brücken überspannt, ebenso wie der Ofotfjord, an dem Narvik wartet. *Skjomen bro* überspannt als 700 m lange Hängebrücke den wildesten Arm des Ofotfjords, den Skjomen, an dessen Ende der 1.417 m hohe Lappviktind blinkt und an dessen Ostufer Kongsbaktind, die „Schlafende Königin“, 1.576 m hoch ruht.

Über die Ortschaft **Beisfjordbrøn**, die im Zweiten Weltkrieg als Kriegsgefangenenlager zu trauriger Berühmtheit gelangte, ist Narvik, die nach Tromsø bedeutendste Stadt Nordnorwegens, erreicht.

Der Stetind: Norwegens Konkurrenz zum Matterhorn

Fluch und Segen: Erzverschiffung im Ofotfjord

Narvik

Jeder Deutsche über 60 kennt den Namen dieser Stadt, selbst wenn er Norwegen nie besucht hat, und geschichtsbewusste Zeitgenossen kennen ihn allemal – der „Kampf um Narvik" aus dem Zweiten Weltkrieg geisterte noch in den fünfziger und sechziger Jahren durch die Köpfe der Ewiggestrigen, hinterließ aber vor allem unauslöschliche Spuren in Narvik und Nordnorwegen.

Kaum ein älteres Haus findet man in Narvik, dafür viele ältere Menschen, die Deutsch sprechen können, aber nicht sprechen wollen. Erzbahn und Erzverschiffung, die das Gesicht Narviks bis heute hässlich prägen, sind die Lebensader der Stadt und waren gleichzeitig Grund für die Zerstörungen im ersten Jahr des Zweiten Weltkrieges.

Die Erzverschiffung war auch der Anlass für die Stadtgründung 1902: Der schwedische Konzern LKAB (*Luossavaara Kirunavaara Aktiebolaget*) suchte einen eisfreien Hafen zur Verschiffung der Erzausbeute der schwedischen Gruben in Kiruna und Malberget (die Verladung im schwedischen Luleå ist nur sechs Monate pro Jahr möglich) und entdeckte das norwegische **Viktoriahavn** am Schluss des Ofotfjords mit damals gerade 300 Einwohnern. 1898 begann man mit dem Bau der 168 km langen Ofotenbahn. 1902 wurde mit der Einweihung der Bahn aus Viktoriahavn die Stadt namens Narvik, die damals schon 4.500 Einwohner zählte.

Mehr als 5.000 Züge karren derzeit jährlich 14 Millionen Tonnen Erz nach Narvik, dem wohl modernsten Erzhafen der Welt, in dem 220 Schiffe pro Jahr (darunter welche mit bis zu 350.000 BRT) abgefertigt werden.

„Look to Narvik"

Zehn deutsche Zerstörer dringen am 9. April 1940 im Schutz eines Schneesturms in den Ofotfjord ein, versenken die Schlachtschiffe *Eidsvoll* und *Norge* und beschießen Narvik. Kurz darauf ist die Stadt besetzt, die Kontrolle über das kriegswichtige Eisenerz errungen. Wochen später vernichtet die *Royal Navy* das deutsche Geschwader (38 Wracks modern noch heute auf dem Fjordgrund), und am 28. Mai 1940 erobern britische, französische, polnische und norwegische Truppen die Stadt zurück: die einzige Niederlage der Wehrmacht in den ersten drei Kriegsjahren. „Look to Narvik" war das Propagandamotto von BBC.

Zwei Wochen später zogen sich die alliierten Truppen aber zurück – sie wurden in Frankreich gebraucht. Unter dem Kommando des berüchtigten Generals *Eduard Dietl* nahmen deutsche Gebirgsjäger die Ruinenstadt ohne Gegenwehr erneut ein, hatten sich während der fünf Besatzungsjahre aber immer der Attacken von Widerstandskämpfern und britischen Kommandos zu erwehren.

Die Malmkaianlage (norweg. *malm* = Erz) durchschneidet hässlich mit ihren Gleisen und Förderbändern die Stadt und teilt sie in zwei gänzlich unterschiedliche Bezirke: Östlich liegt **Oscarsborg** mit Rathaus, Hotels und Museen, westlich das fast liebliche **Frydenlund** mit Wohnhäusern, Kirchen und Parks.

19.000 Menschen, von denen gerade noch 300 Arbeit im Erzhafen finden, leben heute in Narvik, das sich mit EDV- und Druckbetrieben zu einem technischen Zentrum in Nordnorwegen gemausert hat.

Und natürlich bringen die Touristen Geld ein: Nicht nur als Zwischenstopp auf dem Weg zum Nordkap ist Narvik beliebt, zunehmend gewinnt die Stadt auch als Wintersportort an Bedeutung. Über zehn Abfahrten können Skiläufer direkt in die City wedeln – wo sonst ist das schon möglich?

Ansonsten – man muss es leider sagen – ist Narvik keine attraktive Stadt. Das Stadtbild der 50er Jahre, ohnehin keine Augenweide, wird durch schmutzige Förderbänder, einfallslose Brückenkonstruktionen und schäbige Gleisanlagen zusätzlich verschandelt.

Information/Verbindungen/Adressen

• *Information* **Turistkontor**, Kongensgate 26, ✆ 76965600, www.narvikinfo.no. Mo–Sa 9–19, So 11–19 Uhr. Auf der Hauptstraße (gleichzeitig E 6), unweit von Bus- und Bahnstation, mühen sich in dem viel zu kleinen Infobüro freundliche, aber überforderte Damen um fragende Besucher – vergeblich: Außer einer bunten, nichts sagenden, überdies veralteten Broschüre gibt es kaum Infomaterial über Narvik; immerhin werden Privatzimmer vermittelt und Tickets für viele Ausflüge verkauft (s. u.).

• *Flugverbindungen* Narvik hat zwei Flugplätze: **Framneslia** in der Stadt (jenseits des LKAB-Geländes direkt am Fjord) und den knapp 50 km entfernten, größeren Flughafen **Evenes**. Über beide Plätze werden 30 nationale Ziele angeflogen (7 x täglich Oslo oder Stavanger beispielsweise, aber vornehmlich Orte weiter im Norden wie Alta und Kirkenes).

• *Zugverbindungen* Auf der Ofotenbahn, der einzigen Narvik-Linie, kann man 3 x in der Woche bis nach Kiruna mitfahren (3 Std. 10 Min., 250 NOK); von dort aus Weiterfahrt nach Stockholm (16 Std.). Zwischen dem 20.6. und dem 20.8. gibt es zudem eine Touristenfahrt bis zur schwedischen Grenze (Abfahrt 16 Uhr, 3 Std., 170 NOK). Ausschließlich im August zudem eine Tagesreise mit kurzen Spaziergängen zu Unterkünften der Streckenarbeiter und fachkundigen Erläuterungen der Bauarbeiten vor über 100 Jahren (Abfahrt 11 Uhr, Rückkehr 19 Uhr, 320 NOK; vgl. dazu auch „Sehenswertes").

• Busverbindungen Vom Busbahnhof hinter dem Turistkontor verkehren Busse nach Tromsø (3x täglich, 4 Std.), Bodø (2 x täglich, 7 Std.), Andenes/Vesterålen (3 x täglich, 3,5 Std.).

• Fährverbindungen Der Katamaran von „Nordlandekspressen" (Abfahrt längs der E 6 vor dem südlichen Ortseingang) verbindet mit Svolvaer, Stokmarknes auf den Lofoten (2 x täglich), Sandnessjøen und Bodø (Mo–Fr 15.15, So 12 Uhr; Überfahrt zu den Lofoten 3,5 Std.; 312 NOK nur für die Hinfahrt). Hochsee-Angeltouren (3 Std. zu 180 NOK) werden täglich ab 17 Uhr angeboten. Übrigens: Hurtigrute berührt Narvik nicht, sondern nur die Lofoten und die Vesterålen mit Stokmarknes, gleichsam die Heimat dieser Linie.

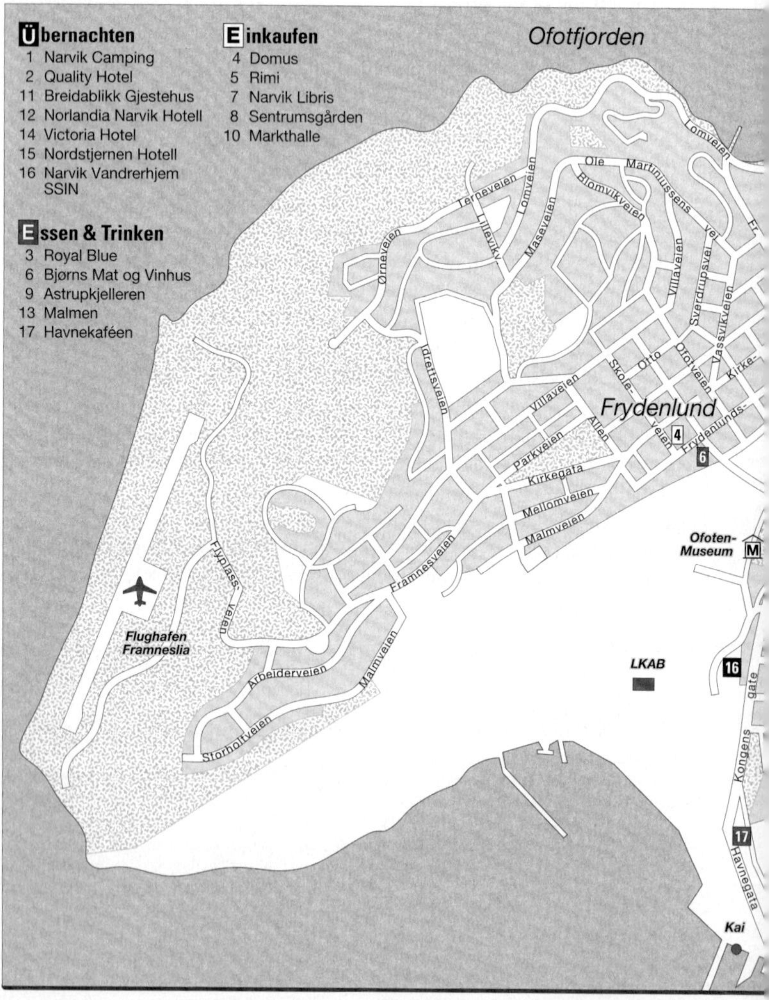

• *Adressen* **Post** am südlichen Teil der E 6, zwei **Parkplätze** links der Europastraße, drei **Tankstellen** in der Dronningensgate; **Banken** in der Hauptstraße und im **Einkaufszentrum** „Sentrums-Gården" (vgl. „Einkaufen").

• *Wichtige Telefonnummern* **Polizei**, ✆ 769 41060; **Feuerwehr**, ✆ 76941122; **Notarzt**, ✆ 76943000; **Krankenhaus**, ✆ 76944044; **Apotheke**, ✆ 76942025 und 76942029; **Taxiruf**, ✆ 76946500.

Übernachten/Camping

Narvik Vandrerhjem (16), Dronningensgt. 58, ✆ 76962200, www.vandrerhjem.no. Nach ihrem Umzug ins Zentrum Narviks hat die Jugendherberge viel von ihrem einstigen Charme verloren. Dennoch bleibt sie die preiswerteste Unterkunft vor Ort: Bett im Mehrbettzimmer 185 NOK, EZ 375 NOK, DZ 490 NOK. Geöffnet 1.4.–31.8.

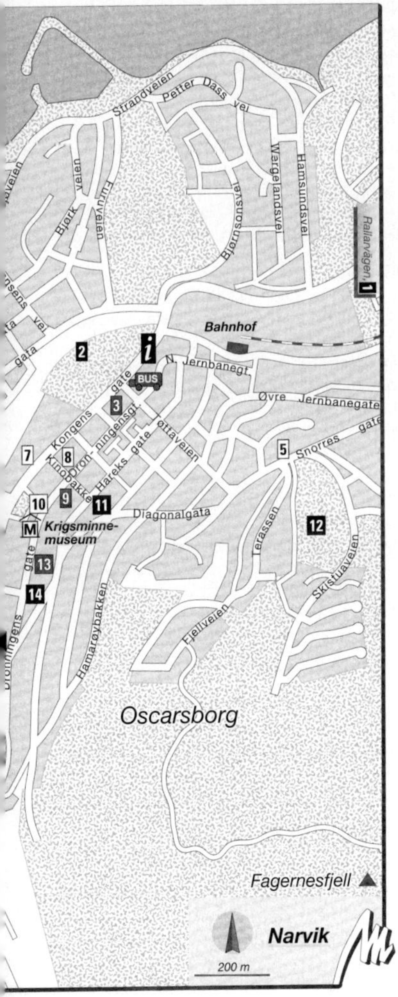

Breidablikk Gjestehus (11), Tore Hunds Gate 41, ✆ 76941418, www.breidablikk.no. Auch dieser Gasthof mit 22 Zimmern – jüngst wurden erst Waschgelegenheiten eingebaut – ist höchstens der gerade gesenkten Preise wegen zu empfehlen: EZ 425 NOK, DZ 550 NOK.

Norlandia Narvik Hotell (12), Skistuaveien 8, ✆ 76964800, www.norlandia.no. Das Sporthotel liegt oberhalb der Stadt in unmittelbarer Nähe zu Liftstation und Abfahrtspisten. Auch sonst kann das von außen eher unscheinbare Haus mit allen Feinheiten eines guten Mittelklassehotels und zusätzlich einer Cafeteria und einem recht guten Restaurant aufwarten. EZ 650 NOK, DZ 850 NOK.

Nordstjernen Hotell (15), Kongensgate 26, ✆ 76944120, www.nordstjernen.no. Das kleine Mittelklassehotel an der tagsüber lauten Hauptstraße bietet 30 Zimmer (Du/WC, Telefon und TV) zu annehmbaren Preisen: EZ 650 NOK, DZ 1.500 NOK .

Victoria Hotel (14), Dronningensgt. 58, ✆ 76962800, www.vikoria-hotel.net. Das von außen schmucklose 30-Zimmer-Mittelklassehotel kann ein Lokal mit traditioneller norwegischer Küche bieten. Ansonsten einfache Zimmer zu guten Preisen: EZ 500 NOK, DZ 1.400 NOK.

Quality Hotel Grand Royal (2), Kongensgate 64, ✆ 76977000, www.choice.no. Das unbestritten beste Haus am Platz bietet neben dem First-Class-Standard unter seinen 108 gemütlichen Zimmern ein ganzes Stockwerk für Nichtraucher. Zudem Bar, Restaurant, Nachtklub. Alles für 895–1.295 (EZ) und 1.550 NOK (DZ). Und seit Jahren unverändert günstige Sommerpreise: 725 bzw. 850 NOK.

• *Camping* **Narvik Camping (1)**, ✆ 769 45810, www.narvikcamping.com. 2 km nördlich von Narvik (an der E 6) liegt der große Drei-Sterne-Platz, der 30 winterfeste Hütten mit Dusche und WC (!) ab 550 NOK und 230 Stell-

Das Nordland
Karte S. 480/481

plätze anbietet. Darüber hinaus hat man von dem geschützten Platz eine schöne Aussicht auf den Fjord (drei Motorboote zur Ausleihe). Kiosk, Cafeteria, Waschmaschine, Sauna, Küche und Minigolf runden das Angebot des häufig ausgebuchten Platzes ab.

Ballangen Camping, ✆ 76927690, www.ballangen-camping.no. Der zu Recht häufig empfohlene Platz liegt 35 km südlich von Narvik an der E 6, vermietet 63 Hütten (500–850 NOK) und verfügt über alle Einrichtungen eines Vier-Sterne-Platzes: Bootsausleihe (gute Angelmöglichkeiten), Pool mit Wasserrutsche, Tennisplatz und Supermarkt. Telefonische Anmeldung sinnvoll.

Essen/Trinken (siehe Karte S. 524/525)

Astrupkjelleren (9), eng, doch gemütlich sitzt man in dem Keller abseits der Hauptstraße. Es gibt knusprige Pizzen und saftige Steaks, auch die Fischgerichte und das Rentierfilet (310 NOK) überzeugen.

Bjørns Mat og Vinhus (6), Brugata 3. Pub und „Milieu-Lokal" in der Brückenstraße, die über die LKAB-Schneise führt (erst ab 18 Uhr geöffnet).

Malmen (13), Kongensgate 44. Das von Mittag bis Mitternacht geöffnet Grilllokal bietet recht gute Fischmenüs ab 170 NOK, aber auch Kaffee und Kuchen und einen Nachtklub am Wochenende.

Havnekaféen (17), Havnegate 2. Das Café auf dem Mittelstück der Hauptstraße/E 6 wirkt etwas spröde, bietet aber allzeit „Kaffee zum Nachschenken".

Royal Blue (3), Kongensgate 64. Im Hotelrestaurant gibt es die beste Küche der Stadt – international wie das Flair ist auch die Speisekarte.

Einkaufen (siehe Karte S. 524/525)

Markthalle (10), etwas versteckt im Gebäude des Kriegsmuseums gibt es nur Fisch- und Gemüsestände – die aber lohnen den Besuch am Vormittag.

Behaglich wohnen im tiefsten Winter

Rimi (5), der immer preiswerte, werktags bis 20, samstags bis 18 Uhr geöffnete Supermarkt findet sich auf dem Weg zum Narvik-Sporthotel.

Domus (4), bis 19 Uhr hat das Kaufhaus in der Frydenlundsgate, jenseits der Bahnlinie, geöffnet. Eine nette Cafeteria lädt zur Pause nach dem Shopping ein.

Sentrumsgården (8), fünf Etagen nur Einkaufszentrum in der Hauptstraße, Kongensgate 51–55: Café, Bank, Bücher, Friseur und Lebensmittel.

Narvik Libris (7), fehlen noch Landkarten für den Trip zum Nordkapp? Oder für Wanderungen in den Nationalparks? Der Buchladen am Marktplatz ist bis 19 Uhr geöffnet.

Sehenswertes

Fagernesfjell: Auf den 656 m hohen Hausberg Narviks führt eine funkelnagelneue Gondelbahn (geöffnet Anfang Juni bis Ende August, im Juli 13–1 Uhr, sonst bis 21 Uhr, Einzelfahrt 90 NOK, Kinder 50 NOK). Man kommt aber auch zu Fuß (vgl. „Wanderungen") oder mit dem Auto hinauf (vor dem Sporthotel in „Fjellveien" einbiegen). Die im Sommer hässlichen Schneisen, die gleichwohl eine großartige Aussicht vom Berg auf Narvik und den Fjord freigeben, sind im Winter wilde Skiabfahrtspisten – vier führen allein vom Fagernesfjell hinunter.

Milorg und Nazis

Vor allem ging es um Eisenerz und „schweres Wasser", weit weniger um sichere U-Boot-Basen oder das großgermanische Reich am Nordkap: Für den Nazi-Überfall auf das neutrale Norwegen sprachen vor allem wirtschaftliche Gründe. Die Versorgung mit Erz für die Kanonen und „schwerem Wasser" für die Atombombe sollte gesichert werden. Das sahen auch die *Milorg*-Kämpfer des militärischen Zweiges der norwegischen Widerstandsbewegung so und konzentrierten ihre Sabotageakte auf die Erzbahn, die vom schwedischen Kiruna ihre Ladung damals wie heute in Narvik verschiffte. Weltberühmt und mehrfach verfilmt wurden auch die von Briten unterstützten Kommandounternehmen auf Produktionsstätten von „schwerem Wasser" (angereichertes Wasser) in Vemork.

Nicht selten antworteten die Besatzer auf solche Partisanenangriffe mit brutalen Repressalien: Das Dorf Tålavåg bei Bergen z. B. wurde nach einem Sabotageakt 1942 gebrandschatzt, und alle Männer wurden ins Konzentrationslager Sachsenhausen deportiert.

Wer sich für dieses düstere, in Norwegen längst noch nicht verwundene Kapitel deutscher Geschichte interessiert, darf den Besuch dreier Museen nicht versäumen: Das *Heimatfront-Museum* in Oslo dokumentiert Besatzung und Widerstand, das *Krigsminnemuseet* in Narvik widmet sich vor allem den Kämpfen zwischen Deutschen und Alliierten, die zu schweren Verwüstungen in Stadt und Hafen führten, und das *Industriarbeidermuseet* nahe Rjukan berichtet über Angriffe gegen die Anlagen zur Produktion von „schwerem Wasser".

Krigsminnemuseet: Im wohl populärsten Geschichtsmuseum des Landes wird eine Chance vertan. Statt Gründe und Hintergründe des „Kampfes um Narvik" darzustellen, wird eine staatliche Militariaschau vorgeführt – Orden und Uniformen, Wrackteile und Waffen wurden wahllos gesammelt und werden scheinbar planlos einem dennoch erschütterten Publikum vorgeführt; von neuzeitlicher Museumsdidaktik keine Spur. Die schlimmen Ereignisse um Narvik hätten eine Aufarbeitung mit Geschichtsbewusstsein verdient.

Gleichwohl besuchen Jahr für Jahr 50.000 Menschen dieses vom Roten Kreuz (!) geführte Museum am Marktplatz, erkennbar an einem französischen Panzerwagen vor dem Eingang.

Öffnungszeiten Juni–Aug täglich von Mo–So 10–22. In der übrigen Jahreszeit 10–16 Uhr, Eintritt 50 NOK, Kinder25 NOK.

Ofot-Museum: Ofoten – ohne „L" – wird das Land gegenüber den Lofoten-Inseln am Ofotfjord genannt. Die letzten 300 Jahre dieser Landschaft werden in dem kulturhistorischen Museum anschaulich dargestellt, vornehmlich die Geschichte Narviks und die der Erzverschiffung, die dem Land zu Reichtum ver-

Krigsminnemuseet: Norwegens meistbesuchtes Museum

holfen hat (zwischen E 6 und Hafenanlagen gelegen, erkennbar an einer großen, steinernen Muschel).

Öffnungszeiten von Mitte Juni bis Mitte August Mo–Fr 10–15, nur im Juli auch am Wochenende geöffnet; Eintritt 30 NOK, Kinder 15 NOK.

LKAB-Besichtigung: Das Werksgelände und die Anlagen der Erzverschiffung, die der schwedische LKAB-Konzern in Narvik unterhält, können besichtigt werden. Von Mitte Juni bis Mitte August täglich um 15 Uhr werden Führungen von 1,5 Std. Dauer für 40 NOK Eintritt (Kinder die Hälfte) durchgeführt. Die Tour beginnt am LKAB-Haupteingang (von der E 6 vor der südlichen Stadteinfahrt links abbiegen).

Rallarvägen: *Rallar* nannte man die bis zu 5.000 Wanderarbeiter, die zwischen 1898 und 1902 unter Lebensgefahr die Ofotenbahn bauten. Den Versorgungsweg längs der Gleise nennt man deshalb noch heute *Rallarvägen* (nicht zu verwechseln mit „Rallarvegen" an der Bergensban). Auf ihm und um ihn herum organisiert Narviks Touristenamt einige Touren.

Fahrt mit der Ofotenbahn: Unter Führung eines echten Rallars fährt man durch die herrliche Landschaft bis zur schwedischen Grenze; dort dann eine halbe Stunde Aufenthalt mit dem unvermeidlichen Stopp im Andenkenladen und schließlich Rückfahrt. Dauer 3 Std. Zwischen dem 20.6. und dem 20.8. täglich ab 16 Uhr, Hauptbahnhof. 250 NOK (Kinder von 7–15 Jahren 80 NOK, Kinder unter 7 Jahren frei).

Goldgräbertour: Tagesausflug mit einem einheimischen Goldgräber – per Zug nach Katterat, zu Fuß 1,5 km zum Goldfeld, mit der Hand selber Gold waschen (Anleitung und Ausrüstung im Preis inbegriffen, auch Kaffee/Tee und Fladenkuchen gibt's gratis). Dauer 8 Std. Zwischen dem 2.7. und dem 20.8. Sa von 11–19 Uhr ab Hauptbahnhof. 450 NOK (Kinder 220 NOK, unter 7 Jahren frei).

Historischer Ausflug: Mit dem Zug nach Katterat, von dort 1,5 Std. Wanderung mit einem ortskundigen Führer nach Rombaksbotn, von wo vor fast 100 Jahren die Streckenarbeiter versorgt wurden, und dann Rückfahrt per Schiff. Dauer 4 Std. Zwischen dem 24.6. und dem 19.8. freitags ab 16 Uhr, Hauptbahnhof. 390 NOK (Kinder 200 NOK, unter 7 Jahren gratis).

Erlebnistour: Ausschließlich auf Schusters Rappen wird diese Tour geführt, in deren Verlauf ein Umformwerk, alte Unterkünfte, aber auch eine Bildergalerie besucht werden; unterwegs gibt's Rentierfleisch und -bouillon. Dauer 8 Std. Zwischen dem 3.7. und dem 21.8. sonntags ab 11 Uhr. 370 NOK (Kinder 180 NOK, unter 7 Jahren frei).

Mitternachtsstimmung bei Narvik

Wanderungen: In den Bergen oberhalb Narviks kann man vortrefflich wandern. 15 Hütten und gut markierte Wege, auch jenseits der schwedischen Grenze, warten auf Wanderer. Auch die Tour auf dem Rallarvägen ist durchaus in eigener Regie und auch für Radfahrer mit geländegängigen Rädern möglich. Wer sich lieber geführten Touren anschließt, kann sich im Turistkontor für folgende Wanderungen anmelden (Wanderstiefel, Anorak und Proviant nicht vergessen):

- *Wandertouren* Auf dem alten Trail hinauf auf **Fagernesfjell** (5–6 Std., 280 NOK); am Rombakfjord entlang nach **Beisfjord** (4–6 Std., 290 NOK, Fahrkarten im Preis inbegriffen); Besteigung von „Narviks Matterhorn", dem **Rombakstøtta**, 1.243 m hoch (6–7 Std., 230 NOK).

Skifahren: Das Alpinzentrum auf dem Fagernesfjell ist nur drei Minuten von der Stadtmitte entfernt und bietet vier Lifte sowie acht Pisten über 15 km (davon drei unter Flutlicht), die von 1.002 m auf 125 m hinabführen. Die Abfahrten haben es in sich – vor allem im Mittelabschnitt mit Steilhängen bis zu 55 % Gefälle. 1992 wurde hier sogar ein Worldcup-Rennen der Damen ausgetragen, Siegerin wurde damals *Vreni Schneider* aus der Schweiz.

Saison ist von November bis Mai. Das gilt auch für zwei weitere Zentren in **Ankenes** (10 Minuten mit dem Auto südlich von Narvik, zwei Lifte, fünf Pisten) und **Øse** (45 Minuten mit dem Auto nordwärts, vgl. „Gratangen", S. 579). Selbst Björklinden, eines der schwedischen Skizentren, ist nur eine Autostunde entfernt. Vier großartige Reviere nördlich des Polarkreises, was will man mehr?

- *Skischulen/Verleih* Skier, Stiefel, Stöcke, Snowboard oder Monoski sind im **Norlandia Narvik Hotell** und an der Talstation zu leihen (ca. 230 NOK/Tag); auch eine **Skischule** (650 NOK für drei Tage) ist vorhanden, die sogar den Gebirgs-Telemark-Stil lehrt, aber auch Gletscherwanderungen und Klettertouren organisiert.

Lofoten: Felsen, die im Meer versinken

Vesterålen und Lofoten

Wo Norwegen noch ein bisschen norwegischer ist: kahle Felsen und Buchten, bärbeißige Fischer und Walfänger, überall nur Stockfisch und nirgends Sonne. Das Erstaunliche an diesen Vorurteilen – sie stimmen. Doch das Verwunderliche an diesen Inseln zwischen dem 67. und 69. nördlichen Breitengrad ist dennoch ihre Kehrseite.

Denn die 300 km lange Doppel-Inselkette 300 km nördlich des Polarkreises wartet mit mancherorts geradezu üppiger Vegetation und mit mildem Wetter auf: Die Temperaturmittel (0° C im Winter, 14° C im Sommer) liegen um 20° C über dem Durchschnitt dieser Breitenlage. Doch den beherrschenden, großartigen Landschaftseindruck schafft die berauschende Kulisse der glatten Felswände – die „grünen Alpen am Meer“ nennen Norweger die Lofoten-Bergkette. Die Skyline geschliffener Bergkegel lässt jeden Norwegen-Fahrer, der vom Festland über den Vestfjord auf die Inselkette schaut, süchtig werden: Von Moskenesøy bis zum Raftsund reicht die 120 km lange *Lofotwand*, die wie eine geschlossene Gebirgskette erscheint. Aber zum einen gehören diese gewaltig anmutenden Berge (kaum ein Gipfel ist in Wirklichkeit höher als 1.000 m) nur zu den Lofoten, denn die nördlichen Vesterålen (*Vesterålen* bedeutet übrigens „Streifen im Wasser“) sind vergleichsweise flach, wenngleich sie mit dem Møysalen (1.266 m) auf Hinnøya den höchsten Berg der Doppel-Inselgruppe beherbergen.

Zum Zweiten kann von „Wand“ keine Rede sein. Zwischen den 81 bewohnten und nochmals 250 unbewohnten Eilanden allein des Lofoten-Archipels erstrecken sich zahlreiche Sunde, in denen sich die Gezeiten wie „Mahlströme" tummeln – für Seeleute bis auf den heutigen Tag ein risikoreiches Gewässer. Mit den vielen Fjorden auf den Inseln formen sie ein Gewirr unübersehbarer Wasserläufe, das für angelnde Touristen noch immer ein Fischparadies ist.

Im „Strudel des Mahlstroms"

So heißt die Erzählung von Edgar Allan Poe. Der amerikanische Schriftsteller, Meister grausig-fantastischer Geschichten, beschreibt, ebenso wie später auch Jules Verne, die Lofoten-Berge als „Grenzsteine der menschenbewohnten Welt" und erfindet den Begriff „Mahlstrom" (norweg. *malstrøm* oder *moskenstraumen*) für den Strudel zwischen den Lofoten-Inseln Moskenesøy und Mosken. Er entsteht, wenn starker Wind im engen Sund gegen auflaufendes Wasser drückt.

Wirtschaft

Fischerei: Als früher zwischen Januar und April der *skrei*, der Kabeljau, aus der Barentsee zum Laichen in den Vestfjord zog, ernährte die vor Fischen brodelnde See 150 Jahre lang – und zwar bis 1950 – 30.000 Fischer. Viele von ihnen waren Saisonfischer, die nur im Spätwinter auf die Lofoten zogen und für die die Stelzenhäuser, die sogenannten *rorbuer*, als Winterlager gebaut wurden. 1992 waren es noch ganze 2.000 Seeleute, und auch sie fischten nicht mehr mit Handangeln, sondern mit Schleppnetzen, in denen sich auch Sprotten, Sandaale und junge Heringe verfangen, die als Speisefisch wertlos sind, als Nahrungsmittel aber Seevögeln, Robben und Walen fehlen.

Die selbst verschuldete Überfischung schien noch vor 20 Jahren das Ende der Lofot-Fischerei zu besiegeln – bis die von den Einheimischen so heftig kritisierten internationalen Fangbeschränkungen die Fischbestände wieder wachsen ließen. Mittlerweile lässt sich vom Dorschfang (der Dorsch ist der jüngere, kleinere, noch nicht geschlechtsreife Kabeljau) wieder leidlich leben.

Walfang: Längst vergangen, am liebsten vergessen sind auch die Walfänger-Zeiten auf den Lofoten (Reine war seit jeher Zentrum der Walfängerei auf den Lofoten) und Vesterålen. Höchstens die schmucken Häuser der einst reichen Kapitäne und die „Walsafari" vor Andenes erinnern noch an die Zeiten, wo Hunderte von Booten mit Tausenden von Walfängern von der Jagd zuerst vor Grönland, später nur noch aus der Antarktis zurückkamen und mit den Gewinnen des blutigen Geschäfts ihren Familien ein sorgloses Leben boten. Noch Mitte der 1980er Jahre verdiente jeder der letzten 200 Walfänger während der zweimonatigen Fangsaison so viel wie ein Industriearbeiter im ganzen Jahr: rund 20.000 €. Ein erlegter Wal brachte 5.000 € in die Kasse.

Landwirtschaft: Anders als auf den vier großen Lofoten-Inseln Austvågøy, Vestvagøy, Flakstadøy und Moskensøy, wo Felsen kaum Platz für Ackerbau lassen, gibt es auf den Vesterålen-Inseln Andøya, Hadseløya, Langøya und dem Westteil von Hinnøya eine für diese Breiten – auf gleicher Höhe mit Alaska – erstaunliche Agrarproduktion: 15 % des landwirtschaftlichen Ertrages Norwegens stammen von dieser Inselgruppe.

Karte S. 532/533

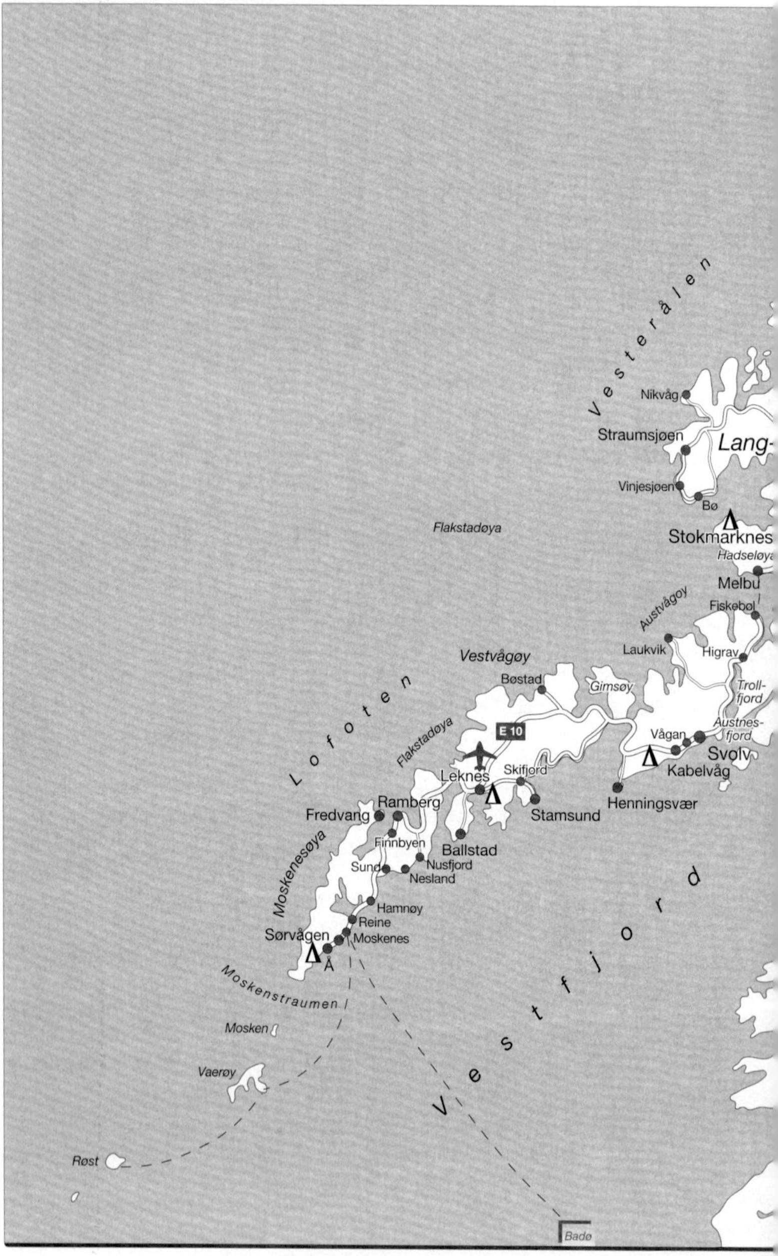
Vesterålen
Nikvåg
Straumsjøen
Lang-
Vinjesjøen
Bø
Stokmarknes
Hadseløya
Melbu
Fiskebøl
Austvågøy
Flakstadøya
Laukvik
Higrav
Vestvågøy
Bøstad
Gimsøy
Troll-
fjord
Lofoten
Flakstadøya
E 10
Austnes-
fjord
Vågan
Svolv
Leknes
Skifjord
Kabelvåg
Ramberg
Fredvang
Stamsund
Henningsvær
Finnbyen
Ballstad
Moskenesøya
Sund
Nusfjord
Nesland
Vestfjord
Hamnøy
Reine
Sørvågen
Moskenes
Å
Moskenstraumen
Mosken
Vaerøy
Røst
Badø

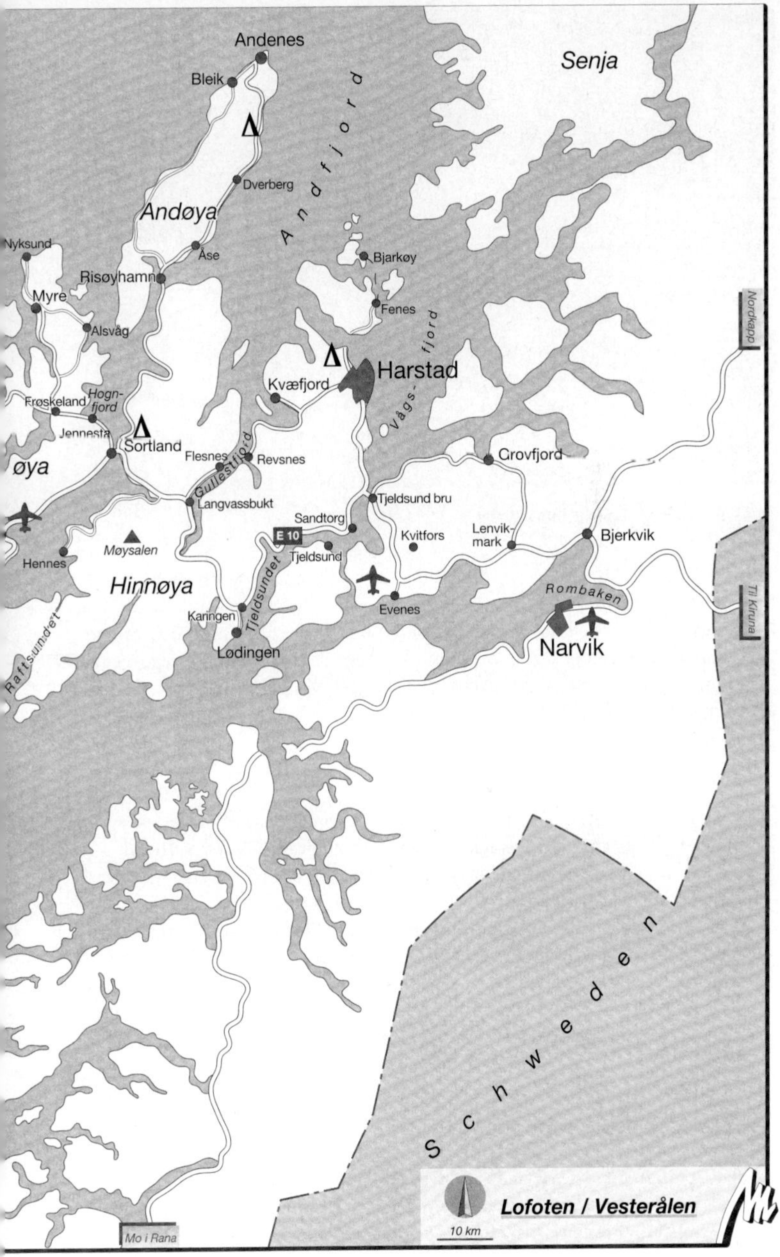

Vesterålen und Lofoten
Karte S. 532/533

Walfang: einmal nicht bitterernst

„Unser Gras ist grüner", sagen die Insulaner und meinen damit nicht nur den Schein der Mitternachtssonne von Ende Mai bis Mitte Juli, sondern die Wirkung des Golfstroms und seiner warmen Winde, die allsommerlich Spitzentemperaturen von über 30° C bringen und dem Archipel eine üppige Vegetation und etliche Badestrände beschert haben. Die Wassertemperaturen steigen allerdings selten über 20° C.

Wal-Kämpfe

So einig waren sich Coop, Tengelmann & Co. selten: Bis 1999 waren Aquavit, Lachs und andere norwegische Waren aus ihren Regalen verbannt – Glaubens- und Handelskrieg um die Wale. Mittlerweile ist der Handelskrieg beendet, und Zuchtlachs und Aquavit sind wieder zu haben.

Weil Norwegen sich seit 1992 immer wieder über das Fangverbot der Internationalen Walfang-Kommission (IWC) hinwegsetzte und Jahr für Jahr 230 Minckwale zum Abschuss freigegeben hatte, reagierte der walfreundliche Rest der Welt mit dem Boykott norwegischer Produkte. 100 Millionen Mark kostete dieser Handelskrieg Norwegen jährlich – ein Vielfaches des vermeintlichen Wertes der erbeuteten Meeressäuger.

90 % der Norweger sind, letzten Meinungsumfragen zufolge, mit unnachahmlicher Sturheit gegen ein generelles Walfangverbot. Sie wettern gegen umweltpolitische Heuchelei anderenorts: „Wer den Briten die Fuchsjagd, den Deutschen die Treibjagd und den US-Amerikanern die Taubenjagd erlaubt, darf den umweltverträglichen Walfang nicht verteufeln", schimpfte Ex-Ministerpräsidentin *Gro Harlem Brundtland*.

Statistiken sprechen von derzeit knapp 100.000 Minckwalen weltweit. Allerdings sind sich IWC-Experten über die exakte Zählmethode nicht recht einig – einige Biologen werfen den Norwegern betrügerische Bestandszahlen vor. Unbestritten aber ist: Der kleinste der Großwale gehört wie der Grauwal und der Südkaper zu den Arten, die sich in den letzten 40 Jahren erstaunlich regeneriert haben. Seit 1968 gibt es Fangverbote, seitdem haben die Norweger den Walfang im großen Stil eingestellt, seit 1986 gilt ein generelles Verbot des gewerbsmäßigen Walfangs. Anders sieht es aus bei Blau- und Grönlandwalen: Beide Arten bleiben akut bedroht, obwohl sie seit Jahrzehnten nicht mehr harpuniert werden dürfen.
Die bösen Buben seien ohnehin die Japaner, klagen dann auch Vesterålen-Walfänger. Die verkauften in Japan und Korea Walfleisch für 500 Dollar pro Kilo an Feinschmeckerrestaurants, darunter auch Fleisch geschützter Arten, während sich der Walfang für Norweger ohnehin nicht mehr lohne: Wer will schon im Licht einer Tranfunzel lesen oder sich Walbein ins Korsett ziehen? Bleibt die Frage: Warum sind Norweger dann so erpicht auf die Waljagd?
„Aus Forschungsgründen“, lautet die Antwort. Ohne Walfang gäbe es weder Statistiken über Walpopulation noch über Planktonwuchs, Parasitenbefall und Fischbestände. Auf ihrer letzten Tagung 2006 forderte dann die Internationale Walfang-Kommission mehrheitlich und folgerichtig, solche Forschungen am lebenden Tier vorzunehmen; kurz darauf ließen die Delegationen aus Japan, Korea und Norwegen die Tagung platzen.

Andererseits wird nicht bestritten, dass mehr als nur das Walfleisch verkauft wird: Tran, Knochen und Haare finden Verwendung in Farben, Waschmitteln und Parfüms.

Gleichwohl scheiden wirtschaftliche Gründe aus, wenn es um „Norwegens Recht auf Walfang“ geht. Auch Angst um Arbeitsplätze gibt es nicht mehr: Nur noch wenige Familien leben von den Walen. Eher spielen nationale und kulturelle Gründe eine Rolle, wie *Arnt Dahl*, Biologe auf den Vesterålen, meint: „Es ist so, als wollte man Schweizern die Almwirtschaft verbieten.“ Auf der Vesterålen-Insel Andøya hat man dann auch rund um den Wal einen neuen Erwerbszweig entdeckt: Walsafaris. Vor Andenes spüren alte Walfänger in alten Booten den „König der Meere“ auf, spinnen Seemannsgarn à la Moby Dick, überlassen wissenschaftliche Erläuterungen aber jungen Meeresbiologen. Und geschossen wird auf solchen *Hvalsafaris* nur mit der Kamera.

Tourismus: Mittlerweile haben die 22.000 Lofotinger den Tourismus als Einnahmequelle entdeckt. Gut 2,5 Millionen Besucher (2005) kommen Jahr für Jahr zum Angeln, Surfen, Tauchen, Wandern und Klettern; auf die Vesterålen zieht es nur knapp halb so viele Besucher pro Jahr.

Meist wohnen sie in den vormaligen Fischerhütten, den *rorbuer*, jenen Pfahlbauten, die zumindest mit zwei Beinen im Wasser stehen – eine ideale Ferienunterkunft nicht nur für Petrijünger. Die originale Rorbu-Hütte (norweg. *ror* = Ruder, *bu* = wohnen), bereits seit dem 12. Jh. in Nordnorwegen gebräuchlich, besteht aus einem Flur, einstmals als Arbeitsplatz genutzt, und zwei Räumen, in denen bis zu zwölf Männer aßen und schliefen. Heutzutage finden sich die traditionellen Stelzenhäuser mit Lehmboden und windschiefen Türen noch überall auf den Inseln, besonders schön auf Moskensøy oder in Nyksund auf den Vesterålen, einem verlassenen Fischerdorf, das seit einigen Jahren zunächst von Jugendlichen, nunmehr aber verstärkt von findigen Immobilienhändlern restauriert wird. Das Häuschen, in das Sie sich womöglich eingemietet haben, wurde hingegen eigens gezimmert und mit Fußbodenheizung, Tiefkühltruhe für Frischfisch und sonstigem Komfort ausgestattet – nur noch die bunte Holzfassade passt in die längst vergangene Zeit.

Industrie: Neben Fischfang, Landwirtschaft und zunehmend auch Tourismus hat sich Industrie als Wirtschaftszweig auf den Inselgruppen kaum und auch erst spät etablieren können. Den Anfang machten Mitte des 20. Jh. Fabriken, die Dünger aus Fischabfällen produzierten. Später kamen Trankochereien und Heringsölfabriken hinzu. Erst mit dem Siegeszug der Tiefkühltechnik nach dem Ende des Zweiten Weltkriegs entstanden Filetier- und Gefrierbetriebe, die heute immerhin 15 % der Arbeitsplätze stellen.

Geschichte

Trotz ihrer Abgeschiedenheit sind die beiden Inselgruppen mindestens seit Beginn unserer Zeitrechnung bewohnt, seit dem 7. Jh. ist der Tauschhandel von Fisch gegen Salz verbürgt. Bei dem Wikinger *Ottar*, der 870 England besuchte und dessen Erzählungen dort festgehalten wurden, werden die Lofoten erstmals auch schriftlich erwähnt. Der Wikingerhäuptling *Tore Hund* aus Bjarkoya (vgl. „Harstad“, S. 543) geht, wenn auch als Königsmörder, sogar in die norwegische Geschichte ein.

Die Ausrichtung auf den Stockfischexport führt im späten Mittelalter zu einer Abhängigkeit zunächst von den Hanse-Kaufleuten, später vom Stadtsäckel der Bergener Kaufmannsgilde.

Erst mit der Lofotfischerei im 19. Jh. entwickelt sich auf den Inseln eine eigene Händlerklasse, die später auch die Verarbeitung der Fangerträge übernimmt. Vor allem aber gründen die Handelsherren eigene Dörfer, siedeln dort Fischer vom Festland an und betreiben diese Siedlungen bis ins 19. Jh. als Privateigentum. Erst 1938 entzieht ein Fischereigesetz (*rafiskloven*) den Großgrundbesitzern das Recht, selbstherrlich Fischpreise festzusetzen.

Während des Zweiten Weltkrieges bleiben die Inseln zunächst von der Besatzung verschont. Erst als sich die Briten nach der Schlacht um Narvik in das Fjordgewirr der Lofoten zurückziehen und 1941 sogar zweimal mit Kommandounternehmen versuchen, Stamsund und Svolvær zu erobern, kommt es zuerst zu Vergeltungsmaßnahmen, später zur Besetzung durch die deutsche Wehrmacht.

Zwar hatten die Stopps der Hurtigruten-Schiffe die Inseln schon zu Beginn des 20. Jh. aus ihrer Isolation befreit, doch erst 1963 mit dem Bau der Reichsstraße 19, die später E 10 heißen wird, und dem verstärkten Tunnel- und Brückenbau ab 1980 öffnen sich die Lofoten und Vesterålen auch dem Tourismus, der zum wichtigsten Wirtschaftszweig wird.

Vom Stockfisch zum Stoccafisso

Wie in alten Zeiten werden Dorsch oder Kabeljau auf Holzgestellen zum Trocknen aufgehängt: Das Lofoten-Winterklima (starke Winde bei geringer Luftfeuchtigkeit und Temperaturen, die dank des Golfstroms leicht über dem Nullpunkt liegen) ist ideal für die zwei Monate lange Mumifizierung, bei der die Fische 70 % ihres Gewichtes, aber keine Nährstoffe und kaum Vitamine verlieren. „Klippfisch" heißt der gesalzene, entgrätete Stockfisch, weil er früher auf Klippen zum Trocknen ausgelegt wurde. Roh oder bearbeitet waren Trockenfische schon zu Wikinger- und Hansezeiten begehrtes Handelsgut, vornehmlich in die katholische Welt, wo Stockfisch als Fastennahrung diente.
Noch heute gilt *Stoccafisso norvegese* als Leckerbissen in Italien – der Fisch wird sieben Tage lang gewässert, entgrätet, in einem Zwiebel-Knoblauch-Weißwein-Sud gedünstet, dann mit Milch und Parmesan angereichert und mit Anchovis verkocht.

Land und Leute

48.000 Menschen leben auf den Inseln (25.000 auf den Vesterålen, 23.000 auf den Lofoten). Fast alle Siedlungen liegen an der Ostseite, zum Vestfjord hin, wo das Klima weniger rau ist und wo sich noch heute die Fischschwärme, einst einzige Erwerbsquelle der Insulaner, tummeln. Dennoch leiden die Inseln unter Landflucht; fast 12.000, ein gutes Fünftel der Einwohner, meist junge Leute, sind seit 1990 in die nahen Zentren Bodø und Tromsø abgewandert. Die Westseite der Inseln zum Atlantik hin ist nahezu vollständig entvölkert. Verwaltungstechnisch zählen die elf Inselgemeinden zur Provinz Nordland.

Geologie

Beide Inselgruppen sind vulkanischen Ursprungs, durch immer neue Eruptionen während der Entstehung des *Kaledonischen Gebirges* (im Altpaläozoikum entstandenes Gebirge in Nordwesteuropa) aufgeworfen. Das führt zu dem geologisch interessanten Phänomen, dass sowohl die ältesten als auch die jüngsten Gesteinsformationen Skandinaviens hier anzutreffen sind; auf Andøya z. B. finden sich nur 120 Millionen Jahre alte Steine der Jurazeit, die Europas jüngste Fossilien einschließen.

Die Gebirgskette muss einst aus sehr viel höheren Bergen bestanden haben, die während der Eiszeiten durch Gletschererosion in viele Einzelmassive und Gipfel aufgeteilt wurden. Für diese Vermutung spricht auch die erstaunlich große Meerestiefe von bis zu 4.000 m direkt vor der Küste. Der Meeresboden hat sich im Anschluss an die Eiszeiten unter dem Gletschergewicht abgesenkt. Diese Meerestiefe, verbunden mit den relativ hohen Wassertemperaturen, macht die Nordsee um die Vesterålen zum Tummelplatz für Wale.

Karte S. 532/533

Verkehr

Für eine Rundreise im Auto sind beide Inselgruppen bestens ausgestattet: Die Vesterålen haben einen fährenfreien Anschluss an die E 6, und drei Brücken verbinden die drei einzelnen Inseln miteinander. Die „Lofoten-Straße", die von Nord nach Süd, von Fiskebøl nach Å, über 162 km die Inselgruppe durchschneidet, gilt in Norwegen als „Autotrip pur".

Manchmal halsbrecherisch: Wandern auf den Lofoten

Auch sonst kann sich die Verkehrsanbindung der Inseln im Nordmeer sehen lassen: Die Vesterålen haben mit Andenes und Stokmarknes zwei Mini-Flughäfen und werden in Sortland, Risøyhamn und Stokmarknes zweimal täglich von Hurtigruten angesteuert. Auch die Lofoten verfügen über zwei Flughäfen, Svolvær und Leknes (sogar das abseitige Røst ist durch die Luft erreichbar), und über zwei Anlegestellen der Hurtigrute: Stamsund und Svolvær.

Zwei Überlandbuslinien durchfahren beide Inselgruppen jeweils täglich und berühren dabei fast jeden Inselort. Eine weitere Linie verbindet mit dem Festland und führt weiter nach Nordnorwegen.

Die Vesterålen

Hinnøya

Die mit 2.200 km² größte Insel Norwegens ist durch eine Brücke über den Tjeldsund mit dem Festland verbunden. Nie hat man das Gefühl, auf einer Insel zu sein.

Die Insel bildet die Landbrücke zu den Vesterålen und gleicht landschaftlich auch dieser Inselgruppe: nicht so wild zerklüftet wie die Lofoten, dafür grüner, lieblicher und stellenweise auch landwirtschaftlich genutzt, aber dennoch von vielen Fjorden zergliedert, die jedoch weniger dramatisch als auf den Lofoten sind.

Immerhin steigt ziemlich genau in der Inselmitte mit dem **Møysalen** der höchste Berg der Lofoten und Vesterålen auf. Der fast immer schneebedeckte Gipfel (1.266 m) wirkt auch deshalb so imposant, weil er aus einem Massiv 400 m tieferer Berge herausragt.

Der Nordosten Hinnøyas gehört verwaltungstechnisch bereits zur Provinz Troms. Die Inselhauptstadt Harstadt ist gleichzeitig die zweitgrößte Stadt der Provinz und doch nicht größer als eine Kleinstadt in Deutschland.

Harstad

Das große Dorf mit knapp 20.000 Einwohnern am Eingang zum Vesterålen-Archipel lohnt als Stopp zum Auftanken – ein wenig Kultur, gute Hotels und Festspiele im Sommer.

Wenn Sie Ende Juni in der Gegend sind, sollten Sie dem Städtchen einen Besuch gönnen. Dann nämlich finden in Harstad die *Sommerfestspiele* statt: Jazz und Film, Marathonlauf und Liederwettbewerb, vor allem aber fast mediterranes Treiben auf allen Straßen und Plätzen lassen den nördlichen Breitengrad vergessen. Das *Fischereifestival* im Juli hingegen ist ganz und gar nordischen Anglerfreuden gewidmet.

Ansonsten kann das Städtchen am **Vågsfjord** kaum mit Attraktionen aufwarten, wenn es auch herrlich in eine natürliche Hafenbucht geschmiegt liegt. Einziger Grund, warum auch Kreuzfahrtschiffe die zweitgrößte Stadt der Provinz Troms immer wieder anlaufen, ist die mittelalterliche Steinkirche von Trondenes, 3,5 km nordöstlich des Zentrums gelegen: Die 3 m dicken Mauern verleihen der Kirche, die von einem Hügel auf die Stadt herabschaut, fast Festungscharakter.

Mit Ausnahme einiger alter Häuser am Hafen gibt es keine historische Bausubstanz. Dort im Hafen allerdings ist dann doch noch eine Attraktion zu entdecken: *Anna Rodge*, ein Zweimaster, der als ältester Schoner der Welt gilt und immer noch für Ausflugsfahrten zu mieten ist.

Das neue Harstad wird von Jahr zu Jahr moderner und dabei nicht hübscher. Das staatliche Öldirektorat für Nord-Norwegen hat hier seinen Sitz, zahlreiche Ölgesellschaften siedeln Niederlassungen in grauen Betonsilos an, die nicht gerade zum architektonischen Reiz der Stadt beitragen – ein Indiz dafür, dass die Multis den Ölfunden nordwestlich der Vesterålen eine große Zukunft geben. So ist es durchaus möglich, dass Harstad schon bald Stavanger als Ölmetropole in den Schatten stellen wird.

Zudem präsentiert die Stadt stolz ein Kulturhaus, das neben dem üblichen Lesesaal (mit deutschen Zeitungen) einen Veranstaltungssaal für tausend Zuschauer zu bieten hat, in dem Theateraufführungen und Konzerte, Revuen und Folkloreabende stattfinden. Außerdem soll die Multivisionsschau „Unter einem Meer von Licht“ Touristen in den Prunkbau locken – die Schau ist allerdings Geschmackssache.

Information/Verbindungen

• *Information* Die **Touristeninformation**, ✆ 77018989, www.visitharstad.com, ist in die neu eröffnete Karl Erik Harr Galery umgezogen: Hans Egedesgate 3. Auch die Öffnungszeiten sind neu: Juni–Aug Mo–Fr 8–17 Uhr, Sa 10–15, So 11–14 Uhr. Sept–Mai Mo–Fr 8–15.30.

• *Busverbindungen* Die Busverbindung Narvik-Å durchfährt die gesamte Inselgruppe, braucht dazu 14,5 Std. und kostet für die Gesamtstrecke 480 NOK. Die Linie passiert Harstad 4 x täglich (Busbahnhof am Torvet mit Wartehalle, Kiosk, Touristinfo, Autoverleih und Cafeteria): um 10 und 16.15 Uhr in Richtung Süden (mit 10 Stopps in allen größeren Orten), um 15 und 20.25 Uhr nach Narvik (2,5 Std.). Nur halb so oft verkehren die Busse nach Nordnorwegen (Lødingen, Fauske, Bodø, Flughafen Evenes): 14.50 Uhr an Harstad, 14.55 Uhr ab nach Norden. Telefonische Fahrplaninfo: ✆ 77001720.

• *Fährverbindungen* Nach Nordnorwegen, nach Tromsø, gelangt man 9 x pro Tag auch per Schiff. Die Fahrt über Finnsnes dauert 2,5 Std. und kostet 370 NOK/Person. Weitere Fährschiffe nach Narvik, Svolvaer und Flakstagvag (keine täglichen Abfahrten) Fahrplaninfo unter ✆ 77018989 oder nur 117.

Ein besonderes Erlebnis ist die Ausflugsfahrt mit dem ältesten Schoner der Welt: Das Segelschiff „Anne Rogde" (s. o.) ist nur für sehr viel Geld (ab 3.000 NOK) und nur total (bei 20 Personen Fassungsvermögen) zu mieten unter ✆ 77061153. Sind die Voraussetzungen erfüllt, wird jeder Törn unternommen, den Sie bestellen.

Attraktiv und leichter planbar ist ein Sonderangebot mit Hurtigruten, die täglich 2 x am Pier anlegt: 6.45 Uhr in Richtung Norden, 8 Uhr nach Süden. Für 300 NOK (Kinder 150 NOK) steigt man morgens in den Postdampfer ein, erreicht nach 4,5 Std. Sortland und fährt von dort 2 Std. später per Bus zurück.

Adressen/Sport/Einkaufen

• *Apotheken* in der Storgata (geht vom Marktplatz ab), in der Hans Egedes gate (Nähe Hauptpost) und im Kanebogen.

• *Autovermietung* Avis, ✆ 77061945; Hertz, ✆ 77061346; Europcar/Interrent, ✆ 77018610.

• *Fahrradverleih* Sykkel & Motor, Tordenskioldsgate 6, ✆ 77066367 (100 NOK/Tag). Auch am Busbahnhof gibt's Räder zu leihen (80 NOK/Tag).

• *Geldwechsel* in der Hauptpost (s. u.) und in den Banken am Hafen in der Sjøgata und Strandgata. Die Banken sind im Sommer von 8.15–15 und donnerstags bis 16.30 Uhr offen (samstags geschlossen). Jedes Institut verfügt über Geldautomaten, nur die Sparebank über einen auch für die Eurocard.

• *Hafenpavillon* idealer Campertreff, wenn auch für Segler gedacht, an der Sjøgata 8, querab des Schnellboot-Anlegers. Neben Café und Imbiss auch mustergültige Sanitäranlagen (außer WC auch Dusche, Wickelraum und Waschmaschine). Jeden Tag von 9 bis 2 Uhr nachts geöffnet.

• *Medizinische Notdienste* täglich von 15.30 bis 8 Uhr morgens (am Wochenende rund um die Uhr) unter der Nummer des Krankenhauses zu erreichen (Harstad sykehus: ✆ 77063000).

Der zahnärztliche Notdienst meldet sich unter ✆ 94641233.

• *Parken* Harstad bietet einen in Norwegen ganz unüblichen Service für Touristen an: Auf kommunalen Parkplätzen (z. B. an der RV-83-Stadteinfahrt und am Fischmarkt) ist Parken für alle Fahrzeuge mit ausländischer Nummer gratis. Ansonsten kostet Parken in der Innenstadt viel Geld (2 Std. = 40 NOK, 7 Std. = 180 NOK).

• *Post* Hauptpost (Hans Egedesgt. 19), im Sommer von 8-16 Uhr geöffnet; in der Minipostbank kann man Geld wechseln. Weitere Postämter im Stagnesveien und im Kanebogen.

• *Telefon* Zellen, von denen auch ins Ausland telefoniert werden kann, gibt es am Hafen und am Marktplatz. Das Telegrafenamt Telenor befindet sich in der H. Egedesgt. 6 (schräg gegenüber der Hauptpost).

• *Sport-Aktivitäten* Man kann geführte Wandertouren machen (✆ 77066000), in einem der sechs See um Harstad angeln (Fischkarten im Postamt, Lizenzen im Touristbüro), in Langmoan (5 km von der Stadt entfernt) reiten (✆ 77072500), an den Seen und am Campingplatz baden oder Boote ausleihen (✆ 77018989, 77040094) oder Golf spielen (Neun-Loch-Platz, 5 km lang, 6 km nördlich von Harstad, ✆ 77069473) oder Go-Cart fahren (Mo–Fr 17–23 Uhr, Sa/So 13–22 Uhr, ✆ 77079417).

• *Einkaufen:* Drei Einkaufszentren, alle bis 20 Uhr geöffnet (Sa bis 16 Uhr), alle in der Nähe des Hafens (Verkstedveien, Rik Karbos Plass), alle mit Banken, Supermärkten, und Andenkenläden und Zeitungskiosken. Außerdem: Optiker in der Erlingsgata (Nähe Stadion), Friseur in der St. Olavs Gate am Krankenhaus, Bio-Laden in der Havnegata beim Viking Hotel.

Übernachten/Camping

Harstad Vandrerhjem, Trondarnes, ✆ 77040077, www.vandrerhjem.no. In einer altehrwürdigen Volksschule, die schon fast einer Trutzburg ähnelt, (3 km nördlich Harstads auf dem Weg zur Trondenes Kirke) ist die nur vom 1.6.–15.8. geöffnete Jugendherberge untergebracht. Bett 240 NOK, EZ 300 NOK, DZ 480 NOK, Frühstück 60 NOK.

Centrum Gjestehus, Magnusgate 5, ✆ 77062938, www.centrumsgjestehus.com. Die kleine Pension liegt 1 km nördlich des Zentrums und vermietet einfache Zimmer mit Selbstkocherküche. EZ 350–420 NOK, DZ 460–550 NOK.

Grand Nordic Hotell, Strandgata 9, ✆ 77003777, www.nordic.no. Nach dem Besitzerwechsel ist das traditionelle Haus nur besser geworden und bietet jetzt feinsten Standard in renoviertem Ambiente: EZ 1.300, DZ 1.545 NOK

Quality Hotel Articus, Havnegat 3, ✆ 770040800, www.articus-hotel.no. Das mit dem neuen Kulturhaus kombinierte 75-Zimmer-Hotel mit dem hervoragenden Restaurant „Gallionen" bietet jeden Komfort – und dazu gehört auch die tolle Aussicht auf den Fjord – zu recht deftigen Preisen: EZ 1.360 NOK, DZ 1.605 NOK (zahlreiche Sonderangebote an Wochenenden und im Sommer).

Thon Hotel Harstad, Sjøgaten 11, ✆ 77000800, www.thonhotels.no. Das neueste der guten Harstad-Hotels hat 141 Zimmer und liegt direkt am Hafen (ruhig, dennoch zentral) Die tollste Aussicht hat man vom Restaurant „Egon" (gutes Frühstücks-Buffet) im 6. Stock: An schönen Sommertagen tafelt man sogar unter freiem Himmel. EZ 1.390 NOK, DZ 1.690 NOK.

F2 by Nordic Hotels, Fjordgate 2, ✆ 770 03200, www.nordic.no. Das First-Class-Hotel liegt sehr schön zwischen Schiffskai und Marktplatz. EZ 1.580 NOK, DZ 1.650 NOK.

• *Camping* **Harstad Camping**, Kanebogen, ✆ 77073662, www.harstad-camping.no. 4 km südlich des Zentrums und 1 km östlich der RV 83 findet sich der gut ausgestattete Drei-Sterne-Platz, unmittelbar am besten Meeresbadeplatz weit und breit. 33 Wohnwagenstellplätze (150 NOK) und 17 Hütten von unterschiedlicher Größe und Preisklasse (340–850 NOK).

Essen & Trinken

Røkenes Gård, ✆ 77058444, liegt zwar 6 km nördlich des Zentrums von Harstad, ist aber die bei weitem beste und romantischste Adresse für ein gutes Essen: In dem 300 Jahre alten Haus wird seit 1777 schon eine Schankwirtschaft betrieben, und köstlich-rustikale Gerichte werden zu allerdings arg gesalzenen Preisen zubereitet (im Sommer geöffnet von 12–22 Uhr, am Wochenende vorher reservieren).

Gammelbrygga in der Havnegata, direkt am Hafen. Hier kann man auf drei Stockwerken ganz gut essen, locker tanzen und Fußballberichte aus England und manchmal auch der Bundesliga im TV-Room sehen.

Den 4 Roser, in der Fußgängerzone wartet dieses Edel-Restaurant in einem alten Holzhaus mit feiner Küche, Bar und gesalzenen Preisen auf.

Kaffistova in der Rikard Kaarbøsgate 6 (Nähe Torvet) ist die preiswerte Alternative für Hausmannskost.

Lagunen, die in Norwegen ziemlich häufige Kombination von Pub, Tanzbar und Speiselokal findet sich in der Fjordgate 9 a. Wer sich vom Trubel nicht stören lässt, bekommt preiswerte, recht gute Fleischgerichte, seltener Fisch, auf den Teller.

Ming Restaurant, Rik. Kaarbøgate 18, der unvermeidliche Chinese mit deftigen Portionen und zivilen Preisen.

Den lille Café in der Strandgate 4 ist genau der gemütliche Kaffeetreff, der hinter dem Namen zu vermuten ist.

Sehenswertes

Gangsåstoppen: Einen wunderschönen Panoramablick, verbunden mit einem angenehmen Spaziergang, bietet der Aufstieg auf den Hausberg Gangsåstoppen. Die Vesterålen und die Erzinsel Senja sind bei gutem Wetter auch ohne das Fernrohr am Gipfel auszumachen, das unten liegende Harstad sogar bei wolkenverhangenem Himmel.

• *Anfahrt* Sie finden den Aufstieg ca. 5 km vom Ortszentrum entfernt Richtung Kanebogen senter. Dort biegen Sie ab, um am nächsten Kreisverkehr (Shell-Tankstelle) links und bei nächster Gelegenheit rechts in den Toppenvegen einzubiegen. Diese Straße endet an einem Parkplatz. Von dort sind es noch 20 Min. markierter Fußweg auf den Gipfel.

Trondarnes Historiske Senter: Die Museumsanlage des jetzt umbenannten Distriktsmuseums besteht aus fünf Abteilungen an fünf verschiedenen Orten. Im Hauptgebäude in Harstads Zentrum (Verftsgate/Fjordgata) findet sich ein kleines Museum zur Industriegeschichte der Gemeinde, die Anfang des 20. Jh. vom Maschinenbau geprägt war.

Das **Trastadsenteret** am Stadtrand (Rik. Kaarbøsgate 19) widmet sich mit Werkstatt und Verkaufsraum der nordländischen Keramik- und Webereikunst. Der **Sandtorg Bygdetun** in **Sørvik**, 12 km südlich der Stadt an der RV 83 gelegen, ist ein kleines Freilichtmuseum, dessen besonderer Stolz ein Gefängnis aus dem 19. Jh. ist. Neueste Anlage ist das **Historikse Senter** in unmittelbarer Nähe der Trondenes Kirke (s. u.). In einem geschmackvollen Holzneubau wird mit Aus- und Darstellungen des mittelalterlichen Machtzentrums Trondenes gedacht – und eine Cafeteria mit Aussichtsterrasse gibt es auch.

Der **Grytøy Bygdetun** in **Lundenes** auf der Harstad vorgelagerten Insel Grytøya ist am wenigsten anschauenswert. Die Siedlungsanlage stammt aus dem 19. Jh. Sie ist leider nur im Sommer und nur samstags geöffnet.

• *Öffnungszeiten* **Hauptgebäude**, täglich 8–16 Uhr, Eintritt 90, Kinder 45 NOK.

Trastadsenteret, Mo–Fr 8–16 Uhr, Sa 10–13.30 Uhr, Eintritt gratis.

Historikse Senter, Juni–August Mo–Do 10–17, Fr–So 11–17 Uhr (im Winterhalbjahr nur So geöffnet), Eintritt 75 NOK, Kinder 35 NOK.

Sandtorg Bygdetun, Mitte Juni bis Mitte August nur Sa von 12–16 Uhr und So von 17–19 Uhr, Eintritt 40 NOK.

Grytøy Bygdetun, nur im Sommer Sa von 11–14 Uhr, Eintritt 50 NOK.

Karl Erik Harr Galery: Im alten Posthaus (Hans Egedesgate 3) präsentiert der in Norwegen viel beachtete Maler Karl Erik Harr seine Sammlung von 120 Gemälden, Illustrationen und Zeichnungen vornehmlich nord-norwegischer Künstler, darunter nur wenige eigene Arbeiten. Die erst im Sommer 2006 eröffnete Galerie beherbergt auch die Touristeninformation. Führungen in der ansonsten von 10–18 Uhr geöffneten Galerie finden sonntags um 13 Uhr statt.

Grottebadet: Das „Höhlenbad" in Harstads Zentrum (Håkongt. 7, etwa 20 m vom Eingang des Grand Nordic Hotels entfernt) ist ein Erlebnisbad wie viele im Norden – Palmenlandschaft und Strandzone, Südsee-Bar und Dampfbad, eine Riesenrutsche natürlich, heiße Temperaturen und heiße Rhythmen via Lautsprecher. Ein Spaß für genervte Urlauber bei schlechtem Wetter und für Kinder immerzu – wenn die Eintrittspreise nicht so hoch und die Öffnungszeiten nicht so verwirrend wären...

Öffnungszeiten Mo–Mi 16–21 Uhr, Do 15–21, Fr 12–20, Sa 10–18, So 11–18 Uhr. Eintritt 130 NOK (Kinder 85 NOK).

Trondenes Kirke: Das festungsähnliche romanisch-gotische Kirchlein auf der Trondenes-Halbinsel, 3,8 km von Harstad entfernt, ist trotz seines Alters (erbaut im Jahre 1250) und trotz der drei Altäre eigentlich nur der schönen Aussicht wegen besichtigenswert.

Öffnungszeiten Mo–Fr 10–12 und 14–16, Di und Do auch bis 18 Uhr, So 17–19 Uhr. Eintritt 25, Kinder 10 NOK. Zur Zeit der Sommerfestspiele werden am Abend auch Konzerte veranstaltet (Näheres in der Touristeninformation).

Adolf-Kanone: Jünger und für viele weniger sehenswert sind die deutsche Festungsanlagen (ebenfalls in Trondenes), die von den Norwegern hier wie überall aus unverständlichen Gründen sorgsam gepflegt und Besuchern zugänglich gemacht werden. Die Adolf-Kanone (sie heißt wirklich so) gilt mit ihrem 40,6 cm Kaliber als größte Landkanone der Welt. Im Geschützbunker unterhalb der Anlage, die erst nach einem Fußmarsch von 1,5 km zu erreichen ist, gibt es ein kleines Museum, das über Bau und Zielsetzung dieses Ungetüms aufklärt.

Öffnungszeiten 15.6.–1.8., 65 NOK, Kinder 30 NOK. Führungen jeweils um 11, 13, 15 und 17 Uhr.

Sagaspiele: Wenn Sie im Sommer in dieser Gegend sind, sollten Sie einen Trip auf die Wikinger-Insel **Bjarkøy** nicht verpassen. Das Inselchen mit nur 700 Einwohnern, eine Stunde Fährfahrt von Harstad, war Heimat des Häuptlings *Tore Hund*, Wikinger-Heerführer in der Stiklestad-Schlacht und womöglich der böse Krieger, der König Olav den Todesstoß versetzte.
Seine Geschichte, seinen Hof, sein Grab und seine Opferstätten hat ein rühriger Verein zum Mittelpunkt eines Laienspiels (Sagaspiele) gemacht, das alle zwei Jahre immer Anfang Juli aufgeführt wird, nächstes Mal 2007 – Oberammergau auf Norwegisch (Infos über ✆ 77041230).

Übernachten Auf Barkøy gibt es einen **Campingplatz**, ✆ 77090277, und das **Bjarkøy Gjestekro**, ✆ 77090190, 📠 77090129, mit fünf netten Zimmern (Du/WC).

Radtour von Harstad nach Sortland

Die 65 km lang Strecke ist steigungsarm wie fast alle Touren auf dem Archipel und zudem auf meist kleinen Straßen gemächlich zu befahren.

Sie verlassen Harstad über die RV 83 in Richtung Westen. Durch Grünland und Gemüsekulturen geht es auf den Gullesfjord zu, an dem Sie in Richtung Süden entlangradeln. Über Straumen erreichen Sie – immer auf der Landstraße – Revsnes, wo die Fähre nach Flesnes wartet (stündlich zwischen 7 und 22 Uhr, 20 Min. Überfahrt, 38 NOK pro Person mit Fahrrad, 75 NOK für Pkw/Fahrer). Weiter auf der RV 83 stoßen Sie bei Langvassbukt auf die E 10 (Sie können einen Radweg neben der Fahrbahn benutzen). Durch das Langvassdalen und vorbei an zwei kleinen Seen erreichen Sie das durch hohe Berge geschützte Industriedorf **Sigerfjord** mit Lebensmittelgeschäft, Bank und Post, das für seine üppigen Gärten und für eine Statue des heiligen Olav in der Kapelle gerühmt wird. Von dort sind es noch 19 km bis auf die Sortlandbrücke, die – 1 km lang und 30 m hoch – in das einzige Städtchen der Vesterålen, nach Sortland führt.

▸ **Weiterfahrt**: Ab Harstad gibt es für Autotouristen zwei Möglichkeiten zur Weiterfahrt: die schon bekannte Straße zur Tjeldsund-Brücke zurück, um dort wieder auf die E 10 zu treffen, oder – als kleiner, aber schöner Umweg – auf der Reichsstraße 83 nach Westen abbiegen, um in Langvassbukt wieder auf die Europastraße zu stoßen.

Nach 46 km, überwiegend am Gullesfjord entlang und vorbei an Kvaefjord (3 km von der R 83 entfernt, mit der nördlichsten Gartenbauschule der Welt und einer staatlichen Rentierzucht), gelangt man nach **Revsnes**, wo eine stündlich verkehrende Fähre (Zeiten s. o., 75 NOK für Pkw plus Fahrer, 38 NOK pro Person) über den Fjord nach Flesnes, immer noch auf der Hinnøya-Insel, übersetzt. In Langvassbukt, 74 km hinter Tjeldsund, erreicht man erneut die Europastraße.

Wer sich den Harstad-Abstecher erspart, kann über Sandtorg und Kåringen den hübschen, kleinen Fährort **Lødingen** (RV 85) erreichen, wo es neben der Autofähre auf das Festland nach Bognes (8 x täglich, 1 Std. Überfahrt, 176 NOK Fahrer/Pkw, 67 NOK Zusatzperson), einer Bankfiliale, einem Postkontor und einem Supermarkt auch empfehlenswerte Unterkünfte gibt.

• *Übernachten* **Brygga Hotell**, ✆ 76931805, www.bryggahotell.no Ein hübsches, zumindest im Sommer recht preiswertes Landhotel in einer 70 Jahre alten, vor kurzem erst renovierten Villa mit 34 ordentlichen Zimmern und sogar einigen Suiten. EZ 550–950 NOK, DZ 1.300–1.700 NOK.

Lofast Turistsenter, ✆ 76931422. 3 km nördlich von Lødingen, aber auch an der E 10 liegt diese Ferienanlage, die 60 Betten anbietet: in Mehrbettzimmern (180 NOK/Person), in Appartements (550 NOK) und in Hütten (ab 450 NOK). Eine preiswerte und landschaftlich grandiose Alternative.

Geführte Wanderung auf die Spitze der Vesterålen

Um die Tageswanderung auf den **Møysalen**, den mit 1.266 m höchsten Berg der Vesterålen, zu wagen, müssen Sie auf der E 10 von Lødingen nach Norden kurz vor Sigerfjord links und nach Süden auf die RV 822 einbiegen, um am Sortlandsund entlang bis nach Hennes zu fahren. Da beginnt das Abenteuer – mit einer Bootsfahrt, und zwar immer nur samstags, wenn die ehrenamtlichen Führer der Vesterålen Turlag ihre Freizeit für Bergführungen opfern. Sie sollten sich in dem hübschen Hafen Hennes, wo es ein Café, einige Privatunterkünfte und einen Tante-Emma-Laden gibt, beim Bygdekontoret (✆ 76156244) die Tickets für die Fahrt durch den Lonkanfjord und die Bergführung besorgen (320 NOK/Person). Für Kinder ist die Tour nicht zu empfehlen; Bootsfahrt und Besteigung dauern neun Stunden.

Die anstrengende Wanderung (Wanderstiefel sind Voraussetzung, Teleskopstangen ratsam) führt über Gletscherfelder und glatte Felsen, die zwar allesamt mit Seilen gesichert, aber dennoch Grund genug sind, sich erfahrenen, einheimischen und vielsprachigen Führern anzuvertrauen.

Per Boot geht es nach Nordbotn. Von da aus beginnt die Wanderung, die nach drei, höchstens vier schweißtreibenden Stunden mit einem grandiosen Rundumblick ihren Höhepunkt findet – ein Panorama von blauem Meer und auch im Hochsommer noch schneebedeckten Gipfeln. Bei klarem Wetter reicht die Aussicht in Richtung Osten bis nach Schweden, im Südwesten über die gesamte Lofotwand.

Wenn Sie sich ins Gipfelbuch eintragen, haben Sie eine fantastische Wanderung und ein großartiges Bergerlebnis hinter sich – gutes Wetter vorausgesetzt.

Langøya

Moore und erstaunlich viel Wald, Felsklippen und unerwartete Sandstrände, runde Hügel und bizarre Gipfel: Die landschaftliche Vielfalt macht den Reiz der größten Vesterålen-Insel aus.

Tief in das Inselland einschneidende Fjorde teilen Langøya, die drittgrößte Insel Norwegens, in drei fast gleich große Teile. Die Grenzen der drei Gemeinden **Øksnes**, **Bø** und **Sortland** folgen dieser geographischen Einteilung. Das heimliche, das eigentliche Zentrum der Vesterålen, Sortland, liegt am „Westeingang" der Insel und ist nur über die 961 m lange Sortland-Brücke zu erreichen.

Sortland

Wenn Sie im Nordmeer in Seenot geraten, kommt Hilfe immer aus Sortland, denn hier ist der Sitz der Küstenwachtzentrale für ganz Norwegen.

Ansonsten bietet das 5000-Einwohner-Städtchen, immerhin die einzige Siedlung mit Stadtcharakter und Erscheinungsort der Inselzeitung *Vesterålen*, außer seiner bevorzugten Verkehrslage dem Besucher nicht viel, sieht man einmal davon ab, dass die Sortländer ihre Stadt von Jahr zu Jahr immer mehr in blaue Farbe tauchen: kaum mehr ein Gebäude, an dem nicht Blau die vorherrschende Farbe ist. Doch das soll sich ändern: Seit Sommer 2006 ist das Sortland-Museum im Aufbau. Aber bislang ist nur die Abteilung „Kvitbrygga" am Hafen im Sommer zu besichtigen (Di–Fr 11–17 Uhr, Sa/So 12–15 Uhr).

Rorbuer: Pfahlbauten für Fischer und Touristen

Allerdings gilt die **Sortlandbrücke** in der Zeit der Mitternachtssonne zwischen dem 23. Mai und dem 23. Juli ebenso als ausgezeichneter Ausguck wie der 5 km nördlich an der RV 820 gelegene Aussichtspunkt **Ramnflauget**. Und zwei Ausflüge in die nähere Umgebung sind lohnenswert.

Sortland liegt am Schnittpunkt aller wichtigen Vesterålen-Wege: Nach Norden führt die RV 82 nach Andøya und Andenes, nach Westen die Reichsstraße 820 bis nach Bø und in den Süden die E 10 nach Melbu mit Anschluss an die benachbarten Lofoten.

Kein Wunder also, dass *Nordtraffik* hier seine Verwaltung hat und für tägliche Busverbindungen nach Bodø, Fauske, Harstad, Narvik, auf die Lofoten und zum nächsten Flughafen Storkmarknes (20 km entfernt) sorgt.

Information /Verbindungen/Adressen/Einkaufen

• *Information* **Turist-Kontor**, Kjøpmannsgata 2, ✆ 76111480, www.visitvesteralen.com. 1.6.–12.6. Mo–Fr 9–17 Uhr; 13.6.–20.8. Mo–Fr 9–20, Sa 9–18, So 10–18 Uhr; 21.8.–30.5. Mo–Fr 9–16 Uhr. Neben Fährtickets und Nachweisen für private Unterkünfte gibt es gute Karten für Wanderungen auf allen Inseln. Das Informationsheft „Målet er nådd" („Am Ziel") beschreibt 90 Wanderziele.

• *Flugverbindungen* Vom 20 km entfernten Flughafen Stokmarknes (flybus vom Busbahnhof, 60 NOK pro Person) werden 29 innernorwegische Ziele angeflogen: Alta, Vadsø, Ålesund, Oslo (6 x täglich, 2,5 Std., 750 NOK pro Person), Bergen (5 x täglich, fast 4 Std., 680 NOK) und Trondheim (4 x täglich, 2,5 Std., 500 NOK pro Person).

• *Busverbindungen* Vom Busbahnhof an der Hauptstraße verkehrt der Lofotbus Narvik–Å 4 x täglich, nach Svolvær geht es 6 x täglich, in Richtung Bodø 2 x pro Tag.

• *Schiffsverbindung* Hurtigrute erreicht den Ort in Nordrichtung um 3 Uhr morgens, in Südrichtung um 13 Uhr.

• *Adressen* **Post** (Mo–Fr 8.30–16, Sa bis 13 Uhr) und **Banken** (Mo–Fr 8.30–15.15, Do bis 16.30 Uhr) in der Strandgata, alle **Geschäfte** sowie **Apotheken**, **Tankstelle** und **vinmonopolet** in der Strandgata (da auch das shopping-senter **Skibsgaarden**) und in der Vesterålgata (Name der E 10 im Stadtgebiet) mit dem Einkaufscenter **Kvartal 14** nebst Apotheke und Parkplätzen. Weitere **Parkmöglichkeiten** am Busbahnhof und viermal am Hafen. Öffnungszeiten der Geschäfte normalerweise von 9–20, Sa bis 18 Uhr. **Autoverleih**, Arnes Bilutleie, ✆ 76123700; **Propangas** bei Sigurd Pedersen, ✆ 76121855 (es werden nur 2-kg-Flaschen nachgefüllt).

Übernachten/Essen & Trinken

• *Übernachten* **Strand Hotell**, Strandgata 34, ✆ 76110080, www.strandhotell.no. Klein und nicht gerade billig ist das behindertengerecht ausgebaute Hotel mit 20 Zimmern (Du/WC, TV und Telefon). EZ 900 NOK, DZ 1.700 (!) NOK (mit Frühstück).

Sortland Hotell, Vesterålsgata 59, ✆ 76108400, www.sortlandhotell.no. Das größte Hotel am Platz bietet perfekten Service (selbst Walsafaris werden organisiert) zu zumindest im Sommer erstaunlichen Preisen: EZ 1.145 NOK, DZ 1.700 NOK (Sommerpreise: 740 bzw. 955 NOK).

Sjøhusetsenteret, ✆ 76123740, www.lofoten-info.no/sjohussenteret. Das Center vermietet ganzjährig *rorbuer* in der Umgebung ab 750 NOK, bietet in der Anlage an der Brücke aber auch eigene Zimmer (EZ 550 NOK, DZ 650 NOK) an. Empfehlenswert außerdem das zu Anlage gehörende Restaurant.

• *Camping* **Sortland Camping & Motell**, Vesterveien 51, ✆/℻ 76110300, www.sortland-camping.no. Neben einer Neun-Zimmer-Unterkunft (EZ 380–555, DZ 500–725 NOK) stehen 25 Hütten (350–600 NOK) auf dem häufig feuchten Gelände zur Verfügung. Außerdem werden Fahrräder verliehen. Mehrere Leser jedoch kritisierten die sanitären Anlagen.

• *Essen* **La Linea**, essen und tanzen in einem Lokal am Hafen. Bemerkenswert ist die reichhaltige Weinkarte.

Rådhustavernen, bekannt für solide Hausmannskost zu reellen Preisen ist die Gaststätte am Rathaus, in der man sehr gemütlich sitzen kann.

Davida, das jüngste Restaurant in Sortland ist das feinste. Neben den Fischgerichten lohnt auch das Lammfleisch.

Harry Bang's bakery & tea room bietet die behagliche Atmosphäre einer Teestube mit einer reichen Palette leckerer Kuchen; Snacks gibt es auch.

Ausflüge/Wanderung

Jennestad: Der alte Handelsplatz, 10 km nördlich von Sortland, ist kaum als „Ort" zu bezeichnen. Aber zwei Sehenswürdigkeiten der besonderer Art lohnen den Ausflug auf der RV 820 entlang am Gavlfjord.

Da ist zunächst der 130 Jahre alte **Marktladen**, der demnächst vom neuen Sortland-Museum betrieben wird. Vor dem 17 m langen Ladentisch soll einst auch Knut Hamsun auf seinen Kautabak gewartet haben, den die Johannsens aus einer der 153 Schubladen zauberten. Der malerische Lebensmittelladen, der aussieht wie eine Apotheke aus längst vergangenen Tagen und der einstmals auch als Poststation und als Ausrüster für Dampfschiffexpeditionen diente, gibt ein herrliches Fotomotiv ab (Mitte Juni bis Ende August Mo–Fr 11–18, Sa/So 14–18 Uhr).

Die zweite Attraktion ist die **Brygga**, die 1863 erbaute Kaianlage, auf der das stattliche Wohnhaus der Dorfgründerfamilie Johannsen steht. Heute wird das frisch renovierte und strahlend weiße, dreistöckige Wohnhaus aus Holz als Veranstaltungsort für Kunstausstellungen und Konzerte genutzt. Dampfschiffe oder Fährboote machen hier nicht mehr fest, aber immer um die Mittagszeit kann man die Postschiffe nach Sortland beobachten.

Kleiva: Ein Trip nach Süden, auf der E 10 am Sortlandsund entlang, lohnt für Wanderer wie Pferdefreunde. In der Landwirtschaftsschule von Kleiva, 8 km südlich von Sortland, werden Nordland-Pferde gezüchtet. Die einst überall auf der Insel betriebene Zucht der widerstandsfähigen Kleinpferde soll wiederbelebt werden.

Oberhalb der Landwirtschaftsschule kann man auf einem unmarkierten, aber nicht zu verfehlenden Weg auf den 652 m hohen **Holandknorren** aufsteigen: Nach knapp zweistündigem Weg genießt man einen herrlichen Ausblick auf die Hinnøya-Gipfel jenseits des Sundes und auf die fruchtbaren Strandstreifen, die sich bis nach Melbu erstrecken (Wanderkarten gibt es im Turist-Kontor von Sortland).

Der Norden von Langøya

Mehr als nur ein Ausflug ist der Trip nach Myre und Nyksund in den Norden der Insel: Die ersten paar Kilometer führt die Reichsstraße 820 von Sortland aus noch am Hognfjord entlang, um dann nach Westen in das „Hochland" von Langøya einzuschwenken. Schon nach 16 km ergibt sich kurz hinter Frøskeland die Chance zu einem Abstecher (Reichsstraße 821) in das vergleichsweise geschäftige Fischerstädtchen Myre und in das vor 40 Jahren verlassene, idyllische Nyksund, das mittlerweile wieder zu – geschäftigem – Leben erwacht (die Anfahrt eignet sich nicht für Wohnwagengespanne).

Myre

Das Verwaltungszentrum der Gemeinde Øknes mit fast 2.000 Einwohnern ist der Heimathafen der meisten Fischer von Langøya.

Der tiefe Hafen, kräftige Staatssubventionen zum Aufbau der Fischindustrie und der Niedergang benachbarter Fischerorte haben Myre gewaltig wachsen lassen: von 500 auf jetzt 2.000 Einwohner in nur 50 Jahren. Die Einwohner von Nyksund (s. u.), die Anwohner des Romsetfjords im Westen und die Bewohner der Vestbygd-Inseln fanden nach und nach Zuflucht im sicheren Hafen Myre. Ihre einstigen Heimatdörfer waren lange Zeit, manche bis auf den heutigen Tag verwaist.

Außer Behörden und Dienstleistungsbetrieben hat der Ort allerdings nicht viel zu bieten. Aber auftanken und ausgiebig einkaufen kann man hier.

• *Information* Die **Touristeninformation,** ✆ 76185000, www.oksnes.kommune.no (nur norwegisch), befindet sich im Rathaus und ist nur im Sommer geöffnet: Mo–Fr 11–18, Sa 12–16, So 14–16 Uhr.

• *Busverbindungen* 5 x täglich nach Sortland.

• *Schiffsverbindungen* Täglich verkehrt ein Schnellboot nach Øknes und zu den Vestbygd-Inseln, 5 x wöchentlich auch nach Tinden auf der kleinen, vorgelagerten Insel Tindøya. Kleinere Walsafaris werden von **Whale Tours** organisiert (✆ 76131166, ✆ 76131408).

• *Adressen* **Banken**, **Post**, **Tankstelle**, **Kfz-Werkstatt** finden sich konzentriert um den Hafen; zwei **Supermärkte** und ein **Kaufhaus** am Rathausmarkt.

• *Übernachten/Camping* **Centrum Hotel**, ✆ 76133556. Klein, einfach, preiswert und dennoch die beste Möglichkeit. EZ 650 NOK, DZ 950 NOK.

Myre Hotell, ✆ 76119920, www.myre-hotell.no. Das größte Hotel am Ort hat neben seinem Lokal einen Tanzclub, in dem zumindest am Wochenende gehöriger Betrieb herrscht. Die 32 Zimmer sind einfach, aber funktional ausgestattet. EZ 650 NOK, DZ 950 NOK.

Finvåg Kystopplevelser, ✆ 76133570. Nur zwei riesige Zimmer mit insgesamt 14 Betten, die nur mit Vollpension zu buchen sind. 180 NOK pro Person (bloß vom 1.3.–31.10. geöffnet).

Opmyre Camping, ✆ 76133655. Neben nur 30 Zelt- und 10 Wohnwagenstellplätzen bietet der hübsche, aber einfache und wenig windgeschützte Platz in zwei sehr einfachen Hütten auch Raum für acht Personen für 450 NOK/Person.

Nyksund

An der Nordspitze und westlichen Außenseite der Insel ist dieses berühmte Dorf zu finden – immer noch eine Geisterstadt voller Fotomotive.

Nyksund, dessen 83 Stelzenhäuser über zwei Inseln verteilt sind, war einst der zweitgrößte Ort der Insel, weil er dicht an Gewinn versprechenden Fischgründen liegt. Doch als um die Jahrhundertwende die Motorisierung auch die Fischerei zu dominieren anfing, begann der Niedergang von Nyksund, das vormals 900 Einwohner zählte – der letzte zog 1977 nach Myre.

Von einer internationalen Jugendinitiative (begründet von einem Berliner Pädagogen und nun von der UNESCO unterstützt) wird der Ort derzeit Stück für Stück restauriert. Schon werden Seminare in den ersten instand gesetzten Häusern abgehalten. Mittlerweile haben sich einige Künstler angesiedelt, 30 Menschen leben nur im Sommer im Ort.

Und, so berichtet zumindest unsere Leserin Madaleine Lang aus der Schweiz, es regt sich mittlerweile Touristisches in Nyksund: So gibt es wieder einfache

Unterkünfte (EZ 300–450 NOK, DZ 450–650 NOK in einem renovierten Stelzenhaus), Pubs, Cafés und Bootsausflüge. Und manchen ist das bereits zuviel – sie fühlen sich „wie auf einer Baustelle“ (Leser J. Brochmann).

Adresse für Unterkunft und Ausflüge Nyksund Ekspedisjonen, ✆ 76132700, www.nyksund.biz (der Besitzer der Anlage ist Deutscher).

Der westliche Inselteil von Langøya

Zurück auf der RV 820, die man auch in einem Bogen und über eine nicht nummerierte Straße via Alsvåg, einen hübschen Handelsplatz aus dem 17. Jh., erreicht, führt der Weg vorbei am seltsam geformten **Rekka** (607 m). Sein unförmig spitzer Kegel hat die Form eines verunglückten Obelisken, und sein Gipfel ist ein 40 m langer, messerscharfer Grat. Durch den Ryggedalstunnel erspäht man auf der Höhe von Rise den Vogelfelsen von Nykvåg, der aber keinen Vergleich mit dem von Bleiksøya (s. o.) aushält.

Straumsjøen/Straume

Mit 800 Einwohnern ist der Ort das winzige Zentrum des Landkreises Bø. Einige Ausflugsmöglichkeiten und ein besuchenswertes Fischlokal aber rechtfertigen einen Halt.

Einer dieser Ausflüge sollte Sie zu dem 800 m langen Sandstrand von **Fjaervoll** führen (3 km südlich auf der RV 820). Zwar lässt sich da besser spazieren als baden, aber Strände so hoch im Norden sind immer eine Reise wert. Der Ort Straumsjøen (auf vielen Karten auch als *Straume* bezeichnet) ist unscheinbar, wenn auch einige Fischerhütten liebevoll restauriert worden sind und die Berge, die den Ort umgeben, geologisch zu den ältesten Skandinaviens zählen sollen.

Straume: Rorbuer – mal nicht für Touristen

• *Adressen* **Bank**, **Post**, **Tankstelle**, **Kfz-Werkstatt**, **Apotheke** und etliche Läden finden Sie in der Durchgangsstraße.

• *Übernachten* **Rorbugrenda**, ✆ 76138370. Dicht an der Durchgangsstraße liegen die fünf fast luxuriös möblierten Stelzenhäuser, die für preiswerte 550 NOK zu mieten sind.

• *Essen* **Damperiet**, ✆ 76138370. Etwa 1 km von der Hauptstraße entfernt liegt, versteckt in einer kleinen Bucht, dieses empfehlenswerte Fischlokal. Frische Meeresfrüchte sind Ehrensache, allerdings auch die für unsere Gaumen doch gewöhnungsbedürftige Zubereitung: Probieren Sie mal Lachs mit Sauerkraut – köstlich, aber nicht ganz billig.

Ausflüge/Wanderung

Vinjesjøen: Nur 8 km südlich von Straume lohnt ein Besuch des **Bø-Heimatmuseums** im alten Hof des Amtmanns. Schmuckstück des Fischereimuseums ist ein 115 Jahre alter *åttring*, ein Achtruderer, der bei gutem Wetter im Hafen von Vinjesjøen liegt und für Ausfahrten genutzt wird. Aber auch Originelles und Skurriles hat das kleine Museum im Parkvoll-Hof zu bieten, wie z. B. eine original ausgestattete Seemannskiste samt Unterwäsche und ein Glas voller Quecksilber, das Läuse fernhalten sollte, sowie eine vom großen Knut Hamsun eigens verfasste Kommentartafel. Besondere Beachtung findet Regine Normann, eine aus Bø stammende und in Norwegen viel verehrte Dichterin, der ein eigener Raum gewidmet ist.

Öffnungszeiten Juni–August Di u. Do 10–18, Mi u. Fr 10–16, Sa u. So 11–16 Uhr. Eintritt 50 NOK, Kinder 25 NOK.

Bø: Nach einer Umrundung der Inselsüdspitze gelangt man an die Kirche von Bø, die zwar erst 150 Jahre alt ist, aber mittelalterliche Figuren aus Lübeck enthält. Auch Bø, das mit Mårsund und Ramberg zusammengewachsen ist, rühmt sich, einst den berühmtesten Norweger beherbergt zu haben: Unter seinem Geburtsnamen Knud Pedersen hat Knut Hamsun in Bø zwei Jahre als Amtsgehilfe gearbeitet.

Wanderung auf die Losjehytta: Jetzt geht es auf einer kleinen Straße um den Bergrücken herum. An der Straße ausgeschildert, führt der viel benutzte Weg hinauf zur Losjehytta. Nur 1,5 km weit ist der Weg zur Übernachtungshütte, die am Wochenende bewirtschaftet ist; einen Kaffee bekommt man immer. Wer mag, kann auf einem markierten Weg weiter zum Berg Veten (467 m) und über den Nåla im Bogen bis Straume wandern – insgesamt dauert die Wanderung dann fünf Stunden.

Andøya

Die nördlichste Vesterålen-Insel ist ein Eiland der Moore, Moose und Moltebeeren. Knapp die Hälfte der 488 qkm großen Insel besteht aus Moor, und fast alle Berge sind gänzlich mit Moos bewachsen.

Die Moltebeeren, die überreich in den Mooren gedeihen, sind Hauptlieferant des im Norden so seltenen Vitamins C. Da die Beere überdies unverhältnismäßig viel Benzoesäure, das beste natürliche Konservierungsmittel, enthält, eignen sich Moltebeeren bis auf den heutigen Tag für lange Lagerung und Konservierung. Die größten Beerenfelder finden Sie im Dverberg-Moor an der Ostküste, fast in der Inselmitte.

Nachdem man von Hinnøya kommend zunächst auf der RV 82 die 425 m lange Kvalsaukbrücke, kurz darauf die doppelt so lange Andøybrücke passiert hat, erreicht man mit **Risøyhamn** den ersten Ort auf Andøya, einen 200 Jahre alten Handelsort mit heute 300 Einwohnern.

Rechts, jenseits des Fjords, erscheinen bei klarer Sicht die Umrisse der Erzinsel **Senja** (vgl. „Finnmark", S. 584), auf dem Weg bei **Åse** die Ruinen eines alten

Häuptlingssitzes und längs des Weges immer wieder Moore, die für ihren reichen Bestand an Moltebeeren gerühmt werden.

Vergessen Sie die Gummistiefel nicht, denn um das Moor von **Dverberg**, ansonsten ein netter Fischerort mit einer achteckigen Holzkirche, gibt es einen erlebenswerten Naturlehrpfad, der an zahlreichen Fossilienfundstellen vorbeiführt. Dieses Moor und noch deutlicher das Ramså-Feld zwischen Ramså und Skarstein gilt als das Gebiet mit Norwegens jüngsten Gesteinsarten aus der Kreidezeit (vor 120 Mio. Jahren).

Größte Sehenswürdigkeit der Strecke aber sind die beiden alten Fischerdörfer **Bleik** und **Andenes** am nördlichen Inselkap, nördlichster Ort Nordlands und der Vesterålen. In Bleik lohnt das Fernglas: Zum einen gilt das vorgelagerte Inselchen **Bleiksøya** als größtes Fischadlerrevier Europas, aber auch Kormorane, Basstölpel und Papageientaucher lassen sich, allerdings nur im Hochsommer, blicken. Das Eiland darf während der Brutzeit von Mitte Juni bis Mitte Juli nicht betreten werden. Zum anderen kann man die Raketenstation **Oksebåsen** der Universität Tromsø aus der Ferne bestaunen – die von hier abgefeuerten Raketen dienen aber nur der Himmelsbeobachtung. Vorbei an zerklüfteten Felsen geht es zur Nordspitze der Insel, übrigens eine herrliche Radtour und Wanderung.

Andenes

Ein paar Tage Zeit sollte man sich nehmen für diesen Ort und seine Umgebung. Schon allein, weil die berühmten Walsafaris wegen des rauen Wetters nicht jeden Tag durchgeführt werden können.

Genießen Sie während der Wartezeit den Blick vom 40 m hohen Leuchtturm, besuchen Sie das **Walzentrum** oder das **Polarmuseum** gleich nebenan (beide 1.6. bis etwa 15.8., täglich 10–18 Uhr, 60 NOK, Kinder 30 NOK Eintritt im Walzentrum, 30/15 NOK im Polarmuseum), bummeln Sie durch die Werkstatt für nordisches Kunsthandwerk, oder nehmen Sie am **Meerfischfestival** teil, das immer Anfang Juli stattfindet. Wer keinen Fisch fängt, erhält sein Startgeld zurück. Aber das Veranstalterrisiko ist gering – der durchschnittliche Tagesfang pro Teilnehmer liegt nämlich bei 50 kg.

Andenes mit seinen 3.000 Einwohnern ist über 600 Jahre alt. Das Ortszentrum liegt auf einem 65 m langen und 3,5 m hohen Hügel, dessen Ausgrabungen auf eine Besiedlung schon um 1300 schließen lassen. Das Dorf hat immer von der Jagd auf Wale gelebt, zum einen, weil der Meeresboden vor Andenes steil auf 1.000 m Tiefe abfällt, und zum anderen, weil die Wassertemperaturen dank des Golfstromes nie unter den Gefrierpunkt sinken. Im 18. Jh. lebte es von niederländischen Walfängern, die sich hier ausrüsteten, im vorigen Jahrhundert von Einheimischen, die selbst auf die Jagd gingen, und heute lebt es von den Sightseeing-Touren auf hoher See.

• *Information* **Turistinformation**, Fyrvika, ✆ 76147620, www.andoyturist.no. Das neue, erst 2003 erstellte Büro ist nur saisonal, dann aber täglich geöffnet: 22.5.–13.6, 8–16 Uhr; 14.6.–14.8. 8–20 Uhr; 15.8.–15.9. 8–16 Uhr.

• *Flugverbindungen* Der kleine Flughafen bei **Haugnes** (3 km südlich von Andenes) gehört zu den am meisten ausgelasteten Airports des Landes: Annähernd 100 Starts und ebenso viele Landungen pro Tag, z. B.

6 x Oslo; 6 x Bergen, 4 x Trondheim (insgesamt 32 norwegische Zielflughäfen).

• *Busverbindungen* Werktags 4 x täglich zwischen Risøyhamn/Andenes und Sortland, 1 x täglich mit Anschluss nach Fauske bzw. Svolvær.

• *Fährverbindungen* 3 x täglich verkehrt eine Fähre nach Gryllefjord auf Senja: 2 Std. Überfahrt, 290 NOK für Fahrer mit Pkw, 102 NOK/Person, 48 NOK Kind und 135 NOK für Rad plus Radler.

• *Adressen* **Post**, **Banken**, **Ärzte**, **Apotheken**, **Tankstellen**, **Werkstätten** und alle Arten von Läden finden sich in der Straße 82, der Hauptstraße. **Autoverleih** bei Mikkelborgs bilutleie, ✆ 76141782; **Reisebüro**, Andøy Reisebyrå, ✆ 76142022; **Büro der SAS**, ✆ 76141177.

• *Übernachten/Camping* **Andenes Vandrerhjem**, Lankanholman Sjøhus, ✆ 76142850, www.vandrerhjem.no. Das nur vom 1.6.–1.9. geöffnete Heim ist im Jugendherbergsvergleich mit nur 14 Betten besonders klein und preiswert: Bett 125 NOK, EZ 190 NOK, DZ 300 NOK. Das Vandrerhjem vermietet auch 12 *rorbuer* (900 NOK).

Andenes Rorbucamping, ✆ 76141499, www.rorbucamping.no. Authentische Nordlandferien im Stelzenhaus „Grønnbua" direkt am Hafen: In einem riesigen Stelzenhaus werden nicht ganz so preiswerte, aber urige Zimmer (500 NOK pro Bett) angeboten. Ein Restaurant gehört zur Anlage.

Norlandia Andrikken Hotel, Storgt. 53, ✆ 76141222, www.norlandia.no. Der Neubau, einzig nennenswertes Hotel im Ort, vermietet über 100 Zimmer (EZ 995 NOK, DZ 1.445 NOK), Appartements (1.250 NOK bei 2 Personen) und Hütten (890–1.095 NOK). Und der **Campingplatz** liegt gleich nebenan (dieselbe Adresse, keine Hütten).

Walsafari: Vielleicht sind auch Sie der Wale wegen gekommen. Pottwale, mit über 20 m Länge eine der größten Walarten der Welt, sind während der sechsstündigen Fahrt knapp zehn Seemeilen vor der Küste ebenso zu bestaunen wie Schwert- und Zwergwale und verschiedene Delfinarten, ein bisschen „Jagdglück" immer vorausgesetzt. Mit 90-prozentiger Sicherheit wird dafür gebürgt, dass sich bei den „Butterfahrten" wenigstens einer der gigantischen Meeressäuger zeigt. Packen Sie selbst bei zunächst ruhiger See wetterfeste Kleidung und wasserfeste Schuhe, womöglich sogar Tabletten gegen Seekrankheit, ein.

• *Buchung/Preise* Die populären Touren sind, obwohl mehrere Schiffe täglich starten, häufig ausgebucht – reservieren Sie vorab unter ✆ 76115600, (www.whalesafari.no). Bei der tatsächlich gewaltigen Nachfrage können sich die Preise schnell ändern; 2006 zumindest kostete der Törn 750 NOK für Erwachsene und 500 NOK für Kinder von 5–14 Jahren, Kinder unter 5 J. fahren gratis mit. Im Preis inbegriffen sind ein Imbiss und eine Führung durch das „Walzentrum", dessen Mitarbeiter auch die Walsafaris begleiten.

Hadseløya

Die grüne Insel im Mittelpunkt des Archipels ist untypisch für den Archipel: fast kugelrund und nahezu ohne Fjorde, dafür aber mit einem breiten, fruchtbaren und erwandernswerten Küstenstreifen.

Der Inselumfang beträgt exakt 42.195 m. Die klassische Marathonstrecke. Wen wundert's, dass die sportbegeisterten Norweger diese Tatsache jeden August zum Anlass für einen landesweit populären Volkslauf nehmen?

Hauptorte der Insel sind die einstigen Handelsorte Stokmarknes und Melbu. Sie liegen beide auf der Ostseite, dem Vestfjord zugewandt.

Auf den Lofoten schläft man mit einem Bein im Wasser... (ff) ▲▲
... und lebt die übrige Zeit in Schiffen (tr) ▲

▲ Die Lofotwand: Wo Norwegen zum Rausch werden kann (mz)

Leben in Norwegens Norden: ▲▲
Pfiffige Bauten... (tr)

... warme Samen-Tracht... (kh) ▲▲
... klitzekleine Fischerdörfer (jb) ▲

▲▲ Die sieben Schwestern bei Sandnessjøen (tr)
▲ Stockfisch: Exportartikel Nr. 1 der Lofoten (hpk)

Stokmarknes

Der 3.700-Einwohner-Ort, seit 1776 mit Stadtrechten ausgezeichnet, ist Sitz der „Ofotens og Vesteraalens Dampskibsselskap", Reederei der „Hurtigruten". Selbstredend laufen die Schiffe ihren Heimathafen an: um 1 Uhr auf der Nordroute, um 15.15 Uhr in südlicher Richtung.

Ebenso selbstverständlich ehrt sich die Reederei mit einem Denkmal des Gründers *Richard With* am Kai und mit einem eigenen Museum, dem **Hurtigrutemuseet** in der W. D. Halsgate 1, das 1993 zum hundertjährigen Geburtstag der Linie eingeweiht wurde. Mit zahlreichen liebevoll hergerichteten Utensilien von den Schiffen, mit Modellen der Schiffe und mit Filmen über die Schiffe ist dieses Museum der Schiffe ein Muss für alle Besucher (1.7.–1.10. Mo 14–16, Di–Sa 11–17, So 13–18 Uhr).

Und das neue Kongress- und Kulturzentrum, seit 2004 in Betrieb, heißt natürlich „Hurtigrutens Hus". Für Touristen allerdings nur deshalb erwähnenswert, weil sich die Betreibergesellschaft des Zentrums mittlerweile zum größten Vermieter für Ferienunterkünfte gemausert hat.

- *Information* **Turistsenteret** ist auch im neuen Hurtigruten-Haus untergebracht. ✆ 76111480, www.den-norske-turguiden.com. Die Öffnungszeiten richten sich nach den Öffnungszeiten des Kulturzentrums – und die sind abhängig von Veranstaltungen.
- *Flugverbindungen* Der Kurzstartflugplatz bei **Bitterstad** (3 km nördlich an der E 10) ist mit fast 80 täglichen Starts und Landungen bestens versorgt: jeweils 5 x Bodø nonstop, Bergen und Oslo, 6 x Trondheim.
- *Busverbindungen* Drei große Busverbindungen passieren den Ort:. 7 x täglich geht es via Melbu nach Svolvær auf den Lofoten; 1 x (16.10 Uhr) nach Nordnorwegen (Fauske und Bodø) und ebenfalls 1 x (7.50 Uhr) über fast alle Vesterålen-Orte nach Narvik.
- *Fährverbindungen* Neben der Hurtigrute (nach Norden 1 Uhr nachts, nach Süden 15.15 Uhr) läuft täglich ein Schnellboot in Richtung Raftsund mit Stopp in Sortland, Kaljord, Ulvåg und Svolvær aus.
- *Adressen* **Post**, **Banken**, **Apotheken**, **Ärzte**, **Werkstätten** und **Geschäfte** jeder Art befinden sich im Zentrum.
- *Übernachten* **Hadsel Folkehøyskole**, ✆ 76151355. In Hadsel, 4 km auf der RV 19 von Stokmarknes entfernt, bietet die Schule nur im Sommer 80 Betten in 30 einfachen Zimmern an. EZ 350 NOK, DZ 500 NOK.

Hurtigrutens Hus, ✆ 76152999, www.hurtigrutenshus.com. Das einzige Hotel am Platz ist mit dem Neubau des Vesterålen Kulturhus gänzlich renoviert worden und bietet neuerdings 120 Unterkünfte im ganzen Ort an – darunter 42 Hotelzimmer im Kulturhaus am Richard Withs Plass und 25 einfachere Zimmer im Turistsenteret, aber auch fünf Rorbuer-Appartements. Die Preise reichen von 450 bis 1.850 NOK.

- *Camping* **Stokmarknes Camping**, ✆ 76152022. An der RV 19 liegt dieser hübsche, einfache Platz, der neben Stellplätzen auch acht Zwei-Sterne-Hütten (ab 450 NOK) anbietet (Spielplatz, Boots- und Angelverleih).

Ausflüge

Hadsel Kirke: Nur 4 km von Stokmarknes entfernt liegt an der E 10 der alte Kirchort **Hadsel**, dem die Insel ihren Namen verdankt. Von einstmals drei Kirchen ist nur die achteckige, hölzerne Hadsel Kirke aus dem Jahr 1824 erhalten geblieben. Wichtiger als das Kirchlein selbst sind der Altar (um 1500 aus Utrecht), die Figuren auf der Kanzel (1510 aus Lübeck) und das Gemälde „Der leidende Erlöser" (1624 aus Kopenhagen).

Öffnungszeiten im Sommer Mo–Fr 10–16 Uhr.

Ganz in der Nähe der Kirche wurden Gräber und Siedlungsreste eines ca. 35 m langen Bootshauses aus der Eisenzeit gefunden – Indiz für Archäologen, dass es hier zu Wikingerzeiten einen Häuptlingssitz gegeben hat.

Lehrpfad: Von der Kirche führt – zunächst auf dem alten Kirchweg – ein ausgeschilderter Kultur- und Naturpfad nach Trolldalen/Stokmarknes. Auch in die andere Richtung nach Melbu verläuft der Pfad, der dann aber 20 km lang ist.

Melbu

Nach weiteren 10 km ist mit Melbu an der Südseite der Insel der letzte Ort der Vesterålen erreicht. Der Fischerei- und Fährhafen mit 2.500 Einwohnern macht seit kurzem viel Wirbel um sein neues Festival, Sommer-Melbu genannt.

Ob jedoch die Mischung aus Kammermusik und Kochkunst, aus Happening und Volksfest (immer 15.–31. Juli) Besucher zahlreicher anlockt als die Fährverbindung nach Fiskebøl und die beiden sehenswerten Museen, darf bezweifelt werden.

Denn das **Vesterålen-Regionalmuseum** im 200 Jahre alten Melbuer Gutshof (Melbus Hovedgård) und im Handelshaus Rødgården (an der Straße 19) mit dem restaurierten Haupthaus, einem Kramladen und Speicher, allesamt aus dem früher 19. Jh., sowie mehreren historischen Ausstellungen ist durchaus anschauenswert. Erlebenswert ist aber auch der Kultur- und Naturpfad (Start am Haupthaus) durch den Park des Gutes – ein informativer, dennoch erholsamer Spaziergang gerade mit Kindern.

Öffnungszeiten Maren Frederiksen allé 1, 15.6.–15.8. täglich 10–17 Uhr; sonst Mo–Fr 9–15 Uhr. Eintritt 50 NOK, Kinder 25 NOK.

Anschauenswert auch das **Fischindustrimuseet**. In den Hallen der *Neptun Heringsøl- und Heringsmehlfabrik* gibt es neben richtigen Schiffen und nachgebauten Modellen auch viel Wissenswertes zu den Arbeits- und Lebensbedingungen der Inselfischer zu erfahren (15.6.–15.8. Mo–Fr 9–15 Uhr; Eintritt 35, Kinder 15 NOK).

• *Information* Das **Infobüro** liegt direkt am Fährhafen-Pier und ist nur im Sommer geöffnet: Mo–Fr 10–16, Sa 10–14, So 10–13 Uhr.

• *Busverbindungen* Die drei bekannten Linien, die über die Inselgruppe fahren und sie mit dem Festland verbinden, halten auch in Melbu: Lofotbusse mit der Anbindung an Narvik (2 x täglich) sowie die Traffikbusse von Svolvær nach Sortland (7 x täglich) und nach Bodø in Nordnorwegen (2 x pro Tag).

• *Fährverbindungen* Die Fährfahrt Melbu–Fiskebøl auf die Insel Austvågøy bedeutet gleichzeitig Abschied von den Vesterålen und Ankunft auf den Lofoten (15 x täglich, z. B. 11.50, 13.15, 14.40, 16 und 17.40 Uhr; 25 Min., Fahrpreis70 NOK für Person plus Pkw,35 NOK für weitere Person, 38 NOK für Person plus Fahrrad).

• *Übernachten* **Melbuheim**, ✆ 76157106, ✆ 76158382. In einem schmucklosen weißroten Holzhaus nahe Meer und Hauptstraße logieren Pension und Jugendherberge (gehört nicht zu den Vandrerhjemen) in einem. 34 Zimmer (darunter Familienräume mit Bad und Küche) bietet der immer zu Späßen aufgelegte Herr Strømme zu zivilen Preisen: Bett 180 NOK, EZ 320 NOK, DZ 500 NOK (Familien müssen verhandeln).

Melbu-Hotell, ✆ 76160000, www.norlandia.no/melbu. Das beste Hotel weit und breit mit dem breitesten Angebot: Familien-, Allergiker- und Nichtraucherzimmer, alle 58 Räume sind zudem behindertengerecht eingerichtet. Dazu passen das gute Lokal und die gemütliche Bar. Aber auch die höchsten Preise weit und breit: EZ 1.150 NOK, DZ 1.850 NOK.

Rysstkaia Sjøhus, ✆ 76158364. Nur von Ende Juni bis Mitte August sind die 16 Hütten (*rorbuer*) für günstige 400–700 NOK zu mieten.

Ferien in der Einöde: Rorbuer auf den Lofoten

Die Lofoten

Austvågøy

Bis hierher reicht die „Lofotwand". Der Nordosten der nördlichsten Lofoten-Insel, durch den Raftsund von Hinnøya getrennt, besteht aus fast unbewohnter, schroffer Bergwelt.

Auf dem schmalen Küstenstreifen zwischen Fjord und Wand finden sich auch die drei einzig nennenswerten Fischerorte: Svolvær, Kabelvag und Henningsvær.

Die E 10 von Fiskebøl im Norden bis Å im Süden heißt ganz zu Recht „Lofoten-Straße" – sie durchschneidet alle großen Inseln der Lofoten und berührt nahezu alle Sehenswürdigkeiten. Abstecher sind manchmal möglich, aber nur selten nötig.

Schon wenige Augenblicke nach der Fährankunft in **Fiskebøl** eröffnet sich dem Besucher nahe des Kirchenortes Higrav oder spätestens bei Laupstad am inneren Austnesfjord die atemberaubende Bergwelt der Lofoten: Im Osten blinkt **Higravstind**, mit nur 1.161 m höchster Berg der Inselgruppe und erst Anfang des 19. Jh. von englischen Bergsteigern erstmals bezwungen. Mit etwas Glück erhascht man sogar einen Blick auf den größten Lofoten-Gletscher **Blåskavelen**. Und im Westen, von dem fast nur vom Meer her zugänglichen Raftsund abzweigend, der für Norwegens jüngere Geschichte ungemein bedeutungsvolle, nur 2,5 km lange **Trollfjord** (s. „Ausflug Svolvær") .

1890 wurde der wunderschöne Fjord zum Schauplatz der *Trollfjordschlacht*, als Lofotfischer, die althergebracht mit kleinen Ruderbooten fischten, die Besatzungen moderner Trawler, die mit neuartigen Senknetzen arbeiteten, blutig

Karte S. 532/533

vertrieben. Die Maschinenstürmerei zu Wasser wurde literarisch festgehalten von *Johan Bojer* („Lofot-Fischer", auch in deutscher Sprache erschienen) und bildlich festgehalten von *Gunnar Berg*, dessen Gemälde „Die Schlacht im Trollfjord" im Rathaus von Svolvær hängt und dort auch bewundert werden kann. Die Schlacht brachte immerhin einen Teilerfolg für die einheimischen Lofotfischer: 1893 wurde der Fischfang mit Senknetzen im Trollfjord verboten – das Verbot gilt bis heute.

Skulpturenlandschaft Nordland

Skulpturen mitten in der Landschaft – das will die „Skulpturenlandschaft Nordland" bieten. Künstler aus 15 Ländern wurden eingeladen, ihre Kunstwerke in der Landschaft zu platzieren, und überall in Nordnorwegen (fünf der sechs Lofoten-Kommunen beteiligen sich an dem Projekt) ragen nun bis auf weiteres Köpfe, Stelen und Skulpturen in den Himmel. Auf den Lofoten sind die Kunstwerke meist in der Nähe der Europastraße angelegt – achten Sie beispielsweise auf die Spiegelkonstruktion des US-Amerikaners Dan Graham auf Austvågøy (s. Foto) oder auf die Reliefwände des Spaniers Iglesias bei Moskenes.

Für Zeitgenossen, denen See und Ruhe über alles gehen, bietet sich zunächst ein Abstecher an das Westkap in das bloß 19 km entfernte **Laukvik** an – keine Angst: Post, *rorbuer*-Hütten, Camping, Bootsverleih und Supermarkt gibt es auch in diesem idyllischen Fleckchen, das selbst von Einheimischen besucht wird, um von hier aus die Mitternachtssonne zu bewundern.

• *Camping* **Sandsletta Camping**, ✆ /℻ 76075257, www.camping-lofoten.com. Der für diese Einöde geradezu wundersam gut ausgestattete Drei-Sterne-Platz, nebenbei der älteste auf den Lofoten, bietet alles: großartige Natur, 10 km von der E 10 entfernt an der Bezirksstraße 814; Post, Spielplatz, Kiosk und Tankstelle, Cafeteria, Angelgelegenheit, Supermarkt und Bootsverleih sowie 17 Hütten, von einfach bis edel, für 400 bis 800 NOK.

Skippergården Camping, ✆ 76075197. Einfacher, kleiner, auch billiger: die fünf Hütten kosten nur 350–500 NOK.

Svolvær

Der mit 4.300 Einwohnern größte Fischereihafen der Lofoten gilt als heimliche Hauptstadt des Archipels.

Diese Vorrangstellung, derzeit mit Werften und Fischfabriken (u. a. die weltgrößte Tranfabrik) untermauert, verdankt Svolvær, das lange im Schatten des südlicheren Kabelvåg stand und 1875 gerade 350 Einwohner zählte, seiner für die Dampfschifffahrt günstigen Hafenlage.

Schon 1893 und lange vor Bodø und Tromsø zum Beispiel wurde der Ort von Postdampfern der *Hurtigruten* angelaufen, und als die maschinengetriebenen Trawler den Kabeljaufang zu beherrschen begannen, hatte Svolvær in den letzten zwanzig Jahren des 19. Jh. seine große, seine reiche Zeit.

Von einer 800 m hohen Bergkette umgeben, auf mehrere Inseln und Halbinseln verteilt, die erst in den 1930er Jahren mit Brücken verbunden wurden, erinnern höchstens die Holzgestelle zum Trocknen des Klippfischs an gute, al-

Å: Stockfisch-Museum im Wasser

te Zeiten. Auch dieser Stadt wurden von Deutschen und Briten während des Zweiten Weltkrieges große Zerstörungen zugemutet. Die Stadtarchitektur ist deshalb alles andere als atemberaubend.

Wahrzeichen der Stadt ist der **Solværgeita** (norweg. *geita* = Geiß). Der nur 40 m hohe Monolithfelsen, oberhalb der Stadt nur schwer zu entdecken, gilt seit seiner Erstbesteigung im Jahr 1910 als echte Herausforderung für Bergsteiger. Von Menschenhand erschaffen wurde die neueste Landschafts-Attraktion der Stadt: **Magic Ice** – eine Installationen aus Eisskulpturen nahe der Hafenanlage für die Küstendampfer (geöffnet 18–22 Uhr, Eintritt 125 NOK).

Ansonsten hat die Stadt auch Kunstinteressierten etwas zu bieten: Das **Künstlerzentrum Nordnorwegen** (täglich 18–20 Uhr, Mo/Sa geschlossen; Eintritt frei) und zahlreiche Galerien, größtenteils von skandinavischen Künstlerorganisationen gesponsert, verleihen dem großen Dorf einen Hauch von Künstleratmosphäre. Besonders sehenswert ist die **Dagfinn Bakkes Galleri** in der Roald Amundsen Gate 17. Und vergessen Sie „Die Schlacht im Trollfjord" (s. S. 555) nicht – das Gemälde hängt im Rathaus. Nur für Militaria-Freunde hingegen ist das **Krigsminne-Museum** in der Fiskegata interessant: Uniformen und Fotos aus dem 2. Weltkrieg zuhauf (15.6.–30.8. täglich 10–16 Uhr und 18.30–22 Uhr, Eintritt: 50 NOK).

Information/Verbindungen/Adressen

• *Information* Die **Turist-Info**, ✆ 76069800, www.lofoten-tourist.no, als „Destination Lofoten" das zentrale „Fremdenverkehrsamt für die Lofoten", liegt am Marktplatz (Torvet) und verkauft und organisiert wirklich alles (u. a. kann man hier Fahrräder mieten oder Tickets für die verschiedenen Trollfjord-Trips erstehen). 30.5.–14.6. Mo–Fr 9–19.30, Sa 10–14 Uhr, So 16–19 Uhr; 15.6.–30.6. Mo–Fr 9–19.30, Sa 10–14, So 16–19 Uhr; 1.7.–14.8. Mo–Fr 9–22, Sa 10–20, So 10–22 Uhr; 15.8.– 31.8. Mo–Fr 9–20, Sa 10–14, So 16–19 Uhr; sonst Mo–Fr 9–15.30 Uhr.

• *Flugverbindungen* Der kleine Airport am Nordrand des Städtchens (✆ 76046432) bietet mit 3 Flugzielen (Bodø und die Vogelinseln) vergleichsweise wenig Auswahl. Außerdem gibt es einen Helikopter-Service für kürzere Flüge, z. B. nach Narvik oder auf die Vogelinseln.

• *Rundflüge* Mit Cessna-Wasserflugzeugen unternimmt „Lofotfly", ✆ 76072711, Rundflüge über alle Inseln; die Preise (400–2.000 NOK) richten sich nach der Teilnehmerzahl.

• *Busverbindungen* Sechs Überlandbuslinien passieren das Städtchen: nach Nordnorwegen (3 x täglich) und nach Narvik und Å (6 x pro Tag) sowie nach Sortland (4 x pro Tag). Der Busbahnhof befindet sich hinter dem Hauptpostamt.

• *Fährverbindungen* Neben der Hurtigrute (nach Norden 21 Uhr, nach Süden 18.30 Uhr) verkehrt eine Autofähre über Skutvik nach Bodø und Narvik 2 x täglich (5 Std. Fahrtzeit, 232 NOK für Pkw plus Fahrer) sowie eine andere nach Moskenes (2 x täglich, 2 Std., 84 NOK für Pkw plus Fahrer). Dringend anzuratende Reservierungen über ✆ 76967600.

• *Adressen* Alles unter einem Dach findet man in **Arkaden**, dem Einkaufszentrum zwischen Torget und Storgata: **Bäckerei** und **Boutique**, **Zeitungskiosk** und **Bank**, **Apotheke** und **Souvenirshop** (Mo–Fr 9–16.30, Do bis 19, Sa bis 14 Uhr). Daneben einen „Narvesen"-Kiosk am Marktplatz und Supermärkte in der Sievert Nielsen Gate; Tankstellen an der E 10.

Post am Busbahnhof im Zentrum, daneben auch **Banken** und **vinmonopolet**.

• *Wichtige Telefonnummern* **Polizei**, ✆ 110; **Feuerwehr**, ✆ 113; **Notarzt**, ✆ 112.

Übernachten/Essen & Trinken

• *Übernachten* **Anne Gerd's bed+breakfast,** Marinehaugen 10, ✆ 76072397, www.annegerd.home.online.no, Die kleine b+b-Pension unweit der Europastraße vermietet über das ganze Jahr drei geschmackvolle, kleine Zimmer zu ebensolchen Preisen. EZ 500 NOK, DZ 700 NOK.

Best Western Svolvær Hotell Lofoten, Austnesfjordgate 12, ✆ 76071999, www.svolvar-hotell.no. Ein kleines, feines Hotel mit Restaurant und Bar, vollkommen auf Allergiker eingestellt, Haustiere sind erlaubt, Angelmöglichkeiten vorhanden. EZ 1.050, DZ 1.250 NOK (viele Sonderpreise, z. B. am Wochenende).

Norlandia Royal Hotel , Siv Nielsengate 21, ✆ 76049000, www.norlandia.no. Edel ist hier alles, gut und teuer, aber die 48 modernen Zimmer des ganzjährig geöffneten und bestens ausgestatteten Hotels sind ihren Preis wert. EZ 1. 390 NOK, DZ 1. 690

Norlandia Hotel Vestfjord,. ✆ 76070870, www.norlandia.no. Das neue 63-Zimmer-Hotel (überwiegend für Nichtraucher reserviert) liegt direkt am Hafen und ist kein architektonisches Schmuckstück. Aber Parkplätze gibt es jede Menge EZ 1.080 NOK, DZ 1.480 NOK.

Rica Hotel Svolvær, Lamholmen, ✆ 76072222, www.rica.no. Das größte Hotel der Lofoten (155 Zimmer) ist gleichzeitig das hübscheste: Im nachempfundenen Rorbuer-Stil erbaut, liegt es auf einem Inselchen im Hafenbecken: Großartige Aussicht, ein Restaurant in Bootsform und jeder nur erdenkliche Service, z. B. Boots- und Fahrradverleih. EZ 1.125 NOK, DZ 1.390 NOK.

Anker Brygge, Lamholmen, ✆ 76066480, www.anker-brygge.no. Das ebenfalls auf der Hafeninsel gelegene Edelhotel vermietet nur Suiten und Appartements. Die aber sind großartig wie die Preise zwischen 1.500 und 2.500 NOK.

Knutmarka Feriesenter, Leirskoleveien 16, ✆ 76072164, www.knutmarka.no. Hervorragend eingerichtete Ferienhütten (aber keine *rorbuer*) vermietet das Unternehmen für 550–900 NOK nur von Juni bis August.

Svinøya Rorbuer, ✆ 76069930, www.svinoya.no. 17 Stelzenhäuser überall am Fjord für 2–6 Personen und 700–1200 NOK pro Tag.

Skarheim Sjøhus Marinepollen, ✆ 766071833. Nur ein einfaches Seehaus, aber 18 Betten werden unter 500 NOK pro Bett vermietet.

Svolvær Sjøhuscamp, ✆ 76070336, www.svolvaer-sjohuscamp.no. Hübsche Seehäuser, die man auch zimmerweise mieten kann: EZ 490 NOK, DZ 980 NOK, Rorbuer 1.500 bis 1.900 NOK.

• *Essen* **Børsen Spiseri,** urgemütlich in einem Lagerhaus aus 1828; die Fischgerichte sind hervorragend, die Preise auch.

Lille Bistro, nur mittags gibt es am Marktplatz preiswerte Pizzen, abends wird das Haus zur Disko.

Kringla, das Café am Markt: Leckerer Kuchen, nicht ganz so guter Kaffee.

Immer zu empfehlen sind die Hotel-Restaurants, z. B. **Kjøkkenet** im Hotel Anker Brygge.

Ausflug zum Trollfjord: Das meistbesuchte und auch attraktivste Touristenziel des Lofoten-Besuchs ist der nur 2,5 km lange und nur 100 m breite Trollfjord, ein Arm des Raftsunds. Steil stürzen die Felswände in den mehrere hundert Meter tiefen Fjord, der nicht nur von Postdampfern der Hurtigrute, sondern alljährlich auch von Hunderten von Kreuzfahrtschiffen besucht wird. Sie haben zwei Möglichkeiten:

Zwischen Juni und Mitte August starten von Svolvær täglich mehrere Steamer in den Fjord. Einige legen auf der Rückfahrt einen Angelstopp ein, andere bieten einen Landgang an. Die Fahrten dauern zwischen zweieinhalb und vier Stunden, sind manches Mal nass (Sie huschen in riesigen Schlauchbooten durch den Fjord) und kosten zwischen 350 und 700 NOK, Karten gibt es in der Touristeninformation von Svolvær oder beim Veranstalter am Hafen (ausgeschildert).

Oder Sie beschaffen sich im Svolværer Touristenbüro ein Ticket für eine Fahrt mit der Hurtigrute durch den Trollfjord. Das Angebot umfasst die Busfahrt nach Stokmarknes, einen Besuch im Hurtigruten-Museum und die Fjordfahrt – so preiswert kommen Sie nie wieder auf ein Postschiff der Hurtigrute.

Abenteuer: Mitternachtssonne

Auf der Nord- und Westseite der Lofoten ist die Mitternachtssonne zwischen Ende Mai und Mitte Juli zu beobachten. Und von diesen Orten haben Sie die beste Sicht: **Laukvik** auf Austvågøy, **Fredvang** auf Flakstadøy und auf der Vogelinsel **Røst**, wo der Beobachtungszeitraum jedoch etwas kürzer ist.

Kabelvåg

Der größte Fischereihafen des Archipels war lange Zentrum des schon zu Wikingerzeiten berühmten Distrikts Hålogaland.

Letzte Überreste solch großer Vergangenheit sind im **Lofotmuseet** im nahen **Storvågan** (1 km westlich von Kabelvåg), der nördlichsten Stadt des Mittelalters, zu bewundern.

Das hübsche 1.800-Einwohner-Städtchen Kabelvåg, einstmals wichtigste Siedlung der Lofoten und auch heute noch eine Augenweide, hat zudem mit der **Vågan Kirke** (östlich des Zentrums) Nordnorwegens größte Holzkirche mit über 1.200 Sitzplätzen aufzuweisen.

Interessanter als die gerade hundert Jahre alte Kirche aber ist der **Trollstein** außerhalb des Gebäudes: König *Østein* soll den Stein 1120 als Altartisch benutzt haben, als er das Christentum, auswärtige Lofotfischer und die *rorbuer*-Hütten auf die Inseln brachte.

Karte S. 532/533

Für Kunstfreunde ist die **Galleri Espolin** am Marktplatz gedacht, die der Malerin *Espolin Johnson* gewidmet ist. Rund 30 Arbeiten der Lofoten-Künstlerin, deren Bilder auch den Weg in die Osloer Nationalgalerie gefunden haben, sind hier ausgestellt.

Öffnungszeiten 15.6.–15.8. täglich 9–19 Uhr; Juni u. August10–18 Uhr; sonst So–Fr 11–15 Uhr. Eintritt 50 NOK, Kinder 15 NOK.

Freunde der Gebrauchskunst sollten am Hafen *Smedviken Brukskunst* aufsuchen – eine Kunsthandwerker-Werkstatt, in der man Schmieden, Webern und Keramikkünstlern zuschauen kann. Es werden auch Souvenirs zum Verkauf angeboten, und es gibt Kaffee und Kuchen (Mo–Sa 10–16 und 18–22, So nur 17–22 Uhr).

• *Information* Es gibt keine Touristeninformation – die von Svolvær liegt aber auch nur 5 km entfernt.

• *Busverbindungen* Nur eine Linie berührt den Ort: Der Überlandbus über die Lofoten von Süden nach Norden, von Å nach Svolvær, passiert den Ort 9 x täglich (6.55–21.50 Uhr).

• *Ausflugsschiffe* Die drei Passagierschiffe „Tina" (39 Personen), „Orcar" (35 Personen) und „Trollfjord" (120 Personen) starten im Sommer täglich in den Trollfjord oder auch nur zu Angeltouren (Hinweisschilder am Hafenpier, Preise – je nach Teilnehmerzahl – zwischen 400 und 800 NOK). Und „Subsea Explorer" bietet Ausflugsfahrten in den Unterwasserbereich: Kein U-Boot, aber mit Guckfenstern auf den Meeresgrund.

• *Adressen* **Post**, **Bank**, **Supermarkt** und **Einzelhandelsgeschäfte** (geöffnet jeweils von 9–16 oder 10–20 Uhr) finden sich am Hafen. Weit touristischer geht es im „Lofotakvariet" am Marktplatz zu: Neben Souvenir-Shops gibt es ein Aquarium, Diashows, eine Bilderausstellung und ein nettes Café (im Sommer 10–21 Uhr geöffnet).

• *Übernachten* **Kabelvåg Vandrerhjem**, Finesveien 24, ✆ 76069898, www.vandrerhjem.no. Das nur im Juni/Juli/August geöffnete Wanderheim ist der Volkshochschule angegliedert und bietet in einem großen Haus direkt am Wasser acht Zimmer und einen Schlafsaal zu im Jugendherbergsvergleich gesalzenen Preisen: Bett 215 NOK, EZ 345 NOK, DZ 490 NOK (Frühstück inklusive).

Kabelvåg Hotell, ✆ 760 78800, 📠 760 78003. Das Mittelklassehotel ist das beste Haus am Platz: Restaurant, Appartements, Ausflug-Arrangements, Nichtraucher- und Allergiker-Zimmer und aufmerksamer Service machen sich bezahlt. EZ 945 NOK, DZ 1.480 NOK.

Lofoten Rorbuferie, ✆ 76078444, www.lofoten-rorbuferie.no. Ein gutes Dutzend traditioneller *rorbuer* aus dem Jahr 1923 (mehrmals renoviert) vermietet das Unternehmen zwischen März und Oktober für vier bis elf Personen pro Hütte und 650–1.050 NOK pro Nacht.

Nyvågar Rorburhotel, Storvagån, ✆ 76069700, www.nyvaagar.no. 30 Stelzenhäuser für zwei bis acht Personen und 1.200 NOK pro Tag sind im Angebot. Dazu eine flotte Kneipe und ein kleiner Hafen.

Kallee, ✆ 76077600, www.kalle.no. Zehn schöne *rorbuer* (600 NOK) und ein Seehaus (1.200 NOK) bietet die Anlage allein zwischen April und Oktober an.

Lofoten Turist- og Rorbusenter, ✆ 76078180, 📠 76078337. Ebenfalls nur zwischen April und Oktober sind die 30 *rorbuer* (725–880 NOK) im Angebot.

• *Essen* **Lofotakvariet**, nur eine Cafeteria, aber eine hübsche, in der sich Bier und Snack lohnen.

Præstenbrygga, den besten Capuccino Norwegens bekommt man auf dem sonnigen Steg am Torget. Und Pizza und Sandwich obendrein.

Nyvågar, im Ort das einzige Restaurant, das diesen Namen verdient, die angebotenen Gerichte sind guter Durchschnitt; zudem Livemusik.

Sehenswertes

Lofotmuseet: Auf vielen Karten wird Storvågan nur Vågan genannt (norweg. = Bucht); das entspricht dem historischen Namen der ersten Stadt nördlich des Polarkreises. Das 11. und 12. Jh. war Vågans Blütezeit, später geriet der Ort in den wirtschaftlichen Windschatten des aufstrebenden Kabelvåg. Den-

Kabelvåg: Pizza am Torget

noch entstand hier im Jahr 1811 das erste Gasthaus der Lofoten, um das herum sich Handwerker und Fischer niederließen. Im Wohnhaus des einstigen Wirtes ist das Museum untergebracht, das nebst Ställen, Läden und Bootshäusern einen anschaulichen Eindruck vom Leben der Oberschicht im 19. Jh. gibt.

Öffnungszeiten täglich 9–15 (am Wochenende ab 11 Uhr), erste Hälfte Juni bis 18 Uhr, zweite Hälfte August bis 21 Uhr. Führungen im Juli um 10, 12 und 14 Uhr. Eintritt 50 NOK, Rentner und Studenten 35 NOK, Kinder 15 NOK.

Lofotenaquarium: Nur einen Steinwurf entfernt, auf dem Boden der ersten Unterwasserforschungsanstalt Norwegens, befindet sich das **Lofotenaquarium**, zu dem auch ein Robbenbecken gehört. Es ist in einem originellen, mehrfach prämierten Bau untergebracht und eignet sich für alle, die der Unterwasserwelt nicht schon per Boot zu Leibe gerückt sind (Öffnungszeiten wie Lofotmuseet; Eintritt 80 NOK, Kinder 40 NOK).

▶ **Weiterfahrt**: Durch den Rørviktunnel kann man jetzt weiter zum gleichnamigen Ort fahren, wo Mutige sogar baden. Sinnvoller scheint jedoch ein kleiner Abstecher nach Süden über die Reichsstraße 816 in das nur 7 km und zwei Brücken entfernte Henningsvær.

Henningsvær

Die vielleicht typischste Fischersiedlung der Lofoten: Der 500-Einwohner-Ort liegt auf mehreren Inseln, die erst vor 40 Jahren mit Brücken verbunden wurden. Ein breiter Damm schützt zudem den idyllischen Hafen mit seinen malerischen Packhäusern und Speichern.

Dennoch wird der kitschige Begriff vom „Venedig des Nordens“ dem Örtchen nicht gerecht – Henningsvær ist ganz anders, vor allem aber einzigartig schön.

Karte S. 532/533

Henningsvær: Cappuccino und Cola am Kai

Die dicht am Kai gedrängten Fischerhütten, Boote und Stelzenhäuser vor der imposanten Bergkulisse formen das berühmteste Fotomotiv der Lofoten: rotweiß die Häuser, blau der Fjord, in dem sich die putzige Skyline und die graue, manchmal blau-gelbe Felsfront spiegelt ...

Aus dem Gewirr malerischer Häuschen hebt sich die **Galeri Lofotens Hus** von *Karl Erik Harr* ab, die in einer restaurierten Fischmarkthalle (mit nettem Café) untergekommen ist: *Erik Harr*, dessen Arbeiten auch in der Osloer Nationalgalerie aushängen, zählt zu den bedeutendsten norwegischen Künstlern der Gegenwart. Eindrucksvoll, wenn auch vielleicht etwas behäbig zeigen seine naturalistischen Grafiken und Ölgemälde überwiegend Landschaften der Lofoten. Dazu passt die Diashow des Filmemachers *Frank Jenssen* – die „Lofotreise" schildert Leben und Arbeiten auf dieser Inselgruppe (Juli bis Mitte August täglich 9–21 Uhr, Juni und zweite Augusthälfte täglich 9–21 Uhr; Eintritt 40 NOK, Kinder bis 12 Jahre frei).

• *Busverbindungen* 6 x täglich verkehrt im Sommer ein Bus nach Svolvær.

• *Ausflugsboot* **Lofot Safari** organisiert sündhaft teure (ab 800 NOK) Rafting-Touren in schnellen Gummischlauchbooten.

• *Adressen* Man glaubt es kaum, doch im kleinen Ort ist alles vorhanden – **Post**, **Bank**, **Mini-Supermarkt**. Wer sich aber etwas Gutes tun will, sollte bei „Mathilde" am Ortseingang einkaufen – da gibt es alle Fischprodukte des Ortes.

• *Übernachten* **Finnholmen Brygge**, ✆ 760 69960, www.finnholmen.no. Das kleine 24-Zimmer-Hotel bietet erstaunlich viele Ausflugsarrangements, dazu ein Café sowie Allergikerzimmer. Dennoch das billigste Übernachtungsangebot im Ort: EZ 750 NOK, DZ 1.080 NOK.

Henningsvær Bryggehotel, ✆ 76074750, www.henningsvaer.no. Das schnieke Hotel am Hafen hat 31 gemütliche Zimmer mit atemberaubender Aussicht, ein passables Lokal, eine heimelige Bar und jede Menge Ausflugsangebote. EZ 940 NOK, DZ 1.410 NOK.

Henningsvær Rorbuer, ✆ 76066000, www.henningsvar-rorbuer.no. 19 der berühmten *rorbuer* werden für 770–1.800 NOK bei vier Personen und 1.200–2.200 NOK für bis zu acht Personen angeboten. Die im letzten Quartal geschlossene Anlage bietet zudem ein Lokal mit guter Küche und vielfältige Freizeitmöglichkeiten (Sportplatz, Bootsverleih, Fischen). Besondere Attraktion ist das „Meer-Rafting", bei dem man mit 50 Knoten schnellen Schlauchbooten über die See huscht.

Den siste Viking, ✆ 90574208, www.nordnorskeklatreskole.no. Recht ordentlich und im Preis angemessen sind die zwei Seehäuser mit Platz für je 10 Personen (225 NOK/Person, 20 % Ermäßigung im Frühherbst). Das Unternehmen unterhält auch eine Kletterschule, die Kurse in der Umgebung (aber auch im Himalaja) anbietet.

Lars Larsen rorbuer, ✆ 76074681. Die acht Stelzenhäuser gehören nicht gerade zu den edelsten Unterkünften (550 NOK), auch die drei Seehäuser zählen mit 450–900 NOK eher zu den billigeren Unterkünften.

Henningsvær Sjøhus, ✆ 76074749, ✆ 76074868. Nur vom 15.6.–30.9. sind die zwei *rorbuer* für 500–700 NOK und das frisch renovierte Seehaus mit 22 Plätzen für 530–700 NOK zu haben.

• *Essen* **Fiskekrogen**, neben den Restaurants in den Hotels bleibt das gutbürgerliche Fischlokal an der Feriebrygge die beste Adresse für die Außer-Haus-Küche.

Lars Larsen's Rorbuer, in der 100 Jahre alten Tranfabrik (keine Angst, es riecht nicht mehr) ist die Aussicht famos, Küche und Preise sind aber eher mittelmäßig.

▸ **Weiterfahrt**: Erneut zwei imposante Brücken verhelfen dem Reisenden auf der E 10 zum Inselhüpfen: Zunächst führt die 800 m lange Grimsøystraumen-Brücke nach **Gimsøy**, wahrscheinlich die frühstbesiedelte Lofoten-Insel mit heute nur noch drei Nestern, 250 Einwohnern und einer Kirche. Die allerdings lohnt das Anschauen: Direkt am Meer stehend, ist sie mit dicken Drahtseilen gegen den Wind gesichert, der schon vielen kleinen Lofotkirchen den Garaus machte.

Dann leitet die Sundklakkstraumen-Brücke hinüber nach **Vestvågøy**. Der Sund zwischen beiden Inseln ist an seiner flachsten Stelle gerade mal einen Meter tief. Die Europastraße macht einen weiten Bogen über die Insel. Kürzer und erlebnisreicher ist die Tour über die Reichsstraße 815, die am Ostufer entlangführt und beim Flughafen **Leknes** wieder auf die E 10 stößt.

Vestvågøy

„Vill og vakker", wild und schön, heißt Vestvågøys offizieller Werbeslogan. Ausnahmsweise übertreiben die Werbeleute nicht.

Herrliche Aussichten über das Meer und die tatsächlich urwüchsige Lofoten-Landschaft bietet dieser 40-km-Schwenk an den **Vestfjord**. Die manchmal arg enge Straße ist durch Ausweichbuchten allerdings nicht immer ausreichend gesichert. Wer den Hurtigruten-Hafen **Stamsund** oder den alten Fischerort **Steine** besuchen will, muss bei **Skifjord** nach Südwesten auf die Reichsstraße 815 und später auf die 817 abbiegen.

Dann jedoch verpasst der Reisende die neueste Insel-Attraktion: das wahrlich sehenswerte **Wikinger-Museum** von Borg. Dazu ist ein 12-km-Abzweig auf der E 10 nach Bøstad im Norden nötig. Das Museum „Lofotr" (sehr sehenswerte Homepage: www.lofotr.no und sehr gute, deutschsprachige Führung) ist auf dem Gelände des einzigen, in Skandinavien noch erhaltenen Wikinger-Häuptlingshofes entstanden. Es zeigt neben dem 83 m langen Langhaus zwei restaurierte Wikingerschiffe, eine Schmiede, eine Viehwirtschaft und natür-

Karte S. 532/533

lich die übliche Cafeteria und den üblichen Souvenirshop. Ein dennoch lehrreicher und gerade der Tiere wegen mit Kindern auch genussvoller Ausflug (das Museum ist im Sommer täglich von 11–17 Uhr, im August 10–19 Uhr geöffnet; der Eintritt beträgt 100 NOK, Kinder50 NOK).

Wem allerdings die Orte und der Vestfjord wichtiger sind, der erreicht über die Reichsstraße 817 flott den Hauptort der Insel: Stamsund.

Stamsund

Der führende Fischerort der Westlofoten wirkt im Gegensatz zu anderen Häfen des Archipels geradezu steinern. Selbst der 1,5 km lange Kai ist aus eigens behauenen Natursteinen gebaut. Einzige architektonische Ausnahme ist das Vandrerhjem – es gilt als schönste Rorbu-Jugendherberge landesweit.

Dass der 1.400-Einwohner-Ort so untypisch wirkt, hat viel mit der Familie *Johansen* zu tun. Dem Clan gehören die größte Trawlerreederei Norwegens, die landesweit größte Klippfisch-Exportfirma und riesige Filetier- und Tiefkühlanlagen in Stamsund. Und der seit Generationen größte Arbeitgeber am Ort schert sich wenig um ein malerisches Ambiente seiner Heimatstadt. Allerdings hat 1937 ein Vorfahr, genannt der „Zar von Stamsund", dem Ort die Kirche spendiert.

Ein lustiger Brauch mit ernstem historischem Hintergrund wird immer am 25. März mit einigen Schnäpsen gefeiert: An jenem Tag des Jahres 1895 fand in Stamsund der *Branntweinkrieg* statt, als Tausende von Fischern die verhassten Branntweinschmuggler durch die Straßen der Stadt jagten und nur mit Mühe von Lynchmorden abgehalten werden konnten. Vielleicht ist das der Grund für das Theaterfestival, das die Stamsunder immer im Sommer veranstalten.

Ansonsten sehens- und wissenswert: Die Sport-(„Idrett"-)Anlage: Das einzige Skicenter der Inselgruppe wird vom örtlichen Skiverein betrieben.

• *Information* Die **Touristeninformation**, ✆ 76089792, direkt am Anlegesteg der Hurtigrute, ist selten geöffnet: nur von Mitte Juni bis Mitte August, dann aber täglich nur von 18–21.30 Uhr.

• *Flugverbindungen* Gerade einmal 15 km ist der kleine Flughafen **Leknes** (✆ 760055582) entfernt, der als einzigen Nonstop-Flug Bodø 6 x täglich anfliegt.

• *Busverbindungen* 2 x täglich nach Svolvær und 10 x täglich nach Leknes.

• *Fährverbindungen* Die Schiffe der Hurtigrute passieren Stamsund in Nordrichtung um 19.30 Uhr, nach Süden um 21.30 Uhr.

• *Angelfahrten* Täglich starten zwei Ausflugsschiffe: „Wenche" (18 Passagiere) und „Loppøy" (38 Passagiere). Hinweistafeln am Kai beachten.

• *Adressen* **Post**, **Bank**, **Tankstelle**, **Narvesen-Kiosk** (bis 22 Uhr geöffnet), **Rimi-Supermarkt** und **Souvenirshops** drängen sich auf der engen Straße zum Pier.

• *Übernachten* **Stamsund Vandrerhjem**, ✆ 76089334, www.vandrerhjem.no. Nicht nur von außen zählt diese Jugendherbergen zu den urigsten des Landes. So kann man hier neben Booten auch Fahrräder und sogar Mopeds leihen. Überdies zählt das Heim – November und Dezember geschlossen – zu den preiswertesten des Landes: das Bett kostet 90 NOK, EZ 250 und DZ 360 NOK.

Stamsund Lofoten Hotell, ✆ 760 89300, 📠 76089726. Das ansprechende Mittelklassehotel mit 28 Zimmern, davon die meisten mit Bad, ist ganzjährig geöffnet. Zum Service zählen Bootsausflüge sowie Tauch- und Surfmöglichkeiten. EZ 790 NOK, DZ 1.300 NOK

Stamsund Rorbuer, ✆ 76054600, www.gonorway.no. Nicht billiger, kaum schlechter, aber etwas größer (bis zu acht Personen haben Platz) sind die 16 *rorbuer* dieses Anbieters. 1.050–1.350 NOK.

• *Camping* **Storfjord Camping**, ✆ 760 86804, www.storfjordcamping.no. Der 7 km vor Stamsund an der RV 815 gelegene Platz vermietet elf Hütten unterschiedlicher Größe und Klasse von 400–700 NOK.

Fygle

1,5 km vor dem Bezirksflughafen Leknes schmiegt sich dieser kleine Ort an das Ufer des ebenso kleinen Buknesfjorden. Im 600-Seelen-Dorf Fygle hält der Bus nur auf Zuruf. Der Stopp lohnt jedoch eines Ausflugs und eines Museums wegen.

Das kleine **Vestvågøy-Museum** ist in der alten Schule untergebracht. Schwerpunkte der Sammlung von rund 2.000 Gegenständen aus dem 19. Jh. sind der älteste *rorbu* der Lofoten aus dem Jahr 1834 und ein kleines Nordlandboot. Sehenswert ist aber auch die Außenabteilung im 12 km entfernten **Skaftnes** mit Wohn- und Bootshaus sowie einer Schmiede aus dem 19. Jh.

Öffnungszeiten Juni–August Mo–Fr 12–16 Uhr. Eintritt35 NOK, Kinder 20 NOK.

Und zwei weitere touristische Besonderheiten hat die Gemeinde zu bieten: Das ist zum einen die **Hol-Holzkirche**. Sie stammt aus dem 14. Jh., wurde aber 1806 restauriert. Sehenswert in der leider selten geöffneten Kirche ist vor allem das Altarbild aus dem Jahr 1766. Gleich daneben vermietet *Lofoten Fritidsgård* gutmütige Pferde an alle, die der Lofoten-Landschaft vom Sattel herab mehr abgewinnen können (✆ 76081995).

Ausflug nach Holsøya: Das Museum organisiert auch fachkundig begleitete Fahrten auf die heute landfeste Insel Holsøya im Buknesfjord. Falls Sie alleine dorthin fahren wollen, orientieren Sie sich am besten vorab an der Informationstafel auf dem Schulhof von Fygle. Auch archäologische Laien wird auf der Insel der größte jemals gefundene **Wikinger-Friedhof** mit 15 bis zu 10 m hohen Grabhügeln interessieren. Ansonsten ist Holsøya mit herrlichen Aussichten auf den Fjord immer ein Picknick wert. Auf dem Weg dorthin passiert man übrigens auf der nördlich zur Insel gelegenen Landzunge Holsneset den größten Bootshaus-Grundriss Norwegens von über 40 m.

Ballstad

Bevor Sie zur Nachbarinsel übersetzen, sollten Sie diesem Fischerdorf an der Südspitze Vestvågøys einen Besuch abstatten. Benannt nach Balder, dem Sohn des mythologischen Gottvaters Odin, liegt Ballstad auf zwei Inselchen verteilt im Schatten des 466 m hohen Ballstadfjell.

Wie Stamsund ist auch Ballstad, das mit fast tausend Einwohnern eines der größten Fischerdörfer der Inselgruppe ist, fest in der Hand einer Großgrundbesitzerfamilie: Den *Jentofts* gehört bis auf den heutigen Tag alles Land, die Trankocherei, die kleine Werft mit – so die Eigenwerbung – dem größten Wandgemälde der Welt, das Café und die meisten *rorbuer*-Anlagen. Das ist wichtig zu wissen, denn von Ballstad aus begann der *rorbuer*-Tourismus seinen Siegeszug auf den Lofoten. Die älteste Anlage des Archipels vermietet noch heute an Touristen.

• Übernachten **Kraemmervika Rorbuer**, ✆ 76080920, www.lofoten-adventure.com. Die älteste *rorbuer*-Anlage auf den Lofoten bietet neben Zelt- und Caravan-Stellplätzen auch 25 Stelzenhäuser an, die längst nicht so alt wie ihr Ruf, aber doch ein wenig spartanisch sind (450–975 NOK). Außerdem im Programm sind zehn kleine Seehäuser, in denen eine Person bloß 200 NOK zahlt, sowie eine urige Kneipe.

Karte S. 532/533

Ballstad Rorbuer, ✆ 76088195, www.lofoten.tv. Ungleich moderner, größer, aber auch teurer sind die 20 *rorbuer* dieses Vermieters (450–880 NOK). Auch die fünf Seehäuser mit insgesamt acht Wohneinheiten können sich in jeder Hinsicht sehen lassen. 400–500 NOK (geöffnet nur von Juni bis September).

Hemmingodden Sjøhus, ✆/℻ 76088307. Fast schon eine kleine Pension ist dieses Seehaus mit 30 Betten in Sechs-Personen-Appartements zu 450–700 NOK (1.6.–31.8. geöffnet). Ein *rorbuer* ist für 700 NOK zu mieten.

Wanderung auf die Ballstadheia: Die leichte Vier-Stunden-Wanderung bietet für jeden etwas: Hügelbesteigung, Strandwanderung und Architektur-Sightseeing. Gleich neben der *rorbuer*-Anlage Kraemmervika in Ballstadland führt der markierte Weg hinauf zur nur 200 m hohen Ballstadheia. Von dort aus geht es weiter nach **Grena**, einem bereits 1610 erwähnten, heute längst verlassenen Gutshof, der einen ungeschminkten Eindruck von der Lebensweise der Landbevölkerung vor 400 Jahren liefert. Über einen alten Fischerpfad steigt man dann ab und läuft am Strand entlang nach Ballstad zurück – eine einfache, gleichwohl genussvolle Wanderung.

▸ **Weiterfahrt**: Will man auf die südliche Nachbarinsel Flakstadøy, was so viel wie *Wolfsfuß* heißt (tatsächlich hat die zerfurchte Insel die Form einer Pfote), muss man auf der RV 818 zurück auf die E 10, um dann westlich des Ortes Leknes durch den einzigen Unterwassertunnel der Lofoten 1.800 m weit unter dem Nappstraumen hindurch „überzusetzen“.

Flakstadøy

Die einzige Lofoteninsel mit nennenswerten Sandstränden und Landwirtschaftsflächen sowie dem fotogensten Ort der Lofoten: Nusfjord.

Auf der kleinen Insel ist man darum bemüht, Besucher gleich nach Ankunft auf der Insel nach **Vikten** (ausgeschilderter Abzweig nach Norden) und dort in die einzige Glasbrennerei Nordnorwegens umzuleiten. Wenn Sie kein ausgemachter Fan dieses Kunsthandwerks sind und auch keine anderen Souvenirs wie Keramik, Seidenmalerei oder Lederarbeiten mehr benötigen, sollten Sie sich den Umweg zu **Lofoten Design** sparen.

Das gilt auch für die **Flakstad Kirke** aus dem Jahr 1783 mit einer in diesen Breiten ungewohnten Zwiebelkuppel. Der Sage nach soll das Holz für den Kirchbau von einem gestrandeten Frachter mit Bauholz aus Russland stammen – deshalb wohl der Zwiebelturm. Dennoch ist die Kirche wohl nur für Kenner interessant.

Ramberg

So klein können Gemeindezentren sein: Ramberg, Hauptort der Flakstadgemeinde, zählt gerade mal 300 Einwohner.

Die E 10, die Lofoten-Straße, führt an der Nordküste entlang, nur um diesen Ort zu streifen: Alle namhaften Südküsten-Orte, Nusfjord oder auch Nesland, sind nämlich nur über unnummerierte Stichstraßen zu erreichen. Vielleicht ist es der makellose Strand in der Bucht von Ramberg, der die Menschen hierher zieht.

Nur zu Fuß ist der ca. 1 km lange weiße Sandstrand zu erreichen – ein Stück großartiger Natur. Vom Strand aus hat man einen fantastischen Blick auf die

Berge, vor dem Strand erstreckt sich ein aufregendes Surfrevier, wo allsommerlich Regatten veranstaltet werden, und hinter dem Strand liegen weite Feuchtbiotope, in denen sich Sumpf- und Wattvögel tummeln.

Im Ort ist die **Galeri Lofotkunst** erwähnenswert: *Anne* und *Johs Røde* zeigen zumeist selbst geschaffene Bilder und Skulpturen, Seidenmalereien und Strickwaren mit Lofotmotiven – Reiseandenken der edlen und teuren Art.

• *Information* Das **Turist-Kontor**, ✆ 76093450, liegt an der Straße (Rastplatz Brunstranda) zwischen dem Kirchort Flakstad und Ramberg und ist nur von Mitte Juni bis Ende August geöffnet: Mo–Fr 10–17 Uhr.

• *Busverbindungen* 2 x täglich hält der Lofotbus von Bodø nach Å, 6 x der Bus nach Svolvær.

• *Ausflugsschiff* Die MS „Flakstadtind" fährt Sie, wohin Sie wollen (✆ 76093356).

• *Adressen* **Lebensmittelgeschäft**, **Post**, **Bank**, **Apotheke**, **Tankstelle** und **Kfz-Werkstatt** sind in dem kleinen Ort vorhanden.

• *Übernachten* **Ramberg Gjestegård**, ✆ 76093500, www.ramberg-gjestegard.no. Zwölf einfache Zimmer, ein kleines Lokal mit leidlicher Küche, Nichtraucherzimmer, Spielplatz, Farb-TV, Bootsverleih und elf Hütten sowie zivile Preise: EZ 550 NOK, DZ 990 NOK.

Ramberg Sjøhus, ✆/🖷 wie Gjestegård. Hübsch, aber bescheiden wohnen bis zu acht Personen im Seehaus zu preiswerten 300 NOK/Person.

Nusfjord

Der meistfotografierte Lofotenort am Südkap ist wirklich das hübscheste Lofoten-Dorf. Geschützt von glatten Schärenfelsen schmiegen sich die 30 roten und weißen Häuser malerisch an das blaue Fjordwasser.

Die vielen *rorbuer* im Ort mit nur 75 ständigen Einwohnern wurden bereits um die vorige Jahrhundertwende hufeisenförmig um den Binnenhafen gebaut. Damals kamen zur Kabeljausaison Jahr für Jahr gut tausend Festlandsfischer in den winzigen Ort, die untergebracht werden wollten. Heute leben Touristen

Nusfjord: wo die Lofoten-Romantik zu schnuppern ist ...

Vesterålen und Lofoten
Karte S. 532/533

Reine: für viele der reizvollste Lofotenort

in den malerischen, gleichwohl auf neuzeitlichen Komfort umgestellten Stelzenhäusern. Der unvergleichliche Ort steht auf der UNESCO-Liste erhaltenswerter Kulturdenkmäler.

Auch hier ist alles in der Hand einer Familie: Nur ein Bootsverleih, ein Lebensmittelgeschäft, aber etliche *rorbuer* – alles wird von der Familie *Dahl* bewirtschaftet. Deshalb gibt es auch nur einen Anbieter für Übernachtungen. Allein die Silberschmiede von Michele Sarno fällt aus dem Rahmen – dafür ist sie auch rund um die Uhr und gratis zu besichtigen.

Übernachten **Dahl/Nusfjord A/S**, (Nusfjord Rorbueranlegg), ✆ 76093020, www.nusfjord.no. 34 modernisierte Hütten, die Platz für jeweils vier bis acht Personen bieten, werden ganzjährig für 500–1.200 NOK vermietet (Bettzeug 100 NOK Aufschlag).

Wanderung von Nusfjord nach Nesland: Zwei Stunden braucht man für diesen hübschen Spaziergang. Der markierte Weg führt an baumlosen Uferhängen direkt über dem Meer entlang und ist wegen einiger Kraxeleien über freiliegende Felsbrocken und luftiger Leiterabstiege für Kinder und ängstlichere Zeitgenossen nicht geeignet.

Nesland

Der Ort besteht eigentlich aus zwei Dörfern: Vestre Nesland und Østre Nesland – winzig, entvölkert und deshalb ein Kleinod.

Das Dorf am äußersten Südzipfel der Insel war nur hundert Jahre lang, von 1870 bis 1970, bewohnt. 1953 kam das elektrische Licht, 1957 die Straßenanbindung und 13 Jahre später das Ende: Mit einer Fischereiflotte, die aus immer größeren Steamern bestand und im Neslander Hafen nicht mehr unterkommen konnte, lohnte sich das Leben in dem malerischen Ort nicht mehr.

Doch die Häuser, nicht nur das prächtige Haus des Dorfgründers *Ole Johansen*, blieben erhalten, wurden gepflegt und restauriert: Mühle, Backhaus, Räucherei und Bootsschuppen stehen am Skelfjord, als seien ihre Bewohner nur für einen Tag zum Fischen ausgefahren.

▸ **Weiterfahrt**: Bei Finnbyen gelangt der Autotourist an zwei wirklich monumentale Brücken, die den Übergang nach **Fredvang** (schon auf Moskenesøy, aber abseits der Hauptstrecke) herstellen. Hier finden sich nicht nur die schönsten und längsten Sandstrände auf der Seeseite der Lofoten, sondern auch etliche Wanderrouten oder auch nur Spaziergänge. Fahren Sie z. B. ein wenig über Fredvang hinaus nach **Ytresand** und laufen Sie eine halbe Stunde lang am Wasser entlang nach **Mulstøa**. Oder fahren Sie ab Fredvang in umgekehrter Richtung am Selfjord entlang bis an das Straßenende. Von dort führt ein kaum anstrengender Fußweg am Fjord entlang.
Auch ohne den Abstecher zu den Sandstränden geht es nun über die **Kåkern-Brücke**, eine nur 160 m lange Hängebrücke, auf die Nachbarinsel.

Moskenesøya

Die südlichste der großen Lofoten-Inseln ist auch die geologisch älteste: Drei Milliarden Jahre hat das Inselchen auf dem Buckel.

Schroffe Berge und nur schmale Landstreifen prägen die wilde Insellandschaft, die mit dem 1.034 m hohen **Hermannsdalstind** über den zweithöchsten Berg der Lofoten verfügt. Insgesamt 25 Gipfel drängen sich auf dem zerfurchten Inselchen, dazwischen liegen Seen, die zu den tiefsten und fischreichsten der Welt zählen.

Fast alle Dörfer auf der dem Meer zugewandten Westseite sind seit über 50 Jahren verlassen. Die Besiedlung der Gemeinde Moskenes beschränkt sich nahezu vollständig auf die dem Vestfjord angelehnte Ostseite der Insel.

Hamnøy

Dieser idyllische Ort ist der erste und schönste einer Reihe malerischer Orte, die sich wie an einer Perlenschnur aufgereiht an das Vestfjord-Ufer schmiegen.

Von drei Brücken umringt und nicht allzeit windgeschützt durch die zerklüfteten Gipfel am Reinefjord, der sich landeinwärts schlängelt, dämmert das kleine, urtypische Fischerdorf mit nur 30 regelmäßigen Einwohnern dahin. Der Ort scheint bloß aus Stelzenhäusern und -gerüsten zu bestehen.

Eine 15-Hütten-Anlage, eine Lachsräucherei, verschiedene Aquakulturen, eine Seevogelkolonie und 10 km bis zur nächsten Disko: Hier findet man noch Leben (und Urlaub) wie aus dem Nordland-Ferienkatalog.

• *Übernachten* **Eliassen's Rorbuer**, ✆ 76092305, www.rorbuer.no. Roald Wulff-Nielsen bietet die einzige Anlage im Dorf an. Die Stelzenhäuser, in der Regel drei Zimmer mit Dusche und WC, haben Platz für fünf Personen (550–800 NOK). In der Großhütte gibt es zudem TV, Aufenthaltsräume, Waschmaschinen und Trockner. Ruderboote sind im Preis inbegriffen, Motorboote kosten 400 NOK pro Tag, Angeln ist kinderleicht und kostet nichts (Werbung: „Auch Anfänger fangen Fisch direkt vor der Haustür").

Reine

Mit nur 650 Einwohnern wurde die einstige Walfänger-Hochburg auf der anderen Seite des Reinefjords zum Zentrum der Gemeinde Moskenes.

Der 250 Jahre alte Ort, über zwei jeweils 240 m lange Brücken an Hamnøy und mehrere kleine Inseln angebunden, hat nicht nur manchen historischen Bau bewahrt. Vor allem die atemberaubende Gebirgslandschaft um das Dorf herum macht Reine zu einem Schmuckstück auf dieser an Schmuckstücken wahrlich nicht armen Inselgruppe. En miniature wurde der Ort für *Legoland* in Dänemark und *Madurodam* in den Niederlanden nachgebaut.

Wanderer, Bergsteiger, vornehmlich aber Maler fühlen sich immer wieder angezogen von dieser tatsächlich einmaligen Landschaft und ihrem Licht. Das berühmteste hier gemalte Bild, „Reine in den Lofoten" von *Otto Sinding*, hängt in der Osloer Nationalgalerie.

Leider fühlte sich im Zweiten Weltkrieg auch das britische Militär angezogen: Der Ort war zweimal Ziel alliierter Gegenangriffe, was die deutsche Heeresleitung zu entsetzlichen Repressalien an der Zivilbevölkerung verleitete. Zumindest das Ambiente, die einzigartige Architektur, hat – anders als sonst in Nordnorwegen – nicht unter den Kriegswirren gelitten.

Beachtenswert ist der nahe **Reinevatn**, einer der wenigen Lofotseen. Diese Seen sind einstige Fjorde, deren Meereszugang durch Vulkanausbrüche verschüttet wurde. Zu erkennen ist das noch heute an der außergewöhnlichen Tiefe dieser Seen. Der Grund des Reinevatns z. B. liegt 9 m unter dem des angrenzenden Meeres.

• *Busverbindungen* Die beiden Hauptverbindungen über den Archipel von Svolvær nach Å (9 x täglich) und nach Bodø auf das Festland (2 x pro Tag) passieren auch Reine.

• *Fährverbindungen* Über den Reinefjord tuckert regelmäßig das private Fjordboot „Lofotfjord" mit Stopps in Rostad, Kirkefjord und Vinstad (Mo–Fr 3 x pro Tag, Sa/So nur 2 x).

• *Adressen* **Post**, **Bank**, **Apotheke**, **Tankstelle** und **Tante-Emma-Laden** befinden sich im Zentrum.

• *Übernachten* **Sakrisøy Rorbuer**, ✆ 76092143, www.lofoten.no.17 preiswerte und dennoch akzeptable *rorbuer* sind ganzjährig im Programm. 550–850 NOK.

Reine Rorbuer, ✆ 76092222, www.reinerorbuer.no. Im nahen Øl-Nilsøy bietet die nur im Hochsommer geöffnete Anlage immerhin 22 einfache *rorbuer* für 450–700 NOK.

• *Essen* **Gammelbua**, das Restaurant mit Fischspezialitäten und allen Schankrechten im 200 Jahre alten Laden am Hauptplatz ist weit und breit die einzige Adresse, um auswärts essen zu gehen. Und die Küche ist tatsächlich lobenswert.

Wanderung zum Reinebringen: die sicherlich spektakulärste Wanderung auf den Lofoten mit der tollsten Aussicht. Allerdings ist die schwere, sehr steile Tour (Vorsicht: Rutschgefahr) nur wirklich erfahrenen Bergwanderern zuzumuten. Die brauchen zwei Stunden für den nicht markierten Weg, der am Tunneleingang der Europastraße – 1,5km südlich der Abfahrt nach Reine – beginnt. Knapp 500 Höhenmeter geht es hinauf zur Kammhöhe, dann nochmals 250 Meter höher zum Gipfel, der wie ein natürlicher Aussichtspunkt einen grandiosen Blick auf Reine und die Berge der Insel wie des Festlandes bietet (wenn das Wetter es zulässt). Der gefährliche Abstieg über den Navaren-Gipfel führt zurück nach Reine.

Moskenes

Das Dorf, von dem die Insel den Namen hat, liegt nur 5 km südlich. Der Ort, dessen Siedlungsspuren eine tausendjährige Geschichte vermuten lassen, ist heute wichtig als Fährhafen nach Bodø, Værøy und Røst.

Fast überflüssig zu erwähnen: Auch Moskenes – malerisch auf einer Halbinsel in der gleichnamigen Bucht gelegen – kann sich sehen lassen. Ein Kirchlein oberhalb des Fährlegers, darüber der Richtplatz, auf dem 1814 (!) die letzte Hinrichtung stattfand, unten der von einer Mole geschützte Fährhafen, der richtig niedlich wirkt.

• *Information* Nur von Juni bis August ist das **Turist-Kontor**, ✆ 76091599, am Fähranleger; geöffnet im Juni: Mo–Fr 10–1 Uhr, nur im Juli/August täglich 0–19 Uhr. Die junge Geschäftsführerin spricht deutsch und ist eine sportliche Wanderin – gut für jeden Touren-Tipp.

• *Fährverbindungen* Die Autofähre zu den Vogelinseln Røst und Værøy verkehrt ganzjährig 2 x pro Tag; die Autofähre nach Bodø 2 x pro Tag.

• *Adressen* Lebensmittelgeschäft im Ort und Kiosk plus Café am Fähranleger.

Sørvågen

Norwegern ist der Ort als Heimat der ersten Funkradiostation der Welt bekannt (1905 erbaut und in einem unbedeutenden Museum noch heute gewürdigt – Juli–August (11–17 Uhr) geöffnet, 30 NOK Eintritt). Touristen aber finden eine Alternative zum überlaufenen Å.

Um zwei Hafenbuchten auf Klippen verteilt, zwängt sich Sørvågen zwischen Fjord und Fjell; nicht an Touristen verkauft, sondern schön und gänzlich unspektakulär. Zudem bietet das Dorf tolle Wandermöglichkeiten, lohnenswerte Unterkünfte, zwei Supermärkte entlang der Europastraße und sogar ein attraktives Restaurant – eine Seltenheit im Archipel. Ein Ort für den unbeschwerten, unüberteuerten Urlaub.

• *Information* Ganzjährig ist das kleine **Infobüro** (✆ 76091599) an der E 10 Mo–Fr von 10–14 Uhr geöffnet.

• *Adressen* Zwei Supermärkte an der Europastraße, die durch den Ort führt.

• *Übernachten* **Stoltenberg Rorbuer**, ✆ 76091329. Am neuen Hafen liegen die vier Stelzenhäuser in beneidenswerter Ruhe und mit atemberaubender Aussicht auf Bucht und Berge. Angesichts der guten Ausstattung von Küche und Bad sind die Preise (450–550 NOK) mehr als angemessen.

• *Essen* **Maren Anna** ist ein Rorbuer-Restaurant am alten Hafen mit geschmackvollem Ambiente und ausladender Terrasse. Für gut 250 NOK bekommt man vorwiegend Fisch-, aber auch leckere Lammgerichte und immer ein vegetarisches Essen.

Spaziergang um den Sørvågenvatnet: Gut eine Stunde dauert die Umrundung des Dorfsees – im Winter eine ideale Langlauf-Loipe. Die an der Europastraße ausgeschilderte Strecke ist nachts beleuchtet und auch für Kinder machbar, wenn man sie denn vom Spielplatz längs des Rundweges loseist.

Kurzwanderung zum Leuchtturm: Kaum 30 Minuten zu Fuß braucht man zum alten Leuchtturm, der weithin sichtbar den Ort überragt (Vorsicht: nicht am Funkturm vorbei, sondern der Straße oberhalb des neuen Hafens folgen). Bei klarer Sicht eröffnet sich am verlassenen Leuchtturm ein grandioser Rundumblick über die Berge der Insel und des Festlands. Trotz des einfachen

Karte S. 532/533

Pfades sind Wanderstiefel angesagt – der Weg ist mitunter glitschig, und die kurzen Abstecher entlang der Küste, zu denen man unweigerlich verführt wird, sind häufig morastig.

Wanderung zur Munkebu-Hütte: Die bestens ausgeschilderte Sechs-Stunden-Wanderung startet am Sørvågenvatnet gegenüber der Kunstgalerie Krysset an der Europastraße. 800 Höhenmeter und zwei steile Anstiege sind zu bewältigen, bis an drei Seen vorbei die Anhöhe Djupfvorheia erreicht ist. Dann folgt ein kurzer Abstieg zur Munkebu-Hütte – die älteste Lofoten-Berghütte: nicht bewirtschaftet, aber immer zugänglich und auch zur Übernachtung geeignet. Die mindestens mittelschwere Bergwanderung bietet Lofoten-Landschaft pur: Weite Aussichten über die Insel bis hin zum Festland, heimelige Hütten längs des Weges und stets ein Plätzchen zur Rast. Allerdings: Trittsicher und schwindelfrei sollten Wanderer sein, die sich die Tour zutrauen; einige Passagen sind ausgesetzt und nur am – installierten – Metallseil zu bewältigen.

Å

Das Dorf mit dem kürzesten Ortsnamen der Welt (der letzte Buchstabe des norwegischen Alphabets; das Ortsschild wird mehrmals jährlich geklaut) zählt nur 30 Häuser, von denen etliche mehr als 150 Jahre auf dem Buckel haben – alle stehen unter Denkmalschutz.

Das im Sommer ständig überlaufene Dorf ist autofrei – Sie sollten Ihren Wagen auf dem Großparkplatz am Ende der Europastraße abstellen und den Ort zu Fuß erkunden. Und das lohnt sich – der Ort beherbergt zwei private Museen, die natürlich beide mit Fisch zu tun haben. Im **Norwegischen Fischereimuseum** werden in neun authentischen Gebäuden von der Schmiede bis zur Trankocherei, von der Werft bis zur Bäckerei traditionelle, typische Fischeraktivitäten vorgeführt, aber auch Brot gebacken und „Kolonialwaren" verkauft. Suchen Sie nicht zu lange nach dem Museum – im Zweifelsfall stehen Sie mittendrin: Das traditionelle Museum ist der Ortskern selbst. Vergangenheit und Gegenwart gehen hier nahtlos ineinander über.

Öffnungszeiten Mitte Juni bis Mitte August. täglich 11–18 Uhr; sonst Mo–Fr 10–15 Uhr. Eintritt 50 NOK, Kinder 30 NOK.

Das **Stockfisch-Museum** dokumentiert die tausendjährige Geschichte dieser Handelsware und beantwortet beispielsweise die Frage, warum es 20 verschiedene Sorten von Stockfisch gibt (im Sommer täglich 11–17 Uhr, in der übrigen Jahreszeit am Wochenende geschlossen. Eintritt 50 NOK, Kinder 20 NOK).

• *Übernachten/Camping* **Å Vandrerhjem Lofoten** Sørvågen, ✆ 76091121, www.vandrerhjem.no. Die Jugendherberge vermietet neben ihren Zimmern 19 *rorbuer* für 450–950 NOK. Auch sonst sind die Preise des Heims moderat: Bett 150 NOK; EZ 300 NOK, DZ 400 NOK.

Hamna Rorbuer, ✆ 76091211, www.lofotenferie.com. Ganzjährig werden 14 *rorbuer* für vier bis sechs Personen und 500–1.000 NOK vermietet (Bettwäsche 80 NOK). Außerdem gibt's Boote und Angelausrüstung zu leihen.

Vågen Rorbuer, ✆ 76091382. Die drei einfachen Hütten am Wasser kosten 400–700 NOK.

Camping Å (auch: Moskenes Camping). Tatsächlich das letzte der Lofoten: Am Ende der Insel mit unübertroffener Aussicht. Aber auch mit abfallenden Zeltplätzen und 12 kaum mehr gepflegten Hütten.

Værøy

Ein Felsenrund, Reste eines Vulkankraters, und nur ein klein wenig flaches Land draußen im Meer – das ist Værøy, zweitkleinste Gemeinde der Lofotenregion.

Gerade mal 820 Menschen wohnen ständig auf der wunderschönen Vogelinsel, die wie ein einziger Felsen aus dem Meer ragt. Über die Landesgrenzen hinaus bekannt ist Værøy nur für den *Lundespitz*: Der früher in ganz Norwegen genutzte Hund, eigens für die Vogeljagd gezüchtet, hat allein auf dieser 18 qkm großen Insel mit 700 Exemplaren überlebt.

Drei Minidörfer gibt es auf der Insel: **Sørland**, **Nordland** und **Mostad,** zwei anschauenswerte Kirchen und einen Hubschrauber-Landeplatz, einen Fähranleger und jede Mege Vögel: Seepapageien (hier *Lunde* genannt), Dreizehenmöwen, Kormorane, sogar noch Seeadler, obwohl die Værøyvaeringer den König der Lüfte über Jahrhunderte auszurotten versuchten, denn die Adler fielen allzu oft über die Lämmer her. Immer noch findet man Adlerfanghöhlen, aus denen Fänger die Riesenvögel einst mit bloßer Hand fingen. Heutzutage stehen Seeadler unter Naturschutz.

Sonnenuntergang auf den Lofoten

Sogar Strände gibt es auf dem Felsenrund. **Sanden** zum Beispiel: Von einer 400 m hohen Bergwand geschützt, lassen sich hier herrlich heiße Sommertage verbringen. Vor allem aber gibt es Berge – das **Mostadgebirge** beispielsweise, Heimat der Schafherden, die als einzige Nutztiere auf Værøy überleben können, oder der 446 m hohe **Håheia**, der als NATO-Sperrgebiet von Normalsterblichen nicht bestiegen werden darf.

- *Information* Das nur im zweiten Halbjahr geöffnete **Turist-Kontor**, ✆ 76051500, ist neuerdings im Rathaus untergekommen. Mo–Fr 9–15 Uhr. Hier werden auch Fahrräder vermietet oder Ausflüge organisiert.
- *Flugverbindungen* Zwischen Bodø und Værøy gibt es einen regelmäßigen Helikopterverkehr: 30 Min. braucht der Hubschrauber für die 5 x pro Woche absolvierte Strecke (750 NOK, Buchung: ✆ 75544800).
- *Fährverbindungen* Die Autofähre von/nach Røst verkehrt 1 x täglich, 3 x pro Woche und im Sommer täglich die Fährverbindung auf die Lofoten nach Moskenes 350 NOK). Die Autofähre nach Bodø (5 Std.) legt 2 x täglich ab. Da nur 50 Autostellplätze an Bord sind, empfiehlt sich eine Reservierung (✆ 94803115).
- *Adressen* **Post**, **Geschäfte**, **Apotheke** und ein **medizinisches Versorgungszentrum** findet man im Innern der Sørland-Bucht (gleich neben der Kirche).
- *Übernachten* **Værøy Vandrerhjem**, ✆ 76095375. Die kleine, privat betriebene JuHe (20 Zimmer) ist vom 1.6.–31.8. geöffnet. Mit 175 NOK pro Bett, 300 NOK für

das EZ und 500 NOK für das DZ bietet die Herberge immerhin die preiswerteste Unterkunft auf der Insel. Das gilt für die vier *rorbuer* kaum: Die kosten 600–1.100 NOK.

Langodden Rorbuer, ✆ 76095225, www.info.lofoten.no. Urige Rorbuer von 500–900 NOK sind im Programm. Zudem Fahrad- und Bootsverleih

Kornelius Kro, ✆ 76095299, www.lofotentravel.com. Toll, das einstige Drei-Sterne-Haus hat seinen Hotelbetrieb wieder aufgenommen – bleibt aber auch einziges, sehr gemütliches Restaurant auf der Insel (samstags Livemusik, und dann wird es leider laut). Das Hotel vermietet neben fünf Hütten (450–900 NOK) auch einfache Zimmer: EZ 450 NOK, DZ 700 NOK. Auch Bootstrips werden noch organisiert.

Sørtun Rorbuer, ✆ 76095203, ✆ 760 95540. Das Seehaus mit acht Wohneinheiten ist eine zwar untypische, aber leidlich preiswerte Alternative für 350–600 NOK pro Wohnung.

Kunsthavna Camping, ✆ 76095050. Der nur von Mai bis Ende August geöffnete Platz in Nordland ist schön einfach – schlicht die einzige Camping-Chance.

Røst

Der Vorposten des Archipels im Atlantik, 115 km nördlich des Polarkreises: Die Vogelinsel zählt sage und schreibe 365 Inseln und 692 Einwohner. Die Menschen wohnen nur auf der größten Insel, auf den übrigen Eilanden leben die Seevögel allein.

Die Hauptinsel **Røstlandet** ist pfannkuchenflach, fast kreisrund (6 km lang, 4 km breit) und beherbergt Post, Bank und Bürgermeisteramt, Schule, Kirche, Flughafen und Fährkai. Die übrigen Inseln waren vormals vielleicht auch bewohnt (womöglich auch nur vorübergehend). Belege gibt es dafür allerdings nur auf **Skomvær**, der südwestlichsten Insel des Mini-Archipels: Der Leuchtturmwärter verließ das Eiland vor 50 Jahren.

Auf den übrigen Inseln, vornehmlich auf **Ellefsnyken**, **Hernyken**, **Trenyken** und **Vedøya**, leben die weltweit größten Vogelkolonien: Papageientaucher und Seeschwalben, Austernfischer und Eiderenten, Dreizehenmöwen und Gryllteisten, aber auch Adler und Raben nisten zu Millionen in den schroffen Felsen mit ihren seit Jahrhunderten genutzten Brutnischen. Die letzte Zählung ergab eine Gesamtpopulation von 2,5 Millionen Vögeln.

Im Sommer setzt die *MS Inger Helen* regelmäßig nach Vedøya über, der einzigen in der Brutzeit zugänglichen Vogelinsel. Andere Ausflüge führen zum Skomvær-Leuchtturm oder nur zum Angeln zwischen den Inselchen.

• *Information* Das **Turist-Kontor**, ✆ 76096411, am Fähranleger ist nur zum Eintreffen der Fähre geöffnet. Man kann Fahrräder mieten (die flache Hauptinsel ist ideal für Mini-Touren) und Tickets für Bootsfahrten kaufen.

• *Flugverbindungen* 3 x täglich landet das Flugzeug aus Bodø (25 Min., 750 NOK).

• *Fährverbindungen* Die Fähre nach Værøy, den Vesteraalen und Bodø verkehrt täglich. Karten für Ausflugsfahrten mit „MS Inger Helen" gibt es im Turist-Kontor (ab 370 NOK pro Person).

• *Adressen* **Post**, **Bank**, verschiedene **Geschäfte**, **Apotheke** und **Arzt** finden sich nur im Zentrum von Røstlandet.

• *Übernachten* **Kårøy Sjøhus**, ✆ 76096238, ✆ 76096118. In zwei Seehäusern mit insgesamt 13 Wohneinheiten kosten EZ ab 225 NOK, DZ 500 NOK. Und Bootsfahrten mit Vogelsafaris oder Angelausflügen kann man auch chartern.

Røst Turistsenter, ✆ 76096490, ✆ 76096041. Fast elegant sind hingegen die Zimmer dieses Seehauses; sie kosten deshalb auch 450–800 NOK pro Wohneinheit (bis zu vier Personen).

Bryggehotell, ✆ 76050800, www.rostbryggehotell.no (nur norwegisch). Das einzige Hotel der Insel bietet 16 ordentliche Doppelzimmer, ein Fischrestaurant und ein Café mit allen Schankrechten. Zudem werden Angeltrips und Wanderungen organisiert. EZ 750 NOK, DZ 1.050 NOK.

Rau, unwirtlich, verlassen: die Landschaft um Tromsø

Die Finnmark

Das Ziel: 71° 10' 21". Der Touristen-Trail auf der E 6 von Narvik zum Nordkap (norwegische Schreibweise: Nordkapp) zieht sich über 739 Straßenkilometer. Diese Region ist größer als ganz Dänemark oder die Niederlande. Hier war es vor drei Wintern −51 Grad kalt und im letzten Sommer +32 Grad warm, hier wird es winters nicht hell und sommers nicht dunkel, und hier werden die Russen seit der Öffnung des Eisernen Vorhangs nicht zum ersten Mal als wahre Freunde betrachtet.

Die 196 km lange Grenze mit Russland, noch immer einziger Grenzabschnitt eines NATO-Landes mit dem einstigen Feind Nr. 1, hat die 81.000 Einwohner der nördlichsten Provinz nie derart schrecken können wie die Landsleute im sicheren Süden.

Seit Jahrhunderten treibt man Pomor-Handel mit den Nachbarn im Osten, nach dem Zweiten Weltkrieg wurden die Rotarmisten als Befreier gefeiert, und seit der Öffnung des Eisernen Vorhangs, seit Auflösung der Sowjetunion, hat die Finnmark unversehens wieder ein Hinterland.

1993 riefen Norweger, Russen, Schweden und Finnen die Barents-Region ins Leben. Gemeinsam wollen die Nordstaaten in diesem Ministerrat die Verkehrs- und Umweltprobleme der Region lösen, vor allem aber die reichen, erst jüngst entdeckten Öl- und Gasvorkommen in der Barentssee erschließen (benannt nach Willem Barents, einem Amsterdamer Kapitän, der 1596 dieses Meer, aber auch Spitsbergen und die Bäreninsel nach den Wikingern zum zweiten Mal entdeckte). Eine erste, große Bewährungsprobe erlebte der Rat –

Karte S. 576/577

nicht ganz ohne Reibungsverluste – bei der Kooperation zur Bergung des gesunkenen Atom-U-Bootes Kursk vor Murmansk, als 2001 erst norwegische Experten die Hebung des Wracks ermöglichten.

Wirtschaft: Mit dem Norden Norwegens geht es aufwärts. Für die Menschen in Kirkenes und Vadsø bleiben Murmansk und Archangelsk bis auf weiteres näher als Brüssel und Straßburg. Wenn dann gleichzeitig, wie seit Beginn der 90er Jahre, die Fischbestände wieder gesunden und die Touristenzahlen wie seit 2000 um jährlich 15 % steigen, können sich die Nordnorweger ihr eigenbrötlerisches Dasein auch in Zukunft leisten.

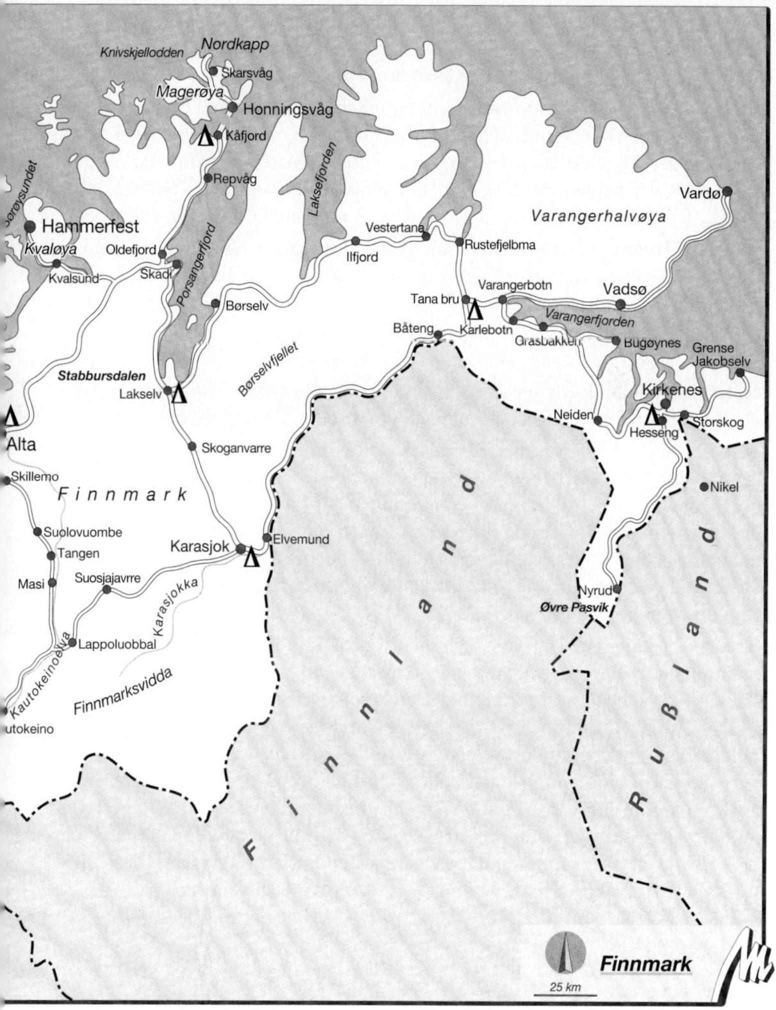

Die Eigenbrötler jenseits des Polarkreises leben mehr noch als andere Norweger mit einem Bein im neuen Jahrtausend, mit dem anderen im 19. Jh.: Jeder Rentierhirte trägt sein Handy neben dem vom Großvater vererbten Messer und treibt seine Rentiere per Snowskooter zusammen, der samische Händler addiert die Preise seiner seit Jahrhunderten unveränderten Waren per Digitalrechner, und die tamilischen Gastarbeiter filetieren den Rotbarsch in der Findus-Fabrik von Hammerfest wie finnische Fischer schon vor 300 Jahren. Das immer noch harte, einsame Land formt diesen herben Menschenschlag, in dem samisches und finnisches, am wenigsten aber norwegisches Blut fließt.

Die Finnmark
Karte S. 576/577

Bevölkerung: Finnmark, die mit fast 50.000 qkm größte und gleichzeitig bevölkerungsärmste Landesregion, zählt mit der Hauptstadt Vadsø, mit Hammerfest und Vardø nur drei Städte, die alle an der Küste liegen.

Ohne die fast 60.000 Einwohner des erstaunlich lebensfrohen Tromsøs, das als Hauptstadt der fylke Troms das „Tor zur Arktis" ist, kämen keine zwei Menschen auf den Quadratkilometer. In den trostlosen Weiten der Finnmarksvidda, des Landes der Samen zwischen E 6 und schwedisch-finnischer Grenze, kann man noch immer tagelang wandern, ohne auch nur einen Menschen zu treffen.

Flora und Fauna: Nördlich Narviks beginnt diese „grüne Arktis": Bis Tromsø noch gibt es verwinkelte Fjorde und stellenweise dichte Wälder, dann aber gewinnt die Tundra die Oberhand.

Auf der „Kältesteppe" finden selbst Birken selten genügend Nahrung. Moore und fast vegetationslose Steinwüsten, aber auch steile Berge bestimmen jetzt das Landschaftsbild. An der Küste fehlen die für das übrige Norwegen so typischen Schären, und die Fjorde sind flach und breit wie Meeresarme.

180.000 Rentiere leben in der Finnmark, und von ihnen gehört die Mehrzahl den überwiegend hier beheimateten 30.000 Samen. 50.000 Tiere zu viel, sagen die Forstbehörden, die eine Überweidung des ohnehin kargen Bodens befürchten. Wozu sonst ist der Boden gut, fragen die Samen, und ziehen weiter, manchmal auch unverzagt über die Grenze nach Schweden oder Finnland. Tatsächlich gibt es nur bei Alta etwas Landwirtschaft und auf Senja und in Kirkenes wenige Bodenschätze.

Verkehr: 13 Flugplätze wurden zwischen Narvik und Kirkenes aus dem Boden gestampft, drei Europastraßen mit zusammen rund 1.500 bestens ausgebauten Straßenkilometern und 13 Häfen, die täglich von Schiffen der Hurtigrute angelaufen werden. Dennoch ist das riesige Land verkehrsmäßig schlechter erschlossen als andere Landesteile. Kein Wunder, dass die meisten Touristen auf dem Weg zum Nordkap fast ausschließlich die Europastraße benutzen. Nicht ohne Probleme übrigens: Finnmark zählt die meisten und auch schwersten Verkehrsunfälle des Landes. Das streckenweise schnurgerade Asphaltband, die stete Helligkeit im Sommer und die gigantischen Entfernungen verführen viele Autofahrer zu risikoreichem, zu langem und zu schnellem Fahren.

Tunnel zum Nordkap

Feierlich eröffnete König Harald V. am 15. Juni 1999 eine 30 km lange Straßenverbindung vom Festland zum auf der Insel Magero gelegenen Nordkap. Dazu gehört auch ein 6,8 km langer und 212 m unter dem Meeresspiegel verlaufender Tunnel mit dem offiziellen Namen „Fatima", der längste Unterwasser-Tunnel Europas. Durch die zweispurige Straße wird die bislang mühselige Fährfahrt überflüssig und die Anfahrt zum Nordkap um mindestens 45 Minuten reduziert. Die mehrfach veränderte Maut betrug zuletzt 140 NOK pro Pkw, zusätzlich 46 NOK für jeden Beifahrer.

Schon aus Sicherheitsgründen also lohnen Zwischenstopps. Anlässe gibt es genug: Tromsø und die Samen-Dörfer Karasjok und Kautokeino, das Nordkap, das ganz zu Unrecht als Europas nördlichster Festlandspunkt gefeiert wird, und bestimmt die Lachsflüsse, die ältesten Felszeichnungen Skandinaviens, sechs Nationalparks und dann die überall beeindruckende Natur.

Ofotfjord und Gratangen

Als wollte sich Norwegen verabschieden, präsentiert sich dem Reisenden auf der Fahrt von Narvik nach Tromsø die Natur des Nordens noch einmal in all ihren Nuancen: schneebedeckte Hochfjells und Kiefernwälder entlang des Barduelvs, satte Wiesen und Felder am Målselv, bergumsäumte Fjorde an der Tromsküste.

Hinter Narvik knickt die E 6 bei **Bjerkvik** am Ende des Ofotfjords steil aufwärts nach Norden ab. Der unscheinbare Ort mit heute 1200 Einwohnern wurde im Zweiten Weltkrieg erst von deutschen Landsern besetzt, von französischen Fremdenlegionären zurückerobert, wieder von Deutschen besetzt, von britischen Bomben in Brand geschossen, erneut besetzt und 1945 erst befreit – kein Wunder, dass sich architektonische Glanzlichter oder andere Sehenswürdigkeiten in dem Ort nicht mehr finden.

Gratangen

Nur 17 km weiter auf der Europastraße ist das ganz anders: Zwar wurde auch Gratangen während des Krieges arg geschunden, aber schon die schöne Lage am Ende des gleichnamigen Fjords rechtfertigt die kurze, steile Abfahrt über die RV 825.

Unten am Fjordufer findet man ein hübsches Boots- und Fischereimuseum, das 1991 als bestes in Europa ausgezeichnet wurde, einen kleinen Park mit Kriegerdenkmal und zwei, drei Geschäfte. Überall ist der Fjord zu sehen, über den in der Ferne die moderne Gratangen-Kirche bei Årstein lugt.

Gratangen Båtsamling, das nicht nur für Angler und Segler interessante Boots- und Fischereimuseum liegt, deutlich ausgeschildert, direkt in Gratangsbotn am Fjordschluss: 50 Nordlandboote, von denen das älteste von 1825 stammt, sind samt Ausrüstung liebevoll instand gesetzt und werden vor ihrem jeweiligen historischen Hintergrund erläutert (damit die größte Sammlung von Nordlandschiffen weltweit). Eine gelungene Mulitvisionsschau – und ein eher bescheidenes Café gibt es in dem übersichtlich angelegten Gebäude auch (für jede Epoche und für jeden Schiffstyp wurde eine Halle gebaut). 10 km entfernt, im Fartovernsenter, ist eine ehemalige Schiffwerft noch Außenstelle des Museums.

Öffnungszeiten Juni–August täglich 11–18 Uhr; Mai und September 11–15 Uhr, das übrige Jahr geschlossen. Eintritt 60 NOK, Kinder 30 NOK.

Minnelund, der idyllische Park direkt an Bootsmuseum und Fjord, lädt nicht nur zum launigen Picknick, sondern ist auch nationale Gedenkstätte, was in Norwegen kein Gegensatz zu sein braucht: Vier Gedenksteine erinnern an die blutigen Kämpfe um Gratangen am 24./25. April 1940.

• *Übernachten* **Gratangsfjellet Hotell**, ✆ 77020000, www.gratangsfjellet-hotell.no. Wenige Kilometer außerhalb (im Ort ausgeschildert) liegt dieses schmucke, ganzjährig geöffnete 38-Zimmer-Hotel, das mit Restaurant, Bar, Hütten und auch sonst ausreichendem Drei-Sterne-Standard ausgerüstet ist. Und das zu durchaus zivilen Prei-

Die Finnmark Karte S. 576/577

sen: EZ 750 NOK, DZ 1.040 NOK, jeweils mit Frühstück.

Lapphaugen Turiststasjon, ✆ 77177127. Ein paar Kilometer nördlich auf der Europastraße trifft man in der Streusiedlung Lapphaugen auf den Campingplatz, der auch acht Hütten (450–800 NOK) anpreist.

Weiterfahrt nach Norden

Øse Alpinsenter: Klein, aber mit Pfiff ist das noch junge Skizentrum von Øse, das links der E 6 und 3 km vor der nach Gratangen abzweigenden RV 825 liegt. Nur ein Lift, drei Abfahrten von 3 km Länge, ein Skiverleih (210 NOK/ Tag) und eine kleine Skischule (350 NOK für einen Drei-Tage-Kurs), aber 40 km präparierte Loipe werden angeboten. Und 20 schöne Hütten, die auch im Sommer Gäste suchen.

Übernachten **Øse Sportell**, ✆ 77822105. 20 Luxushütten (sechs Schlafplätze, Bad, TV) gruppieren sich um das Skizentrum (650–900 NOK). Café und Restaurant (auch im Sommer geöffnet) sind dem Hotel angeschlossen.

Farmen unter Wasser

Der norwegische Lachs, den man bei uns im Supermarkt kaufen kann, hat nichts mehr mit salmo salar, dem atlantischen Lachs, zu tun, der zum Laichen den Fluss hinaufwandert, in dem er seine ersten Lebensjahre verbrachte – der Lachs im Lokal oder aus dem Supermarkt ist ein Masttier, gezüchtet wie hier zu Lande Hennen.

Aquakultur nennen die Norweger ihre Antwort auf das weltweite Fischsterben: Zuchtfarmen für Lachse (Jahresproduktion 2005: 480.000 Tonnen), aber mittlerweile auch für Dorsche und Plattfische lösen die Fischindustrie aus der Abhängigkeit von Fangquoten. Man züchtet sich den Fisch, der einst durch Wind und Wogen gejagt wurde, vor der Haustür. Aus Fischern wurden Farmer.

In vielen Fjorden und geschützten Buchten Norwegens sind fast 1.000 solcher Unterwasserfarmen entstanden – abgeteilte Bassins, in denen Abermillionen Lachse computergesteuert, vitamin- und farbstoffreich sowie medikamentenversetzt gemästet werden.

Nach zwei Jahren haben die Lachse bis zu fünf Kilo Lebendgewicht erreicht und sind reif für den Export. Und inzwischen ist nicht nur der Mastfisch ein profitabler Exportartikel – auch das Know-how dieser Zuchttechnik wird vermarktet.

Denn die Norweger haben eine 100 Jahre lange Erfahrung mit Aquakulturen. Das begann mit Forellen in Binnengewässern. Primitive Netzsäcke und Autoreifen als Schwimmer wurden schon bald abgelöst von sturmsicheren Käfigen, anstelle von Heringsmehl wird jetzt ein ausgetüfteltes, vielfach vitaminiertes, aber auch mit Antibiotika angereichertes Menü verfüttert – gegenwärtig arbeitet man in Norwegen an einem Gesetz zur Kennzeichnungspflicht solcher Zusatzstoffe. Die Zeit scheint nicht fern, in der auch Aale, Hummer und Muscheln in Farmen unter Wasser gezüchtet werden. Doch auch dieses sichere Geschäft ist nicht ohne Risiko: Vor nichts haben die Fischfarmer mehr Angst als vor einer Ölpest – kein Hirngespinst, wenn man um die weltweit größten unterseeischen Ölvorkommen vor der Haustür weiß.

Foldvik Brygger: Wer auf der Reichsstraße 825 weiter gen Harstad (vgl. „Vesterålen", S. 539) fährt, findet an dem idyllischen Fjord, dessen Ruhe durch die Unterwasserfarmen kaum gestört wird, in Foldvik die restaurierte Schiffsbrücke Foldvik Brygger mit einer gewaltigen Trockenanlage für Schleppnetze. Hier gibt es auch ein etwas zu groß geratenes, ganz auf maritim gestyltes Fischlokal, das gleichwohl besondere Leckereien serviert, und einen urigen, alten Krämerladen nebst kleinem Wiesenplatz für Wohnwagen und Zelte.

Bei **Tovik** bietet sich ein grandioser Inselausblick, der bei klarer Sicht bis zu den Vesterålen reicht. Gegenüber erkennt man die Insel Rolla, linker Hand die Vesterålen.

Übernachten **Foldvik Brygger**, ✆ 77820645. Das „Brücken"-Lokal bietet nicht nur herzhaft-üppige Fischgerichte an, sondern auch einen Platz für wenige Zelte und Wohnwagen.

Polarzoo: Kurz hinter **Fossbakken**, 13 km auf der E 6 weiter nach Norden, wird viel Werbung um den nördlichsten Tierpark der Welt, den Polarzoo, gemacht. Nach rechts führt eine ausgeschilderte Piste über 3 km zu dem 110 Hektar großen Freigelände, das sehr schön in die Natur integriert ist. Man braucht jedoch fast ebenso viel Spürsinn wie auf freier Wildbahn, um den Wildtieren (z. B. Bär, Wolf, Luchs, Vielfrass, Elch, Moschusochse, Dachs) auf die Spur zu kommen – passen Sie darum die Fütterungszeiten ab, sonst ärgern Sie sich womöglich über den happigen Eintrittspreis von 210 NOK (Kinder 90 NOK).

Öffnungszeiten Juni/August täglich 9–18, Juli bis 20 Uhr, ansonsten geschlossen. Fütterungszeiten: 11 Uhr Haustiere, 12 Uhr Moschus/Ren, 13.30 Uhr Raubtiere.

Nordlandboot: für Fjord- und Seefahrt gleichermaßen geeignet

▶ **Weiterfahrt**: Der Weg führt weiter vorbei an der Doppelgemeinde und Garnison Bardu (Übernachten s. „Bardufoss") und Setermoen. Der Name stammt von Einwanderern aus dem Gudbrandsdal, die um 1800 hier siedelten. Längs der zur schwedischen Grenze abzweigenden RV 47 findet man sogar noch alte Siedlerhöfe. Auf dem Weg nach Andselv/Bardufoss erhebt sich im Osten der 1.490 m hohe Istindan.

Die Finnmark
Karte S. 576/577

Aquakultur: Zuchtfarm mit computergesteuerter Fütterung

Andselv/Bardufoss

Die Doppelgemeinde ist ein Straßendorf. Geprägt ist der Ort durch Kasernen und den Militärflughafen – Bardu ist die größte Garnison der norwegischen Armee, deshalb gibt es im Ortskern auch ein Militärmuseum. Dennoch bietet das Städtchen auch Interessantes, z. B. den Museumshof Fossmutunet, 4 km östlich, vor allem aber den Malselvfossen.

Das Turistsenter an der RV 87, jüngst durch umfangreiche Ausbauarbeiten vergrößert, lebt von den Angelplätzen am Lachsfluss **Målselv**, mit 140 km Länge der größte und wohl auch der schönste Fluss im Regierungsbezirk Troms. Gemächliches Kanufahren ist auf ihm ebenso möglich wie wildes Rafting. Zwei Wasserfälle und eine Lachstreppe verführen zum Angeln von Lachs, Forelle und Saibling.

Sehenswert ist das **Målselv** Museum **Fossmotunet**. Das Freilichtmuseum für Volkskunst in der Nähe des kleinen Sees Rostadvatn liegt 4 km östlich von Bardufoss. Es besteht aus einem 150 Jahre alten Schulhaus, einem Lagerschuppen und einer kleinen Kunsthandwerkstatt – alles liebevoll restauriert. Im Sommer gibt es auch Kurse in traditionellen Handwerktechniken (Juni–August Mo–Fr 10–17 Uhr; Führungen können unter ✆ 77831100 bestellt werden; Eintritt frei).

Größte Attraktion aber ist der Nationalpark **Øvre Dividal** (dievaid bezeichnet in der Samensprache eine Hügellandschaft). Die letzten großen Kiefernwälder vor dem Nordpol finden sich in dem 743 qkm großen Park an der Grenze zu Schweden. Der beste Startplatz für Expeditionen in den Park ist übrigens der Ort **Frihetsli**.

Im Süden wird der Nationalpark vom **Altevatn** begrenzt. An diesem See lebt *Bjørn Klauer*: Der Hamburger Autor („Norwegen zu Fuß", Pietsch Verlag, Stuttgart), Outdoor-Spezialist, Huskyzüchter und Hundeschlittenführer, der ganz Skandinavien durchwandert hat, verdient seinen Lebensunterhalt auf seiner Farm Innset jetzt mit Wanderführungen und Huskytouren, die er mit seinem Kumpel *Peter Bickel* durchführt (✆ 77184503, www.bjoernklauer.de). Für preiswerte 320 NOK kann man auf der Farm aber auch urig wohnen, ohne sich in Abenteuer zu stürzen.

Information/Verbindungen/Adressen

- *Information* **Målselv Turistkontor**, Andselv, ✆ 77834225, www.malselv.kommune.no. Im nur von Juni bis August, dann aber Mo–Fr 8–21 Uhr geöffneten Infobüro sind Angelkarten, Hüttenschlüssel und Wanderkarten sowie Tickets für Rafting- und Hundeschlittentouren und sogar Jagdlizenzen zu bekommen.
- *Flugverbindungen* Vom kleinen Flugplatz östlich des Ortes starten Direktflüge nach Oslo und Trondheim 2 x pro Tag; 1 x täglich nach Kirkenes.
- *Busverbindungen* 3 x täglich nach Narvik (2 Std.) und Tromsø (2,5 Std.); ebenfalls 3 x pro Tag nach Finnsnes.
- *Adressen* **Lebensmittelgeschäft**, Möglichkeit zum **Geldwechseln** und **Briefkasten** finden sich in jeder der unten beschriebenen Anlagen.

Übernachten

- *In Bardu* **Bardu Hotell**, Setermoen, ✆ 77185940, www.barduhotell.no. 200 m neben der E 6 macht das 39-Zimmer-Hotel von außen nicht viel her – das Geviert großer Bungalows ist ein besserer Tagungsschuppen. Drinnen aber ist es ein elegantes Hotel mit gediegenen Zimmern, gutem Restaurant und vor allem dem „Caribien Club" – eine Badelandschaft en miniature. EZ 985 NOK, DZ 1.250 NOK.

Bardu Camping og Turistsenter, Idrettsvn. 2, ✆ 77181558, 77181598. Stars der Anlage sind unzweifelhaft die 35 Hütten für 700 NOK; die Zimmer im Haupthaus (150/600 NOK) fallen dagegen ab. Man kann aber auch zelten, Cafeteria und Radverleih nutzen (1. Quartal geschlossen).

- *In Bardufoss* **Bardufoss Hotell**, ✆ 77830500, www.bardufoss-hotell. no. Nicht ganz billig (aber Preisermäßigungen mit Euro-Pass), auch nicht gerade von einschmeichelnder Architektur ist das Mittelklassehotel in einem Betonklotz mit 45 Zimmern. EZ 1.225 NOK, DZ 1.650 NOK.

Bardufosstun, ✆ 77834600, www.bardufosstun.no. Das Tagungs- und Trainingscenter in wunderschöner Lage, 500 m von der E 6 und fünf Autominuten vom Flughafen Bardufoss entfernt, ist nordisch schlicht (und dazu gehören Sauna, Sportstudio und Solarium); funktional aber ist die Einrichtung der 30 Zimmer und vier Hütten. EZ 855–995 NOK, DZ 995–1.250 NOK, Hütten 625 NOK.

Måselvfossen Touristcenter, ✆ 77837190. Die große Anlage mit Spielplatz, Minigolf und Restaurant vermietet ihre Wiese an Camper und ihre 15 Hütten (4–8 Personen, 550–745 NOK) überwiegend an Stammgäste. Deshalb ist telefonische Voranmeldung angeraten.

Måselvfossen Camping, ✆ 77835214. Auch dieser übergroße Zeltplatz (500 m vor dem Touristcenter) ist häufig ausgebucht, die Hütten sind kleiner, aber nicht preiswerter als im Center.

Sport

Bardu hat schon seiner vielen Soldaten wegen eine attraktive Sportszene: Tennishalle, Gokart-Bahn, Alpinanlage, fünf Loipen und unzählige Schießanlagen, die alle auch von Touristen genutzt werden dürfen. Als Urlaubsvergnügen empfehlen sich aber wohl eher diese Angebote:

- *Polarbad* Die Erlebnisanlage mit Sprungturm, Wasserrutsche, Lagune, Whirlpool und Sauna in Rustahogda bei Bardufoss ist täglich Di/Mi 11–20 Uhr, Do 19.30–22, Fr 10–13 u. 16–21 sowie Sa/So 11–18 Uhr geöffnet. Eintritt: 110, Kinder 60 NOK.

• *Angeln* Zwischen dem 1.6. und dem 15.8. ist Angelsaison auf Lachs und Forelle. Der mit Abstand beste von mehr als 30 Standorten ist der Målselvfossen, aber auch in der Rostaelva und dem Rostavatnet kann man gut fischen. Wie immer und überall in Norwegen braucht man neben einer Lizenz, die es in jedem Postamt des Landes gibt, eine *fiskekort*, die limitiert und recht teuer ist. Am Målselvfossen gibt es Genehmigungen für höchstens 15 Tage und für 50 bis 250 NOK pro Tag. Die Karten bekommt man beim Besitzer oder in Kiosken und Turistsentern. Das Turistkontor hilft bei Fragen und Problemen gerne weiter.

• *Kanufahrten* Zwei sehr schöne und relativ leichte Touren bieten sich an: auf der Målselva vom Rostavatnet zum Wasserfall (116 km und zwei Wasserfälle, die umtragen werden müssen) und vom Straumsmofoss nach Målsnes (90 km mit einer Umgehung). Bei beiden Routen empfiehlt sich eine Vorabinformation über die Wasserstände beim Turistkontor, wo auch Kanus ausgeliehen werden können.

• *Rafting* Dieses Wildwasservergnügen ist nicht immer und nicht zu jeder Zeit möglich, denn es ist natürlich von der Höhe des Wasserstandes abhängig. Aber wenn die Guides von *Norquest* dann ablegen, ist das 400-NOK-Vergnügen allemal garantiert. Information und Organisation: **Norquest A/S**, Øverbygd, ✆ 77838396.

Insel Senja und Nationalpark Ånderdalen

„Wer von den Lofoten schwärmt, hat Senja noch nicht gesehen", sagen die Lokalpatrioten der zweitgrößten und vielseitigsten Insel Norwegens. Wie eine ausgestreckte Hand ragt die 1.600 qkm große Insel mit zwei landschaftlich ganz unterschiedlichen Seiten ins Meer.

Wer sich den Schwenk in das Gemeindegebiet Måselv oder den Øvre-Dividal-Nationalpark geschenkt hat und auf der E 6 weitergefahren ist oder wem der Sinn eher nach Küste und Insel steht, dem ist jetzt ab Andselv/Bardufoss ein Abstecher über die RV 855 nach Westen, nach Finnsnes und auf die sagenhaft schöne Insel Senja anzuraten, auch wenn dazu 40 km abseits des Weges zurückgelegt werden müssen.

Finnsnes selbst ist nur ein Verkehrsknotenpunkt, doch muss jeder von hier aus über die 1.146 m lange und 45 m hohe Pfahlbrücke den Gisund überqueren, um die 1.500 qkm große Märcheninsel Senja zu erreichen. (Für Touristen allerdings ist Finnsnes seiner Unterkunftsmöglichkeiten wegen interessant. Und – hier findet sich die zentrale Touristen-Information für die ganze Region Troms).

Viele Geschichten ranken sich um Senja, z. B. die Legende von dem sagenumwobenen Silberschatz von Botnhamn, der – 1905 von einem Bauern nur zufällig entdeckt – über Wikingerzüge nach Friesland berichten soll. Oder die Sage vom Wikinger Ottar, der wahrscheinlich auf Senja lebte und dessen Berichte die wichtigsten schriftlichen Zeugnisse aus Wikingerzeiten sind.

Das Aufregende an Senja ist die Vielseitigkeit: So beherbergt der Nationalpark Ånderdalen einen der letzten Mischwälder mit Kiefern und Birken des Nordens. Hier wechseln sich verlassene Siedlungen am Meer mit reichen Dörfern am Fjord ab, fruchtbare Äcker mit unberührter Wildnis gleich nebenan. Besonders faszinierend ist jedoch der deutliche Gegensatz der beiden Inselseiten: Die Seeseite, von Meeresarmen zersägt, ist rau und windig und wird nur noch vereinzelt von Fischern bewohnt. Die Festlandseite dagegen ist lieblich mit weitläufigen Feldern und dichten Wäldern und ist die Heimat zahlreicher Bauern. Dazwischen erstrecken sich bedeutende Nickelerzlager, die bis 1872

Senjas Seeseite: Norwegens vielseitigste Insel

von Briten ausgebeutet wurden (heute ist nur noch Europas größtes Graphitwerk hier in Betrieb), und der kleine Nationalpark Ånderdalen. Eine ganz eigene, so hoch im Norden unvermutete Landschaft bietet sich dem Urlauber, die mehr als nur einen Abstecher und sicher ein Buch wert wäre.

• *Information* **Destination Midt I Troms**, ✆ 77850730, www.midtitroms.no, direkt an der Brücke, ist die Informationszentrale für die gesamte Region. Hier sind alle Broschüren über Nordnorwegen zu bekommen, aber auch sämtliche Tickets und Übernachtungen zu buchen. Ganzjährig geöffnet Mo–Fr 10–16 Uhr, Sa 10–15 Uhr.

• *Busverbindungen* Alle Wege nach Senja führen über Finnsnes. 3 x täglich ab Bardufoss, das auch per Flugzeug erreichbar ist. Busse von Finnsnes fahren jeden Ort auf Senja 1 x pro Tag an.

• *Fährverbindungen* Die Hurtigruten-Schiffe laufen täglich ein: nach Norden (nächster Halt nach 2,5 Std. ist Tromsø) um 11.45 Uhr, nach Süden um 4.45 Uhr (nächster Stopp nach 4 Std. ist Harstad).

• *Übernachten/Camping* **Finnsnes Hotell**, Strandgt. 2, ✆ 77870777, www.finnsneshotell.no. Das Hotel im Zentrum mit Fjordblick ist das erste und älteste in der Region. Dennoch bietet es 56 schön möblierte Zimmer (Du/WC, TV und Telefon), vier davon behindertengerecht, zu nicht einmal hohen Preisen: EZ 950 NOK, DZ 1.690 NOK.

Royal Hotell, ✆ 77851160, www.royalhotel.no. Das Mittelklasse-Hotel in einem unattraktiven Kastenbau bietet 21 funktionale, behindertengerechte Zimmer und etliche Aktivitäten (Bootsverleih, Angelausflüge u.ä.). EZ 890 NOK, DZ 1.450 NOK.

Finnsnes Motell & Camping, ✆ 77845465, www.finnsnesmotell.com. 11 Zimmer und 12 geschmackvolle Hütten bietet die Anlage, 5 km von der Ortsmitte entfernt. Auch der große Campingplatz (Kinderspielplatz, Restaurant, gute Sanitäranlagen) kann empfohlen werden. Unterkünfte von 350–1.200 NOK.

Senja Camping, Silsand, ✆ 77853255, www.senjacamping.no . Der im Inselinneren an der RV 86 gelegene Wiesenplatz (12 km von Finnsnes) mit Pool, Wasserrutsche und Minigolf bietet Hütten für 350–750 NOK sowie Bootsverleih und Angelscheinverkauf für die drei umliegenden Seen an.

Hamn i Senja, die sehr schöne Anlage fiel leider einem Brand zum Opfer, am

Die Finnmark
Karte S. 576/577

Wiederaufbau wird gearbeitet, Neueröffnung soll 2007 sein.

Tranøybotn Camping, ✆ 77853222, www.tranoybotn-camping.no. An einer schönen Fjordbucht direkt am Eingang des Nationalparks und 30 km von Finnsnes entfernt (Landstraße 860) liegen die 12 größtenteils mit Du/WC ausgestatteten Hütten von 400–750 NOK/Tag. Zudem gibt es einen Kiosk, ein Café und Ruderbootverleih. Auch Wohnwagen dürfen parken.

Mefjord Brygge, Mefjordvaer, ✆ 77858980, www.mefjordbrygge.no. Am Ende der Landstraße 864, an der Nordwestspitze der Insel, liegen die sechs Bootshäuschen direkt am Kai – vorn der Fjord, hinten gezackte Berge. Hübsche Häuser und nette Gasthofzimmer, dazu Bootsausflüge im Fjord und auf See, Tauch- und Drachenflugangebote. Alles das zu annehmbaren Preisen: EZ 550 NOK, DZ 950 NOK (mit Frühstück).

Sehenswertes

Hamn i Senja: Ganz oben im ansonsten verlassenen Nordwesten der Insel ist dieser originell restaurierte Fischerort bei **Skaland** wieder entstanden. Im Herbst 2005 zerstörte ein Brand das Hotel (s. o.) und andere Häuser. Es wird fleißig wieder aufgebaut, es ist aber noch nicht absehbar, wann die Storbrygga Spiseri oder der „Badekutter", ein einzigartiger Whirlpool im Freien, wieder in Betrieb sein werden

Trollpark: Ebenfalls in Skaland und gleich an der Straße 86 haben Leif und Torill Rubach diesen Märchenpark aufgebaut: Trolle und *Hulder*, das sind norwegische Waldhexen, vor Schärengürtel und Meer – das ist schon einen Ausflug wert. Zumal auch hier ein Lokal und natürlich ein Andenkenladen warten.

Balsfjord und Ramfjord

Zwei kleine, dennoch majestätische Fjorde auf dem Weg nach Tromsø – kaum Ansiedlungen, dafür Birkenwald und kahle Berge, Grashänge und überall das tiefblaue Fjordwasser, das manches Mal von Fischen nur so zu brodeln scheint.

Auf der E 6 geht es in flotter Fahrt und mit fantastischen Aussichten nach Norden. Verpassen Sie spätestens auf der Höhe von Heia das Panorama nicht: im Norden der **Fiskeløstind** (1.077 m), im Nordosten der Høltind (1.031 m), im Nordwesten der 1.380 m hohe Blåtind und im Südosten der 1.442 m zählende Hattavarre. Wenn der Himmel verhangen ist, sollten Sie sich diese Stelle unbedingt für die Rückfahrt vormerken.

Schon in Tømmerelv ergibt sich eine Möglichkeit zum Abzweig nach Tromsø: Überwiegend am Südufer des von mächtigen Bergen und satten Wiesen umrahmten Balsfjords führt die gut ausgebaute, häufig aber zu schmale RV 858 entlang. Zu meinen persönlich eindrucksvollsten Norwegen-Erlebnissen zählt eine Nacht am **Balsfjord**, als ich während der Mitternachtssonne auf dem Bootssteg saß und den traumhaft schönen Anblick genießen konnte – alle Ruhe dieser Welt verströmten die mitternächtlichen Sonnenstrahlen, die sich im ruhigen Fjordwasser widerspiegelten.

Die RV 858 führt zur Fähre Vikran–Larseng (16 x werktags, 8 x samstags, 13 x sonntags, 15 Min. Überfahrt, 62 NOK für eine Person plus Pkw, 28 NOK/Person) und von dort über die Insel Kvaløya (vgl. „Tromsø/Ausflug" , S. 597) nach Tromsø.

Der zügigere, von den meisten bevorzugte Weg nach Tromsø jedoch führt über die Europastraße 8, die bei Nordkjosbotn abzweigt und ohne Fährfahrt zunächst am mächtigen Balsfjord (am anderen Ufer blinkt die weiße Balsfjord Kirke bei Tennes herüber), später am schönen, kleineren **Ramfjord** vorbei auf das „Tor zur Arktis“, auf Tromsø, zusteuert.

• Übernachten/Essen **Ramfjord Camping**, Ramfjordbotn, ✆ 77692130, 📠 77692260. Der Drei-Sterne-Platz an der E 8 liegt 30 km vor Tromsø. Attraktion des mit guten Sanitäranlagen versehenen Platzes (52 Stellplätze, 20 Hütten ab 400 NOK, Kiosk, Telefon) ist ein Grillhaus, in dem der Tagesfang (Angeltour 200 NOK/Tag) gemeinsam gegrillt und gegessen wird.

Ramfjordkroa Vertshus, Ramfjordbotn, ✆ 77692100, 📠 77692339. Drinnen wie draußen alles aus Holz: Das gemütliche Gasthaus (23 km vor Tromsø und abseits der E 8) wird zu Recht gerühmt für sein norwegisches Essen und die 19 Zimmer (Du/ WC, TV und Telefon) zu 700 NOK (EZ) und 900 NOK (DZ) (jeweils mit Frühstück). Außerdem kann man Boote leihen.

Tromsø

Die einstmals nördlichste Universität (jetzt ist das Spitzbergens Uni) und die nördlichste Wasserrutsche, der nördlichste Botanische Garten, die nördlichste Brauerei und das nördlichste Rockcafé. Das Städtchen sammelt Superlative und Super-Attribute – ein „Paris des Nordens“, wie oft behauptet, ist es deshalb noch lange nicht.

Das von der Tourismuswerbung weidlich ausgeschlachtete Prädikat vom „Paris des Nordens“ stammt, wie könnte es anders sein, von einem französischen Polarforscher. Der Forscher, der um 1900 länger, als ihm lieb war, auf seinen Poleinsatz wartete, wunderte sich über solche Lebensfreude 400 km nördlich des Polarkreises, denn tatsächlich wimmelt es in Tromsø von Cafés, Kneipen und Bars. Dabei übersah er wahrscheinlich, dass die gut 60.000 *Tromsøväringer* drei Monate des Jahres in Nacht, Frost und Eis leben und in der verbleibenden Jahreszeit natürlich feiern wollen. Und gerade in den letzten Jahren ist solche Feierlust organisiert und kommerzialisiert worden: Im Januar, wenn die ersten bleichen Sonnenstrahlen über die Bergkämme kriechen, feiert man ein internationales Filmfestival.

Und im Sommer ist wirklich einiges los in Tromsø. Das war nicht nur 1994 so, als man die 200-Jahr-Feier überschwänglich mit Einweihungen, Straßentheater und Rockfestival auf den malerischen Plätzen rund um die Storgata, die Fußgängerzone, beging. Seitdem wird auch regelmäßig das Nordlichtfestival gefeiert – ein Fest klassischer Musik in Kneipen, Kirchen und Cafés. Und im Juni ein Sängerfest und ein Festival der Trachtenkapellen – das „Paris des Nordens“ mausert sich zur nordischen Festival-Metropole und verdient sich so diesen Beinamen doch noch.

Die mit 2.500 qkm flächenmäßig größte Stadt des Landes (und Skandinaviens nördlich des Polarkreises) gehört zu den wenigen Städten Nordnorwegens, die im Zweiten Weltkrieg nicht zerstört wurden. Fassaden, Straßenzüge und Holzhäuser verströmen trotz eines verheerenden Stadtbrandes im Jahre 1969 noch immer den Charme der letzten Jahrhunderte.

Dabei ist die Hauptstadt der Provinz Troms eine reiche und moderne Stadt. Das „Tor zur Arktis“ ist mit 775 registrierten Trawlern noch immer Norwe-

Karte S. 576/577

gens bedeutendster Fischereihafen, noch immer führend in den Wirtschaftsbeziehungen zu Russland, die man hier „Pomor-Handel“ (russ. *pomorje* = Küste) nennt, und seit der Entdeckung der *Tromsøflaket*, der Erdgasfelder, vor fünfundzwanzig Jahren auf dem besten Wege, zur bald reichsten Offshore-Metropole des Landes aufzusteigen.

Stadtstruktur

Wenn Sie auf der E 8 aus Süden nach Tromsø kommen, erreichen Sie zunächst einmal den Vorort Tromsdalen, der mit der Eismeerkathedrale, die als Tromsøs modernes Wahrzeichen gilt, das wichtigste Bauwerk weit und breit aufweist – Tromsø selbst aber liegt jenseits der viel fotografierten Tromsøbrua, der Brücke zur Insel Tromsøya.

Auf der Insel im Tromsesund ist fast alles konzentriert: Flughafen und Museen, Stadtverwaltung und Universität mit 6.000 Studenten, Hotels und Restaurants. Zwar ist Tromsø in der Wachstumsphase der 60er Jahre „über die Ufer getreten“, aber den Besucher braucht das kaum zu kümmern. Er findet nahezu alles, was sich anzuschauen lohnt, auf dieser 8 km kleinen Insel und kann fast alles, was sich zu besuchen lohnt, zu Fuß erreichen.

Für das an sich überflüssige Auto ist trotzdem bestens gesorgt: Parkhäuser mit insgesamt 800 Parkplätzen (Fahrzeuge mit Anhänger/Campingwagen sind allerdings ausgesperrt) sind in den Berg gesprengt und durch Gewölbe miteinander verbunden. Selbst unterirdische Kreuzungen und Kreisverkehre gibt es im mautpflichtigen (25 NOK) Tunnelgewirr Tromsøs.

Stadtgeschichte

Auf **Kvaløya**, der Insel „hinter“ Tromsø, finden sich nahe dem Ort Skavberg berühmte, 4.000 Jahre alte Felszeichnungen. Sie sind Indiz dafür, dass der Raum Tromsø lange vor den ersten Wikinger-Siedlungen, die sich auf das Jahr 1250 zurückführen lassen, besiedelt war.

Die Stadtgründung fand erst 1794 statt, und Tromsøs Geschichte beginnt eigentlich auch erst im 18. Jh., als der Ort zum Stützpunkt für Wal- und Robbenfänger wurde, die im Eismeer zweihundert Jahre lang blutige Beute machten. Dennoch zählte das Dorf, als es Stadt wurde, gerade 84 Einwohner und 70 Jahre später, 1865, nicht mehr als 4.000. Erst mit den Verkehrsanbindungen wuchs der Vorposten im Norden allmählich zum Zentrum des Nordens heran.

1840 war eine regelmäßige Schiffsverbindung nach Trondheim aufgenommen worden, und mit der Anbindung weiterer Orte im Norden entwickelte sich der Pomor-Handel. Mit der Modernisierung des Schiffsverkehrs wurde Tromsø zum Haupthafen für Spitsbergen (norwegisch: *Svalbard*) sowie für die Polrouten und damit zum berühmten „Tor zur Arktis“.

Die Nansen- und Amundsen-Expeditionen zum Nordpol starteten von Tromsø aus. Das Amundsen-Denkmal am Hafen und die Nobile-Säule erinnern an das Jahr 1928, als *Roald Amundsen* von Tromsø die Suchaktion nach dem verschollenen italienischen Luftschiffer *Umberto Nobile* aufnahm, von der er nicht zurückkehrte (Nobile schon). 50 Jahre später, am 18. Juni 1978, wurde Amundsen zu Ehren das sehenswerte Polarmuseet am Hafen eröffnet.

Das Ende der „Tirpitz"

Am Morgen des 12. November 1944 versenkten vor Tromsø 29 britische Lancaster-Flugzeuge mit der *Tirpitz* das letzte deutsche Schlachtschiff – 902 Seeleute fanden den Tod. In den 50er Jahren wurde das Wrack vom Grund des *Tromsøsundes* geborgen. Ein Denkmal auf der Insel Håkøya, 16 km von Tromsø entfernt, erinnert an die Seeschlacht vor mehr als 60 Jahren. Im Tromsø forsvarsmuseum, Solstrandveien, gibt es eine Ausstellung dazu (Mai–September, 12-17 Uhr; Eintritt 30 NOK, Kinder 15 NOK).

Ihren zweiten Boom erlebte die Stadt vor 45 Jahren, und wieder waren es Verkehrsmaßnahmen, die ein Wachstum bescherten. 1960 gelang mit der Tromsøbrücke (1.036 m lang und 38 m hoch) die Anbindung an die E 8 und 1970 mit der Sandnessundbrücke (1.220 m lang) nach Kvaløya die Erschließung des Hinterlandes. Zwischenzeitlich war auch der Langnes-Flughafen südlich der Innenstadt in Betrieb genommen worden.

Nun gedieh Tromsø, ausgestattet mit Subventionsmilliarden aus Oslo, das immer schon eine Entvölkerung Nordnorwegens fürchtete, erst richtig zur Metropole des Nordens. Universität (1972 eröffnet) und Forschungseinrichtungen, Schulen und Dienstleistungsbetriebe, nicht zuletzt aber die Offshore-Aktivitäten vor der Küste der Provinz Troms garantieren dem Zentrum jenseits des Polarkreises eine goldene Zukunft.

Information/Verbindungen/Adressen

• *Information* **Destinasjon Tromsø**, Storgata 61, ✆ 77610000; www.destinasjontromso.no. 1.6.–15.8. Mo–Fr 8.30–18, Sa/So 10–17 Uhr; sonst Mo–Fr 9–16 Uhr, Sa 10–14 Uhr.

Das Infobüro ist in einem kleinen Ladengeschäft in der Fußgängerzone untergebracht. Der jährlich aktualisierte, aber schmucklose „Info-Guide Tromsø" (auch in deutscher Sprache) lohnt trotz des Gedränges den Besuch ebenso wie die hervorragenden Broschüren über die Provinz Troms.

• *Flugverbindungen* Der Langnes-Flughafen (✆ 77648400) liegt 3 km westlich des Zentrums noch auf der Insel Tromsøya und ist in zehn Autominuten durch den Tunnel erreichbar (zwei Flughafenbusse, die 14 x werktags vom SAS Royal Hotel, 3 x von der Universität und vom Scandic Hotel fahren, brauchen 15 Minuten und kosten 70 NOK). Der nationale Flughafen verbindet mit 43 Zielen in Norwegen (allein 14 x Oslo nonstop, 12 x Trondheim nonstop und 6 x täglich Bergen).

• *Zugverbindungen* So weit nach Norden reicht das NSB-Streckennetz nicht.

• *Busverbindungen* Vom Busbahnhof Prostneset (✆ 77613013) starten täglich

Tromsøs Wahrzeichen: die Eismeerkathedrale

Überlandbusse nach Narvik, Alta, Karlsøy, Lyngen, Storfjord und Balsfjord. Die 27-Stunden-Fahrt nach Oslo (Abfahrt täglich 10 Uhr, 980 NOK) führt interessanterweise über Schweden – Kiruna, Luleå, Sundsvall und Kongsvinger. Außerdem verkehren von Prostneset 13 Distriktlinien, die von Torsvåg im Norden bis Kantornes im Süden, von Hillesøy im Westen bis Oldervik im Osten die Gemeinde Tromsø abdecken.

• *Fährverbindungen* Nicht nur die Hurtigrute legt am der Dampskipskaia (Gepäckaufbewahrung, s. u.) in Tromsø an: nach Norden täglich um 14.45 Uhr, Abfahrt 18.30 Uhr (nächster Stopp ist nach 4 Std. in Skjervøy), nach Süden um 23.45 Uhr, Weiterfahrt um 1.30 Uhr (nächster Stopp ist nach 2,5 Std. in Finnsnes). Es gibt übrigens ein preiswertes Touristenangebot der Hurtigroute: per Bus nach Finnsnes und dann mit der Hurtigrute zurück (Karten im Touristenbüro). Vom Prostneset legen zudem täglich Schnellboote nach Narvik, Harstad, Finnsens und Hammerfest ab. Zwischen Mai und Oktober sind Ausflugsfahrten mit vier verschiedenen Schiffen zum Angeln oder „Mitternachtssonne-Gucken" machbar Am schönsten ist der Trip mit „M/S Caroline Mathilde", einem 70 Jahre alten, ehemaligen Rettungsschiff. Aktuelle Angebote und Preise erfahren Sie im Touristenbüro.

• *Adressen* **Post**, Strandgata 41 (Mo–Fr 8–17, Do bis 18 Uhr, Sa 10–14 Uhr); **Telesenter**, Sjøgata 2 (Mo–Fr 8–16 Uhr); **Banken** in der Storgt. und Sjøgt. (8.30–15, Do bis 17 Uhr, Sa geschlossen); **Tankstelle**, Stakkevollveien; **Zeitungen**, Narvesen-Kiosk am Stortorget; **Bücher und Karten**, Storgt. 86 und 93; **Reinigung**, Grønnegt. 99; **Fotogeschäft**, Storgt. 90; **Souvenirgeschäfte**, Potteriet (Turistvn. 4), Goodwill (Kirkegt. 8), Landbakks (Strandgt. 24); **Apotheke**, ✆ 77 686424, Fr. Langesgate (täglich bis 21 Uhr); **Gepäckaufbewahrung** am Dampskipskaja (Mo–Sa 6.30–24, Sa/So 12–24 Uhr); **Lebensmittelgeschäfte** in der Storgt. und im Strandveien (Mo–Fr 9–17, Do bis 19 Uhr, Sa 10–18 Uhr); **Autovermietung**, Europcar am Flughafen (✆ 77675600); Budget, Fr. Nansenpl. 3 (✆ 77675411).

• *Wichtige Telefonnummern* **Notarzt**, ✆ 77 671414; **Taxi**, ✆ 77603000.

Stadtverkehr/Parken

• *Busse* 19 Stadtbuslinien (20–30 NOK) und vier Nachtlinien (50 NOK) verkehren in Tromsø, bedienen aber auch Randgemeinden auf der anderen Seite der beiden Sunde. Hauptstation in der Innenstadt ist die Straßenecke Storgata/Fr. Langesgate, nur wenige Linien halten auch am Stortorget (bei der Beschreibung der Sehenswürdigkeiten wird auf die entsprechende Linie verwiesen). Aktuelle Fahrplanhinweise unter ✆ 77613013.

• *Taxis* Drei Taxistände hat die Taxizentrale (Skippergt. 3); in der Innenstadt: Domkirche, Fokus Kino (Strandtorget).

• *Parken* Auch in Tromsøs Zentrum kann zwischen 8 und 17 Uhr nicht abgabenfrei geparkt werden (Faustregel: 1 Std. = 50 NOK) – das ist in jeder Stadt Norwegens so. Aber Tromsø bietet mit **Fjellanlegget**, einer riesigen Berggarage, eine Alternative zum Parkplatz-Stress: 800 Parkplätze im unterirdischen Parkhaus (zwei Einfahrten in der Vestregata) sind rund um die Uhr geöffnet, ständig belüftet und sommers wie winters auf 8 Grad erwärmt (nur für Pkw).

Übernachten/Camping (siehe auch Karte S. 593)

Tromsø Vandrerhjem (4), Åsgårdveien 9, ✆ 77657628, www.vandrerhjem.no. Die nur von Mitte Juni bis Mitte August geöffnete Jugendherberge (15 Minuten Busfahrt ab Zentrum, Linie 26 Richtung Giæverbukta) vermietet Mehrbettzimmer ohne Frühstück zu normalen Preisen. Bett 170 NOK, EZ 300 NOK, DZ 400 NOK.

Sydspissen (27), Strandveien 166 ✆ 77628900, ✆ 77618977. Das etwas abgelegene Hotel, einst Backpacker-Herberge, bietet nach gründlichem Umbau 48 einfache Zimmer zu immer noch zivilen Preisen: EZ 595 NOK, DZ 950 NOK.

Skipperhuset Pensjonat (8), Storgata 112, ✆ 77681660, ✆ 77656292. Zentral und doch preiswert, einfach (Gemeinschaftsbad) und sauber. EZ 550 NOK, DZ 800 NOK, Triple 598 NOK.

Comfort Hotel Saga (19), Richard Withs Plass 2, ✆ 77607000, www.sagahotel.no. Das zentral gelegene Hotel sieht einem

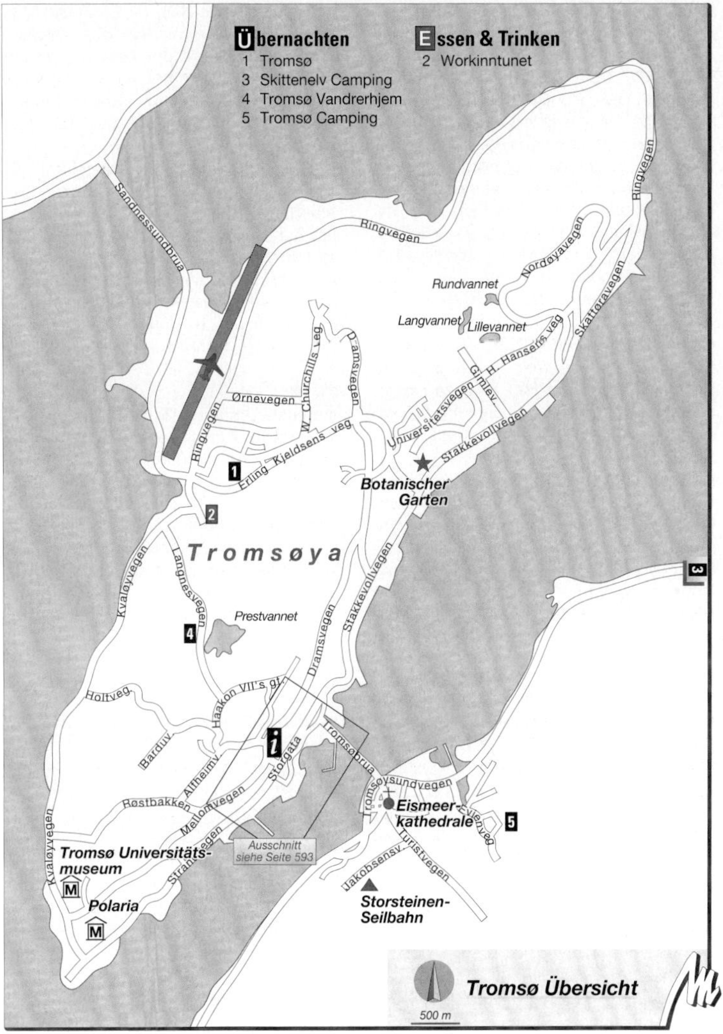

Bürohaus ähnlich, seine 54 Zimmer (Du/WC, TV und Telefon) jedoch sind gemütlich eingerichtet. Das Saga verfügt zwar über ein Restaurant, wirbt aber damit, „alkoholfrei" zu sein. EZ 1.175 NOK, DZ 1.650 NOK.

Thon Hotel Polar (22), Grønnegaten 45, ✆ 77751700, www.thonhotels.no. Nach der Übernahme durch den norwegischen Thon-Konzern 2006 ist das einst altbackene Haus zu einem Low-Budget-Hotel umgebaut worden. Die funktional eingerichteten Zimmer sind ab 695 NOK (EZ) und 1.250 NOK (DZ) zu haben.

Comfort Hotel With (12), Sjøgata 35-37, ✆ 77664200, www.choice-hotel.com. Im vormaligen Kontor der Troms Steamship Company ist dieses stilvolle Hotel am Kai mit wunderschöner Aussicht auf den Sund ent-

Die Finnmark
Karte S. 576/577

standen. Sauna, Schwimmbad, guter Service: Zeitung, Nachmittagskaffee und Abendessen sind im nicht zu knappen Preis inbegriffen. EZ 995 NOK, DZ 1.600 NOK.

Scandic Hotel Tromsø (1), Heiloveien 23, ✆ 77755000, www.scandic-hotels. com. Im Grünen (zwischen Flughafen und Universität) versteckt sich das Nobelhotel mit allen Extras, darunter das bemerkenswerte „Måken"-Restaurant, die „Pelikanen"-Bar und der „Pingvinen"-Nightclub (zu so vielen Polartieren gehört dann selbstverständlich das Schwimmbad). Vor allem aber mit attraktiven Preisen: EZ 1.050 NOK, DZ 1.795 NOK.

Grand Nordic Hotel (23), Storgata 44, ✆ 77753777, www.nordic.no. Das beste Haus am Platz bietet alles, was zum First-Class-Hotel gehört. Und obendrein mehrere Restaurants, Wintergarten, Pub und Nightclub: EZ 1.395 NOK , DZ 1.595 NOK .

Radisson SAS Hotel Tromsø (14), Sjøgata, ✆ 77600000, www.radissonsas.com. Der massige Hotelturm unweit des Hafens ist nicht zu übersehen. Drinnen verbergen sich 195 nordisch-komfortable Zimmer, wie man es von dem Konzern gewohnt ist. Heraus sticht allerdings die urige Bar. EZ 1.045 NOK, DZ 1.695 NOK.

Rica Ishavshotel (13), Fr. Langesgate 2, ✆ 77666400, www.rica.no. Das neueste Hotel der Stadt mit der besten Aussicht („jedes der 150 Zimmer mit Meerblick"). Dazu zwei Restaurants und zwei Bars und tolle Sommerpreise: EZ 1.395 NOK, DZ 1.595 NOK.

• *Camping* **Tromsø Camping (5)**, ✆ 77638037, www.tromsocamping.no. Hübsch, aber leider mückenreich versteckt sich der Drei-Sterne-Platz in einem Waldstück mit Bach auf der Tromsø gegenüberliegenden Sundseite (3 km vom Zentrum entfernt, Bushaltestelle am Platz): 48, größtenteils renovierte Hütten (400–950 NOK), 120 Zeltplätze (120 NOK) und 80 Stellplätze für Wohnwagen (170 NOK). Zudem Kiosk und Cafeteria.

Skittenelv Camping (3), ✆ 77690027, www. camping.no. Auf diesem Vier-Sterne-Platz findet man sie, die nördlichste Wasserrutsche der Welt. Ansonsten 20 Hütten (400–750 NOK), 150 Zelt- und 100 Wohnwagenstellplätze. Außerdem Kiosk, Spielplatz, Ruderbootverleih und großartige Mitternachtssonnen-Aussicht auf den Sund; 25 km von Tromsø entfernt gelegen (Sundstraße Richtung Oldervik).

Essen & Trinken (siehe auch Karte S. 591)

Fast alle Restaurants und viele Bars versammeln sich in der hübschen Fußgängerzone, in der Gasse mit den schönen Holzhäusern. Hier wird man auf jeden Fall fündig.

Annen-Etage (20), Storgata 46. In nur fünf Jahren hat sich das Lokal, in dem man auch tanzen kann, zur feinen und dennoch preiswerten Alternative entwickelt.

Pomor (15), Storgata 73. Russisch wie in den letzten 80 Jahren kann man nicht mehr essen, aber nach Auskunft von Leser Guido Glowania aus Bergfelde ist „der Service super" und „das Essen sehr gut".

Brankos Mat- og Vinhus (16), Storgata 57. Hübsches jugoslawisches Lokal. Branko und seiner norwegischen Frau ist die originelle Mischung südländischer und norwegischer Küche gelungen. Vor allem aber ist die Weinkarte exquisit (sonntags erst ab 14 Uhr geöffnet).

Pizzeria Giovanni (7), Storgata 132. Da darf der Italiener nicht fehlen, besonders die Pastagerichte sind zu empfehlen.

Peppermøllen Mat & Vinhus (24), Storgata 42. Herr Amundsen soll vor seinen Polarreisen hier eingekehrt sein, um ein letztes Mal gut zu speisen. In Tromsøs ältestem und wohl auch bestem Restaurant ist das auch gut möglich, vor allem die Fischgerichte suchen ihresgleichen.

Vertshuset Skarven (25), Strandtorget 1. Unten die stadtbekannte Kneipe, oben ein gutes Fischrestaurant. Hier kann man problemlos einen ganzen Abend angenehm verbringen.

Pizza Huset (9), Skippergata 44. Man darf auch als Nichtstudent im Biergarten der einstigen Studentenkneipe an der „besten Pizza der Stadt" knabbern (erst ab 15 Uhr, am Wochenende ab 13 Uhr geöffnet).

Workinntunet (2), am Tunnelausgang Richtung Langnes. Der letzte Imbiss vor Verlassen der Stadt bietet recht gute Gerichte ab 90 NOK in gemütlichem Ambiente.

Nicht zu vergessen sind natürlich wie immer die guten Hotelrestaurants, wie z. B. das **Grand Restaurant** im Grand Nordic,

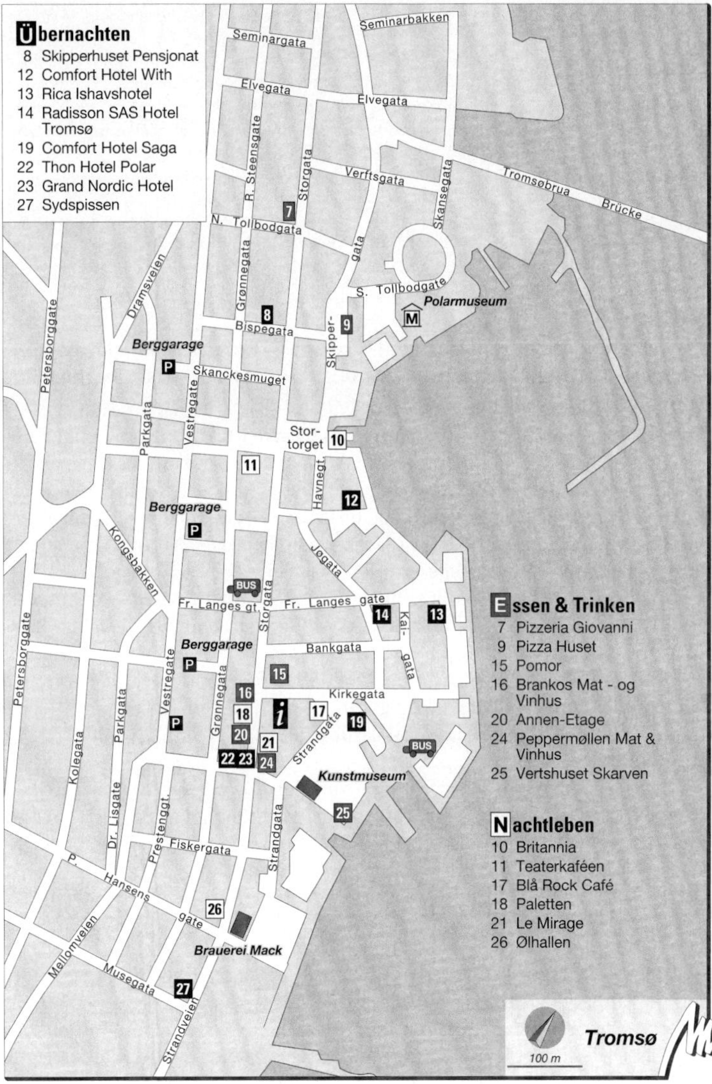

Die Finnmark
Karte S. 576/577

Grillstova im Saga Hotell und **Måken** im Scandic Hotel.

• *Cafés, Bars, Kneipen und Nachtleben*

Paletten (18), Storgata 51. Die Veranda des Galerie-Cafés in der Fußgängerzone mit ihrem Blick über Dächer und Hinterhöfe ist die erste Adresse für das „utepils", das „Draußen-Bier".

Le Mirage (21), Storgata 42. Wie dem Film „Casablanca" entliehen – mit Ledersofas, stumpfen Spiegeln, Marmortischen und dem wahrscheinlich besten Cappuccino Norwegens.

Teaterkaféen (11), Grønnegate 94. Nicht nur zwei Kinos gibt es im Kulturhuset, dem Kulturhaus, sondern auch dieses Café mit dem verpflichtenden Namen (s. „Oslo", S. 134).

Ølhallen (26), Storgata 4. Zu „Macks Ølbryggeri", die sicher nicht das beste Bier Norwegens braut, gehört diese „Abfüllhalle", die sich trotz ihres zweifelhaften Charmes großer Beliebtheit erfreut. Schließlich muss man einfach in der nördlichsten Brauerei der Welt gewesen sein (Tromsø-Spezialität übrigens: Mack-Bier mit Möweneiern). Auch einmalig: Die Brauerei-Kneipe schließt um 18 Uhr.

Blå Rock Café (17), Strandgata 14/16. Das nördlichste Rock-Café verspricht Rock, Pizza, Bier und gute Stimmung – die Jukebox dudelt den ganzen Tag.

Britannia (10), Stortorget. Echt englisch mit Dart, Pool-Billard, 30 Biersorten und zwei britischen Besitzern.

Weitere Möglichkeiten, einen netten Abend zu verbringen sind die Lokale **Papagena** und **Carl Johann** (Grand Nordic Hotel), **Rudy's Bar** (Polar Hotell) sowie **Pelikanen** und **Pingvinen** (Scandic Hotel).

Sehenswertes

Alle Sehenswürdigkeiten liegen auf Tromsøya – nur das Highlight nicht, die Eismeerkathedrale. Dazu müssen Sie über die Tromsøbrücke: Machen Sie's zu Fuß, sie wippt so schön.

Tromsdalen Kirke (Ishavskatedralen): Das bizarre Kunstwerk von 23 m Höhe und einer Fläche von 142 m2 will die Natur des Nordlands widerspiegeln. Die Holzgestelle, an denen der Stockfisch trocknet, inspirierten den Architekten *Jan Inge Hovig* zur äußeren Form, die unsymmetrische Dachlinie symbolisiert eine Gletscherspalte, und die Glasflächen zwischen den Betonpfeilern stehen für Polarlicht und Mitternachtssonne.

In den ersten sieben Jahren übrigens war die 1964 erbaute Kirche rundum verglast, was die Gläubigen veranlasste, ihre Sonnenbrillen aufzubehalten. Dies veranlasste wiederum die Kirchenoberen, *Victor Sparre* den Auftrag für Europas größtes Mosaikfenster zu geben. Seit 1972 kommen die Besucher ohne Sonnenbrillen, und Architekt Hovig kommt gar nicht mehr: Er betritt seine Kirche nicht mehr, weil er das Mosaik für einen Stilfrevel hält (womit er nicht Unrecht hat).

Die Eismeerkathedrale, sicherlich eine von Europas eigenwilligsten Kirchenbauten, ist zur Sommerattraktion geworden und ständig von Touristenbussen umlagert (auch Linienbusse halten hier: Nr. 30/31 oder 28 und 36). Da wundert es fast, dass sonntags um 11 Uhr noch Gottesdienste stattfinden.

Öffnungszeiten 1.6.–15.8. 9–19 Uhr (So ab 13 Uhr); 16.8.–31.5. 16–18 Uhr; im Juli werden donnerstags und freitags um 17 Uhr Orgelkonzerte gegeben. Eintritt 22 NOK, bei Konzerten zusätzlich 10 NOK, Kinder gratis.

Storsteinen-Seilbahn: Der „große Stein" ragt 420 m über Sund und Stadt, der Eingang zur Gondelbahn liegt wenige Straßenzüge von der Eismeerkathedrale entfernt. Das „Fjellstua"-Restaurant mit Aussichtsterrasse lädt zum Rundblick ein. Das ist besonders zur Zeit der Mitternachtssonne (Mitte Mai bis Mitte Juli) empfehlenswert – deshalb verkehrt die Gondel zwischen Juni und August auch bis 1Uhr (bei gutem Wetter!).

• *Anfahrt* Buslinie 28; per Auto: E 8 von der Eismeerkathedrale in südliche Richtung, nach 2 km auf Ausschilderung nach links achten.

• *Öffnungszeiten* April–September 10–17 Uhr; Juni–August bis 1 Uhr nachts. Fahrpreis 85 NOK, Kinder 40 NOK hin und zurück.

Polarmuseet: Unter den über 500 Museen Norwegens zählt das Polarmuseum zu den lehrreichsten. In der Tollbodbryyga, einem Speicherhaus aus dem Jahr 1830, das heute unter Denkmalschutz steht, empfängt Sie Hundegebell, wenn

Sie die Jagdhütten von Spitzbergen betreten. *Roald Amundsen* lädt Sie höchstpersönlich ein, die Ausrüstung seiner Polarexpeditionen zu studieren. Und der ausrangierte Walfänger an der Pier, so findet Leserin Sophie Brackrock, sorgt mit seinem ewigen Fischgeruch für genussvolle Einstimmung.
Vieles über Eisbärjagd und Robbenfang, über Pol-Pioniere und ihr Leben im Eis wird hier sehr anschaulich präsentiert (dreisprachige Beschriftung, informativer Ausstellungsführer für 8 NOK).

Öffnungszeiten Das Museum am Hafen, Søndre Tollbugate 11 b, ist täglich geöffnet: 15.9.–15.5. 11–15 Uhr; 16.5.–15.6. 11–15 Uhr; 16.6.–15.8. 11–19 Uhr. Eintritt 50 NOK, Kinder 10 NOK, Familien 100 NOK.

Bymuseum: Das einst putzige Stadtmuseum im Hafen ist abgelöst worden von einer dreiteiligen Museumslandschaft, die selbst im ausstellungsfreudigen Norwegen ihresgleichen sucht. Da ist zunächst Folkeparken (Kvaløveien 55, Buslinie 34), ein Freilicht-Museum mit 13 liebevoll restaurierten Gebäuden: ein Herrenhof aus dem Jahr 1826 beispielsweise oder die Postmeisterei, die Bootshalle Stornaustet mit zwei alten Nordland-Booten und einer Ausstellung zur Lofoten-Fischerei, eine Diashow und ein „Stabbur"-Café. Die zweite Abteilung ist im Straumen Gård (Straumsbukta, Buslinie 1) untergekommen und präsentiert elf Gebäude einer Küstenfarm aus dem 19. Jh. Schließlich in der Innenstadt und erst 2004 eröffnet: Perspektivet (Storgata 95) zeigt in einem alten, zweistöckigen Stadthaus die Geschichte Tromsøs bis zur Rock- und Pop-Generation. Zwei Sonderausstellungen sind dem einheimischen Fotografen Christian Hansen und der Dichterin Cora Sandel, die in diesem Haus aufwuchs, gewidmet.

Öffnungszeiten **Folkeparken** geöffnet 15.7. –1.9. So 12–16 Uhr. Eintritt 25 NOK, Kinder gratis. **Straumen Gård**: Die wetterabhängigen Öffnungszeiten bitte im Turistbüro erfragen. Eintritt 40 NOK, Kinder15 NOK. **Perspektivet**: Di–Fr 11–17 Uhr, Sa/So 12–16 Uhr. Eintritt 40 NOK, Kinder 20 NOK

Polaria: Seit 1998 ist das „Pol-Informations- und Erlebniszentrum" am Strandveien in Betrieb. Mit Filmen (z. B. Eiswanderung auf Spitsbergen), Ausstellungen und einem Aquarium werden die unterschiedlichen Polregionen auf gemütliche Weise vorgestellt – eine videogerechte Alternative zum Polarmuseum. Und Cafeteria sowie Souvenirshop fehlen auch nicht.

Öffnungszeiten 15.5.–15.8. täglich 10–19 Uhr; im Winterhalbjahr täglich 12–17 Uhr. Eintritt 90 NOK, Kinder 45 NOK.

Kunstmuseum Nordnorwegen: Das neue Museum in der Innenstadt konzentriert sich auf nordnorwegische Kunst seit 1835, wobei die Trennungslinie zum Kunsthandwerk häufig überschritten wird. Sonderausstellungen zeigen aber auch moderne skandinavische Kunst. Auch hier gibt es Café und Museumsshop.

Öffnungszeiten Juni-Aug Mo-Fr 12–18 Uhr, Sa/So bis 17 Uhr; in der übrigen Jahreszeit Di–Fr 10–17 Uhr, Sa/So ab 12 Uhr; Eintritt 30 NOK, Studenten, Rentner und Kinder 20 NOK.

Brauerei Mack: Die traditionsreiche, womöglich nördlichste Brauerei der Welt am Ende der Storgata, ist schon einen Besuch wert. 1877 gegründet, ist sie eine Institution in der Stadt, und niemand in Tromsø trinkt anderes als „Haakon" oder „Isbjørn" oder eine andere der 16 hier produzierten Biersorten. Immer um 13 Uhr gibt es eine Führung in den Brauhallen, die immerhin 100 NOK kostet. Dafür sind das Halbe und ein Bierkrug gratis.

Die Finnmark
Karte S. 576/577

Lightshow am Himmel

Nordlicht, Aurora, Polarlicht: drei Namen für die Lightshow, die zwischen November und Januar das Firmament der Polarregionen (als *Aurora australis* ist das Polarlicht am Südpol bekannt) rätselhaft erleuchtet.
Vier riesige, schwenkbare Antennen von 40 mal 100 m ragen bei Ramfjordmoen südlich Tromsøs in den Himmel. Aus dem Echo ihrer Radarwellen erhoffen sich die Wissenschaftler des Nordlysobservatoriums in Tromsø neue Erkenntnisse über die Entstehung des Polarlichts. Von der nördlichsten Vesterålen-Insel Andøya schießt man gar Raketen mit hochsensiblen Kameras ins All, um dem Geheimnis von Aurora borealis auf die Spur zu kommen.
Eskimos, Indianer und Samen deuten die grün-weiß-rote Farbenschau auf ihre Weise: Als Flügelschlag eingefrorener Schwäne, als Widerschein gewaltiger Heringsschwärme, als Gottes Herdfeuer.
Die Erklärungen der Geophysiker sind prosaischer: Wasserstoffatome der Sonnenoberfläche werden regelmäßig in den Kosmos geschleudert, zerbersten in den glühend heißen Sonnenrandzonen und rasen als Sonnenwinde auf das Magnetfeld der Erde zu. Beim Aufprall des Sonnenwindes verformt sich das irdische Magnetfeld, das an den Polen der Gashülle unseres Planeten am nächsten ist, wird gleichsam gestaucht und formt einen Magnetschweif, der durch den Elektrizitätszufluss der Sonnenteilchen bis zum Bersten aufgeladen wird. Irgendwann platzt dieser Schweif wie ein praller Luftballon, dabei werden Lichtquanten freigesetzt, die den Himmel erstrahlen lassen. Gewaltige Energien entladen sich: Kompassnadeln zeigen während solcher „magnetischen Stürme" eine falsche Richtung an, der Funk- und Telefonverkehr wird beeinträchtigt, es kommt zu Satellitenschäden und Computerfehlern, sogar der Ölfluss in Alaska-Pipelines wird behindert.
Die Universität in Tromsø eignet sich wie kaum ein anderer Ort zur Erforschung dieser kosmischen Stromquelle, denn das Städtchen liegt mitten im

Nordlicht-Oval, einem nur 100 km breiten Ring um die magnetischen Erdpole, in dem sich Aurora am häufigsten zeigt.
Vom Phänomen des Polarlichts können Sie übrigens auch als Tourist profitieren: Wenn Sie im Januar in Tromsø sind, erleben Sie das Nordlichtfestival.

Botanischer Garten: Der Eingang zu dem nur 1,6 Hektar großen Garten mit Lehrpfad befindet sich direkt neben dem Planetarium. Nicht nur für Gartenfreunde interessant, weil jeder nur staunt, welche (auch südländische) Pflanzen so dicht am Pol noch gedeihen.

Öffnungszeiten Mai–September, Eintritt frei.

Tromsø Universitäts-Museum: Das bereits 120 Jahre alte Universitätsmuseum hat nichts von seiner Attraktivität und Aktualität verloren. Ob Sie die Schau zur Meeresbiologie besuchen oder die zur Samen-Kultur, die womöglich die informativste in Norwegen ist, oder auch die Ausstellung zur Kirchengeschichte – Sie werden in jedem Fall Neues und Interessantes erfahren.

Dazu passt das pfiffige „Rotunden"-Café, der Form eines Samenzeltes nachempfunden. Das Café schließt aber leider schon um 17 Uhr, früher als das Museum. Und in diesem Museum wurde besonders an Kinder gedacht: Es gibt eine beaufsichtigte Spielecke für die ganz Kleinen, aber auch zahlreiche Informationsangebote, kindergerecht aufbereitet für jedes Alter.

• *Anfahrt/Öffnungszeiten* Das Museum (Lars Thøringsvei 10) an der Südspitze der Tromsøya-Insel ist mit der Buslinie 28 erreichbar, kostet nur 40 NOK (Kinder 20 NOK) Eintritt und ist im Sommer tägl. von 9–18 Uhr geöffnet (sonst Mo–Fr 9–15.30, Sa/So 11–17 Uhr).

Felszeichnungen am Skavberg

Ausflug in die Umgebung: Eine Fahrt um den **Balsfjord**, ob im Auto oder mit dem Fahrrad, führt in ursprüngliche norwegische Landschaft: Wälder, Weiden, Felder, kahle Berge und geschützte Täler.
4.500 Jahre alt sollen die Felszeichnungen, die Helleristninger, am Skavberg auf **Kvaløy** sein. Es ist die erste Station, wenn man **Tromsøya** über die Sandnessundbrücke verlässt, die Insel Kvaløya erreicht und sich auf der RV 862 nach links wendet.
27 km sind es bis **Straumhella**, aber kurz vorher, über einem Parkplatz mit dem Schild **Planteskole**, finden sich die drei Felder mit den Felszeichnungen.

Die Finnmark
Karte S. 576/577

Rentiere, Elche und kultische Symbole bezeugen eine Besiedlung der Insel weit vor unserer Zeitrechnung.

Wer mag, fährt wenige Meter weiter zum Angeln nach **Straumhella** oder weitere 30 Autominuten an die Küste in das hübsche Dorf **Sommarøy**. Interessant ist es, wenige Kilometer zurückzufahren, um in Larseng die Fähre nach Vikran zu nehmen (15 Min. Überfahrt, 62 NOK für Fahrer/Pkw, 28 NOK/Person, stündliche Abfahrt). Die enge RV 858 führt dicht am Fjord entlang, durch satte Wiesen und an hohen Bergwänden vorbei. Kurz hinter Strosteinnes biegt man wieder auf die E 6 nach Norden ein, um kurz darauf auf der E 8 nach Tromsø zurückzugelangen. Vorbei am höchsten Troms-Berg, dem 1.238 m hohen Tromsdaltind, kommt man nach rund 140 km und fünf Autostunden (mit dem Fahrrad brauchen geübte Radler einen Tag) wieder an den Ausgangspunkt des Ausflugs zurück.

Lyngenfjord

„Getreidegrenze" nannte man in vergangenen Jahrhunderten die Linie, die auf dem Weg nach Norden, heute auf der E 6, passiert wird. Jenseits dieser Grenze lohnte sich das Leben nicht, weil man kein Brot mehr hatte. Ungefähr am Lyngenfjord, wo die E 8 nach Osten und Schweden abbiegt, überschreitet man die Getreidegrenze, die ihren Schrecken längst verloren hat.

Aber andere Grenzen gelten weiterhin: die Grenze zwischen finno-ugrischer und indogermanischer Sprachenherkunft (ablesbar an Orts- und Bergnamen beispielsweise) oder die zwischen arktischer und europäischer Pflanzen- und Tierwelt. Waldtundra wird fast schlagartig von Tundra abgelöst, und Bären, Luchse, Vielfraße und Adler fühlen sich in dieser noch heilen Natur wohl. Fische gibt es wie sonst nirgendwo: „Wer keinen Fisch fängt, hat den Angelhaken vergessen", heißt ein gängiges Sprichwort in Nord-Troms, das fast bis nach Alta reicht.

Vorher aber führt die Fahrt auf der E 6 vorbei am 1.306 m hohen Otertind (der Zwillingsgipfel bildet gleich zwei „Matterhörner") im Osten und am Lyngenfjord im Westen. Jenseits des Meeresarms erheben sich die eindrucksvollen Lyngsalpen, die sich 50 km lang und durchschnittlich 1.500 m hoch nach Süden erstrecken. Höchster Gipfel ist der 1.833 m hohe **Jiekkevarre** – unverkennbar ein samischer Name wie viele, die Ihnen auf dem weiteren Weg nach Norden begegnen werden.

Skibotn

Eingebettet zwischen den Höhen Baiggesvari und Gihoceriehppi schmiegt sich der Ort an die Ufer des prächtigen, 80 km langen Lyngenfjords. Das Dorf ist so klein, dass man leicht vorüberfahren könnte.

Skibotn ist ein traditioneller Handelsort der Samen. Noch heute unterstreicht der Treffpunkt von E 6 und E 8, die aus Finnland und Schweden herüberkommt, seine Bedeutung als Verkehrsknotenpunkt. Das Städtchen gilt als sonnenreichster Ort Nordnorwegens – in dem kleinen, ganzjährig befahrbaren Skigebiet findet man Skihasen in Bikini und Badehose.

Auch als Treffpunkt der *Laerstadianer* ist Skibotn zu einem Begriff geworden. Die puritanische Glaubensgemeinschaft, 1844 von dem schwedischen Pastor *Lars Laerstadius* als Abspaltung von der evangelischen Kirche gegründet, findet unter den Samen am Lyngenfjord besonders viele Anhänger. Zu den alljährlichen Treffen der Sekte, immer an einem Juliwochenende, kommen über 2.000 Gläubige in Skibotn zusammen.

Das Nordlicht-Observatorium in Tromsø hat hier eine Forschungsstation eingerichtet. Wissenschaftler aus aller Welt verleihen der 1.200-Einwohner-Gemeinde ein fast kosmopolitisches Flair. Was nebenbei auch die erstaunliche Ausstattung mit Unterkunftsmöglichkeiten erklärt.

• *Übernachten* **Helligskogen Vandrerhjem**, ✆ /℻ 77715460, www.vandrerhjem.no. Die nur im Juli und August (ansonsten nur an Wochenenden und nach Vorbestellung) geöffnete Jugendherberge mit nur 40 Betten, knapp 30 km von Skibotn entfernt, bietet neben der Unterkunft einen Zelt- und einen Spielplatz an: Bett 135 NOK (Frühstück 65 NOK, Abendessen 140 NOK).

Vertshuset Skibotn, ✆ /℻ 77715494. Gerade 8 Zimmer, aber auch Hütten ab 400 NOK vermietet der Gasthof zu annehmbaren Preisen: EZ 520 NOK, DZ 720 NOK (mit Frühstück).

Skibotn Turisthotell, ✆ 77715300, ℻ 777 15506. Die Anlage bietet außer 30 netten Zimmern ein Restaurant, Hütten und Angelgelegenheit. EZ 720 NOK, DZ 930 NOK (mit Frühstück). Im ersten Quartal geschlossen.

Skibotn Kurs og Fritid, ✆ 77715740, ℻ 77715741. Das ruhig gelegene Tagungshotel mit 52 edlen Zimmern ist auch der Bar und des Restaurants wegen zu empfehlen. EZ 740 NOK, DZ 950 NOK.

• *Camping* **Olderelv Camping**, ✆ 777 15444, www.olderelv.no. Der famose Vier-Sterne-Platz an der E 6 hat alles im Übermaß: neben 297 Wohnwagen- und Zeltstellplätzen auch Telefon, Post, Tankstelle, Kiosk sowie 8 Luxushütten ab 650 NOK.

Skibotn Camping, ✆ 77715277. Der einfache, kleine Zwei-Sterne-Platz (etwas weiter nördlich an der E 6) ist mit Telefon, Spielplatz, Bootsverleih und 34 Stellplätzen sowie 10 Hütten (ab 400 NOK) durchaus zu empfehlen.

▶ **Weiterfahrt**: An der Spitze der in den Lyngenfjord ragenden Landzunge und gleichzeitig an der Mündung der fischreichen Mandalselva liegt **Samuelsberg**. Der Ort wird als Hochburg samischer Webkunst, grene genannt, bezeichnet. Wandteppiche, Mützen, Fäustlinge, vornehmlich aber manndalsgrener, samische Schlafdecken, die wie regelmäßiges Patchwork aussehen, sind in authentischer Ausführung zu erstehen.

Die Spuren der Samen häufen sich. In Kåfjordbotn am Ende des östlichen Lyngenarms zum Beispiel finden sich Bootshäuser der Küsten-Samen im Freilichtmuseum Sjøsamiske Gård (durchgehend geöffnet, Eintritt frei).

Samen-Sprache

In dieser Gegend haben nahezu alle Landschaftsbezeichnungen Namen aus dem südsamischen Dialekt. Die Samensprache besteht aus zehn Hauptdialekten, die so wenig Ähnlichkeiten aufweisen, dass Nord- und Südsamen einander kaum verstehen. Golkegorsa beispielsweise, die größte und wildeste Schlucht in Troms, östlich von Kåfjord gelegen, und die Gipfel Baiggesvarri und Gihoceriehppi im Süden bei Skibotn sind selbst für unsere Ohren (und Augen) als samische Namen zu erkennen.

Die Finnmark
Karte S. 576/577

Abstecher ins Reisadal

Ein besonderer Leckerbissen für Naturfreunde, die sich Zeit nehmen, ist das Reisadal, das ab Storslett über die FV 865 zu erreichen ist. Lohnend wird der Abstecher aber erst dort, wo das Tal nur noch zu Fuß oder mit einem Boot zugänglich ist.

Bis Bilto (43 km) reicht die nach Südosten abknickende R 865, von dort braucht ein unregelmäßig startendes Schiff drei Stunden bis zum **Mollefoss**, einem der höchsten Wasserfälle (269 m) in Europa. Der Imofoss, der in einen atemberaubend steilen Canyon stürzt, ist dann nur noch zu Fuß zu erreichen. Beide Wasserfälle bilden den Mittelpunkt des **Reisa-Nationalparks** – Norwegens jüngstes Naturschutzgebiet von 803 qkm Größe. Der 80 km lang befahrbare Reisaelva zählt zu Norwegens begehrtesten Lachsflüssen (Fangrekord: ein Lachs von 32 kg). Sämtliche Eichrichtungen für die Gegend finden Sie in **Storslett**.

• *Busverbindungen* Täglich um 19.45 Uhr passiert der Fernbus Tromsø–Alta (3 Std.) Storslett.

• *Adressen* **Post**, **Bank**, **Apotheke** und **Supermarkt** finden Sie im Zentrum an der Durchgangsstraße. Die **Tankstelle** am Ende der Hauptstraße vermietet auch Autos, der angeschlossene Kiosk verkauft einfache Lebensmittel.

• *Übernachten* **Norlandia Storslett Hotell**, ✆ 77765200,www.norlandia.com. Das neue, mit 94 Betten recht große Hotel – nur von Mai bis September geöffnet – ist durchaus ausreichend; das gilt vor allem für die Preise: EZ 695 NOK, DZ 890 NOK.

Statens Skoger, Storslett, ✆ 77765011, vermietet Hütten (350–700 NOK) in der Umgebung und Kanus zum Lachsfang.

Sappen Leirskole, ✆ 77765501. Das ganz in der Nähe des Reisa-Parks gelegene Haus vermietet seine 59 Betten ab 520 NOK; auch hier gibt es einen Kanuverleih.

Storslett Camping, ✆ 77765024. Der Zwei-Sterne-Platz mit Post, Telefon, Tankstelle und Spielplatz vermietet auch acht einfache Hütten von 350–480 NOK (geöffnet Juni–September).

▸ **Weiterfahrt**: An der E 6 findet man noch weitere Angelplätze: bei Straumfjordnes beispielsweise, wo die schnelle Strömung am Zusammenfluss von Reisafjord, der die Straße 30 km weit begleitet, und Straumfjordsund ergiebiges Seelachsangeln ermöglicht, oder bei Sørstraumen, wo unter der 300 m langen Brücke hervorragend geangelt werden kann.

Auf der Ebene im Nordwesten übrigens, dem Kvaenangsfjell, beziehen Samen aus der südlichen Kautokeino-Region alljährlich ihr Sommerlager. Einige Erdhütten sind sogar längs der Europastraße zu erkennen. Solche „Bunker“ werden immer bezogen, wenn die Tiere längere Zeit in einer Gegend verweilen.

Von dieser Ebene aus nach Norden, viel eindrucksvoller aber noch von Alteidet aus (33 km hinter der Brücke über den Sørstraumen) und dann nach Westen, ist der **Øksfjordjøkulen** zu bewundern, Norwegens einziger Gletscher, der direkt ins Meer „kalbt“, dessen Gletscherzungen also unmittelbar in das Meer abschmelzen. Von **Alteidet** kann man auf einer nummernlosen, schlechten Straße nach **Jøkelfjord** (13 km) abbiegen, um dort mit einem Motorboot ganz nahe an den Gletscher heranzufahren. Noch interessanter ist eine kleine Zwei-Stunden-Wanderung direkt am schönen Jøkelfjord entlang.

Schon in **Toften** an der Spitze der Landzunge, auf einigen Karten auch als Isnestoften angegeben, trifft man auf Befestigungsanlagen aus dem Zweiten Weltkrieg; interessanter für Geschichtsinteressierte dürfte jedoch der Ort

Kåfjord am südlichsten Arm des Altafjords sein: Hier lauerte das deutsche Schlachtschiff *Tirpitz* (vgl. Tromsø, S. 589), um aus dem Versteck heraus britische Geleitzüge, die zur Versorgung der Sowjetunion bestimmt waren, sogenannte *Murmansk-Konvois*, anzugreifen und abzufangen.

Ansonsten hat der Ort, der zu Zeiten des Kupferbergbaus (1826–1909) zu den größten der Finnmark zählte und das erste Nordlichtobservatorium der Welt aufwies, für Touristen nicht mehr viel zu bieten. Die Vormachtstellung ist längst übergegangen an den nur 15 km entfernten Ort Alta.

Alta

Die Orte Bossekop, früher der größte samische Markt der Finnmark, Elvebakken, einst Sitz des Finnmark-Amtmannes, und Alta sind zu einer stadtähnlichen Gemeinde mit heute 11.000 Einwohnern zusammengewachsen.

Die immer schon günstige Verkehrslage an der Mündung des lachsreichen Flusses Alta in den Altafjord wurde durch zusätzliche Verkehrsanbindungen wie die RV 93 aus Schweden, die hier auf die E 6 stößt, und durch einen modernen Flughafen fast im Stadtgebiet modernisiert.

Offenkundig zählt das Gebiet um den Altafjord zu den ältesten Siedlungsräumen der Finnmark. Funde riesiger Felder mit Felszeichnungen legen diesen Schluss nahe. Präsentiert werden die Zeichnungen im preisgekrönten Alta Museum (Altaveien 19). Archäologen haben die Linien farbig nachgezogen – Tanz- und Jagdszenen, Fruchtbarkeitssymbole oder auch nur Kreise. Symbole und Linien werden so auch bei ungünstigem Licht sichtbar. Die nur millimetertiefen Felszeichnungen in Alta, deren älteste 6.200 Jahre zählen, sind die wohl wertvollsten Steinzeitfunde in Skandinavien und nicht umsonst von der UNESCO in die *World Heritage List* aufgenommen.

Längst nicht alle Felszeichnungen (*helleristningene* auf Norwegisch) sind entschlüsselt: Warum so viele Kritzeleien gerade hier? Auch in Steinkjer, im Gudbrandsdal oder in der Nähe von Tromsø wurden ganze Felder von Felszeichnungen entdeckt. Waren es Wegweiser für Nachkommen, Markierungen des Stammesgebiets oder Ausschmückungen eines Kultplatzes? Sollten Götter besänftigt, Feinde abgeschreckt oder Freunde informiert werden? Noch wissen die Wissenschaftler nicht auf alle Fragen eine Antwort.

So oder so – der Rundgang über den 1,6 km langen Lehrpfad im Alta Museum ist wahrhaft lehrreich, zumal Ausstellungen über Handel und Wandel um Alta das Bild abrunden. Ein Café mit herrlicher Aussicht auf den Altafjord, mit Andenkenshop und einem Postamt, wo es den schon obligatorischen Museumsstempel gibt, lädt außerdem ein (Juni–August täglich 8–21 Uhr, Mai und Sept. 9–18 Uhr, Okt.–April Mo–Fr 9–15, Sa/So 11–16 Uhr; Eintritt 80 NOK, Kinder bis 16 gratis).

Information/Verbindungen/Adressen

• *Information* **Alta-Touristinformation**, Sorenskriverveien 13, ✆ 78449555, www.destinasjonalta.no. Mo–Fr 8.30–16.30 Uhr, Sa 10–14 Uhr, allerdings nur zwischen Juni und August. Internetzugang für 15 NOK. Ausflüge und Führungen werden zusätzlich von **Finnmark Tur og Guideservice** organisiert (Knudsengården, ✆ 78437277).

Die Finnmark
Karte S. 576/577

Alta: nachbehandelte Felszeichnungen, 6.200 Jahre alt

• *Flugverbindungen* Vom stadtnahen Flughafen mit Kiosk und Cafeteria (✆ 78482521) starten und landen täglich vier Direktmaschinen von und nach Oslo (2 Std.); zudem 4 x täglich die Linie „Northern Norway" zwischen Trondheim und Kirkenes mit Zwischenstopps u. a. in Bodø und Tromsø. Und 3 x pro Tag ein Lokalflug nach Hammerfest sowie nach Vardø und Vadsø.

• *Busverbindungen* 2 x täglich Hammerfest (6 Std.), 1 x täglich Oslo, 3 x täglich nach Kirkenes via Karasjok, 1 x nach Kirkenes via Nordkapp, 1 x direkt nach Murmansk (7 Std.).

• *Adressen* **Post**, **Bank**, **Apotheke**, **Supermarkt** im Zentrum, **„Domus"-Supermärkte** in Elevebakken und Bossekop (achten Sie dort auf Rentierfleisch und Frischfisch); **Tankstelle** in Elvebakken.

Übernachten/Camping

• *Übernachten* **Øytun Gjesteheim**, Øvre Alta, ✆ 78435577, ℻ 78436040. Die große Pension, fast nur ein Wanderheim und bloß Juni/Juli geöffnet, ist die preiswerte Alternative zu den sonst recht teuren Hotels der Gegend. EZ 480 NOK, DZ 750 NOK.

Nordlys Hotell Alta, Bossekop, Bekkefaret 3, ✆ 78457200, www.nordlyshotell.no. 20 Zimmer (Du/WC, TV und Telefon), ein bescheidenes Lokal mit allerdings guter Küche, vor allem aber einen Fahrradverleih bietet der gemütliche Gasthof. EZ 595–995 NOK, DZ 795–1.095 NOK (mit Frühstück).

Vica Hotell, Bossekop, ✆ 78434711, www.choicehotels.no. Nur 20, dafür aber schöne und nach der Übernahme durch den Quality-Konzern auch modernisierte Zimmer sind in dem Hotel zu bekommen. Auch hier kann man Räder leihen. EZ 1.100 NOK, DZ 1.200 NOK

Park Hotell, Alta, ✆ 78457400, www.parkhotell.no. Die Preise in dem ruhigen, „grünen" Hotel im Zentrum scheinen etwas überhöht, auch wenn das Angebot an Ausflügen seinesgleichen sucht: EZ 855 NOK, DZ 1.290 NOK

Rica Hotel Alta, Løkkeveien, ✆ 78432700, www.rica.no. Das beste, größte und teuerste Hotel am Ort bringt Luxus in die Wildnis. EZ 1.195 NOK, DZ 1.495 NOK (interessante Sommerpreise: 775 bzw. 950 NOK).

• *Camping* **Alta River Camping**, Øvre Alta, ✆ 78434353, ℻ 78436902. Der schöne Drei-Sterne-Campingplatz an der RV 93 vermietet auch 25 Hütten (550–950 NOK).

Alta Strand Camping & Apartment, ✆ 78434022, ✆ 78434240. Bolzplatz und Edelhütten (einige der 35 zu 400–900 NOK darf man so nennen), 60 Wohnwagen- und 40 Zeltstellplätze, hervorragende Sanitäranlagen und eine sehr gute Cafeteria heben den Vier-Sterne-Platz an der RV 93 über den Durchschnitt.

Kronstad Camping, Elvebakken, ✆ 784 30360, ✆ 78431155. Platz für 50 Wohnwagen und 32 Hütten (400–650 NOK) hat der große Vier-Sterne-Platz an der E 6 zu bieten. Und auch ansonsten gibt es vom Supermarkt bis zum Telefon, vom Briefkasten zum Motelbett alles, was ein Camper braucht.

Essen & Trinken

Die besten Adressen für ein leckeres Essen in dem kleinen Ort sind die Hotel-Restaurants. Ansonsten:

Eden Cafe, Lokkeveien, tagsüber Snacks, abends ein ansehnliches à-la-Carte-Menü.

Altastua, Lokkeveien, rühmt sich typischer, finnischer Küche – aber das ist nicht jedermanns Sache (an Feiertagen geschlossen).

Museumcafé, im Alta-Museum, mit Panoramablick über den Fjord, werden auch Lunch, Suppen und Sandwichs verkauft.

Sentrumsgrillen, eine gute Mahlzeit, kräftig und kalorienreich, gibt es hier im Zentrum in recht gemütlicher Atmosphäre.

Wing Wah House, am Kreisverkehr der E 6, bietet preiswerte China-Kost.

Das Samenland

132 km sind es auf der RV 93 südwärts noch bis Kautokeino, einer Samen-Hochburg, und dann auf der RV 92 159 km in Richtung Norden nach Karasjok: Die „Samenstraße" durch die Finnmarksvidda führt durch das größte von Samen genutzte Areal in Norwegen.

200 Familien mit 60.000 Rentieren ziehen im Frühjahr auf die Sommerweiden an der Küste und kehren im Herbst auf die Hochebene zurück. Wer im Frühherbst durch die Finnmarksvidda fährt, hat also gute Chancen, den Treck der Nomaden mitzuerleben.

Aber auch zu anderen Jahreszeiten hat die Tour auf der RV 93 ihre Reize: In **Skillemo** beispielsweise, 7 km hinter Alta, sind Angelplätze so begehrt, dass Lizenzen nur per Los vergeben werden und dann auch noch 2.000 NOK pro Tag kosten. Probieren Sie ihr Anglerglück lieber an der Berghütte **Suolovuombe** 43 km weiter entlang der Straße – da ist der Fang ähnlich Erfolg versprechend, aber weitaus billiger.

Bei **Tangen** finden sich berühmte Schieferbrüche – *Syenit* heißt der Schiefer; er wird in die ganze Welt exportiert. Die Samensiedlung **Masi** hat traurige Berühmtheit erlangt während der Auseinandersetzung um den „Alta-Staudamm". **Mieron** hingegen ist berühmt für seine Rentierzucht.

Kautokeino

Das mit 1.600 Einwohnern neben Karasjok größte Samendorf ist Sitz des Nordisch-Samischen Instituts, des Samischen Theaters, der Samischen Hochschule, des Samischen Ausbildungsrates usw. Der norwegische Staat tut viel und bezahlt alles, um die Sünden an den Samen vergessen zu machen.

Doch die Samen, die nur während des Winters im Ort wohnen, der in ihrer Sprache *Guovdageainnu* heißt, leben weiter ihr Leben, züchten ihre Rens, veranstalten ihre Rentier-Schlittenwettfahrt am Karfreitag, feiern ihre Hochzeiten und Taufen immer zu Ostern und genießen den Geldsegen aus der Hauptstadt Oslo.

Information/Verbindungen/Adressen

• *Information* Das **Touristbüro**, ✆ 784 86500, www.kautokeino.nu, ist im „Duodji Siida", dem Zentrum für samische Gebrauchskunst, untergebracht und von Juni bis August geöffnet: 1.6.–31.7. Mo–Fr9-16 Uhr (im Juli bis 20 Uhr).

• *Busverbindungen* Kautokeino ist durch tägliche Busverbindungen mit allen Orten der Ost-Finnmark verbunden. Zudem gibt es einmal pro Tag eine Verbindung nach Alta (mit Anschluss nach Oslo) und Hammerfest/Kirkenes.

• *Adressen* **Post**, **Bank**, **Apotheke**, **Supermarkt** und **Tankstelle** mit Abfallentsorgung befinden sich direkt an der Hauptstraße.

Übernachten/Camping

Alfreds Kro & Overnatting, ✆ 78486118, 📠 78485855. Nur vier Zimmer mit acht Betten vermietet das Gasthaus, nebenbei die einzige Adresse zum Essen außer Haus. EZ 500 NOK, DZ 600 NOK.

Kautokeino Camping & Motell, ✆ 784 85400, 📠 78487800. 25 Hütten von 450–850 NOK und 36 Appartements (520–900 NOK) bietet der Häuserblock an der RV 93 an.

Kautokeio Villmarkssenter, ✆ 78487602. Die erst 2005 eröffnete Anlage oberhalb der Hauptstraße weist neben schmucken Zimmern (EZ 500 NOK, DZ 700 NOK) und gemütlichen Hütten (500 NOK) auch ein leidlich gutes Restaurant auf.

Hættas Camping, ✆ 78486260. Nur vom 1.3. bis 31.10. sind die 9 Hütten (350–800 NOK) auf dem gut ausgestatteten Platz (Zeltplatz 120 NOK) geöffnet.

Kautokeino Fritidssenter & Camping, ✆ /📠 78485733. Trotz des anspruchsvollen Namens die kleinste Anlage, südlich des Zentrums an der RV 93 gelegen, mit acht einfachen Hütten (350 NOK). Der Platz ist nur zwischen dem 1.6. und dem 31.9. geöffnet.

Fluss-Touren

Auf dem Fluss **Kautokeino** organisieren einige Veranstalter lustige Ausflüge in samischen Kähnen, kombiniert mit Besichtigungen samischer Siedlungen und Rentieressen. Die Touren dauern sechs bis acht Stunden und können (nur im Sommer) über ✆ 78485600 bzw. 78487588 gebucht werden. Preise zwischen 350 und 500 NOK.

Sehenswertes

Guovdageainnu Gilisillju: Das samische Freilichtmuseum versucht, in einigen älteren Gebäuden einen Eindruck vom Kautokeino vor hundert Jahren zu vermitteln. Eine ähnliche Ausstellung in Karasjok oder gar die Samenschau im Tromsø-Universitäts-Museum sind jedoch sehr viel sehenswerter.

Öffnungszeiten 15.6.–15.8. Mo–Sa 9–19, So 12–19 Uhr. Eintritt 20 NOK, Kinder gratis.

Silberkunst: Die Silberschmiedekunst ist neben der Rentierhaltung eines der wenigen Kulturgüter, die die Samen über die Kolonialisierung hinweg in die Gegenwart retten konnten. In Kautokeino kommt man in drei Werkstätten dieser schönen Kunst noch auf die Spur: in *Juhl's Silber Galerie*, die älteste ihrer Art in der Finnmarksvidda (8.30–21 Uhr, Eintritt frei), in der *Silberschmiede* gegenüber vom Freilichtmuseum (8.30–20 Uhr) und in *Peter und Anita's Silberschmiede* neben dem Zentralkiosk.

▸ **Weiterfahrt**: Wer mehr über die Samen und ihr Land wissen möchte, sollte über die RV 93 und die RV 92 in Richtung Nordosten nach Karasjok fahren. Es geht 159 km an der Karasjokka und den Samensiedlungen Lappoluobbal und Suosjavrre entlang (unterwegs schöne Angelplätze).

Karasjok

Fast mehr noch als Kautokeino ist Karasjok (samisch: Kárásjoga) als Sitz des Samenparlaments zur „Hauptstadt" des Samenvolkes geworden. Gleichwohl verbietet sich der Begriff „Hauptstadt" bei einem Nomadenvolk. In Karasjok mit 1.400 Einwohnern leben gerade einmal einhundert nichtsesshafte Samenfamilien mit über 30.000 Rens.

Sämtliche samischen Einrichtungen, wie das *Samische Künstlerzentrum*, das *Museum der Samischen Sammlungen*, das *Samische Radio* und die *Samische Bibliothek* werden von Oslo finanziert. Nur wenige samische Künstler und Politiker kümmern sich bisher um die Traditionen der Samen. Sie tun es aber eher im staatlichen Fernsehen als in Karasjok.

Dessen ungeachtet bietet der Ort dem Touristen eine ganze Menge Sehenswertes – vom Goldwaschen über Husky-Abenteuer bis zum fast schon obligatorischen Besuch des garantiert unverfälschten Samendorfes außerhalb der Stadt ist alles im Angebot.

Information/Verbindungen/Adressen

• *Information* **Karasjok Opplevelser (KOAS)**, ✆ 78468802, www.koas.no. Alle interessanten Ausflüge, z. B. zum Goldwaschen in **Basevuovdi**, zum Besuch eines Rentier-Camps oder zum Sightseeing in samischen Flusskähnen, organisiert die Touristinfo im Samenland-Zentrum. Geöffnet Juni–August täglich 9–19 Uhr, ansonsten Mo–Fr 9–16 Uhr.

• *Busverbindungen* Zwei Fernlinien verbinden Karasjok mit dem Rest der Welt: 6 x täglich kommt der Bus Kirkenes–Alta durch; 1 x pro Tag kommt man sogar per Bus in 10 Stunden nach Murmansk.

• *Adressen* **Post**, **Geldwechsel**, **Supermarkt**, **Apotheke** und jede Menge von **Souvenirshops** finden Sie im unverfehlbaren Zentrum.

Übernachten/Camping

Anne's Overnatting Motel, Tanavegen 40, ✆ 78466432. Elf Pensionsbetten (EZ 510, DZ 750 NOK) mit Selbstversorgerküche und zwei Hütten (375–800 NOK) vermietet Anne direkt an der Europastraße.

Villmarks Motell og Kro, Kautokeinoveien 9, ✆ 78467446, 📠 78466408. An der Reichsstraße 92 nach Kautokeino gibt es 20 Motelzimmer mit Küche sowie Hütten (450–800 NOK) und eine nette Cafeteria. EZ 500 NOK, DZ 700 NOK.

Rica Hotel Karasjok, ✆ 78468860, www.rica.no. Unübersehbar das überdimensionale Hotel mit 70 Zimmern, „Samen"-Lokal und Tourenangebot (Goldwäscher-Ausrüstung wird verliehen). Auch sonst ist das Edelhotel vor allem der Sommerpreise wegen zu empfehlen. EZ 1.305 NOK, DZ 1.505 NOK (Sommerpreise: 995 bzw. 1.140 NOK).

Engholms Husky Vandrerhjem, ✆ 78467166, www.engholm.no. Der Schwede in Karasjok jagt nicht nur mit seinen Hunden, die er selber züchtet, durch die Einöde, sondern bietet in seinem Hüttenpark (6,5 km vom Stadtzentrum an der Straße nach Kautokeino) auch andere Aktivitäten an – Reiten, Angeln, Kanu. Die acht kleinen, ganzjährig betriebenen Hütten (ein Angler-Camp ist auch noch im Angebot) werden von etlichen Lesern als „sehr sauber, sehr gemütlich, sehr gut eingerichtet" gelobt, sind als Jugendherberge anerkannt und kosten nur 300–450 NOK; Frühstück 75, Lunch 120, Abendessen 200 NOK.

Karasjok Camping, ✆ 78466135. Der am Kautokeinoveien (1 km vom Zentrum) gelegene Drei-Sterne-Platz vermietet auch Hütten (ab 400 NOK), Samenzelte (nur für Feiern) und Zimmer im Jugendhotel (nur für Gruppen) ab 180 NOK pro Bett.

Die Finnmark
Karte S. 576/577

Storfossen Camping, Tana, ✆ 78928811. Der Drei-Sterne-Platz an der E 6, allerdings 180 km nördlich von Karasjok, wird hier nur genannt, weil dort die zum Angeln unerlässliche „fiskekort" zu bekommen ist. Ansonsten bietet der Platz gute Renfleischgerichte in der Cafeteria, zudem Telefon und Tankstelle, 30 Stellplätze und drei Hütten (450–600 NOK).

Angeln/Goldwaschen

Wichtig für Angler

Für Ausländer gelten in der Finnmark besondere Angelvorschriften: Zwar müssen auch hier eine Angelsteuer entrichtet (120 NOK in Postämtern) und die *fiskekort* erworben werden (50 bis 250 NOK pro Tag, gibt es z. B. im Storfossen Camping und bei der Shell-Tankstelle in Tana bru), dennoch darf nur in einem Bereich von 5 km längs der Straße geangelt werden, und es dürfen nicht mehr als 5 kg mitgenommen werden. Die Nebenflüsse der Tana und der Pasvikelva sind für Ausländer auch während der Lachssaison (1.6.–17.8.) gesperrt.

• *Angeln in der Tana* Wo die E 6 **nördlich von Karasjok** an der finnischen Grenze entlangläuft und wo hinter der Ortschaft Elvemund die Karasjokka und Anarjokka sich zur Tana vereinen, liegt Europas ergiebigstes Lachsangelgebiet. Hier wurde der größte, je gefangene Lachs mit 36 kg aus dem Wasser gezogen.

In **Levajok** gibt es sogar eine Schule für Sportangler, die ihr neues Wissen an den Stromschnellen von Ailestrykene und Storfossen trainieren können. Neben Lachsen werden auch Forellen und Saiblinge gefangen, allerdings vorwiegend in den Bergseen links der Europastraße.

Samensiedlung bei Alta

• *Goldwaschen in Basevuodi* Um 1900 wurde am Ufer der Karasjokka kommerziell Gold ausgewaschen. Heute ist daraus ein Touristenspaß geworden, der vom Turist-Kontor oder dem Rica Hotel organisiert wird. Ab 300 NOK sind Sie dabei – Goldfunde werden garantiert

Sehenswertes

Sami vuorká dávvirat: Sehenswert sind auf jeden Fall diese „Samischen Sammlungen". Es ist nicht nur eine interessante Schau samischer Kultur und Geschichte mit Wohnstätten, Trachten und Handwerk, sondern auch ein sehr schönes Freilichtmuseum mit Rentierkoppel (Museumsgaten 17).

Öffnungszeiten 1.1.–1.4. Mo–Fr 9–15, Sa/So 12–15 Uhr;2.4.– 25.8. Mo–Fr 9–18, Sa/So 10–18 Uhr; 26.8.–31.12. Mo–Fr 9–15, Sa/So 10–15 Uhr, im Sommer tägliche Führungen. Eintritt 50 NOK, Kinder 25 NOK.

Karasjok Kirche: Die weiße Kirche, 1807 vollendet, gilt als älteste Kirche der Finnmark. Als einziges Gebäude im Ort überstand sie den 2. Weltkrieg. Jetzt ist sie vom 1. Juni bis 31. August täglich zwischen 8 und 21 Uhr zu besichtigen.

Samen-Einrichtungen: Das Samische Künstlerzentrum, *Sámi Dáiddaguovddas*, mit ganzjährigen Ausstellungen ist ebenso wie die Samische Spezialbibliothek, *Sámi sierrabibliotehkka* (samstags geschlossen), mit verschiedensprachigen Sammlungen samischer Literatur nur Experten zu empfehlen. Anders ist das mit einem Besuch bei einem samischen Rentier-Hirten (wird vom Touristbüro vermittelt). Man lernt viel vom Leben und Arbeiten der Samen, man isst im Samenzelt und lacht viel, wenn die Kinder ein Rentier reiten dürfen.

Finnmarksvidda

207 km sind es von Alta noch bis zum Nordkap. Die Europastraße 6 ab Alta führt in neue Dimensionen: lange, gerade, 6 m breite Straßenführung, weite, ungestörte Aussichten und selten nur markante Punkte. Das Asphaltband verlässt die Fjordufer und führt durch die Finnmarksvidda, das Kernland der Finnmark. Achten Sie mal darauf: Das Land riecht nicht, es gibt nicht den Duft blühender Blumen, nicht den Geruch geschnittenen Grases, nicht den Geschmack frischen Wassers, höchstens die Auspuffgase allzu schneller Autotouristen beißen in der Nase.

Das an sich schon öde Land wurde 1945 beim Rückzug der Wehrmacht zusätzlich zerstört. 80 % der Bausubstanz in der Finnmark fielen der Strategie der „verbrannten Erde" zum Opfer. Deutsche Soldaten legten fast alles in Schutt und Asche, um der nachrückenden Roten Armee die Versorgung zu erschweren. Die wenigen namhaften Bauten, die diesem Zerstörungswahn entgingen, sind an einer Hand abzuzählen. Allein die umherziehenden Samen blieben von Besatzung und Feuersturm leidlich verschont. Die Nomaden aus der Kautokeino-Region bauen seit Menschengedenken ihre leichten Sommerhütten in Nibbijarre bei Rafsbotn und beten in ihrer Kapelle hinter Sennalandet, dem mit 385 m ü. d. M. höchsten Punkt der Strecke.

Die zahlreichen Hütten um Skaidi haben keine samischen Besitzer – es sind Ferienhäuser der Hammerfester. Die nördlichste Stadt der Welt ist von hier aus über die RV 94 nach nur 58 km zu erreichen; ein durchaus verlockender Abstecher, gerade der schönen, kurzen Anfahrt wegen.

Am Repparfjord und dem gleichnamigen Ort mit einem Kupferbergwerk entlang, das seit 1980 stillgelegt ist, geht es über Leirbukt mit einem kleinen Park von Felszeichnungen in das Fischerdorf Kvalsund und von dort über Norwegens längste Hängebrücke auf die Insel Kvaløya nach Hammerfest.

Hammerfest

Die erste Stadt mit elektrischer Straßenbeleuchtung, die nördlichste Stadt der Welt und mit fast 7.000 Einwohnern auch größter Ort der Finnmark, der 1989 zweihundert Jahre alt wurde.

Hammerfest hatte dank des außergewöhnlichen Naturhafens immer eine Sonderrolle als Hauptausfuhrplatz der Finnmark: für Pelzexporte und den Pomorhandel, vor allem aber als Handelsplatz für Robben- und Fischfang.

Noch heute unterhält *Findus*, Tochterfirma des Nahrungsmittelmultis *Nestlé*, hoch industrialisierte Fischverarbeitungbetriebe in Hammerfest. Der größte

Arbeitgeber schafft 700 überwiegend mit tamilischen Gastarbeitern besetzte Arbeitsplätze, um die auch hier zu Lande beliebten Fischstäbchen herzustellen. Die im Eismeer kürzlich entdeckten Erdölfelder beliefern zudem schon heute verschiedene Versorgungsbetriebe, sichern vor allem aber die wirtschaftliche Zukunft Hammerfests. Erst 2006 hat die weltweit längste Unterwasser-Pipeline (143 km von der Barentsee) ihren Betrieb aufgenommen und pumpt Erdgas zur Verschiffung nach Hammerfest.

Besonders schön ist ein Spaziergang zum Aussichtspunkt Tyvenfjellet, der sich 89 m über dem Zentrum erhebt. Auch die erst 50 Jahre alte Kirche, die den Trockengestellen für Stockfisch nachempfunden sein soll, sollte man anschauen. Interessant ist zudem der lustige *Eisbärenklub* im Untergeschoss des Rathauses und die *Meridiansäule*, die an die erste Erdvermessung 1855 erinnert (und vor einigen Jahren versetzt wurde, weil Satellitenmessungen eine Korrektur erzwangen). Eine richtige Altstadt hat die im Zweiten Weltkrieg restlos zerstörte Stadt am Sørøysund dem Touristen leider nicht zu bieten.

Information/Verbindungen/Adressen

• *Information* **Hammerfest Turist**, ✆ 784 12185, www.hammerfest-turist.no, ist Juni–Aug. täglich von 9–17 Uhr, ansonsten 10–14 Uhr geöffnet.

• *Flugverbindungen* Vom kleinen Flugplatz nördlich der Stadt starten 8 x täglich Flieger in alle Städte der Finnmark zwischen Tromsø (1,5 Std., dort umsteigen nach Oslo) und Kirkenes.

• *Busverbindungen* Nach Oslo (via Schweden) fährt täglich ein Bus (16 Std.); nach Alta täglich vier Abfahrten (3 Std.).

• *Fährverbindungen* „Kystruter" verkehrt 2 x täglich nach Honningsvåg kurz vor dem Nordkap (2 Std., 360 NOK, Kinder 150 NOK; der Anschlussbus zum Nordkap kostet 180 NOK).

Hurtigruten als Passage zum Nordkap zu nutzen, ist ungemütlich: Das Schiff in Nordrichtung macht um 5.15 Uhr fest und legt um 6.45 Uhr ab, braucht nach Honningsvåg aber 7,5 Std. In Südrichtung erreicht Hurtigruten den Kai von Hammerfest um 11.15 Uhr und startet erneut um 12.45 Uhr.

• *Adressen* Sie finden alles am Hafen: **Post**, **Polizei**, **Apotheke**, **Bank** und **Supermärkte**.

Übernachten/Camping

Hotell Skytterhuset, Skytterveien 24, ✆ 78411511, www.skytterhuset.no. Die große Pension mit Selbstkocherküche, Boots- und Angelverleih ist die preiswerteste Unterkunft im Ort. Und nur von außen sieht sie wie eine Barackensiedlung aus. EZ 795 NOK, DZ 995 NOK (mit Frühstück).

Quality Hammerfest Hotel, Strandgate 2–4, ✆ 78419600, www.choicehotels.no. Das nach der Übernahme durch die Quality-Kette nochmals verbesserte Hotel ist stil- und geschmackvoll eingerichtet. Dies gilt nicht nur für die 40 Zimmer, sondern auch für das gute Restaurant und die Bar. EZ 1.255 NOK, DZ 1.295–1.700 NOK.

Rica Hotel Hammerfest, Sørøgata 15, ✆ 78411333, www.rica.no. Der Konzern bleibt sich treu: Hinter einer hässlichen Fassade versteckt sich, 300 m vom Kai entfernt, ein modernes Tagungshotel mit nüchterner Eleganz, 71 gut ausgestatteten Zimmern, mit Restaurant und Tanzbar. EZ 1.350 NOK, DZ 1.580 NOK (erstaunliche Sommerpreise: 910 bzw. 1.040 NOK).

• *Camping* **Hammerfest Turistsenter**, ✆ 78411126, ✆ 78411926. Neben 140 Motelzimmern (DZ 850 NOK) bietet das Haus außerhalb der Stadt an der RV 94 noch 61 annehmbare Hütten (450–800 NOK), 50 Wohnwagenstellplätze und den Service eine Vier-Sterne-Campingplatzes an (geöffnet vom 15.5.–30.9.).

Camping Storvannet, ✆ 78411010. 100 Wohnwagenplätze und sieben Hütten (350-600 NOK) bietet dieser ruhige, idyllische Platz am Storvann-See mitten in Hammerfest.

Hammerfest: die nördlichste Stadt der Welt im Gegenlicht

Sehenswertes

Wiederaufbau-Museum: Das neue Museum in der Kirkegata 21 erzählt zwar die ganze Geschichte der Finnmark von der Steinzeit bis zur Gegenwart, legt aber besonderes Augenmerk auf die Aufbauleistung nach den Zerstörungen des 2. Weltkriegs. Das ist museumspädagogisch so gut gemacht, dass auch Kindern nicht die Lust vergeht.

Öffnungszeiten/Eintritt Juni–Aug. täglich 9–17 Uhr, Sept.–Mai täglich 11–14 Uhr. Eintritt: 40 NOK, Kinder 15 NOK.

Forsøl: Das kleine Fischerdorf, 9 km vom Stadtzentrum entfernt am Endpunkt der RV 94, ist sicher einen Abstecher wert. Sie finden in der Bucht namens „Kirkegårdbukt" nicht nur einen leicht zugänglichen Sandstrand, sondern auch leidlich hergerichtete Siedlungsplätze aus Stein- und Eisenzeit.

Porsangerfjord

Noch 130 km sind es bis zum Nordkap, davon nur noch 23 km auf der Europastraße 6, und die – von Skaidi bis zum Olderfjord – sind geradezu eintönig. Ab Olderfjord, wo die E 69 zum Nordkap abzweigt, wird die Landschaft arktisch, unbewohnt und kahl. Vielen erscheint die „Traumstrecke" nur langweilig.

Was für die Straßenführung nicht gelten dürfte; die nämlich ist kurvig, manchmal unübersichtlich und zumindest im ersten Teilabschnitt häufig steil. Das letzte Stück der Nordkap-Straße ist von November bis zum 1. Mai gesperrt, aber auch im Sommer kann es Ihnen passieren, dass Sie der miesen Witterung wegen aufgefordert werden, im Konvoi zu fahren.

Die Finnmark
Karte S. 576/577

Porsangerfjord: wo selbst im Sommer jeder fröstelt

Am mächtigen Porsangerfjord entlang, der nur 120 km lang, aber flächenmäßig der zweitgrößte Fjord des Landes ist, und durch den Skarvberget-Tunnel, mit 3.040 m zweitlängster Tunnel der Finnmark, vorbei an Moltebeermooren im östlichen Molvikfjellet und dem kleinen Fischerort Repvåg, der über eine 2 km lange Seitenstraße erreichbar ist, gelangt man zur Autofähre in **Kåfjord**.

Der einst große Fährhafen zum Nordkap – stundenlange Wartezeiten waren keine Seltenheit – hat durch den Fatima-Tunnel viel von seiner Bedetung verloren, denn gut 45 Minuten Fahrzeit spart man durch den neuen Tunnel: Seit 1999 gibt es eine Festlandsanbindung mit dem beziehungsreichen Namen *Fatima:* Fast eine Milliarde Kronen wurden für eine Straße von 28 km Länge und den fast 7 km langen Tunnel (Maut 140 NOK/Pkw) ausgegeben. Um den zu erreichen, muss man 3 km westlich über Kåfjord hinausfahren und braucht auf der anderen Fjordseite nochmals 15 km bis Honningsvåg. Von dort aus fährt viermal täglich ein Bus zum Nordkap, man kann also gut den Wagen auch in Kåfjord stehen lassen, wenn man die Fährpassage der Tunneldurchfahrt vorzieht. Um die Nordkapgebühr von 190 NOK kommt man sowieso auch als Buspassagier nicht herum.

• *Preise* Busverbindung **Honningsvåg–Nordkapp** (1 Std.) 170 NOK für Erwachsene, 80 NOK für Kinder für eine Fahrt.

Honningsvåg

Der 71. nördliche Breitengrad verläuft direkt durch die Tankstelle von Honningsvåg. Ansonsten wartet das mit fast 4.000 Einwohnern größte Fischerdorf der westlichen Finnmark mit einer leistungsfähigen Lotsenstation auf – 5.000 Vermittlungen schaffen die 80 Lotsen jährlich.

Überdies verfügt der Ort über einen Regionalflugplatz und das Nordkapmuseum (Fergeveien 4). Das ist noch nicht das Museum am Nordkap, vielmehr ein *Spezialmuseum für Küstenkultur,* so die Eigencharakterisierung, in dem man vielsprachig über Geschichte, Fischfang und Fremdenverkehr am Nordkap informiert wird (15.6.–15.8. Mo-Sa 11–20, So 15–20 Uhr; 16.8.–14.6. 11–15 Uhr; Eintritt 35 NOK, Kinder 15 NOK).

Das Dorf zwischen dem Lafjord und dem mächtigen Porsangerfjord ist so etwas wie das Basislager für Nordkap-Besucher: Hier kann man alles kaufen, kann sich versorgen, sich informieren und sich ausschlafen.

Information/Verbindungen/Adressen

• *Information* **Nordkapp Reiseliv**, Honningsvåg Nordkapphuset, ✆ 78477030, www.northcape.no ist ganzjährig (Mo–Fr8.30–20, Sa/So 12–20 Uhr, im Winterhalbjahr nur bis 16 Uhr) geöffnet. Zwischen dem 1.5. und dem 31.8. gibt es zudem einen Informationsschalter am Fähranleger in Kåfjord. Beide Büros vermitteln Unterkünfte, verkaufen Karten, Bücher und Tickets für Aktivitäten.

• *Flugverbindungen* 4 x täglich starten und landen Widerø-Flieger nach Kirkenes sowie nach Hammerfest und Tromsø mit Stopps auf allen Finnmark-Flugplätzen.

• *Busverbindungen* Außer dem Nordkapbus (s. o.) gibt es noch eine Verbindung nach Lakselv (von dort direkter Anschluss nach Kirkenes). Zudem werden mehrmals täglich sämtliche Insel-Orte angefahren – und jede dieser Fahrten ist schon für sich ein Ausflug.

• *Fährverbindungen* Es gibt einen täglichen Passagierverkehr nach Lakselv, Tromsø und nach Hammerfest mit Anschluss an den Nordkapbus. Zudem halten auch die Postschiffe der Hurtigrute am Kai: 11.45 (weiter um 15.15 Uhr) in nördlicher Richtung und 3.30 Uhr in Richtung Süden.

• *Adressen* Alles Nützliche befindet sich unmittelbar am Hafen: **Supermärkte** (9–20 Uhr), **Post** (9–16 Uhr), **Bank** (8.30–15, Do bis 16.30 Uhr), **Narvesen-Kiosk** (9–23, So 14–23 Uhr), **Souvenirs** neben der Touristinformation, neben dem North Cape Hotel und in Skrasvåg, **Tankstelle** und **Bilservice** in Storbukt (7.30–0.30 Uhr).

• *Wichtige Telefonnummern* **Notarzt**, ✆ 784 72955; **Zahnarzt**, ✆ 78472588; **Polizei**, ✆ 78472566; **Pannenhilfe**, ✆ 78472555.

Übernachten/Camping

SIFI Sommerhotell, Honningsvåg, ✆ 78472817, ✆ 78473511. Das zwischen dem 15.5. und dem 15.9. geöffnete Hotel (ansonsten Internat), 50 m vom Fähranleger und 20 Spazierminuten vom Zentrum entfernt, vermietet 70 ordentliche Zimmer. EZ 700 NOK, DZ–900 NOK.

Arctic Hotell Nordkapp, Honningsvåg, ✆ 78472966, www.artichotel.no. Nach Besitzerwechsel und kleinem Umbau sind die Preise dennoch solide geblieben. Und das will bei 40 ordentlichen Zimmern schon etwa heißen: EZ 790 NOK, DZ 1.090 NOK.

Rica Bryggen Hotel, Honningsvåg, ✆ 784 72888, www.rica.no. Für das Hotel am Hafen spricht das maritime Ambiente – Freiluftrestaurant am Kai, „Neptun"-Bar aus den Versatzstücken eines Kutters und leckerer Fisch im Restaurant „Peacock". 42 schön ausgestattete Zimmer werden angeboten. EZ 1.375 NOK, DZ 15475 NOK.

Rica Hotel Honningsvåg, Storgata 4, ✆ 78472333, www.rica.no. Der weltweite Konzern lässt sich auch am Nordkap nicht lumpen – alles vom Feinsten. Dieselben Preise wie das Rica-Schwester-Hotel.

• *Camping* **Kirkeporten Camping**, Skarsvåg, ✆ 78475233, www.kirkeporten.no. Allein die Lage wäre einen Aufpreis wert. 18 Hütten werden angeboten für 500–800 NOK, überdies 30 Wohnwagen- und 160 Zeltstellplätze auf dem Drei-Sterne-Platz (15.5.–31.8. geöffnet).

Nordkapp Camping, Honningsvåg, ✆ 784 73377, www.norkappcamping.no. Der vom Automobilclub NAF unterhaltene Platz vermietet 17 Hütten (500–900 NOK), Bungalows (bis 1.150 NOK) sowie Hotelzimmer und verfügt über jeglichen Service (geöffnet 15.5.–30.9.).

▸ **Weiterfahrt**: Die letzten 34 km bis zum Nordkap über die Insel Magerøya bieten zumindest im Sommer in erster Linie Rentiere – 5.000 Tiere der Karasjok-Samen verbringen regelmäßig den Sommer auf der nördlichsten Insel. Im Frühjahr und Herbst schwimmen die erwachsenen Tiere über den 3,2 km lan-

Die Finnmark
Karte S. 576/577

gen Magerøysund, während die Jungtiere mit Lastzügen durch den Fatima-Tunnel kutschiert werden. Die Rentiere sind nicht zu übersehen, und wenn es nur am Schlachtplatz ist, der 15 km hinter Honningsvåg nahe der Straße liegt.

Obwohl Sie bei guter Sicht schon jetzt das „Nordkap-Horn" ausmachen können, wollen wir Sie doch noch auf eine kleine Kleinigkeit aufmerksam machen: Über eine ausgeschilderte Landstraße erreicht man 3 km abseits der Fernstraße mit **Skarsvåg** das nördlichste Fischerdorf der Welt. Das 225-Einwohner-Nest verkauft seine Einmaligkeit vortrefflich – Pensionen, Campingplatz und ein Informationsbüro sind vorhanden. Vor allem aber bietet sich ein schöner 30-minütiger Spaziergang zum Kirkeporten-Felsen an, durch den man eine ganz ungewöhnliche Perspektive auf das Horn am Nordkap gewinnt.

Das Nordkap

Es ist erreicht: 71° 10' 21" nördlicher Breite und damit der nördlichste für Autos (!) erreichbare Punkt Europas.

Um gleich ein Vorurteil auszuräumen: **Kap Knivskjellodden**, noch mal 3 km nördlicher, ist der nördlichste Punkt des europäisches Festlandes – und nicht das Nordkap. Das hat seine herausragende Stellung dem englischen Kapitän *Richard Chancellor* zu verdanken, der 1553 bei seiner missglückten Suche nach der Nordostpassage an dem 307 m hohen Plateau strandete und es *North Cape* nannte. Und dessen Landsmann *Thomas Cook*, der Pastor und erster Reiseveranstalter der Welt war und 1877 die erste Charterreise zum Nordkap organisierte.

Das Nordkap ist (fast immer) im Nebel

Die meisten Besucher strömen in den 77 Tagen ohne Nacht zum Kap und hoffen zwischen dem 14. Mai und dem 30. Juli auf einen Schnappschuss von der Sonne um Mitternacht. Um aber mit einem weiteren Vorurteil aufzuräumen: Das Nordkap im strahlenden Sonnenschein zu erleben, kommt einem Sechser im Lotto gleich. Meist ist die Kuppe wolkenverhangen, häufig weht ein bösartiger Wind, und lausig kalt ist es obendrein. Für die Aufnahmen von sonnigem Wetter, die im Souvenirshop zu erstehen sind, hat sich der Fotograf unzählige Tage und Nächte um die Ohren schlagen müssen.

Wie bereits oben erwähnt, wird das Nordkap im Norwegischen mit *pp* geschrieben. Doch es gibt noch viele weitere Namen für die Felsnase im Eismeer: *Knyskanes* nennen beispielsweise die Samen das Kap, und die Russen tauften es *Murmanski Noss*, die „Landzunge der Norweger".

Bis 1956 noch gelangten Touristen nur auf dem Seeweg zum Kap und mussten die 307 m mühsam erklimmen. Mit der Europastraße kamen die Besucher und mit ihnen das Geld für weitere Investitionen. 1988 wurde mit viel Brimborium die Nordkaphalle eröffnet und mit weniger Aufwand das Monument *Kinder der Erde*. Eigentlich ist die Touristenanlage ständig im Umbau. 1997/98 z. B. wurden für neue Lokale und einen vergrößerten Souvenir-Shop 40 Mio. NOK investiert, und auch im ersten Jahr des neuen Jahrtausend waren weitere „Verschönerungen" in Bau. Kein Wunder darum, dass man, um überhaupt zum Nordkap zu kommen, erst einmal 195 NOK (Kinder 55 NOK) bezahlen muss.

Das Kap kommt sowieso teuer: Das Restaurant *Louis Philippe* z. B. zählt zu den kostspieligsten des Landes, das *Café Kompass* ist das viele Geld sicher nicht wert, und der Eintritt in den überflüssigen *Royal North Cape Club* kostet weitere 140 NOK. Die Veranstalter spekulieren auf das Urlaubsgefühl: Wann gönnt man sich schon etwas am Nordkap? Sicher ist unser Leser Reinhard Pantke aus Braunschweig nicht der Einzige, der meint, „das Nordkap ist wirklich kein Muss-Ziel".

Nordkaphalle: Über vier Etagen ist die Halle in die Klippe gesprengt – zunächst das Postamt, daneben ein Thai-Pavillon und ein aufwändiges Souvenirgeschäft, zwei Stockwerke tiefer eine 250-Grad-Leinwand für eine weitschweifige Multivisionsshow, eine ökumenische Kapelle und eine „Grotte" mit Panoramafenster auf das Eismeer und der nördlichsten Champagnerbar der Welt. Es lebt sich edel und immer teuer am Nordkap!

Mitte Juni wird der Nordkap-Marsch veranstaltet, ein Orientierungslauf zwischen Honningsvåg und Nordkap. Ende August treffen sich Marathonläufer zum Nordkap-Rennen. Zudem gibt es jederzeit organisierte Ausflüge. Alles aber kostet viel Geld, mehr noch als anderswo in Norwegen.

Sport/Ausflüge Angeln über **Kirkeporten Camping**; See-Sightseeing über **Nordkapp Safari**, ✆ 78472794, für 320 NOK pro Person/Std.; organisierte Wanderungen über **Nordkapp Reiseliv**, siehe Honningsvåg, S. 610.

Nord-Finnmark

Wer den Abstecher zum Nordkap ausgelassen hat oder danach nur weiter nach Karasjok oder Kirkenes will, findet sich in dem Städtchen Olderfjord erneut auf der E 6 auf dem Weg nach Süden, zunächst am Olderfjord, dann am Porsangerfjord entlang.

64 reichlich ereignislose Kilometer durch eine windumwehte, subarktische Region, in der das Thermometer selbst im Juli selten über zehn Grad steigt, in der kaum Menschen leben, weil jegliche Lebensgrundlage fehlt, und wo der **Stabbursdalen-Nationalpark** nur eingerichtet wurde, um ein hier ständig lebendes Elchrudel (bei diesen Einzelgängern höchst selten und darum schützenswert) und einen letzten Rest an Kiefernwald zu bewahren.

Die Finnmark
Karte S. 576/577

Lakselv ist der Verkehrsknotenpunkt dieser Region: Ein schon zu Weltkriegszeiten genutzter Flughafen, zudem der nördlichste noch von der SAS angeflogene, vor allem aber der Abzweig der RV 98 nach Vadsø und Vardø verleihen dem 2.500-Einwohner-Ort einige Bedeutung. Ansonsten finden nur Lachsangler an dem Ort, eher noch am Fluss Lakselv, einiges Interesse.

▸ **Weiterfahrt**: Die E 6 führt von hier aus via Karasjok und an der finnischen Grenze entlang nach **Tana bru** und weiter nach **Kirkenes**.

Varangerhalvøya

Wer in die Finnmark-Hauptstadt Vadsø oder Norwegens östlichste Stadt Vardø (noch 353 km) will, muss bei Lakselv auf die gut ausgebaute E 75, die „Eismeer-Straße", und auf die Varanger-Halbinsel abbiegen.

Die zumindest im Inneren fast unbesiedelte Halbinsel weist zwei geologische Besonderheiten auf. Unerwartet breite Strände mit sandigen Strandterrassen deuten auf die noch nicht beendete Landerhebung hin – in den letzten 14.000 Jahren ist der Meeresspiegel um 60 m gesunken, ist Finnmark also gewachsen.

Die zweite Besonderheit ist der silbrige Glanz der Inseln am Porsanger-Fjordschluss im allerdings seltenen Sonnenlicht – Dolomitgestein im üblichen Sandstein dieser Küste. Während der Fahrt am Ostufer entlang ist dies deutlich zu erkennen.

In das Land der Finnen kommt man dann, die im 19. Jh. zwei Drittel der Finnmark-Bevölkerung stellten. Sie wurden von den Norwegern *Kvenen* genannt. In Sprache und Kultur sind sie noch heute präsent.

Weiter erreicht man das Land der Karasjok-Samen, die auf dem **Børselvfjell** seit Menschengedenken ihre Sommerweiden unterhalten. Zahlreiche Opferstätten, z. B. in Mortensnes oder Fugleåsen, erinnern an die Zeiten, als die samische Urbevölkerung noch ungestört auf die Halbinsel Varangerhalvøya zog. Die mehr als 700 Fanggruben, mit denen einstmals wilde Rens gefangen wurden, zeugen von den Jagdaktivitäten dieser „Indianer des Nordens".

▸ **Weiterfahrt**: Am Tanafjord und bald darauf am riesigen Varangerfjord entlang, der im Mündungsgebiet 55 km breit ist, stößt die Eismeer-Straße auf den kleinen Ort Vadsø.

Vadsø

Trotz, vielleicht aber auch wegen seiner Abgeschiedenheit wurde der Ort zur Hauptstadt der Finnmark erkoren. Ansonsten lohnt Vadsø nämlich die mühsame Anfahrt kaum.

Ohne Fischfang könnte das Städtchen, das vor 150 Jahren erst durch den Zuzug finnischer Siedler zu seiner heutigen Größe wuchs, kaum überleben. Der massenhaft vor der Finnmark-Küste gefangene Kapelan-Fisch (norweg. *Lodde*), der nur 25 cm groß wird, dient dem Kabeljau als Grundnahrung. Er wird hier industriell zu Fischmehl verarbeitet. Die Mehrzahl der 6.000 Einwohner Vadsøs ist entsprechend in den unübersehbaren Fischfabriken beschäftigt.

Das Originellste an Vadsø ist der **Luftskipsmasta**: An dem Ankermast wurden 1926 und 1928 die Luftschiffe *Norge* und *Italia* vertäut, bevor sie *Roald Amundsen* und *Umberto Nobile* zum Pol trugen.

Darüber hinaus kann man sich noch das **Vadsø** Museum anschauen. Das Freilichtmuseum besteht aus den Höfen Tuomainengården und Esbengården, einem Patrizierhaus aus dem Jahre 1840, dem einzigen Haus dieser Art in der Finnmark. Richtig attraktiv ist im Sommer der altertümlich anmutende Gemischtwarenladen, dessen Personal als Fremdenführer fungiert (15.6.–15.8. Mo–Fr 10–17.30, Sa/So 10–14 Uhr; sonst ganzjährig werktags 8.30–15.30 Uhr; Eintritt 40 NOK, Kinder 20 NOK).

Übernachten/Verbindungen/Adressen

• *Information* **Turistinformasjonen**, ✆ 78944800, www.varanger.comvadso.kommune.no, im Kulturkontret-Haus ist vom 15.6.–15.9. Mo–Fr 10–15, Sa/So 10–16 Uhr geöffnet.

• *Flugverbindungen* 6 x täglich ist Vadsø an die Flugverbindung der Widerøy-Flieger von Tromsø (4 Std.) nach Kirkenes (15 Min.) mit Stopps auf allen Finnmark-Flughäfen angeschlossen.

• *Busverbindungen* Mindestens einmal täglich fahren Busse nach Vardø und Kirkenes, dort mit Anschluss an die Fernbusse. Erstaunlich häufig ändern sich jedoch die Abfahrtszeiten. Informieren Sie sich darum rechtzeitig über ✆ 78951677.

• *Fährverbindungen* Hurtigruten läuft Vadsø um 4 Uhr gen Norden an; nächster Stopp: Kirkenes nach 1,5 Std., 132 NOK. Um 16 Uhr macht das Schiff in Richtung Süden fest, um nach Vardø weiterzufahren (3 Std., 200 NOK).

• *Adressen* **Post**, **Telefon**, **Bank** und **Supermärkte** befinden sich am Hafen und um den Markt, auf dem auch täglich Frischfisch angeboten wird.

Übernachten/Camping

• *Übernachten* **Sentrum Bed and Breakfast**, ✆ 78227606. Die kleine Pension im Zentrum vermietet ihre wenigen Zimmer mit Du/WC und TV zu 450 NOK (EZ) und 600 NOK (DZ).
Vadsø Apartments, ✆ /℡ 78954400, www.je-hegge@online.no. 10 angenehme Appartements bietet das Unternehmen im Zentrum. EZ 600 NOK, DZ 900 NOK. **Nobile Hotell**, ✆ 78953335, www.nobilehotell.no. Mit schöner Aussicht auf Stadt, Hafen und Fjord liegt das 30-Zimmer-Hotel (Du/WC, Telefon und TV) auf einem Inselchen, fünf Minuten vom Zentrum entfernt. EZ 895 NOK, DZ 1.395 NOK.
Rica Hotel Vadsø, ✆ 78951681, www.rica.no. Um etliches edler ist dieses Hotel mit 61 Zimmern und internationalem Standard, was gleichfalls für das unvermutet gute Lokal gilt. EZ 1.445 NOK, DZ 1. 645 NOK, Zwei-Personen-Suite 1.895 NOK.

• *Camping* **Vestre Jakobselv Camping**, ✆ 78956064, ℡ 78953856. Der Zwei-Sterne-Platz (10 km westlich) liegt sehr schön und ist hübsch ausgestattet, u. a. mit sieben Hütten ab 400 NOK (Zeltplatz 45 NOK). Vom 1.6.–30.8. geöffnet.

Angeln

Möglichkeiten für Petrijünger gibt es bis zum 11. Juli in den Flüssen **Skallelva**, **Storelva** und **Vestre Jakobselva**. Karten für Lachs, Meersaibling und Meerforelle kann man bei der Turistinformasjon erwerben.

Vardø

Der Ort, 76 km weiter nördlich gelegen, schmückt sich mit etlichen Prädikaten: Er ist womöglich das „Ultima Thule" aus der griechischen Sagenwelt, er ist Norwegens einziger Ort in der arktischen Klimazone und hat die nördlichste Festung des Landes.

Der Name Vardø stammt vom norwegischen *varde*, was so viel wie Warte oder Festung heißt. In den Festungsmauern übrigens steht der einzige Baum der

Die Finnmark
Karte S. 576/577

Stadt, der bestbehütete in Finnmark – der Vogelbeerbaum übersteht den Winter nur verpackt.

Die Festungsanlagen wurden 1738 auf den Ruinen zweier Burgen erbaut und boten 200 Jahre lang Schutz vor russischen Räubern.

Die 3.200-Einwohner-Stadt, die 1989 ihren 200. Geburtstag feierte, hatte schon immer ein besonderes, nicht immer positives Verhältnis zu Russland: Als Zentrum des Pomor-Handels gegründet, musste sie sich häufig karelischer Überfälle erwehren und während des Zweiten Weltkrieges sowjetische Luftangriffe erleiden, die zwei Drittel der städtischen Bausubstanz zerstörten.

Angst vorm Nachbarn

Tilfluktsrom – kaum eine Großstadtstraße oder ein Hotel ohne dieses Schild: Die bestens ausgebauten Luftschutzkeller überall belegen die Angst der Norweger vor ihrem russischen Nachbarn.

Das neben der Türkei bislang einzige NATO-Land mit einer Grenze zu Russland hat solches Sicherheitsdenken mit Ende des Kalten Krieges nicht abgelegt. Noch immer unterhält Norwegen die – gemessen an der Bevölkerungszahl – größte Armee Westeuropas. Noch immer gibt Norwegen weit mehr als seine Nachbarn für die Verteidigung aus. Und noch nie war Wehrdienstverweigerung (Dienstzeit: 10–15 Monate) in Norwegen überhaupt ein Thema.

Solche Wehrbereitschaft hat auch Vorteile: Norwegen ist das einzige Land der Welt, das sich an allen, auch militärischen UN-Aktionen beteiligt. Das Gründungsmitglied der Vereinten Nationen, deren erster Generalsekretär der Norweger *Trygve Lie* war, spendiert Millionenbeträge ohne innenpolitischen Hader. Und das, obwohl bereits 170 norwegische Soldaten in UN-Diensten ihr Leben ließen.

Das Stadtzentrum liegt auf einer Insel im Fjord. Der 2,9 km lange Ishavstunnelen, der 88 m unter dem Meeresspiegel die Insel mit dem Festland verbindet, ist Norwegens ältester Unterwassertunnel.

• *Information* Das **Turistkontor „Hexeria“**, ✆ 789869074, www.varanger.com, ist im Juni Mo–Fr 9–16 Uhr geöffnet, Juli/Aug Mo–Fr 10–18 Uhr, Sa 10–19 Uhr.

• *Flugverbindungen* Den Flughafen Svartnes, 4 km vom Zentrum entfernt, fliegt die Fluggesellschaft Widerøy 5 x täglich auf der Strecke Tromsø–Kirkenes an.

• *Busverbindungen* tägliche Verbindungen zu allen größeren Finnmark-Orten (aktuelle Abfahrtszeiten unter ✆ 78951677).

• *Fährverbindungen* Hurtigruten passiert Vardø um 4.00 Uhr in Richtung Kirkenes (5,5 Std.) und um 16 Uhr in Richtung Süden.

• *Adressen/Einkaufen* **Bank**, **Post**, **Lebensmittelgeschäfte** und **Apotheken** befinden sich in Hafennähe; Rentierfleisch gibt es in allen **Supermärkten**, Frischfisch bei „stepfish“ am Hafen.

• *Übernachten/Camping* **Gjestegården**, ✆ 78987529. Gerade 10 einfache Zimmer bietet der Gasthof. EZ 400 NOK, DZ 500 NOK (Frühstück 75 NOK extra).

Vardø Hotell, ✆ 78987761, www.vadohotel.no. Um einiges feiner geht es in diesem neueren Mittelklassehotel mit 40 Zimmern zu. EZ 950 NOK, DZ 1.100 NOK.

Svartnes Motel & Camping, ✆ 78987160. Zeltplätze und Motelzimmer (ab 400 NOK) vermietet das altbackene Haus in Flughafennähe.

Sehenswertes

Festung Vardøhus: Der achtkantige Steinbau mit vier Bastionen, mit Kanonen und Mörsern, mit Magazinen und Kommandantenwohnung ist die nördlichste Feste weltweit. Die Anlage unter Denkmalschutz steht auf den Überresten zweier Burgen aus den Jahren 1300 und 1460 und kann ganzjährig besucht werden. Führungen gibt es zwischen dem 1.6. und dem 31.8.

Stadtmuseum: 300 Meter von der Festung entfernt, im auffälligen Steingebäude Lushaugen, informiert das kleine Geschichtsmuseum über Finnmarks Historie und widmet sich besonders den Hexenverbrennungen (s. u.). Die Führungen werden nur in Norwegisch und Englisch durchgeführt.

Öffnungszeiten/Eintritt: Juni–Aug. täglich 9–18.30 Uhr, in der übrigen Jahreszeit Mo–Fr 9–15 Uhr. Eintritt: 30 NOK, Kinder 15 NOK.

Vardø-Heksa: Dass sich Vardø die „Hexenstadt" nennt (selbst die Touristeninformation heißt so), hat mit den Hexenverbrennungen während des 17. Jh. zu tun. Auf dem Scheiterhaufen der Stadt wurden zwischen 1621 und 1692 allein 82 Frauen verbrannt; Vardø ist Norwegens Stadt mit den meisten Hexenverbrennungen. Man bezichtigte die Frauen, sich mit dem Teufel auf dem Hexenberg *Domen* oberhalb der Stadt eingelassen zu haben.

Varangerfjord

Das Ende des mit 2.300 qkm flächenmäßig größten Fjords Norwegens erreicht der Reisende, ob er nun von der Varanger-Halbinsel oder von der E 6 entlang der finnischen Grenze kommt, bei Varangerbotn. Von hier sind es noch 118 km bis nach Kirkenes und Storskog, dem Grenzübergang nach Russland und dem letzten norwegischen Ort.

Erstaunlich sind die Steinzeitfunde am Fjordufer. In **Karlebotn** gruben Archäologen eine 8.000 Jahre alte Siedlung aus, und Häuserreste bei Grasbakken werden auf ein Alter von ca. 2.500 Jahren geschätzt. Ost-Finnmark, der Fjord und das Meer müssen die Menschen lange Zeit ausreichend ernährt haben.

Diese Zeit ist vorüber, wenigstens für die Einwohner von **Bugøynes**, einem Fischerdorf etwas abseits der Fernstraße. „Gibt es einen Ort in Südnorwegen, der 300 Menschen aufnehmen kann?", annoncierten die frustrierten Fischer 1989 in allen norwegischen Zeitungen und erzeugten damit einen gewaltigen Medienwirbel. Zwei Jahre zuvor war die Fischfabrik von Bugøynes in Konkurs gegangen, und Unternehmer aus Oslo hatten den Betrieb regelrecht ausgeschlachtet. Die Aktion der Fischer sorgte für zusätzliche Staatssubventionen, aber nicht für eine gesicherte Zukunft. Bugøynes, größtenteils von Finnen bewohnt und einer der wenigen Finnmark-Orte, die den Zweiten Weltkrieg unzerstört überstanden haben, stirbt auf Raten.

Auch das kleine **Neiden** ist eine Besonderheit: Die winzige St.-Georgs-Kapelle aus dem 16. Jh. ist die einzige griechische Kirche in ganz Norwegen, wenn sie auch einer Stabkirche nachempfunden ist. Einst diente sie den Skolten-Samen, die regelmäßig von Nordrussland nach Norwegen wechselten, als Gebetsstätte.

Die Finnmark
Karte S. 576/577

Sandstrände am Varangerfjord

Abstecher ins Pasvikdal

Vorbei an Høybuktmoen, dessen von deutschen Soldaten gebaute Landebahn jetzt Kernstück des Flughafens von Kirkenes ist, lohnt sich kurz vor Ende der langen Reise, aber nur für Abenteuerlustige, ein Abstecher in das Pasvikdal und den **Nationalpark Øvre Pasvik**.

Bei Hesseng führt die Landstraße 885 in ein zweifaches Grenzgebiet. Wie eine Landzunge nämlich schiebt sich das Tal zwischen die Grenzen zu Finnland und Russland. Gleichzeitig beschreibt das Pasviktal den Übergang von skandinavischer zu russischer Landschaft.

Hier leben Braunbären (nur hier gibt es Warnschilder mit der Aufschrift „Vorsicht Bären!"), hier wachsen Taigapflanzen, die sonst nirgendwo in Europa mehr anzutreffen sind. Die Straße führt 106 km lang nach *Nyrund*. Von da aus geht es nur noch auf Waldwegen in den nur 67 qkm großen Nationalpark, dessen oft als „unberührt" gelobte Natur durch den Kraftwerksbau Russlands arg gelitten hat. Alle Wasserfälle z. B. sind längst versiegt.

Kirkenes

Endstation, 2.541 km von Oslo, 5.102 km von Rom entfernt, letzter Hafen der Hurtigrute, Endpunkt der E 6. Kirkenes, mit 5.200 Einwohnern größter Ort in der Finnmark, aber dennoch bislang am Außenrand Europas fast vergessen, hat gute Chancen, zur Drehscheibe zwischen Ost und West, zwischen Russland und Westeuropa zu werden.

Anstelle des Eisernen Vorhangs (bis zur 196 km langen Grenze mit Russland sind es nur wenige Kilometer) ist seit einigen Jahren der kleine Grenzverkehr getreten. Die russischen Kleinhändler, die jeden letzten Donnerstag im Monat aus der Fußgängerzone einen Flohmarkt machen, sind manchen schon wieder unheimlich. Allzu hochprozentig und allzu preiswert war plötzlich der Wodka im Land der Alkoholbeschränkung.

Post für Kirkenes

2. Juli 1893, 8 Uhr im Hafen von Trondheim: Mit *MS Vesterålen* startet der erste Postdampfer auf seine weite Reise die norwegische Küste hinauf. Bis Hammerfest ging die Reise mit Post und Passagieren damals. Heute bedient *Hurtigruten* mit zwölf Schiffen 34 Häfen zwischen Bergen und Kirkenes. Der 2. Juli wird seitdem in Nordnorwegen wie ein Nationalfeiertag gefeiert.

Was einst als heiß ersehnte Verkehrsanbindung begann, ist heute zu einer heiß umkämpften Touristenattraktion geworden – elf Tage dauert der 2.500-Seemeilen-Trip über den Polarkreis hinaus, vorbei an dank des Golfstroms immer eisfreien Häfen und Fjorden zum nördlichsten bewohnten Punkt der Erde. *Reichsstraße Nr. 1* nennen die Einheimischen diesen Postdienst, der außer Weltenbummlern und Schulkindern immer noch Fisch von den Lofoten (allerdings kein Erz mehr aus Kirkenes) transportiert. Heutzutage geschieht dies aber auf meist modernen Dampfern mit 420 Betten, 60 Autostellplätzen und einem weithin gerühmten Bordrestaurant. Kreuzfahrtstandard darf trotz der bis zu 5000 € teuren Passage nicht erwartet werden. Für Animation sorgt allein das unvergleichliche Landschaftserlebnis (mittlerweile allerdings sind Themen- und Erlebnisreisen im Angebot).

Fast auf der Hälfte des Törns landen die *Midnatsol*, die *Nordlys* und ihre Schwesterschiffe übrigens in Stokmarknes auf den Vesterålen. Hier, wo die Hauptreederei der Hurtigruten im Gebäude der *Vesteraalens Dampskipsselskab* zu Hause ist, dokumentiert ein Museum die Geschichte dieser Schiffslinie und ihres Gründers Richard With.

Das Touristikangebot der Hurtigruten ist mittlerweile für deutsche Urlauber maßgeschneidert: Charterflüge starten in München, Stuttgart, Frankfurt und Berlin. Preis der 11-Tage-Reise im Jahr 2006 zwischen 2.800 und 6.700 € (inkl. Hin- und Rückflug, einfache Schiffsreise Bergen–Kirkenes, drei Landübernachtungen und einem Inlandflug). Allerdings sind ständig neue Sonderangebote – auch zu deutlich verminderten Preisen – im Programm.

Information/Buchung Norwegische Schifffahrtsagentur, Kleine Johannisstraße 10, 20457 Hamburg, ✆ 040/376930.

Fast so unheimlich sind die Schwefeldioxydwolken, die aus dem russischen Nikel herüberwehen und die Gegend um Kirkenes zu der am stärksten mit Schadstoffen belasteten Region in Norwegen machen. Dabei sind die Menschen in Kirkenes in punkto Umweltverschmutzung einiges gewohnt: *A/S Sydvaranger*, lange Zeit größter Arbeitgeber am Ort, hat zwar 2003 die Erzgruben von Bjørnevatn (11 km südlich Kirkenes) stillgelegt, die gewaltigen Umweltschäden in der Region aber sind geblieben.

Die Finnmark
Karte S. 576/577

Die Gruben waren einst für die Bevölkerung von Kirkenes zum Lebensretter geworden. Als im Herbst 1944 die abrückende Deutsche Wehrmacht 420 von 450 Stadthäusern zerstörte und die Bevölkerung zur Evakuierung zwang, überlebten Tausende monatelang in den Gruben (die Andersgrotta ist noch heute zu besichtigen). Den als Befreiern begrüßten Rotarmisten setzten die Kirkeneser oberhalb der Stadt ein hässliches, monumentales Denkmal.

Viel mehr gibt es im Ort nicht zu sehen. Allerdings ist die Umgebung manchen Ausflug wert, z. B. zur Grenzstation **Storskog** (das Fremdenverkehrsamt organisiert sogar Tagestouren nach Murmansk) oder in das über die Landstraße 886 noch 60 km entfernte **Grense Jakobselv** am gleichnamigen Grenzfluss. Der kleine Ort ist bekannt für seine Kapelle, die 1869 als „geistiger Wachturm gegen die verschiedenen Glaubensrichtungen des Riesen im Osten" erbaut wurde – die russischen Wachtürme jenseits der Grenze sind nur noch selten besetzt.

Information/Verbindungen/Adressen

• *Information* **Sør-Varanger Reiseliv**, Presteveien 1, ✆ 78992544, www.kirkenesinfo.no, ist ganzjährig geöffnet: 15.6.–15.8. 8.30–18, Sa/So 11–19 Uhr, in der übrigen Zeit nur Mo–Fr bis 16 Uhr.

• *Flugverbindungen* Vom 15 km entfernten Flughafen (regelmäßiger Bus-Shuttle) zwei tägliche Direktflüge nach Oslo (4 Std.); 3 x pro Tag nach Trondheim über Tromsø und Alta; überdies 3 x nach Vadsø und 5 x pro Tag nach Hammerfest.

• *Busverbindungen* 1 x pro Tag (15 Uhr, Rückfahrt 9 Uhr, Fahrzeit 3 Std.) verkehrt ein Bus direkt nach Murmansk; 2 x täglich „Finnmarkekspress" nach Bodø via Nordkap, Alta, Narvik und Fauske; 1 x täglich nach Alta durch das Samenland via Karasjok und Lakselv. Alle Busse starten am Lønboms Plass, wo es auch eine Gepäckaufbewahrung gibt.

• *Fährverbindungen* Auch per Linienschiff geht es nach Murmansk, jedoch dauert die Fahrt länger (4 Std.) und ist weit teurer (1.390 NOK inkl. Dinner und Sightseeing). Schiffe der Hurtigrute legen um 10 Uhr an und starten um 12.45 Uhr.

• *Adressen* In der Storgata und in der Kongensgate finden Sie alles Nötige: **Post**, **Bank**, **Telefon** und **Supermärkte** und zwei Einkaufszentren mit Cafés und Bistros. **Taxis** erreichen Sie unter ✆ 78991397. **Autovermietung**, ✆ 789 93973.

Übernachten/Camping

Hesseng Sommerhotell, ✆ 78998811. Das vom 1.7. bis 15.8. geöffnete Internat, fünf Kilometer vor Kirkenes, vermietet seine Zimmer nebst Küche in den Ferien für 450 (EZ) und 650 NOK (DZ).

Mette's Overnatting, Bakkeveien 4, ✆ 41423154. Gemütliche Privatunterkunft, nahe am Hurtigrutenanleger, geöffnet von Juni bis August. Appartements mit Miniküche, WC/Du, ab 500 NOK.

Barents Frokosthotell, Presteveien 3, ✆ 78993299, ✆ 78993096. Kleines Frühstückshotel mit nur 10 angenehmen Zimmern. EZ 790 NOK, DZ 930 NOK.

Rica Arctic Hotel, Kongensgate 1–3, ✆ 789959009, www.rica.no. Das Zentrumshotel mit Restaurant, Bar, Disko und Einkaufszentrum ist schön und natürlich teuer. EZ 1.500 NOK, DZ 1.700 NOK.

Rica Hotel Kirkenes, Pasvikveien 63, ✆ 78991491, www.rica.no. Etwas kleiner, etwas preiswerter, aber sonst dem Schwesterhaus in allem vergleichbar. EZ 1.325 NOK, DZ 1.450 NOK.

• *Camping* **Kirkenes Camping**, Maggadalen, ✆ 78998028. 16 Hütten (ab 400 NOK), 52 Stellplätze für Wohnwagen und ausreichend Zeltplätze vermietet der Drei-Sterne-Campingplatz nahe Hesseng.

Neidenelv Camping, ✆ 78996203. Ca. 45 km vor Kirkenes im interessanten Ort Neiden werden 12 Hütten (450–600 NOK), Stellplätze und chemische Entsorgung für Wohnwagen angeboten; außerdem werden Flusskähne vermietet und Angelscheine verkauft.

Grense Jakobselv: eine Kapelle als Wachturm zum Osten

• *Essen & Trinken* **Ritz**, Dr. Wessels Gate. Die etwas bessere Pizzeria bietet täglich unterschiedliche Büfetts zu vertretbaren Preisen.

Vig og Vilt, Kjerkegata. Das Gourmet-Restaurant im Ambiente einer Trapperhütte ist auf Wildgerichte, die teuer und lecker sind, spezialisiert.

Sehenswertes

Andersgrotta: Die älteste und größte Grube liegt direkt unter dem Stadtzentrum von Kirkenes. Im Zweiten Weltkrieg war sie ein natürlicher Luftschutzbunker während der 300 Luftangriffe, die das Städtchen überstehen musste. Später wurde sie Zufluchtsort nach der Zwangsevakuierung bei Kriegsende. Der Stollen ist jederzeit zu besichtigen, während der Führung wird ein Zehn-Minuten-Film über Kirkenes im Krieg gezeigt. Auskünfte über Führungen gibt's im Turistbüro.

Grenzlandmuseum (Sør-Varanger Museum): In wunderschöner Natur, einige Spazierminuten außerhalb des Ortszentrums (Adresse: Forstevannlia), informiert das Museum etwas altbacken über das Zusammenleben von Russen, Finnen und Norwegern in dieser Region. Natürlich stehen die Weltkriegs-Ereignisse im Mittelpunkt der Darstellung, die aber auch Kulturelles nicht außer Acht lässt. Ein kleines Café und ein größerer Souvenirshop runden das Angebot ab.
Öffnungszeiten/Eintritt: täglich 10–15.30 Uhr, Eintritt: 30 NOK, Kinder 20 NOK.

Savio Museet: Das Museum in der Kongensgate 10 b ist ein Muss für Kunstliebhaber, die mehr über die Malerei der Samen lernen wollen. Die Schau ist dem samischen Maler *John A. Savio* (1902–1938) gewidmet, zeigt aber auch Arbeiten samischer Gegenwartskunst.
Öffnungszeiten täglich 10–15.30 Uhr (im Sommer werktags bis 18 Uhr). Eintritt 40 NOK.

Die Finnmark
Karte S. 576/577

▸ **Weiterfahrt**: Über die Landstraße 886 sind es noch 60 landschaftlich sehr reizvolle Kilometer bis zum Dorf Grense Jakobselv am gleichnamigen Grenzfluss. Die Kapelle wurde 1869 als sichtbarer Beleg norwegischer Souveränität erbaut. Norweger hatten 15 Jahre vorher diesen Landstrich kolonialisiert und die dort lebenden Skolten-Samen vertrieben. Das Kirchlein allein, das jederzeit besichtigt werden kann, ist jedoch so sehenswert nicht.

Ausflug nach Murmansk: Man kann individuell per Bus oder Schiff in die russische Großstadt auf der Kola-Halbinsel fahren (vgl. „Kirkenes/Verbindungen"). Man kann aber auch für 1.050 NOK bei Sovietreiser eine Tagesfahrt mit Stadtbesichtung und Festmahl buchen (Information unter ✆ 78993600).

Svalbard/Spitzbergen

Nein, es gibt keine Eisbären in Norwegen. Die gibt es nur in Svalbard, wie Spitzbergen auf Norwegisch heißt. Und die einsamen Trapper, die Helden der Wildnis, gibt es höchstens noch im halben Dutzend auf der Inselgruppe nordöstlich von Grönland und 1.300 km vom Nordpol entfernt.

Aber es gibt immer mehr Touristen, die diese weltweit einmalige Landschaft erleben wollen: Zweistellige Zuwachsraten weist die Übernachtungsstatistik seit Jahren auf. Denn das arktische Abenteuer ist nirgends so komfortabel erlebbar wie auf Spitzbergen. Teuer ist es allerdings, wenn man das türkisfarbene Wasser des Magdalenfjords, die Bergwerksminen im Eis oder die noch gigantischen Gletscher bewundern will: Die Preise auf Spitzbergen toppen die ohnehin europaweit höchsten Preise Norwegens um ein Vielfaches.

Svalbard, das „Land der eisigen Küste" mit Durchschnittstemperaturen von -15,3° C bis + 5,8° C, wurde 1920 zusammen mit der Bäreninsel vom Völkerbund norwegischer Souveränität unterstellt (übrigens der einzige Völkerbundvertrag, der noch heute gilt).

Die schon im 12. Jh. von Wikingern besiedelte Inselgruppe ist zu 60 % ganzjährig von Schnee und Eis bedeckt, das bis zu 500 m ins Erdinnere reicht und niemals taut. Umso schwieriger gestaltet sich der Kohleabbau, von dem viele der 2.700 Einwohner (davon 1.000 Russen) leben – im Hauptort **Longyearbyen**, 1906 vom einem US-Unternehmer gegründet, residiert ein russischer Botschafter, der die russischen Kohlegruben verwaltet.

Zudem ist Svalbard als Forschungszentrum wichtig. Die jüngste Uni Norwegens steht hier, die Universität Tromsø unterhält in Kooperation mit der Alaska-Universität eine Nordlichtforschungsstation, und auch deutsche Wissenschaftler des Bremer Alfred-Wegener-Instituts forschen in der *Koldewey-Station* nahe Ny Ålesund.

Forschungsaktivitäten, vornehmlich Wetterbeobachtung, haben Tradition auf Spitzbergen: Schon in den 20er Jahren saßen deutsche Meteorologen, Geographen und Geologen auf Spitzbergen. Am 4. September 1945, also vier Monate nach Kriegsende, kapitulierte hier die letzte Wehrmachtseinheit – 17 Soldaten unter Führung des Kieler Geographen *Wilhelm Degen* hatten in der nördlichen Einöde das Kriegsende verpasst.

Und so mausert sich Spitzbergen unversehens zum Urlauberziel: Abenteuerurlaub ist angesagt bei Westeuropäern, die schon überall waren. Allein drei der 18 norwegischen Nationalparks sind auf Spitzbergen: Forlandet (640 qkm), Nord-Vest-Spitzbergen (3.560 qkm) und Sør-Spitzbergen (1.215 qkm)

Fast 20 Anbieter (von A wie Artic Adventures, www. artic-adventures.no, bis W wie Svalbard Wildlife Service, www.wildlife.no) bieten auf der Insel arktische Safaris zu Wasser und auf Land an: Eismeer-Kajaktouren und Gletscher-Wanderungen, Eisbär-Exkursionen und Husky-Touren sind im Programm. Immer mehr Hotels warten auf Touristen, die echte Arktis erleben möchten – mit einem steilen Gebirgszug an der Westküste, dem Spitzbergen seinen Namen verdankt, mit einem Plateaugebirge im Zentrum, das von weiten Tälern mit reicher Vegetation (48 Blumenarten) durchzogen wird, mit riesigen Gletscherformationen und gewaltigen Fjorden im Osten, mit 12.000 Rentieren, mit Polarfüchsen, Walrossen und Schwertwalen.

Übrigens: 4.000 Eisbären soll es auf Spitzbergen noch geben. Der König der Arktis, einziger Fleischfresser seiner Spezies, hat den Trappern und Fallenstellern getrotzt und wird hoffentlich auch die Touristen überleben.

Reisen auf Svalbard ist schwierig: Es gibt kaum Straßen, nur drei Siedlungen und jede Menge, den Individualtourismus einschränkende Bestimmungen in dem Gebiet, das so groß ist wie Belgien und die Niederlande zusammen: Touren werden beim Gouverneur angemeldet; Einzelreisende müssen Gewehre zur Selbstverteidigung gegen Eisbären, die ansonsten geschützt sind, mitführen, und Zelten ist nur in Nähe der Siedlungen gestattet.

Eine Uni namens UNIS

Neueste Attraktion auf Spitzbergen ist UNIS: Das University Centre in Svalbard ist Norwegens jüngste Hochschule. Das moderne Hauptgebäude in Longyearbyen, ein Stelzenbau auf 400 Stahlstützen, erinnert an ein Ufo. Erst 90 Studenten hat die Uni, darunter knapp 50 Ausländer, unter ihnen etliche Deutsche, die arktische Biologie, Geologie oder Geophysik studieren. Und deren arktische Exkursionen finden direkt vor der Haustür statt.

Longyearbyen

In dem großen Straßendorf mit gar nicht nordischem Namen, das Spitzbergens Hauptstadt ist, lebt mehr als ein Dreiviertel der Bevölkerung der Nord-Finnmark – 1.800 Menschen.

Auffallend ist die Pfahlbauweise ihrer Häuser: Die Gebäude stehen auf Stelzen, bis zu zwölf Meter tief in den Grund gerammt – sonst würde der einen Meter tiefe Permafrostboden durch die Wärme der Häuser auftauen und langsam jedes Gebäude verschlucken. Ansonsten besticht an dem ältesten Inselort (1906 von einem US-Unternehmer gegründet, der von hier aus Kohle in alle Welt verkaufte und dem Dorf auch seinen Namen „Longyear" verpasste) die von überall grandiose Aussicht: Hier die Gletscherzungen des Longyearbreens

Die Finnmark
Karte S. 576/577

oder des Hjertabreens, dort der Adventfjord, und gegenüber recken sich die baumlosen, im Sommer rotbraunen Tafelberge des Hjorthfjellets. Eine fast außerirdisch anmutende Landschaft aus Fjords, Fjells und Felsen.

• *Information* **Svalbard Tourism**, Næringsbrygget, ✆ 79025550, www.svalbard.net. Ist ganzjährig geöffnet: Juni–August M –Fr 8–18 Uhr, Sa 9–16 Uhr, So 12–16 Uhr. In der übrigen Jahreszeit nur Mo-Fr 8–18 Uhr. In der einzigen Tourist-Info der Insel sind alle Outdoor-Führungen zu buchen; zudem gibt es die stets aktuelle Broschüre „Svalbard".

• *Flugverbindungen* Mehrmals pro Woche landen Maschinen aus Oslo (3 Std.) und Tromsø (1,5 Std.). Preis und Frequenz der Flüge variieren ständig – eine Nachfrage bei www.sasbraathens.no oder www.norwegian.no bleibt Ihnen nicht erspart.

• *Adressen* Postamt in der Hauptstraße (da auch die Bank), Internet-Zugang in der Stadtbibliothek, alles Wichtige einkaufen kann man im Svalbardbutikken-Supermarkt im Zentrum.

• *Übernachten* **Mary-Ann's Polarrigg**, Longyearbyen, ✆ 79023702, www.polarriggen.com. Die preiswerteste Unterkunft im Ort bietet diese bed+breakfast-Pension. Die Besitzerin hat es dennoch verstanden, Stil und Geschmack in die einstigen Bergarbeiter-Hütten zu bringen. Nicht alle Zimmer haben Dusche und Toilette, aber eine Gemeinschaftsküche ist vorhanden. 495–595 NOK (EZ), 750–850 NOK (DZ).

Spitsbergen Gjestehus, Longyearbyen, ✆ 79026300, www.spitsbergentravel.no. Nur im Sommer geöffnet sind die großen Zimmer in drei Häusern; die Preise schwanken wie bei allen Unterkünften von Monat zu Monat zwischen 295 und 360 (Bett), 480 und 660 (EZ) sowie 780 und 990 NOK (DZ).

Spitsbergen Hotell, Longyearbyen, ✆ 79026200, 📠 79026201. 71 Betten werden von Feb. bis Okt. im ehemaligen Haus des Minen-Besitzers angeboten. Sehr guter Service und viel Komfort nicht nur im guten Restaurant. Die Preise schwanken von 1.050–1.420 NOK (EZ), 1.260–1.680 NOK (DZ) und 2.100–2.750 NOK (Suite).

Radisson Polar Hotel, Longyearbyen, ✆ 79023450, www.radissonsas.com. Das größte und beste Hotel auf Spitzbergen liegt direkt am Fjord und bietet fast mehr als Fünf-Sterne-Standard; so sind Sauna und Solarium im (hohen) Preis inbegriffen. Das ganzjährig geöffnete Hotel bietet neben einem sehr guten Restaurant einen Coffee-Shop und eine Bäckerei an. EZ 1.180–1.900 NOK, DZ 1.290–2.200 NOK, Suite 2.100–2.750 NOK.

• *Camping* **Longyearbyen Camping**, ✆ 79021444, www.longyearbyen-camping.com. Vier Kilometer vom Zentrum entfernt, in Flugplatz-Nähe, bietet der Campingplatz nur Zeltplätze (80 NOK), vermietet aber auch Zelte (100 NOK) und Schlafsäcke (25 NOK).

• *Essen* Gleich neben dem Supermarkt finden sich drei Bistros, in denen Pizzen und Kleinigkeiten zu haben sind: **Kafé Busen**, **Fruene Kaffe & Vinbar** sowie **Karls-Berger Pub**.

Huset. Restaurant, Café, Bar, Nightclub und Weinschenke in einem ist das Haus im Süden der City. Von teuren Menüs (500 NOK) bis zum Imbiss (125 NOK) reicht das kulinarische Angebot.

Sehenswertes

Svalbard-Museum: Seit 2006 ist das neue Museum neben der Uni (s. Kasten) vor den Toren des Dorfes eröffnet. Eindrucksvoll erzählt es die Geschichte der Nordpol-Erkundung und des Bergbaus auf Spitzbergen, berichtet aber auch über neueste Forschungen zu Erdgas- und Erdöl-Vorkommen in der Polregion. Das wahrlich sehenswerte Museum wurde kurz nach seiner Eröffnung zum „Museum des Jahres" gekürt – nicht nur darum lohnt der Besuch.

Öffnungszeiten Mai–Sept. täglich 10–17 Uhr; Okt–April 12–17 Uhr. Eintritt 50 NOK, Kinder 15 NOK.

Gruve 3: Wer mehr als nur im Museum über die Bergbau-Tradition der Insel erfahren möchte, sollte den von der Tourist-Information organisierten, drei Stunden langen Ausflug zur Grube 3 mitmachen. In dem 1996 geschlossenen Bergwerk sind fünf Kilometer lange, kaum einen Meter hohe Stollen zu erleben – ein gruseliger Anschauungsunterricht zu Arbeitsbedingungen früherer Zeiten. Die Mine erfüllt jedoch weiterhin ihren guten Zweck: In einem Gewölbe werden drei Millionen Samen sämtlicher Getreidesorten der Welt aufbewahrt – die Kälte des Frostbodens soll sie für nachfolgende Generationen vor Umweltkatastrophen nachhaltig bewahren.

Eintritt 620 NOK, inkl. Abfahrt von der Unterkunft, Mindestalter 14 Jahre.

Svalbard Kirche: Die nördlichste Kirche der Welt ist sehenswert aus vielen Gründen: Wo sonst gibt es in solch heiligen Hallen einen Kaffee ausgeschenkt und die aktuelle, allerdings norwegische Zeitung obendrein, weltliche Abendveranstaltungen und zahlreiche Ausflugsangebote? Doch Gottesdienste werden in dem rund um die Uhr geöffneten Kirchlein auch abgehalten. Anschauenswert ist das allemal.

Galleri Svalbard: Das Kunstgewerbezentrum im südlichen Zentrum bietet allerlei Schnickschnack, aber auch eine Diashow zum Polarlicht sowie Arbeiten der einheimischen Künstlerin Kåre Tveter.

Öffnungszeiten Juni–Aug11–17 Uhr, in der übrigen Jahreszeit erst ab 12 Uhr, Di–Do nur ab 14 Uhr, Eintritt: 40 NOK.

Ny Ålesund

Auch dieser, nur von 40 Menschen regelmäßig bewohnte Ort, macht in den letzten Jahren touristisch auf sich aufmerksam: Nicht nur das nördlichste Postamt und der nördlichste Supermarkt werden angepriesen, sondern auch ein Denkmal für Roald Amundsen und der Mast, an dem die Luftschiffe vertäut waren, mit denen Amundsen und Nobile zum Pol starteten, sind anschauenswert.

Barentsburg

In der russischen Siedlung wird immer noch Kohle abgebaut – knapp 400.000 Tonnen pro Jahr werden größtenteils nach Westeuropa verkauft; der Rest stapelt sich auf riesigen Halden am Ortsausgang. Barentsburg, das außer einem kleinen Museum zum Pomorhandel und einem winzigen Hotel wenig zu bieten hat, ist wie viele Bergarbeiter-Städte kein gemütlicher Ort. Es sei denn, Sie brauchen Kaviar oder Wodka – die gibt es in Norwegen nirgends so preiswert wie hier.

Was haben Sie entdeckt?

Haben Sie eine besonders schöne Unterkunft auf Ihrer Reise durch Norwegen gefunden, einen aufregenden Wanderweg durch die unverfälschte Natur oder ein Lokal mit landestypischen Spezialitäten?

Wenn Sie Tipps und Informationen, aber auch Kritikpunkte haben, lassen Sie es uns wissen. Schreiben Sie an:

Hans-Peter Koch – Stichwort „Norwegen"
Michael Müller Verlag
Gerberei 19
91054 Erlangen
hpkoch@michael-mueller-verlag.de

Die Finnmark
Karte S. 576/577

Etwas Norwegisch

In Norwegen werden mindestens vier Sprachen gesprochen: außer *bokmål* und *nynorsk* (vgl. "Sprache", S. 116) auch Samisch und vornehmlich in Finnmark auch Finnisch. Aber auch ohne diese Unterscheidung wimmelt es in der norwegischen Schriftsprache von für unsereins ganz ungewöhnlichen Zeichen: "Ø" zum Beispiel, das wie ein hartes "Ö" (in "Øl" = Bier beispielsweise) ausgesprochen wird, oder "Å", das wie unser offenes "O" (in "Ort" beispielsweise) gesprochen wird und in Eigennamen noch als "AA" auftaucht. Überhaupt wird manches Wort höchst variabel geschrieben – in Schweden gedruckte Karten etwa verwenden "ö" und "ä" statt "ø" und "å".

Dennoch müssen Sie für diesen Urlaub nicht Norwegisch lernen; fast alle Norweger sprechen Englisch, viele auch ein charmantes Deutsch. Sie werden beim Einkauf im Supermarkt ebenso wenig Probleme haben wie beim Mieten einer Hütte oder eines Autos. Doch für Hinweisschilder längs der Straße oder auch bei Speisekarten ist ein Mini-Wortschatz hilfreich – und wenn Sie dann auch noch ein paar Sätze radebrechen, werden Ihre hilfreichen norwegischen Gesprächspartner hell entzückt sein ...

Elementares

Sprechen Sie Deutsch?	**snakker du tysk?**
... Englisch?	**engelsk?**
... Französisch?	**fransk?**
Ich komme aus...	**jeg kommer fra...**
... Deutschland	**...tyskland**
... der Schweiz	**...sveits**
... Österreich	**...østerike**

Grüße

Guten Morgen	god morgen
Guten Tag	god dag
Guten Abend	god aften
Hallo	hei
Gute Reise	god tur
Auf Wiedersehen	på gjensyn
Tschüs	hei

Small Talk

Wie geht es Ihnen?	hvordan går det?
Danke, gut	bra, takk
Wie heißen Sie?	hva heter du?
Ich heiße...	mitt navn er...
Ich verstehe nicht	jeg forstår ikke
Wie alt bist Du?	hvor gammel er du?
Ich gehe zur Schule	jeg går på skolen

Ich studiere	jeg studerer
Was sind Sie von Beruf?	hvilket yrke har De?
Ich bin Angestellter	jeg er ansatt
... Hausfrau	..... husmor
... Lehrer	.... laerer
Wiederholen Sie bitte	vaer så snill å gjenta
Das gefällt mir	det liker jeg
In Ordnung/okay	i orden

Minimalwortschatz

ja	Ja
nein	Nei
bitte (sehr)	vaer så (god)
danke	Takk
Vielen Dank	mange takk
Verzeihung	Unnskyld
groß/klein	stor/liten
gut/schlecht	god/dårlig
viel/wenig	mye/lite
alt/neu	gammel/ny
oben/unten	oppe/nede
heute/gestern	i dag/i går
ich	Jeg
du	Du
Sie	De
ich möchte ...	jeg ville gjerne ...
verboten	forbudt
geschlossen	stengt
geöffnet	åpen
Herr	herre
Frau	fru
Mädchen	pike
Junge	gutt
Jugend	ungdom
Kind	barn
Erwachsener	vokse

Fragen und Antworten

Ist das die Straße nach ...?	er dette veien til...?
Ist es noch weit bis ...?	er det langt til...?
Wo befindet sich...?	hvor er...?
Wie spät ist es?	hva er klokka?
Wann ist...geöffnet?	når er...åpen?
Was kostet das?	hva koster det?
Wie heißt ...?	hva heter ...?
Wo gibt es ...?	hvor finnes det ...?
Wo kann ich ... mieten?	hvor kan jeg leie ...?
Nehmen Sie mich mit bis ...?	kan De kjøre meg til ...?
Lassen Sie mich aussteigen	sett meg av, takk
Ich will (kann) nicht	jeg vil (kan) ikke
Es ist sehr schön hier	det er veldig pent her
Wir machen hier Urlaub	vi er her på ferie
Ich fahre weiter nach...	jeg reiser videre til ...

Orientierung

nach links/rechts	til venstre/ høyre
geradeaus	rett fram
hier	her
dort	der
Adresse	adresse
Stadtplan	bykart
Stadtrundfahrt	byrundtur
Hafen	havn
Flughafen	flyplass, lufthavn
Bahnhof	stasjon
Busbahnhof	busstasjon
Haltestelle	stoppested

Zeit

vormittags	om formiddagen
mittags	midt på dagen
nachmittags	om ettermiddagen
abends	om kvelden
heute Abend	i kveld
heute	i dag
morgen	i morgen
Tag	dag
Nacht (nachts)	Natt (om natten)
Stunde (stündlich)	Time (hver time)
Woche	uke
Monat	måned
Jahr	år

Wochentage

Montag	mandag
Dienstag	tirsdag
Mittwoch	onsdag
Donnerstag	torsdag
Freitag	fredag
Samstag	lørdag
Sonntag	søndag

Feiertage

Nationalfeiertag (17.5.)	nasjonaldag
Neujahr	nyttår
Ostern	påske
Pfingsten	pinse
Weihnachten	jul

Jahreszeiten

Frühling	vår
Sommer	sommer
Herbst	høst
Winter	vinter

Unterwegs

Bus	buss
Zug	tog
Eisenbahn	jernbane
Bahnsteig	perrong
Schiff	båt
Anlegeplatz	kai der båten legger til
Fähre	ferge, ferry
Flugzeug	Fly

Abfahrt	Avgang
Abflug	Flyavgang
Ankunft	Ankomst
einfache Fahrt	Enveisbillet
Rückfahrkarte	Returbillet
Platzkarte	Plassbillet
Liegewagen	vogn med liggeseter
Schlafwagen	Sovevogn
Reisebüro	Reisebyrå
Information	Informasjon
Bauernhof	Bondegård
Dorfmuseum	Bygdemuseet

Umleitung	Omkjøring
Baustelle	Veiarbeid
Maut	Bompenger
Schranke	Bom
Sportpark	Idrettspark
Anlage	Anlegg
Denkmal	Minnestein
Parkplatz	Parkeringplass
Schießstand	Skytebane
Sackgasse	Blindvei
Einnbahnstraße	Enveiskjøring
Kreuzung	Krysset

Auto/Zweirad

Wo ist die nächste Tankstelle?	**hvor er nermeste bensinstasjon ?**
Wo ist die nächste Werkstatt?	**hvor ernermeste bilverksted?**
Ich habe eine Panne	**jeg har et teknisk uhell**

30 Liter Benzin bitte	gi meg trevde liter bensin, takk
bleifrei	Blyfri
gebührenpflichtiger Parkplatz	Avgiftsparkering
abschleppen	ta på slepp
Achse	Aksel
Anlasser	Selvstarter
Auspuff(rohr)	Eksos(rør)
Batterie	Batteri
Bremse	Bremsene
Dichtung	Pakning

Ersatzteil	Reservedel
Fahrrad	Sykkel
Getriebe	Drev
Keilriemen	Kilerem
Kolben	Stempel
Kühler	Kjøler
Motorrad	Motorsykkel
Rad	Hjul
Reifen	Dekk
Scheinwerfer	Lyskaster
Stoßdämpfer	Støtdemper

Vergaser	Forgasser	*Zündung*	Tenning
Zündkerze	Tennplugg		

Bank/Post/Telefon

Wo ist das nächste Postamt?	**hvor er naemeste postkontor?**
Wie viel bekomme ich für...?	**hvor mye får jeg for...**
Ich möchte Euro in Kronen umwechseln	**jeg vil gjerne veksle Euro i norske kroner**

Wechselkurs	Kursen	*Ansichtskarte*	Prospektkort
Geldschein	Seddel	*Wo ist die nächste Telefonzelle?*	hvor er naermeste telefonkiosk?
Münze	Mynt		
Ich suche einen Briefkasten	jeg ser etter en postkasse	*Kann man nach ... durchwählen?*	kan man ringe fjernvalg til?
Was kostet diese Karte?	hva koster dette kortet?	*Vorwahlnummer*	Retningsnummeret
		Ferngespräch	Samtale
Bitte eine Briefmarke für ...	Kan jeg få et frimerke til ...	*Telefonbuch*	Telefonkatalog
		besetzt	Opptatt
Postlagernde Sendung	Poste restante	*falsch verbunden*	det må vaere feil

Übernachten

Übernachtung	Overnatting
Einzelzimmer/ Doppelzimmer	enkeltrom/ dobbeltrom
mit Toilette	med toalett
mit Bad/Dusche	med bad/dusj
mit Seeblick	med sjøen
für eine Nacht	for en natt
Haben Sie etwas frei?	har De noe ledig?

Kann ich das Zimmer ansehen?	kan jeg få se rommet?
Das nehme ich	jeg tar det
Wie viel kostet...	hvor mye koster...
Können wir hier zelten?	kan vi slå opp telt her?
Hütten zu mieten ("frei")	ledige hytter
Wie viel kostet eine Übernachtung in der Hütte?	hvor mye koster der å overnatte i hytte?
Wie hoch ist die Gebühr für den Wohnwagen?	hvor mye koster det for en camping-vogn?
Gibt es Stromanschluss?	er det strømtilkobling?
Kann man das Wasser trinken?	kan dette vannet drikkes?
Abfall	avfall
Gaskocher	gassapparat
Rucksack	ryggsekk
Schlafsack	sovepose
Duschmünze	polett
Vorbestellung	forhåndbestilling

Im Restaurant

Ist dieser Tisch frei?	**er dette bordet ledig?**
Ich möchte...	**jeg vil gjerne ha...**
Ich möchte zahlen	**jeg vil gjerne betale**

Speisekarte	spisekartet
Menü	menyen
vegetarische Kost	vegetarkost
Diätkost	diettkost
Kinderteller	barnetallerken
Vorspeise	Forrett
Nachtisch	Dessert
Bringen Sie uns bitte...	kan vi få
... eine Tasse (Glas)	en kopp (et glass)
Tagesgericht	dagens rett
Brot	Brød
Aufschnitt	Pålegg
Frühstücksbüfett	Frokostbord
Käse	Ost
Wurst/Würstchen	pølse/ pølser
Kuchen	Kake
Milch	Melk
Wasser (warm/kalt)	vann (varmt/kald)
Salat	Salat
grüner Salat	grønn salat
gemischter Salat	blandet salat
Essig und Öl	eddik og olje
Fischsalat	Fiskesalat
Heringssalat	Sildesalat
Geflügelsalat	Kyllingssalat
Fischsuppe	Fiskesuppe

Fleischbrühe	Kjøttsuppe
Krebssuppe	Krepsesuppe
Gemüse	Grønnsaker
Salzkartoffeln	kokte poteter
Gurke	Agurk
Bohnen	Bønner
Erbsen	Erter
Pilze	Sopp
Kohl	Kål
Fischklößchen	Fiskeboller
Barsch	Abbor
Forelle (Seeforelle)	ørret (sjøørret)
Hecht	Gjedde
Heilbutt	Hellefisk
Lachs (gebeizter Lachs, Seelachs)	laks (gravlaks, sei)
Dorsch	Torsk
Kabeljau	skrei
gelaugter Stockfisch	lutefisk
Rentierbraten	dyrestek
Elch	elg
Elchsteak mit Preiselbeeren	elgstek med tyttebaer
Huhn	høne
Lamm	lam
Rumpsteak	Lårstek
Grütze aus saurem Rahm	Rømmegrøt
Wein (rot, weiß)	vin (rød, hvit)
Bier	Øl
Fruchtsaft	Fruktsaft
Orangensaft	Appelsinsaft
Apfelsaft	Eplesaft
Eis	Is
Schlagsahne	fløtekrem
Lokal für Familienfeiern	selskapsokale

Einkaufen

Wie viel kostet das?	**hvor mye koster det?**
Haben Sie ...?	**har de .. ?**
Geschäft	**forretning**
Supermarkt	**supermarked**
Laden	**butikk**
Kaufhaus	**varehus**

Geben Sie mir bitte ...	vaer så snill å gi meg ...
... eine Dose	en boks
... 100 Gramm	en hekto
... ein Pfund	en halv kilo
... ein Stück	et stykke
... eine Tüte	en pose
Selbstbedienung	selvbetjening
Bäckerei	bakeri
Buchhandlung	bokhandel
Drogerie	fargehandel
Juwelier	gullsmed

Kunsthandwerk	brukskunst	*Klopapier*	toalettpapir
Lebensmittel	dagligvarer	*Kondom*	kondomer
Metzgerei	slakter	*Mückenschutzmittel*	insektmiddel
Schlussverkauf	utsalg	*Pfeffer*	pepper
Sonderangebot	tilbud	*"Pille"*	p-piller
Butter	smør	*Salz*	salt
Ei	egg	*Seife*	såpe
Buttermilch	kultur melk	*Shampoo*	sjampo
Erdbeere	jordbaer	*Sonnencreme*	solkrem
Molteheere	multer	*Streichhölzer*	fyrstikker
Blaubeere	blåbaer	*Tampons*	tampomger
Birne	paere	*Zahnbürste*	tannbørste
Apfel	eple	*Zeitschrift*	tidsskrift
Marmelade	syltetøy	*Zeitung*	avis

Hilfe und Krankheit

Wo ist eine Apotheke?	**hvor er det et apotek?**
... ein Krankenhaus?	**... sykehus?**
Geben Sie mir etwas gegen ...	**kunne De gi meg noe for ...**
Ich bin im ... Monat schwanger	**jeg er gravid i ... måned**

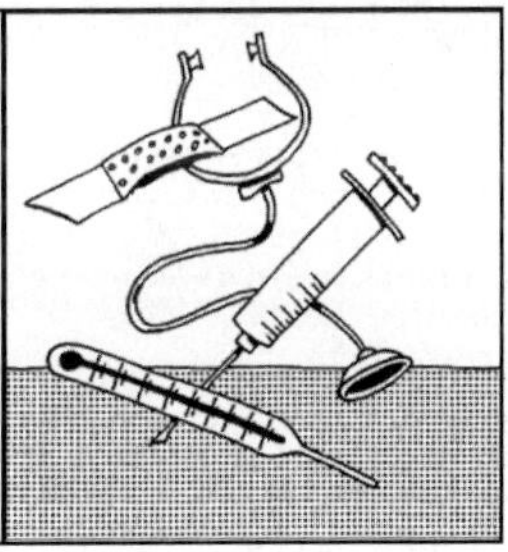

Kopfschmerzen	hodepine	*Ausschlag*	utslett
Durchfall	diaré	*Fieber*	feber
Halsschmerzen	halsmerter	*Insektenstich*	insektstikk
Magenschmerzen	magesmerter	*Verstopfung*	forstoppeise
Zahnschmerzen	tannverk	*Salbe*	salve
Abszess	byll	*Tablette*	tablett
Allergie	allergi	*Ich bin Diabetiker*	jeg er diabetiker

Geografie

Berg	fjell	*See*	vatn, sjø
Spitze, Gipfel	tind	*Talmulde*	botn
Wasserfall	foss	*Tal*	dal
Bach	bekk	*Stadt*	by
Fluss	elv	*Dorf*	bygd
Bucht	vik	*Alm*	seter

Zahlen

0	null
1	en
2	to
3	tre
4	fire
5	fem
6	seks
7	sju (syv)
8	åtte
9	ni
10	ti
11	elleve
12	tolv
13	tretten
14	fjorten
15	femten
16	seksten
17	sytten
18	åtten
19	nitten
20	tjue (tyve)
30	tretti (tredve)
40	førti
50	femti
60	seksti
70	sytti
80	åtti
90	nitti
100	hundre
200	to hundre
1.000	tusen
2.000	to tusen
1.	første
2.	andre
3.	tredje
4.	fjerde
5.	femte
6.	sjette
7.	sjuende
8.	åttende
9.	niende
10.	tiende

Verlagsprogramm

Ägypten

- Ägypten
- Sinai & Rotes Meer

Baltische Länder

- Baltische Länder

Belgien

- *MM-City* Brüssel

Bulgarien

- Schwarzmeerküste

Dominikanische Republik

- Dominikanische Republik

Deutschland

- Allgäu
- Altmühltal & Fränkisches Seenland
- Berlin & Umgebung
- *MM-City* Berlin
- Bodensee
- Franken
- Fränkische Schweiz
- *MM-City* Hamburg
- Mainfranken
- *MM-City* München
- Nürnberg, Fürth, Erlangen
- Oberbayerische Seen
- Ostfriesland und Ostfriesische Inseln
- Ostseeküste – von Lübeck bis Kiel
- Ostseeküste – Mecklenburg-Vorpommern
- Rügen, Stralsund, Hiddensee
- Schwäbische Alb
- Usedom

Ecuador

- Ecuador

Frankreich

- Bretagne
- Côte d'Azur
- Elsass
- Haute-Provence
- Korsika
- Languedoc-Roussillon
- *MM-City* Paris
- Provence & Côte d'Azur
- Südfrankreich
- Südwestfrankreich

Griechenland

- Athen & Attika
- Chalkidiki
- Griechenland
- Griechische Inseln
- Karpathos
- Kefalonia & Ithaka
- Korfu
- Kos
- Kreta
- Kykladen
- Lesbos
- Naxos
- Nord- u. Mittelgriechenland
- Peloponnes
- Rhodos
- Samos
- Santorini
- Skiathos, Skopelos, Alonnisos, Skyros – Nördl. Sporaden
- Thassos, Samothraki
- Zakynthos

Großbritannien

- Cornwall & Devon
- England
- *MM-City* London
- Südengland
- Schottland

Irland

- Irland

Island

- Island

Italien

- Abruzzen
- Apulien
- Adriaküste
- Chianti – Florenz, Siena, San Gimignano
- Dolomiten – Südtirol Ost
- Elba
- Friaul-Julisch Venetien
- Gardasee
- Golf von Neapel
- Italien
- Kalabrien & Basilikata
- Ligurien – Italienische Riviera, Genua, Cinque Terre
- Liparische Inseln
- Marken
- Mittelitalien
- Oberitalien
- Oberitalienische Seen
- Piemont & Aostatal
- *MM-City* Rom
- Rom & Latium
- Sardinien

- Sizilien
- Südtirol
- Südtoscana
- Toscana
- Umbrien
- *MM-City* Venedig
- Venetien

Kanada

- Kanada – der Westen

Kroatien

- Istrien
- Kroatische Inseln & Küste
- Mittel- und Süddalmatien
- Nordkroatien – Kvarner Bucht

Malta

- Malta, Gozo, Comino

Marokko

- Südmarokko

Neuseeland

- Neuseeland

Niederlande

- *MM-City* Amsterdam
- Niederlande

Norwegen

- Norwegen
- Südnorwegen

Österreich

- *MM-City* Wien
- Wachau, Wald- u. Weinviertel
- Salzburg & Salzkammergut

Polen

- *MM-City* Krakau
- Polen
- Polnische Ostseeküste

Portugal

- Algarve
- Azoren
- *MM-City* Lissabon
- Lissabon & Umgebung
- Madeira
- Nordportugal
- Portugal

Schweden

- Südschweden

Schweiz

- Genferseeregion
- Graubünden
- Tessin

Serbien und Montenegro

- Montenegro

Slowakei

- Slowakei

Slowenien

- Slowenien

Spanien

- Andalusien
- *MM-City* Barcelona
- Costa Brava
- Costa de la Luz
- Gomera
- Gran Canaria
- *MM-Touring* Gran Canaria
- Ibiza
- Katalonien
- Lanzarote
- La Palma
- *MM-Touring* La Palma
- Madrid & Umgebung
- Mallorca
- Nordspanien
- Spanien – gesamt
- Teneriffa
- *MM-Touring* Teneriffa

Tschechien

- *MM-City* Prag
- Südböhmen
- Tschechien
- Westböhmen & Bäderdreieck

Tunesien

- Tunesien

Türkei

- *MM-City* Istanbul
- Türkei
- Türkei – Lykische Küste
- Türkei – Mittelmeerküste
- Türkei – Westküste
- Türkische Riviera – Kappadokien

Ungarn

- *MM-City* Budapest
- Ungarn

Zypern

- Zypern

Aktuelle Informationen zu allen Reiseführern finden Sie im Internet unter
www.michael-mueller-verlag.de

Michael Müller Verlag GmbH, Gerberei 19, 91054 Erlangen

Tel. 0 91 31 / 81 28 08-0; Fax 0 91 31 / 20 75 41; E-Mail: info@michael-mueller-verlag.de

Register

S